U0921147

2011年 长三角年鉴

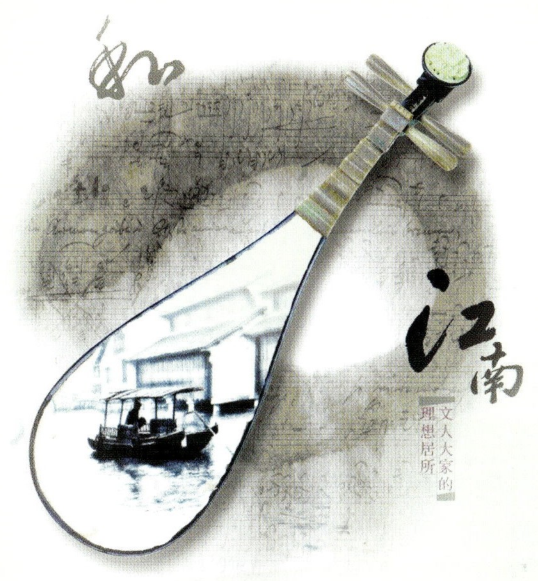

长三角联合研究中心／主办

长三角城市经济协调会办公室／联办

孙克强／执行主编

YEARBOOK OF CHANGJIANG DELTA DEVELOPMENT (2011)

河海大学出版社
Hohai University Press

图书在版编目（CIP）数据

长三角年鉴．2011 / 孙克强执行主编 ；长三角联合研究中心主办．
-- 南京 ：河海大学出版社，2011.12
ISBN 978-7-5630-2975-4

Ⅰ．①长… Ⅱ．①孙… ②长… Ⅲ．①长江三角洲－2011－年鉴 Ⅳ．①Z525

中国版本图书馆CIP数据核字（2011）第269472号

长三角年鉴（2011）
主　　办：长三角联合研究中心
联　　办：长三角城市经济协调会办公室
执行主编：孙克强
通讯地址：南京市虎踞北路12号　　邮政编码：210013
编辑部电话：（025）83750085
网　　址：www.yangtze.org.cn

出 版 者：河海大学出版社
地　　址：南京市西康路1号　　邮政编码：210098
电　　话：（025）83737852
电子信箱：hhup@hhu.edu.cn
责任编辑：朱婵玲　毛积孝
特约校对：李元松　范　蓉
责任印刷：张陆海

总 经 销：河海大学出版社发行部
经　　销：江苏省新华发行集团有限公司
读者服务：邮购部（025）83722833
印　　刷：江苏省地质测绘院

开　　本：880毫米×1230毫米　1/16开
印　　张：59.75
插图印张：2.25
字　　数：1686千字
印　　数：1-6000册
版　　次：2011年12月第1版
印　　次：2011年12月第1次印刷

书　　号：ISBN 978-7-5630-2975-4/Z.61
定　　价：450.00元

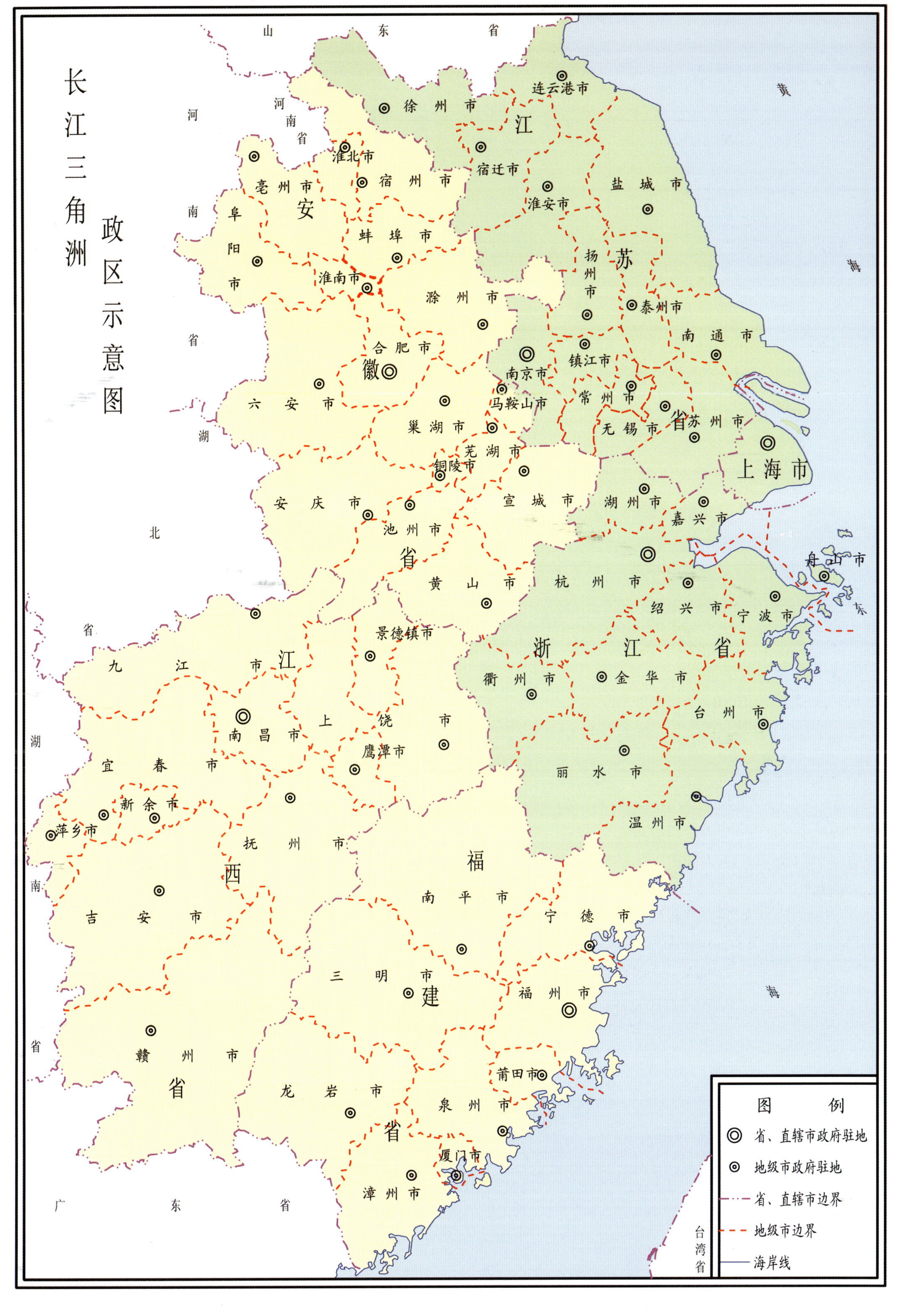
长江三角洲政区示意图
山东省
河南省
安徽省
江苏省
上海市
浙江省
江西省
福建省
湖北省
湖南省
广东省
台湾省
黄海
东海
连云港市
徐州市
宿迁市
淮北市
宿州市
亳州市
盐城市
淮安市
阜阳市
蚌埠市
淮南市
扬州市
泰州市
滁州市
南通市
合肥市
镇江市
南京市
六安市
马鞍山市
常州市
苏州市
无锡市
巢湖市
芜湖市
铜陵市
宣城市
湖州市
嘉兴市
安庆市
池州市
杭州市
舟山市
黄山市
绍兴市
宁波市
景德镇市
九江市
衢州市
金华市
上饶市
南昌市
台州市
鹰潭市
丽水市
宜春市
新余市
萍乡市
温州市
抚州市
南平市
宁德市
吉安市
三明市
福州市
赣州市
莆田市
龙岩市
泉州市
厦门市
漳州市
图例
省、直辖市政府驻地
地级市政府驻地
省、直辖市边界
地级市边界
海岸线

编写说明

近年来，长江三角洲地区的发展引起了人们的广泛关注，以长江三角洲的发展为对象的研究活动正在迅速兴起。为组织和协调区域内的重要学术研究力量，进一步加强对长江三角洲地区的跟踪报道与深入研究，2005 年 12 月，由上海社会科学院、江苏省社会科学院、浙江省社会科学院共同发起和成立了“长三角联合研究中心”，以期发挥三院雄厚的专业研究力量，共同关注和研究长三角的发展问题。《长三角年鉴》的编写和出版即为该中心的年度工作内容之一。

目前，对“长江三角洲地区”有三种不同的解释：第一种是“小长三角”的概念，是指包括上海市，江苏省的苏州、无锡、常州、镇江、南京、南通、泰州、扬州，浙江的嘉兴、湖州、杭州、绍兴、宁波、舟山和台州，共 16 个城市及其周边地区。第二种是“大长三角”的概念，是指包括上海市、江苏省和浙江省全部行政区。第三种是“泛长三角”的概念，是指包括上海市、江苏省、浙江省与安徽省等邻近省份。本年鉴中使用的“长江三角洲地区”是“大长三角”的概念，主要是指上海、江苏和浙江两省一市的全部。

《长三角年鉴》重点分析长三角地区年度经济社会发展的基本情况与基本成就。但在年鉴的部分内容中也使用了前几年的发展数据，主要用于说明事情发展变化的过程，便于使用者从历史变化的角度对长三角地区的发展有一个整体认识。部分数据使用了相关地区的政府工作报告和年度统计公报中的材料。

《长三角年鉴》主要开设以下栏目：长三角区域概况，重点介绍和分析本区域的自然条件与自然状况、人口情况、行政区划及文化和旅游资源等；长三角地区经济社会发展总体概况，重点介绍和分析长三角地区三次产业结构和市县发展情况；长三角地区区域经济社会发展报告，重点介绍和分析一年中上海市、江苏省和浙江省及各省辖市经济社会发展的主要进展与主要成就；长三角地区产业经济社会发展报告，重点是从长三角整体的角度对区域内年度经济社会发展的主要方面进行分析和总结；长三角地区经济社会发展重要指标，用经济发展数据和社会发展数据介绍、分析和研究长三角总体和各市县综合实力，居民收入，经济国际化水平，社会财富等；重要文献，主要介绍一年中上海市、江苏省和浙江省政府制定和实施的重要文件，以及理论界研究长三角地区发展问题的代表性成果；大事记。

《长三角年鉴》采用篇章编辑法编写，篇下设章，篇和章的标题分别使用不同字体和字号以示区别，篇目标明于页眉，以便于检索。

2011 卷《长三角年鉴》增加泛长三角地区（皖、赣）的有关发展内容，主要是考虑一方面扩大长三角地区的发展影响，让更多的地区共享长三角地区发展成果，另一方面也积极反映经济社会发展的客观规律，尊重长三角地区与周边地区在发展进程中不可缺少的各种联系。编写体例与具体的编写内容和本年鉴的编写思路相同。

长三角联合研究中心

网址：www.yangtze.org.cn

发展宗旨

长三角联合研究中心是由上海社会科学院、江苏省社会科学院、浙江省社会科学院共同创办的合作研究平台。

长三角联合研究中心整合江浙沪三地社会科学院的专业研究力量，着重研究长三角地区城市、产业发展和区域合作问题，并为政府和社会提供决策咨询服务。

长三角联合研究中心将为江浙沪三地的学者和政府部门搭建一个共同探讨长三角区域发展与合作的学术平台、交流平台和信息平台。

组织领导

长三角联合研究中心由江浙沪三地社会科学院院长担任主任，副院长担任副主任，科研处处长担任秘书长。由秘书长全面负责中心的日常运行与管理工作。

长三角联合研究中心设立学术咨询委员会，指导各项科研工作和年鉴、蓝皮书的编撰工作。

长三角联合研究中心在江浙沪三地社会科学院科研处同时挂牌，在上海社会科学院科研处设立联络办公室。

组织构架

上海社会科学院　江苏省社会科学院　浙江省社会科学院

长三角联合研究中心

学术咨询委员会
城市与区域研究部
产业与企业研究部
旅游研究部
汽车产业研究部
房地产研究部
长三角蓝皮书编辑部
长三角年鉴编辑部
长三角研究编辑部
长三角观察编辑部
长三角学术论坛部
长三角文献资料库
长三角联合网

Joint Research Center for Yangtze Delta Regional Development

《长三角年鉴》 编纂指导委员会

编 辑 部

特载

沪苏浙皖主要领导齐聚合肥 共议转型发展产业转移大计

2011年11月20日，长三角地区主要领导座谈会在安徽省合肥市举行。会议深刻分析了当前国际国内形势以及长三角地区合作与发展面临的机遇和挑战，交流了转变经济发展方式、保持经济社会平稳较快发展的经验和做法，重点围绕“加快转型发展、推动产业转移”的主题，就推动产业有序转移和科学承接、联动实施多个国家区域发展战略、深化重点专题合作等议题进行了充分讨论，明确了新一轮合作方向和重点。

会议指出，加快转变经济发展方式是推进科学发展的必然要求，是加强长三角区域合作、提升整体竞争力的中心任务。要着力推进产业结构优化升级，坚持改造提升传统产业与推进战略性新兴产业发展并举，加快发展面向生产、民生的现代服务业，积极扶持文化科技、动漫游戏等文化创意产业发展，培育一批具有国际竞争力的世界级企业和品牌。要着力提高区域自主创新能力，深入推进国家技术创新工程试点省、张江国家自主创新示范区和杨浦国家创新型试点城区、苏南自主创新示范区、杭州宁波嘉兴国家创新型试点城市、合芜蚌自主创新综合试验区建设，促进更多的科技成果在长三角区域内转移、转化和产业化，共同推动长三角地区率先建成国家自主创新综合试验示范区。要着力抓好节能减排和环境保护，加强区域重要生态功能区保护和管理，开展区域生态环境补偿机制试点，深化千岛湖、新安江流域、太湖流域、巢湖流域水环境保护与综合治理合作，研究制定皖江城市带承接产业转移环保准入标准，共同构建区域生态安全屏障。

会议强调，要围绕长三角地区经济结构战略性调整，统筹推进区域产业分工合作与有序转移，合作共建产业园区，建立长效合作机制，促进承接地加快发展，拓展转出地转型发展空间，推动形成优势互补、错位竞争、互利共赢的产业分工格局，促进区域经济转型发展。要依托长三角地区聚集多个国家区域发展战略的优势，继续加强规划间的联动实施，进一步放大国家战略的指导效应，特别是在涉及重大基础设施、产业布局、环境保护和重大平台建设等方面，要注重各省市专项规划的衔接，共同编制和实施相关重点规划，全面打造与长三角地区发展相适应的规划体系。要继续深化长三角地区交通、能源、信息、科技、环保、信用、金融、人力社保、涉外服务、工商管理和城市、产业转移等重点专题合作，进一步构建互联互通的基础设施体系，加快推进市场服务和社会服务领域一体化建设，不断提升合作层次与合作成效，加速区域一体化进程。

会议要求，要进一步完善长三角合作机制，增强区域合作活力。要加强和改进联席会议办公室工作，健全工作机构，完善日常工作机制，加强协调和服务功能。要创新和完善重点专题合作机制，进一步提升重点专题合作层次，深化合作领域与内容，研究制定重点专题合作的目标考评机制，探索重点专题合作组的申报和退出机制。要在完善长三角地区政府层面合作机制的同时，不断提高非政府层面的参与度，充分调动企业和社会组织的积极性，努力形成“政府引导、企业主体、社会参与”的长三角区域合作新格局。

会议强调，长三角地区是我国经济发展的重要增长极，加强长三角地区合作与发展，对于促进长江流域乃至全国区域经济协调发展，具有十分重要的作用。三省一市要按照中央的决策部署，坚持优势互补、互利共赢的原则，以更加务实开放的姿态、求实创新的精神、切实有效的措施，深化区域分工，加强协调联动，促进长三角地区经济社会又好又快发展，以优异成绩迎接党的十八大胜利召开。

会议原则同意《长三角合作与发展共同促进基金管理办法（试行）》，在2012年基金正式设立后试行，探索建立新型的管理体制和运行机制，更好地促进长三角地区合作与发展。

长三角地区主要领导座谈会合影

长江三角洲地区三省一市主要领导座谈会

长三角城市经济协调会第十一次市长联席会议

长三角城市经济协调会第十一次市长联席会议－互动论坛

长三角城市经济协调会第十一次市长联席会议

------主题："高铁时代"的城市合作

2011 年 3 月 31 日—4 月 1 日，长江三角洲城市经济协调会第十一次市长联席会议于镇江召开。上海市常务副市长杨雄、江苏省常务副省长李云峰、安徽省副省长倪发科、国家发改委秘书长杨为民，长三角城市经济协调会 22 个成员城市政府领导和有关部门负责人出席了会议。

杨雄同志主持内部会议并通报了"沪苏浙主要领导座谈会"有关精神和上海贯彻《区域规划》实施方案的主要内容，并就加强联动发展，完善协作机制，共同推动区域合作迈上新的台阶提出建议。各成员城市市长回顾了一年来推动长三角城市合作所做的工作，交流了各自在落实《指导意见》和《区域规划》、推动城市转型发展方面的经验与做法。会上市长们和区域经济专家、长三角知名企业家代表围绕会议主题"高铁时代的长三角城市合作"进行了热烈的讨论，并提出了很多好的想法和建议。如杭州、南京的市领导共同提到了"高铁"的"双刃剑"效应，呼吁以错位发展、创新转型来避免城市间的同质竞争，"催化"良性的合作局面；苏州市领导认为在强调政府引导的同时，要更加注重发挥市场、企业、NGO 和其他各类社会组织的作用，营造多方共同参与的区域合作格局；合肥等新入会的城市则提出要借助"高铁"的便捷优势，更好的承接长三角核心地区的产业转移等。

会上还对 2010 年度城市合作专（课）题取得成果进行了回顾，其中：由南京市牵头的深化长三角医保合作专题工作的开展，有效化解了异地参保人员两地奔波、个人垫付医疗费和报销等待周期长等一系列矛盾，去年累计为 6.75 万人次办理异地就医结算，受理医疗费用 1.28 亿元，支付医保基金 9102 万元。较 2009 年全年增长 563%、557% 和 569%。由杭州市牵头的深化长三角金融合作专题以"长三角中小企业融资创新暨中小企业集合信托基金创新"为主题召开了"长三角金融合作峰会"，通过了《长三角区域金融产品创新合作意向备忘录》，编印了《长三角中小企业融资创新产品汇编》；由宁波市牵头的长三角会展合作专题完成了《上海世博会对长三角会展业拉动作用的测算报告》，初步完成了长三角会展决策平台和数据库的研发的框架设计工作；由上海市牵头的长三角园区共建专题举行了长三角园区共建投资环境说明会暨园区品牌联动发展推进会，开通了长三角园区共建联盟网站，在首批 40 个园区盟员中评选出 8 家品牌园区、8 家示范园区和 4 家试点园区，并促成 4 对共建园区签署了合作框架协议。由扬州市牵头的长三角异地养老课题全面评价了长三角主要城市异地养老的发展潜质，提出了长三角区域层面养老资源统筹协调的政策建议，指出了各地推进异地养老进程的发展对策；由苏州市牵头的长三角现代物流业整合和提升课题从六个方面对长三角现代物流的发展现状和问题做出了整体性的评估，提出了长三角现代物流业发展的长期目标和实现路径，提出了建立长三角城市物流业联席会议制度和合作机制；由上海市牵头的长三角农业合作课题提出以农产品市场合作为突破口，推动"农产品物流及标准体系、农业科技创新体系、农业要素配置体系、农业深度开发体系"建设，努力形成"市场信息平台共享、要素市场配置合理、质量检测标准互认"的长三角农业合作协同共赢的发展格局。

浙江省杭州市

辉煌的五年 跨越的发展

“十一五”以来，杭州市坚持以科学发展观统领经济社会发展全局，全市呈现综合实力显著增强、城市功能明显提升、经济结构更趋优化、社会民生和谐发展、生态环境持续改善的新局面，为建设与世界名城相媲美的“生活品质之城”打下了坚实基础。

一是综合实力显著增强。2010年，全市实现生产总值5949.17亿元，比2005年增长79.1%，年均增长12.4%，连续20年保持两位数增长，经济总量在全国保持省会城市第二、副省级城市第三、大中城市第八。全市财政总收入1245.43亿元、地方财政收入671.34亿元，分别比2005年增长1.4倍和1.7倍。二是工业经济实现跨越式发展。2010年，全市规模以上工业总产值11081.04亿元，比2005年增长1.07倍。实现规模以上工业利税1224.48亿元，增长1.7倍。全年高新技术产业实现销售产值2801.4亿元，比2005年增长90.9%。全市有23个企业入选中国企业500强；有29个企业入选中国制造业企业500强；有74个企业入选中国民营企业500强。三是现代服务业快速提升。2010年，全市服务业实现增加值2896.69亿元，比2005年增长99.5%，年均增长14.9%。旅游总收入1025.7亿元，其中外汇收入16.9亿美元，比2005年分别增长120.5%和123%。社会消费品零售额2146.08亿元，年均增长17%。全年实现金融业增加值606.03亿元，比2005年增长1.36倍。全市电子信息产业销售收入1927.75亿元，比2005年增长90%，有11个企业进入中国软件业务收入100强。四是对外开放进一步扩大。2010年，全市实现外贸进出口总额523.55亿美元，其中出口353.37亿美元，比2005年分别增长75.3%和78.4%。机电产品、高新技术产品出口分别占出口总额的38.2%和12.5%。至2010年末，有82个世界500强企业在杭州投资设立项目130个。五是社会民生不断提高。“十一五”以来，全市新增城镇就业人数106.06万人，安置下岗失业人员再就业68.29万人，城镇登记失业率由3.71%下降为2.19%。2010年，市区城镇居民人均可支配收入30035元，全市农村居民人均纯收入增加到13186元，年均增长12.6%和11.5%。城乡居民人均消费性支出分别达20219元和10267元，增长50.5%和71%。

钱塘江南岸的杭州高新开发区新貌

2010年3月26日，举行“中国世博十大名茶”授牌仪式。

绿色、健康、低碳的杭州公共自行车已成为市民出行的首选，日均租用量25余万人次。

2010年4月28日，第六届中国国际动漫节开幕。

“十一五”期间，杭州先后获得中国大陆最佳商业城市、中国城市总体投资环境最佳城市、中国最佳旅游城市、全国治安最好城市、全国绿化模范城市、国家森林城市、中国全面小康特别贡献城市、中国国际形象最佳城市等称号，并位列“2010 中国最佳休闲城市”榜首。杭州连续创建“全国双拥模范城”五连冠，连续 7 年蝉联“中国最具幸福感城市”第一名，获得“中国电子商务之都”、“中国十大品牌城市”、“国民休闲贡献城市”、“电子商务十大创新创业城市”榜首等称号，成为全国首个版权保护示范城市。科技进步与创新不断推进，综合科技实力保持全省第一。杭州市政府“开放式决策”获“第五届中国地方政府创新奖”。

2011年6月13日，杭州市举行“红旗飘飘”庆祝中国共产党成立90周年群众性歌咏活动。

2009年9月30日，杭州中山路南宋御街开街。

江苏省南京市

南京是一座融深厚的历史文化底蕴、良好的自然山水、优越的区位交通优势、丰富的科教人才资源四大集合优势为一体的城市。

紫峰－鼓楼

南京是历史文化名城。东吴、东晋、宋、齐、梁、陈、南唐、明、太平天国、中华民国 10 个朝代和政权先后在南京建都，故有“六朝古都”、“十朝都会”之称。南京有着近 2500 年的建城史，行走在南京，就仿佛在浏览一部鲜活的中国历史。南京城闪耀着特立独行的魏晋风范、温婉动人的六朝烟水、气势磅礴的大明文化。悠久的历史，绵长的文脉，留给南京丰厚的文化遗产。南京既有世界文化遗产明孝陵，1800 多年前六朝时期的石刻，600 年前建成的明城墙;又有世界非物质文化遗产云锦织造、金陵刻经、剪纸和古琴艺术。

南京是特色旅游城市。南京滨江临海，长江、秦淮河穿城而过，紫金山、玄武湖镶嵌其中，山水城林融为一体，古都特色与现代文明交相辉映。南朝著名诗人谢朓在《入朝曲》中将南京描述为“江南佳丽地，金陵帝王州”。中国民主革命先驱孙中山先生在《建国方略》中赞叹南京:“其位置乃在一美善之地区。其地有高山，有深水，有平原，此三种天工，钟毓一处，在世界中之大都市诚难觅如此佳境也。”秀美的山川、如画的风景、丰厚的遗存相映成趣，让南京成为国内外知名的旅游目的地城市，以中山陵、夫子庙等为代表的新金陵四十八景深深地吸引着众多国内外游客。

河西新城

大胜关高铁大桥

南京图书馆新馆

鸟瞰河西 CBA

南京是交通枢纽城市。南京是江苏省的省会，是长江流域的四大中心城市之一，处于中国东西水运大动脉——长江与南北陆运大动脉——京沪铁路的交会点，素有“东南门户，南北咽喉”之称。南京的铁路、公路、航空、水运、管道五种运输方式齐备。南京南站是京沪高铁五大枢纽站之一，南京港是中国内河第一大港，禄口国际机场是华东地区重要的现代化航空港。南京也是国家级公路主枢纽城市，近年来，逐渐形成了以南京为核心，辐射镇江、扬州、马鞍山等6个周边城市的“一小时都市圈”。

南京立交

南京是绿色环保的宜居城市。南京的森林覆盖率和人均公园绿地面积等生态指标居中国同类城市前列，先后获得“国家级园林城市”、“联合国人居奖环境特别荣誉奖”、“全国文明城市”、“中国人居环境奖”等称号。南京获得了2014年第二届青年奥林匹克运动会的举办权。

活力之都

南京是科教发达的创新型城市。南京自古就是一座崇文重教的城市，有“天下文枢”、“东南第一学”的美誉。目前南京人才资源丰富，科技实力雄厚，连续10年5次荣获“全国科技进步先进城市”称号，也是全国目前唯一获得“中国软件名城”称号的城市。南京在国家创新体系中具有重要地位——是中国重要的科教文化中心，是世界第六大城市带的中心城市，国务院把南京定位为长三角地区唯一的科技创新中心。

目前，南京正处在新一轮科学发展的新阶段，按照江苏省委省政府对南京提出的“‘两个率先’带好头，转型升级作示范”的要求，南京将牢牢抓住人才第一资源、教育第一基础、科技第一生产力、创新第一驱动力“四个第一”关键抓手，走出一条具有南京特色的“人才引领、创新驱动、内生增长”的率先发展之路，努力实现“科学发展争第一、改革创新争第一、和谐稳定争第一”的奋斗目标，早日将南京建成为现代化国际性人文绿都。

地铁开进大学城

安徽省合肥市

2010年11月15日中共中央政治局常委、中央纪律检查委员会书记贺国强视察京东方

合肥居皖之中，环抱巢湖，襟江带淮，是安徽省政治、经济、文化中心。因东淝河、南淝河由此发源而得名，并因隋唐明清时为庐州路、郡、府治所在而别称“庐州”。现辖瑶海、庐阳、蜀山、包河4个区，巢湖市，肥东、肥西、长丰、庐江4个县。全市总面积1.14万平方公里，常住人口745.7万人。

合肥历史悠久。自秦置县，至今有2200多年历史，素有“江南唇齿，淮右襟喉”和“江淮首郡，吴楚要冲”之称。人文底蕴深厚，享有“包青天”美誉的宋代名臣包拯、晚清重臣李鸿章、台湾首任巡抚刘铭传、诺贝尔物理学奖获得者杨振宁等都是合肥人。

2010年9月3日京东方六代线第一块屏在新站区平板显示产业基地点亮

合肥区位优越。承东启西、连南接北，正在成为全国重要的区域性综合交通枢纽。现有6条铁路、7条高速公路在此交汇；未来将有6条高速铁路、4条电气化铁路交汇，已实现1小时内到南京、2个小时到武汉、上海，年底将实现3个多小时到北京。设计年吞吐能力1200万人次的4E级合肥新桥国际机场即将投入运营，合肥新港建成后1500吨级货轮可从合肥通江达海。

合肥科教资源丰富。在肥工作两院院士达51人，拥有博士后科研站77个、各类研发机构344家、省部级重点实验室105个、高等院校59所、在校大学生48万人。中国第一台窗式空调、微型电子计算机及世界第一台VCD、仿生洗衣机、变容式冰箱等均诞生于此，是全国重要的科教基地、国家创新型试点市、唯一的国家科技创新型试点市，同时也是世界科技城市联盟会员城市。

合肥市入选“2010中国城市成长竞争力排行榜”第22名

合肥产业基础雄厚。现有35个工业行业、200多个工业门类，拥有汽车、装备制造、家用电器、电子信息等八大重点产业。合肥是重要的装备制造城，是全国最大的挖掘机、叉车、轮胎生产基地之一，重装变压器、锻压装备生产位居全国前列。合肥是家电城，汇聚了格力、海尔、美的、华凌、美菱、荣事达、三洋等一大批知名家电生产企业，2010年冰箱、洗衣机、空调、彩电四大件产量4224万台，居全国首位。合肥是汽车城，是全国汽车及零部件出口基地，是我国为数不多的全系列汽车生产基地，有江淮、安凯、昌河等知名汽车品牌，汽车配套企业200多家。新型平板显示、太阳能光伏、新能源汽车、公共安全等战略性新兴

充满活力的国家级合肥高新技术开发区

合肥环城公园

合力叉车生产车间

熔安动力总装车间

合肥滨湖新区

美的冰箱生产车间

合肥充满开放活力。先后同180多个国家和地区建立经贸往来，与日本久留米、美国哥伦布等11个城市结为友好城市，现有28家境外世界500强企业在肥投资。相继与宁波、佛山、南京、广州等城市签署全面合作框架协议，是皖江城市带承接产业转移示范区核心城市、长三角城市经济协调会成员城市。相继被评为“全国投资环境50优城市”、“全国十大经商成本最低城市”、“中国最佳投资城市”。

合肥生态环境宜人。具有“城中有园、园中有城”的鲜明特色，城市绿地率40.2%，建成区绿化覆盖率45.1%，人均公园绿地面积12.5平方米，全年空气质量良好率超过300天，是国家首批命名的3个全国园林城市之一，两次荣膺“中国人居环境范例奖”。

彩虹蓝光LED项目开工

2010年10月11日省委常委、市委书记孙金龙，
彩虹集团公司总经理邢道钦出席仪式，共同为池炉点火

上海市浦东新区

西北方向效果图

世博轴

上海市浦东新区位于长江三角洲的东缘、上海的母亲河—黄浦江的东岸，面积 1210 平方公里，户籍人口 412 万。1990 年 4 月 18 日，党中央国务院宣布开放浦东，浦东的开发开放源于中央的决策推动，承载着国家战略的历史使命。

20 年来，浦东开发始终作为国家战略，整体功能得到显著提升。　　浦东是上海经济发展的重要增长极，始终保持年均经济增长 18% 左右。2010 年生产总值达到 4707.5 亿元，增长 12.4%；其中第二产业增加值 2036.6 亿元，增长 15.3%；第三产业增加值 2639.5 亿元，增长 10.3%。工业总产值达 8591.5 亿元，增长 21.1%；高新技术产业产值增速高于工业平均增速，全年实现产值 2259.1 亿元，增长 37.9%，占工业总产值比重 26.3%。全年完成全社会固定资产投资 1432.3 亿元；社会消费品零售总额全年突破 1000 亿元，增长 20.6%。证券、期货、金融、石油、钻石、外汇、产权、土地等一批重要市场先后汇聚浦东。

浦东开发开放坚持面向世界的定位要求，探索出开放条件下跨越发展的成功路径。按照统筹国内国际两个大局的要求，浦东新区在经济全球化的大趋势中把握发展方位、抢抓发展机遇，通过不断扩大开放，大力推进产业升级、功能提升，在全球范围内集聚技术、资本、智力等各类资源。以先进制造业和现代服务业为重点大力吸引跨国公司投资，截至 2010 年底，累计有 1.8 万余家外资企业落户浦东，260 多家世界 500 强企业在浦东投资项目。不断扩大对外开放范围，努力形成高起点、宽领域、全方位的开放格局，率先试点扩大服务贸易对外开放，建立了我国第一个封关运作的保税区——外高桥保税区，率先开展外资银行经营人民币业务、外资参股中资银行等试点，使对外开放由生产制造领域扩大到金融保险、国际贸易、现代物流等服务业领域。营造有利于市场经济、服务经济、创新经济、开放经济发展的运行环境；率先形成城乡一体化发展的新格局。

世博轴

核心区效果图

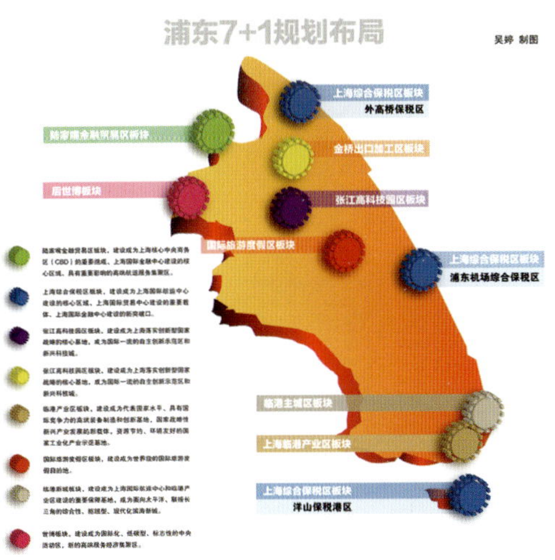

浦东开发区示意图

连接洋山深水湾的大桥

上海浦东机场

上海环球金融中心

银行一条街

浦东陆家嘴金融贸易区

浙江省宁波市

海曙区商业副中心规划图

宁波市位于东海之滨，中国大陆海岸线中段，长江三角洲南翼，浙江省东北部，陆域总面积 9816.23 平方公里，其中市区面积2461.76平方公里，建成区面积271平方公里。2010年底，宁波市户籍人口574.08万人，其中市区223.35万人；暂住人口超过400万。2010 年宁波城市化率 65%，城乡统筹发展水平综合评价得分连续五年居浙江省首位，率先实现城乡全面融合。

2010年以来，宁波市继续加强与长三角各城市合作与交往。以长三角城市经济协调会为平台，全面深化推进长三角城市间医疗保险、金融、园区共建等专题合作，牵头实施“长三角会展合作”专题项目。全年共完成接轨上海参与长三角合作项目79个，协议资金总额51.6亿元。

全年宁波市全面开展“ 改革突破、创新提升 ”两个年活动，统筹推进改革、发展、稳定等各项工作，全市经济社会实现平稳较快发展，质量效益明显改善，结构调整步伐加快，社会保持和谐稳定。实现生产总值 5163.0 亿元，比上年增长 12.4%。三次产业比重为 4.2 ∶ 55.6 ∶ 40.2。按常住人口人均生产总值 68162 元，以年平均汇率折算 10068 美元。财政一般预算收入 1171.75 亿元，其中地方财政收入 530.93 亿元。谋划推进现代化大都市、城镇化大平台、集群化大产业、战略性大项目、总部型大企业建设。开展全国性物流节点城市建设，加快建设北仑海铁联运集装箱物流基地等。宁波市港口货物吞吐量 4.12 亿吨，集装箱吞吐量 1300.35 万标准箱，增幅位居国内八大港口和全球三十大港口之首，居大陆港口第三位，进入世界港口前六强。实现外贸自营进出口总额 829.04 亿美元，其中出口 519.67 亿美元，实现口岸进出口总额 1613.44 亿美元。新批外商投资项目 495 个，投资总额 70.7 亿美元，实际利用外资 23.23 亿美元，第三产业外商投资项目增长 60%，服务外包业务总额 65.4 亿元。推进现代市场流通体系建设，实现商品销售总额 7506.6 亿元，社会消费品零售总额 1704.5 亿元。居民消费价格指数为 103.7%。引进金融机构和金融配套中介机构，开展跨境贸易人民币结算城市试点，中国进出口银行宁波市分行成立。加快新农村建设，推进现代农业发展，农民收入连续七年两位数增长，有国家级生态乡镇 10 个、国家级生态村 1 个。推进智慧城市建设，被评为“2010 中国城市信息化十佳城市”。成功举办上海世博会“ 信息化与城市发展 ”论坛。

中国开渔节妈祖巡安

梅山国际集装箱码头正式运行

上海世博会首个主题论坛志愿者

梅山保税港区

中国开渔节开船仪式

宁波保税区进出口葡萄酒

中国（奉化）雪窦山弥勒

大榭开发区行政商务区

江苏省无锡市

无锡市按照建设“五中心”、打造“五名城”的目标定位，全面实施“科教兴市、人才强市、质量和知识产权立市”主战略，积极推动全社会在人才、科技、生态、文化、民生“五个方面”的思想觉醒和实践自觉，大力推行产业、城乡、社会、政府“四大转型”的一系列创新举措，经济社会发展取得显著成就，胜利完成“十一五”确定的主要目标和任务。

尚德电力纽交所上市

2010年，全市地区生产总值达到5758亿元，在2005年基础上实现翻番，年均增长13.5%左右，人均地区生产总值（按常住人口计算）达到1.3万美元以上。财政总收入达到1579.9亿元，年均增长30.2%；其中地方财政一般预算收入达到511.9亿元，年均增长23%。综合实力和竞争力位居全国大中城市前列。

全市服务业增加值占地区生产总值比重平均每年提高1个百分点，2010年服务业增加值占地区生产总值比重达到42.5%。高新技术产业增加值占规模以上工业增加值比重45.7%。高效农业面积占农业用地面积比例提升到53.9%。战略性新兴产业快速崛起，微电子、新能源、软件与服务外包等产业发展达到国际国内先进水平。

大力建设创新型经济领军城市，自主创新能力明显增强。2010年全社会研究与开发经费支出占地区生产总值比重达到2.5%；五年累计专利申请量达83080件，是“十五”期间的6倍。引进海外归国领军型人才工作开创全国先河；累计完成政府主导的“三创”载体500万平方米，集聚科技型企业3400多家。无锡成为全国科技创新先进城市、唯一的国家传感网创新示范区和传感网高技术产业基地、首批国家海外高层次人才创新创业基地，跻身国家创新型城市、国家云计算服务创新发展试点城市行列。

华西塔群

863水生态修复工程

宁静的古运河

蠡湖美景

城乡规划建设取得历史性突破，实现了城乡规划全覆盖，优化了区域功能布局，“一体两翼、七区一体”的区域性中心城市框架基本确立。连续实施“三年城市建设行动计划”，城市快速路网系统基本建成，城市轨道交通一、二号线开工建设；完成苏南（硕放）机场改扩建一期工程，成为对外开放的国际机场；无锡（江阴）港年集装箱吞吐量突破100万标箱。加快推动“五个新城”、“五个园区”、“五个街区”、“八个博览园”等一批功能性载体建设。城市化水平进一步提高，预计城市化率达到68%左右。

城市夜景

高起点、高标准推进无锡太湖保护区建设，深入开展治理太湖保护水源和环保优先专项行动计划，切实加大减排力度，太湖无锡水域水质持续改善。生态建设迈上新台阶，无锡跻身国家生态文明建设试点城市行列，建成国家节水型城市、全省首个国家森林城市，率先建成国家生态市和生态城市群。

坚持市场取向原则，重点突破、整体推进，全力实施改革攻坚七项重点工作和深化改革创新体制行动纲要，被评为“中国改革优秀城市”。建立健全国有资产管理体系，促进国有资本向基础设施、金融和高新技术产业领域集聚。非公经济发展环境不断改善，民营经济增加值占地区生产总值比重达到63.1%。积极扩大对外开放，2010年全市进出口总额达到612.2亿美元，实际利用外资33亿美元，年均增长10.5%；全市服务外包业务合同总额达到31.8亿美元。

坚持富民优先方针，大力实施十大民生工程，开展“幸福市（县）区建设”，人民生活质量显著改善。2010年全市城镇居民人均可支配收入达到27750元，农民人均纯收入达到14002元。城乡一体的社会保障体系建设取得重大进展，最低生活保障实现城乡接轨，困难群体帮扶体系更加完善。教育现代化建设成效显著，各级各类学校办学水平和教育质量不断提升。全面实施医药卫生体制改革，基本医疗和公共卫生服务能力明显提高。加快文化强市建设，全面推进文化遗产保护、文化设施建设，完善公共文化服务体系。

国内首个生物脱硫项目，宜兴协联热电有限公司厂区

江苏省镇江市

长江最美城市港湾－北部滨江区

北部滨水区，西起润州路，东至航信路，南到长江路和禹山北路，北至长江主航道中心线，以镇江老港水域为核心，包括三山、西津渡等众多名胜古迹在内，总规划面积 61.6 平方公里。坚持以打造长江最美城市港湾、江南最美城市名片为目标，努力成为老城改造和生态修复的典范。

“十一五”期间，北部滨水区建设累计投资近百亿元，完成拆迁约 110 万平方米，搬迁和整治码头 27 座，搬迁企业近 70 家，退渔还湖1000亩。建成1.08平方公里的白娘子爱情文化园，实施“四闸一坝”控水工程，实现了内江封航和节制，四季水位可调可控；实施内江清淤工程，完成了 800 万方清淤总量，形成 8.8 平方公里金山湖水体，以金山湖为核心，形成包含“一湖（金山湖）、二滩（焦西滩、焦北滩）、三山（金山、焦山、北固山）、四湾（月亮湾、西津湾、北固湾、浮玉湾）”在内，总面积 32 平方公里的金山湖风景区。

已建成的引航道水利枢纽闸站景观塔楼新姿

滨江分光带（京口宝鼎）

白娘子爱情文化园鸟瞰

白娘子爱情文化园（情人

凤凰家园鸟瞰

新城市4期

南徐新城建设，“十一五”期间累计投入资金约50亿元，建设了镇江市新政中心、体育会展中心、京沪高铁镇江南站、市民公园等数十项公共设施项目，加快完善南徐新城区行政办公区、文化娱乐、体育休闲功能。投资开发的新城花园、凤凰家园、九华山庄共计约160万平方米三大拆迁安置房项目，极大改善了南徐新城区居民的居住生活环境。

体育会展中心

商务A区

金山佛教文化广场

行政中心

浙江省衢州市

衢州市位于浙江省西部，地处浙闽赣皖四省交界，是国家历史文化名城、中国优秀旅游城市、国家级生态示范区，荣膺国家园林城市、国家卫生城市、中国投资环境百佳城市等多项殊荣。现辖龙游、开化、常山 3 个县，柯城、衢江 2 个区和江山市，全市地域面积 8841 平方公里，总人口 251 万。

衢州历史悠久，文化底蕴深厚。衢州有 1800 多年建城史，名胜古迹众多，文化内涵丰富。孔氏南宗家庙被称为"东南阙里"，孔子第 75 代嫡长孙孔祥楷先生亲自坐镇家庙衍圣弘道；烂柯山是享誉世界的围棋发祥地；保存较为完好的古城墙和传统街区是全国重点保护文物。

衢州资源丰富，自然风光优美。衢州地处钱塘江源头，是浙江省的生态屏障，森林覆盖率达 71.5%，水资源总量近 1 00 亿立方米。境内山川秀美、地貌多姿，以"圣、神、奇、秀、谜、源"为特色，以孔氏南宗家庙、烂柯山、龙游石窟、江郎山、钱江源等为代表，是著名的生态休闲度假胜地。

孔氏南宗家庙-祭孔大典

衢州区位独特，交通条件便利。衢州素有"四省通衢、五路总头"之称，民航、铁路、公路、水运齐全。机场现有通往北京、深圳、厦门的航线；浙赣铁路横贯全境，九景衢铁路衢常段已通车将与京九线相连；杭金衢、杭新景高速公路和黄衢南、龙丽高速公路拉开了"两横两纵"路网框架；杭长客运专线建成后将迎来"高铁时代"；衢江 4 级航道启幕将重圆衢江扬帆梦想；杭新景高速公路衢州段已开工。衢州到杭州 2 小时，到上海、宁波 3 小时的大交通圈基本形成。

世界自然遗产-江郎山

衢州工业基础较好，产业特色鲜明。衢州是全国最大的氟化工基地，有"中国氟都"之称，而且是全国唯一的氟、硅两大产业共同发展的地区，单晶硅、有机硅居全国同行业前列。衢州也是全省重要的建材基地、高档特种纸基地和精密轴承生产出口基地，矿山风动机械的市场占有率位居全国前列。衢州还是浙江省最大的绿色农产品基地，生态效益农业发达，享有 19 个中国特产之乡的美誉，建有 100 多万亩的绿色农产品基地。

四省通衢-交通枢纽

衢州生机勃勃，充满发展活力。衢州市委、市政府全面贯彻科学发展观，认真落实中央和省委的重大决策部署，团结带领全市人民抢抓机遇，克难攻坚，扎实推进经济、政治、文化与社会建设。2010 年，实现生产总值 752.8 亿元，全社会固定资产投资 489.6 亿元，财政总收入 75.4 亿元，城镇居民人均可支配收入 21811 元，农村居民人均现金收入 8270 元。

衢州加快崛起，追逐跨越梦想。"十二五"期间，衢州市将按照绿色发展、生态富民、科学跨越的发展要求，坚持走高起点、跨越式、可持续发展之路，加快在全省"后发崛起"和四省边际"率先崛起"，全力打造实力衢州、活力衢州、生态衢州、人文衢州、幸福衢州。

国家级开发区—市经济技术开发区

紫薇山森林公园-天脊龙门

乌溪江国家湿地公园-九龙湖

国家历史文化名城-衢州

江苏省常州市

“十一五”时期常州全市人民深入贯彻落实科学发展观，紧紧围绕富民强市、“两个率先”的总目标，有效应对国际金融危机的严重冲击，全力以赴加快创新创业，主动作为优化经济结构，加大力度改善社会民生，在全省率先建成全面小康社会，“十一五”规划确定的主要目标任务全面完成。

常州城市高架

经济发展重大跨越。2010年，地区生产总值2976.7亿元，按现行汇率折算人均（常住人口）地区生产总值超过9000美元；地方一般预算收入达286.2亿元；固定资产投资达2103.4亿元，五年累计超过7400亿元；实际利用外资五年累计超过100亿美元。建立“经科教联动、产学研合作、校所企共赢”的科技创新之路，成为国家创新型试点城市，以“一核八园”为重点推进国家创新型科技园区建设，以常州科教城为重点加快创新载体建设，科教城被批准为国家大学科技园。着力振兴装备制造、新能源、新材料、电子信息、生物医药等五大产业，五大产业占规模工业比重达到64%，建设形成光伏、轨道交通、输变电设备、LED照明等省级特色产业基地。现代服务业发展步伐加快，2010年服务业增加值占地区生产总值比重达到40.6%，建设形成了科教城、创意产业基地、津通工业园等9家省级现代服务业集聚区，国家级动画产业基地被评为“全国十大创意产业基地”，年成交额超百亿元市场达到4个。

常州城市高架

常州新农村建设（五一村）

省运会

常州道德讲堂

现代服务业集聚区代表（津通工业园）

常州百姓和谐生活

社会民生显著改善。城乡居民收入较快增长。2010 年城乡居民收入分别达到 26269 元和 12637 元，分别是“十五”期末的 1.8 倍左右，是全省城乡收入差距最小的地区之一。养老保险、医疗保险实现全覆盖，城镇职工三大保险参保率保持在 97% 以上，新型农村养老保险覆盖率达到 99%，新型农村医疗合作保险参保率 100%，城乡低保应保尽保。民生工程成效显著。年新增就业岗位超过 10 万。成功举办第十七届省运会和一系列重大体育赛事，全民健身、竞技体育较快发展。全面启动教育现代化工程，实现免费义务教育，基本实现高等教育普及化，成立常州大学。全面启动卫生惠民工程，基本建成公共卫生服务体系。群众文化日益丰富，市级公共文化设施全部免费开放，实施了一批文化精品工程。平安常州、法治常州建设和国防动员工作深入推进。

城乡建设全面提升。城市发展框架基本形成。建成区面积由 150 平方公里增加到 230 平方公里。建成城市高架路以及青洋路、中吴大道、飞龙路等一批连接南北、东西的城市通道。建成规划馆、博物馆、大剧院、体育会展中心等一批地标性城市主体建筑。加快形成以铁路、机场、高速公路、国省干道、航道、港口为主体的综合交通体系。高强度推进太湖治水和城区清水工程，市区 60 多条河道实现水清目标 新增绿地 11334 公顷，建成区绿化覆盖率 42.2%，人均公共绿地面积达 12.5 平方米，成功创建为“国家园林城市”。

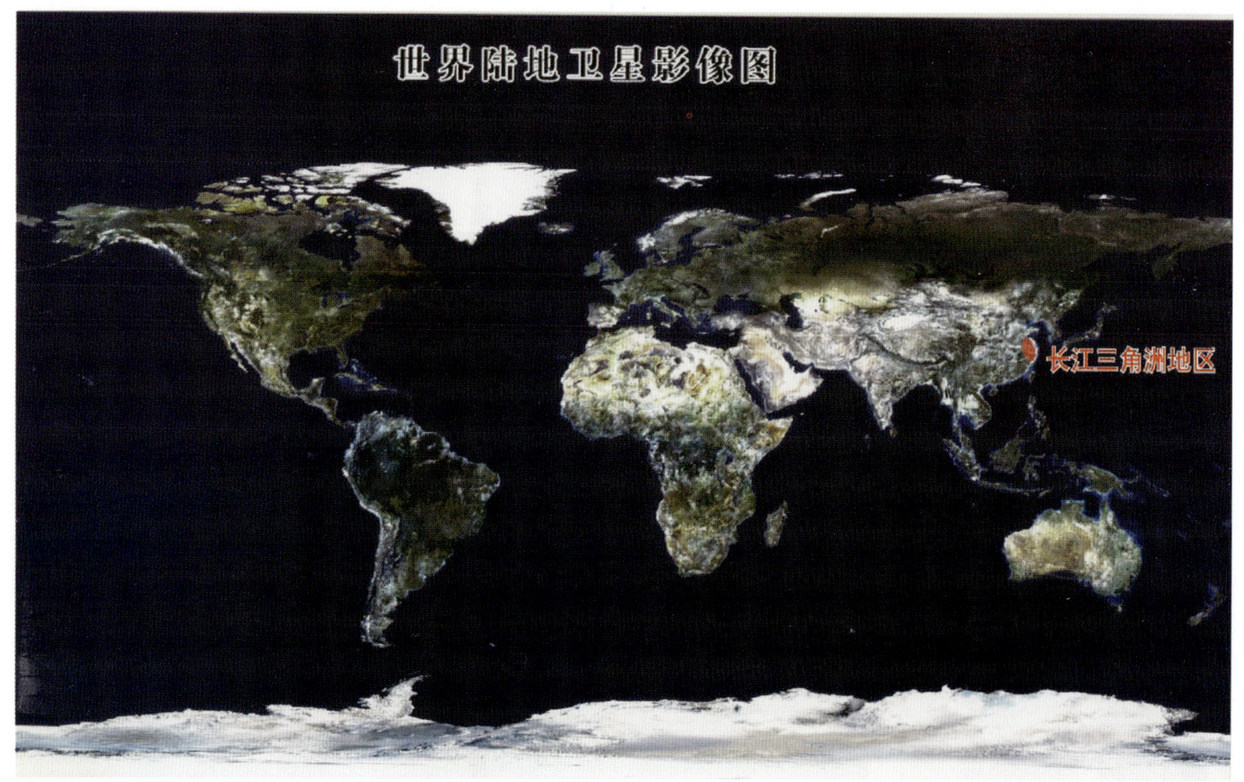

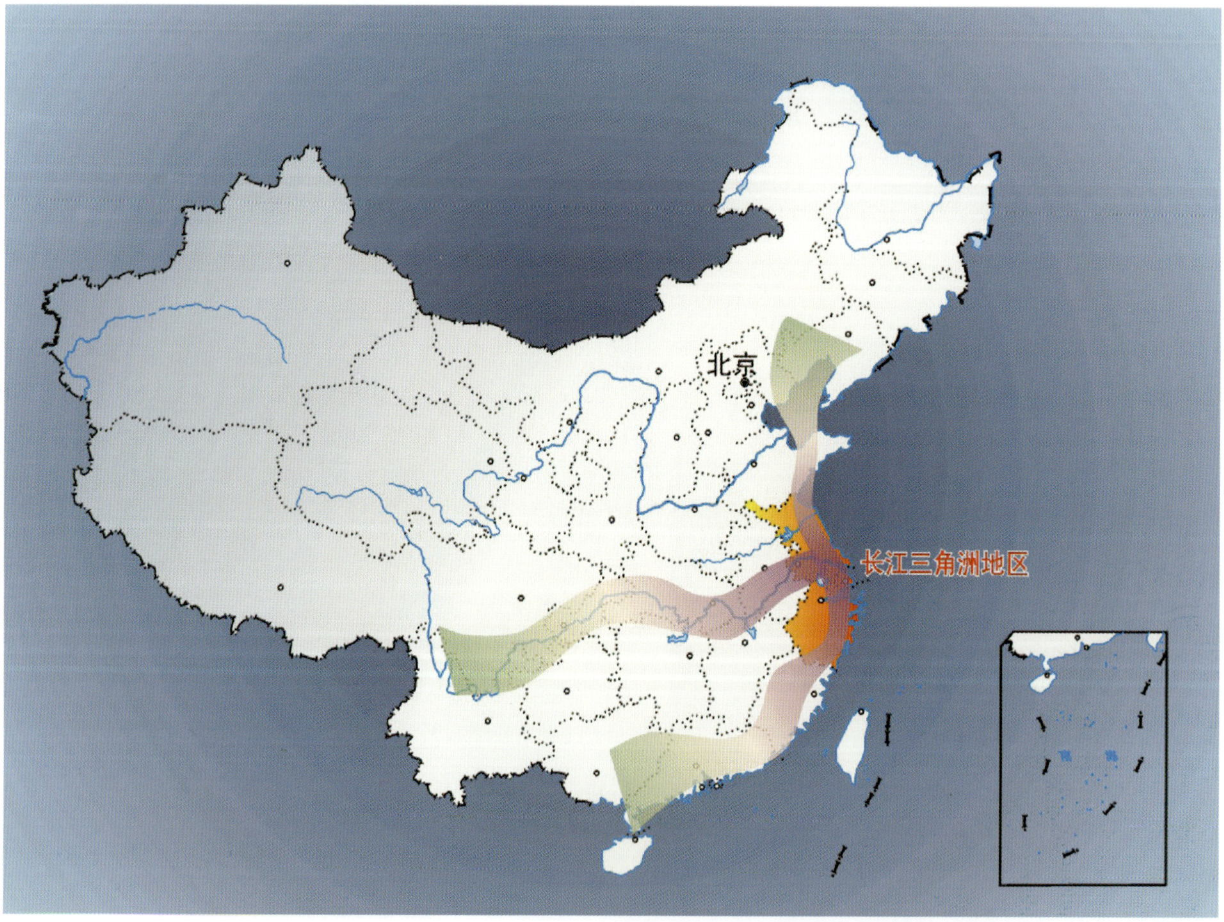

北京
长江三角洲地区

长江三角洲地区区域规划

2009~2020

规划范围

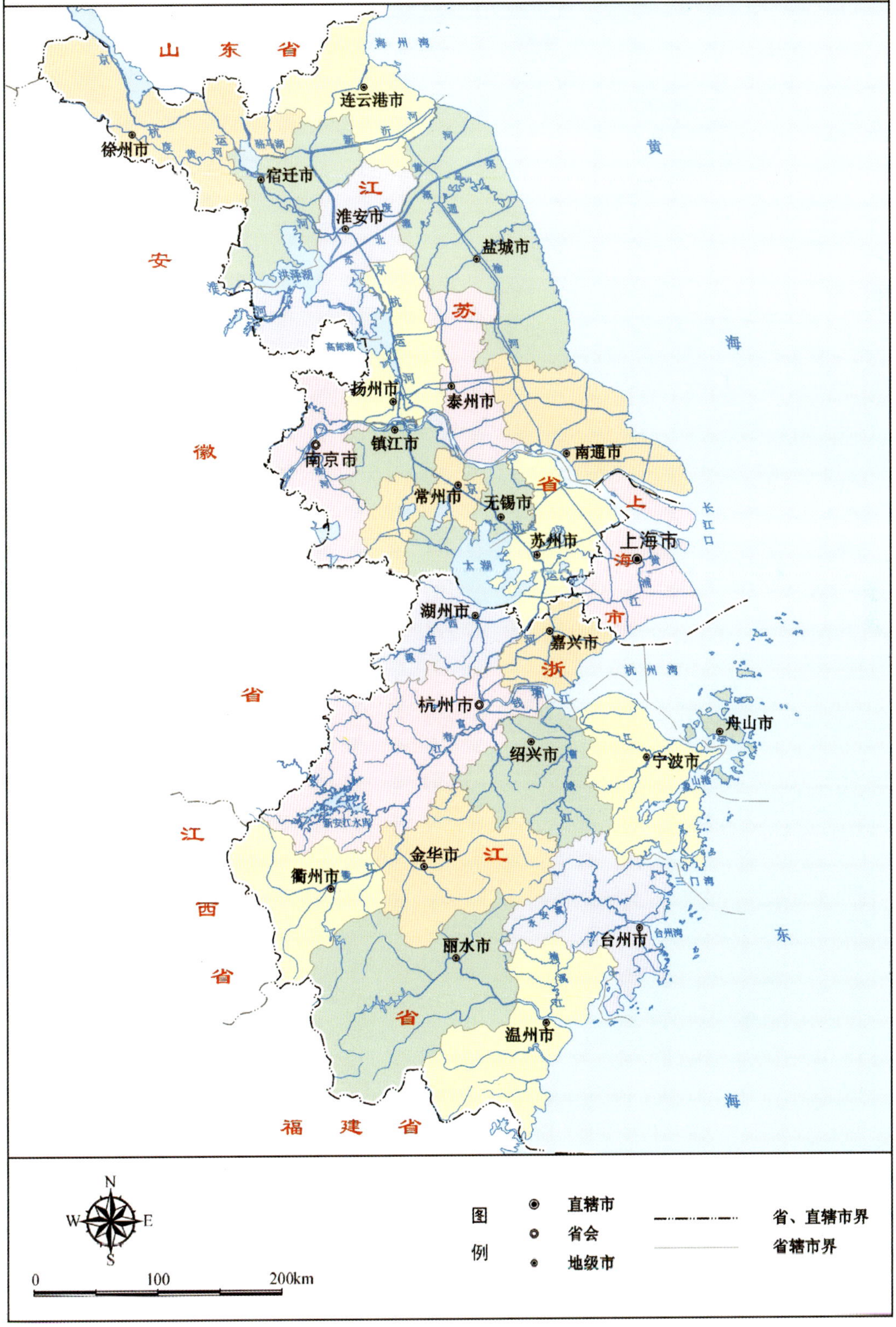

山东省
安徽省
江苏省
浙江省
上海市
江西省
福建省
黄海
东海
连云港市
徐州市
宿迁市
淮安市
盐城市
扬州市
泰州市
镇江市
南京市
南通市
常州市
无锡市
苏州市
上海市
湖州市
嘉兴市
杭州市
舟山市
绍兴市
宁波市
金华市
衢州市
丽水市
台州市
温州市
太湖
洪泽湖
高邮湖
新安江水库
杭州湾
长江口
三门湾
台州湾

图例
直辖市
省会
地级市
省、直辖市界
省辖市界

0 100 200km

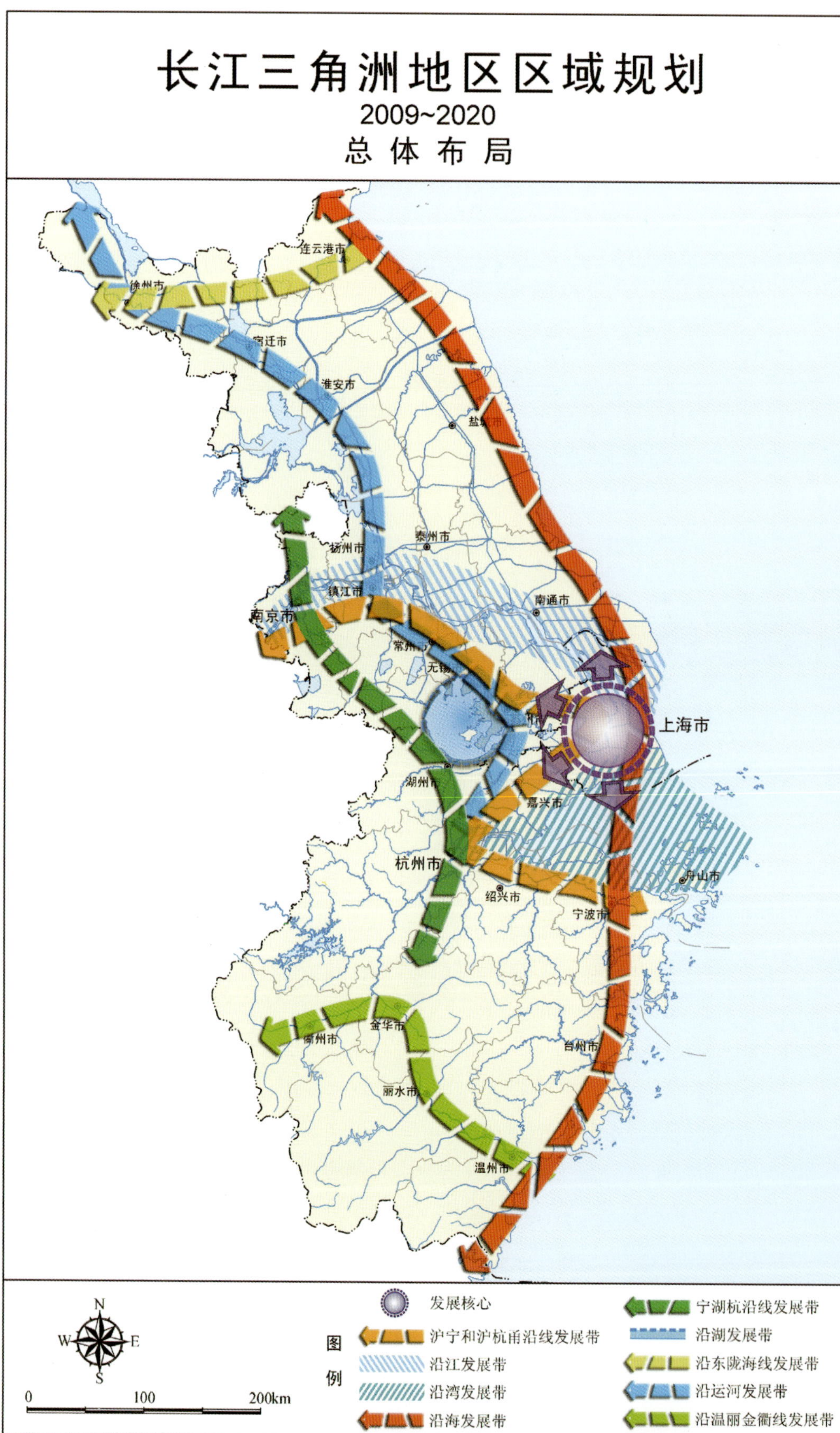

长江三角洲地区区域规划
2009~2020
总体布局
连云港市
徐州市
宿迁市
淮安市
盐城市
泰州市
扬州市
镇江市
南京市
南通市
常州市
无锡
上海市
湖州市
嘉兴市
杭州市
绍兴市
宁波市
舟山市
衢州市
金华市
台州市
丽水市
温州市
N
W
E
S
0
100
200km
图例
发展核心
沪宁和沪杭甬沿线发展带
沿江发展带
沿湾发展带
沿海发展带
宁湖杭沿线发展带
沿湖发展带
沿东陇海线发展带
沿运河发展带
沿温丽金衢线发展带

长江三角洲地区区域规划

2009~2020

城镇体系

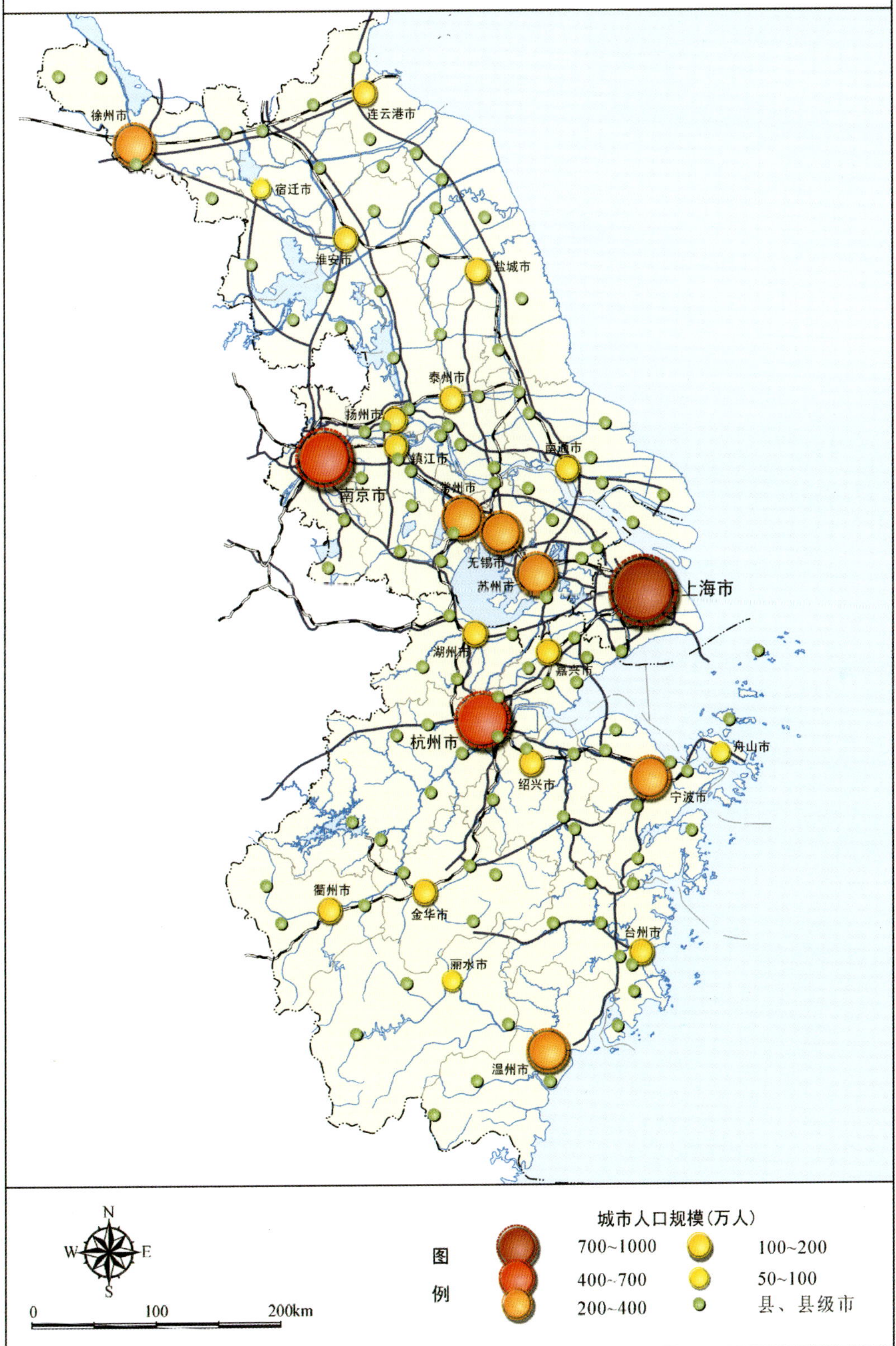

长江三角洲地区区域规划

2009~2020

电子信息产业

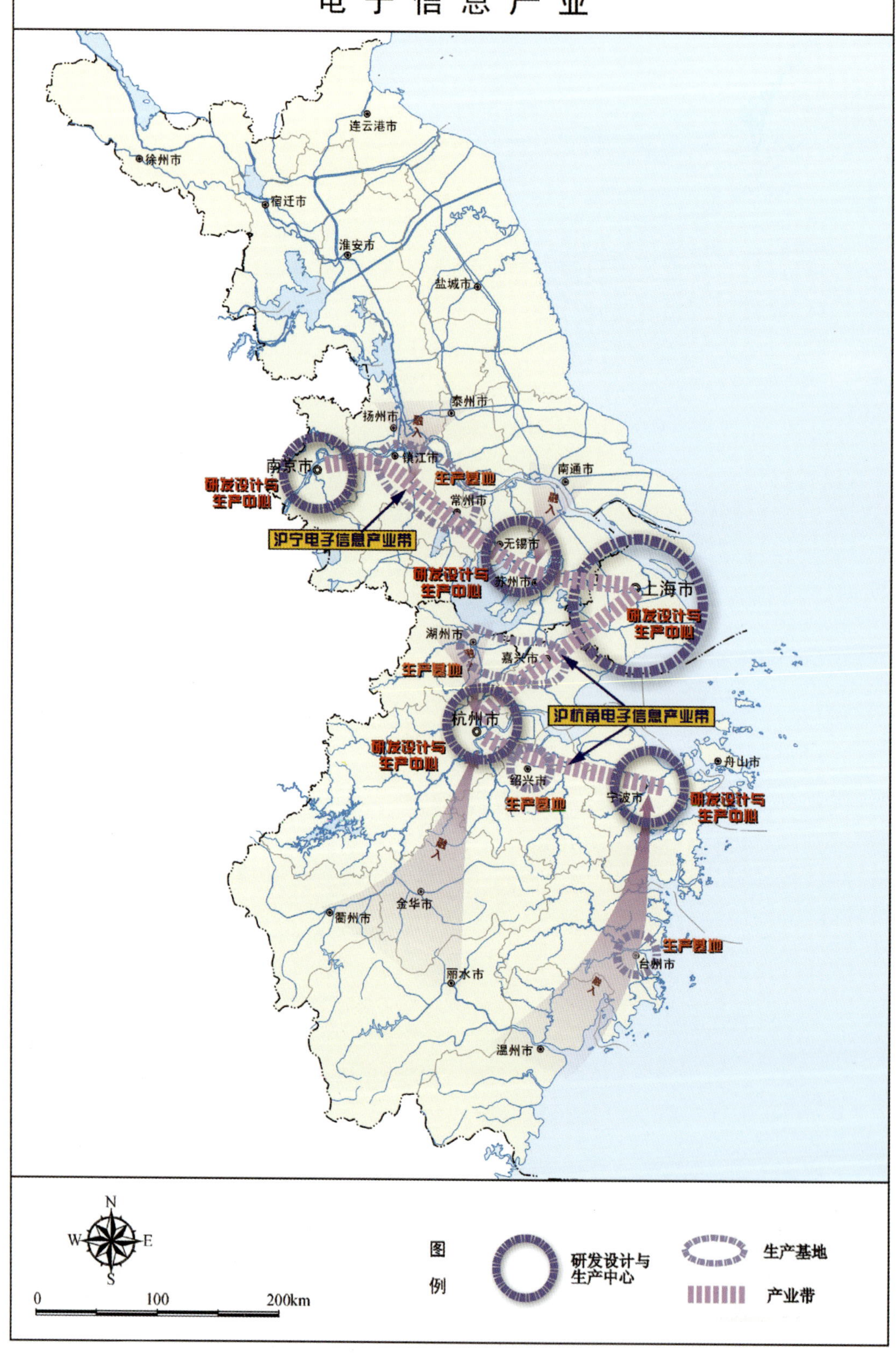

长江三角洲地区区域规划

2009~2020

装备制造业

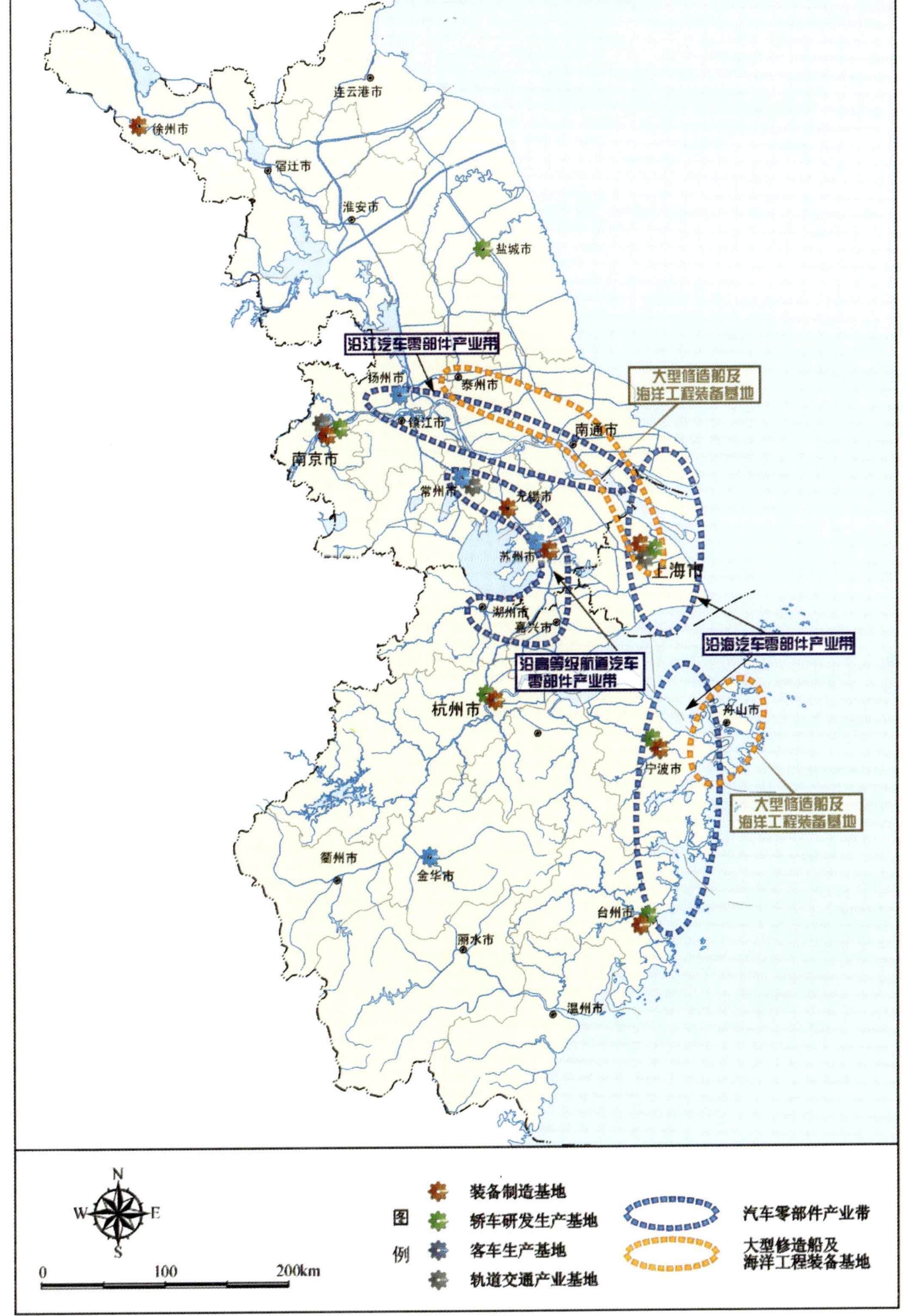

长江三角洲地区区域规划
2009~2020
钢铁与石化产业
基础石化产业密集区
连云港新型钢铁基地
连云港市
徐州市
宿迁市
盐化工基地
盐城精细化工产业密集区
淮安市
盐化工基地
盐城市
泰州市
扬州市
南京化学工业园区
泰州精细化工产业密集区
基础石化产业密集区
镇江市
南京市
南通市
常州市
无锡市
以上海为核心的沿江精品钢生产基地
上海市
苏州市
上海化工区
湖州市
嘉兴市
嘉兴精细化工产业密集区
杭州市
宁波-舟山化工区
舟山市
绍兴市
宁波市
宁波新型钢铁基地
宁波精细化工产业密集区
衢州市
金华市
基础石化产业密集区
台州市
丽水市
温州市
温州精细化工产业密集区
N
W
E
S
0
100
200km
图例
钢铁生产基地
化工（园）区、
基础石化产业密集区
盐化工、新材料基地
精细化工产业密集区

目　录 Contents

长三角年鉴（2011）
Yangtze River Delta Yearbook 2011

第三篇　长三角地区区域经济社会发展报告 …………59
Volume 3　Economic and Social Development Report in the Yangtze River Delta Region

特 载

国务院关于进一步推进长江三角洲地区改革开放和经济社会发展的指导意见

国务院关于进一步推进长江三角洲地区改革开放和经济社会发展的指导意见

（代　序）

长江三角洲地区是我国综合实力最强的区域，在社会主义现代化建设全局中具有重要的战略地位和带动作用。改革开放特别是推进上海浦东开发开放以来，长江三角洲地区经济社会发展取得巨大成就，对服务全国大局，带动周边发展做出了重要贡献，积累了丰富经验。在当前国际经济环境发生重大变化、国内各项改革深入推进的新形势下，为进一步推进长江三角洲地区改革开放和经济社会发展，现提出以下意见：

一、进一步推进长江三角洲地区改革开放和经济社会发展的重要意义、总体要求、主要原则和发展目标

（一）重要意义。长江三角洲地区包括上海市、江苏省和浙江省。进一步推进长江三角洲地区改革开放和经济社会发展，有利于推进区域经济一体化，提高自主创新能力和整体经济素质；有利于增强对中西部地区的辐射带动作用，推动全国区域协调发展；有利于提高开放型经济水平，增强我国国际竞争力和抗风险能力；有利于推进体制创新，促进建立健全充满活力、富有效率、更加开放的体制机制。

（二）总体要求。高举中国特色社会主义伟大旗帜，以邓小平理论和"三个代表"重要思想为指导，深入贯彻落实科学发展观，进一步解放思想、与时俱进，进一步深化改革、扩大开放，着力推进经济结构战略性调整，着力增强自主创新能力，着力促进城乡区域协调发展，着力提高资源节约和环境保护水平，着力促进社会和谐与精神文明建设，实现科学发展、和谐发展、率先发展、一体化发展，把长江三角洲地区建设成为亚太地区重要的国际门户、全球重要的先进制造业基地、具有较强国际竞争力的世界级城市群，为我国全面建设小康社会和实现现代化做出更大贡献。

（三）主要原则。坚持科学发展，努力提高自主创新能力，切实加强资源节约和环境保护，推进经济发展方式的转变；坚持和谐发展，着力保障和改善民生，加强社会主义民主法制建设，维护社会公平正义；坚持率先发展，加强与周边地区和长江中上游地区的联合与协作，强化服务和辐射功能，带动中西部地区发展；坚持一体化发展，统筹区域内基础设施建设，形成统一开放的市场体系，促进生产要素合理流动和优化配置；坚持改革开放，继续在体制创新上先行先试，率先在重要领域和关键环节取得突破，为又好又快发展提供制度保障。

（四）发展目标。到2012年，产业结构进一步优化，服务业比重明显提高；创新能力显著增强，科技进步对经济增长的贡献率大幅提升；区域分工和产业布局趋于合理，对外开放的质量和水平明显提升；单位地区生产总值能耗低于全国平均水平，重点地区生态环境恶化的趋势得到遏制；社会保障体系覆盖城乡，公共服务能力进一步增强，基本实现全面建设小康社会的目标。

到2020年，形成以服务业为主的产业结构，三次产业协调发展；在重要领域科技创新接近或达到世界先进水平，对经济发展的引领和支撑作用明显增强；区域内部发展更加协调，形成分工合理、各具特色的空间格局；主要污染物排放总量得到有效控制，单位地区生产总值能耗接近或达到世界先进水平，形成人与自然和谐相处的生态环境；社会保障水平进一步提高，实现基本公共服务均等化。再用更长一段时间，率先基本实现现代化。

二、加快发展现代服务业,努力形成以服务业为主的产业结构

(五)优先发展面向生产的服务业。加快以上海国际航运中心和国际金融中心为主的现代服务业发展。进一步整合港口资源,加强港口基础设施、集疏运体系建设,加快发展现代航运服务体系,努力提高管理水平和综合服务能力,尽快建成以上海为中心、以江苏和浙江港口为两翼的上海国际航运中心。依托区域综合交通网络,大力推进现代物流业发展。积极探索金融机构、金融产品和服务方式等多种金融创新,健全多层次金融市场体系,引进和培育高层次金融人才,大力改善金融业发展环境,提高金融服务业发展水平。扶持和培育技术创新型第三方服务企业,大力发展科技服务业。运用信息技术和现代经营方式改造提升传统商贸业,加快现代商贸业发展步伐。整合建立区域内综合性的软件服务公共技术平台和公共信息应用平台,培育创新型特色化的软件服务和信息服务企业,积极发展增值电信业务、软件服务、计算机信息系统集成和互联网产业。

(六)积极发展面向民生的服务业。大力发展旅游业,进一步拓展市场、整合资源,建设世界一流水平的旅游目的地体系。加快发展广播影视、新闻出版、邮政、电信、文化、体育和休闲娱乐等服务业。积极扶持电子书刊、网络出版、数字图书馆、网络游戏、电影特技制作、数字艺术设计、数字媒体、虚拟展示等新兴数字创意产业发展。

(七)大力改善服务业发展环境。加快建设区域服务业联动机制,开展多方面的交流与协作。研究建立区域现代服务业标准规范体系,加强面向现代服务业技术、产品与服务的认证机制建设。加快建立市场化运作的企业和个人信用服务体系,制定行业标准,完善监管制度。大力开展现代服务业人才培训与职业教育,多层次培养现代服务业复合型人才。

三、全面推进工业结构优化升级,努力建设国际先进制造业基地

(八)做大做强高技术产业和优势支柱产业。继续巩固和提高实体经济发展水平,集中力量积极发展电子信息、生物、新材料、新能源等战略性高技术产业,培育更多新的增长点。进一步做大做强石化、钢铁、汽车、船舶及先进装备制造等优势支柱产业,加快形成核心关键技术和提升规模水平。大力发展总部经济和研发、设计、营销中心,促进产业链条向高端延伸。加快淘汰落后生产能力,积极推动传统产业的升级改造和梯度转移。大力培育建设与全球先进制造业基地相适应的优秀经营管理人才和高级技工队伍。

(九)进一步优化空间布局。以沪宁、沪杭甬沿线为重点发展具有先导效应、发展潜力大的电子信息、生物、新材料和先进装备制造等产业;在沿江、沿海、杭州湾沿线优化发展产业链长、带动性强的石化、钢铁、汽车、船舶等产业。促进企业向产业带集中、向园区集聚,引导关联企业集聚发展。加快连云港、温州等发展潜力较大地区的发展,形成新的经济增长点,带动江苏沿海、东陇海沿线、浙江温台沿海、金衢丽高速公路沿线发展。

(十)进一步提升企业竞争力。鼓励和支持优质资本、优势企业跨行政区并购和重组。在电子信息、石化、钢铁、汽车、船舶、装备制造、轻纺、商贸、旅游等重点领域和优势行业,加快培育形成一批拥有自主知识产权的世界级品牌、具有国际竞争力的大企业,形成以大企业为龙头,中小企业专业化配套的协作体系,提升产业整体素质,增强竞争能力。

四、统筹城乡发展,扎实推进社会主义新农村建设

(十一)大力发展现代农业。着力发展高附加值的特色农业、设施农业、生态农业、观光农业、都市农业和现代养殖业。支持创建名优品牌。充分发挥江苏沿海等地区滩涂资源丰富的优势,建立现代农业示范区,积极发展规模化高效农业。稳定发展粮食生产,积极推进大型优质商品粮基地建设。依托沿江靠海的优势,发展现代渔业。积极改造和提升传统农业,大力提高农业机械化水平和土地集约利用水平。加强优势农产品产业带和规模化养殖基地建设。大力支持农业产业化经营和标准化生产,培育一批带动能力强的龙头企业。鼓励扩大农产品出口,进一步做大做强外向型农业。

（十二）加快完善农业生产、经营、流通等服务体系。加快培育生产性的专业服务组织，构建新型农业服务体系。大力发展农村现代物流，在农村培育一批大型流通企业。积极培育、发展农民专业合作社和农业行业协会、学会等各类组织，加快农业信息服务网络建设。改善农村金融服务，发展农村信用担保和农村小额贷款，加快建立农业保险体系。

（十三）全面深化农村改革。坚持农村基本经营制度，稳定和完善土地承包关系，按照依法、自愿、有偿的原则，健全土地承包经营权流转市场，有条件的地方可以适度发展多种形式的规模经营。深化集体林权制度改革。探索集体经济有效实现形式。加快农村投融资体制改革，合理划分各级政府的财政投入职责，加大政府对农业和农村的投入，引导各类资本进入农业社会化服务体系和合理开发未利用农业资源。建立健全多层次、广覆盖、可持续的农村金融体系，不断完善对"三农"的金融服务。扎实推进农村综合改革，强化乡镇政府的社会管理和公共服务职能，逐步建立起精干高效的农村基层行政管理体制。建立健全村民自治机制，完善村民一事一议制度，积极推进奖补措施，推广民主恳谈会、村民议事会等有效的民主形式。

（十四）稳步推进城乡一体化进程。统筹城乡基础设施建设，推动城市基础设施、公共服务和现代文明向农村延伸。进一步做好村庄规划，节约农村建设用地。加强城市饮用水安全保障工作，加快实施农村饮水安全工程建设和中小河流及湖泊河网水环境整治，推进农村节能减排，加强城乡绿化美化一体化建设。统筹城乡社会事业发展，逐步实现城乡基本公共服务均等化。全面落实被征地农民基本生活保障制度，确保做到即征即保，探索建立农村养老保险制度，积极做好城乡社会保障制度的统筹衔接。提高农村最低生活保障水平，逐步实行城乡统一的低保制度。统筹城乡劳动就业，逐步建立城乡统一的人力资源市场和公平竞争的就业制度。

五、大力推进自主创新，加速建成创新型区域

（十五）构建具有国际竞争力的区域创新体系。抓紧编制自主创新规划，加快构建技术创新体系。引导创新要素向企业集聚，支持有条件的企业建立技术研发机构和创办海外研发机构，鼓励有条件的企业与高校、科研院所建立技术创新战略联盟。整合自主研发力量，建设一批一流的研究型大学、科研机构和创新型企业，加强国家重点实验室、工程技术（研究）中心、国家重大科学工程的建设，建设开放共享的科技基础条件平台和产业共性技术研发试验平台。构建区域创新网络，建立和完善技术转移转化的公共服务平台和中介服务机构，重点办好若干区域性重点科技园区。实行科技资质互认制度。

（十六）实现关键领域和核心技术的创新突破。重点推进电子信息、生物、先进制造、新能源、新材料、航天航空等领域的自主创新，加强区域联合协作，共同攻克产业核心技术、共性关键技术，组织开展新技术开发和推广示范。充分发挥高新技术产业园区在产业集聚和创新载体方面的作用，协同推进原始创新、集成创新和引进消化吸收再创新。支持区域联合承担国家重大科技专项。

（十七）营造鼓励自主创新的政策环境。加大财政对竞争前技术和共性技术研发、引进技术消化吸收再创新、初创型科技中小企业的引导性投入。抓好企业研发费用税前抵扣和高新技术企业优惠政策的贯彻落实。进一步改善创新创业投融资环境，鼓励发展创业风险投资和私募股权投资，支持区域内国家级开发区中高新技术企业进入股权代办转让系统，鼓励发展金融租赁业，积极发展小企业信用担保体系。推动形成市场化、专业化的创新服务体系。加大知识产权保护力度，加强知识产权的集成、运营和管理。

（十八）加强创新型人才的培养和引进。调整完善高等教育的学科布局和专业设置。鼓励企业依托高等院校、职业院校和科研机构，建立区域高新技术和高层次应用型人才、高技能人才培养基地。加强国际合作交流，发展和完善多种形式的科技创新人才国际化培养模式。加大人才引进力度，重点引进高层次人才、高科技人才以及经济社会发展需要的紧缺人才。

六、走新型城市化道路，培育具有较强国际竞争力的世界级城市群

(十九)构建完备的城镇体系。加快建设以特大城市和大城市为主体，中小城市和小城镇合理发展的网络化城镇体系。发展基础较好、已初步形成城市带的各个城市，要进一步密切相互间的经济、技术、文化联系，促进要素流动和功能整合，发挥同城效应。苏北、浙西南等开发强度相对不高、发展潜力较大的地区，要大力引导产业、人口有序集聚，形成新的城镇发展带。

(二十)完善和提升各类城市功能。继续发挥上海的龙头作用，加快建成国际经济、金融、贸易和航运中心，进一步增强创新能力和高端服务功能，率先形成以服务业为主的经济结构，成为具有国际影响力和竞争力的世界城市。进一步提升南京、杭州等特大城市的综合承载能力和服务功能，扩大辐射半径。其他大城市要按照自身优势，形成特色，提升功能。中小城市和小城镇要进一步增强实力，完善服务功能。

(二十一)提高城乡规划和建设管理水平。合理规划城市规模，优化城镇建设布局。严格控制新增建设用地规模，促进城镇集约紧凑发展。统筹规划建设城镇供排水、供电、通信、垃圾处理和覆盖城乡的区域性防洪排涝、供水、治污工程等重大基础设施。加强城镇防灾减灾和应急管理能力建设。统筹新区开发与旧城保护，切实维护城镇历史文化风貌。

七、积极推进重大基础设施一体化建设，增强区域发展的支撑能力

(二十二)完善综合交通运输体系。铁路要以客运专线和城际轨道交通建设为重点，加快区域对外通道、区域内省际通道、城际快速通道以及跨长江通道、重要枢纽客运设施等建设，优化路网结构，提高路网质量。公路要以加强关键工程和断头路段建设为重点，加快国家高速公路网建设，加强区域对外通道、区域内省际通道、重要的城际快速通道、跨海湾和跨长江通道及重要疏港高速公路建设。抓紧编制实施沿海港口发展总体规划，加强港口群协调发展。提高长江“黄金水道”、京杭运河等高等级航道通航标准，完善集装箱运输系统、外贸大宗散货海进江中转运输系统、江海物资转运系统和客运系统。积极推进空域管理和使用方式改革，科学利用空域资源，加强航空枢纽与配套支线机场建设。

(二十三)构建区域能源安全体系。进一步优化能源结构，鼓励发展可再生能源和清洁能源。加快石油、天然气基础设施建设，共同推进石油和液化天然气码头建设，完善油气输送管道网络，加强油气战略储备，加快建设区域石油流通枢纽和交易中心，研究建立区域天然气交易中心。改善煤炭运输条件，研究规划建设大型储煤基地。优化电力基础设施建设与布局，重点在沿海、沿江地带布置电源点，加快西电东送、北电南送和皖电东送输变电线路等的规划和建设，建设过江电缆通道。加快核电的规划和建设，进一步做好江苏沿海等地区的风电项目规划建设。

(二十四)改善水利基础设施。按照水资源和水环境承载能力，统筹协调区域水利基础设施建设，构筑防洪减灾体系、水资源合理配置和高效利用体系、饮用水安全保障体系以及水生态环境保护体系。加快实施太湖流域第二轮治理、长江口综合整治、淮河治理和沿海防浪堤及防护林等重点工程建设，加强城市防洪排涝能力建设，继续实施病险水库除险加固，加强蓄滞洪区建设和管理，加强低洼易涝地区和山洪灾害易发区综合治理。加快水源工程等水资源调蓄和配置工程建设，继续加强重点地区、重点城市河湖治理和水生态修复工程建设。加快水文、水资源和水环境实时监控系统建设。加强水资源统一管理，完善流域综合管理体制。

(二十五)改进和健全信息基础设施。统筹规划，加快推进区域信息一体化，统一数据标准，完善信息资源共建共享机制。完善信息网络基础设施，不断提高网络性能和技术水平，务实推进“三网”(电信网、广播电视网、计算机网)融合，组织推进光纤接入等高速接入技术的试点，促进传统电信网向宽带综合信息服务网络发展，强化网络信息安全与应急保障基础设施建设。加快区域空间信息基础设施建设，提高地理空间信息社会化应用与共享程度。推进综合性网络应用工程、公益性信息服务工程、企业信息化等重点应用项目建设。促进高速公路电子收费系统、交通信息联网、危急抢险信息联网建设。

八、推进资源节约型和环境友好型社会建设，全面提高可持续发展能力

(二十六)提高土地节约和集约利用水平。坚决实行最严格的土地管理制度，严格执行土地利用总体规划和土地利用年度计划，切实保护耕地和基本农田，加强土地资源需求调控，实行更严格的区域土地供应政策和市场准入标准，制定并实行合理的新建项目土地使用率标准，严格控制新增建设用地。加强对存量建设用地的调整和改造，加大对闲置土地行为的处罚力度，积极盘活闲置和空闲土地。积极开展土地复垦，大力加强农村土地整理，适度开发宜耕后备资源。加强围海造地的管理和调控，合理有序开发利用滩涂资源。

(二十七)全面推进节能降耗。加强区域产业政策和环保政策的衔接，完善节能减排地方性法规。对新建、改建、扩建等涉及新增能力的项目，率先实行国际先进水平的能耗、物耗、水耗等标准。突出抓好高耗能行业和重点耗能企业的节能降耗工作，全面实施节能降耗重点工程，着力推进节能降耗科技进步。到2010年全部淘汰国家产业政策明令禁止的落后生产能力。着力抓好高耗水行业的节水改造和水的循环利用，加强工业、农业和城市节水，全面推进节水型社会建设。大力推动发展节能省地环保型建筑，推进政府办公建筑及大型公共建筑节能运行与改造，新建筑严格实施节能强制性标准。大力发展资源再生和环保产业。大力发展循环经济，实现清洁发展。落实节能降耗目标责任制。

(二十八)强化环境保护和生态建设。加强区域生态环境的共同建设、共同保护和共同治理。落实《太湖流域水环境综合治理总体方案》和《淮河流域水污染防治规划》，加强杭州湾、长江沿岸、长江口和近海海域污染综合治理和生态保护。实行更严格的环境保护标准。完善区域污染联防机制，推进区域环境保护基础设施共建、信息共享和污染综合整治。加快规划和建设城乡污水处理和生活垃圾处理设施，强化对已建成污染治理设施的运行监管。治理农村面源污染，加大畜禽养殖污染防治力度。加大江河湖库饮用水源地建设，加强饮用水水源地保护，确保饮用水安全。坚决关停达不到污染物排放标准的企业，治理工业污染，大幅减少燃煤电厂二氧化硫和汽车尾气排放，控制高架源氮氧化物的排放。加大水土流失综合防治力度，加强水土保持清洁型、生态型小流域综合治理。严格执行开发建设项目“三同时”(建设项目环保设施与主体工程同时设计、同时施工、同时投产使用)和水土保持方案报告制度。加强林业生态建设，增强涵养水源等能力。强化地下水资源保护，遏制地下水超采，建立区域联动机制，防治地面沉降，保护地质环境。建立海洋重大污染事件通报和海区关闭制度。健全环境违法行为联合惩处机制，加强联合执法检查，完善跨界污染防治的协调和处理机制。披露环境信息，建立健全社会公众参与和监督机制。落实污染减排考核和责任追究制度，实行环境保护一票否决和问责制。研究推进排污权交易和建立生态环境补偿机制。

九、加强文化建设和社会事业建设，促进经济社会协调发展

(二十九)切实加强社会文化建设。运用生动活泼、寓教于乐的形式，广泛开展社会主义核心价值体系宣传普及活动，大力弘扬爱国主义、集体主义、社会主义思想，为和谐社会建设注入精神动力。切实加强社会公德、职业道德、家庭美德和个人品德建设，形成文明健康的社会风尚。建立区域文化联动发展协作机制，制定区域文化发展规划。不断深化文化体制改革，着力推进文化创新，加快文化产业基地和区域性特色文化产业群建设。建立完善覆盖城乡的公共文化服务体系，重视城乡区域文化协调发展，着力丰富农村、相对落后地区和进城务工人员的精神文化生活。加强网络文化建设与管理，营造良好网络环境。加强中华优秀文化传统教育，认真做好文物和非物质文化遗产保护，不断扩大对外文化交流。

(三十)着力推进社会事业发展。整合区域社会事业资源，强化教育、卫生、体育等领域的合作与交流。推进义务教育实现“双高普九”，率先基本实现教育现代化，基本普及包括学前教育、义务教育和高中阶段教育在内的15年教育，全面提高高等教育质量，显著提升高校科技创新与服务能力。大力发展职业教育，加快建立完善的区域职业教育培训体系。建立更加完善的现代国民教育体系和终

身教育体系,加快学习型社会建设。着力构建覆盖城乡的公共卫生服务体系、医疗服务体系、医疗保障体系、药品供应保障体系。建立健全区域内疾病预防控制、卫生监督、突发公共卫生事件应急处理协调机制和联防联控网络。积极发展体育产业,加快构建全民健身服务体系。

(三十一)加快完善就业和社会保障体系。制定统一规范的劳动用工制度,完善转移就业的政策制度,建立区域人力资源市场。逐步完善就业服务、社会保障服务、信息服务和劳动维权等人力资源市场管理体系。鼓励自谋职业和自主创业。加快建立覆盖城乡居民的社会保障体系,继续完善城镇企业职工基本养老保险制度,加快实现省级统筹,积极推行农村养老保险制度,切实做好被征地农民就业培训和社会保障工作。完善城镇职工基本医疗保险制度,推进城镇居民基本医疗保险制度试点和新型农村合作医疗制度建设。完善失业保险制度,扩大工伤和生育保险覆盖面。鼓励发展补充性保险。加快社会保障服务中心建设,随着经济发展适当提高社会保障标准。规范灾民救助制度和农村五保供养制度,健全教育救助、医疗救助、住房救助、司法救助等专项救助制度,率先建立较为完善、覆盖城乡的社会救助体系。发展适度普惠型社会福利事业,扩大社会福利覆盖范围。大力培育各类慈善组织。率先建立更加科学合理的收入分配调节机制和宏观监测机制,努力缩小城乡、地区和居民间的收入差距。

(三十二)加强外来人口服务和管理。改革区域户籍制度,逐步实行以居住证为主的属地化管理制度。保障外来务工人员子女的同等受教育机会。完善和落实国家有关农民工的政策,切实维护农民工的合法权益。在国家统一规划指导下,建立社会保险关系跨统筹区转移制度和信息网络,完善参保人员社会保险关系转移、衔接的政策措施。建立健全区域内流动人口管理与服务协调机制。健全流浪乞讨人员救助管理制度。

十、着力推进改革攻坚,率先建立完善的社会主义市场经济体制

(三十三)大力推进行政管理体制改革。切实转变政府职能,全面实现政企分开、政资分开、政事分开以及政府与中介组织分开,进一步强化社会管理和公共服务职能,加快构建责任政府和服务政府。创新政府管理模式,减少和规范行政审批,积极利用市场机制和法律法规进行管理,必不可少的行政审批尽可能采取核准和备案方式。深化机构改革,优化政府管理层次,加强社会管理机构,完善经济调节机构,合并职能相同或相近的政府部门,规范各种类型的办事机构,减少行政层级,提高运行效率。

(三十四)继续推进非公有制经济发展和国有企业改革。推进公平准入,改善融资条件,优化政策环境,促进非公有制经济发展,支持有条件的中小企业做大做强。开展相关试点工作,探索、引导和推动个体、私营企业制度创新,优化产业结构,提高自主创新能力,实现科学发展。加强和改进对非公有制企业的服务和监管,切实维护企业和职工合法权益。加快国有大型企业和国有垄断企业公司制股份制改革和战略并购重组,鼓励发展具有国际竞争力的大企业集团。运用多种有效方式,推动国有资本、民营资本和外资经济的融合,积极发展混合所有制经济。平等保护各类产权,推动形成各种所有制经济平等竞争、相互促进的新格局。

(三十五)加快市场化进程。建立统一开放的产品、技术、产权、资本、人力资源等各类市场,实现生产要素合理流动和资源优化配置。进一步整顿和规范市场秩序,以信贷、纳税、合同履约等信用记录为重点,建立区域社会信用平台与体系,构建经济、金融信息共享平台。实施统一的准入标准和技术标准,建立区域市场准入和质量互认制度。抓紧清理和修订阻碍要素合理流动的法规和政策,逐步统一企业创业和经营的地方性法规。完善财税管理体制。建立科技、人力资源共享和联动机制以及人力资源的合理流动机制,建立信息资源的开放共享机制,建立知识产权的协调保护机制。

(三十六)着力构建规范透明的法制环境。进一步清理、修订、完善现有政策和各类法规,建立稳定、规范和可预见的政策环境以及与国际通行做法相适应的法制环境,加快建立与国际接轨的法律规

则。大力推进依法行政，加强政府法制建设。加快推进政务公开，建立公开、透明的行政体制和问责机制，实行投诉制、评估制、公示制和监察制，建立完善的监管制度。加强区域立法工作的合作与协调，形成区域相对统一的法制环境。

（三十七）继续推进重大改革试验。深化上海浦东综合配套改革试点，推广相对成熟、行之有效的改革政策。对具备一定人口规模和经济实力的中心镇赋予必要的城市管理权限。在国家批准的范围内，实行城镇建设用地增加和农村建设用地减少挂钩的改革试点，在严格执行土地用途管制的基础上，促进农村集体建设用地依法流转。积极探索互利共赢的财政政策，有序推动异地联合兴办开发区。深化金融改革，扩大金融改革试点。推动外汇管理改革创新，优化企业跨区域外汇业务规程，支持中外资金融机构提供多样化的外汇服务。推进地方中小金融机构和农村金融机构改制、重组和上市。

十一、健全开放型经济体系，全面提升对外开放水平

（三十八）加快转变外贸增长方式。进一步优化进出口结构，鼓励高附加值产品、服务产品出口，大力支持自主品牌和自主知识产权产品出口。鼓励能源、原材料、先进技术装备、关键零部件进口。率先实现加工贸易转型升级，严格执行加工贸易禁止类和限制类产品目录，推动加工贸易由代加工逐步向代设计、自主品牌转变，推动加工贸易梯度转移。率先推行符合国际惯例的质量、安全、环保、技术、劳工等标准，强化企业社会责任。加快推进海关特殊监管区域整合，推进大通关建设。

（三十九）着力提高利用外资质量。统筹协调对外开放政策，完善涉外经济管理体制。继续积极有效利用外资，更加注重引进先进技术、管理经验和智力资源。创新外商投资管理方式，试行对外商投资企业合同、章程的格式化审批。进一步优化外资结构，引导外资投向高新技术产业、基础设施领域和高端制造环节。大力承接国际服务外包。积极拓展利用外资方式，规范和引导外国投资者以多种方式参与国有企业改组改造以及向上市公司战略投资。在有条件的地方，扩大离岸金融试点。规范招商引资行为，实行相对统一的土地、税收政策，营造公平、开放的投资环境。

（四十）加快企业“走出去”步伐。鼓励各类有条件的企业开展对外投资与合作，在海外建立生产加工基地、营销网络和研发中心，在境外投资、海关通关、人员出入境、税收等方面予以支持。加大对企业境外重点开发项目的支持力度。鼓励对外工程承包，简化境外工程承包相关物资出口的退税审批手续，简化对境外工程承包相关设备出境的外汇管理。鼓励国内商业银行进一步扩展海外网点和业务，为企业境外并购融资。选择有条件的企业开展国际贸易人民币结算试点。

十二、加强组织协调，全面落实各项任务

（四十一）加强统筹协调。推进长江三角洲地区改革开放和经济社会发展是一项系统工程，各有关方面要认真贯彻落实本指导意见提出的各项目标和任务。两省一市要根据本指导意见的要求，研究制订切实可行的实施方案，落实各项工作任务；要深入实际调查研究，及时总结经验，扎实推进，重大问题要及时向国务院报告。由国家发展和改革委员会牵头，抓紧编制《长江三角洲地区区域规划》，并做好与相关规划的衔接协调、组织实施和各项政策措施落实的督促检查工作。国务院各有关部门要加快职能转变，增强服务意识，根据本指导意见研究提出本部门支持和推进长江三角洲地区改革开放和经济社会发展的具体措施。

（四十二）完善合作机制。要积极探索新形势下管理区域经济的新模式，坚持政府引导、多方参与，以市场为基础、以企业为主体，进一步完善合作机制，着力加强基础设施建设、产业分工与布局、生态建设与环境保护等方面的联合与协作。积极推进泛长江三角洲区域合作，要进一步加强与中西部地区经济协作和技术、人才合作，带动和帮助中西部地区发展。积极推进与港澳台的经济联系与合作。

实现长江三角洲地区又好又快发展，事关国家改革开放和现代化建设大局。两省一市和国务院各有关部门要加强合作，团结奋斗，真抓实干，创造性地开展工作，努力促进长江三角洲地区在高起点上争创新优势、实现新跨越。

第一篇

长三角区域概况

第一章　自然地理

一　位　置

长三角区域包括上海、江苏、浙江两省一市，位于我国华东地区东部，介于东经116°18'～123°，北纬27°12'～35°20'之间。东岸濒临黄海和东海，西部与安徽、江西接壤，北部毗邻山东，南部紧邻福建。淮河、长江、钱塘江等大型河流穿越长三角地区入海。区域总面积21.07万平方公里，其中陆域面积19.33万平方公里。

上海，简称沪。位于北纬31°14'，东经121°29'。它北界长江入海口，东濒东海，南临杭州湾，西接江苏、浙江两省。全市面积6340.5 平方公里，占全国总面积的0.06%，其中耕地面积20.10万公顷，南北长约120公里，东西宽约100公里。上海地处长江三角洲东缘，位于我国南北弧形海岸线中部，交通便利，腹地广阔，地理位置优越，是一个良好的江海港口。

江苏，简称苏，位于我国大陆东部沿海中心，介于东经116°18'～121°57'，北纬30°45'～35°20'之间。东濒黄海，西连安徽，北接山东，东南与浙江和上海毗邻。全省面积10.26万平方公里，占全国总面积的1.1%。其中平原面积7.06万平方公里，水面面积1.73万平方公里。海岸线长954公里。

浙江，简称浙，位于中国东南沿海长江三角洲南翼，介于北纬27°12'～31°31'和东经118°～123°之间，东濒东海，南界福建，西与江西、安徽相连，北与上海、江苏为邻。东西与南北的直线距离均为450公里左右，陆域面积10.18万平方公里，占全国总面积的1.06%。海岸线总长6486.24公里，占全国海岸线总长的20.3%，居全国首位，可建万吨级以上泊位的深水岸线290.4公里，占全国的1/3以上。

二　地　貌

长三角区域地貌以平原和丘陵为主，其中长江以北（江苏北部地区）多为平原地形，长江两岸和长江以南多为丘陵，其中浙江省地形复杂，山地和丘陵地形占70%以上，上海则地势低平。

上海全境除西南部有少数丘陵山脉外，全为坦荡低平的长江三角洲冲积平原的一部分，平均海拔高度4米左右。陆地地势总体呈现由东向西低微倾斜。大金山为上海境内最高点，海拔高度103.4米。上海的崇明岛是我国的第三大岛，由长江挟带下来的泥沙冲积而成，面积为1041.21平方公里。

江苏地形地势低平，河湖众多，平原、水域面积分别占69%和17%，比例之高在全国居首位，主要有苏南平原、江淮平原、黄淮平原和东部滨海平原。低山丘陵面积占14%，主要分布在盱眙—响水一线以北和省境西南部，主要有老山山脉、云台山脉、宁镇山脉、茅山山脉、宜溧山脉。连云港市郊的云台山玉女峰为全省最高峰，海拔625米。

浙江地形复杂，山地和丘陵占70.4%，平原和盆地占23.2%，河流和湖泊占6.4%，有“七山一水两分田”之说。地势由西南向东北呈阶梯状倾斜。大致可分为浙北平原、浙西丘陵、浙东丘陵、中部金衢盆地、浙南山地、东南沿海平原及滨海岛屿等六个地形区。位于龙泉市境内的黄茅尖，海拔1929米，为全省最高峰。面积大于500平方米的海岛有3061个，是全国岛屿最多的省份，其中面积495.4平方公里的舟山岛为我国第四大岛。

三 水 系

长三角区域内河湖交错，水系众多，由北向南主要有淮河、长江、钱塘江等三大天然水系，东西方向有京杭大运河贯穿江苏省和浙江省北部。洪泽湖、太湖是区域内的主要湖泊，杭州湾、温州湾等是区域内的主要港湾。

上海河网大多属黄浦江水系，主要河流有黄浦江及其支流吴淞江（苏州河）、川扬河、淀浦河等。黄浦江源自太湖，全长113公里，流经市区，江道宽度300～770米，平均360米，终年不冻，是上海的水上交通要道。苏州河河道平均宽度45米，在上海市境内段长54公里。上海最大的湖泊为淀山湖，面积为62平方公里。

江苏境内河川交错，水网密布，水面面积1.73万平方公里，约占总面积的17%。长江横穿东西400多公里，大运河纵贯南北690公里，西南部有秦淮河，北部有苏北灌溉总渠、新沭河、通扬运河等，构成完整的水道系统，富航运、灌溉和水产养殖之利。有大小湖泊290多个，全国五大淡水湖，江苏得其二，太湖和洪泽湖像两面大明镜，分别镶嵌在水乡江南和苏北平原。海岸线南起长江口北岸启东市连兴港东侧蓼家嘴角，北止赣榆县绣针河口，长954公里。

浙江全省海域广阔，海岸曲折，形成了众多的港湾，如杭州湾、象山港、三门湾、台州湾、温州湾、乐清湾等。杭州湾是浙江省最大的港湾，钱塘江河口呈喇叭形，由于潮汐的作用，在海宁附近形成举世闻名的钱江潮。全省河流众多，主要有钱塘江、瓯江、灵江、苕溪、甬江、飞云江、鳌江、京杭运河（浙江段）等水系。钱塘江全长约605公里，是省内第一大江，京杭运河贯穿杭嘉湖平原中部，在浙江境内长129公里。杭州西湖、绍兴东湖、嘉兴南湖、宁波东钱湖为浙江四大名湖，此外还有人工湖泊千岛湖（即新安江水库）。

第二章　气　　候

长三角区域为亚热带和暖温带的季风气候，大致以淮河—灌溉总渠一线为界，该线以北（苏北地区）属暖温带湿润季风气候，该线以南（江苏省中南部、上海市、浙江省）属亚热带湿润季风气候。区域内气候温和湿润、四季分明，除淮河－灌溉总渠一线以北的地区外，受梅雨和台风的影响较大，雨季较长，江水较多，均为雨热同步变化的区域，多数地区年降雨量在1000毫米以上。

一　上海市

上海属北亚热带季风气候，四季分明，日照充分，雨量充沛，气候温和湿润，春秋较短，冬夏较长。2010年，上海年平均气温为17.4℃，比常年平均值（16.2℃）高1.2℃，比2009年低0.4℃，年平均气温已连续第17年高于常年平均值。无霜期290天。年极端最高气温为40.0℃，与2009年一致；年极端最低气温为－3.7℃，较2009年高2.2℃。年日照时间1366.8小时，较2009年少139.7小时。

2010年，上海市平均降水量为1317.3毫米，比多年平均值偏多1成，比上年减少140.6毫米，46%的雨量集中在7至9月的汛期，降雨日137天，蒸发量697.4毫米，晴天天数71天。年降水季节分布不均，春季（3～5月）356.9.6毫米，比常年的291.2毫米偏多二成；夏季（6～8月）448.6毫米，比常年的506.1毫米偏少一成；秋季（9～11月）326.9毫米，约比常年的249.4毫米偏多三成。

二　江苏省

江苏气候具有明显的季风特征，处于亚热带季风气候向暖温带季风气候的过渡地带，大致以淮河—灌溉总渠一线为界，以南属亚热带湿润季风气候，以北属暖温带湿润季风气候。全省气候温和，雨量适中，四季分明，气温由北而南递增。

2010年，江苏平均气温较常年偏高，入春晚，入冬晚，年平均气温为15.8℃，较常年偏高0.9℃，异常度值为1.6。冬季、夏季、秋季气温偏高，春季气温略低，冬、春季气温起伏大，其中2月下旬全省平均气温较常年偏高5.7℃，为1961年来同期最高值，3月上旬气温大幅下降，平均气温较常年偏低3.3℃，为1961年来同期最低值。降水较常年同期持平，全省降水量为1020.4毫米，但时空分布不均。沿江和沿淮地区较常年偏多1～3成，江淮中部、淮北大部及苏南东南部地区偏少1～3成。入梅正常，出梅正常偏迟，梅期较长，梅雨强度属于正常年份。秋季降水时空分布严重不均，9月上旬全省降水偏多，9月中旬之后降水持续偏少，11月大部分地区降水异常少，全省大部分地区出现旱情。全省各站日照时数为1755.4小时（高淳）～2502.9小时（新沂），淮北西北部、盐城地区东部、常州、镇江、扬州地区较常年偏多1成左右，其他地区较常年偏少1～2成。

2010年，江苏天气气候异常多变，极端天气气候事件频繁发生，气象灾害种类多、范围广，主要气象灾害有暴雨、雷电、干旱、大雾、寒潮、台风、冰雹、大风等，其中因强对流天气、大雾造成的灾害较严重，但灾害造成的总体损失不大，较2009年偏轻。4月中旬气温异常偏低，出现霰或冰粒、雨夹雪或雪，以及晚霜冻，为历史罕见。夏季大范围高温为近十年较强，具有范围大、持续时间长、极端最高气温高的特点，7月29日～8月24共出现3段区域性高温过程。连阴雨（雪）过程影响重，2月24日至3月9日出现连阴雨雪天气，持续时间14天，导致土壤过湿，发生湿渍害。秋季淮北地区持续干旱为历史同期最重。复合性天气历史罕见,2 月 10 日出现大范围暴雨、雷电、降雪、冰雹、冻雨天气,是有气象记录以来的首次。大范围雷暴出现之集中、时间之早、频率之高为 1961 年以来罕见,3 月上旬前就出现了 7 次大范围雷暴。大雾天气影响较大,出现 28 个影响较重的大雾日,春季出现近年少见的浮尘和灰霾。2010 年,对旅游行业为较好的气候年景;对农业影响有利有弊,其中小麦、油菜属于减产气候年型,棉花属于增产气候年型,水稻属于一般气候年型;对海盐属正常较差年景,对造林属较一般的气候年景,对渔业方面造成一定影响;寒潮、强冷空气、强对流天气、暴雪、暴雨、大雾、高温等灾害性天气给交通带来了较大影响。

三　浙江省

浙江属于亚热带季风气候,四季分明,气温适中,光照较多,雨量丰沛,雨热季节变化同步,气候资源配制多样,气象灾害繁多。

2010 年,浙江全省气温偏高,年平均气温 17.5℃,较常年偏高 0.6℃,是 1997 年以来的连续第 14 个偏暖年。年高温日数全省平均 33 天,较常年偏多 15 天,年低温日数全省平均 18 天,较常年偏少 4 天。全省年平均降水量 1835.2 毫米,比常年偏多 2 成,创 50 年新记录。降水各地分布不均,浙东北大部、湖州、长兴降水量相对较少,浙东南大部、浙西南大部、浙中沿海降水量较多。日照时数全省平均 1734 小时,接近常年平均值。

2010 年,浙江气候异常多变,全年气象灾害造成农作物受灾面积 58.9 万公顷,绝收 6.3 万公顷;受灾人口 997.8 万人,死亡 26 人;直接经济损失 112.7 亿元。频繁遭受低温冻害天气,出现多次降雪天气,其中 2 月中旬及 12 月中旬的降雪、3 月上旬的低温冻害、4 月中旬的倒春寒及 9 月下旬的秋季低温最为明显。夏季高温日数多,过程持续时间长、范围广,强度强。强对流天气出现早,结束晚,影响严重。风雹共造成我省受灾人口 29.5 万人,直接经济损失 3.5 亿元。暴雨洪涝灾害主要出现在春汛及梅汛期,造成农作物受灾面积 247.3 千公顷,受灾人口 564.2 万人,直接经济损失 69.9 亿元;2 月 24 日 ~3 月 7 日全省平均降水量 183.6mm,破历史同期最高记录,达到百年一遇标准;梅汛期暴雨频繁,为 1999 年以来最强梅雨;7 月下旬,“东风波”突袭温台,温岭等城区被淹。“12.15”大雪为有记录以来 12 月积雪范围最大的一次。年初大雾锁城,平均大雾日数 25 天。3 月 20 ~22 日,出现了自 1998 年以来最严重的沙尘天气。共发生地闪 539707 次,为 2007 年全省闪电定位监测系统启用以来监测到地闪次数最多年份。2010 年,对早稻属于略偏差年景,对晚稻属正常年份,冰雪、大雾、连阴雨及暴雨等天气均对交通造成了巨大影响。

第三章　自然资源

长三角区域自然资源较为丰富，因平原、水面面积所占比例较大，水产资源充裕，江苏的吕四、海洲湾等四大渔场盛产黄鱼、带鱼、昌鱼、虾类、蟹类及贝藻类水产品，同时也是全国河蟹、鳗鱼苗的主要产地；浙江海域历来是全国最大的渔场，舟山渔场是我国最大的渔场，是世界四大渔场之一，东海大黄鱼誉满全球。长三角区域的矿产资源以非金属矿产为主，用于建筑、化工、冶金辅助等多种用途。上海市面积较小，资源相对贫乏。

一　土地资源

长三角区域总面积占全国国土面积的2.1%，江南地区历史上是我国的鱼米之乡，但受工业化进程和自然原因影响，耕地流失的情况较为严重。

2010年，上海共有耕地面积20.10万公顷，较2009年减少0.13万公顷，其中水田15.32万公顷，较2009年减少1.66万公顷，旱田4.78万公顷。总播种面积40.12万公顷，其中，粮食种植面积17.92万公顷，粮食产量较上年下降2.7%。农村人口人均占有耕地598平方米，农村从业人员人均占有耕地969平方米，均比2009年增加45平方米。土地面积6340.5平方公里，人口密度3632人/平方公里，较2009年增加了146人/平方公里，土地资源十分紧张。农田设施化程度较高，水稻、蔬菜良种覆盖率均超过96%，全市建成设施粮田8.65万公顷，其中年内建成0.75万公顷，建成设施菜田1.15万公顷，其中年内建成0.13万公顷。

2010年，江苏人口密度767人/平方公里，较2009年增加6人/平方公里，土地人口负荷量较高，耕地后备资源集中于海岸带。农作物总播种面积7619.58千公顷，其中粮食作物播种面积5282.36千公顷，分别较2009年增加61.43千公顷和10.32千公顷。不断加大农业投入，扎实开展高标准农田建设，大力发展高效设施农业，灌区有效灌溉面积1751.06万亩，较2009年增加3.29万亩，水土流失治理面积1155.27千公顷。1996年以来，随着经济高速发展，江苏省土地利用结构变化快，耕地流失强度大，非农占用耕地不断增加。采取切实可行的措施，保护耕地，已成当务之急。

浙江全省陆域10.18万平方公里，其中平原占23.2%，有“七山一水二分田”之说。2010年，农作物播种面积248.47万公顷，其中粮食播种面积127.58万公顷，比上年下降1.1%，粮食单产比上年下降1.3%，粮食总产量为770.67万吨，下降2.3%；主要经济作物播种面积保持稳定，其中油料、蔬菜、棉花播种面积分别为208.75千公顷、618.59千公顷、20.8千公顷，分别比上年下降0.7%、与上年持平、比上年增长3.5%。浙江耕地面积有限，必须通过发展现代农业提高单位面积产出，2010年净增有效灌溉面积3.5千公顷，新增旱涝保收面积3.9千公顷。农业机械总动力2428万千瓦，比上年增长2.0%。

二　水资源

长三角区域内河湖众多，水网密布，主要有江苏的洪泽湖、太湖、骆马湖、高邮湖、邵伯湖和浙江的杭州西湖、绍兴东湖、嘉兴南湖、鄞县东钱湖等著名湖泊，除淮河、长江、钱塘江、京杭大运河等重要河流以外，还有江苏的秦淮河、苏北灌溉总渠、新沭河、通扬运河，浙江的瓯江、灵江、苕溪、南江、飞云江、鳌江、曹娥江等水系。

上海地区河湖众多,水网密布,水资源总量丰富,水面积占全市总面积的11%,但人均水资源紧张,河湖污染较严重。2010年,上海累计降水量达1 317.3毫米,年地表径流量为30.87亿立方米,浅层地下水资源量为8.89亿立方米。年取(用)水总量为126.29亿立方米,比上年增长0.87%。按取水水源分,地表水取水量126.09亿立方米,地下水取水量0.20亿立方米;按用水性质分,农业、火电工业、一般工业、城市公共用水、居民生活用水分别为17.08、17.08、11.08、11.57、11.57亿立方米。城镇污水总量为23.13亿立方米,其中工业废水6.97亿立方米,生活污水16.16亿立方米,城镇污水处理率为81.9%。719.8千米评价河道中,优于Ⅲ类(含Ⅲ类)水河长占评价河长23.5%,较上年下降5.2个百分点,Ⅳ类水河长占28.6%、Ⅴ类水河长占13.7%、劣Ⅴ类水河长占34.2%,淀山湖(上海部分)湖区水质属于中度富营养化。

江苏省境内地势平坦,水系发达,主要有洪泽湖、太湖、骆马湖、高邮湖、邵伯湖等。江苏省水系分属长江、淮河两大流域,淮河流域又按习惯分为淮河和沂沭泗两个水系。南部属长江流域,长江是我国最大的河流,其长度及水量均列世界第三位,是全省沿江地区引排水的动脉,太湖属长江水系。中部为淮河水系,南以通扬运河与长江水系分界,北以废黄河与沂沭泗水系分开。2010年,江苏属平水年,全省水资源总量383.53亿立方米,较2009年减少16.77亿立方米。其中,地表水资源量291.15亿立方米,地下水资源量108.93亿立方米,重复计算16.56亿立方米;按流域分,淮河流域、长江流域水资源总量分别为220.34亿立方米和163.18亿立方米。城市自来水综合生产能力2 714.7万吨/日,较上年增加180.6万吨/日,全年供水总量482 821万吨,其中生产用水量204 878万吨、生活用水量197 408万吨,人均日生活用水量220.4升,较上年增加13.2升。废水排放总量55.5亿吨,其中工业废水排放量26.38亿吨,城镇生活污水排放量29.17亿吨。全省地表水环境质量总体仍处于轻度污染,124个国控断面中,水质较好的Ⅰ~Ⅲ类水质断面占36.4%,较2009年提高3.9个百分点;劣于Ⅴ类水质断面占24.0%,较2009年下降4.5个百分点。太湖、淮河、长江等重点流域的水环境综合整治工作扎实推进,太湖湖体高锰酸盐指数和总磷分别达到Ⅲ类、Ⅳ类标准限值要求,湖体综合营养状态指数为58.5,富营养化程度已由“十五”末的中度富营养转为轻度富营养;淮河干流水质较好,4个断面均符合Ⅲ类标准;长江干流水质较好,10个断面水质均达Ⅱ类标准。

2010年,浙江省总水资源量为1 397.61亿立方米,较上年偏多50.1%,人均水资源量为2 698立方米。其中,地表水资源量为1 381.98亿立方米,较多年平均值偏多46.6%,较上年偏多50.6%;地下水资源量264.70亿立方米,地下水与地表水资源不重复计算量15.63亿立方米。全省181座大中型水库年末蓄水总量259.55亿立方米,较上年末增加28.77亿立方米。全省总供水量220.08亿立方米,比2009年增加3.01亿立方米,其中地表水源、地下水源、其他水源供水量分别为215.18、4.33、0.57亿立方米,分别占97.7%、2.0%和0.3%。全省总用水量220.08亿立方米,其中农田灌溉、林牧渔畜、工业、城镇公共用水、居民生活用水、生态环境用水量分别为80.61、15.79、59.70、11.63、26.01、26.33亿立方米,分别占总用水量的36.6%、7.2%、27.1%、5.3%、11.8%和12.0%。全省年总耗水量为116.74亿立方米,平均耗水率为53.0%。全省水资源利用率为15.7%。全省江河水体仍存在不同程度的污染。在参与评价的3 358.3公里河流中,全年期属Ⅰ~Ⅲ类水河长1 944公里,占评价总河长57.9%,较上年增加4.6个百分点;Ⅳ类水河长416.8公里,占评价总河长的12.4%;Ⅴ类水河长324.4公里,占评价总河长的9.6%;劣Ⅴ类水河长723.8公里,占评价总河长的21.6%,较上年减少4.4个百分点。主要湖泊水体呈中营养—富营养状态,西湖总磷、总氮超标,为Ⅳ类水,符合景观娱乐要求;鉴湖水体总氮、五日生化需氧量、化学需氧量、总磷、氨氮、高锰酸盐指数超标,为劣Ⅴ类水。参加评价的各水库水质普遍较好。

三　矿产资源

长三角的矿产资源主要分布于江苏、浙江两省，其中江苏的矿产资源相对丰富，有煤炭、石油、天然气等能源矿产和大量的非金属矿产，另有一定数量的金属矿产。浙江的矿产资源以非金属矿产为主，多用于建筑材料的生产等用途。

上海矿产资源相当贫乏，基本无一次常规能源，所需的能源都要靠其他省市的支援。但是，具有一定数量和较高质量的二次能源生产，产品主要是电力、石油油品、焦煤和煤气（包括液化石油气）。其他可以利用开发的能源还有沼气、风能、潮汐及太阳能。据初步估算，东海大陆架油气资源储量约有60亿吨，是我国近海海域最大的含油气盆地；附近的南黄海，经过调查和勘探，也发现油气资源，估算有2.9亿吨储量。长江口浅海底下，还发现有锆石、钛铁砂、石榴石、金红石等重要矿物。

江苏省矿产资源分布广泛，品种较多，2010年已发现各类矿产133种，其中查明资源储量的有66种。已发现矿产总类构成中，能源矿产、金属矿产、非金属矿产、水气矿产分别占5%、33%、59%和3%。能源矿产主要有煤炭、石油和天然气；非金属矿产有硫、磷、钠盐、水晶、兰晶石、蓝宝石、金刚石、高岭土、石灰石、石英砂、大理石、陶瓷粘土；金属矿产有铁、铜、铅、锌、银、金、锶、锰等。粘土类矿产、建材类矿产、化工原料矿产、冶金辅助原料矿产、特种用途矿产和有色金属矿产，是江苏矿产资料的优势。矿产资源分布既广泛又相对集中，矿产地98%都分布在苏北和苏南，苏中只占到2%。

浙江矿产资源种类较多，已发现矿产113中，其中以非金属矿产为主，已发现72种。石煤、明矾石、叶蜡石、水泥用凝灰岩、建筑用凝灰岩等储量居全国首位，萤石居全国第二位，硅藻土居第三位。矿产资源总的特点是丰歉并存，除部分非金属矿产外，大部分矿产保有储量不能满足开采需求。其中，非金属矿产丰富，多数矿床规模大，埋藏浅，开采条件好；金属矿产点多面广，但规模不大，且矿石组成复杂，共伴生多种元素，铁矿资源有限，铜、钼矿质优，但后备储量不足，铅锌量较大，但以贫矿为主；陆域燃料（煤炭、石油）矿产贫乏，东海大陆架盆地有着良好的石油和天然气开发前景。

四　生物资源

长三角地区生物资源较为丰富，其中江苏、浙江两省的野生植物资源品种繁多，上海位于东海、黄海、长江三水交汇处，海淡水交汇，水产资源丰富。

上海滨临东海，有丰富的水产资源，据统计，东海、黄海的水产资源有700多种。此外，上海地处长江口，这里江面宽阔，海淡水交汇，是鱼类索饵、繁殖、栖息的场所，有各种鱼类108种，其中经济鱼类有20多种。上海有众多的天然湖泊，螺蚬蚌等底栖生物资源比较丰富。稠密的水网，为淡水养殖提供了良好的条件，标准化水产养殖面积0.18万公顷。全年新建绿地1223公顷，年末城市建成区绿化覆盖率达到38.15%，全年新建公益林884公顷、经济林465公顷，森林覆盖率达到12.58%。

江苏共有维管束植物2400多种；野生动物资源有脊椎动物（除鱼类）584种，约占全国的23.5%，有鸟类448种占全国总数的36%，还有鱼类500多种等。有关研究表明，江苏境内有可开发利用的野生植物600多种，其中具利用价值的野生蔬菜种类就有192种之多。江苏水产资源丰富，有广阔的海涂、浅海，东部沿海渔场面积达15.4万平方公里，其中包括著名的吕泗、海州湾等四大渔场，盛产黄鱼、带鱼、昌鱼、虾类、蟹类及贝藻类等。江苏也是全国河蟹、鳗鱼苗的主要产地。内陆水面2600多万亩，养殖面积815万亩，有淡水鱼类140余种，已利用的有40多种。被称为“长江三鲜”的鲥鱼、刀鱼、河豚,“太湖三白”的白鱼、银鱼、白虾,都是水中珍品。

浙江2010年共完成造林面积104.33万亩,森林覆盖率为60.58%(含灌木林),居全国前列。全省累计建成1个国家生态县、30个省级生态县、43个国家级生态示范区、7个国家环境保护模范城市、7个省级环保模范城市、238个全国环境优美乡镇。浙江是我国高产综合性农业区,经济林以茶园、桑园、油茶林、果园为主,其中,茶、桑、柑橘等中外闻名。树种资源丰富,素有“东南植物宝库”之称。野生动物种类繁多,有123种动物被列入国家重点保护野生动物名录。浙江海域历来是全国最大的渔场,渔业资源的蕴藏量在205万吨以上,年可捕量在105万吨以上。2010年,渔业产量461.4万吨,增长7.4%,其中海水捕捞产量282.1万吨,海水养殖产量82.6万吨,淡水产品产量96.7万吨。

第四章　人口与经济

一　人口规模

2010年长三角两省一市人口总量继续保持低速增长。年末区域内常住人口14542.58万人，比上年末减少0.02%，283.24万人。全年出生人口133.27万人，人口出生率9.16‰；死亡91.82万人，死亡率6.31‰；户籍人口增长41.45万人，人口自然增长率2.85‰，比上年降低0.11个千分点。上海人口的户籍人口继续保持负增长，江苏的增速与长三角整体水平持平，浙江人口的增速最高。人口出生率由高到低依次是浙江、江苏、上海，死亡率由高到低依次是上海、江苏、浙江。

表1-1　2010年长三角人口规模变化

	上　海	江　苏	浙　江	长三角
年末常住人口(万)	2 302.66	7 869.34	5 446.51	14 542.58
常住人口增加数	92.38	59.07	171.01	198.00
户籍人口数(万)	1 404.71	7 466.59	4 747.95	13 372.28
出生人口数	10.02	75.89	55.08	133.27
人口出生率	7.13	9.73	10.27	9.16
死亡人口数	10.87	53.64	29.70	91.82
人口死亡率	7.73	6.88	5.54	6.31
人口自然增长数	-0.84	22.25	25.38	41.45
人口自然增长率	-0.60	2.85	4.73	2.85

数据来源：2011年上海市、江苏省、浙江省统计年鉴。

2010年末，上海全市户籍人口1404.71万。全年户籍出生人口10.02万人，出生率为7.13‰；死亡人口10.87万人，死亡率为7.73‰；人口自然增长率为-0.6‰，较2008年增加0.42‰。至年末，全市常住人口达到2302.66万人；外来人口1122.38万人，其中半年及以上常住人口897.95万人。

2010年，江苏户籍人口总量继续增长，年末户籍人口达7466.59万人，比上年增加47.36万人。全年人口出生率9.73‰，上升0.18‰；人口死亡率6.88‰，下降0.11‰；人口自然增长率2.85‰，较2009年上升0.29‰。年末全省常住人口7869.34万人，比上年末增加59.07万人。

2010年，浙江全省常住人口5446.51万人，比上年增长5.14%，年末户籍人口达4747.95万人。全年出生人口55.08万人，出生率10.27‰；死亡人口29.70万人，死亡率为5.54‰；全年自然增长人口25.38万人，自然增长率为4.73‰，较上年略有上升0.1个千分点。

二　人口自然变动

长三角区域的人口自然变动情况与全国的情况趋于一致，部分地区略有不同。经过建国后的两次人口生育高峰，长三角两省一市的人口再生产类型已经由高出生、低死亡、高增长逐渐过渡到了低出生、低死亡、低增长的状况,其中,江苏、浙江两省的人口自然增长率近年来一直维持在较低的水平,上海市的人口自然变动继续维持负增长。

表1-2 上海市历年人口自然变动情况

单位:万人,‰

年份	出生		死亡		自然增长	
	出生率	人数	死亡率	人数	自然增长率	人数
1978	12.36	11.30	6.82	6.20	5.54	5.10
1980	14.31	12.60	7.39	6.50	6.92	6.10
1985	15.43	12.70	8.10	6.70	7.33	6.00
1990	13.12	10.20	8.63	6.70	4.49	3.50
1991	10.08	7.80	8.56	6.70	1.52	1.10
1992	9.37	7.30	9.10	7.10	0.27	0.20
1993	8.40	6.50	9.40	7.30	-1.00	-0.80
1994	7.63	5.90	9.42	7.30	-1.79	-1.40
1995	7.11	5.50	9.79	7.50	-2.68	-2.00
1996	6.79	5.20	9.77	7.50	-2.98	-2.30
1997	6.42	4.90	9.57	7.30	-3.15	-2.40
1998	6.17	4.70	10.13	7.80	-3.96	-3.10
1999	6.56	5.00	9.54	7.30	-2.98	-2.30
2000	6.95	5.30	9.45	7.20	-2.50	-1.90
2001	5.76	4.40	9.34	7.10	-3.58	-2.70
2002	6.20	4.70	9.67	7.30	-3.47	-2.60
2003	5.73	4.30	10.07	7.50	-4.34	-3.20
2004	8.09	6.00	9.65	7.20	-1.56	-1.20
2005	8.24	6.10	10.23	7.54	-2.01	-1.50
2006	8.12	5.95	9.80	7.18	-1.68	-1.23
2007	10.08	7.34	10.22	7.44	-0.14	-0.10
2008	9.67	6.98	10.70	7.73	-1.03	-0.75
2009	9.23	6.62	10.67	7.64	-1.44	-1.02
2010	10.02	7.13	10.87	7.73	-0.84	-0.60

数据来源:2011年上海市统计年鉴。

上海是全国除港澳台地区外的省、自治区、直辖市中第一个出现人口自然变动负增长的地区,人口自然增长率自1993年开始出现负增长。2003年,全市户籍人口出生率为4.3‰,死亡率为7.5‰,自然增长率为-3.2‰,为改革开放以来的最低人口自然增长率。上海市常住人口增长原因主要是人口净迁入,外来流动人口是上海人口总量增长的主要来源。上海外来流动人口1988年仅为106万,2000年第五次人口普查时已经升至387.11万人。上海已经成为全国三大省际人口流动中心之一。

表1-3　江苏省人口自然变动

单位:万人,‰

年份	出生		死亡		自然增长	
	出生率	人数	死亡率	人数	自然增长率	人数
1978	90.62	15.63	35.32	6.09	55.30	9.54
1980	86.90	14.69	38.87	6.57	48.03	8.12
1985	67.11	10.84	36.35	5.87	30.76	4.97
1989	111.27	17.15	36.31	5.60	74.96	11.55
1990	137.96	20.54	43.86	6.53	94.10	14.01
1991	116.03	17.05	44.23	6.50	71.80	10.55
1992	108.04	15.71	46.49	6.76	61.55	8.95
1993	96.94	13.97	45.87	6.61	51.07	7.36
1994	96.38	13.78	47.98	6.86	48.40	6.92
1995	86.77	12.32	46.20	6.56	40.57	5.76
1996	85.84	12.11	46.64	6.58	39.20	5.53
1997	81.47	11.43	48.76	6.84	32.71	4.59
1998	78.60	10.97	49.01	6.84	29.59	4.13
1999	75.58	10.50	49.95	6.94	25.63	3.56
2000	66.01	9.08	47.40	6.52	18.61	2.56
2001	66.28	9.03	48.60	6.62	17.68	2.41
2002	67.56	9.17	51.50	6.99	16.06	2.18
2003	66.83	9.04	51.98	7.03	14.85	2.01
2004	70.11	9.45	53.42	7.20	16.69	2.25
2005	68.68	9.24	52.25	7.03	16.43	2.21
2006	69.96	9.36	52.92	7.08	17.04	2.28
2007	71.08	9.37	53.64	7.07	17.44	2.30
2008	71.44	9.34	53.86	7.04	17.58	2.30
2009	73.54	9.55	53.83	6.99	19.71	2.56
2010	75.89	9.73	53.64	6.88	22.25	2.85

数据来源:2011年江苏省统计年鉴。

进入新世纪,江苏省人口增长始终保持“低出生、低死亡、低自然增长”的现代人口再生产模式。“九五”期间,全省人口出生率由12.32‰下降到9.08‰,自然增长率由5.76‰下降到2.56‰。“十五”、“十一五”期间,尽管出现小幅波动,但全省人口出生率和自然增长率仍稳定在10‰和3‰以内。2002年,是全省人口出生率自上世纪90年代持续下降以来首次出现上升,与2001年相比上升了0.14个千分点。2004年,人口出生率第二次上升的幅度较前次增加了0.26个千分点,自然增长率为2.25‰,与上年相比增加了0.24个千分点,成为近20年来的首次回升。但与“九五”期末的2000年相比,仍然低0.31个千分点,比第三次生育高峰最低点的1984年(4.52‰)低2.27个千分点。2010年,人口出生率较2009年上升了0.18个千分点,自然增长率上升0.29个百分点。稳定的现代人口再生产类型,主要得益于全省经济快速发展、社会进步、政策引导,以及人们在思想观念上、经济上、生活方式上发生的深刻变化,从而直接影响到全民婚育观的转变。人口自然增长率和出生率的上升则是受第三次人口生育高峰和外来人口转变为户籍人口增加等因素的影响,一定程度上减轻了人口老龄化的压力,也暗示着外来人口计划生育面临新的压力。

表1－4　浙江省历年人口自然变动情况

单位:万人,‰

年份	出生		死亡		自然增长	
	人数	出生率	人数	死亡率	人数	自然增长率
1970	85.93	26.16	19.57	5.96	66.36	20.20
1971	86.16	25.70	20.45	6.10	65.71	19.60
1972	83.72	24.48	20.60	6.02	63.12	18.46
1973	80.92	23.24	21.16	6.08	59.76	17.16
1974	74.00	20.92	21.78	6.16	52.22	14.76
1975	69.92	19.49	22.64	6.31	47.28	13.18
1976	68.99	18.96	22.00	6.05	46.99	12.91
1977	69.78	18.94	24.13	6.55	45.65	12.39
1978	67.75	18.17	21.75	5.83	46.00	12.34
1979	67.82	17.98	22.23	5.89	45.59	12.09
1980	59.40	15.59	23.97	6.29	35.43	9.30
1981	69.00	17.93	24.12	6.27	44.89	11.66
1982	71.38	18.31	23.17	5.94	48.21	12.37
1983	62.66	15.89	25.13	6.37	37.53	9.52
1984	49.80	12.52	23.82	5.99	25.97	6.53
1985	50.59	12.61	24.25	6.05	26.34	6.56
1986	64.64	15.96	24.06	5.94	40.58	10.02
1987	69.67	17.01	28.34	6.92	41.33	10.09
1988	64.42	15.54	26.32	6.35	38.10	9.19
1989	63.68	15.20	26.85	6.41	36.83	8.79
1990	64.75	15.33	26.65	6.31	38.10	9.02
1991	61.59	14.48	27.18	6.39	34.41	8.09
1992	63.10	14.72	28.17	6.57	34.93	8.15
1993	58.79	13.61	28.42	6.58	30.37	7.03
1994	56.67	13.24	28.25	6.64	28.42	6.60
1995	54.52	12.66	29.07	6.75	25.45	5.91
1996	53.21	12.09	28.96	6.58	24.25	5.51
1997	50.47	11.41	28.66	6.48	21.81	4.93
1998	49.57	11.15	28.14	6.33	21.43	4.82
1999	47.51	10.64	28.36	6.35	19.15	4.29
2000	48.09	10.30	28.63	6.13	19.46	4.17
2001	46.14	10.02	28.78	6.25	17.39	3.77
2002	46.20	9.98	28.70	6.19	33.50	3.79
2003	45.00	9.66	29.70	6.38	15.30	3.28
2004	50.12	10.71	26.95	5.76	40.02	4.95
2005	54.37	11.10	29.78	6.08	24.59	5.02
2006	50.78	10.29	26.75	5.42	24.03	4.87
2007	52.11	10.38	27.96	5.57	24.15	4.81
2008	51.92	10.20	28.61	5.62	23.31	4.58
2009	52.60	10.22	28.80	5.59	23.80	4.63
2010	55.08	10.27	29.70	5.54	25.38	4.73

数据来源:2011年浙江省统计年鉴。

中华人民共和国成立以来，浙江人口的发展变化起伏较大。根据增长率高低，可分为五个时期，即两个高峰，一个低谷、一个稳定下降期和一个低俗增长期。第一阶段（1949－1958），是浙江省人口增长的第一个高峰期，年均增长率高达2.43%，第二阶段（1959－1961），是人口增长低谷期，年均增长率只有1.21%，第三阶段（1962－1966），是人口增长的第二个高峰期，年均增长率高达2.66%，第四阶段（1967－1979），是增长率稳定下降时期，年均增长率为1.79%，第五阶段（1980至今）迈向低速增长时期，1980～1990年年均增长1.03%，到1997年人口自然增长率已降至4.93‰。浙江人口再生产类型已完成由高出生、低死亡、高增长向低出生、低死亡、低增长的转变。进入90年代，浙江省人口生育水平有以下特点：总出生水平较低，但总出生量较大，地区间生育水平差异显著，其影响因素主要是经济、社会、政策以及人口再生产内部规律。2010年人口出生率为10.27‰，自然增长率为4.73‰。

三　人口构成

长三角区域内的人口构成变化的最明显趋势是人口老龄化，由于计划生育政策的严格执行，以及生活水平的提高和医疗条件的改善，少儿人口的比重呈下降趋势，老年人口的比重上升较快，老龄化社会的形成有加快的趋势。

2010年上海户籍人口年龄构成中，17岁及以下人口为146.14万人，占总人口的10.35%，较2008年下降0.08个百分点；18～59岁的人口为935.16万人，占总人口的66.21%；60岁及以上的人口为331.02万人，占总人口的23.44%，较2009年上升0.9个百分点。与第五次人口普查相比，60岁及以上人口的比重明显上升。60岁及以上人口中，60～64岁人口占31.58%，65～79岁人口占50.35%，80岁及以上人口达18.08%，人口平均预期寿命达82.13岁，较上年增加0.4岁，老龄人口呈现高龄化趋势。性别构成，男性为703.57万人，女性为708.75万人，男女性别比为99.27。农业人口157.37万人，非农业人口1254.95万人，非农业人口占总人口比重为88.9%，较上年增0.6个百分点，保持稳步增长。

从1982年开始，江苏省人口年龄结构发生了较大的变化，少儿人口比重持续下降，老年人口比重上升较快，在进入成年型人口的同时，开始向年老型人口过渡，并于1986年在全国率先进入老年型。2000年人口普查时，全省0～14岁人口占总人口的19.64%，65岁及以上人口占8.84%，分别比1990年人口普查时下降4.11个百分点、上升2.05个百分点。进入新世纪，全省人口老年化速度明显加快。根据2010年人口普查数据，总人口7 865.99万人，其中0～14岁人口1 023.02万人，占13.01%，较2000年下降6.63个百分点；15～64岁人口5 986.19万人，占76.10%；65岁及以上人口856.78万人，占10.89%，较2000年增加2.05个百分点。老龄人口比重不断上升，其原因一方面是由于近年来全省人口出生率一直稳定在较低水平，0～14少儿比重逐年减少，另一方面，随着生活水平的提高，医疗条件改善，人均预期寿命不断提高。

浙江人口中，男性为2 413.13万人，女性为2 334.83万人，性别比为103.35，较2009年有所上升。农业人口3 279.06万人非农业人口1 468.90万人，非农业人口比重43.69%。年龄结构，18岁以下人口819.3万人，占17.26%，较上年下降0.16个百分点；18～60岁的人口3 137.85万人，占66.09%，下降0.28个百分点；60岁以上人口790.81万人，占16.66%，上升0.45个百分点，老年人口比重较高。

四　经　济

2010年，面对复杂多变的国内外经济环境和各种重大挑战，长三角地区作为我国经济发展的领头羊,在党中央、国务院的坚强领导下,以邓小平理论和"三个代表"重要思想为指导,深入贯彻落实科学发展观,坚持实施应对国际金融危机冲击的一揽子计划,加快转变经济发展方式和经济结构战略性调整,国民经济保持了平稳较快发展。2010 年长三角两省一市 GDP 总量 85 524.9 亿元,同比增长 18.23%,增速较上年提高 7.78 个百分点,但比全国平均水平低 0.44 个百分点,占全国 GDP 总量的 21.49%,较上年降低 0.08 个百分点,经济发展速度较上年获得了明显提升,综合实力大幅度增强。在经济总量增加的同时,长三角地区积极转变经济增长方式,促使经济发展从投资、出口拉动型转变为投资、出口、内需和创新协调推动型,从低层次产业分工地位提升为把握产业链的中高端环节,经济增长的质量和效益明显提高。长三角地区社会消费品零售总额为 29 806.66 亿元,增长 17.91%,增速较上年提升了 1.09 个百分点,内需推动对经济增长的贡献逐步增强,是应对国际金融危机所取得的显著成绩。在外贸进出口方面,2010 年,长三角外贸进出口总额 10 881.62 亿美元,同比增长 35.30%,其中,实现出口总额 6 318.34 亿美元,同比增长 33.25%;实现进口总额 4 563.28 亿美元,同比增长38.24%,表现出恢复回暖的态势,但未来受国际经济形势的影响波动的可能性较大。在利用外资方面,2010 年长三角实际利用外资总额 506.19 亿美元,同比增加 10.62%,低于全国增速 6.83 个百分点,但仍占全国实际利用外资总额的 47.89%,且利用外资的质量有所提升,第三产业吸收外资增多,跨国公司地区总部、投资性公司、外资研发中心增加。在固定资产投资方面,2010 年长三角固定资产投资总额 40 989.95 亿元,增速为 17.23%,低于全国增速 6.47 个百分点,占全国固定资产投资总额的 14.74%。

表 1-5 长三角主要经济指标与全国对比

单位:亿元,亿美元,%,百分点

	长三角		全 国		占全国比重	增速高于全国
	总量	增速	总量	增速		
GDP	85524.90	18.23	397983	10.30	21.49	-0.44
社会消费品零售总额	29 806.66	17.91	156 998	18.30	18.99	-7.35
外贸进出口总额	10 881.62	35.30	29 728	34.70	36.60	0.61
出口	6 318.34	33.25	15 779	31.30	40.04	1.95
进口	4 563.28	38.24	13 948	38.70	32.72	-0.47
固定资产投资	40 989.95	17.23	278 140	23.80	14.74	-6.47
实际利用外资	506.19	10.62	1 057	17.40	47.89	-6.83

数据来源:2011 年上海市、江苏省、浙江省统计年鉴,2010 年全国国民经济与社会发展统计公报。

表 1-6 长三角及两省一市产业结构与全国对比

单位:%

	上海	江苏	浙江	长三角	全国
第一产业	0.68	6.13	5.00	4.69	10.18
第二产业	42.32	52.51	51.86	50.30	46.86
第三产业	57.01	41.35	43.14	45.01	42.97

数据来源:2011 年上海市、江苏省、浙江省统计年鉴,2010 年全国国民经济与社会发展统计公报。

2010年长三角地区大力发展第三产业，三次产业规模和结构发生了积极变化，三次产业结构调整为4.69∶50.30∶45.01，一、二产业比重分别下降了0.2和0.04个百分点，第三产业比重提升了0.24个百分点。在区域内部，上海市第三产业占比出现下降，三次产业比例关系为0.68∶42.32∶57.01，产业结构呈现"三、二、一"格局。江苏省三产比例关系为6.13∶52.51∶41.35；浙江省三产比例关系为5.0∶51.86∶43.14。长三角"两翼"的经济机构都呈现"二、三、一"的格局。数据显示，长三角地区的工业比重显著高于全国整体水平，这与长三角地区的工业化程度高于全国水平是一致的，长三角地区的工业化发展阶段也领先于全国。其中上海市的第三产业比例高于第二产业比例，表明其已处于工业化阶段后期，江苏省和浙江省目前都处于工业化高速冲刺、从工业化中期向后期过渡的阶段。

上海市坚决执行中央应对金融危机的一揽子计划，围绕"四个中心"建设加快推进经济发展方式转变，国民经济保持平稳较快发展，经济运行质量和效益明显提高。"十一五"时期上海市生产总值达到69 054.99亿元，按可比价格计算，年均增长11.1%。2010年实现生产总值（GDP）16 872.42亿元，按可比价格计算，比上年增长9.9%，增速较2009年提高1.7个百分点。其中，第一产业生产总值114.15亿元，较上年下降6.6%；第二产业生产总值7 139.96亿元，较上年增长16.83.5%，增幅上升13.3个百分点，表现出强劲的恢复发展势头；第三产业生产总值9 618.31亿元，增长5%，增幅上涨7.2个百分点。第三产业生产总值占全市生产总值的比重为57%，比上年下降2.4个百分点，三次产业生产总值构成为0.7∶42.3∶57，第二产业发展较快。中介与专业服务、生产性服务、文化创意、商贸、旅游会展等现代服务业快速发展；启动第二批、第三批高新技术产业化重大项目，新能源和新能源汽车、生物医药、软件和信息服务等战略性新兴产业发展取得阶段性新成果，工业企业利润、高技术产业产值增幅快于工业总产值增幅。在全市生产总值中，公有制经济增加值8 537.87亿元，比上年增长8.3%；非公有制经济增加值8 334.55亿元，增长11.7%，占全市生产总值的比重由上年的48.4%提高到49.4%。

2010年，江苏统筹推进稳增长、调结构、抓创新、惠民生各项工作，经济实现平稳较快增长，转变发展方式取得显著进展，发展质量进一步提升，经济运行高开稳走、持续向好，综合实力明显增强。全年实现地区生产总值41 425.48亿元，较上年增长20.2%，增速较2009增加7.8个百分点，人均地区生产总值52 840元，较上年增加8 587元。其中，第一产业生产总值2 540.10亿元，增长12.3%；第二产业生产总值21 753.93亿元，增长17.2%，增幅较上年提高4.7个百分点；第三产业生产总值17 131.45亿元，增长25.713.6%，增幅较上年上升12.1个百分点，发展较快。第三产业中，金融业生产总值2105.92亿元，增长31.9%，增幅较上年上涨3.8个百分点；房地产业生产总值2 600.95亿元，增长28.4%，增幅较上年上升1.1个百分点，发展较为平稳。经济结构继续调整优化，三次产业生产总值构成调整为6.1∶52.5∶41.4，一、二产业比重下降，第三产业比重上升。

2010年，浙江全面实施"八八战略"和"创业富民、创新强省"总战略，扎实推进"全面小康六大行动计划"，全省经济社会协调发展，人民生活不断改善，全面小康社会建设取得丰硕成果。全年实现地区生产总值为27227亿元，比上年增长11.89%，增速较上年提高2.9个百分点，人均生产总值达51 800元。其中第一产业生产总值1 361亿元，第二产业生产总值14 121亿元，第三产业生产总值11 745亿元，分别增长3.2%、12.3%和12.1%。服务业增加值和规模以上工业增加值均突破亿元，服务业增速连续五年高于生产总值增幅，高薪技术产业、装备制造业增加值占规模以上工业比重提高到23%和35%。三次产业生产总值构成调整为5.0∶51.9∶43.1，第三产业比重持续较高。全社会固定资产投资和社会消费品零售总额均突破万亿元，分别达到12 488和10 163亿元，消费对经济的拉动作用不断增强。财政一般预算总收入4 895亿元，比上年增长18.8%，地方一般预算收入2 608亿元，增长21.7%，增速分别比上年提高8.3和10.9个百分点。

五　劳动、收入与社会保障

一、上海市

上海市把保障和改善民生放在重中之重位置,统筹解决民生问题,人民生活继续改善。实施积极的就业政策,多渠道扩大和促进就业,全市新增就业岗位63.15万个,城镇登记失业人员27.73万人,城镇登记失业率为4.2%,较上年降低了0.1个百分点,连续六年控制在4.5%以内,就业形势平稳。其中,农村富余劳动力实现非农就业12.18万个。就业援助机制进一步完善,新安置就业困难人员1.88万人,新消除零就业家庭1 092户,帮助成功创业1.24万人。公共就业服务进一步加强,全年共完成职业培训41.13万人,其中农民工职业技能培训11.46万人。

更加注重促进经济发展与民生改善相结合,城乡居民收入水平继续提高。2010年城市居民家庭人均年可支配收入31 838元,比上年增长10.4%,增幅较上年上升2.3个百分点;农村居民家庭人均年可支配收入达到13 746元,增长11.5%,增幅较上年上升3.3个百分点,确保全市人民共享改革发展成果。全年城市居民人均消费支出23 200元,比上年增长10.5%,增幅较上年上升2.3个百分点。其中,服务性消费支出6 955元,增长4.5%。农村居民人均生活消费支出10 225元,比上年增长4.3%,增幅较上年回落3.3个百分点。其中,服务性消费支出2 951元,增长1.9%。全年居民消费价格指数为103.1,其中,食品类价格指数107.7,烟酒及用品类价格指数101.1,家庭设备用品及维修服务类价格指数101.1,食品类价格指数较高,给居民生活带来了一定压力。

增加了各类养老金,提高了最低工资、失业保险金、城乡居民最低生活保障等标准和公益性岗位从业人员收入,社会保障体系不断完善。至2010年末,全市共有894.89万人(包括离退休人员)参加城镇基本养老保险,556.2万人参加失业保险,657.3万人参加生育保险,556.12万人参加工伤保险。保障覆盖面进一步扩大,将城镇自由职业者、个体工商户基本医保并入城镇职工基本医保,完善支援外地建设退休回沪定居人员的生活和医疗帮困政策,建立了企业退休人员因病或非因工死亡增发一次性救济费的制度。至年末,小城镇社会保险参保人数达到154.58万人,其中被征用土地农民参保人数96.72万人,外来从业人员综合保险参保人数达404.84万人。统筹调整提高各类保障标准,“城保”、“镇保”和“农保”月平均养老金分别提高170元、70元和35元,城镇、农村最低生活保障标准分别提高到每人每月450元和每人每年3600元。为老服务不断加强,至年末,全市共有养老机构625家、床位97 841张,其中年内新增养老床位10 843张,年内新建老年人日间服务中心20家,达到303家,为9 000名老年人提供日间照料服务。保障性住房建设加快推进,全年新开工和筹措各类保障性住房1300万平方米,廉租住房新增受益家庭0.9万户,经济适用住房申请供应完成徐汇、闵行两区试点,在中心城区和有条件的郊区全面推开,购房家庭达到0.19万户。至年末,城镇居民人均住房建筑面积34.6平方米,折合人均住房居住面积17.5平方米,居民住宅成套率达到95.8%。

二、江苏省

江苏城乡居民收入持续增加。2010年全年城镇居民人均可支配收入22 944元,比上年增长11.6%,增长速度比上年提高1.6个百分点,考虑物价因素,实际增长7.8%,比上年降低2.7个百分点。人均生活消费支出14357元,增长9.2%,其中食品支出占人均消费性支出的比重为36.5%,比上年提高0.2个百分点。全年农村居民人均纯收入9118元,比上年增长13.9%,增幅自1997年以来首次超过城镇居民,考虑物价因素,实际增长9.2%,较上年下降0.2个百分点;人均生活消费支出6 543元,增长12.7%,其中食品支出占人均生活消费支出的比重为38.1%。城乡居民收入比达2.52:1,城

乡居民收入差距缩小。物价水平上升拉低了居民收入增长的贡献，全年居民消费价格上涨3.8%，涨幅比上年提高4.2个百分点，其中，食品价格上涨7.4%，工业品出厂价格上涨7.3%，增加了居民生活压力。

就业形势保持稳定。实行更加积极的就业政策，推进城乡统筹就业，着力解决高校毕业生、外来务工人员和困难群体就业问题。年末城乡从业人员4 754.68万人，比上年末增加28.14万人。促进下岗失业人员再就业60.9万人，其中就业困难人员再就业18.9万人。城镇登记失业率为3.16%。农村劳动力转移大力推进，新增农村劳动力转移44.1万人。

社会保障体系不断完善。全省企业职工基本养老保险、城镇职工基本医疗保险、失业保险参保人数分别达1 921.4万人（含参保离退休人员）、1 843.3万人（含参保退休人员）和1 153.8万人，分别比上年末增加149.7万人、142.2万人和74.6万人。年末享受企业职工基本养老保险离退休人员418.0万人，享受城镇职工基本医疗保险退休人员441.5万人。年末企业职工基本养老保险、城镇职工基本医疗保险、新型农村社会养老保险覆盖面均达97%以上。城镇居民基本医疗保险参保人数达1 396.8万人，比上年增加66.9万人。教育事业蓬勃发展，城乡免费义务教育全面实行，各级各类学校政府财政经费投入不断加大。

三、浙江省

浙江人民生活显著改善。2010年浙江省城镇居民人均可支配收入27 359元，农村居民人均纯收入11 303元，扣除价格因素，分别比上年实际增长79.7%和8.69.5%，增速较上年下降2.7和0.9个百分点，物价上涨对居民生活造成一定压力。城镇居民人均可支配收入连续10年居全国第三位，农村居民人均纯收入连续26年列全国各省区第一位。城镇居民人均消费支出17 858元，比上年实际增长3.1%；农村居民人均生活消费支出8 390元，实际增长9.4%。城镇居民家庭恩格尔系数为34.3%，比上年上升0.7个百分点；农村居民家庭恩格尔系数为上升0.7%，比上年下降1.9个百分点。

城乡居民居住条件继续改善。城镇居民人均住房建筑面积35.3平方米，比上年增加0.2平方米；农村居民人均居住面积58.53平方米，比上年减少0.77平方米。社会保障体系不断完善。全省企业职工基本养老保险参保人数新增148万人，累计达到1 580万人，基本实现企业全覆盖；城镇职工基本医疗、居民基本医疗保险参保人数新增160万人、52万人，累计达到1 334万人、540万人；工伤、失业、生育保险参保人数分别新增134万人、80万人、105万人，累计达到1 465万人、864万人、856万人。城乡居民社会养老保险参保人数累计达到1 170万人，其中农村1 029万人，城镇141万人，已有578万人领取基础养老金。418万名被征地农民参加社会保障。社会保障待遇稳步提高。企业退休人员基本养老金达到月人均1 595元，居全国省区前列。新型农村合作医疗制度不断完善，社会保障水平不断提高。全省参合人数2 965.5万人，参合率为92%，人均筹资水平237元，所有县（市、区）人均筹资全部达到185元以上。所有县（市、区）全部实行门诊统筹，最高支付限额均达到全国农民人均纯收入6倍以上，新农合政策范围内住院补偿率达41.6%，较上年提高5个百分点。

社会救助工作机制进一步健全。2010年，全省在册低保对象70万人，其中城镇9万人，农村61万人，平均保障标准为城镇376.7元/月人、农村245.2元/月人。全面实施医疗分类救助模式，开展即时救助。81个县（市、区）已实现即时救助，各级共安排医疗救助资金6.03亿元，支出6.15亿元，救助困难群众58.79万人次，资助困难群众参加新农合和城镇居民基本医疗保险105.74万人。五保、“三无”对象集中供养率分别为96.9%和99.4%。新增各类养老机构床位数1.51万张，新建市、县（市、区）养老服务指导中心40个、乡镇（街道）养老服务中心313个、城市社区居家养老服务站521个、农村“星光老年之家”3220个。年内共发行各类福利彩票73.39亿元，增长48.8%，筹集公益金21.7亿元。

第五章　行政区划

一　概　　况

长三角的行政区划由江苏、浙江、上海两省一市构成,其中江苏、浙江两省共设24个省辖市,下辖195个县、市、区。

一、上海市

2010年,上海共有17个区、1个县,共109个镇,2个乡,99个街道办事处。全市有居民委员会3671个,村民委员会1 739个。

表1-7 上海市行政区划

单位:个

行政区	面积(km^2)	人口(万人)	街道(个)	镇(个)	乡(个)
上海全市	6 340.50	2 302.66	99	109	2
浦东新区	1 210.41	504.73	13	25	
黄浦区	12.41	42.97	6		
卢湾区	8.05	24.87	4		
徐汇区	54.76	108.52	12	1	
长宁区	38.30	69.06	9	1	
静安区	7.62	24.67	5		
普陀区	54.83	128.88	6	3	
闸北区	29.26	83.04	8	1	
虹口区	23.48	85.23	8		
杨浦区	60.73	131.30	11	1	
闵行区	370.75	243.12	3	9	
宝山区	270.99	190.56	3	9	
嘉定区	464.20	147.20	3	7	
金山区	586.05	73.25	1	9	
松江区	605.64	158.34	4	11	
青浦区	670.14	108.19	3	8	
奉贤区	687.39	108.41		8	
崇明县	1 185.49	70.34		16	2

数据来源:2011年上海市统计年鉴。

二、江苏省

至2010年底,江苏省辖13个地级市,省辖市下辖105个县、市、区,其中55个市辖区、26个县级市、24个县。共有975个乡镇,其中98个乡、877个镇。

表1－8　江苏省行政区划

单位：个

市　名	各级市单位数	县级单位数	县级单位		
			县	县级市	市辖区
江苏全省	39	105	24	26	55
南京市	1	13	2		11
无锡市	3	8		2	6
徐州市	3	10	3	2	5
常州市	3	7		2	5
苏州市	6	11		5	6
南通市	4	8	2	3	3
连云港市	1	7	4		3
淮安市	1	8	4		4
盐城市	3	9	5	2	2
扬州市	4	7	1	3	3
镇江市	4	6		3	3
泰州市	5	6		4	2
宿迁市	1	5	3		2

数据来源：2011年江苏省统计年鉴。

三、浙江省

浙江现设杭州、宁波2个副省级城市（其中宁波市为全国计划单列市），温州、湖州、嘉兴、绍兴、金华、衢州、舟山、台州、丽水9个地级市，2010年底全省共有11个地级市，32个市辖区，22个县级市，36个县（其中自治县1个），1 157个乡镇，341个街道，撤并乡镇23个，新设街道23个。

表1－9 浙江省行政区划

单位：个

市　名	各级市单位数	县级单位数	县级单位		
			县	县级市	市辖区
江苏全省	39	105	24	26	55
浙江全省	33	90	36	22	32
杭 州 市	4	13	2	3	8
宁 波 市	4	11	2	3	6
温 州 市	3	11	6	2	3
嘉 兴 市	4	7	2	3	2
湖 州 市	1	5	3		2
绍 兴 市	4	6	2	3	1
金 华 市	5	9	3	4	2
衢 州 市	2	6	3	1	2
舟 山 市	1	4	2		2
台 州 市	3	9	4	2	3
丽 水 市	2	9	7	1	1

数据来源：浙江省民政厅。

二　行政区划变更

建国以来,长三角两省一市范围内的行政区划变更一直存在,但近年来变更的主要内容是“撤县设区”、“撤乡并镇”。经过撤并,基层政府的组织机构得以精简,冗员得以分流,地方政府的财政负担明显降低,政府的办事效率显著提高。

一、上海市

2010 年,上海市政府批准同意闵行区以原龙柏街道和华漕镇部分区域组建设立新虹街道,办事处于 1 月 23 日正式挂牌成立。新虹街道位于虹桥商务区的核心区域,辖区内现有常住人口 3.5 ~4 万人,未来规划常住人口为 10 万人。

上海市政府批准同意崇明县撤销长兴乡,设立长兴镇。

二、江苏省

2010 年,全省共撤县 1 个,撤并乡镇 43 个,设立街道 16 个。

2010 年 9 月 18 日,据苏政发【2010】113 号文件通知,经国务院批准,对徐州市行政区划作如下调整:撤销徐州市九里区,将原九里区的九里街道和庞庄街道的拾东村划归徐州市鼓楼区管辖,将火花、苏山、桃园和庞庄(不含拾东村、拾西村和昕昕居委会)4 个街道划归徐州市泉山区管辖,将义安、利国、张集、垞城、电厂、张双楼、三河尖、拾屯 8 个街道以及庞庄街道的拾西村和昕昕居委会划归铜山县管辖;撤销铜山县,设立徐州市铜山区,区人民政府驻铜山镇。

2010 年,将太仓市浮桥镇时思行政村 37 组划归璜泾镇永乐行政村管理,调整后,浮桥镇行政区域面积 143.89 平方千米,辖 11 个社区、22 个行政村;璜泾镇行政区域面积 83.55 平方千米,辖 4 个社区、13 个行政村。

2010 年,撤销南通市崇川区新开镇、竹行镇、小海镇,设立新开街道、竹行街道、小海街道。

2010 年,淮安市清河区西安路街道更名为柳树湾街道,北京路街道更名为府前街道,京沪路街道更名为白鹭湖街道,辖区同时有所调整。

2010 年,泰州泰兴市横垛镇与古溪镇合并设立新的古溪镇;溪桥镇、刘陈镇与黄桥镇合并设立新的黄桥镇;马甸镇与滨江镇合并设立新的滨江镇,将泰兴镇向阳、张庄、郭庄、三联 4 个行政村划归滨江镇管辖;蒋华镇与七圩镇合并设立虹桥镇。

三、浙江省

2010 年,经省、市政府批准,嘉兴市海盐县对部分镇行政区划进行调整,撤销武原镇、秦山镇建制,分别设立武原街道、秦山街道;撤销西塘桥镇建制,设立元通街道、西塘桥街道,其中西塘桥街道与海盐经济开发区合署办公。

第六章　文化和旅游

一　文　化

今长三角区域在春秋时期是吴、越文化的所在地，自春秋以来，长三角区域的人们依托长江和钱塘江两大流域繁衍生息。现在长江三角洲城市群的形成，有着源远流长的历史文化互动基础。新石器时代文化遗址的大量发现与发掘，揭示了长三角文化发展的历史源头。新中国建立后，长三角地区继续在文化上蓬勃发展，迎来前所未有的历史发展契机。长三角的文化精神，是长三角在区域竞争中借以制胜争优的"软实力"的核心所在，支撑着长三角创造出一个又一个的经济社会发展奇迹。

上海位于长江三角洲冲积平原，因吴淞江支流上海浦而得名。春秋时属吴，战国时先后属越、楚。古时当地渔民创造了捕鱼工具"扈"，又因为当时江流入海处称"渎"，因此，松江下游一带被称为"扈渎"，以后又改"扈"为"沪"，故上海简称"沪"。上海是中国的历史文化名城，被誉为"江海之通津，东南之都会"。"两千年历史看西安，一千年历史看北京，一百年历史看上海"，上海是近现代中国的"缩影"，拥有厚重的历史底蕴。作为党的诞生地，更为这座城市增添了一份独特的光彩。2010 年，全市有市、区(县)级文化馆、群众艺术馆 27 个，艺术表演团体 112 个，市、区(县)级公共图书馆 28 个，档案馆 50 个，博物馆 114 个。全市共有公共广播节目 21 套，公共电视节目 25 套。广播、电视综合覆盖率均达到 100%。全年共出版报纸 16.14 亿份，各类期刊 1.77 亿册，图书 2.87 亿册。全年共组织开展各类群众文化活动和各级各类群众性业余团队活动 47 万场次，3919 万人次参加。年内新增 37 家标准化社区文化活动中心。

江苏是中国古代吴越文化、长江文化的发祥地。南京汤山直立人化石将这块富饶土地的文明史追溯到距今 35 万年前的远古时期。在苏北东海、太湖中的三山岛、金坛市青龙山均发现有旧石器时代晚期的遗址，新石器时代的文化遗址中较为重要的有徐淮地区的青莲岗文化和大汶口文化，南京地区的北阴阳营文化，太湖地区的马家浜文化、崧泽文化和良渚文化。隋唐以降，随着中国的经济、文化中心南移，江淮之地更是人才荟萃，有"金陵会稽，文士成林"之称。2010 年，全省共有文化馆、群众艺术馆 117 个，公共图书馆 109 个，博物馆 182 个，档案馆 168 个，向社会开放档案 366 万卷(件、册)；共有广播电台 14 座，中短波广播发射台和转播台 21 座，电视台 14 座，广播综合人口覆盖率和电视综合人口覆盖率分别达 99.99% 和 99.88%。生产故事影剧片 13 部。全年报纸出版 27.1 亿份，杂志出版 10051 万册，图书出版 52290 万册。

位于今浙江省境内的距今 6000－7000 年的河姆渡文化和距今 4000－5000 年的良渚文化是浙江悠久灿烂的史前文化的杰出代表。在浙江余姚河姆渡遗址出土的大量文物中，有种类齐全的骨、石、陶、木制成的生产工具和生活用具，大量保存完好的古代稻谷，榫卯结构清楚的木构件，以及色彩鲜艳的漆碗，依然能吹出动听音响的陶埙、骨哨等。良渚文化以发达的黑陶制作和精美绝伦的玉器制作闻名，曾经存在世界上早期的大规模犁耕稻作农业、大型营建工程及社会组织形态。河姆渡文化、良渚文化的发现，证明了长江流域也是中华民族的发祥地之一。浙江文化历史悠久，手工业发达，如春秋、战国时(前 770－前 221 年)越国的铸剑，东汉时(25－220 年)的制瓷技术和铜镜制作工艺，唐代(618－907 年)以后的丝绸、雕版印刷、造塔、寺院建筑、佛像雕塑技艺。始镌于南齐建武年间(494－497 年)的新昌大佛寺弥勒像，被称为"江南第一大佛"。北宋开宝三年(970 年)建的杭州六和塔、唐中和四年(884 年建内塔)和北宋开宝年间(968－975 年建外塔)建的湖州飞英塔等,被誉为全国造塔工艺的典范。2010 年,共有艺术表演团体 72 个,群艺(文化)馆、文化站 1611 个,公共图书馆 97 个,博物馆 90 个,综合档案馆 98 个。省市级广播电台、电视台各 12 座,县级广播电视台 66 家。广播影视业经营收入 140 亿元,比上年增长 15.7%。广播、电视综合覆盖率分别达到 99.17% 和 99.35%。全省 14 家图书出版社,共出版图书 9509 种;公开发行的报纸有 70 种,年发行量 32.08 亿份;出版期刊 219 种。

二　旅　　游

长三角区域山水秀丽,景色怡人,旅游资源丰富。它是一个异常活跃、极富生命力的区域,将跻身于世界第六大都市圈,除了它雄厚的经济实力外,得天独厚的地理位置和气候条件及快捷便利的三小时交通圈,提升了区域旅游经济。

一、上海市

上海旅游资源丰富,作为历史文化名城,中国近代历史上的许多重大历史事件都发生在这里,130 余处国家级和市级文物保护单位、众多的园林、博物馆、宗教寺院及有世界建筑博览会之称的城市建筑群,吸引了大量的中外游客。

上海是我国最大的经济中心和世界著名的港口城市,也是一座历史悠久的文化城市。古代这里为海滨村镇,唐天宝十年(751)设华亭县,宋设上海镇,元置上海县。上海具有光荣的革命历史,是中国共产党的诞生地,近、现代许多重要历史事件和历史人物的活动都发生在这里,如小刀会起义、五卅运动、上海工人三次武装起义、松沪抗战等。现存革命遗址有中共一大会址、孙中山故居、鲁迅墓、宋庆龄墓、龙华革命烈士纪念地等。文物古迹有龙华塔、松江方塔、豫园、秋霞浦、唐经幢等。上海近代的各式外国风格建筑在建筑史上也具有重要价值。20 世纪 90 年代以来,上海相继建成了一批享誉国内外的功能性建筑,构成了迷人的都市风景线,同时也成为上海的旅游新景观,向世人展示了上海的新风貌。有象征上海的外滩;有被誉为“城市绿肺”的人民广场;有创造了十个“世界第一”的东方明珠广播电视塔;有中国第一摩天大楼金茂大厦;以及南京路步行街、上海博物馆、上海大剧院、上海城市规划展示馆等。上海除了港口城市的特点外,还是中国的重要工业城市,其工业生产已有一个半世纪的历史。上海素有购物天堂之美称,也是全国少数几个会展业发达的中心城市之一,新型的全球采购交易平台已初步形成并呈高速发展之势。

2010 年是世博会的举办年,上海按照“五个确保”的要求,全力以赴办好世博会。围绕确保世博会成功举办,大力加强城市建设和管理,枢纽型、功能性、网络化基础设施体系基本建成。中国上海世博会是第一次在发展中国家举办的注册类世博会,吸引了包括 190 个国家、56 个国际组织在内的 246 个官方参展者,参观人数达到 7308 万人次,其中境外参观者 425 万人次,累计志愿者 200 万名,网上世博参观者 8 234 人次,举办文化演出 2.29 万场。

2010 年,实现旅游产业增加值 1 360.8 亿元,比上年增长 30.1%,有星级宾馆 298 家,旅行社 1 037 家,A 级旅游景区(点)61 家,红色旅游基地 30 个。全年接待国际旅游入境人数 851.12 万人次,比上年增长 35.3%;其中入境外国人 665.63 万人次,增长 35.9%,港、澳、台同胞 185.49 万人次,增长 33.3%。全年接待国内旅游者 21 463.16 万人次,比上年增长 73.6%。

二、江苏省

江苏是全国七大重点旅游省份之一,旅游资源丰富,自然景观与人文景观交相辉映,名山、名湖、名泉、名园、名寺遍布各地,南京、苏州、扬州、镇江、徐州、淮安、常熟、无锡、南通均是中国的历史文化

名城。南京的六朝胜迹，苏州的古典园林，无锡的太湖风光，扬州的汉唐文化，徐州的秦汉遗址，连云港的海域仙境，镇江的山林寺院，以及陶都宜兴的洞天竹海等，令人留连忘返。截止2010年底，全省共有世界文化遗产2项10处，分别是苏州古典园林（沧浪亭、狮子林、留园、拙政园、网师园、环秀山庄、退思园、艺圃、耦园）和南京明孝陵（"明清皇家陵寝"的扩展项目），世界人类口述和非物质遗产代表作2项（昆曲、古琴），5A级景区9个。

太湖烟波浩渺，景色之佳居全国五大淡水湖之首，南京玄武湖、莫愁湖、扬州瘦西湖、苏州阳澄湖、徐州云龙湖、溧阳天目湖皆独具风情。镇江中泠泉称"天下第一泉"，无锡惠山泉称"天下第二泉"，苏州虎丘憨泉称"天下第三泉"，南京汤山温泉、东海汤庙温泉等也颇具盛名。南京钟山、清凉山（石头山）、镇江三山（北固山、金山、焦山）苍翠雄秀。句容和金坛交界处的茅山是我国东南道教中心、全国重点道观之一，有道教"第一福地"、"第八洞天"之称。南通狼山是全国佛教八小名山之一。陶都宜兴号称"洞天世界"。连云港花果山因结缘《西游记》而闻名海内外。古典园林举世闻名，苏州拙政园、留园跻身全国四大名园，苏州9家古典园林被列为世界文化遗产。南京栖霞寺、镇江金山寺、扬州大明寺、苏州寒山寺、常熟兴福寺、常州天宁寺、句容隆昌寺等都是著名古刹。连云港锦屏山将军崖岩画被称为"我国最早的一部天书"；孔望山东汉摩崖造像是迄今为止我国发现的最早的佛教摩崖造像，比敦煌石窟还早一二百年，有"九州第一窟"之誉。武进春秋淹城是我国目前保存的最古老、最为完整的地面城池建筑遗址。徐州汉画像石，南京、丹阳帝王墓前留下的六朝石刻，是中国古代雕刻艺术的瑰宝。徐州狮子山发现的西汉兵马俑被考古学界称为第三大奇迹。南京明城墙不仅仅是我国城墙之最长者，也是世界上最大的砖城之一。近现代历史纪念地众多，如南京静海寺、太平天国天王府、总统府、中山陵、淮安周恩来纪念馆、南京梅园新村、雨花台烈士陵园、渡江胜利纪念碑、侵华日军南京大屠杀纪念馆、徐州淮海战役烈士纪念塔、盐城新四军纪念馆等。

2010年，旅游业发展加快。全年国内旅游人数35 518.6万人次，比上年增长19.5%；国内旅游收入4 287.9亿元，增长24.3%。全年入境旅游人数653.6万人次，比上年增长17.4%。其中外国人473.5万人次，增长19.6%；港澳台同胞180.1万人次，增长12%。国际旅游外汇收入47.8亿美元，增长19.1%。旅行社组织公民自费出境旅游49.7万人次，增长44.5%。春节、"十一"两个黄金周，全省共接待国内游客2 703.67万人次，实现国内旅游收入255.92亿元，分别占全年接待国内游客人数和收入的7.6%和6%。

三、浙江省

浙江旅游资源数量众多，类型丰富，特色明显，知名度较高。有重要地貌景观资源800余处，水域景观资源200余处，生物景观资源100余处，人文景观资源100余处。至2010年底，共有国家级旅游度假区1处、省级旅游度假区18处，国家级风景名胜区18处、省级风景名胜区41处，全国重点文物保护单位132处，国家级森林公园37处，国家级自然保护区9处（其中南麂列岛国家海洋自然保护区是我国唯一加入联合国世界人类生物圈保护组织的海岛），国家级历史文化名城7处、名镇16处、名村14处，国家级爱国主义教育基地12处，5A级旅游区（点）7个，新增4个。旅游资源总量名列全国前茅，是全国有名的旅游资源大省。主要的旅游景点有杭州西湖、普陀山、钱塘观潮、千岛湖、莫干山、奉化溪口等。开辟了浙东风情游、浙西名山名水游、浙北运河古镇游、浙南奇山奇水游等旅游路线。建立了以杭州为中心江南水乡特色的杭绍旅游区；以佛教、文化为主的宁舟台旅游区；以奇山奇水、民俗文化为主要内容的温丽台旅游区；以本地历史文化、山水风情为基础的金衢旅游区；以运河古镇为基础的杭嘉湖旅游区。

浙江的特色旅游比较发达。钱江观潮、书法、垂钓、气功保健、古民居观赏、佛教朝拜、道教养生、生态考察、"农家乐"、"渔家乐"之旅等多项具有浓郁浙江特色的旅游项目，深受国内外游客的青睐。

中国国际钱江观潮节、西湖博览会、宁波国际服装节、绍兴国际书法节、舟山国际沙雕节等旅游节庆活动丰富多彩。省会杭州是我国七大古都之一,也是中国著名的风景旅游城市,以秀丽迷人的西湖自然风光闻名于世。多年来,浙江省在重点开发杭州风景名胜区的同时,致力于开发全省各地的旅游资源,逐步建立了以杭州为中心的全省旅游网络,形成了浙东水乡佛国游、浙南奇山秀水游、浙西名山名水游、浙北丝绸古镇游四条精品旅游线路。西湖三面环山一面临城,面积4.65平方公里。千岛湖位于杭州和黄山之间的浙江省淳安县,千岛湖位于浙江省西北的淳安县。处于杭州和黄山之间,东距杭州180公里左右,西距黄山160公里左右。千岛湖由一千多个岛屿组成,森林覆盖率达80%以上,已经开放了二十多个旅游景点。西塘、南浔、乌镇是浙江的著名古镇。

2010年,实现旅游总收入3312.6亿元,比上年增长25.3%,比全国平均增幅高3.6个百分点,比全省GDP增幅高6.1个百分点。其中,接待国内旅游者2.95亿人次,增长20.8%,实现国内旅游收入3 045.5亿元,增长25.7%;接待入境旅游者685万人次,增长20%,实现旅游外汇收入39.3亿美元,增长21.9%

第二篇

长三角地区经济社会发展总体概况

第一章　长三角地区总体和市县发展情况分析

2010 年,在贯彻科学发展观、促进经济社会又好又快发展方面,长三角地区在全国发展中仍处于领先位置。

一　长三角地区生产总值

一、长三角地区生产总值总体情况

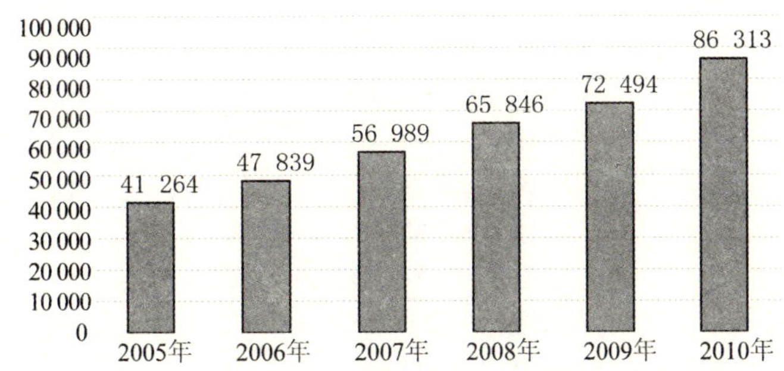

图 2－1　2005－2010 年长三角地区生产总值情况(单位:亿元)

二、上海市、江苏省和浙江省地区生产总值情况

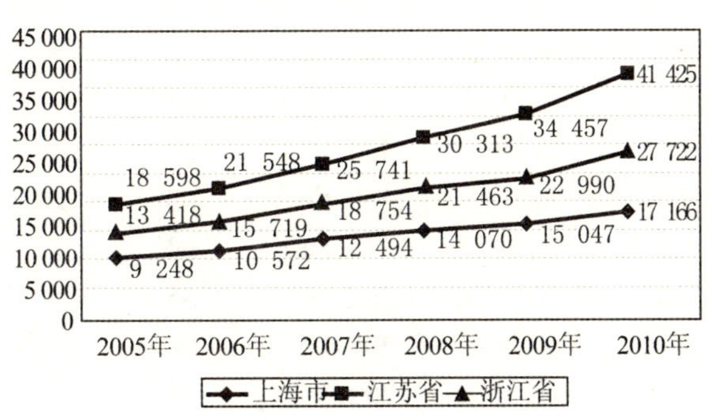

图 2－2　2005－2010 年上海市、江苏省和浙江省地区生产总值情况(单位:亿元)

三、长三角地区各县(市)地区生产总值情况

表2-1　2010年长三角地区各县(市)地区生产总值情况

(单位:亿元)

项目 地区	总值	排名	项目 地区	总值	排名	项目 地区	总值	排名
昆山市	2 100.28	1	玉环县	308.22	38	建德市	189.65	75
江阴市	2 000.92	2	姜堰市	306.76	39	泗洪县	181.00	76
张家港市	1 603.51	3	沛县	301.60	40	兰溪市	180.31	77
常熟市	1 453.61	4	大丰市	293.58	41	江山市	170.22	78
吴江市	1 003.39	5	临安市	287.66	42	涟水县	157.45	79
宜兴市	805.82	6	东阳市	286.86	43	盱眙县	154.25	80
绍兴县	776.11	7	长兴县	283.93	44	丰县	150.18	81
慈溪市	757.42	8	仪征市	280.70	45	灌云县	150.13	82
太仓市	730.32	9	宁海县	278.74	46	灌南县	140.08	83
诸暨市	621.54	10	嘉善县	276.11	47	响水县	135.20	84
义乌市	619.91	11	嵊州市	273.35	48	浦江县	131.63	85
丹阳市	607.67	12	象山县	271.73	49	武义县	128.50	86
温岭市	581.46	13	高邮市	255.81	50	岱山县	128.08	87
余姚市	567.88	14	苍南县	254.80	51	天台县	118.58	88
海门市	500.10	15	溧水县	250.16	52	龙游县	118.27	89
乐清市	495.84	16	高淳县	247.26	53	淳安县	117.48	90
江都市	488.88	17	扬中市	246.99	54	青田县	114.26	91
瑞安市	457.22	18	建湖县	245.97	55	缙云县	112.17	92
海宁市	455.83	19	射阳县	244.67	56	三门县	106.62	93
靖江市	441.00	20	句容市	243.09	57	洪泽县	105.15	94
上虞市	436.26	21	宝应县	242.86	58	仙居县	100.95	95
如皋市	431.00	22	新沂市	241.20	59	金湖县	98.55	96
启东市	430.04	23	德清县	240.16	60	常山县	75.49	97
溧阳市	424.66	24	海盐县	238.29	61	开化县	70.23	98
富阳市	415.67	25	奉化市	225.07	62	龙泉市	62.59	99
桐乡市	409.25	26	赣榆县	223.07	63	嵊泗县	58.90	100
泰兴市	407.58	27	新昌县	215.11	64	遂昌县	57.66	101
兴化市	387.11	28	阜宁县	206.16	65	磐安县	48.22	102
东台市	381.54	29	永嘉县	205.05	66	松阳县	47.50	103
邳州市	365.39	30	平阳县	202.59	67	文成县	40.52	104
海安县	355.57	31	东海县	200.14	68	泰顺县	39.77	105
如东县	352.36	32	睢宁县	200.10	69	洞头县	34.36	106
平湖市	340.53	33	滨海县	198.16	70	云和县	33.51	107
临海市	328.01	34	桐庐县	197.93	71	庆元县	31.70	108
永康市	310.48	35	崇明县	194.40	72	景宁县	26.70	109
沭阳县	308.49	36	泗阳县	192.20	73			
金坛市	308.28	37	安吉县	190.13	74			

四、长三角地区各省辖市地区生产总值情况

表2-2　2010年长三角地区各省辖市地区生产总值情况

（单位：亿元）

地区＼项目	总值	排名	地区＼项目	总值	排名
苏州市	9 229	1	嘉兴市	2 300	13
杭州市	5 949	2	扬州市	2 229	14
无锡市	5 793	3	金华市	2 110	15
宁波市	5 163	4	泰州市	2 049	16
南京市	5 131	5	镇江市	1 988	17
南通市	3 466	6	淮安市	1 388	18
常州市	3 045	7	湖州市	1 302	19
徐州市	2 942	8	连云港市	1 193	20
温州市	2 925	9	宿迁市	1 064	21
绍兴市	2 795	10	衢州市	755	22
台州市	2 426	11	丽水市	663	23
盐城市	2 333	12	舟山市	644	24

二　长三角地区第一产业发展情况分析

一、长三角地区第一产业发展总体情况

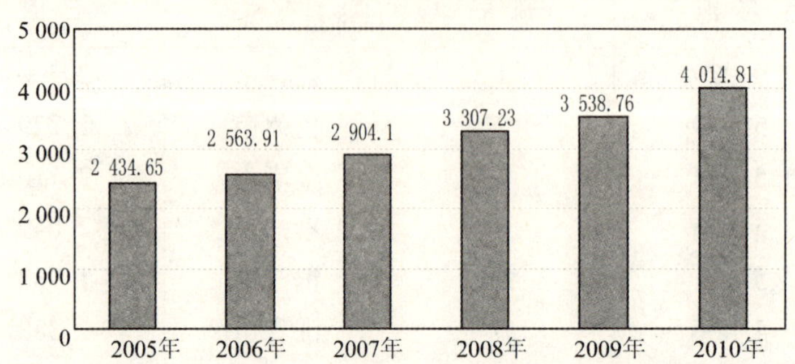

图2－3　2005－2010年长三角地区第一产业产值情况(单位:亿元)

二、上海市、江苏省和浙江省第一产业发展情况

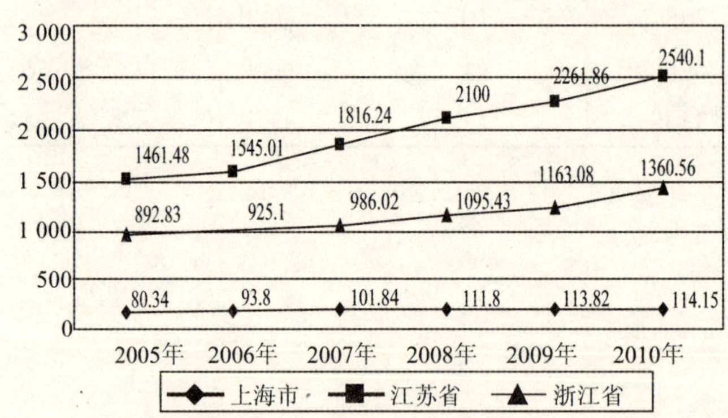

图2－4　2005－2010年上海市、江苏省和浙江省第一产业产值情况(单位:亿元)

三、长三角地区各省辖市第一产业发展情况

表2－3　2010年长三角地区各省辖市第一产业产值情况

(单位:亿元)

项目 地区	总值	排名	项目 地区	总值	排名
盐城市	374.21	1	绍兴市	149.67	13
徐州市	282.82	2	南京市	142.29	14
南通市	266.22	3	嘉兴市	127.00	15
宁波市	219.13	4	金华市	108.03	16
杭州市	208.41	5	无锡市	104.94	17
淮安市	195.97	6	湖州市	104.22	18
宿迁市	187.09	7	常州市	99.78	19
连云港市	182.60	8	温州市	93.69	20
扬州市	161.37	9	镇江市	81.53	21
台州市	160.42	10	衢州市	64.68	22
苏州市	155.79	11	丽水市	62.93	23
泰州市	151.65	12	舟山市	62.02	24

四、长三角地区各县(市)第一产业发展情况

表2-4　2010年长三角地区各县(市)第一产业产值情况

(单位:亿元)

项目 地区	总值	排名	项目 地区	总值	排名	项目 地区	总值	排名
兴化市	64.51	1	盱眙县	30.21	38	金湖县	16.94	75
东台市	63.37	2	溧阳市	30.18	39	乐清市	16.62	76
邳州市	59.58	3	宁海县	29.93	40	江山市	16.27	77
沭阳县	57.33	4	响水县	29.44	41	三门县	16.19	78
射阳县	55.37	5	常熟市	29.40	42	平湖市	16.10	79
启东市	54.49	6	灌南县	29.19	43	桐庐县	16.00	80
大丰市	52.17	7	绍兴县	28.79	44	新昌县	15.98	81
沛县	50.00	8	富阳市	28.67	45	瑞安市	15.17	82
如东县	45.10	9	临海市	28.51	46	仪征市	15.13	83
高邮市	44.38	10	嵊州市	28.40	47	靖江市	14.83	84
象山县	43.22	11	吴江市	27.04	48	东阳市	14.25	85
宝应县	43.17	12	临安市	26.99	49	武义县	11.47	86
睢宁县	42.36	13	太仓市	26.98	50	嵊泗县	11.29	87
温岭市	42.05	14	长兴县	25.57	51	平阳县	10.95	88
涟水县	41.89	15	姜堰市	24.91	52	仙居县	10.87	89
如皋市	41.35	16	桐乡市	24.47	53	龙游县	10.43	90
泗洪县	41.30	17	句容市	23.61	54	天台县	10.26	91
东海县	41.10	18	高淳县	23.46	55	开化县	9.75	92
滨海县	41.09	19	溧水县	22.38	56	松阳县	9.29	93
灌云县	40.99	20	奉化市	21.98	57	龙泉市	9.28	94
慈溪市	38.34	21	金坛市	21.97	58	扬中市	8.21	95
海安县	38.25	22	张家港市	21.94	59	永嘉县	7.84	96
阜宁县	37.73	23	淳安县	21.84	60	永康市	7.43	97
诸暨市	37.68	24	安吉县	21.69	61	磐安县	7.28	98
海门市	37.29	25	海宁市	21.27	62	遂昌县	7.14	99
泗阳县	37.21	26	嘉善县	20.77	63	浦江县	6.98	100
江都市	36.72	27	建德市	20.76	64	缙云县	6.74	101
赣榆县	36.64	28	苍南县	20.33	65	常山县	6.17	102
宜兴市	36.32	29	玉环县	19.79	66	青田县	5.32	103
江阴市	36.26	30	昆山市	19.40	67	庆元县	5.08	104
新沂市	36.09	31	崇明县	18.92	68	泰顺县	4.61	105
建湖县	35.80	32	洪泽县	18.61	69	景宁县	4.39	106
余姚市	35.38	33	兰溪市	17.94	70	文成县	4.26	107
丰县	34.01	34	海盐县	17.87	71	洞头县	3.34	108
泰兴市	33.66	35	德清县	17.83	72	云和县	3.31	109
丹阳市	31.91	36	义乌市	17.21	73			
上虞市	31.51	37	岱山县	17.20	74			

三　长三角地区第二产业发展情况分析

一、长三角地区第二产业发展总体情况

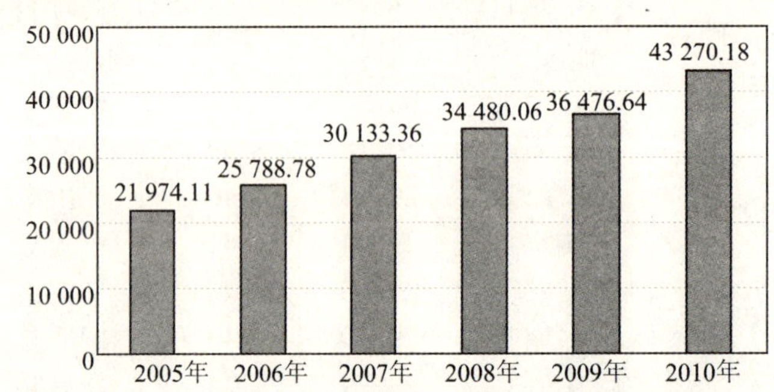

图2－5　2005－2010年长三角地区第二产业产值情况(单位:亿元)

二、上海市、江苏省和浙江省第二产业发展情况

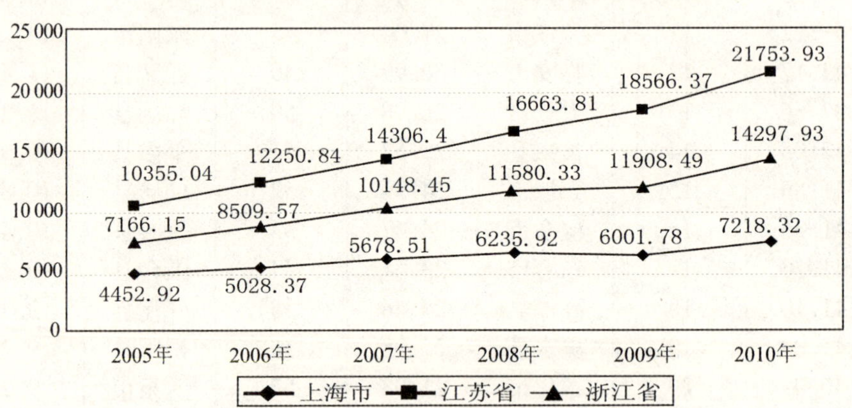

图2－6　2005－2010年上海市、江苏省和浙江省第二产业产值情况(单位:亿元)

三、长三角地区各省辖市第二产业发展情况

表2－5　2010年长三角地区各省辖市第二产业产值情况

(单位:亿元)

项目 地区	总值	排名	项目 地区	总值	排名
苏州市	5 253.81	1	扬州市	1 229.34	13
无锡市	3 208.79	2	泰州市	1 125.85	14
宁波市	2 870.69	3	镇江市	1 120.63	15
杭州市	2 844.07	4	盐城市	1 096.55	16
南京市	2 327.86	5	金华市	1 086.02	17
南通市	1 908.56	6	湖州市	715.01	18
常州市	1 683.68	7	淮安市	647.10	19
绍兴市	1 566.61	8	连云港市	545.07	20
温州市	1 533.46	9	宿迁市	479.14	21
徐州市	1 490.92	10	衢州市	414.46	22
嘉兴市	1 339.57	11	丽水市	328.60	23
台州市	1 254.33	12	舟山市	293.29	24

四、长三角地区各县(市)第二产业发展情况

表2－6　2010年长三角地区各县(市)第二产业产值情况

(单位:亿元)

项目/地区	总值	排名	项目/地区	总值	排名	项目/地区	总值	排名
昆山市	1 345.86	1	临安市	168.27	38	东海县	91.21	71
江阴市	1 184.23	2	姜堰市	165.28	39	睢宁县	85.70	76
张家港市	974.75	3	嘉善县	164.00	40	滨海县	84.87	77
常熟市	815.89	4	邳州市	160.75	41	浦江县	81.79	78
吴江市	605.10	5	长兴县	158.74	42	武义县	74.34	79
绍兴县	473.40	6	宁海县	158.11	43	岱山县	73.89	80
慈溪市	456.18	7	溧水县	156.60	44	泗洪县	73.31	81
宜兴市	447.16	8	海盐县	151.66	45	盱眙县	71.05	82
太仓市	418.96	9	东阳市	149.09	46	灌南县	70.37	83
诸暨市	363.45	10	扬中市	145.23	47	灌云县	69.88	84
丹阳市	345.19	11	嵊州市	144.84	48	青田县	69.31	85
余姚市	338.37	12	沛　县	144.23	49	龙游县	69.18	86
温岭市	310.40	13	德清县	141.73	50	丰　县	67.57	87
乐清市	306.21	14	高淳县	141.29	51	缙云县	66.78	88
海门市	301.95	15	沭阳县	135.74	52	涟水县	65.05	89
海宁市	278.30	16	句容市	134.13	53	响水县	64.87	90
江都市	275.86	17	象山县	132.70	54	大台县	52.70	91
义乌市	266.32	18	大丰市	128.63	55	淳安县	49.87	92
靖江市	253.78	19	高邮市	127.54	56	三门县	49.22	93
上虞市	252.60	20	永嘉县	126.12	57	洪泽县	46.08	94
富阳市	252.14	21	苍南县	123.05	58	仙居县	45.69	95
如皋市	244.85	22	桐庐县	121.40	59	金湖县	43.16	96
溧阳市	244.03	23	新昌县	118.78	60	常山县	41.26	97
瑞安市	237.18	24	宝应县	116.58	61	龙泉市	37.46	98
启东市	229.98	25	建湖县	115.93	62	开化县	35.77	99
桐乡市	226.94	26	奉化市	109.86	63	遂昌县	26.85	100
泰兴市	224.45	27	赣榆县	109.56	64	磐安县	25.88	101
平湖市	217.42	28	崇明县	108.30	65	嵊泗县	20.20	102
永康市	200.38	29	建德市	107.17	66	松阳县	19.67	103
玉环县	195.96	30	兰溪市	106.18	67	云和县	17.66	104
海安县	193.26	31	新沂市	103.30	68	泰顺县	14.49	105
如东县	188.25	32	平阳县	101.81	69	庆元县	14.37	106
临海市	175.57	33	射阳县	99.70	70	文成县	13.86	107
东台市	175.07	34	江山市	98.89	71	洞头县	13.03	108
金坛市	173.71	35	阜宁县	97.94	72	景宁县	10.17	109
兴化市	173.02	36	安吉县	96.02	73			
仪征市	168.63	37	泗阳县	92.26	74			

四 长三角地区第三产业发展情况分析

一、长三角地区第三产业发展总体情况

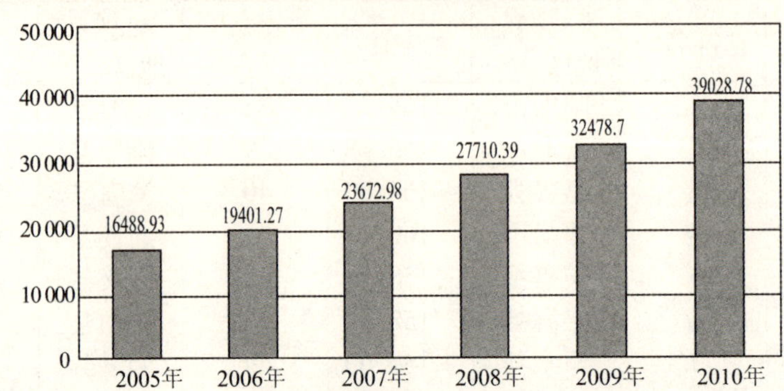

图2-7 2005-2010年长三角地区第三产业产值情况(单位:亿元)

二、上海市、江苏省和浙江省第三产业发展情况

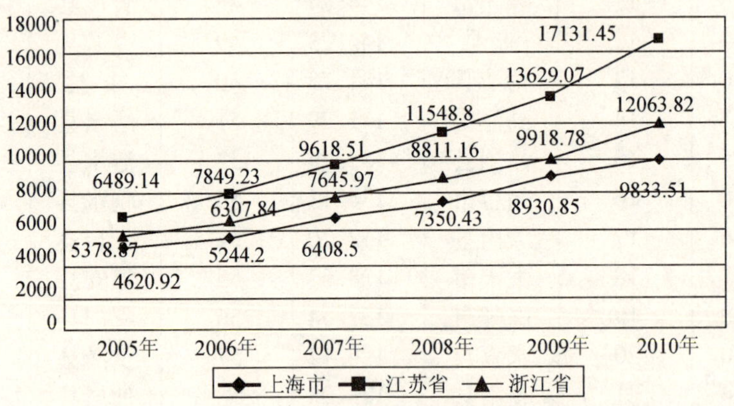

图2-8 2005-2010年上海市、江苏省和浙江省第三产业产值情况(单位:亿元)

三、长三角地区各省辖市第三产业发展情况

表2-7 2010年长三角地区各省辖市第三产业产值情况

(单位:亿元)

项目 地区	总值	排名	项目 地区	总值	排名
苏州市	3 819.31	1	盐城市	862.00	13
杭州市	2 896.69	2	扬州市	838.78	14
南京市	2 660.49	3	嘉兴市	833.63	15
无锡市	2 479.57	4	镇江市	785.48	16
宁波市	2 073.18	5	泰州市	771.22	17
温州市	1 297.89	6	淮安市	545.00	18
南通市	1 290.89	7	湖州市	482.50	19
常州市	1 261.43	8	连云港市	465.64	20
徐州市	1 168.40	9	宿迁市	397.86	21
绍兴市	1 078.93	10	舟山市	289.00	22
台州市	1 011.70	11	衢州市	276.34	23
金华市	902.05	12	丽水市	258.97	24

四、长三角地区各县(市)第三产业发展情况

表2-8 2010年长三角地区各县(市)第三产业产值情况

(单位:亿元)

地区 \ 项目	总值	排名	地区 \ 项目	总值	排名	地区 \ 项目	总值	排名
江阴市	780.43	1	金坛市	112.60	38	建德市	61.72	75
昆山市	735.02	2	苍南县	111.42	39	桐庐县	60.53	76
常熟市	608.32	3	沛县	107.37	40	兰溪市	56.19	77
张家港市	606.82	4	平湖市	107.01	41	天台县	55.62	78
吴江市	371.25	5	永康市	102.67	42	江山市	55.06	79
义乌市	336.38	6	新沂市	101.81	43	盱眙县	52.99	80
宜兴市	322.34	7	嵊州市	100.12	44	涟水县	50.51	81
太仓市	284.38	8	长兴县	99.63	45	丰县	48.60	82
绍兴县	273.93	9	仪征市	96.94	46	淳安县	45.77	83
慈溪市	262.90	10	象山县	95.82	47	仙居县	44.40	84
丹阳市	230.56	11	建湖县	94.24	48	武义县	43.79	85
温岭市	229.01	12	扬中市	93.55	49	浦江县	42.86	86
诸暨市	220.40	13	奉化市	93.23	50	三门县	41.22	87
瑞安市	204.87	14	玉环县	92.47	51	响水县	40.89	88
余姚市	194.13	15	临安市	92.40	52	灌南县	40.52	89
江都市	176.30	16	嘉善县	91.33	53	洪泽县	40.46	90
乐清市	173.01	17	宁海县	90.70	54	青田县	39.63	91
靖江市	172.39	18	平阳县	89.83	55	灌云县	39.26	92
海门市	160.86	19	射阳县	89.60	56	龙游县	38.66	93
桐乡市	157.85	20	句容市	85.35	57	缙云县	38.64	94
海宁市	156.26	21	高邮市	83.89	58	金湖县	38.45	95
上虞市	152.15	22	宝应县	83.11	59	岱山县	36.99	96
溧阳市	150.45	23	高淳县	82.51	60	常山县	28.05	97
兴化市	149.58	24	德清县	80.60	61	嵊泗县	27.41	98
泰兴市	149.47	25	新昌县	80.36	62	龙泉市	24.94	99
启东市	145.57	26	赣榆县	76.87	63	开化县	24.71	100
邳州市	145.06	27	安吉县	72.42	64	遂昌县	23.64	101
如皋市	144.80	28	滨海县	72.20	65	文成县	22.39	102
东台市	143.10	29	睢宁县	72.04	66	泰顺县	20.67	103
富阳市	134.86	30	溧水县	71.18	67	松阳县	18.54	104
海安县	124.06	31	永嘉县	71.09	68	洞头县	17.98	105
临海市	123.94	32	阜宁县	70.49	69	磐安县	15.07	106
东阳市	123.52	33	海盐县	68.76	70	云和县	12.54	107
如东县	119.01	34	东海县	67.83	71	庆元县	12.26	108
姜堰市	116.57	35	崇明县	67.20	72	景宁县	12.14	109
沭阳县	115.42	36	泗洪县	66.39	73			
大丰市	112.78	37	泗阳县	62.73	74			

五　长三角地区财政收入情况

一、长三角地区财政收入总体情况

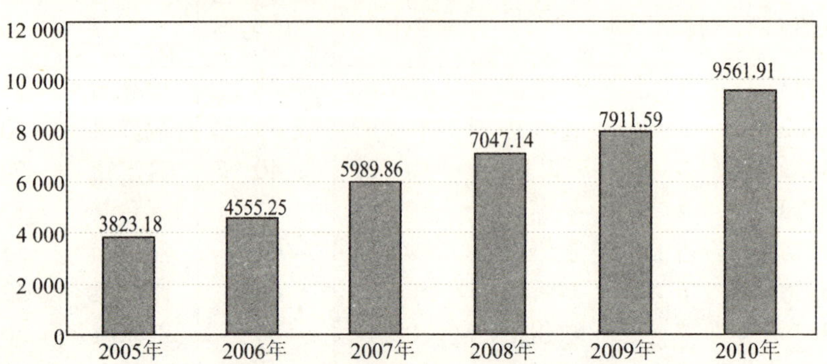

图2－9　2005－2010年长三角地区财政收入情况(单位:亿元)

二、上海市、江苏省和浙江省财政收入情况

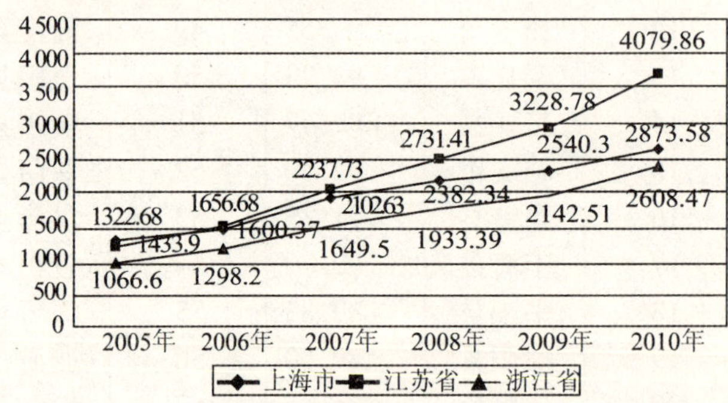

图2－10　2005－2010年上海市、江苏省和浙江省财政收入情况(单位:亿元)

三、长三角地区各省辖市财政收入情况

表2－9　2010年长三角地区各省辖市财政收入情况

(单位:亿元)

项目 地区	总 值	排 名	项目 地区	总 值	排 名
苏州市	900.55	1	泰州市	170.80	13
杭州市	671.34	2	扬州市	167.78	14
宁波市	530.93	3	台州市	164.88	15
南京市	518.80	4	金华市	155.93	16
无锡市	511.89	5	淮安市	141.43	17
南通市	290.81	6	连云港市	141.39	18
常州市	286.18	7	镇江市	138.10	19
温州市	228.49	8	湖州市	97.27	20
徐州市	222.16	9	宿迁市	89.57	21
绍兴市	193.23	10	舟山市	61.04	22
盐城市	191.35	11	衢州市	46.98	23
嘉兴市	176.83	12	丽水市	44.94	24

四、长三角地区各县(市)财政收入情况

表2－10　2010年长三角地区各县(市)财政收入情况

(单位:亿元)

项目 地区	总值	排名	项目 地区	总值	排名	项目 地区	总值	排名
昆山市	163.13	1	宁海县	21.01	38	嵊州市	13.15	75
江阴市	130.72	2	大丰市	20.67	39	桐庐县	13.08	76
张家港市	116.06	3	海安县	20.52	40	睢宁县	12.94	77
常熟市	100.09	4	象山县	20.09	41	丰 县	12.89	78
吴江市	90.28	5	建湖县	20.04	42	泗阳县	12.51	79
太仓市	70.00	6	溧水县	20.02	43	建德市	12.01	80
宜兴市	58.02	7	东阳市	19.40	44	兰溪市	11.22	81
慈溪市	57.19	8	仪征市	19.22	45	响水县	10.80	82
绍兴县	51.76	9	如东县	19.04	46	涟水县	10.68	83
余姚市	44.04	10	嘉善县	18.82	47	洪泽县	10.66	84
义乌市	42.76	11	德清县	18.60	48	浦江县	9.01	85
诸暨市	37.33	12	赣榆县	18.40	49	武义县	8.87	86
靖江市	36.89	13	玉环县	18.25	50	金湖县	8.75	87
乐清市	34.36	14	灌南县	18.18	51	青田县	8.13	88
如皋市	33.69	15	金坛市	18.03	52	三门县	8.07	89
瑞安市	32.70	16	东海县	18.02	53	江山市	8.04	90
富阳市	32.65	17	奉化市	17.91	54	天台县	7.81	91
海门市	31.27	18	姜堰市	17.60	55	淳安县	7.20	92
启东市	31.26	19	新沂市	17.58	56	岱山县	6.76	93
温岭市	30.59	20	临安市	16.97	57	龙游县	5.81	94
海宁市	30.33	21	灌云县	16.47	58	仙居县	5.67	95
丹阳市	30.00	22	阜宁县	16.45	59	缙云县	5.14	96
上虞市	29.16	23	宝应县	15.68	60	常山县	4.49	97
溧阳市	29.00	24	苍南县	14.95	61	嵊泗县	4.00	98
桐乡市	28.30	25	射阳县	14.75	62	开化县	3.85	99
崇明县	28.04	26	扬中市	14.75	63	遂昌县	3.69	100
江都市	26.85	27	句容市	14.58	64	文成县	3.48	101
沭阳县	26.26	28	滨海县	14.52	65	泰顺县	3.43	102
东台市	26.18	29	高邮市	14.42	66	磐安县	3.28	103
平湖市	25.51	30	安吉县	13.93	67	龙泉市	3.21	104
邳州市	23.10	31	盱眙县	13.83	68	洞头县	2.74	105
泰兴市	22.73	32	永嘉县	13.74	69	松阳县	2.55	106
永康市	22.40	33	海盐县	13.68	70	景宁县	2.24	107
长兴县	22.36	34	高淳县	13.50	71	云和县	2.03	108
临海市	22.13	35	新昌县	13.50	72	庆元县	1.55	109
沛 县	21.24	36	平阳县	13.35	73			
兴化市	21.13	37	泗洪县	13.26	74			

六　长三角地区城镇居民可支配收入情况

一、上海市、江苏省和浙江省城镇居民可支配收入情况

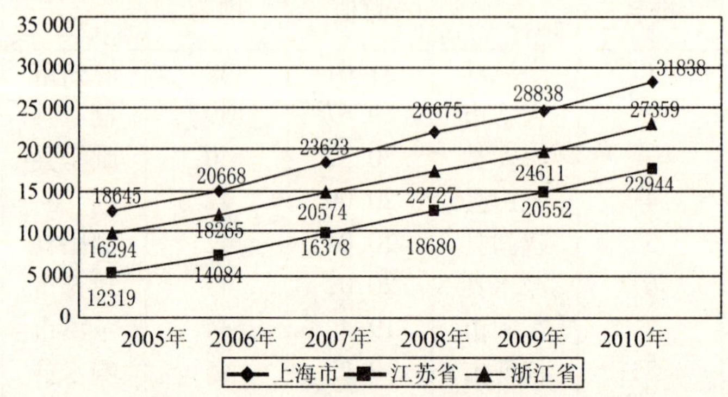

图 2-11　2005-2010 年上海市、江苏省和浙江省城镇居民可支配收入情况(单位:元)

二、长三角地区各省辖市城镇居民可支配收入情况

表 2-11　2010 年长三角地区各省辖市城镇居民可支配收入情况

(单位:元)

地区＼项目	总值	排名	地区＼项目	总值	排名
苏州市	30 366	1	金华市	25 029	13
绍兴市	30 164	2	镇江市	23 224	14
宁波市	29 977	3	南通市	21 825	15
杭州市	29 139	4	衢州市	21 811	16
无锡市	27 750	5	丽水市	21 093	17
嘉兴市	27 487	6	泰州市	20 255	18
南京市	27 383	7	扬州市	19 537	19
温州市	27 250	8	盐城市	16 935	20
台州市	27 212	9	徐州市	16 762	21
舟山市	26 242	10	淮安市	15 983	22
常州市	25 875	11	连云港市	15 790	23
湖州市	25 729	12	宿迁市	12 757	24

三、长三角地区各县(市)城镇居民可支配收入情况

表 2-12　2010 年长三角地区各县(市)城镇居民可支配收入情况

(单位:元)

地区＼项目	总值	排名	地区＼项目	总值	排名	地区＼项目	总值	排名
义乌市	35 220	1	桐庐县	24 026	38	兴化市	18 409	75
玉环县	32 930	2	金坛市	23 996	39	兰溪市	18 409	76
绍兴县	32 223	3	岱山县	23 978	40	文成县	18 326	77
诸暨市	31 413	4	嵊泗县	23 628	41	庆元县	18 262	78
瑞安市	31 268	5	东阳市	23 250	42	东台市	18 059	79
吴江市	30 957	6	平阳县	23 073	43	景宁县	17 901	80
昆山市	30 923	7	崇明县	23 069	44	武义县	17 744	81
慈溪市	30 896	8	丹阳市	23 015	45	磐安县	17 468	82
张家港市	30 829	9	浦江县	22 992	46	高邮市	17 073	83
常熟市	30 738	10	海门市	22 930	47	大丰市	16 952	84
太仓市	30 629	11	溧阳市	22 912	48	盱眙县	16 799	85
乐清市	30 425	12	建德市	22 876	49	金湖县	16 730	86
江阴市	30 184	13	句容市	22 710	50	泰顺县	16 557	87
上虞市	29 931	14	苍南县	22 599	51	洪泽县	16 464	88
嵊州市	29 796	15	青田县	22 500	52	建湖县	16 026	89
余姚市	29 670	16	永嘉县	22 331	53	开化县	15 682	90
海盐县	29 287	17	三门县	22 125	54	邳州市	15 384	91
平湖市	29 101	18	天台县	22 066	55	东海县	14 766	92
象山县	29 097	19	龙泉市	22 015	56	赣榆县	14 672	93
海宁市	28 972	20	靖江市	21 904	57	射阳县	14 622	94
宁海县	28 940	21	遂昌县	21 808	58	滨海县	14 390	95
奉化市	28 759	22	缙云县	21 275	59	沛　县	14 330	96
桐乡市	28 397	23	启东市	20 618	60	宝应县	14 328	97
温岭市	28 307	24	仙居县	20 531	61	灌南县	13 952	98
嘉善县	28 190	25	海安县	20 512	62	阜宁县	13 771	99
新昌县	27 396	26	如东县	20 502	63	响水县	13 712	100
长兴县	26 046	27	姜堰市	20 352	64	涟水县	13 666	101
德清县	26 016	28	洞头县	20 307	65	新沂市	13 148	102
富阳市	25 914	29	仪征市	20 147	66	沭阳县	12 874	103
宜兴市	25 869	30	江山市	20 138	67	泗阳县	12 428	104
扬中市	25 579	31	云和县	20 131	68	睢宁县	12 171	105
高淳县	25 576	32	泰兴市	20 026	69	丰　县	12 091	106
永康市	25 319	33	江都市	19 869	70	灌云县	11 931	107
临海市	25 317	34	如皋市	19 852	71	泗洪县	11 783	108
安吉县	25 205	35	淳安县	19 831	72	常山县	--	
溧水县	24 468	36	松阳县	19 371	73			
临安市	24 455	37	龙游县	19 076	74			

注:浙江德清县、长兴县、安吉县、东阳市、永康市、武义县、磐安县、开化县、上海市崇明县数据来源于其 2010 年统计公报。浙江常山县暂无统计数据不参加排序。

七　长三角地区农村居民纯收入情况

一、上海市、江苏省和浙江省农村居民纯收入情况

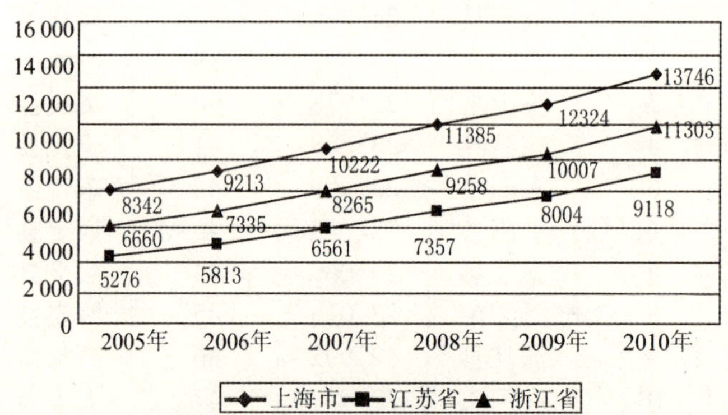

图 2－12　2005－2010 年上海市、江苏省和浙江省农村居民纯收入情况(单位:元)

二、长三角地区各省辖市农村居民纯收入情况

表 2－12　2010 年长三角地区各省辖市农村居民纯收入情况

(单位:元)

项目 地区	总 值	排 名	项目 地区	总 值	排 名
苏州市	14 657	1	镇江市	10 874	13
嘉兴市	14 365	2	金华市	10 201	14
舟山市	14 265	3	南通市	9 914	15
宁波市	14 261	4	扬州市	9 462	16
无锡市	14 002	5	泰州市	9 324	17
绍兴市	13 651	6	盐城市	8 751	18
湖州市	13 288	7	衢州市	8 270	19
杭州市	13 186	8	徐州市	7 955	20
常州市	12 637	9	淮安市	7 233	21
温州市	11 416	10	连云港市	7 039	22
台州市	11 307	11	宿迁市	6 975	23
南京市	11 128	12	丽水市	6 537	24

四、长三角地区各县（市）农村居民纯收入情况

表 2－13　2010 年长三角地区各县（市）农村居民纯收入情况

（单位：元）

项目 地区	总值	排名	项目 地区	总值	排名	项目 地区	总值	排名
绍兴县	16 685	1	嵊州市	11 405	38	邳州市	8 331	75
慈溪市	15 513	2	海门市	11 372	39	仙居县	8 022	76
江阴市	14 898	3	溧阳市	11 368	40	常山县	8 018	77
昆山市	14 824	4	新昌县	11 263	41	洪泽县	7 943	78
义乌市	14 775	5	高淳县	11 156	42	阜宁县	7 801	79
常熟市	14 664	6	永康市	11 126	43	金湖县	7 782	80
太仓市	14 662	7	临海市	10 851	44	滨海县	7 716	81
张家港市	14 658	8	溧水县	10 804	45	武义县	7 678	82
吴江市	14 603	9	启东市	10 587	46	赣榆县	7 582	83
海宁市	14 551	10	靖江市	10 242	47	兰溪市	7 554	84
诸暨市	14 549	11	江都市	10 111	48	开化县	7 399	85
桐乡市	14 419	12	东台市	10 097	49	盱眙县	7 382	86
嘉善县	14 383	13	建德市	10 012	50	响水县	7 276	87
岱山县	14 364	14	大丰市	10 001	51	东海县	7 273	88
平湖市	14 293	15	句容市	9 925	52	丰　县	7 258	89
玉环县	14 161	16	崇明县	9 527	53	新沂市	7 231	90
海盐县	14 111	17	海安县	9 478	54	淳安县	7 172	91
乐清市	13 798	18	江山市	9 345	55	睢宁县	7 022	92
余姚市	13 770	19	泰兴市	9 338	56	沭阳县	7 021	93
德清县	13 575	20	平阳县	9 274	57	泗阳县	7 002	94
奉化市	13 543	21	仪征市	9 136	58	泗洪县	6 830	95
上虞市	13 534	22	姜堰市	9 131	59	青田县	6 722	96
嵊泗县	13 486	23	如东县	9 120	60	龙泉市	6 704	97
长兴县	13 305	24	浦江县	8 978	61	涟水县	6 691	98
富阳市	13 272	25	苍南县	8 939	62	缙云县	6 678	99
温岭市	12 947	26	洞头县	8 937	63	遂昌县	6 659	100
安吉县	12 840	27	三门县	8 852	64	灌云县	6 522	101
宁海县	12 744	28	高邮市	8 825	65	云和县	6 370	102
宜兴市	12 679	29	兴化市	8 817	66	景宁县	6 202	103
瑞安市	12 538	30	永嘉县	8 756	67	灌南县	6 199	104
扬中市	12 515	31	射阳县	8 720	68	文成县	6 158	105
象山县	12 511	32	宝应县	8 715	69	松阳县	6 064	106
临安市	12 012	33	建湖县	8 704	70	磐安县	6 016	107
金坛市	11 761	34	龙游县	8 697	71	庆元县	6 012	108
桐庐县	11 665	35	如皋市	8 695	72	泰顺县	6 010	109
丹阳市	11 446	36	天台县	8 683	73			
东阳市	11 412	37	沛　县	8 378	74			

第二章　泛长三角经济社会发展情况分析

一　泛长三角的提出和界定

近年来,区域经济社会的一体化发展,已成为我国国民经济和社会发展的一项重大战略,它有利于解决由于区域发展不平衡而导致的地方矛盾突出、城乡冲突凸现等社会问题。例如,珠三角从原来的广东省内的区域经济一体化到大珠三角,再演变为"9+2"的"泛珠三角"态势;再如,京津冀经济协作区,目前已发展成为环渤海湾区域的合作;还有,北部湾区域合作已走到泛北部湾区域合作。在国内几大区域的泛化发展的大背景下,长三角泛化发展就成了必然选择。经过多年的区域合作和共同发展,长三角地区的经济发展取得了全国瞩目的成绩,为了顺应区域经济发展的基本趋势,并进一步发挥长三角地区的辐射和带动作用,泛长三角的概念近年以来经常会出现在人们的视野中。2008年8月6日,国务院常务会议审议并原则通过了《进一步推进长江三角洲地区改革开放和经济社会发展的指导意见》,明确提出长三角要加快推进"区域一体化"进程,强化服务和辐射功能,充分发挥对周边地区、长江流域及其他地区的带动作用。这表明泛长三角将正式步入政府推动的区域合作发展轨道。

然而,对于"泛长三角"概念的界定,一直存在不同的方法,除了原先长三角区域的苏浙沪两省一市之外,其他包含哪几个地区呢?这要从建立泛长三角的目的和意义来分析。建立泛长三角的重要性在于加强区域经济和社会发展的竞争力,增强社会、资源和环境的可持续发展。因此,泛长三角必须满足以下几个条件:一是地域上接近。二是密集分布。三是区域内一般存在一个或多个中心城市,并且城市之间的经济交流密切。因此,泛长三角区域必须具备区域性、集聚性、中心性和联系性。因此,在这里,我们将泛长三角区域定义为:上海市、江苏省、浙江省、安徽省、江西省和福建省五省一市。

二　泛长三角区域的经济发展情况

一、经济总量

一个地区的GDP及其增长率是衡量其经济发展实力和发展速度的综合性指标。近几年以来,随着泛长三角地区经济稳定快速增长,成为中国经济增长的主要动力。2010年(见表2-14),泛长三角地区GDP总和占全国的30.4%,近全国的三分之一。从经济增长速度来看,除上海外,泛长三角区域的各省市都明显快于全国平均水平(10.3%)。如果从各省市的经济增长来看,后纳入泛长三角区域的经济后发优势比较明显,安徽、江西和福建三省的经济增长速度都在13%以上,但由于经济发展的基础条件等因素影响,其经济总量,尤其是从占全国比重的数据来看,还偏低,三省GDP比重占全国的9%左右;相对来说,上海、江苏、浙江三地的经济总量较大,在全国经济发展中具有更重要的地位。但是,随着国内经济发展的结构调整和泛长三角区域合作的不断深入,可以预见,安徽、江西和福建三省将在未来中国经济增长中占有越来越高的比重和地位。

表 2 - 14　2010 年泛长三角地区经济发展总量与增长

单位:亿元;%

地区	GDP	同比增长	GDP 占全国比重
上海市	16 872	9.90	4.20
江苏省	40 903	12.60	10.30
浙江省	27 227	11.80	6.80
安徽省	12 263	14.50	3.10
江西省	9 435	14.00	2.40
福建省	14 357	13.80	3.60

数据来源:相关各省市及全国 2011 年统计年鉴。

二、三次产业发展和结构

三次产业,尤其是第二产业是中国大多数地区的经济发展的重要基础。第二产业不仅生产消费资料,而且生产生产资料,它是国民经济的主体。而第三产业则是经济增长的增长点。随着经济的发展,第三产业在国民经济中的作用越来越重要,它的发展不仅带动了经济的迅速发展,而且给人们的生活带来切实的福利。但是,由于泛长三角各个地区的经济发展规模有很大的差距,因此,单纯比较各地的分产业的生产总值没有实际意义,而三次产业结构,即各产业产值占 GDP 比重则能更加真实地反映一个地区的经济发展水平和产业结构层次。其中,如果第二产业的比重越大,表示工业化进程程度越高。如果第三产业的比重越高,表示该地区的产业结构层次越高,可持续发展能力也相对较高。泛长三角地区的三次产业结构情况见表 2 - 15。从表 2 - 15 的数据来看,上海在泛长三角地区中产业结构层次最高,第三产业比重已经连续五年超过 50%。相对来说,其他地区仍处于以第二产业为主,工业化进程不断推进的发展阶段,其中以安徽为例,其第二产业比重逐年迅速提高,同时,引起了第一和第三产业的比重下降。泛长三角地区的产业结构的差异,一方面表明了区域内不同省市的经济发展层次和差距,另一方面也暗含了区域内根据产业优势分工和合作的条件。

表 2 - 15　2007 - 2010 年泛长三角地区的三次产业结构情况

地区	2007	2008	2009	2010
上海市	0.8: 46.5: 52.6	0.8: 45.5: 53.7	0.8: 39.9: 59.4	0.7: 42.3: 57.0
江苏省	7.1: 55.6: 37.4	6.9: 55.0: 38.1	6.5: 54.1: 39.5	6.2: 53.2: 40.6
浙江省	5.3: 54.0: 40.7	5.1: 53.9: 41.0	5.1: 51.9: 43.0	5.0: 51.9: 43.1
安徽省	16.3: 44.7: 39.8	16.0: 46.6: 37.4	14.9: 48.8: 36.3	14.1: 52.1: 33.8
江西省	16.5: 51.7: 31.9	16.4: 52.7: 31.0	14.5: 51.3: 34.3	12.8: 55.0: 32.2
福建省	10.8: 49.2: 40.0	10.7: 50.0: 39.3	9.9: 48.6: 41.5	9.5: 51.3: 39.2

数据来源:相关各省市 2008 - 2011 年统计年鉴。

三、固定资产投资

从固定资产投资来看,根据各个地区经济发展阶段的不同,其投资的数量和方向都具有很大的不同。2010 年,上海完成全社会固定资产投资总额 5317.7 亿元,比上年增长 0.8%。其中,城市基础设施投资 1497.5 亿元,下降 29.1%。从产业投向看,上海市的固定资产投资主要投向于第三产业,达

3865.9 亿元,增长 0.8%,所占比重为 72.7%。从其他地区的固定资产投资来看,江苏和浙江也较注重对第三产业投资 2010 年两省对第三产业投资同比增长均超过 20%。而处于经济快速上升期的安徽、江西和福建三省则对三次产业的投资均衡快速增长,如安徽省 2010 年固定资产投资 11849.4 亿元,比 2009 年增长 33.6%,其中,第一产业投资增长 21.2%,第二产业增长 40.5%,第三产业增长 28.1%。总的来说,由于经济发达地区的固定资产投资的基础条件较好,而且在以前也已经具有一定的固定资产积累,如上海、浙江等省市,所以,固定资产投资规模扩张速度下降,而重点在于优化固定资产投资结构,其他地区相对来说,目前还比较注重固定资产投资总量的扩张,发展速度也比较快。

四、社会消费

表 2-16　2010 年泛长三角地区各省市社会消费及增长情况

单位:亿元;%

地　区	社会消费品零售总额		城市消费		乡村消费	
	金额	同比增长	金额	同比增长	金额	同比增长
上海市	6037	17.50	–	–	–	–
江苏省	13482	18.70	11966	19.20	1517	15.10
浙江省	10163	19.00	8932	19.20	1231	17.90
安徽省	4152	19.20	3481	19.30	671	19.10
江西省	2933	19.20	2443	19.30	490	18.50
福建省	5310	18.50	4726	19.60	584	10.20

由于区域经济发展的不断繁荣,泛长三角地区各省市的社会消费普遍比较旺盛,2010 年,五省一市的社会消费品零售总额的同比增长都在 17%~19%左右。因此,无论社会消费规模还是增长速度,都比较快,但是,从消费的城乡结构来看,江苏省的城乡消费比例严重失调,乡村消费仅仅为城市消费的十分之一,并且乡村消费的增长速度落后于城市消费。其他各省份,也普遍存在相同的问题。因此,总的来看,虽然我国经济增长一直保持相对较快的发展速度,但是,由于政府初次和二次分配比例逐步向企业和政府部门倾斜,而向居民的分配中又向城市部门倾斜,这造成了泛长三角区域普遍存在农村居民收入增长缓慢,市场消费乏力的问题。

五、外贸和外资

表 2-17　2010 年泛长三角地区各省市对外贸易和外商直接投资

单位:亿美元;%

地　区	进出口总额		出口		进口		外商直接投资	
	金额	增长	金额	增长	金额	增长	金额	增长
上海市	3 689	32.80	4 233	30.20	2 613	37.30	111	5.50
江苏省	4 658	37.50	2 706	35.80	1 952	39.90	285	12.50
浙江省	2 535	35.00	1 805	35.70	730	33.40	110	10.70
安徽省	243	54.80	124	39.70	119	74.60	50	29.10
江西省	215	67.90	134	82.10	80	48.50	51	26.80
福建省	1 088	36.60	715	34.10	373	41.60	103	2.50

数据来源:相关各省市及全国 2011 年统计年鉴

国际金融危机以后，虽然西方发达国家经济增长仍然具有很大的不确定性，但是中国经济，尤其是外贸进出口较快地从危机影响中走出来，恢复了危机以前的增长态势。从表 2－17 可见，各省市外贸进出口规模和速度都稳步增长。2010 年，上海对外贸易进出口总额 3689 亿美元，同比增长32.8%。其中出口 4233 亿美元，同比增长 30.2%；进口 2613 亿美元，同比增长 37.3%。危机过后，安徽、江西等省的外贸增长后发优势更为明显，外贸进出口增幅明显超过上海、江苏和浙江等省市。从泛长三角地区各省市的实际外商直接投资来看，虽然危机导致国际资本流动性紧缺，但由于中国经济增长相对稳定，所以，国际资本仍将中国，尤其是较发达的省份，作为投资的目标之一，尤其是江西和安徽等地区，外商直接投资迅速增长，2010 年两省 FDI 增速达到 25% 以上。

综上所述，泛长三角地区作为中国的主要经济合作发展区域之一，在中国经济发展中具有重要的地位和作用。泛长三角地区的经济总量占全国经济总量的近三分之一。从经济增长速度来看，泛长三角区域的各省市都明显快于全国平均水平。从三次产业结构变动来看，泛长三角地区，除了上海已经步入第三产业主导的高层次产业发展阶段以外，其他省份仍然处于推进工业化进程的，以第二产业为主导的发展阶段。从固定资产投资来看，根据各个地区经济发展阶段的不同，其投资的数量和方向都具有很大的不同。其中，经济较为发达，固定资产基础较好的省市，如上海和浙江，将投资的重点由固定资产投资规模的扩张转为投资结构优化阶段，而其他省份还在致力于促进固定资产投资扩张，其固定资产投资的增长速度较快。由于区域经济发展的不断繁荣，泛长三角地区各省市的社会消费普遍比较旺盛，五省一市的社会消费品零售总额的同比增长都在 20% 左右。但是由于国家分配政策等原因，城乡消费的规模和增长速度还普遍存在很大差距，具有明显的二元结构特征。从外资和外贸发展方面来看，我国经济由于受危机影响较轻，较快地走出了国际金融危机的阴影，泛长三角地区的外贸进出口以及外商直接投资都有了不同程度地较快增长，尤其是国家加大经济结构调整力度以来，各地区进口增长尤为迅速，后发地区的对外经济增长潜力巨大。

三　泛长三角区域合作的问题

区域经济的关键词是产业，而“泛长三角”合作与发展，重在推动区域产业结构调整。“泛长三角”重点加强地区产业发展的协调工作，促进产业整合。在科学制定产业发展规划时，不仅要看到自己适合发展某些产业，还应看到其他地区是否更适合发展这些产业；在产业政策方面，“泛长三角”的各级政府，应根据国家的产业政策，在维护区域整体利益的基础上，制定指导性的建设规划，避免与区域内其他省份的政策冲突。坚持规划先行，并使这种规划既要有思想观念和体制政策方面的融入设想，又要有产业关联、通关申报、口岸验收乃至技术接口等具体的工作机制和措施。

因此，制定泛长三角区域合作规划之前，必须要解决几个区域合作发展中长期存在的难点：其一，是合作机制。泛长三角的区域合作要根据跨越省份不同的发展水平，采取不同的合作机制，这是泛长三角区域能否顺利进行合作的前提和保证；其二，合作途径。以一个和多个中心城市为主体来推动泛长三角区域之间的合作进程，是决定“泛长三角”区域合作成效的关键；其三，制度协作。各城市为本地区的发展，制定了适应区域性发展的地缘性、基础性政策。

第三篇

长三角地区区域经济社会发展报告

第一章　上海市 2010 年经济社会发展报告

2010 年是上海世博会的举办年，也是实施“十一五”规划的收官之年。面对复杂多变的国内外经济环境，全市人民在党中央、国务院和市委、市政府的坚强领导下，深入贯彻落实科学发展观，坚决执行中央应对金融危机的一揽子计划，全力以赴办好世博会，扎实推进各项工作，国民经济保持平稳较快发展，各项社会事业全面发展，人民生活继续改善，完成了全年经济社会发展预期目标和任务。

一　上海市 2010 年经济发展概况

(一) 综合经济

1. 经济总量

2010 年上海市实现生产总值(GDP)17 165.98 亿元，按可比价格计算，比上年增长 10.3%。其中，第一产业增加值 114.15 亿元，下降 6.6%；第二产业增加值 7 218.32 亿元，增长 18.1%；第三产业增加值 9 835.51 亿元，增长 7.3%；三次产业结构进一步优化，调整为 0.67∶42.05∶57.28。“十一五”时期上海市生产总值达到 69 348.55 亿元，按可比价格计算，年均增长 11.2%。

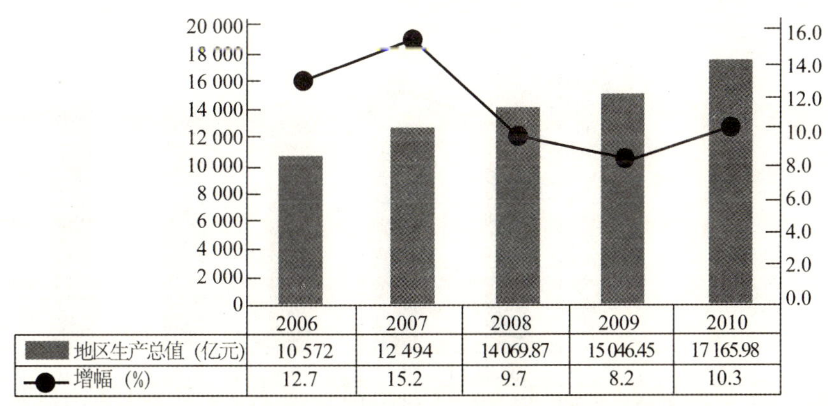

图 3－1　2006－2010 年上海市生产总值及增长速度

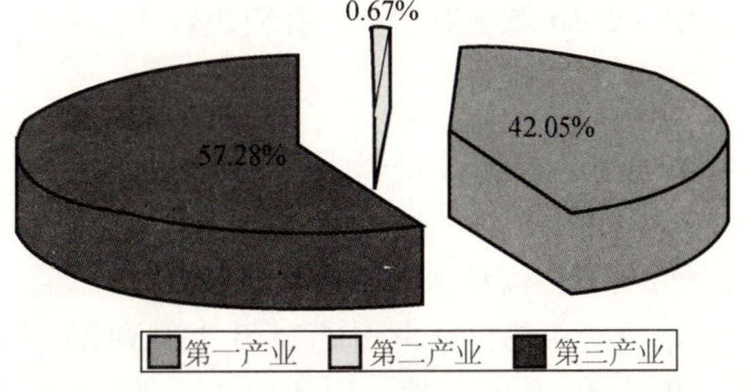

图 3－2　2010 年上海市三次产业结构图

2. 财政收支

全年地方财政收入 2 873.58 亿元，比上年增长 13.1%。其中，增值税 388.62 亿元，增长 4.3%；

营业税933.91亿元,增长11.2%;个人所得税261.2亿元,增长13.3%;企业所得税606.05亿元,增长25.8%。全年地方财政支出3 302.89亿元,比上年增长10.5%。其中,一般公共服务支出226.02亿元,增长14.5%;公共安全支出187.25亿元,增长14.6%;社会保障和就业支出362.56亿元,增长8.6%;医疗卫生支出160.07亿元,增长20.5%;城乡社区事务支出475.47亿元,下降14.6%。"十一五"时期地方财政收入达到11 499.2亿元,年均增长14.9%。

3. 物价指数

全年居民消费价格指数为103.1。其中,食品类价格指数107.7;烟酒及用品类价格指数101.1;家庭设备用品及维修服务类价格指数101.1。

全年工业品出厂价格指数为102.3;原材料、燃料、动力购进价格指数为111.2。

全年新建住宅销售价格指数为107.6。在新建住宅销售价格指数中,商品住宅价格指数为108。其中,普通商品住宅价格指数为109。全年住宅租赁价格指数为104.9。

4. 固定资产投资

全年完成全社会固定资产投资总额5 317.67亿元,比上年增长0.8%其中,城市基础设施投资1 497.46亿元,下降29.1%。从产业投向看,第一产业投资16.4亿元,比上年增长43.8%,占全社会固定资产投资总额的比重为0.3%;第二产业投资1 435.37亿元,增长0.6%,所占比重为27%;第三产业投资3 865.9亿元,增长0.8%,所占比重为72.7%。从投资主体看,国有经济投资2234.12亿元,比上年下降14.7%,占全社会固定资产投资总额的比重为42%;集体经济投资183.07亿元,增长38.4%,所占比重为3.4%;股份制经济投资1 200.26亿元,增长2.2%,所占比重为22.6%;外商及港澳台投资686.95亿元,增长11.2%,所占比重为12.9%。"十一五"时期全社会固定资产投资总额达到23 804.15亿元,年均增长10%。

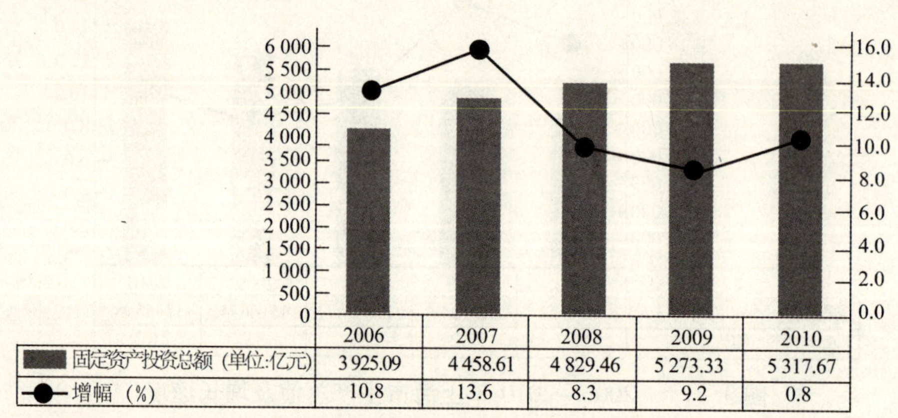

	2006	2007	2008	2009	2010
固定资产投资总额(单位:亿元)	3 925.09	4 458.61	4 829.46	5 273.33	5 317.67
增幅(%)	10.8	13.6	8.3	9.2	0.8

图3-3 2006-2010年上海市全社会固定资产投资及增长幅度

5. 区县经济

2010年上海市各区县经济发展势态良好,浦东新区经济发展迅速,各项经济指标均遥遥领先其他各区县,其中国内生产总值、工业总产值在全市所占比重均超过25%。

浦东自开发开放以来,经济始终年均增长保持两位数,国内生产总值(GDP)从1990年的60亿元增长到2009年的4 001.39亿元,占全市的比重由不足1/10上升到26.9%。1990年工业总产值177亿元,2009年总产值达7 038.19亿元;1993年地方财政收入5.53亿元,2009年地方财政收入达到380亿元;外贸出口由1993年的12亿美元增加到2009年的576.5亿美元。2010年浦东新区经济更是迅猛发展,国内生产总值达到4 707.52亿元,比上年增长12.4%;工业总产值8 481.78亿元,同比增长21.1%;商品销售总额7 594.61亿元,同比增长26.9%;出口总额738.79亿美元,同比增长

28.2%。浦东新区经济的高速增长和经济实力的增强，为上海国民经济保持两位数的发展提供了坚实的支撑，对上海建设经济、金融、贸易和航运中心发挥了重要作用。

2010年，闵行区国民经济继续保持了平稳较快发展的良好势头。全区实现地区生产总值1364.37亿元，比上年增长10.4%。其中，第二产业增加值886.25亿元，比上年增长10.5%；第三产业增加值476.57亿元，比上年增长10.2%。财政收入稳步增长，全年实现财政总收入379.41亿元，比上年增长10.7%。全年完成全社会固定资产投资额308.45亿元，比上年增长4.3%。其中工业投资73.86亿元，增长33.2%；房地产开发投资173.98亿元，增长19.2%，房地产投资项目106个。从产业投向看，第二产业完成投资额74.11亿元，比上年增长31.0%，占全部完成投资的比重为24.0%；第三产业完成投资额234.34亿元，比上年下降2.1%，占76.0%。

2010年松江区经济实现恢复性增长，呈现良好的发展态势。全年实现生产总值900.48亿元，按可比价格计算，比上年增长15.8%，增幅比上年提高9.5个百分点。其中，第一产业实现增加值7.68亿元，比上年下降3.4%；第二产业实现增加值613.48亿元，增长18.2%；第三产业实现增加值279.32亿元，增长11.3%。全年实现财政总收入233.7亿元，比上年增长11.5%，其中，地方级收入77.33亿元，增长14.9%。全年地方财政支出103.55亿元，比上年增长13.8%，其中，用于社会保障和就业支出16.52亿元，同比增长16.1%；教育支出12.57亿元，增长13.5%；医疗卫生6.86亿元，增长1.1%；公共服务支出11.91亿元，增长17.2%。全年私营企业实现税收86.39亿元，比上年增长13.9%；房地产业实现税收45.32亿元，比上年增长22.1%。

2010年青浦区国民经济持续回升向好，综合实力进一步增强。全区实现地区生产总值584.1亿元，比上年增长12%。其中第一产业增加值9亿元，增长7.1%；第二产业增加值353.1亿元，增长15.5%，其中工业增加值341.1亿元，增长15.4%；第三产业增加值222亿元，增长7.1%。三次产业结构不断优化，第三产业比重较金融危机前有所上升。财政收入稳步增加，超额完成全年预定任务，2010年全区完成全口径财政收入188.7亿元，比上年增长15%；区级财政收入59亿元，比上年增长21.1%；全区结算财力89.1亿元，比上年增长13.6%（上年剔除基金后为78.5亿元）。全区财政支出88.4亿元，比上年增长12.8%。全区固定资产投资持续增加，第三产业投资快速增长，2010年完成全社会固定资产投资282.5亿元，比上年增长63.1%。其中工业完成投资56.1亿元，增长16.1%，占总投资的19.9%。第三产业完成投资226.2亿元，增长82.3%，高于全区固定资产投资增幅19.2个百分点，占总投资的80.1%。

2010年嘉定区国民经济实现恢复性增长。全年实现增加值806.8亿元，比上年增长11.8%，其中第一产业实现增加值4.1亿元，增长0.3%；第二产业实现增加值524.7亿元，增长8.9%，对全区经济增长的贡献率为53.2%；第三产业实现增加值278.0亿元，增长17.7%，对全区经济增长的贡献率为46.4%。财政收入呈较快增长态势，全年实现财政总收入267.6亿元，比上年增长15.0%，其中，地方财政收入83.0亿元，增长22.0%。全年税收收入250.0亿元，比上年增长14.7%。全年地方财政支出112.8亿元，比上年增长18.8%。

2010年宝山区经济运行呈现良好发展态势，全年完成增加值636.76亿元，比上年增长12.4%。其中：第一产业增加值2.21亿元，增长1.0%；第二产业增加值284.34亿元，增长12.0%；第三产业增加值350.22亿元，增长12.8%。财政收入稳定增长，全年财政总收入167.57亿元，比上年增长10.5%。区地方财政收入70.35亿元，增长12.2%。固定资产投资快速增长，全年完成固定资产投资292.39亿元，比上年增长34.7%。其中，基础建设投资8.91亿元，下降31.0%。从产业投向看，第二产业投资41.17亿元，下降12.3%；第三产业投资251.14亿元，增长47.7%。

2010年，金山区经济保持平稳较快增长，综合实力进一步增强。全年实现地方增加值363.3亿元，与去年同期相比增长16.4%，增幅比去年同期提升了16.3个百分点，完成了确保数的111.1%，争取数的107.8%，超额完成年初计划目标。其中第一产业增加值11.3亿元，同比增长5%；第二产业增加值222亿元,同比增长20.1%,占国内生产总值比重为61.1%,其中工业增加值208.1亿元,同比增长21.5%;第三产业增加值130亿元,同比增长11.5%,占国内生产总值比重为35.8%。2010年全区财政收入增长势头明显,区级财政收入增速较快。全区经济回升向好势头明显,相应带动财政收入持续较快增长。全年财政总收入和地方财政收入分别完成了96.85亿和30.75亿元,比去年同期增长20.9%和28.4%,分别完成年度确保数的115.1%和122.3%,以及争取数的111.9%和118.9%。

表3-1 上海市2010年区县级部分经济指标一览

单位:亿元

地　区	财政收入	财政支出	工业总产值	建筑业总产值
合　计	1 480.34	2 024.12	28 855.68	43 00.19
浦东新区	425.40	524.06 ~ 8 481.78	940.94	
黄浦区	64.36 ~ 80.73	95.57	200.93	
卢湾区	51.30	56.69	73.06 ~ 44.64	
徐汇区	90.43	99.29	633.20	429.53
长宁区	72.08	85.50	85.82	200.62
静安区	65.96 ~ 71.43	16.72	67.49	
普陀区	51.97	78.57	249.30	293.18
闸北区	46.30	68.55	160.09	346.67
虹口区	48.36 ~ 74.52	60.74	347.78	
杨浦区	50.07	82.65	829.50	216.99
宝山区	70.35	114.43	2 477.54	514.89
闵行区	125.30	156.6 ~ 3 592.57	187.00	
嘉定区	82.96 ~ 112.84	3 373.05	92.89	
金山区	30.75	70.98	1 472.76 ~ 69.62	
松江区	77.33	103.55	4 252.10	128.81
青浦区	58.95	88.40	1 322.87	65.00
奉贤区	40.43	77.12	1 295.28	114.64
崇明县	28.04	78.21	383.73	38.58

2010年,徐汇区经济保持平稳发展。全年实现地区生产总值910.92亿元,按可比价格计算,比上年同期增长7.7%,增幅较上年同期回落2.4个百分点,略低于九个中心区平均增速。第二产业全年实现增加值192.51亿元,可比增长18.3%,比上年同期提高13.6个百分点。受宏观政策调控等因素影响,房地产业增加值大幅下降,第三产业增幅和比重双双回落,均低于上年同期。全年第三产业实现增加值718.41亿元,可比增长5%,比上年同期回落6.5个百分点,占全区GDP的比重为78.9%,比上年下降1.9个百分点。财政收入稳定增长,全年完成财政总收入232.07亿元,比上年同期增长8.0%。完成区级财政收入90.43亿元,增长15.1%。区级财政收入在全市九个中心城区中总量排第一。全年完成税收收入219.03亿元,增长7.6%。现代服务业、工业、商业、房地产业四大行业税收占税收总量的比重达到89.9%。

2010年奉贤区经济恢复性增长逐渐稳固。全年实现增加值493.5亿元,可比增长12.1%,年内经济恢复性增长态势逐渐稳固。分产业看,第一产业增加值15.9亿元,可比增长2.1%;第二产业增加值320.6亿元,可比增长12.0%,对增加值的贡献率为62.8%;第三产业增加值157.1亿元,可比增长13.2%,对增加值的贡献率为35.1%。第一产业增加值占增加值的比重为3.2%,比上年下降0.2个百分点;第二产业增加值比重为65.0%,下降0.3个百分点;第三产业增加值比重为31.8%,上升0.5个百分点。财政收入增势喜人,全年全区财政总收入为127.23亿元,比上年增长19.5%,其中区级地方财政收入40.43亿元,比上年增长26.5%。全年税收收入119.00亿元,同比增长18.9%。全年地方财政支出77.12亿元,比上年增长18.6%。固定资产投资增长快速,全年完成全社会固定资产投资总额208.0亿元,比上年增长26.8%。从产业投向看,第一产业投资1.4亿元,比上年增长271.3%,占全社会固定资产投资总额的比重为0.7%;第二产业投资105.9亿元,同比增长26.0%,所占比重为50.9%,其中工业投资104.0亿元,同比增长24.5%;第三产业投资100.7亿元,同比增长26.5%,所占比重为48.4%,其中房地产业投资73.2亿元,同比增长87.1%。

2010年崇明县产业结构调整力度加大,经济总量越上新台阶,国民经济保持较快发展。全县实现增加值194.4亿元,比上年增长13.9%。其中,第一产业增加值18.9亿元,增长5.7%;第二产业增加值108.3亿元,增长15.1%;第三产业增加值67.2亿元,增长14.5%。三次产业结构比例为9.7:55.7:34.6,第一产业所占比重比上年下降了0.8个百分点;第二产业所占比重比上年上升了0.6个百分点;第三产业所占比重比上年上升了0.2个百分点,第二产业对经济增长的支撑作用更加凸显。财政收入稳步增长,全县实现财政总收入54.1亿元,比上年增长13.9%。2010年,全县财政支出78.2亿元,增长12.0%。民生支出的力度得到加强,资源勘探电力信息事务支出、教育、社会保障和就业支出、医疗卫生、农林水利事务支出占县级财政支出的67.6%。

(二)农业

2010年上海市完善强农惠农政策,推进设施农业和标准化养殖场建设,全年建成设施粮田7533公顷、设施菜田1890公顷、标准化畜禽和水产养殖场123家。加强粮食、蔬菜等农副产品生产和供应。

全年完成农业总产值287.03亿元,比上年下降5.1%。其中,种植业产值155.27亿元,下降;畜牧业产值62.9亿元,下降2.8%;渔业产值52.62亿元,下降8%。

全年粮食种植面积17.92万公顷;粮食产量118.4万吨,比上年下降2.7%。郊区奶牛良种率达到100%,生猪良种率超过95%,水稻、蔬菜良种覆盖率均超过96%。至2010年末,全市有2095个产品获得农产品认证。其中,无公害农产品1809个,绿色食品99个,有机农产品187个。

至2010年末,农机总动力达到104.15万千瓦。全市建成设施粮田8.65万公顷。其中,年内建成0.75万公顷。设施菜田1.15万公顷。其中,年内建成0.13万公顷。标准化畜禽养殖场120家。其中,年内建成60家。标准化水产养殖面积0.18万公顷。其中,年内建成0.11万公顷。年内新认定15家国家级和50家市级农业产业化重点龙头企业。全年农业组织化水平达到62.5%。拥有各类农民专业合作社2577家,农业产业化龙头企业402家。

(三)工业和建筑业

2010年,上海市加快电子信息制造业转型升级,推动自主品牌汽车发展,大力发展高技术船舶、海洋工程作业船等船舶产业,支持钢铁、石化产业等优化调整。鼓励企业加大技术改造力度,推动工业向园区集中,推进重点产业项目落地。加快淘汰高污染、高能耗、高危险、低效益的落后产能。

全年实现工业增加值6 536.21亿元,比上年增长18.9%。其中,规模以上工业增加值6 225.98亿元,增长18.4%。在规模以上工业增加值中,轻工业增加值1 866.21亿元,增长15.9%;重工业增加值4 359.77亿元,增长19.5%。全年工业总产值31 038.57亿元,比上年增长22.9%。其中,规模以上工业总产值30 003.57亿元,增长23.1%。"十一五"时期全市工业总产值达到124 305.48亿元,年均增长12.6%。

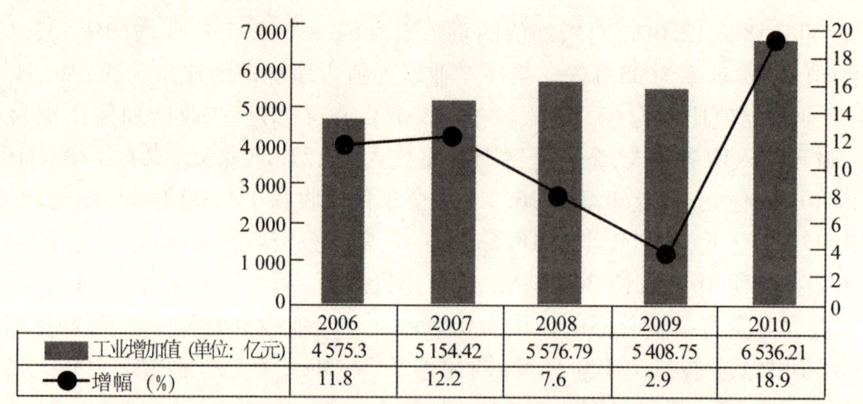

	2006	2007	2008	2009	2010
工业增加值 (单位: 亿元)	4 575.3	5 154.42	5 576.79	5 408.75	6 536.21
增幅 (%)	11.8	12.2	7.6	2.9	18.9

图3－4　2006－2010年上海市工业增加值及增长幅度

全年电子信息产品制造业、汽车制造业、石油化工及精细化工制造业、精品钢材制造业、成套设备制造业、生物医药制造业等六个重点发展工业行业完成工业总产值19 891.08亿元,比上年增长26.8%,占全市工业总产值的比重达到66.1%。

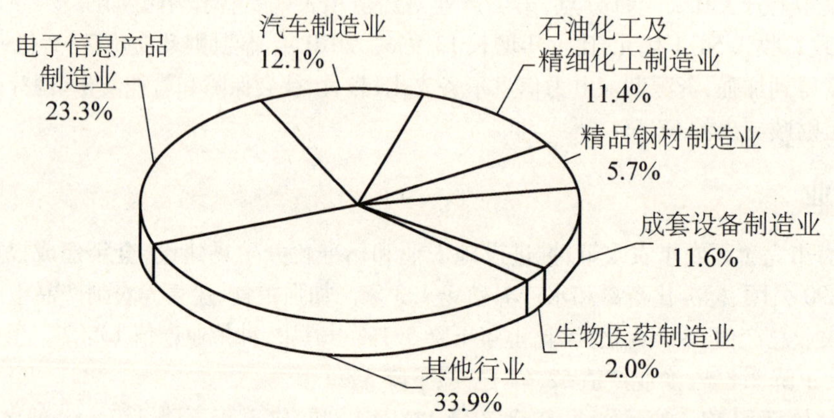

图3－5　上海市2010年六个重点发展工业行业占工业总产值的比重

全年高技术产业完成工业总产值6 958.01亿元,比上年增长33.7%,增幅高出全市规模以上工业总产值10.6个百分点,占全市规模以上工业的比重为23.2%。微型电子计算机、汽车等主要工业产品产量增长较快。

全年规模以上工业企业实现利润总额2 216.55亿元,比上年增长56.7%;实现税金总额1 373.98亿元,增长24.5%。其中,国有控股工业企业实现利润1 082.54亿元,增长67.5%;实现税金1 003.99亿元,增长31.9%,占全市工业税金总额的比重为73.1%。全市工业企业亏损面为18.3%。全年工业企业经济效益综合指数为263.91,比上年提高39.5个点。

全年建筑业总产值4 298.12亿元,比上年增长12.2%;房屋建筑施工面积22 092.72万平方米,增长15.9%;竣工面积6 025.95万平方米,增长5.4%。建筑企业按总产值计算的全员劳动生产率达到人均34.61万元,比上年提高10.8%。

(四)服务业

2010年,上海市积极改善服务业政策环境,中介与专业服务、生产性服务、文化创意、商贸、旅游会展等服务业快速发展。上海迪士尼项目正式签约。

1.国内贸易

2010年,全年批发和零售业实现增加值2 512.89亿元,比上年增长13.1%。全年实现商品销售

总额37 383.25亿元，比上年增长24.2%。其中，批发销售额32184.13亿元，增长25.8%。全年实现社会消费品零售总额6 075.50亿元，比上年增长18.3%。其中，吃的商品零售额1 819.88亿元，增长12.9%；穿的商品零售额682.12亿元，增长18.3%；用的商品零售额3 179亿元，增长19.4%。分行业看，批发零售贸易业实现零售额5 357.95亿元，比上年增长17.5%；住宿餐饮业实现零售额678.91亿元，增长16.9%。消费惠民政策成效显现。全年受理汽车以旧换新1.36万辆，实现新车销售额20.4亿元；家电下乡和以旧换新商品销售407.76万台，实现销售额152.93亿元。

至2010年末，全市连锁商业网点达到12 987家。其中，连锁超市门店2 610家，便利店4 532家。全年连锁商业销售额2 085.28亿元，比上年增长12.7%。

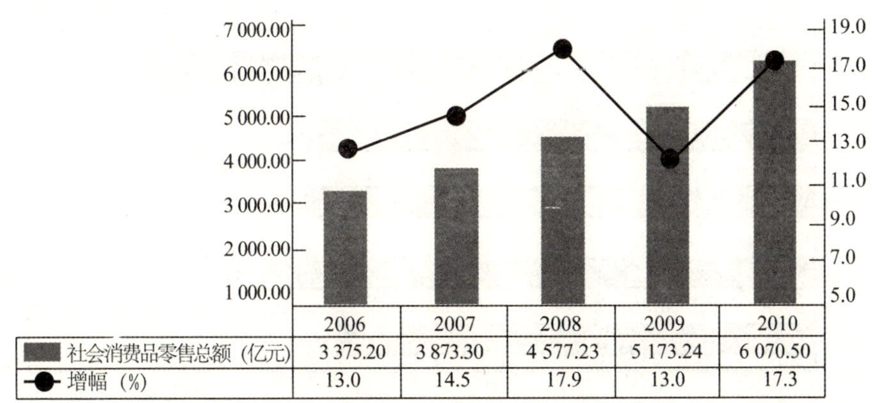

	2006	2007	2008	2009	2010
社会消费品零售总额（亿元）	3 375.20	3 873.30	4 577.23	5 173.24	6 070.50
增幅（%）	13.0	14.5	17.9	13.0	17.3

图3－6　2006－2010年上海市社会消费品零售总额及增长幅度

2. 交通运输、邮政通讯业

2010年全年实现交通运输、仓储和邮政业增加值746.41亿元，比上年增长11.1%。

全年各种运输方式完成货物运输总量81 023.85万吨，比上年增长5.3%。旅客发送总量13 431.72万人次，比上年增长20.6%。

全年上海港口货物吞吐量达到6.53亿吨，比上年增长10.4%。全年港口集装箱吞吐量2 906.9万国际标准箱，比上年增长16.3%。上海浦东、虹桥两大国际机场全年共起降航班55.11万架次，比上年增长15.5%；进出港旅客达到7 170.09万人次，增长25.8%。其中，国内航线进出港旅客5 098.78万人次，增长24.7%；国际航线进出港旅客1 509.55万人次，增长29%；地区航线进出港旅客561.76万人次，增长27.8%。

年内轨道交通10号线、2号线延伸段、11号线支线段建成运营。至年末，全市轨道交通线路达到12条，运营线路长度达到452.57公里。全年新增公交专用道48.3公里，新辟公交线路127条，建成6个“P＋R”公共换乘停车点。全年公交运营车辆1.74万辆，运营出租车5万辆。全年市内公共交通客运量59.25亿人次，比上年增长13.4%。其中，轨道交通客运量18.84亿人次，增长42.9%；公共汽电车客运量28.08亿人次，增长3.8%。全年享受公交优惠换乘人数达到8 4975万人次，老年人免费乘车人数达到18 558万人次。

至年末，全市拥有各类民用车辆308.3万辆，比上年增长7.9%。其中，汽车169.56万辆，增长13.1%。在汽车拥有量中，私人汽车102.93万辆，比上年增长17.2%。

全年完成邮政电信业务总量1 031.23亿元，比上年增长17.8%。其中，邮政业务总量64.27亿元，下降6.3%；电信业务总量966.96亿元，增长19.8%。至年末，全市固定电话用户935.9万户。其中，住宅电话574.5万户。移动电话用户2 361.6万户。其中，3G用户197.3万户。

3. 旅游业

2010 年实现旅游产业增加值 1 360.8 亿元,比上年增长 30.1%。至年末,全市已有星级宾馆 298 家,旅行社 1037 家,A 级旅游景区(点)61 家,红色旅游基地 30 个。

全年接待国际旅游入境人数 851.12 万人次,比上年增长 35.3%。其中,入境外国人 665.63 万人次,增长 35.9%;港、澳、台同胞 185.49 万人次,增长 33.3%。在国际旅游入境人数中,过夜旅游人数 733.72 万人次,比上年增长 37.6%。全年接待国内旅游者 21 463.16 万人次,比上年增长 73.6%。其中,外省市来沪旅游者 11 254.66 万人次,增长 32.7%。全年国际旅游外汇收入 64.05 亿美元,比上年增长 33.5%;国内旅游收入 2 522.94 亿元,增长 31.8%。

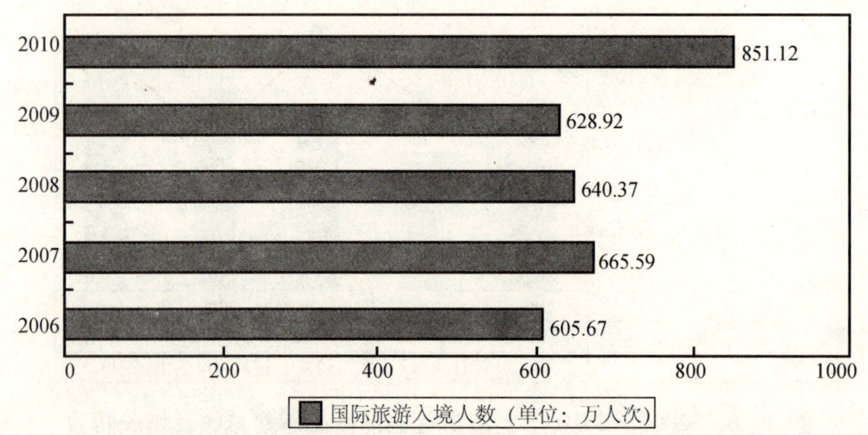

图 3-7　上海市“十一五”时期国际旅游入境人数

4. 金融、证券和保险业

全年实现金融业增加值 1 931.73 亿元,比上年增长 4.9%。

全年新增各类金融单位 116 家。其中,银行业 7 家,保险业 13 家,证券业 40 家。至年末,全市有各类金融单位 910 家。其中,银行业 140 家,证券业 138 家,保险业 320 家。至年末,在沪经营性外资金融单位数达到 173 家。其中,年内新增 3 家。至 2010 年末,全市中外资金融机构本外币各项存款余额 52 190.04 亿元,比上年增长 17%;贷款余额 34 154.17 亿元,增长 15.1%。全年金融机构现金收入 33 877.47 亿元,现金支出 34 941.88 亿元,现金净投放 1 064.41 亿元。

全年通过上海证券市场筹资 7 584.14 亿元,比上年增长 55.9%。其中,发行新股筹资 1 891.51 亿元,增长 51.2%;再次发行(增发、配股和权证行权)和可转债转股筹资 3 640.62 亿元,增长70.1%;发行债券 2 053 亿元,增长 39.2%。至年末,上海证券市场上市证券数 1 500 只。其中,股票 938 只,比上年增加 24 只。全年上海证券交易所各类有价证券成交金额 39.84 万亿元,比上年下降 9.8%。其中,股票成交金额 30.4 万亿元,下降 12.2%。上海期货交易所各品种总成交金额 123.48 万亿元,比上年增长 67.4%。全国银行间货币和债券市场成交金额 179.82 万亿元,比上年增长 30.7%。上海黄金交易所总成交金额 2.02 万亿元,比上年增长 83.3%。全年通过上海钻石交易所海关报关的钻石进出口和所内交易合计 28.61 亿美元,比上年增长 88.1%。年内沪深 300 股指期货平稳推出、贷款转让市场启动运行、股权托管交易机构挂牌成立,融资融券、期货保税交割业务试点、信用风险缓释工具,单机单船融资租赁,境外机构投资境内银行间市场等创新业务相继推出。

全年原保险保费收入 883.86 亿元,比上年增长 32.9%。其中,财产险保险费收入 197.18 亿元,增长 24.1%;人身险保险费收入 686.68 亿元,增长 35.7%。在全年原保险保费收入中,中资保险公司保险保费收入 725.26 亿元,比上年增长 31.4%;外资保险公司保险保费收入 158.6 亿元,增长

40.5%。全年支付各类保险赔款及给付 194.54 亿元，比上年增长 10.1%。其中，财产险 84.26 亿元，增长 7.3%；人身险 110.28 亿元，增长 12.3%。

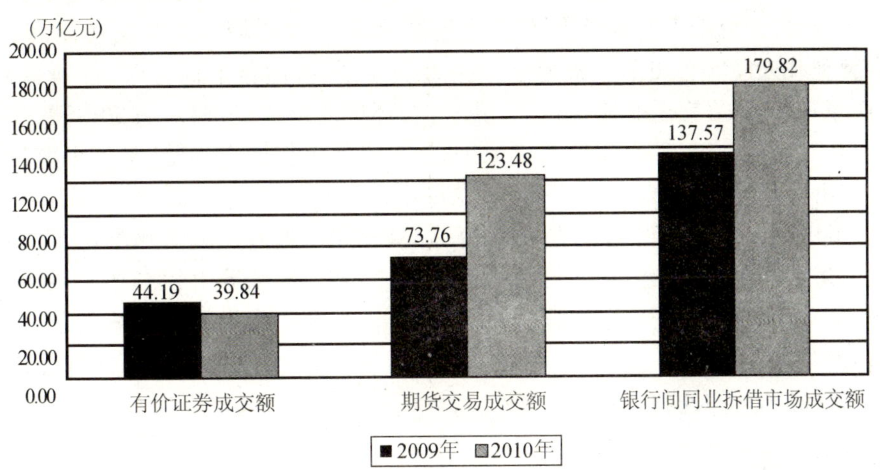

图 3－8　上海市证券、期货、银行间同业拆借与债券市场成交额比较

5. 房地产业

全年完成房地产开发投资 1 980.68 亿元，比上年增长 35.3%；商品房施工面积 11 295.03 万平方米，增长 13.4%；竣工面积 1 941.25 万平方米，下降 7.8%；销售面积 2 055.53 万平方米，下降 39%。其中，商品住宅销售面积 1 685.35 万平方米，下降 42.4%。全年商品房销售额 2 959.94 亿元，比上年下降 31.6%。其中，商品住宅销售额 2 395.35 亿元，下降 33.8%。全年存量房成交过户面积 1 966.86 万平方米，比上年下降 30%。

6. 城市信息化

全年实现信息产业增加值 1646.49 亿元，比上年增长 21%。其中，信息服务业增加值 903.52 亿元，增长 15.2%。

至 2010 年末，通过 CMM/CMMI3 级以上国际认证的企业达到 117 家。其中，5 级 18 家。189 家企业获得计算机信息系统资质认证。其中，1 级 12 家。信息服务业上市企业达到 27 家，经营收入超亿元软件企业 150 家。全市用于信息化建设的固定资产投资 317.91 亿元，占全社会固定资产投资总额的比重为 6%。

至 2010 年末，集约化信息管线累计敷设 5 821 沟公里，比上年末增加 467 沟公里；3G 宏基站 4 300 个，增加 1 500 个；国际互联网出口带宽达 300Gbps，增加 100Gbps；WLAN 无线热点 7 400 个，增加 2 300 个；宽带接入用户达 499.2 万户，其中家庭宽带用户达 440 万户；数字电视用户达 227 万户，增加 143 万户；IPTV 用户达 130 万户，增加 29 万户。

全年完成电子商务交易额 4 095.1 亿元，比上年增长 23.5%。口岸税费电子支付系统入网企业累计达到 4 410 家，全年电子单证传输量达到 13 250 万张，实现电子支付金额 1 566 亿元，比上年增长 49.4%。社会公共服务领域信息化建设不断深化。

至 2010 年末，数字证书累计发放 217.86 万张。社会信用体系持续完善。至年末，个人信用联合征信系统覆盖 1 138.2 万人的信用信息，比上年末增加 28.6 万人；个人信用产品提供量达到 1 460.9 万份，增加 21.1 万份。

7. 世博会

中国 2010 年上海世博会是第一次在发展中国家举办的注册类世博会，吸引了包括 190 个国家、

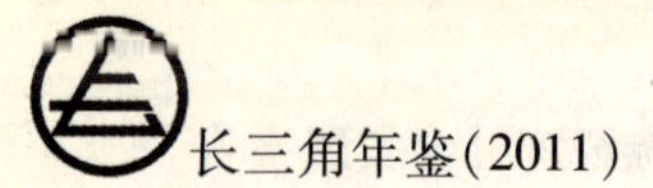

56个国际组织在内的246个官方参展者,参观人数达到7 308万人次。是世博会历史上参与度最广泛的一次盛会,也是新中国成立以来我国举办的规模最大、持续时间最长的国际活动。

上海世博会围绕"城市,让生活更美好"的主题,秉承和弘扬理解、沟通、欢聚、合作的世博理念,充分展示城市文明成果、交流城市发展经验、传播先进城市理念、探讨城乡互动发展,以一届成功、精彩、难忘的世博会胜利载入世博会史册。世博会184天期间,园区运营平稳有序,各项服务措施不断完善;城市运行秩序井然,道路交通畅通,市容市貌整洁,环境质量优良,窗口服务热情,旅游接待周到,保障供应稳定,食品安全可控,世博知识产权保护有力;安保工作严密细致,平安世博目标全面实现;外事工作扎实周密,内宾接待认真细致;舆论宣传和社会动员积极有效,媒体信息引导和服务功能充分发挥,经受住了极端天气、单日103万超大客流等严峻考验,赢得了国内外参观者和社会各界的普遍赞誉。通过上海世博会的集中展示与实践运用,绿色、环保、低碳等引领未来发展的新理念得到更加广泛的认同,新一代移动通讯、生态节能材料、新能源汽车等一大批最新科技成果进一步从示范走向生活,科学、合理、有效的城市运行管理措施逐步转化为规范化、制度化的长效管理机制,全面开阔了人们的视野,深刻启迪了人们的心智。

(五)开放型经济

1. 对外贸易

2010年,上海市积极推进贸易便利化与口岸区域合作,全年上海关区进出口总额6 846.45亿美元,比上年增长32.8%。其中,进口总额2 613.05亿美元,增长37.3%;出口总额4 233.4亿美元,增长30.2%。上海市2010年外贸进出口总额3 688.69亿美元,较上年下滑后有较大增长。

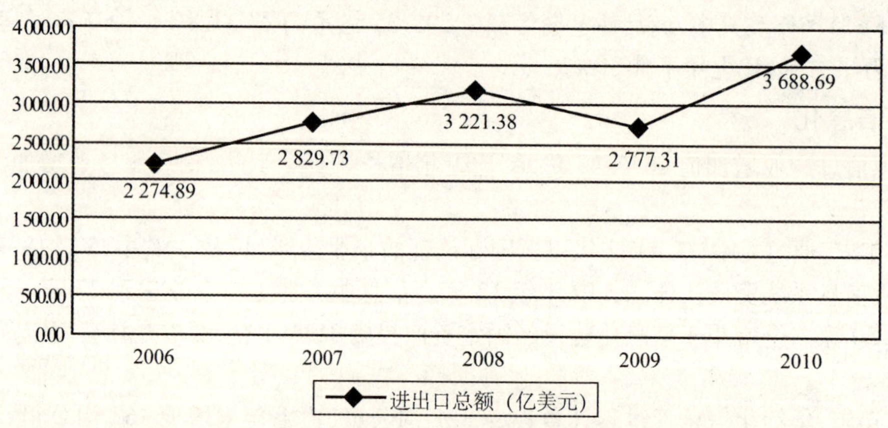

图3-9 2006-2010年上海市外贸进出口总额情况

2. 利用外资

全年批准外商直接投资合同项目3 906项,比上年增长26.4%;吸收外资合同金额153.07亿美元,增长15.1%;实际到位金额111.21亿美元,增长5.5%。全年第三产业吸收外商直接投资实际到位金额88.31亿美元,增长16%,占全市实际利用外资的比重达到79.4%。外商直接投资实到金额超过110亿美元。全年批准总投资在1 000万美元以上的外商直接投资项目203项,合同金额125.65亿美元。至年末,在上海投资的国家和地区已达149个。年内新增跨国公司地区总部45家、投资性公司22家、外资研发中心15家。至2010年末,在上海落户的跨国公司地区总部达到305家,投资性公司213家,外资研发中心319家。

3. 对外经济

企业人民币境外投资取得突破。全年新批对外投资项目179项,投资总额24.2亿美元。签订对外承包工程和劳务合作合同7532项;实际完成营业额75.42亿美元,增长2.7%;派出劳务人员1.59万人次,增长13.4%。至年末,上海对外承包工程和劳务合作涉及的国家和地区已达179个。

4. 对外贸易

全年上海市进出口总额3 688.69亿美元,比上年增长32.8%。其中,进口总额1 880.85亿美元,增长38.5%;出口总额1 807.84亿美元,增长27.4%。全年外商及港澳台投资企业出口1 259.74亿美元,增长29.7%;私营企业完成出口228.05亿美元,增长31%;国有企业出口307.67亿美元,增长16.3%;集体企业出口12.26亿美元,增长29.3%。

在上海市出口总额中,高新技术产品出口841.11亿美元,比上年增长32.2%,机电产品出口1 311.14亿美元,增长27.8%;一般贸易出口632.74亿美元,增长29.5%,加工贸易出口1 003.74亿美元,增长23.2%。全年对亚洲市场出口725.92亿美元,比上年增长26.5%;对欧洲出口450.72亿美元,增长21.6%。

5. 进一步推进浦东改革开放

2010年,上海市充分发挥浦东综合配套改革试点的带动作用,改革开放不断深化。支持浦东新区制度创新率先突破,实施设立中银消费金融公司、创设单机单船融资租赁项目公司、期货保税交割、允许境内自然人投资设立中外合资和中外合作经营企业等改革创新,完善城乡统筹发展的体制机制,城乡发展差距继续缩小。实施国有企业开放性、市场化重组,市属经营性国有资产证券化率从上年的25.4%提高到30.5%。国资行业布局继续收缩,一批缺少主业的企业清理退出,主业突出的企业发展壮大。

2010年全年浦东新区实现增加值4 707.52亿元,比上年增长12.4%。

至年末,已有285家外资金融机构和150家跨国公司地区总部入驻浦东。全年综合保税区完成集装箱吞吐量2 509.5万国际标准箱,比上年增长17.3%。张江高科技园区电子信息产品制造业实现产值257.89亿元,比上年增长80.5%。生物医药制造业实现产值129.9亿元,比上年增长21.4%。知识产权授权12 764件,比上年增长58.6%。金桥出口加工区实现工业总产业产值2 095.3亿元,比上年增长28.4%。临港产业区成套设备制造业实现总产值68.61亿元,比上年增长17.4%。

6. 民营经济

2010年,上海市积极促进民间投资和中小企业发展,建立中小企业服务中心、中小企业集合票据发行、改制上市等工作取得新突破,非公有制经济增加值占全市生产总值的比重约49%。2010年,在全市生产总值中,公有制经济增加值8 537.87亿元,比上年增长8.3%;非公有制经济增加值8 334.55亿元,增长11.7%,占全市生产总值的比重由上年的48.4%提高到49.4%。其中,私营及个体经济增加值4 060.29亿元,增长10.3%,占全市生产总值的比重达到24.1%。

全年经工商登记新设立的各类市场主体18.45万户,比上年增长9.4%。其中,企业12.52万户,增长16.4%;个体工商户5.81万户,下降3.2%。在新设立企业中,内资企业(不含私营企业)4 155户,增长5%;外商投资企业6457户,增长27.1%;私营企业11.46万户,增长16.3%。

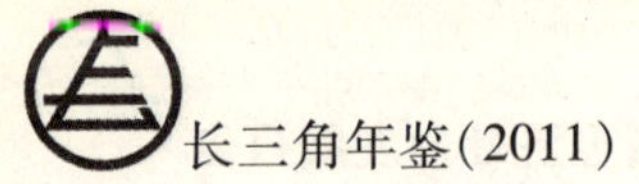

二　上海市2010年社会发展概况

(一)人口、人民生活

上海市2010年第六次全国人口普查主要数据公报显示全市常住人口为23 019 148人,同第五次全国人口普查2000年11月1日零时的16 737 734人相比,十年共增加6 281 414人,增长37.53%。平均每年增加628 141人,年平均增长率为3.24%。全市常住人口中,外省市来沪常住人口为8 977 000人,占39.00%,同第五次全国人口普查2000年11月1日零时的3 464 922人相比,十年共增加5 512 078人,增长159.08%。平均每年增加551 208人,年平均增长率为9.99%。常住人口性别比(以女性为100,男性对女性的比例)由2000年第五次全国人口普查的105.68上升为106.18。

2010年,上海市城市居民家庭人均年可支配收入31 838元,比上年增长10.4%;农村居民家庭人均年可支配收入13 746元,增长11.5%。全年城市居民人均消费支出23 200元,比上年增长10.5%。其中,服务性消费支出6 955元,增长4.5%。农村居民人均生活消费支出10 225元,比上年增长4.3%。其中,服务性消费支出2 951元,增长1.9%。

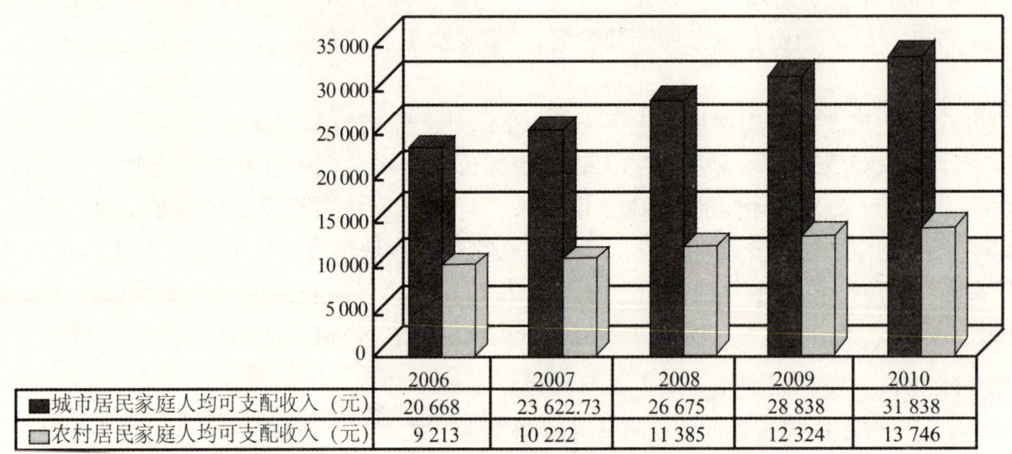

	2006	2007	2008	2009	2010
城市居民家庭人均可支配收入(元)	20 668	23 622.73	26 675	28 838	31 838
农村居民家庭人均可支配收入(元)	9 213	10 222	11 385	12 324	13 746

图3-10　上海市"十一五"期间城市和农村居民家庭人均可支配收入对比

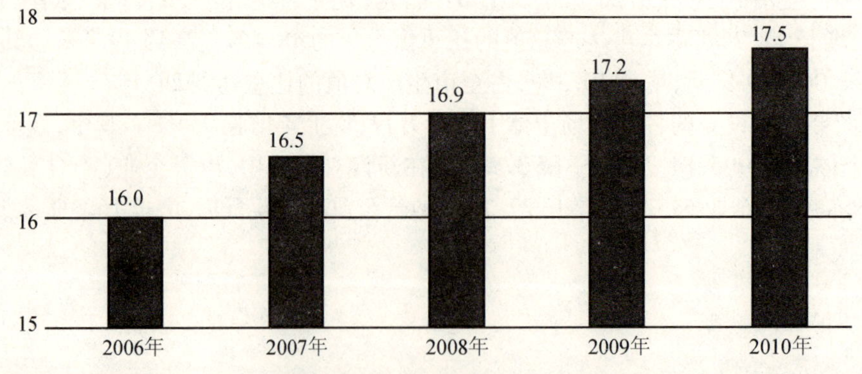

图3-11　上海"十一五"时期城镇居民人均住房居住面积变化情况(单位:平方米)

至2010年末,平均每百户城市居民家庭耐用消费品拥有量:家用轿车17辆,家用空调200台,移动电话230部,家用电脑129台。平均每百户农村居民家庭耐用消费品拥有量:彩电198台,洗衣机95台,热水淋浴器96台,移动电话194部,家用空调147台,家用电脑60台。全市居民储蓄存款余额

16 249.29 亿元，当年新增 1 891.41 亿元。其中，定期储蓄存款余额 10 853.11 亿元，新增 1 119.84 亿元；活期储蓄存款余额 5 396.19 亿元，新增 771.57 亿元。

2010 年全年拆除住宅建筑面积 389.9 万平方米，动迁居民 3.84 万户；完成旧住房综合改造 1 055 万平方米。全年新开工和筹措各类保障性住房 1 300 万平方米。至 2010 年末，廉租住房受益家庭达到 7.5 万户。其中，年内新增 0.9 万户；经济适用住房购房家庭达到 0.19 万户；城镇居民人均住房建筑面积 34.6 平方米；折合人均住房居住面积 17.5 平方米。居民住宅成套率达到 95.8%。

(二)就业、社会保障

就业形势平稳。2010 年，上海市多渠道扩大和促进就业，全市新增就业岗位 63 万个。其中，农村富余劳动力实现非农就业 12.18 万个。全年新安置就业困难人员 1.88 万人，新消除零就业家庭 1092 户，帮助成功创业 1.24 万人。全年共完成职业培训 41.13 万人，对 11.46 万名农民工开展职业技能培训，促进非农就业，农村新增非农就业岗位 12 万个。至年末，全市城镇登记失业人员 27.73 万人，城镇登记失业率为 4.2%。

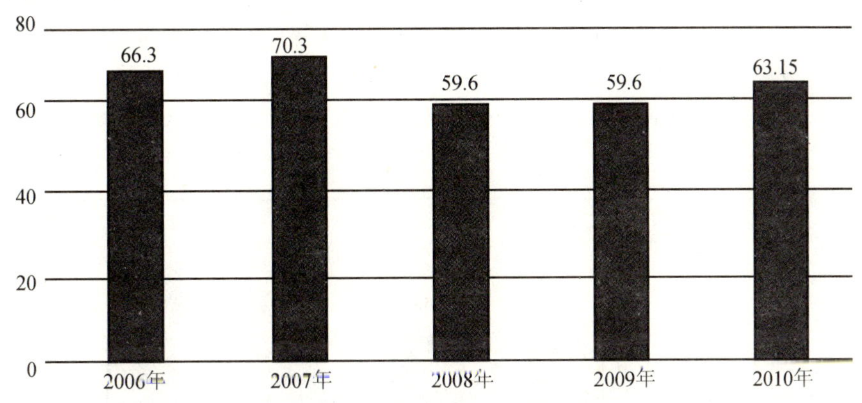

图 2-12　“十一五”时期上海市新增就业岗位一览(万个)

继续完善社会保障制度。试行企业人才柔性延迟申领养老金，将城镇自由职业者、个体工商户基本医保并入城镇职工基本医保。增加了各类养老金，提高了最低工资、失业保险金、城乡居民最低生活保障等标准和公益性岗位从业人员收入。完善支援外地建设退休回沪定居人员的生活和医疗帮困政策，建立了企业退休人员因病或非因工死亡增发一次性救济费的制度。实施新型农村社会养老保险制度试点。至 2010 年末，全市共有 894.89 万人(包括离退休人员)参加城镇基本养老保险，556.2 万人参加失业保险，657.3 万人参加生育保险，556.12 万人参加工伤保险；共有 999.74 万人(包括小城镇社会保险参保人员和离退休人员)参加城镇职工基本医疗保险，居民医保参保人数(含普通高等院校学生)达到 259.17 万人。至 2010 年末，小城镇社会保险参保人数达到 154.58 万人。其中，被征用土地农民参保人数 96.72 万人。外来从业人员综合保险参保人数达到 404.84 万人。继续增加各类退休人员养老金、统筹调整提高各类保障标准。年内“城保”、“镇保”和“农保”月平均养老金分别提高 170 元、70 元和 35 元；城镇最低生活保障标准提高到每人每月 450 元，农村最低生活保障标准提高到每人每年 3600 元。

加强为老服务，2010 年新增养老床位 1 万张，社区居家养老服务对象达到 25.2 万人。至 2010 年末，全市共有养老机构 625 家，床位 97 841 张。在全市养老机构中，由社会出资开办的 332 家，床位 52 185 张。全市共有老年人日间服务中心 303 家，为 9 000 名老人提供日间照料服务。其中，年内新建老年人日间服务中心 20 家。全市共有社区老年人助餐服务点 404 个。其中，年内新设立社区老年人助餐服务点 65 个。

加强生活保障和住房保障工作。全年各级财政支出城镇居民最低生活保障金 13.27 亿元，农村居民最低生活保障金1.27亿元,农村五保供养资金支出0.27亿元,粮油帮困资金支出0.57亿元,医疗救助金支出2.38亿元。

颁布实施《本市发展公共租赁住房的实施意见》。制定实施《关于进一步加强本市房地产市场调控加快推进住房保障工作的若干意见》。保障性住房新开工建设超过1200万平方米。廉租住房新增受益家庭0.9万户,累计受益家庭达到7.5万户。经济适用住房申请供应完成徐汇、闵行两区试点,在中心城区和有条件的郊区全面推开。动迁安置房新开工建设806万平方米,拆除二级旧里以下房屋54.6万平方米,受益居民1.81万户。成功创建全国残疾人工作示范城市。

(三)科学技术与创新

2010年,上海市启动第二批、第三批高新技术产业化重大项目,制定实施智能电网、物联网、云计算等专项行动方案,推动大型客机总装、航电等重点项目落地,一批产业园区成为国家级示范基地,新能源和新能源汽车、生物医药、软件和信息服务等战略性新兴产业发展取得阶段性新成果,工业企业利润、高技术产业产值增幅快于工业总产值增幅。加快实施国家科技重大专项任务,启动实施国家技术创新工程试点,全面完成世博科技行动计划。设立上海市创业投资引导基金,一批产业技术创新战略联盟和技术创新服务平台相继成立,一批创新成果加快产业化,研发费用150%加计扣除等政策得到有效落实,2010年,全年用于研究与试验发展(R&D)经费支出477亿元,相当于全市生产总值的比例为2.83%。

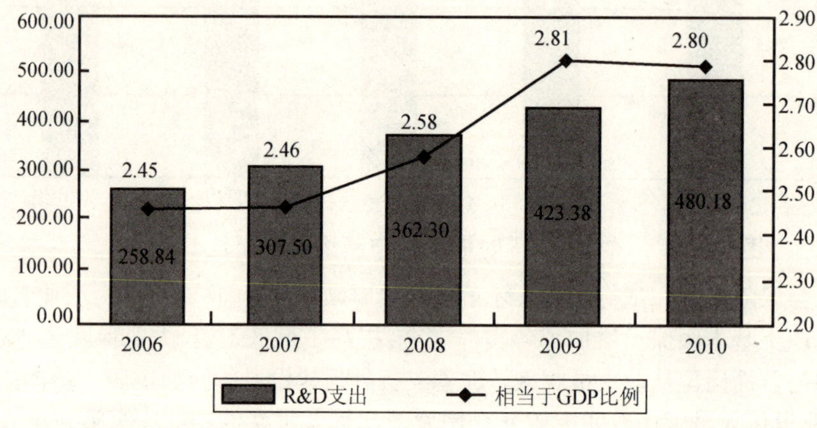

图3-13　上海市"十一五"时期R&D支出及其相当于生产总值的比例(亿元;%)

全年共取得重要科技成果2 318项。其中,属于国际领先的有188项,达到国际先进水平的有698项。在已颁布的2010年度国家科学技术奖励获奖人员和项目中,上海共有58项(人)获奖,占获奖总数的16.3%。全年受理专利申请量7.12万件,比上年增长14.4%。其中,发明专利2.62万件,增长18.9%。全年专利授权量4.82万件,增长38.1%。其中,发明专利6867件,增长14.5%。至年末,全市共有42家国家级企业技术中心和分中心;323家市级企业技术中心。全年新认定高新技术企业629家。至2010年末,全市共认定高新技术企业总数3129家。高技术成果产业化加快推进。全年新认定高新技术成果转化项目634项。其中,电子信息、生物医药、新材料等重点领域的项目占84.1%。拥有自主知识产权的项目占100%。至年末,全市共认定高新技术成果转化项目7215项。其中, 71.6%的项目已实现产业转化。年内启动实施高新技术产业化两批53个重大项目,22个产业技术创新战略联盟和12个技术创新服务平台相继成立。全年共签订各类技术交易合同2.62万项,比上年下降3.4%;合同金额525.45亿元,增长7.3%。

颁布实施人才发展中长期规划纲要。构建了人才居住证、居住证转户籍、直接落户相衔接的人才引进政策体系。

(四)教育和文化

2010年,上海市颁布并实施教育中长期改革和发展规划纲要,全面启动了国家教育综合改革试验区建设。在郊区新建和改扩建了54所中小学校,组织中心城区优质学校到大型居住社区开展对口办学。实现义务教育阶段47万来沪从业人员子女全部在公办学校或政府委托的民办小学免费就读。以减轻过重的课业负担为重点,推进基础教育课程和教学改革。新增了50所幼儿园。中高职教育贯通培养模式试点顺利开展。启动“085工程”和新一轮“985工程”,高等教育内涵建设进一步深化。

至2010年末,全市共有普通高等学校(含独立学院)66所;普通中等学校856所;普通小学766所;特殊教育学校29所。普通高校在校生和毕业生数持续扩大,中等学校在校生和毕业生数继续下降。至年末,全市共有54家机构培养研究生。全年研究生教育共招生3.86万人,在学研究生11.17万人,毕业生2.82万人。全市九年义务教育入学率保持在99.9%以上。年内新增50所幼儿园。全年47万来沪务工人员随迁子女全部在公办学校或政府委托民办小学就读。

至2010年末,全市共有20所民办普通高校,在校学生9.4万人;109所民办普通中学,在校学生7.87万人;184所民办小学,在校学生16.42万人。全市共有独立设置的成人高校17所,成人中等专业学校26所,职业技术培训机构787所,老年教育机构277所。

2010年,上海市全面启动区县经营性文化事业单位转企改制工作,广播电视制播分离进展顺利,群众文化活动丰富多彩。至2010年末,全市有市、区(县)级文化馆、群众艺术馆27个,艺术表演团体112个,市、区(县)级公共图书馆28个,档案馆50个,博物馆114个。全市共有公共广播节目21套,公共电视节目25套。广播、电视综合覆盖率均达到100%。全年共出版报纸16.14亿份,各类期刊1.77亿册,图书2.87亿册。全年共组织开展各类群众文化活动和各级各类群众性业余团队活动47万场次,3919万人次参加。年内新增37家标准化社区文化活动中心。

(五)卫生和体育

2010年,上海市有序推进医药卫生体制改革,实施了一批国家公共卫生服务项目,在全国率先建立统一的住院医师规范化培训制度。至2010年末,全市共有卫生机构3270所,卫生技术人员13.54万人;年内1830名住院医师接受培训。对乡村医生实行公共卫生服务补助,郊区540家村卫生室和145家社区卫生服务中心实现新型农村合作医疗实时报销。

2010年,上海市成功举办了27项38次国际重大体育赛事和24项45次国内重要体育赛事。上海体育健儿在第四届全国体育大会和第十六届亚运会上取得优异成绩。在广州亚运会上,上海代表团共获得53枚金牌。在第四届全国体育大会上,上海代表团获57个一等奖、116个二等奖、133个三等奖和体育道德风尚奖。年内新建45处社区公共运动场,健康城市建设取得新进展。

(六)城乡建设

2010年,上海市围绕确保世博会成功举办,大力加强城市建设和管理,枢纽型、功能性、网络化基础设施体系基本建成。立足应对长时间大客流的考验,市区联手,以区为主,重心下沉,动员全市人民共同参与,全面加强城市管理。广泛开展市容环境整治,加强乱设摊、乱张贴、跨门营业等顽症治理,出台流动广告设置、秸秆焚烧管理等一系列政府规章和临时性通告。创新城市管理方法,实施环境维护夜间作业、白天保洁和施工工地分类管理等。运用交通综合信息平台等新技术设备,加强一体化交通组织和管理,公共交通尤其是轨道交通运能显著提升。轨道交通加快建设,运营线路总长达到452.6公里。市域快速路网基本建成。龙耀路越江工程、闵浦二桥、外滩地区综合交通改造工程、铁路上海站北广场综合交通枢纽等建成投入使用。川气东送工程贯通并向上海供气。虹桥综合交通枢纽基本建成,虹桥国际机场扩建工程投入运营,上海空港旅客、货邮吞吐量分别达到7 170万人次、370

万吨,浦东国际机场货邮吞吐量排名世界第三。沪宁城际铁路、沪杭客运专线建成通车。全市高速公路网通车里程达到775公里。外高桥港区六期工程竣工,上海港集装箱吞吐量达到2907万标准箱,跃居世界第一位。

全年完成城市基础设施建设投资1 497.46亿元,比上年下降29.1%,占全社会固定资产投资总额的比重为28.2%。其中,交通运输邮电通信投资866.2亿元,市政建设投资396.18亿元,公用事业投资86.58亿元。

全市自来水日供水能力达到1 121万立方米,比上年增长2.3%。全年全市用电量1 295.87亿千瓦小时,比上年增长12.4%。至年末,全市家庭人工煤气用户132.9万户;家庭液化气用户316.4万户;家庭天然气用户达到405.9万户。

加大统筹城乡发展力度,推动基础设施、社会事业等建设重心向郊区转移,郊区农村改革发展取得新进展。以推动郊区新城规划建设为重点,改善郊区农村生产生活环境,促进农民增收。完成嘉定、奉贤南桥、青浦、金山新城规划修编调整,郊区重点新城基础设施和社会事业建设全面加速。崇明生态岛建设纲要发布实施。加强郊区农村基础设施和环境建设,完成114个村庄改造、3 248户低收入农户危旧房改造、4万户农村生活污水处理设施改造。启动农村集体建设用地流转试点,新一轮农民宅基地置换试点稳妥推进。

(七)环境保护和安全生产

加大节能减排工作力度,强化责任和措施,制定并实施合同能源管理、差别电价等政策,调整淘汰900多个落后产能项目,单位生产总值综合能耗进一步下降。主要污染物减排提前并超额完成"十一五"目标,环保投入相当于全市生产总值的比例继续保持在3%左右,主要水体环境质量稳中有升,环境空气质量优良率达到92.1%,绿化覆盖率达到38.15%。

全年用于环境保护的资金投入507.54亿元,相当于全市生产总值的比例达到3.01%。全年环境空气质量优良率达到92.1%,比上年提高0.6个百分点。全年建成6.8平方公里扬尘污染控制区和8平方公里无燃煤区。全年区域月降尘平均值为7吨/平方公里。污水处理能力达到684.05万立方米/日。中心城区二氧化硫年日平均值为0.029毫克/立方米,比上年下降17%;二氧化氮年日平均值为0.05毫克/立方米,下降6%;可吸入颗粒平均浓度为0.079毫克/立方米,下降2.4%。全年处置生活垃圾732万吨,生活垃圾无害化处理率达到84.9%,比上年提高2.6个百分点。工业危险废物和医疗废物无害化处理率达到100%。

全年新建绿地1223公顷。其中,公共绿地766公顷。至年末,城市建成区绿化覆盖率达到38.15%,人均公共绿地面积达到13平方米。全年新建公益林884公顷,经济林465公顷。森林覆盖率达到12.58%。年内相继完成辰山植物园、卢湾南园滨江绿地、宝山炮台湾湿地公园二期等建设。

2010年发生的"11·15"特别重大火灾事故,给人民群众生命财产带来严重伤害和巨大损失,事故发生后,党中央、国务院高度重视,市委、市政府立即成立了"11·15"火灾事故善后处置领导小组。统筹全市资源,全力以赴抢救伤员;抽调精干力量,尽最大努力妥善细致地做好受灾群众的安抚和安置工作;依法依规、认真负责地研究落实各项善后处置方案。全年共发生道路交通、工矿商贸、火灾、铁路交通、农业机械生产安全事故8191起,造成死亡1 409人,比上年下降4.7%。其中,工矿商贸生产安全事故276起,造成死亡290人,下降21.2%;道路交通事故2 176起,造成死亡1 011人,比上年下降3%;直接财产损失958.3万元,下降21.2%;火灾事故5725起,造成死亡101人,比上年增长62.9%;铁路交通事故10起,造成死亡6人,与上年持平;农业机械事故4起,造成死亡1人,与上年持平。全年亿元GDP生产安全事故死亡率为0.083。

三　挑战与目标

在成绩面前应认识到，上海发展存在不少风险挑战。经济社会发展的资源环境约束越来越紧，商务成本持续攀升，经济社会发展转型的压力不断加大。创新创业活力不足，创新人才的数量和结构还不能满足转型发展要求，人才的培养和使用机制需要创新完善。关系群众切身利益的住房、教育、医疗、社会保障、为老服务等领域还存在不少亟待解决的问题，城乡发展不平衡依然突出，部分群众生活仍然比较困难。城市安全管理存在不少薄弱环节。政府自身改革建设的任务依然繁重，政府职能仍要加快转变，依法行政能力有待提高，一些政府工作人员的能力、素质、作风还不适应形势发展的要求，形式主义、官僚主义和贪污腐败现象在一些领域依然存在。对此，在今后的工作中应予以积极地解决。

综合各方面因素，2011 年上海市经济社会发展的主要预期目标是：全市生产总值增长 8% 左右，地方财政收入与经济保持同步增长，城镇登记失业率控制在 4.5% 以内，居民消费价格指数与国家价格调控目标保持衔接，全社会研究与试验发展经费支出相当于全市生产总值的比例达到 3% 左右，单位生产总值综合能耗、单位生产总值二氧化碳排放量进一步下降，主要污染物排放量削减率完成国家下达目标，环保投入相当于全市生产总值的比例保持在 3% 左右，城市和农村居民家庭人均可支配收入与经济保持同步增长。

四　上海市在长三角地区经济发展中的地位

2010 年，上海坚决贯彻中央应对国际金融危机的各项宏观调控措施，并从上海实际出发积极落实"五个确保"的各项举措，经过各方努力，上海经济回升向好的基础逐步稳固，经济运行逐趋平稳，主要经济指标完成情况比预期要好。但其各项经济指标所在长三角地区所占比重仍持续降低，上海经济发展依然处于恢复性增长时期，机遇与挑战并存，希望与困难同在。上海市必须以"四个中心"建设为目标，按照"四个率先"的要求，继续把转变经济发展方式，推动产业结构优化升级作为当前上海经济发展全局的战略任务抓紧、抓实、抓好，把经济转型、结构调整贯彻到全市各个方面，以期各项经济指标在长三角地区所占比重能有所回升。

2010 年，上海市地区生产总值比上年增长 10.3%，较前两年略有加快，突破了增速小于 10% 的低迷状态，但经济增长速度在长三角城市中排名仍比较靠后，地区生产总值在长三角地区所占比重进一步降低。2006—2010 年上海市地区生产总值所占比重分别为：21.79%、21.55%、20.91%、20.76% 和 19.89%，呈现逐年减少的态势。5 年间，占比累计减少了 1.9 个百分点，减少趋势明显；2010 年所占比重在"十一五"期间首次跌破 20%，创历史新低。

2010 年上海地方财政收入完成 2873.6 亿元，增长 13.1%。综合经济实力的不断提升，财政收入的持续稳定增长，为上海"十二五"时期的经济社会发展奠定了坚实的财力基础。但其所在长三角所占比重仍在进一步下降。2006 - 2010 年上海市地方财政一般预算收入在长三角所占比重为：35.13%、35.10%、33.81%、32.11% 和 30.05%，减少趋势明显，累计降幅高达 5.08 个百分点。2010 年上海市收入预算执行呈现三个特点：一是消费和服务业对财政收入的拉动效应明显，来自批发零售、住宿餐饮、租赁和商务服务等行业的地方财政收入增幅均在 20% 以上。二是"两个中心"建设对财政收入增长的支撑作用进一步增强，来自金融业、航运等交通运输业的地方财政收入分别增长 14.5% 和 15%。三是工业结构调整、效益改善对财政收入的增长发挥了重要作用。来自工业的地方财政收入增长 13%，其中，逾七成增量来自于汽车、石化、成套设备、生物医药等重点发展行业。

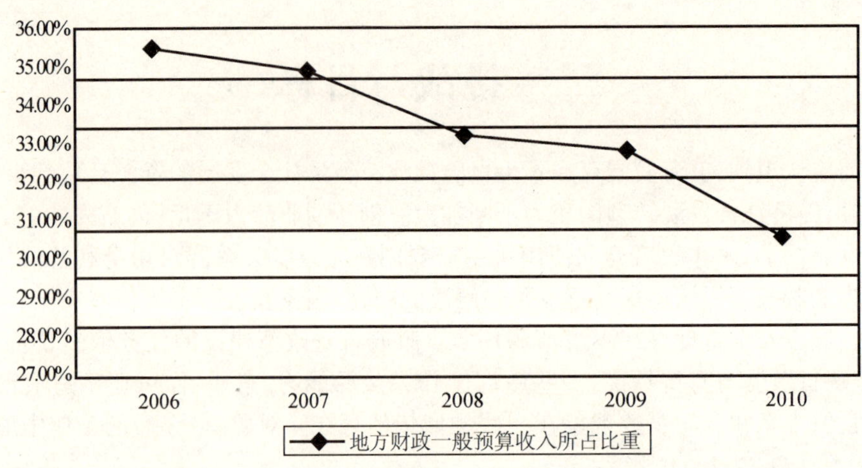

图3－14　2006－2010年上海市地区生产总值在长三角地区所占比重的变化趋势

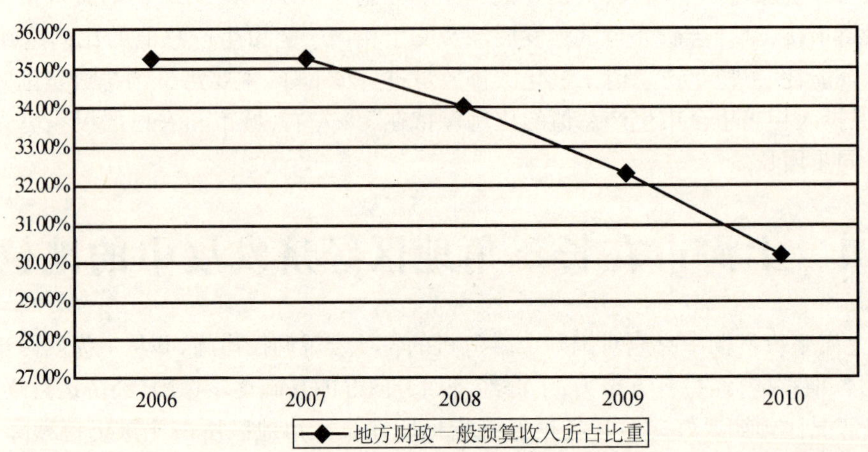

图3－15　2006－2010年上海市地方财政一般预算收入在长三角地区所占比重的变化趋势

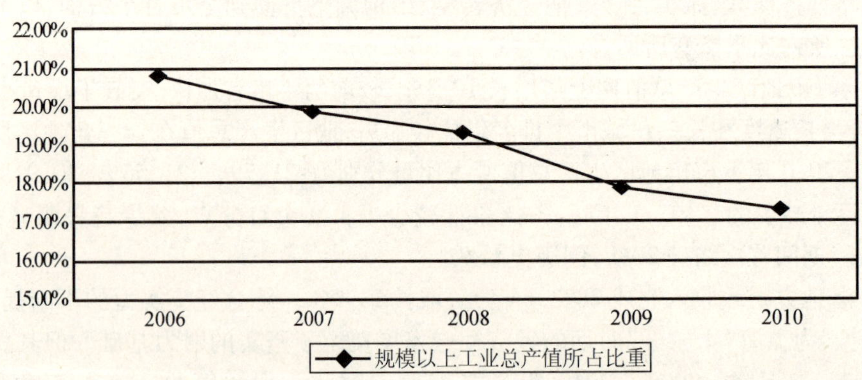

图3－16　2006－2010年上海市规模以上工业总产值在长三角地区所占比重的变化趋势

2010年上海市全年完成规模以上工业总产值30 114.41亿元，增长3.2%，首次突破3万亿元大关。“十一五”时期，上海市工业迎难克艰，工业生产先后突破2万亿元和3万亿元大关，实现利润、上缴税金实现翻番，整体实力显著增强，为“十二五”时期工业“创新驱动、转型发展”奠定良好的基础。但其所在长三角所占比重仍在进一步下降。2006—2010年上海市规模以上工业总产值在长三角的占比分别为：20.84%、19.94%、19.26%、17.89%和17.35%，5年间已累计减少了3.49个百分点。

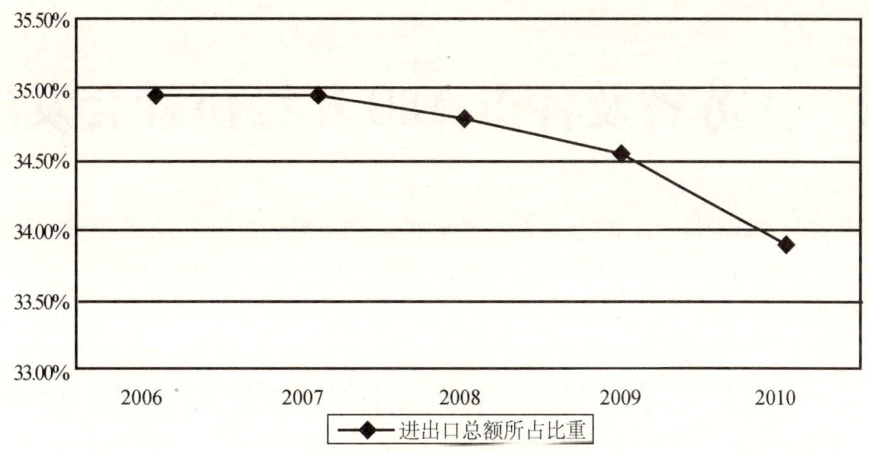

图 3－17　2006－2010 年上海市进出口总额在长三角地区所占比重的变化趋势

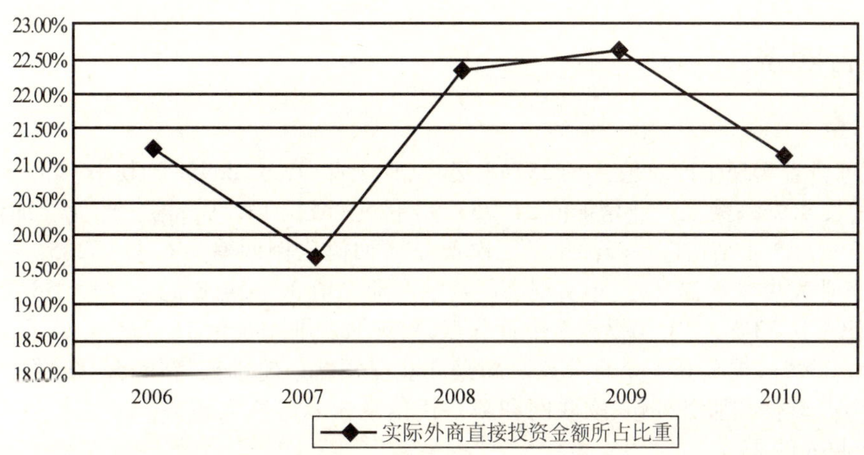

图 3－18　2006－2010 年上海市实际外商直接投资金额在长三角地区所占比重的变化趋势

上海市工业占比持续下降一方面原因是支撑上海工业经济的主导力量—重化工业在这轮危机中受冲击影响最大，另一方面是因为上海市二产内部的结构同国家出台的"促内需"政策很难合拍：国家扩大投资的重点是加大基础设施投资的力度，这类投资对上海能够提供的装备类等投资品的需求较小；国家出台的促进城乡居民消费的政策中，上海能够提供的消费品不多。就连本市市场供应的日用消费品，90%以上都是由国内其他地区或国外提供的。

2010 年上海市进出口总额完成 3 688.69 亿美元，比上年有较大幅度增长。其中，服务贸易进出口总额为 1 046.7 亿美元，同比增长 40.1%；服务贸易出口 406.4 亿美元，同比增长 35.8%；服务贸易进口 640.3 亿美元，同比增长 42.9%，服务出口和服务进口均位居全国首位。上海市进出口总额虽然较上年增长较大，但因 2010 年整个长三角地区对外贸易经济形势好转，其所在长三角所占比重仍在进一步下降。2006—2010 年上海市进出口总额在长三角的占比分别为：34.96%、34.96%、34.80%、34.53%和 33.90%，除 2007 和 2006 年持平外，其余各年份均呈现下降趋势，累计降幅 1.06 个百分点。

在实际外商直接投资金额方面，上海市在前面几年持续下降之后，2008 和 2009 年连续两年占比实现增长，但 2010 年所占比重又有所下降。2006－2010 年上海市实际外商直接投资金额在长三角地区所占比重分别为 21.26%、19.71%、22.27%、22.55%和 21.04%。

第二章　江苏省及各市2010年经济社会发展报告

2010年,江苏省深入贯彻科学发展观,认真落实党中央、国务院的决策部署,统筹推进稳增长、调结构、抓创新、惠民生各项工作,经济实现平稳较快增长,转变发展方式取得显著进展,发展质量进一步提升,民生得到持续改善,改革开放向纵深推进,各项社会事业全面进步,在科学发展道路上迈出了坚实步伐。

一　江苏省2010年经济社会发展总报告

一、江苏省2010年经济发展概况

(一)综合经济

1.经济总量

2010年江苏全省实现生产总值41 425.48亿元,比上年增长12.7%。其中,第一产业增加值2 540.10亿元,增长4.9%;第二产业增加值21 753.93亿元,增长13.1%;第三产业增加值17 131.45亿元,增长13.3%。产业结构进一步优化。三次产业增加值比例调整为6.1∶52.5∶41.4。先进制造业和现代服务业发展水平提升,全年实现高新技术产业产值30 354.8亿元,增长38.1%,占规模以上工业总产值比重达33%,比上年提高3个百分点;实现服务业增加值16 731.4亿元,增长13.0%,占GDP比重为40.4%,提高0.5个百分点。新兴产业引领新一轮增长,新能源、新材料、生物技术和新医药、节能环保、软件和服务外包、物联网和新一代信息技术等六大新兴产业销售收入超过2万亿元,占工业销售收入的23%。

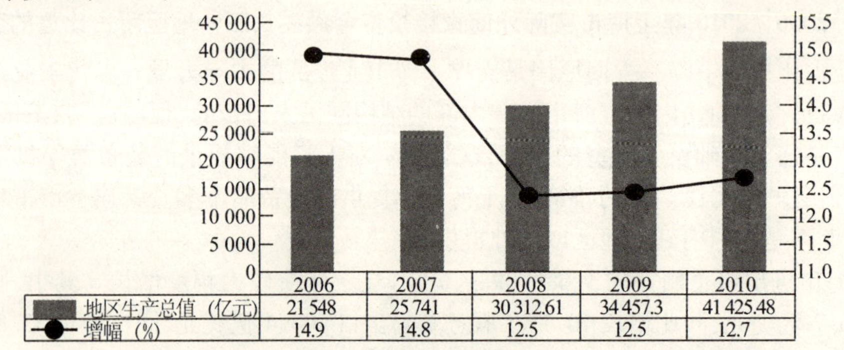

	2006	2007	2008	2009	2010
地区生产总值(亿元)	21 548	25 741	30 312.61	34 457.3	41 425.48
增幅(%)	14.9	14.8	12.5	12.5	12.7

图3-19　2006-2010年江苏省地区生产总值及增长速度

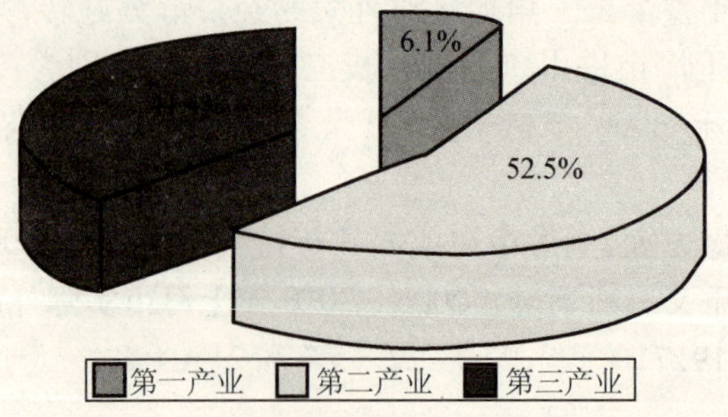

图3-20　2010年江苏省三次产业结构图

2. 财政收支

2010 年，全省财政总收入达 11 743.2 亿元（不含海关代征两税和关税等），比上年增长 39.7%。其中，地方财政一般预算收入 4 079.9 亿元，增长 26.4%，增收 851.1 亿元；基金收入 3 564.3 亿元，增长 100.4%。

2010 年，一般预算支出 4 914.06 亿元，同比增长 20.3%；基金预算支出 3 340.4 亿元，增长 95.3%。全年教育支出 856.4 亿元，同比增长 25.9%；公共安全支出 326.8 亿元，增长 14.7%；社会保障和就业支出 364.5 亿元，增长 21.8%；城乡社区事务支出 624.5 亿元，科学技术支出 150.4 亿元，分别增长 31.5% 和 28.5%。

3. 物价指数

全年居民消费价格上涨 3.8%，涨幅比上年提高 4.2 个百分点。食品价格上涨 7.4%，其中猪肉上涨 2.6%、油脂上涨 3.3%、鲜蛋上涨 7.7%、禽上涨 6.3%、鲜菜上涨 17.7%。工业品出厂价格上涨 7.3%，其中纺织业上涨 10.7%、化学原料及化学制品业上涨 16.7%、医药制造业上涨 5.4%、化学纤维制造业上涨 16.1%、黑色金属冶炼及压延加工业上涨 14.5%、有色金属冶炼及压延加工业上涨 18.9%、电气机械及器材制造业上涨 7.2%。原材料、燃料、动力购进价格上涨 12.8%，其中燃料动力类上涨 19.6%、黑色金属材料类上涨 10.3%、有色金属材料和电线类上涨 18.4%、化工原料类上涨 17%、建筑材料及非金属矿类上涨 3.1%、农副产品类上涨 10.8%、纺织原料类上涨 7.6%。农业生产资料价格上涨 4.2%。

4. 固定资产投资

固定资产投资总量较快增长。全年完成全社会固定资产投资 23 184.28 亿元，比上年增长 22.4%；其中，城镇固定资产投资 17 416.47 亿元，增长 22.1%。在全社会投资中，国有及集体控股投资 5 285.8 亿元，增长 20%；外商港澳台经济投资 3 014.4 亿元，增长 12.3%；民间投资 14 804.14 亿元，增长 24.8%，其中私营个体经济投资 8 418.86 亿元，增长 22.5%。民间投资占全社会投资的比重达 63.9%，比上年提高 1.3 个百分点。

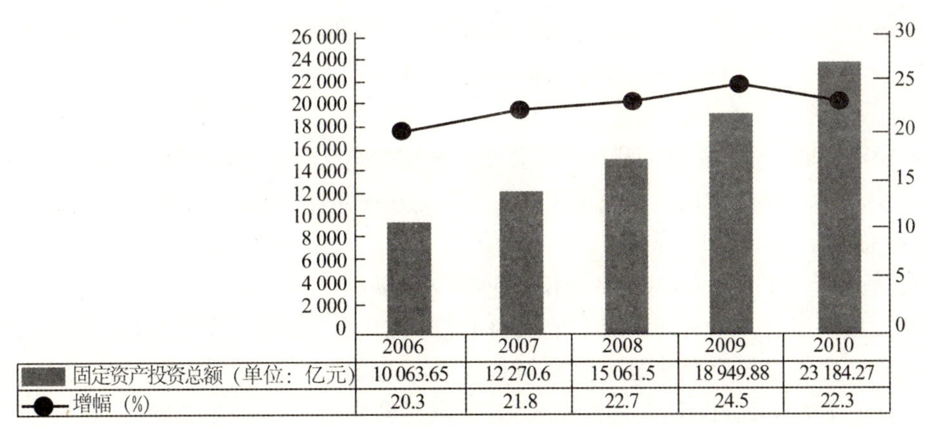

	2006	2007	2008	2009	2010
固定资产投资总额（单位：亿元）	10 063.65	12 270.6	15 061.5	18 949.88	23 184.27
增幅（%）	20.3	21.8	22.7	24.5	22.3

图 3－21　2006－2010 年江苏省全社会固定资产投资及增长幅度

在城镇固定资产投资中，第一产业投资 55.2 亿元，比上年增长 22.5%；第二产业投资 8 250.8 亿元，增长 21.7%；第三产业投资 9 113.0 亿元，增长 22.4%。第二产业投资中，工业投资 8 196.3 亿元，增长 22.5%。其中，高新技术产业投资 2 188.3 亿元，增长 44.6%，占工业投资的比重达 26.7%。第三产业投资中，交通运输仓储和邮政业投资 973.1 亿元，增长 14.2%；房地产开发投资 4 301.9 亿元，增长 28.9%；科学研究、技术服务和地质勘察业投资 114.3 亿元，增长 15.2%；水利、环境和公共设施管理业投资 1 455.5 亿元，增长 17.2%；文化、体育和娱乐业投资 156.5 亿元，增长 25.7%。

重点项目建设力度加大。新开工项目中亿元项目个数、完成投资为 2 040 个和 2 956 亿元，比上年分别增长67.4%和59.7%。200个省级重点项目进展顺利,一批重大项目顺利竣工或加快推进。江都至海安、无锡至张家港等高速公路建成通车;沪宁城际高速铁路建成通车;南京地铁1号线南延线、2号线东延线建成投入运营,3号线开工建设;淮安涟水机场正式通航,无锡硕放机场飞行区扩建工程基本完成;连云港港疏港航道工程全线贯通;南汽轿车及发动机、无锡海力士三期、镇江恒神碳纤维、张家港道康宁有机硅、徐工机械基地、盐城华锐风电设备等项目顺利竣工;"川气东送"管道建成并实现供气,如东LNG外输管线与冀宁联络线和西气东输一线全面贯通,田湾核电项目建设继续加快推进,海上风电加快发展。

5. 区县经济

区域经济结构进一步优化。三大区域均呈较快发展态势,苏中、苏北大部分经济指标增幅继续超过全省平均水平,对全省经济增长的贡献率已近40%。

区域投资增长协调性增强。2010年,全省继续按照"提升苏南发展水平,促进苏中快速崛起,发挥苏北后发优势"的分类指导方针,进一步推进区域共同发展,三大区域投资增长协调性增强,增速差异明显缩减。全年苏南地区城镇投资完成9532.5亿元,同比增长21.3%,增速比2009年提高0.8个百分点,比全省平均水平低0.8个百分点;苏中地区城镇投资完成2865.1亿元,增长22.6%,增速同比回落4.1个百分点,比全省平均水平高0.5个百分点;苏北地区城镇投资完成5018.9亿元,同比增长23.2%,增速回落7.2个百分点,但比全省平均水平高1.1个百分点。全年苏南与苏北增速差由2009年的9.9个百分点缩小为1.9个百分点,差异明显缩减,协调性增强。

(二)农业

农业生产形势较好。2010年,江苏省不断加大农业投入,强化科技支撑,扎实开展高标准农田建设,积极推进适度规模经营,大力发展高效设施农业,农业综合生产能力稳步提高。粮食连续七年丰收,全年总产量达3 235.1万吨,比上年增加5万吨,增长0.2%。其中夏粮1 105.3万吨,增长0.2%;秋粮2 129.8万吨,增长0.1%。农作物种植结构有所调整。全年粮食面积为528.2万公顷,比上年增加1.0万公顷;棉花面积为23.6万公顷,减少1.7万公顷;油料面积57.4万公顷,减少1.9万公顷;蔬菜面积121.3万公顷,增加6.5万公顷。新增高效农业面积19.7万公顷,新增高效渔业面积7.7万公顷,新增设施农业面积8.6万公顷。

林牧渔业稳定发展。全年造林面积9.0万公顷。全年肉类总产量366.6万吨,比上年增长6.5%,其中猪牛羊肉产量224.0万吨,增长4.1%;禽肉产量132.7万吨,增长10.2%。禽蛋总产量190.6万吨,增长2.9%。牛奶总产量57.3万吨,增加3.4%。全年水产品总产量460.4万吨,增长3.9%,其中淡水产品324.0万吨,海水产品136.4万吨,分别增长3.6%和4.6%。

新农村建设成果显著。全省加大对农业农村的投入,全面落实各项惠农政策,农业生产条件、农村面貌明显改善。全省农田有效灌溉面积达381.8万公顷,新增节水灌溉面积4.4万公顷;年末农业机械总动力3 937.3万千瓦,比上年末增长3.3%。农村合作经济组织蓬勃发展,农村专业合作经济组织登记成员达253万户,入社农户比例达42%,出资额490.4亿元,三项指标均居全国首位。全面实施新一轮农村六件实事工程,社会主义新农村建设跃上新台阶。

(三)工业和建筑业

工业生产运行良好。全年规模以上工业增加值21 223.8亿元,比上年增长16.0%,其中,轻、重工业增加值6 019.1亿元、15 204.8亿元,分别增长14.6%和16.6%。国有工业增加值1 319.4亿元,增长11.1%;集体工业增加值266.9亿元,增长4.2%;股份制工业增加值9709.4亿元,增长15.9%;外商港澳台投资工业增加值8 683.9亿元,增长16.5%。在规模以上工业中,国有控股工业

增加值2 729.1亿元，增长13.6%；私营工业增加值6 971.4亿元，增长17.9%。

企业效益大幅增长。规模以上工业企业实现主营业务收入91 077.4亿元，比上年增长27.9%；实现利税9 316.0亿元，增长41.3%；实现利润5 970.6亿元，增长50.3%。企业亏损面8.4%，比上年末下降3.3个百分点；亏损企业亏损额186.9亿元，下降34.9%。工业经济效益综合指数为241.0，提高18.9个百分点。

先进制造业增长较快。在规模以上工业中，交通运输设备制造业产值6 452.2亿元，比上年增长35.1%；医药制造业产值1 419.4亿元，增长30.5%；专用设备制造业产值3 321.9亿元，增长36.2%；电气机械及器材制造业产值8750.3亿元，增长34.0%；通用设备制造业产值6 182.8亿元，增长30.8%；通信设备、计算机及其他电子设备制造业产值12 932.0亿元，增长25.1%。产品结构继续优化，实现工业新产品产值7 843.6亿元，比上年增长27.3%；在列入统计的75种主要工业产品中，保持增长的有56种，下降的有19种。

建筑业持续发展。全省建筑企业实现利税总额875.7亿元，比上年增长11.6%。全年共完成建筑业总产值12 405.9亿元，增长20.9%；竣工产值9 851.9亿元，增长20.6%，竣工率达79.4%；建筑业劳动生产率为20.7万元/人，上升9.0%。建筑业企业房屋建筑施工面积119 035.5万平方米，增长19.4%；房屋建筑竣工面积48 560.0万平方米，增长12.2%，其中住宅竣工面积30 937万平方米，增长6.5%。

(四)服务业

至“十一五”末，江苏省服务业增加值占地区生产总值比重超过40%，比“十五”末提高5.1个百分点。物流、金融、旅游等服务业快速发展，苏南地区出现服务业投资超过制造业投资的新态势，南京形成“三二一”产业发展格局。

1.国内贸易

消费品市场稳步增长。全年实现社会消费品零售总额13 606.8亿元，比上年增长18.7%。城乡市场均保持良好增长。城镇消费品市场实现零售额11 965.5亿元，增长19.2%；乡村消费品市场实现零售额1 516.8亿元，增长15.1%。按消费形态分，批发和零售业零售额12 207.2亿元，增长18.5%；住宿和餐饮业零售额1 275.1亿元，增长20.1%。限额以上批发和零售企业经营状况良好，全年实现商品销售额26 994.9亿元，增长73.0%，其中批发业21 397.5亿元，零售业5 597.4亿元，分别增长81.8%和45.8%。

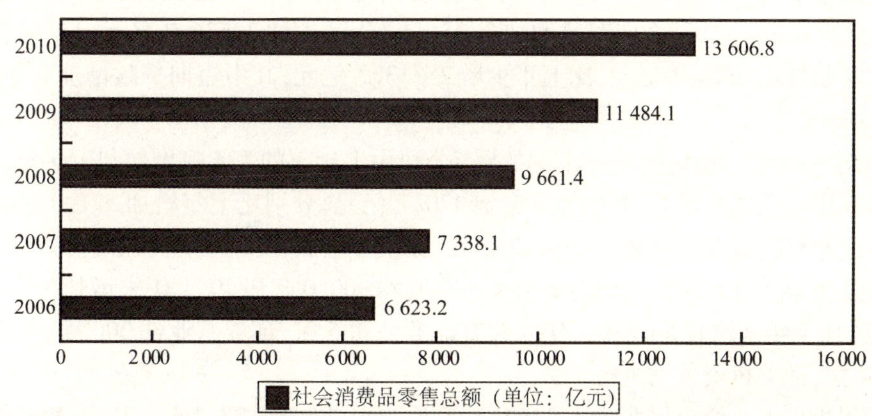

图3－22　2006－2010年江苏省社会消费品零售总额及增长幅度

热点商品销售旺盛。在限额以上批发和零售企业的消费品中，金银珠宝零售额140.7亿元，比上年增长40.2%；汽车零售额1630.0亿元，增长38.4%；石油及制品零售额786.8亿元，增长35.2%；

通讯器材零售额84.2亿元,增长25.6%;服装、鞋帽、针纺织品零售额535.8亿元,增长23.1%;中西药品零售额303.6亿元,增长23.1%;家用电器和音像器材零售额461.8亿元,增长21.7%;食品、饮料、烟酒零售额662.4亿元,增长19.4%。

2. 交通运输、邮政通讯业

交通运输业加快发展。全年完成旅客运输量、货物运输量分别比上年增长12.7%和17%,旅客周转量、货物周转量增长13.1%和18.6%。完成港口货物吞吐量15.9亿吨,增长19.6%,其中外贸货物吞吐量2.4亿吨,增长18.2%。港口货物吞吐量中,集装箱吞吐量达1 134.6万标准集装箱,增长29.2%。年末全省公路里程15万公里、新增6 504公里,年末高速公路里程4 059公里。铁路营业里程1 907.8公里,铁路正线延展长度2 922.2公里。年末民用汽车保有量567.7万辆,净增109.6万辆,分别增长23.9%和29.1%。年末私人汽车保有量434.6万辆,净增96.3万辆,分别增长28.5%和28.6%。其中私人轿车保有量288.6万辆,净增72.1万辆,分别增长33.3%和27.8%。

邮政电信业平稳发展。全年邮政电信业务总量2 194.6亿元,比上年增长21.1%。其中邮政业务总量188.3亿元,电信业务总量2 006.3亿元,分别增长21.5%和20.9%。邮政电信业务收入798.2亿元,比上年增长8.3%。其中邮政业务收入111.1亿元,电信业务收入687.1亿元,分别增长22.7%和7.3%。年末局用交换机总容量4 288.2万门。年末固定电话用户2 498.8万户,减少163.6万户,其中:城市电话用户1 527.8万户,乡村电话用户971万户。住宅电话用户1 759万户,减少116.3万户。年末移动电话用户5916.7万户,净增976.4万户。全省电话普及率达109部/百人,比上年增加10部/百人。长途光缆线路总长度3.3万公里,新增0.1万公里。年末互联网用户1081.3万户,新增120.4万户。

3. 旅游业

旅游业发展加快。全年国内旅游人数35 518.6万人次,比上年增长19.5%;国内旅游收入4 287.9亿元,增长24.3%。全年入境旅游人数653.6万人次,比上年增长17.4%。其中外国人473.5万人次,增长19.6%;港澳台同胞180.1万人次,增长12%。国际旅游外汇收入47.8亿美元,增长19.1%。旅行社组织公民自费出境旅游49.7万人次,增长44.5%。

4. 金融、证券和保险业

稳步推进金融体制改革,地方金融机构继续发展壮大。金融市场稳步运行。2010年末全省金融机构人民币存款余额比年初增加10 134.3亿元,比上年少增1670.2亿元;其中,居民储蓄存款增加3253.9亿元,少增105.4亿元;企业存款增加2 054.1亿元,少增3 636.7亿元。年末金融机构人民币贷款余额比年初增加6824.3亿元,比上年少增2 313.3亿元;其中短期贷款增加2 998.3亿元,多增439.1亿元。

证券市场交易稳定。2010年末全省境内上市公司由上年末的128家增加到169家,在上海、深圳证券交易所筹集资金791.8亿元,其中首发融资470.7亿元,分别比上年增加521.0亿元和378.1亿元。全年证券经营机构股票交易额76 897.2亿元,比上年增长5.8%;期货经营机构代理交易额215 753.2亿元,比上年增长135.4%。境内上市公司总股本900.0亿股,比上年末增长36.7%;市价总值13 867.6亿元,比上年末增长56.3%。年末共有证券公司5家,证券营业部306家;期货公司11家,期货营业部74家,证券投资咨询机构3家。

保险事业规模扩大。全年保费收入1162.7亿元,比上年增长28.1%。其中,财产险收入311.9亿元,寿险收入780.4亿元,分别增长36.6%和26.0%,健康险和意外伤害险收入70.4亿元,比上年增长17.5%。赔付额251.8亿元,比上年下降8.0%。其中财产险赔付134.4亿元,增长5.5%;寿险赔付92.4亿元,比上年下降26.0%;健康险和意外伤害险赔付25亿元,增长17.8%。

(五)开放型经济

1. 对外贸易

2010 年,江苏省对外贸易呈现恢复性增长态势,全年进出口总额4 657.93亿美元,比上年增长37.5%。其中,出口2 705.5亿美元,增长35.8%;进口1 952.4亿美元,增长39.9%。出口商品结构进一步优化,高技术含量产品出口增加。机电产品、高新技术产品出口额为 1 883.4 亿美元和 1 256.9 亿美元,分别占出口总额的69.6%和46.5%。其中计算机与通信技术产品出口840.1亿美元,占高新技术产品出口额的 66.8%。外商投资企业出口 1 923.2 亿美元,增长 31.1%,占出口总额的 71.1%。私营企业出口额为 483.4 亿美元,增长55.0%,占出口总额的 17.9%。对欧盟、美国、日本、中国香港特别行政区出口额分别为 698.1 亿美元、583.4 亿美元、254.6 亿美元和 179.5 亿美元,比上年分别增长 41.6%、29.2%、30.1% 和 26.2%;对东盟、韩国、中国台湾省市场出口额分别为 210.7 亿美元、137.2亿美元和 71.9 亿美元,分别增长 26.3%、36.0% 和 46.7%;对拉丁美洲、非洲、俄罗斯出口额分别为 145.5 亿美元、63 亿美元和 36.5 亿美元,分别增长 61.4%、32.9% 和 105.0%。

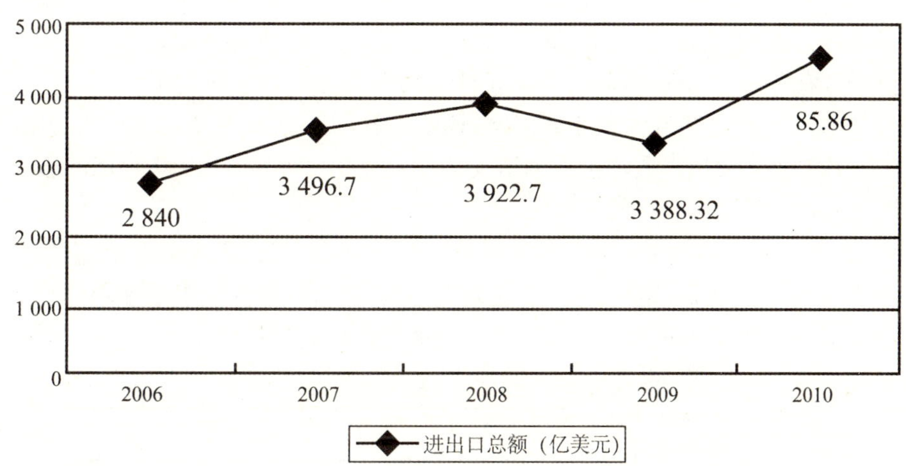

图 3－23　2006－2010 年江苏省外贸进出口总额情况

2. 利用外资

2010 年江苏省吸引外资规模继续保持全国第一。全年新批外商投资企业 4 661 家,新批协议外资 568.3 亿美元;实际到账外资 285.0 亿美元,比上年增长 12.5%。新批及净增资 3 000 万美元以上的大项目 660 个。全年服务业新批外商直接投资企业 1490 家,协议外资 140.7 亿美元;实际到账外资81.5亿美元,增长 22.8%。开发区建设取得新进展。全省开发区完成进出口总额 3 585.9 亿美元,其中出口总额 2 027.3 亿美元,分别增长 37.1% 和 36.2%,占全省总量的 77.0% 和 74.9%;实际到账外资 222.3 亿美元,增长 16.6%,占全省总量的 77.9%。

3. 对外经济

2010 年,江苏省全年新批境外投资项目 408 个,比上年增长 22.9%,中方协议投资 21.8 亿美元,增长 104.6%。全年新签对外承包工程和劳务合作合同额 62.1 亿美元,增长 23.3%;完成营业额59.7 亿美元,增长17.5%。

4. 民营经济

2010 年末全省工商部门登记的私营企业达 104.8 万户,比上年增长 15.0%,注册资本 27 996.4 亿元,增长 39.0%;工商部门登记的个体户 300.6 万户。非公有制经济进 2010 年实现增加值在地区生产总值中的份额达 65.2%,其中私营个体经济比重为 40.2%,分别比上年提高 1.1 个和 0.8 个百分点。

二、江苏省2010年社会发展概况

(一)人口、人民生活

1. 人口概况

江苏省2010年第六次全国人口普查数据显示,江苏省常住人口为78 659 903人,同第五次全国人口普查时的74 382 809人相比,十年共增加4 277 094人,增长5.75%,年平均增长率为0.56%。全省常住人口中,男性人口为39 630 233人,占50.38%;女性人口为39 029 670人,占49.62%。总人口性别比(以女性为100,男性对女性的比例)由2000年第五次全国人口普查的102.58下降为101.54。

2. 城乡居民收入持续增加

"十一五"时期,江苏坚持以科学发展观统领"两个率先"全局,加快经济发展方式转变,加快沿海开发,拓宽了就业渠道,为城镇居民增收创造了有利条件,城镇居民收入连年稳步提高,每年均以二位数的速度增长。2010年城镇居民人均可支配收入达22 944元,比上年增长11.6%,扣除物价上涨因素,实际增长7.8%;人均消费性支出14 357元,增长9.2%,其中食品支出占人均消费性支出的比重为36.5%。根据对农村住户的抽样调查,全年农村居民人均纯收入达9 118元,比上年增长13.9%,增幅自1997年以来首次超过城镇居民,扣除物价上涨因素,实际增长9.2%;人均生活消费支出6543元,增长12.7%,其中食品支出占人均生活消费支出的比重为38.1%。2010年江苏省城乡居民收入比为2.52:1,收入差距是全国较小的省份之一。

城乡居民居住条件进一步改善。城镇居民人均住房建筑面积为33.4平方米,农村居民人均住房建筑面积为46.3平方米。加大保障性住房建设力度,实现城市低保家庭申请廉租住房实物配租和租赁补贴应保尽保、低收入家庭申请购买经济适用房和廉租住房补贴应保尽保。

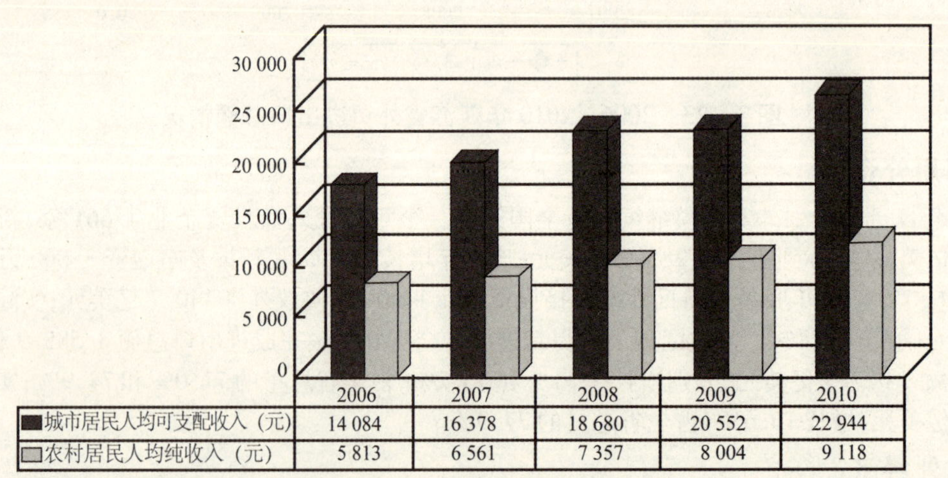

	2006	2007	2008	2009	2010
城市居民人均可支配收入(元)	14 084	16 378	18 680	20 552	22 944
农村居民人均纯收入(元)	5 813	6 561	7 357	8 004	9 118

图3-24　2006-2010年江苏省城乡居民收入对比一览

(二)就业、社会保障

就业形势稳定。2010年江苏省实行更加积极的就业政策,推进城乡统筹就业,着力解决高校毕业生、外来务工人员和困难群体就业。促进下岗失业人员再就业60.9万人,其中就业困难人员再就业18.9万人。城镇登记失业率为3.16%。农村劳动力转移大力推进,新增农村劳动力转移44.1万人。

"十一五"期间,江苏把扩大社会保障覆盖面和提高社会保障水平及能力作为重要目标,加大公共

财政对社会保障的投入,加快建立统筹城乡、覆盖广大劳动者的多层次的社会保障体系。强化社会保障的公共服务及信息网络建设,提高社会保障服务水平。加大保障性住房建设力度,实现城市低保和低收入住房困难家庭申请保障性住房和租赁补贴应保尽保。着力构建广覆盖、保基本、多层次、可持续的社会保障安全网,五大社会保险参保人数均突破千万,社会保障待遇不断提高,在全国率先全面推行新型农村社会养老保险和城镇居民基本医疗保险,城乡居民最低生活保障、新型农村合作医疗实现全覆盖。实施脱贫攻坚工程,362 万农村贫困人口实现脱贫。2010 年末全省企业职工基本养老保险、城镇职工基本医疗保险、失业保险参保人数分别达 1 921.4 万人(含参保离退休人员)、1 843.3 万人(含参保退休人员)和 1 153.8 万人,分别比上年末增加 149.7 万人、142.2 万人和 74.6 万人。年末享受企业职工基本养老保险离退休人员 418.0 万人,享受城镇职工基本医疗保险退休人员 441.5 万人。年末企业职工基本养老保险、城镇职工基本医疗保险、新型农村社会养老保险覆盖面均达 97% 以上。城镇居民基本医疗保险参保人数达 1 396.8 万人,比上年增加 66.9 万人。

(三)科技与创新

科技研发投入比重继续提升。2010 年江苏省全社会研究与发展(R&D)活动经费 840 亿元,占地区生产总值的 2.1%。全省从事科技活动人员 68 万人,其中研究与发展(R&D)人员 38 万人。全省拥有中国科学院和中国工程院院士 98 人。各类科学研究与技术开发机构 6 300 个,其中政府部门属独立研究与开发机构 149 个,高等院校属科研机构 450 个,大中型工业企业办科研机构 2 350 个。已建国家和省级高技术研究重点实验室、重大研发机构、工程技术研究中心、科技公共服务平台等科技基础设施 2048 个,比上年增加 987 个,经国家认定企业技术中心 21 个。

创新能力进一步增强。区域创新能力继续保持全国第一。全省科技进步贡献率达 54%。全年申请专利 23.6 万件,比上年增长 35.3%,其中发明专利 5.0 万件,增长 58.2%;授权专利 13.8 万件,增长 58.5%,其中发明专利 7210 件,增长 35.5%。企业专利产出大幅提高,全省企业共申请专利 12.5 万件,授权专利 7.2 万件,分别比上年增长 57.4% 和 53.3%。全省有 46 项成果获国家科技奖,其中自然科学奖 4 项、技术发明奖 1 项、科技进步奖 41 项。全年共签订各类技术合同 2.0 万项,技术合同成交额达 317.1 亿元,比上年增长 12.4%。

高新技术产业保持强劲发展势头。组织实施省重大科技成果转化专项资金项目 158 项,总投入 12.7 亿元。全省按国家新标准认定高新技术企业累计达 3 093 家。当年认定省级高新技术产品 4 923 项,国家重点新产品 201 项,自主创新产品 516 项。已建国家级高新技术特色产业基地 77 个,其中当年新建 9 个。全省国家和省级高新技术产业开发区实现技工贸总收入 29 522 亿元,比上年增长21.9%。

质量检验得到加强。全省共有产品质量检验机构 177 个,国家检测中心 31 个;监督抽查产品 314 种,比上年增长 19%。共有产品质量、体系认证机构 4 个,完成强制性产品认证的企业 8 558 个;法定计量技术机构 159 个,强制检定计量器具 499.6 万台件,下降 13%;制定、修订地方标准 239 项。

(四)教育和文化

教育事业蓬勃发展。"十一五"期间,江苏省教育事业取得了令人瞩目的成就。全省各类学校办学条件显着改善,办学水平和教育质量不断提升。在实现"两基"(基本普及九年义务教育和基本扫除青壮年文盲)后,率先建设高水平高质量的基础教育,教育公平迈出重要步伐,努力普及高中阶段教育,高等教育率先跨入大众化阶段,教育事业走在了全国前列。2010 年,全省共有普通高校 124 所,普通高等教育招生 43.3 万人,在校生 164.9 万人,毕业生 47.9 万人;研究生教育招生 4.3 万人,在校研究生 12.6 万人,毕业生 3.0 万人。高等教育毛入学率达 42%。全省中等职业教育在校生达 102.0 万人(不含技工学校)。小学在校生年巩固率达 100.01%,初中在校生年巩固率达 98.7%,高中阶段教育毛入学率达96%,基本普及高中阶段教育。初中毕业生升学率97.5%。小学学龄儿童入学率99.96%。特殊教育招生0.5万人,在校生3.0万人。幼儿园在园幼儿205.7万人。城乡免费义务教育全面实行,各级各类学校政府财政经费投入不断加大。

文化事业蓬勃发展。"十一五"期间,江苏省不断加大投入力度,大力加强文化建设,公共文化服务体系、文化市场体系建设亦不断取得新进展,文化产业发展日益兴旺。2010年全省财政预算安排"文化体育与传媒"支出87.5亿元,居全国前列。文艺创作、广播影视、新闻出版和哲学社会科学事业取得新成绩。2010年末全省共有文化馆、群众艺术馆117个,公共图书馆109个,博物馆182个,档案馆168个,向社会开放档案366万卷(件、册);共有广播电台14座,中短波广播发射台和转播台21座,电视台14座,广播综合人口覆盖率和电视综合人口覆盖率分别达99.99%和99.88%。有线电视用户1 885.9万户,比上年增长9.3%。生产故事影剧片13部。全年报纸出版27.1亿份,杂志出版10 051万册,图书出版52 290万册。实现了市有三馆(博物馆、文化馆、图书馆),县有两馆(文化馆、图书馆),乡有综合文化站,社区有文化中心,村有文化室,在全国率先实现公共文化设施全覆盖。近5年来,全省大力推进文化产业发展,新闻、出版、广电、文化艺术等传统意义上的文化产业持续发展,网络文化、休闲娱乐、文化旅游、广告及会展等新兴文化产业亦逐步崛起,并渐趋成为经济增长的新亮点。

(五)卫生和体育

卫生事业加快发展。"十一五"期间,江苏省切实加强卫生工作,取得了显著成绩。农村医疗卫生条件进一步改善,基本建立以大病统筹为主的新型农村合作医疗制度。城市社区卫生服务加快发展。公共卫生体系建设得到加强,全面建成疾病预防控制体系,基本建成应急医疗救治体系。有序推进医药卫生体制改革,城乡基本医疗保障和公共卫生服务水平明显提高。城乡基层卫生服务网络基本形成。2010年末共有各类卫生机构30 964个,其中医院、卫生院2 447个,卫生防疫和防治机构176个,妇幼卫生保健机构103个。各类卫生机构拥有病床27万张,其中医院、卫生院病床24.8万张。共有卫生技术人员32.9万人,其中执业医师、执业助理医师12.9万人,注册护士12.3万人,卫生防疫和防治机构卫生技术人员0.7万人,妇幼卫生机构卫生技术人员0.5万人。乡镇卫生院1 283个,床位5.2万张,卫生技术人员5.8万人,乡村医生和卫生员7万人。新型农村合作医疗人口覆盖率达95%以上。

体育事业持续发展。竞技体育硕果累累。2010年全省运动员在第十六届亚运会等重大国内、国际比赛中,有160人次获金牌,142人次获银牌,105人次获铜牌。成功举办第十七届省运会,南京成功申办2014年青奥会。群众体育蒸蒸日上。"十一五"期间,全省积极发展公共体育事业,构建全民健身服务体系,推动群众体育事业又好又快发展。重点实施"万村体育健身工程"和乡镇街道体育活动中心建设,实现城乡社区全覆盖,初步建成了省、市、县、乡(街道)、村(居委会)五级公共体育设施网络。

(六)城乡建设

"十一五"期间,江苏省住房和城乡建设厅将全省25万个自然村落规划调整为4.2万个规划保留村庄,并从环境卫生整治、基础设施配套入手,以省级试点示范为引导,着力推进村庄环境整治、村庄生活污水治理和村镇生活垃圾收运体系建设,村庄人居环境得到显著改善。江苏省住房和城乡建设厅每年组织指导200个村庄,开展省级环境整治试点示范,五年共投入建设改造资金约5亿元,完成1 000个省级村庄环境整治试点,建设整治村内主次道路270公里、修建排水管道230公里、新建垃圾箱3.3万个、新建公厕1 900座、增加公共绿地320万平方米。各地以省级试点示范为引导,分级推进村庄环境整治,累计完成9 000个规划保留村庄的环境整治。整治工作进展在全国处于领先地位。到2010年底,江苏全省共完成2 666个规划保留村庄生活污水处理设施建设,其中太湖流域生活污水实现有效治理的规划保留村庄超过40%。住房和城乡建设部对江苏省村庄生活污水治理工作给予高度肯定,2010年5月将江苏省常熟市列为全国首个、也是唯一一个"村镇污水治理县域综合示范区"。

(七)环境保护和安全生产

环境保护能力提高。2010 年末全省设立自然保护区 31 个,其中国家级自然保护区 3 个,自然保护区面积 56.5 万公顷。重点流域污染治理和城乡环境综合整治取得重要进展,水资源供给和水环境保护能力明显加强,太湖湖体水质持续改善,实现了确保饮用水安全、确保不发生大面积湖泛。工业废水排放总量 25.2 亿吨,工业废气排放总量 26 855.7 亿标立方,工业粉尘排放量 16.1 万吨,空气质量监测达到二级标准的城市 11 个。

实施重点节能减排项目,淘汰落后产能,严格控制高耗能行业过快增长。全年关停化工生产企业 403 家,累计关停 5 034 家。完成"十一五"单位 GDP 能耗降低率的总目标。化学需氧量、二氧化硫排放量分别比上年削减 3% 和 2.2% 。太湖治理取得阶段性成效。年末林木覆盖率达 20.6% 。

安全生产事故下降。事故起数和死亡人数实现"双下降",全年发生各类事故 19 712 起,死亡 5 729 人,同比事故起数下降 2.46% ,死亡人数下降 2.42% 。亿元 GDP 生产安全事故死亡人数为 0.140 人,下降 16.67% 。

三、挑战与目标

2010 年,江苏省经济社会发展成绩喜人,但发展中还存在不少矛盾和问题。一是经济结构性矛盾还比较突出,产业结构仍然偏重,服务业发展相对滞后,资源环境压力加大,经济增长粗放的状况尚未完全改变。二是发展的协调性需要继续增强,全面小康建设水平还需进一步提高,城乡二元结构仍是制约统筹发展的突出问题,区域协调发展的任务还很艰巨,居民收入与经济增长还不相适应,不同群体之间的收入差距还比较大。三是社会建设相对滞后于经济发展,社会管理还不适应社会结构的深刻变化,因征地拆迁、环境污染以及不同群体利益诉求等引发的矛盾和问题增多,安全生产和社会稳定方面存在的问题不容忽视。四是政府职能转变不够到位,依法行政能力需要进一步增强,公共服务水平需要进一步提高,少数政府工作人员存在形式主义、官僚主义、弄虚作假、急功近利、铺张浪费和消极腐败现象。对此必须高度重视存在的这些问题,采取切实有力的措施加以解决。

"十二五"时期江苏经济社会发展的总体目标是:全省综合经济实力、自主创新能力、国际竞争力和可持续发展能力显著增强,全面建成更高水平小康社会,苏南等有条件的地方在巩固全面小康成果基础上率先进入基本现代化。到 2015 年,地区生产总值年均增长 10% 左右,人均地区生产总值达到 8 万元。经济结构更加优化,服务业增加值比重达到 48% 左右,高新技术产业产值占规模以上工业产值比重达到 40% 。科技创新继续走在全国前列,研发投入占地区生产总值比重提高到 2.5% ,科技进步贡献率提高到 60% 以上。生态环境持续改善,单位地区生产总值能耗、水耗下降和二氧化碳、主要污染物减排完成国家下达的约束性指标,森林覆盖率达到 22% 。城乡区域发展更趋协调,城市化率达到 63% ,农业现代化和社会主义新农村建设加快推进,三大区域协调发展水平进一步提升,苏北地区人均主要经济指标超过全国平均水平。人民生活进一步改善,社会保障体系更加完善,城镇居民人均可支配收入和农村居民人均纯收入年均分别增长 10% 左右,城镇登记失业率控制在 4% 以内。各项社会事业加快发展,社会建设和管理全面加强,人民群众普遍享有基本公共服务,民主法制更加健全,依法行政能力显著增强,法治江苏、平安江苏建设再上新水平。

2011 年是"十二五"的开局之年,江苏省经济社会发展的主要预期目标是:地区生产总值增长 10% ;研发投入占地区生产总值比重达到 2.2% ;地方一般预算收入增长 10% ;全社会固定资产投资增长 18% ;社会消费品零售总额增长 17% ;外贸进出口总额增长 8% 以上,实际利用外资继续保持全国领先;城镇居民人均可支配收入和农村居民人均纯收入分别增长 10% 左右;居民消费价格总水平涨幅控制在 4% 左右;节能减排指标完成好国家下达的任务;城镇登记失业率控制在 4% 以内;人口自然增长率 4‰ 左右。

四、江苏省在长三角地区经济发展中的地位

2010年,面对复杂多变的国内外经济环境,江苏省上下坚决贯彻中央各项决策部署,紧紧围绕全年目标,统筹做好"稳增长、调结构、抓创新、惠民生"各项工作,全省经济运行由企稳回升转向平稳较快增长,经济社会发展呈现出"发展趋势持续向好,质量效益持续提升,经济结构持续优化,人民生活持续改善"的态势,实现了"高开稳走"的良好局面,较好地完成了省十一届人大三次会议确定的年度目标任务,各项主要经济指标继续保持着在长三角两省一市第一的地位。

近年来,江苏省地区生产总值在长三角地区稳居第一位,所占比重呈现明显的逐年增加趋势。"十一五"期间,江苏省地区生产总值在长三角所占比重分别为45.30%、45.50%、46.28%、47.53%和47.99%,五年累计增幅高达2.69个百分点。其中,2009年比上年增加1.25个百分点,为近年来最大增幅;2010年增速放缓,比上年增加了0.46个百分点。

2010年,在长三角地区25市(苏浙两省24个地级市和上海市,下同)地区生产总值所占比重排名的前十位中,江苏省13个地级市占据6席,与去年持平。2010年伴随随着国内经济的全面回升企稳,江苏省主动加大了经济结构调控的力度,经济总量保持平稳较快增长,经济增长质量和效益不断提高,省内经济回升向好势头进一步巩固。全省全年呈现出"增长较快、结构优化、效益提升、民生改善"的特征。

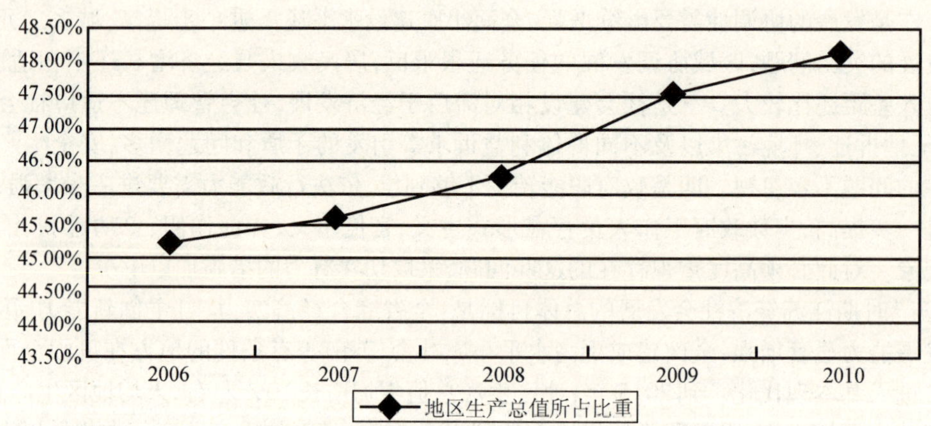

图3-25 2006-2010年江苏省地区生产总值在长三角所占比重的变化趋势

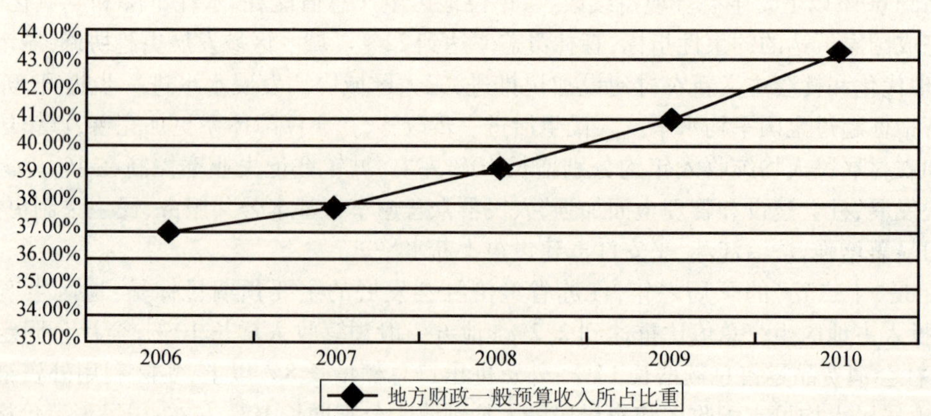

图3-26 2006-2010年江苏省地方财政一般预算收入在长三角所占比重的变化趋势

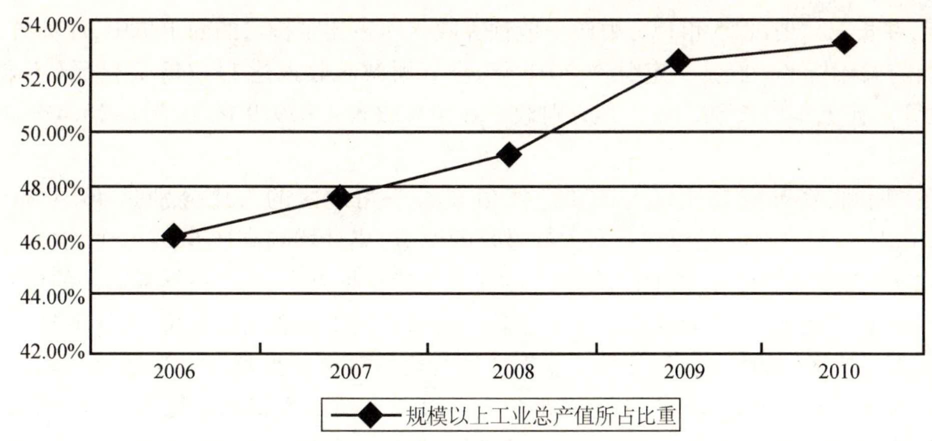

图 3－27　2006－2010 年江苏省规模以上工业总产值在长三角所占比重的变化趋势

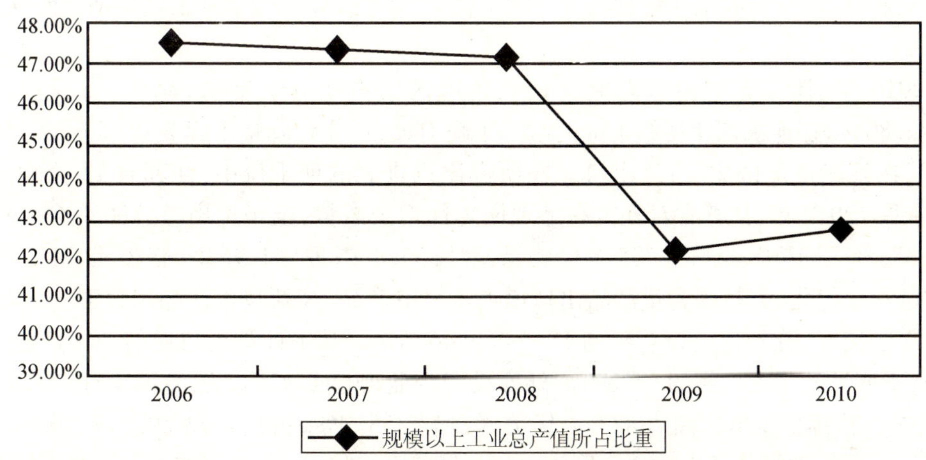

图 3－28　2006－2010 年江苏省进出口总额在长三角所占比重的变化趋势

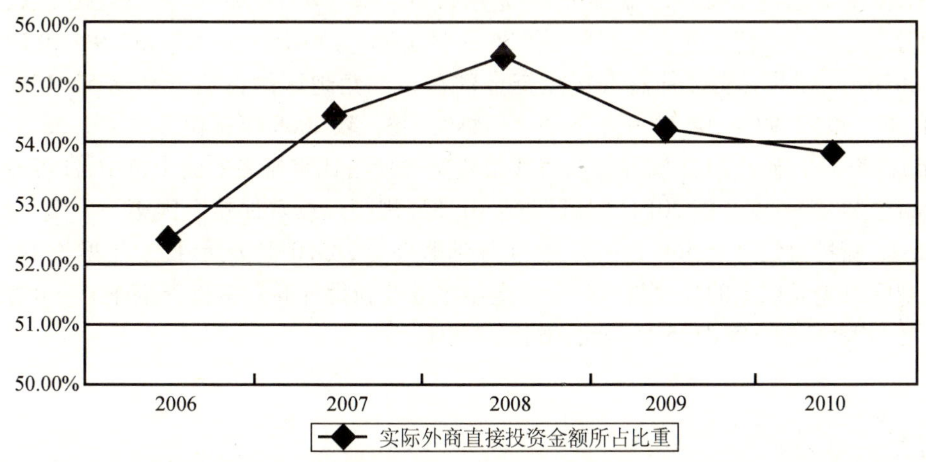

图 3－29　2006－2010 年江苏省实际外商直接投资金额在长三角所占比重的变化趋势

2006－2010 年，江苏省地方财政一般预算收入在长三角地区的占比分别是 36.37%、37.36%、38.76%、40.81% 和 42.67%，累计增幅达 6.3 个百分点，增长趋势十分明显。自 2006 年江苏地方财政一般预算收入超越上海以来，已连续四年保持着第一的位次。

2010 年,在长三角地区 25 市地方财政一般预算收入所占比重排名的前十位中,江苏省 13 个地级市占据 6 席,与去年持平。经济决定财政,2010 年,全省财政总收入达 11 743.2 亿元(不含海关代征两税和关税等),比上年增长 39.7%。地方财政一般预算收入 4 079.9 亿元,增长 26.4%,增收 851.1 亿元。

"十一五"期间,江苏省规模以上工业总产值在长三角地区的占比分别是 46.47%、47.75%、49.44%、52.62%和 53.04%,继续保持着大幅增长的态势,累计增幅高达 6.57 个百分点。2010 年所占比重继 2009 年首次超越长三角地区的 50%后继续保持超越势头,始终占据着第一的位置。

2010 年,在长三角地区 25 市规模以上工业总产值所占比重排名的前十位中,江苏省 13 个地级市占据 6 席,与去年持平。2010 年,江苏省工业生产运行良好。全年规模以上工业增加值 21 223.8 亿元,比上年增长 16.0%,其中,轻、重工业增加值 6 019.1 亿元、15 204.8 亿元,分别增长 14.6% 和 16.6%。国有工业增加值 1 319.4 亿元,增长 11.1%;集体工业增加值 266.9 亿元,增长 4.2%;股份制工业增加值 9 709.4 亿元,增长 15.9%;外商港澳台投资工业增加值 8 683.9 亿元,增长 16.5%。在规模以上工业中,国有控股工业增加值 2 729.1 亿元,增长 13.6%;私营工业增加值 6 971.4 亿元,增长 17.9%。

2006 - 2010 年,江苏省进出口总额在长三角地区的占比分别是 43.65%、43.20%、42.38%、42.13%和 42.80%,在连续四年持续下降的状态下略有回升,累计降幅下降为 0.85 个百分点。

2010 年,在长三角地区 25 市进出口总额所占比重排名的前十位中,江苏省 13 个地级市仅占 5 席,与去年持平。2010 年,江苏省对外贸易呈现恢复性增长态势,全年进出口总额 4 657.93 亿美元,比上年增长 37.5%。其中,出口 2 705.5 亿美元,增长 35.8%;进口 1 952.4 亿美元,增长 39.9%。出口商品结构进一步优化,高技术含量产品出口增加。机电产品、高新技术产品出口额为 1 883.4 亿美元和 1 256.9 亿美元,分别占出口总额的 69.6% 和 46.5%。其中计算机与通信技术产品出口 840.1 亿美元,占高新技术产品出口额的 66.8%。外商投资企业出口 1 923.2 亿美元,增长 31.1%,占出口总额的 71.1%。私营企业出口额为 483.4 亿美元,增长 55.0%,占出口总额的 17.9%。对欧盟、美国、日本、中国香港特别行政区出口额分别为 698.1 亿美元、583.4 亿美元、254.6 亿美元和 179.5 亿美元,比上年分别增长 41.6%、29.2%、30.1% 和 26.2%;对东盟、韩国、中国台湾省市场出口额分别为 210.7 亿美元、137.2 亿美元和 71.9 亿美元,分别增长 26.3%、36.0%和 46.7%;对拉丁美洲、非洲、俄罗斯出口额分别为 145.5 亿美元、63 亿美元和 36.5 亿美元,分别增长 61.4%、32.9%和 105.0%。

2006 - 2010 年,江苏省实际外商直接投资金额在长三角地区的占比分别是 52.15%、54.49%、55.48%、54.18%和 53.93%,继 2009 年下跌之后继续回落,较 2008 年累积下跌了 1.55 个百分点。

2010 年,在长三角地区 25 市实际外商直接投资金额所占比重排名的前十位中,江苏省 13 个地级市占据 6 席,比去年少一席。但 2010 年江苏省吸引外资规模继续着保持全国第一。全年新批外商投资企业 4661 家,新批协议外资 568.3 亿美元;实际到账外资 285.0 亿美元,比上年增长 12.5%。新批及净增资 3 000 万美元以上的大项目 660 个。全年服务业新批外商直接投资企业 1 490 家,协议外资 140.7 亿美元;实际到账外资 81.5 亿美元,增长 22.8%。

二　南京市 2010 年经济社会发展报告

2010 年在市委、市政府的正确领导下，南京市以科学发展观为指导，全力推进转型发展、创新发展、跨越发展，国民经济保持了平稳较快发展，各项社会事业取得了长足进步。

一、南京市 2010 年经济发展概况

(一)综合经济

1. 经济总量

2010 年南京市完成生产总值 5 130.65 亿元，比上年增长 13.1%。在全市生产总值中，第一产业增加值 142.29 亿元，增长 4.1%；第二产业增加值 2327.86 亿元，增长 13.6%，其中工业增加值 2005.26 亿元，增长 14.5%；第三产业增加值 2 260.49 亿元，增长 13.0%。三次产业增加值比例调整为 3.0∶ 49.2∶ 47.8。在全市生产总值中，民营经济占全市经济的比重为39.6%，比上年提高 3.7 个百分点。

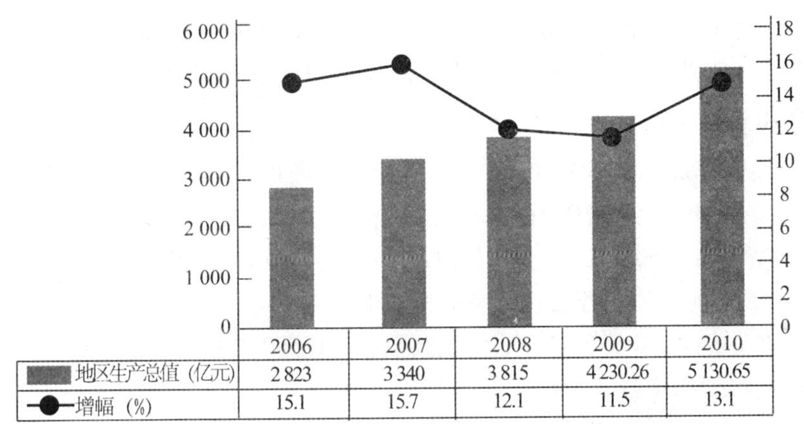

图 3－30　2006－2010 年南京市地区生产总值及增长速度

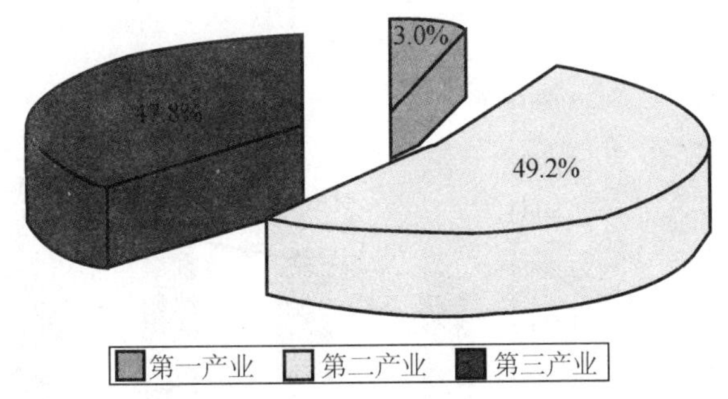

图 3－31　2010 年南京市三次产业结构图

2. 财政收支

全年实现财政收入 1 075.25 亿元，比上年增长 19.3%。其中，地方一般预算收入 518.80 亿元，增长 19.4%。全年地方财政一般预算支出 542.73 亿元，增长 17.7%。其中，教育支出 76.48 亿元，增长 19.4%；科学技术支出 16.49 亿元，增长 19.6%；社会保障和就业支出 45.93 亿元，增长 24.1%。

3. 物价指数

2010 年全市居民消费价格指数为 104.2，比上年上涨 4.2%。构成消费价格的八大类指数“七升一降”。

表 3－2　2010 年城市居民消费和商品零售价格指数

项　　目	比上年涨跌(%)
城市居民消费价格指数	4.20
一、食品	7.30
二、烟酒及用品	2.40
三、衣着	5.40
四、家庭设备用品及维修服务	0.70
五、医疗保健和个人用品	3.60
六、交通和通信	－1.30
七、娱乐教育文化用品及服务	4.40
八、居住	3.80
商品零售价格指数	3.50

全市工业品出厂价格指数为 105.6，比上年上升 5.6%。其中，生产资料价格上升 6.8%；生活资料价格上升 0.6%。轻工业类价格下降 0.9%；重工业类价格上升 10.1%。

4. 固定资产投资

全年完成全社会固定资产投资 3 306.05 亿元，比上年增长 23.9%。

从产业结构看，第一产业完成投资 21.21 亿元，增长 73.3%；第二产业完成投资1 618.41亿元，增长 23.4%，其中工业投资完成 1 601.31 亿元，增长23.1%；第三产业完成投资 1 666.43 亿元，增长 23.9%。

从所有制结构看，国有及国有控股经济完成投资 1 284.75 亿元，比上年增长 32.1%；外商及港澳台经济完成投资 438.6 亿元，增长 33.0%；民间投资完成 1 582.7 亿元，增长 15.9%；其中，私营个体经济完成投资 811.43 亿元，下降 3.1%。

全年高新技术产业完成投资 490.04 亿元，比上年增长 60.5%。四大支柱产业完成投资 694.59 亿元，增长 53.2%。

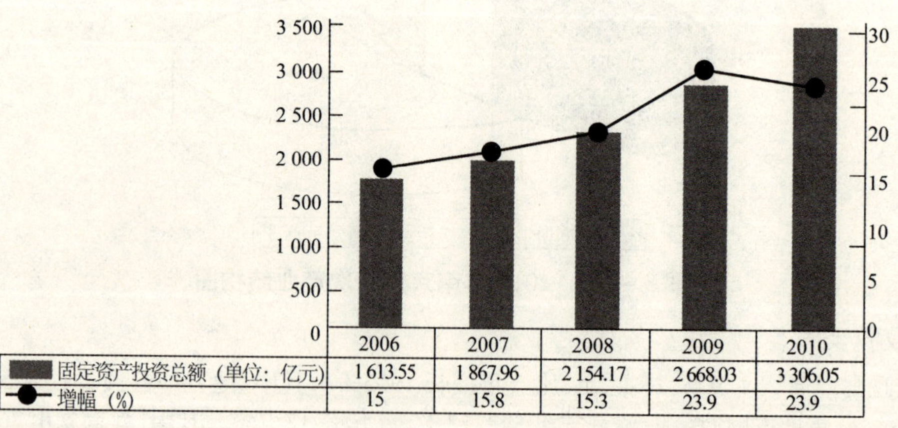

图 3－32　2006－2010 年南京市全社会固定资产投资及增长幅度

5. 区县经济

2010 年，南京市区、溧水县和高淳县经济发展较上年均有新的突破，区域发展格局进一步优化，地区生产总值所占全市的比重调整为90.30%、4.88%、4.82%。

2010年南京市区实现地区生产总值总计为4 633.23亿元，工业总产值达到7 763.64亿元，城镇固定资产投资达2 410.25亿元，地方财政一般预算收入总计为485.28亿元，进出口总额合计为450.01亿美元，社会消费品零售总额达到2 135.74亿元，各项指标占全市比重均在90%以上。其中，江宁区经济发展迈上新台阶，全年实现地区生产总值首次突破600亿元大关，达到了620.2亿元，比上年净增116.8亿元，按可比价格计算，同比增长15.1%，比全市平均增速高2个百分点；三次产业结构进一步优化，全区第一产业比重继续下降，二、三产业比重上升，地区生产总值中三次产业结构由上年的6.0∶62.1∶31.9调整到5.2∶62.8∶32.0；全区财政收入突破200亿元大关，实现238.7亿元，比上年增长45.8%；工业生产进一步提速增效；全年规模以上工业完成总产值1 276.2亿元，比上年增长36.1%，增幅提升12.8个百分点；固定资产投资规模持续增加，全年全社会固定资产投资总量突破600亿元，达到了630亿元，比上年净增近110亿元，比上年增长21.1%；消费品市场持续较快发展，全年实现消费品零售额197.7亿元，比上年增长21.1%。

溧水县全年实现地区生产总值250.16亿元，突破250亿大关；完成财政一般预算收入20.02亿元；工业经济快速增长，工业总产值达到461.76亿元，占全市的比重超过了5%。城镇固定资产投资完成新的跨越，达到151.28亿元，占全市比重为5.77%，达到历史性突破。三产服务业继续发展，实现社会消费品零售总额70.51亿元，较上年有小幅增长。

高淳县全年实现地区生产总值247.26亿元，较上年有大幅增加；财政收入13.5亿元，比上年略有减少。工业总产值384.10亿元，比上年增加近百亿元，占全市的比重为4.46%。全年城镇固定资产投资62.42亿元，社会消费品零售总额82.49亿元，进出口总额2.81亿美元，均较上年有大幅增长。

表3-3　南京市区县部分主要经济指标一览

县市	地区生产总值	工业总产值	城镇固定资产投资	地方财政一般预算收入	进出口总额	社会消费品零售总额
	（亿元）	（亿元）	（亿元）	（亿元）	（亿美元）	（亿元）
南京市	5 130.65	8 609.50	2 623.96	518.80	456.01	2 288.74
南京市区	4 633.23	7 763.64	2 410.25	485.28	450.01	2 135.74
溧水县	250.16	461.76	151.28	20.02	3.20	70.51
高淳县	247.26	384.10	62.42	13.50	2.81	82.49

（二）农业

全年农林牧渔及农林牧渔服务业现价总产值244.75亿元，比上年增长9.4%。其中，农业产值139.44亿元，增长13.5%；林业产值3.12亿元，增长2.3%；牧业产值39.44亿元，增长1.9%；渔业产值50.62亿元，增长6.1%；农林牧渔服务业产值12.13亿元，增长6.5%。

全年粮食总产量110.64万吨，与上年基本持平。油料总产量11.77万吨，下降12.3%。蔬菜总产量266.32万吨，增长0.4%。全年水产品产量20.42万吨，增长0.8%。肉类总产量12.30万吨，下降2.8%。禽蛋总产量7.48万吨，下降3.6%。牛奶总产量8.61万吨，下降0.5%。

年末全市累计通过省级认定的无公害农产品368个。累计有效使用绿色食品标志产品个数183个。累计有机食品基地113个。累计通过省级认定的无公害农产品生产基地总面积190.11万亩。

（三）工业

2010年，南京市重点推动传统支柱产业提档升级，新兴产业加快发展，全年规模以上工业企业

(年主营业务收入500万元及以上企业,下同)实现工业总产值8 502.61亿元,比上年增长26.9%。其中年度产值过亿元的企业864家,共完成工业总产值7 651.80亿元,增长28.8%。全市四大支柱产业(电子、石化、钢铁和汽车)完成工业总产值5 363.26亿元,增长28.7%,四大支柱产业占全市规模以上工业企业产值的比重达到63.1%。风电光伏等八大新兴产业累计完成主营业务收入2 308亿元,增长29%,占全市工业比重达27%。中电熊猫高世代面板项目、中兴通讯二区、华为通讯、扬巴二期、上海大众新型轿车、中环光谷等一批项目加快推进或竣工投产。首家被国家工信部授予中国软件名城称号。已认定软件企业938家,软件业务收入达1013亿元,增长60%。

全年新产品产值完成1 001.15亿元,比上年增长20.7%。工业产品出口交货值983.85亿元,比上年增长24.5%,占工业销售产值的比重为11.7%。在全市505家有出口交货值的规模以上工业企业中,超过亿元的有120家。

(四)服务业

现代服务业提速发展,信息服务、旅游会展等产业发展迅速。成功举办世博会"环境变化与城市责任"主题论坛、紫金山峰会、金洽会、名城会、软博会、台湾名品交易会、国际服务外包合作大会。

1.国内贸易

全年完成社会消费品零售总额2 288.74亿元,比上年增长18.5%。其中,批发和零售业完成零售额2 055.58亿元,增长18.0%;住宿和餐饮业实现零售额212.19亿元,增长22.7%。

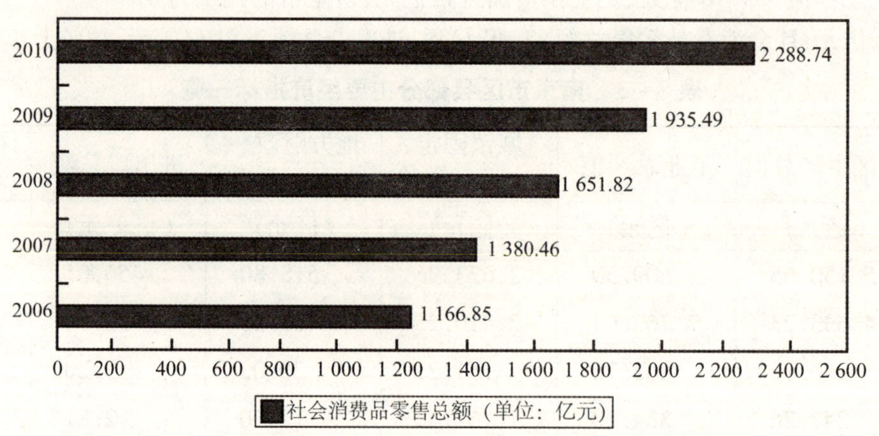

图3-33 2006-2010年南京市社会消费品零售总额

全年城镇实现社会消费品零售总额2 189.02亿元,比上年增长18.6%;乡村社会消费品零售总额78.75亿元,比上年增长13.8%。

全年新建和升级改造郊县"万村千乡"连锁农家店392个;"家电下乡"全年销售额达4.4亿元,家电以旧换新实现销售额达38.1亿元。全市年成交额亿元以上的商品交易市场有60家,成交额1 130.62亿元,增长39.3%。

2.交通运输、邮政通讯业

全年各种运输方式共完成客运周转量329.78亿人公里,比上年增长13.4%;完成货运周转量3 439.40亿吨公里,增长21.9%。

年末民用汽车保有量83.05万辆,比上年末增长23.8%。年末私人汽车保有量64.76万辆,增长29.0%。年末私人轿车保有量47.04万辆,增长30.3%。全年新增出租车229辆,完成更新3 199辆,出租车总数达到10 593辆。公共交通车辆运营数达到8 695标台,其中地铁915标台。

全年邮电通信业务总量为139.07亿元,比上年增长14.3%。全年邮电业务收入98.69亿元,增长5.7%。年末移动电话用户达931.34万户,新增130.28万户。年末固定电话用户290.14万户,减少9.96万户;年末住宅电话用户163.59万户,减少19.51万户。计算机互联网用户达150.59万户,比上年增长6.0%;其中宽带用户达147.75万户,增长8.0%。国际国内特快专递共完成781.47万件,增长28.5%。

3. 旅游业

全年旅游总收入951.61亿元,同口径比上年增长15.7%。全年接待海内外旅游者6 496.88万人次,增长15.3%。国际旅游创汇9.81亿美元,增长17.1%。全年经批准因私出国出境人数达32.9万人次,增长8.4%。年末全市拥有旅游星级宾馆饭店121家。旅游A级景区48个,其中5A级景区2个,4A级景区10个。各类旅行社476家,其中具有出境游资质的旅行社18家。

4. 金融和保险业

2010年末全市全辖金融机构本外币各项存款余额12 887.43亿元,比年初增加1 799.45亿元,增长16.2%。其中,居民储蓄存款余额3 572.07亿元,比年初增加447.08亿元,增长14.3%。全市金融机构本外币贷款余额10 915.34亿元,比年初增加1 470.86亿元,增长15.6%。

全年商业性保险公司全年保费收入191.30亿元(省保监局数据),比上年增长25.6%。商业性保险公司全年赔付支出41.40亿元,其中,人寿险赔付支出17.73亿元,下降7.2%,财产险赔付支出23.67亿元,增长13.4%。

5. 房地产业

全年房地产业完成投资754.76亿元,增长26.7%,房屋新开工面积1 702.26万平方米,增长47.1%。

(五)开放型经济

1. 对外贸易

全年完成进出口总值456.01亿美元,比上年增长35.1%。其中,完成出口总值248.85亿美元,增长34.8%。三资企业全年出口额达83.51亿美元,增长28.8%,占全市出口额的比重达到33.6%。对亚洲、欧洲、北美洲三大主体市场的出口全面增长,全年出口213.08亿美元,增长35.0%,占全市出口额的85.6%。全年对非洲和拉丁美洲出口分别增长29.1%和15.9%。

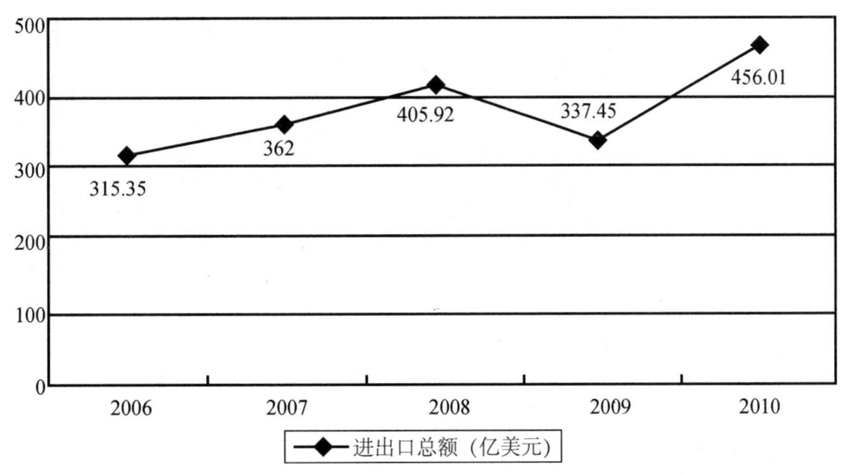

图3-34　2006-2010年南京市外贸进出口总额

从出口商品构成看,2010年,高新技术产品出口69.28亿美元,增长37.8%,占出口总额的份额由2009年的27.2%提高到27.8%。机电产品出口135.76亿美元,增长36.3%。

全市出口额超千万美元的企业有292家,出口额达214.9亿美元,增长39.1%,占全市出口总量的86.3%。

2. 利用外资

全年新批外资企业387个,新批注册合同外资额47.78亿美元,比上年增长4.8%;实际使用外资26.76亿美元,增长17.3%。全市12个省级以上开发区新批注册合同外资30.2亿美元,增长7.4%;实际使用外资18.77亿美元,增长24.9%。

3. 对外经济

新签对外承包劳务合作合同金额12.38亿美元,比上年增长27.9%;实际完成对外承包劳务营业额13.09亿美元,增长24.4%。期末在外劳务人数8 473人。

4. 开发区建设

2010年,国家批准设立金陵海关。江宁开发区升级为国家级经济技术开发区。实际利用外资超过28亿美元,外贸出口总额248.85亿美元,实现服务外包执行额26.5亿美元。

二、南京市2010年社会发展概况

(一)人口、人民生活

2010年城市居民人均可支配收入28 312元,比上年增长11.0%。其中,居民工薪收入、经营净收入、财产性收入、转移性收入比上年分别增长6.8%、23.8%、1.5%和17.3%。城市居民人均消费支出为18156元,比上年增长11.1%。

2010年农民人均纯收入11 128元,比上年增长12.9%。其中,工资性收入、家庭经营性收入、财产性收入、转移性收入比上年分别增长13.6%、8.7%、24.2%和27.4%。农民人均生活消费支出为8 477元,比上年增长12.6%。

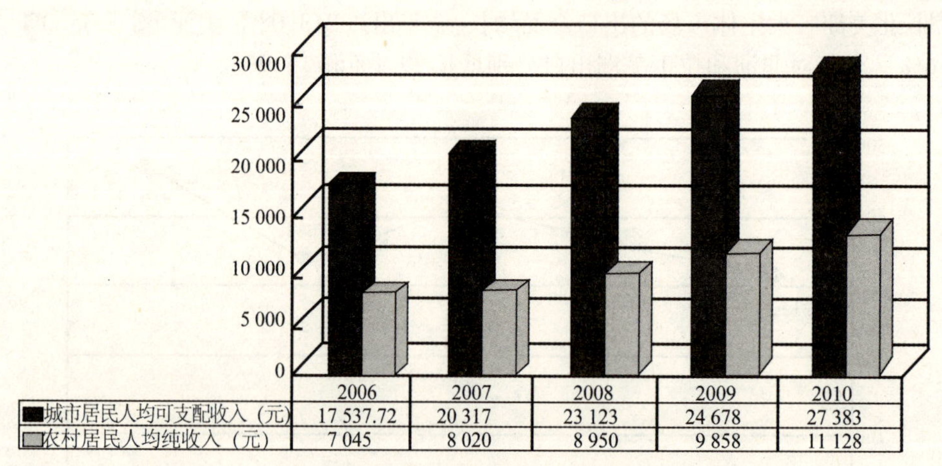

	2006	2007	2008	2009	2010
城市居民人均可支配收入(元)	17 537.72	20 317	23 123	24 678	27 383
农村居民人均纯收入(元)	7 045	8 020	8 950	9 858	11 128

图3-35　2006-2010年南京市城乡居民收入对比一览

(二)就业、社会保障

2010年末全市新增就业人数20.7万人。农村劳动力转移就业人数达6.66万人次。援助困难人员再就业1.28万人。年末城镇登记失业率为2.58%。

全年城镇社会保险五大险种累计参保人数达到1 076万人次,其中养老、失业、医疗保险覆盖率均达到98%以上。

全市纳入基本养老保险总人数达到331.56万人，其中，城镇职工基本养老保险参保人数为209.33万人。离退休人员当期养老金按时足额发放。城镇失业保险参保人数为197.53万人，领取失业保险金人数为2.92万人，养老、失业保险金发放最低标准分别提高至500元、520元。城镇职工基本医疗保险参保人数为276.66万人。落实养老保险关系异地转接政策，推进外来务工等人员参保和大学生医保工作。企业退休人员人均上调养老金169元。

2010年南京市制定实施《关于进一步加强民生工作的意见》，出台了完善提高被征地人员社会保障水平等十项改善民生政策，将使90万人受益。新型农村社会养老保险三年目标两年完成，全市新型农村养老保险覆盖率达99.1%，参保率达98.6%。老年农村居民养老补贴发放率达100%。10.41万名被征地农民进入社会保障。新型农村合作医疗人均筹资标准达230元以上。对困难群体发放临时物价补贴4 123万元。养老平台不断夯实，福利机构达257家。发放市民卡334.8万张。规划建设保障性住房1 000万平方米，开工660万平方米，竣工300万平方米。

年末全市福利类收养单位拥有床位2.86万张，收养1.71万人。其中社会福利院18个，拥有床位3 950张，收养2 500人。建立城镇各类社区服务设施1 894处，区(县)、街道级社区服务中心64个。全市城乡居民享受最低生活保障13.45万人；享受国家抚恤和各类优抚补助1.15万人。

(三)科学技术和创新

科技创新全面展开。2010年，南京市制定实施《推进科技创新、推动产业转型、发展创新型经济行动计划》。加快建设高新区、麒麟科技创新园、模范马路创新街区等创新载体，白马现代农业科技园升级为国家农业科技园。坚持人才优先发展，引进国家“千人计划”特聘专家35名，实施“紫金人才”计划和“千企升级”计划。组建物联网、智能电网、智能交通、新材料研究院，成立7家省市级产业联盟。在宁高校院所就地转化科技成果2 060项。高新技术产业产值达3 251亿元，增长22.2%。颁布实施《南京市知识产权战略纲要》。实现技术合同成交额76.89亿元。

全年共签订各类技术合同10 533项，技术合同成交额76.89亿元，比上年增长20.6%。全市新增技术贸易机构155家。

国家科学技术奖励南京地区共有27项成果上榜，其中国家自然科学二等奖4项，国家科技进步奖一等奖6项，二等奖17项。

年末全市共有各级工程技术研究中心224家，其中：国家级13家、省级176、市级35家。省市科技公共服务平台94家，省级以上重点实验室55家。

全年专利申请量19 275件，比上年增长35.5%。其中，发明专利申请量7461件，增长15.5%，占全年专利总申请量38.7%。专利授权量9150件，增长38.8%，其中发明专利授权量2487件，增长22.0%。

全年引进农业新品种30个。累计建成农业科技示范园区6个；有3个现代农业示范园区通过省级认定。实施国际科技合作项目77个，其中国家级10个，省级26个，市级41个。

年末全市共有产品质量检验机构235个，国家检测中心12个；共有产品质量、体系认证机构2个；依法设立的计量技术机构1个，依法授权的计量技术机构2个。

全年制修订国际标准5项、国家和行业标准177项、地方标准28项。新建全国专业标准化技术委员会1个，新获“中国标准创新贡献奖”4项。全市共有国家、省、市名牌产品627个，其中中国名牌产品24个，江苏名牌产品181个，南京名牌产品422个。国家、省质量奖获奖企业累计31个，其中全国质量奖3个。

年末在宁中国科学院院士和中国工程院院士分别为46人和31人。

(四)教育与文化

2010年,南京市制定《南京市中长期教育改革和发展规划纲要》,高水平推进教育名城建设。全市在宁普通高等学校(不含部队院校)53所。新招收本专科生22.57万人,比上年增加0.37万人,在校学生70.61(不含研究生)万人,比上年增加1.27万人。在宁高校及研究生培养机构招收研究生2.9万人,比上年增加0.73万人;在校研究生8.73万人,比上年增加0.73万人。

全市拥有普通中学215所,在校学生24.86万人,比上年减少1.25万人。中等职业学校在校学生9.15万人,比上年减少0.05万人。初中毕业生升学率达99.62%。优质教育资源不断扩大,三星以上普通高中和省级以上重点职业类学校招生比例达招生总数的90%。

全市拥有小学345所,在校学生28.83万人,比上年增加0.51万人。全市已有小班化教育的中小学132所。拥有幼儿园501所,在园儿童15.28万人。

弱势群体子女入学教育得到有效解决,从幼儿教育到高中阶段教育实行政府助学全覆盖,全年共为1.5万名城乡“低保”家庭子女和困难学生发放“助学券”和减免学习费用1 095万元。基本实现在宁外来务工人员子女九年义务教育“全接纳”,人数达到6.23万人,其中在公办学校就读的外来务工人员子女达到95%。

年末全市拥有文化馆16个,公共图书馆18个,博物馆42个。14个综合档案馆向社会开放档案29.17万卷。共有广播电台2座,中、短波广播发射台和转播台2座,电视台2座,一千瓦以上电视发射台和转播台14座,广播人口覆盖率和电视人口覆盖率均达到100%。

年末拥有艺术表演团体14个。继续实施“送科技书籍、送戏、送电影”下乡工程,送图书3.42万册,送戏436场,送电影4846场。组织对外文化交流25批次,涉及24个国家和地区。开展广场文化活动1 395场。广播电视数字化整体转换工作累计完成131.64万户。成功举办2010年中国南京世界文化名城博览会,第十届南京文化艺术节和第五届中国(南京)文化节产业交易会,积极推进金陵大报恩寺琉璃塔暨遗址园区、南京十朝文化园等14个重大文化节产业项目建设。南京云锦织造技艺、中国雕版印刷技艺(金陵刻经印刷技艺)、中国古琴艺术(金陵琴派)、中国剪纸(南京剪纸)成功入选人类非物质文化遗产代表作名录。中山陵陵寝、渡江胜利纪念馆等爱国主义教育基地免费开放。佛顶骨舍利盛世重光庆典活动向全球直播。圆满完成了上海世博会协办城市的有关工作。隆重举行佛顶骨舍利盛世重光大典。

(五)卫生和体育

年末全市拥有医疗卫生机构1 934个。其中,医院、卫生院及社区卫生服务中心305个,疾病预防控制中心20个,妇幼卫生保健机构14个。各类卫生机构拥有病床3.1万张,其中医院病床2.6万张。现有卫生技术人员4.8万人,其中执业医师(含助理医师)1.7万人,注册护士1.96万人,卫生防疫和防治人员1 248人。全市每千人拥有卫生技术人员7.6人,每千人拥有医疗床位4.9张。

全市建立了13所惠民医院,接门诊病人6.1万人次,收治住院病人1989人次,减免费用401万元。全力推进社区卫生服务机构建设,新(改)建10个社区卫生服务中心、2个社区卫生服务站。全市累计建成143个社区卫生服务中心(镇卫生院)、745个社区卫生服务站,社区卫生服务城市人口覆盖率达100%。

全市农村已建立以大病统筹为主的新型农村合作医疗制度,合作医疗行政村覆盖率达100%,全市镇(街)初级卫生保健合格率达100%。

居民平均期望寿命为76.84岁,其中男74.46岁,女79.32岁。

2010年全市举办各级各类群众性体育活动1 000多项(次),连续四年直接参与人数达百万人次。全市全民健身工程(点)1 437个。竞技体育继续保持全国先进地位。2010年共有4人5次获世界冠军,6人5次获亚洲冠军,其中新增世界冠军2名,南京籍世界冠军运动员总人数累计达到26名。在省第十七届运动会上,南京市体育健儿获金牌193枚,取得金牌总数第一、总分第一的优异成绩。南京籍运动员在广州亚运会夺得5枚金牌、12枚奖牌,奖牌数创历史最好成绩。先后承办了9项(次)国际比赛和13项(次)全国比赛。积极申办、筹办青奥会、亚青会,先后获得2013年亚青会和2014年青奥会主办权。成功申办2014年青年奥林匹克运动会和2013年亚洲青年运动会,南京成为中国第二个奥运城市。

(六)城乡建设

2010年,南京市城市建设"三个提升"开局良好。围绕提升市容环境、城市品质和人居质量(三个提升),实施《城市环境综合提升三年行动计划》,科学谋划南部新城、浦口新城等十大功能板块规划建设。完善老城南历史街区保护规划。南京长江隧道、绕越高速公路东南段、地铁一号线南延和二号线竣工运营,开工建设纬三路过江通道、地铁三号线和十号线、绕越高速公路东北段。沪宁城际铁路建成通车,铁路南站、京沪高铁、宁杭和宁安城际铁路以及长江四桥等建设有序推进。区域综合交通区位优势进一步突出,城市交通承载辐射能力进一步提升。

全力实施市容市貌整治工程,对全市35条干道、600多条道路街巷全面改造。全年新改建道路长度280公里,新增道路面积约420万平方米,人均道路面积达到19.2平方米。全面启动雨污分流工程,建成雨污分流管线530公里。实施环境综合整治工程,完成35条干道和607条街巷环境整治出新,拆除违章建筑137万平方米、各类广告牌27万平方米。整治沪宁城际铁路沿线环境。玄武湖公园整治提升后与中山陵陵寝实施免费开放。建设公交场站20座,完成公交车更新710辆。关停搬迁燕子矶地区化工企业51家。整合公安、城管力量,启动网格化巡防管理,大城管体制基本形成。

城乡统筹发展有序推进。制定实施《加快推进全域统筹、建设城乡一体化发展的新南京行动纲要》,促进政策、资金、人才向郊县倾斜,推进城乡规划、产业发展、要素配置、基础设施和公共服务一体化。郊县实现地区生产总值2 461亿元,增长15.3%,实现工业增加值1 377亿元,增长17.9%。都市型农业特色彰显,新增设施农业6万亩、高效农业17.5万亩。推进土地开发复垦整理和万顷良田建设工程,实施61个占补平衡项目。农业旅游发展较快。农民健康工程、农村人才工程等八件实事进展顺利。新增农民专业合作社291家。扶持126个经济薄弱村新建标准厂房73.4万平方米,解决了21个困难村办公用房问题。

(七)能源消耗和环境保护

全年工业用电量达242.66亿千瓦时,增长8.5%,占全社会用电量的比重为64.9%。全年规模以上工业能源消费总量8 052.61万吨标准煤,比上年增长8.3%;综合能源消费量3 077.44万吨,比上年增长8.4%。煤炭消费量2 790.75万吨,增长28.6%;原油消费量2 113.89万吨,增长3.4%;天然气消费量16.29亿立方米,增长5.1%;电力消费量227.64亿千瓦时,增长12.9%。经初步测算,规模以上工业企业万元产值能耗比上年下降15.5%,其中,年耗能5000吨标煤以上的重点项目工业企业万元产值能耗比上年下降17.9%。

年末全市拥有各级环境监测站15个。当年投产建设项目同时建设防治污染设施的达100%。全市建成了16个烟尘控制区,面积736.5平方公里;建成了25个环境噪声达标区,面积551.28平方公里。空气质量良好以上级别的天数达302天,占全年的82.7%,比上年减少3.6个百分点。2010年森林覆盖率达到26%。

2010年,全市工业废水排放量3.6亿吨,比上年下降0.9%;工业粉尘排放量4.15亿吨,下降0.4%;工业废气排放量4710亿标立方,下降0.5%。工业废水排放达标率、工业重复用水率、工业固体废物综合利用率分别达到95.4%、87.1%和91.0%。主要污染物SO2和COD排放总量分别比上年下降1.9%和5.8%。

(八)安全与其他

2010年,南京市妥善处理了"7.28"原塑料四厂爆燃事故。出色完成援助四川绵竹灾后恢复重建工作,启动援疆工作,援藏工作取得新进展。

三、挑战与目标

在肯定成绩的同时,也应清醒地认识到,南京市发展中面临的深层次矛盾和问题仍然十分突出:经济整体实力还不够强,新兴产业发展不够快;科教人才资源优势未能充分发挥,转变发展方式的任务十分繁重;城市首位度、基础设施和功能品质有待进一步提升;城乡二元结构和江南江北发展不协调局面没有根本改变;空气质量、交通拥堵等突出问题有待改善;对物价特别是房价的调控还要进一步加强。这些问题,在今后的工作中将予以高度重视,并采取措施切实加以解决。

南京市"十二五"发展的主要目标任务是:经济发展实现新跨越。保持经济平稳较快发展,地区生产总值达到1万亿元以上。地方财政一般预算收入达到1000亿元以上。经济结构进一步优化,服务业增加值占地区生产总值比重达到56%以上,新兴产业销售收入达到7 000亿元以上。

2011年经济社会发展主要预期指标是:地区生产总值增长12%;地方财政一般预算收入增长13%;全社会固定资产投资增长20%以上;社会消费品零售总额增长17%,外贸出口总额增长10%;实际利用外资增长18%,民营经济注册资本增长20%;全社会研发经费支出占地区生产总值比重达到3.2%;环保投入占地区生产总值比重保持在3%以上;万元地区生产总值能耗降低、万元地区生产总值二氧化碳排放减少、主要污染物排放削减量完成省下达目标任务;城市居民人均可支配收入增长11%以上,农民人均纯收入增长12%以上,城镇登记失业率控制在4%以内;居民消费价格指数涨幅控制在4%左右。

四、南京市在长三角地区经济发展中的地位

2010年,面对复杂多变的经济环境和重大挑战,南京市深入贯彻"转型发展、创新发展、跨越发展"的战略部署,以"调结构、促转型、抓创新、上水平"为工作主线,振奋精神,攻坚克难。经济总量超过5000亿元,地方财政一般预算收入超过500亿元,实现了历史性的突破,进一步巩固了在长三角地区经济发展中的地位。

2006-2010年南京市地区生产总值在长三角所占比重分别为5.83%、5.80%、5.76%、5.84%和5.94%,在连续三年小幅降低、2009年出现回暖后,2010年继续回升,所占比重比2008年增加了0.18个百分点。2010年南京市地区生产总值在长三角地区25个市(苏浙两省24个地级市和上海市,下同)中比上年下降一位,排名第6位。

2009年,南京市在其他地区还在经济危机笼罩情况下,经济发展已逐步走出了危机初袭时的阴影,呈现出稳健抬升的良好态势;2010年更是摆脱了经济危机的影响,经济增长的稳定性进一步增强。从全市生产总值的季度累计增幅来看:一季度、上半年和前三季度分别14.3%、14.2%,13.3%,全年的波动幅度只有1.2个百分点。

虽然2010年南京市地方财政一般预算收入在长三角所占比重有所下降,但总体而言,财政收入保持稳定增长势态。2010年,全市完成财政总收入1075.25亿元,比上年增长19.3%。其中,地方财政一般预算收入518.8亿元,同比增长19.4%,增幅较去年同期提高7个百分点;从主要税种看,完成增值税71.15亿元,营业税140.53亿元,企业所得税68.79亿元,个人所得税31.3亿元,分别比上年增长14%、13.9%、34.7%和23.6%。

2010年,南京市对外贸易呈现出强劲的恢复性增长势头,进出口总额的规模已超过金融危机爆发前的水平并创出历史新高。全年完成进出口总额456.01亿美元,其中出口248.85亿美元,分别增长35.1%和34.8%。出口产品的结构进一步优化,机电产品、高新技术产品增速较快,分别比上年增长36.6%和36.3%,占全部出口规模的81.5%。2010年所占比重偏低与长三角其他地区对外贸易逐渐复苏并快速增长有关。

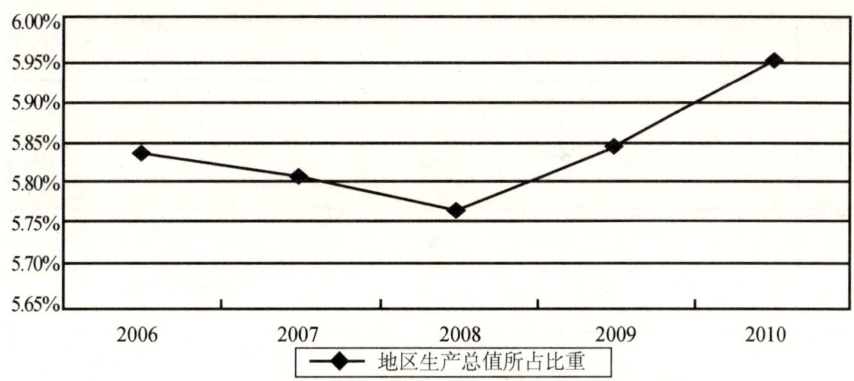

图 3－36　2006－2010 年南京市地区生产总值在长三角地区所占比重的变化趋势

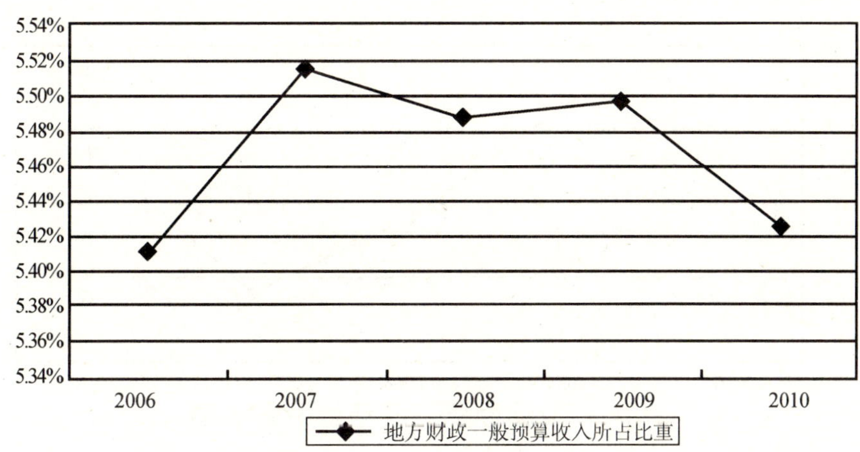

图 3－37　2006－2010 年南京市地方财政一般预算收入在长三角地区所占比重的变化趋势

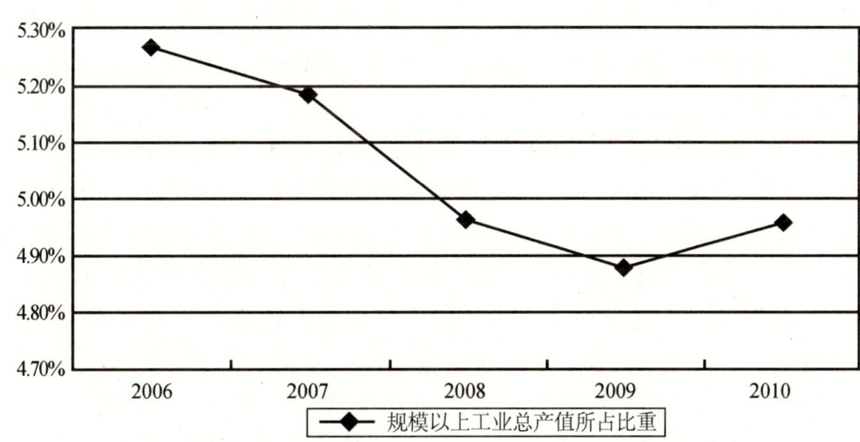

图 3－38　2006－2010 年南京市规模以上工业总产值在长三角地区所占比重的变化趋势

2010 年工业生产稳固收高，效益高位增长。全年经济走好的态势也与工业的强劲发展密切相关。2010 年，全市规模以上工业企业累计完成工业总产值 8502.61 亿元，同比增长 26.9%；比上年加快了 23.9 个百分点。市政府“做强、做优工业支柱产业”的一系列政策的作用日渐显现，产值超百亿元的行业合计完成工业总产值 7 786.51 亿元，占全市工业 91.6%，其中，电子、石化、钢铁和汽车四大产业累计完成工业总产值 5 363.26 亿元，占全市工业的比重达 63.1%，比上年提高了 0.6 个百分点；较上年增长 28.7%，增幅比全市工业增长的平均水平加快 1.8 个百分点。

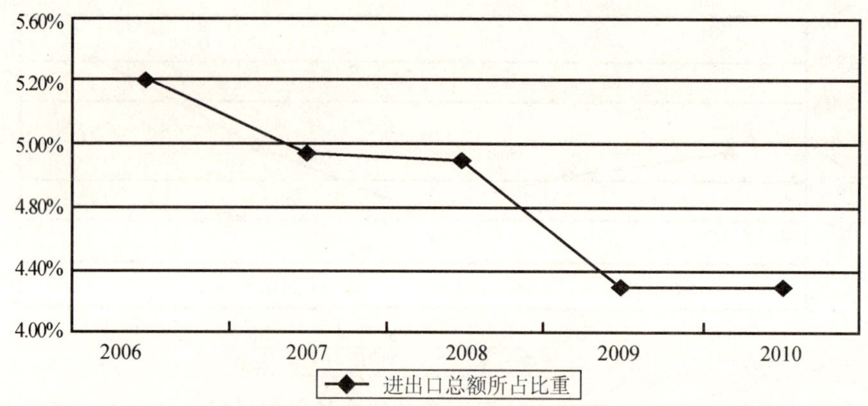

图 3-39　2006-2010 年南京市进出口总额在长三角地区所占比重的变化趋势

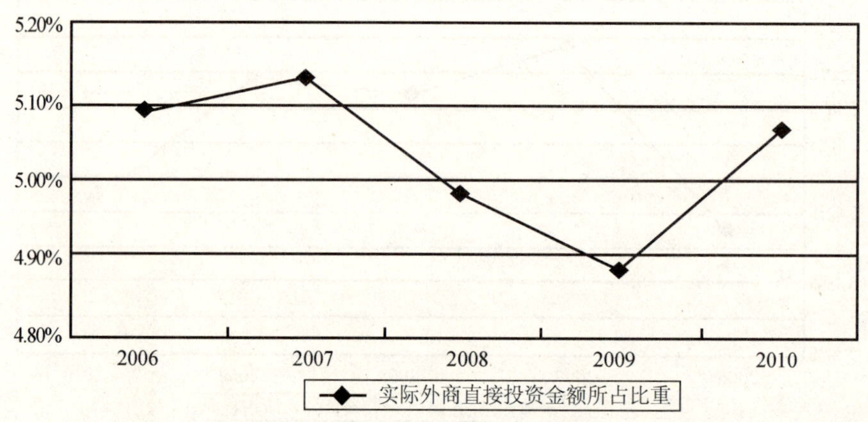

图 3-40　2006-2010 年南京市实际外商直接投资金额在长三角地区所占比重的变化趋势

2006-2010 年南京市实际外商直接投资金额在长三角所占比重分别分 5.09%、5.13%、4.99%、4.88%和 5.06%，在连续两年出现明显下滑后，2010 年出现大幅增长，逐渐接近 2006、2007 年水平。2010 年南京市实际外商直接投资金额在长三角地区 25 个市中排名第 5 位，与上年保持一致。

2006-2010 年南京市地方财政一般预算收入在长三角所占比重分别为 5.41%、5.51%、5.49%、5.49%和 5.43%，呈现"M"型势态。2010 年占比有小幅下降，基本回落至 2006 年水平。2010 年南京市地方财政一般预算收入在长三角地区 25 个市中比上年下降一位，排名第 5 位。

2006-2010 年南京市规模以上工业总产值在长三角所占比重分别为 5.27%、5.18%、4.96%、4.89%和 4.96%，在连续多年下降的态势下，2010 年有所回升，五年累计降幅缩小至 0.31 个百分点，比上年增加 0.07 个百分点。2010 年南京市规模以上工业总产值在长三角地区 25 个市中排名第 6 位，与上年保持一致。

2006-2010 年南京市进出口总额在长三角所占比重分别为 5.28%、4.90%、4.88%、4.20%和 4.19%，呈现逐年下降的趋势，五年累计降幅达 1.09 个百分点。其中 2009 年比上年下跌 0.68 个百分点，为近年最大跌幅；2010 年所占比重与 2009 年基本持平。2010 年南京市进出口总额在长三角地区 25 个市中排名第 6 位，与上年保持一致。

2010 年，外资经济逐渐摆脱全球经济危机的影响，其地位在不同领域均呈现一定程度的上升趋势，南京市利用外资情况也出现了较大的改善。2010 年全年新批外资企业 387 个，新批注册合同外资额 47.78 亿美元，比上年增长 4.8%；实际使用外资 26.76 亿美元，增长 17.3%。全市 12 个省级以上开发区新批注册合同外资 30.2 亿美元，增长 7.4%；实际使用外资 18.77 亿美元，增长 24.9%。

三 无锡市2010年经济社会发展报告

2010年无锡市委、市政府以科学发展观为指导，统筹做好扩内需、调结构、稳增长、惠民生等各项工作，实现了经济社会平稳较好发展，实现了“十一五”规划的完美收官。

一、无锡市2010年经济发展概况

（一）综合经济

1. 经济总量

全市实现地区生产总值5 793.30亿元，按可比价格计算，比上年增长13.8%。按常住人口计算人均生产总值超过9万元，按现行汇率折算超过1.3万美元。产业结构持续优化。全市实现第一产业增加值104.94亿元，第二产业增加值3 208.79亿元，第三产业增加值2 479.57亿元，三次产业比例达到1.8∶55.4∶42.8，三产增加值占GDP比重比上年提高1.2个百分点。

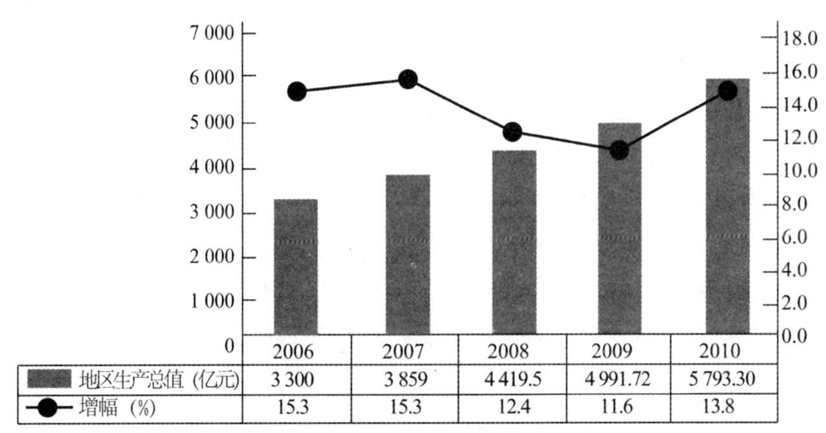

	2006	2007	2008	2009	2010
地区生产总值（亿元）	3 300	3 859	4 419.5	4 991.72	5 793.30
增幅（%）	15.3	15.3	12.4	11.6	13.8

图3-41 2006-2010年无锡市地区生产总值及增长速度

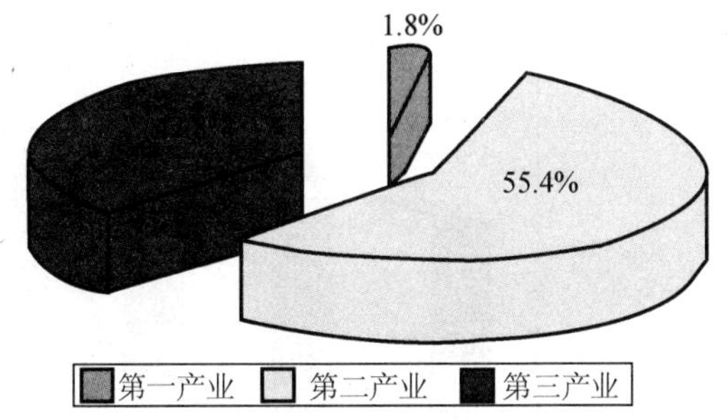

图3-42 2010年无锡市三次产业结构图

新兴产业迅猛发展。全市物联网、新能源、新材料和新型显示、节能环保、微电子、生物技术和新医药、软件和服务外包、工业设计和文化创意产业等八大战略性新兴产业实现营业收入4 103.7亿元，比上年增长28.2%。

2. 财政收支

全市完成财政总收入1579.85亿元，比上年增长48.8%。财政总收入占地区生产总值的比重为27.4%，比上年提高6.1个百分点。其中地方一般预算收入511.89亿元，比上年增长23.1%。财政支出结构继续调整。一般预算支出 468.47 亿元,比上年增长 15.5%;社会保险基金支出 115.34 亿元,比上年增长 14.8%。

3. 物价指数

全年市区居民消费价格指数为 103.4,比上年提高了 3.9 个百分点。其中服务项目价格指数为 101.9,消费品价格指数为 104.1,商品零售价格指数为 102.5。

表 3－4　2010 年居民消费价格指数情况

指　　标	市区
居民消费价格总指数	103.40
食品	107.30
烟酒及用品	101.20
衣着	101.00
家庭设备用品及维修服务	99.30
医疗保健及个人用品	103.80
交通和通信	100.00
娱乐教育文化用品及服务	100.30
居住	103.00

4. 固定资产投资

全年全社会固定资产投资完成 2 985.65 亿元,比上年增长 25.1%。分产业投向:第一产业投资 16.90 亿元,比上年增长 19.0%,第二产业投资 1210.83 亿元,比上年增长 15.0%,第三产业投资 1 757.93 亿元,比上年增长 33.1%。全年城镇固定资产投资建成投产项目 1621 个,项目建成投产率为 73.3%;新增固定资产 1 403.97 亿元,固定资产交付使用率为 67.89%。

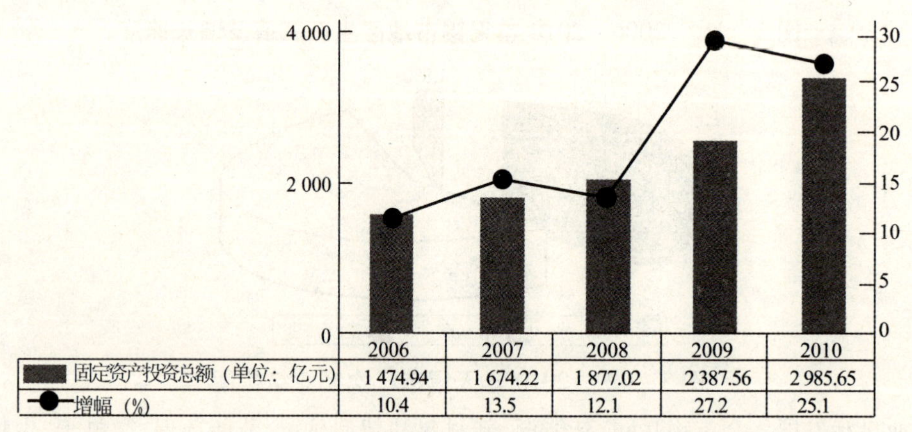

	2006	2007	2008	2009	2010
固定资产投资总额（单位：亿元）	1 474.94	1 674.22	1 877.02	2 387.56	2 985.65
增幅（%）	10.4	13.5	12.1	27.2	25.1

图 3－43　2006－2010 年无锡市全社会固定资产投资及增长幅度

5. 区县经济

2010 年,无锡市区、江阴市和宜兴市经济发展较上年均有较大突破,区域发展格局进一步优化,地区生产总值所占全市的比重调整为 51.55%、34.54%、13.91%。

2010 年,无锡市区各项主要经济指标均较上年有大幅度增长,地区生产总值达 2 986.56 亿元,占

全市的一半以上;工业经济运行质量继续提高,总产值为5 865.41亿元,占全市的45.22%;社会投资呈现快速增长,城镇固定资产投资达1 481.85亿元,占全市的70%以上;财政收入快速增加,地方财政一般预算收入达323.15亿元,占全市的63.13%;对外贸易强劲复苏,全年实现外贸进出口总额411.26亿美元,占全市的67.17%;国内消费品市场持续繁荣,全年社会消费品零售总额达到1 163.55亿元,占全市的63.73%。

2010年,江阴市全市人民在市委、市政府的正确领导下,坚持把幸福江阴建设作为贯彻落实科学发展观的创新实践,统筹做好保增长、保投入、保民生、保稳定等各项工作,经济社会发展呈现出创新引领、结构优化、民生改善的良好态势,圆满完成了各项目标任务。2010年全市实现地区生产总值2 000.92亿元,比上年增长13.3%,其中第一产业增加值36.26亿元,增长4.5%;第二产业增加值1 184.23亿元,增长12.5%;第三产业增加值780.43亿元,增长15.1%。财政收入快速增长,全年财政收入382.02亿元,比上年增长40.8%,其中一般预算收入130.72亿元,增长18.0%,财政收入占地区生产总值的比重为19.09%,比上年提高3.26个百分点。在全国县域经济基本竞争力排名中再次名列第一,实现了"八连冠"。

2010年,宜兴市委、市政府团结和带领全市人民,紧紧围绕建设全省科学发展新亮点总目标,积极谋求全市经济又好又快发展,统筹推进稳增长、调结构、抓创新、惠民生等各项工作,较好地完成了年初确定的各项目标任务,实现了"十一五"规划的完美收官。全市国民经济运行稳中向好,实现地区生产总值(GDP)805.82亿元,按可比价格计算,比上年增长13.4%。其中,第一产业增加值36.32亿元,增长4.5%,比上年回落1.3个百分点;第二产业增加值447.16亿元,增长11.9%,比上年上升0.8个百分点;第三产业增加值322.34亿元,增长16.7%,比上年上升3.2个百分点。三次产业比例为4.5:55.5:40.0,第三产业比重比上年提高0.9个百分点。按户籍人口计算人均地区生产总值7 5163元,比上年增长18.1%,按年末汇率折算人均地区生产总值突破10 000美元,达11 349美元。县域经济基本竞争力蝉联全国第六位,入选《福布斯》2010中国大陆最佳十强县级城市。

表3-5　无锡市区县部分主要经济指标一览

县　市	地区生产总值	工业总产值	城镇固定资产投资	地方财政一般预算收入	进出口总额	社会消费品零售总额
	(亿元)	(亿元)	(亿元)	(亿元)	(亿美元)	(亿元)
无锡市	5 793.30	12 971.08	2 067.99	511.89	612.23	1 825.79
无锡市区	2 986.56	5 865.41	1 481.85	323.15	411.26	1 163.55
江阴市	2 000.92	5 094.72	386.53	130.72	158.49	384.90
宜兴市	805.82	2 010.95	199.61	58.02	42.49	277.34

(二)农业

农业生产稳定发展。全年粮食总产量80.44万吨,比上年下降0.1%;油料总产量1.16万吨,比上年下降37%;蚕茧总产量91吨,比上年下降30%;茶叶总产量6 426吨,比上年下降6.4%;水果总产量139 713吨,比上年增长1.3%。种植业结构发生变化。全年粮食种植面积为118.73千公顷,比上年减少0.15千公顷;油料种植面积为6.30千公顷,比上年减少2.87千公顷;蔬菜商品菜地种植面积40.28千公顷,比上年增加0.3千公顷;水果种植面积11.25千公顷,比上年增加0.71千公顷。

林牧渔业生产小幅下降。主要畜产品中,肉类总产量107 179吨,比上年下降5.5%,其中猪牛羊肉70 106吨,比上年增长6.8%;禽蛋总产量28 528吨,比上年下降1%。奶牛存栏0.7万头,比上年下降11.4%。全年水产品产量120 960吨,比上年下降0.6%。

(三)工业和建筑业

工业生产实现高开稳走。2010 年,全市规模以上工业企业实现增加值 2 951.35 亿元,比上年增长 14.0%。分轻重工业看,轻工业实现增加值 653.38 亿元;重工业实现增加值 2 297.97 亿元。全市统计的 282 只主要工业产品中,产品产量比上年增长的有 213 只,占全市统计产品数的 75.5%。在全市跟踪统计的 22 种重点产品中,有 20 种产品的产量实现同比增长。

工业经济运行质量继续提高。全市规模以上工业实现主营业务收入 12 783.13 亿元,比上年增长 20.2%;产品销售率 98.30%,比上年提高 0.41 个百分点;工业企业实现利税 1 163.53 亿元,比上年增长 27.7%;利润 891.63 亿元,比上年增长 32.6%;企业亏损面 11.4%,比上年减少 1.8 个百分点。工业经济综合效益指数达到 245.03%,创历史最好水平,比上年提高 16.68 个百分点。

建筑业保持较快发展。全年全社会建筑业完成增加值 222.27 亿元,比上年增长 12.5%;实现建筑业总产值 490.58 亿元,比上年增长 12.1%。施工房屋建筑面积 4 101.58 万平方米。1 个建设工程项目获国家建筑工程"鲁班奖",2 个建设工程项目获国家优质工程银质奖,24 个建设工程项目获江苏省"扬子杯"优质工程奖,86 个建设工程项目获无锡市"太湖杯"优质工程奖。

(四)服务业

1. 国内贸易

消费品市场持续繁荣。全年实现社会消费品零售总额 1825.79 亿元,比上年增长 19.7%。在限额以上批发和零售业零售额中,汽车类增长 34.3%;石油及制品类增长 33.0%;金银珠宝类增长39.9%;家具类增长 65.7%;通讯器材类增长 32.9%;日用品类增长 30.2%;家用电器和音像器材类增长 28.3%。

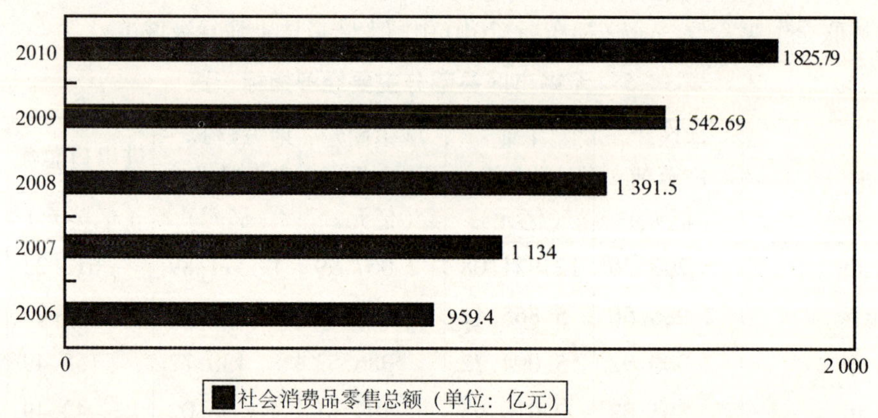

图 3-44　2006-2010 年无锡市社会消费品零售总额及增长幅度

市场建设稳步推进。年末拥有各类亿元以上商品交易市场 64 个,市场摊位总量 47 682 个,实现成交额 3 128.67 亿元,比上年增长 25.1%。其中综合市场 16 个,专业市场 48 个。专业市场实现成交额 2 704.91 亿元,比上年增长 26.1%。新型流通业态以及现代经营方式均有较快发展。

2. 交通运输、邮电业

社会运输能力继续提高。年末全社会拥有车辆 114.54 万辆,比上年增长 2.4%。其中汽车 73.48 万辆,比上年增长 22.3%。私人汽车又有较快发展,年末达到 51.21 万辆,比上年增加 11.07 万辆。

全社会客货运量全面增长。全年完成客运量 27 330 万人次,比上年增长 10.1%;完成货运量13 376 万吨,比上年增长 12.1%。全市港口货物吞吐量 2.01 亿吨,比上年增长 16.2%。全年空港旅客吞吐量 253.5 万人次,比上年增长 14.3%,其中出入境游客吞吐量 20.6 万人次,比上年增长 21.4%。

邮电通讯持续较快发展。全年邮电业务总量104.41亿元,比上年增长17.1%。邮政服务门类增多,投递速度加快。全年发送函件15063万件,邮政特快专递608.28万件,比上年下降1.8%。城乡本地固定电话用户215.76万户,其中移动市话14.87万户。移动电话用户达到790.41万户,增加113.02万户。计算机互联网用户达到120.96万户。

3. 旅游业

国内国际旅游业快速增长。全年共接待旅游、参观、访问及从事各项活动的入境游客86.50万人次,比上年增长30.7%;接待国内游客5 067.27万人次,比上年增长20.1%。旅游总收入达748.73亿元,比上年增长23.1%。全市拥有年接待游客10万人以上的景区47个,国家5A级景区2家,国家4A级景区14家,3A级景区8家,2A级景区11家。创建农业旅游点160个、农业旅游特色村12个、特色镇8个。年末全市星级宾馆已达69家,其中五星级宾馆8家,四星级宾馆21家。全市拥有旅行社130家,其中出境游组团社13家。

4. 金融和保险业

金融存贷款规模扩大。年末金融机构各项本外币存款余额达8 827.20亿元,比上年增长19.2%;各项本外币贷款余额6 487.13亿元,比上年增长18.5%。存款中,企业存款余额2 945.01亿元,比上年增长11.8%;城乡居民储蓄存款余额3 109.44亿元,比上年增长13.8%。贷款中,短期贷款3 016.36元,比上年增长21.8%;中长期贷款2 970.32亿元,比上年增长25.6%。全年银行现金收入12 054.30亿元,比上年增长9.7%;现金支出12 456.39亿元,比上年增长10.4%;全年现金净投放402.09亿元。

保险业发展势头良好。全年实现保费收入131.36亿元,比上年增长18.0%。保险赔款支出18.58亿元,比上年下降1.4%。保险给付支出12.02亿元,比上年下降40.6%。

5. 房地产业

房地产市场基本稳定。全年房地产业实现增加值258.29亿元,比上年下降7.3%。完成房地产开发投资612.67亿元,比上年增长32.2%,商品房施工面积为4 482.86万平方米,比上年增长36.4%,竣工面积1 001.65万平方米,比上年增长39.2%。全年商品房销售面积1 010.23万平方米,比上年下降9.1%,商品房销售额776.49亿元,比上年增长16.6%。

(五)开放型经济

1. 对外贸易

全年实现外贸进出口总额612.23亿美元,比上年增长39.3%。其中,进口总额249.51亿美元,比上年增长39.1%;出口总额362.72亿美元,比上年增长39.5%。出口结构持续优化,高新技术产品出口额为178.09亿美元,比上年增长42.6%,占全市比重达到49.1%。

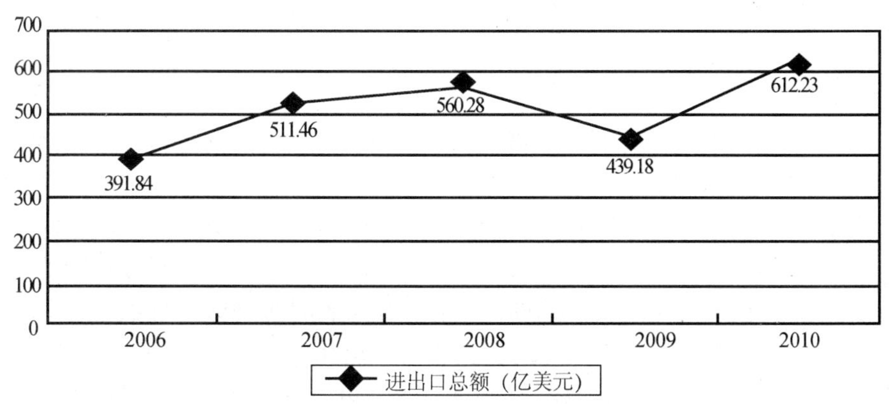

图3－45　2006－2010年无锡市外贸进出口总额情况

表 3-6 2010 年对主要国家和地区进出口总额及其增长速度

国家和地区	出口额（亿美元）	比上年增长（%）	进口额（亿美元）	比上年增长（%）
美国	51.08	34.20	17.03	70.60
日本	37.85	36.40	67.21	34.00
韩国	37.62	28.20	35.25	48.40
香港	30.61	20.70	0.61	8.30
德国	23.18	46.40	13.26	26.80
荷兰	19.25	96.60	3.94	7.10
意大利	11.82	99.70	3.31	13.00

2. 利用外资

2010 年,引进独立研发中心、地区总部、金融机构 25 家,全年新批和新增外资项目 587 个,协议注册外资 47.5 亿美元,到位注册外资连续三年超过 30 亿美元,达到 33 亿美元,再创历史新高。服务业利用外资占比进一步提升,占到位注册外资比重达到 37.8%,高新技术产业到位注册外资占比达到 50.1%。全年完成协议注册外资超 3 000 万美元的重大外资项目 33 个。至 2010 年底全球财富 500 强企业中有 75 家在无锡市投资兴办了 144 家外资企业。

服务外包产业快速发展。全市服务外包产业接包合同总额 31.8 亿美元,比上年增长 43.2%,执行金额 25.1 亿美元,比上年增长 45.1%;离岸合同总额 19.6 亿美元,比上年增长 44.0%,离岸执行金额 15.4 亿美元,比上年增长 43.0%。主要业务在全国 21 个示范城市中名列前三位。

3. 对外经济

全年完成境外投资项目 59 个,中方投资额突破 3 亿美元,达到 3.2 亿美元,同比增长 55%,其中百万美元以上项目 35 个。全市国际友城增加到 36 个,荣获国际友好城市交流合作奖。

4. 民营经济

全市民营经济延续上年的良好发展态势,总量继续扩张,活力增强。全市民营经济注册资金 4 253.31亿元,比上年增长 28.7%。民营经济实现增加值 3 630.42 亿元,比上年增长 14.2%,占经济总量的比重为63.1%,比上年提高 1 个百分点。完成工业总产值 8 751.12 亿元,比上年增长 17.3%。上缴税金 453.92 亿元,比上年增长 22.9%。民营经济固定资产投入 1 314.61 亿元,比上年增长 33.0%

二、无锡市 2010 年社会发展概况

(一) 人口、人民生活

人口规模有序扩大。2010 年末全市户籍人口为 466.56 万人,人口出生率7.83‰,人口死亡率 7.13‰,人口自然增长率为 0.7‰。

居民收入稳步增长。城镇居民人均可支配收入 27 750 元,比上年增长 10.9%。农民人均纯收入 14 002 元,比上年增长 12.9%。城镇居民人均消费性支出 17 003 元,比上年增长 8.9%。农村居民人均消费性支出 9 790 元,比上年增长 10.9%。企业职工最低月工资标准由 850 元提高到 960 元,全市企业退休人员月人均养老金增加到 1 432 元,其中市区增加到 1 479 元。居民住房条件继续改善,据抽样调查资料显示,城镇人均住房面积(含偶尔居住)39.2 平方米,农村居民人均居住住房面积 58.5平方米。

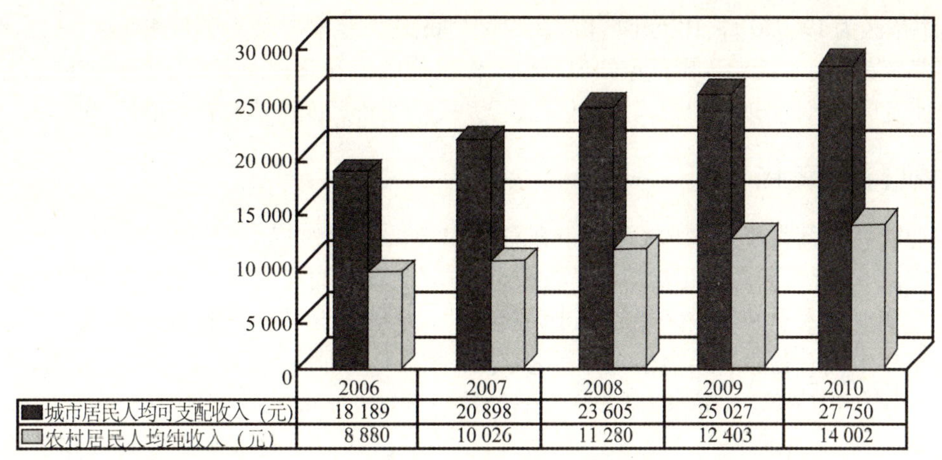

	2006	2007	2008	2009	2010
城市居民人均可支配收入（元）	18 189	20 898	23 605	25 027	27 750
农村居民人均纯收入（元）	8 880	10 026	11 280	12 403	14 002

图 3 – 46　2006 – 2010 年无锡市城乡居民收入对比一览

（二）就业、社会保障

就业和再就业扎实推进。全市年末城镇新增就业 12.8 万人，净增就业 9.87 万人，各类城镇下岗失业人员实现就业再就业 13.01 万人，帮助就业困难人员再就业 4.56 万人。完善城乡统筹的就业机制，积极创建国家级创业型城市，扶持自主创业 1 万人、带动就业 6.45 万人。亚太经合组织技能开发促进中心落户无锡，无锡市成为国家级高技能人才公共实训基地。全市城镇登记失业率为 2.56%。

社会保障统筹推进。继续扩大社会保险覆盖面，五大保险参保人数均超过百万。其中全市企业职工养老保险参保人数达到 203.89 万人，净增缴费人数 17.22 万人。全市参加城镇职工基本医疗保险人数达到 236.46 万人，比上年增加 17.18 万人。全市参加失业保险职工人数为 156.24 万人，比上年增加 12.91 万人。全市参加城镇企业职工工伤和生育保险人数分别为 157.61 万人和 142.82 万人。城乡基本社会保险覆盖率达 98.87%，其中市区为 98.99%。市区在全国率先推行城乡一体的居民养老保险和医疗保险制度，整合工作全面完成。城乡低保标准全面并轨，市区月低保标准提高至 420 元，共发放低保金 1.6 亿元。年末在领失业保险金人数为 3.54 万人。企业离退休人员养老金社会化发放率达 100%。

社会福利事业稳步推进。全市各类福利机构拥有床位 2.18 万张，供养、代养 1.2 万人。城乡居民最低生活保障对象 79 609 人，其中市区为 29 588 人；全年共发放低保金 1.6 亿元。实施城乡医疗救助 12.73 万人次，支付救助金 2989 万元；实施临时救助 4.12 万人次，发放救助金 2 407 万元。全市重点优抚对象 7 800 人。全年全市慈善组织累计募集善款（含冠名基金）2.38 亿元。

（三）科学技术与创新

创新资源集聚效应凸显。积极开展“千人计划促进年”活动，引进海外领军型创新创业人才 653 名，6 人入选国家“千人计划”。加快区域创新体系建设，累计建成省级以上高技术研究实验室 5 个、科技公共服务平台 65 个、工程技术研究中心 240 个。长电科技、美新半导体入选国家第四批创新型试点企业。2010 年，全社会研发费用占地区生产总值比重达 2.5%。成功举办上海世博会“科技创新与城市未来”主题论坛、中国（无锡）海归创新创业峰会。

高新技术产业快速提升。全市高新技术产业增加值占全市规模以上工业增加值的比重超过 45.7%，比上年提高 1.83 个百分点以上。按新标准认定高新技术企业 647 家，其中市区 373 家，新增国家级重点新产品 37 个、省级高新技术产品 624 个。

科技创新成绩显著。全市专利申请量达 32 690 件，比上年增长 38.0%，其中市区为23 464件，比上年增长 39.2%；发明专利申请量达到 6 672 件，比上年增长 53.5%；专利授权量达26 448件，比上年增长

182.4%,其中市区为19 930件,比上年增长226.2%。获国家、省科技计划项目406项,获国家和省科技计划到位经费9.5亿元。无锡入围国家知识产权工作示范城市和首批国家商标战略实施示范城市。物联网产业快速发展,预计实现销售收入360亿元,八大战略性新兴产业营业收入增长29%。

(四)教育和文化

教育事业优质均衡发展。2010年,全市教育投入增长22.4%以上,其中市本级增长25.2%。投入7.8亿元完成67所义务教育相对薄弱学校改造,农村义务教育学校装备条件全部达到省颁Ⅱ类标准。无锡城市职业技术学院新校区建成。北大软微学院无锡产学研合作教育基地等一批高教资源落户无锡。全市年末拥有各级各类学校435所,其中市区为231所;在校学生71.53万人,其中市区为41.38万人。小学和初中普及率均达100%。适龄残疾学生九年义务教育入学率99%以上,初中毕业生升学率达99.9%,高中阶段毛入学率达100%。全市三星级以上普通高中和省级以上重点职校就读新生达到高中阶段招生总数的92%。深入推进双语教育实验,双语实验学校累计达到100所。在锡外籍学生超过1 600人。

文化事业和文化产业加快发展。公共文化服务"全年无休"逐步推开,中国乡镇博物馆、无锡博物院虚拟西方艺术馆等建成启用,基层公共文化设施实现100%达标。举办"激情周末"广场文艺演出73场,惠山泥人、精微绣、留青竹刻和紫砂等非遗展示项目、《荡湖船》和《男欢女嬉》两个节目,以及《阿炳》精彩亮相世博会,锡剧《玉飞凤》在北京梅兰芳大剧院献演首届全国民营艺术院团优秀剧目展演。儿童音乐剧《带锁的日记》、女声独唱《梦中的大西北》成功摘得全国第十五届"群星奖"作品奖。第九届江苏省"五星工程奖"勇夺12金、16银、20铜,遥居全省榜首。全年送电影下乡10 337场、送戏下乡2 860场、送书下乡15.9万册。成功举办第五届中国文化遗产保护无锡论坛和第三届中国文化遗产保护年度杰出人物评选颁奖典礼;鸿山遗址公园成功入选第一批国家考古遗址公园;荡口、长泾、礼舍入选中国历史文化名镇、名村;清名桥古街入选第二届中国历史文化名街。年末共有艺术表演团体22个,文化馆10个,公共图书馆10个,文化站82个,博物(纪念)馆64个。全市有线电视数字化整体转换工作完成99%。电视人口总覆盖率和广播人口覆盖率均达100%。全年动漫企业达157家,动漫及相关衍生产品产值达27.08亿元,原创作品获发行证分钟数达到30 350分钟,居全国第二,江苏第一。

(五)卫生和体育

卫生改革发展不断深入。加快医疗卫生资源优化整合,推进城乡社区卫生服务中心标准化建设,基层医疗卫生机构全面启动实施国家基本药物制度,药品平均价格较市场零售价下降42%以上。年末,全市拥有卫生医疗机构1 999个,其中综合医院57家,社区卫生服务中心(站)、卫生院、村卫生室874家,疗养院5家。年末全市共有卫生技术人员2.92万人,拥有医疗床位2.6万张。统筹城乡医保一体化步伐加快,全市实际参合农民161万人,人口覆盖率100%。医疗科研取得新成果,获省科技进步奖1项,市科技进步奖22项,省医学新技术引进奖项目46项。获省、部级以上科研项目18项,厅、市级科研项目78项,面向基层推广卫生适宜技术30项。

体育事业蓬勃发展。全市新增公共体育设施面积71.71万平方米,其中市区为31.22万平方米。新增115个行政村(人口4 000人以上)建有省一类标准体育设施;新增各级社会体育指导员2 369人,新增省、市级城乡社区体育俱乐部30个。成功举办首届全民健身节,全市共组织1000人以上的活动43场次,500人以上的活动132场次,参与人数超过200万人次;成功举办了环太湖(中国无锡)国际公路自行车赛、世界斯诺克无锡精英赛、国际攀岩大师赛等国际和全国性比赛27场。圆满完成十七届省运会参赛任务,取得了优势项目总分第三、金牌总数第四的好成绩。12名无锡籍运动员参加广州亚运会,取得了7金2银1铜的好成绩,实现了历史性突破。全年无锡籍运动员在全国以上各级各类比赛中共取得了54个冠军、42个亚军和52个季军。

（六）城乡建设

城市综合功能进一步完善。市民中心、太湖国际博览中心一期投入运行，万达商业广场等城市综合体建成营业。推进古街、古镇、古村保护建设，清名桥历史文化街区荣膺十大"中国历史文化名街"称号，长泾镇、荡口镇、礼舍村入选第五批中国历史文化名镇、名村。基础设施承载力进一步增强。地铁1号线24个站点全面开建，2号线启动建设。沪宁城际高铁无锡站及惠山站、新区站正式启用，京沪高铁无锡站完成主体结构。苏南硕放机场集团正式成立。苏南运河无锡段航道升级整治工程基本完成。优化城乡路网结构，提升道路通行能力，锡张高速公路建成通车，市区新建及改拓建城市道路289千米，全市新改建农村公路241千米，新改建农村危旧桥梁272座。扩大公交服务区域，新增公交线路22条，市区公交日均运量达到115万人次。城乡管理进一步加强。推进城市管理重心下移，社区（村）全面设立城管站。沪宁城际高铁无锡段沿线环境整治获省级评比一等奖。

加快推进统筹城乡发展的"五个一体化"进程，社会主义新农村建设进展良好。推进城乡规划一体化，全市完成495个自然村的居民集中居住工作；推进城乡产业发展一体化，全市培植发展产出超亿元农业园区5个，新增三星级以上乡村旅游点（农家乐）69个，全市累计组建各类农民合作组织1546家，新建农村小额贷款公司25家；推进城乡基础设施一体化，全市新增造林绿化面积6.55万亩，新建国家级环境优美乡镇9个，完成村庄环境整治386个自然村；推进城乡公共服务一体化，全市农村义务教育学校装备条件达省级Ⅱ类标准比例达100%，新建10家市级农村示范社区卫生服务中心，新增现代化新农村建设示范镇6个，新农村建设示范村覆盖率达到87%；推进城乡就业和保障一体化，全市农村适龄劳动力充分就业率达到93.3%，青壮年农民接受技能培训覆盖面达到96.8%，居民养老保障（新农保）覆盖率达到95.5%，新型农村合作医疗人均筹资359.7元。

（七）能源消耗和环境保护

"军地携手保护太湖"、"军民同心共建美好家园"活动成效明显。提前两年基本完成国家治太总体方案确定的重点工程。梅梁湖、月亮湾生态清淤完成289万立方米，建成环太湖生态防护林1 667公顷，完成梁鸿湿地等入湖河道湿地恢复工程。68座污水处理厂全部达到一级A排放标准，日污水处理能力超200万吨，预计城镇污水集中处理率超过86.5%。太湖无锡水域水质改善，主要饮用水源地水质达标率100%，12个国家考核断面水质达标率100%，实现安全度夏，确保了城乡用水安全。

节能减排完成良好。135个减排工程全面完成，关闭重污染企业123家。对化工、冶金、琉璃瓦和热电行业实施整治，全年关停企业389家，整改221家。积极发展循环经济，306家企业完成清洁生产审核验收。生态创建成效显著。环城古运河风貌带综合整治圆满完成，锡惠名胜区入口公园、金匮公园建成开放，蠡湖景区东扩有序推进。锡东生活垃圾焚烧厂启用，桃花山垃圾填埋厂扩建一期工程完成。

全年造林绿化4 367公顷，预计全市林木覆盖率达24.5%，全市新增城市公园绿地面积271万平方米，其中市区新增175万平方米。累计建成国家级环境优美乡镇45个，市级以上生态村386个，市级以上绿色社区344个。预计环境质量综合指数90。无锡市顺利通过生态市国家级考核验收，无锡市、江阴市入选全国生态文明建设试点城市。城市环境质量进一步改善。全年环境空气质量良好以上天数占总天数的比例达到92.51%，集中式饮用水源地水质达标率100%。全市建成烟尘控制区面积526.26平方公里；环境噪声达标区面积526.26平方公里。

三、挑战与目标

在看到各方面有利条件的同时，也要清醒认识到，无锡发展也面临着诸多矛盾和挑战。无锡人口密集，自然资源匮乏，发展空间狭小，生态环境质量还不够稳定，区位优势和竞争优势面临挑战，争先进位乃至保位的压力很大。新兴产业和服务业发展还不够快，产业结构仍不尽合理，消费对经济增长的贡献份额还不高，尤其是科技、教育、人才等创新要素与无锡城市地位和发展需要相比还显不足，创新发展的能力仍需进一步提升。常住人口总量增长较快，基本公共服务和社会保障压力加大，居民收入分配差距较大，一些积累性、突发性的社会矛盾较为突出，改善民生和维护社会稳定任务艰巨。同时，政府自身建设面临新的课题，仍须进一步转变职能，提高效能，更好地服务于人民群众。对此必须科学把握发展规律，积极应对各种挑战，切实解决突出问题，努力实现又好又快发展，让全体无锡市民过上更加幸福的生活。

综合考虑各方面因素，2011 年经济社会发展主要预期目标是：地区生产总值增长 11.5%；万元地区生产总值能耗较 2010 年降低 3.8%，主要污染物排放量较 2010 年削减 4%；地方财政一般预算收入同口径增长 12%；城镇居民人均可支配收入和农民人均纯收入均增长 12%；城镇登记失业率控制在 3.5% 以内；居民消费价格指数控制在省定范围内。

四、无锡市在长三角地区经济发展中的地位

2010 年，无锡市上下坚持以科学发展观统领全局，深入开展“新兴产业培育年”和“千人计划促进年”活动，千方百计保持经济平稳较快增长势头，切实加快经济结构调整和发展方式转变，全市经济社会呈现“增速较快、结构趋优、质量提升、民生改善”的良好态势，圆满完成“十一五”发展任务，继续保持着在长三角地区经济发展的领先优势。

2006 - 2010 年无锡市地区生产总值在长三角所占比重为 6.94%、6.82%、6.75%、6.89% 和 6.71%，2010 年所占比重在 2009 年出现明显回升后，继续下跌，降至近五年来最低水平。2010 年无锡市地区生产总值在长三角地区 25 个市(苏浙两省 24 个地级市和上海市，下同)中排名第 4 位，与上年保持一致。

虽然地区生产总值在长三角所占比重有所下降，但 2010 年无锡市经济运行平稳健康，发展质量明显提高。全市实现地区生产总值 5 793.30 亿元，按可比价格计算，比上年增长 13.8%，高于年度预期目标近 2 个百分点，超额完成了“十一五”规划目标。

2006 - 2010 年无锡市地方财政一般预算收入在长三角所占比重为 4.85%、5.02%、5.19%、5.26% 和 5.35%，保持稳定增长的态势，累计增幅为 0.5 个百分点。2010 年无锡市地方财政一般预算收入在长三角地区 25 个市中排名第 6 位，与上年保持一致。

2010 年，无锡市地方一般预算收入 511.89 亿元，比上年增长 23.1%，高于年度预期目标 11.1 个百分点，超额完成“十一五”规划目标，继续保持苏南领先的地位。

2006 - 2010 年无锡市规模以上工业总产值在长三角所占比重为 7.98%、8.01%、7.88%、7.79% 和 7.47%，连续三年呈现小幅下降的趋势，累计降幅为 0.54 个百分点。2010 年无锡市规模以上工业总产值在长三角地区 25 个市中排名第 3 位，与上年保持一致，始终占据着领先地位。

2010 年，无锡市工业生产实现了高开稳走局面。全市深入贯彻落实科学发展观，加快转变发展方式，紧紧抓住国家传感网创新示范区建设的历史性机遇，大力发展物联网、新能源、软件与服务外包等战略性新兴产业；同时坚决淘汰落后产能，不断调整优化产业结构，使得经济发展保持强劲增长势头，圆满完成了“十一五”规划目标。全市规模以上工业企业实现增加值 2 951.35 亿元，比上年增长 14.0%；企业上市呈现爆发性增长，增量总量名列江苏省第一，16 家企业入围 2010 中国企业 500 强，入围企业数连续五年居江苏省第一。

2006 - 2010 年无锡市进出口总额在长三角所占比重为 6.56%、6.92%、6.73%、5.46% 和 5.63%，2010 年止跌上扬，但与 2007 年相比，跌幅仍十分明显。2010 年无锡市进出口总额在长三角地区 25 个市中排名第 4 位，与上年保持一致，排名仍较靠前。

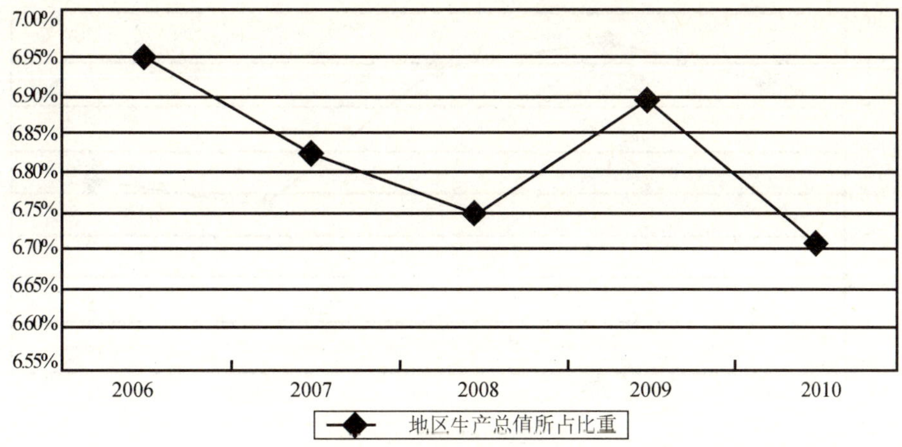

图 3-47 2006-2010 年无锡市地区生产总值在长三角所占比重的变化趋势

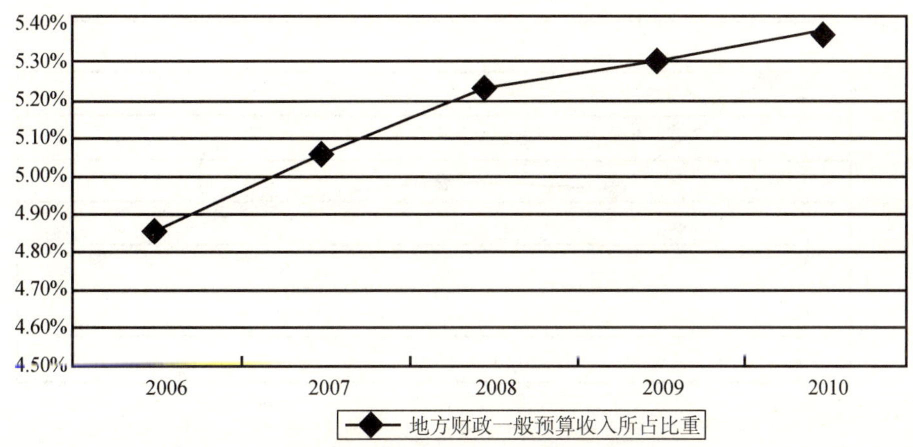

图 3-48 2006-2010 年无锡市地方财政一般预算收入在长三角所占比重的变化趋势

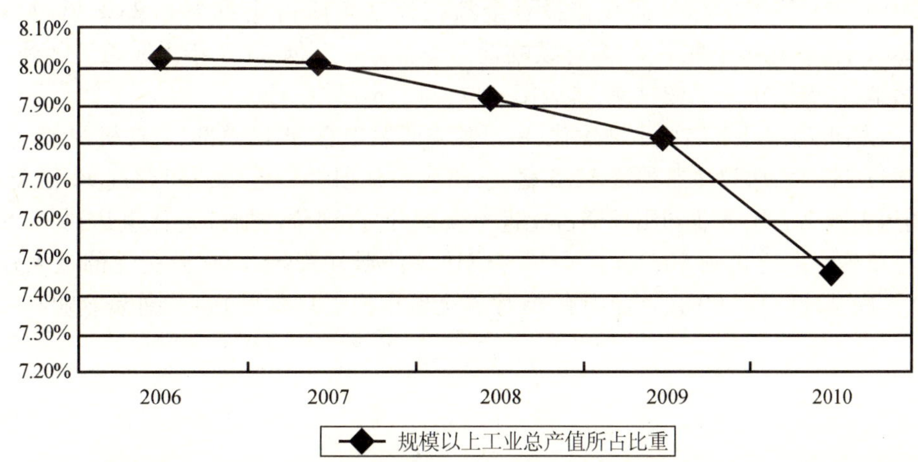

图 3-49 2006-2010 年无锡市规模以上工业总产值在长三角所占比重的变化趋势

2010 年,无锡市逐渐摆脱国际金融危机的影响,对外贸易复苏强劲,全年实现外贸进出口总额 612.23 亿美元,比上年增长 39.3%,继续保持江苏省第二的位置。其中,进口总额 249.51 亿美元,比上年增长 39.1%;出口总额 362.72 亿美元,比上年增长 39.5%。出口结构持续优化,高新技术产品出口额为 178.09 亿美元,比上年增长 42.6%,占全市比重达到 49.1%。

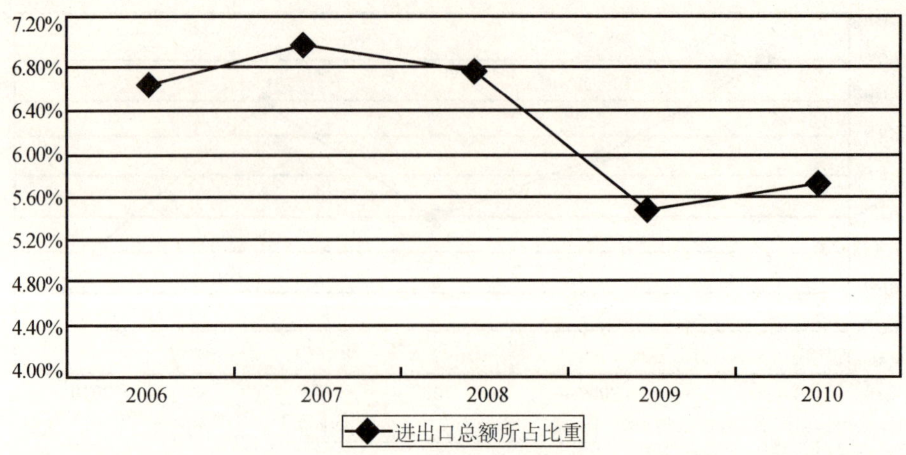

图 3－50　2006－2010 年无锡市进出口总额在长三角所占比重的变化趋势

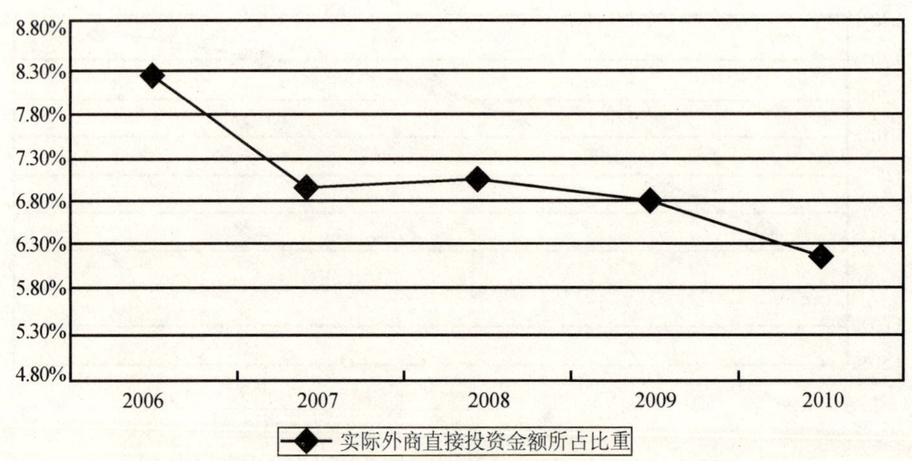

图 3－51　2006－2010 年无锡市实际外商直接投资金额在长三角所占比重的变化趋势

2006－2010 年无锡市实际外商直接投资金额在长三角所占比重为 8.23%、6.90%、6.99%、6.85%和 6.24%，连续几年出现下滑，累计跌幅近 2 个百分点。但 2010 年无锡市实际外商直接投资金额在长三角地区 25 个市中仍较靠前，排名第 4 位，与上年保持一致。

2010 年，无锡市利用外资结构不断优化，引进独立研发中心、地区总部、金融机构 25 家，全年新批和新增外资项目 587 个，协议注册外资 47.5 亿美元，到位注册外资连续三年超过 30 亿美元，达到 33 亿美元，再创历史新高。服务业利用外资占比进一步提升，占到位注册外资比重达到 37.8%，高新技术产业到位注册外资占比达到 50.1%。全年完成协议注册外资超 3000 万美元的重大外资项目 33 个。至 2010 年底全球财富 500 强企业中有 75 家在无锡市投资兴办了 144 家外资企业。

四　徐州市2010年经济社会发展报告

2010年，全市上下在市委、市政府的正确领导下，坚持以“科学发展观”为统领，以振兴老工业基地为主线，加快经济结构调整和发展方式转变，全力以赴做好稳增长、抓创新、调结构、惠民生等各项工作，经济实现平稳较快增长，经济结构持续优化，发展质量进一步提升，民生得到进一步改善，各项社会事业全面发展，为“十一五”发展目标任务的完成画上了圆满句号。

一、徐州市2010年经济发展概况

（一）综合经济

1. 经济总量

2010年实现地区生产总值2 942.14亿元，按可比价格计算，比上年增长16.9%。其中，第一产业增加值282.82亿元，增长6.1%；第二产业增加值1 490.92亿元，增长15.7%；第三产业增加值1 168.40亿元，增长21.1%。三次产业增加值占地区生产总值的比重由上年的10.5∶52.3∶37.2调整为9.6∶50.7∶39.7。人均地区生产总值34084元（按常住人口计算），按当年汇率折算达到5 035美元。

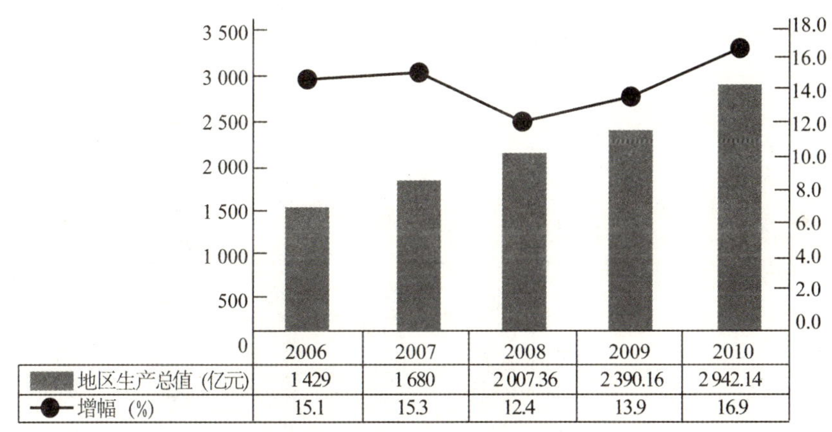

	2006	2007	2008	2009	2010
地区生产总值（亿元）	1 429	1 680	2 007.36	2 390.16	2 942.14
增幅（%）	15.1	15.3	12.4	13.9	16.9

图3－52　2006－2010年徐州市地区生产总值及增长速度

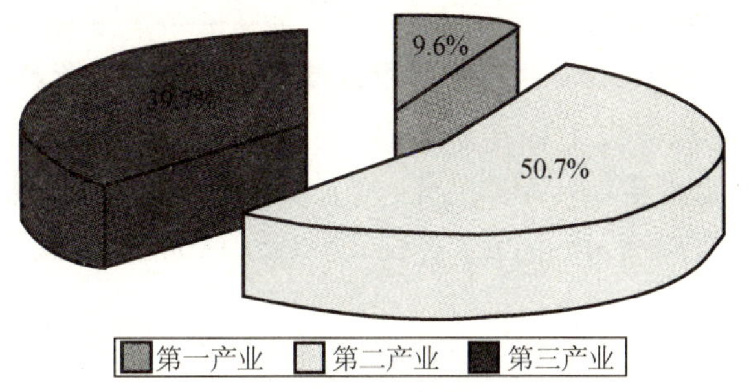

图3－53　2010年徐州市三次产业结构图

经济结构调整取得重大进展。集中力量推进“三重一大”，2010年全市固定资产投资完成2 049.3亿元，比上年增长26.1%，其中工业投入首超千亿；五年累计完成固定资产投资6 638亿元，是“十五”时期的3.3倍。服务业加快发展，城市中心商圈、新城区商务中心、高铁生态商务区建设强力推进，4家省级和33家市级现代服务业集聚区建设进展顺利。社会消费品零售总额比上年增长19%，是2005年的2.4倍。

全面小康社会建设取得积极进展。根据《江苏省全面建设小康社会统计指标体系》中25个指标的初步监测结果,已经达标指标21个,比上年增加5个,总体指标达标率为84%,比上年提高20个百分点;在未达标指标中,目标实现程度在90%以上的指标有3个;另外1个指标目标实现程度也达到80%以上。

2.财政收支

全年财政总收入413.89亿元,比上年增长29.8%。一般预算收入222.16亿元,增长35.2%。全年一般预算支出330.22亿元,增长28.7%,其中,社会保障和就业、教育、医疗卫生等关系民生的财政支出分别增长38.5%、23.7%和21.4%。

3.物价指数

全年城市居民消费价格(CPI)总水平比上年上涨3.6%。八大类商品及服务价格呈现"五升三降",其中:食品、烟酒及用品、衣着、医疗保健和个人用品、居住类分别上涨6.6%、2.5%、4.2%、1.3%和6.2%,家庭设备用品及维修服务、交通与通信、娱乐教育文化用品及服务类价格分别下降0.4%、2.0%、0.2%。工业品出厂价格(PPI)全年同比上涨6.1%。

4.固定资产投资

全年完成全社会固定资产投资2 049.26亿元,比上年增长26.1%;其中规模以上投资1 938.72亿元,增长23.6%。规模以上投资中城镇投资1 646.98亿元,增长23.1%;工业投资首超千亿元,达到1 106.50亿元,增长25.7%;房地产开发投资205.32亿元,增长29.1%。民间投资1 475.92亿元,增长28.8%。

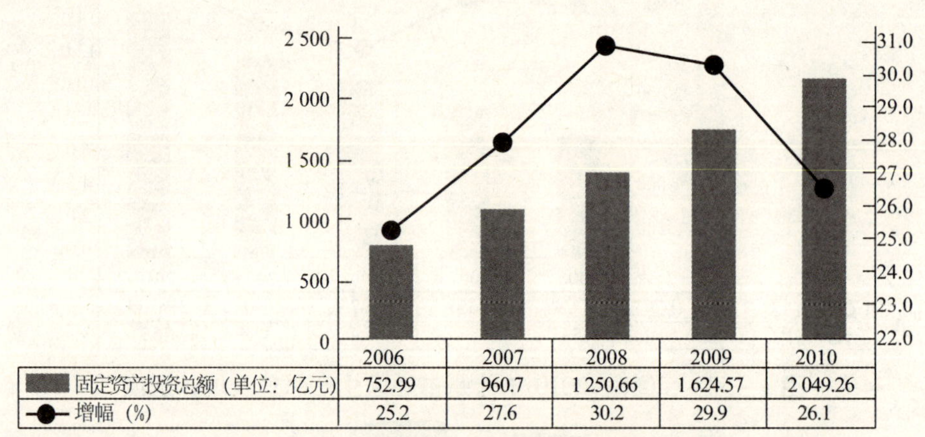

	2006	2007	2008	2009	2010
固定资产投资总额(单位:亿元)	752.99	960.7	1 250.66	1 624.57	2 049.26
增幅(%)	25.2	27.6	30.2	29.9	26.1

图3-54　2006-2010年徐州市全社会固定资产投资及增长幅度

投资结构不断优化。在规模以上固定资产投资中,第二产业投资1118.14亿元,比上年增长20.5%,其中,高新技术产业投资181.03亿元,增长83.5%。第三产业投资793.02亿元,增长27.8%,其中,基础设施投资293.45亿元,增长39.3%;商贸物流旅游业投资442.40亿元,增长34.4%。

重大项目建设进展良好。在建规模以上投资项目3 388个,比上年增长6.7%。新开工项目2 621个,完成投资1 324.63亿元,增长44.4%。中能多晶硅、卡特彼勒大型挖掘机、徐工斗山发动机和大吨位起重机、华润电力等一批重大项目相继建成或开工建设。

5.区县经济

2010年,徐州市整体经济发展向好,各区县经济协同发展,实现平稳快速增长,均有较大突破,徐州市区、丰县、沛县、睢宁市、新沂市、邳州市地区生产总值占全市的比例分别为57.23%、5.10%、

10.25%、6.80%、8.20%和12.42%；五县(市)地区生产总值、财政一般预算收入、工业增加值、城镇固定资产投资、出口总额分别增长14.6%、39.1%、23.0%、30.5%和77.3%，增速分别高于全市0.7、3.9、5.5、7.4和3.7个百分点。2010年，丰县上下在县委、县政府的正确领导下，深入贯彻落实科学发展观，认真落实中央和省市经济工作会议一系列部署，以全面建设小康社会为中心，突出工业经济这一主线，重大项目这一重点，招商引资这一抓手，工业园区这一平台，强化目标管理，落实关键措施，全县经济运行良好，小康建设顺利推进，民计民生继续改善，社会事业全面发展。经济协调健康发展。2010年，全年累计实现地区生产总值150.18亿元，同比增长13.9%。其中，一产增加值34.01亿元，增长4.8%；二产增加值67.57亿元，增长17.8%；三产增加值48.6亿元，增长16.1%。三次产业增加值结构调整为22.6:45.0:32.4，二、三产业占GDP比重比上年提高2.0个百分点。城市化率进一步提高，年末全县城市化水平达41.5%，比上年提高9.8个百分点。政府财力大幅增强。2010全县财政总收入和地方一般预算收入连续三年实现了40%以上的强劲增长。全年累计完成财政总收入28.25亿元(原口径，含基金)，同比增长48.5%；其中地方一般预算收入12.89亿元，同比增长42.9%。政府财力的大幅增强来源于税收收入的快速增长，在地方一般预算收入中，累计完成税收收入10.32亿元，同比增长51.8%，对地方一般预算收入增长的贡献率达到91%。全年一般预算支出27.4亿元，比上年增长31.3%。财政支出结构不断优化，更加突出关注科教与民生：全年教育支出5.5亿元，增长13.7%；医疗卫生支出2.01亿元，增长17.3%；社会保障与就业支出3.97亿元，增长70.8%。在监测的四大类25个单项指标中，21项指标达到自定序时进度。其中本年已经达标的指标有15项，比上年增加1项；总体指标达标率为60%，同比提高了4个百分点。

2010年，邳州市在市委、市政府的正确领导下，全市上下深入践行科学发展观，大力弘扬昂扬向上、坚韧挺拔、心无旁骛、精诚团结的“水杉精神”，突出“三重一大”，实施“四大计划”、加快“四个转型”，攻坚克难，扎实工作，不断开创率先发展、富民强市的新局面，全国百强县中位次大幅提升，全面小康社会建设又跃新台阶，较好地完成了年初确定的各项工作任务。经济发展稳健向好。全年实现地区生产总值365.39亿元，比上年增长14.7%。其中第一产业增加值59.58亿元，增长5.5%；第二产业增加值160.75亿元，增长17.5%；第三产业增加值145.06亿元，增长15.8%。经济结构继续优化，三次产业增加值占地区生产总值比重由上年的18.1:43.3:38.6调整为16.3:44.0: 39.7。人均地区生产总值25186元(按常住人口计算)，首次超过全面小康社会24000元的目标值，按当年汇率折算达到3720美元。城市化水平逐步提升，年末全市城市化率达44.0%，比上年提高2.2个百分点。根据《江苏省全面建设小康社会统计指标体系》四大类18项25个指标的监测结果，已经达标指标17个，比上年增加3个，24个指标完成省定时序进度，比上年增加2个。22个指标完成自定时序进度，与上年持平。

表3-7　徐州市区县部分主要经济指标一览

县　市	地区生产总值（亿元）	工业总产值（亿元）	城镇固定资产投资（亿元）	地方财政一般预算收入（亿元）	进出口总额（亿美元）	社会消费品零售总额（亿元）
徐州市	2 942.14	5 112.97	1 646.98	222.16	41.61	956.99
徐州市区	1 683.67	3 114.09	966.43	134.40	28.78	605.29
丰县	150.18	146.63	79.89	12.89	0.73	50.88
沛县	301.60	544.07	165.14	21.24	0.86	92.13
睢宁县	200.10	239.06	94.53	12.94	2.03	62.97
新沂市	241.20	381.42	155.86	17.58	2.51	61.33
邳州市	365.39	687.70	185.12	23.10	6.69	84.39

(二)农业

农村经济稳定发展。2010年,全市实现农林牧渔业总产值515.35亿元,比上年增长12.6%,其中:农业323.60亿元,增长13.4%;林业9.55亿元,下降4.5%;牧业146.50亿元,增长13.9%;渔业25.09亿元,增长2.5%;农林牧渔服务业10.61亿元,增长17.6%。

农业、畜牧业生产形势较好。粮食总产量连续五年增产,全年总产量达440.20万吨。全年肉类总产量88.51万吨,比上年增长22.0%;禽蛋产量48.62万吨,增长9.5%;奶类制品产量26.70万吨,增长28.0%;水产品产量17.04万吨,增长0.5%。生猪出栏460.74万头,羊出栏362.86万只,家禽出栏20 580万只,分别增长18.2%、8.6%和30.9%。

农业生产条件继续改善。年末农业机械总动力563.71万千瓦,增长2.94%,机耕、机播、机收作业面积分别达到637.73千公顷、413.29千公顷、505.42千公顷。农用排灌动力机械676.13千瓦,有效灌溉面积380.35千公顷。新增高效农业面积26.30千公顷,新增高效渔业面积4.97千公顷,新增设施农业面积13.66千公顷。

"三农"工作力度持续加大。各级财政"十一五"期间累计投入"三农"资金259亿元,带动社会资金投入176亿元。设施农业和高效农业面积占比保持全省第一,农业产业化综合水平走在全省前列,铜山区获批为国家现代农业示范区。

(三)工业和建筑业

1. 工业经济稳健运行。

2010年全年规模以上工业实现增加值1 382.45亿元,比上年增长17.5%,其中,轻、重工业分别完成增加值407.84亿元和974.61亿元,分别增长12.9%和19.6%。全年全社会用电量246.01亿千瓦时,增长21.5%,其中,工业用电量191.90亿千瓦时,增长22.4%。

2. 工业主导产业培育成效显著。

全市重点培育的装备制造业、能源产业、食品及农副产品加工业三大千亿元工业产业已有两个规模超千亿。其中,装备制造业完成产值1 656.74亿元,比上年增长50.0%,食品及农副产品加工业完成产值1 297.57亿元,增长41.8%。煤盐化工、建材和冶金三大传统产业完成产值1 299.70亿元,增长51.1%,增速高于全市规模以上工业产值增速7.6个百分点。徐州市荣获"中国工程机械之都"称号,建成产量亚洲第一、世界第三的多晶硅生产基地。

3. 战略性新兴产业发展提速。

全市战略性新兴工业产业完成产值858.98亿元,比上年增长85.4%。高新技术产业快速发展。全市高新技术产业完成产值1 061.13亿元,占全市规模以上工业产值的比重达20.6%。

4. 工业经济效益大幅提升。

全年规模以上工业实现销售收入、利税、利润分别为5 149.74亿元、843.92亿元和450.79亿元,比上年分别增长46.8%、46.6%和60.8%。全市规模以上工业经济效益综合指数为341.37,比上年提高62个点。

5. 建筑业持续发展。

全年共完成建筑业总产值499.73亿元,比上年增长25.3%;竣工产值380.50亿元,增长15.8%,竣工率达76.1%。建筑业企业房屋建筑施工面积5 203.91万平方米,增长30.0%。

(四)服务业

1. 国内贸易

消费品市场平稳较快增长。全年实现社会消费品零售总额956.99亿元,比上年增长17.9%。按经营单位所在地分,乡村零售额199.18亿元,增长18.2%;城镇零售额766.07亿元,增长19.1%。

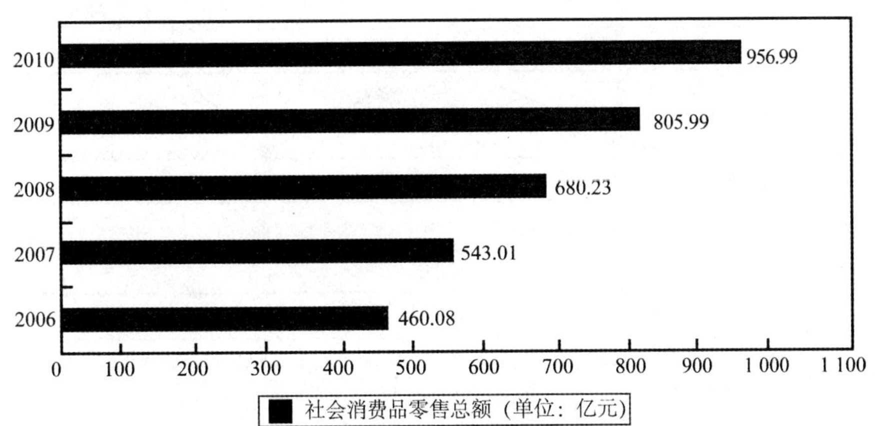

图3－55　2006－2010年徐州市社会消费品零售总额及增长幅度

热点商品需求旺盛。全年实现建筑及装潢材料类零售额19.47亿元,比上年增长63.0%;金银珠宝类8.31亿元,增长37.0%;汽车类126.5亿元,增长35.6%;石油及制品类44.18亿元,增长34.9%。

2. 交通运输、邮政通讯业

交通运输业较快发展。全年各种运输方式(不含铁路运输)累计完成旅客运输量2.60亿人次,货物运输量2.73亿吨,港口货物吞吐量8 151.82万吨。全社会公路总里程达到1.62万公里,其中高速公路412.22公里。观音机场已开辟国内航线22条,共完成起降7 162架次。年末全市机动车拥有量113.69万辆,其中私人汽车35.65万辆,增长21.5%。

邮政、通信业稳步发展。全年邮电业务总量73.65亿元,邮电业务收入48.14亿元,其中邮政业务收入5.03亿元。年末固定电话含(小灵通)用户159.85万户,其中城市电话用户85.85万户,乡村电话用户74万户。全年新增移动电话用户83.80万户,年末达到600.38万户。全市电话普及率达78部/百人,比上年增加5部/百人。国际互联网用户69.62万户,新增10.44万户。

3. 旅游业

旅游市场蓬勃发展。全年接待国内游客2 049.40万人次,增长14.4%,国内旅游收入215.84亿元,增长17.3%。全年接待境外游客15.83万人次,增长13.7%,其中外国游客12.14万人次,港澳台同胞3.68万人次。国际旅游外汇收入1.53亿美元,增长15.9%。

4. 金融和保险业

2010年,全市新增首发上市企业3家,徐工集团实现整体上市。

金融机构存贷款快速增长。至2010年末全市金融机构贷款余额为1 436.44亿元,其中新增贷款303.88亿元。全市金融机构存款余额为2 632.19亿元,其中居民储蓄存款1 324.39亿元。

保险事业规模扩大。年末全市拥有保险机构40家,比上年新增9家。全年实现保费收入82.02亿元,比上年增长55.5%,其中财产险收入20.63亿元,人寿险收入61.39亿元。全年理赔给付额15.22亿元,下降3.5%,其中财产险赔付7.68亿元,人寿险给付7.54亿元。

(五)开放型经济

1. 对外贸易

全年进出口总额为41.61亿美元,比上年增长80.9%,其中,出口26.31亿美元,增长73.6%。

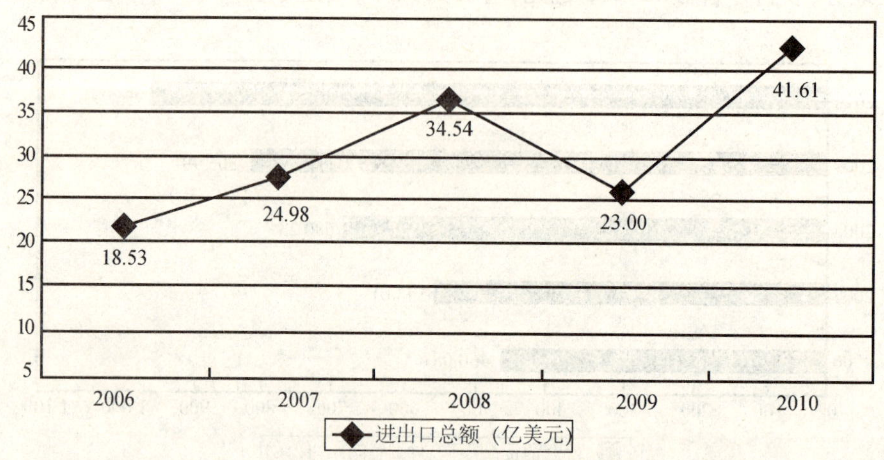

图3-56　2006-2010年徐州市外贸进出口总额情况

2. 对外经济

"引进来""走出去"取得新成效,对外经济合作领域进一步扩大。全年新批外商投资项目204个;实际到账注册外资10.13亿美元,比上年增长45.2%。新签对外承包工程劳务合同额1.26亿美元,增长17.3%,完成营业额1.46亿美元,增长16.2%。

3. 开发区建设

强力推进徐州经济技术开发区"二次创业",争先进位步伐持续加快,综合实力、园区面貌不断实现新跨越,7家省级开发区、6家南北共建园区建设快速推进,沛县新型铝材产业园等6个园区成为省级特色园区。全市1家国家级开发区和7家省级开发区共完成进出口总额31.72亿美元,其中出口16.83亿美元,分别占全市的76.2%和64.0%。新批外商投资项目78个,占全市的38.2%;实际到账注册外资8.04亿美元,比上年增长51.9%。徐州经济技术开发区(国家级)进出口总额22.08亿美元,其中出口总额10.28亿美元,实际到账注册外资5.52亿美元,新批外商投资项目28个。

4. 民营经济

全年民营经济实现增加值1 862.47亿元,比上年增长19.0%,增速高于地区生产总值5.1个百分点;总量在地区生产总值中的份额达65.0%,比上年提高2.7个百分点;其中私营个体经济实现增加值1 488.44亿元,增长14.2%。年末工商部门登记私营企业6.82万户,增长16.9%,注册资本1 223.43亿元,增长44.8%;个体户24.37万户,增长11.6%,注册资金80.42亿元,增长33.1%。

二、徐州市2010年社会发展概况

(一)人口、人民生活

2010年11月1日第六次全国人口普查数据显示,全市常住人口为8 580 500人。男性人口为4 315 892人,占50.30%;女性人口为4 264 608人,占49.70%。

人民生活水平持续提高。城镇居民人均可支配收入16 762元,比上年增长13.3%;人均消费性支出10 558元,增长12.0%,其中食品支出占消费性支出的比重为35.2%。农村居民人均纯收入7 955元,增长14.4%;人均生活消费支出5216元,增长10.5%,其中食品支出占生活消费支出的比重为37.6%。城镇百户家庭电话拥有量270部,百户家庭电脑拥有量67.5台;农村百户家庭电话拥有量253部,百户家庭电脑拥有量21台。城乡居住条件进一步改善。年末城镇居民人均住房建筑面积34.21平方米;农村人均年末生活住房面积41.83平方米。

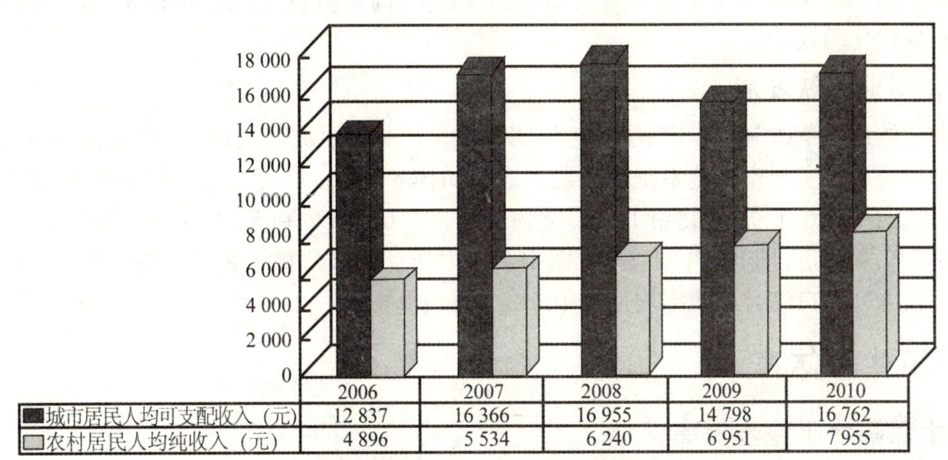

	2006	2007	2008	2009	2010
城市居民人均可支配收入(元)	12 837	16 366	16 955	14 798	16 762
农村居民人均纯收入(元)	4 896	5 534	6 240	6 951	7 955

图3-57 2006-2010年徐州城乡居民收入对比一览

(二)就业、社会保障

就业形势基本稳定。年末全社会从业人员520.74万人,比上年增加19.57万人,其中城镇单位从业人员61.82万人,乡村实有从业人员366.23万人,城镇私营个体从业人员80.17万人。全年实现农村劳动力转移191.03万人。年末城镇登记失业率为2.6%,"零就业家庭"持续动态清零。建成国家级大学生创业基地,全市大学生创业企业超过500家。

社会保障体系不断完善。年末城镇企业职工基本养老保险参保83.87万人,覆盖面为98.1%;城镇失业保险参保71.35万人,覆盖面为98.1%;城镇职工基本医疗保险参保133.43万人,覆盖面为97.6%。年末全市社会福利事业单位250个,拥有床位3.18万张,在院2.96万人;社会福利企业单位117个,提供残疾人员就业岗位3 537个。职工和居民医保医疗费报销比例分别达80%和60%以上,新农合参合率达99%以上,新农保参保覆盖率和基础养老金发放率均达98%以上,城乡低保实现应保尽保、保障标准居苏北首位;社会救助水平稳步提高,慈善事业蓬勃兴起,困难群众、残疾人等特殊群体的基本生活保障逐步强化。住房保障力度持续加大,全市建成369万平方米的经济适用房和廉租房;市区完成408万平方米棚户区拆迁,回购和建设389万平方米居民安置房,超额完成省下达任务。

(三)科学技术与创新

创新能力进一步增强。全年研究与发展(R&D)经费支出占GDP比重1.52%。受理专利申请9 927项,其中发明专利3 463项。专利申请授权量4 928项,其中发明169项。全年通过鉴定科技成果203项,其中达到国际水平66项,填补国内空白52项,达到省内先进水平81项。新上火炬及星火计划项目46项,总投资10.94亿元;拥有国家火炬计划重点高新技术企业5家。民营科技型企业1470家,实现产值588亿元,增长31.3%。高层次人才队伍建设成效明显。全市从事科技活动人员2.42万人,其中研究与发展人员1.07万人。全市拥有中国科学院和中国工程院院士7人,国有独立研究与开发机构20个。

(四)教育和文化

1. 教育事业蓬勃发展

全市普通高等学校在校学生人数15.43万人,比上年增长22.8%。全市普通中学在校学生52.07万人,下降12.3%;小学在校学生53.02万人,增长2.4%。幼儿园557家,在园人数29.68万人,学前教育毛入学率达92.0%。全市义务教育覆盖率达100%,高中阶段毛入学率达93.5%。,四个主城区通过省教育现代化验收。

2. 文化事业加快发展

市直文化体制改革改制基本完成,演艺集团和文化产业集团成功组建,公共文化事业和文化产业发展进一步加快。年末全市文化系统拥有艺术表演团体8个;公办文化馆(站)167个;公共图书馆7个,总藏书量2 698.76千册;博物馆17个,文物藏品总量61 822件(套),其中一级藏品117件;全年出版报纸8 739.4万份,期刊17.24万册,图书243万册。市级广播电视台1座,县(区)级广播电视台7座,广播、电视人口综合覆盖率均达到100%。有线电视用户218.11万户,入户率为78.3%。

(五)卫生和体育

1. 卫生保障水平稳步提高

至2010年末全市拥有各类卫生机构1213个,其中医院、卫生院256个;各类卫生机构床位3.05万张,其中医院、卫生院床位2.78万张。共有卫生技术人员3.24万人,其中执业医师、执业助理医师1.18万人、注册护士1.2万人。乡镇卫生院156个,床位0.62万张,卫生技术人员0.85万人,乡村医生和卫生员1.04万人。卫生服务体系健全率达99.6%,社区卫生机构覆盖率100%

2. 体育事业持续发展。

至2010年末拥有体育场馆及游泳馆34个,万人拥有公共体育设施面积1.68万平方米。拥有等级运动员105人。在各类国内外比赛中,徐州运动员获得奖牌368.5枚,其中参加国际比赛获得金牌2枚;参加省级比赛获得金牌100枚、银牌66枚、铜牌97.5枚。全市全民健身活动设施525个。

(六)城乡建设

中心城市建设全面拉开。强化规划引领,"十一五"期间修编完善各类城市规划220项,完成114个镇的镇村布局和村庄建设规划。强化功能性项目建设,2010年实施的149项城建重点工程有84项顺利竣工,老城区面貌显著提升,新城区建设初具规模,高铁站区开发扎实推进。强化综合交通枢纽地位,徐济高速徐州段建成通车,实现所有县(市)区半小时上高速目标,京沪高铁徐州段基本建成。强化城市空间拓展,主城区面积扩大到3037平方公里,县(市)城镇基础设施建设不断加强,全市城市化率达53%。强化城市管理,构建了条块联动的"大城管"体制,"数字化城管"系统试运行,淮海路成功创建省级示范路,改造新建14个农贸市场,展览馆夜市、开明市场搬迁改造顺利完成,城区环卫保洁、绿化养护市场化运作实现全覆盖。

城市建设加快推进。年末建成区绿化覆盖面积14726公顷,覆盖率45.5%;人均公园绿地面积15.57平方米。年末城市人均拥有道路面积14.66平方米。用水和燃气普及率分别达到99.4%和99.0%,污水和生活垃圾处理率分别为85.2%和89.1%。水厂综合生产能力94.19万立方米/日,人工煤气、液化气、天然气等家庭户数为49.81万户,集中供热面积1201万平方米。

"农村新五件实事"和新一轮"农村六大实事工程"扎实推进,建成260个新农村示范村和600个环境综合整治示范村,新建改建村综合服务中心1 092个;解决了271.5万农村人口饮水安全问题;新建农村公路3 948公里;219个经济薄弱村债务全部化解;91.8万农村贫困人口实现脱贫。

(七)环境保护与生态建设

环境保护能力提高。年末全市设立自然保护区13个,总面积达102.54千公顷;森林面积33万公顷,森林覆盖率30.9%。各级环境监测站8个,环境质量综合指数达到91.7;水(环境)功能区水质达标率为77.6%。工业废水排放总量12491万吨,工业废气排放总量3362亿标立方米,工业粉尘排放量1.97万吨。全市年平均气温15.2度,降水量达612毫米。市区全年空气优良天数达332天,比上年增加13天,再创历史新高。

生态建设有力推进。截至2010年底,城市生活污水集中处理率、生活垃圾无害化处理率均达85%以上,城区空气质量优良天数占全年比例连续五年稳定在85%以上,城市集中式饮用水源地连续6年100%达标;在全省率先关闭了立窑水泥生产线及小造纸、小焦化企业,对市区140多家重度污染企业进行了搬迁改造,北区环境整治力度进一步加大,全面完成省下达的"十一五"节能减排和淮河流域水污染防治任务。全市造林面积96万亩、森林覆盖率达29.5%,城市新增绿地6300公顷、绿化覆盖率达40.6%;实施了6万亩采煤塌陷地复垦治理,九里湖湿地公园基本建成,中德共建徐州生态示范区工作进展顺利。

三、挑战与目标

在肯定成绩的同时,也要清醒地看到,徐州市经济社会发展中依然存在着不少困难和问题,主要是:经济结构性矛盾还没有得到根本解决,高新技术产业和服务业占比还低于全省平均水平;开放型经济整体发展水平不高,出口对经济发展的拉动力较弱;城市化进程相对较慢,与小康社会目标要求存在着较大差距;政府职能尚需进一步转变,行政效能仍要进一步提升;农民收入持续较快增长的难度增加,部分群众生活还比较困难,城市交通拥堵、物价上涨压力加大、住房价格过快增长等,对改善民生民计带来了新的挑战。对此,今后将采取有力措施加以解决。

今后五年(十二五)全市经济社会发展的主要目标是:(1)经济综合实力迈入全国发达地区行列。全市地区生产总值确保超过5 000亿元,人均地区生产总值超过5万元,财政一般预算收入超过500亿元。(2)转变经济发展方式取得重大进展。高新技术产业产值占工业总产值比重提高到30%以上,服务业增加值占地区生产总值比重力争每年提高1个百分点,研发投入占地区生产总值比重提高到2%以上。(3)改革开放向纵深推进。城乡一体化、行政管理体制、社会管理体制、财税金融体制等重点领域和关键环节改革取得明显进展,全方位对外开放格局基本形成,经济国际化水平明显提高。(4)特大型区域性中心城市建设取得重大突破。城市化水平提高到57%以上,基本建成区域性产业、交通、商贸、教育医疗、物流、旅游、金融、文化"八大中心"。(5)生态文明建设走在全国同类城市前列。全市森林覆盖率达到32%,城市绿化覆盖率达到45%,单位地区生产总值能耗和主要污染物排放强度大幅下降,建成国家森林城市和生态园林城市。(6)建成全面小康社会。2011年以市为单位基本建成全面小康社会,2014年以县为单位建成全面小康社会;城乡居民收入力争六年倍增,2011年确保人均年收入2500元以下的贫困人口全部脱贫。

2011年全市经济社会发展的主要预期目标是:(1)地区生产总值增长13%。(2)财政一般预算收入增长18%。(3)全社会固定资产投资(新口径)增长22%。(4)实际到账注册外资增长15%。(5)自营出口总额增长15%。(6)社会消费品零售总额增长18%。(7)城镇居民人均可支配收入增长12%以上,农民人均纯收入增长12%以上。(8)城镇登记失业率控制在4%以内。(9)高新技术产业产值占规模以上工业的比重达20%,研发投入占地区生产总值的比重达1.6%。(10)节能减排完成省下达任务。(11)人口自然增长率控制在6‰以内。

四、徐州市在长三角地区经济发展中的地位

2010 年,徐州市经济继续保持平稳较快增长的良好态势,工业主导产业快速增长,大项目建设加速推进,消费市场持续活跃,财政收入增长较快,金融运行健康平稳,主要经济指标增速好于江苏省平均水平,多数指标增速处于江苏省领先地位,在长三角地区经济发展中的地位逐步提高。

2006 - 2010 年徐州市地区生产总值在长三角所占比重分别为 3.00%、2.97%、3.06%、3.30% 和 3.41%,已连续三年出现较大幅度的增加,2009 年比上年占比增加了 0.24 个百分点,为近年最大增幅;2010 年比 2009 年增加了 0.11 个百分点。2010 年徐州市地区生产总值在长三角地区 25 个市(苏浙两省 24 个地级市和上海市,下同)中比上年上升一位,排名第 9 位。

2010 年,徐州市实现地区生产总值 2942.14 亿元,按可比价格计算,比上年增长 16.9%,高于全省平均水平 4.2 个百分点,增速居全省第一位。

2006 - 2010 年徐州市地方财政一般预算收入在长三角所占比重分别为 1.56%、1.68%、1.79%、2.08% 和 2.32%,保持稳定增长的态势,其中 2009 年比上年增加 0.29 个百分点,是近年最大增幅;2010 年继续增加,比上年增加 0.24 个百分点。2010 年徐州市地方财政一般预算收入在长三角地区 25 个市中排名与上年保持一致,排名第 10 位。

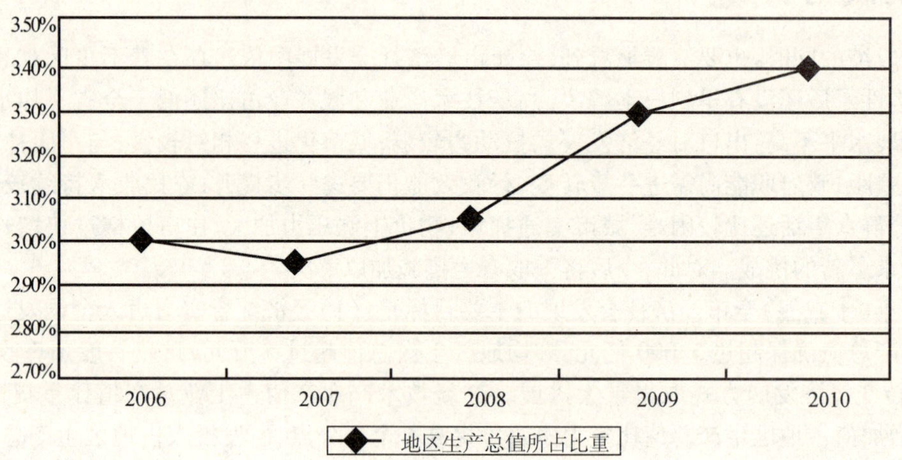

图 3 - 58　2006 - 2010 年徐州市地区生产总值在长三角所占比重的变化趋势

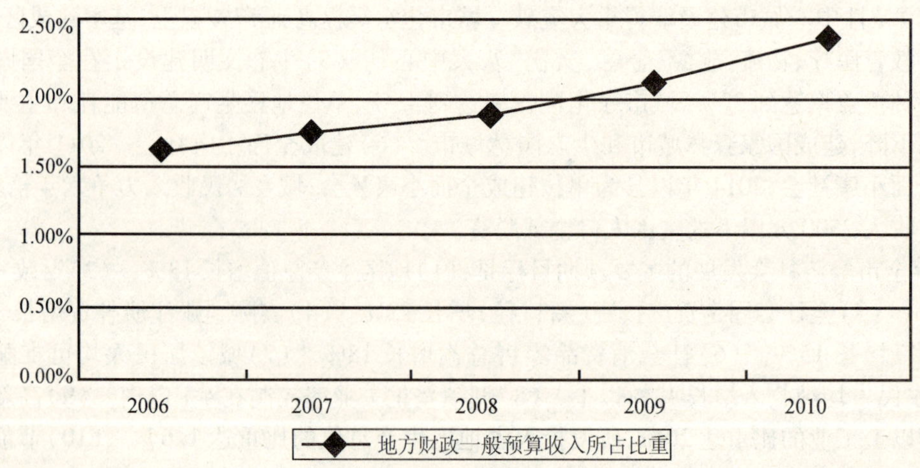

图 3 - 59　2006 - 2010 年徐州市地方财政一般预算收入在长三角所占比重的变化趋势

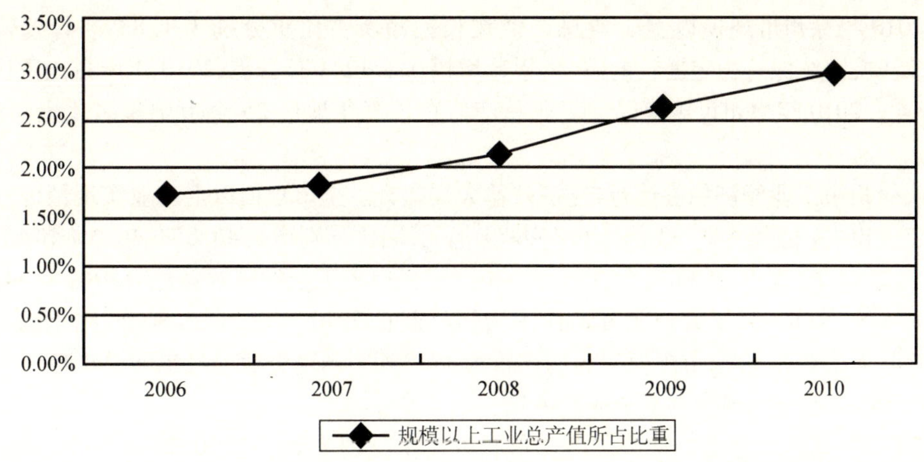

图 3-60　2006-2010 年徐州市规模以上工业总产值在长三角所占比重的变化趋势

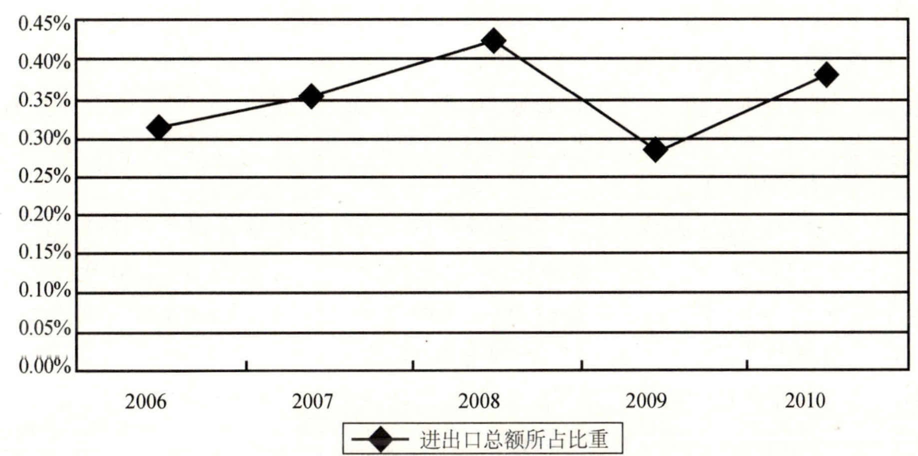

图 3-61　2006-2010 年徐州市进出口总额在长三角所占比重的变化趋势

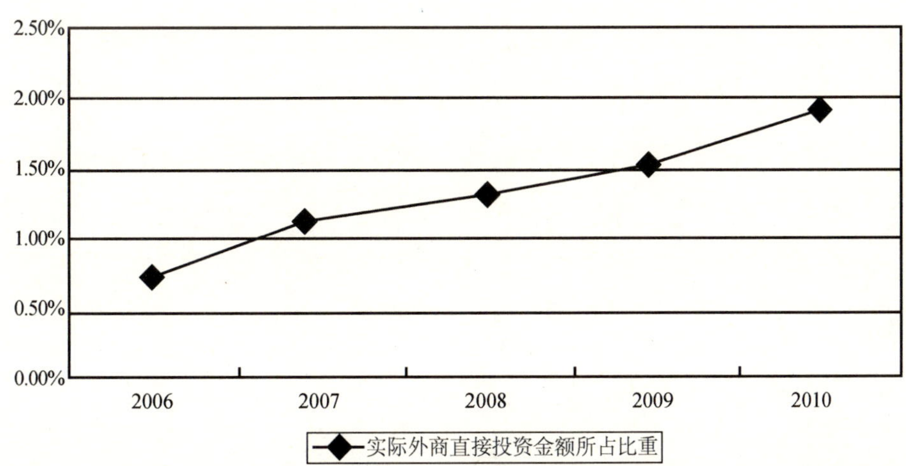

图 3-62　2006-2010 年徐州市实际外商直接投资金额在长三角所占比重的变化趋势

2010 年，徐州市财政收入较快增长，全市实现财政总收入 413.89 亿元，同比增长 29.8%，实现地方财政一般预算收入 222.16 亿元，增长 35.2%，增速高于全省 8.8 个百分点，居江苏省第七位。

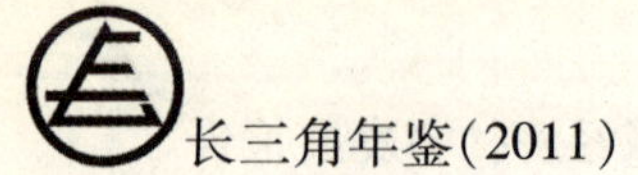

2006－2010年徐州市规模以上工业总产值在长三角所占比重分别为1.83%、1.92%、2.18%、2.59%和2.95%,继续保持稳定增长的态势,累计增幅达1.12个百分点,2010年所占比重比上年增加0.36个百分点。2010年徐州市规模以上工业总产值在长三角地区25个市中排名比上年上升3位,排名第11位。

2010年,徐州市工业经济稳健运行,经济效益大幅提升。全市规模以上工业实现销售收入、利税、利润分别为5 149.74亿元、843.92亿元和450.79亿元,同比分别增长46.8%、46.6%和60.8%,增速比上年分别提高18.6、17.8和30.9个百分点。全市规模以上工业经济效益综合指数为341.37,比上年提高62.0个点。同时,新增大企业带动作用增强。截止2010年底,全市规模以上工业企业3 475家,其中新增企业601家,占全市规模工业的比重为17.3%。新增企业完成工业总产值321.99亿元,同比增长5.3倍,拉动全市规模以上工业产值增长7.3个百分点。

2006－2010年徐州市进出口总额在长三角所占比重分别为0.31%、0.34%、0.42%和0.29%和0.38%,在连续稳定增长后,2009年首次出现下跌,跌幅为0.13个百分点;2010年止跌上扬,较2009年上升0.09个百分点,基本达到2008年水平。2010年徐州市进出口总额在长三角地区25个市中排名比上年上升1位,排名第20位。

2010年,徐州市对外贸易大幅提升。全市进出口总额41.61亿美元,增长80.9%,增速高于全省43.4个百分点,居江苏省第二位;其中出口总额26.31亿美元,增速达73.6%,高于江苏省37.8个百分点,居江苏省首位。全年实际到帐注册外资为10.13亿美元,同比增长45.2%,增速高于江苏省32.7个百分点,居江苏省第三位。

2006－2010年徐州市实际外商直接投资金额在长三角所占比重分别为0.73%、1.10%、1.29%和1.49%和1.92%,已连续4年出现稳步增长,累计增幅为1.19个百分点;2010年所占比重较2009年上升0.43个百分点,2010年的占比已超过2006年的2倍。2010年徐州市实际外商直接投资金额在长三角地区25个市中排名比上年上升1位,排名第16位。

尽管如此,徐州的外资利用与江苏省和长三角地区其他城市相比还有较大的差距,2010年徐州市实际利用外资10.13亿美元,在江苏省13个地级市外资引进中排名第12位,外资引进规模仅高于宿迁市,有待进一步提升。

五　常州市2010年经济社会发展报告

2010年，常州市人民在市委、市政府的正确领导下，深入贯彻科学发展观，紧紧围绕“创新、发展、提高”的主旋律，稳步推进结构调整，着力转变发展方式，经济呈现速度稳步回升、动力逐渐增强、态势持续向好的格局，主要指标步入快速上升通道，微观层面经济运行态势良好。

一、常州市2010年经济发展概况

(一)综合经济

1. 经济总量

2010年，全市实现地区生产总值(GDP)3 044.89亿元，按可比价计算增长15.7%，其中一、二、三次产业分别实现增加值99.8亿元、1 683.7亿元和1 261.4亿元，比上年增长4.3%、14.3%和18.5%。三次产业结构由上年的3.6∶56.8∶39.6调整为3.3∶55.3∶41.4，产业结构得到进一步优化。按常住人口计算，全市人均生产总值超过65 000元，依据现行汇率折算接近10 000美元。

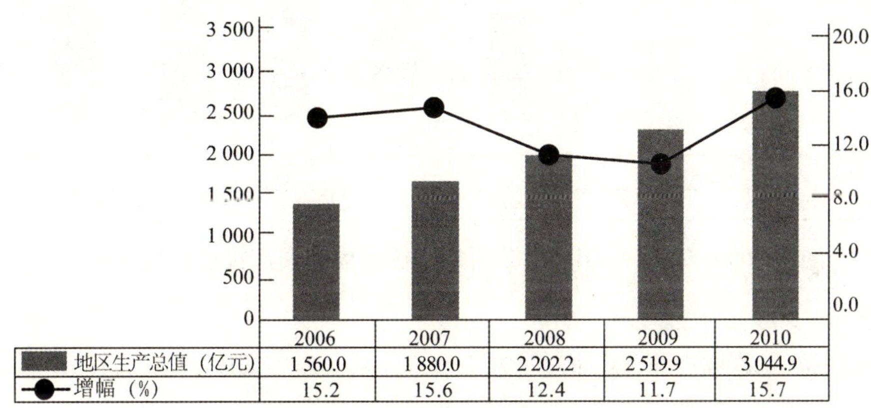

图3－63　2006－2010年常州市地区生产总值及增长速度

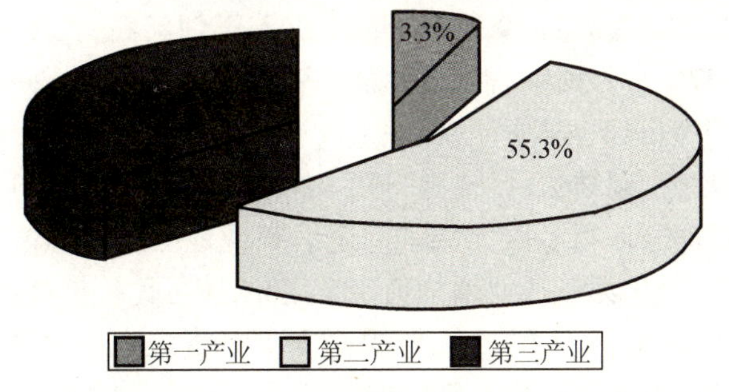

图3－64　2010年常州市三次产业结构图

2. 财政收支

全年实现地方一般预算收入286.2亿元，比上年增长32.6%；地方一般预算收入占GDP的比重达到9.6%，较上年提高1个百分点。公共财政保障能力继续增强，财政支出结构进一步优化，全年一般预算财政支出273.4亿元，比上年增长25.0%，其中用于社会保障与就业、科技、教育、文化体育与传媒、医疗卫生和环境保护等方面的财政支出达109.6亿元，比上年增长24.1%。

3. 物价指数

市场物价呈现年初温和上行、年中逐月攀升、年末高位运行的态势,全年居民消费价格指数(CPI)为103.4,涨幅较2009年提升3.4个百分点。八大类商品及服务价格呈“七升一降”格局,其中食品类价格涨幅最高,达7.4%;居住类价格涨幅次之,为4.1%。其他类别商品价格运行态势较为平稳,衣着、烟酒及用品、家庭设备用品及维修服务、医疗保健和个人用品、交通和通讯类价格分别比上年上涨2.4%、2.1%、1.8%、1.5%、0.1%。娱乐教育文化用品及服务价格有所回落,较上年下降0.3%。

4. 固定资产投资

全市以项目建设为抓手,着力提升固定资产投资规模,全力推进重点项目建设。全年完成全社会固定资产投资2 103.6亿元,比上年增长23.4%,其中工业投资1 180.4亿元,比上年增长21.6%;服务业投资909.7亿元,增长26.0%。民间投资较为活跃,全年完成投资1 481.7亿元,比上年增长29.2%,增速高于全社会投资平均水平5.8个百分点,在总投资中所占比重由上年的67.3%提高至70.4%。

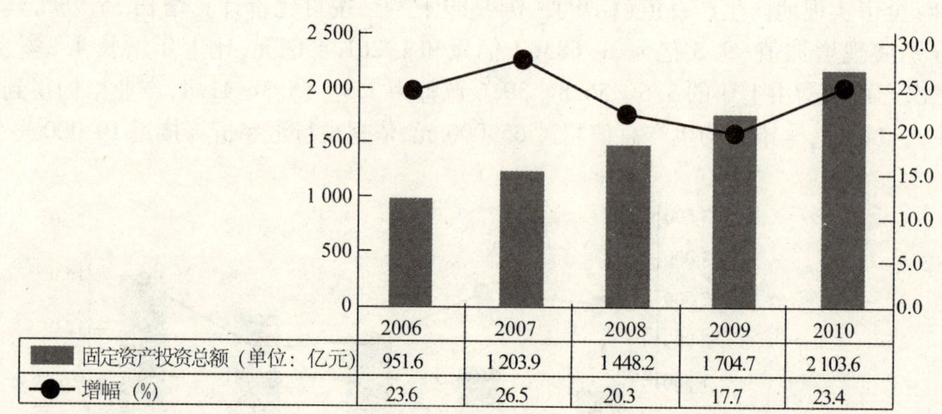

	2006	2007	2008	2009	2010
固定资产投资总额(单位:亿元)	951.6	1 203.9	1 448.2	1 704.7	2 103.6
增幅(%)	23.6	26.5	20.3	17.7	23.4

图3-65　2006-2010年常州市全社会固定资产投资及增长幅度

5. 区县经济

2010年,常州市区、溧阳市和金坛市经济发展较上年均有新的突破,区域发展格局进一步优化,地区生产总值所占全市的比重调整为75.93%、13.95%和10.12%。

2010年,常州市区共完成地区生产总值2 311.95亿元,较上年有大幅度提升;工业发展迅速,完成总产值5873.16亿元,占全市总量的79.41%;财政收入再创新高,其中地方财政一般预算收入达239.15亿元,占全市的83.57%;对外贸易彻底摆脱经济危机的影响,完成进出口总额199.49亿美元,占全市比重近90%;国内消费市场也异常活跃,完成社会消费品零售总额790.65亿元,占全市的70%以上。其中,武进区在“强投入、调结构、促转型”进程中,深入实施产业跃升、园区突破、城乡共建、民行幸福和机关创新“五大行动”,取得了巨大成就。全区实现地区生产总值1 163.90亿元,按可比价格计算,比上年增长13.5%,其中第三产业增加值385亿元,按可比价格计算,增长19.7%。第三产业增加值占地区生产总值的比重为33.1%,比上年提高2.1个百分点。全区人均地区生产总值11.68万元(按年均户籍人口99.63万计算),比上年增加1.89万元。完成预算内财政收入255.49亿元,比上年增长25.4%,其中地方一般预算收入85.19亿元,比上年增长35.5%。财政收入占地区生产总值的比重22.0%,比上年提高0.9个百分点。

2010年,溧阳市面对国际金融危机的持续影响和国内外环境的深刻变化,在市委市政府的正确领导下,全市人民深入贯彻落实科学发展观,围绕“全力冲刺‘十一五’,奋力实现新跨越”的工作主题,坚定信心,迎难而上,以加快转型升级为主线,坚持扩内需与稳外需相结合,保增长与调结构相结合,谋创新与促发展相结合,重民生与抓经济相结合,统筹做好各项工作,全市经济继续保持较快发展,各项

社会事业取得新的成绩，较好地完成了年初确定的各项目标任务。全市国民经济保持平稳较快发展，全年实现地区生产总值424.66亿元，比上年增长17.7%。从三次产业完成情况看，第一产业增加值30.18亿元，增长10.1%；第二产业增加值244.03亿元，增长17.8%（其中，工业增加值218.73亿元，增长18.8%，建筑业增加值25.30亿元，增长10.0%）；第三产业增加值150.45亿元，增长19.2%，三次产业比重为7.1∶57.5∶35.4。2010年全市财政总收入达到80.01亿元，比上年增长20.0%，其中地方一般预算收入29.00亿元，比上年增长25.2%。财政总收入占GDP的比重达18.8%，比上年提高了0.3个百分点。

2010年，金坛市上下紧紧围绕"三年翻番、跨越发展"的奋斗目标，全力加快"开发区、滨湖新城、茅山风景区"三大板块建设，扎实开展"项目投入、招商引资、创新发展"三大攻坚行动，积极实施"产业转型、环境面貌、民生事业"三大提升工程，全市经济总体走出国际金融危机阴影，呈现又好又快发展态势，各项社会事业全面进步。全市实现地区生产总值308.28亿元，按可比价计算比上年增长12.9%，人均地区生产总值超过56 000元。产业结构更趋优化，全年第一产业完成增加值22亿元，增长4%，占地区生产总值的比重为7.1%，比上年下降0.6个百分点；第二产业仍是全市经济发展的主要推动力量，全年完成增加值173.7亿元，增长14.3%，占地区生产总值的比重为56.4%，比上年提高0.1个百分点；第三产业完成增加值112.6亿元，增长12.5%，占地区生产总值的比重为36.5%，比上年提高0.5个百分点。全市实现财政总收入51.55亿元，增长24.8%，其中地方一般预算收入18.03亿元，增长28%。

表3－8　常州市区县部分主要经济指标一览

县市	地区生产总值	工业总产值	城镇固定资产投资	地方财政一般预算收入	进出口总额	社会消费品零售总额
	（亿元）	（亿元）	（亿元）	（亿元）	（亿美元）	（亿元）
常州市	3 044.89	7 396.09	1 420.47	286.18	222.78	1054.39
常州市区	2 311.95	5 873.16	1 152.55	239.15	199.49	790.65
溧阳市	424.66	932.65	148.19	29.00	6.56	147.54
金坛市	308.28	590.27	119.73	18.03	16.73	116.21

（二）农业

2010年，全市实现农林牧渔业总产值174.5亿元，比上年增长8.6%。粮食生产再获丰收，全市粮食播种面积161.5千公顷，比上年增长2.2%；粮食总产量达115.2万吨，较上年增长0.9%。粮食亩产475.4公斤，其中水稻亩产620.1公斤，比上年增长4公斤，蝉联全省"八连冠"。高效农业规模化建设大力推进，全市新增高效农业面积达14.1万亩（其中设施农业6.1万亩），高效渔业面积6.3万亩，累计建成高效农业面积99万亩，占耕地的比重突破41.0%；新建高标准农田10.9万亩，累计建成高标准农田93万亩，高效农业产业集聚效应显现。截至2010年底，全市共有无公害农产品生产基地344个，省级以上认证的无公害农产品464只，省级名优农产品39个，获得绿色标志的农产品279只，有机食品131个。

农业园区强势推进。2010年，全市集聚要素投入，重点推进金坛长荡湖现代高效河蟹产业园、溧阳曹山现代农业示范园、武进区农博园、新北区设施蔬菜产业园等10个重点产业园区的建设，一批组织机构健全、规划起点较高、功能特色鲜明、承载发展较强的大型农业产业园区加快形成。全市126个农业园区面积达9.9万亩、平均单体面积达783亩，分别比上年增长25.4%和53.2%；园区亩均效益5 200元，比上年增长44%。金坛市长荡湖现代高效河蟹产业园、武进农博园被认定为省级首批现代农业产业园区。

(三)工业和建筑业

2010年,常州市工业经济总体呈现规模扩大、效益改善、质量提升的良好发展态势。全年完成规模以上工业产值7 387.8亿元,比上年增长23.6%,其中轻工业完成产值1 562.1亿元,增长17.8%;重工业完成产值5 823.0亿元,增长25.2%。实现产品销售收入7 263.3亿元,利税613.7亿元,利润405.8亿元,分别比上年增长23.9%、37.4%、48.1%。按省统一口径计算,规模以上工业全年完成增加值1 698.6亿元,按可比价计算增长15.2%;

五大产业加速成长。五大产业(装备制造业、新能源、新材料、电子信息、生物技术及医药)规模以上企业全年完成产值4 731.2亿元,比上年增长28.2%,拉动全市工业经济增长17.4个百分点,占工业产值比重由上年的61.7%上升为64.0%;实现利税420.8亿元,比上年增长36.5%。

新能源产业呈现跨越式发展势头,全年完成产值301.1亿元,实现利税41.3亿元,利润37.3亿元,分别比上年增长52.1%、92.5%和105.7%,天合光能成为全市新兴产业中首家销售超百亿规模的企业。

重点骨干企业、规模较大企业发展势头良好,对全市经济增长的支撑作用不断提升。全市经济总量居前的百强工业企业全年完成工业总产值3 059.8亿元,比上年增长23.8%,比全市平均水平高出0.2个百分点,百强企业占规模以上工业总产值的比重由上年的41.3%提高到41.4%,拉动全市规模以上工业增长9.8百分点。全市产值超亿元的工业企业达1 123家,比上年增加184家,其中全市超百亿元工业企业由上年的3家增加到5家,分别为中天钢铁、申特钢铁、亚邦化工、金源铜业及天合光能。

建筑行业稳步发展。全年实现建筑业增加值175亿元,按可比价计算增长14%;完成施工产值835.9亿元,比上年增长23%。建筑企业拓展外部市场成效显著,全年在外省完成建筑业总产值187.6亿元,比上年增长14%,占全市建筑业总产值的22%;在省内市外完成建筑业总产值269.8亿元,增长28%,占全市建筑业总产值的33%。常州大剧院工程荣获中国工程质量最高奖"鲁班奖"。

(四)服务业

1.国内贸易

2010年常州市全年实现社会消费品零售总额1 054.4亿元,比上年增长19.6%,增幅比上年提高2.9个百分点。城乡市场发展基本保持同步,其中城市市场实现零售额975.1亿元,农村市场实现零售额69.6亿元,分别比上年增长18.5%、18.2%。热点商品持续旺销。与消费结构升级相关的住行类商品销售形势红火,汽车消费、家电消费依然保持活跃,金银珠宝等消费热点不断涌现。其中汽车类商品实现零售额163.1亿元,增幅达46%,金银珠宝类商品实现零售额12.1亿元,比上年增长45.3%。

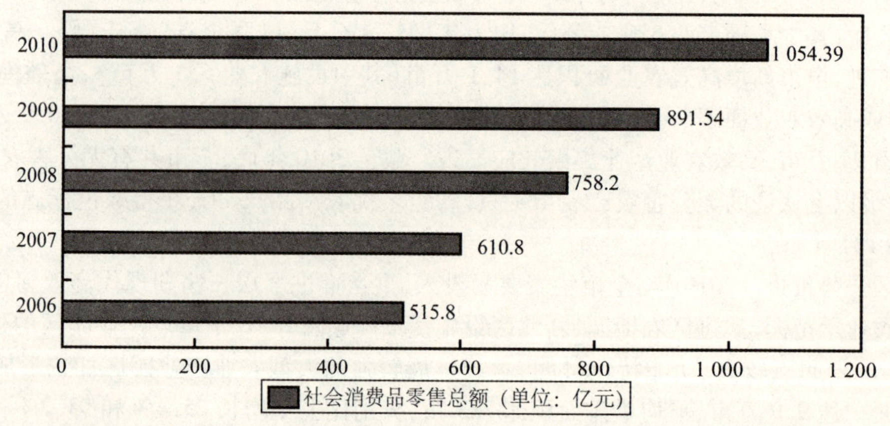

图3-66　2006-2010年常州市社会消费品零售总额及增长幅度

市场建设成效显著。全市商品交易市场逐步走向成熟，交易范围进一步扩大，形成了一批如江苏凌家塘市场、常州长江塑料化工交易市场、江苏湖塘纺织城等影响力大、辐射面广的知名大型交易市场，较好地满足了不同层次的消费需求，推动了各地区消费品市场的繁荣发展。全市成交额超百亿元市场达4个。

2. 交通运输、邮政通讯业

交通运能持续扩张。全年完成货物运输量13 109万吨，货物周转量89.8亿吨公里，分别比上年增长17.0%、16.0%；完成旅客运输量29201万人次，旅客周转量154.1亿人公里，分别比上年增长18.2%、19.8%。长江常州港完成港口吞吐量3 155.9万吨，集装箱吞吐量创历史新高，首次突破10万标准箱，达10.6万标箱，增长62.8%。民航常州机场全年进出港旅客65.8万人次，航空运输货物6 716.8吨，分别比上年增长23.0%、9.7%。机动车拥有量保持较快增长，年末全市民用汽车拥有量45.4万辆，比上年末增长26.3%，其中私人汽车33.9万辆，增长33.2%。

邮电通讯日趋完善。通讯技术服务功能日趋完善，通讯业发展日新月异，全年完成通讯业务收入50.5亿元，比上年增长6.1%。年末本地网电话用户数达159.6万户，无线市话用户14.5万户，移动电话用户501.4万户。"光速常州"4M提速工作深入推进，网络信息化步伐进一步加快，年末全市互联网用户数达88.9万户，比上年末增长8.3%。特快专递发展迅速，全年特快专递达330.5万件，增长20.4%。

3. 旅游业

2010年，常州市围绕"文化旅游年"主题，打造历史文化之旅，大力推进十大文化旅游项目开发，积极对接上海世博会，拓展旅游市场。全年实现旅游总收入349.7亿元，比上年增长23.9%；接待国内游客2802.4万人次，国内旅游收入326.1亿元，分别比上年增长19.6%和24.3%；接待入境游客35.9万人次，旅游外汇收入3.5亿美元，分别比上年增长17.5%和18.1%。环球恐龙城、库克苏克大峡谷、恐龙城大剧场、三河三园、淹城春秋乐园、天宁宝塔第4层"罗汉示迹"、运河五号创意街区等一大批旅游新项目先后建成开放。截止年底，全市共有5A级景区1家，4A级旅游景区9家，旅行社发展到104家，7家旅行社进入全省国内旅游突出贡献奖50强，星级酒店发展到65家，其中五星级酒店5家，四星级酒店22家。

4. 金融和保险业

年末全市金融机构人民币存款余额4 550.5亿元，比年初增长20.8%；金融机构人民币贷款余额3 011.7亿元，比年初增长19.8%。个人消费贷款增长迅速，其中个人短期消费贷款13.2亿元，增幅达98.9%；个人中长期消费贷款424.2亿元，增幅达42.8%。金融机构累计现金收入8 030.2亿元，现金支出8 170.2亿元，收支相抵净投放现金140.0亿元，与上年相比增长37.3%。

保险事业有序发展。年末全市纳入统计范围的保险公司共48家，全年实现保费收入86.5亿元，比上年增长19.2%。理赔管控卓有成效，全年各类保险赔款给付支出12.1亿元，比上年增长1.1%，其中产险支出10.5亿元，比上年下降0.4%；寿险支出1.6亿元，增长12.1%。

企业上市成效显著。全年5家公司先后在海内外资本市场挂牌，天合光能在纽交所完成增发再融资，天晟新材料、千红生化、星宇车灯、南方轴承、长海复合材料等5家企业通过中国证监会发审会审核。上市公司全年融资额达51.5亿元。截至年底，上市公司总数达到21家，累计募集资金总额达153.5亿元。

5. 房地产业

全年房地产开发企业完成开发投资447.0亿元，比上年增长46.0%。全年商品房屋施工面积达3 208.1万平方米，比上年增长16.7%，其中新开工面积1 322.8万平方米，增长60.5%；商品房竣工面积732.5万平方米,比上年回落2.3%。房产交易量高价升。全年商品房销售备案面积910.9万㎡,其中市区商品房销售备案面积744.3万㎡。商品房价格与上年相比涨势比较明显,但仍低于全省平均价格。全市商品房成交均价为6 307元/㎡,比上年提高26.9%,比全省平均水平低714元/㎡。

(五)开放型经济

1.对外贸易

2010年,常州市对外贸易实现恢复性增长,全年完成进出口总额222.8亿美元,比上年增长47.7%,增幅较上年提高62.2个百分点,其中出口155.6亿美元,增长43.2%;进口67.2亿美元,增长59.5%,实现贸易顺差88.4亿美元。出口商品结构得到优化,全年机电产品出口87.0亿美元,增长50.3%,占出口总额的比重达55.9%;高新技术产品出口36.8亿美元,增长84.7%,占出口总额的比重达23.7%。远洋市场得到拓展,贸易伙伴遍及全球六大洲201个国家和地区,其中对欧盟、东盟地区出口规模扩大明显,分别达46.0亿美元,14.2亿美元,比上年增长60.8%和51.3%;对东欧、拉美和大洋洲等新兴市场的出口增长速度迅猛,增幅分别达49.9%、45.8%和48.8%。

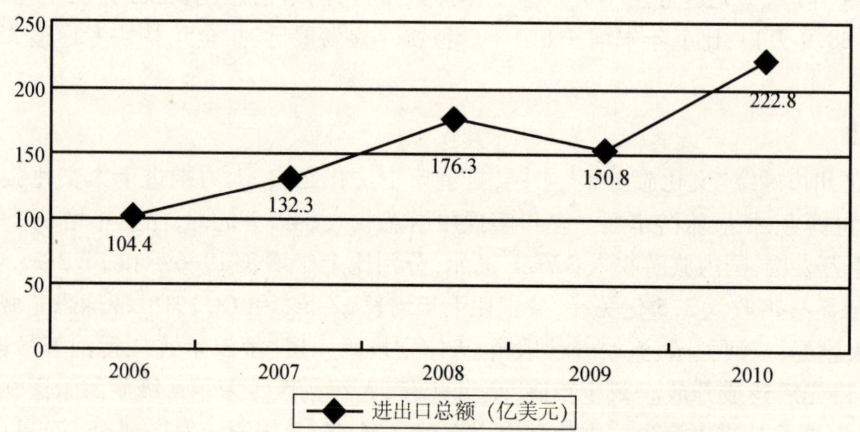

图3-67　2006-2010年常州市外贸进出口总额情况

2.利用外资

2010年全年实际到账外资达26.7亿美元,比上年增长18.1%,增幅超过全省增幅5.6个百分点,列苏南五市首位。重大项目引进取得新突破,全年新增工商登记注册外资3 000万美元以上项目32个,新增世界500强投资项目7个,累计已有51家世界500强企业在我市投资了76个项目。引资结构继续优化,全年制造业实际到帐外资15.3亿美元,占全市总量的57.3%;生产性服务业实际到帐外资1.9亿美元,占服务业总量的17.5%。

3.对外经济

全年新签外经合同额5.8亿美元,完成营业额4.7亿美元,分别比上年增长10.3%、14.2%。境外投资项目40个,中方协议投资额3.4亿美元,比上年增长209.7%,连续三年实现倍增。民企金昇公司总投资1.5亿美元,成功并购世界知名企业埃马克公司50%的股权,成为全省最大的境外并购项目。

4.服务外包

截止2010年末,全市外包企业发展至321家,通过CMMI3、ISO27001认证企业分别为72家和35家,认证企业数占全省三分之一,位居全省第一。全年服务外包合同额和执行额分别达2.8亿美元和2.2亿美元,其中离岸外包合同额1.8亿美元,外包执行额1.5亿美元。

5. 开发区建设

全年园区新增工商登记注册外资 40.62 亿美元，实际到帐外资 25.2 亿美元，较上年分别增长 14.1% 和 21.9%，增幅高于全市平均水平 0.4 个和 3.5 个百分点。全年 172 个新签总投资 1 000 万美元以上的外商投资大项目有 104 个落户开发区，占比达 60.5%。

6. 民营经济

截止 2010 年末，全市拥有私营企业（含分支机构）6.7 万户，个体经营户 15.8 万户，分别比上年末增长 12.6%、9.9%。全市私营企业注册资本 1 628.8 亿元，户均注册资本 242 万元，分别增长 35.5% 和 20.4%；个体经营户注册资本 59.4 亿元，户均注册资本 4 万元，分别增长 27.3% 和 15.8%。民营企业经营规模继续壮大，全年增加值总量达 1 770 亿元，按可比价计算增长19.1%，在全市经济总量中所占比重达 59.5%；上缴税收 291.0 亿元，比上年增长 24.2%，在全市税收总收入中所占比重达 62.9%，比上年提高 3.9 个百分点。

二、常州市 2010 年社会发展概况

（一）人口、人民生活

2010 年末全市户籍人口达 360.8 万人，比上年末增长 0.3%；暂住人口达 133.4 万人，比上年末增长 1.0%。自然增长率为 -0.7‰。

全年城镇居民人均可支配收入 25 875 元，比上年增长 80.9%；人均消费性支出 17 124 元，增长 7.3%；城镇居民恩格尔系数为 32.7%，比上年下降 1 个百分点。农民人均纯收入 12 637 元，比上年增长 12.9%；人均生活消费支出 9 924 元，比上年增长 12.2%；农村居民恩格尔系数 35.1%，比上年下降 1.1 个百分点。居民储蓄继续增加，截至 2010 年底居民储蓄存款余额达 2 009.24 亿元，当年新增253.01亿元。

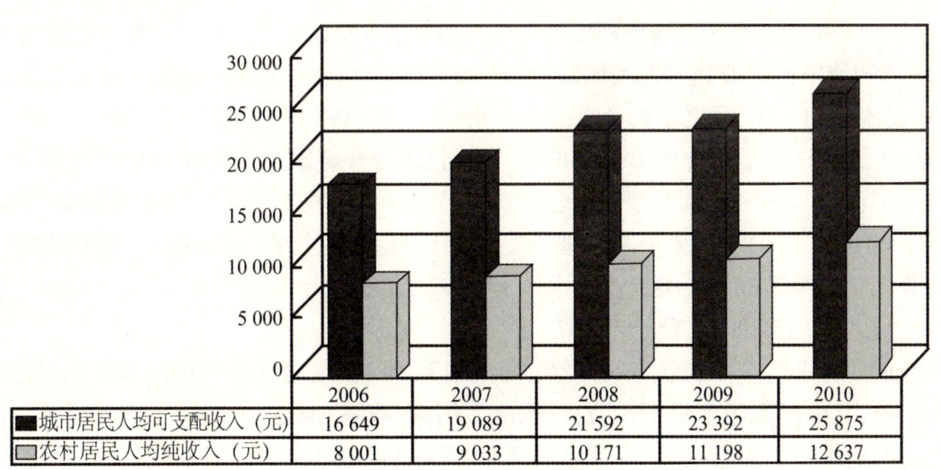

	2006	2007	2008	2009	2010
城市居民人均可支配收入（元）	16 649	19 089	21 592	23 392	25 875
农村居民人均纯收入（元）	8 001	9 033	10 171	11 198	12 637

图 3 -68　2006 -2010 年常州市城乡居民收入对比一览

（二）就业、社会保障

2010 年，常州市建立健全政策扶持、创业培训、创业服务“三位一体”工作机制，强化各类培训措施帮助劳动者提高就业能力，加大对就业困难群体的帮扶力度。全市新增就业 9 万人，扶持创业 4340 人，创业带动就业 2.2 万人，失业人员实现再就业 4.8 万人，其中就业困难对象再就业 1 万人。城镇

登记失业率继续控制在4%以内。大力推进就业再就业培训工作,全年完成各类就业再就业培训6万人次,农村劳动力培训3万人,农民工在岗培训2.8万人。

社保体系日趋健全。全市养老、医疗、失业、工伤、生育保险分别净增参保6.3万人、7.9万人、5.7万人、6.7万人、7.3万人,企业养老保险、职工基本医疗保险、失业保险覆盖率继续保持98%以上。全市五大保险基金征收达96.6亿元,支出76.5亿元。正式出台《常州市市区城乡居民社会养老保险实施办法》,实现城乡居民养老保障制度全覆盖,市区企业职工月均养老金水平达1 661元,职工医保住院现金自付比例降至23.8%。农村保障标准大力提高,全市新农保参保51万人,参保率达98.7%,直接享受基础养老金38万人,发放率100%。住房保障工作扎实推进,全国加快保障性安居工程建设工作座谈会在常州召开,保障房"常州模式"得到国务院领导肯定。全市新增廉租住房保障家庭1 062户,新增经济适用房货币补贴保障家庭724户,新增公共租赁住房保障家庭405户,试点保障新就业大学生85名。新增廉租住房和公共租赁住房实物配租855户。

救助体系日臻完善。积极发展养老服务,实施老年人"阳光工程",加强基本养老服务体系建设,年末拥有各类养老机构93个,床位总数达14 095张,收养人数达9 627人,建成A级以上居家养老服务中心331个。加大对困难群体的慈善救助,全市有31 127户、59 485人纳入低保范围,其中城镇低保对象11 620户、22 331人;农村低保对象19 507户,37 152人。1 214名大病重病患者获得医疗救助,救助金额达205万元。

(三)科学技术与创新

科技创新迈出大步伐。2010年,常州市全社会研发投入占地区生产总值比重达到2.33%,连续10年被评为"全国科技进步先进城市"。启动国家创新型科技园区和创新型城市建设,初步形成以各级各类创新创业平台为载体,国家创新型科技园区为基地,覆盖全市产业和地区的创新网络。全市新增国家级重点实验室1家、企业技术中心2家、博士后科研工作站3家;新增省级工程技术研究中心92家、博士后科研工作站7家、企业技术中心17家、企业院士工作站17家。加强创业孵化平台建设,全市孵化器面积累计达253万平方米,在孵企业3130家。产学研合作纵深推进。以常州科教城为引领,探索形成了"经科教联动,产学研结合,校所企共赢"的新模式。年内举办"轨道交通技术创新与国际合作"论坛、"智能电网产业技术发展国际论坛与专题产学研对接活动"论坛等较大规模国际科技合作对接、技术交流活动4次,开展重大产学研合作活动23场、各类产学研专题对接45场次,参与企业超过2000家,正式签订产学研合作项目368项,签订技术合作金额近4亿元。启动实施新一轮"千名海外人才集聚工程",组织两批领军型创新创业人才引进项目,共有195个领军型创新创业人才项目签约常州。至2010年底,共有12位入选国家"千人计划"的人才、84位入选省"双创人才"的人才在常州创新创业。年末全市拥有各类专业技术人员37.2万人,比上年增长6.1%。引进各类专业技术人才3.3万人,其中博士508人,硕士1 267人。

科技创新成效显著。全年新认定高新技术企业121家,新增高新技术产品528只,实施省级以上科技项目332项,其中国家级项目118项,争取落实国家、省各项科技专项资金3.4亿元,企业承担重大项目的能力明显提升。全年专利申请量达到15 874件,较上年增长31.0%,其中专利发明申请3 316件,占申请量的20.9%;专利授权9 093件,增长87.2%。

(四)教育和文化

1.教育现代化稳步推进

年末全市共有各类全日制学校388所,在校学生60.4万人。在园幼儿9.7万人,成人高校及成人中专4.1万人。教职工达4.3万人,其中专任教师3.5万人。推进校舍安全工程建设,实施千万元以上教育重点项目21个,开工面积达35万平方米。推进教育信息化建设,拍摄完成并在网上和电视台科教频道免费播出"名师导学"100讲。新增"春晖工程"优质精品课200节(总数达1000节以上),市一级校园网占比达80%。教育开放深入推进,AFS项目、"汉风龙韵"国际中学生中华文化夏令营等品牌的影响力日益扩大。

基础教育全面发展。学前三年教育入学率达100%,全市义务教育阶段入学率达100%,初中毕业生升入高一级学校的比例达99.9%,18-21周岁适龄青年高校毛入学率达68.9%,较上年提高2.2个百分点。全市外来务工人员子女接受义务教育普及率100%、公办学校吸纳比例85.1%,落实帮困助学金2 700万元。推进学校特色化发展,创建省艺术特色学校9所、省健康促进学校25所,省绿色学校11所、首批省青少年科学教育特色学校5所。职业教育全面提升。100%职业学校成为省三星级以上职业学校。成功举办常州市职业院校创业设计大赛、技能竞赛月活动、科技创新大赛及作品展评活动,参加江苏省职业学校技能大赛获一等奖20个,9名学生代表省参加全国职业学校技能竞赛获一等奖5个。2010年江苏省普通高校对口单招考试,市本科录取率51.4%,总录取率达98%,蝉联全省十一连冠。终身教育深入实施。进一步完善社区大学、社区学院、乡镇(街道)社区教育中心、村(居)民学校四级网络,成立常州市终身教育学会。自主建设"常州终身教育在线"并投入使用,通过引进、嫁接等方式建有社区教育课程1万门(讲),各类终身教育机构年培训总数达150万人次。

2. 文化事业繁荣活跃

全市38个乡镇文化站和城区21个街道文化中心建成信息共享工程服务点,创建星级农家书屋30个,图书馆、博物馆、纪念馆等场馆接待观众261万人次,常州市图书馆被评为国家一级公共图书馆和全国重点古籍保护单位。惠民演出常态化,戏曲会馆、小剧场、金秋书场等文化阵地演出1 135场,大剧院演出138场。"三下乡"送戏486场,送书23 000册,送电影13 860场。新中国成立以来常州地区规模最大的古籍整理编纂工程《常州先哲遗书》重版发行,《感谢时间》等四个作品参加了第三届江苏省新人新作大赛,荣获创作三等奖和两个优秀奖。《留守小孩》、《我们成长快乐》获第八届上海优秀儿童剧展演"最佳剧目奖"。全市19家动漫企业获得全国动漫企业资格认定,总数列全国第一,有11家企业获省文化产业引导资金,总计1200万元。《秋之白华》、《涨停板、跌停板》、《途爱》等三部电影投入拍摄,动漫作品《炮炮兵》获得国家原创作品扶持奖,《恐龙宝贝》、《晶码战士》等5部动漫作品在央视播出。全市拥有自办广播节目套数7套,自办电视节目8套,广播电视节目综合覆盖率达到100%。全年出版《常州广播电视报》327.6万份。

文化遗产加强保护。通过第三次文物普查,新发现文物点1503处,完成馆藏文物数据库建设工作,全市馆藏文物达35000件,国家一、二、三级文物4145件套。抢救性发掘了和家苑地块明清墓葬群,恒源畅厂修缮保护工程列入全省大运河保护十大重点工程,金坛市博物馆、溧阳新四军江南指挥部纪念馆列入全省博物馆展览展示提升工程,常州市"非物质文化遗产展示馆"正式对外开放。新增全国重点文物保护单位3处,省级文物保护单位5处。修缮各级文保单位76处。

(五)卫生和体育

1. 卫生事业持续发展

至年末,全市共有各类卫生医疗机构1 103个,其中各级各类医院、卫生院93家;卫生技术人员2.2万人,其中医生9 962人、注册护士7 777人。全市每千人拥有卫生技术人员6.08人、医生2.76人、床位4.63张。城市社区卫生服务中心和服务站业务用房、基本装备100%达到省定标准。医院挂钩帮扶社区卫生服务机构覆盖率达100%。城市社区卫生服务机构全科医生、护士岗位培训率达90%以上。甲型H1NI流感、手足口病得到有效防控,全市报告传染病率达100%,儿童免疫"五苗"覆盖率达98.6%,圆满完成十七届省运会卫生保障工作。

农村医疗条件明显改善。新型农村合作医疗参保人口达186.8万人,参保率达100%,人均筹资245元,住院医药费用补偿率比上年提高4.9个百分点。农村基本公共服务经费由10元提高到15元。全市建成66个乡镇卫生院、495个村卫生室,农村卫生服务体系健全率100%。

2. 体育事业逐步发展

成功承办十七届省运会,全市有768名运动员参加27个大项、589个小项的角逐,取得了奖牌总数第一、总分第二、金牌总数第三的好成绩。成功举办李宁杯中国羽毛球大师赛、第17届世界杯跳水比赛等2项国际比赛、14项国家级赛事、38项次省级赛事,央视转播超过100小时。常州籍运动员在重大比赛中获得3项亚洲冠军、8项全国冠军,其中高霆捷成为青奥会首位射击冠军。

群众体育蓬勃发展。完成老小区整治配套体育设施和场地建设10处,新建小区配套体育设施40处,达标率均为100%。新建羽毛球场地100片,先后建成紫荆公园全民健身基地、西林公园全民健身基地、飞龙公园室内综合运动馆。全市体育人口达到52.3%,连续14年获全国全民健身优秀组织奖。

(六)城乡建设

1. 城市建设与管理全面提升

南北新城建设全面启动,完成东部地区发展规划。基本建成了"两纵四横一环线"高速公路主骨架。城际铁路配套工程全面建成,确保了国家重点工程的顺利启用。

优化提升快速公交,基本建成骨干网络,全线环通快速公交配套路线,建成优质高效的快速公交"十字加环"骨干网络系统,日均客运量超过31万人次,占全市公交总客运量的近30%。全市644个行政村实现公交全覆盖,村村通公交,实现城乡一体化网线。快速公交一号线获得了第九届中国土木工程詹天佑奖,成为首个获此殊荣的城市公共交通项目。全国巴士快速交通成果交流会在常州召开,快速公交"常州模式"向全国着重推广。

公共服务水平不断提升。城区供水总量3.6亿立方米,其中居民生活用水1.3亿立方米,供水普及率达100%。全社会用电量291.2亿千瓦时,比上年增长14.0%。年末城市供气气化率达99%。全市生活污水日处理能力为56.5万吨,城区生活污水处理率达90.5%。垃圾处理92.0万吨,生活垃圾无害化处理率达100%。

2. 新农村建设力度加大

全年新建、改建农村公路203公里,改造农危桥245座。农村环境综合整治工作取得新成效,全面完成"三清一绿"千村整治任务,480个村达到"五化三有"整治标准,建成30个"村美、民富、班子强"的小康家园示范村。农民专业合作经济组织发展到696家,47家市级以上龙头企业带动基地种植面积76万亩,带动农户100万户。通过重点帮扶,减少了集体收入低于20万元的经济薄弱村100个。全市农村无害化卫生户厕普及率达96%,武进区雪堰镇、遥观镇、金坛市薛埠镇通过全国爱卫会考核,被评为国家级卫生镇。截止年末,全市拥有国家级卫生镇3个、省级卫生镇27个、省级卫生村478个。

(七)环境保护与资源节约

生态环境持续改善。全年空气质量优良以上天数达到334天,占全年总天数的91.5%,区域环境噪声平均值为54.4分贝,交通干线噪声平均值为67.4分贝,集中式饮用水水源地水质达标率为100%。搬迁整治污染企业288家,退批不符合环保审批要求项目35个,武进高新区被授牌全省首家低碳示范区。持续推进"清水工程",三条入太河流主要水质稳定达标。55条市河稳定达到"水清"标准。国家生态市建设工作顺利通过国家级技术考核和省级技术、工作考核,22项指标全面达到国家级考核标准。37个镇均通过全国环境优美镇考核,建成国家生态村4个、省级生态村83个。圆满完成"十一五"节能减排目标任务。

城市绿化展现新貌。大力实施五大特色绿化工程,完成投资29.2亿元,新增绿地961.5公顷。全面实施绿色通道工程,完成中吴大道、高架路二期等8条绿色道路绿化建设工程及沪宁高速常州道口等4条道口绿化提升工程。年末建成区绿地面积达5861.6公顷,其中公园绿地面积1631.5公顷,分别比上年末增长14.5%和5.8%;城区人均公园绿地达到12.4平方米;拥有省级园林式居住小区68个,省级园林式单位172个,获得中国人居环境范例奖。

三、挑战与目标

在肯定成绩的同时,也要清醒地看到常州市发展中存在的问题和不足。主要表现在:经济结构调整虽然取得明显进展,但工业结构仍然偏重,现代服务业比重还不高,转型升级任务艰巨;城乡居民收入虽然稳步增长,但增速偏低,对照富民的要求差距不小;生态环境虽然得到较大改善,但环境污染的情况还时有发生,对此人民群众还有意见;虽然社会总体保持稳定,但不和谐、不稳定的因素依然存在,和谐社会建设任重道远;虽然政府效能有所提高,但不作为、乱作为、慢作为的现象还时有发生,工作作风有待进一步改进。这些问题和矛盾,要在今后的工作中切实加以解决。

2011年全市主要预期目标是:地区生产总值增长12%;地方一般预算收入增长12%;全社会固定资产投资增长18%;社会消费品零售总额增长17%;外贸进出口总额增长15%;注册外资实际到账增长10%;全社会研究与开发经费支出占地区生产总值的比重达到2.5%;城镇居民人均可支配收入增长10%,农民人均纯收入增长11%;城镇登记失业率控制在4%以内;万元地区生产总值综合能耗、化学需氧量、二氧化硫、二氧化碳、氨氮、氮氧化物排放量削减目标将根据省下达指标确定;环境质量综合指数达到85分以上。

四、常州市在长三角地区经济发展中的地位

2010年是圆满完成“十一五”目标任务、精心谋划“十二五”宏伟蓝图的关键之年,也是各项工作取得明显成效、经济社会全面协调发展的重要一年。常州市深入贯彻落实科学发展观,围绕“创新、发展、提高”,扎实开展“有效投入提升年”活动,坚持调结构促转型谋发展、抓统筹惠民生保稳定,以结构调整培育新的增长点,以自主创新抢占发展制高点,促进经济增长与转型升级互动并进,全市经济社会保持平稳较快协调发展,各项主要经济指标增长迅速,在长三角地区经济发展中的地位进一步提升。

2006-2010年,常州市地区生产总值在长三角所占比重分别为3.28%、3.32%、3.36%、3.48%和3.53%,呈现逐年增长的态势,累计增幅为0.25个百分点,其中,2010年所占比重比上年增加了0.05个百分点。2010年常州市地区生产总值在长三角地区25个市(苏浙两省24个地级市和上海市,下同)中比上年上升一位,排名第8位,继续保持着比较靠前的位置。

2010年,常州市经济发展平稳协调,运行态势积极向好,全年完成地区生产总值3 044.89亿元,比上年增长15.7%,其中一、二、三次产业分别实现增加值99.8亿元、1 683.7亿元和1 261.4亿元,比上年增长4.3%、14.3%和18.5%。三次产业结构由上年的3.6:56.8:39.6调整为3.3:55.3:41.4,产业结构得到进一步优化。按常住人口计算,全市人均生产总值超过65 000元,依据现行汇率折算接近10 000美元。

2006-2010年,常州市地方财政一般预算收入在长三角所占比重分别为2.61%、2.64%、2.63%、2.73%和2.99%,基本保持稳定增加的态势,2010年增速较快,所占比重比上年提升0.26个百分点。但2010年常州市地方财政一般预算收入在长三角地区25个市中比上年下降一位,排名第8位。

2006-2010年,常州市规模以上工业总产值在长三角所占比重分别为3.70%、3.81%、3.96%、4.30%和4.26%,在连年稳步增加的情况下,2010年出现小幅下滑,所占比重较2009年下降了0.04个百分点。但2010年常州市规模以上工业总产值在长三角地区25个市中比上年上升一位,排名第7位,继续保持着靠前的位置。

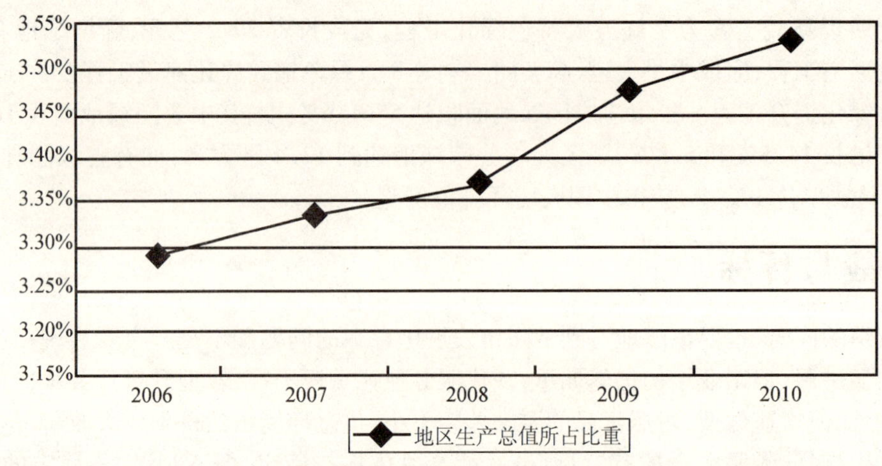

图 3-69　2006-2010 年常州市地区生产总值在长三角所占比重的变化趋势

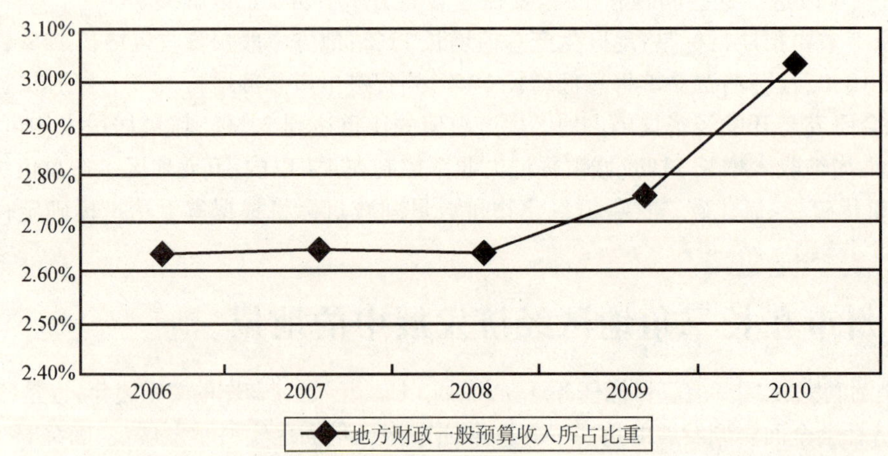

图 3-70　2006-2010 年常州市地方财政一般预算收入在长三角所占比重的变化趋势

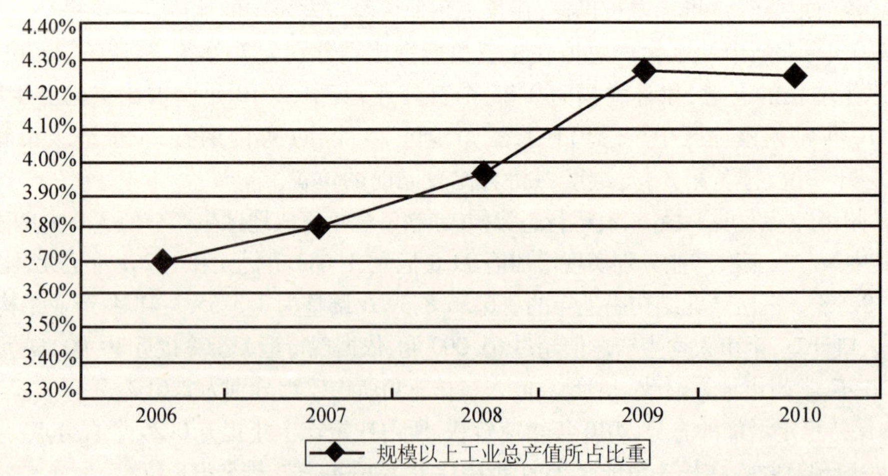

图 3-71　2006-2010 年常州市规模以上工业总产值在长三角所占比重的变化趋势

2006-2010 年,常州市进出口总额在长三角所占比重分别为 1.75%、1.79%、2.12% 和 1.87%、2.05%,在 2009 年出现较大幅度回落后,2010 年继续保持上扬,较上年增幅为 0.18 个百分点。2010 年常州市进出口总额在长三角地区 25 个市中比上年上升一位,排名第 9 位,继续保持着前十的位置。

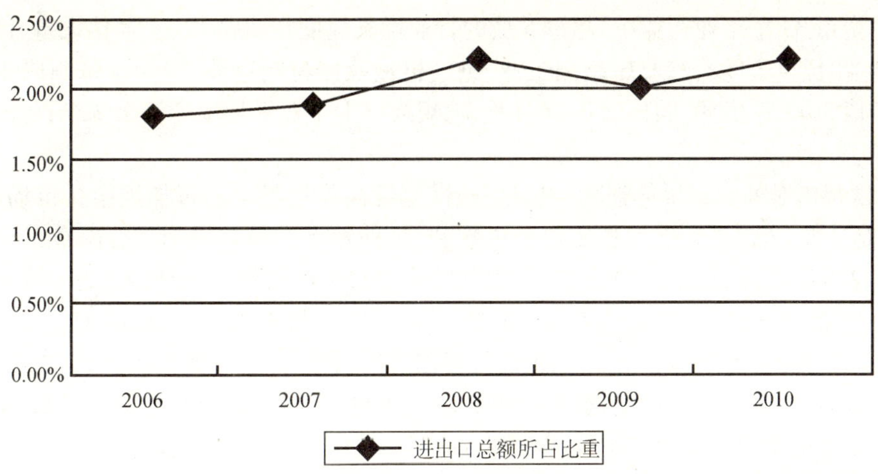

图 3－72　2006－2010 年常州市进出口总额在长三角所占比重的变化趋势

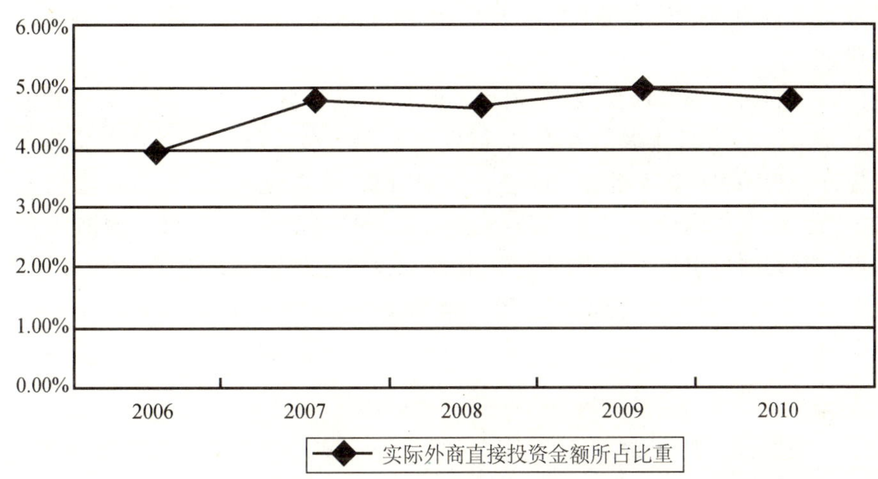

图 3－73　2006－2010 年常州市实际外商直接投资金额在长三角所占比重的变化趋势

2010 年，常州市工业企业经济效益继续向好，带动地方财政一般预算收入和职工工资稳步增长，最低工资标准上移，社会保障力度增强，人民群众共享发展成果的步伐加快。全市全年完成财政总收入 841.7 亿元，比上年增长 23.5%，其中地方一般预算收入 286.2 亿元，增长 32.6%，增幅比上年提高 16 个百分点。一般预算收入占 GDP 的比重达 9.6%，比上年提高 1 个百分点。从收入构成看，税收收入 237.7 亿元，比上年增长 27.9%，占总收入的 83.1%。各主体税种中，营业税、个人所得税、企业所得税和契税增长较快，成为拉动我市财政增收的主动力。全年营业税入库 65 亿元，企业所得税（40%）入库 35.8 亿元，个人所得税（40%）入库 14.5 亿元，契税入库 27.2 亿元，分别比上年增长 28%、49.5%、35.3% 和 49.2%。

2010 年，常州市工业经济高位运行。全年工业生产总体保持较快增长，虽然进入下半年后，随着同期基数的逐步抬升，工业生产增速有所放缓，但仍保持了 20% 以上的增幅。全年规模以上工业实现增加值 1 698.6 亿元，增长 15.2%，增幅同比提高 0.4 个百分点。先进装备制造、新能源和环保节能、电子信息、新材料、生物技术及制药等五大产业发展向好。规模以上五大产业完成工业总产值 4 731.2 亿元，比上年增长 28.2%，高于全市平均增幅 4.6 个百分点，占规模以上工业产值比重由上年的 61.7% 上升为 64%，提高了 2.3 个百分点。重点企业支撑明显。经济总量前百强工业企业实现工业总产值 3 059.8 亿元，比上年增长 23.8%，比全市平均水平高出 0.2 个百分点。截止到年末，全市有 5 家企业产值超过百亿元，比上年增加 2 家；12 家企业产值超过 50 亿元，比上年增加 4 家。主导产业稳步发展。全市33个工业行业中,超过5成的行业增长速度在20%以上,通信设备、计算机及其他电子设备制造业、黑色金属冶炼及压延加工业、电气机械及器材制造业、专用设备制造业和通用设备制造业完成产值3622.2亿元,同比增长26.1%,比规模以上工业平均增速高出2个百分点,占规模以上工业产值的49.0%。

2010年,常州市对外贸易增势强劲,出口呈现恢复性高位增长。通过抓展会拓市场、抓政策强扶持、品牌基地促升级,全市外贸保增长工程推进顺利,对外贸易总量规模超过金融危机前水平。全年实现进出口222.8亿美元,比上年增长47.7%;其中出口155.6亿美元,增长43.2%,高于江苏省平均水平7.4个百分点,增幅列江苏省第5位,苏南五市之首;外资企业出口82.4亿美元,比上年增长49%,占全市出口总量的52.9%。出口队伍数量再创新高,有出口实绩的企业达3542家,创历年来最好水平;规模型出口企业支撑作用突显,全市出口超过3000万美元以上的企业85家,比上年净增35家;其中列前50位的重点企业出口增幅达60%,拉动全市出口增长22个百分点。

2006-2010年,常州市实际外商直接投资金额在长三角所占比重分别为3.74%、4.57%、4.51%和4.84%和4.62%,基本保持平稳增长的态势,2010年较上年有所下滑,增幅为0.22个百分点。2010年常州市实际外商直接投资金额在长三角地区25个市中比上年保持一致,排名第6位,继续保持着领先的位置。

面对后危机时代的新机遇和新挑战,常州市不断加大招商引资工作力度,着力提升产业招商、项目招商和“双引”成效,“以大载体吸引大项目,以优质资源承载大项目”,利用外资规模、数量和质量均得到明显的提升。2010年,全年新增工商登记注册外资49.1亿美元,比上年增长13.7%;实际到帐外资26.7亿美元,比上年增长18.1%,实际到帐外资增幅列苏南五市首位,增幅高于江苏省平均水平5.6个百分点。重大项目引进取得新的突破,新增总投资超3亿美元项目2个,新增“世界500强”企业在常投资项目7个,玉柴重工、晶品光电等一批重大项目顺利批办。

六　苏州市2010年经济社会发展报告

2010年苏州市紧紧围绕建设“三区三城”的总目标，以加快转型升级，转变发展方式，推进创新型城市建设为重点，注重稳定发展和加快转型相结合，经济增长和民生改善相结合，巩固优势和推进创新相结合，妥善解决新矛盾、新问题，奋勇拼搏，创先争优，圆满完成了“十一五”规划和2010年的主要目标和重点任务，经济社会呈现又好又快的发展局面。

一、苏州市2010年经济发展概况

（一）综合经济

1. 经济总量

2010年全市实现地区生产总值突破9 228.91亿元，按可比价计算比上年增长15.9%。三次产业结构由2005年的2.2∶64.8∶33.0演变为1.7∶56.9∶41.4，第一产业和第二产业比重分别下降0.5和7.9个百分点，第三产业比重上升11.4个百分点。

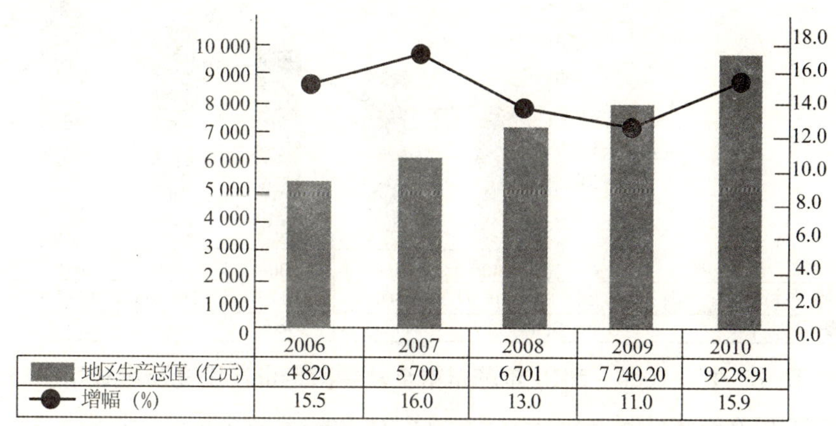

	2006	2007	2008	2009	2010
地区生产总值（亿元）	4 820	5 700	6 701	7 740.20	9 228.91
增幅（%）	15.5	16.0	13.0	11.0	15.9

图3－74　2006－2010年苏州市地区生产总值及增长速度

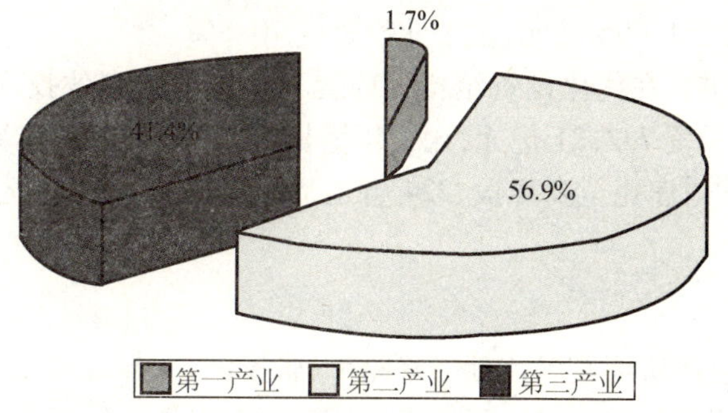

图3－75　2010年苏州市三次产业结构图

2. 财政收支

全市实现地方一般预算收入900.6亿元，比上年增长20.9%，其中税收收入增长21.4%。营业税、企业所得税、个人所得税分别增长15.8%、55.5%和37.6%。

公共服务能力不断提高，财政支出进一步向民生倾斜。全市地方一般预算支出820.7亿元，比上

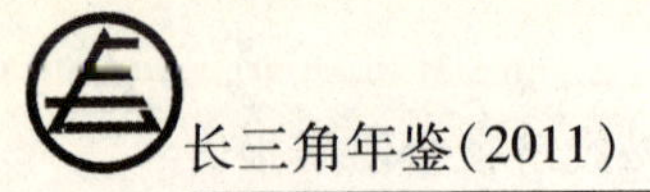

年增长 20.5%,其中用于社会保障与就业、科技、教育、文化、医疗卫生和环境保护等方面的财政投入为 295.6 亿元,比上年增长 20.5%。全市各级财政涉及民生方面的支出占财政支出的 49%。

3. 物价指数

加强价格监管,开展重要民生商品“晒价格、比价格、稳价格”活动,全年居民消费价格总水平涨幅控制在 3.4%。

2010 年,受输入型成本推动、农产品价格上涨以及政策性因素影响,居民消费价格指数呈前低后高状态。全年市区居民消费价格总水平比上年上升 3.4%,八大类消费价格“七升一降”:食品类、烟酒及用品类、医疗保健和个人用品类、家庭设备用品及维修服务类、交通及通信类、娱乐教育文化用品及服务类和居住类价格分别比上年上升 6.0%、2.0%、5.3%、1.9%、1.1%、1.0%和 3.7%;衣着类价格比上年下降 1.9%。

4. 固定资产投资

2010 年全市完成全社会固定资产投资 3 617.82 亿元,增长 21.9%,其中,第一产业完成投资8.33 亿元,增长 28.9%;第二产业完成投资 1 564.85 亿元,增长 19.9%;第三产业完成投资 2 044.64 亿元,增长 23.5%,占全社会投资的比重达到 56.5%,比上年提高 0.7 个百分点。

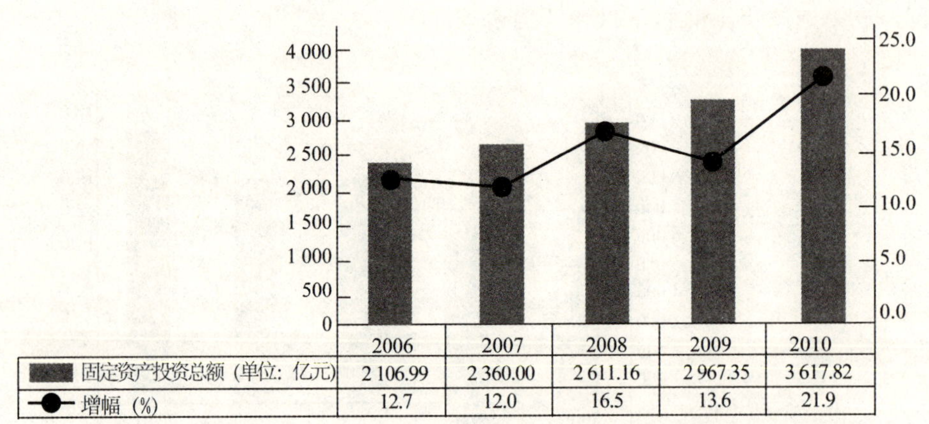

	2006	2007	2008	2009	2010
固定资产投资总额(单位:亿元)	2 106.99	2 360.00	2 611.16	2 967.35	3 617.82
增幅(%)	12.7	12.0	16.5	13.6	21.9

图 3-76　2006-2010 年苏州市全社会固定资产投资及增长幅度

全社会投资中,国有经济投资 765.25 亿元,增长 21.2%;私营个体经济投资 1 154.51 亿元,增长 25.9%;三资企业投资 812.58 亿元,增长 5.7%。全市新兴产业完成投资额 560.59 亿元,占全社会投资的 15.5%。工业技改投资 1 096 亿元,占工业投资的 70.5%。

基础设施建设稳步推进。在优化投资结构的前提下积极扩大有效投入,加快推进重点基础设施建设。全市完成基础设施投资 732.21 亿元,比上年增长 8.2%。建成沪宁城际铁路苏州段,锡张高速公路建成通车,完成 338 省道鹿苑至高峰段、224 省道周市至任阳段、230 省道吴江北段改造任务,改建 227 省道常熟段。

5. 区县经济

2010 年,苏州市区县经济协调发展,市区、常熟市、张家港市、昆山市、吴江市、太仓市地区生产总值在全市中所占比例依次为 25.33%、15.75%、17.37%、22.76%、10.87%、7.91%,地区间经济差异进一步缩小。

2010 年,常熟市深化产业结构调整,加快经济转型步伐,优化社会发展环境,强化各项政策措施,全市经济实现又快又好发展,发展的协调性不断改善,发展的内生动力不断增强,发展的可持续性不断提升。2010 年,全市实现地区生产总值 1 453.61 亿元,按可比价计算比上年增长 13.6%,增速比上年加快 1.6 个百分点。其中:第一产业增加值 29.4 亿元,增长 4%;第二产业增加值 815.89 亿元,增

长13.7%；第三产业增加值608.32亿元，增长13.8%。三次产业比例由上年的2.19∶56.21∶41.60调整为2.02∶56.13∶41.85。在第十届全国县域经济基本竞争力排名中位居"区域经济强县统筹发展组团"并列第一名，荣获《福布斯》杂志"2010年中国大陆最佳县级城市"第二名。

2010年，昆山市紧紧围绕"保增速、促转型、上水平、抓特色、强队伍"的工作主线，在应对新挑战中积极促进经济转型升级，在抢抓新机遇中推动各项重点工作取得新突破，国民经济和各项社会事业保持平稳发展。全市地区生产总值达到2 100.28亿元，按可比价计算，比上年增长14.2%，成为国内首个GDP总量超过2 000亿元的县级市。产业结构不断优化，二、三产业共同推动经济增长的格局进一步巩固。全年完成第一产业增加值19.40亿元，比上年增长4.0%；第二产业增加值1 345.86亿元，增长14.2%；第三产业增加值735.02亿元，增长14.5%，服务业增加值占GDP比重达到35.0%。按常住人口计算的人均地区生产总值达14.45万元（按现行汇率折2.18万美元）。在台湾电电公会公布的大陆地区投资环境评估中，昆山再次名列榜首。在《福布斯》发布的第二届中国大陆最佳县级市排名中，昆山蝉联第一。

2010年，吴江市经济运行保持平稳较快发展，各项社会事业取得新的进步，圆满完成了"十一五"规划和2010年的主要目标任务。全年实现地区生产总值1 003.39亿元，比上年增长12.6%。其中第一产业增加值27.04亿元，第二产业增加值605.10亿元，第三产业增加值371.25亿元，分别增长4.2%、11.9%和14.5%。三次产业增加值比例为2.7∶60.3∶37.0，第三产业增加值占比提高1个百分点。人均地区生产总值达到12 5674元，按现行汇率折算，人均地区生产总值约18 500美元。全年完成全口径财政收入291.63亿元，比上年增长42.2%，其中地方一般预算收入90.28亿元，增长28.6%。财政支出206.98亿元，比上年增长55.7%，其中一般预算支出84.06亿元，增长31.7%。居民消费价格总水平比上年上涨3.2%，其中食品类价格上涨8.0%，居住类价格上涨3.3%，衣着类价格上涨0.7%，交通和通讯类价格上涨0.4%，家庭设备及用品类价格下降1.9%。

2010年太仓市牢牢把握加快发展、转型升级、谋求新跨越的工作主题，创新克难，团结拼搏，较好地完成了年初确定的各项目标任务，经济社会呈现又好又快的发展局面。全年实现地区生产总值730.32亿元，按可比价格计算，比上年增长14.6%。其中，第一产业增加值26.98亿元，增长4.3%；第二产业增加值418.96亿元，增长14.5%；第三产业增加值284.38亿元，增长15.9%。按常住人口计算，人均地区生产总值达到105340元，增长12.2%。经济结构进一步优化，三次产业比例为3.7∶57.4∶38.9。财政收入大幅增加。全年完成财政收入180亿元，比上年增长30.2%。其中，地方一般预算收入70亿元，增长19.0%。地方一般预算支出65.81亿元，增长20.3%。

表3－9　苏州市区县部分主要经济指标一览

县　市	地区生产总值（亿元）	工业总产值（亿元）	城镇固定资产投资（亿元）	地方财政一般预算收入（亿元）	进出口总额（亿美元）	社会消费品零售总额（亿元）
苏州市	9 228.91	24 651.67	2 705.27	900.55	2 740.76	2 402.02
苏州市区	2 337.80	7 113.94	1 218.20	360.99	1 205.82	1 052.94
常熟市	1 453.61	2 883.27	270.91	100.09	173.20	360.19
张家港市	1 603.51	3 957.98	267.57	116.06	260.66	267.86
昆山市	2 100.28	6 590.80	410.33	163.13	821.24	356.64
吴江市	1 003.39	2 621.62	296.06	90.28	192.81	222.97
太仓市	730.32	1 484.05	242.20	70.00	87.02	141.43

(二)农业

2010 年,苏州市农业生产方式加快转变,“绿色农业、生物农业、市场农业”成为现代农业的发展方向。全市实现农林牧渔业总产值 269.73 亿元,比上年增长 8.4%。粮食产量 114.43 万吨,比上年增长 1.3%,其中夏粮产量 33.12 万吨,秋粮产量 81.31 万吨。新增高效农(渔)业面积 13.33 千公顷,累计达到 126 千公顷。建成 18 个万亩以上现代农业示范园区,海峡两岸(昆山)农业合作试验区成为国家现代农业示范园区,常熟农业科技园区进入国家级农业科技园区行列,吴江、太仓市被列为全国基层农技推广体系改革与建设示范县(市)。建成千亩以上高标准现代农业示范区 70 个。万亩以上农业示范园区 18 个。全年新增无公害农产品、绿色食品和有机食品 203 只,年末总数近 1500 只。

农田水利和农业基础设施建设进一步加强。全市完成农田水利总土方 2623 万立方米,疏浚整治各级河道 1 331 公里,加高加固圩堤 455 公里,增砌护岸 151 公里。

(三)工业和建筑业

工业经济平稳较快增长,内生动力明显增强。2010 年全市实现工业总产值 28 483.69 亿元,其中规模以上工业总产值 24 598.89 亿元,分别比上年增长 20.2% 和 22.3%。重工业产值 17 859.94 亿元,轻工业产值 6 738.95 亿元,分别比上年增长 24.3% 和 18.9%。

传统主导行业改造提升,保持优势。通信设备、计算机及其他电子设备制造业、黑色金属冶炼及压延加工业、电器机械及器材制造业、纺织业、化学原料及化学制品制造业、通用设备制造业六大行业实现产值 16 637.58 亿元,比上年增长 22.7%,占规模以上工业总产值的比重达 67.6%。

高新技术产业发展较快,不断壮大。全市实现高新技术产业产值 9007.89 亿元,比上年增长 27.2%,高新技术产业产值占规模以上工业总产值的比重达 36.6%。全市服务外包接包合同额 23 亿美元、离岸接包执行额 13.1 亿美元,分别增长 64.2% 和 50.1%。

新兴产业迅速崛起,发展势头强劲。新型平板显示、新材料、智能电网和物联网、高端装备制造、节能环保、新能源、生物技术和新医药等制造业新兴产业实现工业产值 7 100.56 亿元,比上年增长 29%,高于规模以上工业总产值平均增速 6.7 个百分点,占全市规模以上工业总产值的比重达28.9%。

高耗能行业有效抑制。钢铁、纺织、化工、造纸、建材、电力等六大高耗能行业产值增长 18.1%,低于规模以上工业增速 4.2 个百分点,六大行业产值占规模以上工业总产值的比重为 26.3%,比上年下降 1 个百分点。

规模型、地标型企业加快培育。全市百强工业企业实现工业产值 10 171.13 亿元,比上年增长 24.2%,占规模以上工业总产值的比重达到 41.3%,比上年提高 0.5 个百分点。全市 30 家民企跻身全国民企 500 强。

经济效益高开趋稳。规模以上工业企业实现主营业务收入 24 300 亿元,比上年增长 22.8%;利税总额 1 900 亿元,增长 25%,其中利润总额 1 400 亿元,增长 35%;产品销售率达到 98.8%;规模以上工业经济效益综合指数达到 203%。

建筑业稳定增长,行业素质和企业能力显着提升。全市完成建筑业总产值 1 256.82 亿元,比上年增长 16.6%。全年本地建筑企业在外省完成建筑业产值 194.13 亿元,比上年增长 44.5%。

(四)服务业

2010 年,苏州市实施服务业新一轮跨越发展计划,出台鼓励制造业企业分离发展现代服务业等政策,新增省、市级服务业集聚区 19 个,服务业增加值达到 3650 亿元,占地区生产总值的比重提高到 40.5%。

1. 国内贸易

2010 年,全市实现社会消费品零售总额 2 402.02 亿元,比上年增长 18.8%。

全市限额以上批发零售贸易业零售额中,主要大类商品销售增长情况为:汽车类增长 35.1%;金银珠宝类增长 34.7%;文化办公用品类增长 30.9% 服装鞋帽,针、纺织品类增长 28%;日用品类增长 24.9%;食品饮料烟酒类增长 19.2%;家电和音响器材类增长 17.2%;通讯器材类增长 9.9%;体育娱乐用品类增长 7.4%。年末全市共有商品交易市场 610 个,其中亿元以上市场 94 个,实现成交额 3 136.06亿元,增长 23.9%。

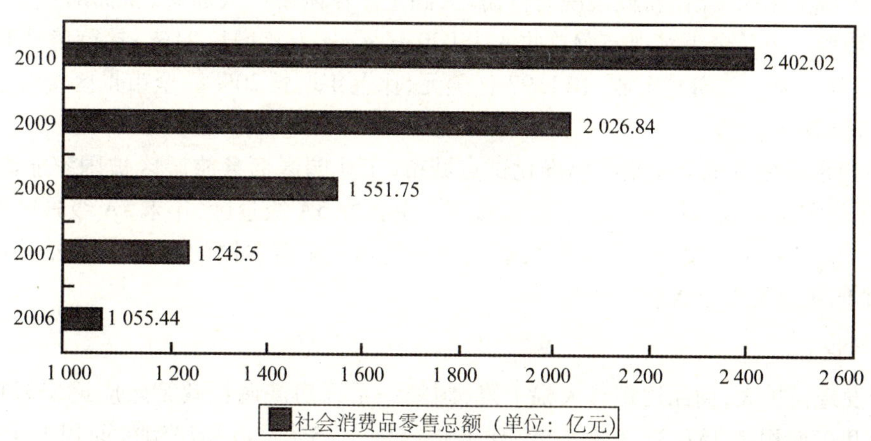

图 3－77　2006－2010 年苏州市社会消费品零售总额及增长幅度

2. 交通运输、邮政通讯业

交通基础设施建设扎实推进,现代综合交通运输体系不断完善,交通物流和城乡客运较快发展。全市完成交通基础设施投资 99 亿元,其中公路建设投资 71.6 亿元,港口建设投资 21.6 亿元。年末全市公路总里程 12 296 公里,其中高速公路 535 公里。全市完成公路、水运客运量 4.53 亿人次,客运周转量 196.45 亿人公里,分别比上年增长 15.1% 和 17.0%;完成货运量 1.34 亿吨,货运周转量 123.74 亿吨公里,分别比上年增长 18.0% 和 19.9%。苏州港港口货物吞吐量 3.3 亿吨,比上年增长 33.5%;集装箱运量 364.4 万标箱,比上年增长 34.1%。新增 5 个万吨级码头泊位,年末苏州港已建成万吨以上泊位 109 个。太仓港集装箱码头三期工程顺利建成,新开通 2 条远洋航线,区港联动、虚拟口岸、直通放行模式运作良好。

私家汽车保有量迅猛增长。全市年末拥有机动车 204.64 万辆,其中汽车 124.96 万辆,分别比上年增长 9.5% 和 23%。私家汽车保有量达到 97.97 万辆,比上年增长 25%。

邮电通信平稳发展。全市实现邮政业务收入 14.3 亿元,比上年增长 16.9%。发送函件 2.78 亿件、特快专递 1 338 万件、报刊 3.04 亿份。年末邮政储蓄余额 312.14 亿元,比上年增长 16.1%。全市电信业务总收入 155.4 亿元,增长 8.2%。年末移动电话用户 1 309.4 万户,互联网宽带用户达到 185 万户。

3. 金融和保险业

2010 年苏州市围绕建设区域功能性金融中心的目标,支持设立地方法人金融机构,苏州银行获准成立,在全国率先设立台资银行苏州分行和外资银行县域支行。引进各类创业投资机构,加快发展农村小额贷款公司和农村信用担保机构,推动企业上市融资和优势上市公司再融资。总规模 600 亿元的股权投资和创业投资母基金获准设立。全市新设 32 家农村小额贷款公司,总数达到 50 家,年末贷款余额达 130 亿元。全市新增上市公司 16 家,年末拥有境内外上市公司 52 家,共募集资金 358 亿元。

金融存贷款均衡增长。年末金融机构本外币存、贷款余额分别为 14 225.49 亿元和 10 831.62 亿元,分别比年初增长23.9%和19.1%,苏州成为全国首个人民币贷款余额超万亿的地级市。

证券机构继续增加。年末全市共有证券营业部60家,当年新增12家。全市证券交易开户总数111万户。证券机构托管市值总额1 700亿元,比上年增长150%。全年股票、权证、基金成交金额18 000亿元,比上年减少6.5%。

保险业规模持续快速增长,整体市场运行稳健。全市新增保险机构5家,年末全市共有保险机构56家。全年实现保费收入193亿元,比上年增长30%。全年已决赔款及给付43亿元,比上年下降14%。

4. 旅游业

着力打造古城文化深度游、新城浪漫时尚游、太湖生态休闲游三大品牌,全面对接上海世博会,积极推进旅游业转型升级。全市实现旅游总收入1 020亿元,比上年增长21%;接待境外游客259万人次,比上年增长18.2%。旅游外汇收入11.97亿美元,比上年增长20%。全市景区接待游客9 150万人次,比上年增长26%。

2010年苏州市成为首批全国旅游标准化试点城市,工业园区商务旅游区被国家旅游局授予全国首个"国家商务旅游示范区",同里、虎丘、留园被评定为国家5A级景区,年末5A级景区点5家,4A级景区点22家。甪直镇、千灯镇、锦溪镇通过国家、省特色景观旅游名镇的验收。年末全市拥有星级饭店159家,其中四星级及以上饭店71家。

5. 房地产业

房地产开发规模扩大,商品房销售大幅下降,国家一系列房产调控政策效应逐步显现。2010年,全市商品房新开工面积2 757.37万平方米,比上年增长71.3%。商品房销售面积1 453.54万平方米,下降38.1%,其中住宅销售面积1 144.84万平方米,下降43.1%。

(五)开放型经济

2010年,中新联合协调理事会第十二次会议在苏州成功召开,苏州友好代表团出访新加坡取得积极成效。成功举办国际友城交往30周年活动,新增友好交流城市14个,苏州再次获得全国国际友好城市交流合作奖。

1. 对外贸易

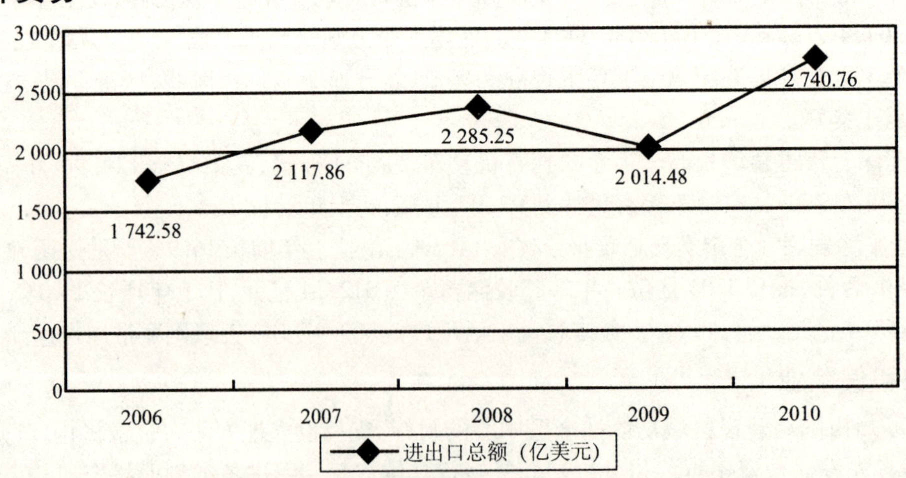

图3-78　2006-2010年苏州市外贸进出口总额情况

2010年,全市完成进出口总额2 740.8亿美元,其中出口1 531.1亿美元,分别比上年增长36.1%和34.2%。出口总额按贸易方式分,加工贸易出口1 121.7亿美元,一般贸易出口309.2亿美元,分别比上年增长27.5%和44.9%,一般贸易出口占全市出口的比重达20.2%,比上年提高1.5个百分点。

出口总额按企业类型分，国有、集体企业出口117亿美元、外商投资企业出口1 270亿美元、私营企业出口142.9亿美元，分别比上年增长65.2%、29.0%和68.9%。对欧盟、美国、日本三大市场的出口额935.32亿美元，增长32.2%，占全市出口总额的比重为61.1%，比上年下降0.9个百分点。对拉美、东盟等新兴市场出口额178.47亿美元，增长33.2%。

2. 引进内资

2010年全市坚持内资和外资双轮驱动、内需和外需协调互补的发展方针，在稳定外资规模、优化结构的同时，通过对接央企、吸引民资等多种途径，不断为经济发展增添动力。全市新引进内资项目8 706个，比上年增长40.0%，其中500万元以上的项目达2 872个，比上年增长64.9%。引进内资项目注册资本790.47亿元，比上年增长93.3%，其中新增外地注册资本756.93亿元，比上年增长94.4%。

3. 利用外资

2010年，苏州市加大战略性新兴产业招商引资力度，推动区域性功能总部、创业投资、风险投资、独立研发中心等高端外资项目落户苏州。全年实际利用外资85.33亿美元，增长3.7%，其中服务业利用外资23.5亿美元，增长37.0%，占全市实际利用外资的比重达到27.5%，比上年提高7.1个百分点。世界500强企业中有138家落户苏州。

4. 对外经济

2010年，全年新批境外投资项目118个，中方境外投资额4.74亿美元，分别增长6.3%和47.2%。民营企业境外投资3.49亿美元，占境外投资的73.6%。全年新签对外劳务承包合同额9.13亿美元，完成营业额5.7亿美元，分别比上年增长64.8%和29.7%。

5. 民营经济

全市积极培育具有竞争优势的规模型民营企业，大力发展"专、精、特、新"的中小民营企业，民营经济不断做大做强。全市新登记私营企业3.54万家，年末实有18.26万家；新登记私营企业注册资本1 109.74亿元，年末累计注册资本5 590.11亿元。年末全市共有规模以上民营工业企业7 680家，占规模以上工业企业数的57.6%，实现工业总产值7 709.05亿元，比上年增长20.7%，占规模以上工业总产值的比重达到31.3%。私营个体经济投资1 154.51亿元，增长25.9%，占全社会固定资产投资的比重达到31.9%。

6. 开发区建设

开发区积极推进"二次创业"，率先从开放优势向创新优势转变，从产业集聚向功能提升转变，从政策优惠向体制优化转变。全市共有省级以上开发区17个，其中国家级开发区8个。苏州工业园区成为全国首个服务贸易创新示范基地和全省首个工业化、信息化融合示范区，昆山高新区成为国家级高新技术产业开发区，常熟、吴江经济开发区升格为国家级经济技术开发区，昆山综合保税区和苏州高新区综合保税区投入运营。2010年，全市开发区新增注册外资135.28亿美元，实际利用外资73.44亿美元，实现地方一般预算收入501.18亿元，出口总额1 297.29亿美元，占全市的比重分别为80%、86.1%、55.7%和84.7%。加强南北挂钩合作，参与江苏沿海开发，苏州宿迁工业园、苏州南通科技产业园、苏州盐城沿海合作开发园区建设积极推进。

二、苏州市2010年社会发展概况

（一）人口、人民生活

2010年全市户籍人口出生58 402人，出生率为9.19‰，人口自然增长率为2.44‰，年末全市户籍总人口637.66万人，比上年增加4.37万人，其中市区户籍人口242.48万人，比上年增加2.27万人。

2010 年,城镇居民人均可支配收入 30 366 元、农民人均纯收入 14657 元,分别增长 15.4% 和 13.0%。收入结构逐步优化,非工资性收入保持较快增长,市区居民人均经营性收入、财产性收入和转移性收入分别比上年增长 13.3% 、22.6% 和 13.5%。

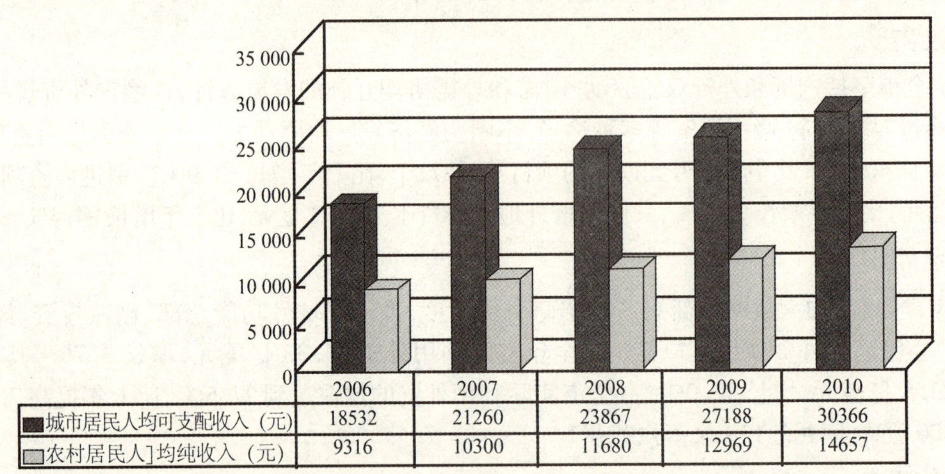

图 3－79　2006－2010 年苏州市城乡居民收入对比一览

(二)就业、社会保障

统筹城乡就业扎实推进,就业总量稳步增长。全市新增就业 14.5 万人,城镇登记失业率控制在 2.8%,苏州籍高校毕业生就业率达到 95.4%,零就业家庭实现动态清零,98% 的社区建成充分就业社区,95% 的行政村建成充分就业村。免费培训城乡劳动者 57.9 万人。降低劳动密集型小企业贴息贷款门槛,发挥创业引导资金作用,推动自主创业。

加快全民保障步伐,2010 年苏州市成为全国首个统筹城乡社会保障典型示范区。城镇职工养老、医疗、失业、工伤、生育五大社会保险覆盖面均在 98.6% 以上,社会保障基金征缴率超过 99%。农村基本养老保险参保率达到 99.6%,农村老年居民享受基本养老待遇或养老补贴的覆盖面达到99.9%。企业退休人员每月人均增加基本养老金 127.3 元。新型农村合作医疗年人均筹资 416 元,覆盖率达到 98.7%。城乡居民最低生活保障标准分别提高到每月 420 元和 340 元,昆山市、吴江市和吴中区、相城区、苏州工业园区、苏州高新区实现低保城乡并轨,上世纪 60 年代精减退职老职工补助标准由每月 540 元提高到 660 元。住房保障覆盖范围稳步扩大。全市新增廉租住房 1 285 套;新开工建设经济适用住房 6 638 套。大力推进公共租赁住房建设,全市新增公共租赁住房 20 563 间(套)。

加强社会救助,发放各类救助补助金 14.1 亿元,帮扶困难群众 18.6 万人次。城乡特困人群医疗救助覆盖率达到 100%。发展养老事业,新增养老床位 5 200 张,吴江、太仓、张家港市和金阊区被评为全国老龄工作先进单位。建成残疾人康复中心 9 个,苏州创建全国残疾人工作示范城市通过验收,张家港、昆山、吴江市被命名为首批全国残疾人社区康复示范县(市)。

(三)科学技术与创新

加快建设国家创新型城市,苏州市科技进步综合实力保持全省领先。2010 年,全社会研究与试验发展经费支出占地区生产总值的比重达到 2.3%。加强产学研合作,在纳米技术、融合通信、小核酸、新型感知器件、生物医药和医疗器械等领域组建了一批产业技术创新战略联盟。中科院苏州纳米技术与纳米仿生研究所、中科院苏州生物医学工程技术研究所和苏州纳米技术国家大学科技园、常熟大学科技园、苏州大学平江科技园等创新载体加快建设。全市 82% 的本土大中型企业建立了研发机构。

省级以上科技公共服务平台达到37个,其中国家级服务平台13个。吴中科技园、太仓港经济开发区新区成为国家级国际科技合作基地,吴江市建成国家通信光电缆产品质量监督检验中心。苏州工业园区和昆山光电产业园成为首批国家新型工业化产业示范基地,三星高世代液晶面板项目获得国家批准。

优化升级姑苏人才计划,突出打造"1010"工程,精心组织苏州国际精英创业周活动,参会层次、招才规模、签约项目均创新高。苏州入选国家"千人计划"人数达到30名,居全国地级市首位;进入省高层次创新创业人才引进计划的人数连续四年保持全省第一。

苏州市创建国家知识产权工作示范城市通过验收,并成为国家高技术服务产业基地和全国中小企业知识产权战略推进工程实施单位。2010年,全市专利申请量和授权量分别达到77 194件和46 109件,分别比上年增长25.9%和17.4%,分列全国大中城市第一位和第二位。

打造知名品牌,放大品牌效应,新增中国驰名商标8件,2010年苏州市被确定为全国首批商标战略实施示范城市。

(四)教育和文化

坚持教育优先发展,颁布《苏州市中长期教育改革和发展规划纲要》。全市拥有各级各类学校652所,在校学生95.85万人,毕业生24.19万人,教职工总数7.66万人,其中专任教师6.52万人。在苏高等院校20所,二级学院4所。普通高等学校在校学生18.78万人,毕业生5.4万人;成人高等学校在校学生4.21万人,毕业生1.18万人。新增幼儿园25所,全市公办幼儿园比例达到74%;义务教育阶段教育现代化学校实现全覆盖,高等教育毛入学率为65.2%,职业教育更加适应社会需求,在苏高校人才培养、科学研究和服务社会的水平整体提升。昆山市被列为全国社区教育示范区。新增劳动力平均受教育年限达到15.26年。

文化事业加快发展。2010年,苏州美术馆新馆、文化馆新馆、名人馆和评弹学校新校顺利建成,苏州市公共图书馆全部成为国家一级图书馆,公益性文化设施基本实现市、县级市(区)、镇、村全覆盖。净增数字电视用户2.4万户,总数达到208万户。滑稽戏《顾家姆妈》、评弹《雷雨》分获文华优秀剧目奖和中国曲艺牡丹奖节目奖。吴中区东山镇、张家港市凤凰镇获得中国历史文化名镇称号,金阊区山塘街成为中国历史文化名街。成功承办国际风景园林师联合会第47届世界大会、上海世博会城市更新与文化传承主题论坛、第八届中国国际民间艺术节、中国国际科教影视展评暨制作人年会、第二届中国文化遗产日主场城市活动。上海世博会城市最佳实践区苏州展厅获得国际展览局银质奖章。第二轮《苏州市志》纲目通过省级评审。张家港、太仓市档案馆晋升为国家一级档案馆,《苏州年鉴》获得第四届全国年鉴编纂出版评比综合特等奖和3个单项特等奖。

(五)卫生和体育

公共卫生体系逐步健全,医疗服务能力不断增强。城乡社区卫生服务机构普及率和人口覆盖率均达到100%,全市94.6%的镇建成省级以上卫生镇。医疗便民服务"一卡通"工程正式开通,首期联网医疗卫生机构实现了医疗信息的共享和服务流程的优化。全面落实基本药物制度,全市政府办基层医疗卫生机构全部实施国家基本药物制度。老年居民免费健康体检继续开展,母婴阳光工程覆盖面逐步扩大。市120院前急救调度指挥中心投入运行,市中医医院迁建工程和市肿瘤诊疗中心建成使用,吴中人民医院、苏州高新区明基医院抓紧建设。吴江市被评为全国农村中医药工作先进市。开展食品、药品生产经营专项整治,保障群众饮食、用药安全。第六次全国人口普查工作有序开展。苏州市成为全国人口和计划生育综合改革示范市、婚育新风进万家活动示范市、流动人口计划生育基本公共服务均等化试点市,城乡计划生育老年奖扶制度全面建立。妇女儿童事业保持率先发展。

体育基本现代化进程加快,全民健身活动丰富多彩,竞技体育成果丰硕。苏州健儿在16届亚运会上取得8金2银1铜,在第17届省运会上金牌总数居全省第二位。成功承办中国乒乓球公开赛、全国羽毛球锦标赛、第12届世界杯花样游泳比赛、第2届亚洲杯女排赛。体育设施进一步完善,全市城乡新建市级全民健身工程(点)163个。张家港市被评为全国阳光体育先进县(市)。

(六)城乡建设

注重城乡统筹协调发展,坚持先行先试,努力消除体制性障碍,制定出台农村土地使用、生态补偿、城乡教育一体化和鼓励农民进城进镇落户等一系列政策,城乡一体化改革发展迈出实质性步伐。优化城乡空间布局,83%的农村工业企业进入工业园,70%的承包耕地实现规模经营,38%的农户迁入集中居住点。加快农民身份转变,累计30多万户、近100万农民实现居住地向城镇转移。发展社区股份合作、土地股份合作和农民专业合作组织,持股农户占农户总数的比重提高到92%。集体经济持续壮大,村均集体收入达到448万元,增长15.1%。改进农村金融服务,新设农村小额贷款公司32家,累计达到50家,公司总数与注册资本均居全省第一,农业保险和农业担保业务积极拓展。昆山市张浦镇、吴江市盛泽镇被列为国家级经济发达镇行政管理体制改革试点。太仓市"粮食银行"模式在国内得到广泛推广。农村社区服务和管理功能进一步增强,张家港、太仓、昆山、吴江市和相城区成为全国农村社区建设实验全覆盖示范市(区)。

着力增强城市功能,城市现代化水平得到提升。苏州火车站北站房和综合客运枢纽汽车站投入使用,公交换乘中心综合楼和苏州汽车北站一期主体工程如期完工。轨道交通1号线主体结构全线贯通,2号线进展顺利。北环快速路延伸段顺利竣工。苏南硕放国际机场苏州城市候机楼正式启用。虎丘地区综合改造和桃花坞历史文化片区综合整治保护利用工程抓紧实施。平江、沧浪、金阊三个新城的形态与功能不断优化。加快建设"数字城市",3G网络和无线宽带覆盖范围明显扩大。着力打造全国最干净城市,创建全国无障碍建设城市通过省级终期检查。

(七)环境保护与资源节约

高度重视资源节约,积极发展低碳经济,开展循环经济试点和清洁生产审核,启动建设再生资源回收利用网络。对重点用能单位进行能源审计,建成一批节能重点技改项目,淘汰落后用能设备505台(套),关闭化工生产企业188家,省下达的淘汰落后产能目标全面实现。苏州市区和常熟、太仓市通过国家节水型城市考核验收。

落实环保措施,加强生态建设,环境质量继续改善。实施东太湖、阳澄湖和金墅港水源地综合整治,严格防治蓝藻,集中式饮用水源水质达标率保持100%。城镇生活污水处理率达到90%,太湖、阳澄湖保护区农村生活污水处理率达到70%,其他地区生活污水处理率达到40%。认真实施污染物减排项目,化学需氧量和二氧化硫排放完成省下达的削减指标。石湖景区开发建设、三角咀生态公园三期、环古城风貌保护三期、沿湖沿江生态林带营造、村庄绿化等工程有力推进,市区新增绿地600万平方米,市区人均公共绿地面积15平方米,市区建成区绿化覆盖率43%。农村生态环境进一步改善,新增林地、绿地面积8 242公顷,陆地森林覆盖率达到23.7%。苏州市获得全国绿化模范城市称号,沪宁铁路绿色廊道苏州段建设获得全省唯一的特等奖。昆山市荣获联合国人居奖。苏州创建国家生态市通过国家技术评估,吴中、相城区通过考核验收。昆山经济技术开发区、张家港保税区暨扬子江国际化学工业园成为国家生态工业示范园区,吴江市在全国率先通过国家环保模范城市复查。全市环境质量综合指数达到92,空气质量优良以上天数达329天。

三、挑战与目标

应该看到,苏州市经济社会发展中还存在各种问题,政府工作仍有不足,主要是:产业结构不够合

理、自主创新能力不强等长期积累性矛盾突出;人口、土地、资源、环境对经济发展的制约逐步显现;社会事业发展与人民群众需求还有差距,城乡居民收入与经济发展水平不相适应;因利益调整引发的人民内部矛盾不容忽视,维护社会稳定的压力加大,加强社会建设和管理的任务十分紧迫;政府对一些潜在矛盾缺乏足够的敏锐性、预见性,服务水平需要进一步提高。今后,我们将积极解决这些问题,努力把各项工作做得更好。

2011 年全市经济社会发展的主要预期目标是:地区生产总值增长 12%,地方一般预算收入增长 12%以上,服务业增加值占地区生产总值的比重提高 1.5 个百分点,新兴产业产值占规模以上工业产值的比重提高 5 个百分点,全社会固定资产投资增长 18%,社会消费品零售总额增长 17%,进出口总额增长 10%,实际利用外资与上年持平,城镇居民人均可支配收入和农民人均纯收入增长 12%左右,居民消费价格总水平涨幅控制在 4%左右,城镇登记失业率控制在 4%以内,全社会研究与试验发展经费支出占地区生产总值的比重达到 2.45%,单位地区生产总值能源消耗下降、主要污染物排放总量削减完成省下达的任务。

四、苏州市在长三角地区经济发展中的地位

2010 年是“十一五”规划的收官之年,也是苏州加快转型升级的关键一年,更是经济发展逐步走出金融危机影响的恢复之年。全市上下在市委、市政府的领导下,紧紧围绕建设“三区三城”的总目标,以培育战略性新兴产业为着力点,以集聚科技人才资源为支撑点,以增强体制机制活力为突破点,以发展和改善民生为落脚点,积极推进转型升级,大力发展创新型经济,全市在建立以先进制造业和服务业为主体的产业结构,加快经济发展方式向创新驱动转变,加快城乡二元结构向城乡一体化转变方面迈出了坚实步伐。2010 年,苏州市综合实力在区域经济发展竞争中始终保持着优势,在全国 20 个重点城市中,苏州市农民人均纯收入居第 1 位,工业总产值居第 2 位,出口总额居第 3 位,进出口总额和实际利用外资居第 4 位,地区生产总值居 5 位,地方一般预算收入居第 6 位;综合经济实力在长三角地区中始终保持着第二位的优势。在“福布斯 2010 年中国大陆最佳商业城市”前十强中列广州、上海、深圳、杭州之后居第 5 位,同时,苏州还入选了“福布斯 2010 年中国大陆创新城市”。

2006 - 2010 年苏州市地区生产总值在长三角所占比重分别为 10.13%、10.08%、10.23%、10.68%和 10.69%,除 2007 年出现下降外,其余年份均保证增加,但 2010 年增幅明显放缓。仅比上年提高了 0.01 个百分点。2010 年苏州市地区生产总值在长三角地区 25 个市(苏浙两省 24 个地级市和上海市,下同)中比上年保持一致,排名第 2 位。

2010 年,苏州市正确把握国际、国内经济逐步向好的基本形势,协调处理投资、消费、出口三者关系,统筹兼顾经济发展、社会和谐和民生改善,全市经济运行走出了“高开起步 - - 稳固向好”的发展型态。全年全市实现地区生产总值 9 228.91 亿元,按可比价计算比上年增长 13.3%。其中第一产业增加值 155.79 亿元,比上年增长 4.1%;第二产业增加值 5 253.81 亿元,比上年增长 13.3%;第三产业增加值 3 819.31 亿元,比上年增长 13.7%。三次产业的比例为 1.7: 56.9: 41.4。

2006 - 2010 年苏州市地方财政一般预算收入在长三角所占比重分别为 8.79%、9.05%、9.49%、9.42%和 9.42%,在连续 3 年稳定增长后,2009 年比上年微跌 0.07 个百分点,2010 年与 2009 年保持齐平。2010 年苏州市地方财政一般预算收入在长三角地区 25 个市中排名与上年保持一致,连续多年排名第 2 位。

2006 - 2010 年苏州市规模以上工业总产值在长三角所占比重分别为 14.07%、14.25%、14.28%和 14.58%和 14.20%,在连续多年保持稳定增长的态势下,2010 年出现下跌,跌幅较上年达 0.38 个百分点。但是 2010 年苏州市规模以上工业总产值在长三角地区 25 个市中排名继续与上年保持一致,排名第 2 位。

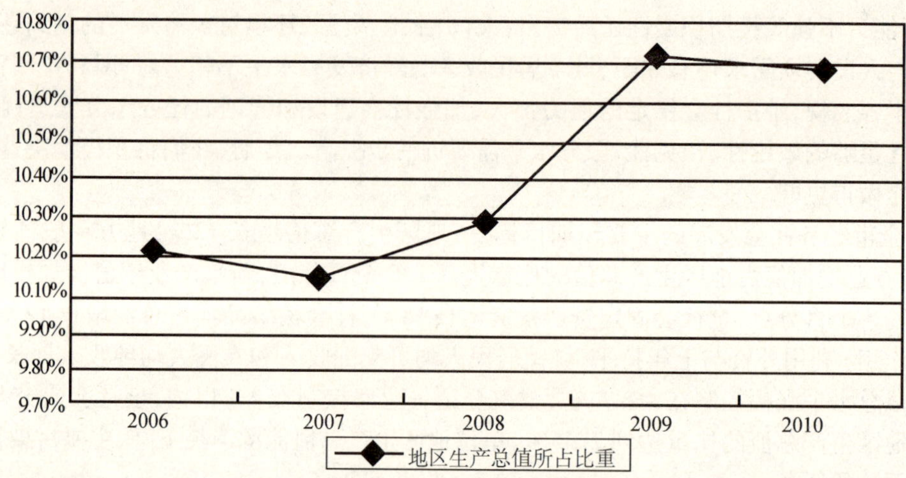

图 3-80　2006-2010 年苏州市地区生产总值在长三角所占比重的变化趋势

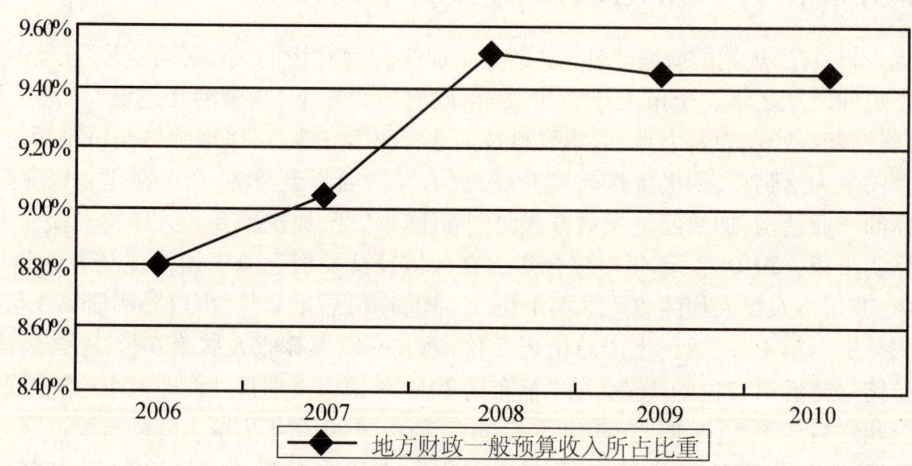

图 3-81　2006-2010 年苏州市地方财政一般预算收入在长三角所占比重的变化趋势

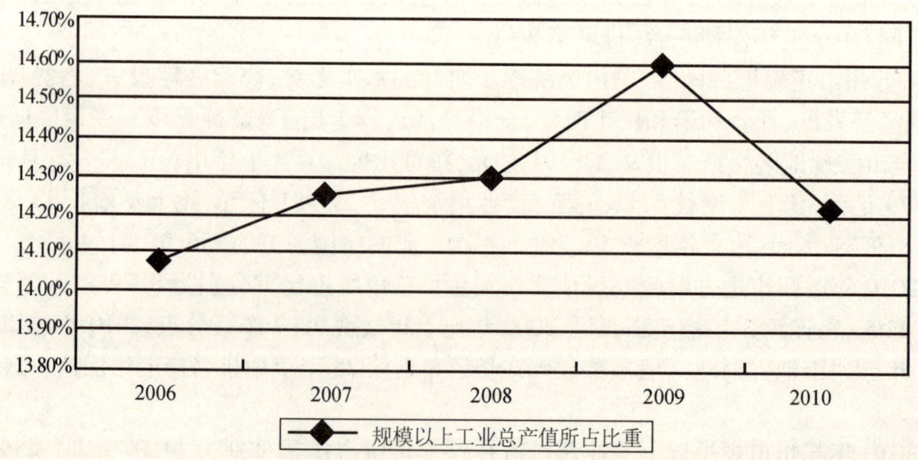

图 3-82　2006-2010 年苏州市规模以上工业总产值在长三角所占比重的变化趋势

2010 年,苏州市财政收入突破 1950 亿元大关,比上年增长 22.4%;全市地方一般预算收入占 GDP 的比重达到 9.82%,比上年增长 20.9%;宏观效益基本恢复到金融危机发生前的水平,抗风险能力得到进一步增强。

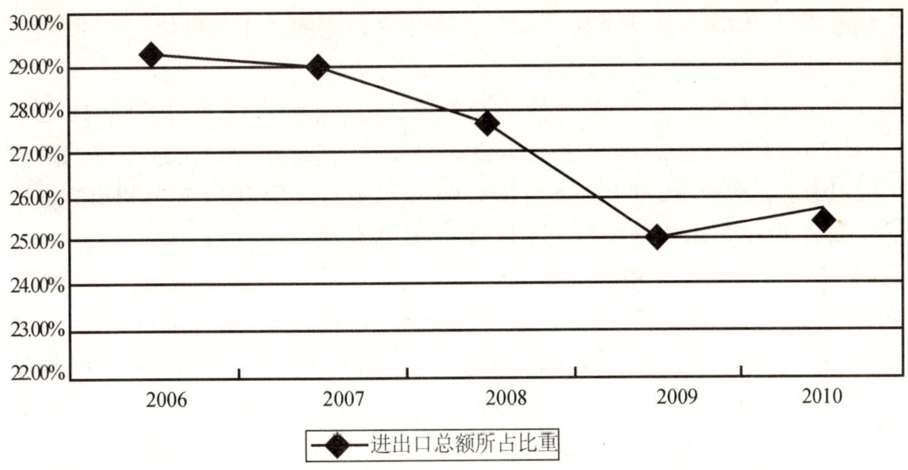

图 3－83　2006－2010 年苏州市进出口总额在长三角所占比重的变化趋势

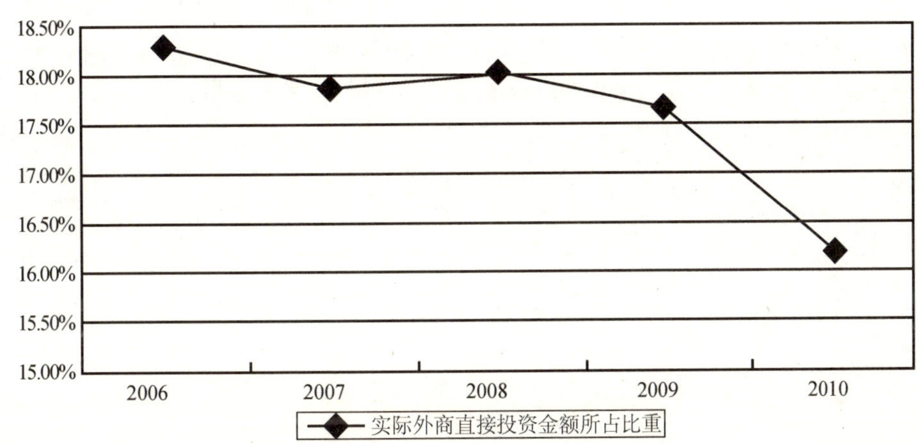

图 3－84　2006－2010 年苏州市实际外商直接投资金额在长三角所占比重的变化趋势

2010 年，苏州市围绕转型升级的总体要求，以发展战略性新兴产业、现代服务业、优势产业为重点，大力推进“引资、引智、引制”工程，促进低端生产向高端技术创新提升，生产型经济向服务型经济提升。2010 年全市新型平板显示、新材料、智能电网和物联网、高端装备制造、节能环保、新能源、生物技术和新医药等制造业新兴产业实现工业产值 7 100.56 亿元，比上年增长 29%，高于规模以上工业总产值平均增速 6.7 个百分点，占全市规模以上工业总产值的比重达 28.9%。十大主导行业发生结构性变化。传统行业纺织服装、鞋、帽制造业退出十大行业，纺织业排名退后一位，电气机械及器材制造业提升一位。传统行业的衰退导致规模以上工业总产值的增速低于长三角地区的平均值，但经济总量仍保持着第 2 位的水平。

2006－2010 年苏州市进出口总额在长三角所占比重分别为 29.17%、28.80%、27.47%、25.05% 和25.19%，在连续多年持续下行态势下，2010 年出现微弱的上升趋势，增幅较上年为 0.14 个百分点。2010 年苏州市进出口总额在长三角地区 25 个市中排名继续与上年保持一致，排名第 2 位。

2010 年，苏州市对外贸易实现恢复性增长。全市抓住外需市场逐步回暖的有利条件，努力巩固和扩大外贸的领先优势，加快推进加工贸易转型升级，促进开发区不断积聚创新优势。2010 年全市完成进出口总额 2 740.8 亿美元，其中出口 1 531.1 亿美元，分别比上年增长 36.1% 和 34.2%。进口和出口总额占全国的比重达到 9.22% 和 9.7%，比上年提高 0.1 和 0.2 个百分点。一般贸易出口占全市出口的比重达 20.2%，比上年提高 1.5 个百分点；高新技术产品和机电产品出口分别达到 961.5 亿美元和1 243.8亿美元,比上年增长31.8%和33.0%。全年进口增幅高于出口增幅4.3个百分点,外贸平衡进一步增强。

2006－2010年苏州市实际外商直接投资金额在长三角所占比重分别为18.26%、17.83%、17.96%、17.60%和16.15%,除2008年比上年微幅增长外,其余年份均出现下降,累计降幅达2.11个百分点,其中2010年下滑严重,较上年下滑达1.45个百分点。但2010年苏州市规模以上工业总产值在长三角地区25个市中排名仍继续与上年保持一致,排名第2位。

2010年,苏州市投资引擎成为稳定内需的重要支撑。全市围绕转型升级要求,加强产业投资引导,通过政策鼓励等手段,引导和支持新兴产业、现代服务业和技术改造等重点产业项目投资,大力推进教育、卫生、文化等公共服务设施建设。2010年完成全社会固定资产投资3 617.82亿元,增长21.9%,其中,第一产业完成投资8.33亿元,增长28.9%;第二产业完成投资1 564.85亿元,增长19.9%;第三产业完成投资2 044.64亿元,增长23.5%,占全社会投资的比重达到56.5%,比上年提高0.7个百分点。全市新兴产业完成投资额560.59亿元,占全社会投资的15.5%;工业技改投资1 096亿元,占工业投资的70.5%。同时,苏州市加大战略性新兴产业招商引资力度,推动区域性功能总部、创业投资、风险投资、独立研发中心等高端外资项目落户苏州。全年实际利用外资85.33亿美元,增长3.7%,其中服务业利用外资23.5亿美元,增长37.0%,占全市实际利用外资的比重达到27.5%,比上年提高7.1个百分点。世界500强企业中有138家落户苏州。

七　南通市2010年经济社会发展报告

2010年，全市上下在市委、市政府的正确领导下，继续深入贯彻落实科学发展观，抢抓沿海开发和长三角一体化两大国家战略机遇，努力推动经济发展方式转变，加快结构调整、沿海开发、惠及民生的步伐，有效巩固和扩大了应对国际金融危机冲击取得的成果，全市经济社会保持平稳较快协调发展。

一、南通市2010年经济发展概况

（一）综合经济

1. 经济总量

2010年全市生产总值3 465.67亿元，按可比价计算，比上年增长14.6%。其中，第一产业增加值266.22亿元，增长5.5%；第二产业增加值1 908.56亿元，增长13.7%；第三产业增加值1 290.89亿元，增长17.6%。全年人均地区生产总值48 083元，按当年平均汇率折算达7 103美元。三次产业增加值结构由上年的8.2：56.0：35.8调整为7.7：55.1：37.2。

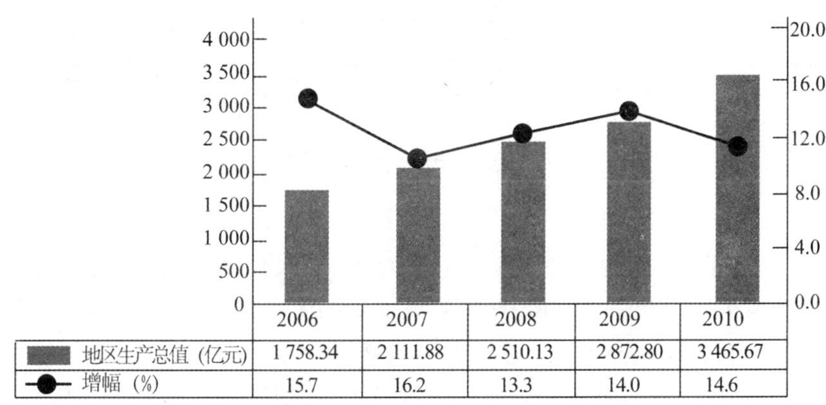

图3－85　2006－2010年南通市地区生产总值及增长速度

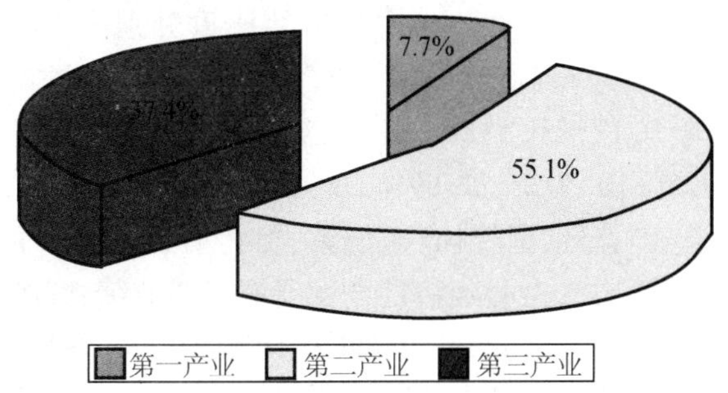

图3－86　2010年南通市三次产业结构图

2. 财政收入

财政总收入占地区生产总值的比重达20.9%，比上年提高4.0个百分点。全年财政总收入713.36亿元，比上年增长46.8%；各项税收417.46亿元，比上年增长28.3%。全年一般预算收入290.81亿元，比上年增长46.1%。全年财政总支出546.18亿元，比上年增长41.0%，其中，一般预算支出316.75亿元，增长33.4%。

3. 物价指数

市区(不含通州区)居民消费价格总指数 103.7,即物价总水平比上年增长 3.7%。其中,服务项目价格上涨 6.0%,消费品价格上涨 2.8%。八大类消费价格呈现“六升两降”态势。

4. 固定资产投资

全社会固定资产投资 2 168.38 亿元,比上年增长 20.3%。分产业看,第一产业投资 3.25 亿元、比上年下降 16.8%,第二产业投资 1 411.17 亿元、比上年增长 18.2%,第三产业投资 600.75 亿元、比上年增长 36.1%。

大产业项目加快集聚。组织 472 个亿元以上项目集中开工,总投资超过 2 000 亿元。大唐吕四港电厂、江苏 LNG 接收站、王子制纸一期等百亿级项目投产或竣工。

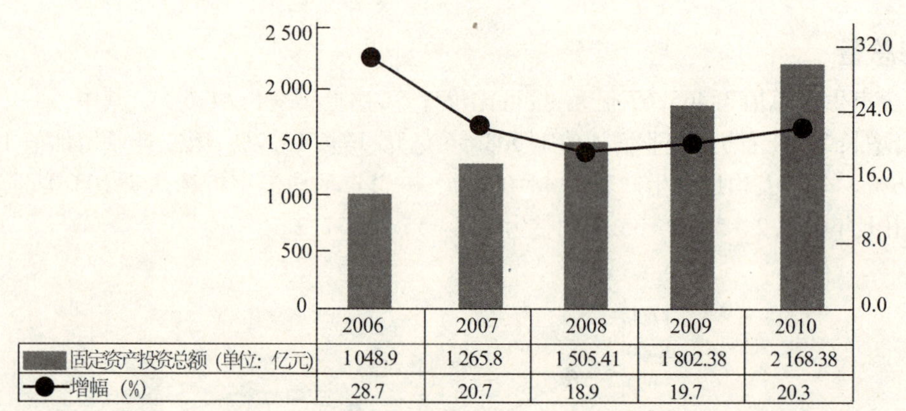

图 3－87　2006－2010 年南通市全社会固定资产投资及增长幅度

5. 区县经济

2010 年,南通市区域经济协调发展,南通市区、海安县、如东县、启东市、如皋市和海门市地区生产总值分别占全市的比重为 40.30%、10.26%、10.17%、12.41%、12.44% 和 14.43%,各区县之间的差异进一步缩小;工业发展异常迅猛,工业总产值占全市的比重分别为 37.90%、11.55%、11.58%、11.62%、13.38% 和 13.98%;全社会固定资产投资较上年有较大提升,其中城镇固定资产投资占全市的比重分别为 50.19%、13.35%、8.63%、9.09%、10.44% 和 8.29%;财政收入较上年有大幅度增加,增速均超过 40%,其中地方财政一般预算收入占全市的比重分别为 53.31%、7.06%、6.55%、10.75%、11.58% 和 10.75%;对外贸易得到恢复性增长,各市县进出口总额占全市的比重分别为 63.00%、5.23%、4.55%、12.21%、9.17% 和 5.84%;国内消费市场也异常活跃,各市县社会消费品零售总额占全市的比重分别 37.41%、10.50%、11.69%、13.28%、13.40% 和 13.70%。

2010 年,海安县紧紧围绕“扩总量、调结构、抓创新、促转型、惠民生”的工作目标,积极应对国际金融危机的影响,开拓创新,务实奋进,全县经济社会发展取得新业绩,圆满完成“十一五”规划的各项任务。全年地区生产总值达到 355.57 亿元,按可比价格计算,比上年增长 14.1%。其中:第一产业实现增加值 38.25 亿元,增长 4.1%;第二产业实现增加值 193.26 亿元,增长 16.1%;第三产业实现增加值 124.06 亿元,增长 14.1%。人均地区生产总值达 38 009 元(按户籍平均人口计算),比上年增长 14.4%。二、三产业增加值占 GDP 比重达 89.25%,全面小康提前一年通过省级验收。但是经济社会发展中也存在着一些矛盾和问题:经济总量仍然偏小,产业结构还需优化;重大项目储备偏少,发展潜力还需提高;高新技术产业规模较小,自主创新意识还需提升;城乡居民收入水平偏低,社会保障力度还需加强。

2010 年,如东县坚持实施“以沿海开发为龙头带动、以产业调整为主攻方向、以城镇改造为有力依托、以基础设施为坚实支撑、以城乡统筹为战略取向”的基本策略，全县经济发展步伐加快，运行质量进一步提高，结构调整成效明显，创新能力不断增强，居民生活持续改善，港口建设日新月异，社会事业不断发展。全年实现地区生产总值352.36亿元，按可比价计算，比上年增长14%。其中，第一产业增加值45.10亿元，比上年增长4.0%；第二产业增加值188.25亿元，比上年增长16.5%；第三产业增加值119.01亿元，比上年增长13.9%。人均地区生产总值35 655元，比上年增长13.6%。三次产业增加值比例为12.8∶53.4∶33.8。全年实现财政总收入50.38亿元，比上年增长25.5%；地方一般预算收入19.04亿元，比上年增长24.2%。县域经济基本竞争力连续8年跻身全国百强县(市)行列。

2010年，如皋市围绕“转型升级调结构、奋力跨江争八强”的奋斗目标，积极应对复杂多变的宏观经济形势，以调结构、抓创新、促转型为主线，统一思想，坚定信心，扎实工作，经济效益明显提升，社会事业全面进步，民生状况不断改善，保持了经济社会全面、协调、可持续发展的良好态势，较好地完成了市委、市政府确定的全年各项目标任务。全年实现地区生产总值430.99亿元，按可比价计算，比上年增长14.3%。分产业看，第一产业增加值41.35亿元，增长4.1%；第二产业增加值244.85亿元，增长16.1%，其中，工业增加值207.59亿元，增长16.2%；第三产业增加值144.80亿元，增长14.1%。人均地区生产总值34 577元。三次产业的比例调整为9.6∶56.8∶33.6。财政总收入占地区生产总值的比重达18.1%，比上年提高3.5个百分点。

2010年，海门市紧紧围绕“全力决胜十一五，进军基本现代化”这一工作主题，突出“园区开发提升年”、“重大项目攻坚年”、“城市南进会战年”三条主线，大力开展“园区升档、投入升温、产业升级、城市升华、环境创优”“四升一创”活动，在抢抓机遇、攻坚克难中大干快上，在科学发展、加速转型中大展形象，在激情奋斗、率先跨越中大显身手，全面完成了“十一五”各项目标任务。经济运行质量不断提高，城市基础设施建设，科技、教育、文化、卫生、体育等各项社会事业不断进步，城乡人民生活继续改善。全市实现地区生产总值500.10亿元，按可比价计算，比上年增长14.3%。其中第一产业增加值37.29亿元，增长4.0%；第二产业增加值301.95亿元，增长15.7%；第三产业增加值160.86亿元，增长14.3%。人均生产总值55 908元，比上年增长14.4%。

表3－10　南通市区县部分主要经济指标一览

县市	地区生产总值	工业总产值	城镇固定资产投资	地方财政一般预算收入	进出口总额	社会消费品零售总额
	(亿元)	(亿元)	(亿元)	(亿元)	(亿美元)	(亿元)
南通市	3 465.67	7 383.16	1 281.39	290.81	210.75	1 277.07
南通市区	1 396.60	2 797.89	643.15	155.04	132.77	477.81
海安县	355.57	852.68	171.07	20.52	11.03	134.15
如东县	352.36	854.99	110.63	19.04	9.58	149.31
启东市	430.04	858.09	116.53	31.26	25.74	169.64
如皋市	431.00	987.56	133.75	33.69	19.32	171.19
海门市	500.10	1 031.95	106.26	31.27	12.32	174.97

(二)农业

全市农林牧渔业总产值463.31亿元，按可比价计算，比上年增长4.0%。其中，农业产值203.66亿元，增长4.5%；牧业产值118.99亿元，增长3.5%；渔业产值113.10亿元，增长3.5%。全年粮食种植面积793.17万亩，比上年减少3.95万亩；棉花种植面积66.06万亩，比上年减少1.07万亩；油料种植面积206.49万亩，比上年减少0.30万亩；蔬菜种植面积167.58万亩，比上年增加8.50万亩。全市新增造林面积25万亩。

全年粮食产量324.94万吨,比上年增长1.4%;棉花产量5.95万吨,比上年下降12.1%;油料产量42.20万吨,比上年下降0.8%。全年肉类总产量46.39万吨,比上年增长3.3%。全年水产品产量78.92万吨,比上年增长3.8%。

现代农业发展进一步加速。规模以上"三资"开发农业投入增长24.2%,农业综合开发投入增长37.8%。新增高效农业39.7万亩、高效渔业11.3万亩,新增省级现代农业产业园区2家、农业龙头企业68家。江海台湾农民创业园启动建设。市区实施都市生态型农业项目46个。

农村发展活力进一步增强。认真落实各项强农惠农政策,市、县财政"三农"投入37.4亿元、增长39%。"万顷良田试点工程"稳步推进,新增土地流转面积31万亩。农民专业合作组织入社率提高5.3个百分点,新增土地股份合作社239家,社区股份合作制改革面83%。村级集体经济快速发展。

(三)工业、建筑业

2010年,全市规模以上工业增加值1 721.81亿元,按可比价计算,比上年增长16.0%。全市规模以上工业总产值7 481.53亿元,比上年增长23.2%。全市规模以上工业主营业务收入7 306.19亿元,比上年增长23.2%;规模以上工业利润总额536.80亿元,比上年增长37.6%;规模以上工业产销率99.1%,比上年提高0.3个百分点。

传统产业扩量提质。船舶及配套产业产值966.7亿元、增长21.3%,规模以上造船完工量808万载重吨、增长42.5%,南通市成为国家船舶高新技术产业化基地。纺织服装产业产值1 694.3亿元、增长16.7%,电子信息、精细化工等产业产值增幅均超过25%。

新兴产业势头良好。海洋工程、新能源、新材料等七大新兴产业产值1615.8亿元、增长31.4%。海洋工程完工量389.4万综合吨、增长50.9%,产量占全国市场份额的1/3,成为国家新型工业化产业示范基地。风电并网发电装机容量64.2万千瓦、增长18%。光伏电池产量523兆瓦、增长62.9%。规模以上新兴产业企业总数突破1 000家,在建超亿元项目135个。

全年建筑业增加值340.07亿元,比上年增长10.5%;建筑企业承建施工面积3.54亿平方米,比上年增长20.3%;承建高层建筑10571栋。年末全市建筑队伍总人数达106.65万人,建筑队伍遍及近70个国家和地区,出国人数达2.20万人;全市拥有特级资质建筑企业15家;全市拥有一级建造师2 777人。

(四)服务业

1.国内贸易

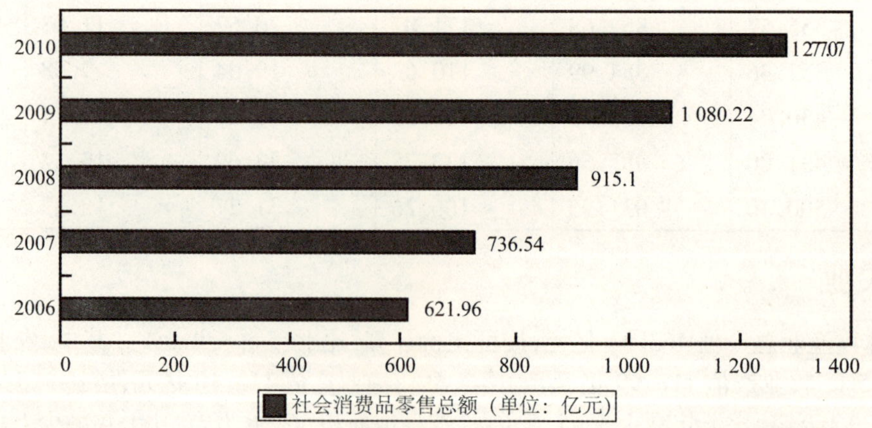

图3－88　2006－2010年南通市社会消费品零售总额及增长幅度

全年社会消费品零售总额1 277.07亿元,比上年增长19.5%。分地区看,城镇消费品零售额906.63亿元,比上年增长19.8%;乡村消费品零售额361.69亿元,比上年增长16.1%。分行业看,批发和零售业消费品零售额1 177.91亿元,比上年增长18.6%;住宿和餐饮业消费品零售额90.41亿元,比上年增长19.6%。

全年家电下乡中标产品销售量55.51万台,销售额12.65亿元;家电以旧换新销售量62.81万台,销售额22.99亿元;汽车以旧换新销售量4 261辆,销售额0.58亿元。

2. 交通运输、邮政通讯业

2010年全市交通运输、仓储及邮政业增加值126.17亿元,比上年增长16.3%。全年民航货邮吞吐量5 869.61吨,比上年增长100.8%;民航旅客吞吐量27.14万人次,比上年增长23.2%。全年铁路货运量91.69万吨,比上年增长14.7%;铁路客运量263.17万人次,比上年增长4.1%。全年公路货运量1.54亿吨,比上年增长24.8%;公路客运量1.64亿人次,比上年增长18.8%。年末全市机动车保有量194.95万辆,比上年末增加11.59万辆。年末全市个人汽车保有量达35.53万辆,比上年末增加9.71万辆。

全市港口货物吞吐量15 069.80万吨,比上年增长10.5%。全市集装箱吞吐量46.23万标准箱,比上年增长31.9%,其中,国际航线0.66万标准箱,下降22.5%。

全市邮政通讯业务收入60.81亿元,比上年增长5.5%。年末全市固定电话用户240.75万户,比上年减少32.29万户;住宅电话用户180.55万户,减少9.28万户。年末全市移动电话用户552.03万户,净增41.87万户。年末全市互联网用户84.24万户,新增24.94万户。

3. 旅游业

年末全市拥有旅游星级饭店97家,旅行社105家,A级旅游区(点)31处,农业旅游示范点2个,工业旅游示范点2个。全年实现旅游总收入230.19亿元,比上年增长27.9%。全年接待海内外旅游者总人数1 802.30万人次,比上年增长20.9%。其中,国内旅游者1766.79万人次,增长21.0%;旅游住宿设施和居民家中接待过夜海外旅游者35.51万人次,增长18.4%。

4. 金融和保险业

全年金融系统新增贷款532.61亿元,比上年少增148.62亿元。年末金融系统各项贷款余额2 964.58亿元,比上年末增长21.9%。全年金融系统新增存款951.48亿元,比上年少增15.13亿元。年末金融系统存款余额4 957.83亿元,比上年末增长23.8%。

全年新增保险机构4家,年末保险机构总数达56家。全年保费收入134.45亿元,比上年增长39.4%。其中,财产险收入21.53亿元,增长35.5%;人寿险收入106.91亿元,增长41.3%。全年已决赔款及给付22.80亿元。

5. 房地产业

全年规模以上房地产开发投资272.78亿元,比上年增长35.9%,占全市规模以上固定资产投资的比重达13.5%。全市商品房施工面积2 434.03万平方米,比上年增长21.2%,其中,住宅施工面积1 915.08万平方米,增长23.4%。全市商品房竣工面积667.42万平方米,比上年增长21.4%,其中,住宅竣工面积520.95万平方米,增长18.5%。

(五)开放型经济

1. 对外贸易

全年进出口总值210.75亿美元,比上年增长29.7%。其中,出口总值140.85亿美元,增长26.0%;进口总值69.91亿美元,增长37.6%。在出口贸易总值中,机电产品出口60.24亿美元,比上年增长24.1%;高新技术产品出口26.94亿美元,比上年增长53.1%;纺织服装制品出口46.77亿元,比上年增长24.1%。

年末与南通市建立进出口贸易关系的国家和地区187个,全市有进出口业绩的企业3 780家。

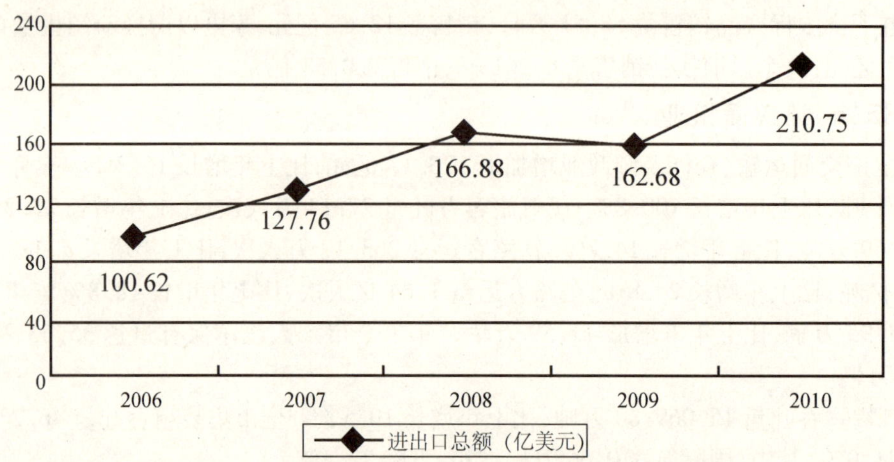

图2-89　2006-2010年南通市外贸进出口总额情况

2.外经合作

全年新批外商投资项目364个,比上年下降9.2%;新批协议注册外资55.15亿美元,比上年下降0.2%;实际到账注册外资20.61亿美元,比上年增长2.8%。

全年新批设立境外企业35家,中方协议投资额3.18亿美元。全年新签对外承包劳务合同额8.73亿美元,比上年增长13.0%;对外承包劳务完成营业额12.53亿美元,比上年增长8.4%;新派劳务人员0.89万人次,比上年增长2.2%;年末在外劳务人员2.94万人,比上年下降8.2%。

3.开发区建设

2010年,全市13个省级以上开发区以全市4%的面积,创造了全市48%的生产总值、43%的财政总收入。50个工业集中区销售收入占全市的60.2%,提高3个百分点。

大园区承载功能加快提升。国家级开发区和12个省级开发区新落户10亿元以上重大项目26个。苏通科技产业园一期基础设施工程基本竣工,研发中心等7个配套项目开工。锡通科技产业园、上海市北高新(南通)科技城、海宝工业园、中国供销产业园、上海外高桥(启东)产业园、杨浦(海安)工业园等跨江合作园区进入实质性开发阶段;洋口港南通国际产业园开工。实施滩涂围垦项目11个,新增可用滩涂17.4万亩,沿海开发空间进一步拓展。

4.民营经济

年末全市共有规模以上民营工业企业5 703家,占全市规模以上工业企业总数的比重达75.6%;全年民营工业产值4 314.08亿元,比上年增长22.3%,占全市规模以上工业总产值的比重达57.7%。个体工商户总数、私营企业数和注册资本等指标保持全省第二。民营经济增加值占地区生产总值比重60%,提高2个百分点。新引进市外民资项目注册资本536亿元、增长55%。新增汽车及配件等百亿级特色产业板块4个。24家民营企业入围全国500强。新增以民企为主体的上市企业9家,总数22家,熔盛重工成为我国当年在香港上市的最大民营企业,中小板创业板上市企业数进入全国大中城市前十强。

二、南通市2010年社会发展概况

(一)人口、人民生活

年末全市户籍人口762.92万人,其中市区(含通州区)人口211.54万人。全市人口自然增长率-0.9‰。年末全市城镇化率55.0%。

全年城镇居民人均可支配收入21 825元,比上年增长12.1%。其中,市区(不含通州区)居民人均可支配收入23 541元,比上年增长12.1%。全年市区(不含通州区)居民人均消费性支出14 492元,比上年增长10.6%。年末全市城镇居民人均住房建筑面积40平方米。

全年农村居民人均纯收入9914元,比上年增长14.0%;人均生活消费支出7 240元,比上年增长12.3%。年末农村居民人均住房面积53.5平方米。

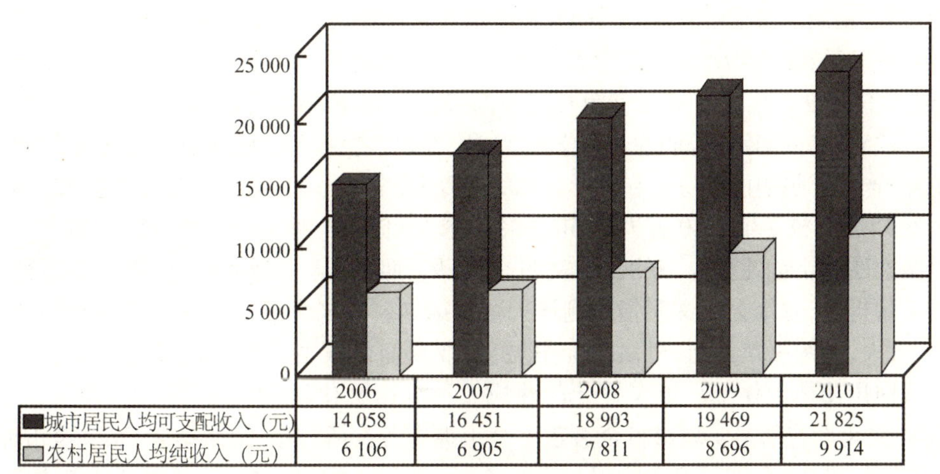

	2006	2007	2008	2009	2010
城市居民人均可支配收入(元)	14 058	16 451	18 903	19 469	21 825
农村居民人均纯收入(元)	6 106	6 905	7 811	8 696	9 914

图3-90　2006-2010年南通市城乡居民收入对比一览

(二)就业、社会保障

就业工作不断强化。全市新增城镇就业9.96万人,城镇失业人员再就业3.85万人。全年提供就业岗位36.76万个,新增转移农村劳动力6.20万人。

社会保障力度不断加大。年末城镇职工五大保险覆盖率均稳定在97%以上,工伤保险实现市级统筹;城镇居民基本医疗保险覆盖率98%,新型农村合作医疗参合率99.5%;新型农村社会养老保险覆盖率93%,为108.7万农村老年居民发放基础养老金;城镇老年居民开始享受养老补贴。对城乡80岁以上老人普遍实施优待金制度,市区居家养老服务站全覆盖。企业退休人员养老金和城乡低保标准再次提高,市区被征地农民独立保障体系初步建立。全市拆迁安置房新开工536.6万平方米、竣工交付391.5万平方米,均增长一倍以上;全市提供公共租赁住房1.1万套(间)、经济适用房4091套、廉租房465套。市区按照3年建成1万套的目标,启动建设保障性(限价)商品房。市区将符合条件外来务工人员纳入住房保障。

年末全市拥有各类养老机构248家,总床位数29 038张;年末全市农村拥有敬老院145家,床位19 991张。在全市农村20 240名五保对象中,有14 679人实行了集中供养,集中供养率达72.0%。

(三)科学技术与创新

自主创新能力不断增强。2010年,中远船务研发中心成为南通市首家国家级企业技术中心;新建市级工程技术研究中心 99 家，新增省级工程技术研究中心 121 家；科技孵化器面积突破 200 万平方米，新增国家级科技孵化器 3 家，年末全市累计建成科技孵化器 58 家，其中国家级 6 家。南通科技园建成开园，南京大学南通材料研究院等启动建设。“江海英才”计划全面实施，全市投入人才专项资金 2.2 亿元，引进领军型人才 185 名，4 人入选国家“千人计划”，22 人入选省“双创”计划；新增院士工作站 15 家。

科技创新成果显著。2010 年高新技术产业产值 2 424.1 亿元、增长 31.8%，占规模以上工业的 32.4%。年末全市有高新技术企业 239 家（国家科技部 2008 年新标准）；全年新增省级高新技术产品 412 项。建立 2 个国家级、8 个省级产业技术创新战略联盟，实施产学研合作项目 400 个，22 项科技成果获省级以上科学技术奖。全年专利申请量 38 707 件，比上年增长 76.7%；专利授权量为 22 644 件，增长 111.2%，列江苏第三。

（四）教育和文化

2010 年，南通市制定实施南通市中长期教育改革和发展规划。完成校舍安全改造 151.7 万平方米。南通市被列为国家高职教育改革发展综合试验区。优化商贸高职、工贸技校等职教资源布局。南通大学被确定为博士学位建设单位。年末全市拥有普通高等学校 6 所，在校学生 8.49 万人；全市成人高校 2 所，在校学生 2.25 万人；全市中等职业教育学校 27 所，在校学生 8.58 万人；全市普通高中 57 所，在校学生 13.05 万人；全市普通初中 193 所，在校学生 20.59 万人；全市小学 347 所，在校学生 32.32 万人；全市特殊教育学校 9 所，在校学生 0.10 万人；全市各级各类幼儿园 374 所，在园儿童 15.01 万人。

巩固全国文明城市创建成果，开展“讲文明、树新风、迎世博”主题活动，加强公民道德建设，社会文明程度进一步提高，城市公共文明指数测评列全省第二。年末全市共有文化经营单位 3 200 家，从业人员 1.08 万人，市图书馆新馆、凤凰国际书城、报业新闻传媒中心等文化设施开工。。年末全市登记在册的民营演出团体 160 个。年末累计已建成农村乡镇文化站 119 家，累计已建成“农家书屋”1 713 家，公益性文化设施基本实现镇村全覆盖。全市拥有各类博物馆、纪念馆 25 家。全市拥有各级文物保护单位 82 处，其中，全国重点文物保护单位 6 处，省级文物保护单位 24 处。全市拥有国家级非物质文化遗产名录 9 项，省级非物质文化遗产名录 24 项。

全市广播人口综合覆盖率和电视人口综合覆盖率均达到 100%。年末有线电视用户总量为 203 万户。全市有线电视入户率达 73.0%，数字电视用户比例超过 30%。农村有线广播电视“双入户”累计 105 万户。

（五）卫生和体育

农村三级医疗卫生服务体系不断健全。市区基层医疗卫生服务机构全面实施国家基本药物制度。年末全市拥有卫生机构 1 673 个（不含农村社区卫生服务站、村卫生室）；全市卫生机构床位数 2.63万张，卫生技术人员 3.05 万人。市区（不含通州区）共建成城市社区卫生服务中心 21 个，以街道（镇）为单位建成率 100%。累计建成农村社区卫生服务站 1 678 个，行政村覆盖率 100%。全市新型农村合作医疗参合率 99.5%。农村自来水普及率 99.0%。

全民健身体系进一步健全。我市成为全国人口和计划生育综合改革示范市。全市新增晨晚练健身点 250 个。全年开展各级各类全民健身活动参与群众超过 400 万人次。在第十六届亚运会上，南通籍运动员取得 6 金 3 银 1 铜的优异成绩。全年成功承办了 1 项次国际赛事、6 项次全国赛事、6 项次省级赛事。

（六）城乡建设

江海开发呈现新气象。大港口开发加快实施。洋口港 10 万吨级北航道工程完工，管线桥、太阳

岛二期等建成；吕四港区吕四作业区5万吨级码头投运，东灶港作业区2个2万吨级码头开工；通州湾（暂定名）建港条件研究全面启动。长江口－12.5米深水航道先导段贯通，新通海沙岸线整治工程海门段竣工，狼山港三期集装箱泊位、如皋港10万吨级通用泊位建成。全市新增5万吨级以上泊位5座。大通道建设加快推进。20项重大交通基础设施项目进展顺利。崇启大桥完成总投资的66%。沪通铁路公路大桥开工准备工作基本就绪。宁启铁路南通段复线电气化改造工程开工，海洋铁路完成工程量的76.3%。江海高速建成通车，通洋高速、临海高等级公路、平海公路开工建设，干线通道沿海边布局的态势已经形成。兴东机场飞行区改扩建完成工程量的65%。连申线航道南通段整治工程开工，焦港船闸建成。城市建设统筹推进。市区组织实施城建项目230个，完成投入136亿元；建成区面积125.2平方公里，增加31.4平方公里。各县（市）城市总体规划修编全面启动，城市框架加快拉开。11个省级重点中心镇联结城乡的纽带作用进一步发挥。

中心城市功能增强。新城区竣工和在建商务、金融等功能性项目37个，总面积238万平方米，核心区建设初具规模。老城区改造建设力度持续加大，环濠河商业中心改造步伐加快，寺街·名人文化区建设前期工作启动；文峰城市广场、圆融广场等一批城市综合体项目全面启动。港闸区一批老镇改造和历史文化保护项目顺利推进，城市绿谷一期建成，华强城市乐园等一批旅游休闲、商务居住项目正式落户，北翼新城核心区建设加快实施。城市组团间交通连接进一步强化，北城大桥、园林路、钟秀东路东延段等竣工，静海大桥、长江南路改造等开工。新增日供水能力40万吨、污水日处理能力7.5万吨。推进39个老小区环境整治，其中23个基本完成。新增绿地240公顷。市、区两级数字化城管平台建成运行，市容环境卫生面貌不断改善。

农村基础设施和公共服务水平进一步提升。新建改造农村公路1 350公里、农村公路桥梁和农用桥梁845座。新增城乡客运线路15条。江海堤顶硬质化改造262公里。完成第三批70万农村居民饮水安全工程建设任务。农村河道提前实施新一轮疏浚。建成4个垃圾焚烧发电厂。新增造林面积17.3万亩。村级劳动保障服务平台实现全覆盖，60%的行政村建成“充分就业村”；新增农村劳动力转移5万人，总量列江苏第一。

（七）环境保护和生态建设

节能减排力度加大，全面完成省下达淘汰落后产能任务。全市规模以上制造业万元产值能耗为0.099吨标准煤，比上年下降12.2%，全市万元GDP能耗为0.67吨标煤左右，继续保持全省领先水平。关闭、搬迁小化工企业50家，印染、钢丝绳行业污染整治初见成效。新建扩建污水处理厂32座，新增污水日处理能力20.2万吨。全市共建成燃煤火电、热电机组脱硫设施52台套，现役4 886MW燃煤机组全部实施脱硫改造，机组脱硫率超过99.0%。市区及县（市）政府所在地城镇烟尘控制区覆盖率均达100%。海安县在全省江北率先建成国家生态县，如皋等4个县（市）基本达到国家生态县考核标准，全市85%的乡镇建成国家级生态乡镇。

全年市区（含通州区）新增绿地255公顷，城市绿化覆盖率40.8%，比上年增长0.35个百分点；日供水能力达到120万立方米，水质综合指标合格率100%；新增日污水处理能力7.3万吨/日，达到38.80万吨/日；市区燃气普及率达到99.6%，用水普及率、生活垃圾无害化处理率均达到100%。

全市环境质量保持稳定，环境空气主要污染物年平均值为：二氧化硫0.033毫克/立方米，二氧化氮0.029毫克/立方米，可吸入颗粒物0.098毫克/立方米，各项指标均符合国家空气质量二级标准；全年空气污染指数达到良好以上的天数达330天，占全年天数的90.4%。长江南通段主流水质符合国家地面水质环境质量Ⅱ类水质标准，饮用水源地水质达标率100%。区域环境噪声平均值为55.0分贝，交通干线噪声平均值为67.8分贝，均符合国家环境噪声质量标准。

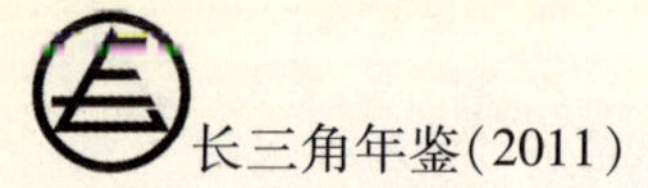

三、挑战与目标

南通的发展还存在不少亟待解决的问题,我们的工作还存在不少薄弱环节。经济结构中的深层次矛盾仍较突出,自主创新能力需要增强;城市功能和城镇化水平仍待提高,农村公共服务仍然不足;在城镇住房、拆迁安置、城市交通等方面还存在群众不满意的地方。少数政府工作人员存在形式主义、官僚主义和消极腐败现象。对此,一定要高度重视,认真解决。

2011 年是实施"十二五"规划的开局之年,全市经济社会发展的主要预期目标是:地区生产总值增长 12% 左右;地方一般预算收入增长 15% 以上;固定资产投资增长 18%,社会消费品零售总额增长 17%;外贸进出口总额增长 10% 以上,注册外资实际到账 25 亿美元;城镇居民人均可支配收入、农村居民人均纯收入均增长 12% 以上;居民消费价格涨幅控制在 4% 左右;城镇登记失业率控制在 4% 以内;全社会研发投入占地区生产总值比重力争达到 2%;万元地区生产总值能耗降幅和主要污染物减排完成省下达任务。

四、南通市在长三角地区经济发展中的地位

2010 年,面对复杂多变的国内外经济环境,南通市上下深入贯彻落实科学发展观,紧扣转型发展大局,抢抓两大国家战略规划实施机遇,统筹推进稳增长、调结构、促转型、保稳定各项工作,全市经济社会发展总体呈现高开稳走、转型加速、活力增强、民生改善的良好态势。综合经济实力在长三角地区始终保持着比较靠前的位置。

2006 - 2010 年南通市地区生产总值在长三角所占比重分别为 3.70%、3.73%、3.83%、3.96% 和 4.02%,呈现稳定增加的态势,累计增幅为 0.32 个百分点,其中 2010 年增速较缓,仅比上年增加 0.06 个百分点。2010 年南通市地区生产总值在长三角地区 25 个市(苏浙两省 24 个地级市和上海市,下同)中排名与上年保持齐平,排名第 7 位,在长三角地区中保持靠前的位置。

2010 年南通市经济总体继续向回升向好的方向发展,主要指标完成情况好于全国和江苏省。2010 年全市实现地区生产总值 3 465.67 亿元,比上年增长 14.6%。全年人均地区生产总值 48 083 元,按当年平均汇率折算达 7 103 美元。三次产业增加值结构由上年的 8.2: 56.0: 35.8 调整为 7.7: 55.1: 37.2。

2006 - 2010 年南通市地方财政一般预算收入在长三角所占比重分别为 2.03%、2.13%、2.26%、2.52% 和 3.04%,呈现稳定增加的态势,累计增幅为 1.01 个百分点,2010 年增速较大,较上年增幅达 0.52 个百分点。2010 年南通市地方财政一般预算收入在长三角地区 25 个市中排名比上年上升一位,排名第 7 位,继续向领先的位置跨越。

2010 年,南通市全年财政总收入 713.36 亿元,比上年增长 46.8%,增速在江苏省乃至整个长三角地区均保持着领先地位;各项税收 417.46 亿元,比上年增长 28.3%。全年一般预算收入 290.81 亿元,比上年增长 46.1%,实现"十一五"规划的完美收官;总量首超常州(286.18 亿元)居全省沿江八市第 4 位,增幅跃居全省沿江八市第 1 位。一般预算收入中,各项税收 225.24 亿元,增长 33.8%。其中,增值税(25% 部分)39.37 亿元,增长 6.7%;营业税 64.41 亿元,增长 30.2%;企业所得税(40% 部分)33.99 亿元,增长 68.4%;个人所得税(40% 部分)13.13 亿元,增长 41.6%;土地增值税 15.25 亿元,增长 98.0%;契税 22.89 亿元,增长 34.2%。

2010 年,全市规模以上工业增加值 1 721.81 亿元,按可比价计算,比上年增长 16.0%。规模以上工业总产值 7 481.53 亿元,比上年增长 23.2%。规模以上工业经济效益综合指数为 262.0%,比江苏省平均水平(241.0%)高 21.0 个百分点,与去年同期相比提高了 0.9 个百分点。规模以上工业总资产贡献率为 21.8%,比去年同期提高 2.0 个百分点;资产保值增值率为 120.3%,提高 0.4 个百分点;资产负债率为 56.9%,基本持平;流动资产周转率为 3.3 次/年,基本持平;成本费用利润率为 8.0%,提高 0.9 个百分点;全员劳动生产率为 19.42 万元/人,下降 4.7 个百分点;产品销售率为 99.1%,提高 0.3 个百分点。

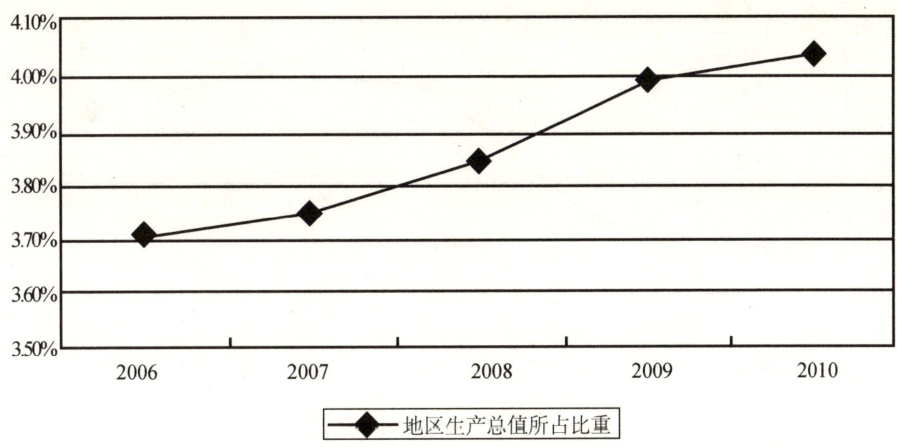

图 3－91　2006－2010 年南通市地区生产总值在长三角所占比重的变化趋势

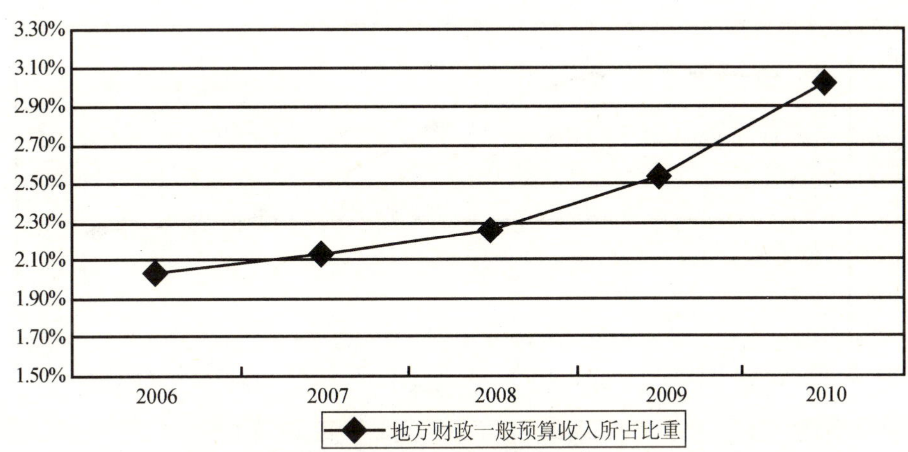

图 3－92　2006－2010 年南通市地方财政一般预算收入在长三角所占比重的变化趋势

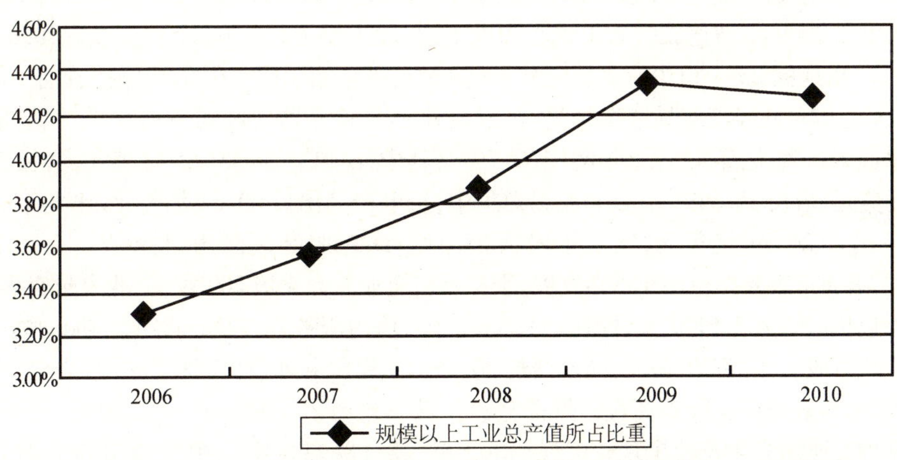

图 3－93　2006－2010 年南通市规模以上工业总产值在长三角所占比重的变化趋势

2006－2010 年南通市规模以上工业总产值在长三角所占比重分别为 3.31%、3.61%、3.96%、4.38%和 4.25%，在连续多年稳定增加的态势下，2010 年有小幅度下滑，较上年下跌 0.13 个百分点。2010 年南通市规模以上工业总产值在长三角地区 25 个市中排名比上年下降一位，排名第 8 位，但仍然排在比较靠前的位置。

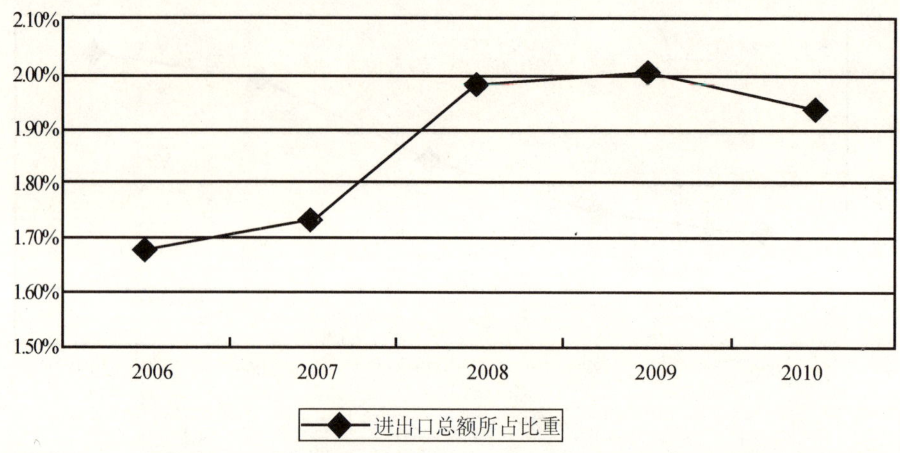

图 3－94　2006－2010 年南通市进出口总额在长三角所占比重的变化趋势

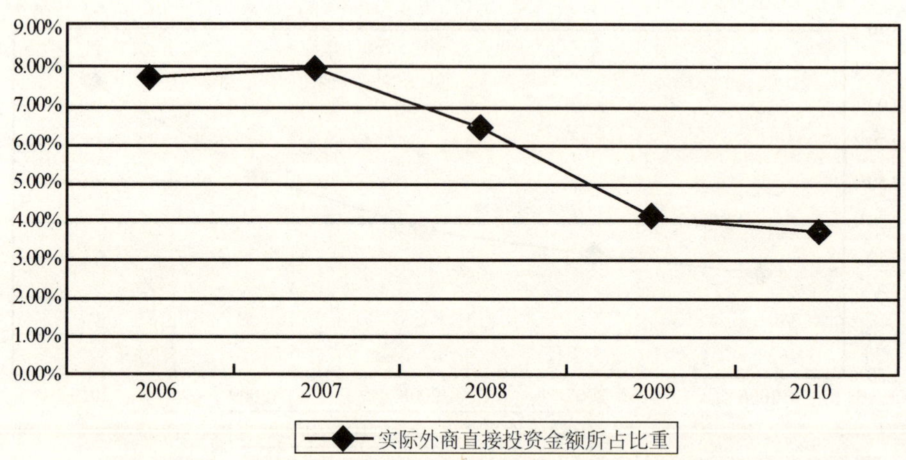

图 3－95　2006－2010 年南通市实际外商直接投资金额在长三角所占比重的变化趋势

2006－2010 年南通市进出口总额在长三角所占比重分别为1.68%、1.73%、2.01%、2.02% 和 1.94%，2010 年在 2009 年增速放缓后出现小幅度下滑，较上年下跌 0.08 个百分点。2010 年南通市进出口总额在长三角地区 25 个市中排名比上年下降一位，排名第 10 位，但仍然保持着前十的位置。

2010 年，南通市对外经济贸易继续恢复，虽然增速不及长三角地区的平均水平，但增量较为明显。全年进出口总额 210.75 亿美元，比上年增长 29.7%。其中，出口总值 140.85 亿美元，增长 26.0%；进口总值 69.91 亿美元，增长 37.6%。在出口贸易总值中，机电产品出口 60.24 亿美元，比上年增长 24.1%；高新技术产品出口 26.94 亿美元，比上年增长 53.1%；纺织服装制品出口 46.77 亿元，比上年增长 24.1%。同时，南通市服务外包产业迅猛发展，服务外包企业总数突破 200 家，从业人员突破 1 万人。全年境内服务外包执行收入 5.51 亿元，同比增长 117.3%，境内服务外包执行收入占协议收入为 87.0%；离岸服务外包执行收入 4 271 万美元，同比增长 30.3%，离岸服务外包执行收入占协议收入为 75.3%。

2006－2010 年南通市实际外商直接投资金额在长三角所占比重分别为 7.70%、7.76%、6.49%、4.29% 和 3.90%，连续多年持续出现较大规模的下跌，累计跌幅高达 3.80 个百分点。但 2010 年南通市实际外商直接投资金额在长三角地区 25 个市中排名与上年持平，排名第 8 位，仍然比较靠前。

2010 年，受国际金融危机残余势力的影响，南通市利用外资仍然步履艰难，尚未形成突飞猛进的局面。2010 年南通市外商直接投资金额 20.61 亿美元，全年新批外商投资项目 364 个，比上年下降 9.2%；新批协议注册外资 55.15 亿美元，比上年下降 0.2%；实际到账注册外资 20.61 亿美元，比上年增长 2.8%，外商直接投资额有待进一步提高。

八　连云港市 2010 年经济社会发展报告

2010 年连云港人民在市委、市政府的正确领导下，全市上下紧紧抓住沿海开发历史机遇，围绕“高扬创新大旗、推动全面跨越”年度工作主题，认真谋划思路，落实关键措施，攻坚克难，拼搏奋进，经济社会发展呈现良好态势。

一、连云港市 2010 年经济发展概况

（一）综合经济

1. 经济总量

2010 年连云港市地区生产总值突破 1 000 亿元大关，达到 1 193.31 亿元，按可比价格计算比上年增长 17.8%，增幅居江苏省第四位。第一产业实现增加值 182.60 亿元，增长 9.0%；第二产业实现增加值 545.07 亿元，增长 16.9%；第三产业实现增加值 456.64 亿元，增长 17.9%。三次产业结构由上年的 16.4∶46.3∶37.3 调整为 15.3∶45.7∶39.0。

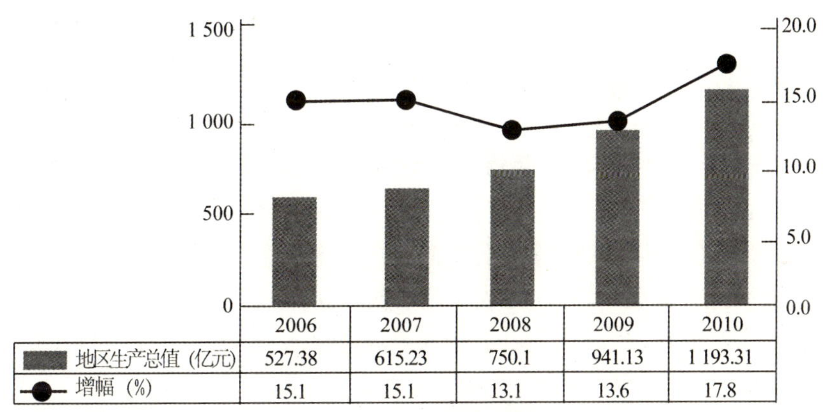

	2006	2007	2008	2009	2010
地区生产总值（亿元）	527.38	615.23	750.1	941.13	1 193.31
增幅（%）	15.1	15.1	13.1	13.6	17.8

图 3－96　2006－2010 年连云港市地区生产总值及增长速度

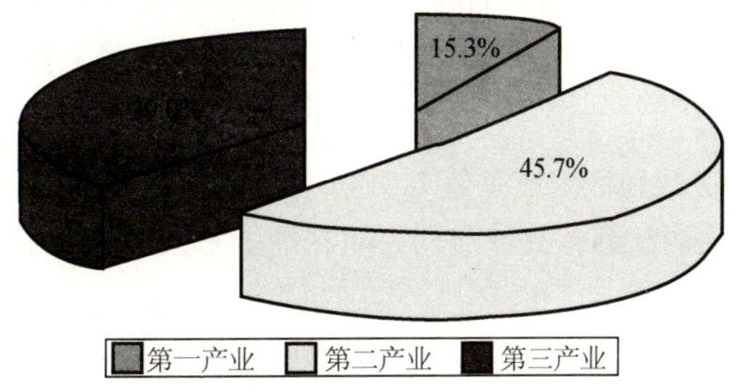

图 3－97　2010 年连云港市三次产业结构图

2. 财政收支

财政总收入 352.58 亿元，增长 51.8%。其中，财政一般预算收入 141.39 亿元，增长 56.7%，比上年提高 20.4 个百分点，高出全省平均 30.3 个百分点，增幅居全省第 1 位。税收收入 97.36 亿元，增长 41.0%。一般预算支出 180.68 亿元，增长 43.3%。

3. 物价指数

受恶劣天气、市场需求、国外输入性通胀、原材料价格上涨等多种因素影响,居民消费价格总指数(CPI)为103.5,低于全省平均水平0.3个百分点。其中,服务项目价格指数为104.2,消费品价格指数为103.1。

4. 固定资产投资

积极营造良好投资环境,坚持实施项目带动战略,强化重大项目管理,项目建设工作成效显著,全社会固定资产投资1 234.25亿元,增长23.4%。连云港港区疏港公路、连云港港专业码头工程、30万吨级航道一期工程、新海电厂"上大压小"工程、田湾核电站三期工程、灌云风力发电、金港湾国际物流园区、连云港区域性国际商务中心项目等事关经济长远发展的重点项目进展顺利。

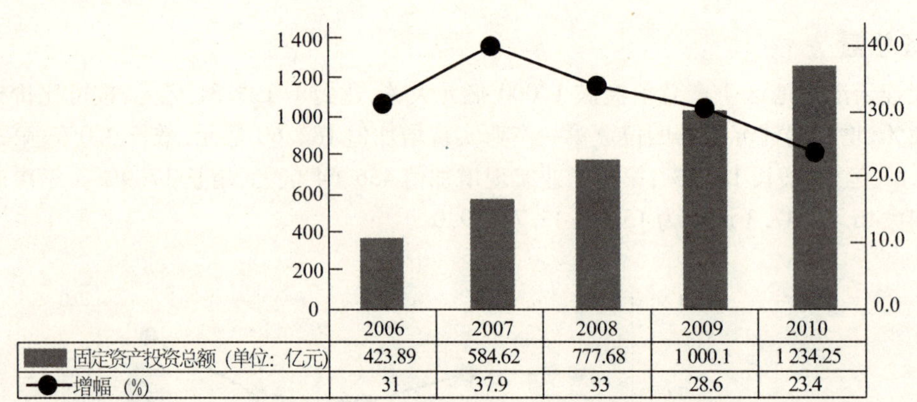

图3-98　2006-2010年连云港市全社会固定资产投资及增长幅度

工业投资增势强劲。辟建了76平方公里的临港产业区以及25平方公里的板桥、45平方公里的柘汪(海头)、60平方公里的燕尾港、50平方公里的堆沟港等临港产业片区,徐圩片区规划面积467平方公里。工业投资取得重大突破和进展,完成工业投资800.34亿元,增长27.3%。

重大产业项目集聚发展。"十一五"期间,五年新上投资亿元以上工业项目400多个,过10亿元项目28个。田湾核电一期工程投入运行,市开发区建成中海集装箱、国电联合动力等装备制造项目,风电装备形成完整产业链。徐圩新区、板桥园区珠江钢管、环球铜业、甲醇制烯烃、镍合金制造、益海化工等基地型大项目成功落户。北翼新海石化等一批临港产业项目建成投产,南翼灌河口船舶产业集聚地初步形成。沿东陇海线产业带太阳雨太阳能、晶海洋半导体等光热光伏产业快速发展。

5. 区县经济

2010年,连云港县域共完成地区生产总值713.42亿元,占全市经济总量的62.0%;增长15.3%,高出全市1.7个百分点,增速居江苏省县域前列。四县经济总量较"十五"末全部实现翻番。四县县城加速向中等城市迈进。

2010年,赣榆县综合经济实力进一步提升,实现地区生产总值223.07亿元,居连云港市县域首位,占全市比重的18.69%;工业发展迅速,实现总产值360.63亿元,占全市的18.62%;全社会固定投资迎来新局面,城镇固定资产投资为133.98亿元,占全市的14.55%;财政收入显著增加,一般预算收入为18.40亿元,占全市的13.01%;对外贸易方面仍较薄弱,仅进出口总额1.43亿美元,占全市的2.83%;但国内消费市场较为活跃,全社会消费品零售总额达到78.82亿元,占全市的18.30%。

2010年,东海县摆脱国际经济危机的影响,重抓投入保增长、危中寻机促转型、协调发展惠民生,以"全面奔小康,苏北进五强"为目标,抢抓江苏沿海开发及连云港发展列入国家战略的发展契机,积极采取措施,经济运行总体回升良好,全面建设小康社会进程步伐加快,城乡发展呈现和谐共进的良好局面，各项社会事业取得新进展。全县经济运行进一步回升，全年实现地区生产总值 200.14 亿元，居全市县域第二位，占全市的比重为 16.77%，较上年有大幅度增长；地方财政收入增加较快，地方财政预算收入达到 18.02 亿元，基本接近赣榆县，占全市的 12.74%；对外贸易强劲恢复，实现进出口总额 2.87 亿美元，跃居全市县域首位，占全市的比重达到 5.66%；国内消费市场依然较为发达，实现全社会消费品零售总额 76.23 亿元，占全市的 17.70%。

2010 年，灌云县抢抓江苏沿海开发的历史机遇，努力克服国际金融危机的持续冲击，积极应对宏观发展环境不断变化带来的新的挑战，强力推进县域经济发展，全县经济社会发展取得了巨大成就，圆满完成了“十一五”确定的各项目标任务。全县 2010 年实现地区生产总值 150.13 亿元，增长 15.2%，其中，第一产业增加值 40.99 亿元，增长 6.0%；第二产业增加值 69.88 亿元，增长 21.3%；第三产业增加值 39.26 亿元，增长 14.0%。人均地区生产总值 17 586 元。三次产业结构由上年的 28.3：44.4：27.3调整为27.3：46.5：26.2。全年完成地方财政一般预算收入 16.47 亿元，完成进出口总额 1.95 亿美元，社会消费品零售总额 58.02 亿元。

2010 年，灌南县始终坚持“工业立县”发展战略不动摇，按照创新型经济的要求，抢抓机遇，奋力拼搏，全力投身沿海开发，全县经济继续保持高位运行的良好态势。全年完成地区生产总值 140.08 亿元，占全市的 11.74%；工业经济继续保持优势，完成工业总产值 250.99 亿元，始终保持全市县域第二位，占全市的比重达到 12.96%。

表 3－11　连云港市区县部分主要经济指标一览

县　市	地区生产总值（亿元）	工业总产值（亿元）	城镇固定资产投资（亿元）	地方财政一般预算收入（亿元）	进出口总额（亿美元）	社会消费品零售总额（亿元）
连云港市	1 193.31	1 936.28	920.82	141.39	50.72	430.68
连云港市区	479.89	857.98	378.50	70.32	43.35	176.07
赣 榆 县	223.07	360.63	133.98	18.40	1.43	78.82
东 海 县	200.14	247.41	123.77	18.02	2.87	76.23
灌 云 县	150.13	219.27	142.73	16.47	1.95	58.02
灌 南 县	140.08	250.99	141.84	18.18	1.11	41.54

（二）农业

粮食产量稳定增长。2010 年，连云港市粮食播种面积达到 485.13 千公顷，总产量达到 339.36 万吨，增长 1.4%。粮食生产连续 8 年丰产丰收。东海县获全国粮食生产标兵县，灌云县获全国粮食生产先进县。渔业生产稳步增长。水产品产量达 61 万吨，增长 5.2%。海水放养面积达 56 万亩，紫菜养殖面积 12.1 万亩，淡水放养面积 32.9 万亩。

农业结构调整步伐加快。传统农业逐步向现代农业转型，优质、高效农业比重进一步提高；优势特色产业规模不断扩大，质量稳步提高，品牌效益初步显现。高效农业、设施农业面积分别达到 210 万亩、85 万亩，占耕地比重分别达 37.5%、15.2%。农业园区化发展快速推进，连云港出口农产品加工示范基地被命名为“全国农产品加工业示范基地”，农业外向化水平提高，利用外资领先苏北，农产品出口居全省前列。至年末，建成市级以上现代农业产业园 17 家，灌南现代农业园区、赣榆海州湾现代渔业园区被认定为首批 23 个省级现代农业产业园区。农业产业化经营加快推进，培育市级以上龙头企业 166 家。赣榆海水工厂化养殖、东海鲜切花、灌云设施蔬菜、灌南食用菌等特色产业呈现规模化集聚。农产品质量安全建设不断加强，认定无公害农产品产地面积 420 万亩，创建农畜产品品牌 470 个。

农业机械化程度不断提高。新增6大类38种规格型号机具15 059台(套),农机总动力达387.31万千瓦。主要农作物机械化水平达72.5%,水稻机播率达30%。水利建设力度加大。完成水利工程投资13.44亿元,通榆河北延送水工程、新沭河50年一遇治理工程、徐圩新区送水工程等重点项目进展顺利。

(三)工业和建筑业

工业经济高位运行。实现规模以上工业增加值454.55亿元,增长21.1%,高于全省平均增速5.1个百分点,居全省第二位;实现工业总产值1 941.32亿元,增长48.0%。

工业结构调整继续推进,传统工业改造升级步伐加快,以新医药、新材料、新能源、新装备制造业为先导的高新技术支撑的新型工业体系正在形成。

重点企业支撑有力。20强工业企业实现产值795.80亿元,增长51.2%,总量占规模以上产值的41.0%,拉动增长20.5个百分点。新海石化、镔鑫特钢、启创铝制品、国电联合四家企业产值增幅超过100%,分别增长198.1%、396.6%、198.7%和17.8倍。

经营状况继续好转。规模以上工业实现主营业务收入1 904.28亿元,增长47.2%;完成利润总额156.25亿元,增长48.2%;亏损企业亏损总额下降27.6%;工业经济综合效益指数为277.2%,较上年提高了25.0个百分点;全员劳动生产率222 614元/人,增长16.4%。在列入统计的89种主要工业产品中,保持增长的有61种,下降的有28种。

建筑业保持良好发展态势。建筑业企业签订合同额428.90亿元,增长17.1%。完成建筑业总产值318.96亿元,增长19.2%;其中在省外承揽工程完成总产值128.28亿元,增长23.6%。完成竣工产值139.21亿元,增长25.3%。建筑业劳动生产率15.94万元/人,增长16.0%。房屋建筑施工面积2 581.25万平方米,竣工面积1 388.64万平方米。

(四)服务业

1.国内贸易

消费品市场需求旺盛。2010年社会消费品零售额426.75亿元,增长18.9%,居全省第五位。按城乡分,城镇335.51亿元,增长25.9%;农村91.24亿元,下降1.2%,农民消费城镇化趋势明显。

热点商品消费强劲。消费品市场中,汽车消费独领风骚,各类汽车销售企业达49家,实现汽车消费额31.24亿元,增长47.8%;成品油消费势头强劲,实现零售额24.38亿元,增长66.4%;食品饮料烟酒类商品实现零售额18.4亿元,增长38.5%;实现药零售额(非医疗机构用药)6.25亿元,增长34.2%。

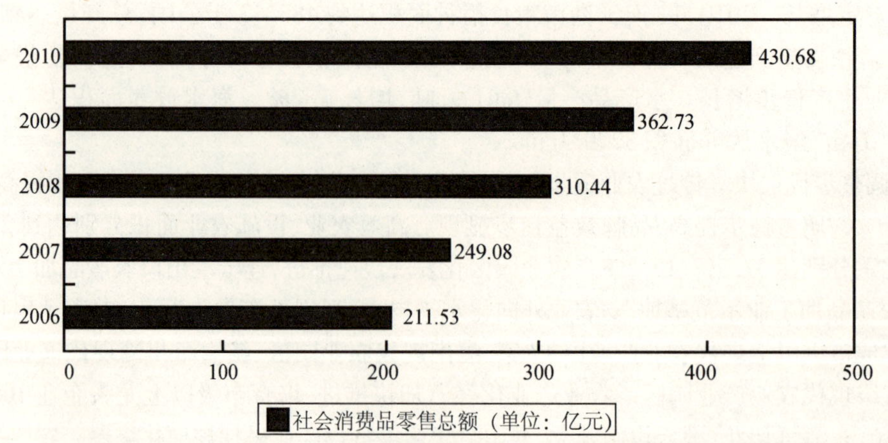

图3-99　2006-2010年连云港市社会消费品零售总额及增长幅度

2. 交通运输、邮政通讯业

港口服务功能大幅提升。“十一五”期间完成港口建设投入190亿元，是“十五”期间的5.8倍。主体港区15万吨级航道建成通航，30万吨级航道先导试挖工程完成阶段性目标，30万吨级矿石码头试运营，12个生产性泊位建成投产。赣榆港区防波堤开工建设，灌河口航道整治有序展开，燕尾港3万吨级散货码头加快实施。港口新增吞吐能力5 400万吨、集装箱200万标箱。集疏运体系加快完善，基本建成南疏港、东疏港通道和内河港中云台作业区一期工程。新辟内外贸航线40条，设立内陆“无水港”8个，新亚欧大陆桥过境集装箱运输西延至北欧。口岸公共信息平台功能不断完善。

港口生产逆境求进。2010年，连云港市克服市场波动频繁、港际竞争激烈、恶劣天气较多等不利影响，不断加大市场开发力度，实现港口货物吞吐量1.35亿吨，增长18.7%；实现集装箱运量387.1万标箱，增长27.7%。港口迎来作业船舶7 948艘次，增长6.1%，其中超200米、5万吨级以上船舶来港作业超1 030艘次；开普型船169艘次，较上年增加53艘次。

综合运输体系基本形成。公路方面，连临高速、东疏港高速等重点项目建成；铁路方面，东陇海铁路电气化改造完成，连盐铁路开工，连淮铁路可研编制完成；航道港口方面，疏港航道建成通航，金港湾国际物流园区内河港一期工程新建成6个千吨级泊位，实现内河港口码头千吨级泊位“零”的突破；机场方面，国际候机厅建成使用并实现空港开放，大型机场初步选址方案编制完成，“公、铁、水、机”一体的综合运输体系基本形成。2010年，公路客运量13 158万人次，旅客周转量53.05亿人公里，增长9.3%、11.2%；公路货运量9 651万吨，货物周转量67.58亿吨公里，增长25.8%、21.4%；水路货运量1398万吨，货物周转量97.86亿吨公里，增长16.1%、9.6%；水路客运量21.5万人，客运周转量8 925万人公里，增长19.5%。内河港口吞吐量803万吨，增长45.9%。

邮政通讯业务稳步增长。实现邮政通讯业务收入27.04亿元，增长9.2%。其中邮政完成业务收入2.75亿元，增长0.2%；通讯完成业务收入24.29亿元，增长9.6%。年末全市电话用户429.01万户，增长13.1%；互联网宽带接入用户数达到39.64万户，增长9.0%。

3. 旅游业

2010年，先后举办了国际西游记文化旅游节暨首届江苏沿海国际旅游节、中国·赣榆徐福节、连云港之春、乡村旅游节、海鲜美食文化节等。被评为全国最美的十大魅力旅游城市、十大夏季避暑城市。东海温泉镇成功创建全国特色景观旅游名镇和江苏首批精品乡村旅游区，水晶国际珠宝城被评为上海世博主体体验之旅示范点。总投资40亿占地1 500亩的西游记文化主题公园项目顺利签约，实现了旅游重大项目招引零的突破。接待国内游客1 393万人次，增长17.6%；实现国内旅游收入154亿，增长24.6%。接待入境旅游者11.7万人次，增长16.6%；实现旅游外汇收入1.08亿美元，增长17.2%。实现旅游总收入163.43亿元，增长24.6%。

4. 金融和保险业

金融支撑作用加强。金融机构年末存款余额1 243.81亿元，比上年增加224.37亿元，增长22.0%。其中，居民储蓄存款余额538.24亿元，增加85.31亿元，增长22.0%。贷款余额946.26亿元，增加173.78亿元，增长22.5%。贷存比达到76.1%。全面启动“中小企业金融服务日”活动，开展沿海开发重大项目银企对接。积极推进国开行在连设立分支机构工作。

保险事业较快发展。各类保费收入33.42亿元，增长30.9%。其中财产险保险费收入9.32亿元，增长22.8%；人身险保费收入22.22亿元，增长36.0%。保险赔款支出76 827万元，下降12.9%。其中财产险赔款支出41 313万元，下降7.9%；寿险赔付支出30 897万元，下降20.3%。

5. 房地产业

2010年，连云港市房地产业投资132.36亿元，增长19.4%；其中住宅100.17亿元，增长19.6%。

商品房施工面积1 541.41万平方米;其中住宅1 215.49万平方米。房屋竣工面积290.96万平方米,下降17.6%;其中住宅227.4万平方米。商品房销售面积474.19万平方米,下降7.8%,商品房销售额167.70亿元,增长4.9%。各类房屋待售面积45.03万平方米,增长15.6%。其中住宅25.96万平方米,增长35.5%。

(五)开放型经济

1.对外贸易

2010年完成进出口总额50.76亿美元,增长31.5%,总量在13个省辖市中列第9位,苏北5市中列第1位;增速比上年提高44.8个百分点。其中出口26.01亿美元,增长33.1%,增幅高于上年48.0个百分点;进口24.75亿美元,增长29.8%,增幅高于上年41.4个百分点。

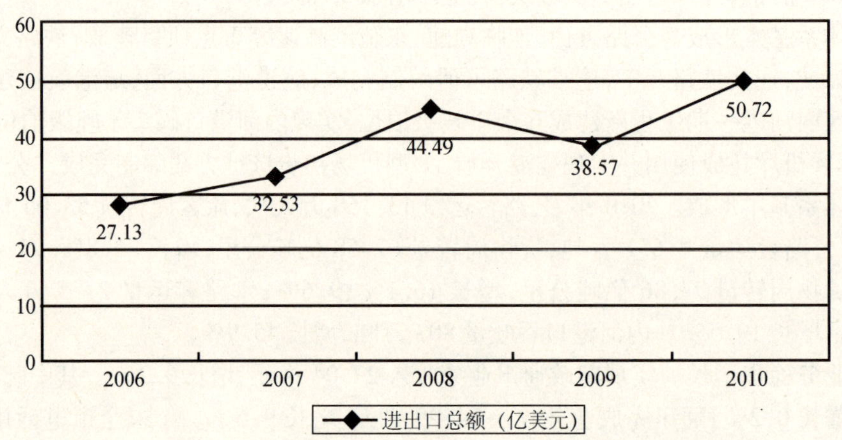

图3-100　2006-2010年连云港市外贸进出口总额情况

2.招商引资

实际到账注册外资11.01亿美元,增长5.9%;引进内联客方到位资金436.91亿元,增长17.0%。新增内资注册企业3 065个,在谈项目签约率提高并有序跟踪推进。新型钢管、铜业、新能源汽车充电池、光电材料等一批重大项目纷纷落户。发行企业债券23.5亿元、公司债券6.5亿元,吸引异地金融机构投放贷款余额130亿元。

3.民营经济

2010年全年民营经济实现增加值597.27亿元,占全市GDP比重的51.9%;增长14.1%,比全市GDP增幅高0.5个百分点,对经济发展的贡献率为53.4%。全市民营经济实现税收82.18亿元,占全部税收的53.6%;增长41.9%,同比提高3.7个百分点。私营个体企业达13.93万户,增长8.6%;私营个体经济实现税收37.01亿元,增长35.1%。

民营工业效益良好。规模以上民营工业1417户,占规模以上工业的83.8%;实现总产值1 215.12亿元,增长58.2%,比规模以上工业高10.2个百分点;销售收入1 136.79亿元,增长55.1%,比规模以上工业高7.9个百分点;利税总额130.96亿元,增长49.3%,比规模以上工业高6.0个百分点。

民间投资活力增强。完成民间固定资产投资870.08亿元,增长28.1%,比全市固定资产投资增幅高4.7个百分点,占全市固定资产投资比重为71.1%,同比提高2.6个百分点。

4.开发区建设

深入实施开放兴市战略,组织开展沿海开发系列推介,连续举办苏北投资贸易洽谈会等大型经贸活动。出口加工区二期建成运营并实现保税功能叠加,保税物流中心封关运作,化学工业园和连云、

海州、灌云经济开发区升格为省级开发区，新增南北共建园区5个、省级特色产业园4个。10个综合类开发区注册外资实际到账38.3亿美元，年均增长38.8%。市开发区在54个国家级开发区综合评价中位次前移10位。

二、连云港市2010年社会发展概况

（一）人口、人民生活

人口总量平稳发展。2010年末，户籍总户数139.66万户，其中市区28.84万户；户籍总人口达497.73万人，其中市区93.59万人。

居民收入快速提高。农民人均纯收入7 039元，增长15.2%，增幅居全省首位。市区城市居民人均可支配收入19 020元，增长12.2%，增幅在全省位居第4位。城乡居民消费水平提高明显，全市农村居民人均消费实现4 766元，增长11.1%；市区城市居民人均消费达到12 293元，增长6.2%。城镇和农村人均住房面积分别达35.4平方米和33.5平方米，较“十五”末增加3.8平方米和9平方米。城乡居民恩格尔系数较“十五”末降低4.6个百分点。

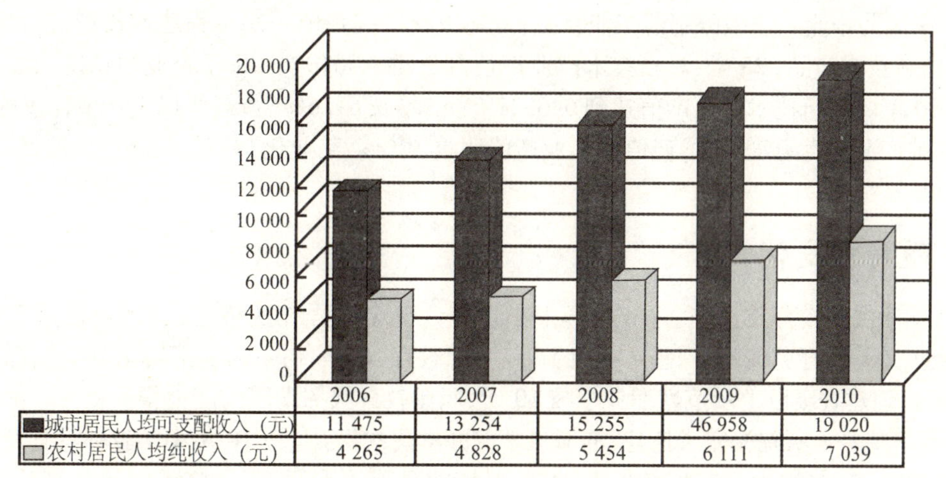

	2006	2007	2008	2009	2010
城市居民人均可支配收入（元）	11 475	13 254	15 255	46 958	19 020
农村居民人均纯收入（元）	4 265	4 828	5 454	6 111	7 039

图3－101　2006－2010年连云港市城乡居民收入对比一览

（二）就业、社会保障

2010年，落实积极的就业政策，加强各类职业技能培训，新增就业33.9万人，转移农村劳动力28.5万人，实现下岗失业人员再就业9.9万人，零就业家庭动态为零。城镇登记失业率控制在3%以内。

社会保障进一步加强。企业职工养老保险覆盖面达95.2%，新型农村养老保险、合作医疗参加率达98%和99.5%，工伤、生育保险覆盖面均达95%，在职职工参加失业保险人数29.6万人，基本实现城乡居民医疗保险全覆盖，被征地农民即征即保。完善住房保障体系，为1.3万户职工家庭发放住房公积金贷款56亿元，累计投资24亿元加快保障性住房建设，开工建设经济适用房1.8万套，筹集、建设廉租住房1 791套，2.8万户中低收入家庭解决了住房困难，城市低收入无房家庭基本实现应保尽保。完善社会救助体系，健全困难职工帮扶网络，建立城乡低保标准自然增长机制，实现城乡低保全覆盖，特困群众基本生活得到保障。农村五保对象集中供养率达70%。实施脱贫攻坚工程，帮助37万农村贫困人口脱贫解困。企业退休人员基本养老金人均增长10%以上，实现与上海异地就医结算，五项社会保险参保率均超过95%。

(三)科学技术与创新

科技创新深入实施。2010年全社会R&D支出占GDP比重提高到1.22%,获国家科技进步奖1项,省政府科技进步奖7项。专利、标准和品牌战略深入实施,专利申请量2 118件,授权量1 274件。专利授权量"十一五"期间年均增长46%。2010年新上国家和省级科技计划项目193项,获省以上科技拨款2.59亿元,增长92%。至2010年末,连云港市与20多家高校院所签署科技合作协议,"校企联盟"发展到330个,共建研发机构120家,中科院能源动力研究中心、省海洋资源开发研究院形成研发能力,南京大学高新技术研究院、南京工业大学海洋工程研究院等一批创新载体加快建设。全市企业院士工作站达4家,拥有国家和省级企业博士后工作站24家、工程技术中心26家,硅产品、高性能纤维和风力叶片3个检测中心加快建设。承担国家重大科技专项19项,新上火炬、星火等国家计划234项,获国家和省部级科技进步奖20项。全市科技孵化器面积达12万平方米,研发投入占地区生产总值比重1.3%,科技进步贡献率40%,跻身全国科技进步先进市行列。建立高层次人才引进专项资金,实施创业创新领军人才集聚"555"工程,全市人才保有量年均增长11%,有力支撑了区域创新能力提升。

先进制造业快速成长。创建4个国家级高新技术产业化基地,6个特色产业基地建设进入省"双百"工程,4家医药企业入选中国制药工业百强,万吨级碳纤维基地一期工程建成投产,获批国家重点新产品、省高新技术产品225个,高新技术产业产值翻三番。2010年25家企业被认定为省创新型企业,总数达30家。高新技术产业产值达到646.28亿元,增长69.6%,占规模以上产值比重的33.3%。新型临港基础产业培育力度加大,产值占工业产值比重39%。工业化与信息化融合发展,获批省制造业信息化科技示范市。

(四)教育和文化

城乡办学条件和教育质量进一步改善,中小学校舍安全工程扎实推进,市区新建成5所中小学校。全面落实义务教育免费政策,基本普及15年基础教育,小学、初中入学率均达100%,高中段毛入学率96.9%。创建省级以上示范性职业学校10所,职业教育服务发展的能力得到提高。师范专科学校、职业技术学院等4所院校完成迁建,淮海工学院办学层次提升。2010年小学教师具有专科及以上学历比例达75.32%,初中、普通高中、职业高中教师具有本科及以上学历比例分别达71.79%、96.8%和90.46%。新建多媒体教室1 265个,添置计算机16 000余台,中小学校生机比达12.4∶1,学校信息化环境进一步优化。

文化工作成绩显著。2010年,组织创作演出《大潮连云》、《梦境西游》等优秀剧目;女子民乐团进国家大剧院演出;本市作曲家新作《太阳城之恋》成为第四届世界太阳城大会会歌;本市导演执导广州亚运会开幕式《白云之帆》;淮海戏《左邻右舍》获省第七届"五个一工程奖"。"和谐文化进万家"被评为全国特色广场文化活动,全年组织广场文化活动300多场次。送戏1017场次,送书32.69万册,送电影下乡1.67万场次。发展有线电视用户6.7万户,有线电视入户率达80%。"凌惠平"专题节目多次在央视播出。新增省级以上文物保护单位7处,3个项目入选国家非物质遗产保护名录。

(五)卫生和体育

医疗服务不断优化。公共卫生体系逐步健全,城市社区和农村三级医疗卫生服务体系全覆盖,城乡"15分钟健康服务圈"基本形成。公共卫生体系逐步实现均等化,新增三甲医院3所,启动22个中心乡镇卫生院、6个县区级医院建设,四县新增省级标准化村卫生室460家(村卫生室规范化建设改造率达94%),市区新增标准化城市社区卫生服务站10家(城市社区卫生服务人口覆盖率达98%以上),乡村卫生服务一体化管理率达80%。新农合保障水平持续提升,参合农民达329.27万人,参合

率为99.2%,共为参合农民报销医药费用近5亿元。公立医院改革试点稳妥推进。妇幼卫生信息系统实现功能升级,成为卫生部确定的全国10个试点城市之一。被评为全国无偿献血先进市、国家无烟草广告先进城市。

体育事业成果丰硕。在苏北率先成为省体育强市,被中国健美协会命名为"中国健美健身城市",被国家体育总局社体中心命名为"全国健身秧歌城市"。在省十七届运动会上,共获金牌26枚、银牌28.5枚、铜牌56枚、总分1 368分,奖牌总数排名全省第八位,打破6项省年龄组纪录。举办中国国际健身健美公开赛、国际女排对抗赛等国际比赛4项,全国U17男子篮球比赛、全国男子排球大奖赛等全国比赛9项,县承办省级以上体育竞赛覆盖率100%。

(六)城乡建设

城建投入再创新高。创新城乡体制机制、跨越推进功能配套、优化宜居宜业环境、全面推进国际性海滨特大城市建设。2010年城乡建设完成投入达420亿元,共实施城乡建设项目1 100项,增长220%。

特大城市框架全面拉开。中心城市建成区面积扩大到120平方公里、人口100万,区域性航运、商务、金融、信息、物流、旅游六大中心启动建设,全市城市化率达45%。中心城市入选中国投资环境百佳城市和《福布斯》"大陆最佳商业城市榜"。建成花果山大道城市主轴和海宁大道、东方大道、北崮山大道等骨干路网,打通242省道,城市空间布局优化,拉开了三极互动的特大城市框架。连云新城10平方公里示范区基础设施启动建设,起步区海州湾商务中心、胜利湖等重点工程建成,东哨西墅片区初具形象。科教创业园路网框架基本形成,高校科研区、公共体育区初具规模。孔望山新城、凤凰新城开发加快推进。东部城区形象加速刷新,中央商务区建设、连岛开发加快推进,在海一方公园、鑫港大厦、金海商务大厦等一批标志性建筑建成,海棠路立交、铁路连云港东站投入使用,山海景观轴、滨海休闲带有序推进,海滨特色风貌初步展现。

市政公用整体推进。按照"中心成网、外围成环、东进北连、四周通达"的建设目标,新建、续建新建东路跨西盐河桥、郁洲南路跨玉带河桥、青河路跨玉带河桥、振海路跨玉带河桥等4座桥梁;建设郁洲南路、科苑北路、学院北路等22条城市道路。完成新东方加压站、东山泵房迁建工程,在苏北第一家开工建设自来水深度处理工程。新增管道燃气用户10 000户,建成车用燃气钢瓶检测站,完成公交车和出租车燃气改装100辆,城市气化率达98%。

新型城镇化加快推进。坚持县当城建、镇当城建,实现村镇规划全覆盖。灌云新城展现良好形象,灌南县城规模扩大,赣榆新城核心区有序展开,东海县城湖滨特色逐步显现。"十一五"期间,创建省、市级城市化示范镇和新型小城镇79个,东海温泉镇创成省级园林小城镇,赣榆海头镇成为国家发展改革试点镇,灌云燕尾新城初具规模,灌南半岛新区开发全面铺开。新建改建农村公路8 200多公里,解决136万人饮水安全问题,行政村客运班车通达率99.4%。完成400多个村庄整治,疏浚县乡河道900多条,发展沼气用户12万户,新增无害化卫生厕所19.7万个。加强康居示范村建设,新农村服务中心村级全覆盖,食品、日用消费品、农资乡级"农家店"覆盖面100%。农村生产生活条件不断改善、面貌明显改变。

(七)资源节约与环境保护

资源环境保护持续加强。坚持集约节约利用土地资源,落实最严格土地管理制度,"十一五"期间,清理收回闲置建设用地8 700亩,复垦开发农用地18.8万亩。坚持科学用海、合理开发,海域管理不断加强。

园林绿化成效显著。2010年新增绿地面积287公顷,完成投资4.8亿元。城市绿地面积3 910公顷,绿化覆盖面积4 467公顷,绿化覆盖率41.7%,绿地率37.3%,人均公园绿地11.8平方米,均超过国家园林城市指标。

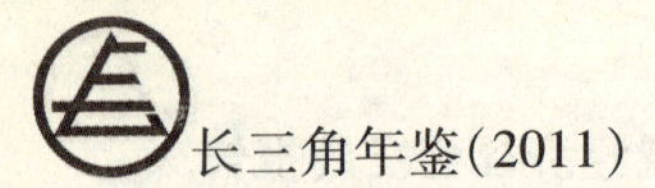

加大环境保护力度。把好环境准入关口,强化源头控制,保证建设项目环评率100%,共有71家企业安装COD在线监控设备67套,烟气在线监控设备15套。加快污水处理厂建设步伐,推进污水截流管网建设。加快高污染燃料禁燃区建设,推动燃煤电厂脱硫,有效削减二氧化硫排放总量。加强工业固体废物综合利用,加强噪声达标区建设与管理,确保建成区噪声达标区覆盖率达90%以上。

三、挑战与目标

在总结成绩的同时,应看到连云港市发展中还存在许多困难和矛盾,政府工作也存在一些不足和差距。主要表现为:经济总量仍然偏小,结构还不尽合理,发展的资源环境约束加剧;科技进步和创新的引领支撑作用有待进一步增强,现代产业体系需要加快构建;新型城镇化水平还不高,基本公共服务体系需要进一步完善;就业仍然面临较大压力,保障和改善民生的任务还相当繁重;机关服务软环境还需要进一步改善。对此,将进一步增强忧患意识和责任意识,采取更加有力措施,切实加以解决。

2011年是"十二五"发展的开局之年。根据中央、省经济工作会议和市委十届十一次全会精神,2011年全市经济社会发展主要预期目标是:地区生产总值增长13%,完成全社会固定资产投资1 400亿元,财政一般预算收入增长20%,城市居民人均可支配收入、农民人均纯收入均增长12%,城镇登记失业率在3.6%以内,居民消费价格水平不高于省控标准,节能减排完成省定任务。

四、连云港市在长三角地区经济发展中的地位

2010年连云港市抓住了沿海开发历史机遇,围绕"高扬创新大旗、推动全面跨越"年度工作主题,认真谋划思路,落实关键措施,攻坚克难,拼搏奋进,实现了经济社会发展的良好态势;但综合而言,其在长三角地区经济发展地位仍比较靠后,有待解放思想,进一步提升。

2006-2010年连云港市地区生产总值在长三角所占比重分别为1.11%、1.09%、1.15%、1.30%和1.38%,连续三年实现小幅增长,累计增幅为0.27个百分点,2010年较上年增幅为0.08个百分点,不让上年增速迅猛。2010年连云港市地区生产总值在长三角地区25个市(苏浙两省24个地级市和上海市,下同)中与上年保持一致,排名第21位,仍比较靠后。

2010年连云港市地区生产总值突破1 000亿元大关,达到1 193.31亿元,按可比价格计算比上年增长17.8%,增幅居江苏省第四位。产业结构调整步伐加快,传统农业逐步向现代农业转型,优质、高效农业比重进一步提高。工业结构调整继续推进,传统工业改造升级步伐加快,以新医药、新材料、新能源、新装备制造业为先导的高新技术支撑的新型工业体系正在形成。第一产业实现增加值182.60亿元,增长9.0%;第二产业实现增加值545.07亿元,增长16.9%;第三产业实现增加值456.64亿元,增长17.9%。三次产业结构由上年的16.4∶46.3∶37.3调整为15.3∶45.7∶39.0。经济社会发展中仍然存在着一些问题,综合经济实力仍然不强,经济结构仍不尽合理,服务业发展相对滞后,粗放型经济增长方式尚未根本改变,工业持续快速增长压力加大等。

2006-2010年连云港市地方财政一般预算收入在长三角所占比重分别为0.75%、0.81%、0.94%、1.14%和1.48%,呈现稳定增长的态势,累计增幅达0.73个百分点。2010年连云港市地方财政一般预算收入在长三角地区25个市中的排名比上年上升一位,达到第19位,但仍比较靠后。

2010年,连云港市综合财力明显增强。财政总收入352.58亿元,增长51.8%。其中,财政一般预算收入141.39亿元,增长56.7%,比上年提高20.4个百分点,高出全省平均30.3个百分点,增幅居全省第1位。税收收入97.36亿元,增长41.0%。

2006-2010年连云港市规模以上工业总产值在长三角所占比重分别为0.52%、0.62%、0.75%、0.94%和1.12%,继续保持稳定增长的态势,累计增幅为0.60个百分点。但2010年连云港市规模以上工业总产值在长三角地区25个市中的排名仍与上年保持一致,排在第21位,仍比较靠后。

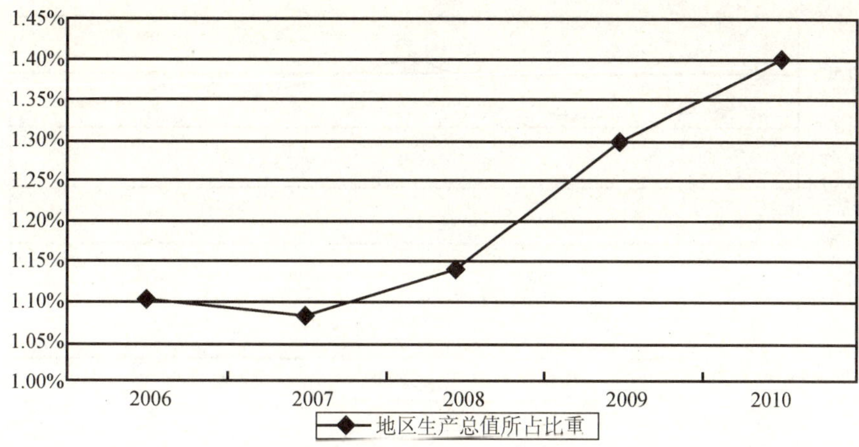

图 3-102　2006-2010 年连云港市地区生产总值在长三角所占比重的变化趋势

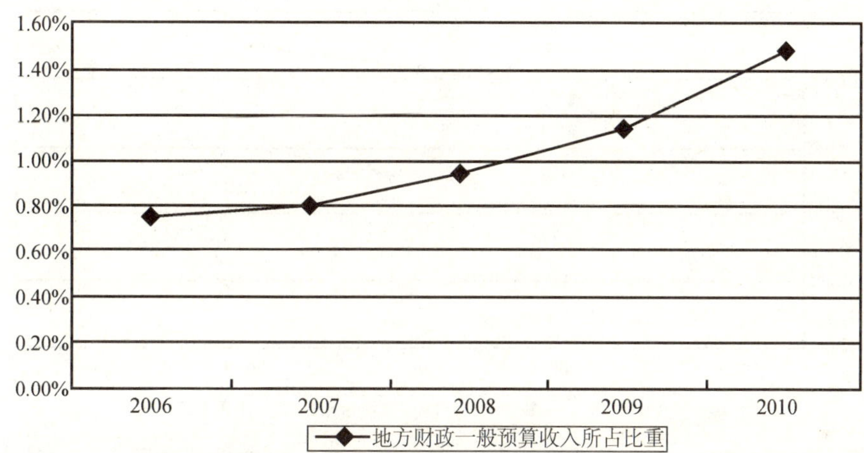

图 3-103　2006-2010 年连云港市地方财政一般预算收入在长三角所占比重的变化趋势

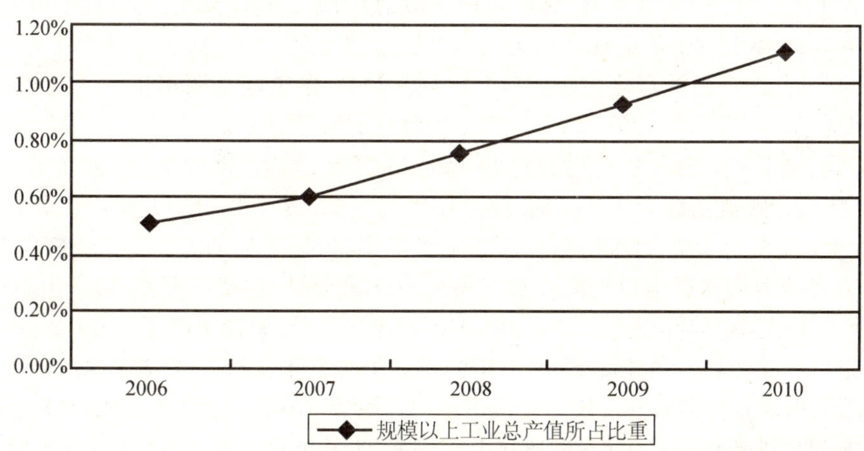

图 3-104　2006-2010 年连云港市规模以上工业总产值在长三角所占比重的变化趋势

2006-2010 年连云港市实际外商直接投资金额在长三角所占比重分别为 1.03%、1.84%、2.07%、2.23%和2.08%，2010 年在连续小幅增长的态势下，有些许下滑，较上年下跌 0.15 个百分点。但 2010 年连云港市进出口总额在长三角地区 25 个市中的排名仍与上年保持一致，排在第 14 位，排在长三角地区的中游位置，较其他经济指标排名高 57 位。

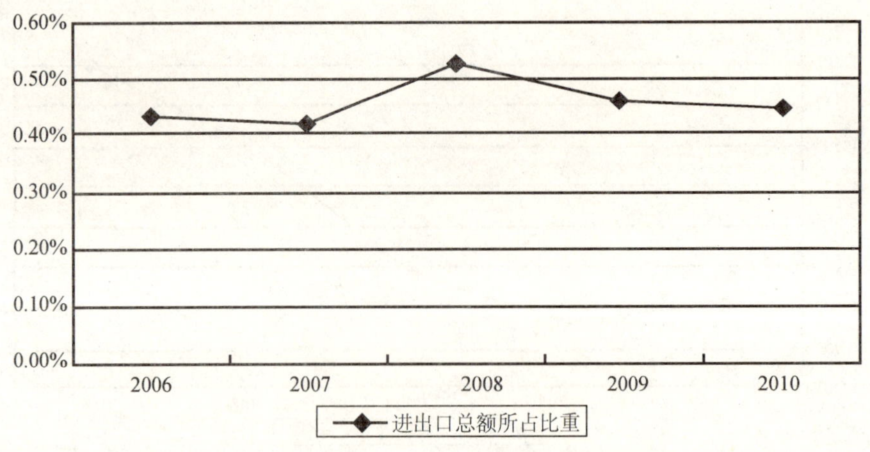

图 3-105　2006-2010 年连云港市进出口总额在长三角所占比重的变化趋势

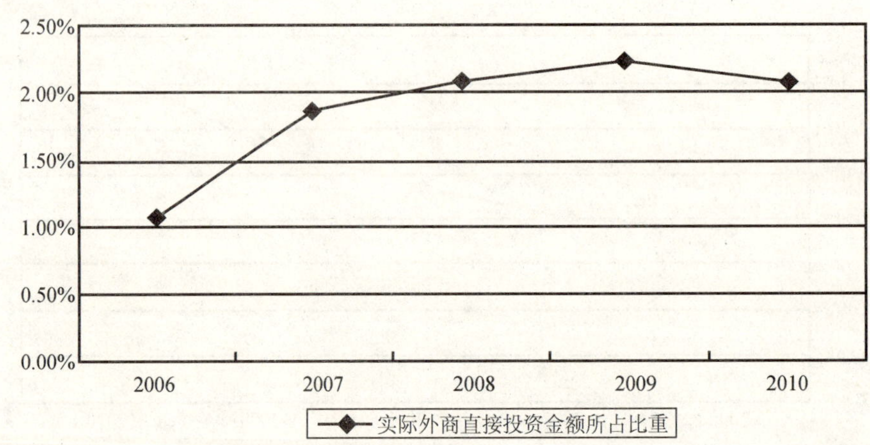

图 3-106　2006-2010 年连云港市实际外商直接投资金额在长三角所占比重的变化趋势

2010 年,连云港市工业经济高位运行。实现规模以上工业增加值 454.55 亿元,增长 21.1%,高于全省平均增速 5.1 个百分点,居全省第二位;实现工业总产值 1 941.32 亿元,增长 48.0%。同时,重点企业支撑有力。20 强工业企业实现产值 795.80 亿元,增长 51.2%,总量占规模以上产值的 41.0%,拉动增长 20.5 个百分点。新海石化、镔鑫特钢、启创铝制品、国电联合四家企业产值增幅超过 100%,分别增长 198.1%、396.6%、198.7% 和 17.8 倍。经营状况继续好转。规模以上工业实现主营业务收入 1 904.28 亿元,增长 47.2%;完成利润总额 156.25 亿元,增长 48.2%;亏损企业亏损总额下降 27.6%;工业经济综合效益指数为 277.2%,较上年提高了 25.0 个百分点;全员劳动生产率 222 614 元/人,增长 16.4%。在列入统计的 89 种主要工业产品中,保持增长的有 61 种,下降的有 28 种。

2006-2010 年连云港市进出口总额在长三角所占比重分别为 0.45%、0.44%、0.53%、0.48% 和 0.47%,在 2008 年较大幅度增长后,2009 年和 2010 年连续下滑,累计下降了 0.06 个百分点。但 2010 年连云港市进出口总额在长三角地区 25 个市中的排名仍与上年保持一致,排在第 19 位。

2010 年连云港市对外贸易回升较快。完成进出口总额 50.76 亿美元,增长 31.5%,总量在 13 个省辖市中列第 9 位,苏北 5 市中列第 1 位;增速比上年提高 44.8 个百分点。其中出口 26.01 亿美元,增长 33.1%,增幅高于上年 48.0 个百分点;进口 24.75 亿美元,增长 29.8%,增幅高于上年 41.4 个百分点。

2010 年连云港市摆脱国际金融危机残余势力的影响,招商引资成效显著。实际到账注册外资 11.01 亿美元,增长 5.9%;引进内联客方到位资金 436.91 亿元,增长 17.0%。新增内资注册企业 3065 个,在谈项目签约率提高并有序跟踪推进。新型钢管、铜业、新能源汽车充电池、光电材料等一批重大项目纷纷落户。发行企业债券 23.5 亿元、公司债券 6.5 亿元,吸引异地金融机构投放贷款余额 130 亿元。

九 淮安市2010年经济社会发展报告

2010年，淮安市人民在市委、市政府的正确领导下，坚持以科学发展观为统领，紧紧围绕建设苏北重要中心城市的发展定位，强力推进"五大建设"，经济保持较快增长，社会事业加快发展，圆满完成了年初确定的各项目标任务。

一、淮安市2010年经济发展概况

1、综合经济

1. 经济总量

2010年，全市实现地区生产总值1 388.07亿元，按可比价计算，比上年增长17.4%。其中，第一产业增加值195.97亿元，增长7.9%；第二产业增加值647.10亿元，增长16.5%；第三产业增加值545.00亿元，增长22.4%。人均地区生产总值(按常住人口计算)28 861元。经济结构进一步优化，三次产业增加值比例由上年的15.2∶48.3∶36.5调整为14.1∶46.6∶39.3。全面小康四大类25项指标有17项达到目标值。

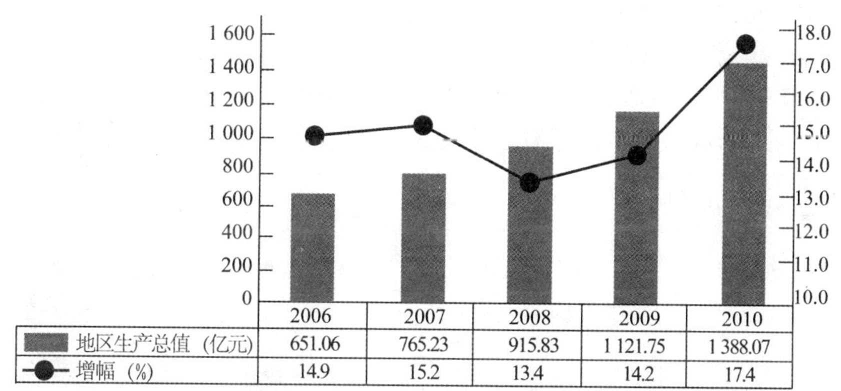

	2006	2007	2008	2009	2010
地区生产总值（亿元）	651.06	765.23	915.83	1 121.75	1 388.07
增幅（%）	14.9	15.2	13.4	14.2	17.4

图3－107　2006－2010年淮安市地区生产总值及增长速度

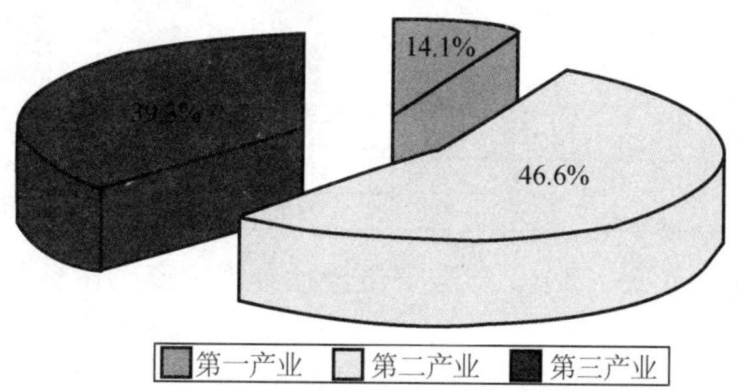

图3－108　2010年淮安市三次产业结构图

2. 财政收入

全年财政总收入310.01亿元，比上年增长45.2%。其中，上划中央收入119.17亿元，增长39.1%；一般预算收入141.43亿元，增长46.6%；社保基金收入35.72亿元，增长30.8%。

全年财政总支出254.70亿元，比上年增长42.8%。其中，一般预算支出204.94亿元，增长

38.7%;社保基金支出36.53亿元,增长43.6%。在一般预算支出中,一般公共服务支出29.96亿元,增长21.2%;公共安全支出12.58亿元,增长33.5%;教育支出36.59亿元,增长36.6%;社会保障和就业支出22.86亿元,增长47.7%;医疗卫生支出11.35亿元,增长25.9%;城乡社区事务支出25.48亿元,增长43.2%;农林水事务支出26.60亿元,增长36.1%。

3. 物价指数

全年市区居民消费价格上涨3.3%,其中:食品类上涨7%、烟酒及用品类上涨3%、衣着类上涨2.5%、家庭设备用品及维修服务类上涨1.4%、医疗保健和个人用品类上涨1.7%、交通和通讯类上涨0.3%、居住类上涨2.7%,娱乐教育文化用品及服务类略降0.1%。

4. 固定资产投资

全年完成500万元以上项目固定资产投资921.01亿元,比上年增长23.5%。其中,城镇投资841.22亿元,增长23.2%,城镇投资中房地产开发投资237.77亿元,增长30.5%;农村投资79.79亿元,增长27.4%。按产业分,第一产业投资14.51亿元,增长2.3%;第二产业投资460.80亿元,增长25.8%;第三产业投资445.70亿元,增长22.1%。

全年完成规模以上工业投资450.81亿元,比上年增长25.2%。亿元以上工业项目完成投资233.89亿元,增长71.1%,占规模以上工业投资总量的51.9%,比重比上年提高14个百分点。全市"三大千亿元"产业得到重点加强,全年完成投资131.26亿元,比上年增长45.8%,其中:盐化工新材料产业完成投资45.77亿元,增长102.2%;特钢产业完成投资23.02亿元,增长56.2%;电子信息产业完成投资62.47亿元,增长18.6%。

全年完成交通基础设施建设投资62.8亿元。公、铁、水、空基础设施建设全面推进,航空运输实现零的突破,综合枢纽地位初步形成。建成淮安涟水机场、205国道后六塘河至丁集段、325省道淮安段、淮安民用机场连接线、涟水汽车客运站等工程,盐河航道整治工程、淮安清浦至金湖公路、宿淮铁路等工程建设稳步推进。

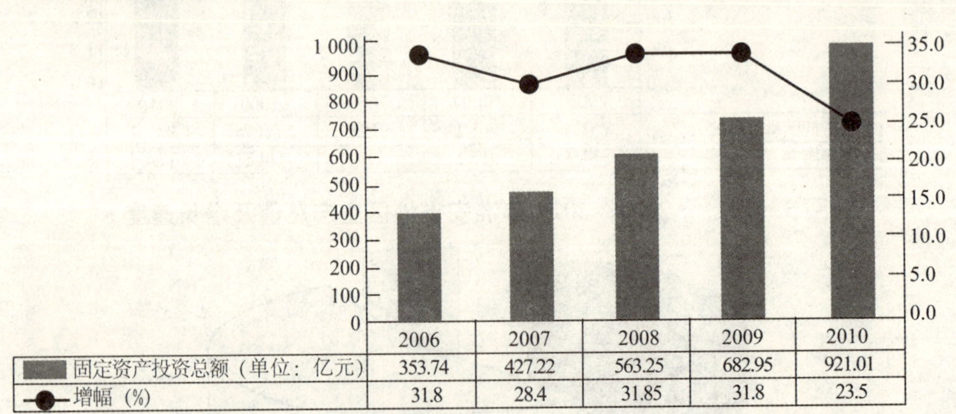

图3-109　2006-2010年淮安市全社会固定资产投资及增长幅度

5. 区县经济

2010年,淮安市经济发展较快,财政收入稳中有升,有7个县(区)财政一般预算收入突破10亿元大关,淮安经济技术开发区突破了20亿元。涟水县、洪泽县、盱眙县、金湖县四县综合经济势力进一步提升,地区生产总值累积达到515.40亿元,分别占全市的11.34%、7.58%、11.11%和7.10%。

2010年,涟水县在县委县政府的正确领导下,深入开展学习实践科学发展观活动,紧紧咬定"加速奔小康,建设新涟水"的宏伟目标,牢牢把握"淮安争一流、苏北争上游、全省争进位"的工作基调,围绕"经济发展、城乡建设、民生改善、社会和谐"四件大事,克服制约因素增多、竞争压力加大等困难,团

结奋进,真抓实干,经济呈现又好又快发展的良好格局,全面小康社会建设取得新成效。全县综合经济保持平稳较快增长。全年实现生产总值157.45亿元,按可比价格计算增长14.7%;第一产业实现增加值41.89亿元,比上年增长4.8%;第二产业实现增加值65.05亿元,增长21.4%;第三产业实现增加值50.51亿元,增长14.3%。全县人均实现生产总值18 445元,增长18.1%。经济结构进一步改善。第一、第二、第三产业在生产总值中的构成比例由上年的28.2: 41.6: 30.2转变为26.6: 41.3: 32.1。全面小康建设取得新成效。在全面建设小康社会四大类18项25个指标中,有13个指标达到全面小康标准;其余12个指标中,按照2014年全面实现小康目标,有9个指标达到或超过序时进度;全面小康综合得分为90.48分,比2009年提高5.85分。

2010年,洪泽县加快转变经济发展方式,凝心聚力抓项目,创先争优保目标,国民经济运行继续保持较快增长,地区发展质量进一步提升,民生不断得到改善,各项社会事业取得新的进步,较好地完成了年度各项目标任务。2010年实现生产总值105.15亿元,比上年增长14%。第一产业完成增加值18.61亿元,增长4.8%;第二产业完成增加值46.08亿元,增长17.8%,其中工业完成增加值37.88亿元,增长20.4%;第三产业完成增加值40.46亿元,增长14.1%。三次产业增加值比例调整为17.7: 43.8: 38.5。二、三产业增加值比重为82.3%,比上年提高0.9个百分点。就业再就业工作进一步加强。年末全县城镇单位从业人员30 730人,其中在岗职工29 788人。全县私营个体从业人员73 242人,其中农村私营个体从业人员26 201;城镇私营个体从业人员47 041人。城镇登记失业人员1 920人,年末城镇登记失业率为2.9%。

表3－12　淮安市区县部分主要经济指标一览

县市	地区生产总值	工业总产值	城镇固定资产投资	地方财政一般预算收入	进出口总额	社会消费品零售总额
	(亿元)	(亿元)	(亿元)	(亿元)	(亿美元)	(亿元)
淮安市	1 388.07	2 439.11	841.22	141.43	21.71	469.09
淮安市区	872.67	1 445.77	491.93	97.50	17.30	305.43
涟水县	157.45	281.39	101.54	10.68	1.28	43.29
洪泽县	105.15	229.55	67.90	10.66	1.04	40.30
盱眙县	154.25	261.07	111.49	13.83	0.87	42.39
金湖县	98.55	221.34	68.36	8.75	1.22	37.68

(二)农业

农村经济加快推进。连续7年保持粮食增产,全年粮食总产量445.74万吨,比上年增加5.04万吨,增长1.2%。农作物种植结构有所调整。全年粮食面积为969.57万亩,比上年增加2.71万亩;棉花面积为0.64万亩,减少0.11万亩;油料面积58.72万亩,减少1.5万亩;蔬菜面积124.31万亩,增加4.7万亩。林牧渔业稳定发展。全年造林面积4.15万亩。全年肉类总产量28.39万吨,比上年增长1.0 %。禽蛋总产量12.51万吨,增长4.2 %。牛奶总产量3.15万吨,减少28.1 %。全年水产品总产量25.28万吨,增长2.3 %。

农业产业化成绩喜人,高效种植业、高效渔业面积分别达到266万亩和50万亩,畜禽规模养殖比重提高到79%,形成11个年销售10亿元县域主导产业,市级以上龙头企业发展到121家,创成5个地理标志证明商标。

全年完成水利建设投资15.08亿元,实施治淮、南水北调、区域治理、农村水利、城市水利和水源地保护等六大类水利工程。全市农田有效灌溉面积达456.47万亩,新增节水灌溉面积14.34万亩;年末农业机械总动力391.99万千瓦,比上年末增长5.4%。

(三)工业和建筑业

2010 年,全市规模以上工业企业完成增加值 574.77 亿元,比上年增长 17.4%。在规模以上工业中,国有工业增加值 83.92 亿元,增长 7.8%;集体工业增加值 6.96 亿元,增长 16.4%;股份制工业增加值 305.46 亿元,增长 16.2%;外商港澳台投资工业增加值 111.69 亿元,增长 25.6%。大中型工业企业实现增加值 279.38 亿元,增长 11.3%。全年工业用电 81.75 亿千瓦时,比上年增长 14.7%。

全市规模以上工业企业实现产品销售收入 2 391.97 亿元,比上年增长 49.9%;实现利税 245.02 亿元,增长 41.4%,其中利润 121.92 亿元,增长 61.1%。企业亏损面 7.7%,比上年下降 1.5 个百分点;亏损企业亏损额 2.29 亿元,下降 28.0%。工业经济效益综合指数 280.61,比上年提高 37.93 个百分点。

2010 年全市总承包和专业承包建筑业企业完成建筑业总产值 571.82 亿元,比上年增加 96.96 亿元,增长 20.4%。其中:建筑工程产值为 549.92 亿元,增长 20.7%;安装工程产值为 21.08 亿元,增长 22.5%。房屋建筑施工面积 6 553.45 万平方米,增长 18.5%。房屋新开工面积 3 879.12 万平方米,增长 6.5%;竣工面积 3 009.40 万平方米,增长 24.3%。

(四)服务业

1. 国内贸易

2010 年淮安市全年实现社会消费品零售总额 469.09 亿元,比上年增长 20.1%。分地区看,城镇消费品零售额 408.35 亿元,增长 18.6%,其中城区消费品零售额 257.86 亿元,增长 21.9%;乡村消费品零售额增长较快,达到 56.45 亿元,增长 21.9%。分行业看,批发零售业实现零售额 416.92 亿元,增长 18.5%;住宿餐饮业实现零售额 47.89 亿元,增长 24.4%。其中,住宿业实现零售额 4.54 亿元,增长 23.3%;餐饮业实现零售额 43.36 亿元,增长 24.5%。

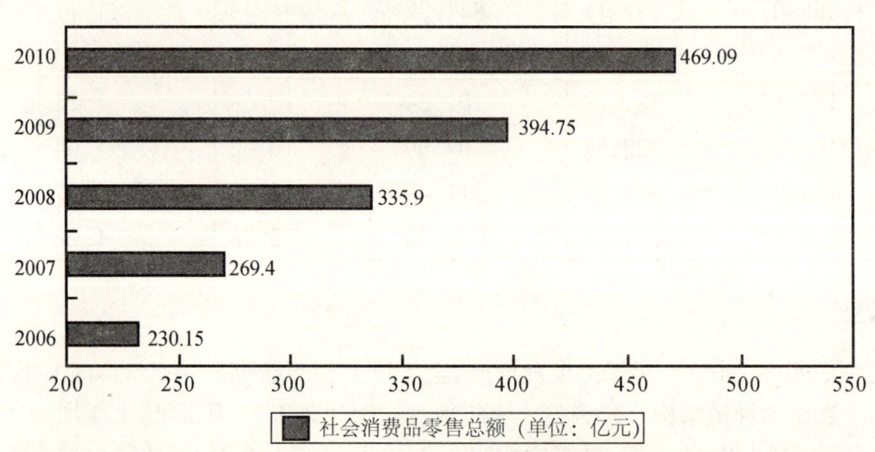

图 3－110　2006－2010 年淮安市社会消费品零售总额及增长幅度

限额以上企业(单位)商品零售额 108.11 亿元,比上年增长 34.6%。热点消费快速增长。其中,体育、娱乐用品类增长 116.7%;家具类增长 98.2%;金银珠宝类增长 38.5%;汽车类增长 37.0%;家用电器和音像器材类增长 33.3%。

全市现有成交额超亿元的大型骨干市场 17 家,实现成交额 106.74 亿元。

2. 交通运输、邮政通讯业

全年完成公路、水路客运量 9 630 万人、周转量 62.2 亿人公里,分别比上年增长 17.1% 和 18.7%;货运总量 9 325 万吨、周转量 154 亿吨公里,分别增长 21.7% 和 24.5%;港口货物吞吐量 4 381万吨,增长 13.8%;集装箱吞吐量 3.52 万标箱,增长 3.8%。全市年末公路总里程 11 807 公里,比上年增加576公里,其中高速公路里程380公里。

全市拥有省级重点物流企业、物流基地9家;国内外30多家大型物流企业在我市设立分公司或分拨中心。至“十一五”末,淮安港4条航线集装箱吞吐量累计近8万标箱,成为全省内河集装箱运输的样板,获批新港、南港等国家水路二类口岸作业区3个。

全年邮政通讯业务收入22.78亿元,比上年增长18.8%。其中,电信业务收入20.45亿元,增长17.5%;邮政业务收入2.33亿元,增长21.0%。全市年末固定电话(含小灵通)用户100.55万户,比上年下降10.5%;年末移动电话用户280.59万户,比上年增长66.6%;年末互联网注册用户29.49万户,增长4.3%,其中宽带网接入用户29.27万户,增长6.2%。

3. 旅游业

全年接待国内外旅游者1 159万人次,比上年增长14.4%,其中,国内接待1 156万人次,增长14.5%;入境游客28313人,增长7.8%。实现国内旅游收入119亿元,比上年增长19.0%;实现旅游外汇收入2 475万美元,增长18.4%。

4. 金融和保险业

全市金融机构年末本外币存款余额1 214.46亿元,比年初增加272.13亿元,增长28.9%。本外币贷款余额863.8亿元,比年初增加190.56亿元,增长28.3%。全年金融机构现金收入3 197.32亿元,比上年增长32.4%;现金支出3 134.98亿元,增长32.9%。

全年保险公司保费收入31.83亿元,比上年增长27.9%。全年保险赔款和给付支出8.0亿元,其中财产险4.54亿元,寿险2.85亿元,健康险和意外伤害险0.60亿元。

(五)开放型经济

近年来,淮安市抓住淮安加入长江三角洲城市群和江苏省沿海开发上升为国家战略的重要契机,加快借港出海,外向型经济加速发展。成功组织“南方周”招商活动,在深圳、东莞等台资密集区招商取得实质性突破,招商活动成效显著。

1. 对外经济和贸易

2010年,全市进出口总额21.7亿美元,比上年增长50.1%,其中,出口14.9亿元,增长43.7%。在全国首家启动建设苏丹(淮安)出口商品展示中心,全年对非贸易6 587万美元,比上年增长25.4%,主要涉及纺织服装、机械设备、五金工具等产品。

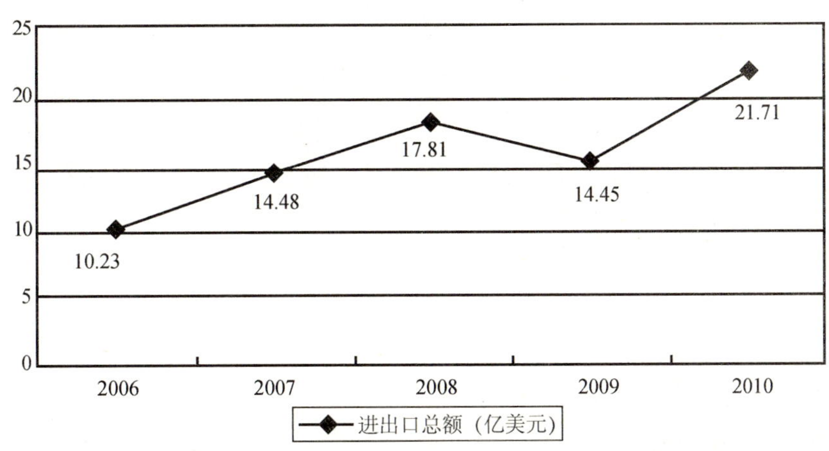

图3-111　2006-2010年淮安市外贸进出口总额情况

全年集中招商活动签约外资项目90个,已注册50个,到账外资3.05亿美元。新批外资项目244个,协议注册外资20.3亿美元。全市注册外资实际到账10.5亿美元,比上年增长92.2%,其中,注册台资实际到账4.78亿美元,增长63.1%。组织全市142家企业参加境内外重点展会,签约成交2.87亿美元,比上年增长25%。

中淮集团承揽苏丹南方打井项目,成为我市承接规模最大的援外工程。新批设立苏丹农业、美国石油油井配件、华鑫国际3家境外投资企业,投资规模达600万美元,比上年增长1.8倍。

2. 开发区建设

积极推进省级特色产业园区建设,累计获批台商工业园、盐碱科技产业园、凹土科技园、金湖汽摩配产业园、楚州精密机械配件产业园、涟水高档旅游服饰产业园、淮阴太阳能产业园,入园企业近200户,规模以上工业开票销售收入45.7亿元。8家省级开发区业务总收入2 259.1亿元,新增基础设施投入101.9亿元。淮安市经济开发区成功获批为国家级经济开发区。

3. 民营经济

2010年,淮安市民营经济实现增加值795.07亿元,按可比价计算,同比增长19.8%,高于GDP增幅6个百分点。民营经济增加值占GDP比重为59.1%,同比提高3.6个百分点。2010年末,淮安市共有民营单位数(企业、个体经营户)共20.10万个,同比增加0.96万个,增长5.0%;民营经济注册资本金1 544.38亿元,同比增长34.9%。

二、淮安市2010年社会发展概况

(一)人口、人民生活

第六次全国人口普查数据显示2010年11月1日全市常住人口为4 799 889人,总人口性别比(以女性为100,男性对女性的比例)为98.91。

全年城镇居民人均可支配收入15 983元,比上年增长2.2%;人均消费性支出11 047元,增长3.8%。农民人均纯收入7 233元,比上年增长14.7%;人均生活消费支出4 616元,增长21.5%。居民住房条件继续改善,城市居民人均住房面积32.7平方米,农村居民人均住房面积36.3平方米。

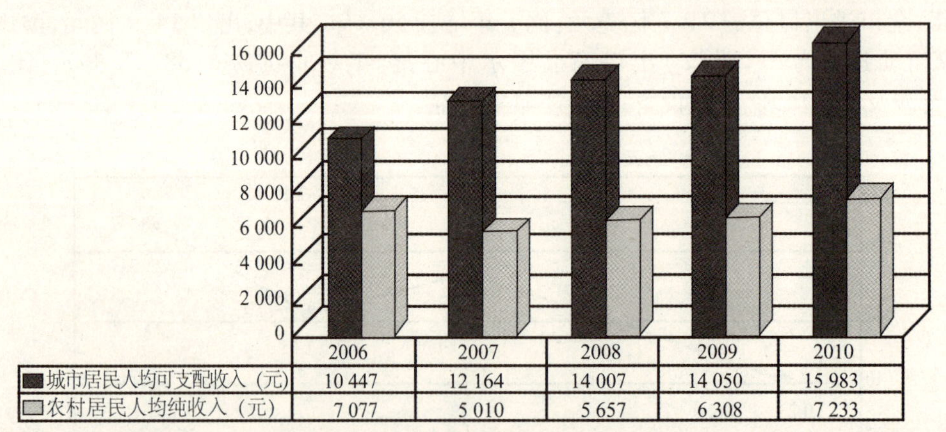

	2006	2007	2008	2009	2010
城市居民人均可支配收入(元)	10 447	12 164	14 007	14 050	15 983
农村居民人均纯收入(元)	7 077	5 010	5 657	6 308	7 233

图3-112　2006-2010年淮安市城乡居民收入对比一览

(二)就业、社会保障

就业规模不断扩大。全市城镇新增就业7.52万人,下岗失业人员再就业3.52万人、就业困难人员再就业7 700人。城镇登记失业率2.62%。新增农村劳动力转移5.71万人,农村劳动力转移前培训3.26万人,在岗农民工培训2.01万人。"零就业"家庭保持动态清零,被征地农民就业率保持在80%以上。

保障体系逐步健全。城乡低保提标扩面,惠及19.51万人;扶贫攻坚成效明显,46万农民实现脱贫;城镇养老、失业、医疗保险覆盖面分别达到90%、98%和90%,新型农村养老保险、新型农村合作医疗保险基本实现全覆盖,荣获首批中国爱心城市称号。民生实事深入推进。近两年,市、县两级累计投入34亿元,每年为城乡居民办十件实事,在苏北率先为80周岁以上老人发放尊老金、实行市区65周岁以上老人免费乘坐公交车。全市共支付13.92万名企业离退休人员养老金19.76亿元,确保了企业全部离退休人员养老金按时足额社会化发放。全市共征缴当期养老保险费21.57亿元,清理企业往年欠缴养老保险费4 080万元。全市共有13.79万名企业退休人员纳入社区管理服务,管理率为100 %;累计接收档案13.79万份,接收率为100%。全市为纳入社区管理退休人员进行免费体检,免费体检率为100%。

(三)科学技术与创新

科技创新成效明显。全社会研发经费支出占地区生产总值比重达到1%,现拥有各类专业技术人才27.7万人。成功举办2010年淮安科技洽谈会活动,签约实施产学研合作项目443项;新获批省级高技术重点实验室1个、省级企业院士工作站4个、省级工程技术研究中心13个、省级科技公共服务平台1个市级工程技术研究中心17家;新获批省级科技企业孵化器4个,市高新技术创新中心被科技部认定为首批"大学生科技创业见习基地试点单位";获认定省级农业科技型企业9个、省级科技型农民专业合作社9个。组织实施省级以上各类科技计划项目200多项,其中国家科技型中小企业创新基金项目获批15项、国家科技富民强县项目1项、省重大科技成果转化资金项目3项。

全市实现高新技术产业产值479.17亿元,比上年增长94.92%,占规模工业总产值比重达20.0%,比上年提高4.6个百分点,新通过认定高新技术企业49家(其中享受税收优惠政策的高新技术企业9家),新通过认定高新技术产品94个(其中省级31个);全年完成专利申请4 921件,同比增长42.68%,其中发明专利申请636件,同比增长50.71%;完成专利授权1 170件,同比增长15.73%;获批"2010年度企业知识产权管理标准化示范创建单位"23家,6家企业被评为"2010年度企业知识产权管理标准化示范创建工作先进企业"。

(四)教育和文化

教育事业加快发展。义务教育实现学费全免、硬件建设全达标、绩效工资全兑现,入学率基本保持100%。"十一五"期间新创三星级以上普通高中、职业学校17所,新增省市级优质幼儿园112所。普及高中教育,高考主要指标位居苏北前列。南京林业大学来淮合作办学,高教园区在校生增加至7万人。清河、金湖实现教育现代化。全市各级各类学校901所,在校生96.2万人,教职工6万人。初步形成了从低到高、相互衔接、门类齐全、较为完备的现代国民教育体系。

文体事业蓬勃发展。成功举办淮扬菜美食文化节等节会,建成运河博物馆群。成功举办了首届"周恩来读书节",在上海世博会期间,成功承办了"江苏·淮安文化周"一系列活动。新创了大型现代淮海戏《永远的红手印》,成为全国第一台将沈浩先进事迹搬上舞台的戏剧节目,并在全国巡演;淮剧《韩信》成功入围"2010年江苏省舞台艺术精品工程年度资助剧目"。市三馆新址(文化馆、图书馆、美术馆)、淮安艺校新校区、清河区城市文史馆、淮阴区文化活动中心等一批重点项目相继开工,累计投入15亿元。全市万人拥有公共文化设施面积达780.78平方米,万人拥有公共文化设施数量位居全省第三。完成清江浦楼、古清真寺维修和《周信芳故居维修保护及环境整治规划方案》,洪泽湖大堤重点堤段维修保护项目等39个项目入选国家文保项目"十二五"规划。在苏北率先实施新农村文化基础设施建设工程,实现了乡镇文化站全达标、农家书屋全覆盖、有线电视"村村通"。年末全市共有剧场(影剧院)8个、公共图书馆8个、博物馆10个、广播电台7座、电视台7座、转播发射台6座;广播综合人口覆盖率和电视综合人口覆盖率均达100%。农村有线电视入户率达71.3%,组通率达98.1%。成功举办了中国淮安白鹭湖国际婚庆旅游文化节。

(五)卫生和体育

卫生事业健康发展。“十一五”期间新创三甲综合(专科)医院3个,城乡社区卫生服务实现全覆盖、标准化,建成百万群众“15分钟健康服务圈”,新改建农村无害化卫生户厕42万座。全市新型农村合作医疗参合率99.89%,住院报销补偿率提高到43.15%;开展百万老人健康十项体检成为中央电视台午间新闻的要闻节目;全系统连续被评为省级文明行业。卫生资源总量不断增加,全市共有各类卫生机构(不含村卫生室)648个。各类卫生机构实有病床13 761张;卫生技术人员(含村医生)2.2万人;疾病预防控制机构卫生技术人员315人,卫生监督机构卫生技术人员186人,妇幼卫生保健机构卫生技术人员254人。

实施大学生村干部社会体育指导员工程,组织全民健身日活动,举办200多项次群众性体育活动和比赛,有200多万人次参加,荣获国家体育总局颁发的“优秀组织奖”。组团参加江苏省第十七届运动会,获得金牌36枚、银牌25.5枚、铜牌31枚,总分1 226.75分,荣获组委会颁发的“道德风尚奖”。全年承办国际比赛和交流活动2次、全国比赛10次、省级比赛3次。

(六)城乡建设

2010年实施了十大类、650个项目,共完成投资412亿元,比上年增长53%。全面启动并快速推进生态新城等片区的功能性项目建设,实施了以“十大建筑”为代表的一批地标性建筑,建成淮安涟水机场、万达广场、妇女儿童活动中心,开工建设市体育中心、雨润新天地项目,市高新技术创新创业中心、淮安大剧院、苏宁广场、丰惠广场等项目均按序时推进,国信、曙光等一批高星级酒店相继投入使用,增强了中心城市的辐射带动能力。

大力开展花园城市建设。市区投资16.5亿元,实施了湿地公园、森林公园一期、翔宇大道里运河滨河公园等75个园林绿化工程,全面启动大运河(城区段)滨水空间景观提升工程;改造并免费开放了柳树湾景区和清晏园,市区所有公园全部免费开放。新增绿地600公顷,改造绿地150公顷。实施324项城市景观提升项目,改造完成淮海商业步行街、北京北路夕阳红文化广场、华兴桥南侧游园等一批精品项目。淮海东路改扩建项目获“全国市政金杯示范工程”。淮安市荣获全国“城市管理人民满意城市奖”。

以构建淮安“水上旅游城市”为目标,加大城市水利建设力度,完成盐化工园区水系调整、小盐河下段整治、运河泵站扩建、西郊泵站拆建、越河泵站拆建,实施里运河防洪控制、淮安涟水机场水系调整等城市防洪、排涝工程;实施主城区水环境综合提升工程,实现河道两岸水清岸绿、环境整洁。实施古黄河水利枢纽、白马湖环湖大道工程,加快推进备用水源地建设,确保全市饮用水安全。

城乡统筹力度加大。“十一五”期间4个县城投入850亿元,建成涟水全民健身公园、盱眙奥体中心、金湖尧帝公园、洪泽幸福广场等项目,金湖创成国家园林城市。新建农村公路4 470公里,疏浚县乡河道1 393条,区域供水延伸到17个乡镇,建成7个省级农村生活污水处理试点项目和79个乡镇生活垃圾中转站,创建12个省级康居示范村。基础设施建设全面加强。高速公路联网成环,干线公路提档升级,淮安涟水机场通航运营,宿淮铁路、盐河航道整治工程快速推进;南水北调、治淮等工程进展顺利;华能三期、国信生物质发电等项目建成投运。

(七)环境保护

2010年,全市设立自然保护区4个,其中省级自然保护区2个,自然保护区面积6.68万公顷。全市环境质量综合指数91.94%;市区空气质量优良天数323天,优良率88.5%;城市水域功能区水质优良率93.3%,集中式饮用水源地水质达标率100%;市区环境噪声平均等效声级54.2分贝,声环境质量等级良好;市区交通噪声平均等效声级为64.0分贝,化学需氧量和二氧化硫排放量分别比上年削减1 420吨和11 842吨;完成“十一五”单位GDP能耗降低率的总目标。

三、挑战与目标

在肯定成绩的同时，也要清醒地看到，全市经济社会发展中还存在不少困难和问题，主要是：经济总量还不大，县域实力还不强，部分人均指标低于全国水平；战略性新兴产业刚刚起步，自主创新能力不强，要素制约较为明显；公共服务水平还不高，一些群众关心关注的热点难点问题还没有得到有效解决；城乡发展不平衡，居民增收压力较大，不稳定因素仍然存在；部分干部思想观念落后，工作方式有待改进，服务意识、操作能力需要进一步加强。对此，今后将采取有效措施切实加以解决。

2011 年是"十二五"的开局之年。根据淮安市第五次党代会第五次会议精神，2011 年全市经济社会发展的主要预期目标是：地区生产总值增长 13.5%；财政总收入增长 30%，其中地方一般预算收入增长 35%；全社会固定资产投资增长 28%，其中城镇以上固定资产投资增长 22%；社会消费品零售总额增长 18%；外贸进出口总额增长 25%，注册外资实际到账增长 45%；城镇居民人均可支配收入、农民人均纯收入分别增长 13% 和 12.5%；居民消费价格指数不超过全省平均水平；城镇登记失业率控制在 3.5% 以内；节能减排完成省定目标。

四、淮安市在长三角地区经济发展中的地位

2010 年，面对复杂多变的国内外经济环境，淮安市人民在市委、市政府的正确领导下，坚持以科学发展观为统领，紧紧围绕建设苏北重要中心城市的发展定位，强力推进"五大建设"，经济保持较快增长，社会事业加快发展，圆满完成了年初确定的各项目标任务，实现了"十一五"的完美收官，部分经济指标在长三角地区经济发展中的地位有了显著的提升。

2006－2010 年，淮安市地区生产总值在长三角所占比重分别为 1.37%、1.35%、1.40%、1.55% 和 1.61%，在前几年基本稳定的情况下，2008 年、2009 年和 2010 年连续三年出现较大增长，累计增幅为 0.24 个百分点。2010 年淮安市地区生产总值在长三角地区 25 个市（苏浙两省 24 个地级市和上海市，下同）中排名与上年保持一致，排名第 19 位，需要有较大的提升。

2010 年淮安市综合实力跨上新台阶，经济总量不断扩大。全市实现地区生产总值 1 388.07 亿元，按可比价计算，比上年增长 17.4%。其中，第一产业增加值 195.97 亿元，增长 7.9%；第二产业增加值 647.10 亿元，增长 16.5%；第三产业增加值 545.00 亿元，增长 22.4%。人均地区生产总值（按常住人口计算）28 861 元。经济结构进一步优化，三次产业增加值比例由上年的15.2∶48.3∶36.5调整为14.1∶46.6∶39.3。

2006－2010 年，淮安市规模以上工业总产值在长三角所占比重分别为 0.89%、0.94%、0.96%、1.17% 和 1.41%，呈现逐年增加的趋势，累计增幅为 0.52 个百分点，2010 年与 2009 年保持几乎一致的较大增幅，两年累计增幅占总增幅的 90% 左右。2010 年淮安市规模以上工业总产值在长三角地区 25 个市排名中与上年保持一致，排名第 20 位，亟需较大的提升。

2010 年淮安市工业经济发展迅速，规模以上工业企业完成增加值 574.77 亿元，比上年增长 17.4%。在规模以上工业中，国有工业增加值 83.92 亿元，增长 7.8%；集体工业增加值 6.96 亿元，增长 16.4%；股份制工业增加值 305.46 亿元，增长 16.2%；外商港澳台投资工业增加值 111.69 亿元，增长 25.6%。大中型工业企业实现增加值 279.38 亿元，增长 11.3%。淮钢、富士康销售过百亿元。特钢、IT、盐化工新材料三大主导产业初具规模，新能源、新医药等新兴产业迅速发展。

2006－2010 年，淮安市地方财政一般预算收入在长三角所占比重分别为 0.81%、0.86%、1.01%、1.22% 和 1.48%，呈现稳定增长的态势，累计增幅达 0.67 个百分点，相对 2006 年已实现了较大幅度的跨越。2010 年淮安市地方财政一般预算收入在长三角地区 25 个市排名中比上年上升一位，排名第 18 位，但仍有较大的提升空间。

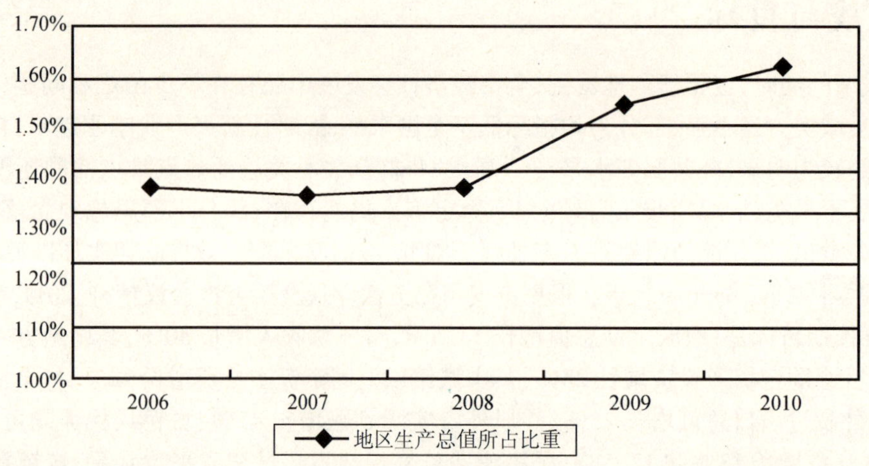

图 3－113　2006－2010 年淮安市地区生产总值在长三角所占比重的变化趋势

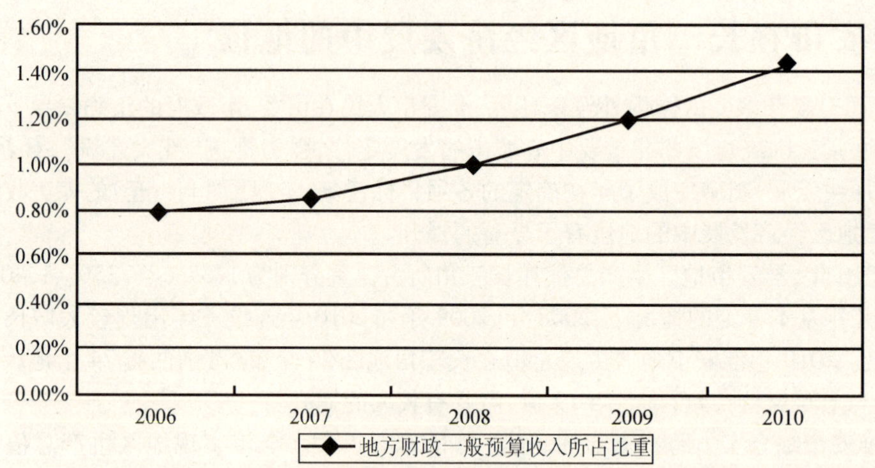

图 3－114　2006－2010 年淮安市地方财政一般预算收入在长三角所占比重的变化趋势

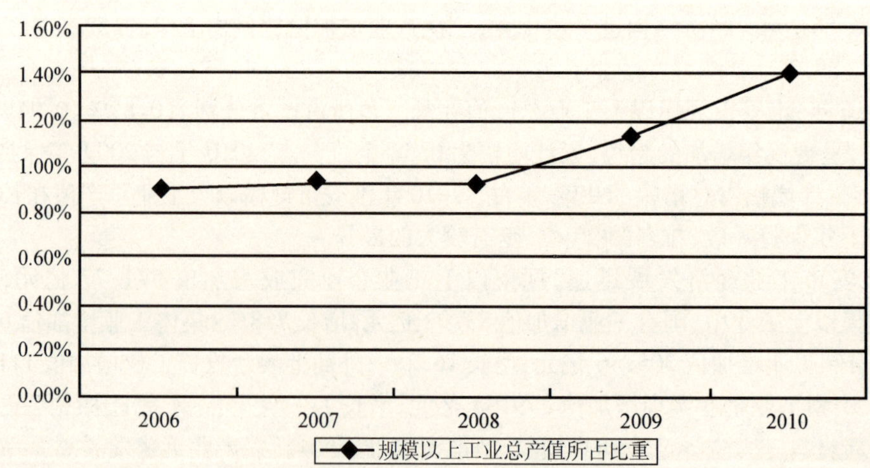

图 3－115　2006－2010 年淮安市规模以上工业总产值在长三角所占比重的变化趋势

2006－2010 年,淮安市进出口总额在长三角所占比重分别为 0.17%、0.20%、0.21%、0.18% 和 0.20%,在 2009 年出现小幅下跌后,2010 年又继续回升,较上年比重增加 0.02 个百分点。2010 年淮安市规模以上工业总产值在长三角地区 25 个市排名中与上年保持一致,排名第 22 位,排位非常靠

后，亟需较大的提升。

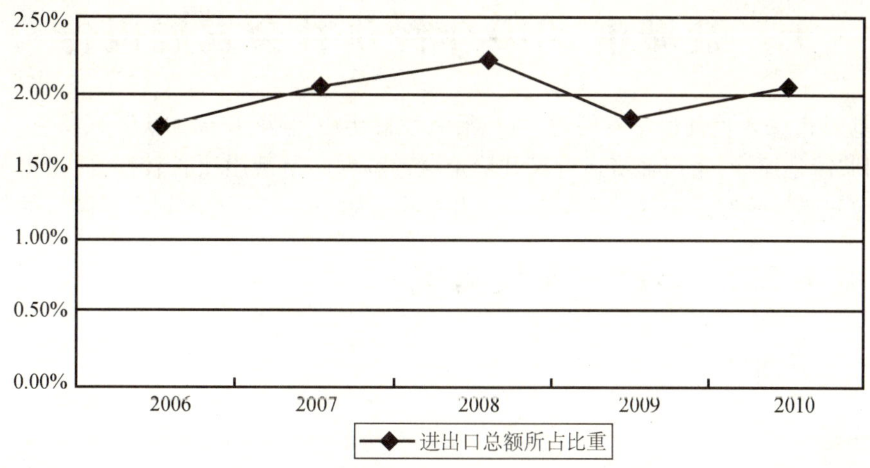

图3－116　2006－2010年淮安市进出口总额在长三角所占比重的变化趋势

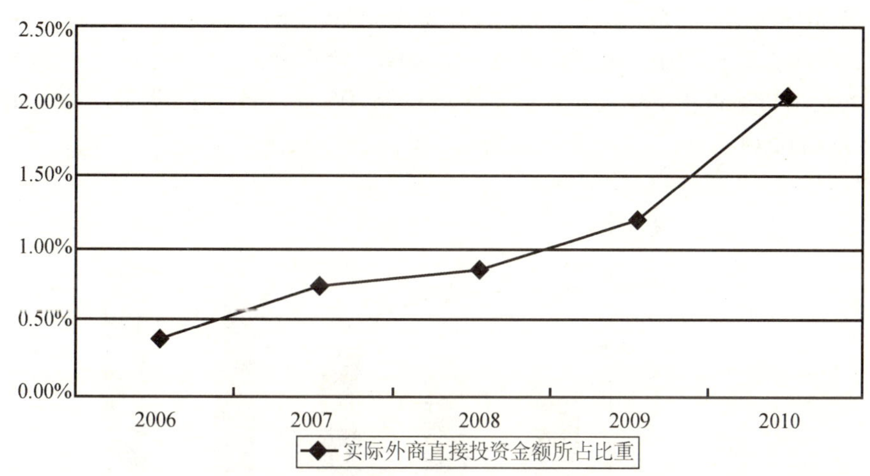

图3－117　2006－2010年淮安市实际外商直接投资金额在长三角所占比重的变化趋势

2010年，淮安市对外开放取得新突破，继续坚持以开放吸纳生产要素、促进经济发展，不断提升对外开放水平。全市进出口总额21.7亿美元，比上年增长50.1%，其中，出口14.9亿元，增长43.7%。在全国首家启动建设苏丹（淮安）出口商品展示中心，全年对非贸易6 587万美元，比上年增长25.4%，主要涉及纺织服装、机械设备、五金工具等产品。

2006－2010年，淮安市实际外商直接投资金额在长三角所占比重分别为0.35%、0.71%、0.80%、1.17%和1.99%，呈现大幅增加的态势，5年内累计增幅为1.64个百分点，2010年增速更是迅猛，较2009年增加0.82个百分点。2010年淮安市规模以上工业总产值在长三角地区25个市排名中比上年上升三位，排名第15位，但仍有较大的提升空间。

2010年，淮安市上下抓住加入长江三角洲城市群和江苏省沿海开发上升为国家战略的重要契机，加快借港出海，外向型经济加速发展。招商活动成效显著，成功组织“南方周”招商活动，在深圳、东莞等台资密集区招商取得实质性突破。全年集中招商活动签约外资项目90个，已注册50个，到账外资3.05亿美元。新批外资项目244个，协议注册外资20.3亿美元。全市注册外资实际到账10.5亿美元，比上年增长92.2%，其中，注册台资实际到帐4.78亿美元，增长63.1%。进出口总额21.7亿美元，比上年增长50.1%，其中，出口14.9亿元，增长43.7%；8家省级开发区业务总收入2 259.1亿元，新增基础设施投入101.9亿元。

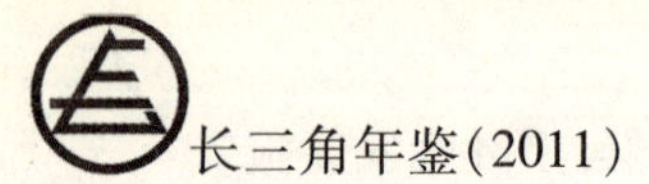

十　盐城市 2010 年经济社会发展报告

2010 年，盐城市深入贯彻科学发展观，抢抓沿海发展历史机遇，积极加快新兴特色产业发展，大力推进服务业和城镇化建设，全市经济运行高开稳走、持续向好，呈现出增长较快、质量提升、结构优化、后劲增强的良好态势，较好地完成了全年各项工作任务，为“十一五”发展划上了圆满的句号。

一、盐城市 2010 年经济发展概况

(一)综合经济

1. 经济总量

2010 年全市实现地区生产总值达 2 332.76 亿元，按可比价计算比上年增长 16.9%；其中第一产业实现增加值 374.21 亿元，增长 7.3%；第二产业实现增加值 1 096.55 亿元，增长 16.8%；第三产业实现增加值 862.00 亿元，增长 21.5%，三次产业比重由 2009 年的 17.2∶48.2∶34.6 调整为 2010 年的16.0∶47.0∶37.0，二、三产业比重分别提高了 1.2、2.4 个百分点，人均地区生产总值达 31 640 元(按 2010 年年均汇率折算近 4 700 美元)，比上年增长 19.0%。“十一五”期间，经济总量是“十五”时期的 2.1 倍，年均增长 14.0%，二三产业比重提高了 6.7 个百分点。

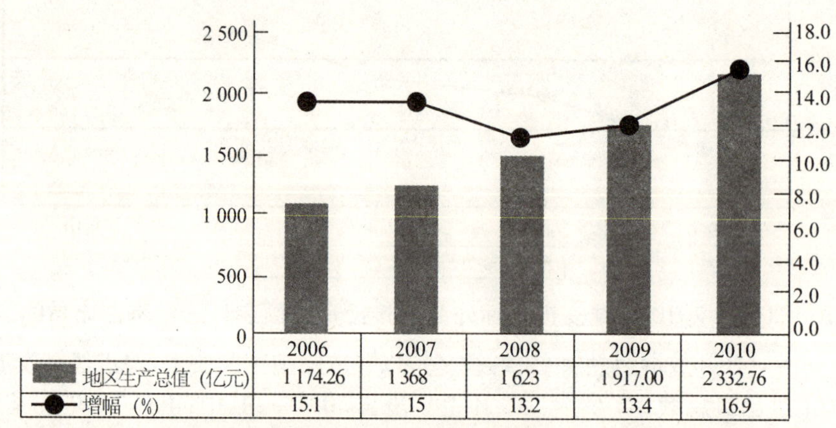

图 3－118　2006－2010 年盐城市地区生产总值及增长速度

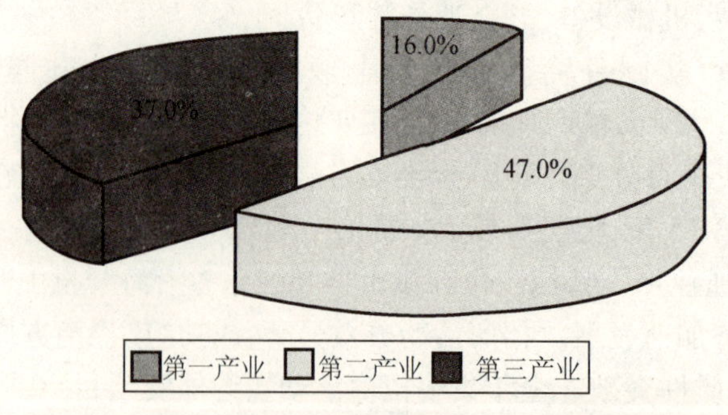

图 3－119　2010 年盐城市三次产业结构图

全面小康进展顺利。全面小康社会建设跃上了新台阶，2010 年全市全面小康综合得分达 96.4 分，比上年增加 2.2 分。从具体指标看，25 项指标中已有 17 项指标达标。各地全面小康建设均取得较大进展，东台、大丰继续走在全市的前列，预计综合得分均突破 98 分，有望率先在苏北实现全面小康。

2. 财政收支

2010 年全市实现财政总收入 494.52 亿元，比上年增长 58.6%。其中地方财政一般预算收入 191.35 亿元，比上年增长 50.9%，总量是 2005 年的 5.1 倍。地方财政一般预算支出 284.78 亿元，比上年增长 42.6%。“十一五”期间，地方财政一般预算收入年均增长 38.2%，增幅居全省前列。

3. 物价指数

2010 年市区居民消费价格总指数(CPI)同比上涨 3.5%。八大类商品价格指数全面上升：食品类上涨 7.1%，居八大类之首；居住类上涨 3.3%；医疗保健和个人用品类上涨 3.2%；烟酒及用品类上涨 3.1%；娱乐教育文化用品及服务类上涨 1.3%；交通和通信类上涨 0.5%；衣着类上涨 0.6%；家庭设备及维修服务类上涨 0.2%。2010 年全市工业品出厂价格指数上涨 6.2%，原材料、燃料动力购进价格指数上涨 7.7%。

4. 固定资产投资

2010 年全市完成全社会固定资产投资 1 891.05 亿元，比上年增长 26.0%。其中城镇固定资产投资 1 055.95 亿元，增长 23.2%；规模以上工业投资 1 030.79 亿元，比上年增长 25.0%。全市规模以上第一产业完成投资 24.58 亿元，同比增长 29.6%；第二产业完成投资 1 033.41 亿元，同比增长 25.1%；第三产业完成投资 438.42 亿元，同比增长 19.8%。“十一五”期间全市累计完成全社会固定资产投资 5 975 亿元，是“十五”时期的 4 倍，投资总量翻了两番，年均增长 30.5%，比“十五”时期高 2.5 个百分点。

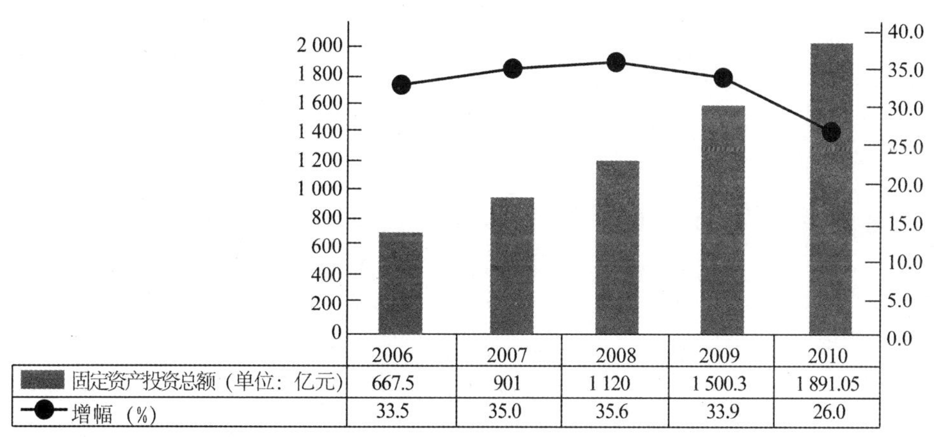

	2006	2007	2008	2009	2010
固定资产投资总额（单位：亿元）	667.5	901	1 120	1 500.3	1 891.05
增幅（%）	33.5	35.0	35.6	33.9	26.0

图 3－120　2006－2010 年盐城市全社会固定资产投资及增长幅度

重大项目进展顺利。2010 年全市八大类重点工程累计完成投资 806 亿元，比上年增长 15.1%。年末全市在建亿元项目 665 个，比上年增加 213 个，完成投资 732.3 亿元，比上年增长 43.4%。

全市发展基础条件有了重大改善。交通建设完成总投资从“十五”期间的 165 亿元增加到“十一五”期间的 283 亿元。建成高速公路总里程 324 公里，新改建国省干线公路总里程近 800 公里，一级公路新增里程全省最多。临海高等级公路、连盐铁路相继开工，新建了汽车站，扩建了火车站、飞机场，南洋国际机场和盐城大丰港区成为国家一类开放口岸。水利、电力、通信、邮政等一批重大基础设施建成，进一步改善了城乡生产生活条件和发展环境。

5. 区县经济

2010 年，盐城市区县经济协调发展，综合经济势力大增；盐城市区、响水县、滨海县、阜宁县、射阳县、建湖县、东台市、大丰市地区生产总值占全市的比重分别为 26.90%、5.80%、8.49%、8.84%、10.49%、10.54%、16.36%、12.59%。

2010 年，盐城市区共完成地区生产总值 627.48 亿元，较上年有大幅度提高，其中盐都区紧紧围绕

“双新”目标,抢抓机遇,推动经济发展快增快转,全区经济增长基础持续稳固、经济效益有序提升、小康实现程度不断提高,国民经济呈现出量质齐升的发展态势,实现了“十一五”规划的完美收官,为“十二五”规划提供了良好的发展基础。2010 年全区实现地区生产总值 252.12 亿元,按可比价计算比上年增长 14.6%。按常住人口计算,全区人均 GDP 达 34 775 元,增长 16.1%。三次产业协调发展,全区第一产业实现增加值 33.21 亿元,增长 4.3%;第二产业实现增加值 140.00 亿元,增长 17.6%;第三产业实现增加值 78.91 亿元,增长 13.5%。三次产业结构由 2009 年的14.3: 55.9: 29.8调整为 13.2: 55.5: 31.3,二三产业比重上升了 1.1 个百分点,二、三产业对 GDP 增长的贡献率分别达 53.6%、38.9%。全年实现全口径财政总收入 53.67 亿元,比上年增长 58.4%,其中地方一般预算收入 24.38 亿元,比上年增长 58.8%,财政支出结构不断优化,对科技、教育和社会保障等资金保障力度加大。根据上报省、市统计局的初步监测结果显示,2010 年盐都区全面小康社会建设实现程度明显提高。全面小康实现程度得分达到 97.16 分,比 2009 年提高 1.18 分。从全面小康指标评价体系四大类构成看:经济发展、生活水平、社会发展和生态环境实现程度分别为 99.0%、98.8%、99.3% 和 85.7%。从具体指标看,目前省定全面小康 25 项指标中我区已有 21 项达标、4 项未达标。在冲刺实现全面小康进程中还存在一些突出的矛盾和问题,主要是:二三产增加值、研发经费占 GDP 的比重仍有差距、完成森林覆盖率目标需要作出艰巨努力。

表 3-13　盐城市区县部分主要经济指标一览

县　市	地区生产总值 (亿元)	工业总产值 (亿元)	城镇固定资产投资 (亿元)	地方财政一般预算收入 (亿元)	进出口总额 (亿美元)	社会消费品零售总额 (亿元)
盐城市	2 332.76	3 938.34	1 054.95	191.35	39.37	766.49
盐城市区	627.48	1 338.96	393.27	67.95	22.97	258.90
响水县	135.20	273.15	79.23	10.80	3.64	31.55
滨海县	198.16	281.41	85.54	14.52	1.13	52.39
阜宁县	206.16	342.08	87.03	16.45	1.57	61.63
射阳县	244.67	353.48	77.87	14.75	1.43	82.29
建湖县	245.97	409.49	89.86	20.04	1.62	79.79
东台市	381.54	558.36	121.34	26.18	2.78	118.34
大丰市	293.58	381.41	120.81	20.67	4.23	81.59

2010 年,响水县全县人民上下一心,完成地区生产总值 135.20 亿元,较上年有大幅度上升;工业发展迅速,完成总产值 273.15 亿元,占全市的 6.94%;财政收入显著提高,其中地方财政一般预算收入 10.80 亿元,占全市的 5.64%,比上年提高了 13.5%。

2010 年,射阳县国民经济快速增长,社会事业不断推进,人民生活继续提高,全面建设小康社会的年度目标顺利实现。全县全年实现地区生产总值 244.67 亿元,增长 15.7%,一、二、三产增加值分别达 54.47 亿元、99.7 亿元、93.52 亿元,分别增长 4.8%、16.5%、13.3%。三次产业结构为 22.8: 41.7: 35.5,二三产业比重比上年提高 1.4 个百分点。人均国内生产总值 26 276 元,比上年增长 19%。经济运行质量有所提高。财政总收入占 GDP 比重、一般预算收入占 GDP 比重分别为 15.02%、6.21%,比上年提高 3.76 个、1.23 个百分点。全面小康进展顺利。从总体看全面小康社会建设跃上新台阶,初步测算,2010 年全县全面小康综合得分达 95.7 分,比上年增加 4.13 分。从四大类构成看:生活水平实现程度最好达 96.4%,经济发展、社会发展、生态环境实现程度分别达到 96.4%、95.9%、92.4%。从具体指标看,25 项指标中已有 17 项指标达标,4 项指标达到时序进度。

(二)农业

农业生产稳步发展。农业生产连续7年实现丰收,2010年全市实现农林牧渔业总产值759.20亿元,比上年增长9.4%。粮食总产量再创历史新高,2010年全市粮食总产达651.66万吨,增长4.6%;棉花总产13.61万吨,增长0.4%;油料总产33.43万吨,下降7.0%。肉类总产量80.22万吨,增长10.1%;水产品总产量98.69万吨,增长4.4%。“十一五”期间,农林牧渔业总产值年均增长8.2%,粮食产量比“十五”末增加167.7万吨。

农业产业化进程加快。2010年全市拥有农业产业化龙头加工企业1 062个,比上年增加66个;农民专业合作组织5 129个,比上年增加1 032个。年末拥有农业机械总动力510.81万千瓦,同比增长3.1%;大中型拖拉机1.58万台,增长24.4%;联合收割机1.35万台,增长8%;机械植保作业面积1 150.57千公顷。

高效农业规模扩大。2010年全市高效农业总面积达492万亩,其中新增高效农业98.86万亩,新增设施农业26万亩,总面积和新增面积均居全省第一。全市新发展设施农业农户12.1万户,总户数已达62万户,均超额完成全年目标任务。全市现代农业示范园区186个,新办各类农业项目1 000多个;建成各类农产品批发市场108个,累计投资总额34.5亿元。

(三)工业和建筑业

工业生产持续增长。2010年全市实现工业总产值3 919.85亿元,比上年增长30.2%。实现规模以上工业增加值985.59亿元,比上年增长17.3%。其中轻工业增加值达379.98亿元,增长13.5%;重工业增加值605.60亿元,增长19.8%。规模以上工业实现主营业务收入3 902.58亿元,增长31.0%;利税总额390.51亿元,增长45.2%;利润总额202.73亿元,增长52.9%。

新兴特色产业迅速兴起。新兴产业快速扩张,风电及其装备、节能环保等新兴产业发展走在全省前列。华锐、金风等风电装备制造行业龙头企业落户盐城,国家海上风电技术装备研发中心加快建设,盐城环保产业园成为国家级环保装备高新技术特色产业基地。全市新兴特色产业主营业务收入占规模以上工业的46.4%以上。

高新技术快速增长。2010年,盐城市高新技术产业完成投资120.6亿元,比上年同期增长50.3%,高于规模以上工业投资25.3个百分点。其中:电气机械及设备制造业完成投资50.0亿元,同比增长83.7%;新材料产业完成投资32.6亿元,同比增长43.6%;电子及通讯设备制造业完成投资10.9亿元,同比增长24.3%;计算机及办公设备制造业完成投资5.7亿元,同比增长62.3%。

建筑业健康发展。2010年全市实现建筑业增加值161.04亿元,比上年增长22.9%。建筑业从业人数达35.4万人,施工总面积达5 367万平方米,竣工面积达2 445万平方米,全员劳动生产率(产值)每人34万元。

(四)服务业

1.国内贸易

2010年全市实现社会消费品零售总额766.49亿元,比上年增长20.2%。分地域看,全市城镇实现社会消费品零售总额719.38亿元,同比增长19.4%,其中城区实现社会消费品零售总额334.96亿元,同比增长26.3%,乡村实现社会消费品零售总额40.12亿元,同比增长13.3%。2010年,全市限额以上企业实现零售额254.8亿元,同比增长26.3%,高于全市社会消费品零售总额增幅7.2个百分点,占全市社会消费品零售总额的比重达33.5%,成为全市消费品市场稳步增长的主要力量。

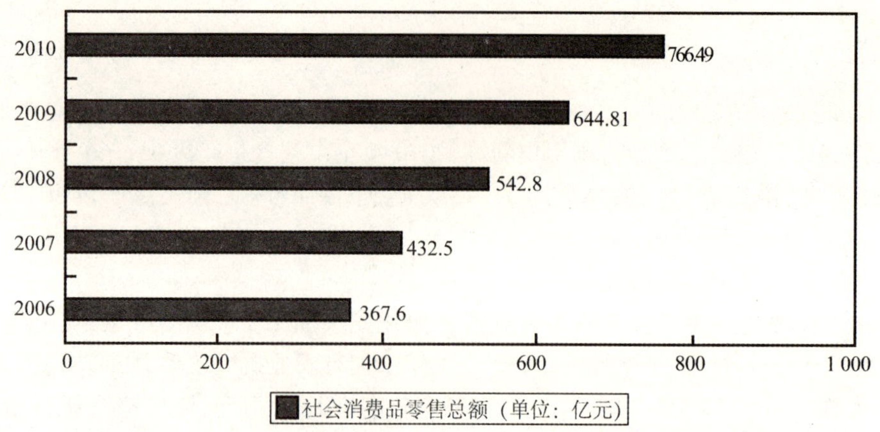

图 3-121　2006-2010 年盐城市社会消费品零售总额及增长幅度

2. 交通运输、邮政通讯业

运输能力逐步增强。2010 年全市公路总里程 11 870.2 公里。全社会客运量 11 946 万人,比上年增长 11.2%,旅客周转量 125.4 亿人公里,比上年增长 11.3%;全社会货运量 13 971 万吨,比上年增长 17.8%,货运周转量 211.2 亿吨公里,比上年增长 17%。航空客运量 19.2 万人次,比上年增长 19%;航空货邮运量 1 602 吨,比上年增长 32%。

邮政通讯业务平稳发展。2010 年全市完成邮政通讯业务总量 70.9 亿元,比上年增长 6.5%。其中,邮政业务总量 3.93 亿元,比上年增长 16.3%;电信业务总量 67 亿元,比上年增长 6%。年末固定电话和移动电话用户 806 万户,比上年增长 16%,计算机互联网用户达 106 万户,比上年增长 14%。

3. 旅游业

旅游产业方兴未艾。2010 年全市国内游客接待量达 1 105.39 万人次,比上年增长 17.4%,海外游客接待量 6.21 万人次,比上年增长 13.0%,实现旅游总收入 103.82 亿元、旅游创汇 0.45 亿美元,比上年分别增长 23.3%和 16.2%。年底全市拥有国家农业旅游示范点 5 家,国家 2A 级以上旅游景区总数已经达到 28 家,其中 4A 级旅游景区 3 家, 3A 级旅游景区 4 家,2A 级旅游景区 21 家。

4. 金融和保险业

金融信贷快速增长。2010 年全市金融机构年末本外币存款余额 2 009.17 亿元,比年初净增 350.53亿元。金融机构年末本外币贷款余额达 1 333.93 亿元,比年初净增 280.82 亿元。其中中长期贷款 587.54 亿元,比年初净增 180.25 亿元,增幅列全省第一。外汇存款余额 1.99 亿美元,比年初增加 0.03 亿美元;外汇贷款余额为 3.55 亿美元,比年初增加 0.69 亿美元。

保险事业稳步发展。2010 年全市拥有市级专业保险机构达到 37 家,其中产险机构 14 家,寿险机构 23 家。全市实现保费收入 64.35 亿元,比上年增长 18.4%。其中产险 12.63 亿元,比上年增长 32.78%;寿险 51.72 亿元,比上年增长 15.38%。全市各项赔款和给付支出 15.8 亿元。

5. 房地产业

2010 年全市房地产开发投资完成 166.38 亿元,比上年增长 28.1%。房屋建筑施工面积达 1 219.47万平方米,比上年增长 14.5%。其中住宅 1 005.16 万平方米,比上年增长 13.2%;房屋销售面积 582.26 万平方米,比上年增长 15.8%。其中住宅 491.26 万平方米,比上年增长 15.0%;房屋销售额 225.21 亿元,比上年增长 45.3%,其中住宅 168.85 亿元,比上年增长 37.8%。

(五)开放型经济

1. 对外经济

对外贸易增长迅速。2010 年全市完成进出口总额 39.37 亿美元，比上年增长 37.0%，其中出口 23.19 亿美元，比上年增长 24.4%，进口 16.17 亿美元，比上年增长 60.2%。与日韩港台的合作交流取得明显成效。注册外资实际到账从“十五”末的 1.6 亿美元增加到 2010 年的 13.2 亿美元，连续 4 年总量苏北第一，各县利用外资超亿美元。

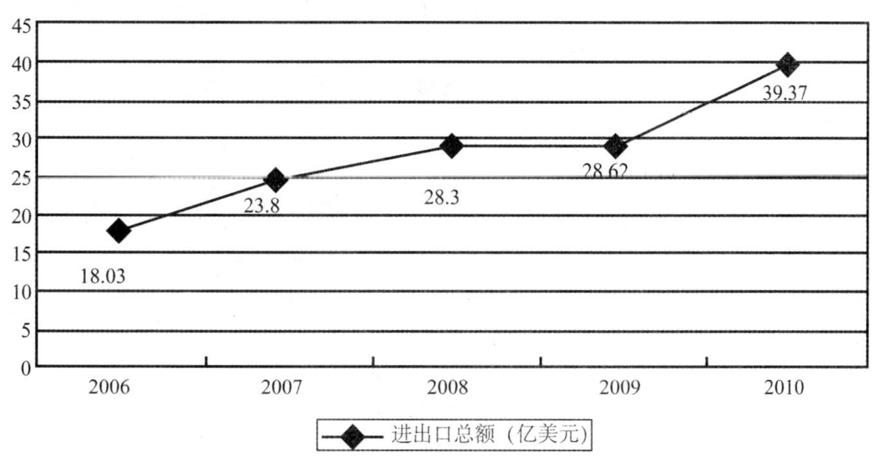

图 3－122　2006－2010 年盐城市外贸进出口总额情况

2. 开发区建设

盐城经济开发区晋升为国家级经济技术开发区。省级及省级以上开发区进出口总额和注册外资实际到账五年均增长 10 倍以上。盐城市成为长三角城市经济协调会会员城市，接轨上海工作取得显著成绩。

3. 民营经济

截至 2010 年 6 月底，盐城市累计发展私营企业达 7.99 万户，个体工商户达 43.89 万户，个私经济注册资本达 2091 亿元，分别比上年末增长 12.02%、7.46% 和 21.76%，增幅在全省继续保持领先。全市民营经济对 GDP 的贡献接近 70%，对税收贡献超过 50%，从业人员 160 多万人，有力支撑了全市经济发展。

民间投资形势喜人。盐城市民间投资占全社会固定资产投资的 80% 左右，对投资起举足轻重的作用。2010 年，全市完成全社会民间投资 1 602.6 亿元，同比增长 29.1%，高于全社会固定资产投资 3.1 个百分点。民间投资的贡献份额明显提高，民间投资占全社会固定资产投资比重达 84.7%，比去年提高 1.9 个百分点，民间投资对全社会投资贡献率达 92.3%。

二、盐城市 2010 年社会发展概况

（一）人口、人民生活

人口总量保持平稳。2010 年年末全市户籍人口 816.12 万人，比上年末增加 3.75 万人，其中城镇人口 418.05 万人，比上年增加 32.3 万人。自然增长率为 4.43‰。

生活水平不断提高。2010 年全市城镇居民人均可支配收入达 16 935 元，比上年增长 13.7%；市区城市居民人均可支配收入达 20 003 元，比上年增长 13.2%；人均消费支出 14 245 元，比上年增长 20.6%。农民人均纯收入达 8 751 元，比上年增长 14.4%；农民人均生活消费支出 5 074 元，比上年增长 6.

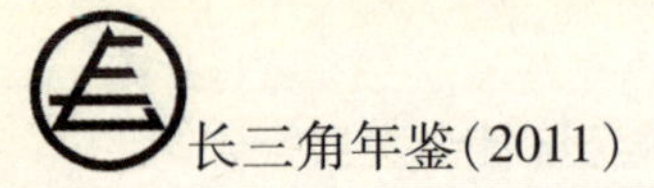

9%;市区和农村恩格尔系数分别为35.7%和36.9%,比上年分别下降3.9个百分点和1.2个百分点,市区居民住房人均建筑面积33.69平方米;农村居民人均住房面积为39平方米,比上年增加0.9平方米。

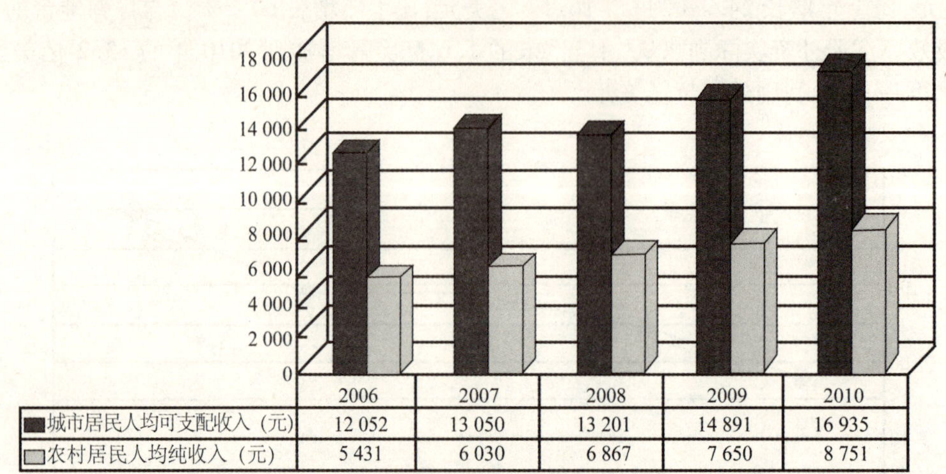

	2006	2007	2008	2009	2010
城市居民人均可支配收入(元)	12 052	13 050	13 201	14 891	16 935
农村居民人均纯收入(元)	5 431	6 030	6 867	7 650	8 751

图3-123　2006-2010年盐城市城乡居民收入对比一览

(二)就业、社会保障

城镇就业基本稳定。2010年全市城镇从业人员数达到138万人,比上年末净增就业10.9万人。2010年,全市城镇新增就业12.98万人。下岗失业人员实现再就业5.2万人,比上年增加1.6万人,年末城镇登记失业率为2.47%。2010年,成功扶持创业4 089人,带动2.77万人实现就业或再就业。全市新增转移农村劳动力13.89万人,新增劳务转移前培训6.87万人。动态消除"零就业家庭"。

社会保障日益完善。2010年全市养老保险、医疗保险、失业保险覆盖面分别达到97.3%、97.4%和96.95%。年末全市参加失业保险人数为59.78万人,参加养老保险人数为84.07万人,参加基本医疗保险人数为204万人。

(三)科学技术与创新

大力推进理念创新、机制创新,"十一五"期间全市组建了80多个国有投融资平台,实施了大批政府主导性投资项目,带动了社会资本的进入,为完成"十一五"投资提供了保障。市本级10个投融资平台承担410亿元建设任务,融资240亿元,整合资产200多亿元,已形成资产规模630多亿元,资产负债率52%,政府财政性投入和国有平台运作进入了良性循环。

科技创新成果辉煌。2010年全市实现高新技术产业产值687.54亿元,增长41.7%。2010年,新认定高新技术企业15家。全年组织实施省级以上各类科技计划项目291项,争取科技经费1.65亿元,其中:国家创新基金项目42项,获国家科技经费3 280万元,省科技成果转化专项资金项目8项,获省科技经费6 800万元。新增省级高新技术产品104个。专利申请数6 016个,授权数2 499个。新增产学研合作关系310个。获省科技进步奖10项,组织评定市科技进步奖99项。

(四)教育和文化

教育事业蒸蒸日上。2010年全市学前三年幼儿入园率为95.40%,小学和初中入学率均为100%,初中毕业生升学率达98.28%,目前全市共有四星级高中17所,三星级高中22所,80%以上的初中毕业生在优质高中就读,高等教育毛入学率达26.76%。全市基本普及15年基础教育。

"十一五"期间,盐城市初步实现了特色文化打造全国品牌,艺术创作争创全省一流,群众文化走

在苏北前列的目标。公共文化服务体系初步形成。全市建有10个文化馆、9个图书馆、6个博物馆、3个纪念馆；138个乡镇建有500平方米以上的文化站，基本实现“县有两馆、乡有一站、村有一室”的目标。艺术生产硕果累累。全市共创作大、小戏100部，有10部大、小戏剧本获得省戏剧文学奖。社会文化蓬勃发展。以全年重大节庆为节点，以广场、公园为主要场所，开展一系列活动，丰富了群众文化生活。文化遗产保护成效突出，文化市场繁荣有序。截止年末，有线电视进村入户工作成效显著，全市通组率达97.1%，入户率达66.4%，并建有有线电视进村入户县2个，先进县2个，示范县3个。

（五）卫生和体育

卫生机构更加健全。2010年全市拥有卫生机构746个，其中医院118个、社区卫生服务中心（站）97个、卫生院128个、疾病预防控制中心10个、妇幼保健院（所）10个。各类卫生机构拥有床位20 128张，卫生技术人员21 822人。

体育事业蓬勃发展。2010年实现亚运会个人单项冠军“零”的突破。在第17届省运会，全市获得金牌30.5枚、银牌29枚、铜牌39枚，取得历史最好成绩，自行车、游泳更是取得历史性突破，分别夺得8枚、5枚金牌。“十一五”期间，1人被授予健将称号、32人被授予一级运动员称号、260人被授予二级运动员称号。五年间，新增省级以上体育传统校15所、体育俱乐部11个、后备人才基地3个，成为国家首批44个校园足球城市之一。

（六）城乡建设

“十一五”期间，全市新一轮沿海开发扎实推进，全市形成“东向出海”总体战略布局。完成两轮规划编制工作，基本建立沿海发展的规划体系。以“7路1港4航”为重点的沿海基础设施取得重大突破，盐城港“一港四区”建设快速推进，港口、港城和临港产业呈现快速发展、联动发展态势。

城市建设步伐加快。2010年市区建成区面积118平方公里，城市化率达47.8%，比上年提升1.5个百分点。中心城市的变化成为盐城市城市发展的最大亮点。新建、改建了10多条主干道，建成了盐渎公园、内港湖公园、水街等公共服务设施，总长42公里的城市外环路基本建成，城市快速公交实现运行，城市“田”字型快速道路、毓龙路扩建等一批重大项目正在加快推进。老城区人居环境明显改善，城南新区快速崛起，成为新一轮城市发展的标杆。五年来市区实施城建重点项目500多个，城建投入从“十五”时期的180亿元增加到700多亿元。各个县（市）城区发展步伐加快，建成一批基础设施和功能性项目，面貌焕然一新。

统筹城乡逐步推进。2010年市委、市政府要求坚持以城带乡、以工带农、以点带面，加大统筹城乡发展力度，全力突破统筹城乡发展试点，出台了《关于鼓励和支持统筹城乡发展的政策意见》、《集体建设用地使用权流转办法》、《盐城市统筹城乡发展试点示范镇村基本设施配置参考标准》等一系列文件。至2010年末，各试点镇村根据规划扎实推进重点项目建设。在基础设施项目建设上，重抓道路、广场、水利、垃圾中转站、给排水等重点项目建设；在社会事业建设项目上，重抓学校、卫生院、文化中心等重点项目建设；在产业发展项目建设上，重抓中小企业园、农民创业园以及现代农业示范园区、农产品加工集中区、农产品批发市场“三大载体”建设，招引建设了一批制造业、服务业项目，积极引导农民投资创业；在集中居住上，重抓新镇区集中居住区和农村新型社区建设。东台市安丰镇的中南翰府社区和义乌小商品城、弶港镇的港城大道建设及景观广场、建湖上冈中学和县二院、八滩镇的新镇区建设、陈家港镇的星港杏苑小区和佳都国际大酒店等重点项目正在加紧建设，部分项目已建成营运。

（七）环境保护与生态建设

环境质量有所改善。2010年，全市饮用水源水质持续好转，空气环境质量有所好转，全市环境空气质量良好天数312天，占比达85.5%，与上年持平；化学需氧量（COD）排放量6.45万吨，比上年下降4.7%；二氧

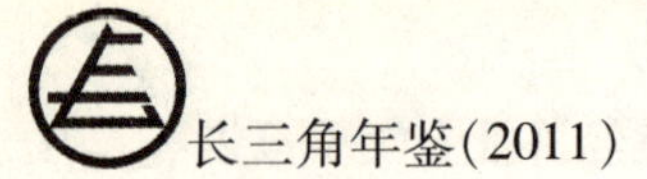

化硫(SO_2)排放量3.87万吨,比上年下降1.8%。节能减排全面完成省下达的"十一五"目标。

近年来,盐城市深化绿色社区创建活动,通过广泛宣传,深入推进,增强广大居民的环保意识,提升社区生态建设水平,为推动生态市建设奠定了良好的社会基础。市国土资源管理工作多次被评为全国"双保"先进单位和基本农田保护先进市。建湖县近湖镇、射阳县海通镇、大丰市大中镇、东台市安丰镇、盐都区潘黄镇和大纵湖镇等6个镇喜获"江苏省环境优美乡镇"称号。累计共有20个镇获得"江苏省环境优美乡镇"称号。盐城市亭湖区盐马路社区、建湖县西苑居委会和大丰市新村社区等3个社区被江苏省环委会命名为2010年度绿色社区。累计已有18个社区建成省级绿色社区。

三、挑战与目标

在肯定成绩的同时,也应清醒地看到,盐城市经济社会发展还面临不少矛盾和问题:全市经济发展还不够充分,经济总量在全省所占份额仍然偏低;产业结构还不够合理,传统产业升级步伐不快,新兴产业规模不大,服务业发展仍然滞后;城乡发展还不够均衡,城市化率低于全省平均水平,农村基本公共服务供给相对不足,农民收入持续较快增长的长效机制尚未形成;社会建设基础工作有待加强,影响社会和谐稳定的问题不容忽视;政府职能转变仍不够到位,依法行政和公共服务能力需要进一步提高。对这些问题,在今后的工作中采取更加有力的措施,认真加以解决。

2011年全市经济社会发展的主要预期目标为:地区生产总值增长13%,规模以上工业增加值增长16%;全社会固定资产投资、规模以上工业投资和规模以上服务业投资增长26%;地方一般预算收入增长26%;社会消费品零售总额增长18%;注册外资实际到账和出口总额增长20%;城镇居民人均可支配收入增长13%,农民人均纯收入增长12%;万元地区生产总值能耗和化学需氧量、二氧化硫、氨氮、氮氧化物削减完成省定目标;城镇登记失业率控制在4%以内;人口自然增长率控制在4‰以内;城市化率达到50%左右。

四、盐城市在长三角地区经济发展中的地位

2010年是"十一五"收官之年,在市委、市政府的正确领导下,全市上下深入贯彻科学发展观,抢抓沿海发展历史机遇,积极加快新兴特色产业发展,大力推进服务业和城镇化建设,全市经济运行高开稳走、持续向好,呈现出增长较快、质量提升、结构优化、后劲增强的良好态势,较好地完成了全年各项工作任务,为"十一五"发展划上了圆满的句号;各项主要经济指标继续保持增长,在长三角地区经济发展中的地位迅速提升。

2006－2010年盐城市地区生产总值在长三角所占比重分别为2.47%、2.42%、2.45%、2.64%和2.70%,在前几年变化平稳的情况下,2009年增加了0.19个百分点,增幅明显;2010年较上年增幅不大,仅上升了0.06个百分点。2010年盐城市地区生产总值在长三角地区25个市(苏浙两省24个地级市和上海市,下同)中排名比上年上升一位,排名第13位,排位较为靠前,但仍有较大的提升空间。

2010年全市实现地区生产总值达2 332.76亿元,按可比价计算比上年增长16.9%,在长三角地区位居前列;其中第一产业实现增加值363.71亿元,增长4.3%;第二产业实现增加值1096.55亿元,增长16.8%;第三产业实现增加值806亿元,增长13.6%,三次产业比重由2009年的17.2∶48.2∶34.6调整为2010年的16.0∶48.4∶35.6,二、三产业比重提高了1.2个百分点,人均地区生产总值达30 361元(按2010年年均汇率折算达45 00美元),比上年增长14.2%。"十一五"期间,经济总量是"十五"时期的2.1倍,年均增长14.0%,二、三产业比重提高了6.7个百分点,经济地位有较大提升。

2006－2010年盐城市地方财政一般预算收入在长三角所占比重分别为1.07%、1.09%、1.28%、1.60%和2.00%,保持稳定增长的态势,累计增幅为0.93个百分点,2010年较2009年增幅明显,达0.4个百分点。2010年盐城市地方财政一般预算收入在长三角地区25个市中排名比上年上升五位,排名一跃达到第12位,排位较为靠前,应继续保持增长势头。

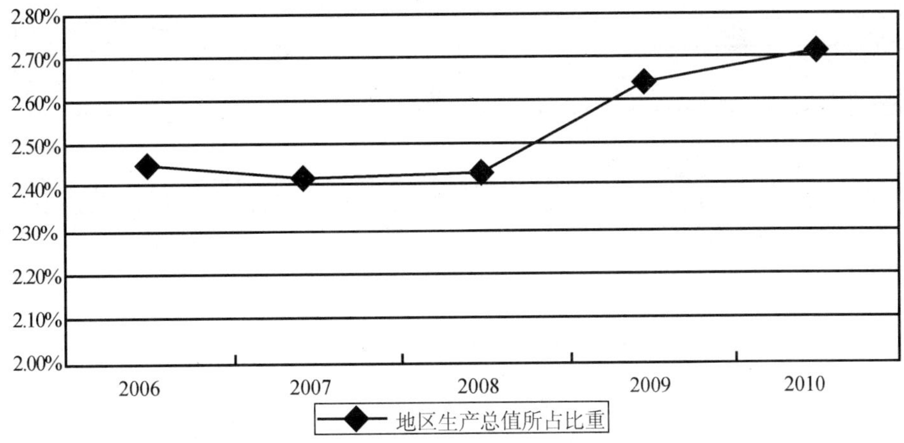

图 3－124　2006－2010 年盐城市地区生产总值在长三角所占比重的变化趋势

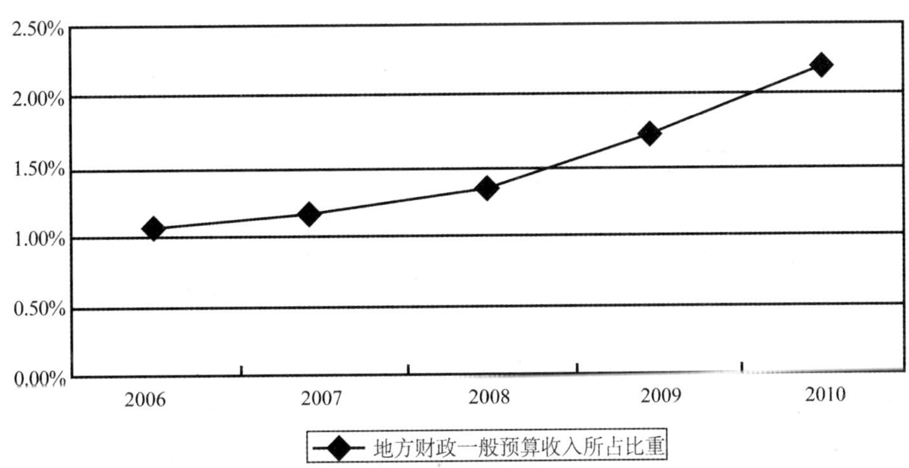

图 3－125　2006－2010 年盐城市地方财政一般预算收入在长三角所占比重的变化趋势

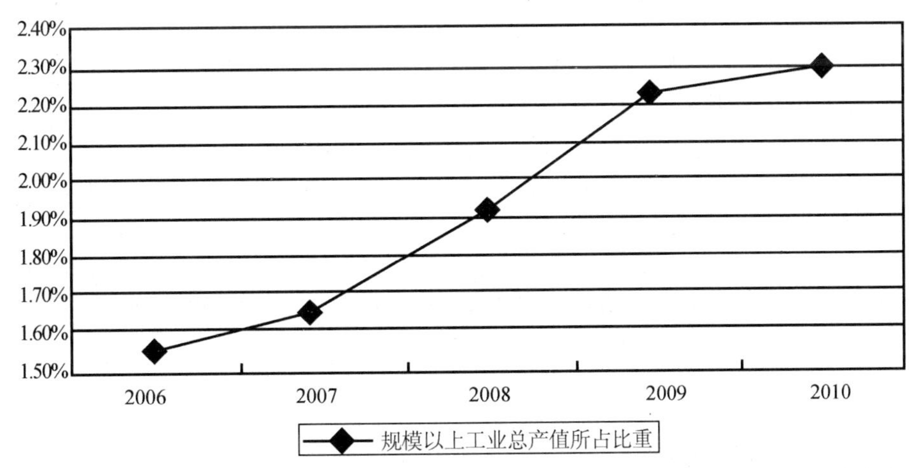

图 3－126　2006－2010 年盐城市规模以上工业总产值在长三角所占比重的变化趋势

2010 年盐城市财政收入再创新高。2010 年全市实现财政总收入 494.52 亿元，比上年增长 58.6%。其中地方财政一般预算收入 191.35 亿元，比上年增长 50.9%，总量是 2005 年的 5.1 倍。地方财政一般预算支出 284.78 亿元，比上年增长 42.6%。“十一五”期间，地方财政一般预算收入年均增长 38.2%，增幅居江苏省前列。

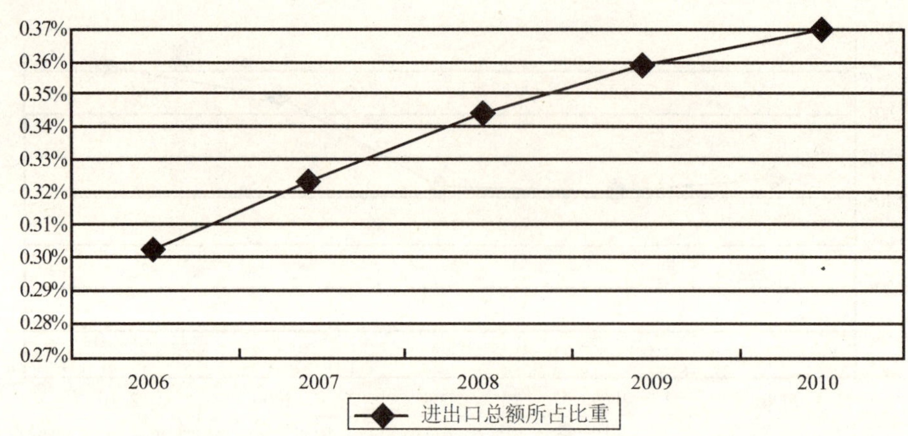

图 3-127　2006-2010 年盐城市进出口总额在长三角所占比重的变化趋势

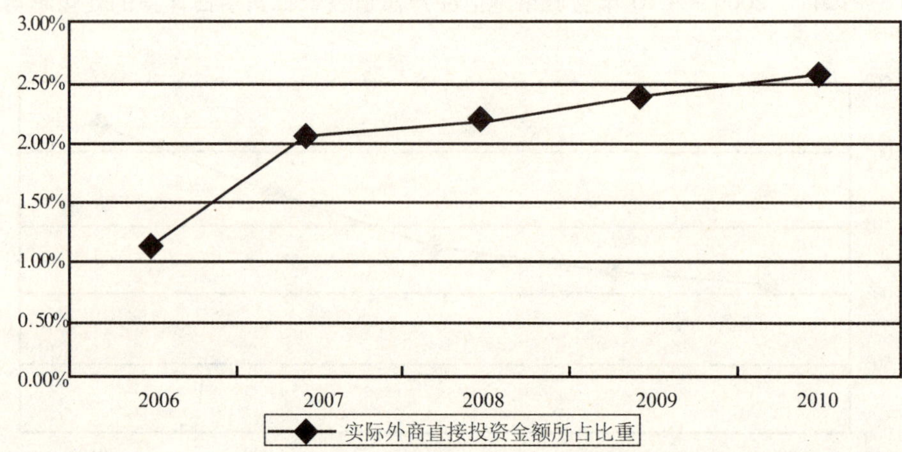

图 3-128　2006-2010 年盐城市实际外商直接投资金额在长三角所占比重的变化趋势

2006-2010 年盐城市规模以上工业总产值在长三角所占比重分别为 1.55%、1.65%、1.93%、2.22% 和 2.27%,继续保持增长的态势,累计增幅达 0.72 个百分点,但 2010 年增速较缓,仅比去年上升了 0.05 个百分点。2010 年盐城市规模以上工业总产值在长三角地区 25 个市中排名与上年保持一致,排名第 16 位,需进一步提升。

2010 年盐城市工业生产持续增长。全市实现工业总产值 3 919.85 亿元,比上年增长30.2%。实现规模以上工业增加值 985.59 亿元,比上年增长 17.3%。其中轻工业增加值达 379.98 亿元,增长 13.5%;重工业增加值 605.60 亿元,增长 19.8%。规模以上工业实现主营业务收入 3 902.58 亿元,增长 31.0%;利税总额 390.51 亿元,增长 45.2%;利润总额 202.73 亿元,增长 52.9%。"十一五"期间工业增加值年均增长 18.3%,总量翻两番,收入、利税、利润分别是 2005 年的 2.8 倍、3.5 倍和4.4倍。

2006-2010 年盐城市进出口总额在长三角所占比重分别为 0.30%、0.32%、0.34%、0.36% 和 0.36%,始终保持这小幅增长的态势,累计增幅为 0.06 个百分点。2010 年盐城市进出口总额在长三角地区 25 个市中排名比上年下降一位,排名第 21 位,需解放思想,加大对外贸易的发展。

2010 年盐城市对外贸易增长迅速。全年全市完成进出口总额 39.55 亿美元,比上年增长37.6%,其中出口 23.19 亿美元,比上年增长 24.4%,进口 16.36 亿美元,比上年增长 62.1%。但从总量上看,盐城市仍需继续努力,争取尽快达到长三角地区的平均水平。

2006-2010 年盐城市实际外商直接投资金额在长三角所占比重分别为 0.97%、2.02%、2.08%、2.23% 和 2.47%,近年来保持着持续增长的态势,2010 年占比已达到 2005 年的 4 倍。2010 年盐城市实际外商直接投资金额在长三角地区 25 个市中排名与上年保持一致,排名第 13 位,排位较为靠前,但仍需继续努力。

2009 年全市注册外资实际到账 13.04 亿美元,同比增长 24.9%,总量继续保持苏北第一。

十一　扬州市 2010 年经济社会发展报告

2010 年，扬州人民在市委、市政府的正确领导下，深入贯彻落实科学发展观，以全面建设“创新扬州、精致扬州、幸福扬州”为主题，发展创新型经济，建设创新型城市，保增长、调结构、抓创新、惠民生，全市经济保持了良好的发展态势，持续向好势头得到进一步巩固，各项社会事业取得新进步。

一、扬州市 2010 年经济发展概况

（一）综合经济

1. 经济总量

2010 年扬州市实现地区生产总值 2 229.49 亿元，可比价增长 14.5%，连续八年保持两位数增长。其中，第一产业增加值 161.37 亿元，增长 5.9%；第二产业增加值 1 229.34 亿元，增长 14.6%；第三产业增加值 838.78 亿元，增长 16.4%。人均 GDP 达 49 786 元，按美元汇率折算超过 7 000 美元。三次产业比例由上年的 7.8∶56.1∶36.1 调整为 7.2∶55.1∶37.6。二、三产业增加值占 GDP 比重达到 92.8%。2010 年扬州市全面小康四大类 18 项 25 个指标中有 24 个指标达到目标值，总体达到省定全面小康标准。江都、仪征顺利通过全面小康达标验收，高邮达到省定县级小康验收标准，宝应小康进程不断加快。

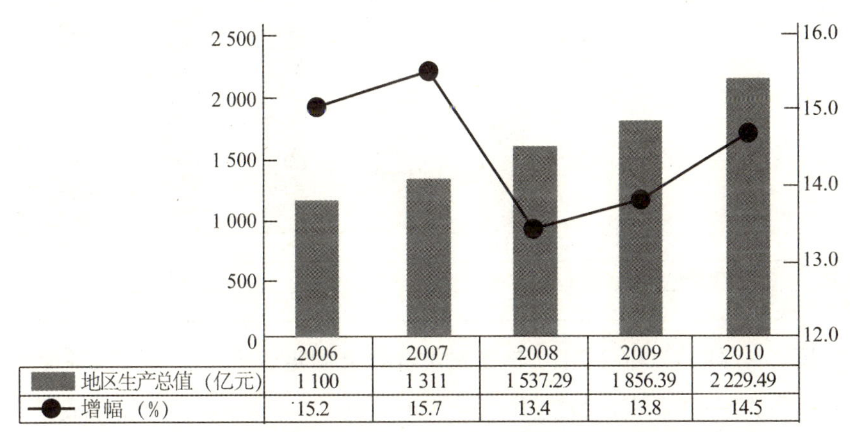

图 3－129　2006－2010 年扬州市地区生产总值及增长速度

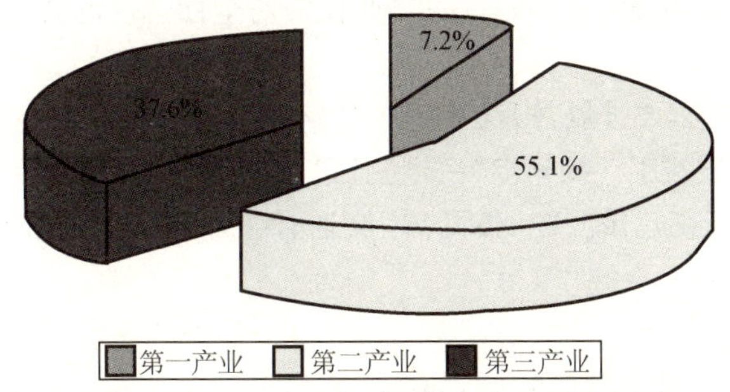

图 3－130　2010 年扬州市三次产业结构图

2. 财政收支

2010 年，扬州市财政总收入为 400.88 亿元，增长 29.3%；一般预算收入 167.78 亿元，增长 31%，

占 GDP 的比重为7.6%,比上年提高0.5个百分点。全年实现税收收入121.08亿元,增长31.5%;占一般预算收入的比重达72.2%,比上年提高0.3个百分点。2010年,扬州市一般预算支出193.94亿元,增长22%。其中一般公共服务支出30.60亿元,增长14.1%;教育支出35.83亿元,增长22.2%;科学技术支出6.50亿元,增长58.9%;社会保障和就业支出14.60亿元,增长24.4%;医疗卫生支出9.95亿元,增长20.7%;环境保护支出6亿元,增长8.6%。

3. 物价指数

2010年居民消费品价格指数为103.4,同比上涨3.4个百分点。其中,消费品价格上涨3.5%,服务项目价格上涨3.3%。构成CPI的商品类别中,上涨的有:食品类(106.9)、居住类(106.0)、烟酒及用品类(102.7)、医疗保健和个人用品类(102.7)、娱乐教育文化用品及服务类(100.5)、交通和通信类(100.1);下降的有:家庭设备用品及维修服务类(99.2);衣着类价格水平与去年持平。全年商品零售价格总指数为102.7。

4. 固定资产投资

全市完成全社会固定资产投资1 331.85亿元,增长25.2%。其中规模以上项目完成投资1 235.55亿元,增长23.5%,占全社会投资的93%。规模以上项目投资中,城镇项目完成投资725.52亿元,增长22.1%;农村项目完成投资344.87亿元,增长24.8%。

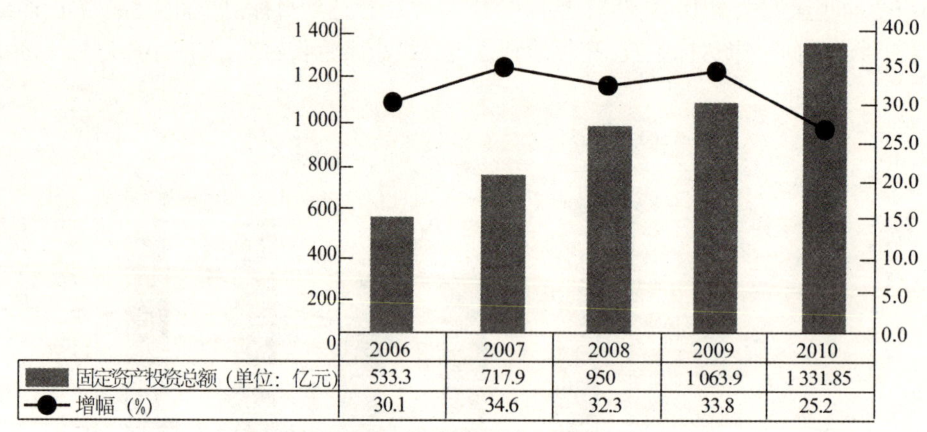

	2006	2007	2008	2009	2010
固定资产投资总额(单位:亿元)	533.3	717.9	950	1 063.9	1 331.85
增幅(%)	30.1	34.6	32.3	33.8	25.2

图3-131　2006-2010年扬州市全社会固定资产投资及增长幅度

从三大产业来看,第一产业完成投资14.64亿元,增长29.7%;第二产业完成投资895.26亿元,增长24.5%,其中,工业完成投资891.67亿元,增长24.6%,占全社会投资的比重达67%;第三产业完成投资421.95亿元,增长26.5%。一、二、三产业投资占全社会投资的比重分别为1.1%、67.2%和31.7%。

重大基础设施建设取得重要进展,沿江高等级公路、安大公路、江海高速公路建成通车。京杭运河扬州段"三改二"工程全线竣工。扬州港"一港三区"加快建设,苏中江都机场、沪陕高速江六段、宁启铁路复线及电气化改造开工建设。"一体两翼"交通骨架加快构建,"江河海沟通、公铁水联运"的现代交通格局基本形成。

5. 区县经济

2010年,扬州市继续保持良好的经济发展势头,区县经济结构进一步优化,扬州市区、宝应县、仪征市、高邮市、江都市地区生产总值占全市总量的比重分别为43.11%、10.89%、12.59%、11.47%、21.93%。

2010年,扬州市区共完成生产总值961.24亿元,较上年有大幅度提升。其中,维扬区紧紧围绕

“发展创新型经济、建设精致型城区”目标，抢抓机遇，奋力拼搏，凝心聚力，扎实工作，顺利完成全年的各项任务，全面实现“十一五”规划目标。综合实力显着增强，2010 年全区完成地区生产总值（在地）138.37 亿元，可比价比上年增长 13%，“十一五”期间累计实现地区生产总值 500 亿元，现价年均增长 19.7%，比“十五”年均增幅高 4.1 个百分点。第一产业增加值 2.82 亿元，可比价增长 0.1%；第二产业增加值 64.98 亿元，可比价增长 14.9%；第三产业增加值 70.57 亿元，可比价增长 12.1%。三次产业增加值构成比例为 2.04∶46.96∶51。财政税收稳步增长，2010 年全区完成财政总收入 25.7 亿元，比上年增长 26.2%。完成地方财政一般预算收入 13.3 亿元，比上年增长 33.7%。财政总支出 12.63 亿元，同比增长 42.6%，地方一般预算支出 8.83 亿元，同比增长 57.7%。“十一五”期间累计实现财政总收入 86.4 亿元、一般预算收入 44.4 亿元，年均递增分别为 28.4% 和 27.6%。“十一五”期间全区率先建成全面小康社会，提前实现“强区强镇、三年倍增”的奋斗目标，经济社会发展跃上更高平台。

2010 年，宝应县紧紧围绕“四个明显”的奋斗目标和“赶超发展、争先进位”的总体要求，大力弘扬新时期宝应精神，深入实施“四化”发展战略，强力推进各项工作，经济社会发展取得令人鼓舞的成就。全县实现地区生产总值 242.86 亿元，是“十五”末的 2.5 倍；按可比价格计算，比上年增长 13.4%。经济结构进一步优化，小康建设有序推进。根据省定全面小康指标总体达标认定标准，我县 25 项指标中已有 19 项指标达标，比上年增加了 2 个。其中，五大核心指标中，人均 GDP、农村居民人均纯收入、城镇劳动保障三大保险各自覆盖面和环境质量综合指数四大指标已全部超过省定目标值，城镇居民人均可支配收入虽未达标，但已达序时进度。

2010 年，仪征市积极应对宏观经济环境的新变化，抢抓机遇、锐意进取，全力做好改革、发展和稳定的各项工作，全市经济社会发展迈上新的台阶。全市实现地区生产总值 280.70 亿元，比上年增长 15.0%。其中第一产业增加值 14.64 亿元，增长 2.4%；第二产业增加值 168.63 亿元，增长 15.8%；第三产业增加值 94.89 亿元，增长 15%。经济结构进一步优化。三次产业结构比例调整为 5.3∶ 60.6∶ 34.1。地方经济加快发展，仪征市辖（剔除仪化、扬州化学工业园）实现生产总值 209.8 亿元，占全市经济总量的比重达 75.4%。

表 3－14　扬州市区县部分主要经济指标一览

县　市	地区生产总值	工业总产值	城镇固定资产投资	地方财政一般预算收入	进出口总额	社会消费品零售总额
	（亿元）	（亿元）	（亿元）	（亿元）	（亿美元）	（亿元）
扬 州 市	2 229.49	5 753.34	890.68	167.78	82.40	726.12
扬州市区	961.24	2 381.90	358.72	91.61	60.12	332.43
宝 应 县	242.86	537.53	79.11	15.68	4.43	79.46
仪 征 市	280.70	790.76	103.70	19.22	5.92	85.67
高 邮 市	255.81	606.64	161.73	14.42	3.51	82.35
江 都 市	488.88	1 436.51	187.42	26.85	8.43	146.23

2010 年，高邮市面对复杂的国内外经济形势，全市人民在市委、市政府的正确领导下，以科学发展观为统领，保增长、调结构、抓创新、促转型、惠民生，全市经济社会保持平稳较快发展，各项社会事业全面进步，较好地完成了年初确定的各项目标任务。全市实现地区生产总值 255.81 亿元，按可比价计算，比上年增长 14.1%；其中，第一产业增加值 43.95 亿元，增长 1.2%；第二产业增加值 127.54 亿元，增长 18.1%；第三产业增加值 82.47 亿元，增长 14.1%。人均地区生产总值按户籍人口计算 30 954元，按当年汇率折算达 4 676 美元，按常住人口计算 33 982 元，按当年汇率折算达 5133 美元。对照全面小康四大类 18 项 25 个指标，高邮市总体达到省定全面小康社会创建标准。

2010 年,江都市紧紧围绕“稳增长、调结构、惠民生、促和谐”这一主题,攻坚克难,开拓创新,务实奋进,经济运行呈现企稳回升向好态势,转变发展方式迈出坚实步伐,民生得到持续改善,社会保持和谐稳定,各项事业蓬勃向前。经济高开稳走,持续向好,综合实力稳步攀升,调结构、促转型初见成效。2010 年,全市实现地区生产总值 488.88 亿元,比上年增长 15% 左右。三次产业结构进一步优化,由 2009 年的 8.1∶ 56.7∶ 35.2 调整为 2010 年的 7.5∶ 56.8∶ 35.7。农业提质扩量,高效农业长足发展,现代农业建设加速发展;工业提速增效,经济转型与产业提升稳步进行,企业竞争力稳步增强;服务业提档升级,消费市场活跃,对外贸易回暖,财政金融运行有序,民生保障持续加强,居民收入不断增加,全市综合实力稳步攀升。连续十届被评为全国县域经济基本竞争力百强县(市),入选 2010 年度中国中小城市科学发展和最具投资潜力“双百强”,可持续发展能力列全省县级市第 9 位,被确定为全省首批 10 家创新型试点城市之一。

(二)农业

2010 年,全市粮食总产量 287.09 万吨,增产 4.74 万吨,连续 7 年实现丰收;农业总产值 284.3 亿元,增长 10.9%。全年肉类总产量达到 17.95 万吨,增长 3.8%,其中猪肉 10.30 万吨,增长 5.7%。

农林牧副渔业实现增加值 159.25 亿元,可比价增长 4.5%。其中:农业增加值 88.85 亿元,增长 6.2%;林业增加值 3.74 亿元,下降 10.2%;牧业增加值 20.83 亿元,增长 2.0%;渔业增加值 38.76 亿元,增长 4.1%;农林牧渔服务业增加值 7.69 亿元,增长 4.2%。

2010 年新增高效农(渔)业园区面积 27 万亩、设施农(渔)业面积 17.5 万亩,建成农业园区 561 个,总面积 77.8 万亩。开工建设万顷良田建设试点工程 8.6 万亩。以海峡两岸(扬州)农业合作试验区为载体打造农业亮点工程,新引进农业项目 634 个。90 家市级以上农业龙头企业销售收入增长 20%。农民专业合作组织新增 631 个。通过复垦与综合整治新增耕地 2.1 万亩。水利、农业开发、粮食、供销、农机、气象、农业科研等工作进一步加强。

(三)工业和建筑业

2010 年,全市规模以上工业完成总产值 5 872.8 亿元,增长 34.7%;实现工业增加值 1388.7 亿元,增长 16.1%。工业重大项目建设取得重要突破,上海大众整车、天威太阳能电池组件、华电天然气发电等一批重大项目开工建设。2010 年全市工业用电量 109.96 亿千瓦时,增长 17.3%。

在工业 35 个大类行业中,完成产值过百亿元的行业有 17 个,比上年增加 1 个;排名前三的行业电气机械及器材制造业、交通运输设备制造业和化学原料及化学制品制造业 3 大行业对全市产值增长的贡献率为 47.3%,拉动全市产值增长 16.4 个百分点。

汽车船舶、机械装备、石油化工三大支柱产业产值 4217 亿元,增长 38.4%,高出规模以上工业平均增幅 3.7 个百分点,对全市产值增长的贡献率为 77.4%。

新能源、新材料、新光源“三新”产业累计完成工业总产值 571.2 亿元,增长 49.6%,高出全市平均增幅 14.9 个百分点。其中,61 家新能源企业完成产值 227.3 亿元,增长 72.3%;51 家新光源企业完成产值 161.4 亿元,增长 41.7%;68 家新材料企业完成产值 182.5 亿元,增长 34.2%。

2010 年,全市规模以上工业实现销售收入 5648.3 亿元,增长 34.0%;实现利税 635.5 亿元,增长 45.9%;实现利润 369.5 亿元,增长 46.4%。

2010 年,全市建筑业总产值 1 560 亿元,增长 20%。全市建筑企业完成施工总产值 1 595.25 亿元,增长 22.9%。全年建筑企业施工的房屋建筑面积 13 551 万平方米,增长 20.3%;房屋竣工面积 6 351万平方米,增长 14.1%。

（四）服务业

2010 年，扬州市服务业加速发展，实现增加值 814 亿元，增长 13.8%。出台鼓励发展软件和信息服务业专项政策，惠普外包、税友软件等一批项目落户。江苏（扬州）信息服务产业基地快速发展，扬州“智谷”、维扬动漫创意产业基地、邗江文化创意产业园等加快建设。扬州入选“中国城市信息化 50 强”。港口、石化、公铁水、商贸四大物流园区营业收入增长 90.2%。

1. 国内贸易

2010 年扬州市实现社会消费品零售总额 726.12 亿元，增长 19.8%。按新的城乡标准划分，城镇市场实现零售额 673.3 亿元，增长 20.2%；乡村实现零售额 46.2 亿元，增长 10.2%。

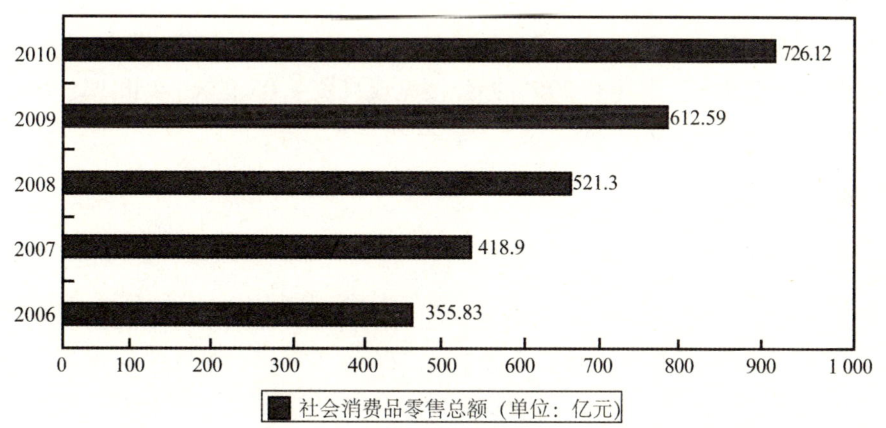

图 3－132　2006－2010 年扬州市社会消费品零售总额及增长幅度

限额以上批发和零售企业中，食品、饮料、烟酒类零售额 26.8 亿元，增长 19.3%；服装、鞋帽、针纺织品类零售额 20.7 亿元，增长 15.8%；日用品类零售额 6.5 亿元，增长 17.4%；化妆品类零售额 2.9 亿元，增长 13.4%；金银珠宝类零售额 6.6 亿元，增长 30.4%；家用电器和音像器材类零售额 30 亿元，增长 22.0%；汽车类商品实现零售额 76 亿元，增长 42.9%。

全市“家电下乡”累计销量 36 万台，实现销售额 8 亿元；“以旧换新”回收五类旧家电 40.6 万台（部），销售新家电 41 万台（部），销售额达 14.6 亿元。

2. 交通运输、邮政通讯业

2010 年，全市邮政业务收入 6.84 亿元，增长 12.4%；电信业务收入 32.98 亿元，增长 6.6%。年末电话用户 542.79 万户。互联网宽带接入用户 68.62 万户，增长 20.5%。有线电视用户 106.7 万户，其中数字电视用户 41.3 万户，增长 35.4%。

全市货物运输总量达 9 312 万吨，增长 16.4%；货物周转量 183.9 亿吨公里，增长 19.2%。客运量 7 140 万人次，增长 12.2%；旅客周转量 45.83 亿人公里，增长 12.9%。港口货物吞吐量 7 384 万吨，增长 15%。完成集装箱吞吐量 31.9 万标箱，同比增长 37.3%。年末全市公路里程 10 230.98 公里、新增 170.48 公里，年末高速公路里程 266.6 公里、新增 26 公里。年末民用汽车拥有量 23.84 万辆，私人汽车拥有量 18.15 万辆。

3. 旅游业

2010 年，扬州市成功举办第 45 届全国“旅交会”。接待游客 2 700 万人次，旅游业总收入 300 亿元，分别增长 16.6% 和 18.6%。接待入境旅游人数 56 万人次，增长 12%；旅游外汇收入 4.6 亿美元，增长 14.7%。全市星级饭店 59 家，对外开放游览点 70 个，各类旅行社 105 个。

蜀冈－瘦西湖风景区晋升为国家5A级景区,东关街跻身"全国十大历史文化名街"。"富春"和"玉缘"商标成为中国驰名商标。冶春茶社台北分店开张营业。

4.金融、证券和保险业

2010年,扬州农村商业银行、南京银行扬州分行挂牌营业,新建农村小额贷款公司7家。全市金融机构年末存款余额2431亿元、贷款余额1486亿元,分别增长17.6%和22.5%。

全市9户证券公司营业部累计开户25.98万户。证券交易额3 029.5亿元,其中股票交易额2 942.7亿元,基金交易额30.33亿元。

2010年,28家寿险公司、24家财险公司合计实现保费收入65.98亿元,增长22%。其中寿险实现收入52.03亿元,增长19.0%;财险实现收入13.95亿元,增长34%。累计理赔支出7.96亿元,增长7.5%。

5.房地产业

2010年,全市房地产开发投资165.16亿元,增长27.5%,占全社会固定资产投资的12.4%。其中商品住宅完成投资137.16亿元,增长29%;办公楼完成投资4.05亿元,增长125.9%;商业营业用房完成投资14.1亿元,下降4.8%。

(五)开放型经济

1.对外经济

2010年,扬州市成功举办"烟花三月"国际经贸旅游节和世界运河名城博览会。全年实际利用外资到账25.72亿美元,增长13.5%。大项目支撑有力,500万美元以上项目占88.6%,1 000万美元以上项目占62.7%。全年新批335个项目中,协议外资1 000万美元以上项目159个,大项目单体协议外资规模2 484万美元,3 000万美元以上项目32个,比去年增加9个,增长39.1%。

新签外经合同额15 836万美元,增长13%;完成外经营业额23 520万美元,增长16%。新批境外投资项目21个,同比增加2个,合作项目分布在10个国家和地区。

2.对外贸易

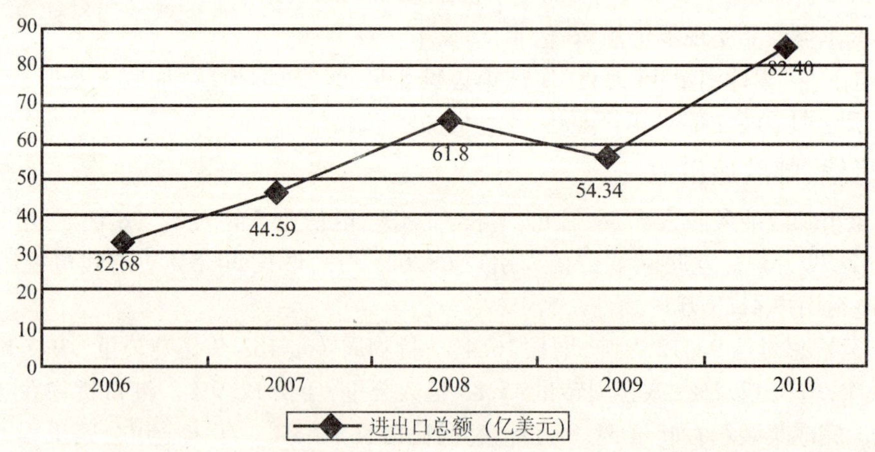

图2－133　2006－2010年扬州市外贸进出口总额情况

2010年,全市进出口总额82.4亿美元,同比增长51.7%,其中出口60.57亿美元,增长50.9%,进口21.84亿美元,增长53.8%。从贸易方式看,一般贸易累计出口35.21亿美元,增长40.62%;加工贸易累计出口23.75亿美元,增长71.95%。从出口商品看,船舶、纺织原料与纺织制品、化学化工制品、液晶显示面板与电子纸、半导体器件及延伸产品等产品位居前列。从出口市场结构看,欧美仍是扬州市主要传统出口市场,2010年全市对欧盟累计出口149 144万美元,增长11.94%;对美国累计

出口 96 566 万美元，增长 25.95%。新兴出口市场强劲扩大，成为扬州市出口增长的主要动力，全市对拉美、大洋洲市场累计出口分别达 86 955 万美元、35 370 万美元，分别增长 219%、163%。

3. 园区建设

园区实力明显提升。"八区二园"业务总收入 5 230 亿元，增长 40%。30 强乡镇工业集中区实现产值 2 400 亿元，增长 40%。开发园区注册外资实际到账、地方一般预算收入、自营出口均占全市 50% 以上；基础设施建设新增投入 198 亿元，增长 95%。

4. 民营经济

2010 年新增民营企业注册资本金 634 亿元，增长 16.7%。全市出口 60 亿美元，增长 50%。

二、扬州市 2010 年社会发展概况

（一）人口、人民生活

2010 年末，扬州市户籍总人口为 459.12 万人，比上年末增加 3 183 人，增长 0.69‰。人口自然增长率为 -1.63‰。

2010 年，扬州城市居民人均可支配收入 21 766 元，同比增加 2 350 元，增长 12.1%；人均消费性支出 13 679 元，同比增加 791 元，增长 6.1%。城市居民人均住房建筑面积 37.9 平方米，百户家庭电话、电脑拥有量分别达 306 部、85.5 台，恩格尔系数为 38.0%。农村居民人均年纯收入 9 462 元，增长 14.1%；人均消费性支出 6 782 元，增长 14.4%。农民人均住房面积 42.4 平方米，百户家庭电话、电脑拥有量分别达 300 部、35 台，农民恩格尔系数为 38.5%。

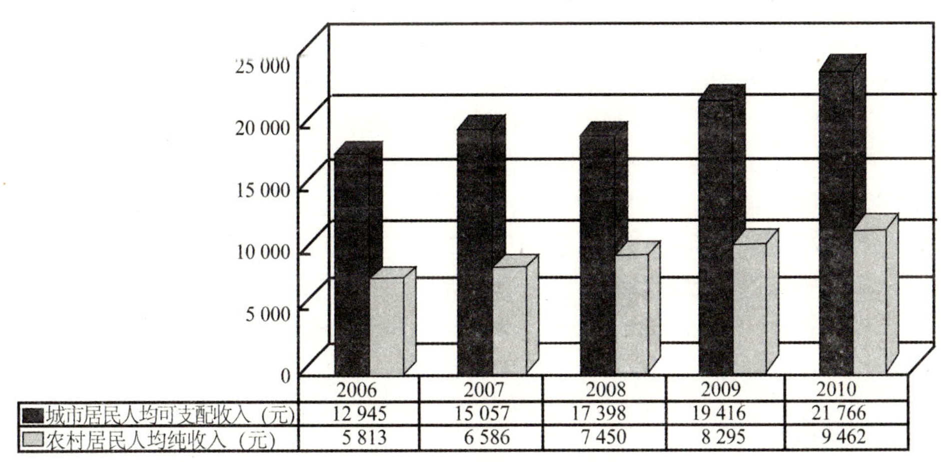

图 3－134　2006－2010 年扬州市城乡居民收入对比一览

（二）就业、社会保障

2010 年，扬州市城镇新增就业 8.8 万人，零就业家庭连续 40 个月保持动态清零，城镇登记失业率 2.7%。新的市人力资源市场投入使用。就业再就业培训 5.38 万人，创业培训 1.2 万人，农村劳动力培训 7.53 万人。

全市企业职工基本养老保险净增缴费 4.4 万人，新农保参保率及基础养老金发放率均达 99.7%。为全市 19 万企业退休人员上调养老金 10%。全市城镇居民医保覆盖率 95%，新型农村合作医疗覆盖率 99.8%。新建残疾人康复中心 2 个、县级残疾人托养机构 4 个。建成市救助中心。住房公积金新增扩面 6.88 万人。

(三)科学技术与创新

科技创新成效显著。2010年全市实现高新技术产业产值2 224亿元,增长43.5%。全社会研发投入占地区生产总值比重1.9%。全年专利申请量9 980项,专利授权量3 797项,其中发明专利授权,分别增长34%和43%。扬州市"数字化测土配方施肥技术"获全国地级市唯一的国家农业科技成果推广一等奖。新设立省级以上"两站两中心"94家,新认定国家高新技术企业64家。成功举办"院士专家扬州行"活动和上海、武汉、成都"科技创新·产业合作"推介会,签订产学研合作协议286项。扬州成为国家"中小企业知识产权战略推进工程"首批实施城市、国家火炬计划智能电网特色产业基地。扬州光电科技创新园被评为全省首批创新型园区。江苏(扬州)数控机床研究院列入江苏省首批4家产业技术研究院建设计划。全市获省高层次创新创业人才项目26个。

(四)教育和文化

2010年建成包括市图书馆新馆、美术馆、音乐厅在内的市文化艺术中心,建成扬州工艺美术馆新馆、扬州工艺坊和中国淮扬菜博物馆。扬剧《县长与老板》获中国戏剧节优秀剧目奖,与长篇评话《王少堂》获省"五个一工程奖"。全市拥有公共图书馆7个,图书总藏量223.2万册(件)。各类艺术表演团体10个。公共文化服务体系基本覆盖城乡,所有乡镇、街道建成文化站。

2010年,扬州市全面普及十五年基础教育,邗江、广陵创成省教育现代化建设先进地区。全市幼儿园毛入学率为93.7%,义务教育入学率为100%,高中阶段教育毛入学率为99.8%。高考连续6年大幅攀升,本二上线人数达13 992人,比上年增长9.5%,万人上线率达30.4,居江苏省第一方阵。全市普通高校在校生人数73 338人,普通中学在校生人数222 460人,小学在校生人数227 382人。

(五)卫生和体育

2010年基本建成"15分钟健康服务圈",为城乡居民免费提供22项基本公共卫生服务,城乡社区卫生机构覆盖率达100%。新型农村合作医疗制度逐步完善,人均筹资标准不低于150元,市区农民人均筹资达到172~192元,新型农村合作医疗覆盖率达99.8%。年末共有各类卫生机构2 028个,其中医院、卫生院180个。各类卫生机构拥有病床16 343张,其中医院、卫生院病床14 685张。共有卫生技术人员22 826人,其中执业(助理)医师7 881人,注册护士7 257人。

全民健身事业不断发展。省运会扬州代表团金牌和总分均列全省第七位,荣获体育道德风尚奖。鉴真国际半程马拉松赛成为国际田联"银标"赛事,并被评为"全国首批体育旅游精品项目"。体育公园游泳跳水馆建成并投入使用。全市拥有各类体育场馆58个。

(六)城乡建设

中心城市功能继续完善。编制完成扬州市城市总体规划(2010-2020年)和14项专项规划。开工建设文昌路东延及跨廖家沟、芒稻河大桥和328国道连接线。新建和改建北环路、鉴真路等17条道路。加快建设广陵新城、临港新城、蜀冈生态新区和蒋王片区等。新城西区功能进一步完善。建成城北客运站并投入使用。新增公交车400辆、公交停车场和首末站6个。市区新增经济适用房1 260套、廉租房230套、公租房1 850套(间),公有住房解危6.2万平方米,改造老小区17个、"城中村"15个,新建和改造农贸市场10个。建成六圩污水处理厂二期和赵庄垃圾焚烧发电厂一期工程。宋夹城遗址保护展示工程、南门遗址展示馆建成开放。打通古运河至二道河、瘦西湖水上游览线。完善数字化城管体系。大力整治城市出入口环境。市区新增绿化面积150万平方米。

城镇化建设有力推进。着力构建中心城市、县城、重点中心镇、一般镇协调发展的城镇体系。出台了加快11个重点中心镇建设的奖励政策和考评办法。完成了全市村庄布局规划。新建农民新社区240个。

农村实事工程有效落实。新建改造农村公路280公里、公路危桥150座,所有行政村通上四级路。完成县乡河道、河塘疏浚3 070万方。新改建无害化卫生户厕8万座、"一池三改"户用沼气池10 100座。机插秧和秸秆机械化还田取得新的进展。新创成农村环境综合整治和"四位一体"长效管护达标乡镇30个。新创成全面小康村100个、新农村建设示范村31个。第三轮农村扶贫任务全面完成。

(七)环境保护与生态建设

节能减排扎实有效。全市完成节能减排年度目标。实施节能改造项目130个、循环经济项目36个、资源综合利用项目107个。对112家企业组织开展清洁生产审核。淘汰落后用能设备2 371台(套),关闭"五小"企业91家。实施减排项目86个。扬州被选为国家可再生能源建筑应用示范城市。

深入推进国家生态市和国家森林城市创建工作。市经济技术开发区创成国家生态工业示范园区。68个乡镇建成垃圾中转站,61个乡镇建成污水处理设施。51个乡镇通过国家生态乡镇考核或命名,创成生态村824个。江都、邗江国家生态县(市)创建通过省考核。全市新增造林面积16万亩,成片造林率居全省第一,森林覆盖率20.1%。

城市饮用水源水质达标率稳定保持在100%。全年空气质量达到或优于二级的天数达334天。新增造林16.2万亩,成片造林率居全省第一,森林覆盖率20.2%。市区新增绿化面积150万平方米。化学需氧量、二氧化硫排放量分别削减4.3%和18.56%。

三、挑战与目标

在肯定成绩的同时,也要清醒地认识到,全市经济社会发展中还存在一些深层次的矛盾和问题。主要是:经济实力和核心竞争力需要不断增强,转变发展方式还有大量工作要做;城乡二元矛盾依然突出,统筹发展任务十分艰巨;城市功能品质仍需提升,生态环境和城市管理有待继续改善;事关群众切身利益的就业、住房、教育、医疗、社会保障和增加收入等还有许多问题需要解决;政府及公务员队伍能力作风建设、反腐倡廉工作还要不断加强。这些问题需要引起高度重视,并切实采取措施认真加以解决。

十二五期间扬州市经济社会发展的主要预期目标为:地区生产总值年均增长12%左右,财政一般预算收入年均增长20%,城市居民人均可支配收入和农民人均纯收入年均增长12%,节能减排完成国家和省下达目标任务。全面建成更高水平小康社会,为2020年基本实现现代化打下坚实基础。

2011年是"十二五"开局之年,是建设"三个扬州"的关键之年。全市经济社会发展的主要预期目标为:地区生产总值增长12%。财政总收入增长20%,其中一般预算收入增长22%。全社会固定资产投资增长25%。研发投入占地区生产总值比重2%以上。社会消费品零售总额增长14%。城市居民人均可支配收入和农民人均纯收入增长12%。居民消费价格总水平涨幅控制在4%以内。城镇登记失业率控制在4%以内。节能减排完成省下达任务。

四、扬州市在长三角地区经济发展中的地位

2010年,面对复杂的国内外经济形势,扬州市人民在市委、市政府的正确领导下,深入贯彻落实科学发展观,以全面建设"创新扬州、精致扬州、幸福扬州"为主题,发展创新型经济,建设创新型城市,保增长、调结构、抓创新、惠民生,全市经济保持了良好的发展态势,持续向好势头得到进一步巩固,各项社会事业取得新进步,在长三角地区的经济发展中地位进一步提升。

2006－2010年扬州市地区生产总值在长三角所占比重分别为2.31%、2.32%、2.40%、2.56%和2.58%,保持持续增长的态势,累计增幅为0.27个百分点,2010年增速放缓,仅比上年增加了0.02个百分点。2010年扬州市地区生产总值在长三角地区25个市(苏浙两省24个地级市和上海市,下同)中排名与上年保持一致,排名第15位,排位处于中游,需要较大的提升。

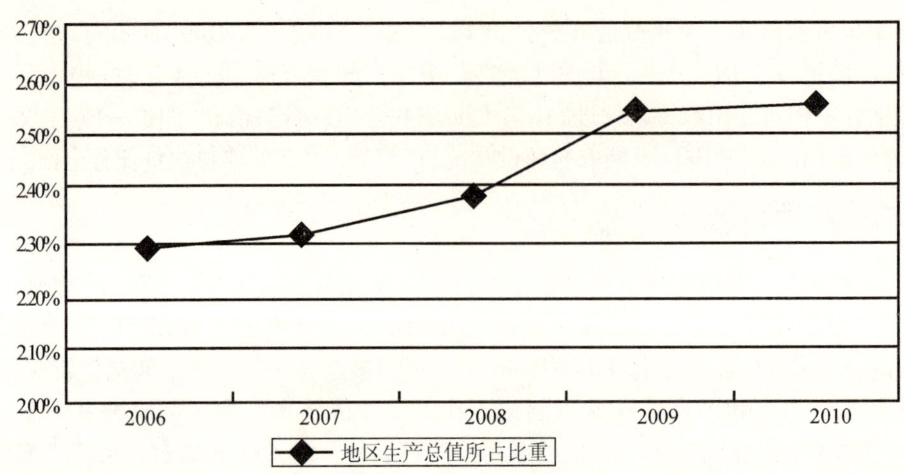

图 3-135　2006-2010 年扬州市地区生产总值在长三角所占比重的变化趋势

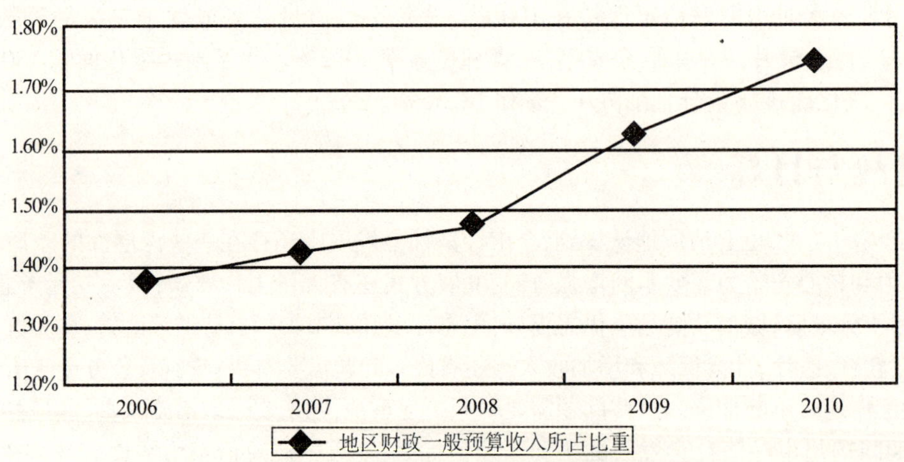

图 3-136　2006-2010 年扬州市地方财政一般预算收入在长三角所占比重的变化趋势

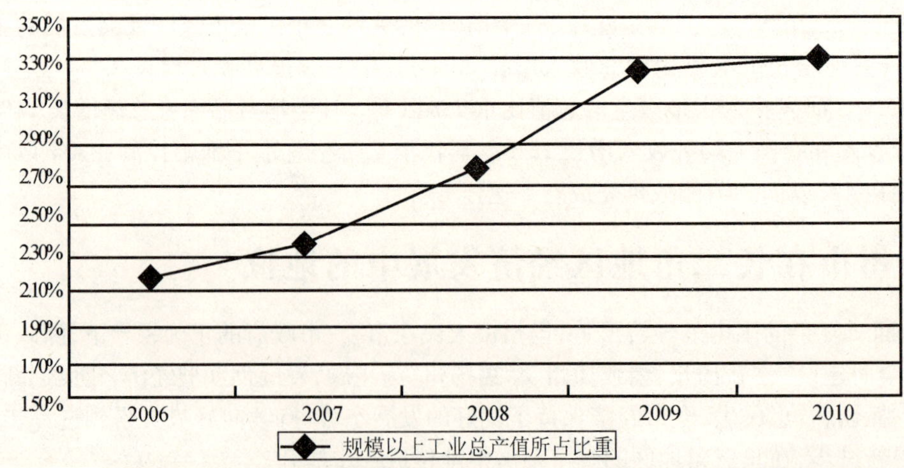

图 3-137　2006-2010 年扬州市规模以上工业总产值在长三角所占比重的变化趋势

2006-2010 年扬州市地方财政一般预算收入在长三角所占比重分别为 1.38%、1.43%、1.49%、1.62% 和 1.75%，保持持续增长的态势，累计增幅为 0.37 个百分点。2010 年扬州市地方财政一般预算收入在长三角地区 25 个市中排名比上年上升一位，排名第 15 位，排位处于中游，仍需继续提升。

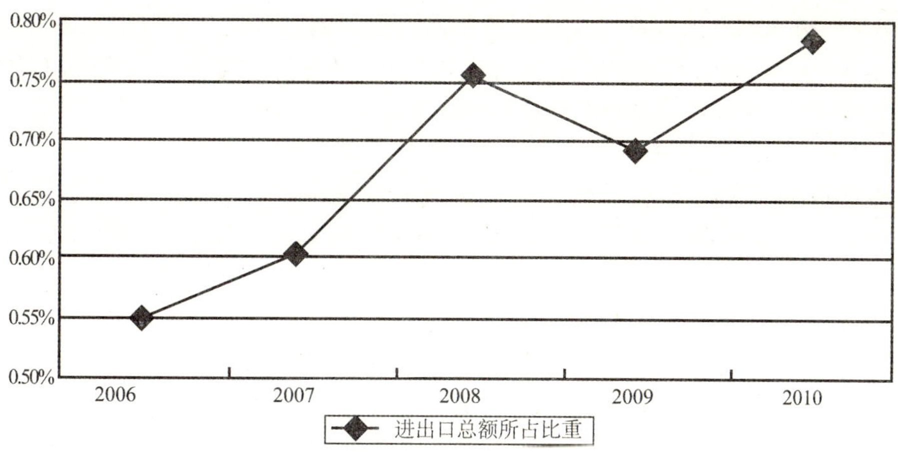

图 3－138　2006－2010 年扬州市进出口总额在长三角所占比重的变化趋势

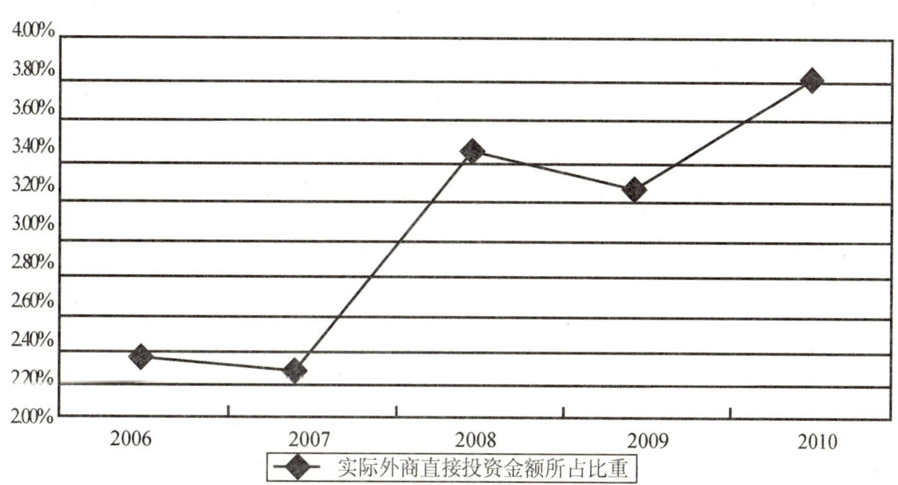

图 3－139　2006－2010 年扬州市实际外商直接投资金额在长三角所占比重的变化趋势

2010 年扬州市实现地区生产总值 2 229.49 亿元，可比价增长 14.5%，连续八年保持两位数增长。其中，第一产业增加值 161.37 亿元，增长 5.9%；第二产业增加值 1229.34 亿元，增长 14.6%；第三产业增加值 838.78 亿元，增长 16.4%。人均 GDP 达 49 786 元，按美元汇率折算超过 7 000 美元。三次产业比例由上年的 7.8∶56.1∶36.1 调整为 7.2∶55.1∶37.6。二、三产业增加值占 GDP 比重达到 92.8%。

2010 年，扬州市财政总收入为 400.88 亿元，增长 29.3%；一般预算收入 167.78 亿元，增长 31%，占 GDP 的比重为 7.6%，比上年提高 0.5 个百分点。全年实现税收收入 121.08 亿元，增长 31.5%；占一般预算收入的比重达 72.2%，比上年提高 0.3 个百分点。

2006－2010 年扬州市规模以上工业总产值在长三角所占比重分别为 2.12%、2.32%、2.70%、3.21% 和 3.31%，保持持续增长的态势，累计增幅为 1.21 个百分点，但 2010 年增速较缓，仅比上年上升 0.10 个百分点。2010 年扬州市规模以上工业总产值在长三角地区 25 个市中排名与上年保持一致，排名第 10 位，排位较为靠前，应继续保持。

2010 年，扬州市规模以上工业完成总产值 5872.8 亿元，增长 34.7%；实现工业增加值 1 388.7 亿元，增长 16.1%。全市规模以上工业企业数达 3 728 家，比上年底净增 282 家，增长 8.2%；企业单体平均规模达 1.6 亿元，比上年净增 0.3 亿元，增长 23.0%。产值亿元以上企业达 1 135 家，比上年净增 315 家，增长 38.4%，产值份额占规模以上工业总量的 83.0%。其中，5 亿元以上企业 208 家，比上年净增 64 家；10 亿元以上企业 105 家，比上年净增 32 家。

2006 - 2010 年扬州市进出口总额在长三角所占比重分别为 0.55%、0.60%、0.74%、0.68% 和 0.76%,2010 年在 2009 年出现微降的情况下,迅猛发展,不仅止跌上扬,而且还超越了之前最好成绩 0.02 个百分点。2010 年扬州市进出口总额在长三角地区 25 个市中排名比上年上升一位,排名第 16 位,排位处于中游偏下,需继续提升。

2010 年,全市进出口总额 82.4 亿美元,同比增长 51.7%,其中出口 60.57 亿美元,增长 50.9%,进口 21.84 亿美元,增长 53.8%。从贸易方式看,一般贸易累计出口 35.21 亿美元,增长 40.62%;加工贸易累计出口 23.75 亿美元,增长 71.95%。从出口商品看,船舶、纺织原料与纺织制品、化学化工制品、液晶显示面板与电子纸、半导体器件及延伸产品等产品位居前列。从出口市场结构看,欧美仍是我市主要传统出口市场,2010 年全市对欧盟累计出口 149 144 万美元,增长 11.94%;对美国累计出口 96 566 万美元,增长 25.95%。新兴出口市场强劲扩大,成为我市出口增长的主要动力,全市对拉美、大洋洲市场累计出口分别达 86 955 万美元、35 370 万美元,分别增长 219%、163%。

2006 - 2010 年扬州市实际外商直接投资金额在长三角所占比重分别为 2.18%、3.33% 和 3.25% 和 3.89%,出现"阶梯型"上涨,2010 年比上年上升了 0.64 个百分点。2010 年扬州市规模以上工业总产值在长三角地区 25 个市中排名与上年保持一致,排名第 9 位,排位较为靠前,应继续保持。

2010 年,扬州市成功举办"烟花三月"国际经贸旅游节和世界运河名城博览会。全年实际利用外资到账 25.72 亿美元,增长 13.5%。大项目支撑有力,500 万美元以上项目占 88.6%,1000 万美元以上项目占 62.7%。全年新批 335 个项目中,协议外资 1 000 万美元以上项目 159 个,大项目单体协议外资规模 2 484 万美元,3 000 万美元以上项目 32 个,比去年增加 9 个,增长 39.1%。新签外经合同额 15 836 万美元,增长 13%;完成外经营业额 23 520 万美元,增长 16%。新批境外投资项目 21 个,同比增加 2 个,合作项目分布在 10 个国家和地区。

十二　镇江市2010年经济社会发展报告

2010年，在市委、市政府的正确领导下，全市上下紧扣“稳增长、调结构、惠民生”发展主题，按照“跨越发展、创新驱动、绿色增长、和谐共享”的总体要求，积极化解不利因素，加快转变发展方式，全市呈现出经济运行高开稳走、内外需求协调运行、效益质量明显改善、社会事业全面进步的健康发展局面。

一、镇江市2010年经济发展概况

(一)综合经济

1. 经济总量

2010年，全市实现地区生产总值1 956.64亿元，比上年增长15.1%，其中：第一产业增加值81.53亿元，增长4.4%；第二产业增加值1 120.63亿元，增长13.4%；第三产业增加值785.48亿元，增长18.7%。人均地区生产总值64 284元，折合9 725美元，比上年增长13.7%。从产业结构看，三次产业构成由上年的4.5∶58.2∶37.3，调整至4.1∶56.4∶39.5，第三产业占比较上年提高2.2个百分点，服务业占GDP比重为39.0%。

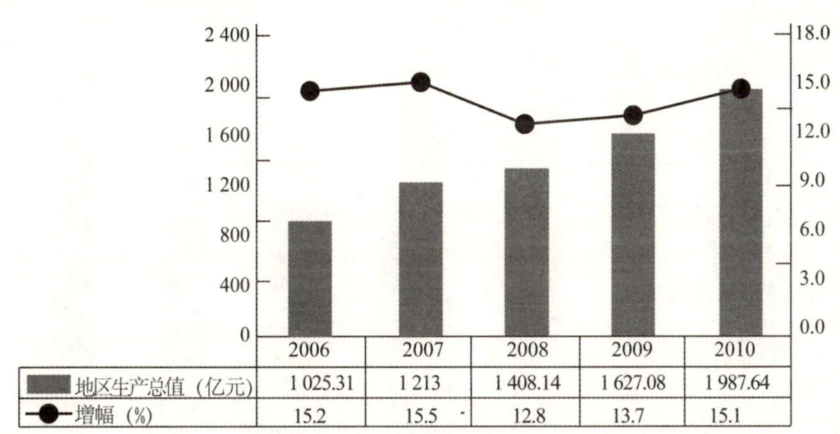

	2006	2007	2008	2009	2010
地区生产总值（亿元）	1 025.31	1 213	1 408.14	1 627.08	1 987.64
增幅（%）	15.2	15.5	12.8	13.7	15.1

图3-140　2006-2010年镇江市地区生产总值及增长速度

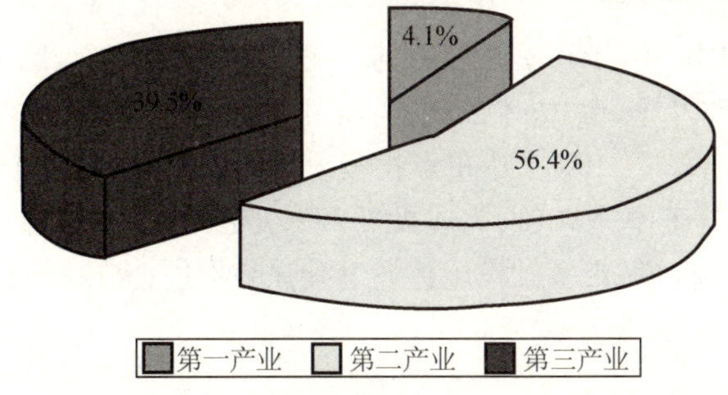

图3-141　2010年镇江市三次产业结构图

2. 财政收支

2010年，全市实现财政总收入381.50亿元，比上年增长28.7%。实现财政一般预算收入138.1亿元，比上年增长36.0%。财政总收入占GDP比重19.5%，比上年提高1.8个百分点，财政一般预算收入增幅比上年提高17.4个百分点,快于GDP增幅17.8个百分点,占GDP比重7.1%,比上年提高1个百分点。

全市完成财政总支出298.22亿元,比上年增长28.9%。财政一般预算支出完成154.86亿元,比上年增长28.3%,民生支出得到优先保障,财政一般预算支出用于教育、社会保障和就业、环境保护支出比上年分别增长23.2%、39.6%和37.7%。

3. 物价指数

2010年,全市居民消费价格总指数为103.7, 比上年增长3.7%。八大类消费品价格"五升三降",食品、烟酒及用品、医疗保健和个人用品、居住类、娱乐教育文化用品及服务价格比上年分别上涨7.7%、4.2%、1.6%、6.3%和0.1%;衣着、家庭设备用品及维修、交通和通讯业价格同比分别下降0.9%、0.5%和0.8%。在食品类价格中:粮食上涨14.6%,鲜菜上涨18%,蛋类上涨7.3%。食品和居住类价格分别拉升总指数2.4和1.4个百分点。

4. 固定投资保持较快增长

2010年,全市全社会固定资产投资完成1 327.08亿元,比上年增长31.3%,其中:规模以上投资1 031.43亿元,增长23.6%;城镇固定资产投资749.35亿元,增长23.5%。在全社会固定资产投资中,第一产业投资21.99亿元,增长28.4%;第二产业投资792.93亿元,增长25.0%,其中工业投资777.28亿元,增长24.4%;第三产业投资512.16亿元,增长42.6%。三次产业投资结构由上年的1.7: 62.8: 35.5,调整至1.7: 59.7: 38.6。

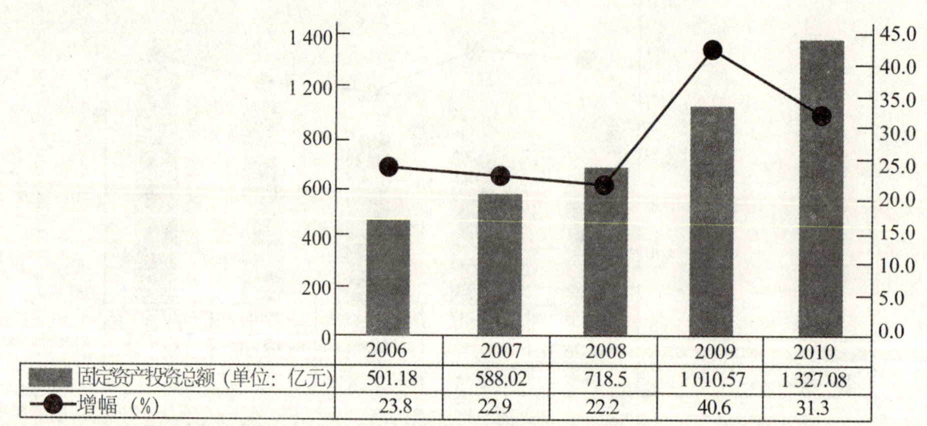

图3-142 2006-2010年镇江市全社会固定资产投资及增长幅度

重点项目进展顺利。2010年,全市在建亿元以上投资项目280个,比上年增加59个,完成投资599.46亿元,比上年增长53.6%,其中:亿元以上新开工项目113个,比上年增加38个,完成投资237.01亿元,比上年增长71.2%。120个市重点投资项目完成投资445.1亿元。其中:80个计划新开工项目,已开工建设72个,开工率为90%,完成投资227.7亿元;32个续建项目完成投资216.6亿元,完成年度投资计划的110.3%。城市基础设施建设继续强势推进,完成投资146.55亿元,比上年增长33.7%。

5. 区县经济

2010年,镇江市经济持续稳步增长,区县经济结构进一步调整,更加合理。镇江市区、丹阳市、扬中市、句容市地区生产总值占全市的比重分别为44.77%、30.57%、12.43%和12.23%。

2010年,镇江市区经济发展迅速,共完成地区生产总值889.89亿元。其中,京口区坚持以科学发展观为指引,突出"强投入快增长,调结构促转型",抢抓后金融危机时期机遇,全区上下按照"苦干实

干，争先争强”的工作要求，鼓足干劲，奋发作为，经济发展呈现持续快速向好态势，圆满完成了“十一五”规划和年初确定的各项目标任务。2010 年实现国内生产总值 260.46 亿元，比上年增长 13.6%。第一产业增加值 1.46 亿元，比上年增长3.9%，第二产业增加值 98.59 亿元，比上年增长 9.3%，第三产业增加值 160.41 亿元，比上年增长 16.6%。三次产业结构之比为 0.5：37.9：61.6，产业结构进一步优化。润州区牢牢抓住调整结构、转变发展方式这一重点，进一步加大工作力度，充实完善政策措施，加快科技创新，在提高产业发展的质量和效益上做文章，坚持一手抓大项目，一手抓大发展，全区国民经济保持平稳较快发展。2010 年全区实现地区生产总值 183.06 亿元，按可比价计算，比上年增长 14.3%。经济结构持续优化，第一产业增加值 1.87 亿元，增长 13.8%；第二产业增加值 85.78 亿元，增长 8.4%；第三产业增加值 95.41 亿元，增长 19.9%。三次产业结构为 1.02：46.86：52.12。财政收入快速增长，全年财政总收入20.07亿元，增长32.52%；其中地方一般预算收入 11.31 亿元，增长35.96%。丹徒区按照“加快调结构、加速促提升”的总体要求，加快经济转型升级，狠抓重点项目建设，着力改善民生，促进了全区经济社会的平稳较快发展。综合实力明显增强。全年实现地区生产总值 190.58 亿元，按可比价计算，比上年增长 13.5%，其中第一产业完成增加值 11.5 亿元，增长 4.7%；第二产业完成增加值 113.1 亿元，增长 13.1%；第三产业完成增加值 66 亿元，增长 15.9%。

2010 年，扬中市上下紧扣“加快转型、加速提升”的工作主线，积极应对复杂多变的宏观环境，抓创新、促转型，经济社会呈现平稳较快的发展态势，全面完成了年度各项目标任务。全市实现地区生产总值(GDP)246.98 亿元，按可比价计算，比上年增长 14.0%。其中，第一产业增加值 8.20 亿元，增长 4.4%；第二产业增加值 145.23 亿元，增长 14.7%；第三产业增加值 93.55 亿元，增长 13.8%。实现人均地区生产总值 7.45 万元(按常住人口计算)，比上年增长 13.8%，按现行汇率折算为 11 249 美元。结构调整取得新进展，经济运行质量继续提高。三次产业构成由 2009 年的 3.5：59.0：37.5 调整为 2010 年的 3.3：58.8：37.9。地方一般预算收入占 GDP 比重为 6.0%。2009 年名列“中国中小城市科学发展百强”第 29 位，中国十佳“资源节约型、环境友好型”城市第 2 位、中国最具投资潜力中小城市百强县(市)第 38 位。

2010 年，句容市大力实施“推进同城同建，打造南京副城”发展战略，突出加强结构调整，突出统筹城乡发展，突出改善民生和维护稳定，积极作为，创新创业，经济实力不断增强，结构调整取得积极进展，国民经济和社会事业取得新成就。经济发展迈上新台阶，全国百强县排名再前移 4 位，列第 90 位，实现了历史性跨越。全市实现地区生产总值 243.1 亿元，比上年增长 13.8%，人均地区生产总值(按常住人口计算)39 343 元。经济结构进一步优化，三次产业增加值比例由上年的 10：55.5：34.5 调整为 9.7：55.2：35.1。实现财政总收入 38 亿元，增长 26.7%；其中一般预算收入 14.6 亿元，增长 30%。财政总支出 34.24 亿元，增长 29.53%；市本级实际完成财政支出 25.55 亿元，增长 29.17%，其中用于社会保障与就业、科技、教育、文化、医疗卫生和环境保护等方面的财政投入为 9.59 亿元，比上年增长 24.9%。

表 3－15　镇江市区县部分主要经济指标一览

县市	地区生产总值(亿元)	工业总产值(亿元)	城镇固定资产投资(亿元)	地方财政一般预算收入(亿元)	进出口总额(亿美元)	社会消费品零售总额(亿元)
镇江市	1 987.64	4 190.42	749.35	138.10	81.54	564.68
镇江市区	889.89	1 724.74	510.41	78.77	52.54	277.47
丹阳市	607.67	1 299.29	118.52	30.00	18.08	151.57
扬中市	246.99	566.79	53.09	14.75	6.50	66.37
句容市	243.09	599.59	67.33	14.58	4.42	69.28

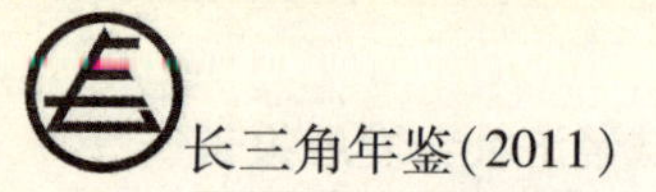

(二)农　　业

2010年,全市农林牧渔业总产值122.72亿元,按可比价计算比上年增长4.5%,其中:农业总产值65.24亿元,增长5.8%;林业总产值4.81亿元,下降6.2%;牧业总产值18.58亿元,下降1%;渔业总产值16.04亿元,增长6.1%;农林牧渔服务业总产值18.56亿元,增长7.4%。

粮食生产再获丰收。2010年,粮食生产连续第7年实现增产,全年粮食种植面积265.92万亩,比上年增加1.59万亩,比上年增长0.6%;粮食总产量119.56万吨,比上年增加1.69万吨,比上年增长1.4%。油菜籽种植面积39.11万亩,比上年减少1.87万亩,下降4.6%;油菜籽总产量5.48万吨,比上年减少0.48万吨,下降8.1%。畜牧养殖形势趋好。全年肉类总产量6.6万吨,比上年增长1.1%;生猪出栏量51.9万头,比上年下降6.0%;家禽出栏量1 439.21万羽,比上年增长2.2%;水产品产量8.51万吨,比上年增长0.5%。

高效农业快速发展。新建12个市级现代农业园区,句容现代农业产业园升格为省级园区。"三资"投入农业40亿元。新增高效农业面积30万亩、农村"三大合作"组织412家、入社农户7.8万户。年末全市拥有省级以上农业龙头企业21家、省级名牌农产品10个。

(三)工业和建筑业

2010年全市规模以上工业实现总产值、增加值4 175.11亿元和1 029.05亿元,比上年分别增长30.6%和16.1%。分轻重工业看,重工业实现总产值、增加值3 299.09亿元和758.76亿元,比上年分别增长32.2%和15.4%;轻工业实现总产值、增加值876.02亿元和270.29亿元,比上年分别增长24.9%和18.0%。全年工业用电量131.82亿千瓦时,比上年增长12.5%。

工业结构不断优化。轻工业增加值发展速度快于重工业2.6个百分点,占比重26.3%,比上年提高1.3个百分点。产业集聚水平继续提升,装备制造等"五大"主导产业实现销售收入3 350亿元,比上年增长33.5%,占比重84.2%,比上年提高1.3个百分点。丹徒重型装备等3个园区成为省特色产业基地,新增3家销售超百亿元企业。新兴产业增势强劲。出台新兴产业发展规划纲要,全市新兴产业完成投资227.2亿元,增长106.1%;实现销售1 100亿元,增长45%。优势产业扩量升级。

企业效益明显改善。2010年,全市工业综合效益指数为250.82,比上年提高24.8个百分点,34个行业实现整体赢利,企业亏损面、亏损额比上年分别下降4.1个百分点和63.0%。规模工业企业实现销售收入、利税总额3 980.36亿元和352.74亿元,比上年分别增长32.3%和37.7%,利税率8.9%,比上年提高0.5个百分点。全年工业销售收入超100亿元企业6家、利税超10亿元企业3家、利润超1亿元企业35家。

建筑业稳定发展。2010年,全市拥有资质以上建筑业企业543家,比上年新增33家。建筑业实现总产值307亿元,比上年增长12.9%,其中竣工产值完成182亿元,比上年增长20.5%。建筑业实现利税总额12.5亿元,比上年增长25%。全年房屋建筑施工面积1 586万平方米;竣工面积604万平方米,比上年分别增长12.8%和19.6%。全年建筑业全员劳动生产率为19.7万元/人,比上年增长3.6%。

(四)服务业

1.国内贸易

消费市场持续旺销。2010年,全市实现社会消费品零售总额559.5亿元,比上年增长18.9%。分城乡看,城镇市场实现零售额530.93亿元,增长19.0%;农村市场实现零售额28.59亿元,增长16.3%。分行业看,批发和零售业实现零售额499.46亿元,增长17.3%;餐饮业实现零售额55.08亿元,增长35.1%;住宿业实现零售额4.98亿元,增长19.0%。

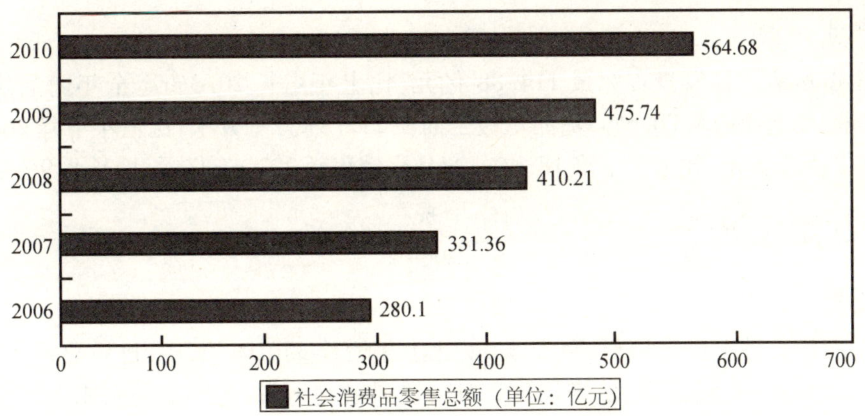

图 3－143　2006－2010 年镇江市社会消费品零售总额及增长幅度

消费升级步伐加快。汽车类消费品实现零售额 62.2 亿元，比上年增长 48.2%，全年新增私人上牌汽车 4.65 万辆，比上年增加 1.55 万辆。全年延续消费鼓励政策，全年家电下乡、以旧换新累计销售 17.73 万台和 24.51 万台。

2. 交通运输、邮政通讯业

交通运输能力稳步提升。年末全市公路里程 6 936 公里，比上年新增 203 公里，其中：高速公路 154 公里。全年完成旅客、货物运输量 1.53 亿人次和 1.02 亿吨，比上年分别增长 15.0%、8.8%；完成旅客、货物周转量 97.98 亿人公里和 68.43 亿吨公里，比上年分别增长 22.2%、18.8%。年末全市港口拥有生产性泊位 207 个，全年实现港口货物吞吐量 1.22 亿吨，比上年增长 20.4%，其中：长江港口货物吞吐量 1.06 亿吨，比上年增长 22.0%。

邮电通讯较快发展。2010 年，全市实现邮政通讯业务总量 38.21 亿元，比上年增长 17.7%，其中：电信业务总量 34.08 亿元、邮政业务总量 4.13 亿元，比上年分别增长 18.7%、10.4%。实现邮政通讯业务收入 25.39 亿元，比上年增长 6.1%。全年邮政发送函件 2 735 万件，比上年增长 8.0%。年末全市拥有固定电话用户 113.74 万户，移动电话用户 273.88 万户。

3. 旅游业

2010 年，全市组织开展“魅力东方迎世博—走进镇江”系列旅游推介活动，与央视《走遍中国》栏目组拍摄 7 集镇江专题旅游片，成功举办“迷笛”音乐节、“春风又绿江南岸”旅游节。年末全市拥有国家 A 级以上旅游景区 30 家，其中：国家 4A 级旅游景区 8 家；拥有旅行社 84 家（其中国际社 3 家）；旅游星级饭店 50 家（其中四星级以上 9 家）。全年接待国内旅游者人数 2 780 万人次，实现国内旅游收入 316 亿元，比上年分别增长 24.0% 和 34.9%。全年接待入境旅游者人数 63.1 万人次，实现国际旅游外汇收入 4.99 亿美元，比上年分别增长 7.1% 和 10.0%。

4. 金融和保险业

2010 年，中信银行正式落户开业，江苏银行镇江科技支行成立，新增 2 家村镇银行、11 家小额贷款公司。金融生态县实现全覆盖。年末全市金融机构各项人民币存款余额 2 203.22 亿元，比年初增加417.93亿元，其中，居民储蓄存款余额 993.57 亿元，比年初增加 145.93 亿元。金融机构各项人民币贷款余额1 563.34亿元，比年初增加276.7亿元。

保险业务发展较快。年末全市拥有 44 家保险机构，比上年新增 2 家。年末保险业资产总额 54.04亿元，比上年增长 32.6%。全年全市实现保费收入 54.04 亿元，比上年增长 32.6 %。各类赔付支出 9.62 亿元，比上年下降 8.5%，其中：财产险 5.32 亿元，下降 5.6%；人身险 4.30 亿元，下降11.9%。

5. 房地产业

2010年,全市房地产开发投资完成114.88亿元,比上年增长20.3%。全年商品房施工面积1 180.92万平方米,比上年增长20.6%;商品房竣工面积212.87万平方米,比上年下降26.9%;商品房销售面积374.77万平方米,比上年下降18.0%;商品房销售额203.66亿元,增长8.9%。

(五)开放型经济

1. 对外贸易

2010年,全市完成进出口总额81.54亿美元,比上年增长35.1%,其中:进口总额34.03亿美元,增长36.6%;出口总额47.51亿美元,增长34.2%。从外贸地区看,亚洲市场完成出口总额22.22亿美元,比上年增长37.8%;欧洲市场完成出口总额10.54亿美元,增长40.4%,其中欧盟出口总额8.4亿美元,增长32.2%;美国市场出口总额7.76亿美元,增长14.4%。从外贸产品看,机制纸及纸板、机电和高新产品完成出口总额8.1亿美元、15.49亿美元和1.82亿美元,分别增长9.6%、35.1%和140.7%。

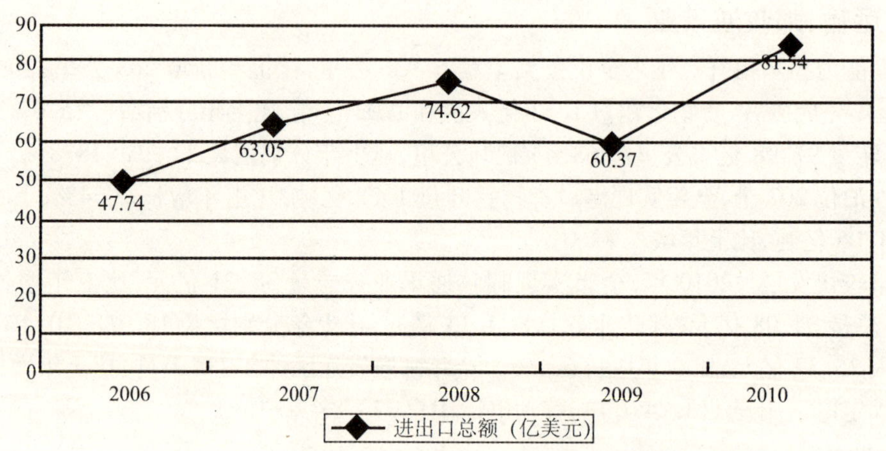

图3-144　2006-2010年镇江市外贸进出口总额情况

2. 利用外资

2010年,全市新批工商注册外商投资企业138家,比上年减少26家;新批千万美元以上项目86个,比上年减少13个;协议利用外资23.25亿美元,比上年下降17.1%;实际利用外资16.15亿美元,比上年增长12.1%。全年完成服务外包合同额2.54亿美元,执行额1.62亿美元,比上年分别增长141.3%和159.4%。

3. 对外经济

2010年,全市新批境外投资企业24家,中方协议投资2亿美元,增长4.7倍;新签外经合同额3.53亿美元,增长11.5%,实现营业额3.19亿美元,增长17.9%。全市离岸外包合同额1.6亿美元,执行额9 000万美元,比上年分别增长164.0%和117.6%。唐邦机电、大全新能源分别在纳斯达克和纽约证券交易所成功上市。

4. 民营经济

2010年新建创业孵化基地128家、创业实验(训)基地22家,开展创业意识教育培训人数16.74万人,扶持创业6.1万人。年末全市拥有私营企业4.59万户、注册资本1 718.9亿元、从业人员77.5万人,比上年分别净增1.7万户、1 102.4亿元和31.7万人;拥有个体工商户15.49万户、注册资本

276.1 亿元、从业人员 29.9 万人，比上年分别净增 5.7 万户、231.5 亿元和 13.7 万人。全市民营经济实现增加值 1 112 亿元，占 GDP 的比重 56.8%，比上年提高 1.2 个百分点；民营经济实现税收收入 122.76 亿元，增长 41.5%，占比 58.5%，比上年提高 5.1 个百分点。净增私个注册资本超 1 000 亿元，增幅全省第一。

二、镇江市 2010 年社会发展概况

(一)人口、人民生活

人口发展保持稳定。年末全市户籍人口 270.71 万人，比上年增加 0.83 万人。当年出生人口 21 247 人，人口出生率为 7.86‰，出生男女性别比(以女性为 1)为 1.066：1；人口自然增长率为0.07‰，比上年下降0.73个千分点。

居民生活持续改善。2010 年，城市居民人均可支配收入 23 224 元，比上年增长 10.8%；农村居民人均纯收入 10 874 元，增长 12.8%。城市居民人均生活消费支出 14 080 元，比上年增长 8.0%。农村居民人均生活消费支出 7848 元，比上年增长 11.2%。年末城市居民人均住房建筑面积 35.01 平方米，农村居民人均住房面积 48.7 平方米。城乡百户家庭拥有电脑 66 台、电话拥有量 310 部、汽车 5.3 辆，恩格尔系数为 39.6%。

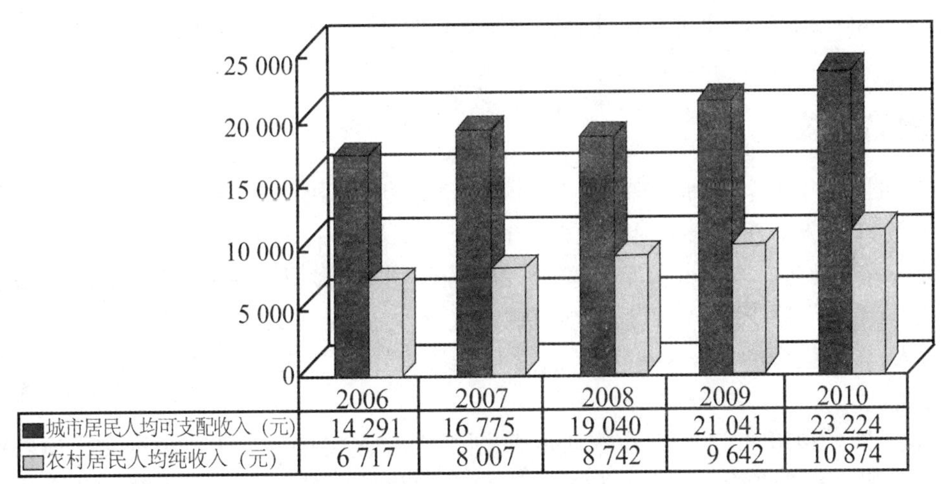

图 3－145　2006－2010 年镇江市城乡居民收入对比一览

(二)就业与社会保障

就业形势积极好转。全年新增城镇就业 9.81 万人、转移农村劳动力 3.74 万人，2.42 万人城镇失业人员实现再就业，城镇登记失业率为 2.34%。年末全市从业人员 182.1 万人，比上年增加 8.9 万人。

社会保障能力提升。镇江市积极推进社保制度全覆盖，新农保加快制度接轨，征地保障实施即征即保，30 多万农民享受医保“同城同待遇”。完成廉租房、公共租赁房、经济适用房、危改房和拆迁安置房等“五房”建设 300 万平方米。公共文明指数测评列全国第 31 位。2010 年，全市城镇职工养老、失业、医疗保险覆盖面分别为 98.2%、98.4% 和 99.2%，累计发放养老、失业、医疗保险金 14.9 亿元、0.57亿元和 6.8 亿元。新型农村养老参保人数 38.1 万人，参保率 95%，老年居民养老补贴 25 915 人，发放金额 1 120 万元。市区职工最低工资标准调增至 960 元/月、企业退休人员养老金人均调增至 1 427 元/月，城乡最低生活保障发放标准分别调增至 380 元/月和 250 元/月，城乡低保人数 4.41 万人，累计发放低保补贴 6 755 万元。

慈善事业快速发展。全年市慈善总会及各分会募集善款 76 389 万元,比上年增长 55.4%;全年救助支出 3 036 万元,比上年增长 93.2%,救助 3.91 万人次。

(三)科学技术与创新

创新载体加强。2010 年,镇江市获批"国家级镇江特种船舶及海洋工程装备特色产业基地",镇江经济技术开发区、大学科技园、京口软件园和润州特种船舶基地晋升为国家级;镇江科技新城建设快速推进;成功引进省以上研发机构和检测中心 11 家,成立省航空新材料等产业技术创新战略联盟 4 个,新增企业院士工作站 5 家。全年新认定省级科技产业园区 6 个(航空材料/光电/高性能/软件科技/船舶制造/智能化电力电器产业园)。新增科技孵化面积 100 万平方;新增省级高新技术企业 51 家、高新技术产品 170 个。

研发投入加大。2010 年,全市科技进步贡献率 53.5%,比上年提高 1 个百分点。研发(R&D)投入 39.33 亿元,比上年增长 22.5%,占 GDP 比重 2.0%,提高 0.1 个百分点,其中:大中型工业企业研发投入占销售比重 1.8%,提高 0.2 个百分点。全年专利申请数 10 406 件、授权数 6 562 件,比上年分别增加 1 798 件和 2 498 件。百亿元 GDP 专利授权数 341.8 件,比上年增加 98.7 件,其中百亿元 GDP 发明专利申请数 102.4 件,比上年增加 22.2 件,成为国家"知识产权工作示范市"和"知识产权质押融资试点城市"。高新技术产业实现产值 1 521.54 亿元,比上年增长 43.1%,占比重 36.4%,提高 4.0 个百分点。新引进 38 个人才(团队),3 人入选国家"千人计划",28 人进入省"双创"计划。

品牌创建取得积极进展,年末全市拥有中国驰名商标 15 个,省著名商标 159 个,比上年分别增加 4 个、19 个。

(四)教育和文化

教育质量巩固。年末全市拥有各类全日制学校 273 所,在校学生 38.58 万人。拥有幼儿园 190 所,在园幼儿 2.24 万人。年末全市拥有教职员工 3.79 万人,专任教师 2.8 万人,其中省特级教师 60 名,市学科带头人 220 名。教育普及率、升学率保持较高水平,幼儿入园率 97.5%,义务教育普及率 100%,高中阶段毛入学率 104.5%。教育环境继续优化改善,全年义务教育免除课本费 3 500 万元、惠及 21.5 万人;各类教育助学金 3 000 万元,受益 3 万人次。"校安工程"开工 31.34 万平方米,竣工 18.74万平方米。

文化事业发展。2010 年,新组建市报业传媒集团,西津渡文化创意产业园等文化项目加快推进。7 个项目获得省级文化产业引导资金 1 180 万元,江苏文化科技产业园获"江苏省文化产业示范基地"称号,2009 年省级文化发展绩效考核评价综合指数我市位居全省第三。年内出版各类期刊 8.68 万册、图书 30.35 万册,比上年分别增长 16.0% 和 10.8%。文化遗产保护稳步推进,完成"瘗鹤铭"疑似残石的终极打捞和广肇公所等市级文保单位修缮工程验收。年末全市入围省级及以上非物质文化保护名录 27 个,其中国家级 7 个。有 10 部古籍入选国家珍贵古籍名录,26 部古籍入选省珍贵古籍名录。文化产品创作成果丰硕,话剧小品《如此智慧》获全国戏剧文学奖小品类创作金奖,在第九届江苏省"五星工程奖"评比中,镇江市作品获得 6 金 7 银,五集人文纪录片《诗话镇江》,三十集电视剧《血色沉香》在央视播出。

广电领域深化拓展。2010 年,新组建文广集团及下属五个子公司;改版、推出镇江电视"新闻、民生、城市资讯、影视"四个频道;开通广播新闻、交通、音乐、经济、健康、广播六个频率;开通镇江网络广播电视台,推动移动手机电视、CMMB 开发。全面完成市区有线电视数字整转平移工程,年末全市有线电视用户数、数字电视用户数分别为 71.0 万户、43.6万户,比上年分别增加3.2万户和 17.1 万户。

（五）卫生和体育

卫生保障日趋健全。2010 年，全市拥有各类医疗卫生机构 890 家；拥有医生 5 150 人、注册护士 4 460 人；卫生机构床位数 8 800 张。在全省实现基本药物制度全覆盖，有 777 种社区适用药物实行零差率政策。健全基层医疗服务体系，江滨、康复两大集团所属 14 家社区卫生服务中心达到省定建设标准。全年基层医疗卫生机构共接待门急诊 294.36 万人次，比上年增长 12.5%，门诊均次费用下降 21.6%，药品均价下降 42.1%。农村卫生事业全面发展，全市新农合参合人口 157.86 万人，参合率 99.97%，各级财政补助标准提高到人均 130 元，提前实现省定标准。全市农村卫生户厕普及率 95.8%。年末全市拥有省级卫生镇 13 个，省级卫生村 98 个。

体育事业发展。2010 年，体育会展中心成功封顶，新建健身广场、体育公园 10 余处，实现市县全民健身中心和国民体质监测中心全覆盖。连续 6 年举办迎新年万人健身长跑活动，全面开展“百项群众体育竞赛活动”。竞技体育成果丰硕，成功承办了 2010 年亚洲男子俱乐部排球锦标赛。全年在省级以上各类体育运动比赛中获得金牌 65 枚、银牌 27 枚、铜牌 33 枚；其中在省第十七届运动会上，镇江市代表团获得金牌 52 枚，银牌 25 枚，铜牌 31 枚，总分 1 268 分，金牌数江苏省排名第八位，首次跻身金牌奖表彰榜。

（六）城乡建设

城市面貌变化显著 。2010 年，城市基础设施建设完成投资 146.55 亿元，比上年增长 33.7%。2010 年，镇江市新行政中心建成，体育会展中心“两馆”封顶，“三山”改造和金山湖景观工程基本完成，苏宁广场、万达广场等一批城市综合体加速推进，大市口地下人防工程主体完工，完成老小区改造 50 万平方米，北部滨水区完成清淤 800 万方，金山、焦山、北固山以“水”相串，“大江风貌”、“长江公园”成为镇江城市的新名片。改造街巷道路 1.72 万平方米，燃气普及率 98.5%。征润洲水源地保护工作基本完成，顺利通过了国家节水型城市考核验收，区域供水实现镇村覆盖，供水普及率 95%。西津渡历史文化街区荣获中国人居环境范例奖。市区建成区面积 108 平方公里，比上年增加 4 平方公里。

交通基础设施投入 90 亿元，创历史新高。沪宁高铁镇江段建成通车，综合交通客运枢纽开通运营，京沪高铁、宁杭高铁、泰州大桥及东接线、338 省道镇江段建设进展顺利；开通大运量公交 3 号线，建成丹徒新城等一批公交停车场。

新农村建设稳步推进。2010 年，全市 11 个新市镇、50 个新社区、25 个新园区建设试点稳步实施，开工建设 76 个农民集中居住点。年末全市拥有农村“三大合作”组织 1 648 家，入社农户 17.9 万户，其中当年新增 470 家和 7.8 万户。

（七）环境保护与生态建设

生态环境持续改善。2010 年，全市生态市（县）建设达标全面冲刺，各项生态城市创建目标总体达到国家标准。全年完成环境保护建设投资 73.9 亿元，比上年增长 10.4%，占 GDP 比重 3.8%。通过国家环保模范城市省级复核评估，辖市区生态创建接受省级技术评估，33 个镇（街道）达到国家级生态镇考核标准，创成省（市）级生态村 92 个、绿色学校 245 所。环境质量进一步改善提升，环境质量综合指数 89.6%，比上年提高 6.4 个百分点；启动“蓝天工程”，机动车尾气检测站建成运行，年检测车辆 3.5 万辆，以旧换新 1 700 辆“黄标车”，全年空气质量优良天数占比 90.7%；全年新造林地 11.89 万亩，森林覆盖率 21.5%，市区人均公共绿地面积 16.0 平方米，比上年增加 0.4 平方米；饮用水源水质达标率 100%，生活垃圾集中处置率 100%；单位 GDP 能耗比上年下降 4.3%、化学需氧量和二氧化硫排放量比上年分别削减 2.6% 和 4.0%，完成省下达的减排任务。

三、挑战与目标

看到成绩的同时,也应清醒地认识到,镇江的发展还存在一些深层次问题:整体实力需要进一步增强,支撑转型升级的重大项目推进不快;少数城建项目进展较慢,城市的功能和品质还需要进一步提升,统筹城乡发展的任务还很艰巨;地方财政一般预算收入总量偏小,教育、医疗、住房、收入、保障等民生问题需要继续改善。这些问题,将在今后的工作中采取有力措施,认真加以解决。

十二五期间,镇江市将坚持"与苏南其他城市同步迈入基本现代化"的目标定位,走有镇江特色的科学发展路径,到2015年,全市GDP在2010年基础上实现翻番,力争达到4 000亿元,年均增长12%以上,人均GDP接近2万美元;五年累计全社会固定资产投资超1万亿元,年均增长18%以上;地方财政一般预算收入超过350亿元,年均增长20%以上;社会消费品零售总额年均增长18%以上;城乡居民收入实现翻番;完成省政府下达的节能减排任务;城市化率力争达到70%。

2011年全市经济社会发展的主要预期目标为:GDP增长12%;地方财政一般预算收入增长20%;全社会固定资产投资增长20%,实际利用外资增长8%,外贸进出口总额增长15%,社会消费品零售总额增长18%;城市居民人均可支配收入增长12%,农民人均纯收入增长12%,居民消费价格总水平涨幅控制在4%左右,城镇登记失业率控制在3.5%以内;全社会研发投入占比达2.1%,高新技术产业产值占比达38%,服务业增加值占比达41.5%;单位GDP能耗下降3.5%,主要污染物排放削减率完成省下达任务。

四、镇江市在长三角地区经济发展中的地位

2010年,在市委、市政府的正确领导下,全市上下紧扣"稳增长、调结构、惠民生"发展主题,按照"跨越发展、创新驱动、绿色增长、和谐共享"的总体要求,积极化解不利因素,加快转变发展方式,全市呈现出经济运行高开稳走、内外需求协调运行、效益质量明显改善、社会事业全面进步的健康发展局面。但部分经济指标在长三角地区经济发展的地位出现下滑现象,有待加以重视。

2006-2010年镇江市地区生产总值在长三角所占比重分别为2.16%、2.14%、2.15%、2.31%和2.30%,在2009年出现大幅增加后,2010年又出现放缓现象,仅比上年增加了0.01个百分点。2010年镇江市地区生产总值在长三角地区25个市(苏浙两省24个地级市和上海市,下同)排名中比上年下降一位,排名第18位,下滑现象亟需改善。

2010年,镇江市实现地区生产总值1 956.64亿元,比上年增长15.1%。人均地区生产总值64 284元,折合9 725美元,比上年增长13.7%。从产业结构看,三次产业构成由上年的4.5: 58.2: 37.3,调整至4.1: 56.4: 39.5,第三产业占比较上年提高2.2个百分点,服务业占GDP比重为39.0%。

2006-2010年镇江市地方财政一般预算收入在长三角所占比重分别为1.23%、1.32%、1.34%、1.22%、1.28%和1.44%,在2008年出现较大跌幅后,2009年、2010年连续两年继续回升,达0.22个百分点。但2010年镇江市地方财政一般预算收入在长三角地区25个市排名中比上年下降二位,排名第20位,亟需解放思想,以期止跌上扬。

2010年,镇江市实现财政总收入381.50亿元,比上年增长28.7%。实现财政一般预算收入138.1亿元,比上年增长36.0%。财政总收入占GDP比重19.5%,比上年提高1.8个百分点,财政一般预算收入增幅比上年提高17.4个百分点,快于GDP增幅17.8个百分点,占GDP比重7.1%,比上年提高1个百分点。虽然增速较快,但总量仍需进一步提高。

2006-2010年年镇江市规模以上工业总产值在长三角所占比重分别为1.83%、1.92%、2.13%、2.33%和2.41%,连续多年实现增长,累计增幅为0.58个百分点。2010年镇江市规模以上工业总产值在长三角地区25个市排名中与上年保持一致,排名第15位,仍需进行努力,提升空间广阔。

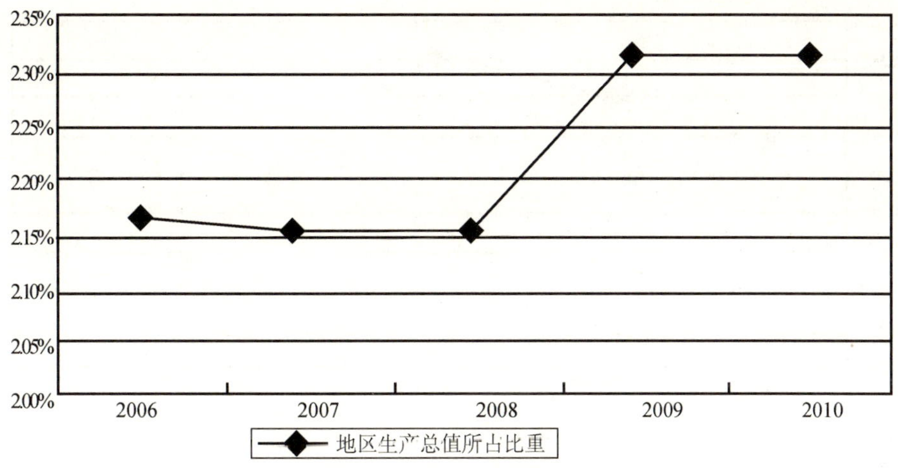

图 3－146　2006－2010 年镇江市地区生产总值在长三角所占比重的变化趋势

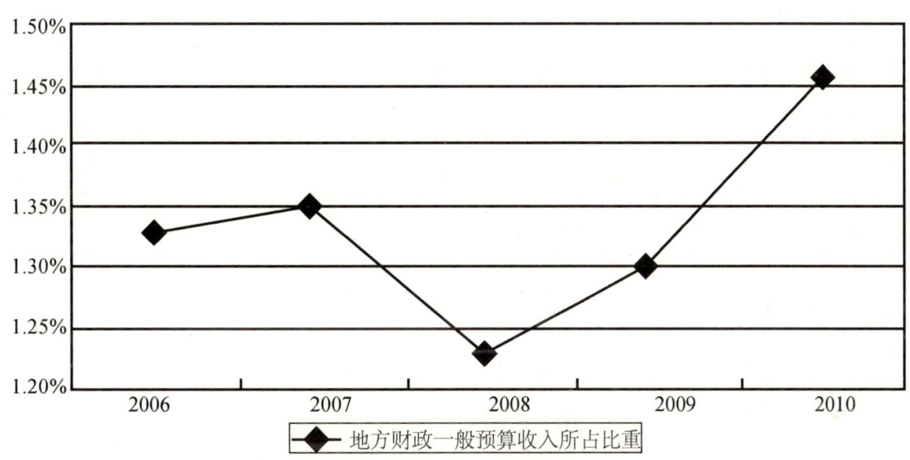

图 3－147　2006－2010 年镇江市地方财政一般预算收入在长三角所占比重的变化趋势

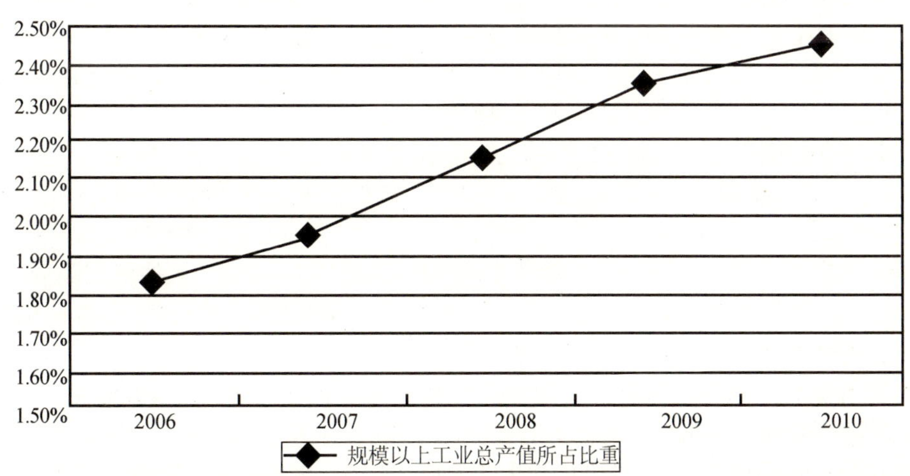

图 3－148　2006－2010 年镇江市规模以上工业总产值在长三角所占比重的变化趋势

2006－2010 年镇江市进出口总额在长三角所占比重分别为 0.80%、0.85%、0.90%、0.75% 和0.75%，在连续两年增长后，2009 年出现下跌，2010 年基本与上一年保持一致，止住了下跌的局面。但 2010 年镇江市进出口总额在长三角地区 25 个市排名中比上年下降了二位，排名第 17 位，下滑情况亟待改善。

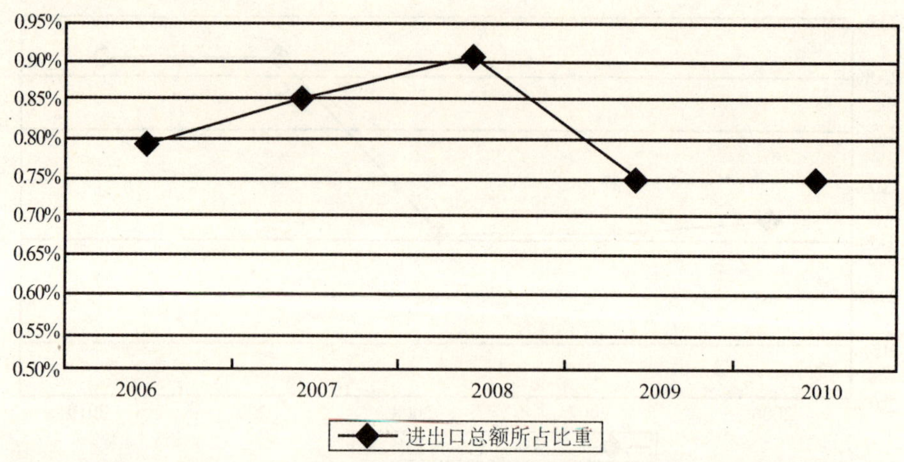

图 3－149　2006－2010 年镇江市进出口总额在长三角所占比重的变化趋势

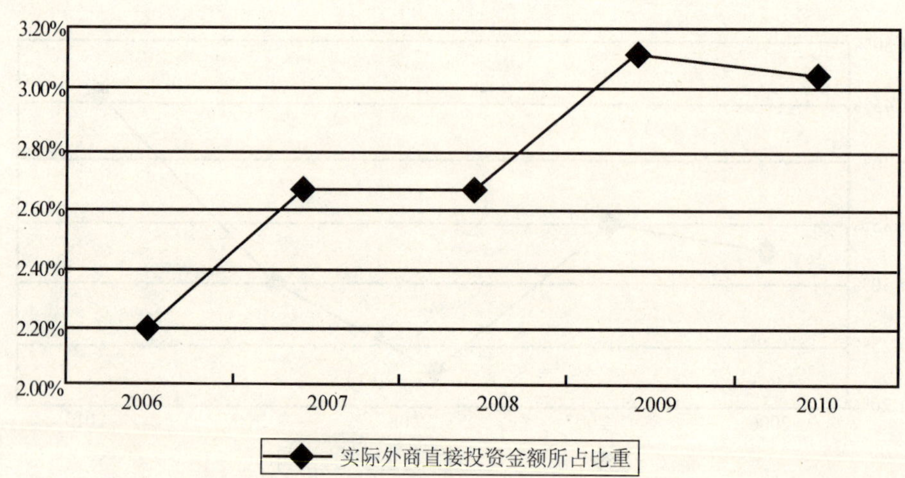

图 3－150　2006－2010 年镇江市实际外商直接投资金额在长三角所占比重的变化趋势

2010 年,镇江市工业经济平稳向前发展,完成规模以上工业实现总产值、增加值 4 175.11 亿元和 1 029.05 亿元,比上年分别增长 30.6% 和 16.1%。从轻重工业来看,重工业实现总产值、增加值 3 299.09亿元和 758.76 亿元,比上年分别增长 32.2% 和 15.4%;轻工业实现总产值、增加值 876.02 亿元和 270.29 亿元,比上年分别增长 24.9% 和 18.0%。

2010 年,镇江市完成进出口总额 81.54 亿美元,比上年增长 35.1%,其中:进口总额 34.03 亿美元,增长 36.6%;出口总额 47.51 亿美元,增长 34.2%。从外贸地区看,亚洲市场完成出口总额 22.22 亿美元,比上年增长 37.8%;欧洲市场完成出口总额 10.54 亿美元,增长 40.4%,其中欧盟出口总额 8.4 亿美元,增长 32.2%;美国市场出口总额 7.76 亿美元,增长 14.4%。从外贸产品看,机制纸及纸板、机电和高新产品完成出口总额 8.1 亿美元、15.49 亿美元和 1.82 亿美元,分别增长 9.6%、35.1% 和 140.7%。虽然增速较快,但总量仍需进一步提高。

2006－2010 年镇江市实际外商直接投资金额在长三角所占比重 2.19%、2.65%、2.65%、3.08% 和 3.06%,呈现阶梯型增长的态势,2010 年出现轻微下滑,比上年下跌 0.02 个百分点。2010 年镇江市进出口总额在长三角地区 25 个市排名中比上年下降了一位,排名第 11 位,跌出前十。

2010 年,镇江市新批工商注册外商投资企业 138 家,比上年减少 26 家;新批千万美元以上项目 86 个,比上年减少 13 个;协议利用外资 23.25 亿美元,比上年下降 17.1%;实际利用外资 16.15 亿美元,比上年增长 12.1%。全年完成服务外包合同额 2.54 亿美元,执行额 1.62 亿美元,比上年分别增长 141.3% 和 159.4%。虽然增速位居长三角地区前列,但总量仍较小,亟需进一步提高。

十三　泰州市 2010 年经济社会发展报告

2010 年，在中共泰州市委、市政府的正确领导下，全市上下始终坚持以科学发展观总揽全局，紧紧围绕“三年再来一个大变化”目标，大力实施开放创新“双轮驱动”战略，重点打造现代产业体系，经济实现平稳较快增长，民生得到持续改善，改革开放深入推进，社会事业全面进步。

一、泰州市 2010 年经济发展概况

（一）综合经济

1. 经济总量

全市地区生产总值 2 002.58 亿元，比上年增长 13.5%。第一产业增加值 148.45 亿元，增长 4.5%；第二产业增加值 1 125.85 亿元，增长 14.5%，其中工业增加值 981.02 亿元，增长 14.6%；第三产业增加值 728.28 亿元，增长 13.9%。三次产业结构调整为：7.4∶ 56.2∶ 36.4。按常住人口计算，全市人均地区生产总值 42 872 元，增长 13%。

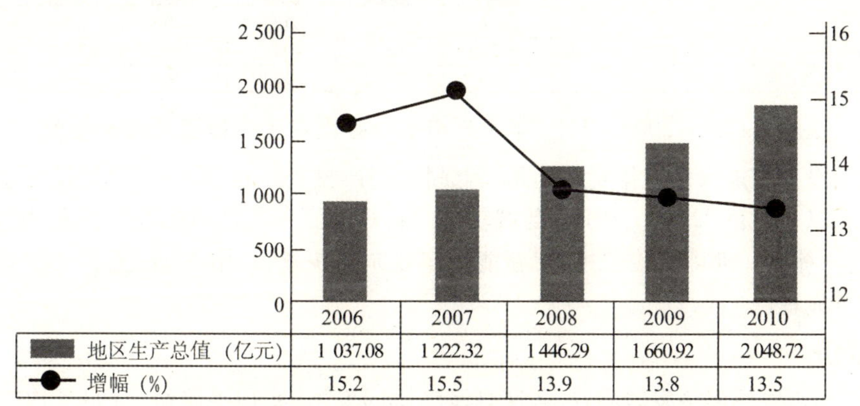

图 3－151　2006－2010 年泰州市地区生产总值及增长速度

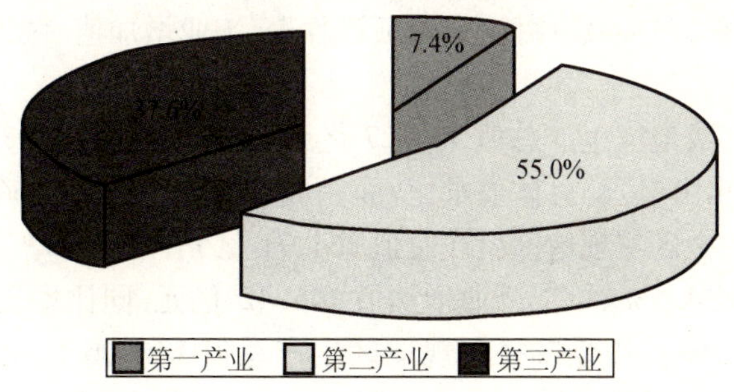

图 3－152　2010 年泰州市三次产业结构图

2. 财政收支

全市财政总收入 456.37 亿元，比上年增长 32.7%；其中地方一般预算收入 170.8 亿元，增长 23.2%。财政总支出 341.88 亿元，增长 33.5%；其中地方一般预算支出 207.35 亿元，增长 22.8%。财政支出结构不断优化，对城乡社区事务、交通运输、环境保护等领域的资金保障力度加大，分别增长 65.2%、64.5% 和 40%。

3. 物价指数

全年居民消费价格累计增长3.8%，八大类商品和服务价格4升4降，食品类、烟酒及用品类、交通及通讯类、居住类分别比上年增长9.8%、1.7%、0.3%和5.4%，衣着类、家庭设备用品及维修服务类、医疗保健和个人用品类、娱乐教育文化用品及服务类分别下降1.7%、0.2%、0.2%和1.3%。工业品出厂价格上涨13.3%，其中生产资料上涨15.2%，生活资料上涨5.7%。

4. 固定资产投资

全社会固定资产投资1 538.03亿元，比上年增长31.9%；其中城镇固定资产投资694.58亿元，增长23.1%。第一、二、三产业投资25.97亿元、956.09亿元和555.98亿元，分别增长22.1%、46.6%和12.8%。民间投资1 153.52亿元，占全社会固定资产投资75%。

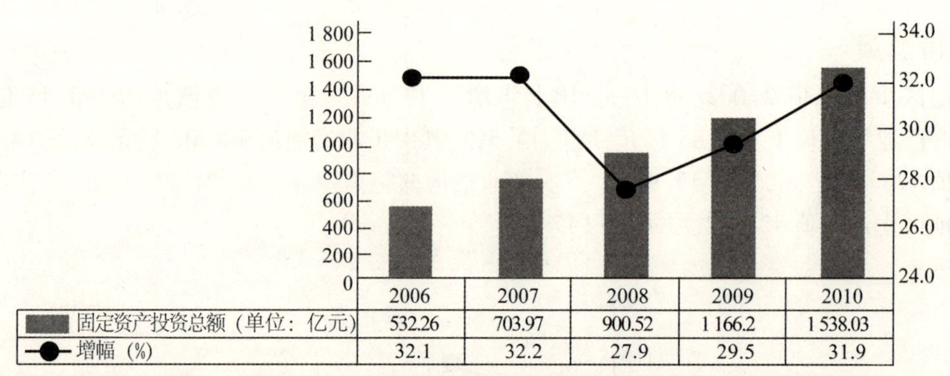

	2006	2007	2008	2009	2010
固定资产投资总额（单位：亿元）	532.26	703.97	900.52	1 166.2	1 538.03
增幅（%）	32.1	32.2	27.9	29.5	31.9

图3-153　2006-2010年泰州市全社会固定资产投资及增长幅度

重大项目建设力度加大。全年实施亿元以上固定资产投资项目380个，项目投资总额255.18亿元，其中10亿元以上项目22个。中国医药城功能区新开工面积超过100万平方米，国家级出口加工区一期封关运作，纬创一期即将竣工投产，新能源产业园加快建设，中海油、扬子江物流成功落户，项目集聚优势日益显现。

5. 区县经济

2010年，泰州市整体经济发展向好，各区县经济协同发展，实现平稳快速增长，均有较大突破，泰州市区、兴化市、靖江市、泰兴市、姜堰市地区生产总值占全市的比例分别为24.71%、18.90%、21.53%、19.89%和14.97%；四县级市财政一般预算收入、工业增加值、城镇固定资产投资、出口总额均较上年有较大提高。

2010年，泰州市区共完成地区生产总值506.27亿元，较上年有大幅提升。其中，海陵区紧紧围绕“稳增长、调结构、抓创新、惠民生”的总体要求，全面完成了“十一五”规划确定的各项目标，实现了经济又好又快发展。2010年，全区实现地区生产总值264.71亿元，不变价增长14.9%。其中，第一产业增加值4.64亿元，同比增长4.5%；第二产业增加值146.42亿元，同比增长16.1%；第三产业增加值113.65亿元，同比增长13.7%。按原口径实现地区生产总值136.06亿元，不变价增长15.1%。其中：第一产业增加值4.33亿元，同比增长4.5%；第二产业增加值71.59亿元，同比增长16.2%；第三产业增加值60.14亿元，同比增长14.6%。按常住人口计算，人均地区生产总值达到43 207元，同比增长14.5%。产业结构不断优化，三次产业结构由上年的3.38：53.42：43.20调整为3.18：52.62：44.20。财政收入较快增长。2010年，按全口径计算实现财政收入60.03亿元，其中一般预算收入25.11亿元，同比分别增长30.8%和24.4%。财政支出21.53亿元，同比增长42.1%。按原口径实现财政收入35.36亿元，其中一般预算收入16.51亿元，同比分别增长36.2%和36.3%。

2010年，兴化市紧紧围绕“务实抓转型、全力达小康”工作主线，大力实施“工业强市、生态立市、

人文兴市”战略，创先争优，扎实工作，全力推进各项工作，较好地完成了市十四届人大三次会议确定的各项主要目标和“十一五”发展目标，经济实现平稳较快增长，各项社会事业全面发展，全市经济社会进入了新的发展阶段。全市经济平稳发展，转型升级不断推进，综合实力再上新台阶。全年完成地区生产总值387.11亿元，比上年增长13.9%，五年翻了一番。财政收入54.46亿元，增长32.5%，其中地方一般预算收入21.13亿元，增长33.7%。五年翻了两番。连续四年跻身全国县域经济基本竞争力百强县（市），位次由上年的72位提升到67位。

2010年，靖江市凝心聚力，克难奋进，较好地完成了年初确定的目标任务。全市实现地区生产总值（GDP）441.00亿元，按可比价计算增长15.5%，三次产业结构由上年的4.2：58.9：36.9调整为3.9：58.2：37.9。财政收入结构不断优化，质态进一步提升。全年实现地方一般预算收入（含江阴园区）36.89亿元，比上年增长36.0%，一般预算收入中税收比重达84.7%，比去年提高2.7个百分点；地方一般预算收入占GDP的比重达到8.5%，较上年提高1.1个百分点。从预算收入构成看，主体税种呈现全面增长的态势，其中营业税、企业所得税、个人所得税和基金收入分别增长34.5%、74.3%、33.2%和18.1%，服务业所占比重较上年提高1个百分点，产业结构得到进一步优化。公共财政保障能力进一步增强，财政支出结构继续优化，全年一般预算财政支出32.57亿元，比上年增长36.3%，其中改善民生、促进转型类支出普遍增长较快。

2010年，泰兴市紧紧围绕“学赶苏南、跨越发展”战略部署，大力弘扬新时期泰兴精神，坚持以科学发展观统揽全局，埋头苦干，扎实工作，全市经济和社会发展呈良好态势。全市实现地区生产总值407.58亿元，比上年增长15.1%，跃上了新的台阶。产业结构由上年的8.0：57.3：34.7调整为7.6：56.7：35.7，其中第三产业提高1个百分点，二、三产业的比重达到92.4%，比上年提高0.4个百分点。在全国县域经济基本竞争力百强县（市）中的排名上升至第46位。

2010年，姜堰市立足保增长、调结构、促发展，国民经济平稳健康运行，人民生活显着提高，各项社会事业全面发展，较好地完成了年初确定的各项目标任务。2010年实现地区生产总值301.43亿元，可比增长14.1%。其中：第一产业增加值22.61亿元，可比增长4.6%；第二产业增加值167.08亿元，可比增长15.1%；第三产业增加值111.74亿元，可比增长14.8%。三次产业结构比为7.5：55.4：37.1，二、三产业增加值占GDP的比重为92.5%，比上年提高0.4个百分点，产业结构更趋合理。

表3－16　泰州市区县部分主要经济指标一览

县市	地区生产总值（亿元）	工业总产值（亿元）	城镇固定资产投资（亿元）	地方财政一般预算收入（亿元）	进出口总额（亿美元）	社会消费品零售总额（亿元）
泰州市	2 048.72	4 916.08	693.01	170.80	85.86	555.35
泰州市区	506.27	1 482.72	229.48	72.46	35.23	175.30
兴化市	387.11	680.67	98.14	21.13	4.27	85.85
靖江市	441.00	1 176.36	173.60	36.89	28.84	92.79
泰兴市	407.58	905.14	110.60	22.73	12.48	108.58
姜堰市	306.76	671.18	81.18	17.60	5.04	92.82

（二）农业

农业生产平稳向好。2010年全年粮食播种面积433.18千公顷，比上年增加4.23千公顷。粮食总产量314.4万吨，增长1.4%。其中夏粮115.49万吨，增长3%；秋粮198.92万吨，增长0.4%。粮食生产实现“七连增”。兴化市再获“全国粮食生产先进县标兵”称号。

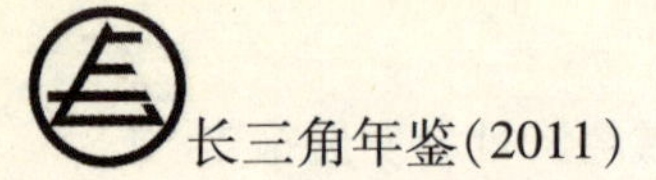

林牧渔业稳定增长。全市新增成片林面积8.5万亩,年末森林覆盖率17.5%,比上年提高1.3个百分点。主要畜产品中,肉类总产量23.55万吨,增长5.6%;禽蛋总产量10.85万吨,增长16.8%;牛奶总产量3.79万吨,增长18.1%。全市水产养殖面积4.2千公顷,增长1.3%。水产品产量32.58万吨,增长13.8%。

现代农业发展较快。2010年新增高效农业面积29.6万亩,全市高效农业比重32.8%,新获认证无公害农产品、绿色食品和有机食品350个,农业利用"三资"45亿元。新增市级以上农业龙头企业12家、三大合作组织400多家。新增国家级农业标准化示范区2个。市农业开发区创成省级现代农业产业园区。成功举办首届农艺节。

(三)工业和建筑业

工业经济较快增长。全市规模以上工业总产值4 861.1亿元,增长31.7%。其中,轻工业1 297.92亿元,增长34.1%;重工业3 563.18亿元,增长30.8%。

工业运行质态良好。2010年全市规模以上工业销售收入4 640亿元、利税550亿元、利润330亿元,分别增长33%、32%和33%。年末全市亏损企业215家,比上年下降20.7%;亏损企业亏损总额5.73亿元,增长30.5%。工业经济效益综合指数297.9,比上年提高12.6个百分点。全年工业技改财务发生数950亿元,实施亿元以上重大技改项目192个,其中10亿元以上项目13个。18个项目列入国家、省重点产业振兴和技术改造投资计划。

支柱产业发展势头良好。三大支柱产业产值3 168.86亿元,销售收入3 029.95亿元,利税390.89亿元,分别比上年增长33.3%、30.8%和31.5%。其中,化工产业产值713.81亿元,增长34.2%;医药产业产值360.07亿元,增长30.5%;机电产业产值2 094.98亿元,增长33.4%,机电产业中船舶工业产值682.8亿元,增长29.6%。

建筑业蓬勃发展。年末全市建筑施工企业661家,从业人员68.61万人。建筑业总产值1 271.48亿元,比上年增长16.1%;建筑施工面积14 705万平方米,增长15.4%。2010年建筑业完成总产值1 271.5亿元,增长16.1%,新增一级施工总承包资质企业2家。

(四)服务业

2010年,泰州市深入推进"833工程",8大服务业集聚区实现营业收入340亿元,30个重点项目完成投资97亿元,30强企业实现利税11.6亿元。

1. 国内贸易

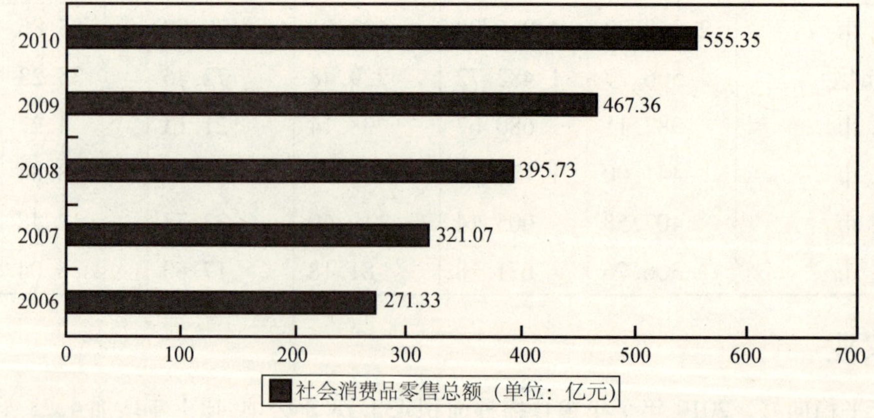

图3-154　2006-2010年泰州市社会消费品零售总额及增长幅度

消费品市场稳步增长。全市社会消费品零售总额555.35亿元,比上年增长20.1%。其中批发和零售业零售额472.72亿元,增长19.2%;住宿和餐饮业零售额77.57亿元,增长18.1%。城乡市场协调发展。城镇市场零售额492.2亿元,增长19.3%;乡村市场零售额58.09亿元,增长16.8%。

热点商品销售旺盛。全市限额以上单位零售额中,金银珠宝类5.6亿元,比上年增长57.4%;汽车类26.6亿元,增长44.9%,石油制品类35.9亿元,增长35.6%;家用电器类17.9亿元,增长34.1%。四大类商品零售额累计增长22.2亿元,拉动全社会消费品零售总额增长5.3个百分点。

2. 交通运输、邮政通讯业

交通运输能力进一步提高。全年公路客运量8 680万人,公路货运量3 693万吨,均增长17%。铁路客运量226.7万人,货运量23.4万吨。水路货运量8 649万吨,增长30%。港口货物吞吐量13 471万吨,增长25.9%;其中外贸吞吐量803万吨,增长73.4%。年末全市民用汽车拥有量22.17万辆,增长27.3%,其中私人汽车拥有量16.93万辆,增长38.9%。城市万人拥有公交车辆9标台,增长123.9%。

邮电通讯能力进一步增强。全市邮政通讯业务收入34.02亿元,比上年增长5.5%。其中,邮政业务收入3.5亿元,下降4.3%,电信业务收入30.52亿元,增长6.7%。年末全市固定电话用户143.03万户,下降8.1%;移动电话用户339.32万户,增长12.9%;国际互联网宽带用户50.12万户,增长15.3%。

3. 旅游业

旅游业发展取得新进展。2010年末全市A级旅游景区18个,其中4A级景区2个,旅行社99家,星级旅游饭店30家,饭店客房总数2 295间。大力整合旅游资源,成功举办中国泰州国际旅游节。全年接待国内外旅客1 080.73万人次,旅游总收入120.61亿元,分别增长17.4%和23.3%。其中,接待境外游客7.9万人次,旅游外汇收入7 931万美元,分别增长15.8%和15.4%。

4. 金融、证券和保险业

2010年,泰州市金融业发展加快,浦发银行、招商银行、江苏长江商业银行泰州分行开业,兴业银行泰州分行获准筹建,新增农村小额贷款公司22家,"富民阳光信贷"试点取得积极成效。

2010年末全市金融机构人民币各项存款余额2 320.32亿元,比年初增加434.92亿元;其中企业存款583.21亿元,增加63.47亿元。人民币各项贷款余额1 460.68亿元,比年初增加300.31亿元。其中,短期贷款798.87亿元,增加174.21亿元;中长期贷款615.64亿元,增加167.57亿元。

证券市场交易稳定。2010年亚星锚链企业成功上市,荣联科技、太平洋精锻完成上市申报,凯力克钴业、东华测试、中泰钢结构进入上市辅导期。年末全市上市公司6家,证券公司营业部14家。全年累计开户230 775户,比上年增长15.3%;实现证券交易总额2 013.27亿元,其中股票和基金交易1 904.43亿元;实现利税1.38亿元。

保险事业发展稳步。年末全市各类保险公司38家、保险专业中介机构20家,全年保险业务收入65.32亿元,比上年增长32.7%。其中,财产保险收入13.08亿元,增长31.5%;人寿保险收入52.24亿元,增长33%。保险业务支出12.43亿元,下降4.9%。其中,财产保险支出5.07亿元,下降1.7%;人寿保险支出7.36亿元,下降7%。

5. 房地产业

房地产开发稳步发展。2010年全市房地产开发投资149.73亿元,增长20.9%;商品房施工面积1 323.1万平方米,增长21.3%;商品房销售面积523.79万平方米,增长28.6%;商品房销售额248.61亿元,增长55.4%;商品房空置面积76.21万平方米,增长0.9%。。

(五)开放型经济

1. 对外贸易

全年进出口总额85.86亿美元,增长47.5%。其中,出口58.77亿美元,增长39.4%;进口27.09

亿美元,增长68.8%。其中,一般贸易40.17亿元,加工贸易44.09亿元,分别比上年增长45.8%和46.6%。企业"走出去"步伐加快。全年新签劳务承包合同额5.04亿美元,完成外经营业额5.8亿美元,分别增长30.9%和29.9%。

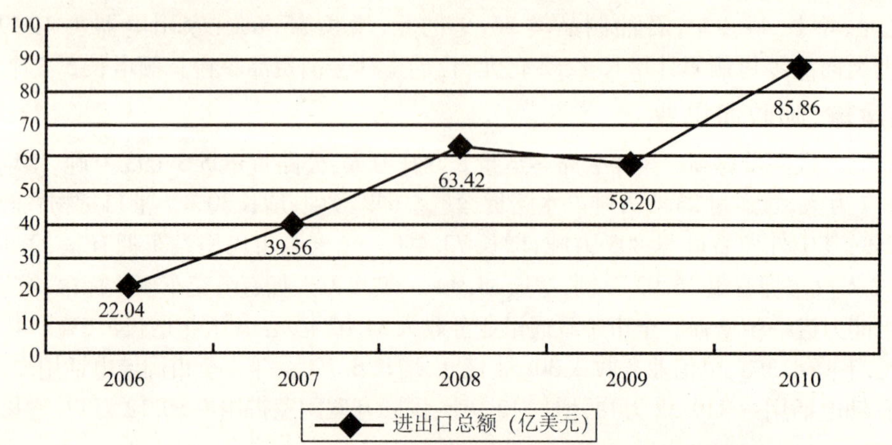

图3-155　2006-2010年泰州市外贸进出口总额情况

2. 利用外资

全年新签项目(合同)219个,注册协议外资39.71亿美元,实际利用外资13.63亿美元,分别增长31.9%、46.3%和29%。

3. 民营经济

新办私营企业10 568家,净增私营个体经济注册资本337亿元,增长71.3%;认真办好中小企业"六件实事",7家企业跻身中国民营企业500强。

4. 开发区建设

全面推进中国医药城各大功能区建设,新开工面积超过100万平方米。建成全国唯一的国家级医药高新区,成为"十一五"发展最突出的亮点。正式启动部省共建机制,成功举办苏台生物医药健康产业峰会、首届中国(泰州)国际医药博览会。新能源产业园加快建设,项目集聚势头日益显现。沿江开发纵深推进,在建总投资1亿美元或10亿元人民币以上重大产业项目20个,核心港区建设取得积极进展。

二、泰州市2010年社会发展概况

(一)人口、人民生活

人口平稳增长。2010年末全市总户数172.93万户,户籍总人口504.65万人,其中女性246.93万人。人口自然增长率-1.92‰。

居民生活稳步改善。城镇居民人均可支配收入20 255元,增长5.8%;城镇集体以上在岗职工平均工资34 473元,增长15.7%;农民人均纯收入9 324元,增长14%。城乡居民储蓄存款1 160.6亿元,比年初增加162.72亿元。城镇人均住房建筑面积36.2平方米,农村人均钢筋、砖木结构住房面积49平方米。城乡居民恩格尔系数35.6%,比上年降低0.9个百分点。

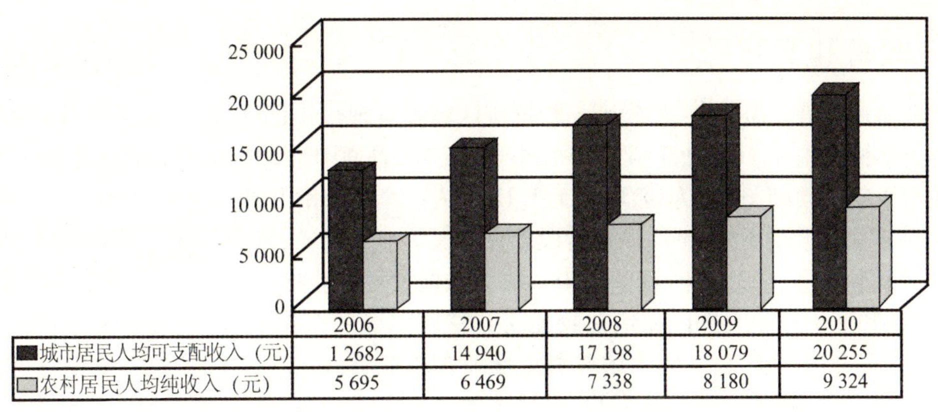

图 3－156　2006－2010 年泰州市城乡居民收入对比一览

（二）就业、社会保障

就业形势基本稳定。2010 年，泰州市以创建国家级创业型城市为抓手，认真实施创业带动就业行动计划，多形式促进充分就业，积极推进城乡统筹就业，着力解决困难群众就业问题。全年净增城镇就业 6.04 万人、失业人员再就业 2.9 万人，新增创业 7.68 万人。年末城镇登记失业率 2.75%，比上年下降 0.17 个百分点。

保障水平持续提高。2010 年，泰州市持续推进城乡居民养老保险全覆盖，参保城镇职工和居民医药费报销比例及支付限额大幅提高。全市城镇企业职工基本养老保险参保人数 67.49 万人，基本医疗保险参保人数 96 万人，失业保险参保人数 47.36 万人，分别增长 6.5%、3.7% 和 15.7%，城镇劳动保障三大保险综合覆盖率 98.5%，比上年提高 0.5 个百分点。新型农村合作医疗参保率达 99.6%，政府补助 4.2 亿元，受益农民 320 万人。工伤保险实现市级统筹“五统一”。城乡低保实现动态管理下的应保尽保，标准分别提高到每月 340 元和 210 元。市区残疾人养老保险全面启动，向 4 556 名重度残疾人发放护理补贴。医疗救助专项资金累计支出 2 353.5 万元，救助 11.3 万人次。初步建立普惠型社会福利体系，全市新增居家养老服务站 348 家、省级示范性居家养老服务中心 4 家，五保集中供养率达 65%。完善抚恤补助标准自然增长机制，共向 21 905 人发放补助金 1.3 亿元。慈善事业长足发展，救助对象近 6 万人。加强住房保障工作，全市新增保障性住房 9 505 套。

（三）科学技术与创新

高新技术产业发展加快。全年实现高新技术产业产值 1 591.5 亿元，比上年增长 35.3%。高新技术产业产值占全市规模以上工业产值 32.7%，比上年提高 2.1 个百分点。全市获批高新技术企业 39 家、国家重点新产品 13 项、省高新技术产品 199 项，新增省级创新型企业 45 家，3 家企业被认定为省重点软件企业，实施国家火炬计划 26 项、国家星火计划 25 项。

科技事业稳步发展。2010 年，泰州市着力推动创新型经济发展，深化政产学研合作，“企业院校行”成功举办，中科院泰州技术市场网等载体功能明显增强。建成国家级博士后工作站 3 家、省级工程技术研究中心 39 家；新增产学研联合体 110 个。入选国家科技重大专项 6 个、省成果转化资金项目 15 个，入选数均居全省前列。建成国家级知识产权维权援助中心，拥有国家级企业研发中心 6 家。新获授权专利 4 198 件，建成国家级知识产权维权援助中心。全年引进创新创业人才团队 54 个、高层次人才 805 名，其中海外优秀人才 167 名。教育部“蓝火计划”在高港启动。各市（区）均创成全国科普示范县（市、区）。

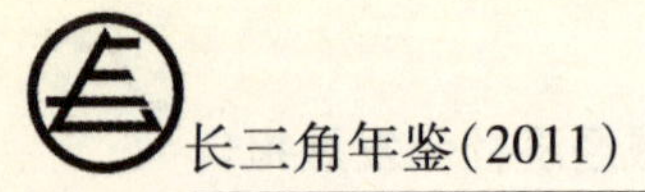

(四)教育和文化

教育事业协调发展。2010 年,泰州市不断推进区域教育现代化创建,促进义务教育均衡发展,年末全市各级各类学校 602 所,其中幼儿园 219 所,小学 151 所,普通中学 203 所,中等职业学校 17 所,高等学校 6 所。在校学生总数 65.33 万人,教职员工 5.12 万人。全市学龄儿童入学率 100%,小学毕业生升学率 100%,初中毕业生升学率 98.6%,高中阶段教育毛入学率 99.5%,高等教育毛入学率 37.2%。

文化事业蓬勃发展。2010 年,泰州历史文化名城保护规划获批,国家历史文化名城申报通过专家评估,泰州淮剧和茅山号子入选国家级非物质文化遗产名录。至年末,全市各类艺术场馆 101 家,博物馆 8 家,公共图书馆 6 家,公共图书馆藏书总量 1 616 千册,增长 9.8%。年末电视、广播综合人口覆盖率 100%,有线电视用户 128.43 万户,有线电视入户率 74.5%,比上年提高 1.7 个百分点。

(五)卫生和体育

卫生事业加快发展。2010 年,泰州市努力调整优化卫生资源配置,基本药物制度加快实施,公立医院改革试点取得新进展。年末全市医疗卫生机构 654 家,比上年增长 9.5%;专业卫生技术人员 17 972 人,增长 2.8%,其中执业(助理)医师 8 432 人,注册护士 6 104 人,分别增长 6.1% 和 9.8%;卫生机构医疗床位 14 928 张,增长 5%。全市卫生服务体系健全率 100%。新型农村合作医疗覆盖人数 344.39 万人,覆盖率 99.7%。

体育事业持续发展。积极组织参加省第十七届运动会,奖牌总数排名比上届前移 5 位,获青少年部进步奖全省第一名。2010 年,泰州健儿在省级以上各类比赛中获金牌 64.5 枚、银牌 59.5 枚、铜牌 45 枚。

(六)城乡建设

2010 年,泰州市扎实推进城乡建设,新一轮城市总体规划修编通过部省联合审查,城乡规划体系逐步健全。

坚持市区一体,强化资金筹措,推行阳光拆迁,加快建设进度,2010 年市区城建投资超过 150 亿元。中国医药城会展交易中心一期投入使用,规划展示馆建成,博物馆、图书馆、美术馆主体封顶,凤城河环河整治、城市水生态环境建设、老通扬运河整治二期、青少年科技活动中心和职工活动中心等工程加快实施,人民医院新院、新区高级中学前期工作有序开展。万达城市综合体、稻河古街区民俗文化展示中心加快建设,莲花学校二期、革命烈士纪念馆一期竣工。

深入推进文明城市创建,着力提升城市管理水平,2010 年,泰州市创成省优秀管理城市。各市加大城建力度,靖江滨江新城核心区建设成效明显,泰兴"三城四片五重点"城乡建设格局初步形成,姜堰创建国家卫生城市通过国家技术评估,兴化城市"水文特色"进一步彰显。

推进重大基础设施建设,泰州长江大桥及北接线工程加快实施,江海高速、328 国道改线建成通车,长江大道先导段基本建成。4 条省道新建或改线、周山河船闸改造、卤汀河拓浚等工程开工建设。电力、邮政、通信等基础设施建设步伐加快。

继续加强新农村建设,2010 年全市新(改)建农村公路 500 公里,改造农村桥梁 200 座,改厕 91 435座,疏浚河道 3 019 万方,农村饮用水安全工程新增受益人口 47.7 万人。继续实施全面小康村"十百千"工程,新创市级先行村 300 个。

(七)资源节约与环境保护

强力推进节能减排,2010 年,泰州市单位地区生产总值能耗完成省定指标,二氧化硫排放量和化学需氧量分别削减 27.8% 和 2%。深入实施生态市建设行动计划,加快推进城镇污水处理设施建设,企业违法排污整治、秸秆烟害防控和能源化利用等工作取得新成效。加强耕地保护,土地集约利用水平进一步提高。

环境质量持续改善。至年末全市自然保护区 31 个，自然保护区面积 374 公顷，环境噪声达标区总面积 143 平方公里。建成区绿化覆盖面积 6 618 公顷，城市绿化覆盖率 40.5%。全市全年环境空气良好天数达标率 91.2%，集中式饮用水源地水质达标率 100%，环境质量综合评价指数 90.9%。

三、挑战与目标

在充分肯定成绩的同时，也要清醒地看到，全市经济社会发展中还存在一些问题和不足。主要是：经济结构性矛盾仍然突出，节能减排压力较大；高层次人才等资源要素缺乏，核心竞争力不够强；中心城市功能尚不完善，城乡统筹发展还需不断强化；社会保障水平需要进一步提高，就业形势不容乐观；城乡居民持续增收难度加大，困难群体生活有待进一步改善；政府自身建设还存在一些薄弱环节，行政管理体制和行政效能滞后于发展要求，社会建设和管理能力需要加快提升，等等。对上述问题，将采取切实有效措施，在今后的工作中努力加以解决。

“十二五”时期，泰州市经济社会发展的主要目标是：地区生产总值年均可比增长 12% 左右，到 2015 年达 4 000 亿元左右，比 2010 年翻一番，人均地区生产总值达 85 000 元左右。财政总收入、地方一般预算收入年均增长 15%。累计实际利用外资 100 亿美元，外贸进出口总额 220 亿美元。全社会固定资产投资、社会消费品零售总额年均增长 16%。城镇居民人均可支配收入、农民人均纯收入年均增长 12% 左右，低收入者收入明显增加。

2011 年全市国民经济和社会发展主要调控目标为：地区生产总值增长 12%；财政总收入增长 15%，一般预算收入增长 15%；社会消费品零售总额增长 18%；全社会固定资产投资增长 20%；实际利用外资 12 亿美元；外贸进出口总额增长 15% 以上；城镇居民人均可支配收入增长 12%，农民人均纯收入增长 12%；居民消费价格总水平涨幅控制在 4% 左右；城镇登记失业率控制在 3.5% 以内；研发经费支出占地区生产总值比重 1.9%，高新技术产业产值占规模以上工业比重 32% 以上；单位地区生产总值能耗下降率、二氧化碳排放削减率、主要污染物排放削减率达到省定目标要求。

四、泰州市在长三角地区经济发展中的地位

2010 年，在中共泰州市委、市政府的正确领导下，全市上下始终坚持以科学发展观总揽全局，紧紧围绕“三年再来一个大变化”目标，大力实施开放创新“双轮驱动”战略，重点打造“1 + 3 + N”的现代产业体系，经济实现平稳较快增长，民生得到持续改善，改革开放深入推进，社会事业全面进步，综合经济实力在长三角地区有一定的提升。

2006 - 2010 年泰州市地区生产总值在长三角所占比重为 2.11%、2.13%、2.13%、2.29% 和 2.37%，保持增长态势，2010 年比上年增加 0.08 个百分点，较上年增幅小了 0.08 个百分点。2010 年泰州市地区生产总值在长三角地区 25 个市（苏浙两省 24 个地级市和上海市，下同）排名中比上年上升一位，排名第 17 位，但仍有较大的进步空间。

2010 年，泰州市实现地区生产总值 2 002.58 亿元，比上年增长 13.5%。第一产业增加值 148.45 亿元，增长 4.5%；第二产业增加值 1 125.85 亿元，增长 14.5%，其中工业增加值 981.02 亿元，增长 14.6%；第三产业增加值 728.28 亿元，增长 13.9%。三次产业结构调整为：7.4∶ 56.2∶ 36.4。按常住人口计算，全市人均地区生产总值 42 872 元，增长 13%。

2006 - 2010 年泰州市地方财政一般预算收入在长三角所占比重为 1.34%、1.40%、1.43%、1.75% 和 1.79%，继续保持增长态势，但 2010 年增速较 2009 年明显放缓，仅比上年增加 0.04 个百分点，远小于上年增幅。2010 年泰州市地方财政一般预算收入在长三角地区 25 个市排名中比上年下降一位，排名第 14 位，需给予重视。

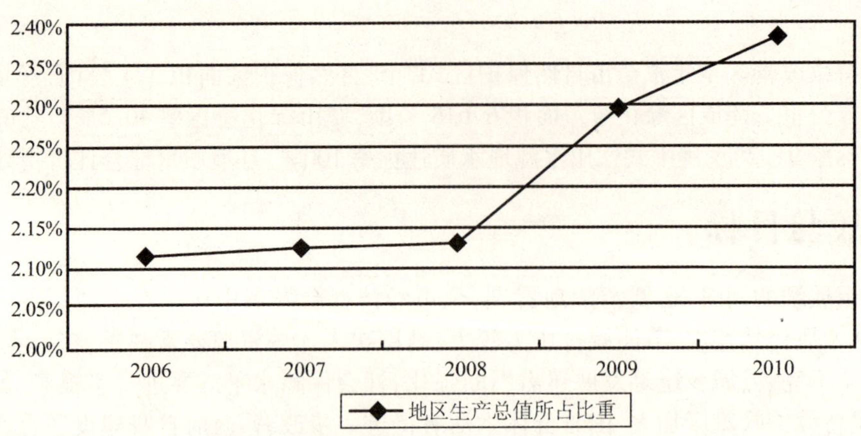

图 3-157　2006-2010 年泰州市地区生产总值在长三角所占比重的变化趋势

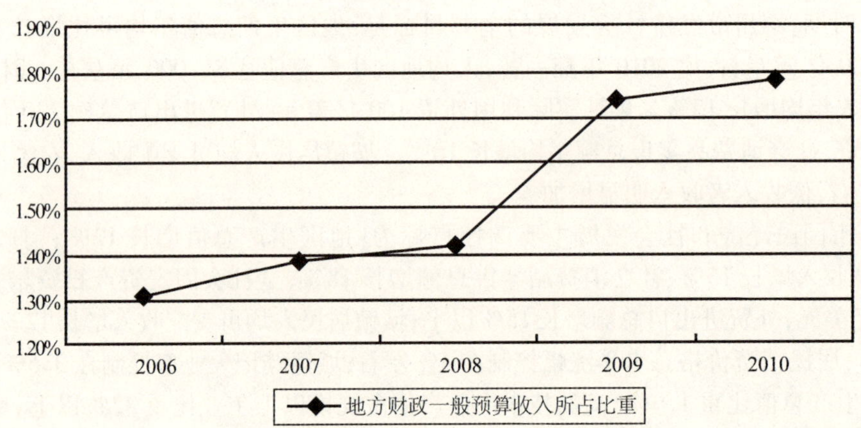

图 3-158　2006-2010 年泰州市地方财政一般预算收入在长三角所占比重的变化趋势

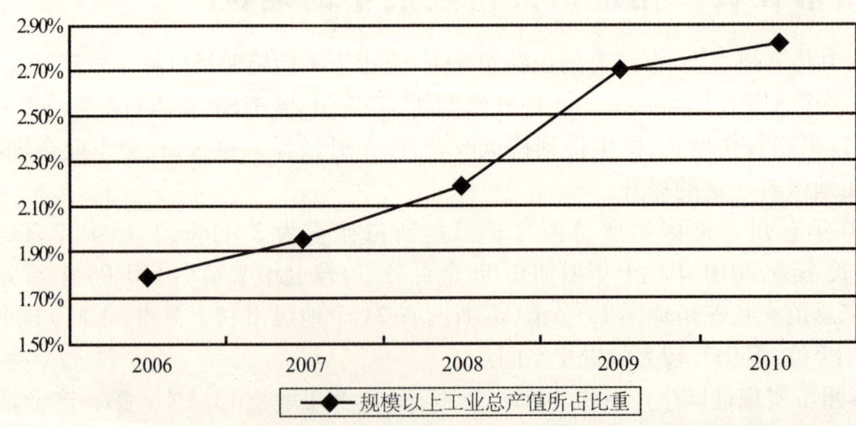

图 3-159　2006-2010 年泰州市规模以上工业总产值在长三角所占比重的变化趋势

但 2010 年,泰州市财政实力显著增强。全市财政总收入 456.37 亿元,比上年增长 32.7%;其中地方一般预算收入 170.8 亿元,增长 23.2%。财政总支出 341.88 亿元,增长 33.5%;其中地方一般预算支出 207.35 亿元,增长 22.8%。财政支出结构不断优化,对城乡社区事务、交通运输、环境保护等领域的资金保障力度加大,分别增长 65.2%、64.5% 和 40%。

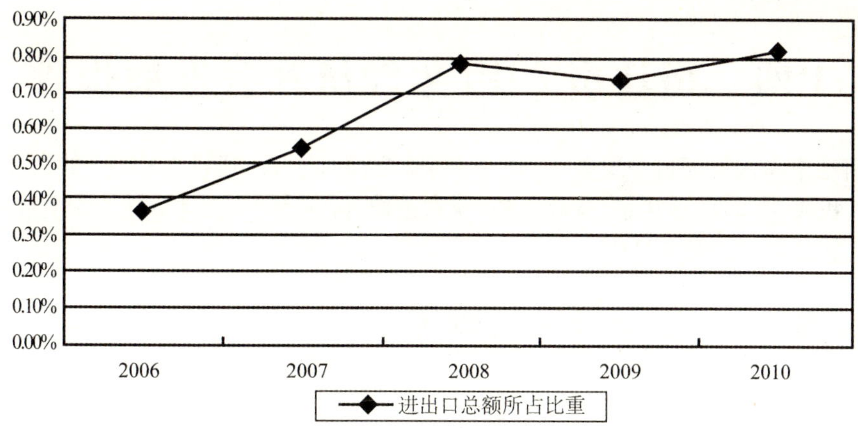

图 3－160　2006－2010 年泰州市进出口总额在长三角所占比重的变化趋势

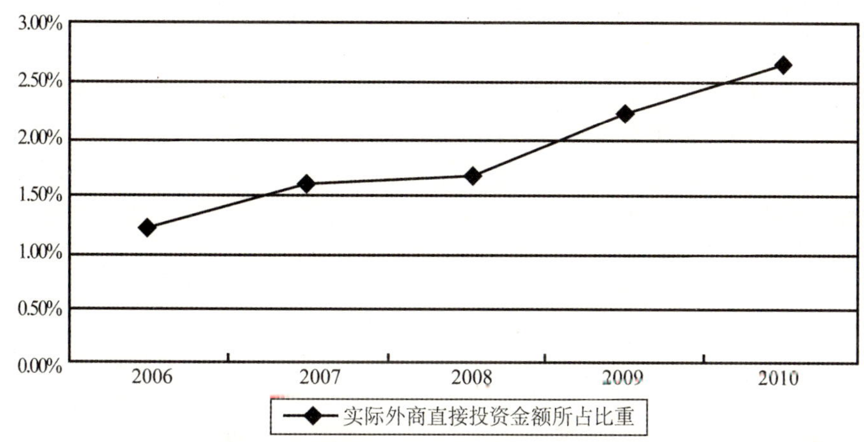

图 3－161　2006－2010 年泰州市实际外商直接投资金额在长三角所占比重的变化趋势

2006－2010 年泰州市规模以上工业总产值在长三角所占比重为 1.87%、2.03%、2.26%、2.71%和 2.83%，保持明显增长的态势，累计增幅为 0.96 个百分点，2010 年较上年增速放缓，增加了 0.12 个百分点。2010 年泰州市规模以上工业总产值在长三角地区 25 个市排名中比上年下降一位，排名第 13 位，需高度重视。但总体而言，2010 年，泰州市工业经济还是保持了较快的增长势头。全市规模以上工业总产值 4 861.1 亿元，增长 31.7%。其中，轻工业 1 297.92 亿元，增长 34.1%；重工业 3 563.18亿元，增长 30.8%。

2006－2010 年泰州市进出口总额在长三角所占比重为 0.37%、0.53%、0.76%、0.72%和0.79%，2010 年止跌上扬，但仍未完全恢复。2010 年泰州市规模以上工业总产值在长三角地区 25 个市排名中比上年上升一位，排名第 15 位，但仍需继续努力。

2010 年，泰州市对外贸易有所回升。全年进出口总额 85.86 亿美元，增长 47.5%。其中，出口 58.77 亿美元，增长 39.4%；进口 27.09 亿美元，增长 68.8%。其中，一般贸易 40.17 亿元，加工贸易 44.09 亿元，分别比上年增长 45.8%和 46.6%。企业“走出去”步伐加快。全年新签劳务承包合同额 5.04 亿美元，完成外经营业额 5.8 亿美元，分别增长 30.9%和 29.9%。

2006－2010 年泰州市实际外商直接投资金额在长三角所占比重为 1.64%、1.97%、1.87%、2.26%和 2.58%，总体保持增长态势，2010 年比上年占比增加 0.32 个百分点。2010 年泰州市规模以上工业总产值在长三角地区 25 个市排名与上年保持一致，排名第 12 位，排在比较靠前的位置。

2010 年，泰州市利用外资平稳发展。全年新签项目(合同)219 个，注册协议外资 39.71 亿美元，实际利用外资 13.63 亿美元，分别增长 31.9%、46.3%和 29%。

十四　宿迁市 2010 年经济社会发展报告

2010 年,宿迁市深入贯彻科学发展观,紧紧围绕"全面奔小康、建设新宿迁"的奋斗目标,始终保持"我能、我行、我成功"的精神状态,解放思想,锐意进取,圆满完成了"十一五"各项目标任务,为"十二五"实现更大突破奠定了坚实基础。

一、宿迁市 2010 年经济发展概况

(一)综合经济

1. 经济总量

2010 年全市 GDP 达 1 064.09 亿元,增长 19.2%,比上年提升 5.7 个百分点。分产业看,第一产业实现增加值 187.09 亿元,增长 8.4%;第二产业实现增加值 479.14 亿元,增长 17.5%。其中工业实现增加值 386.37 亿元,增长19.3%;第三产业实现增加值 397.86 亿元,增长 27.0%。"十一五"时期全市 GDP 累计增长 93.7%,年递增 14.1%,年均增速比"十五"快 2.0 个百分点。人均 GDP 也突破 3 000美元,达3 200 美元左右,进入城市化、工业化加速发展、居民消费类型发生重大转变的崭新发展阶段。2010 年三次产业比例为 17.6: 45.0: 37.4,工业占比 36.3%,产业结构形成新格局。

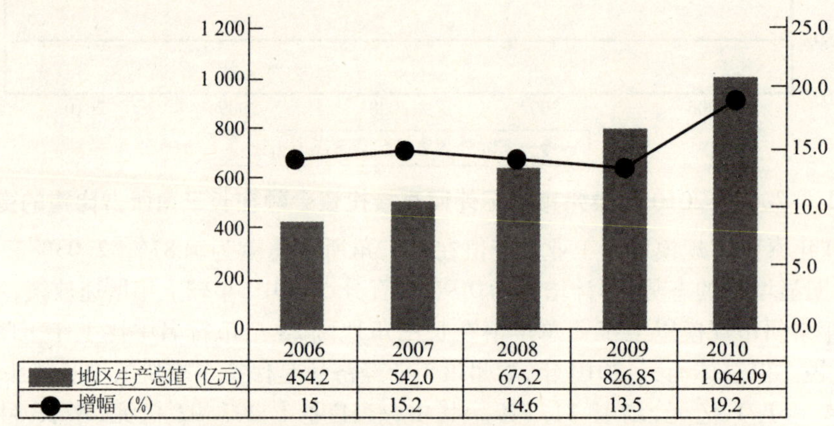

	2006	2007	2008	2009	2010
地区生产总值(亿元)	454.2	542.0	675.2	826.85	1 064.09
增幅(%)	15	15.2	14.6	13.5	19.2

图 3－162　2006－2010 年宿迁市地区生产总值及增长速度

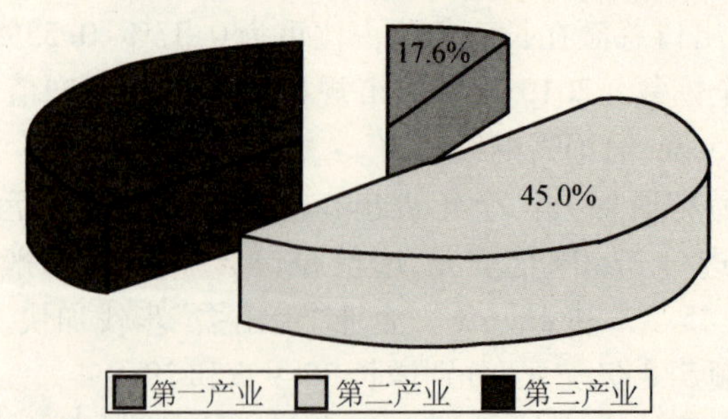

图 3－163　2010 年宿迁市三次产业结构图

2. 财政收入

2010 年全市实现财政总收入 205.76 亿元,增长 58.0%,是"十五"末的 8.0 倍,"十一五"翻了三番,年递增 51.4%。实现地方一般预算收入 89.57 亿元,增长 42.0%,是"十五"末的 6.5 倍,"十一五"年递

增45.4%。全年财政一般预算支出166.04亿元,增长27.7%。其中,教育支出37.04亿元,增长23.4%;社会保障和就业支出19.03亿元,增长51.6%;医疗卫生支出10.45亿元,增长45.1%;环境保护支出3.67亿元,下降7.7%;交通运输支出5.71亿元,增长92.2%;住房保障支出1.64亿元,增长69.8%;城乡社区事务支出11.73亿元,增长4.8%;农林水事务支出27.24亿元,增长21.0%。

3. 物价指数

全年物价总水平逐月攀升,特别是农副产品价格上涨明显。全年居民消费价格(CPI)累计增长3.6%。八大类商品和服务价格全面上涨,食品上涨5.5%,其中粮食上涨14.1%,油脂上涨6.4%,蛋上涨5.8%,鲜菜上涨15.2%,干鲜瓜果上涨17.4%;烟酒及用品上涨2.5%;医疗保健和个人用品上涨3.6%;娱乐教育文化用品及服务上涨2.1%;居住上涨4.8%。

4. 固定资产投资

全社会完成固定资产投资1 010亿元,增长26.5%。规模以上固定资产投资652.85亿元,增长23.6%,是"十五"末的4.4倍。民间投资发展较快。全年民间投资(不含房地产开发投资)完成433.44亿元,增长21.6%,是"十五"末的6.7倍,"十一五"年递增46.3%,高于全市固定资产投资年均增速12.1个百分点;占全市固定资产投资的66.4%,比"十五"末提升23.3个百分点。

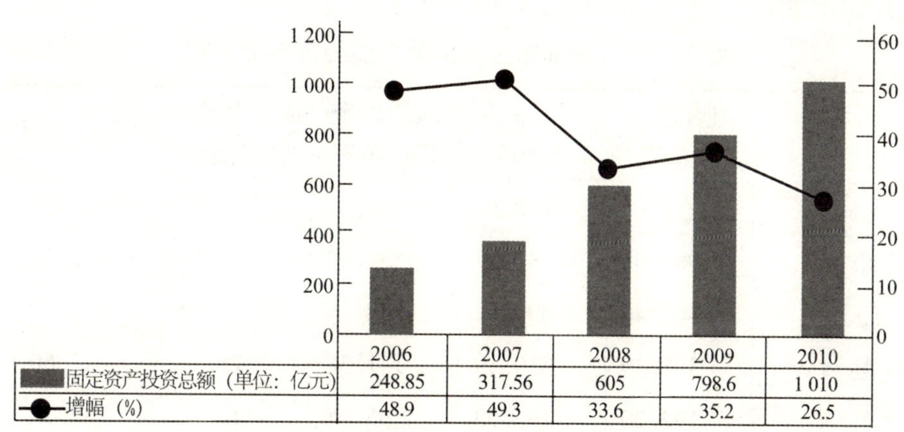

	2006	2007	2008	2009	2010
固定资产投资总额（单位：亿元）	248.85	317.56	605	798.6	1 010
增幅（%）	48.9	49.3	33.6	35.2	26.5

图3－164　2006－2010年宿迁市全社会固定资产投资及增长幅度

工业投资是投资增长的主力。全年完成工业投资441.91亿元,增长33.7%,是"十五"末的7.9倍。其中,能源工业完成9.63亿元,增长3.5%;原材料工业完成59.20亿元,增长39.4%;机电工业完成119.78亿元,增长42.3%;轻纺工业完成24.49亿元,增长28.9%。

5. 区县经济

2010年,宿迁区县经济发展迅速,差异进一步减小,格局得到优化。宿迁市区、沭阳县、泗阳县、泗洪县全年完成地区生产总值占全市的比重调整为35.94%、28.99%、18.06%和17.01%。

2010年,宿迁市区共完成地区生产总值382.40亿元,较上年有大幅度提升。其中,宿城区紧紧围绕"全市第一方阵、苏北区级领先"的奋斗目标,以科学发展观总揽全局,充分发扬"铸造精气神,亮剑第一"精神,攻坚克难,开拓创新,全区经济较快增长,经济总量进一步提升。全年全区实现地区生产总值150.7亿元,比上年增长13.8%。其中第一产业实现增加值16.2亿元,增长5.3%;第二产业实现增加值77.24亿元,增长16.4%;第三产业实现增加值57.26亿元,增长13.1%。

2010年,沭阳县抢抓江苏沿海开发和长三角区域一体化发展的历史机遇,围绕"自加压力争第一、狠抓落实促跨域"这一主题,紧扣"工业强县、投资拉动"两条主线,突出"项目推进、城市建设、农村发展、要素集聚、和谐构建"五大重点,在更高起点上推动沭阳经济社会更好更快发展,超额完成"十一五”规划的各项目标任务。全县经济活力不断增强,社会事业明显进步,民生改善成效显着,和谐社会稳步推进,为“十二五”时期经济社会实现更大突破奠定了良好基础。全年实现地区生产总值(GDP)288.49 亿元,增长 13.9%。其中,第一产业增加值 57.33 亿元,增长 4.2%;第二产业增加值 129.36 亿元,增长 18.1%;第三产业增加值 101.8 亿元,增长 14.6%。按常住人口计算,人均地区生产总值 18 607 元,增长 23.9%;按户籍人口计算,人均地区生产总值 15 759 元,增长 20.6%。

2010 年,泗阳县全面实施“六大战略”,切实做到加快发展、科学发展、和谐发展,全面小康建设进程明显加快,有多项经济指标增速在全省县(市)排名中靠前,其中:农民人均纯收入、居民储蓄存款余额增长速度在全省 50 个县(市)名列第一,城镇居民人均可支配收入增长速度名列第二。

2010 年,泗洪县紧紧围绕全市争第一、苏北争一流的“双争”目标,解放思想,锐意进取,综合经济实力国民经济持续快速增长,地方财力再上新台阶。全年实现地区生产总值 181 亿元,比上年增长 13.6%。其中第一产业增加值 41.30 亿元,增长 6.0%;第二产业增加值 73.31 亿元,增长 17.2%,第二产业中工业增加值 57.21 亿元,增长 21.9%;第三产业增加值 66.39 亿元,增长 15.5%。全县人均地区生产总值 19 991 元,比上年增长 17.4%,全县产业结构比例为 22.8: 40.5: 36.7。全年实现财政总收入 31.59 亿元,比上年实绩(下同)增长 51.7%,其中:一般预算收入 13.26 亿元,增长 37.2%。财政总支出 40.95 亿元,增长 40.7%,其中一般预算支出 29.75 亿元,比上年增长 30.9%。财政收入占地区生产总值的比重达 17.5%,比上年提高 3.9 个百分点。

表 3-17　宿迁市区县部分主要经济指标一览

县市	地区生产总值(亿元)	工业总产值(亿元)	城镇固定资产投资(亿元)	地方财政一般预算收入(亿元)	进出口总额(亿美元)	社会消费品零售总额(亿元)
宿迁市	1 064.09	1 137.37	554.92	89.57	12.20	289.38
宿迁市区	382.40	493.62	238.24	37.55	7.10	116.49
沭阳县	308.49	319.19	141.38	26.26	1.60	81.43
泗阳县	192.20	192.93	95.68	12.51	2.24	46.97
泗洪县	181.00	131.62	79.61	13.26	1.26	44.50

(二)农业

2010 年全市实现农林牧渔业总产值 325.91 亿元,增长 13.3%。种植业平稳发展。全年农作物播种面积 1 055.94 万亩,增长 0.7%,播种面积达到历史最高水平。粮食播种面积 856.02 万亩,增长 1.4%,占总播种面积的 81.1%,连续四年保持在 80% 以上。粮食总产 365.55 万吨,增长 1.8%;粮食亩产 427 公斤,增长 0.5%,亩产和总产连续 5 年保持增长势头。林牧渔业平稳发展。全市新增植树 1 368万株,成片造林面积 4.4 万亩,建成高标准农田林网 20 万亩。年末生猪存栏 160.77 万头,增长 3.9%;全年生猪出栏 257.27 万头,增长 6.5%。产业化带动禽类养殖迅速发展。年末家禽存栏 3 568.95万羽,增长 38.3%;年内家禽出栏 7 764.35 万羽,增长 55.8%。全年肉类总产量 31.36 万吨,增长 20.3%。禽蛋总产量 12.62 万吨,增长 7.5%。水产品总产量 24.73 万吨,增长 1.6%。

高效农业发展态势良好。全市新增高效农业面积、高效渔业面积分别达 41.4 万亩和 15.7 万亩,分别完成年度目标的 103.5% 和 104.7%;新增设施农业面积 20.7 万亩,占新增高效农业面积的 50%,完成年度目标的 103.5%。区域产业特色更加凸显。食用菌、三大水禽养殖带、沭阳西北片花木区、泗洪西南岗奶牛和肉牛养殖、宿沭一级路及宿城区南罗路沿线设施蔬菜产业带、湖滨新城鲜切花

基地、宿城区古黄河生态农业示范园等一批特色产业带(区)规模快速扩张,产业集聚程度明显提高,高效农业区域化、规模化、特色化更加明显。

农业产业化进程明显加快。宿豫区"江苏益客食品有限公司"、沭阳县"江苏双汇肉类食品集团有限公司"、泗阳县"宿迁梦园农产品加工有限公司"、泗洪县"宝迪食品工业园"和宿城区"宿迁粮食物流发展有限公司"等一系列规模大、带动力强的龙头企业,为全市高效农业的发展增添了强劲动力。全市新认定市级以上龙头企业 20 个。其中国家级 1 个,省级 4 个。152 家市级以上龙头企业 2010 年合计实现销售收入 134.5 亿元。

(三)工业和建筑业

近年来,宿迁市努力在外引内培中推动工业经济转型升级,加快新型工业化步伐。2010 年,全市规模以上企业达到 2 476 家,其中销售超亿元的 157 家,分别是"十五"末的 3.9 倍和 6.8 倍,苏酒集团成为全市第一家销售过百亿的企业;规模以上工业实现增加值 284 亿元,比上年增长 22.5%,是"十五"末的 2.8 倍,增速连续 6 年位居全省第一。

支柱产业优势明显。全市酿酒食品、纺织服装、木材加工和机械电子等四大支柱产业完成增加值 195.51 亿元,占全市规模以上工业增加值的 69.2%。以洋河酒厂股份有限公司为代表的酿酒食品业发展迅速,全年完成增加值 88.43 亿元,增长 28.0%,占规模以上工业总量的 31.3%,比上年提高 1.0 个百分点,对全市工业增长的贡献率达 34.7%。以浙江天能电池(江苏)有限公司为代表的机械电子业异军突起,全年实现工业增加值 24.80 亿元,增长 30.0%,高于全市平均增速 7.5 个百分点。

骨干企业队伍发展壮大。全市拥有大中型企业 60 户,其中大型企业 5 户。销售收入超亿元企业 160 户,是 2005 年的 6.6 倍。其中苏酒集团销售收入超百亿元,德顺纺织、彩塑包装、绿陵化工、翔盛粘胶、南钢金鑫轧钢、天能电池、长江润发等 7 户企业销售收入超 10 亿元。

建筑业稳步发展。年末全市有列统建筑业企业 327 家,增长 22.9%;全年完成建筑业总产值 290.3亿元,增长 33.1%;竣工产值 191.37 亿元,增长 21.9%;房屋建筑施工面积 2 699.82 万平方米,增长 22.0%;房屋建筑竣工面积 1 297.50 万平方米,增长 15.0%。其中住宅竣工面积 979.5 万平方米,增长 19.6%。

(四)服务业

1. 国内贸易

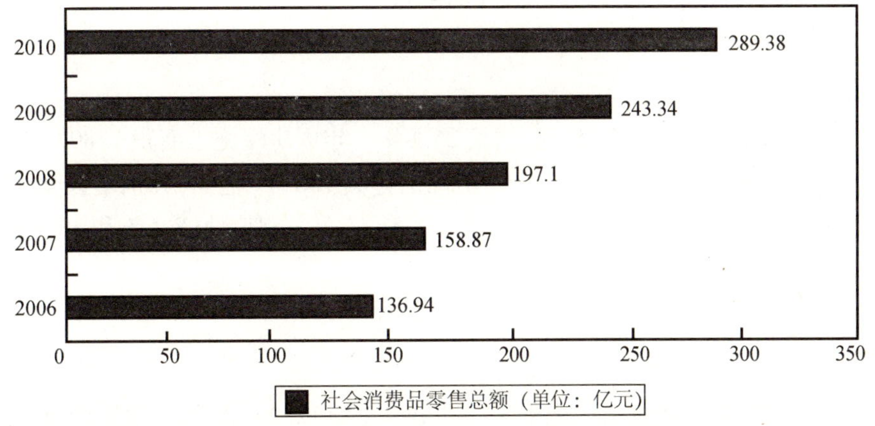

图 3－165　2006－2010 年宿迁市社会消费品零售总额及增长幅度

全年实现社会消费品零售总额 289.38 亿元,增长 20.2%,比"十五"末增长 1.7 倍。城乡市场保持良好增势。其中城镇实现 213.56 亿元,增长 20.8%;乡村实现 73.19 亿元,增长 14.4%。消费结构升级步伐加快。汽车销售持续快速增长,全年实现零售额23.70亿元,增长33.0%,比“十五”末增长2.0倍;家用电器类实现零售额7.3亿元,增长38.3%,比“十五”末增长89.2%,;化妆品类、金银珠宝类、家具类零售额增幅均达到50%以上。先后建成义乌国际商贸城、淮海建材城、海宁皮革城、国际汽配城、红利来建材大市场等专业市场。

2. 交通运输、邮政通讯业

邮政通迅快速发展。全年全市完成邮政通讯业务收入27.99亿元,增长8.0%。其中电信业务收入25.90亿元,增长6.4%;邮政业务收入2.09亿元,增长32.4%。年末固定电话用户124万户,移动电话用户302万户,发送移动短信20亿条。征订报刊3 853.91万份,下降10.6%;邮政快递85.29万件,增长69.6%;发送函件1 013.52万件,下降6.2%。

交通运输能力进一步提高。全年旅客运输总量11 498万人次,增长16.9%;旅客运输周转量107.52亿人公里,增长27.2%。货运量8 302万吨,增长8.5%。货物运输周转量135.76亿吨公里,增长4.8%。港口货物吞吐量1 416万吨,增长2.1%。交通运输持续增长,有力地支持了地方经济发展。

3. 旅游业

全年实现旅游总收入35.06亿元,增长20.2%。其中旅游外汇收入2 375.21万美元,增长11.5%。全年接待国内游客490.42万人次,增长14.7%;接待入境过夜游客2.78万人次,增长7.3%;全市4A级以上景区年接待人数98.39万人次,增长26.4%。

4. 金融和保险业

金融运行态势良好。2010年宿迁市被评为“中国金融生态城市”。交通银行在宿迁市设立分支机构,设立泗阳、泗洪、宿豫东吴村镇银行,村镇银行实现县域全履盖,江苏银行、东吴村镇银行网点逐步增加。民丰银行成功改制为农村商业银行。年末全市共有银行机构21家,比2005年增加11家。金融机构各项存款余额810.59亿元,比年初增加203.50亿元。各项贷款余额625.61亿元,比年初增加159.51亿元。其中工业贷款余额162.12亿元,增加53.70亿元;农业贷款余额162.24亿元,增加32.85亿元;房地产贷款余额21.00亿元,增加2.88亿元;个人消费贷款余额182.28亿元,增加48.92亿元。

保险事业发展较快。年末全市有23家保险公司,全年保费收入22.44亿元,增长39.0%。其中财产险收入7.41亿元,寿险收入15.03亿元,分别增长35.2%和42.1%;保险赔付5.24亿元,增长3.1%。其中财险赔付3.83亿元,寿险赔付1.41亿元。

5. 房地产业

全年房地产开发完成投资147.63亿元,增长25.8%。年内房屋施工面积1 809.18万平方米,增长14.4%。商品房屋销售面积590.89万平米,实现销售额158.44亿元,分别增长9.4%和28.7%。其中住宅销售面积500.18万平方米,实现销售额123.31亿元,分别增长8.6%和30.9%。

(五)开放型经济

1. 对外经济

进出口贸易和利用外资快速增长。全年实现进出口总额12.20亿美元,增长95.8%,是“十五”末的8倍。其中出口9.14亿美元,增长70.8%;全市新批外商投资企业51家,协议注册外资3.2亿美元,增长20.5%;实际到账外资1.85亿美元,增长61.9%,是“十五”末的5.6倍。

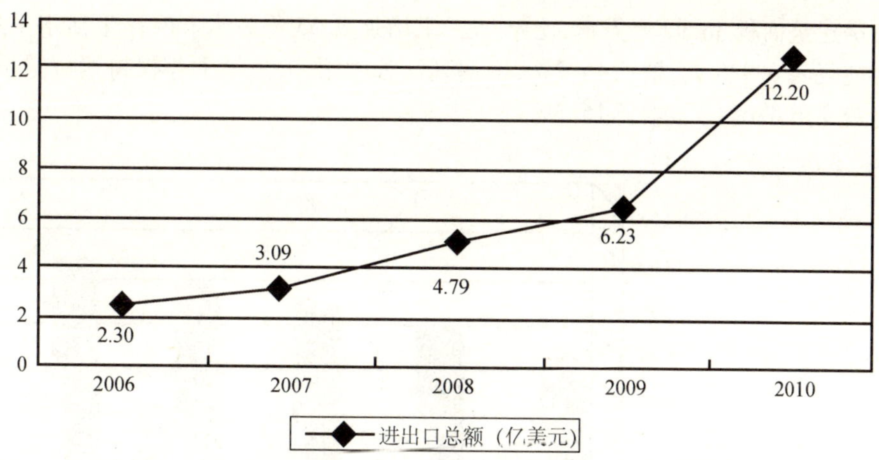

图 3－166　2006－2010 年宿迁市外贸进出口总额情况

(2)开发区建设

宿迁市把开发区作为工业经济的主战场，以共建园区为载体深化与苏州的挂钩合作，各县区开发区全部获批为省级开发区，与苏州合作共建工业园区 6 家。2010 年，全市开发区共实现业务总收入 775.4 亿元、财政总收入 78.2 亿元，分别是“十五”末的 9.5 倍和 18.1 倍。

载体建设更加完备。进一步加大基础设施投入，优化园区环境，2010 年末开发区面积 181.25 平方公里，比“十五”末扩大了 2.4 倍。全年完成基础设施投入 40.18 亿元，重点投向道路、电力和市政建设工程，标准化厂房、供热、供气工程均有序推进，园区承载能力进一步提升。年末全市开发区拥有 14 个污水处理厂，公交线路 26 条、422 班次，各类学校 20 所，医院 15 所，各类物流及配套企业 522 家，新建公共租赁房屋 18.8 万平方米，公用配套服务、生活服务等功能得到明显增强。

进区项目快速增长。2010 年内园区新开工项目 288 家，增长 25.2%。其中亿元以上项目 175 个，比上年增加 78 个。截止“十一五”末，各开发区进区项目累计 2 958 个。年内开工建设的“群星高科技”、“斯迪克电子粘胶材料”和“金腾裕工贸”等 9 个项目计划投资均超过 10 亿元，项目呈现单体规模大、科技含量高、带动能力强等新特点。

综合实力进一步增强。年末开发区有投产企业 2 314 个，比“十五”末新增 1 436 个，初步形成了以“宿迁食品产业园”为代表的 7 个省级特色产业园，5 个省特色产业基地和 1 个省新型工业化产业示范基地。龙头企业队伍不断壮大。全年产值超亿元企业有 129 家，占全市 80.1%，比上年增加 44 家；亿元企业实现产值 362.77 亿元，增长 83.3%，占开发区工业产值的 52.8%。

3. 民营经济

始终把创业作为发展之源、富民之本，在全社会大力弘扬创业文化，落实引导扶持政策，激发全民创业热情，获得“中国创业之城”称号。截至 2010 年底，全市个体工商户、私营企业分别达到 16.2 万户和 2.9 万家，比“十五”末净增 7.8 万户和 1.56 万家。

二、宿迁市 2010 年社会发展概况

(一)人口、人民生活

全市年末居民总户数 148.5 万户，户籍人口 546.28 万人。全年人口自然增长率 8.6‰。男女性别比 106.82(女＝100)。

城市居民生活水平进一步提高。全年城镇居民人均可支配收入 12 757 元，增长 4.3%。全年城市居民人均消费支出 9 256 元，增长 15.6%。恩格尔系数由“十五”末的 40.0%降到 37.2%。年末城

市居民人均住房建筑面积36.92平方米,比“十五”末增加0.53平方米。农民生活水平进一步提高。全年农民人均纯收入6 975元,增长15.2%,增幅列江苏省第一,连续七年保持两位数增长。全年农民人均生活消费支出4 684元,增长16.3%。

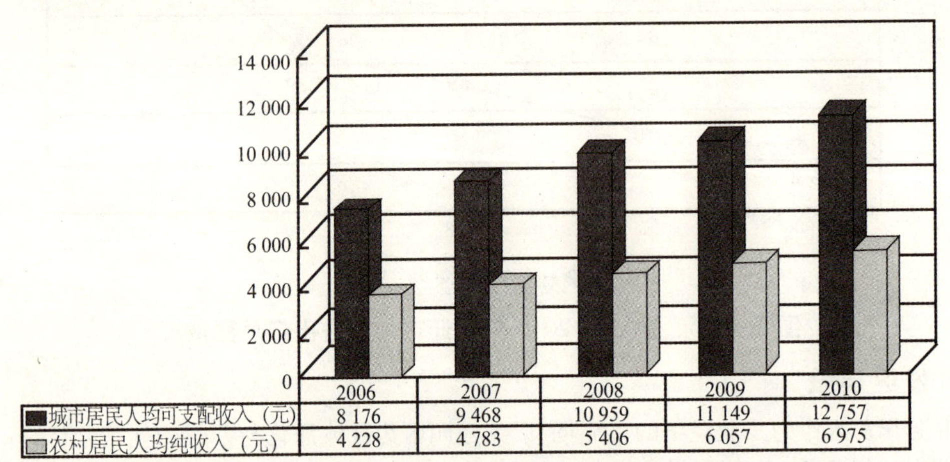

	2006	2007	2008	2009	2010
城市居民人均可支配收入(元)	8 176	9 468	10 959	11 149	12 757
农村居民人均纯收入(元)	4 228	4 783	5 406	6 057	6 975

图3-167　2006-2010年宿迁市城乡居民收入对比一览

(二)就业、社会保障

坚持以创业带动就业,城镇新增就业3.72万人,失业人员实现再就业1.16万人,城镇登记失业率3.0%,新转移农村劳动力13.6万人。

着力构建广覆盖、保基本、多层次、可持续的社会保障安全网,2010年,城镇养老、医疗、失业、工伤、生育五项保险参保人数分别达到26.6万人、39.1万人、26万人、26.7万人和19.9万人,新农保参保人数达到180万人,城乡居民医保参保率均稳定在98%以上,实现了市域范围医保“一卡通”。以危旧片区改造为抓手,强化住房保障,五年累计新开工经济适用房21 078套,新增廉租房2 954套,建设拆迁安置房549万平方米,2010年当年实施危旧片区改造拆迁189万平方米,符合条件的城市低收入住房困难家庭全部纳入住房保障范围。以助困、助学、助老、助残为重点,努力解决弱势群体的实际困难。2010年,城乡低保标准提高到每人每月230元和155元,累计发放低保金2.65亿元、物价补贴3 148万元;农村五保集中和分散供养标准提高到每人每年2 900元和2 300元,集中供养率提高到64%。持续实施脱贫攻坚工程,五年累计有88.6万农村贫困人口实现脱贫,特别是泗洪西南岗脱贫攻坚工作取得了关键性突破。

(三)科学技术与创新

科技事业全面发展。全年R&D经费占GDP比重0.65%,比上年提升0.06个百分点;高新技术工业企业134家,比上年净增27家。专利授权量509件,增长89.2%,增幅居苏北首位。其中发明专利授权31件,增长1.4倍;实用新型专利授权317件,增长85.4%;外观设计专利授权161件,增长89.4%。科技进步贡献率达到41%。

高新技术产业增长迅猛。全市高新技术企业实现产值71.55亿元,增长76.5%;高新技术企业产值占规模以上工业总量的6.6%,比上年提高1.7个百分点。软件与服务外包产业快速发展,软件园区新增企业64家,投产运营企业244家;全年实现主营业务收入10.67亿元,是上年的2.1倍;6个软件园吸纳就业人员4 346人,增加1 931人。其中从事科技活动研发人员3 150人,增加1 528人。

(四)教育和文化

稳步推进教育现代化建设,投入260万元建成市级教育城域网,泗阳县率先通过省教育现代化建设评估验收。民办教育总资产累计达30.4亿元,有10所民办学校达三星级以上标准,位居全省第一。学前教育新增省优质园48所,3~5岁幼儿入园率93.5%;初中毕业生升学率98.3%,连续6年保持苏北第一。高考本科达线连续2年突破万人规模,宿迁学院本科在校生超过1.4万人。中职在校生增加到12.3万人,普职比调整到4.3∶5.7,新一轮中高职高水平示范性实训基地建设走在全省前列。新增劳动力人均受教育年限提高到13年。

连续举办创业文化节、西楚文化节。吴印咸艺术陈列馆建成开放,市艺术学校、孝慈少儿京剧艺术团挂牌成立。以宿迁大学生村官为原型拍摄的电影《青春路上》产生良好影响,文学艺术创作取得丰硕成果。整合组建宿迁报业、广电两大集团,实现乡镇文化站全达标、农家书屋全覆盖、有线电视村村通。

(五)卫生和体育

加强公共卫生及医疗服务体系建设,有效组织甲型H1N1流感、手足口病等医疗救治;市人民医院创成三级乙等医院,新建二级医院10所,完成108家乡镇卫生院建设任务,为848个村卫生室配置了基本设备;建立居民健康档案316万份。加强计生服务体系建设,新改建村级计生服务室1 385个,县区及乡镇世代服务中心全部投入使用。2010年底全市医疗卫生资产达41.86亿元,增长27.8%,人均卫生资产766元;全市卫技人员总数13 929人,增长10.3%,千人拥有卫技人员2.55人;医疗机构床位12 283张,增长11.9%,千人拥有床位2.25张。

广泛开展全民健身活动,参加第十七届省运会实现金牌、奖牌、总分全面翻番,成功承办全国体育总会秘会长工作会议及全国百城市自行车总决赛等大型赛事。

(六)城乡建设

到2010年底,全市城市化率达到41%,比"十五"末提高9.5个百分点。市区建成区面积扩大到65平方公里,人口突破60万,相当于五年再建一个新城区。完善城市长效管理机制,荣获"中国城市管理进步奖"。三个县城初步达到中等城市规模,沭阳县城人口超过50万。小城镇配套集聚功能明显增强,农民集中居住区累计新建住房12.8万套。

沭阳、泗阳、泗洪三个县城全面拓展了新的空间,配套建设了一批重要的公共基础和商贸服务设施,形成了自身的特色形象。累计新增新型农贸市场150万平方米、商业街区100万平方米、居住小区250万平方米。启动建设农民集中居住区798个。有序推进中国人居环境奖城市、国家节水型城市创建工作,市区中运河水环境治理和泗洪县上塘镇村庄整治项目通过江苏省人居环境范例奖专家组考核。获得"国家园林城市"授牌。

徐宿淮高速、宿邳一级公路、市区南二环等高等级公路建成通车,京杭运河泗阳、刘老涧、皂河三座船闸建成通航,宿淮铁路、宿新高速、205国道、245省道、325省道等重点交通工程任务过半,新改建农村道路3 816公里,所有行政村全部贯通水泥路,全市公路总里程突破1万公里,其中高速公路207公里。

实施南水北调截污导流工程,新改扩建污水处理厂14座,铺设配套污水管网1 109公里,全市污水日处理能力达到35.5万吨,超额完成"十一五"主要污染物减排任务。新沂河整治、淮北大堤加固、中心城市第二水源地等重点水务工程全面完成。电网最大网供负荷由2005年的53.5万千瓦增加到2010年的130.7万千瓦。

大力开展农村环境综合整治,累计疏浚县乡河道4 859公里、整治河塘1.1万面,解决了137.6万农村人口饮水安全问题,完成改厕 17.1 万户,完成 300 个村居环境综合整治任务,17 个村居创建成为省级农村环境综合整治示范村。

(七)环境保护和生态建设

节能减排取得新成效。2010 年万元 GDP 能耗 0.758 吨标煤,比"十五"末下降 6.5%;单位工业增加值能耗 0.781 吨标煤,比"十五"末下降 60.4%;规模以上工业万元产值能耗 0.17 吨标煤,比"十五"末下降 71.2%。实施南水北调截污导流工程,新改扩建污水处理厂 14 座,新建污水处理厂 6 个、电厂脱硫工程 1 个,铺设配套污水管网 1 109 公里,全市污水日处理能力达到 35.5 万吨,超额完成"十一五"主要污染物减排任务。

持续推进城乡绿化,全市森林覆盖率 5 年提高 7 个百分点,城市绿化覆盖率、绿地率分别提高 2.52个和 2.77 个百分点,人均公共绿地面积净增 2.34 平方米,成功创建为"国家园林城市"。

三、挑战与目标

在总结成绩的同时,也清醒地看到,全市经济社会生活中还存在一些不容忽视的问题。特别是经济总量小、均量低的状况还没有根本改变;经济结构不尽合理,产业层次依然不高,新兴产业刚刚起步,现代服务业发展相对滞后,自主创新能力亟待提升;中心城市辐射带动功能仍需进一步增强,统筹城乡一体化发展还需迈出更大步伐;社会保障标准相对较低,一些群众生活比较困难,改善民生任重道远;影响社会和谐稳定的因素仍然较多。同时,少数部门的服务意识有待进一步增强,办事效率有待进一步提高,形式主义、官僚主义和消极腐败现象在少数人身上仍不同程度地存在。对这些问题,应予以高度重视,并在今后的工作中切实加以解决。

到 2015 年,宿迁市将实现全面小康。人均地区生产总值达到 42 000 元左右,超过全国平均水平,年均增长 14.8%;财政一般预算收入达到 270 亿元左右,年均增长 25%;城镇居民人均可支配收入、农民人均纯收入分别达到 24 500 元和 12 700 元左右。

2011 年是"十二五"规划的开局之年,也是全面建成小康社会、实现宿迁发展更大突破的起步之年。综合考虑各方面因素,2011 年全市经济发展的主要预期目标是:地区生产总值增长 14%;财政一般预算收入增长 25%;500 万元以上固定资产投资、进出口总额、实际到账外资均增长 30%;规模以上工业增加值增长 20% 以上;社会消费品零售总额增长 18%;研发经费支出占地区生产总值比重达到 0.8%;节能减排完成省定目标。

四、宿迁市在长三角地区经济发展中的地位

2010 年,宿迁市上下深入贯彻科学发展观,紧紧围绕"全面奔小康、建设新宿迁"的奋斗目标,始终保持"我能、我行、我成功"的精神状态,解放思想,锐意进取,地区生产总值和固定资产投资双双突破千亿大关,财政收入 2 年连跨百亿台阶,主要经济指标增速居全省前列,规模以上工业增加值、社会消费品零售总额等 9 项经济指标增速居全省首位,在长三角地区经济发展中的地位有所提升,有望冲出低谷。

2006 - 2010 年宿迁市地区生产总值在长三角所占比重为 0.95%、0.96%、1.03%、1.14% 和 1.23%,已连续 3 年占比明显增加,累计增幅为 0.28 个百分点。2010 年宿迁市地区生产总值在长三角地区 25 个市(苏浙两省 24 个地级市和上海市,下同)排名与上年保持一致,排名第 22 位,仍比较靠后。

2006 - 2010 年宿迁市地方财政一般预算收入在长三角所占比重为 0.44%、0.55%、0.66%、0.80% 和 0.94%,继续保持稳定增长的态势,累计增幅为 0.50 个百分点。2010 年宿迁市地方财政一般预算收入在长三角地区 25 个市排名与上年保持一致,排名第 22 位,仍比较靠后,亟需较大的提升。

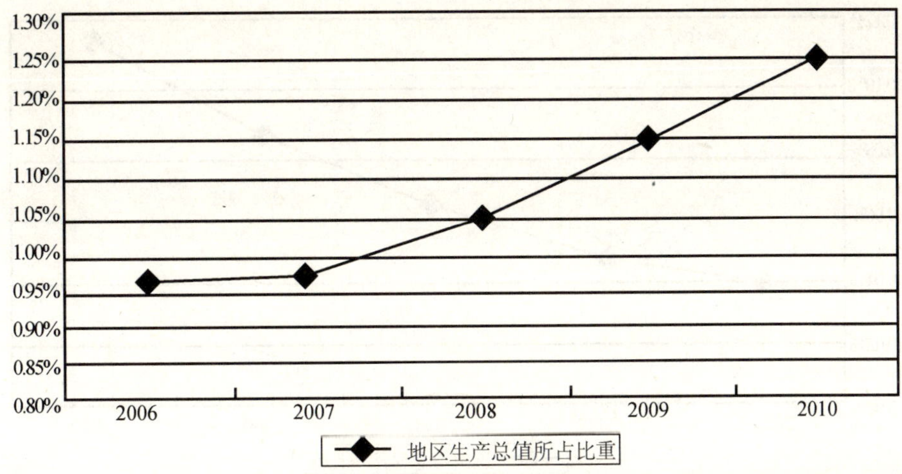

图 3－168　2006－2010 年宿迁市地区生产总值在长三角所占比重的变化趋势

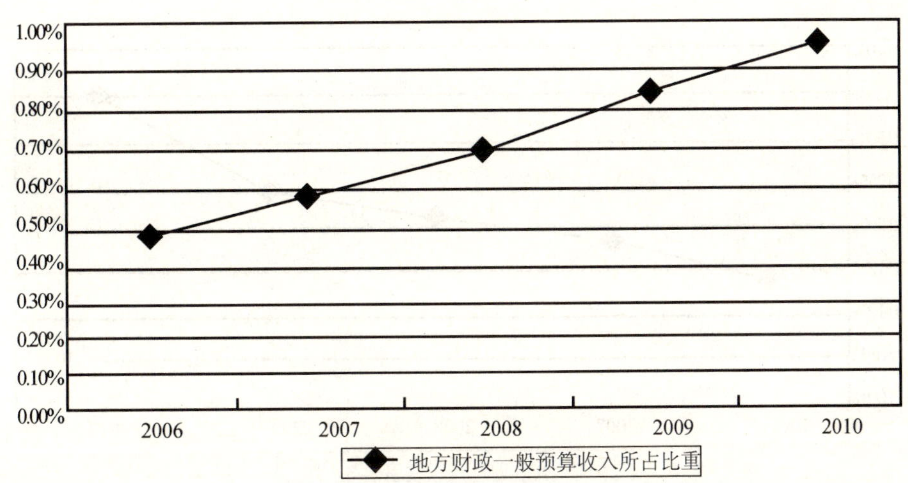

图 3－169　2006－2010 年宿迁市地方财政一般预算收入在长三角所占比重的变化趋势

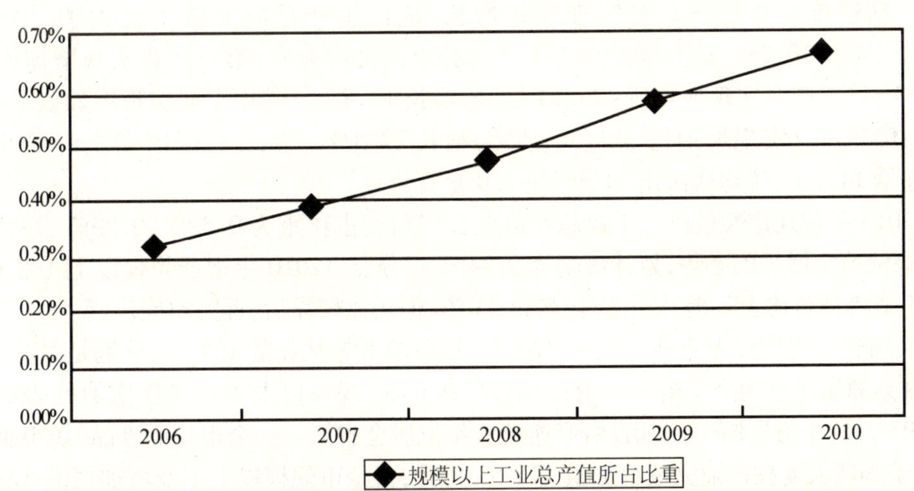

图 3－170　2006－2010 年宿迁市规模以上工业总产值在长三角所占比重的变化趋势

2010 年全市实现财政总收入 205.76 亿元，增长 58.0%，是“十五”末的 8.0 倍，“十一五”翻了三番，年递增 51.4%。实现地方一般预算收入 89.57 亿元，增长 42.0%，是“十五”末的 6.5 倍，“十一五”年递增 45.4%。

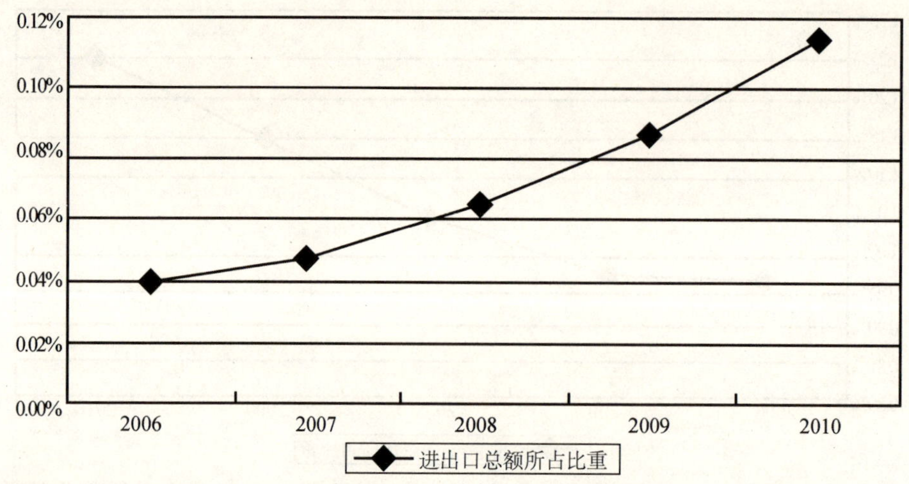

图3-171　2006-2010年宿迁市进出口总额在长三角所占比重的变化趋势

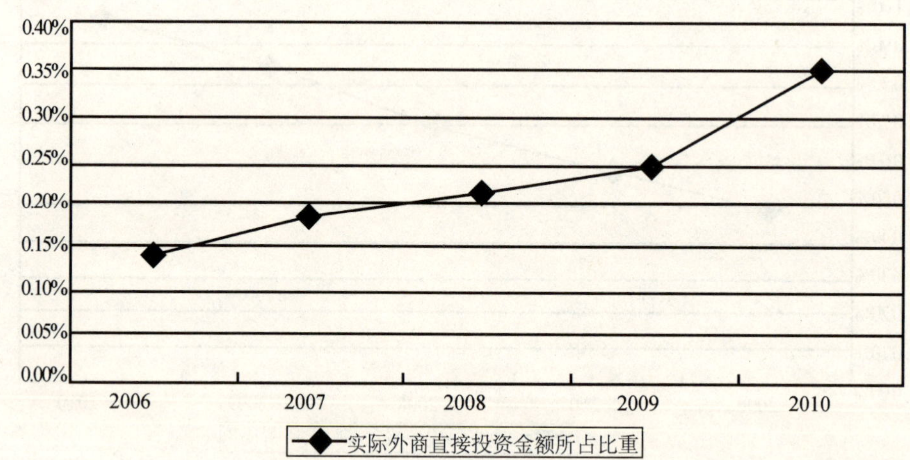

图3-172　2006-2010年宿迁市实际外商直接投资金额在长三角所占比重的变化趋势

2010年,宿迁市全年经济总量实现较快增长,地区生产总值突破千亿大关。全市GDP达1 064.09亿元,增长19.2%,比上年提升5.7个百分点。分产业看,第一产业实现增加值181.69亿元,增长5.3%;第二产业实现增加值479.14亿元,增长17.5%。其中工业实现增加值386.37亿元,增长19.3%;第三产业实现增加值354.38亿元,增长13.1%。"十一五"时期全市GDP累计增长93.7%,年递增14.1%,年均增速比"十五"快2.0个百分点。

2006-2010年宿迁市规模以上工业总产值在长三角所占比重为0.32%、0.39%、0.45%、0.57%和0.66%,保持稳定增长的态势,累计增幅为0.34个百分点。2010年宿迁规模以上工业总产值在长三角地区25个市排名比上年提升一位,排名第23位,但仍比较靠后,提升空间广阔。

2010年,宿迁市规模以上企业达到2 476家,其中销售超亿元的157家,分别是"十五"末的3.9倍和6.8倍,苏酒集团成为全市第一家销售过百亿的企业;规模以上工业实现增加值284亿元,比上年增长22.5%,是"十五"末的2.8倍,增速连续六年位居全省第一。全市酿酒食品、纺织服装、木材加工和机械电子等四大支柱产业完成增加值195.51亿元,占全市规模以上工业增加值的69.2%。以洋河酒厂股份有限公司为代表的酿酒食品业发展迅速,全年完成增加值88.43亿元,增长28.0%,占规模以上工业总量的31.3%,比上年提高1.0个百分点,对全市工业增长的贡献率达34.7%。以浙江天能电池(江苏)有限公司为代表的机械电子业异军突起,全年实现工业增加值24.80亿元,增长30.0%,高于全市平均增速7.5个百分点。

2006-2010 年宿迁市进出口总额在长三角所占比重为0.04%、0.04%、0.06%、0.08%和0.11%，所占比重虽然不大但保持较快增长的态势,2010 年占比已近2006 年的3 倍。2010 年宿迁进出口总额在长三角地区 25 个市排名与上年保持一致,排名第 25 位,仍为倒数第一,此种局面亟需改善。

2010 年,宿迁市进出口贸易快速增长。全年实现进出口总额 12.20 亿美元,增长 95.8%，是"十五"末的倍。其中出口 9.14 亿美元,增长 70.8%；

2006-2010 年宿迁市地实际外商直接投资金额在长三角所占比重为 0.15%、0.18%、0.21%、0.24%和0.34%，所占比重虽然不大但保持较快增长的态势,2010 年占比已比 2006 年翻了一番。2010 年宿迁实际外商直接投资金额在长三角地区 25 个市排名比上年提升二位,排名第 20 位,但仍需继续努力,提升空间广阔。

2010 年,宿迁市外资项目规模不断扩大,全市新批外商投资企业 51 家,协议注册外资 3.2 亿美元,增长 20.5%；实际到账外资 1.85 亿美元,增长 61.9%，是"十五"末的5.6 倍。

第三章　浙江省及各市2010年经济社会发展报告

2010年，浙江省人民在党中央、国务院和中共浙江省委的领导下，高举中国特色社会主义伟大旗帜，坚持以邓小平理论和“三个代表”重要思想为指导，深入贯彻落实科学发展观，认真执行中央宏观调控政策，全面实施“八八战略”和“创业富民、创新强省”总战略，扎实推进“全面小康六大行动计划”，全省经济社会协调发展，人民生活不断改善，各项事业加快推进，科学发展水平明显提高，全面小康社会建设取得丰硕成果。

一　浙江省2010年经济社会发展总报告

一、浙江省2010年经济发展概况

(一)综合经济

1. 经济总量

2010年，全省生产总值为27 722亿元，比上年增长20.6%。其中第一产业增加值1 360.56亿元，第二产业增加值14 297.93亿元，第三产业增加值12 063.82亿元。三次产业增加值结构由2005年的6.7：53.4：39.9调整为2010年的5.0：51.9：43.1。

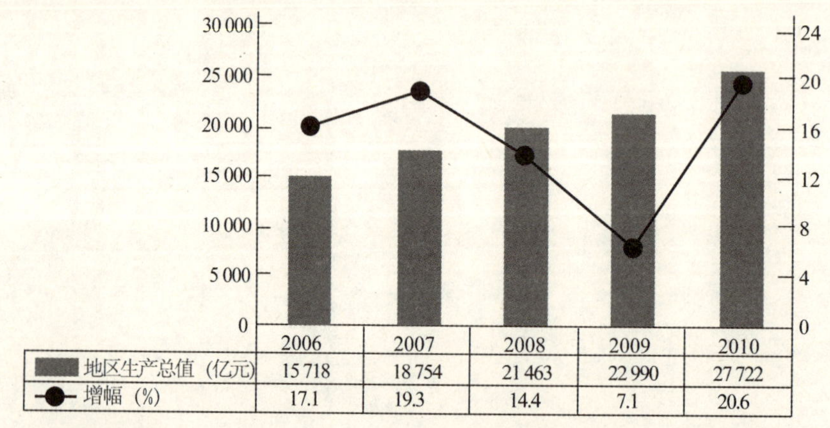

图3－173　2006－2010年浙江省地区生产总值及增长速度

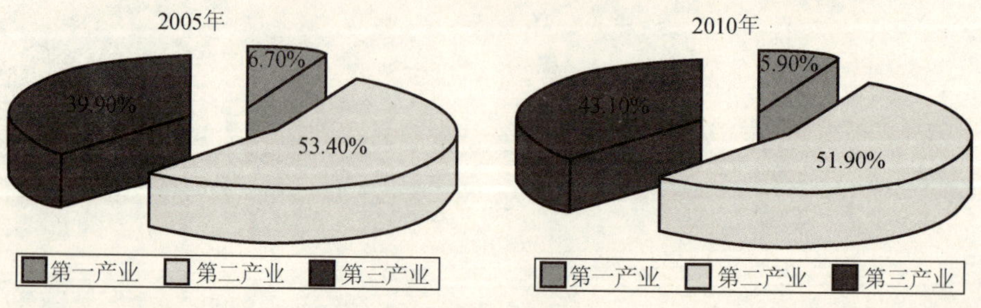

图3－174　2005年和2010年浙江省三次产业结构图

表 3-18　2010 年浙江省各地区主要经济指标

城　市	年末总人口（万人）	生产总值（亿元）	全社会固定资产投资（亿元）	出口总额（亿美元）	财政总收入（亿元）
杭州	689.12	5 949.17	2 753.13	353.37	353.37
宁波	574.08	5 163.00	2 193.28	519.67	519.67
嘉兴	341.60	2 300.20	1 488.26	160.41	160.41
湖州	259.98	1 301.73	719.98	58.61	58.61
绍兴	438.91	2 795.20	1 245.56	210.89	210.89
舟山	96.77	644.32	413.84	69.37	69.37
温州	786.80	2 925.04	925.98	145.43	353.37
金华	466.65	2 110.04	772.80	121.88	519.67
其中:义乌	73.98	619.91	206.20	28.63	160.41
衢州	251.24	755.48	481.80	12.05	58.61
台州	583.14	2 426.45	950.24	139.63	210.89
丽水	259.65	663.29	320.38	13.49	69.37

2. 财政收支

2010 年，浙江省财政一般预算总收入 4 895 亿元，比上年增长 18.8%，地方一般预算收入 2 608 亿元，增长 21.7%，增速分别比上年提高 8.3 和 10.9 个百分点。

3. 物价指数

浙江省 2010 年居民消费价格比上年上涨 3.8%，其中居住类上涨 6.0%，食品类上涨 7.3%；商品零售价格上涨 3.9%，农业生产资料价格上涨 2.9%，工业品出厂价格上涨 6.2%，原材料、燃料、动力购进价格上涨 12.0%，固定资产投资价格上涨 4.7%。

表 3-19　2010 年浙江省居民消费价格指数变动情况

（上年 =100）

	全　省	城　市	农　村
居民消费价格总指数	103.80	104.00	103.70
食品	107.30	107.50	107.00
#粮食	114.30	115.20	113.40
烟酒及用品	100.70	101.10	100.50
衣着	99.30	98.50	100.10
家庭设备用品及服务	100.40	101.30	99.70
医疗保健及个人用品	105.40	105.40	105.30
交通和通信	100.30	100.60	100.00
娱乐教育文化用品及服务	101.60	101.50	101.60
居住	106.00	106.40	105.50

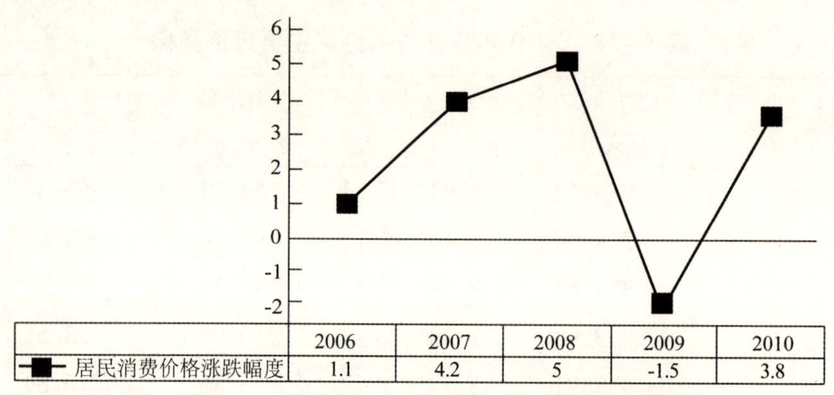

	2006	2007	2008	2009	2010
居民消费价格涨跌幅度	1.1	4.2	5	-1.5	3.8

图 3－175　2010 年浙江省居民消费价格涨跌幅度

4. 固定资产投资

2010 年,浙江省全社会固定资产投资 12 376 亿元,比上年增长 15.2%,其中限额以上投资11 564 亿元,增长 16.7%;限额以上非国有控股投资 7 615 亿元,增长21.6%,占全部限额以上投资的65.9%。

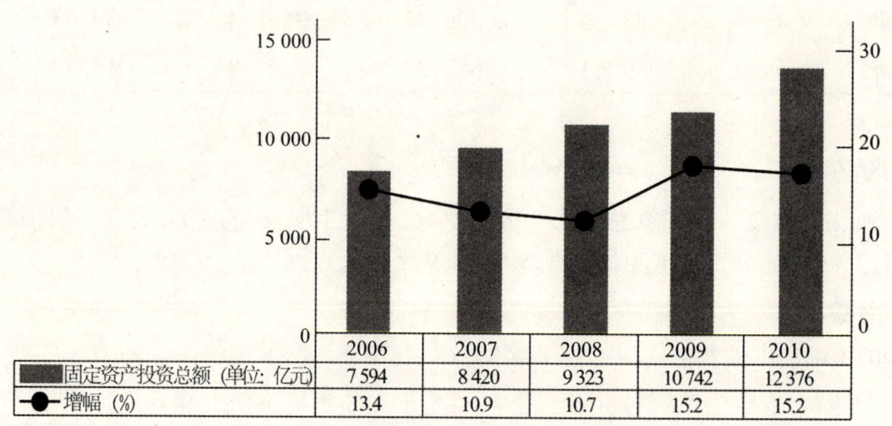

	2006	2007	2008	2009	2010
固定资产投资总额(单位:亿元)	7 594	8 420	9 323	10 742	12 376
增幅(%)	13.4	10.9	10.7	15.2	15.2

图 3－176　2006－2010 年浙江省全社会固定资产投资及增长幅度

在限额以上固定资产投资中,第一产业投资 60.3 亿元,比上年增长 5.3%;第二产业投资 4 698 亿元,增长 9.6%,其中工业投资 4 650 亿元,增长 9.3%;第三产业投资 6 806 亿元,增长 22.4%。全年限额以上投资项目 31 780 个,比上年增长 6.2%,其中,新开工项目 16 963 个,增长 6.6%。

(二)农业

2010 年,粮食播种面积和单产分别比上年下降 1.1% 和 1.3%,粮食总产量为 770.67 万吨,下降 2.3%,其中晚稻总产量为 584.71 万吨,下降 2.4%。主要经济作物播种面积保持稳定。其中,油料播种面积 208.75 千公顷,比上年下降 0.7%;蔬菜 618.59 千公顷,与上年持平;棉花播种面积 20.8 千公顷,比上年增长 3.5%。

畜牧业生产形势好转,渔业生产增幅明显。全年肉类总产量为 175.13 万吨,比上年增长 2.8%;省内渔业产量 461.4 万吨,增长 7.4%,其中海水捕捞产量 282.1 万吨,海水养殖产量 82.6 万吨,淡水产品产量 96.7 万吨。

现代农业继续发展。全年净增有效灌溉面积 3.5 千公顷,新增旱涝保收面积 3.9 千公顷。农业机械总动力 2 428 万千瓦,比上年增长 2.0%。

表 3-20　2010 年浙江省主要农产品产量

指标名称	绝对数(万吨)	比上年增长(%)
粮食	770.67	1.80
春粮	59.07	6.90
秋粮	648.16	0.20
早稻	63.44	14.30
油料	39.47	4.80
油菜籽	33.26	4.80
花生	5.37	3.70
棉花	2.94	-0.40
糖料	74.29	-4.80
茶叶	16.27	3.10
水果	701.31	-4.70
蔬菜	1 788.81	2.30

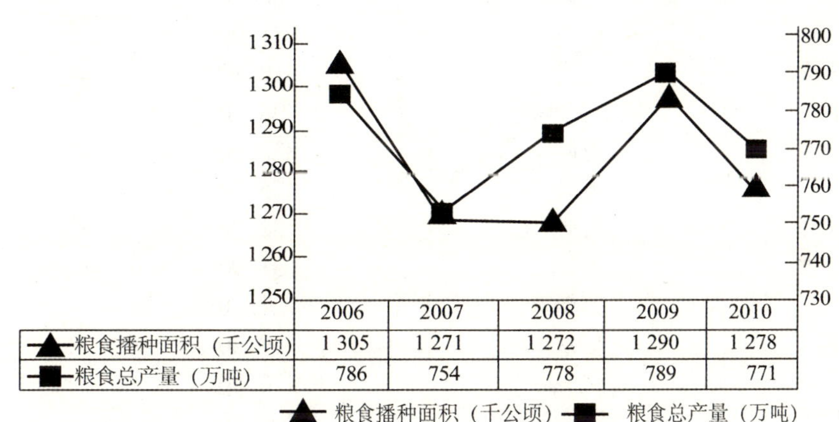

图 3-177　2006-2010 浙江省年粮食播种面积和总产量

(三)工业和建筑业

1. 工业增加值

2010 年,浙江省规模以上工业增加值 10 397 亿元,增长 16.2%,轻、重工业增加值分别增长 14.6%和 17.4%。规模以上工业销售产值 50 368 亿元,增长 30.2%。国有及国有控股工业企业增加值 1 811 亿元,比上年增长 11.6%。规模以上工业企业完成出口交货值 10 683 亿元,增长 27.6%;出口交货值占销售产值的比重为 21.2%,比上年下降 0.4 个百分点。

规模以上工业企业新产品产值为 10 143 亿元,比上年增长 42.9%,新产品产值率为 19.6%,比上年提高 1.7 个百分点。制造业中,高新技术产业增加值 2 396 亿元,比上年增长 18.5%,占规模以上工业的比重为 23%。汽车产量为 31.9 万辆,增长 15.2%,其中轿车产量为 27.4 万辆,增长 25%。

全年规模以上工业企业实现利润 3 003.6 亿元,比上年增长 47.3%。其中,国有及国有控股企业 368.2 亿元,增长 27.3%;股份制企业 322.1 亿元,增长 24.5%;外商及港澳台投资企业 944.3 亿元,增长 53.8%;私营企业 1 090.4 亿元,增长 54.2%。工业企业产品销售率 97.5%,比上年下降 0.3 个百分点。

表 3-21　2010 年浙江省规模以上工业增加值

指标名称	绝对数(亿元)	比上年增长(%)
工业增加值总计	10 397	16.20
在总计中:轻工业	4 443	14.60
重工业	5 954	17.40
在总计中:国有企业	857	11.90
有限责任公司	1 641	14.20
股份有限公司	859	12.20
私营企业	4 252	18.40
港澳台商投资企业	1 187	17.70
外商投资企业	1 476	16.30
在总计中:国有及国有控股企业	1 811	11.60

表 3-22　2010 年浙江省主要工业产品产量

产品类型	单位	绝对数	比上年增长(%)
纱	万吨	214.90	12.60
布	亿米	159.00	14.50
化纤	万吨	1 366.10	21.20
卷烟	亿支	851.00	5.80
房间空调器	万台	510.80	80.40
发电量	亿千瓦小时	2 496.20	14.00
钢材	万吨	2 832.60	19.80
水泥	万吨	11 275.30	5.40
化肥(折 100%)	万吨	32.70	-26.40
汽车	万辆	31.90	15.20
#轿车	万辆	27.40	25.00
集成电路	亿块	30.40	-54.40
电子元件	亿只	476.80	27.40
移动电话机	万台	2 406.10	-2.80
微型电子计算机	万台	157.30	76.40

表 2-23　2010 年浙江省各市规模以上工业总产值

单位:亿元

地区	规模以上工业总产值
杭州市	11 079.65
宁波市	10 618.74
嘉兴市	5 102.85
湖州市	2 666.53
绍兴市	6 797.19
舟山市	979.05
温州市	4 494.87
金华市	3 411.79
衢州市	1 087.12
台州市	3 630.80
丽水市	1 139.07

2010 年，浙江省规模以上工业企业新产品产值 10 142.8 亿元，同比增长 42.9%，增幅比全部规模以上工业高 12.2 个百分点。新产品产值率为 19.6%，比去年同期提高 1.7 个百分点。新产品对全省规模以上工业总产值增长的贡献率为 25.1%，拉动规模以上工业总产值增长 7.7 个百分点。

浙江省还力争将工业龙头企业做大做强。2010 年，浙江省规模以上工业企业主营业务收入 49 251.1亿元，同比增长 29.6%，增幅比去年同期提高 28.1 个百分点。

其中，全年主营业务收入超过 1 000 亿的企业 1 家；主营业务收入在 100 亿到 1 000 亿之间的企业 18 家，比去年同期增加 5 家；主营业务收入在 10 亿到 100 亿之间的企业 552 家，增加 135 家；主营业务收入在 1 亿到 10 亿之间的企业 7 588 家，增加 1 586 家。

19 家超百亿企业的主营业务收入合计为 4 238.6 亿元，同比增长 32.3%，对工业主营业务收入增长的贡献率为 9.2%。主营业务收入在 10 亿到 100 亿之间的企业收入合计为 12 872.7 亿元，增长 32.1%，贡献率为 27.8%。

2. 建筑业指标

2010 全年建筑业增加值 1 633 亿元，比上年增长 17.4%。资质以上建筑企业利润总额 355 亿元，比上年增长 29.4%；税金总额 385 亿元，增长 31.4%。

2010 年新签合同额全国第一。2010 年浙江省总承包和专业承包资质建筑业企业本年新签合同额 13 073 亿元，居全国各省（市、区）第一位，占全国的比重为 12.1%。位居第二、三位的分别是江苏（12 130 亿元）和北京（6 969 亿元）。

建筑业总产值全国第二。2010 年浙江省总承包和专业承包资质建筑业企业建筑业总产值11 860 亿元，居全国第二位，占全国的比重为 12.5%。居第一位的是江苏，为 12 323 亿元；居第三位的是山东，为 5 495 亿元。

在省外完成的产值全国第一。2010 年江苏省建筑业企业在省外完成的产值 5 721 亿元。在省外完成产值超过 3 000 亿的省（市）分别是浙江、江苏（4 473 亿）和北京（3 265 亿）。

（四）服务业

1. 国内贸易

2010 年，社会消费品零售总额 10 163 亿元，比上年增长 19.0%，扣除价格因素，实际增长 14.5%。其中，城镇消费品零售额 8 932 亿元，比上年增长 19.2%；乡村消费品零售额 1 231 亿元，增长 17.9%。分行业看，批发零售贸易业零售额 9 105 亿元，增长 19.2%；住宿餐饮业零售额 1 058 亿元，增长 17.0%。

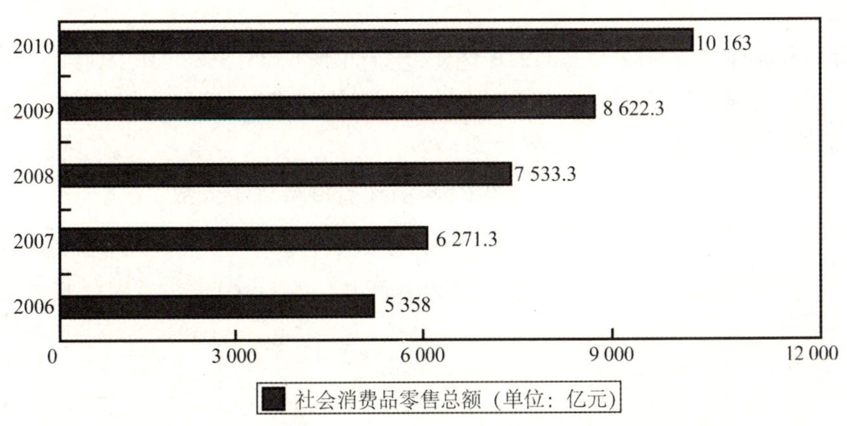

图 3－178　2006－2010 年浙江省社会消费品零售总额

在限额以上批发零售贸易业销售额中,汽车类零售额比上年增长37.2%,石油及制品类增长33.6%,食品饮料烟酒类增长14.4%,服装、鞋帽、针纺织品类增长25.3%,中西药品类增长18.3%,家用电器和音像器材类增长22.2%,日用品类增长21.2%,金银珠宝类增长52.8%,通讯器材类增长42.7%,家具类增长24.2%。

至2010年末浙江全省有商品交易市场4 146家,全年有形市场成交额12 717亿元,比上年增长18.4%。成交额超亿元的市场675个,超十亿元的市场202个,超百亿元的市场22个。

2. 交通运输、邮政通讯业

2010年,交通运输、仓储和邮政业增加值为1 041亿元,比上年增长13.9%。

全年铁路、公路和水运完成货物周转量7 112亿吨公里,比上年增长25.7%;旅客周转量1 251亿人公里,增长8.5%。港口完成货物吞吐量11.2亿吨,增长8.0%,其中,沿海港口完成7.8亿吨,内河港口完成3.4亿吨,分别增长9.1%和5.3%。

表3-24　2010年浙江省铁、公、水路完成运输量

	单　位	绝对数	比上年增长(%)
货物周转量	亿吨公里	7 112	25.70
铁路	亿吨公里	342	5.80
公路	亿吨公里	1 299	9.30
水运	亿吨公里	5 471	31.90
旅客周转量	亿人公里	1 251	8.50
铁路	亿人公里	363	24.50
公路	亿人公里	882	3.30
水运	亿人公里	6	-19.00
沿海港口货物吞吐量	亿吨	7.80	9.10

浙江省2010全年邮政通讯业务总量1 972.0亿元,比上年增长18.3%。其中,邮政业务总量57.4亿元,电信业务总量1914.6亿元。

全年本地电话交换机容量3 062万门,比上年减少48万门。移动电话交换机容量8 666万户,比上年增加693万户。年末本地电话用户1 998.5万户,其中城市电话用户1 213万户,农村电话用户785.5万户;移动电话用户5047万户,全年新增611万户。年末全省互联网用户数为3670万户。

(3)旅游业

2010全年浙江省实现旅游总收入3 312.6亿元,比上年增长25.3%。其中,接待国内旅游者2.95亿人次,增长20.8%,实现国内旅游收入3 045.5亿元,增长25.7%;接待入境旅游者685万人次,增长20%,实现旅游外汇收入39.3亿美元,增长21.9%。

表3-25　2006-2010年浙江省接待旅游人数

年　份	入境旅游人数(万人次)	国内旅游人数(亿人次)
2006	427	1.61
2007	511	1.91
2008	540	2.09
2009	571	2.44
2010	685	2.95

4. 金融、证券和保险业

2010 年末,金融机构本外币各项存款余额 54 478 亿元,比上年末增长 20.8%,其中人民币存款余额增长 20.5%。全部金融机构本外币各项贷款余额 46 939 亿元,比上年末增长 19.7%,其中人民币贷款余额增长 19.2%。年末城乡居民本外币储蓄存款余额 21 094 亿元,比上年末增长 16.1%。

表 3－26　2010 年浙江省全部金融机构本外币存贷款情况

指　　标	年末数(亿元)	比上年增长(%)
各项存款余额	54478	20.80
其中:企业存款	20047	19.40
储蓄存款	21094	16.10
其中:人民币	20612	15.60
各项贷款余额	46939	19.70
其中:短期贷款	26045	20.10
中长期贷款	18800	22.70

全年新增上市公司 56 家,其中境内上市 45 家,境外上市 11 家。到 2010 年末,全省共有境内上市公司 186 家,位居全国第三,累计融资 1 820 亿元;其中中小板上市公司 91 家,占全国中小板上市公司总数的 17.1%,位居全国第二;创业板上市公司 16 家,占全国创业板上市公司总数的 10.5%。全省现有境外上市公司 56 家,累计融资 490 亿元。

全年保险业实现保费收入 834.4 亿元,比上年增长 29.3%。其中,财产险公司保费收入 334.5 亿元,比上年增长 30.9%;人身险公司保费收入 499.9 亿元,增长 26.2%。支付各类赔款及给付 216.1 亿元。其中,财产险公司赔付支出 147.5 亿元,人身险公司赔付支出 68.6 亿元。

5. 房地产业

2010 全年浙江省房地产开发投资 3 030 亿元,比上年增长 34.4%。商品房销售额 4 449 亿元,增长 2.6%。

(五) 对外经济

1. 对外贸易

2010 年,浙江省进出口总额为 2 535.3 亿美元,比上年增长 35%,其中进口 730 亿美元,增长 33.4%;出口 1805 亿美元,增长 35.7%,出口占全国的比重从上年的 11.1% 提高到 11.4%。

表 3－27　2010 年浙江省进出口主要分类情况

	绝对数(亿美元)	比上年增长(%)
进出口总额	2 534.70	35.00
出口额	1 804.80	35.70
#一般贸易	1 450.10	36.00
加工贸易	330.10	32.50
#机电产品	791.30	42.60
#高新技术产品	147.40	49.20
进口额	730.60	33.40
#一般贸易	494.30	31.90
加工贸易	157.60	34.00
#机电产品	163.20	37.20

月度出口规模创历史新高。月均出口150.4亿美元,其中7月当月出口180.4亿美元创历史新高。主要出口市场全面恢复,欧盟仍为第一大贸易伙伴。新兴市场出口份额稳步提高,东盟成为第三大出口市场。机电产品、高新技术产品出口比重提高,能源资源类等初级产品进口增加,外贸结构得到优化。

表3-28 2010年浙江省对主要市场进出口情况

国家或地区	出口额(亿美元)	比上年增长(%)	进口额(亿美元)	比上年增长(%)
欧盟	483.20	34.00	93.80	45.80
东盟	110.10	37.00	68.70	54.70
美国	304.60	32.10	61.20	51.30
日本	105.50	18.50	100.00	26.40
俄罗斯	51.10	81.10	12.20	0.70
韩国	45.40	27.80	63.50	8.60
中国香港	64.40	43.20	2.50	15.30
中国台湾	20.10	52.50	101.80	31.40

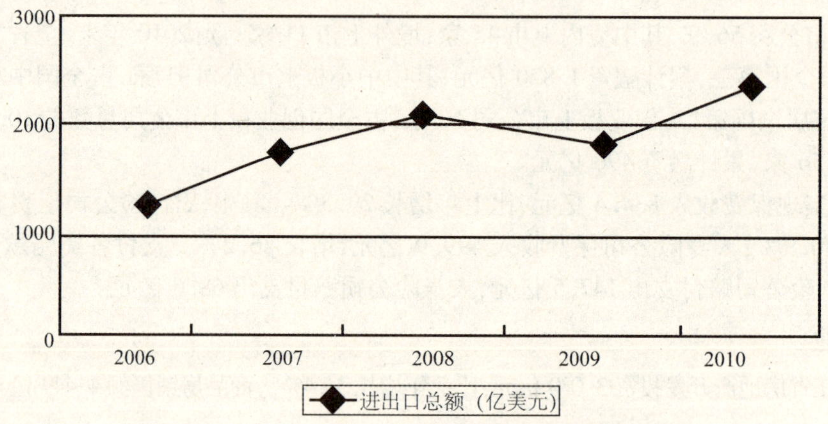

图3-179 2006-2010年浙江省外贸进出口总额

2. 外资状况

表3-29 2010年浙江省各市实际使用外资金额

单位:万美元

地　区	实际使用外资金额
杭州市	435 627
宁波市	232 336
嘉兴市	160 994
湖州市	91 905
绍兴市	95 327
舟山市	6 719
温州市	17 574
金华市	35 263
衢州市	6 237
台州市	13 206
丽水市	3 751

2010年浙江省新批外商直接投资项目1 944个，比上年增加206个，合同外资200.5亿美元，实际到位外资110亿美元，分别比上年增长25.2%和10.7%。第三产业利用外资继续保持良好势头，合同外资81.1亿美元，实际外资41.4亿美元，分别比上年增长41.9%和21.8%，各占外资总额的40.5%和37.7%。

3. 对外合作

浙江省对外承包工程、对外劳务合作、对外设计咨询完成营业额29.1亿美元，比上年增长21.6%；经审批和核准的境外企业和机构共计630家，投资总额40.2亿美元，中方投资33.6亿美元，同比分别增长2.6和2.2倍。全年实际对外直接投资为26.2亿美元，继续居全国各省市第一。

二、浙江省2010年社会发展概况

（一）人口、人民生活

以2010年11月1日零时为标准时点的第六次全国人口普查数据显示，全省常住人口为5 442.69万人，与2000年第五次全国人口普查相比，十年增加765.71万人，增长16.37%，年平均增长率为1.53%。全省常住人口中省外流入人口为1 182.40万人，占21.72%。这表明十年来全省常住人口有较大幅度的增加，造成人口总量大幅增加的主要原因是省外人口的迁移流入。全省常住人口中男性人口占51.38%，女性人口占48.62%。总人口性别比（以女性为100，男性对女性的比例）为105.69，与2000年人口普查的105.57基本持平。

据对城乡住户抽样调查，浙江省城镇居民人均可支配收入27 359元，农村居民人均纯收入11 303元，扣除价格因素，分别比上年实际增长7%和8.6%。城镇居民人均可支配收入连续10年居全国第3位、农村居民人均纯收入连续26年列各省区第1位。城镇居民人均消费支出17858元，比上年实际增长3.1%；农村居民人均生活消费支出8 390元，实际增长9.4%。城镇居民家庭恩格尔系数（居民家庭食品消费支出占生活消费总支出的比重）为34.3%，比上年上升0.7个百分点；农村居民家庭恩格尔系数为35.5%，比上年下降1.9个百分点。

城乡居民居住条件继续改善，城镇居民人均住房建筑面积35.3平方米，农村居民人均居住面积58.53平方米。城乡居民家庭主要耐用消费品拥有量继续增加。

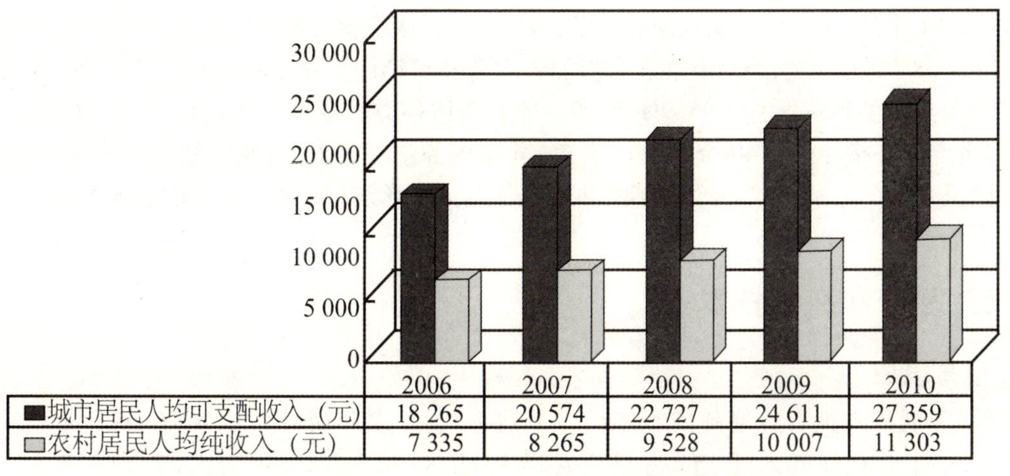

	2006	2007	2008	2009	2010
■城市居民人均可支配收入（元）	18 265	20 574	22 727	24 611	27 359
□农村居民人均纯收入（元）	7 335	8 265	9 528	10 007	11 303

图3－180　2006－2010年浙江省城乡居民收入对比一览

表3-30 2010年浙江省城乡居民每百户主要耐用消费品拥有量

消费品类型	单位	城镇居民	比上年增长(%)	农村居民	比上年增长(%)
洗衣机	台	94.26	1.50	68.34	4.10
电冰箱	台	100.36	1.20	89.43	4.80
空调器	台	186.62	3.70	78.60	12.90
摩托车	辆	25.82	0.20	53.96	-3.00
家用汽车	辆	26.43	11.90	7.79	24.90
彩色电视机	台	185.70	2.20	161.43	2.80
固定电话	部	89.13	-0.60	88.36	-1.80
移动电话	部	198.01	3.40	189.09	7.00
家用电脑	台	89.84	6.40	35.64	24.40

(二)社会保障

2010年,浙江省企业职工基本养老保险参保人数新增148万人,累计达到1 580万人,基本实现企业全覆盖;城镇职工基本医疗、居民基本医疗保险参保人数新增160万人、52万人,累计达到1 334万人、540万人;工伤、失业、生育保险参保人数分别新增134万人、80万人、105万人,累计达到1 465万人、864万人、856万人。城乡居民社会养老保险参保人数累计达到1 170万人,其中农村1 029万人,城镇141万人,已有578万人领取基础养老金。418万名被征地农民参加社会保障。社会保障待遇稳步提高。企业退休人员基本养老金达到月人均1595元,居全国省区前列。

新型农村合作医疗机制进一步完善,社会保障水平不断提高。2010年,参合人数2 965.5万人,参合率为92%,人均筹资水平237元,所有县(市、区)人均筹资全部达到185元以上。所有县(市、区)全部实行门诊统筹,最高支付限额均达到全国农民人均纯收入6倍以上,新农合政策范围内住院补偿率达41.6%,较上年提高5个百分点。其中统筹区域(县域)内报销比例达46%。第三轮参合农民健康体检率达33.9%。

社会救助工作机制进一步健全。2010年,全省在册低保对象70万人,其中城镇9万人,农村61万人,平均保障标准为城镇376.7元/月人、农村245.2元/月人。全面实施医疗分类救助模式,开展即时救助。81个县(市、区)已实现即时救助,各级共安排医疗救助资金6.03亿元,支出6.15亿元,救助困难群众58.79万人次,资助困难群众参加新农合和城镇居民基本医疗保险105.74万人。五保、“三无”对象集中供养率分别为96.9%和99.4%。新增各类养老机构床位数1.51万张,新建市、县(市、区)养老服务指导中心40个、乡镇(街道)养老服务中心313个、城市社区居家养老服务站521个、农村“星光老年之家”3 220个。年内共发行各类福利彩票73.39亿元,增长48.8%,筹集公益金21.7亿元。

(三)教育和科学技术

1.教育事业

2010年,浙江省拥有普通高校80所(含筹建1所)。全年研究生招生16 575人,在学研究生47 991人,毕业生11 156人;普通本专科招生26.01万人,在校生88.49万人,毕业生23.37万人。普通高考录取率83.8%,比上年提高1.3个百分点;高等教育毛入学率为45%,比上年提高2个百分点。各类中等职业教育(不含技工学校)招生24.15万人,在校生64.22万人,毕业生18.74万人;普通高

中招生 30.09 万人，在校生 88.02 万人，毕业生 27.37 万人；初中招生 53.2 万人，在校生 167.13 万人，毕业生 58.6 万人。初中入学率、巩固率均为 99.88%，初中毕业升高中段的比例为 97.97%，比上年提高 0.27 个百分点。小学招生 60.21 万人，在校生 333.33 万人，毕业生 54.13 万人，小学毕业生升学比例为 99.99%。义务教育入学率 99.94%，巩固率 99.94%，完成率 99.14%。特殊教育招生 1904 人，在校生 1.3 万人。全省拥有幼儿园 9 863 所，在园幼儿 183.05 万人。

2. 科技与创新

全年全社会科技活动经费支出 830 亿元，比上年增长 15.7%；相当于生产总值的 3.06%。研究和发展（R&D）经费支出相当于生产总值的比例为 1.82%，比上年提高 0.09 个百分点。财政科技投入 121.4 亿元，比上年增长 22.3%；财政科技拨款占财政支出的比重为 3.8%。

2010 年末浙江省拥有县及县以上独立的研究开发机构 147 家，省级以上重点实验室、工程技术研究中心 202 家，其中国家重点实验室 12 家，省部共建国家重点实验室培育基地 6 家，省级重点实验室（含工程技术研究中心、试验基地）136 家，省级高新技术企业研发中心 1 146 家，企业研究院 35 家，国家认定的企业技术中心 48 家，拥有省级区域科技创新服务中心（生产力促进中心）124 家，国家级示范生产力促进中心 12 家。全年专利申请 12.07 万件，专利授权 11.46 万件，分别比上年增长 11.2% 和 43.4%。全年技术市场合同登记 12 826 份，技术交易额 59.1 亿元。

2010 年末有 128 家产品质量检验机构，其中国家检测中心 24 个，产品质量、体系认证机构 5 个。有 5 881 家企业获得强制性产品认证 41 974 张，有 29 547 家企业获得了管理体系认证。法定计量技术机构 77 个，全年强制检定计量器具 111 万台件。全年测绘生产总值 15.14 亿元，测绘基础经费总投入 3.62 亿元，完成 1∶ 10 000 地形图测制与更新 1819 幅，1∶ 5 000 地形图 124 幅。

（四）文化、卫生和体育

1. 文化事业

至 2010 年末浙江省共有艺术表演团体 72 个，群艺（文化）馆、文化站 1 611 个，公共图书馆 97 个，博物馆 90 个。省市级广播电台、电视台各 12 座，县级广播电视台 66 家。广播影视业经营收入 140 亿元，比上年增长 15.7%。广播、电视综合覆盖率分别达到 99.17% 和 99.35%。有线电视用户数 1 190.74 万户，比上年增加 80.64 万户，入户率为 74.23%，全省所有乡镇和 99.3% 以上的行政村实现了有线电视联网，农村有线电视入户数 810 万余户。有 27 部影片取得公映许可证，电视剧颁发发行许可证 34 部 1 185 集，动画片颁发发行许可证 2105 集 22 410 分钟。全年城市影院共放映电影 69.35万场，观众 2 020.8 万人次，票房收入 7.15 亿元，比上年增长 69.53%。共完成 27.2 万场农村电影放映任务。

全省 14 家图书出版社，共出版图书 9 509 种，总印数 3.03 亿册；公开发行的报纸有 70 种，年发行量 32.08 亿份，平均每千人每天拥有 166 份报纸；出版期刊 219 种，年发行量 0.77 亿册。全省共有综合档案馆 98 个，已开放各类档案 10 832 个全宗，共计 221.8 万卷，159 万件。

2. 卫生事业

年末浙江省共有卫生机构 1.6 万个（不包括村卫生室），其中医院、卫生院 2 260 个。医院和卫生院床位 16.69 万张，卫生技术人员 27.74 万人，其中执业医师和执业助理医师 11.09 万人，注册护士 9.35 万人。已设置城乡社区卫生服务中心 1 349 个、服务站 7 334 个，分别完成规划目标数的 95.0% 和 82.9%。

公共卫生体系建设工作和重大传染病防控工作进一步加强。2010 年，累计报告发生甲、乙类传染病 13.5 万例，发病率为 262.77/10 万，比上年同期下降 2.94%。“五苗”接种率保持在 95% 以上。孕产妇和 5 岁以下儿童死亡率分别为 7.44/10 万和 6.07‰。

3. 体育事业

2010 年,浙江省运动健儿共取得世界冠军 6 个、亚洲冠军 36 个、全国冠军 79 个。共举办国际性体育竞赛 43 项次、全国性竞赛 87 项次、全省性竞赛 396 项次。共有 3 个县(市、区)和 146 个乡镇通过省级体育强县、强镇的检查验收。全年发行体育彩票 52.7 亿元,比上年增加 7.4 亿元,增长16.4%。

(五)城乡建设

2010 年浙江省新农村建设成效明显,实际已完成环境综合整治村 3 197 个,全省 85% 以上的村实现生活垃圾集中收集处理,74% 农户家庭实现卫生改厕,45% 村庄开展了生活污水治理。完成各类农村劳动力培训 108 万人。农家乐休闲旅游业发展较快。累计发展农家乐休闲旅游特色村(点)2 490 个,从业人员 8.77 万人,营业收入 54.43 亿元。低收入农户奔小康工程进展顺利。据对 2007 年人均纯收入低于 2 500 元的 111 万低收入农户统计监测调查,2010 年人均纯收入已达到 4 220 元。农民下山搬迁工程稳步推进,欠发达地区完成山区农民和库区移民下山搬迁累计 10.78 万户、37.2 万人。

(六)环境保护和生态建设

1. 资源保障状况良好

2010 年,浙江省水资源量为 1 403 亿立方米,比上年增加 51%。总供用水量 215.2 亿立方米。完成造林面积 104.33 万亩,其中完成人工造林 20.78 万亩;更新造林 20.5 万亩,低产低效林改造面积 38.24 万亩。年末实有封山(沙)育林面积 1 152.89 万亩,森林覆盖率为 60.58%(含灌木林)。万元 GDP 用地量从 2009 年末的 49.7 平方米/万元下降到 2010 年的 41.9 平方米/万元,单位建设用地 GDP 从 2009 年末的 13.4 亿元/万亩上升为 2010 年的 15.9 亿元/万亩。

2010 年,浙江省有气象雷达观测站点 9 个,卫星云图接收站点 25 个,区域自动气象观测站 1 225 个。全省霾平均日数 39.9 天,比上年少 6 天。32 个省控城市环境空气质量均达到二级标准占 93.8%,与 2009 年相比下降 3.1 个百分点。11 个设区城市空气质量达到二级标准天数均在 85% 以上,设区城市空气二氧化硫平均浓度为 0.029 毫克/立方米,比 2009 年下降 3.3%。到 2010 年,八大水系、运河和湖库地表水省控断面Ⅰ~Ⅲ类水质比例达到 74.3%,比 2009 年下降 0.6 个百分点,达到 2010 年度目标。全省八大水系、运河和湖库地表水省控断面高锰酸盐指数平均浓度为 3.26 毫克/升,比 2009 年下降 5.8%。2010 年,全省跨行政区域河流交接断面满足功能要求比例为 61.1%,与 2009 年相比上升了 7.4 个百分点。

2010 年末,共有县以上城市污水处理厂 96 座,建成设计能力 762.7 万吨/日。县以上城市污水处理率达到 78%,比上年提高 77.29 个百分点。生活垃圾无害化处理率 96%。

2. 能源利用效率不断提高

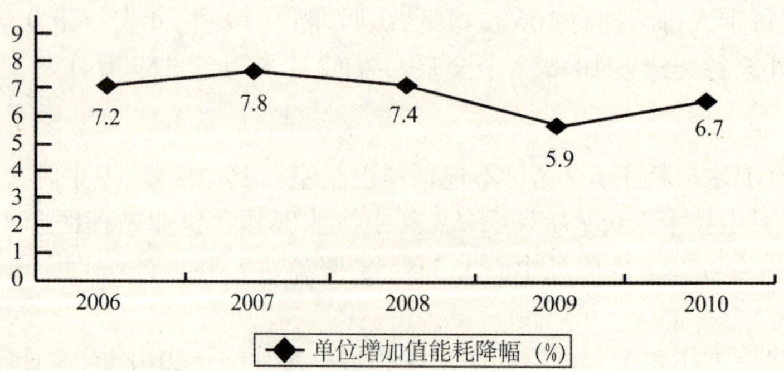

图 3-181　2006-2010 年浙江省规模以上工业单位增加值能耗下降幅度

"十一五"期间单位GDP能耗降低20%的目标任务圆满完成。全省规模以上工业单位增加值能耗同比下降6.7%；千吨以上和1311家重点用能企业能源消费比上年分别增长5.8%和5.7%，单位工业增加值能耗分别下降5.9%和3.7%。化学需氧量、二氧化硫两项主要污染物超额完成"十一五"减排任务。

3.生态文明建设成效显著

2010年，浙江省累计建成1个国家生态县、30个省级生态县、43个国家级生态示范区、7个国家环境保护模范城市、7个省级环保模范城市、238个全国环境优美乡镇。完成更名的国家级生态乡镇232个，国家级生态村9个，省级生态乡镇835个。现有全国绿色学校49所、省级绿色学校1 095所，国家级绿色社区27个、省级绿色社区561个，省级绿色企业477家，省级绿色饭店340家，省级绿色医院121家，全国绿色家庭22户、省级绿色家庭1463户。国家园林城市(县城、镇)21个，省级园林城市32个。推进城乡绿化一体化进程，对1.8万个村庄开展绿化建设，共创建省、市、县三级绿化示范村5 657个，其中省级绿化示范村1 352个。生态修复和保护工作取得阶段性成效。废弃矿山生态环境治理率由上年的80%提高到90%，生态葬法行政村覆盖率由上年的82.1%提高到83.2%。城市建成区绿化覆盖率达37.5%，人均公园绿地面积10.9平方米。2010年，新增治理水土流失面积812平方公里。全年近岸海域共发生赤潮22次，累计面积约3 682平方千米，与上年相比，赤潮发生次数和面积均有所下降。

(七)社会安全

2010年浙江省各类事故总量继续下降，连续7年实现"零增长"的目标。全年共发生各类事故26 230起、死亡6 220人、直接经济损失30 061万元，分别比上年下降7.8%、5.1%和3.3%。其中，道路交通共发生事故21 698起、死亡5 382人、受伤23 296人，分别比上年下降7.3%、5.4%和8.6%；火灾事故共发生3 773起、死亡71人，直接经济损失8 152万元，分别下降11.7%、7.8%和4.4%。

三、浙江省在长三角地区经济发展中的地位

2010年，浙江省人民在党中央、国务院和中共浙江省委的共同领导下，认真执行中央宏观调控政策，全面实施"八八战略"和"创业富民、创新强省"总战略，扎实推进"全面小康六大行动计划"，全省经济社会协调发展，人民生活不断改善，各项事业加快推进，科学发展水平明显提高，全面小康社会建设取得丰硕成果，在长三角地区经济发展中的地位得到了巩固。

按总量来讲，多年来浙江省地区生产总值在长三角地区一直位居第二位。2006－2010年浙江省地区生产总值在长三角所占比重分别为32.90%、32.95%、32.81%、31.71%和32.12%。浙江省地区生产总值在长三角占比在2008年占比略有下降后，2009年大幅下降1.1个百分点，2010年止跌上扬，较上年增加了0.41个百分点，但仍未恢复到以前水平。

2010年，在长三角地区25市(苏浙两省24个地级市和上海市，下同)地区生产总值所占比重排名的前十位中，浙江省11个地级市仅占据3席，与去年持平，有待进一步提高。

2006－2010年浙江省地方财政一般预算收入在长三角所占比重分别为28.50%、27.54%、27.44%、27.08%和27.28%，整体处于下行态势，2010年有着些许上扬，比上年增加了0.2个百分点。

2010年，浙江省地方财政一般预算收入在长三角地区两省一市的排名中，与上年保持一致，仍为第3位，未能有所改善；在长三角地区25市地方财政一般预算收入所占比重排名的前十位中，浙江省11个地级市仅占据3席，与去年持平，期待有所突破。

2006－2010年浙江省规模以上工业总产值在长三角所占比重分别为32.69%、32.31%、31.30%、29.50%和29.61%，总体上呈现下降趋势，只有2010年有小幅度回升，将累计降幅缩小到3.08个百分点。

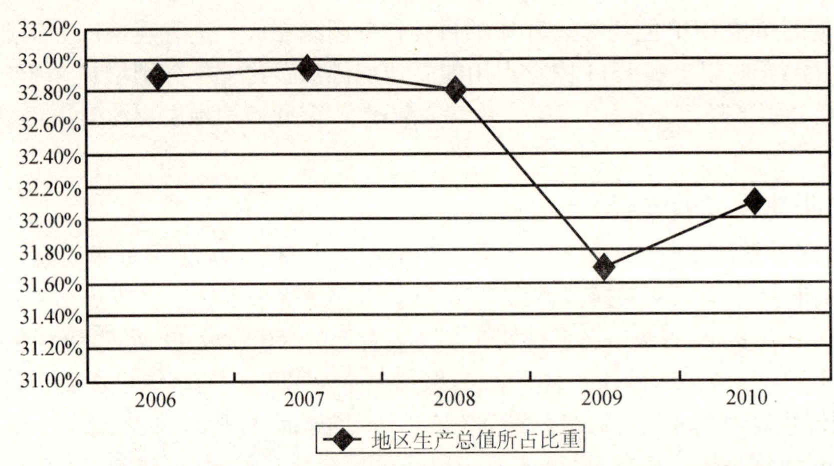

图 3－182　2006－2010 年浙江省地区生产总值在长三角所占比重的变化趋势

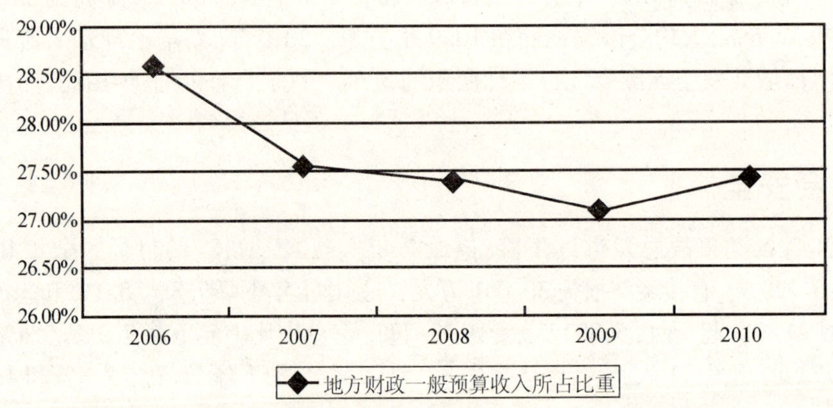

图 3－183　2006－2010 年浙江省地方财政一般预算收入在长三角所占比重的变化趋势

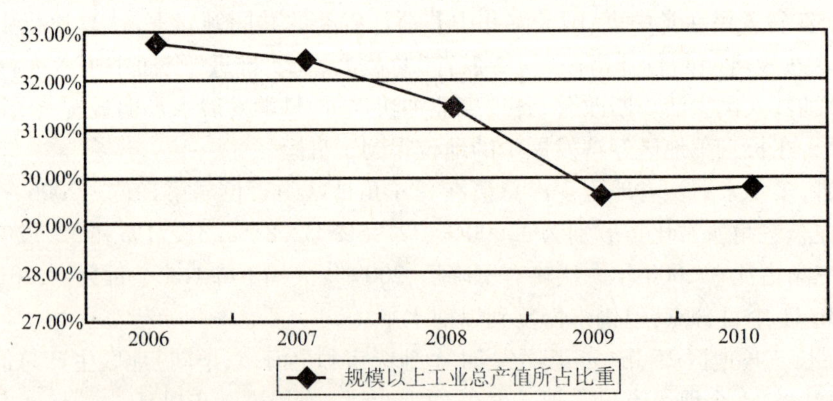

图 3－184　2006－2010 年浙江省规模以上工业总产值在长三角所占比重的变化趋势

2010 年,浙江省规模以上工业总产值在长三角地区两省一市的排名中,与上年保持一致,为第 2 位;在长三角地区 25 市地方财政一般预算收入所占比重排名的前 10 位中,浙江省 11 个地级市仍占据 3 席,与去年持平,未能有所突破,仍需继续努力。

2006－2010 年浙江省进出口总额在长三角所占比重分别为 23.29%、23.91%、25.38%、23.34%和 23.30%,在连续多年平稳增长后 2009 年出现了较大幅度的下跌,跌幅为 2.04 个百分点,2010 年止住了大幅度下滑的趋势,但仍较上年下跌了 0.04 个百分点。

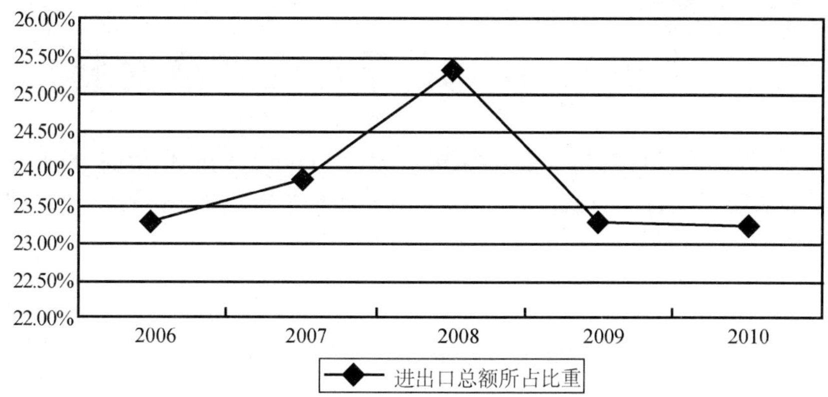

图 3－185　2006－2010 年浙江省进出口总额在长三角所占比重的变化趋势

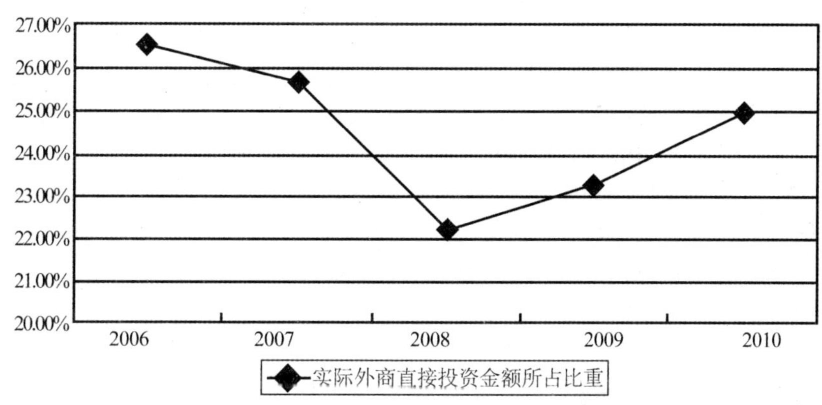

图 3－186　2006－2010 年浙江省实际外商直接投资金额在长三角所占比重的变化趋势

2010 年，浙江省进出口总额在长三角地区两省一市的排名中，与上年保持一致，仍为第 3 位，未能有所改善；在长三角地区 25 市地方财政一般预算收入所占比重排名的前 10 位中，浙江省 11 个地级市占据 4 席，与去年持平，需继续保持。

2006－2010 年浙江省实际外商直接投资金额在长三角所占比重分别为 26.59%、25.80%、22.25%、23.27% 和 25.03%，呈现"V"字型变化，但 2009 和 2010 年连续 2 年的增加，并没有达到 2008 年大幅度下跌前的水平，仍需要有较大的提升。

2010 年，浙江省实际外商直接投资金额在长三角地区两省一市的排名中，与上年保持一致，为第 2 位；但在长三角地区 25 市地方财政一般预算收入所占比重排名的前 10 位中，浙江省 11 个地级市仅占据 3 席，虽比去年多一席，但仍需继续努力，期待更大的提升。

"八八战略"具体为：

①进一步发挥浙江的体制机制优势，大力推动以公有制为主体的多种所有制经济共同发展，不断完善社会主义市场经济体制。

②进一步发挥浙江的区位优势，主动接轨上海、积极参与长江三角洲地区交流与合作，不断提高对内对外开放水平。

③进一步发挥浙江的块状特色产业优势，加快先进制造业基地建设，走新型工业化道路。

④进一步发挥浙江的城乡协调发展优势，统筹城乡经济社会发展，加快推进城乡一体化。

⑤进一步发挥浙江的生态优势，创建生态省，打造"绿色浙江"。

⑥进一步发挥浙江的山海资源优势，大力发展海洋经济，推动欠发达地区跨越式发展，努力使海洋经济和欠发达地区的发展成为我省经济新的增长点。

⑦进一步发挥浙江的环境优势，积极推进基础设施建设，切实加强法治建设、信用建设和机关效能建设。

⑧进一步发挥浙江的人文优势，积极推进科教兴省、人才强省，加快建设文化大省。

二　杭州市2010年社会经济发展

2010年,面对国际国内环境的复杂变化和国际金融危机带来的严峻挑战,杭州市上下在省委、省政府和市委的正确领导下,以科学发展观为统领,围绕全面建设小康社会、共建共享“生活品质之城”的目标,实施“六大战略”,破解“七难”问题,推进“一化七经济”,保增长、调结构、促发展、惠民生,顺利完成了市十一届人大五次会议确定的目标任务。

一、杭州市2010年经济发展概况

(一)综合经济

1. 经济总量

2010年,杭州市实现生产总值(GDP)5 949.17亿元,按可比价格计算,比上年增长12.1%,连续20年保持两位数增长。其中:第一产业增加值208.41亿元,增长2.5%;第二产业增加值2 844.07亿元,增长12.5%;第三产业增加值2 896.69亿元,增长12.3%。全市按常住人口计算的人均GDP为68 398元,按户籍人口计算的人均GDP为86 642元,分别增长9.7%和11.4%,按国家公布的2010年平均汇率折算,分别达到10 103美元和12 797美元。“十一五”时期,全市生产总值年均增长12.4%,三次产业结构由2005年的5.0∶50.8∶44.2调整为2010年的3.5∶47.8∶48.7,形成以现代服务业为主导的“三二一”产业结构。

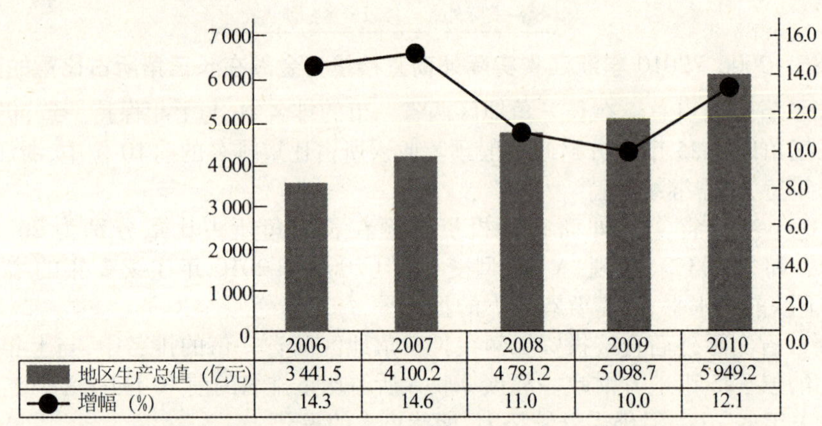

图3－187　2006－2010年杭州市地区生产总值及增长速度

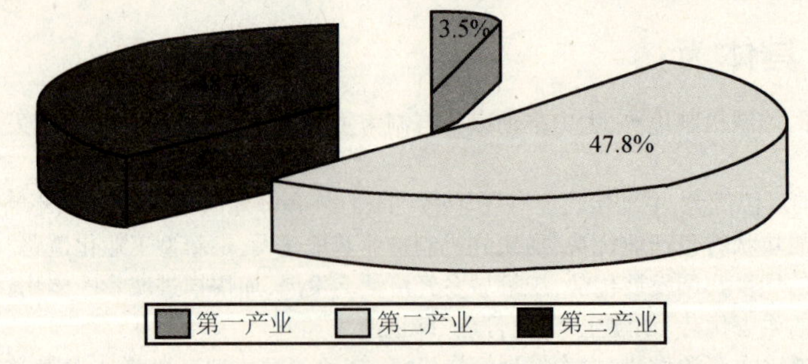

图3－188　2010年杭州市三次产业结构图

在全市生产总值中,非公有制经济所占比重已达到66%,比上年提高1.5个百分点。个体私营经济持续活跃。年末,全市共有私营企业16.17万户,增长14.7%,从业人员145.59万人,增长11.2%;

个体工商户29.88万户，从业人员65.31万人，分别增长5%和15.3%。

2. 财政收支

杭州市2010年全年完成财政总收入1 245.43亿元，比上年增长22.2%，其中地方财政一般预算收入671.34亿元，增长28.9%。在税收收入中，增值税356.92亿元，增长4.2%；营业税221.31亿元，增长25.4%；企业所得税248.08亿元，增长32.8%；个人所得税98亿元，增长22.1%。全年地方财政支出616.58亿元，比上年增长23.8%。其中：教育、科学技术支出134.73亿元，增长24.3%；社会保障和就业支出63.94亿元，增长31.7%；医疗卫生支出41.71亿元，增长28.9%；环境保护支出13.86亿元，增长42.2%；城乡社区事务支出98.29亿元，增长29%。

3. 物价指数

杭州市区居民消费价格总水平比上年上涨3.9%。八大类商品(1、食品类2、居住类3、烟酒及用品类4、衣着5、交通与通信6、医疗保健和个人用品7、家庭设备用品8、维修服务、娱乐体育文化用品及服务类)和服务项目价格呈“六升二降”格局。全市工业品出厂价格上涨4.9%；原材料、燃料、动力购进价格上涨12.1%。

表3－31 杭州市区居民消费价格指数

(上年＝100)

项　　目	2010年	2009年
市区居民消费价格指数	103.90	98.60
1. 食品	107.30	101.70
2. 烟酒及用品	101.90	100.70
3. 衣着	98.00	100.60
4. 家庭设备用品及维修服务	103.60	100.90
5. 医疗保健和个人用品	105.50	100.60
6. 交通和通信	99.80	95.20
7. 娱乐教育文化用品及服务	102.20	96.90
8. 居住	105.80	91.80

4. 固定资产投资

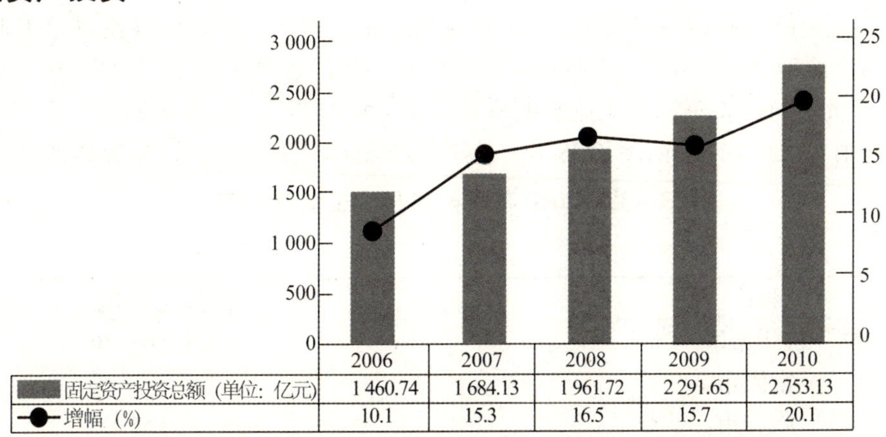

	2006	2007	2008	2009	2010
固定资产投资总额(单位：亿元)	1 460.74	1 684.13	1 961.72	2 291.65	2 753.13
增幅(%)	10.1	15.3	16.5	15.7	20.1

图3－189 2006－2010年杭州市全社会固定资产投资及增长幅度

2010年，杭州市完成全社会固定资产投资2 753.13亿元，其中限额以上固定资产投资2 651.88亿元，分别比上年增长20.1%和20.8%。在限额以上固定资产投资中，第一产业投资4.2亿元，比上年增长33.9%;第二产业投资687.58亿元,增长12.4%;第三产业投资1 960.1亿元,增长24%。

5. 区县经济

杭州都市经济圈规划正式实施。开通下沙至海宁的公交线。市外医保联网结算定点医疗机构扩大至35家。全面完成援建青川和对口支援南充、涪陵及山海协作任务,对口支援阿克苏工作全面展开。

表3-32 2010年杭州市区县主要经济指标

县 市	生产总值(亿元)	地方财政收入(亿元)	全社会固定资产投资(亿元)	出口总额(万美元)	社会消费品零售总额(亿元)
杭州市区	4 740.78	589.44	2 182.75	3 215 333	1 843.23
富阳市	415.67	32.65	191.82	78 654	87.13
临安市	287.66	16.97	108.38	85 151	73.54
建德市	189.65	12.01	78.25	76 487	48.47
桐庐县	197.93	13.08	117.29	66 139	60.87
淳安县	117.48	7.20	74.66	11 977	32.84

(二)农业

2010年,杭州市完成农林牧渔业总产值316.34亿元,比上年增长9.2%,"十一五"时期年均增长7.6%。其中,农业产值169.88亿元,林业产值32.93亿元,牧业产值70.56亿元,渔业产值34.90亿元,分别比上年增长9.1%、8.9%、9.8%和7.2%,"十一五"时期年均分别增长8.4%、7.2%、7.3%和5.2%。全年粮食总产量100.25万吨,比上年下降6.5%;水产品产量20.89万吨,肉类31.79万吨,禽蛋14.47万吨,水果77.71万吨,分别比上年增长3.0%、2.8%、1.1%和0.6%。

全年茶叶、花卉苗木、水产品、节粮型畜禽、蔬菜和竹业等"六大优势产业"实现产值179.58亿元,水果、干果、蚕桑、药材和蜂业等"五大特色产业"实现产值39.98亿元,分别比上年增长11.0%和7.8%,合计占农林牧渔业总产值比重由上年的68.7%提高到69.4%。

(三)工业和建筑业

1. 工业增加值

2010年,杭州市实现工业增加值2 500.29亿元,按可比价计算增长12.7%,"十一五"期间年均增长11.1%。实现全部工业销售产值12 821.87亿元,增长19.6%。其中规模以上工业销售产值11 114.53亿元,增长24.2%,"十一五"期间年均增长15.8%。在规模以上工业中:轻工业实现销售产值4 511.58亿元,增长20.3%,重工业实现销售产值6 602.95亿元,增长27%。全年规模以上工业实现新产品产值2 180.12亿元,增长38.8%,新产品产值率由上年的17.3%提高到19.4%。

表3-33 2010年杭州市县区工业总产值

单位:亿元

县市	工业总产值
杭州市区	1 865.46
富阳市	235.80
临安市	154.96
建德市	98.49
桐庐县	108.91
淳安县	38.47

2. 工业效益

2010 年杭州市规模以上工业企业实现主营业务收入 11 002.13 亿元，比上年增长 24.4%；实现利税 1 216.34 亿元，比上年增长 41%，其中利润 753.48 亿元，增长 51.6%。工业产品产销衔接良好，全年规模以上工业产品产销率为 98.72%。

3. 建筑业

杭州市全年实现建筑业增加值 344.18 亿元，比上年增长 10.7%，"十一五"期间年均增长 9.8%。全市有总承包和专业承包资格的建筑企业 1 331 家，完成施工产值 2 581.06 亿元，比上年增长 22.3%；房屋建筑施工面积 22 429 万平方米，增长 15.4%；房屋建筑竣工面积 7 833 万平方米，增长 18.5%。

（四）服务业

1. 国内贸易

2010 年，全市实现社会消费品零售总额 2 146.08 亿元，比上年增长 19.9%。其中城镇消费品零售额 2 074.24 亿元，增长 20%；乡村消费品零售额 71.84 亿元，增长 17.6%。分行业看，批发零售贸易业零售额 1 917.12 亿元，增长 20.1%；住宿餐饮业零售额 228.96 亿元，增长 18.4%。"十一五"时期，全市社会消费品零售总额年均增长 17.0%。

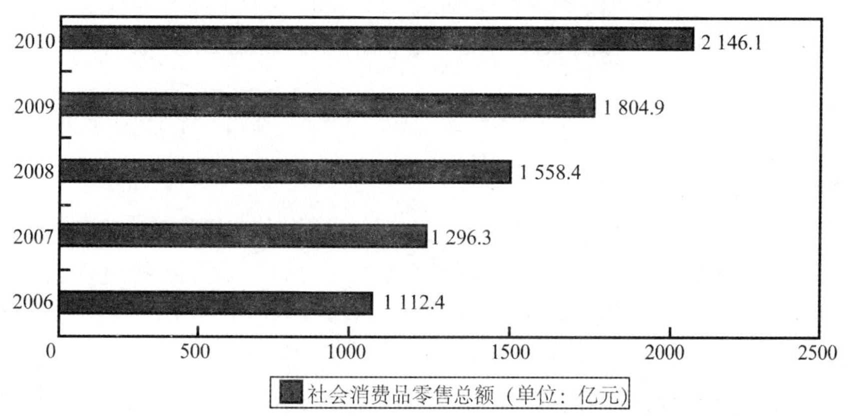

图 3－190　2006－2010 年杭州市社会消费品零售总额

2. 交通运输、邮政通讯业

2010 年，全社会货物运输总量 2.59 亿吨，比上年增长 18.5%；旅客运输量 3.38 亿人次，比上年增长 12.1%。至年末，萧山国际机场已开通航线 160 条，其中国际航线 30 条，港、澳、台航线 8 条；全年民航旅客进出港达到 1 706.86 万人次，比上年增长 14.2%。道路建设快速发展。全年新增公路里程 153 千米，至年末，全市境内公路总里程达到 15 266 千米，其中高速公路 502 千米。全市行政村客运班车通达率由上年的 98.5% 提高到 99.1%。机动车辆持续增长，年末全市社会机动车拥有量达 183.25万辆，其中私人汽车 94.24 万辆，比上年末分别增长 16.1% 和 31.1%。

全市完成邮政业务收入 11.47 亿元，比上年增长 16.6%。邮政特快专递辐射 98 个国家和地区，全年完成国内特快业务 1 300.29 万件，比上年增长 11.3%；国际特快业务 30.04 万件，比上年下降 35.1%。完成电信业务收入 125 亿元，比上年增长 1.3%。年末固定电话用户为 365.74 万户，比上年下降 6.4%，移动电话用户为 1 236.38 万户，增长 20.2%；计算机宽带用户达到 212.51 万户，比上年增长 34.4%。

3. 旅游业

2010 年杭州市接待入境旅游者 275.71 万人次，比上年增长 19.7%；接待国内游客 6 304.89 万人次,增长23.8%。旅游总收入达到1 025.7亿元,增长27.7%,其中旅游外汇收入16.9亿美元,增长22.5%。市民出境旅游人数为70万人次,比上年增长67.9%。旅游基础设施日趋完善。至年末,全市各类旅行社达504家,比上年增长18%;星级宾馆达到236家,其中五星级酒店18家,增加2家;A级景区30个,其中5A景区2个,新增1个。"十一五"时期,全市旅游总收入年均增长17.1%。

4.金融、证券和保险业

2010年末,全市金融机构本外币存款余额17 084.35亿元,比上年末增长19.6%;贷款余额15 078.73亿元,比上年末增长15%,其中个人消费贷款余额2 426.46亿元,比上年末增长23.3%。"十一五"期间本外币存款余额、贷款余额年均分别增长20.4%和22.2%。

全年新增上市公司19家,共募集资金258.27亿元。至年末,全市上市公司累计83家,实现上市融资818.6亿元。

全市保费收入202.94亿元,比上年增长27.1%,其中,财产险保费收入82.11亿元,增长34.7%,人身险保费收入120.83亿元,增长22.4%。共支付各类保险赔款48.98亿元,下降1.8%,其中财产险35.06亿元,增长14.1%,人身险13.92亿元,下降27.3%。"十一五"期间全市保费收入年均增长22.8%;

5.房地产业

全市完成房地产开发投资956.2亿元,比上年增长35.7%,"十一五"期间年均增长15.6%。房屋施工面积6 227.05万平方米,比上年增长20.9%;竣工面积1 100.18万平方米,增长31.5%。全年商品房销售面积988.34万平方米,比上年下降32.1%,其中住宅销售797.59万平方米,下降39.3%。

(五)对外经济

1.对外贸易

2010年,杭州市完成外贸进出口总额523.55亿美元,比上年增长29.5%。其中进口总额170.18亿美元,增长28.6%;出口总额353.37亿美元,增长30.0%。出口总额中,机电产品出口136.6亿美元,增长32.7%;高新技术产品出口44.77亿美元,增长38.9%。按贸易方式分,一般贸易出口277.97亿美元,比上年增长31.4%;加工贸易出口74.58亿美元,增长26.3%。出口国别和地区中,对欧盟出口98.16亿美元,增长27.8%;对日本出口31.47亿美元,增长26.8%;对美国出口71.41亿美元,增长23.7%。"十一五"时期,全市进出口总额累计达2 231.75亿美元,其中出口1 523.25亿美元,年均分别增长11.9%和12.3%。

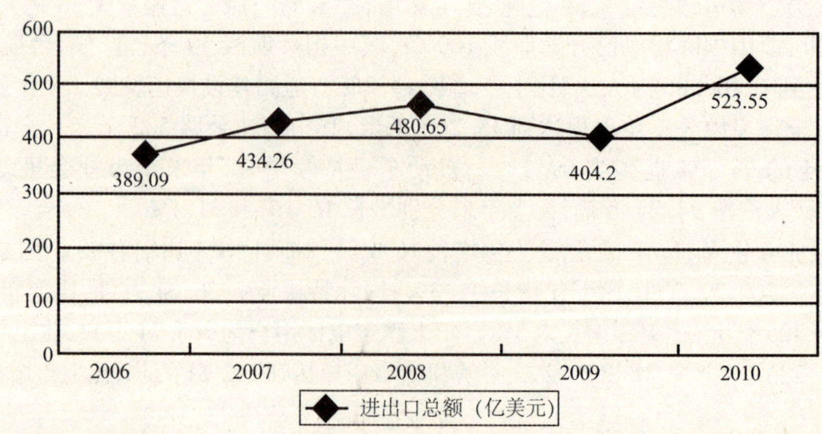

图3-191 2006-2010年杭州市外贸进出口总额

2. 对外合作

至2010年末，全市累计设立各类境外投资企业（机构）599个，其中非贸易企业200个。全年境外协议出资16.94亿美元，其中非贸易性投资15.13亿美元，比上年分别增长10.1倍和13.3倍。完成对外承包工程和劳务合作营业额3.57亿美元，比上年下降3.5%。离岸服务外包合同执行额15.53亿美元，比上年增长69%。

3. 利用外资

全年批准外商直接投资545项，合同利用外资77.09亿美元，比上年增长10.7%；实际到位外资43.56亿美元，增长8.5%。全市新批总投资3 000万美元以上项目147个，总投资84.32亿美元，合同外资54.15亿美元，分别占全市总额的71%和70.2%。至2010年末，共有82家世界500强企业来杭投资130个项目。

表3－34　2010年杭州市县市实际使用外资

单位：万美元

县　市	实际使用外资金额
杭州市区	377 610
富阳市	19 395
临安市	16 379
建德市	2 327
桐庐县	10 622
淳安县	9 294

4. 引用内资

全年共引进内资项目5 847个，协议资金1 490.66亿元，比上年增长15.8%；到位资金650.27亿元，比上年增长16%。

二、杭州市2010年社会发展概况

（一）人口、人民生活

2010年末，杭州市户籍人口689.12万人，比上年末增加5.74万人。在户籍人口中，农业人口323.88万人，非农业人口365.24万人。按公安部门统计的全市人口出生率为10.14‰，人口自然增长率为3.41‰。

据抽样调查，全年市区城镇居民人均可支配收入30 035元，比上年增长11.8%，扣除价格因素，实际增长7.6%。其中人均工资性收入21075元，增长12.3%，财产性收入和经营性收入分别为2 189元、1 651元，增长2%和3.4%，转移性收入8 896元，增长13.7%；人均生活消费性支出20 219元，比上年增长8.7%。全市农村居民人均纯收入13 186元，比上年增长11.5%，扣除价格因素，实际增长7.3%，人均生活消费性支出10 267元，增长13.3%。“十一五”时期，市区城镇居民人均可支配收入年均增长12.6%，全市农民人均纯收入年均增长11.5%。

市区城镇居民人均住房建筑面积30.86平方米，每百户居民家庭拥有家用汽车23辆、空调器214台、移动电话193部、家用电脑99台、微波炉79台、淋浴热水器99台。全市农村居民人均居住面积71.22平方米。每百户农村居民家庭拥有家用汽车16辆、空调器111台、移动电话213部、家用电脑44台、微波炉29台、淋浴热水器84台、洗衣机85台、电冰箱98台。

年末城乡居民储蓄存款余额达4 990.97亿元，比上年末增长16.4%。

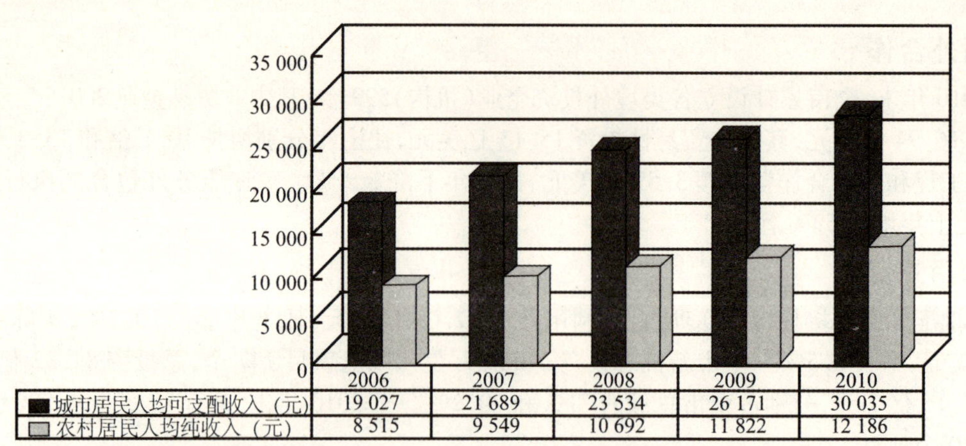

	2006	2007	2008	2009	2010
城市居民人均可支配收入（元）	19 027	21 689	23 534	26 171	30 035
农村居民人均纯收入（元）	8 515	9 549	10 692	11 822	12 186

图 3－192　2006－2010 年杭州市城乡居民收入对比一览

(二)就业、社会保障

1. 就业

杭州市2010全年新增城镇就业人员26.01万人;失业人员实现再就业14.96万人;再就业培训6.97万人。年末城镇登记失业率由上年的2.99%下降为2.19%。

2. 社会保障和福利

2010年末全市参加(纳入)养老保险(保障)人数达490.27万人,其中60周岁以上城乡老年居民不缴费直接享受基础养老金52.39万人;参加基本医疗保险753.56万人,增加38.46万人;参加失业、工伤、生育保险人数分别达243.98、314.95和228.53万人,比上年末净增28.3、40.8和28.73万人。全市新增廉租住房保障4 188户,其中市区3 188户。市区经济适用住房覆盖面扩大到上年度人均可支配收入80%以下的住房困难家庭,公开销售经济适用房7 742套,建筑面积50.2万平方米。市区最低月工资标准为1 100元,失业保险金最低标准为880元/月,分别比上年提高140元和112元。

年末全市拥有各类福利院、敬老院217所(不含社会办农村敬老院),比上年增加10所,床位24 170张,收养人员17 620人,分别增长15.5%和29.6%。全市城镇享受最低生活保障人数14 964人,农村享受最低生活保障人员73 609人。农村五保户和城镇“三无”人员集中供养率分别为95.9%和99.6%。开展第十次“春风行动”,共募集社会帮扶资金4 493.18万元。

(三)教育和科学技术

1. 教育事业

2010年末,杭州市共有小学408所,在校学生45.39万人;初中245所,在校学生23.6万人;普通高中72所,在校学生11.7万人。学前三年幼儿入园率为98.3%,小学入学率和初中升学率均达到100%,初中毕业生升入各类高中比例由上年的99.1%提高到99.3%,其中优质义务教育、优质高中招生比例分别由上年的70%和78.5%上升到75.9%和81.2%。普通高等院校37所,在校学生43.48万人,其中在校研究生3.9万人,比上年分别增长1.2%和9.3%。高等教育毛入学率由上年的53.6%提高到55.7%。全市义务教育阶段接纳在读进城务工人员子女19.25万人。全年义务教育免收杂费、课本费、作业本费3.69亿元。

2. 科技与创新

全市专利申请量达到29 745件,专利授权量26 484件,分别比上年增长14.1%和70.8%。全年新增高新技术企业594家,累计达到3 776家;累计培育认定研发中心637家,其中省级228家;企业

技术中心501家,其中国家级18家,省级136家。年内新增10个中国驰名商标,累计已达88个。

(四)文化、卫生和体育

1. 文化事业

2010年末,全市有各类专业艺术表演团体21个,公共图书馆16个,文化馆13个,博物馆、纪念馆70个,全国重点文物保护单位24处(群)。全年获国家级和省级文艺、广播影视、动漫类奖82项。年末全市有线电视用户215.21万户,其中数字电视134.79万户,分别比上年末增长5.7%和29.1%。电视、广播综合覆盖率分别达到99.88%和99.92%。广播电视"村村通"实现全覆盖。成功举办第六届中国国际动漫节、第十二届西湖博览会等重大文化活动。

2. 卫生事业

年末,全市拥有各类医疗卫生机构2863个,其中医院152个;拥有床位4.1万张,其中医院床位3.5万张,分别增长2.5%和6.1%。有各类专业卫生技术人员5.8万人,其中执业(助理)医师2.3万人,注册护士2.3万人,分别增长3%、1.3%和9.5%。农村卫生服务得到改善。农村自来水普及率由上年的99.7%提高到99.9%,自来水受益人数达437.66万人。参加新型农村合作医疗参合率为99.3%,乡镇覆盖率达100%。全市婴儿死亡率及5岁以下儿童死亡率分别由上年的3.81‰、5.1‰下降到3.37‰、4.36‰,每十万孕产妇死亡率由上年的7.26人下降为6.8人。

3. 体育事业

杭州籍运动员获第十六届亚运会9金3银1铜奖牌。成功举办"冲浪中国"嘉年华系列赛、横渡钱塘江、世界汽车飘移大赛、驻华外交官休闲赛、世界电子竞技大师赛,西湖国际马拉松赛等有影响力的大型赛事。群众体育活动深入开展。全年新增全民健身点474个,新安装器材5 837件。积极发挥体育社团的作用,组织承办或协办第六届全国传统武术邀请赛、第七届杭州市老年人运动会等活动60余次。

(五)城乡建设

2010年,地铁一期24个车站完成主体结构施工,盾构区间工程已有33段隧道安全贯通,累计掘进58.5公里。沪杭高铁开通,杭甬、宁杭、杭长高铁和东站枢纽工程进展顺利。市区钱江铁路新桥主桥合龙。秋石快速路一期、留石快速路二期等快速路建成通车,半山隧道完成主体结构,九堡大桥成功合龙,庆春路过江隧道建成通车。完成144条背街小巷、305个庭院1 335幢房屋庭院改善项目,实现了路平、水畅、灯明、环境整洁舒适。加快新城和城市综合体建设。高起点编制新城概念性规划,钱江、城东、之江等新城和杭州大学城加快建设。钱江新城国际会议中心投入使用,城市综合体建设继续推进。加快城市有机更新。推进新西湖、新运河、新中东河、良渚、南宋皇城大遗址与市区河道等综保工程。实施"一绕四线"综合整治,推进危旧房、背街小巷、庭院改善和水井修缮保护,加快"城中村"、公厕提升、无障碍设施改造和截污纳管、道路交通改善。加强洁化、绿化、亮化、序化管理,主城区实现数字城管全覆盖。推进统筹城乡发展。市级土地利用总体规划获国务院批准。加大以城带乡和协作帮扶力度,"联乡结村"帮扶活动到位结对资金2.79亿元。加强省级开发区、城镇特色工业功能区建设。主城区与桐庐、淳安、建德实现公交一体化。扎实推进新农村建设,创建13个风情小镇。瓜沥镇、塘栖镇、新登镇、分水镇列入省小城市培育试点。除险加固山塘水库311座。完成农房改造建设51 128户,农村饮用水安全工程受益群众21.74万人,安置下山移民2 271户、7 627人。全年完成基础设施投资645.22亿元,比上年增长7.2%。

全年杭州电网建设投入35亿元。新开工110千伏及以上项目30项,投产43项,变电容量为320万千伏安,线路154公里。至2010年底,杭州电网拥有110千伏以上变电所215座,变电容量4 159万千伏安。全年用电量达到521.93亿千瓦时,比上年增长13.5%,其中城乡居民生活用电63.5亿千瓦时,增长12.4%。市区自来水日供水能力达到320万立方米。年末市区居民家庭天然气用户62.95万户,比上年末增长21.4%;城区新辟公交线路15条,更新公交车508辆,公交空调车比例达95%。主城区与五县(市)实现了公交一体化。至年末,市区免费单车布点2 419个,投放自行车由上年末的5万辆增加至6.35万辆。

(六)环境保护和生态建设

2010年杭州市化学需氧量和二氧化硫排放量较上年分别减少3.0%;工业废气二氧化硫排放达标率、工业废水排放达标率分别达到99.5%和98%。全市城市污水集中处理率由上年的89.3%提高到92%;主要水系监测断面水质Ⅲ类以上比例由上年的60.7%提高为73.2%。市区空气质量达到二级和好于二级的天数达到314天。至年末,市区人均公园绿地面积18.34平方米,比上年增长4.0%,建成区绿化覆盖率为40.0%。

(七)安全生产

2010全市发生四大类事故次数、死亡人数、受伤人数和直接经济损失分别比上年下降5.7%、5.1%、2.7%和4.0%。亿元GDP安全生产事故死亡人数为0.15人,比上年下降15.3%。全市流通领域食品快速检测合格率为99.1%。

三、杭州市在长三角地区经济发展中的地位

2010年,杭州市认真贯彻落实科学发展观,突出加快转变经济发展方式这条主线,深入实施“六大战略”,积极推进“一化七经济”,努力破解“七难问题”,促进了经济稳步发展,社会和谐进步,民生不断改善,圆满完成“十一五”规划确定的各项主要目标任务,为“十二五”发展打下了坚实的基础,在长三角地区经济发展中始终保持着举足轻重的位置。

2006-2010年杭州市地区生产总值在长三角所占比重分别为7.24%、7.25%、7.30%、7.03%和6.89%,在连续三年微幅上升之后2009年和2010年连续两年出现了较小幅度的下跌。

2010年杭州市地区生产总值在长三角地区25个市(苏浙两省24个地级市和上海市,下同)排名与上年保持一致,排名第3位,继上海、苏州之后。

2006-2010年杭州市地方财政一般预算收入在长三角所占比重分别为6.61%、6.54%、6.46%、6.57%和7.02%,在连续几年低谷之后,2010年大有突破,所占比重较上年上升了0.45个百分点,比2008年最低点增加了0.56个百分点。

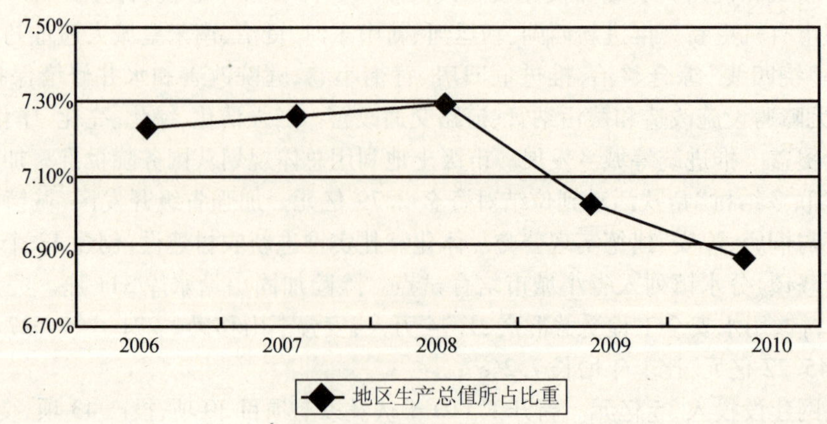

图3-193　2006-2010年杭州市地区生产总值在长三角所占比重的变化趋势

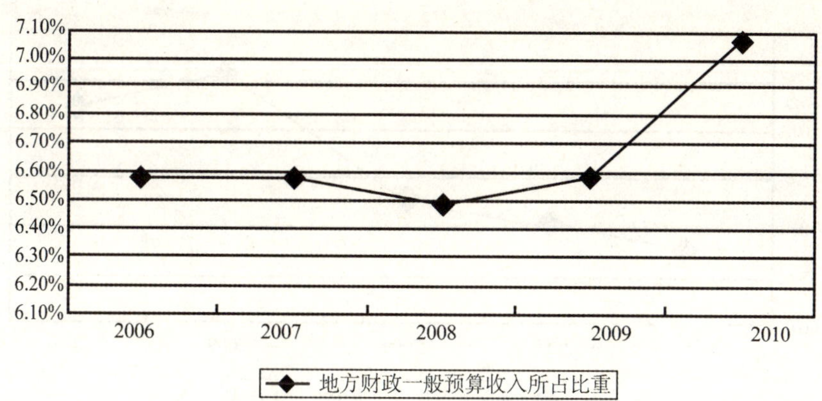

图 3－194　2006－2010 年杭州市地方财政一般预算收入在长三角所占比重的变化趋势

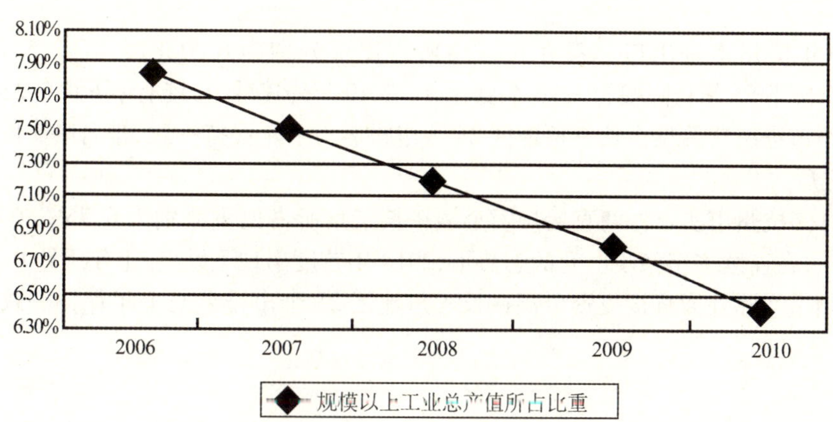

图 3－195　2006－2010 年杭州市规模以上工业总产值在长三角所占比重的变化趋势

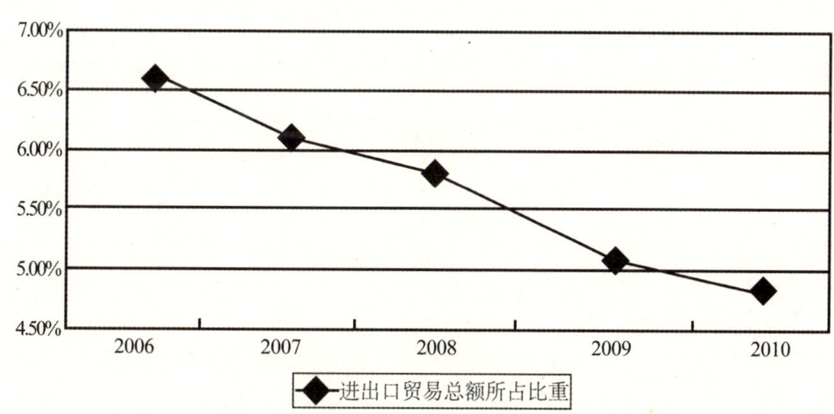

图 3－196　2006－2010 年杭州市进出口总额在长三角所占比重的变化趋势

2010 年杭州市地方财政一般预算收入在长三角地区 25 个市排名与上年保持一致，排名第 3 位，位居上海、苏州之后。

2006－2010 年杭州市规模以上工业总产值在长三角所占比重分别为 7.83%、7.48%、7.15%、6.75%和 6.38%，已连续 4 年出现直线下降，累计降幅为 1.45 个百分点。

2010 年杭州市规模以上工业总产值在长三角地区 25 个市排名与上年保持一致，排名第 4 位，位居上海、苏州、无锡之后。

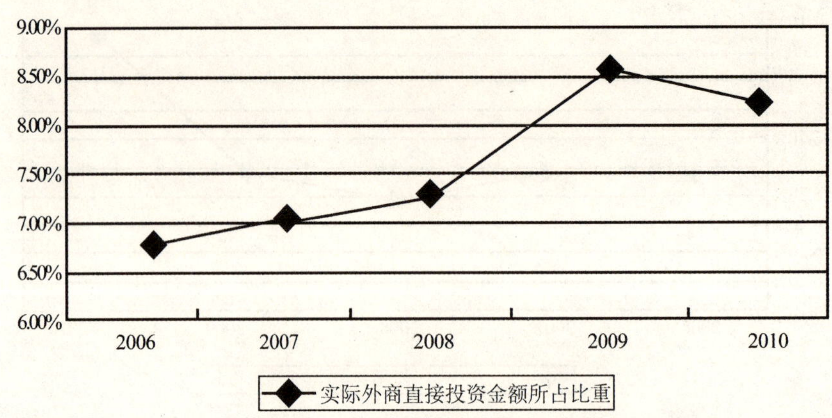

图 3－197　2006－2010 年杭州市实际外商直接投资金额在长三角所占比重的变化趋势

2006－2010 年杭州市进出口总额在长三角所占比重分别为 6.51%、5.87%、5.78%、5.03% 和 4.81%，连 4 年只降不升，累计降幅为 1.70 个百分点。2010 年降速减小，较上年下跌 0.22 个百分点。

2010 年杭州市进出口总额在长三角地区 25 个市排名与上年保持一致，排名第 5 位，位居上海、苏州、宁波、无锡之后。

2006－2010 年杭州市实际外商直接投资金额在长三角所占比重分别为 6.75%、6.97%、7.31%、8.59% 和 8.24%，在连续多年稳步上升的态势下，2010 年首度出现下跌，较上年下跌 0.35 个百分点。

2010 年杭州市实际外商直接投资金额在长三角地区 25 个市排名与上年保持一致，排名第 3 位，位居上海、苏州之后。

三　宁波市2010年度经济社会发展报告

2010年是发展形势极为复杂、困难挑战极为严峻的一年，是宁波经济走出危机影响、持续回升向好的一年。一年来，全市上下深入贯彻落实科学发展观，扎实推进大都市大平台大产业大项目大企业“五大建设”，全面开展“改革突破”、“创新提升”年活动，经济社会保持良好发展势头，转型升级步伐持续加快，内生动力和活力进一步增强，社会民生不断改善，节能降耗取得成效，胜利完成了“十一五”规划纲要确定的主要目标任务，为“十二五”时期的发展打下了坚实基础。

一、宁波市2010年经济发展状况

(一)综合经济

1.经济总量

2010年全年宁波市实现地区生产总值5 163.00亿元，按可比价格计算比上年增长13.2%，增幅同比提高3.5个百分点。第一产业实现增加值218.43亿元，增长3.7%；第二产业实现增加值2 848.23亿元，增长13.6%，其中工业增加值2 569.6亿元，增长14.8%；第三产业实现增加值2 059.16亿元，增长11.6%。三次产业的比重为4.2:55.6:40.2。按常住人口计算人均生产总值为68 162元(按年平均汇率折算为10 068美元)。

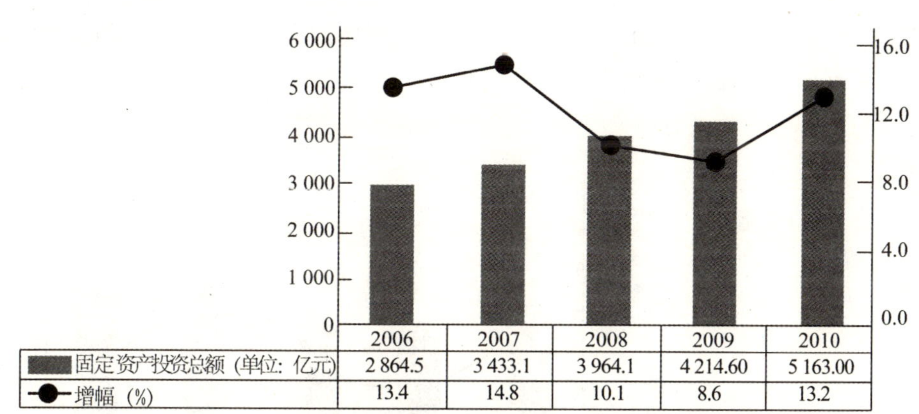

	2006	2007	2008	2009	2010
固定资产投资总额(单位：亿元)	2 864.5	3 433.1	3 964.1	4 214.60	5 163.00
增幅(%)	13.4	14.8	10.1	8.6	13.2

图3－198　2006－2010年宁波市地区生产总值及增长速度

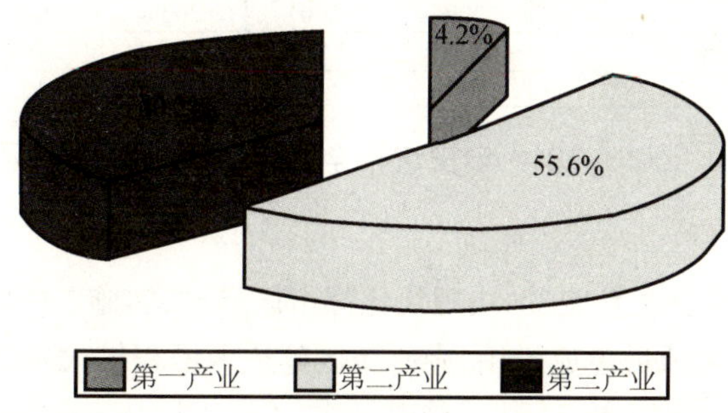

图3－199　2010年宁波市三次产业结构图

2.财政收入

宁波市2010年全年实现财政一般预算收入1 171.7亿元，比上年增长21.3%。其中中央财政收入640.8亿元,增长20.1%,地方财政收入530.9亿元,增长22.7%。完成地方财政一般预算支出600.7亿元,增长18.7%。其中环境保护、社会保障和就业、教育、科学技术、医疗卫生、农林水事务支出分别增长242.1%、20.8%、15.8%、30.5%、19.6%和21.1%。

3. 物价指数

2010年全年市区居民消费价格指数为103.7%,八大类商品价格呈现“五升一平两降”格局,其中食品类价格指数为107.9%。原材料、燃料、动力购进价格指数为113.1%,工业品出厂价格指数为108.9%。市区房屋销售价格指数为105.7%,其中新建住宅销售价格指数为109.2%。

4. 固定资产投资

宁波市2010年全年全社会固定资产投资完成2 206.5亿元,比上年增长10.1%。其中全社会基础设施投资完成634.6亿元,增长0.2%。工业投资685.3亿元,下降10.9%。房地产开发投资完成557.3亿元,增长48.8%。商品房销售面积686.2万平方米,下降15.8%。商品房销售额773.8亿元,增长5.6%。待售面积142.2万平方米,下降1.7%。

2010年宁波市城市基础设施建设取得新成就。全年全市城市基础设施建设投资完成约145亿元,“五路四桥”项目中青林湾大桥、外滩大桥、机场路北延、惊驾路江东段等建成通车,明州大桥累计完成90.0%,六座互通立交全部建成,东外环路全线通过初步验收,南外环路东延和通途路西延高架基本完工。江南污水处理厂建成通水。重大供水工程建设继续推进,毛家坪水厂二期工程建成通水,并形成50万吨/日生产能力;白溪水库引水工程与三溪浦水库沟通工程主隧洞全线贯通。市容环境逐步提升,全年新建垃圾中转站8座、改建6座;新建公厕15座、改建75座。全年中心城区城乡生活垃圾量约为127万吨,无害化处理率达98.7%。内河整治稳步推进,全年完成整治河道102条,实施河道沟通工程3个,整治河道全长107公里。节约型绿化积极推广,全年完成闲置地绿化18.7万平方米,屋顶绿化1.4万平方米,水体绿化4.6万平方米。

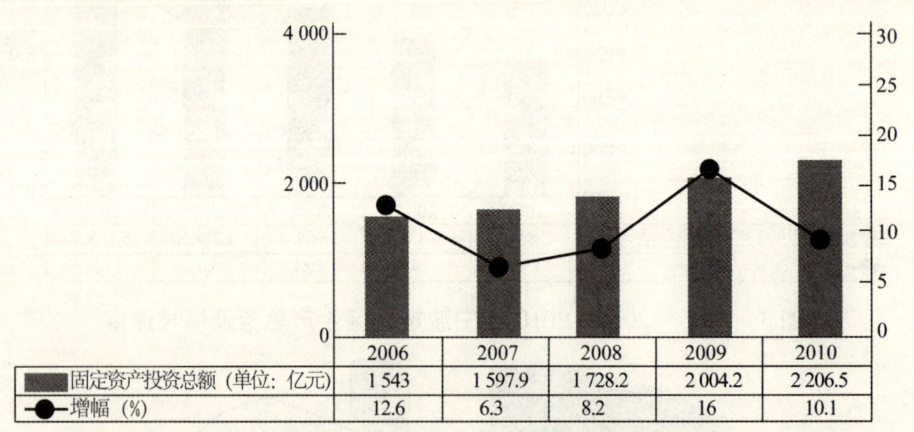

	2006	2007	2008	2009	2010
固定资产投资总额(单位:亿元)	1 543	1 597.9	1 728.2	2 004.2	2 206.5
增幅(%)	12.6	6.3	8.2	16	10.1

图3-200　2006-2010年宁波市全社会固定资产投资及增长幅度

5. 区县经济

宁波市2010年推进区域协调发展,加快现代化都市区建设,实施“中提升”战略,开展十大功能区块和八大系统建设,70个重大项目建成投用,中心城区建成区面积扩大到271平方公里。加快余慈地区联动发展,区域规划体系逐步完善,基础设施共建共享步伐加快。加强象山港区域保护和开发利用,象山港大桥开工建设,生态经济型港湾建设进展良好。大力扶持相对欠发达地区发展,市财政转移支付南部三县(市)累计81.2亿元,年均增长31.1%。杭州湾跨海大桥、甬台温铁路、绕城高速西段、“五路四桥”等一批重大交通项目相继建成,栎社机场升格为国际机场,铁路宁波枢纽、城市轨道交通、杭甬客运专线等项目有序推进。提升城市管理水平，推行“数字城管”，加快市政设施改造，中心城区整治内河 143 公里，新辟公交线路 118 条，垃圾无害化处理率达到 98.7%。

表 3－35　2010 年宁波市县市主要经济指标

县市	生产总值（亿元）	地方财政收入（亿元）	全社会固定资产投资（亿元）	出口总额（万美元）	社会消费品零售总额（亿元）
宁波市区	3 062.16	370.70	1 409.20	3 517 211	965.31
余姚市	567.88	44.04	218.90	490 651	207.33
慈溪市	757.42	57.19	248.78	679 352	280.67
奉化市	225.07	17.91	94.15	160 498	73.17
象山县	271.73	20.09	116.13	163 187	97.22
宁海县	278.74	21.01	106.13	185 846	80.76

（二）农业

2010 年全年全市实现农林牧渔业总产值 339.0 亿元，按可比价格计算，比上年增长 3.6%。其中农业 163.8 亿元，增长 1.9%；林业 9.3 亿元，下降 1.2%；畜牧业 53.9 亿元，增长 4.9%；渔业 107.1 亿元，增长 5.9%；农林牧渔服务业 4.9 亿元，增长 5.5%。粮食播种面积 151 千公顷，增长 2.0%，粮食总产量 87 万吨，增长 0.9%。

2010 年宁波市农村住房“两改”扩面提速，全年全市“两改”投资完成 101.1 亿元，开工改建 7.3 万户，完工 5.2 万户，完成农房改造面积 715.3 万平方米。村庄整治深化拓展，全年全市投入村庄整治建设资金 8.9 亿元，新增全面小康村 58 个，环境整治村 269 个，实施成片连线整体推进村庄整治建设镇（乡）街道 7 个，累计建成全面小康村 384 个，环境整治村 2 411 个，行政村编制的村庄整治基本完成。农民培训取得实效，全年全市完成各类农民培训 12.5 万人次，培训后转移就业 2.3 万人次，就业率达到 78.8%，优秀农民进高校（农科院）培训 245 人次。休闲观光农业快速发展，全年全市农家乐接待游客 905.6 万人次，营业收入 8.0 亿元，比上年分别增长 39.8% 和 40.4%。新增市级农家乐特色村 4 个，累计 30 个，新增示范点 15 个，累计 63 个。

（三）工业和建筑业

1. 工业增加值与工业发展

2010 年全年宁波市实现全部工业总产值 13 171.2 亿元，比上年增长 32.5%。其中规模以上工业总产值 10 867.5 亿元，增长 35.4%。工业销售产值 10 565.4 亿元，增长 34.7%，工业产品产销率为 97.2%。出口交货值 2 780.1 亿元，增长 27.7%。规模以上工业企业实现利润和利税总额 654.2 亿元和 1 147.9 亿元，分别增长 43.5% 和 35.1%。工业经济效益综合得分为 253.9 分，比上年提高 31.9 分。

表 3－36　2010 年宁波市县市工业总产值

单位：亿元

县　市	工业总产值
宁波市区	1 499.75
余姚市	317.47
慈溪市	427.51
奉化市	98.50
象山县	99.24
宁海县	143.71

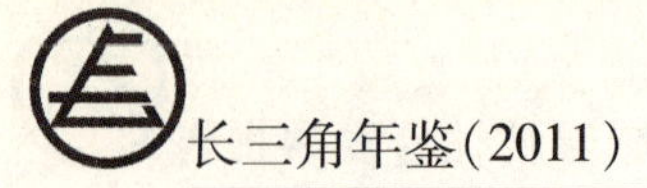

2. 建筑业

宁波市2010全年完成建筑业总产值1 425.1亿元,比上年增长32.2%。其中国有及国有控股企业完成145.1亿元,增长22.8%。房屋建筑施工面积14 566.6万平方米;竣工面积4 550.7万平方米。按建筑业总产值计算的全员劳动生产率为19.6万元/人,提高7.1%。

(四)服务业

2010年,宁波市加快现代服务业发展,出台服务业跨越式发展行动纲要,开展全国性物流节点城市建设,发展总部经济,现代物流、金融服务、文化创意、会展旅游等产业快速发展,成为全国服务业综合改革试点城市和中国十佳会展城市。

1. 国内贸易

2010年,宁波市实现商品销售总额7 506.6亿元,比上年增长32.2%。其中社会消费品零售总额1 704.5亿元,增长19.2%。其中农村消费市场完成189.5亿元,增长16.8%。批发业零售额85.8亿元,增长16.9%;零售业零售额1 460.4亿元,增长19.9%;住宿和餐饮业零售额158.3亿元,增长14.8%。在限额以上批发和零售业零售额中,汽车类增长42.3%,金银珠宝类增长47.8%,石油及制品类增长33.4%,服装鞋帽针纺织品类增长32.7%,日用品类增长28.8%,家用电器和音像器材类增长26.7%。

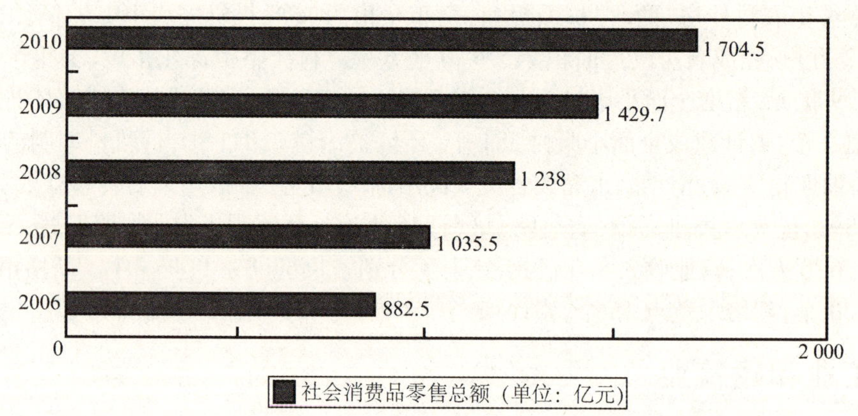

图3-201　2006-2010年宁波市社会消费品零售总额

2. 消费品市场特征分析

2010年宁波市消费品市场规模不断扩大,首破1 700亿元,增速高开稳走。综观2010年消费品市场的运行态势,呈现以下几方面特征:

(1)城乡市场协调发展,城市市场主导地位明显

城市化进程加快后,城镇消费品市场比重进一步提高,2010年城镇消费品市场实现零售额1 515亿元,同比增长19.5%,增速快于农村2.7个百分点,占整个消费品市场的比重达88.9%。其中城区消费品市场实现零售额1 273.7亿元,增长20%;农村消费品市场实现零售额189.5亿元,增长16.8%。

(2)批发零售业持续高位增长,住宿餐饮业稳步增长

批发零售业继续占据宁波市消费品市场的主导地位,2010年实现零售额1 546.2亿元,同比增长19.7%,占全市社会消费品零售总额的比重达90.7%,拉动零售总额增长17.8个百分点,增速高于住宿餐饮业4.9个百分点;住宿餐饮业实现零售额158.3亿元,增长14.8%。

(3)限上企业规模效应显现,限下企业保持稳定

城市核心商圈和新商圈的建设,为百货业的结构重整和档次提升提供了空间,鄞州万达广场和江

北万达广场双子星爆发,汽车4S店一条街经营日益扩大,限额以上企业规模效应显现。从零售规模看,限额以上企业实现零售额912.2亿元,同比增长30%,占社会消费品零售总额的比重达53.5%,限上比重比上年同期上升7.4个百分点;限额以下企业实现零售额792.3亿元,占社会消费品总额的46.5%,增长8.9%。

(4)汽车消费成为支撑全市消费增长的主要力量

受股市低迷,楼市不振的影响,高档消费品市场悄然升温,高档汽车销售井喷,金银珠宝类销售火爆。2010年限额以上批发零售业企业中汽车类商品零售额达369.7亿元,同比增长42.3%,对限额以上批发零售业零售额增长的贡献率达到38.9%,拉动限额以上批发零售业零售额增长7.7个百分点。随着汽车销售的高位增长,石油及制品类零售增长加速,对零售额的贡献率仅次于汽车类。2010年限额以上批发零售业企业中石油及制品类商品零售额82.1亿元,增长33.4%,对限额以上批发零售业零售额增长的贡献率达7.3%,拉动限额以上批发零售业零售额增长1.4个百分点。保值需求导致金银珠宝类量价齐升,实现零售额16.4亿元,增长47.8%,对限额以上批发零售业零售额增长的贡献率为1.9%,拉动0.4个百分点。

(5)消费地区特色明显,中心城区龙头作用明显

从全市零售总额看: 区域增长格局重新编排,市区增速高于县市,市六区实现零售额913.7亿元,同比增长20.3%,高于县市17.8%的增长;江北借助汽车一条街发展和新万达的倔起,零售额同比增幅高达31.7%;鄞州区借助万达广场的商业聚集和辐射功能同比增长21.4%,北仑区和余姚市异军突起,同比增长19.3%,均超过全市平均增速;慈溪、海曙零售额总量分别位居全市一、二名,增长速度均为17.9%,低于全市平均增速0.1个百分点。

3.交通运输、邮政通讯业

2010年全年宁波港货物吞吐量突破4亿吨,完成4.1亿吨,比上年增长7.4%,其中外贸货物吞吐量2.0亿吨,增长11.5%。集装箱吞吐量完成1 300.4万标准箱,增长24.8%,增幅位居我国8大港口和全球30大港口之首,吞吐量排名打破了连续6年位居大陆港口第4的格局,首次跃居第3位,并进入世界港口前6强,实现了新的跨越。航线航班数量创新高,新增航线12条,累计228条,其中远洋干线122条,近洋支线54条,内支线20条,内贸线32条,月均航班1 153班,最高月航班1 338班。

2010年全年全市交通基础设施建设投资完成192.6亿元,比上年增长9.6%。绕城高速公路东段颜家桥至临江段及舟山大陆连岛工程宁波连接线匝道工程建成通车。象山港大桥及连接线和穿山疏港高速公路建设快速推进。全市公路里程达10 198公里,公路网密度达到103.9公里/百平方公里,新增公路里程314.4公里。新改建农村公路321.0公里。杭甬客专宁波段桥墩施工基本完成,庄桥站和余慈站全面进场施工。铁路东站如期建成投入使用。北站、北环线全面施工,重要节点工程加快推进。萧甬铁路道口平改立工程进入扫尾阶段。梅山保税港区首期集装箱码头1#、2#泊位建设完成,进入试生产阶段等。新增万吨级港口生产性泊位6个、货物吞吐能力3 008万吨、集装箱吞吐能力155万标箱。

宁波市2010年全年完成全社会货运量3.0亿吨,货物周转量1 575.3亿吨,分别比上年增长10.0%和27.6%,其中水路货运量1.2亿吨,货物周转量1 328.8亿吨,分别增长11.0%、20.8%。铁路货物发送量2 059.9万吨,增长20.8%。机场货邮吞吐量8.1万吨,增长18.2%。公路货物周转量246.5亿吨,增长25.5%。全社会客运量3.4亿人次,旅客周转量136.2亿人公里,分别增长3.0%、9.4%。民航旅客吞吐量451.7万人次,增长12.1%。

4.旅游业

2010年,宁波市实现旅游总收入650.8亿元,比上年增长22.7%。接待入境旅游者95.2万人次,增长18.9%;入境旅游外汇收入5.9亿美元,增长21.4%。接待国内游客4 624万人次,增长16.7%;

国内旅游收入610.7亿元,增长22.8%。截至年底,全市共有星级饭店198家,其中五星级14家;4A级以上旅游景区21处,其中5A级1处。

5. 金融、证券和保险业

2010年末,宁波市金融机构本外币存款余额9 755.5亿元,比上年增长18.4%。其中人民币存款余额9 552.0亿元,增长18.2%。年末金融机构本外币贷款余额9 414.2亿元,增长22.0%。其中人民币贷款余额9 000.6亿元,增长21.2%。全年银行业金融机构实现税后净利润197.1亿元,比上年增长46.0%。不良贷款率为0.92%,比年初下降0.36个百分点。年内新增银行业金融机构5家,累计49家。

2010年全年全市证券成交总额18 417.3亿元,比上年增长0.1%。其中股票和基金成交17 848.4亿元,增长5.6%;权证成交516.1亿元,下降63.9%。证券客户交易结算资金余额153.9亿元,下降8.1%。期货代理交易量3671.3万手,代理交易额39 372.2亿元,分别增长91.4%和42.0%。年末证券投资者开户82.0万户,增长10.7%。年内新增证券分公司2家,证券营业部7家,期货营业部6家,累计2家证券分公司,57家证券营业部,1家证券投资咨询公司,1家期货公司,19家期货营业部。

2010年全年全市实现保费收入144.1亿元,比上年增长34.1%。其中产险保费收入68.3亿元,增长29.2%;寿险保费收入75.8亿元,增长38.8%。支出赔款和给付38.1亿元,增长5.1%。其中产险赔付支出28.2亿元,增长7.9%;寿险赔付支出9.9亿元,降低2.0%。为全市3万家企业、5.7万户家庭、180.9万人次提供了风险保障。全年共为807家企业提供了510.4亿元的出口风险保障,增长76.6%。全市政策性农险试点险种扩大到17个,累计向全市19.6万个龙头企业和农户提供了约53.3亿元的风险保障,向近1.4万个农业龙头企业和农户支付了9158万元的赔款。

(五)对外经济

1. 对外贸易

2010全年宁波市实现外贸自营进出口总额829.0亿美元,比上年增长36.3%。其中出口519.7亿美元,增长34.5%;进口309.3亿美元,增长39.6%。实现口岸进出口总额1 613.4亿美元,增长38.0%。新增外贸经营备案登记企业2 487家,累计15367家。机电产品和高新技术产品出口分别增长38.4%和26.3%;进口均增长29.7%。加工贸易进出口额为175.9亿美元,增长25.9%;一般贸易进出口额602.0亿美元,增长36.2%。

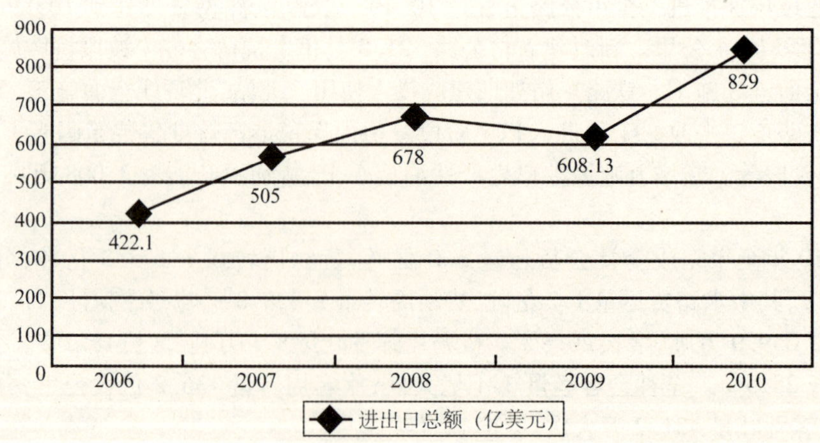

图3-202　2006-2010年宁波市外贸进出口总额

2010年,宁波市鼓励企业扩大自主品牌和高新技术产品出口,完善国际贸易预警和摩擦应对服务机制,自营进出口总额进入省(市)自治区、计划单列市前十强。着力招大、引强、选优,实际利用外资

120 亿美元，项目平均规模由 1 022 万美元提高到 1 428 万美元。实施“走出去”战略，鼓励企业开展境外并购，境外承包工程营业额年均增长 26%。整合提升开发区（园区），梅山保税港区、栎社保税物流中心获批并首期封关运作，高新区、化工区等 5 个开发区升格为国家级开发区。积极参与上海“两个中心”建设，与港澳台、中西部区域中心城市和周边城市的合作交流迈出新步伐，引进内资 926 亿元。加强山海协作和对口帮扶，支援青川灾后恢复重建、甬衢资源与产业合作圆满完成，对口支援库车工作有序启动。推进宁波—舟山港一体化，加快港口联盟建设和海铁联运发展，口岸服务效率进一步提升。

2. 利用外资

2010 年全年宁波市合同利用外资 40.5 亿美元，比上年增长 18.2%，实际利用外资 23.2 亿美元，增长 5.3%。其中第三产业新批项目 267 个，实到外资 7.0 亿美元，增长 14.1%；房地产业实际利用外资 4.1 亿美元，增长 53.3%。

表 3－37　2010 年宁波市县市实际使用外资

单位：万美元

县市	实际使用外资金额
宁波市区	153 338
余姚市	30 019
慈溪市	36 177
奉化市	2 127
象山县	6 563
宁海县	4 112

3. 对外合作

2010 年，宁波市完成对外承包劳务合作营业额 10.0 亿美元，比上年增长 13.2%，其中境外工程承包营业额 9.7 亿美元，增长 14.7%。新批境外投资企业和机构 175 家，项目总投资额 7.8 亿美元，其中中方投资 5.2 亿美元，增长 31.7%。

2010 年全年全市完成服务外包总额 65.4 亿元，比上年增长 40.6%。其中离岸业务 2.7 亿美元，增长 66.4%。服务外包企业 521 家，从业人员 2.3 万人。

4. 对内合作

至 2010 年末，宁波市实际引进内资 238.3 亿元，引进重点机构 235 个，引进优质项目 121 个。新增山海协作项目 70 个，实际到位资金 10.0 亿元。提前一年半完成了五年投资衢州 100 亿元的目标。完成接轨上海参与长三角合作项目 79 个，总投资 51.6 亿元。完成市域产业合作项目 5 个，总投资8.3 亿元。分别在成都、武汉成功举办了“宁波周”系列活动，组织企业参加了第十四届“西洽会”、第二十届“哈洽会”、第十三届“渝洽会”、第十一届“西博会”、第十六届“郑交会”等国内重要展会。

二、宁波市 2010 年社会发展概况

（一）人口、人民生活

至 2010 年年末全市户籍人口 574.1 万人，比上年增长 5.36%，其中市区人口 223.3 万人。人口出生率 8.53%，人口死亡率 6.19%，人口自然增长率 2.34%。

2010 年宁波市城乡居民收入差距进一步缩小。市区居民人均可支配收入 30 166 元，比上年增长

10.2%;农村居民人均纯收入14 261元,增长12.8%。城乡居民收入差距由2009年的2.165:1缩小为2010年的2.115: 1。全市收入最高的20%市区居民家庭与收入最低的20%市区居民家庭的可支配收入之比从2009年的6.16: 1下降到了2010年的5.71: 1;收入最高的20%农村居民家庭与收入最低的20%农村居民家庭的纯收入之比从2009年的4.70: 1下降到了2010年的4.34: 1。市区居民人均消费性支出19 420元,增长6.7%,恩格尔系数为35.5%,比上年略升0.1个百分点;农村居民人均生活消费支出9 794元,增长0.1%,恩格尔系数为41.3%,比上年上升2.6个百分点。

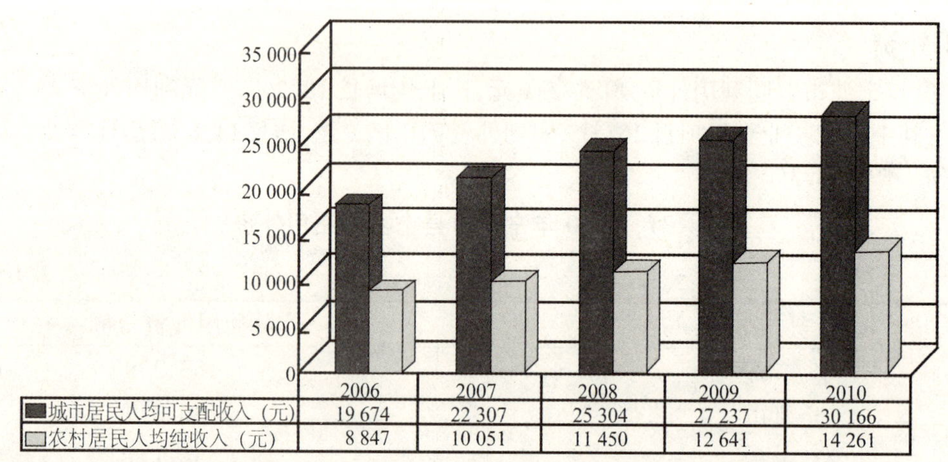

	2006	2007	2008	2009	2010
城市居民人均可支配收入（元）	19 674	22 307	25 304	27 237	30 166
农村居民人均纯收入（元）	8 847	10 051	11 450	12 641	14 261

图3-203　2006-2010年宁波市城乡居民收入对比一览

(二)就业、社会保障

1.就业

宁波市政府2010年实施积极的就业政策,大力创建国家级创业型城市,完善就业创业服务体系,加强高校毕业生、农村转移劳动力和城镇就业困难人员的就业创业工作,健全职工工资正常增长和支付保障机制。新增城镇就业67.7万人,培训城乡劳动者89.6万人次,城镇登记失业率保持在3.5%以下,城镇“零就业”家庭动态消除。

2.社会保障

2010年年末宁波市企业基本养老保险、职工基本医疗保险、失业保险、工伤保险和生育保险参保人数分别为383.5万、281.3万、186.2万、238.1万和201.5万,比上年净增39.2万、29.4万、13.0万、25.2万和23.8万,全市累计参加城乡居民养老保险人数109.5万,其中年满60周岁按月领取养老金的75.3万人。全市城镇居民医疗保险参保人数74.4万。城镇职工和居民医疗保险参保率双双超过91%,提前完成全市医改三年行动目标。率先实施城镇老年居民养老保障、城镇居民医疗保险、被征地人员养老保险和外来务工人员综合社会保险制度,新型农村合作医疗人均筹资水平居全省首位。完善最低生活保障和困难群众基本生活价格补贴制度,发展慈善事业,新型社会救助体系实现城乡全覆盖,居家养老服务体系入选省十大民生工程。农村“五保”、城镇“三无”人员集中供养率分别达到97.6%和99.7%。完善以廉租房、经济适用房、公共租赁房为重点的住房保障体系,推进非成套房、老小区、城中村和农村危房改造,建成保障性房源164万平方米,改造非成套房42万平方米,1.1万户居民享受廉租房。

全年市县两级慈善机构善款募集5.0亿元,比上年增长43.6%,救助支出3.7亿元,增长33.6%,受助困难群众23.4万人次。累计募集达25.4亿元,救助支出16.2亿元,受助106万人次。全年市红十字会募集救灾款物2 737万多元。全市有爱心超市129个,共接收社会捐赠款696万元,衣被101

万件。全年共救助流浪乞讨人员 2 447 人次。

2010 年年末全市共有 6 个区、2 个县、3 个县级市、78 个镇、11 个乡、63 个街道办事处、617 个社区和居民委员会、2 576 个村民委员会。

(三)教育和科学技术

1. 教育事业

2010 年年末全市共有各级各类学校(幼儿园)2 174 所,在校学生 141.4 万人,教职工 9.4 万人。其中普通高校和成人高校 15 所,在校生 19.0 万人(其中成人高等教育在校生 5.0 万人),高等教育毛入学率达 50.0%;中职学校(不含技校)56 所,在校生 8 万余人;普通中学 301 所,在校生 32.5 万人,初中毕业生升入高中段学习的比例达到 99.0%;小学 513 所,在校生 46.2 万人;幼儿园 1 180 所,在园幼儿 25.8 万人;特殊教育学校 6 所,在校学生 763 人。

2010 年全年宁波市共新增各类人才 11.8 万人,新增博士后工作站 16 家,新增进站博士后 38 人。年末全市人才总量 90.3 万人,比上年增长 15.1%。其中专业技术人员 59.5 万人,增长 12.3%;高级职称人才 3.2 万人,增长 16.2%;博士、博士后 1 846 人,硕士 19 045 人,各类专家 2 501 人(包括柔性引进院士 30 人,享受国务院政府特殊津贴 268 人,获国家、省、市突出贡献专家 218 人,正高职称专家 2 296 人)。

2. 科技与创新

2010 年宁波市新认定国家级企业技术中心 1 家,省级高新技术企业研发中心 32 家,省级企业工程中心 8 家,市级企业工程(技术)中心 78 家;新增高新技术企业 51 家,市级科技型企业 58 家,市级创新型试点企业 22 家,国家级创新型试点企业 1 家,省级创新型示范企业 2 家,省级创新型试点企业 6 家;新认定市级重点实验室 3 家,省部共建实验室培育基地 1 家,科技创新公共服务平台 6 家;新增市级产学研技术创新联盟 1 家,省级产业技术创新战略联盟 1 家。获得国家级科学技术进步二等奖 2 项,省科学技术进步奖 24 项,其中一等奖 1 项。专利申请量 26 407 件,授权量 25 971 件,比上年分别增长 16.4% 和 64.2%。其中发明专利授权量 1 209 件,增长 50.8%。

新认定市农业科技创新型企业 18 家,认定星火示范基地 15 家,农村科技示范村镇 11 家。截至年末,全市已有高新技术企业 662 家,市级科技型企业 200 家,市级企业工程(技术)中心 500 家,省高新技术企业研究开发中心 143 家,国家认定企业技术中心 7 家;国家级创新型试点和创新型企业 13 家,省级创新型示范和创新型试点企业 33 家,市级创新型试点企业 93 家。市级以上重点实验室 50 家(其中省部共建实验室培育基地 4 家、省级重点实验室 6 家),建设技术创新公共服务平台 34 个,市级科技企业孵化器 16 家(其中国家级科技企业孵化器 6 家),组建产学研技术创新联盟 7 家。认定农业科技创新型企业 41 家,农村科技服务机构 22 家,星火示范基地(技术核心区)69 个,新农村科技示范村镇 43 家。

(四)文化、卫生和体育

1. 文化事业

2010 年宁波市文化惠民显成效。全年市级主要剧场举办各类高雅艺术演出 300 余场,推动市重点讲座品牌《天一讲堂》在宁波电视台和中国宁波网同步播出。电视连续剧《北风那个吹》获得第二十五届中国电视金鹰奖优秀电视剧奖,组唱《艾格仑敦呦》等 3 个作品和“天天演”文化惠民工程获全国第十五届群星奖;《十里红妆 · 女儿梦》获得省第十一届戏剧节最高奖——特别奖。圆满承办了第二届中国越剧艺术节,举办了 2010 年宁波“海上丝绸之路”文化节、第三届宁波农民(农村外来务工人员)电影节和宁波电影百年纪念活动、宁波市庆祝第五个文化遗产日系列活动、“我们的节日”系列活动、第三届四明读书主题活动和第六届未成年人读书节等一系列有影响的重大文艺演出活动。新建成市级基层文化宫200个,基层文化宫覆盖率达到70%。所有广播电视播出机构均开办了3档以上对农节目。"万场电影千场戏剧进农村"活动共放映电影24 672场、演出戏剧2 400余场。

2. 卫生事业

2010年宁波市卫生事业加快发展。年末全市实有病床2.6万张,拥有专业卫生人员5.0万人,卫生技术人员4.3万人,其中执业医师(含助理)1.7万人,注册护士1.5万人。建成社区卫生服务中心(乡镇卫生院)147家,社区卫生服务站1 181家。城市社区卫生服务覆盖率达100%,农村达95%。全市医疗机构实行孕产妇产前、手术病人术前HIV免费检测。适龄儿童免疫规划疫苗接种率、规范接种单位覆盖率保持全省先进水平。孕产妇死亡率为5.02/10万,婴儿死亡率3.79‰,5岁以下儿童死亡率5.02‰,均保持在历史较低水平。荣获"2008－2009年度全国无偿献血先进城市"荣誉称号。

3. 体育事业

2010年宁波市体育事业全面发展。全年全市举办了35项全国性以上赛事和活动,接待了近50个国家、20多个省市代表队,共计2万余人次参赛。组队参加全国体育大会,取得了5个一等奖、12个二等奖和11个三等奖,创下了宁波市参加全国体育大会以来的最佳成绩;组队参加省运会,夺得143.5枚金牌、120.5枚银牌、122枚铜牌,总分4 421.2分的优异成绩,稳居全省第二。更新城市社区健身路径230条,新建村落健身路径400多条,总数达670条,建成各类球场389个,已建成社区、村落健身路径6 000余条,各类球场3 200个。96.5%的城区公办中小学校体育设施向市民开放。全市农村行政村体育设施实现了全覆盖,行政村健身路径也基本全覆盖。体育彩票销售额9.3亿元。

(五)城乡建设

宁波市城市基础设施建设取得新成就。全年全市城市基础设施建设投资完成约145亿元,"五路四桥"项目中青林湾大桥、外滩大桥、机场路北延、惊驾路江东段等建成通车,明州大桥累计完成90.0%,六座互通立交全部建成,东外环路全线通过初步验收,南外环路东延和通途路西延高架基本完工。江南污水处理厂建成通水。重大供水工程建设继续推进,毛家坪水厂二期工程建成通水,并形成50万吨/日生产能力;白溪水库引水工程与三溪浦水库沟通工程主隧洞全线贯通。市容环境逐步提升,全年新建垃圾中转站8座、改建6座;新建公厕15座、改建75座。全年中心城区城乡生活垃圾量约为127万吨,无害化处理率达98.7%。内河整治稳步推进,全年完成整治河道102条,实施河道沟通工程3个,整治河道全长107公里。节约型绿化积极推广,全年完成闲置地绿化18.7万平方米,屋顶绿化1.4万平方米,水体绿化4.6万平方米。

2010年宁波市还推进城乡教育改革发展,实施农村中小学"四项工程"和中小学校舍安全工程,义务教育学校标准化率达到83%。深化服务型教育体系建设,大力发展高等教育和职业教育,博士点和博士后流动站实现"零"的突破。免除符合条件的外来务工人员子女义务教育阶段学杂费、借读费、课本费和作业本费。全面改善城乡公共医疗卫生服务,加强重大传染病防治,十大医疗卫生基础设施基本建成,城乡公共卫生服务项目经费标准达到人均25元以上,建成规范化社区卫生服务中心139个,农民健康体检111万人次。加快文化大市建设,深化文化体制改革,建成宁波博物馆、宁波书城等一大批文化项目,成功蝉联全国文明城市,荣获全国未成年人思想道德建设工作先进城市。深入开展全民健身活动,群众体育、竞技体育蓬勃发展。哲学社会科学、档案史志实现新发展。人口和计划生育工作不断加强,工会、共青团、妇女、儿童、老龄和残疾人等工作稳步推进。城市民族工作走出新路子,宗教、侨务、外事和对港澳台事务取得新成绩。

(六)环境保护和生态建设

2010年宁波市生态市建设取得实效。全年全市化学需氧量排放削减至4.4万吨,比上年下降

0.1%；二氧化硫排放削减至11.1万吨，下降15.0%，“十一五”减排任务如期完成。“811”新三年行动圆满完成，一批重点环境问题污染得到整治，17个省级以上开发区（工业园区）污染整治通过验收。开展机动车尾气污染监控网络建设，机动车尾气监控中心和4家检测站完成设备安装。农村环境整治深入开展，190个村庄建设农村生活污水处理设施。完成全市饮用水源地标志标识设置工作，设置标志标识牌196块。成功创建国家级生态乡镇10个，国家级生态村1个，省级生态乡镇（街道）4个，市级生态村82个，命名表彰市级环保模范（绿色）单位115家。

2010年，宁波市政府完善节能减排措施，强化节能减排考核和问责制。实施“十大节能工程”，淘汰落后炼钢能力32.9万吨，关停小火电机组43万千瓦。加快减排重点工程建设，建成化学需氧量减排工程22个、脱硫工程10个，燃煤电厂和热电机组全面实施脱硫。实施循环经济“十大行动计划”，成为全国循环经济试点城市。深化生态市建设，重视饮用水源保护、农村环境保护和生态修复，推进重点区域、流域和行业的污染整治，强化土地资源保护和集约节约利用，加强沿海防护林建设和平原绿化工作，荣获“国家森林城市”称号。城镇污水处理率提高到85%，耕地保有量23.8万公顷，亿元生产总值建设用地增量从138.7亩下降到107亩。

（七）社会安全

“平安宁波”建设进展良好。全年全市各类安全生产事故起数比上年下降8.4%，死亡人数下降6.6%，直接经济损失下降1.3%（连续六年实现“负增长”）。发生较大事故5起，比上年减少1起，死亡24人，比上年减少5人，是六年来发生较大事故最少的一年。全年全市完成食品检验44 759批次，药品监督抽验2 206批次，首次承担国家药品评价性抽验工作任务。全年全市共受理群众信访43 560件（人）次，比上年下降10.2%。接待群众集体上访1 435批21 839人次，分别下降12.2%和7.8%；群众到省集体上访33批534人次，分别下降13.2%和19.2%；群众到京集体上访零通报，“非正常上访”实际登记3批3人次，分别下降40.0%和50.0%。全年全市人民调解组织共调处各类民事纠纷106 291件，调解成功104 600件，成功率达98.4%，防止民间纠纷引起的自杀15件、15人次；防止民间纠纷转化为刑事案件数186件、523人次。

三、宁波市在长三角地区经济发展中的地位

2010年是发展形势极为复杂、困难挑战极为严峻的一年，是宁波经济走出危机影响、持续回升向好的一年。一年来，全市上下深入贯彻落实科学发展观，扎实推进大都市大平台大产业大项目大企业“五大建设”，全面开展“改革突破”、“创新提升”年活动，经济社会保持良好发展势头，转型升级步伐持续加快，内生动力和活力进一步增强，社会民生不断改善，节能降耗取得成效，年初确定的预期目标基本实现，“十一五”经济社会发展规划主要目标任务较好完成。

2006－2010年宁波市地区生产总值在长三角所占比重分别6.04%、6.07%、6.05%、5.81%和5.98%，2010年止住09年的下跌，奋力上扬，较上年增长0.18个百分点，但尚未恢复到07年的水平。

2010年宁波市地区生产总值在长三角地区25个市（苏浙两省24个地级市和上海市，下同）排名比去年上升一位，排名第5位，位居上海、苏州、杭州、无锡之后。

2006－2010年宁波市地方财政一般预算收入在长三角所占比重分别为5.64%、5.49%、5.53%、5.46%和5.55%，五年呈现出“W”式曲折增长。2010年较上年增加了0.09个百分点，但相对2006年而言，仍有0.1个百分点的差距。

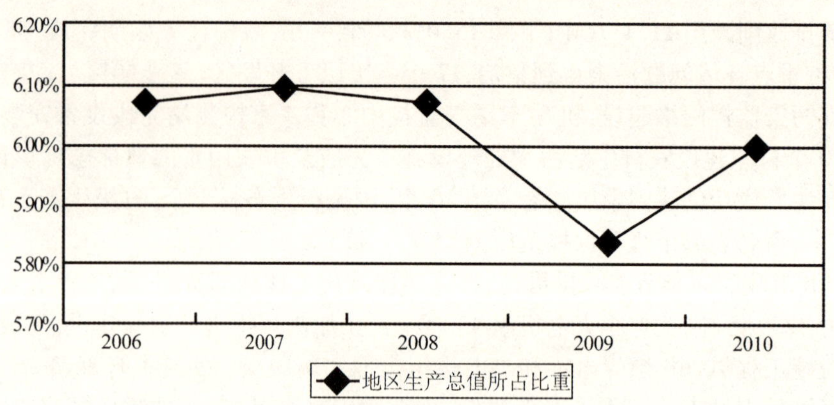

图 3－204　2006－2010 年宁波市地区生产总值在长三角所占比重的变化趋势

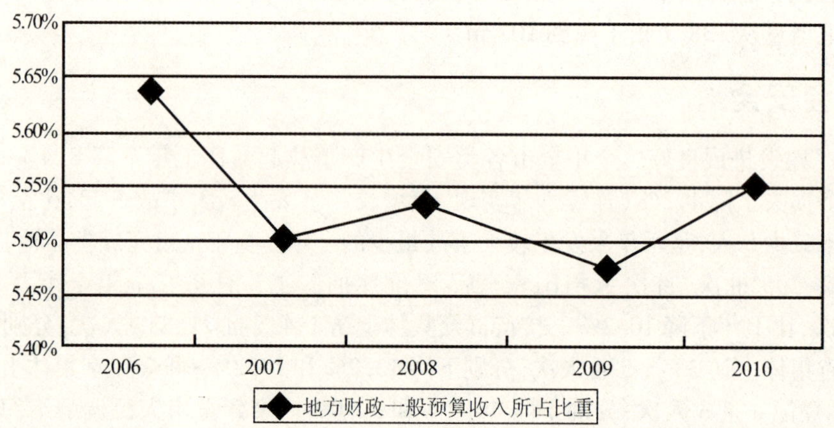

图 3－205　2006－2010 年宁波市地方财政一般预算收入在长三角所占比重的变化趋势

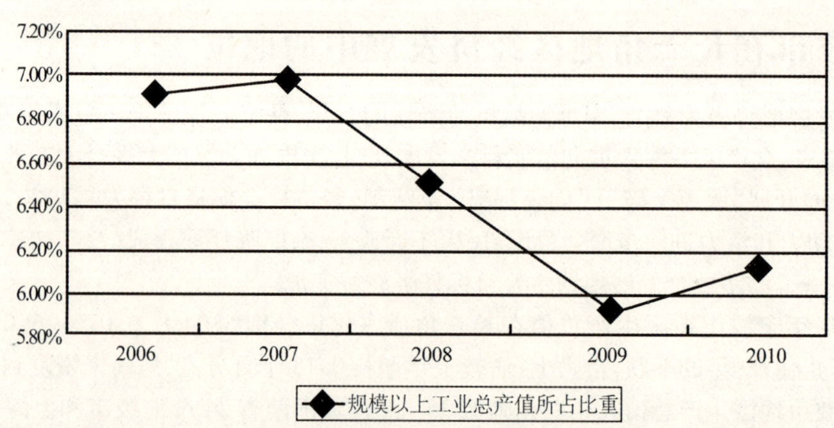

图 3－206　2006－2010 年宁波市规模以上工业总产值在长三角所占比重的变化趋势

2010 年宁波市地方财政一般预算收入在长三角地区 25 个市排名与上年保持一致，排名第 3 位，位居上海、苏州之后，继续保持着领先优势。

2006－2010 年宁波市规模以上工业总产值在长三角所占比重分别为 6.94%、6.98%、6.54%、5.95%和 6.12%，2010 年终于止住下跌，呈现缓慢回升，较上年增加 0.17 个百分点。

2010 年宁波市规模以上工业总产值在长三角地区 25 个市排名与上年保持一致，排名第 5 位，位居上海、苏州、无锡、杭州之后，虽保持着领先优势，但仍有较大的上升空间。

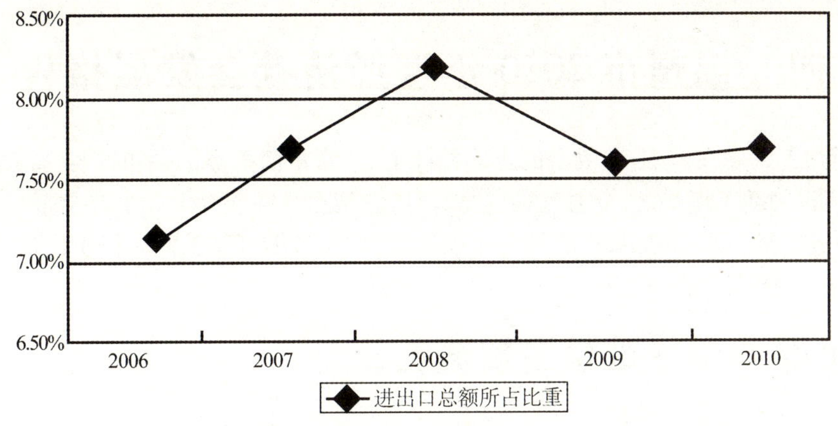

图 3－207　2006－2010 年宁波市进出口总额在长三角所占比重的变化趋势

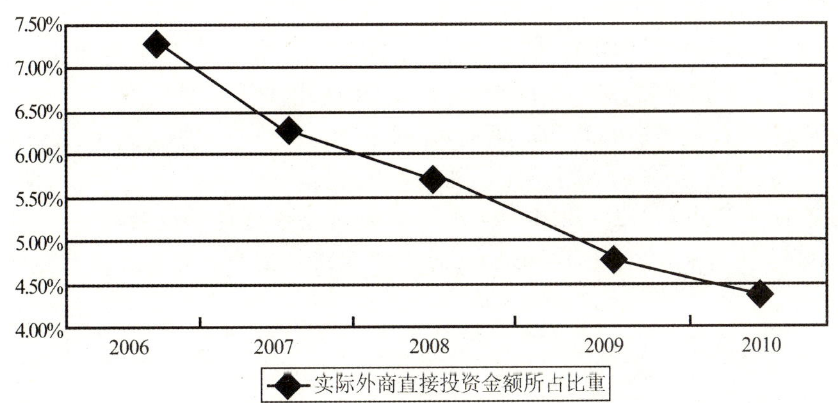

图 3－208　2006－2010 年宁波市实际外商直接投资金额在长三角所占比重的变化趋势

2006－2010 年宁波市进出口总额在长三角所占比重分别为 7.07%、7.64%、8.15%、7.56% 和 7.62%。在连续增长之后，宁波市进出口总额占比在 2009 年出现下跌，比 2008 年的历史高点下降了 0.59 个百分点。2010 年止跌上扬，较上年增加了 0.06 个百分点，但距离 2008 年最高水平仍有较大差距。

2010 年宁波市进出口总额在长三角地区 25 个市排名与上年保持一致，排名第 3 位，位居上海、苏州之后，始终保持着领先优势。

2006－2010 年宁波市实际外商直接投资金额在长三角所占比重分别为 7.27%、6.24%、5.61% 和 4.72% 和 4.40%，已连续 4 年出现大幅度的下降，累计跌幅高达 2.87 个百分点。2010 年跌幅放缓，比上年下降了 0.32 个百分点。

2010 年宁波市实际外商直接投资金额在长三角地区 25 个市排名与上年保持一致，排名第 7 位，虽排名仍较靠前，但亟需解放思想，争取有所提升。

四　温州市2010年度经济社会发展报告

2010年,温州市人民在市委、市政府的正确领导下,认真贯彻落实中央和省委、省政府各项决策部署,深化发展战略,创新工作举措,全力克难攻坚,全市经济运行在恢复中逐步趋向平稳较快发展,"十一五"规划各项主要目标基本完成,产业结构不断调整升级,节能减排工作取得阶段性成效,民生工作进一步改善,社会各项事业取得新的进步。

一、温州市2010年经济发展概况

(一)综合经济

1. 经济总量

2010年全市地区生产总值(GDP)2 925.04亿元,按可比价格计算,比上年增长11.1%,增幅比上年回升2.6个百分点。分产业看,第一产业增加值93.69亿元,增长3.9%;第二产业增加值1 533.46亿元,增长12.0%;第三产业增加值1 297.89亿元,增长10.3%。人均地区生产总值按户籍人口计算37 366元,增长10.0%,按年平均汇率折算,达到5 520美元。

国民经济三次产业结构为3.2: 52.4: 44.4,受工业经济恢复性增长影响,三产比重较上年回落0.4个百分点。财政收入占GDP比重为14.1%,较上年回落0.2个百分点。民营经济占全市国民经济比重达到81.6%。

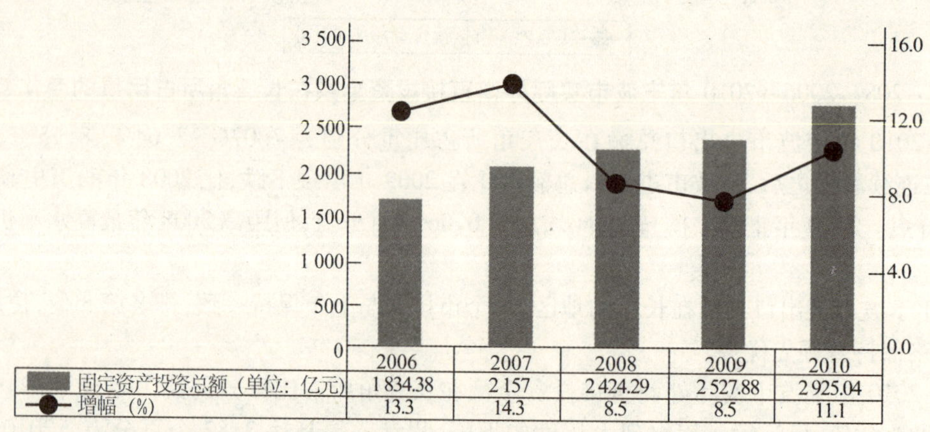

图3-209　2006-2010年温州市地区生产总值及增长速度

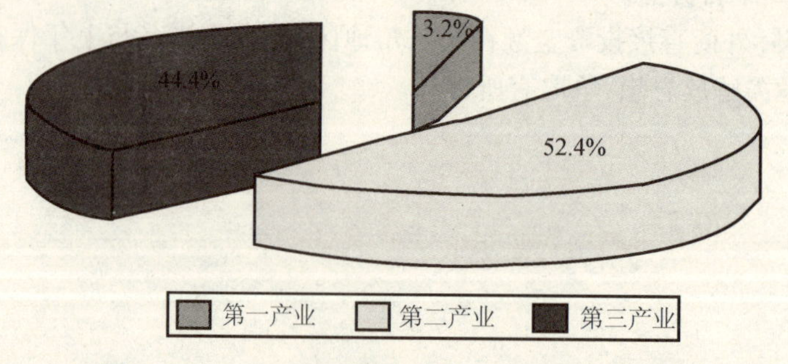

图3-210　2010年温州市三次产业结构图

2. 财政收入

温州市2010年全年实现财政总收入411.43亿元,比上年增长14.1%,其中地方财政一般预算收入228.49亿元,增长16.8%。全年地方财政一般预算支出311.05亿元,增长23.6%。其中,教育支出79.34亿元,增长15.7%;社会保障和就业支出17.88亿元,增长35.2%;医疗卫生支出23.30亿元,增长25.0%;农林水事务支出29.42亿元,增长36.3%;城乡社区事务支出22.21亿元,增长19.8%。

3. 物价指数

温州市2010年全年居民消费价格总水平比上年上涨4.3%,构成CPI的八大类消费品及服务项目价格呈现"七涨一跌"态势,其中食品、医疗保健和个人用品、居住、家庭设备用品及维修服务、烟酒及用品、交通和通信、娱乐文化用品及服务等七大类价格水平与上年比分别上涨8.2%、8.2%、6.3%、1.3%、0.8%、0.7%和0.5%,衣着类与上年比下降1.1%。

4. 固定资产投资

2010年,全社会完成固定资产投资930.28亿元,比上年增长11.0%。按经济类型分,国有单位投资273.21亿元,增长3.7%;非国有单位投资577.05亿元,增长14.5%;农村私人投资80.02亿元,增长14.0%。全年完成工业性投资310.21亿元,增长12.5%。

全市完成限额以上固定资产投资804.93亿元,比上年增长11.1%。分产业看,第一产业投资1.54亿元,下降5.5%;第二产业投资278.18亿元,增长15.3%,其中工业性投资277.63亿元,增长15.1%;第三产业投资525.21亿元,增长9.1%。

在限额以上固定资产投资中,全年完成基础设施建设投资271.79亿元,增长10.4%。其中水利环境和公共设施管理投资90.63亿元,增长15.9%;电力、燃气及水的生产和供应业投资67.62亿元,增长16.6%;交通运输、仓储和邮政业投资72.77亿元,增长2.3%;教育、文化、体育及卫生等社会事业投资24.45亿元,增长19.7%;电信和其他信息传输业投资16.32亿元,下降11.8%。

全年限额以上投资施工项目2 609个,比上年增加176个,其中新开工项目1 035个,增加160个。全年实施重点工程项目129项,当年完成投资额220.7亿元。其中,年内新开工重点工程项目33项;年内已建成或基本建成项目22项,主要有:浙能乐清电厂二期、诸永高速公路温州段、绕城高速公路北线、灵昆港区多用途码头一期工程、龙湾港区一期改造、飞云江南岸堤防、乐清市福溪水库除险加固工程、皇帝坪风电场等项目。年内续建项目39项,主要有:永嘉县瓯北西段标准堤、七都标准堤塘工程、56省道县城至西坑、220KV输变电、吴桥路拓宽改造及划龙桥延伸工程、市安置房建设、温州民营经济科技产业基地等项目。

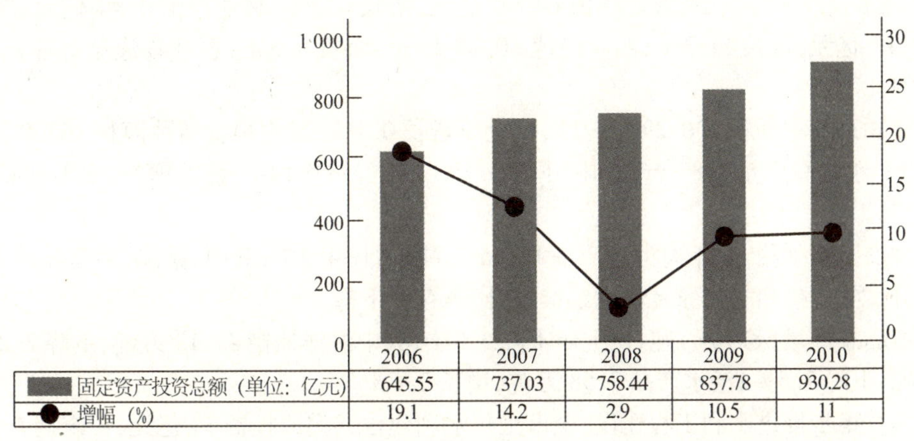

	2006	2007	2008	2009	2010
固定资产投资总额(单位:亿元)	645.55	737.03	758.44	837.78	930.28
增幅(%)	19.1	14.2	2.9	10.5	11

图3-211　2006-2010年温州市全社会固定资产投资及增长幅度

温州市全年完成房地产开发投资271.09亿元,增长7.0%,其中住宅建设投资193.13亿元,增长10.8%。全年房屋施工面积2 507.50万平方米,增长8.1%;竣工面积306.32万平方米,下降10.2%;商品房销售面积228.46万平方米,下降27.2%,其中住宅销售面积192.52万平方米,下降29.3%;商品房销售额307.31亿元,下降28.0%,其中住宅销售额266.00亿元,下降30.7%。

5. 区县经济

2010年,温州市区县经济发展迅速,差异进一步减小,格局得到优化。温州市区、瑞安市、乐清市、洞头县、永嘉县、平阳县、苍南县、泰顺县全年完成地区生产总值占全市的比重调整为40.89%、15.62%、16.94%、1.17%、7.01%、6.92%、8.71%、1.38%和1.36%。

2010年,温州市在新型城市化和城乡一体化上取得重大突破。坚持全域谋划建设温州大都市区;着力培育一批都市型功能区和50个左右中心镇。深入实施城乡统筹综合改革,加快构建城乡一体化发展的体制机制。全面推进"美丽乡村"建设,促进传统村落向现代社区、传统农民向新型农民转型。加快推进西部生态产业带规划建设,完善生态补偿机制。

表3-38 2010年温州市县市主要经济指标一览

县市	生产总值(亿元)	地方财政收入(亿元)	全社会固定资产投资(亿元)	出口总额(万美元)	社会消费品零售总额(亿元)
温州市区	1 196.26	109.74	359.88	906 549	797.29
瑞安市	457.22	32.70	139.62	230 801	184.52
乐清市	495.84	34.36	140.65	172 329	165.79
洞头县	34.36	2.74	21.97	5 310	10.99
永嘉县	205.05	13.74	63.32	50 558	70.80
平阳县	202.59	13.35	72.45	45 255	95.85
苍南县	254.80	14.95	90.63	39 191	136.62
文成县	40.52	3.48	20.58	3 053	18.94
泰顺县	39.77	3.43	16.89	1 254	17.29

(二)农业和农村建设

温州市2010年农林牧渔业生产保持平稳发展,全年农林牧渔业总产值154.12亿元,按可比价格计算,比上年增长3.7%。其中,农业产值64.60亿元,增长0.3%;林业产值3.44亿元,增长0.3%;牧业产值33.22亿元,增长11.3%;渔业产值50.39亿元,增长3.3%;农林牧渔服务业产值2.47亿元,增长9.4%。

全年农作物总播种面积256.29千公顷,比上年增长0.1%,其中粮食播种面积163.07千公顷,下降0.3%。全年粮食总产量为87.56万吨,下降6.7%。在经济作物中,蔬菜增产,水果、油料、糖料、茶叶等作物减产。

畜牧业发展态势平稳,全年肉类总产量13.65万吨,增长4.9%,其中,猪肉、牛肉和禽肉产量较上年均有所上升。年末生猪、牛、家禽存栏继续上升,羊存栏下降。

全市水产品总产量58.70万吨,比上年下降3.0%,其中海洋捕捞45.13万吨,下降2.2%;海水养殖10.98万吨,下降7.5%;淡水产品2.58万吨,增长2.6%。

温州市继续稳步推进水利工程建设,全市全年水利建设共完成投资34亿元,年末拥有大型水库1座,中型水库18座,小型水库285座。全市旱涝保收田面积70.68千公顷,有效灌溉田面积125.24千公顷,其中机电排灌面积95.84千公顷。全市农(渔)业机械总动力224.6万千瓦,同比增长2.0%;农

村用电量 71.43 亿千瓦时,增长 8.2%。

现代农业产业化经营有新进展,2010 年,新增农民专业合作社 1 291 家,累计发展 4 079 家;新增市示范性农民专业合作经济组织 44 家,累计发展 173 家;新增市级农业龙头企业 23 家,累计 179 家;全年共建成生态牧场 32 个,新增无公害农产品产地 69 个。

继续深入实施“千村整治、百村示范”工程,全市完成整治村建设 594 个,新增村内主干道硬化 386.21 公里。继续深入开展“共同跨越六大行动”,全市欠发达地区实施扶贫开发整村推进项目 32 个,实施农业开发项目 830 个,覆盖低收入农户集中村 409 个。

表 3－39　2010 年温州市主要农产品产量

指　　标	2010 年	比上年增长(%)
粮食产量(万吨)	87.56	-6.70
水果产量(万吨)	37.13	-7.50
#园林水果	15.01	-8.60
蔬菜产量(万吨)	131.01	4.20
糖料产量(万吨)	2.60	-11.60
茶叶产量(万吨)	0.46	-1.70
油料产量(万吨)	2.27	-1.70

(三)工业和建筑业

1. 工业增加值

2010 年温州市加大工业经济结构调整力度,加快转型升级步伐,呈现积极回升的发展态势。全年工业总产值 6 516.50 亿元,比上年增长 24.0%;实现工业增加值 1 389.31 亿元,按可比价计算,增长 12.7%。

2010 年全市规模以上工业企业 8 096 家,实现工业总产值 4 494.87 亿元,比上年增长 26.5%。其中,轻工业产值 1 597.46 亿元,增长 27.6%;重工业产值 2 897.41 亿元,增长 25.9%。全市规模以上工业企业产值占全部工业总产值的比重为 69.0%。全市拥有年产值超亿元的制造业企业 802 家,实现工业总产值 2 479.48 亿元,其中超 5 亿元企业 94 家,超 10 亿元企业 34 家。

全年规模以上工业企业实现主营业务收入 4 365.64 亿元,增长 24.1%;利税总额 442.42 亿元,增长 23.9%,其中利润总额 262.42 亿元,增长 28.4%。亏损企业 396 家,亏损额 4.77 亿元,分别下降 10.2% 和 10.4%。年末企业应收账款净额 824.13 亿元,增长 24.1%;产成品存货 180.41 亿元,增长 11.8%。

表 3－40　2010 年温州市县市规模以上工业总产值

县市	规模以上工业总产值(亿元)
温州市区	1 708.56
瑞安市	732.11
乐清市	1 088.62
洞头县	44.02
永嘉县	370.03
平阳县	236.31
苍南县	274.86
文成县	23.96
泰顺县	16.41

重点行业集聚能力增强。在规模以上工业中,全市有14个行业大类产值超100亿元,其中电气机械及器材制造业、皮革毛皮羽毛(绒)及其制品业、通用设备制造业、电力热力的生产和供应业、塑料制品业、纺织服装鞋帽制造业等6个大类行业年产值超过200亿元,超百亿元行业工业总产值合计3 844.45亿元,占规模以上工业总产值的比重为85.5%。至年末,全市已拥有30个由国家工商总局认定的中国驰名商标,38个中国名牌产品;获得38个国家级生产基地称号;拥有16个省级专业商标品牌基地,14个市级专业商标品牌基地,2个省级品牌强镇。

2. 建筑业

建筑业实现增加值145.82亿元,比上年增长6.2%。全市拥有三级以上资质的建筑企业547家,实现建筑业总产值613.39亿元,增长13.4%;实现利润总额17.48亿元,增长7.8%;年末拥有资产461.83亿元,其中固定资产原价70.46亿元。

(四)服务业

1. 国内贸易

全年社会消费品零售总额1 498.10亿元,比上年增长18.9%。分地域看,城镇消费品零售额1 392.10亿元,增长18.8%;乡村消费品零售额106.00亿元,增长20.3%。分主要行业看,批发零售贸易业零售额1 323.93亿元,增长18.8%;住宿餐饮业零售额174.17亿元,增长19.7%。

2010年,在限额以上批发零售贸易业零售额中,汽车类零售额比上年增长35.0%,石油及制品类增长29.7%,食品饮料烟酒类增长18.3%,日用品类增长19.6%,鞋服、针纺织品类增长14.1%,家用电器和音像器材类增长15.8%,通讯器材类增长45.2%,金银珠宝类增长40.1%。

至2010年年末全市共有各类市场490个,比上年增加20个。其中消费品市场372个,生产资料市场90个,生产要素市场11个,网上市场15个,服务市场2个。全年各类市场成交额843.13亿元,比上年增长3.9%,其中超亿元市场71个,年成交额716.60亿元;超十亿元市场21个,年成交额542.70亿元。

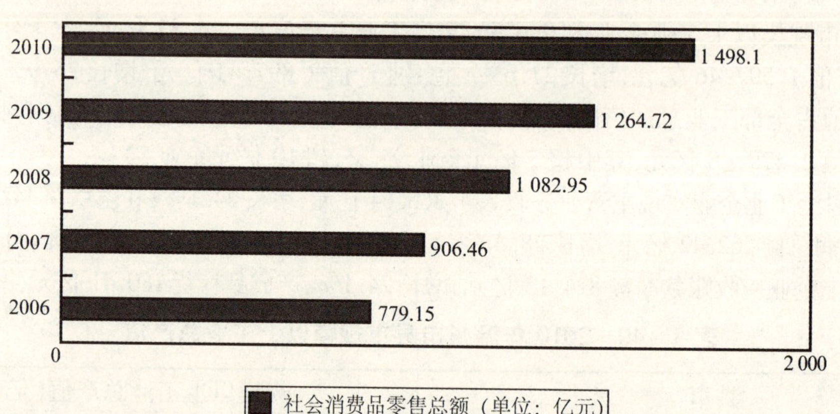

图3-212　2006-2010年温州市社会消费品零售总额

2. 交通运输、邮政通讯业

至2010年年末公路总里程13 965公里(含村道),其中高速公路289公里,一级公路221公里,二、三级公路1 803公里;公路绿化率63.4%。全市通公路建制村5 336个,通村率98.7%;市区公共交通营运线路107条,年载客量2.70亿人次。全年高速公路、港口、物流基地等建设力度加大,交通网络体系日臻完善。

2010年年末机动车保有量131.99万辆,比上年末净增加17.08万辆,其中载客汽车67.48万辆,载货汽车11.09万辆,摩托车52.95万辆。私人汽车67.48万辆,增加14.04万辆。除水运客运量略有下降外,全年各种交通工具客货物运输量均稳定增长。

表3－41　2010年温州市各种运输方式完成运输量

指　标	2010年	比上年增长(%)
货物运输总量(万吨)	11 672	11.40
#铁路	392	69.10
公路(营运)	7 930	8.30
水运	3 347	14.50
航空出港货物	3	7.40
旅客运输总量(万人)	34 417	1.20
#铁路	597	32.60
公路	33 487	0.70
水运	52	-2.40
航空	281	10.10
港口货物吞吐量(万吨)	6 408	11.00
集装箱吞吐量(万标准箱)	41	6.00

温州市2010年全年邮政通讯业务收入111.07亿元,比上年增长6.9%,其中,通信行业业务收入105.89亿元,增长6.6%。年末本地电话交换机总容量436.46万门,本地电话用户数277.26万户。年末移动电话装机总量2 075.13万门,移动电话用户数977.21万户。年末互联网用户数561.86万户,其中,宽带用户数达到152.96万户,增长21.7%。

全市邮政业务收入5.18亿元,比上年增长12.6%。全年函件总量13 915万件,包裹总量58.23万件,汇票414.58万张,特快专递486.94万件,订销报纸16 487万份,订销杂志570.92万份。

温州全市电力系统最高负荷549.20万千瓦,比上年增加46.21万千瓦。全年用电量300.99亿千瓦时,比上年增长12.8%。其中工业用电量205.01亿千瓦时,增长12.6%;建筑业用电量3.69亿千瓦时,增长24.3%;商业用电量10.05亿千瓦时,增长15.6%;居民生活用电量59.25亿千瓦时,增长13.0%。

3.旅游业

2010年全年,温州市共接待海内外游客3 526.30万人次,实现旅游总收入331.68亿元,分别比上年增长19%和24.7%。其中接待国内游客3487.14万人次,增长19%,国内旅游收入317.33亿元,增长25.1%;接待海外游客39.16万人次,增长18.8%,国际旅游外汇收入2.11亿美元,增长18.6%。

4.金融、证券和保险业

2010年年末金融机构本外币各项存款余额6 497.59亿元,比上年末增长21.4%,其中人民币存款余额6 222.74亿元,增长19.9%。年末金融机构本外币各项贷款余额5 516.68亿元,增长23.0%,其中人民币贷款余额5 381.57亿元,增长22.5%。年末城乡居民人民币储蓄存款余额2 916.12亿元,增长11.4%。全年金融机构现金收入15 674.92亿元,比上年增长10.5%;现金支出15 838.00亿元,增长10.7%;全年货币投放163.08亿元,增长41.9%。

2010年间,温州市继续深化地方金融改革和创新,深化投融资体制改革,新建小额贷款公司8家,年末累计20家;新建村镇银行1家,年末累计3家。2010年末,全市拥有境内外上市公司7家。

2010年全年全市证券成交总额12 456.06亿元,比上年增长5.5%。其中股票(AB股合计)交易额12 022.00亿元,增长12.2%;基金交易额61.22亿元,下降17.4%;权证交易额349.35亿元,下降64.7%。年末证券投资者开户52.80万户,增长17.6%。

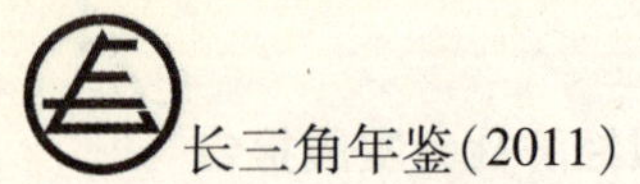

全年保险业实现保费收入100.92亿元,比上年增长25.7%。其中,财产险保费收入36.72亿元,增长31.4%;人身险保费收入64.20亿元,增长22.7%。支付各类赔款及给付25.34亿元,增长3.6%,其中财产险赔款15.68亿元,财产险赔付率42.7%。

5. 房地产业

2010年,温州市完成房地产开发投资271.09亿元,增长7.0%,其中住宅建设投资193.13亿元,增长10.8%。全年房屋施工面积2 507.50万平方米,增长8.1%;竣工面积306.32万平方米,下降10.2%;商品房销售面积228.46万平方米,下降27.2%,其中住宅销售面积192.52万平方米,下降29.3%;商品房销售额307.31亿元,下降28.0%,其中住宅销售额266.00亿元,下降30.7%。

全年全市缴存住房公积金39.53亿元,自房改以来累计缴存202.28亿元,年末余额125.74亿元。全年发放住房公积金贷款32.22亿元,累计发放贷款184.32亿元,年末贷款余额103.67亿元。全年经济适用房开工面积39.37万平方米,在建面积95.20万平方米。

(五)对外经济

1. 对外贸易

温州市2010年全年外贸进出口总额170.94亿美元,比上年增长28.8%。其中进口总额25.51亿美元,增长8.9%;出口总额145.43亿美元,增长33.0%。外贸依存度为39.6%,其中出口依存度为33.7%,分别比上年提高3.7和4.1个百分点。目前,与温州市建立进出口贸易关系的国家和地区200个,年末拥有进出口经营权企业7 009家。

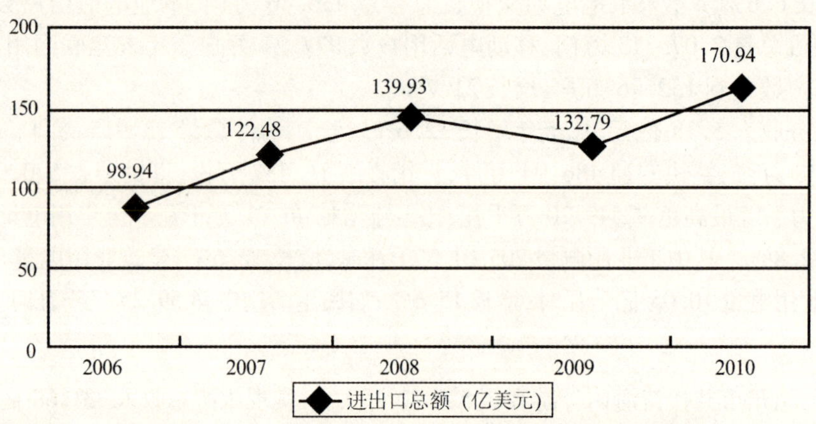

图3-213　2006-2010年温州市外贸进出口总额

2. 利用外资

表3-42　2010年温州市县市实际使用外资情况

县市	实际使用外资金额(万美元)
温州市区	8 026
瑞安市	2 067
乐清市	1 033
洞头县	
永嘉县	1 107
平阳县	379
苍南县	4 802
文成县	160
泰顺县	

2010年全年新签外资项目25项，实际利用外资1.76亿美元，比上年下降25.1%。继续实施“走出去”战略，拓展海外市场取得积极成效。全年新批设立境外机构54家，中方境外投资额1.54亿美元，增长6.1%。新签对外承包工程和劳务合同金额2 909.30万美元，实际完成营业额1 652.53万美元。

二、温州市2010年社会发展概况

(一)人口、人民生活

年末全市户籍总人口786.80万人，其中市区人口145.77万人。全市当年计划生育率为84.5%，女性初婚人数58 836人，比上年增加846人；已婚育龄妇女综合节育率为86.2%，比上年下降1个百分点。当年出生人口性别比(女性为100)128.71，其中一孩、二孩和多孩的出生人口性别比分别为104.05、170.88和308.54，二孩、多孩性别比居高，出生人口性别比失调现象仍没有得到有效控制。

全市城镇单位(不含私营)在岗职工年平均工资37 610元，比上年增长11.0%。全年城镇居民人均可支配收入27 250元，增长11.3%；城市居民人均消费性支出23 015元，增长9.2%，其中食品类支出7 546元，占32.8%。全年农村居民人均纯收入11 416元，增长13.0%；农村居民人均生活费支出8 431元，增长17.7%，其中食品类支出3 635元，占43.1%。城市居民人均住房建筑面积30.51平方米；农村居民人均居住面积43.01平方米。

2010年间，温州市城乡居民家庭消费升级加快，高档耐用消费品拥有量持续增加，年末每百户城市居民家用汽车拥有量33.3辆，比上年增加1.3辆；每百户农村居民家用汽车拥有量12.8辆，比上年增加3.6辆。

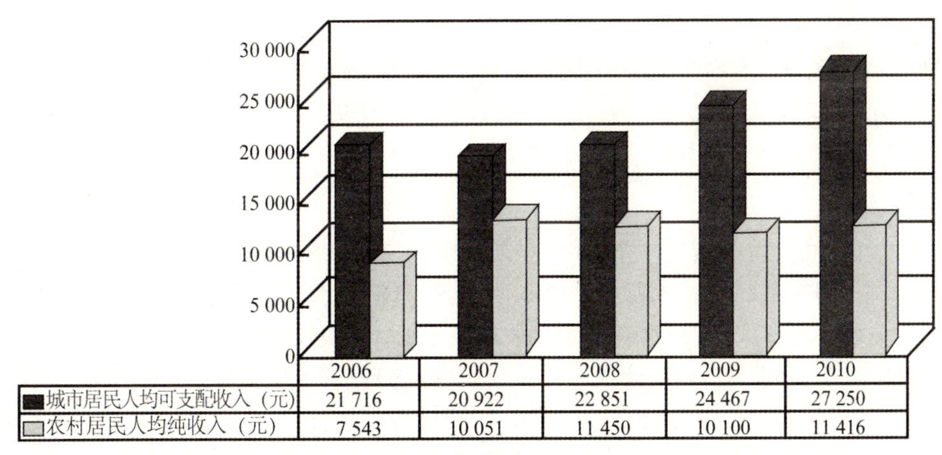

图3－214　2006－2010年温州市城乡居民收入对比一览

(二)就业与社会保障

1.就业

温州市全年新增城镇就业岗位10.03万个，下岗失业人员再就业人数2.00万人，同比分别增长19.7%和21.3%；年末城镇登记失业人数2.87万人，城镇登记失业率为2.36%，比上年末下降0.11个百分点。全年共培训农村劳动力7.92万人，实现转移就业2.47万人。

2.社会保障

至2010年年末参加基本养老保险职工162.57万人，比上年增加18.28万人，其中企业职工及自由职业者145.29万人,增加17.89万人;机关事业单位职工17.28万人,增加0.39万人。当年实缴基本养老保险费57.19亿元,比上年增加8.82亿元;全市享受基本养老保险的离退休职工28.60万人,发放养老金50.74亿元。参加工伤保险191.26万人,当年实缴工伤保险费2.58亿元。参加基本医疗保险121.45万人,其中在职职工99.49万人,离退休职工21.72万人。城镇职工当年实缴基本医疗保险费17.70亿元,基本医疗保险待遇支出17.62亿元。

城乡居民享受最低生活保障人数12.82万人,发放保障资金2.19亿元。民政部门接受社会各界捐赠款3.22亿元,捐赠衣被8.0万件,其他物资价值440.0万元。全市慈善系统共募款3.25亿元,支出救助金2.18亿元;资助贫困学生13 944人,资助金额2 740.93万元。全年办理结婚登记94 604对。

2010年,温州市着眼提高公共服务水平,以民生为重点的社会建设成效明显。全市财政用于民生支出766.1亿元,年均增长21.8%,占支出增量70%以上。保障性住房体系初步建立,建成经济适用房90.7万平方米,新增廉租房保障对象1 880户,基本解决市区在外过渡5年以上被拆迁户住房安置问题。新增城镇就业38.4万人。基本养老、医疗保障制度实现全覆盖,新型农村合作医疗人均筹资水平达到201元,城乡低保月人均补差水平提高2倍以上。

(三)教育和科学技术

1.教育事业

至2010年年末各类全日制学校在校学生116.84万人,占全市年末户籍总人口14.9%。全市拥有普通高等学校6所,全年招生20 617人。全国普通高校在温录取新生41367人,比上年减少1 745人。高等教育毛入学率45%,比上年提高2个百分点。初中毕业生升入高中阶段的比例为95.8%,比上年提高0.3个百分点,其中初中毕业生升入普通高中的比例为50.6%,比上年下降1.1个百分点。

温州市2010年教育水平和教学设备同步提升。省市级教育强镇(乡)达到178个,比上年增加18个。省市级重点中学74所,国家和省级重点职业学校22所。全市92%的中小学仪器、实验室、仪器设备达到省教育装备标准,生均图书增加2.24册;全市88%教室建有多媒体平台。全年新建中小学校舍42.1万平方米,排除危房86.9万平方米,改造破旧房20.9万平方米。年末各类学校校舍总面积1 449.10万平方米,其中普通高校232.18万平方米。

2.科技与创新

温州市科技创新能力持续增强。至2010年末全市拥有国家级科技创业服务中心1个、省级科技创业服务中心1个;国家级高新技术特色基地2个、省级高新技术特色基地9个;国家科技产业基地1个;国家级企业技术中心3家、省级高新技术企业研发中心114家、市级企业研发中心192家;省级科技强县5个。全年列入国家级“火炬计划”42项,累计实施397项;国家级“星火计划”39项,国家重点新产品计划10项,省级新产品试制计划457项。积极培育高新技术企业,新增高新技术企业103家,累计315家;全年专利授权10 553项,累计53 592项。

2010年年末全市有国家级企业博士后工作站1家,省级4家;市、县人事部门直接管理的各类专业技术人员11.78万人,其中中级以上职称人员5.90万人,增加1 409人。

(四)文化、卫生和体育

1.文化事业

2010年末全市有文化站290个,文化馆11个,公共图书馆13个,博物馆6个,艺术表演团体10个,电影放映单位31个。全年艺术团体演出1 255场次;电影放映74 371场次,观众226万人次;农村数字电影放映39 578场次,观众1 014万人次。年末温州市拥有国家级非物质文化遗产名录项目17个,省级非物质文化遗产名录项目78个,市级非物质文化遗产名录项目227个。公共图书馆藏书

325 万册(件),年总流通量 350 万人次。全市广播综合人口覆盖率 98.5%,电视综合人口覆盖率 98.8%,有线电视用户 156 万户。

2. 卫生事业

2010 年全市有医疗卫生机构 4 585 家(包括村卫生室机构数 2 578 家),其中医院 101 家,卫生院及社区卫生服务机构 623 家,各类诊所 993 家。年末有各类卫生技术人员 39 968 人,其中医生 17 872 人,平均每万人有医生 22.71 人(不含村卫生室口径为 18.96 人)。全市医疗机构病床 22 617 张,平均每万人有病床 28.75 张,全年医疗机构诊疗病人 4 580.48 万人次。继续推进农村健康工程,全市已参合农民 493.01 万人,参合率 96.26%,人均筹资水平为 201 元。全市新医合门诊受益人数 882.26 万人次,补偿金额 1.54 亿元;住院受益人数 25.37 万人次,补偿金额 7.98 亿元。全年完成参合农民体检 180.74 万人,体检率为 36.5%,查出疾病 34.45 万人。

温州市新建改建一批市县重点骨干医院,温医附一医新院主体工程结顶,市儿童医院挂牌运行,新增市级标准化社区卫生服务中心 100 家、服务站 170 家。

3. 体育事业

至 2010 年末,全市有公共体育场馆 32 个,业余体校 7 所,已建成公共健身点 6 600 个。全年温州市运动员在世界杯站赛中获 2 金 5 银 4 铜,在全国比赛中获 26 金 32 银 25 铜;在第十六届广州亚运会上,温州市 5 位参赛选手取得 7 金 1 银 3 铜的成绩。全年全市共有 24 个乡镇通过省级体育强镇的检查验收,累计 102 个,省级体育强县累计 5 个。全年发行体育彩票 10.91 亿元,比上年增长 14.4%,总销量居浙江省第二位。

(五)城乡建设

2010 年,温州市高度重视城乡区域统筹,新农村建设和欠发达地区发展取得新突破。全市财政对“三农”投入 413.7 亿元,年均增长 22.2%。完成村庄整治 2673 个,建成全面小康示范村 216 个,完成农房改造 7.2 万户,解决了 155.8 万农村人口饮水安全问题,等级公路通村率达到 100%。培训农村劳动力 65.8 万人次,向二、三产转移 16.8 万人,农家乐休闲旅游、来料加工成为农民增收新亮点。“139 富民攻坚计划”顺利完成,低收入农户奔小康“共同跨越六大行动”取得阶段性成果,欠发达县农民人均纯收入超过全国平均水平。新 58、78 省道建成通车,欠发达地区基础设施、公共事业明显改善。“小乡大集镇”建设步伐加快,下山移民 2.8 万户、10.4 万人。建立生态补偿机制,到位资金 1.3 亿元。洞头、泰顺成功创建省级生态县。

全市设镇 118 个,乡 142 个,街道办事处 30 个。全市有居民委员会(含社区)527 个,村民委员会 5 407 个。年末实有社会团体 1 778 个。

(六)环境保护和生态建设

2010 年年末,全市水资源量为 196.5 亿立方米,比上年增加 39.5%;总供水量 20.87 亿立方米,增加 8.1%。市区自来水日生产能力 110 万立方米,年供水量 25 837.33 万吨。完成造林更新 59 960 亩,其中人工造林 26 600 亩,低产林改造 2 600 亩,育苗面积 270 亩;四旁植树 187.7 万株。年末,全市森林覆盖率达 60.03%,比上年提高 0.43 个百分点。

温州市 2010 年生态建设成效显著。全市已建成国家级生态示范区 3 个,省级生态县 2 个,全国环境优美乡镇 21 个,省级生态乡镇 153 个;自然保护区 4 个,其中国家级 2 个,省级 1 个,县级 1 个;风景名胜区 36 个,其中国家级 3 个 5 处,省级 8 个,市县级 25 个;森林公园 26 个,其中国家级森林公园 5 个,省级森林公园 13 个,市级森林公园 8 个;合格饮用水源保护区 78 个。全市建成 6 所国家级绿色学校,114 所省级绿色学校;建成 3 个国家级绿色社区,60 个省级绿色社区,8 家省级生态环境示范教育基地。

据市环境监测中心站监测,市区环境空气质量达到Ⅰ级标准的有87天,达到Ⅱ级标准的有251天,大气中的二氧化硫、二氧化氮、可吸入颗粒物年平均值符合国家环境空气质量Ⅱ级标准。全市地表水市控及市控以上站位54个,水质在Ⅰ至Ⅲ类的站位23个。市区有取水的两个饮用水源地(泽雅水库和赵山渡水库)共监测65个指标,监测结果达标率分别为100%和83.3%。市区区域环境噪声昼间等效声级平均值60分贝,比上年下降0.8分贝;交通噪声等效声级平均值73.3分贝,比上年上升1.7分贝。

节能降耗取得积极成效。全市规模以上工业单位增加值能耗同比下降11.7%。33个行业大类中,有30个行业的单位增加值能耗有不同程度的下降,其中降低率在10%以上的行业主要有化学原料、橡胶制品、化学纤维、服装、造纸、黑色金属、非金属矿物和金属制品等15个行业。

全市主要污染物减排力度加大。全市COD排放量比上年下降3.19%,"十一五"期间累计下降17.51%;二氧化硫排放量比上年下降3.25%,"十一五"期间累计下降20.71%。全市已建13座城镇生活污水处理厂,实际处理水量54.7万吨/日,比上年增加5.9万吨/日。市区生活垃圾无害化处置率达89.4%,农村生活垃圾集中收集行政村覆盖率达87.5%。

(七)社会安全

"平安温州"建设取得较大成效。全市共发生各类事故3 409起,死亡683人,直接经济损失4500.5万元,分别比上年下降8.7%、6.2 %和7.8%。

全市有律师机构72个,全年办理国内刑事诉讼辩护案件7 719件,民事诉讼案件20 159件,行政案件诉讼1 293件。各级人民调解机构调解各类纠纷23 389件。全年办理国内公证91 598件,办理涉外公证59 150件。

三、温州市在长三角地区经济发展中的地位

2010年,温州市人民在市委、市政府的正确领导下,认真贯彻落实中央和省委、省政府各项决策部署,深化发展战略,创新工作举措,全力克难攻坚,全市经济运行在恢复中逐步趋向平稳较快发展,"十一五"规划各项主要目标基本完成,产业结构不断调整升级,节能减排工作取得阶段性成效,民生工作进一步改善,社会各项事业取得了新的进步,但在长三角地区经济发展中的地位有待进一步提升。

2006－2010年温州市地区生产总值在长三角所占比重分别为3.86%、3.82%、3.70%、3.49%和3.39%,呈现连年下降的趋势,累计降幅为0.47个百分点。2010年跌速较缓,较上年下降了0.1个百分点。

2010年温州市地区生产总值在长三角地区25个市(苏浙两省24个地级市和上海市,下同)排名比去年下降了两位,排名第10位,形势不容乐观,亟需有所改变。

2006－2010年温州市地方财政一般预算收入在长三角所占比重分别为2.83%、2.62%、2.55%、2.46%和2.39%,呈现出逐年下降的态势,近5年累计降幅为0.44个百分点。2010年与上年跌速基本一致,较上年下跌0.07个百分点。

2010年温州市地方财政一般预算收入在长三角地区25个市排名与上年保持一致,排名第9位,继续保持着相对领先优势。

2006－2010年温州市规模以上工业总产值在长三角所占比重分别为3.06%、2.99%、2.78%、2.62%和2.59%,同样呈现出逐年下降的态势,近5年累计降幅为0.47个百分点。2010年较前两年跌速放缓,仅比上年下降0.03个百分点。

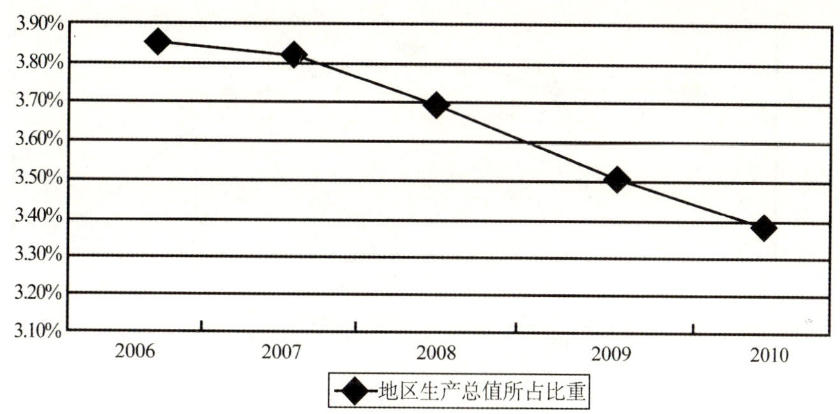

图 3－215　2006－2010 年温州市地区生产总值在长三角所占比重的变化趋势

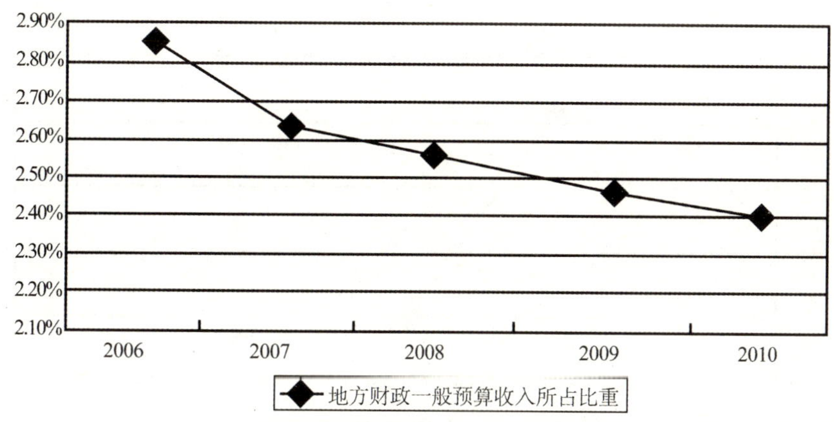

图 3－216　2006－2010 年温州市地方财政一般预算收入在长三角所占比重的变化趋势

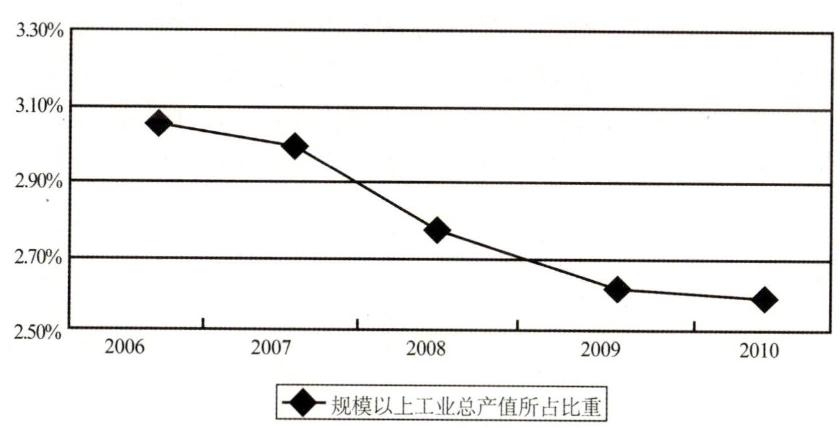

图 3－217　2006－2010 年温州市规模以上工业总产值在长三角所占比重的变化趋势

2010 年温州市规模以上工业总产值在长三角地区 25 个市排名比上年下降一位，排名第 14 位，形势不容乐观，亟需有所突破。

2006－2010 年温州市进出口总额在长三角所占比重分别为 1.66%、1.66%、1.68%、1.65%和 1.57%，2009 年和 2010 年连续两年持续下降，较 2008 年最高点降幅达 0.11 个百分点。

2010 年温州市进出口总额在长三角地区 25 个市排名与上年保持一致，排名第 11 位，需要解放思想，力求有所提升。

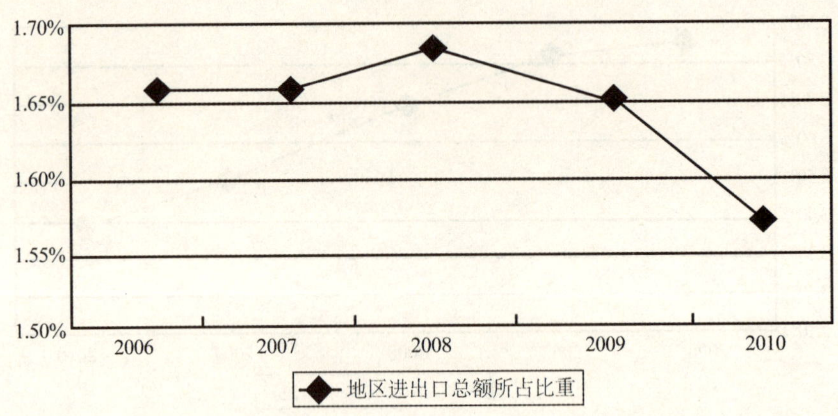

图 3-218　2006-2010 年温州市进出口总额在长三角所占比重的变化趋势

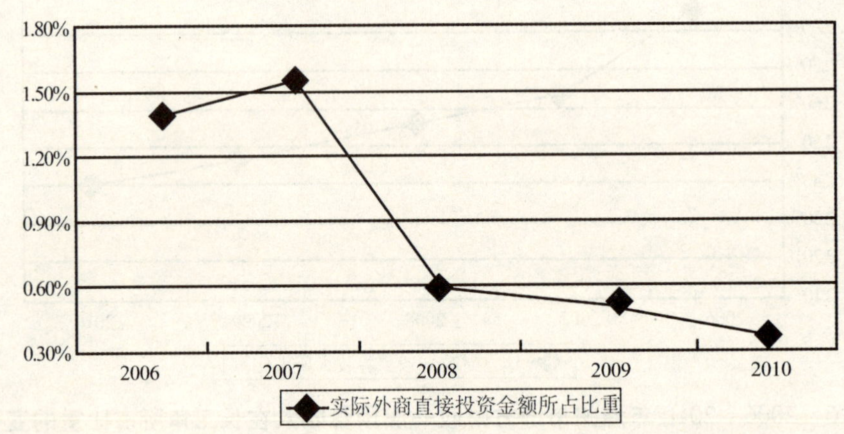

图 3-219　2006-2010 年温州市实际外商直接投资金额在长三角所占比重的变化趋势

2006-2010 年温州市实际外商直接投资金额在长三角所占比重分别为 1.38%、1.54%、0.58%、0.50%和 0.33%，连续三年持续下跌，较 2007 年最高点累计跌幅达 1.21 个百分点。

2010 年温州市实际外商直接投资金额在长三角地区 25 个市排名比上年下降一位，排名第 21 位，排位相当靠后，亟需有所改善。

五　嘉兴市2010年经济社会发展报告

2010年，嘉兴全市人民在中共嘉兴市委、市政府的正确领导下，深入贯彻落实科学发展观，大力实施接轨上海扩大开放、新型工业化、城乡一体化、滨海开发、科教兴市、和谐发展六大战略，努力化解要素制约，着力提高经济运行质量。全市综合实力显著提升、经济结构日趋优化、发展方式加快转变、统筹发展水平不断提高。经济总体实现稳定较快增长，各项社会事业和谐发展，城乡居民生活水平稳步提高，完成了“十一五”规划确定的主要目标任务，为“十二五”时期经济社会发展打下了坚实基础。

一、嘉兴市2010年经济发展概况

(一)综合经济

1.经济总量

2010年，嘉兴全市地区生产总值2 296.00亿元，按可比价格计算，增长13.7%，增幅比上年提高4.4个百分点。其中，第一产业增加值126.30亿元，增长3.3%；第二产业增加值1 342.12亿元，增长15.4%；第三产业增加值827.58亿元，增长12.5%。按户籍人口计算，人均GDP为67 410元(9 958美元)，增长13.1%。“十一五”期间，全市地区生产总值年均增长12.4%，年均增速高出全省0.6个百分点，第一、二、三产业分别增长3.3%、12.7%和13.5%，三次产业构成由2005年的7.3: 58.8: 33.9调整为5.5: 58.5: 36.0。

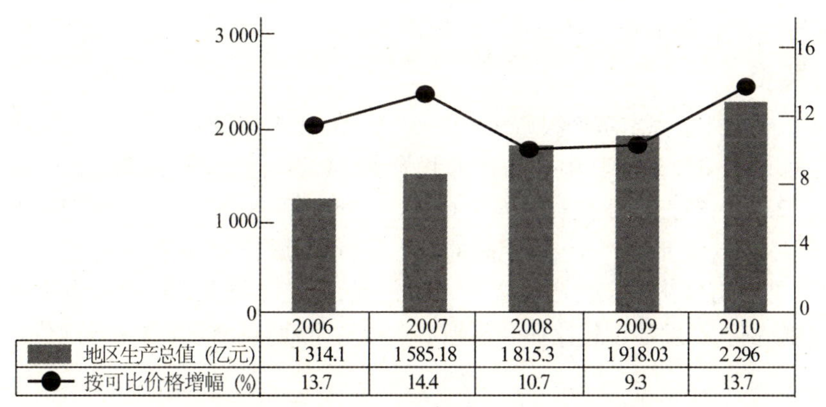

	2006	2007	2008	2009	2010
地区生产总值(亿元)	1 314.1	1 585.18	1 815.3	1 918.03	2 296
按可比价格增幅(%)	13.7	14.4	10.7	9.3	13.7

图3－220　2006－2010年嘉兴市地区生产总值及增长速度

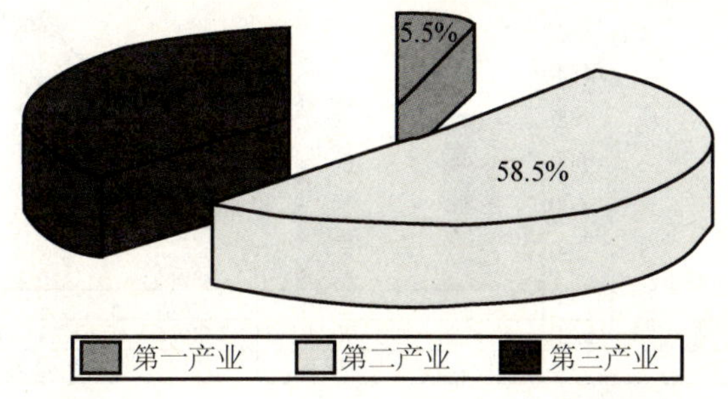

图3－221　2010年嘉兴市三次产业结构图

表 3－43　2010 年嘉兴市县市主要经济指标

县市	生产总值（亿元）	地方财政收入（亿元）	全社会固定资产投资(亿元)	出口总额（万美元）	社会消费品零售总额(亿元)
嘉兴市区	578.17	60.19	421.66	458 284	227.56
平湖市	340.53	25.51	225.59	303 363	88.49
海宁市	455.83	30.33	241.09	331 920	177.97
桐乡市	409.25	28.30	211.26	184 510	157.12
嘉善县	276.11	18.82	179.63	206 459	87.74
海盐县	238.29	13.68	209.04	119 529	60.49

2. 财政收支持

2010 年,全市财政一般预算收入 334.33 亿元,比上年增长 19.7%,其中地方财政收入 176.83 亿元,增长 24.8%,增幅比上年提高 13.1 个百分点。"十一五"期间,全市财政一般预算收入和地方财政一般预算收入年均分别增长 19.9% 和 21.5%。

3. 物价指数

2010 年,嘉兴市区城市居民消费价格比上年上涨 4.0%。从八大类情况看,食品类价格上涨 7.0%;烟酒及用品类价格上涨 1.0%;娱乐教育文化用品及服务上涨 2.1%;医疗保健和个人用品上涨 6.6%;居住类价格上涨 7.2%;交通和通信上涨 0.5%;衣着类商品价格下跌 1.7%;家庭设备用品及维修服务价格下降 1.3%。

全市工业企业原材料、燃料、动力购进价格比上年上涨 9.3%,工业品出厂价格上涨 5.1%。市区房屋销售价格上涨 21.7%,涨幅比上年高 16.7 个百分点,其中新建房价格上升 24.1%;二手房销售价格上升 14.2%。全年房屋租赁价格上涨 3.1%;物业管理价格上涨 5.0%。全年土地交易价格上涨 109.0%。

4. 固定资产投资

2010 年,嘉兴全市全社会固定资产投资 1 518.56 亿元,比上年增长 23.1%。限额以上固定资产投资 1 362.49 亿元,增长 21.3%,其中第一产业投资额 11.74 亿元,增长 20.0%;第二产业投资额 743.06 亿元,增长 12.3%;第三产业投资额 607.69 亿元,增长 34.6%。"十一五"期间,全社会固定资产投资额累计达 5 459.06 亿元,是"十五"期间的 2.1 倍,年均增长 16.6%。

嘉兴市 2010 年非国有经济固定资产投资 1 105 亿元,比上年增长 24.3%,占全社会固定资产投资的 72.8%,其中制造业、批发零售餐饮业和房地产业等竞争性行业投资占主导地位。

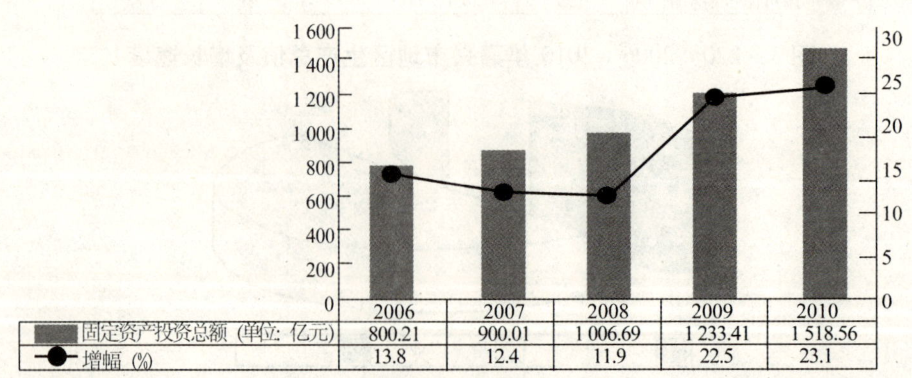

图 3－222　2006－2010 年嘉兴市全社会固定资产投资及增长幅度

全市限额以上投资当年施工项目3 887个,同比增长8.0%;当年新开工项目2 275个,增长9.0%;建成投产项目1 851个,增长0.5%;新增固定资产869.8亿元;列入重点工程在建项目93项,完成投资总额213.44亿元。

(二)农业

嘉兴市2010年落实强农惠农政策,各级财政安排粮食扶持资金1.4亿元,新增粮食生产功能区16.5万亩,启动建设68个省级现代农业示范园区。

2010年,全市农林牧渔业总产值213.88亿元,按可比价计算,增长3.4%。全年粮食种植面积300.07万亩,比上年减少1.91万亩,粮食总产量134.44万吨,下降1.1%。经济作物种植保持稳定,其中蔬菜种植面积120.83万亩,比上年增加4.31万亩,蔬菜总产量242.83万吨,增长5.9%;油菜籽种植面积45.78万亩,比上年减少4.70万亩;果用瓜种植面积16.84万亩,比上年减少0.18万亩;花卉苗木种植面积10.64万亩,比上年增加0.66万亩。粮经面积比由上年的58.62∶41.38调至58.59∶41.41。

畜牧业形势有所好转。全年全市生猪饲养量777.25万头,比上年增加6.53万头;家禽出栏量4204.36万只,增长6.7%;肉类总产量39.77万吨,增长3.7%;水产品产量18.13万吨,增长3.4%,水产养殖结构不断优化,高附加值水产品品种继续增加。

表3-44　2010年嘉兴市主要农产品产量

产品	单位	2010年	±%
粮食	万吨	134.44	-1.10
蔬菜	万吨	242.83	5.90
油菜籽	万吨	7.39	-10.90
蚕茧	万吨	2.65	-2.30
肉类	万吨	39.77	3.70
禽蛋	万吨	8.78	2.70
水产品	万吨	18.13	3.40

2010年嘉兴现代农业继续发展,全市有种子种苗基地72个,引进新品种309个;制定农业标准56项,有406个农产品通过国家级无公害农产品认证;已建成各类休闲农业园区93个。农业产业化经营发展势头良好,新增市级以上农业龙头企业18家,新增农民专业合作社106家。

(三)工业和建筑业

1.工业增加值

至2010年底,嘉兴全市工业增加值1 191.02亿元,按可比价格计算,增长16.2%,占全市生产总值51.9%,是2005年的1.96倍,年均增长13%。

全市有规模以上(主营业务收入500万元以上)工业企业7 524家,比上年增加444家。全年实现工业总产值5 137.50亿元,比上年增长39.8%;实现工业销售产值5 035.31亿元,增长39.1%;完成出口交货值1 193.50亿元,增长29.5%。

2010年全年全市规模以上工业企业主营业务收入4 899.30亿元,比上年增长37.8%;利税总额456.45亿元,增长43.7%,其中利润总额311.10亿元,增长61.5%。十一项经济效益指标综合得分272.69分,比上年提高37.6分。其中,产品销售率98.01%,总资产贡献率11.43%,资本保值增值率122.72%,成本费用利润率6.74%,全员劳动生产率由上年8.80万元/人提高到11.67万元/人,资产负债率由上年59.5%下降为59.3%,亏损率由上年8.1%下降为4.2%。

表 2-45　2010 年嘉兴市主要工业产品产量

产品	单位	2010 年	±%
发电量	亿千瓦时	464.02	3.00
配(混)合饲料	万吨	86.23	14.70
布	万米	353 008.00	22.00
绒线(毛线)	吨	7 947.00	12.70
呢绒	万米	1 529.00	0.20
丝	吨	12 554.00	-0.30
纱	万吨	18.69	21.30
服装	万件	66 533.00	8.20
轻革	万平方米	5 034.00	11.50
革皮服装	万件	1 219.00	25.90
轮胎外胎	万条	2 772.00	2.50
涂料(油漆)	万吨	12.49	17.90
机制纸及纸板	万吨	254.00	3.50
化肥(折 100%)	万吨	2.17	-7.80
化学农药	万吨	0.75	1.10
水泥	万吨	1 685.00	-0.70
钢材	万吨	221.74	45.40
人造板	万立方米	101.35	32.60
化学纤维	万吨	269.36	23.60

表 3-46　2010 年嘉兴市市区工业总产值

单位:亿元

县市	工业总产值
嘉兴市区	258.02
平湖市	203.82
海宁市	242.30
桐乡市	198.50
嘉善县	148.49
海盐县	141.77

2. 建筑业

2010 年,全市建筑业(具有建筑业资质的独立核算企业,不包括工业类企业)完成总产值 590.41 亿元,比上年增长 45.0%,完成房屋施工面积 6 335.1 万平方米,增长 41.9%,竣工面积 2 210.3 万平方米,增长 4.0%。

(四)服务业

1. 国内贸易

2010 年,全市全社会消费品零售总额 799.36 亿元,比上年增长 18.9%。其中,城镇市场零售额 691.78 亿元,增长 19.3%;农村市场零售额 107.58 亿元,增长 16.9%。分行业看,批发零售贸易业零售额 714.29 亿元,增长 19.1%,住宿餐饮业零售额 85.07 亿元,增长 17.2%。"十一五"期间,全市累计实现社会消费品零售总额 3 038.91 亿元,是"十五"期间的 2.1 倍,年均增长 17.1%。

2010 年末，全市拥有各类商品交易市场 314 个，商品交易额（不含网上交易额）824.08 亿元，同比增长 22.2%，其中成交额超亿元市场由 2005 年的 41 个增至 54 个，超 10 亿元市场由 2005 年的 10 个增至 16 个。

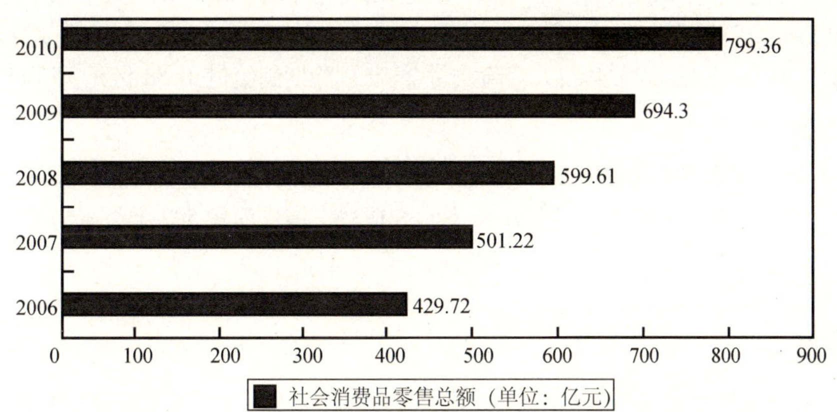

图 3－223　2006－2010 年嘉兴市社会消费品零售总额

2. 交通运输、邮政通讯业

2010 年，嘉兴市城乡面貌发生显著变化，城市品位不断提升。现代化网络型大城市框架初步形成，主副中心城市和新市镇的服务带动功能进一步增强。对外高速化、对内快速化的交通网络不断完善，2010 年全市新增高速公路 200 公里，每百平方公里公路通车里程由 2005 年的 72 公里增至 196 公里。港口开发和航道改造步伐加快，全年全市新增万吨级泊位 11 个，新建改建航道 857 公里，市域天然气管网贯通供气。城市公共基础设施加快向农村延伸，新建改建农村联网公路 1 224 公里，公交通村率达到 100%，省级全面小康建设示范村达到 131 个。

2010 年，全市各种运输方式（不含铁路，下同）货物周转量 198.61 亿吨公里，比上年增长 23.0%。其中，公路周转量 73.71 亿吨公里，增长 39.7%；全年旅客周转量（营业性车辆）34.75 亿人公里，增长 35.7%。全年嘉兴港货物吞吐总量 4 431.7 万吨，增长 27.2%，其中，外贸货物吞吐量 447.6 万吨，增长 27.4%，货物集装箱 35.02 万标箱，增长 73.0%。

全年全市邮政通讯业务总量 70.56 亿元，比上年增长 6.1%。其中，邮政业务总量 4.16 亿元，下降 0.7%；电信业务总量 66.40 亿元，增长 6.6%。2010 年末，全市城乡固定电话用户 163.09 万户，比上年末下降 4.2%，其中住宅电话用户 91.1 万户，下降 1.1%；移动电话用户 468.22 万户，增长 10.3%；互联网络用户 79.83 万户，增长 23.4%。

3. 旅游业

2010 年，嘉兴全年全市接待海内外游客 3 136.55 万人次，旅游总收入 296.01 亿元，比上年分别增长 23.1% 和 29.3%。其中，接待外国、港澳台游客 66.41 万人次，增长 19.3%，旅游外汇收入 2.26 亿美元，增长 18.0%；接待国内游客 3 070.14 万人次，增长 23.2%，国内旅游收入 280.62 亿元，增长 30.0%。接待海内外游客和旅游总收入比“十一五”期末分别增长 1.2 倍和 1.6 倍。

4. 金融、证券和保险业

2010 年末，全市金融机构人民币存贷款余额分别为 3 526.61 亿元和 2 615.92 亿元，比上年增长 23.6% 和 20.5%，增幅分别比上年下降 6.9 和 14.8 个百分点。城乡居民储蓄存款余额 1 621.29 亿元，增长 17.8%，增幅下降 1.4 个百分点；城乡居民人均储蓄存款余额由 2005 年 22 048 元增至 47 462元，年均增长 16.6%。

至 2010 年末，全市上市公司 22 家，发行股票 23 个，累计募集资金 169.33 亿元。全市拥有证券账户40.45万户,新增4.64万户。全年全市证券交易额5 610.71亿元,同比增长15.0%,其中股票交易额5 445.70亿元,增长17.9%;基金交易额55.55亿元,增长90.0%。全市期货交易额6 829.33亿元,增长71.6%。

2010年间,嘉兴全年全市保险业保费收入65.48亿元,比上年增长26.6%。其中,财产险保费收入23.21亿元,增长33.6%;人寿险保费收入42.28亿元,增长23.0%。全年赔付额10.52亿元,增长11.9%。其中,财产险赔付金额9.94亿元,增长13.4%;人寿险赔付金额(剔除期满给付)0.58亿元,下降8.5%。

5. 房地产业

2010年全年全市房地产开发投资270.75亿元,比上年增长44.6%;房屋施工面积2 746.7万平方米,增长24.7%;房屋竣工面积612.5万平方米,增长21.3%,销售面积597.1万平方米,下降12.4%。

(五)对外经济

1. 对外贸易

2010年,全市进出口总值228.20亿美元,比上年增长32.6%。其中出口总值160.41亿美元,增长30.0%;进口总值67.80亿美元,增长39.3%。机电、服装及纺织类等产品居出口商品主导地位,机电产品出口48.90亿美元,增长47.2%,占全市出口总额的30.5%;服装类产品出口36.70亿美元,增长12.8%,占全市出口总额的22.9%;纺织类产品出口26.39亿美元,增长28.9%,占全市出口总额的16.5%。"十一五"期间,全市出口总值累计633.36亿美元,年均增长17.9%。经济外向度有所下降,2010年全市进出口总额占GDP的比例67.3%,出口额占GDP的比重47.3%,分别比2005年下降2.9和2.5个百分点。

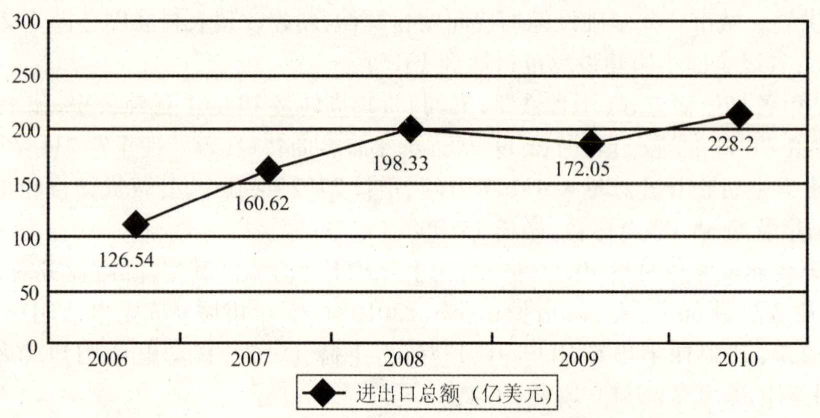

图3-224　2006-2010年嘉兴市外贸进出口总额

2. 外资状况

表3-47　2010年嘉兴市县市实际使用外资

单位:万美元

县市	实际使用外资金额
嘉兴市区	42 422
平湖市	25 449
海宁市	26 721
桐乡市	24 758
嘉善县	29 597
海盐县	12 047

2010年,全市新批外商投资企业300家,比上年增加45家;合同利用外资32.06亿美元,同比增长22.2%;实际利用外资16.10亿美元,增长20.6%。"十一五"期间全市实际利用外资累计达71.89亿美元,是"十五"时期的2倍。对外经济技术合作工作扎实推进,全年新办境外企业36家,投资总额15 913万美元,增长55.3%,全社会外派劳务466人次。全市引进内资项目1 100个,实际到位内资182.5亿元,增长29.4%。

二、嘉兴市2010年社会发展概况

(一)人口、人民生活

2010年末,全市户籍人口341.60万人,比上年末增加2.01万人。全市户籍人口出生率7.80‰,死亡率7.14‰,自然增长率0.67‰。全年迁入人口3.93万人,迁出人口2.18万人,人口机械增长率5.13‰。

2010年,全市城镇居民人均可支配收入27 487元,比上年增长11.3%,扣除价格因素,实际增长7.0%;农村居民人均纯收入14 365元,增长13.2%,实际增长8.9%。城镇居民人均消费性支出16 559元,增长7.8%;农村居民人均生活消费支出9 274元,增长8.7%。"十一五"期间城乡居民收入年均实际分别增长8.2%和9.5%;城乡居民家庭恩格尔系数分别由2005年的36%和37.5%下降为32.9%和33.0%。2010年,城镇居民家庭人均住房建筑面积35.23平方米,农村居民人均生活用房建筑面积69.08平方米,分别比2005年增加3.5和7.6平方米。全市农村自来水受益率99.56%,农村农户改厕率97.60%。

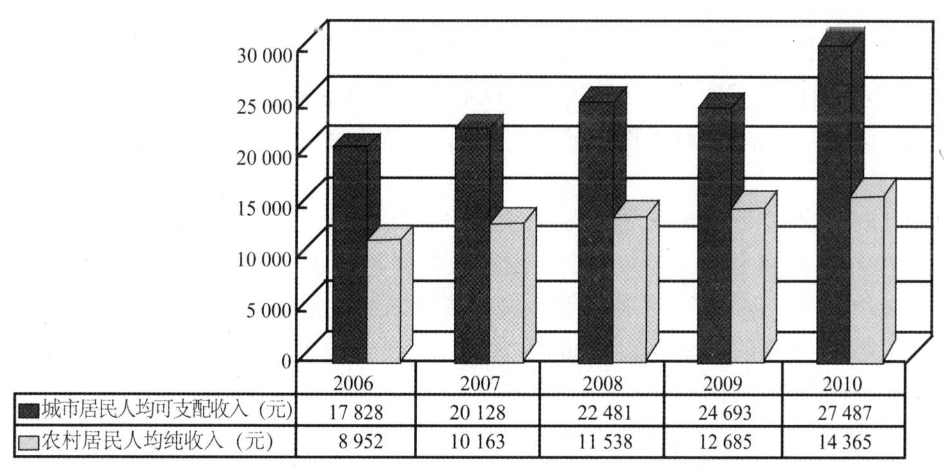

	2006	2007	2008	2009	2010
城市居民人均可支配收入(元)	17 828	20 128	22 481	24 693	27 487
农村居民人均纯收入(元)	8 952	10 163	11 538	12 685	14 365

图3-225　2006-2010年嘉兴市城乡居民收入对比一览

(二)就业与社会保障

1. 就业工作

至2010年末,全市有职业介绍机构105家,全年举办各类劳动力招聘活动628次,举办各类职业技能培训355期。全市城镇新增就业人数6.10万人,比上年增加0.24万人。城镇登记失业率3.5%。

2. 社会保障

2010年,全市城乡享受最低生活保障家庭1.84万户,保障人数3.5万人。城市人均低保收入由上年的2 532元提高到3 296元,农村由1 628元提高到1 963元。全市投入城乡最低生活保障资金

7 804 万元,同比增长 20.1%,提供城乡各种社会救济 1.85 万人次,比上年减少 0.71 万人次。

2010 年,嘉兴市重点做好社会保险扩面,城乡居民社会养老保险覆盖人数净增 32.4 万人。建成“多险合一”的社会保险信息系统。全年全市参加基本养老保险人数 159.19 万人,同比增长 10.9%,全年共发放养老金 36.5 亿元;失业保险参保人数达 77.75 万人,增长 14.1%;领取失业保险金的人数 7.41 万人。

2010 年,嘉兴市社会福利事业加快发展,年末全市共有收养类福利单位 99 个,拥有床位 13 606 张,同比增长 20.0%;收养老人、残疾人、孤儿等各类民政服务对象 6 081 人,增长 2.8%。

(三)教育和科学技术

1. 教育事业

2010 年,全市拥有各类学校(含幼儿园)565 所,在校生 67.58 万人。其中,高等教育学校 12 所,在校生 8.12 万余人;普通高中 36 所,在校生 7.04 万人;初级中学 119 所,在校生 13.68 万人;小学 215 所,在校学生 22.55 万人。初中、小学入学率和巩固率均达到 100%。初中毕业生升高中段各类学校比例达 98.50%,比上年提高 0.31 个百分点。普通高校招生 15 814 人,毕业学生 10 861 人,同比增长 38.5%。高等自学考试报考人数 4.3 万人,获得大专以上文凭人数 1 203 人;成人高等学历教育毕业班学生 10 353 人;成人中等专业学历教育招收学生 1 689 人,毕业班学生 1 646 人。农村各类文化技术培训 74 万多人次。全市各类民办学校达 33 所,在校学生 5.1 万人。

2. 科技与创新

嘉兴市实施“创新嘉兴 · 精英引领”计划,入选首批创业创新领军人才项目 78 个、遴选重点创新团队 43 个。

2010 年末,全市拥有县级以上国有独立研究开发机构 28 个,全市人才资源总量 70.96 万人,比上年增加 6.62 万人,增长 10.3%。全年获得市级以上各类科技成果 107 项,其中,获得省级科技成果奖 5 项,市级科技成果奖 102 项。技术市场发展平稳,全年经认定登记技术交易金额 2.35 亿元,交易合同数 432 项。

全市高新园区入驻企业 456 家,技工贸总收入 189.18 亿元,利税总额 20.47 亿元,引进外资项目 50 个,合同利用外资 3.34 亿美元。年末全市国家级高新技术企业 232 家,省级科技型中小企业 637 家,比上年增加 107 家。创新能力不断增强。全市规模以上工业科技活动经费支出总额由 2005 年的 12.3 亿元提高到 2010 年的 75.63 亿元,年均增长 43.8%;2010 年全市 R&D 经费投入占 GDP 比例 2.10%,比上年提高 0.1 个百分点。

(四)文化、卫生和体育

1. 文化事业

2010 年末,全市共有文化艺术表演团体 11 个,艺术表演场所 16 个,群众艺术馆 1 个,文化馆 7 个,文化站 69 个,公共图书馆 6 个,图书总藏量 422 万册。各类电影放映单位 34 家,广播电台 6 座,电视台 6 座,全市行政村有线电视联网率达到 100%,广播和电视人口覆盖率均达 100.0%。

全年全市影视文化艺术创作成就突出,群众文化生活丰富多彩。少儿合唱《爷爷的老街》获得国家级奖项,摄影作品《清明胜似年》、戏曲《北地王》等获省级奖项。全市成功举办了中国 · 嘉兴国际漫画展,公共图书馆乡镇分馆和村级文化中心实现全覆盖,文化遗产保护工作取得新成效,被列为国家历史文化名城。全市广场文艺演出 270 场次、电影下乡放映达 9 676 场次,戏曲歌舞下乡演出 978 场次,观众人数达 68.6 万人次,嘉兴大剧院引进各类演出 101 场次,观众人数达 10 万余人次。

2. 卫生事业

至2010年末，全市共有医疗卫生机构1 376个，其中社区卫生服务中心81个，社区卫生服务站847个；拥有各类医疗卫生工作人员26 132人，其中医生7 865人，注册护士8 181人，医疗床位14 927张，平均每千人拥有医生2.3名，每千人拥有医院床位4.37张。全市无偿献血42 231人次，献血量1 379.97万毫升，无偿献血占临床用血比例达100%。

嘉兴市公共医疗卫生服务体系日趋完善，建成省级规范化城乡社区卫生服务中心57个，基层公共卫生服务经费达到人均47元。成功创建国家卫生城市。

3. 体育事业

2010年，全市成功承办浙江省第十四届运动会。嘉兴代表团获得168.5枚金牌、89.5枚银牌、139.5枚铜牌和总分397.4分的优异成绩，金牌数、奖牌数、总分均列全省第四名。全年全市共组织举办综合性健身活动达350次，参加人数约21万人次。

（五）城乡建设

嘉兴市全面开展统筹城乡综合配套改革试点工作，以"两分两换"优化土地使用制度改革为核心的"十改联动"取得初步成效。要素配置市场化改革深入推进，工业和经营性用地出让"招拍挂"工作全面推行，率先开展主要污染物排污权交易。

2010年间，嘉兴市着力推进城乡区域统筹。制定出台深化完善"两分两换"加快推进统筹城乡发展的政策意见，投入村庄整治财政专项资金5.8亿元，稳步推进15个试点镇和全市面上"两新"工程，重点实施百个示范性城乡一体新社区和农村土地综合整治示范项目建设，全年复垦建设用地8 256亩，流转土地14.1万亩。推进农村集体资产产权制度改革，在全省率先建立市级农村产权交易中心。修编完善市域总体规划和新一轮土地利用总体规划，市域基础设施、社会事业、公用事业、社会保障等领域的统筹工作不断深化。

（六）环境保护和生态建设

2010年，全市水资源总量30.04亿立方米，同比增长13.5%；人均水资源量879.4立方米，增长12.8%；全市平均降水深1 445.1毫米，增长10.8%；全年全市总用水量约19.6亿立方米，比上年下降2.2%。2010年全市累计新增装机容量142万千瓦、500千伏以上变电容量425万千伏安。

全年新增自来水日供水能力113万吨，完成管网铺设和改造931公里，基本实现城乡供水一体化。城乡生态环境日益改善，"十一五"期间全市新增和提升绿化面积15万亩，清淤疏浚河道1.1万公里，市控断面劣Ⅴ类水体比例由72.1%下降到39.1%，市区空气优良率保持在90%以上，成功创建国家园林城市和全国绿化模范城市。

全市188家重点能耗企业（年耗能5 000吨标准煤及以上）全年消费能源616.4万吨标准煤，比上年增长3.3%。全市单位GDP能源消费量降低率完成预期目标。化学需氧量、二氧化硫排放量完成省下达的削减目标任务。

（七）社会安全

建设"平安嘉兴"取得新进展，2010年，全市人民群众安全感满意率95.57%，已连续6年稳定在90%以上。全年全市共发生各类事故1 628起，比上年减少54起；死亡人数403人，比上年减少32人；直接经济损失1 981.97万元，比上年减少85.39万元。

三、嘉兴市在长三角地区经济发展中的地位

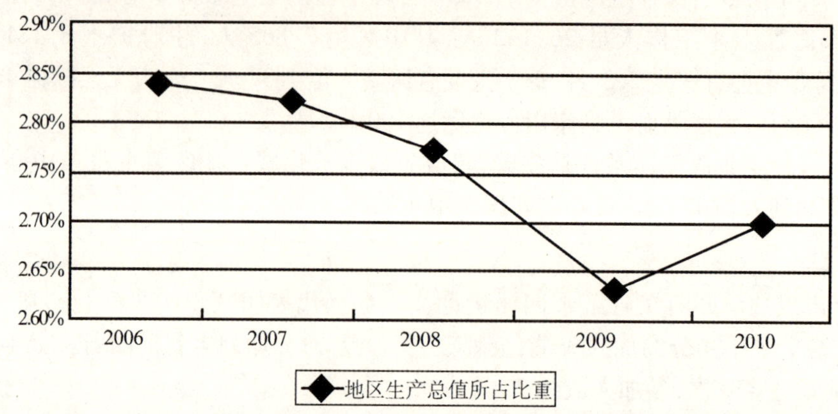

图 3－226　2006－2010 年嘉兴市地区生产总值在长三角所占比重的变化趋势

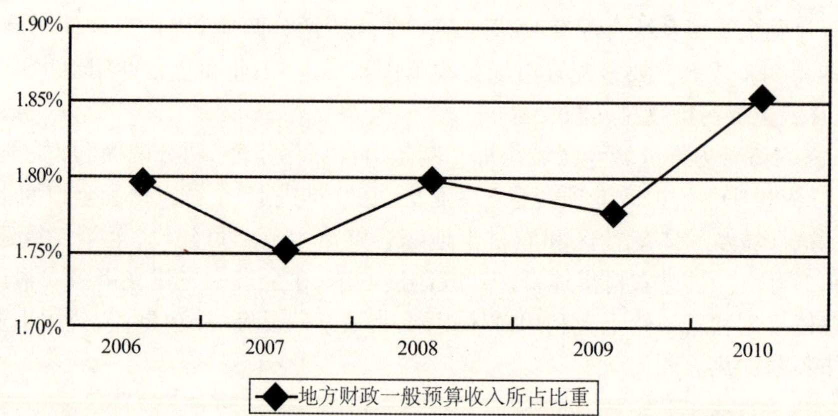

图 3－227　2006－2010 年嘉兴市地方财政一般预算收入在长三角所占比重的变化趋势

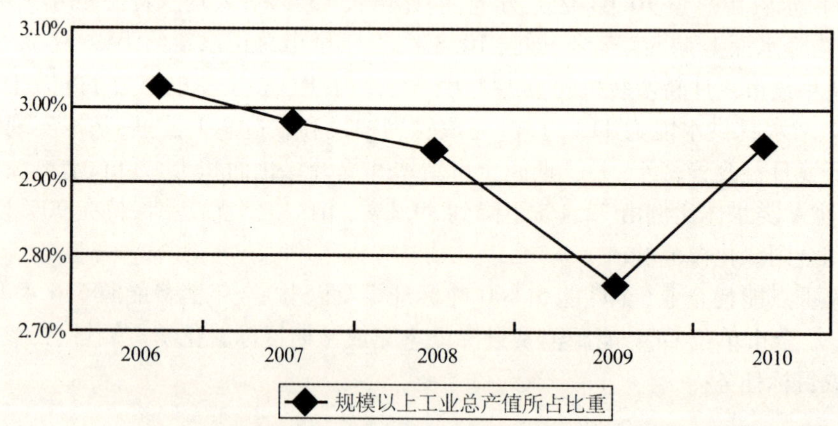

图 3－228　2006－2010 年嘉兴市规模以上工业总产值在长三角所占比重的变化趋势

2010 年,嘉兴市大力实施接轨上海扩大开放、新型工业化、城乡一体化、滨海开发、科教兴市、和谐发展六大战略,努力化解要素制约,着力提高经济运行质量。全市综合实力显著提升、经济结构日趋优化、发展方式加快转变、统筹发展水平不断提高。经济总体实现稳定较快增长,各项社会事业和谐发展,城乡居民生活水平稳步提高,在长三角地区经济发展中的地位有了一定的提升。

2006－2010 年嘉兴市地区生产总值在长三角所占比重分别为 2.83%、2.80%、2.77%、2.65% 和 2.66%,2010 年止住连年下跌的趋势,有了微弱的上扬,较上年增加了 0.01 个百分点。

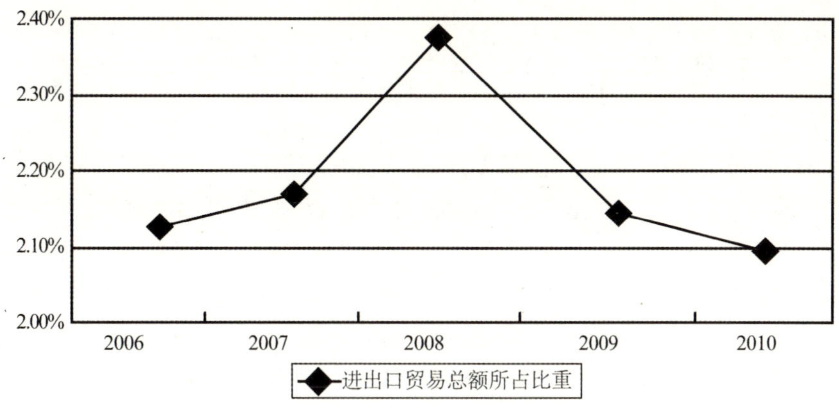

图 3－229　2006－2010 年嘉兴市进出口总额在长三角所占比重的变化趋势

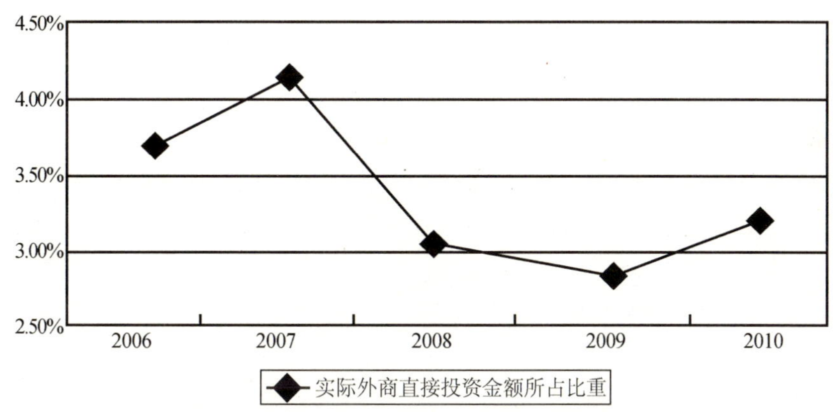

图 3－230　2006－2010 年嘉兴市实际外商直接投资金额在长三角所占比重的变化趋势

2010 年嘉兴市地区生产总值在长三角地区 25 个市(苏浙两省 24 个地级市和上海市,下同)排名比去年下降一位,排名第 14 位,亟需有所改变。

2006－2010 年嘉兴市地方财政一般预算收入在长三角所占比重分别为 1.80%、1.75%、1.80%、1.78%和 1.85%,呈现增减相间的波动式上升趋势。各年占比维持在 1.75%～1.85%的区间震荡,每年的变化幅度均不明显,在 0.02～0.07 个百分点之间。

2010 年嘉兴市地方财政一般预算收入在长三角地区 25 个市排名比去年下降一位,排名第 13 位,亟需有所改变,以期止住下跌的步伐。

2006－2010 年嘉兴市规模以上工业总产值在长三角所占比重分别为 3.02%、2.99%、2.94%、2.78%和 2.94%,2010 年在连年下跌的趋势下止跌上扬,较上年占比增加了 0.16 个百分点。

2010 年嘉兴市规模以上工业总产值在长三角地区 25 个市排名比去年下降一位,排名第 12 位,改变势在必行。

2006－2010 年嘉兴市进出口总额在长三角所占比重分别为 2.12%、2.17%、2.38%、2.14%和 2.10%,五年呈现“金字塔”式变化,2010 年较上年下跌了 0.04 个百分点。

2010 年嘉兴市进出口总额在长三角地区 25 个市排名与上年保持一致,排名第 8 位,虽位置较为靠前,但仍应解放思想,大胆实行“走出去,引进来”的方式,以期能有较大突破。

2006－2010 年嘉兴市实际外商直接投资金额在长三角所占比重分别为 4.17%、3.65%、4.14%、3.00%、2.86%和 3.20%,2010 年在连续两年出现较大幅度的下跌情况下,止跌上扬,较上年上涨了 0.34 个百分点,但距离 2007 年的高点仍有较大差距。

2010 年嘉兴市进出口总额在长三角地区 25 个市排名比上年提升一位,排名第 10 位,进入前十的行列,应继续保持领先优势。

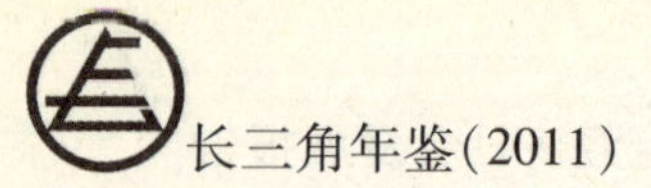

六　湖州市2010年经济社会发展报告

2010年，湖州市以科学发展观为指导，紧紧围绕“转型提升、改革创新、统筹协调、好中求快”的总要求，全力实施“增强‘三力’、奋力崛起”发展战略，扎实开展“转型升级加速年、城乡建设提升年、作风建设加强年”活动，齐心协力，开拓进取，实现了全市经济社会的新发展：经济平稳较快增长，转型升级步伐加快，节能减排力度加强，城乡建设水平提升，民生状况持续改善，各项社会事业加快发展。国民经济和社会发展中存在的主要困难与矛盾是：经济转型升级的倒逼压力不断加大，支撑经济发展的动力基础还不够稳定，民生改善各项工作有待进一步加强，统筹经济社会发展的任务还十分繁重。

一、湖州市2010年经济发展概况

(一)综合经济

1. 经济总量

2010年全市实现地区生产总值1 301.56亿元，按可比价格计算，比上年增长12.1%。分产业看，第一产业增加值104.61亿元，增长4.0%；第二产业增加值714.61亿元，增长11.6%，其中工业增加值637.18亿元，增长11.7%；第三产业增加值482.34亿元，增长14.5%。三次产业比例为8.0:54.9:37.1。按户籍人口计算的人均GDP为50 142元，增长11.8%，折合7 407美元。

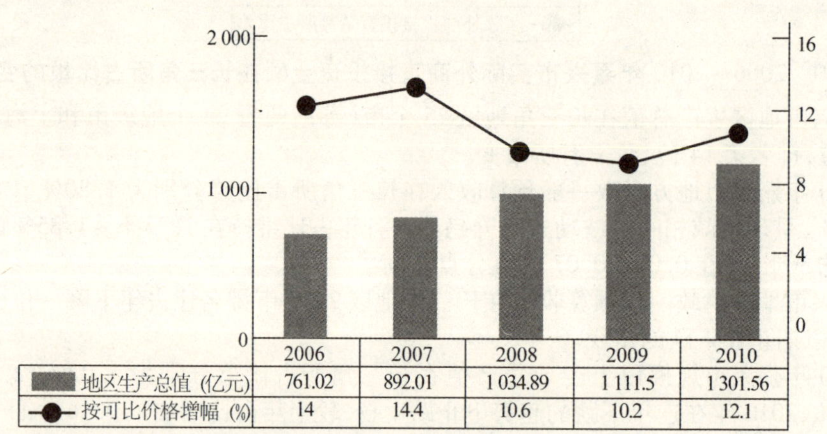

	2006	2007	2008	2009	2010
地区生产总值（亿元）	761.02	892.01	1 034.89	1 111.5	1 301.56
按可比价格增幅（%）	14	14.4	10.6	10.2	12.1

图3－231　2006－2010年湖州市地区生产总值及增长速度

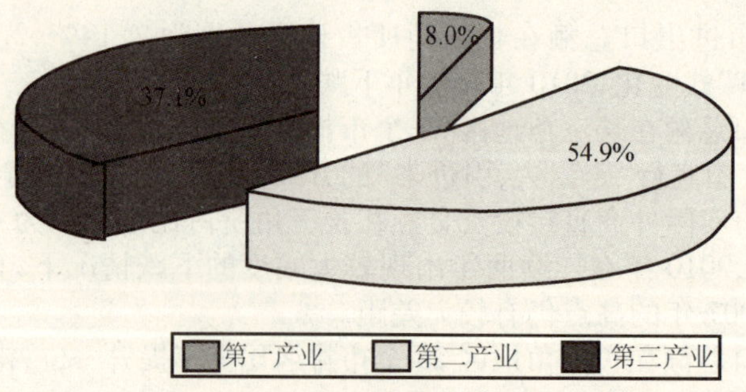

图3－232　2010年湖州市三次产业结构图

表 3－48　2010 年湖州市县市主要经济指标

县市	生产总值（亿元）	地方财政收入（亿元）	全社会固定资产投资（亿元）	出口总额（万美元）	社会消费品零售总额（亿元）
湖州市区	596.44	42.38	334.93	216 795	260.52
德清县	240.16	18.60	124.06	120 577	77.21
长兴县	283.93	22.36	178.33	89 442	108.11
安吉县	190.13	13.93	82.65	159 263	70.25

2. 财政收支

2010 年，湖州市全年实现财政总收入 172.35 亿元，其中地方财政收入 97.27 亿元，分别比上年增长 17.5% 和 21.6%。财政总收入占 GDP 的比重为 13.2%。从主要税种看，全年地方财政入库的增值税、营业税、个人所得税分别为 15.78 亿元、29.5 亿元和 5.57 亿元，分别增长 7.1%、35.9% 和 21.3%；企业所得税 11.23 亿元，增长 21.1%。全市财政支出 127.12 亿元，增长 16.8%。公共财政民生支出 84.4 亿元，增长 20.0%。其中，教育支出 25.11 亿元，增长 16.8%；科技支出 3.67 亿元，增长 13.0%；医疗卫生支出 8.29 亿元，增长 28.1%；社会保障和就业支出 7.7 亿元，增长 51.6%；城乡社区事务支出 7.87 亿元，增长 10.8%；农林水事务支出 11.33 亿元，增长 10.0%。

3. 物价指数

2010 全年居民消费价格总水平上涨 4.0%，其中服务项目价格上涨 3.1%，消费品价格上涨 4.4%。八大类商品和服务价格全部上涨：医疗保健和个人用品价格上涨 5.4%、烟酒及用品价格上涨 1.0%、家庭设备用品及服务价格上涨 1.1%、食品价格上涨 5.6%；交通和通信价格上涨 2.4%、娱乐教育文化用品及服务价格上涨 2.3%、居住价格上涨 6.8%、衣着价格上涨 1.3%。

4. 固定资产投资

全年限额以上固定资产投资项目 2 423 个，完成限额以上固定资产投资 717.83 亿元，比上年增长 21.1%。其中，基础设施投资 162.32 亿元，增长 15.6%；非国有投资 538.52 亿元，增长 22.7%，占全部限额以上投资的 75.0%。按产业划分，第一产业投资 1.45 亿元，增长 28.4%；第二产业投资 380.94 亿元，增长 20.3%，其中工业投资 380.47 亿元，增长 21.5%；第三产业投资 335.43 亿元，增长 22.4%。

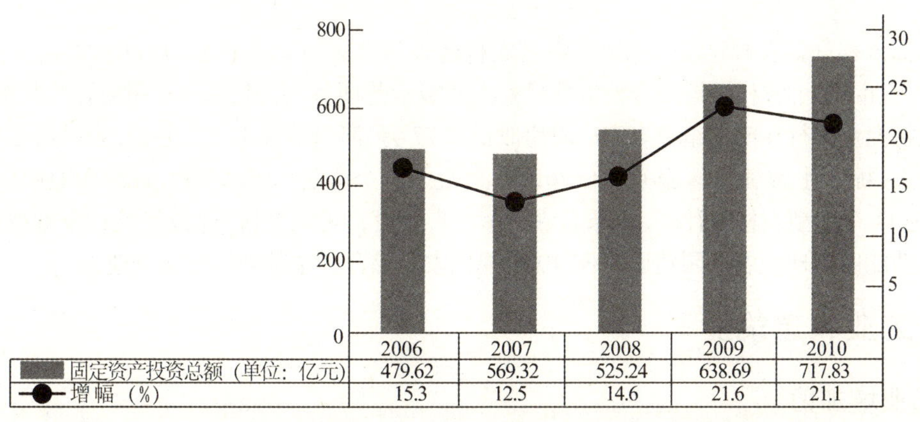

图 3－233　2006－2010 年湖州市全社会固定资产投资及增长幅度

（二）农业

2010 全年实现农林牧渔业总产值 176.90 亿元，比上年增长 15.6%。其中，农业产值 81.65 亿元，增长20.7%;林业产值19.65亿元,增长4.1%;牧业产值38.41亿元,增长13.4%;渔业产值30.09亿元,增长13.9%。全年粮食播种面积13.46万公顷,减少0.3%;经济作物播种面积9.02万公顷,减少6.5%,其中油菜籽面积2.84万公顷,增长10.4%;蔬菜面积3.69万公顷,减少1.5%;花卉苗木面积1.24万公顷,增长5.1%。全年粮食产量90.2万吨,减少1.3 %;油菜籽产量5.97万吨,减少14.8%;蚕茧产量1.37万吨,减少0.9%;家禽出栏数4977.16万只,增长1.3%;生猪出栏147.25万头,增长1.4%;水产品产量25.02万吨,增长5.1%。

表3-49 2010年湖州市主要农产品产量增减情况

	单位	2010年	±%
粮食总产量	万吨	90.20	-1.30
#晚 稻	万吨	71.00	-2.70
油菜籽产量	万吨	5.97	-14.80
蔬菜产量	万吨	85.28	-0.80
园林水果产量	万吨	9.58	5.70
茶叶产量	吨	10 352.00	-7.40
蚕茧饲养张数	万张	29.86	-0.10
蚕茧产量	万吨	1.37	-0.90
水产品产量	万吨	25.02	5.10
肉类产量	万吨	18.45	2.20
禽蛋产量	万吨	5.42	-1.90
生猪年末存栏数	万头	93.28	8.70
生猪全年出栏数	万头	147.25	1.40
羊年末存栏数	万只	29.10	-4.50
羊全年出栏数	万只	30.36	-2.30
家禽年末存栏数	万只	1 876.00	1.90
家禽全年出栏数	万只	4 977.16	1.30

湖州市深入推进新农村建设。开展省级新农村建设综合配套改革试点,启动八里店南片综合改革试验区建设,全市11个农村土地综合整治项目列入省级示范项目,农田、林权有序流转机制进一步健全,全省首家农村商业银行在南浔组建。完成农房改造2.77万、河道清淤1 322公里,农村饮水安全工程新惠及8.5万人,新建村、乡镇社区服务中心261个。完成51个全面小康示范村、142个村庄环境整治村建设,扎实推进11个大型农村新社区、10条新农村示范带建设,"美丽乡村"建设经验在全省得到推广。启动粮食生产功能区和现代农业园建设工程,10个现代农业综合区全部列为省级创建点。

(三)工业和建筑业

(1)工业增加值

全年实现规模以上工业总产值2 677.80亿元,比上年增长28.0%,其中轻工业产值1 134.94亿元、重工业产值1 542.87亿元,分别增长31.1%、25.9%。34个大类行业全部实现增长。有9个行业产值超过百亿元。其中,纺织业产值397.56亿元,增长26.6%;电气机械及器材制造业产值348.09亿元,增长36.3%;黑色金属冶炼及压延加工业产值203.24亿元,增长27.6%;木材加工及木竹藤棕草制品业产值198.09亿元,增长21.9%;非金属矿物制品业产值193.44亿元,增长21.2%;电力热力的生产和供应业产值178.06亿元,增长13.4%;化学原料及化学制品制造业产值140.28亿元,增长24.9%;家具制造业产值104.82亿元,增长32.2%;通用设备制造业产值127.37亿元,增长40.2%。

表3-50 2010年湖州市区县规模以上工业总产值

单位:亿元

县市	规模以上工业总产值
湖州市区	1 200.60
德清县	566.10
长兴县	574.59
安吉县	325.25

湖州市全年高新技术产业实现主营业务收入694.03亿元、利税58.99亿元、利润39.21亿元,分别增长30.2%、29.5%、32.5%。其中,新能源与节能产业利税增长48.9%,生物医药产业增长4.6%,新材料产业增长29.9%,光电一体化产业增长34.8%,电子信息产业增长24.4%。六大特色产业实现主营业务收入1028.03亿元、利税85亿元、利润56.42亿元,分别增长30.7%、30.5%、33.4%。其中,生物与医药产业利税增长9.6%,新能源产业利税增长48.3%,装备制造产业利税增长48.8%,金属管道及不锈钢产业利税增长13.7%,特色纺织品产业利税增长50.4%。

湖州市2010年扎实推动大平台大产业大项目大企业建设,为经济转型升级注入新动力。大力推进平台建设,南太湖产业集聚区发展规划顺利获批,湖州、长兴2个开发区相继升格为国家级经济技术开发区,临沪、临杭工业区和临港产业带以及工业功能区开发建设扎实推进,4个服务业集聚区列入全省首批示范区。

2. 工业特点分析

2010全年规模以上工业实现主营业务收入2 611.83亿元,比上年增长27.9%;利税215.99亿元,其中利润132.96亿元,分别增长28.3%、32.2%。有7个工业行业达到了"主营业务收入超100亿元、利税超10亿元",实现主营业务收入1 625.18亿元、利税总额131.81亿元,分别占全部规模以上工业的62.2%和61.0%。其中,纺织业利税28.59亿元,增长30.7%;电气机械及器材制造业26.52亿元,增长40.5%;非金属矿物制品业23.66亿元,增长56.5%;木材加工及木竹藤棕草制品业15.95亿元,增长18.3%;黑色金属冶炼及压延加工业12.21亿元,增长11.8%;化学原料及化学制品制造业12.60亿元,增长12.1%,通用设备制造业12.29亿元,增长46.8%。全市主营业务收入超亿元且利税超千万元的"亿千"工业企业已达332家,全年完成主营业务收入1 457.96亿元,增长28.1%;利税136.45亿元,增长27.7%;利税总额占全部规模以上工业的比重达到63.2%。全年工业生产呈现以下特点:

一是增长水平处于高位,总体较为稳定。2010年,全市规模以上工业产值2 677.80亿元,比上年增长28.0%,增幅同比提高18.4个百分点;工业用电量108.23亿千瓦时,增长13.0%,明显低于产值增幅。

二是企业生产经营状况较好。2010年,全市规模以上工业产品销售率为97.3%,同比基本持平;利税215.99亿元,增长28.3%,其中利润132.96亿元,增长32.2%,增幅同比分别提高9.4和1.3个百分点;企业亏损面8.0%,下降0.6个百分点,亏损企业亏损额下降15.4%。

三是产业内部结构呈积极变化。高新技术产业和六大特色产业增长较快。2010年,全市六大重点特色产业产值突破"千亿",达到1 001.66亿元,增长31.8%,主营业务收入增长30.7%,利税增长30.5%,利润增长33.4%,分别超过全部规上工业平均水平3.8、2.8、2.2、1.2个百分点;高新技术产业工业总产值651.74亿元,增长30.8%,主营业务收入增长30.2%,利税增长29.5%,利润增长32.5%,分别超过全部规上工业平均水平2.8、2.3、1.2、0.3个百分点;新产品开发速度较快,全年实现新产品产值607.46亿元,增长32.8%。

3.建筑业

全年完成房地产开发投资142.79亿元,增长28.3%。全年房屋施工面积1 391.81万平方米,增长22.2%;房屋竣工面积313.05万平方米,增长39.9%;商品房销售面积411.32万平方米,下降4.8%,其中住宅318.17万平方米,下降12.5%;商品房销售额258.14亿元,增长17.5%,其中住宅195.85亿元,增长5.9%。

全市至2010年年末拥有建筑企业173家,其中一级资质企业24家、二级资质企业59家。全年建筑业企业完成建筑业总产值345.53亿元,比上年增长22.7%,其中建筑工程产值299.48亿元,安装工程产值32.99亿元,分别增长27.4%和2.6%;房屋建筑施工面积2 859.41万平方米,增长11.0%;竣工面积1 374.33万平方米,增长7.2%。

(四)服务业

1.国内贸易

全年实现社会消费品零售总额516.09亿元,比上年增长18.3%。其中,批发零售业462.37亿元,增长18.6%;住宿餐饮业53.72亿元,增长16.2%。限额以上批发零售贸易企业实现零售额160.40亿元,增长34.0%。其中,石油及制品类零售额43.02亿元,增长47.0%;汽车类零售额43.49亿元,增长37.5%;服装、鞋帽、针纺织品类零售额12.25亿元,增长18.6%;家用电器和音像器材类零售额10.83亿元,增长27.7%;食品类零售额8.19亿元,增长30.1%。

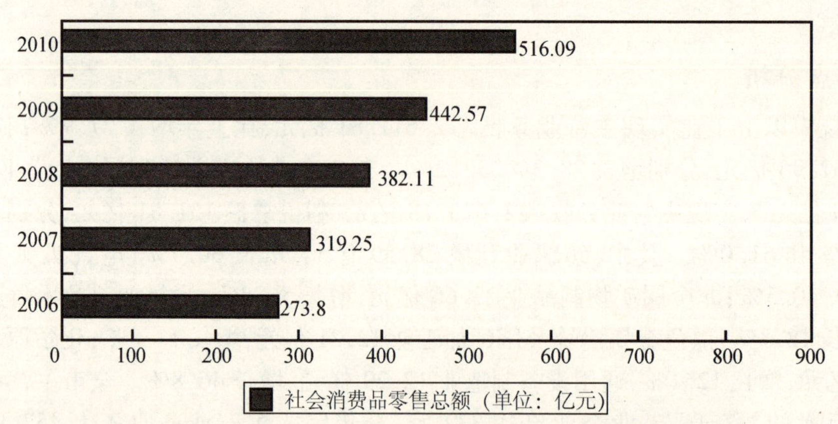

图3-234　2006-2010年湖州市社会消费品零售总额

2010年全市拥有商品交易市场217个,全年市场成交额584.50亿元,比上年增长9.6%。市场成交额超亿元的市场41个,与上年持平,成交额492.28亿元,占总成交额的84.2%;其中市场成交额超十亿元的市场13个,成交额426.43亿元,占总成交额的73.0%。

2.交通运输、邮政通讯业

2010年间,湖州市全力构建现代化交通网络。宁杭铁路湖州段、杭长高速公路二期、长湖申航道浙江段扩建等项目加快推进,成功争取合杭铁路在湖州并站和在安吉设站,湖苏沪铁列入省“十二五”加快建设,杭宁高速公路改扩建、杭长高速公路北延等项目前期进展顺利。全市年末含村道的公路通车里程达到7 747公里,其中高速公路264公里、一级公路347公里、二级公路463公里。全年完成客运量9 964万人,比上年增长2.2%;客运周转量33.29亿人公里,增长2.7%。完成货运量18 108万吨,增长10.7%,其中公路6 798万吨,增长7.4%,水路11 310万吨,增长12.9%;货运周转量213.46亿吨公里,增长13.6%,其中公路38.37亿吨公里,增长15.2%,水路175.09亿吨公里,增长13.2%。全年内河港口货物吞吐量14 357万吨,减少3.9%。

全市年末汽车保有量达到21.8万辆,比上年增加5.03万辆,增长30.0%。私人汽车保有量18万辆,增加4.68万辆,增长35.2%,其中轿车保有量12.27万辆,比上年增加3.33万辆,增长37.2%。全年小型汽车上牌量5.43万辆,增长34.2%。

全年实现邮政电信业务收入27.92亿元,增长5.4%;年末固定电话(含小灵通)用户107.83万户,比上年末减少4.2万户;年末移动电话用户286.93万户,增加41.43万户;全市电话普及率为每百人152部,比上年增加14部;年末国际互联网用户50.87万户,增加11.38万户,增长28.8%,其中宽带用户48.52万户,增加11.53万户,增长31.2%。

3. 旅游业

湖州市2010全年接待国内外旅游人数2 888.84万人次,比上年增长22.9%,其中国内旅游人数2 855.68万人次,增长23.0%,入境旅游人数33.17万人次,增长31.9%。全年实现旅游总收入214.16亿元,增长28.8%,其中国内旅游收入205.61亿元,增长29.3%,旅游外汇收入12 585万美元,增长27.0%;全市旅游景区门票收入2.07亿元,增长21.0%。年末全市拥有星级宾馆48家,其中三星级以上宾馆32家,比上年增加2家。

4. 金融、证券和保险业

金融机构年末本外币存款余额1 805.61亿元、贷款余额1461.32亿元,分别比上年增长29.2%、27.0%;全年新增贷款407.95亿元,同比多增28.01亿元。年末城乡居民本外币储蓄存款余额为821.68亿元,新增133.35亿元,同比减少11.93亿元。金融机构年末不良贷款余额为4.98亿元,比年初减少2.88亿元,不良贷款率为0.34%,比年初下降了0.34个百分点。

证券营业机构全年业务成交额2 658.19亿元,比上年增长4.9%,其中代理A股成交2 586.10亿元,增长11.3%。全市新增金洲管道、尤夫高纤、超威动力3家上市公司,融资总额18.58亿元。年末全市已拥有境外挂牌企业3家,境内上市企业9家。

全市保险公司全年保费收入41.43亿元,增长31.7%。其中,财产险保费收入14.62亿元,增长32.8%;人身险保费收入26.81亿元,增长31.2%。各类保险赔款支出6.35亿元,下降0.1%。其中,财险赔款5.86亿元,增长4.0%;寿险赔款4858万元,减少32.2%。

(五)对外经济

1. 对外贸易

全市外贸进出口总额69.28亿美元,比上年增长43.3%。其中,出口58.61亿美元,增长43.8%;进口10.67亿美元,增长40.9%。按出口贸易方式分,一般贸易出口54.07亿美元,加工贸易出口4.54亿美元,分别增长47.6%和10.4%。按出口企业性质分,生产企业出口27.88亿美元,流通企业出口9.6亿美元,外资企业出口21.13亿美元,分别增长60.3%、27.8%和33.3%。从主要出口产品分析,全市主要商品出口进一步回升,出口增幅平均增长三成以上。纺织及服装出口19.97亿美元,机电产品出口18.93亿美元,分别比上年增长33.5%和65.1%。高新技术出口飞速增长,出口3.41亿美元,比上年增长240.3%。按出口市场分,主要出口市场增速保持稳步增长,其中北美洲增长32.0%,欧洲增长50.5%,亚洲增长43.0%。全年进出口贸易额超两千万美元的企业数为68家,比上年增加18家,其中出口超两千万美元企业57家,增加17家。

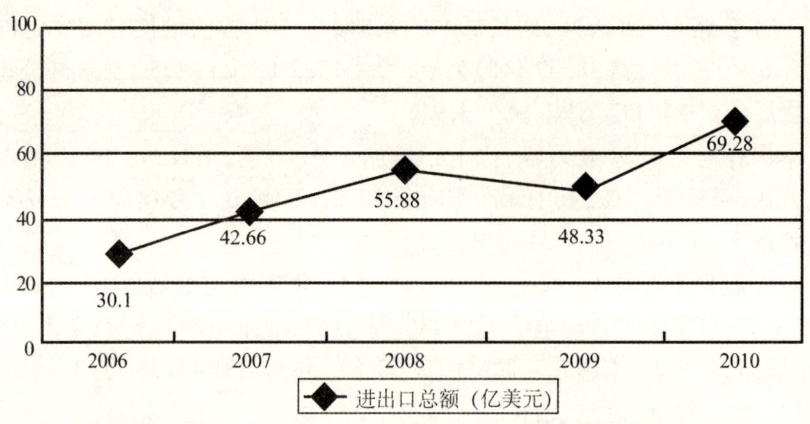

图 3－235　2006－2010 年湖州市外贸进出口总额

2. 利用外资

湖州市2010年全年新批准及增减资利用外资项目302个,其中新批外商投资企业170家,批准增资项目91个。全年合同外资20.37亿美元,比上年增长18.8%。实到外资9.19亿美元,增长13.3%,其中第一产业2554万美元,增长9.3%;第二产业6.27亿美元,增长2.0%;第三产业2.66亿美元,增长54.0%。全年批准总投资千万美元以上项目123个,合同外资18.72亿美元,占全部合同外资的91.9%,其中新批总投资千万美元以上企业100家,合同外资15.68亿美元,占全部合同外资的77.0%。

全年共输出劳务503人次,年末在外人数1 754人;年承包劳务营业额1 213万美元;境外投资项目21个,境外直接投资总额4 410万美元,比上年增长60.0%,其中中方投资额3 174万美元,增长63.4%。

表 3－51　2010 年湖州市区县实际使用外资

单位:亿元

县市	实际使用外资金额
湖州市区	46 890
德清县	15 506
长兴县	18 506
安吉县	11 003

二、湖州市2010年社会发展概况

(一)人口、人民生活

2010年年末全市户籍人口259.98万人,其中男性129.88万人、女性130.10万人;非农人口82.90万人,比上年增加1.06万人;60岁及以上人口49.01万人,占总人口的18.9%,同比提高0.5个百分点。全年出生人口2.04万人,出生率为7.87‰;死亡人口2.02万人,死亡率为7.78‰;人口自然增长率为0.09‰;计划生育率为98.01%。

全市城镇居民人均可支配收入达到25 729元,比上年增长10.5%。其中市区城镇居民人均可支配收入25 572元,增长10.0%;占户数20%的最高收入组的收入为最低收入组的4.5倍;人均消费支出16 207元,增长11.3%;恩格尔系数为36.8%;年末人均住房面积31.96平方米。全市农村居民人均纯收入达到13 288元,增长13.1%;占户数20%的最高收入组的收入为最低收入组的7.1倍;人均生活消费支出9 139元,增长13.4%;恩格尔系数为32.9%;人均住宅面积58.0平方米。城乡居民年末人均本外币储蓄存款余额达31 606元,比上年增加5047元,增长19.0%。

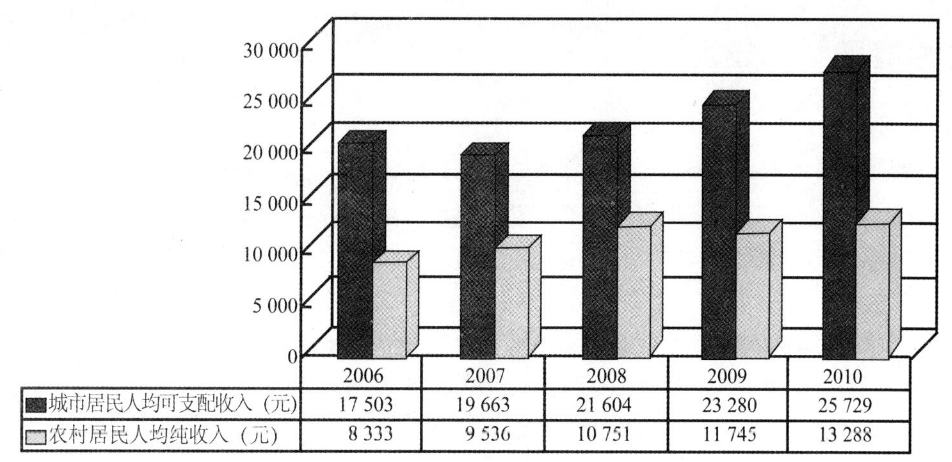

	2006	2007	2008	2009	2010
城市居民人均可支配收入（元）	17 503	19 663	21 604	23 280	25 729
农村居民人均纯收入（元）	8 333	9 536	10 751	11 745	13 288

图 3－236　2006－2010 年湖州市城乡居民收入对比一览

(二)就业与社会保障

1. 就业工作

全年新增城镇就业 6.19 万人，帮扶下岗失业人员再就业 2.5 万人，其中就业困难人员再就业 0.71万人。年末城镇登记失业率为 3.2%。

湖州市坚持积极的就业政策，城乡公共就业均等化服务深入推进，困难人员就业帮扶工作继续加强。深化创业型城市创建工作，创业扶持政策新惠及6 100 人，带动就业 1.87 万人。强化劳动力供需对接服务，积极缓解劳动用工结构性矛盾。推行工资集体协商制度，积极构建和谐劳动关系。

2. 社会保障

年末全市参加基本养老保险人数达到 74.10 万人，比上年增加 7.85 万人；参加城镇职工基本医疗保险人数 60.08 万人，增加 10.92 万人；参加失业保险人数 40.84 万人，增加 6.23 万人；参加工伤保险人数 59.33 万人，增加 5.15 万人；参加生育保险人数 40.75 万人，增加 7.11 万人；参加生活保障和生活补助制度的被征地农民 17.83 万人，增加 1.44 万人。年末住房公积金正常缴存人数达到 18.65 万人，比上年增加 1.49 万人；全年归集住房公积金 19.65 亿元，比上年增长 20.5%；当年发放个人住房贷款 15 亿元，增长 6.0%。

全市推进五大基本社会保险提标扩面，企业退休人员养老金继续提高，城镇职工基本医疗保险门诊医疗统筹制度全面推行。全面实施城乡居民社会养老保险制度，60 周岁以上无养老保障的城乡居民按时足额领到基础养老金。被征地参保女性农民提前 5 年领取基本生活保障金。新型农村合作医疗人均筹资标准提高到 240 元，政策范围内住院费用报销比例达到 50.2%。城镇居民基本医疗保险待遇水平得到提高。制定实施中心城市住房保障三年规划，保障性住房北白鱼潭项目竣工、湖东西区项目开工，住房公积金制度覆盖面和受益面继续扩大，“6＋2”城乡保障性住房体系建设入选全省十大民生工程。最低生活保障管理进一步规范，养老服务体系建设加快推进，红十字、慈善事业取得新成绩。残疾人权益得到有效保障。新居民服务和管理工作得到加强。

年末全市各类收养性社会福利单位拥有床位 10 052 张，收养人数 4 352 人。城镇“三无”、农村“五保”集中供养对象 2 568 人，集中供养率 98.6%，比上年下降 0.1 个百分点。全市得到政府最低生活保障的家庭 25 117 户，人数 45 744 人，其中城镇 10 159 人、农村 35 585 人；全年发放低保保障金 7 231 万元，增长 4.2%；市区城镇低保标准由上年的每人每月 300 元提高到 340 元，农村由 180 元提高到 204 元。全年销售社会福利彩票 3.84 亿元，筹集社会福利资金 3 282 万元。

(三)教育和科学技术

1. 教育事业

全市拥有各级各类学校476所,全年招收学生12.18万人,在校学生45.62万人,毕业生12.24万人。高等教育毛入学率46.2%,比上年提高3.1个百分点;初中毕业升高中段的比例98.2%,比上年提高0.7个百分点;初中、小学入学率均为100%;十五年教育毛入学率为97.8%,与上年持平。全市共有专任教师2.59万人,其中普通中小学专任教师1.86万人;普通中小学每百名学生拥有专任教师6人。

2010年全市继续加快发展各项社会事业,加大教育投入力度,中小学"校舍安全"工程和农村学校"三进"工程深入推进,整体办学条件和教育环境有效改善。推动各级各类教育均衡协调发展,78.3%的幼儿园达到省等级幼儿园标准,义务教育主要质量指标、高考上线率继续高于省均水平,职业教育、高等教育优化发展。

2. 科技与创新

全年专利申请量7 221件,比上年增长19.8%;专利授权量6 630件,增长28.4%,其中发明专利214项,比上年增加122项。全年经认定登记的技术成交项目9 761项,技术成交金额3 231万元。年末已拥有省级高新技术企业研究开发中心88家,比上年增加15家;拥有国家级高新技术企业160家。全年获市级以上政府奖的科技成果72项,其中国家级1项、省级30项。

(四)文化、卫生和体育

1. 文化事业

全市2010年末拥有影剧院4个,全年演出5 175场;文化馆、艺术馆8个,全年举办展览50个,组织文艺活动2 097次;公共图书馆5个,总藏量140.5万册件;乡镇街道文化站72个;档案馆6个;博物馆(纪念馆)6个;文物保护单位322个,其中国家级重点文物保护单位14个,省级重点文物保护单位25个。

成功举办第五届湖笔文化节,大型音舞诗画"太湖之州"受到各方好评,"幸福大舞台"等广场文化、群众文化活动的影响力不断提升。一批具有湖州地方特色的文艺精品脱颖而出,全年获省以上奖项41项(次),舞蹈《蚕匾上的婚礼》荣获全国"群星奖"。全年共引进高雅艺术演出185场,举办大型广场文化活动559场,组织基层文化活动2 785场,开展电影下乡放映1.51万场次;年末有线电视用户72.44万户,比上年增加4.96万户;有线电视数字化整体平移工程进度居全省前列,数字电视用户数由上年的27.41户增加到53.74万户。全年出版各类报纸3 496万份,其中湖州日报1 584万份,湖州晚报1 704万份,湖州广播电视报208万份。

推进农村文化"八有"保障工程,乡镇综合文化站实现全覆盖,成功举办第五届湖笔文化节和首届农民文化艺术节、市民读书节。有线电视数字化整体平移和有线广播"村村响"工程进度居全省前列。

2. 卫生事业

至2010年年末,湖州市拥有医疗卫生机构1 321个,其中医院34家、卫生院87家、妇幼保健院4家、社区卫生服务站720个;等级医院22家,其中三级医院5家;拥有医疗床位10 129张,其中医院床位9 639张;卫生技术人员15 973人,比上年增加774人,其中执业医师4 683人、执业助理医师1 188人、注册护士4 966人;每万人拥有医院床位数37张;每万人拥有卫生技术人员62人,其中医生23人。年末新型农村合作医疗参保人数167.14万人,参保率为97.0%,全年报销金额3.86亿元,比上年增长30.0%。农村卫生厕所普及率93.4%,比上年提高2.5个百分点。农村改水投资总额4 299万元,符合国家标准的自来水人口受益率达到97.7%,比上年提高1个百分点。全市婴儿死亡率、5岁以下儿童死亡率分别为4.59‰、6.01‰。

深化医药卫生体制改革，公共卫生与基层医疗卫生事业单位绩效工资制度全面实施，基本药物制度试点效果明显，基层医疗卫生服务体系建设深入推进，基本公共卫生服务均等化取得新进展。顺利完成第六次人口普查阶段性工作。深入实施“健康宝宝计划”，扎实开展生殖健康服务，计划生育困难家庭社会救助和帮扶力度进一步加大。

3. 体育事业

湖州市2010年精心组织各类丰富多彩的全民健身活动，创新体育自愿者活动和全民健身广场示范活动。成功举办第十一届全国极限运动会、第二届中国太湖帆船节、2010年全国射箭奥林匹克项目比赛、全国“下渚湖”越野生存挑战赛、2010中国·长兴二界岭首届山地自行车挑战赛等大型赛事。湖州市运动健儿在省以上运动会上获得奖牌126枚，其中金牌65枚、银牌15枚、铜牌46枚。德清县体育中心、长兴县体育馆、安吉县龙山体育中心、体训大楼等重大体育场馆陆续开始新建改造或投入使用，全年体育设施延伸自然村新增180个。全年体育彩票销售额2.65亿元，比上年增长13.5%。

（五）城乡建设

湖州市2010年不断加快推进新型城市化，深入实施中心城区有机更新，启动东街、小西街、勤劳街区域改造，推进凤凰路、太湖路综合整治，重点街区功能品位和主要道路通行能力持续提升。积极打造地标性建筑，长岛公园正式开园，爱山广场开街营业，衣裳街区修复基本完工，太湖明珠、奥特莱斯、东吴国际、双子大厦、新浙北大厦等项目全面推进。加大城市生态景观建设和历史文化资源保护开发力度，邱城遗址公园一期工程完工，“五河十岸”水系景观整治、城图广场、赵孟頫艺术馆等项目基本完成。联动推进城市各片区开发建设，滨湖大道基本贯通，城市外环线、铁路湖州站综合交通枢纽开工建设，仁北片和毗山新区路桥、仁皇山公园、吴兴总部经济园等项目扎实推进。城建惠民力度进一步加大，加快中心城区16个老居住区改造，启动26个老小区综合整治，开展生活垃圾分类收集处置及直运试点，精心做好绿化美化工作。年末中心城市建成区面积达到88平方公里，比上年扩大5.4平方公里。

湖州市政府以建设美丽乡村为目标，深入推进新农村建设。开展省级新农村建设综合配套改革试点，启动八里店南片综合改革试验区建设，全市11个农村土地综合整治项目列入省级示范项目，农田、林权有序流转机制进一步健全，全省首家农村商业银行在南浔成立。深化市校合作，组建现代农业产学研联盟，创建湖州农民学院，科技兴农迈出新步伐。推动各县区结合自身实际，全面深化“美丽乡村”建设。51个小康示范村创建、142个村庄环境整治提升全面完成，11个大型农村新社区和10条新农村示范带建设扎实推进。完成农房改造建设2.8万户、河道清淤1322公里，农村饮水安全工程新惠及8.5万人，新建农村社区服务中心261个，农村生产生活设施持续改善，公共服务不断加强。

（六）环境保护和生态建设

2010年湖州市全力抓好节能减排工作。全年组织实施重点节能技改项目124项、污染减排项目38项，否决拟实施的高耗能、高排放投资项目68项，国家和省下达的落后产能淘汰任务全面完成。全面推进重点行业和重点企业的清洁生产和节能工作，严格执行投资项目用能评估和审查制度。全年通过强制清洁生产审核验收企业15家，35家国控、省控以上重点工业企业已全部完成清洁生产审核工作。上报省级绿色企业15家，7家企业获得省级绿色企业称号，7家获得市级绿色企业。全面完成“811”新三年行动，3个省级开发区（工业园区）、1个市级重点环境问题整治工作全面完成，16家污水处理厂升级改造工程基本完成。加强太湖蓝藻防治和水环境保护，南太湖生态修复工程、“苕溪清水入湖”等太湖水环境综合治理工程全面推进。

生态环境质量不断提升，全市地表水水质总体良好，82.4%的监测断面达到Ⅱ、Ⅲ类水质，比上年提高

2.4 个百分点;79.7%的监测断面水质满足功能要求,比上年提高 2.4 个百分点;市区环境空气质量优良率90.1%。全市已拥有31个国家级生态乡镇、46个省级生态乡镇、57个市级生态乡镇和248个市级生态村,拥有国家级绿色学校3所、省级绿色学校73所、市级绿色学校128所。湖州市成为全省唯一省级生态文明建设试点设区市,德清县通过国家生态县公示,长兴县被命名为省级生态县。

(七)社会安全和安全生产

全力维护社会稳定,世博安保任务圆满完成,"平安湖州"建设取得新成绩。全面实施经济、建设领域稳定风险评估,深入开展重大矛盾纠纷排查化解攻坚战、信访积案化解年等活动,社会大局保持稳定。

加强重点复杂区域、行业综合整治,开展"三打一禁"专项行动,全面落实校园安全防范措施,社会治安形势平稳。"警务广场"建设成效明显,基层平安创建活动不断深化。"五五"普法顺利通过考核验收,法律援助网格化建设扎实推进。湖州监狱完成整体搬迁,劳教所迁建工程顺利启动。积极推进社会管理创新,城乡社区建设不断加强,社会组织管理进一步规范。认真实施"365"安全生产行动计划,安全生产事故次数、死亡人数、直接经济损失分别下降 8.6%、3.9% 和 1.7%。加快实施气象信息进村入户工程,全面完成基层防汛防台体系建设,防灾减灾能力得到新提高。开展食品药品安全专项整顿,"十小"行业质量安全整治规范成果得到巩固。加快构建科学高效应急救援工作体系。高质量完成青川县三个乡援建任务,全面启动对口支援新疆柯坪县工作。民族、宗教、外事、侨务、对台工作取得新成绩,国家安全、国防动员、人民防空、反走私工作得到新加强。

三、湖州市在长三角地区经济发展中的地位

2010年,湖州市经济平稳较快增长,发展总体态势良好:农业生产平稳,工业经济高位增长,服务业发展良好,投资、消费和出口较快增长,节能降耗任务完成较好,信贷资金较为宽松,财政收入平稳增长,民生状况继续改善。但经济发展面临的国内外环境依然十分复杂,经济发展中还存在不少困难与问题,在长三角地区经济发展中的地位有待提升。

2006－2010年湖州市地区生产总值在长三角所占比重分别为 1.60%、1.58%、1.58%、1.53%和 1.53%,最近5年一直保持稳定,但2009年微跌0.05个百分点,2010年基本与上年持平。

2010年湖州市地区生产总值在长三角地区25个市(苏浙两省24个地级市和上海市,下同)中的排名与上年保持一致,排名第20位,位置较为靠后,亟需有所改变。

2006－2010年湖州市地方财政一般预算收入在长三角所占比重 1.10%、1.04%、1.02%、1.01%和 1.02%,呈现稳中有跌的态势,但跌幅不大,2010年止跌上扬,较上年增加 0.01 个百分点。

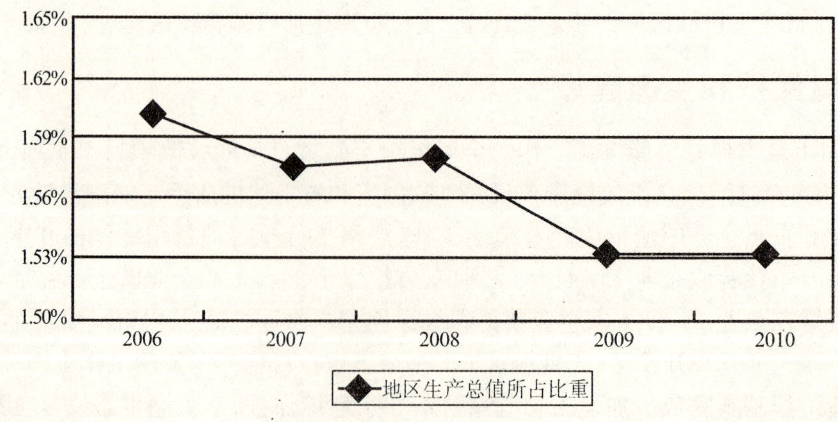

图3－237　2006－2010年湖州市地区生产总值在长三角所占比重的变化趋势

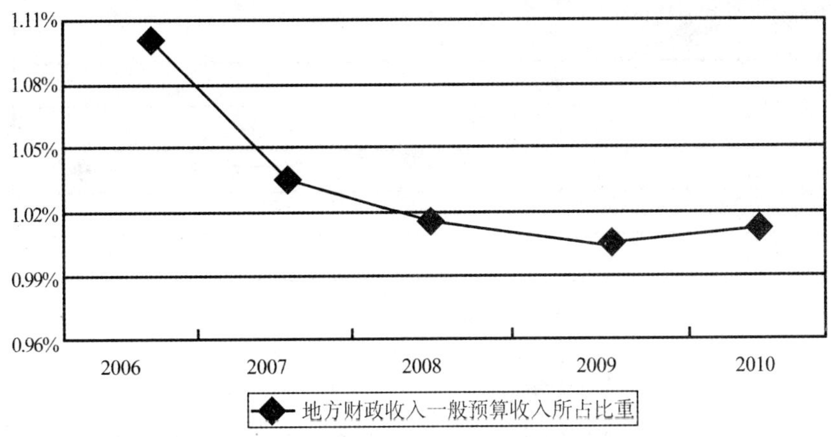

图 3－238　2006－2010 年湖州市地方财政一般预算收入在长三角所占比重的变化趋势

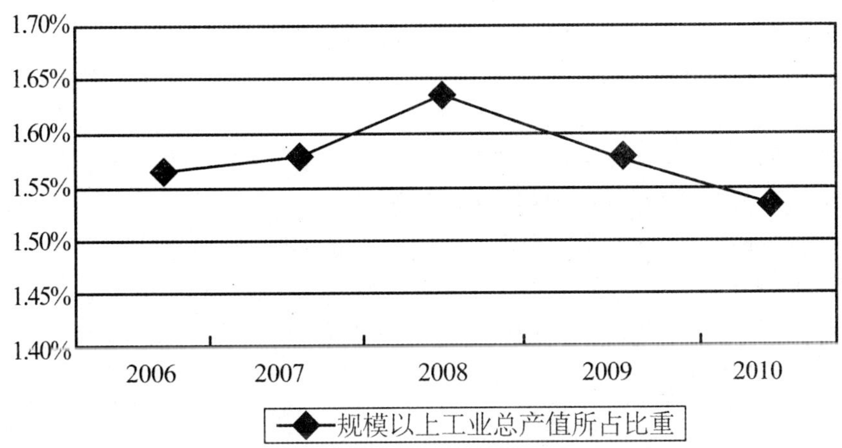

图 3－239　2006－2010 年湖州市规模以上工业总产值在长三角所占比重的变化趋势

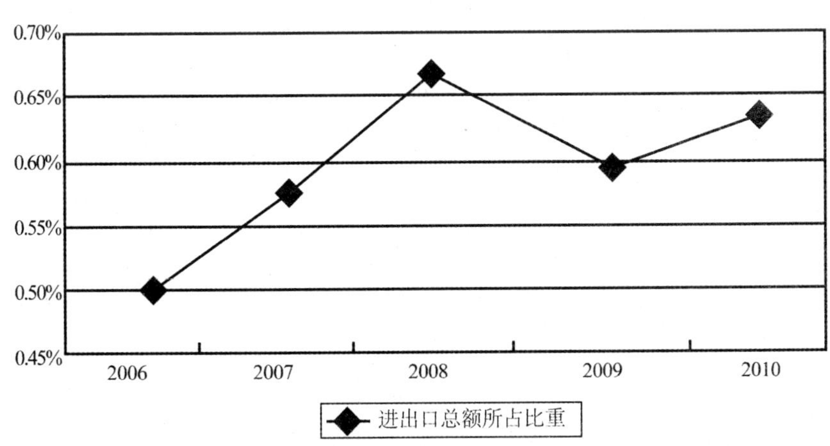

图 3－240　2006－2010 年湖州市进出口总额在长三角所占比重的变化趋势

2010 年湖州市地方财政一般预算收入在长三角地区 25 个市中的排名与上年保持一致，排名第 21 位，位置较为靠后，亟需有所突破。

2006－2010 年湖州市规模以上工业总产值所占比重分别为 1.55%、1.58%、1.64% 和 1.58% 和 1.54%，五年间经历了先升后降的过程，2010 年回落到 2006 年以下的水平。

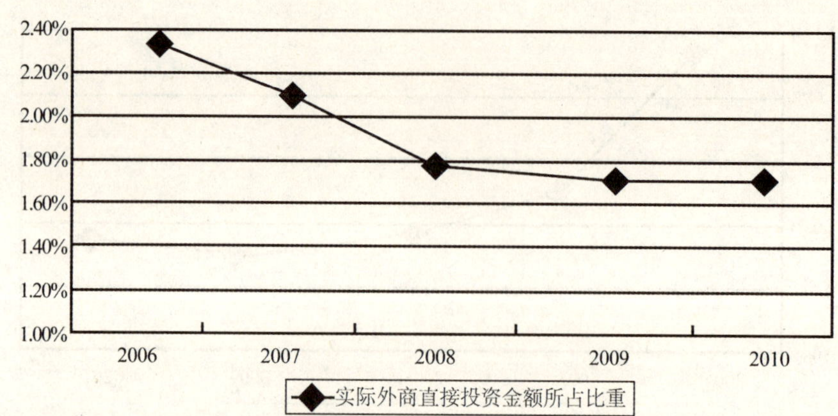

图 3-241　2006-2010 年湖州市实际外商直接投资金额在长三角所占比重的变化趋势

2010 年湖州市规模以上工业总产值在长三角地区 25 个市中的排名与上年保持一致，排名第 19 位，需继续大力发展工业，彻底摆脱金融危机的影响。

2006-2010 年湖州市进出口总额在长三角所占比重分别为 0.50%、0.58%、0.67%、0.60% 和 0.64%，连续多年增长后 2009 年首次下跌，跌幅为 0.07 个百分点，2010 年止跌上扬，但仍未恢复到 2008 年的水平。

2010 年湖州市进出口总额在长三角地区 25 个市中的排名与上年保持一致，排名第 18 位，仍需解放思想，积极发展对外贸易，彻底走出金融危机的影响。

2006-2010 年湖州市实际外商直接投资金额在长三角所占比重分别为 2.26%、2.10%、1.77%、1.74% 和 1.74%，呈现逐年下降的趋势，累计降幅为 0.52 个百分点，2010 年几乎与上年保持一致。

2010 年湖州市实际外商直接投资金额在长三角地区 25 个市中的排名比上年下降两位，排名第 18 位，亟需调整部署，积极开拓“走出去，引进来”的对外贸易路线，以期较大的提升外商直接投资额。

七　绍兴市 2010 年度经济社会发展报告

2010 年，面对极其复杂的宏观经济运行环境和自身转型升级的巨大压力，绍兴市委、市政府以科学发展观为统领，带领全市人民团结拼搏，开拓创新，采取了一系列有力、有效的扎实举措，保持了经济社会的稳定健康发展，促进了人民生活水平的不断提高和社会的和谐稳定。

一、绍兴市 2010 年经济发展概况

(一) 综合经济

1. 经济总量

2010 年，绍兴市生产总值 2 782.74 亿元，按可比价计算，比上年增长 11.0%，增速比上年提高1.7 个百分点。经济总量居长江三角洲地区第 9 位，全省第 4 位。全市人均生产总值 63 486 元(按户籍人口计算)，按当年平均汇率计算，人均生产总值 9 378 美元。绍兴县 15 926 美元；市区人均 GDP 首次突破 1 万美元，达 10 605 美元；诸暨、上虞分别超过 8 000 美元，分别为 8 595 美元和 8 312 美元；新昌 7 283 美元，嵊州 5 500 美元。从三次产业看：第一产业增加值 149.28 亿元，增长 3.8%；第二产业增加值 1 582.87 亿元，增长 10.0%；第三产业增加值 1 050.59 亿元，增长 13.4%。产业结构进一步优化。在后金融危机时代，实体经济逐渐恢复向好的情况下，第三产业增加值占 GDP 比重仍有明显提高，三次产业结构由上年的 5.2∶ 58.1∶ 36.7 演变为 5.3∶ 56.9∶ 37.8，第三产业增加值占 GDP 比重比上年提高 1.1 个百分点。

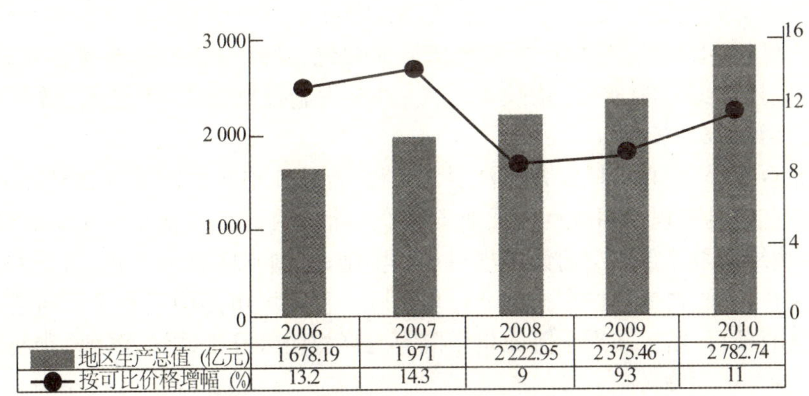

图 3－242　　2006－2010 年绍兴市地区生产总值及增长速度

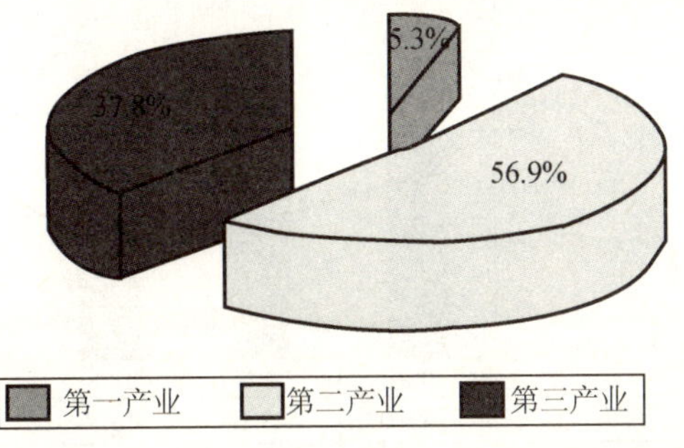

图 3－243　　2010 年绍兴市三次产业结构图

表 3-52　2010 年绍兴市县市主要经济指标

县市	生产总值(亿元)	地方财政收入(亿元)	全社会固定资产投资(亿元)	出口总额(万美元)	社会消费品零售总额(亿元)
绍兴市区	466.70	48.33	274.08	431327	253.74
诸暨市	621.54	37.33	273.94	410 180	165.35
上虞市	436.26	29.16	198.00	227 014	130.19
嵊州市	273.35	13.15	109.97	124 717	112.81
绍兴县	776.11	51.76	311.64	793 902	119.40
新昌县	215.11	13.50	77.93	121 766	71.40

2. 财政收支

绍兴市 2010 年财政总收入 349.25 亿元,其中地方财政收入 193.23 亿元,同比分别增长 17.0% 和 20.4%,完成年度预算的 102.5% 和 102.8%。财政收入结构继续优化,地方财政收入占财政总收入 55.3%,比上年增加 1.6 个百分点。企业所得税和个人所得税分别增长 32.6% 和 23.3%,营业税增长 27.7%。增值税增长较为缓慢,仅 4.8%。

3. 物价指数

绍兴市区 2010 年居民消费价格比上年上涨 4.0%。八大类商品消费价格全线上涨,其中食品类、居住类、医疗保健和个人用品类涨幅居前,分别为 6.2%、5.4% 和 4.0%。娱乐教育文化用品及服务和衣着分别上涨 2.9% 和 2.5%;家庭设备用品及维修服务、交通和通信分别上涨 1.8% 和 1.1%;烟酒及用品类上涨 0.8%。工业品出厂价格上涨 9.2%,原材料、燃料、动力购进价格上涨 11.8%。

4. 固定资产投资

绍兴市全年全社会固定资产投资 1 253.60 亿元,增长 18.8%,增速居全省第 5 位。其中工业性投资 672.63 亿元,增长 14.8%。房地产投资增速遥遥领先,基础设施投资增速相对较缓。限额以上投资中,房地产开发投资 297.80 亿元,增长 41.5%;基础设施投资 201.47 亿元,增长 16.3%;服务业投资 515.02 亿元,增长 26.3%。

越王城保护整合工程、绍兴市城区曹娥江引水工程、曹娥江袍江大桥、104 国道绍兴高桥立交桥工程、绍兴市老年大学、鲁迅工程二期咸亨新天地工程等一批项目完工或基本完工;嘉绍跨江大桥、绍诸高速、杭甬客运专线绍兴段等重点交通设施项目加快实施;镜湖新区路网工程、群贤路连接线工程、迪荡新城核心区块路桥工程、迪荡新城东拓南北延伸市政工程等城市路网工程全面推进;绍兴市奥体中心建设工程等三中心项目、绍兴文理学院元培学院等三高教园区开工建设,滨海“十路三桥”项目等基础设施项目全面启动。

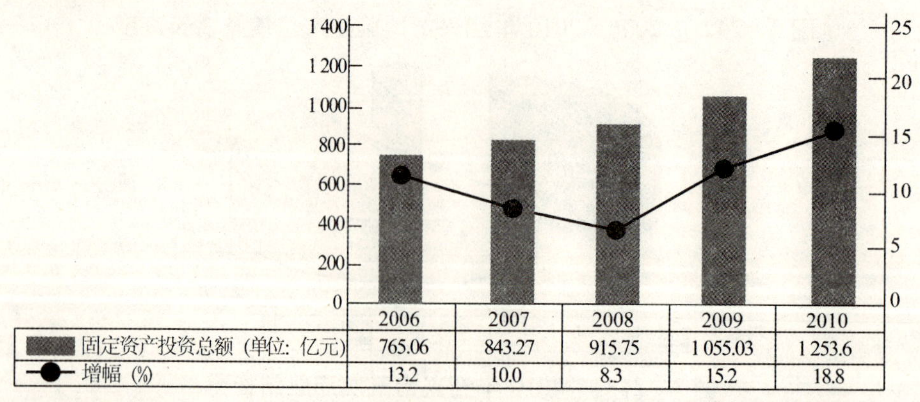

	2006	2007	2008	2009	2010
固定资产投资总额 (单位: 亿元)	765.06	843.27	915.75	1 055.03	1 253.6
增幅 (%)	13.2	10.0	8.3	15.2	18.8

图 3-244　2006-2010 年绍兴市全社会固定资产投资及增长幅度

(二)农业和农村建设

2010 年绍兴市农林牧渔业总产值 225.80 亿元,增长 4.0%,其中农业总产值 143.63 亿元,增长 2.6%;林业 19.02 亿元,增长 5.5%;牧业 40.82 亿元,增长 6.2%;渔业 20.85 亿元,增长 6.9%;农、林、牧、渔服务业 1.48 亿元,增长 10.2%。

全市农作物播种面积 494.69 万亩,比上年增长 0.9%,其中粮食作物播种面积 277.23 万亩,增长 0.5%。蔬菜、生猪、茶叶、淡水产品、花卉苗木等五大特色主导产业总产值 126.84 亿元,占全市农林牧渔业总产值的 56.2%。农业龙头企业进一步发展壮大,全市拥有各级各类农业龙头企业 1 266 家,同比增加 58 家,其中超亿元企业 64 家,同比增加 9 家。至年末,全市农产品共有中国名牌产品 12 只,中国驰名商标 26 只,浙江名牌产品 48 只,浙江著名商标 65 只。现代农业和绿色农业发展取得较大成果。2010 年有 10 个现代农业综合区、27 个主导产业示范区和 39 个特色农业精品园被批准列入省级现代农业创建点。新增土地承包经营权流转面积 9.81 万亩,累计达到 89.07 万亩。新发展规范化农民专业合作社 149 家,总数达 1 808 家。

全市共建立各类农业标准化示范区 165 个,示范推广面积 67 万亩;认证无公害农产品 363 只、认证 A 级绿色食品 53 只、认定无公害农产品产地 409 个,发展无公害农产品产地面积 116 万亩,其中新认证无公害农产品 68 个,新认证绿色食品 9 只。

(三)工业和建筑业

1. 工业增加值

全市工业增加值 1414.33 亿元,按可比价计算,增长 9.7%。规模以上工业总产值 6 836.71 亿元,同比增长 27.8%,其中市区 972.75 亿元,增长 26.4%。产销衔接处于较好水平,全市规模以上工业销售产值 6 671.08 亿元,产销率 97.58%。新产品产值快速增长,全市规模以上工业新产品产值 1 702.86亿元,同比增长 27.0%,新产品产值率 24.91%。主营业务收入超亿元工业企业 1 056 家,比上年增加 219 家,其中超 10 亿元企业 107 家,超 50 亿元企业 15 家,超 100 亿元企业 5 家。

2010 年绍兴全市规模以上工业利税总额 580.99 亿元,同比增长 35.6%,其中利润总额 398.43 亿元,增长 39.7%。列入全省考核的十一项经济效益评价指标综合得分 283.10 分,同比提高 26.01 分,综合得分居全省第 5 位。

表 3-53　2010 年绍兴市县市规模以上工业总产值

单位:亿元

县市	规模以上工业总产值
绍兴市区	967.52
诸暨市	1 627.42
上虞市	1 026.76
嵊州市	376.47
绍兴县	2 414.67
新昌县	384.35

绍兴市全年规模以上工业综合能源消费量(当量)1 012.90 万吨标准煤,同比增长 3.2%,低于工业总产值增速 24.6 个百分点,万元产值能耗 0.1482 吨标准煤,同比下降 19.2%。全社会用电量 295.68亿千瓦时,增长 14.2%,其中工业用电量 245.27 亿千瓦时,增长 14.0%。

2. 建筑业

2010 年又有 13 家企业晋升一级资质,33 家企业晋升二级资质。至年底,全市有建筑业企业 780 家,其中特级企业 17 家,一级企业 113 家,二级企业 242 家。全年按工程属地原则核算的建筑业增加值 168.54 亿元(不含建筑企业在外地创造的增加值),按可比价计算,比上年增长 12.8%,增加值总量和增速均居全省第 3 位。全市建筑业总产值 3 243.16 亿元(含建筑企业在外地的施工产值),比上年增长 17.9%。产值超 10 亿元企业 65 家,超 30 亿元企业 28 家,分别比上年增加 5 家和 4 家;超 50 亿元企业 16 家,与上年持平。当年进沪登记业务 498.7 亿元,占全省进沪施工企业业务总量的 66%,进一步稳固了绍兴在沪施工的龙头地位。新兴市场不断发展壮大,绍兴市建筑企业在江苏、安徽、江西、湖北、山东、天津等各类城市业务量增幅都超过 25%,市外产值占全市建筑业产值 85% 以上。工程质量合格率 100%。全市共有 23 只工程获上海白玉兰杯,占全省 51%;获钱江杯 26 只,鲁班奖 2 只,国优工程奖 2 只。

(四)服务业

1. 国内贸易

绍兴市全年社会消费品零售总额 852.89 亿元,同比增长 19.1%,增幅居全省第 3 位。其中限额以上批发和零售业零售额增长 29.5%。分城乡看,城镇市场零售总额 709.52 亿元,同比增长 19.5%;乡村市场零售总额 143.36 亿元,增长 16.9%。分行业看,批发零售贸易业零售额 778.70 亿元,增长 19.4%;住宿和餐饮业零售额 74.19 亿元,增长 15.3%。从限额以上贸易企业商品销售情况看,吃类商品增长 16.2%,穿类商品增长 22.0%,用类商品增长 32.4%。增长最快的是金银珠宝类、汽车类、石油及制品类,分别增长 44.6%、37.5% 和 34.7%,占限额以上零售总额的 63.8%,拉动社会消费品零售额 9.4 个百分点。

至 2010 年末有商品交易市场 396 个,全年成交额 1 767.06 亿元,同比增长 24.2%,其中消费品市场成交额 1 031.81 亿元,增长 28.4%;生产资料市场成交额 735.24 亿元,增长 18.6%。超亿元市场 42 个,其中超 10 亿元市场 27 个,超 100 亿元市场 5 个。中国轻纺城和钱清轻纺原料市场成交额分别为 438.64 亿元和 355.06 亿元,增长 12.0% 和 12.2%。

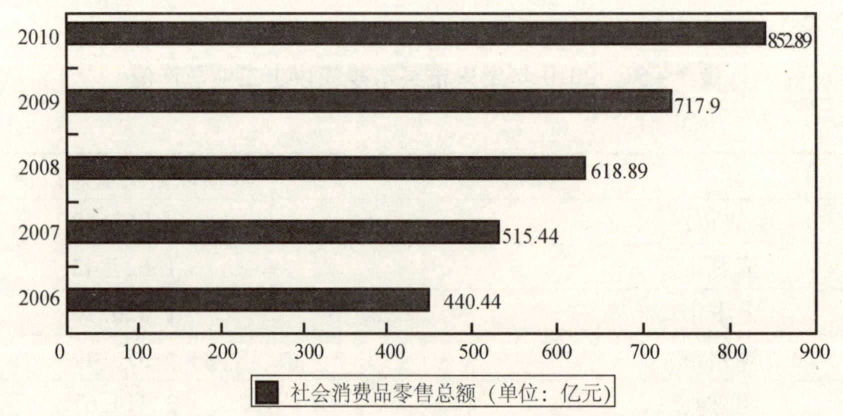

图 3-245　2006-2010 年绍兴市社会消费品零售总额

2. 交通运输、邮政通讯业

2010 年,绍兴市积极推进交通重点工程建设,全年交通基础设施项目投资额 93.25 亿元,增长 14.6%,投资额完成年度目标的 124.33%。年末全市公路通车里程 9 081 公里,同比增长 0.02%。大力推进农村公路建设,投入资金 8692 万元,完成农村联网公路和通村公路建设目标任务。推进城乡公交一体化，实施农村客运班线公交化改造，全市更新农村客运班车94辆，农村客运通达率99.2%。公路营业性客运量17314万人次，周转量45.88亿人公里，分别比上年增长1.7%和1.4%；公路营业性货运量7 890万吨，周转量70.75亿吨公里，两者均比上年增长3.7%。

绍兴市全年邮政通讯业务收入48.87亿元，增长3.2%。年末城乡固定电话用户（含小灵通）201.80万户，固定电话主线普及率45.98号线/百人。年末移动电话用户数（通话用户）436.45万户，移动电话普及率99.44部/百人；互联网用户数（不含手机上网用户）87.70万户。特快专递业务发展迅速，全年特快专递184.29万件，同比增长11.8%。

3. 旅游业

全市紧紧围绕建设旅游经济强市和打造文化休闲城市的总体目标，负重奋进、开拓创新，全城旅游全面启动，旅游项目取得重大进展，旅游服务品质明显提升。全年全市旅游总接待游客3 488.72万人次，旅游总收入318.40亿元，分别增长20.5%和26.2%，其中接待国内游客3 436.44万人次，国内旅游收入305.84亿元，分别增长20.5%和26.3%；接待入境游客52.28万人次，旅游外汇收入18 478万美元，分别增长21.1%和24.7%。年末共有涉外饭店（宾馆）94家，其中五星级7家，四星级16家，三星级43家。当年新增全省旅游经济强县1个，省旅游强镇2个，旅游特色村9个；嵊州市温泉旅游度假区、诸暨市五泄旅游度假区经省政府验收后被正式命名为省级旅游度假区，大佛寺景区被评为省级生态旅游区。

4. 金融、证券和保险业

至2010年末全市金融机构本外币存款余额4 948.32亿元，同比增长19.5%，其中城乡居民储蓄存款余额1 945.72亿元，增长14.0%。金融机构本外币贷款余额3 934.27亿元，同比增长19.3%，其中短期贷款2 839.61亿元，中长期贷款951.88亿元，分别增长18.1%和29.9%。

至年底，全市有上市公司41家，其中境外上市公司11家，绍兴市上市企业数占全省的17.5%。全年上市公司融资额109.50亿元，同比增长310.1%。其中新上市的5家公司（浙江亚太药业股份有限公司、浙江亚厦装饰股份有限公司、浙江闰土股份有限公司、浙江向日葵光能科技股份有限公司、浙江日发数码精密机械股份有限公司）首发融资额58.89亿元；完成再融资的6家公司（浙江新和成股份有限公司、浙江古越龙山绍兴酒股份有限公司、浙江大东南包装股份有限公司、卧龙电气集团股份有限公司、浙江三花股份有限公司、浙江盾安人工环境股份有限公司），再融资金额50.6亿元。浙江步森服饰股份有限公司通过中国证监会发审委审核。年末有证券资金帐户480 527户，当年交易额11 277.99亿元。

绍兴市保费收入实现快速增长，超过各类赔款及给付增速3.9个百分点。年末全市有各类保险机构47家，保费总收入61.87亿元，增长30.15%，其中产险收入24.24亿元，增长29.15%；寿险收入37.63亿元，增长30.80%。支付各类赔款及给付16.93亿元，增长26.25%，其中产险赔款11.2亿元，增长14.62%，赔付率46.23%；寿险赔款及给付5.73亿元，增长57.51%。

5. 房地产业

在国家对房地产严厉调控下，绍兴市房地产销售形势虽逐月转下，但全年仍有较大幅度增长。年末全市有房地产开发企业386家，全年商品房销售额461.35亿元，增长52.3%，销售建筑面积608.11万平方米，增长27.6%。房地产开发施工面积2 178.88万平方米，增长14.5%，其中新开工面积692.84万平方米，增长33.3%。

（五）对外经济

1. 对外贸易

全年全市进出口总额270.16亿美元，同比增长31.8%。其中出口210.89亿美元，增长33.8%，进口59.27亿美元,增长25.3%。进出口额、出口额均居浙江省第3位,进口额居浙江省第4位。有进出口国家和地区199个,其中出口超1 000万美元的国家和地区100个。美国、巴西和德国分别位居出口额前三位国家,出口额分别为25.90亿美元、10.30亿美元和10.19亿美元。机电、化工和高新技术产品分别出口38.48亿美元、11.94亿美元和11.17亿美元,增长43.8%、35.5%和63.6%;纺织品及服装出口139.40亿美元,增长31.8%。新登记备案企业1 690家,累计获进出口经营权企业10 597家。全市出口超1 000万美元企业466家,同比增加138家。

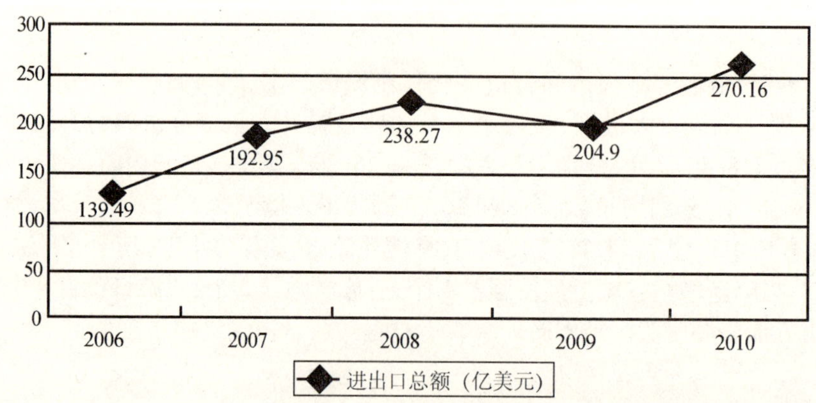

图3-246　2006-2010年绍兴市外贸进出口总额

2. 利用外资

全市当年引进外资项目235只,比上年增加61只。新增项目平均投资规模1 146.5万美元,同比增长23.4%。新批(含增资)投资总额超1 000万美元项目98只,重大项目中超3 000万美元以上项目27只,比上年分别增加34只和17只,完成年度目标任务的163.3%和245.5%,并新增1家500强投资项目。合同利用外资14.46亿美元,增长53.6%;实到外资9.53亿美元,增长17.5%,实到外资完成全年目标任务的113.3%。利用外资9亿美元,创出近三年来的新高。实到外资总量居全省第4位,增幅居全省第3位。制造业仍为绍兴市招商引资重点领域,全年引进制造业项目180只,合同外资13.43亿美元,占全市总量的92.9%。其中新增机械、电子等高新技术项目93只,合同外资6.6亿美元。

表3-54　2010年绍兴市县市实际使用外资

单位:万美元

县市	实际使用外资金额
绍兴市区	14 656
诸暨市	18 003
上虞市	30 015
嵊州市	8 308
绍兴县	22 001
新昌县	2 344

3. 对外合作

2010年全市新批境外投资企业164家。境外投资企业总投资额29 885万美元,其中中方投资额28 169万美元。新签承包劳务合同额52 764万美元,营业额50 260万美元,分别增长31.3%和18.5%,营业额完成年度目标任务的125.7%。其中实际境外工程营业额10 095万美元,同比增长11.7%,完成年度目标任务的101%。全市外派劳务49人次,年末在外人数309人。

4. 民营经济

从规模总量看，民营经济发展跃上了新的台阶。至2010年底，全市登记在册的个体工商户达21.1万户，总资金数额91.3亿元，分别比“十五”期末增长19%和71%；民营企业超6.5万余家，总注册资金达3 000亿元，分别比“十五”期末增长76%和60%。

从层次实力看，民营经济发展实现了新的提升。2005年，绍兴市民营企业户均注册资本312万元，2010年达459万元，增长47%。尤其令人振奋的是，旗舰型民企不断涌现，一批规模大、实力强、后劲足的企业集团迅速崛起。全市至今已拥有注册资本超1000万元的民营企业5 200多家，占民营企业总量的8%；超亿元的有600多家。年营业收入超亿元的民营企业1500多家，其中超10亿元的近100家。每年入围省百强民营企业数量均列全省前两位，其中海亮集团连续五年入围省百强民营企业前十位。

从机制活力看，民营经济发展集聚了新的优势。一批拥有现代企业经营理念，善于运用现代企业经营方式，与国际接轨的民营企业家成长起来，经营方式由原来以办厂为主，转向资本运作。2010年，全市新发展以投资管理为主业的企业62家，全部为民营企业，注册资金16亿元。在600多家注册资本超亿元的民营企业中，九成建立了现代企业制度。“十一五”期间，全市上市公司共18家，全部都是民营企业，融资金额189亿元。

从地位作用看，民营经济发展达到了新境界。2010年，全市个私企业实现总产值3 534亿元，销售总额(营业收入)3192亿元，社会消费品零售总额509亿元，分别比“十五”期末增长105%、110%和123%。民营企业数量占全市企业总数的93%，经济总量占全市的95%以上。根据2009年末统计数据，全市民营企业累计吸纳劳动力312.59万人左右，占全市就业人员的95%。

从经营范围看，民营经济发展拓展了新的领域。“十一五”期间，全市民营经济不断拓展经营领域，从原来主要集中在纺织服装、化工等密集型、科技含量较低的加工配套产业，向电器机械及器材、线缆、通用及专用设备、汽车制造等先进制造业和现代服务业、新兴产业等领域拓展。

二、绍兴市2010年社会发展概况

(一)人口、人民生活

2010年末绍兴市户籍人口438.91万人，其中男性220.51万人，女性218.39万人，分别占总人口的50.2%和49.8%；非农业人口148.53万人，占总人口的33.8%，比上年提高1个百分点。年末暂住人口(暂住一个月以上)137.68万人，比上年下降1.2 %。据市人口计生委统计，全年全市人口出生率6.51‰、死亡率7.12‰，人口自然增长率-0.61‰。

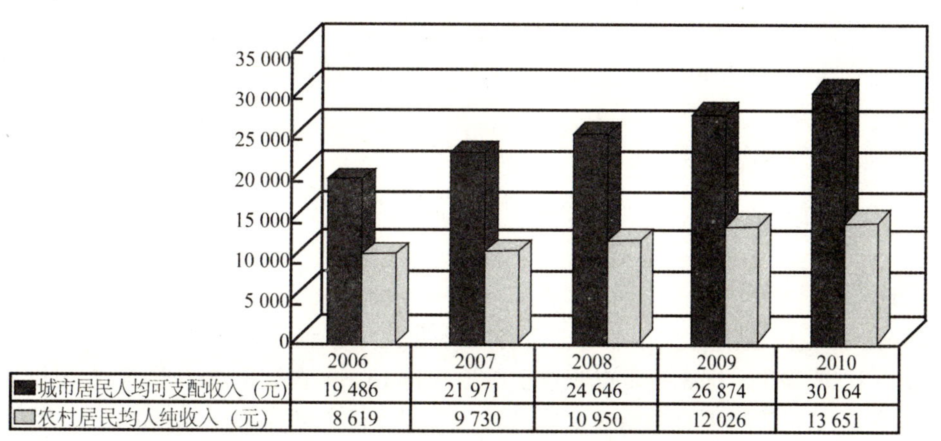

	2006	2007	2008	2009	2010
城市居民人均可支配收入（元）	19 486	21 971	24 646	26 874	30 164
农村居民均人纯收入（元）	8 619	9 730	10 950	12 026	13 651

图3-247　2006-2010年绍兴市城乡居民收入对比一览

绍兴市居民生活水平稳步提高,财政支出继续向民生倾斜,全年全市财政支出222.03亿元,其中用于民生147.57亿元。民生支出占财政总支出69.6%,增长27.2%。根据抽样调查,全市城镇居民人均可支配收入30 164元,增长12.2%;人均消费性支出18 267元,增长10.0%。农村居民人均纯收入13 651元,增长13.5%;人均生活消费支出9 210元,增长12.7%。城、乡居民恩格尔系数分别为34.6%和36.0%,比上年下降2.6和2.8个百分点。城镇居民人均住房建筑面积36.62平方米。农村居民人均住房面积67.61平方米,同比增长1.7%。

(二)就业与社会保障

1.就业

全年全市新增城镇就业91 980人,完成省政府下达目标任务的146%,其中市区25 496人,完成目标任务的170%。全市下岗失业人员实现再就业38 051人,完成省政府下达目标任务的140%,其中市区11977人,完成目标任务的166%。全市帮助就业困难人员实现再就业10 403人,完成目标任务的144%,其中市区3713人,完成目标任务的164 %。全市城镇登记失业率控制在3.02%。

2.社会保障

城乡居民社会养老保险制度全面实施,参保总人数列全省第2位。职工基本医保市级统筹顺利推进,成为全省第一个实现职工基本医保市级统筹的城市。率先开发成功兼具银联功能的社会保障卡,在全省第一个实现市域内医保"一卡通"。全面开展城镇居民和未成年人医疗保障参保人员免费健康体检工作,实行临时性下浮社会保险费政策。2010年全市企业职工基本养老保险总参保139.55万人,新增14.30万人,完成全年目标任务的181.0%;城镇职工基本医疗保险总参保125.35万人,新增20.30万人,完成全年目标任务的290.0%;城镇居民医疗保障总参保56.72万人,新增13.44万人,完成全年目标任务的203.63%;失业保险总参保80.43万人,新增11.52万人,完成目标任务的576%;工伤保险总参保141.12万人,新增14.43万人,完成全年目标任务的192.40%;生育保险总参保85.52万人,新增11.08万人,完成全年目标任务的221.16%。

全面落实低保动态调标和困难群众基本生活价格补贴机制。全市低保标准提高至城镇400元,农村300元;全年四次发放物价补贴1 771万元,惠及25.5万人次低收入群众。至年底,全市有在册低保对象55 660人,发放低保救助金1.19亿元。积极推行住院定额救助,全年救助11.1万人次,支出救助金5 286.7万元。着力推进适度普惠的养老服务体系建设,全市老年优待证办证率达到95%;农村五保和城镇三无对象集中供养率100%,居全省前列;新增养老服务机构床位1 830张,完成年增1 600张计划任务;新增农村"星光老年之家"509个,星光计划基本实现行政村全覆盖;新增"3587"工程老龄工作规范化社区7个,93个城市社区开展了居家养老服务。深化慈善"助学"品牌救助项目,大幅度提高助学标准,增幅达50%,全年共助学5 807人次,资助金额1 138.66万元。募集慈善资金13 463.33万元,支出救助金9 009.84万元,救助56 927人次。销售各类福利彩票5.6亿元,增长44%。全市217家福利企业安置残疾职工11 904人。

(三)教育和科学技术

1.教育事业

绍兴市实施"万校标准化建设工程",全市省级标准化学校创建率82.5%,覆盖率全省领先。省级示范性中小学比例22%。国家级重点职校学校增加到13所,省级重点中学、重点职校占全市60%以上。高等教育毛入学率48%。在校学生数127.77万人,其中普通高校学生数5.39万人。全市111个乡镇全部创建成为教育强乡镇,78个乡镇创建成为教育基本现代化乡镇。全面实施城乡教育均衡度考核,加大农村学校和薄弱学校扶持力度,推进镇域资源,名校资源、名师资源共享。高考上线率和录取率高于全省平均 10 个百分点左右，高分考生和考入北大、清华等知名高校的人数名列全省前茅。学科竞赛成绩喜人，在全省高中各学科奥林匹克竞赛中，绍兴市获一等奖人数占全省三分之一左右。

教育均衡性明显提升，学前三年入园率达到 98.2%，省义务教育标准化学校覆盖率达到 85%，省级以上重点职业学校增加到 31 所。普通高校在校生从 3 万人增加到 5.5 万人，绍兴文理学院列入硕士学位授权立项建设单位，浙江越秀外国语学院升格为本科院校。

全市中小学生均公用经费标准分别提高到 700 元和 500 元以上，农村中小学爱心营养餐标准提高到每年 450 元以上。免除困难家庭儿童和残疾儿童保教费，建立困难家庭幼儿入园资助制度。

2. 科技与创新

全市当年新上国家创新基金项目、国家火炬计划项目、国家星火计划项目、国家新产品计划项目等国家级项目 153 项，省重大科技专项、创新基金项目、新产品试制计划项目等省级项目 450 多项。绍兴高新技术产业园区成功升级为国家级高新技术产业开发区，嵊州、绍兴县经济开发区新增挂省级高新园区牌子，诸暨高新区列入省“十二五”新设园区发展规划。新认定国家高新技术产业化基地 1 家、国家需要重点扶持的高新技术企业 46 家，全市总量达到 260 家；新认定国家创新型试点企业 1 家，省创新型示范（试点）企业 11 家，省科技型中小企业 122 家；新认定省级企业研究院 3 家，省级高新技术企业研发中心 23 家，市级企业研发中心 47 家。制冷空调产业技术创新战略联盟、纺织印染节能减排产业技术创新战略联盟列入全省首批 15 家产业技术创新战略联盟。全市累计建成国家级科技企业孵化器 1 家，省级科技企业孵化器 6 家。组织开展电子软件、黄酒、农业、医卫等市级公共平台的 5 年规划制定工作，并启动一批平台项目的实施。全市专利申请量、授权量分别达到 12 294 件、11 670 件，均居全省第 3 位；其中发明专利申请量 1 263 件，发明专利授权量 343 件，专利授权量比上年增长 28.9%。

（四）文化、卫生和体育

1. 文化事业

绍兴市 2010 年成功举办第六届世界合唱比赛、“经济转型与城市互动”上海世博论坛、建城 2500 年庆典等重大节会活动，成功申办第五届鲁迅文学奖颁奖典礼和第二届中国越剧节，隆重举行 2010 年公祭大禹陵典礼。绍兴市文化中心正式动工兴建。全市实现乡镇文化中心全覆盖。积极推进全市公共图书馆“一卡通”建设。创排越剧明星版《五女拜寿》、绍剧《八戒别传》等精品剧目，《梁祝》受邀出访法国。积极筹建绍兴市非物质文化遗产馆，做好第三批国遗申报工作，王羲之传说、乱弹、越窑青瓷等 3 个项目入选第三批国遗公示名录。至年末，全市有国家级“非遗”项目 21 项。开展第四批市级非遗保护名录评审工作，公布了 34 个绍兴市级“非遗”保护名录。年末全市拥有艺术表演团体 6 个，群艺馆、文化（馆）站 125 个，公共图书馆总藏量 236.60 万册，电视台 1 座，广播电台 1 座，广播电视台 6 座。年末有线电视用户 132 万户，数字电视用户 71 万户。

2. 卫生事业

率先全面实施基本药物制度，降低药品费用 2.35 亿元。新农合人均筹资 283 元，居全省第 3 位，参加率 96.3%，参加率较上年提高 1.1 个百分点，政策范围内住院补偿率 46.67%，较上年提高 10.4 个百分点。全年新、改、扩建社区卫生服务机构 202 家，新创建 27 家省级规范化中心。绍兴县、嵊州市和新昌县“2 + X”改革试点正式启动。全年完成第三轮农民健康体检数 138.41 万人次，体检率 45.92%，重大公共卫生服务项目进度列全省前列。启动国家卫生城市复查准备工作，创建 5 个市级卫生镇和 5 个卫生强镇。市人民医院挂牌“浙江大学绍兴医院”。麻疹强化免疫接种率 98.26%。37 个乡镇基层卫生监督派出机构规范化运转率达 100%。年末有卫生机构 1457 个，其中医院 39 个，卫生院、分院及社区卫生服务中心（站）867 个。卫生机构床位数 14 916 张，其中医院 11 676 张。医生数9 414人,注册护士数7 506人。每万人拥有医疗床位数33.98张,每万人拥有医生21.45人。每10万孕产妇死亡率10.49人,婴儿死亡率4.76‰,保持在较低水平。

3.体育事业

2010年绍兴市成功承办全国游泳冠军赛暨亚运会预选赛、国际荷式篮球邀请赛和锦标赛、中日女排对抗赛、2009－2010全国男子排球联赛等重大品牌赛事,得到国家体育总局的充分肯定。成功申办第十五届省运会,并启动参赛项目布局和备战工作。组织开展千人迎新健步走、万人登山周和全民健身日展示活动,成功举办第五届体育节、第九届老年人运动会等全民健身活动,开展比赛200余次,参与达20万余人次。绍兴籍运动员获新加坡首届青年奥林匹克运动会男子田径200米赛金牌,实现绍兴市田径选手世界大赛金牌零的突破。在省第十四届运动会上,绍兴市获金牌123.5枚,奖牌233枚,总分2 342.5分。省首届体育大会,绍兴市代表团获金牌9枚,奖牌48枚,金牌数和团体总分比上届省运会均有大幅提升。全面启动新一轮体育场馆建设,市奥体中心正式动工,市水上运动中心易地重建。至年底,全市共有5 000余片篮球场、1 713条健身路径、2 361张乒乓球桌(学校除外),人均拥有体育场地面积约1.50平方米。

(五)城乡建设

2010年绍兴市组织实施城市总体规划,修编绍兴历史文化名城保护规划,编制一批城市分区规划和控制性详细规划。加快推进滨海新城开发建设,启动科创园、市民中心等公共服务设施建设,完成道路、水电、通信等基础设施投入25亿元,拉开新城框架;全面开展招商选资,力争引进产业项目投资200亿元。精心实施镜湖环湖区域规划,全面推进奥体中心、科技中心、文化中心、高铁站前区、科教园、迎恩门改造等重点工程建设。启动袍江"两湖"区域开发建设,建成曹娥江袍江大桥等一批重点基础设施。编制完善国家高新技术产业开发区发展规划,加快发展高新技术和服务外包产业。丰富迪荡新城商贸业态,启动迪荡湖城市公园建设。继续推进城中村改造。完善数字城管运行机制,积极探索违法建筑、马路市场、户外广告、流动摊点等城市综合管理长效机制。

2010年积极培育中小城市,大力发展县域经济,完善县域中心城市功能,并加强与绍兴中心城市的对接。进一步深化嵊州、新昌在城市建设、产业布局等方面的合作,努力实现更高水平的统筹集约发展。加快发展绍虞、诸暨、嵊新城镇组群。完善中心镇培育政策,深入开展2个省级、17个市级中小城市培育试点,依法下放中小城市培育试点镇县级经济社会管理权限,力争把若干个中心镇率先培育成为中小城市。

绍兴市新农村建设成效显著。全市财政对农林水事务投入20.77亿元,增长28.9%,用于"三农"的预算内资金85.0亿元,增长28.5%。积极实施中心村培育建设,完成全市中心村布局规划和第一批中心村建设规划。整体提升"百村小康示范、千村改造整治"工程,财政共投入村庄整治资金2.78亿元,比上年增长51.5%,334个待整治村完成环境整治任务。深入实施"欠发达乡村和低收入农户奔小康"工程,全年新启动薄弱村扶贫项目1084个,建成918个项目,全部消除集体经济3万元以下的行政村,欠发达村的经常性收入增幅达12%以上,60%以上低收入农户人均纯收入超过6000元;全年培训农民10万人以上,新增转移就业和创业农民2.72万人。农民饮用水工程解决农村安全饮水人口新增13.7万人。全面推进以农村放心店和超市连锁配送为核心的农村现代流通"三网一制度"建设。探索农村集体建设用地使用权改革,开展宅基地创新试点,出台全市宅基地置换政策意见及实施细则,全年完成投资约45亿元,新开工改造农民住房2.88万户,实际完成2.92万户。创新农村金融制度,全市新组建各级新农村建设投融资公司20家,总注册资金达5.4亿元。全年新增农村土地承包经营权流转面积7.6万亩,累计达到89.1万亩,流转率达到47.3%。

全年全市完成造林面积1 174公顷,幼林抚育实际面积1400公顷,累计封山育林27 466公顷,森林覆盖率54.03%。营造沿海防护林、农田林网和绿色通道225公里。新增省级林业龙头企业10家，省级专业合作社4家，省级林业观光园8家。全市各地以水资源“百亿保障工程”、“强塘工程”和“四千工程”为载体，不断加大水利投入，扎实推进骨干水利和各项民生水利工程建设，取得显著成效。全年全市水利总投入22.12亿元，增长9.96%。钦寸水库、永宁水库、夏泽湖水库、曹娥江至慈溪引水工程等骨干水源工程建设进展顺利；曹娥江引水工程建成试通水；治理水土流失面积90.64千公顷，加高加固堤防46.68公里，达标堤防长度473.20公里。已建成水库554座，总库容12.98亿立方米，防洪能力有显著提高。

（六）环境保护和生态建设

绍兴市深入实施“蓝天工程”、“清水工程”和农村环境保护，制定《绍兴市清洁空气行动方案》，强化工业废气、机动车尾气和餐饮业油烟废气整治，开展以印染、化工、医药、造纸、电镀等五大行业为重点的工业企业污泥规范化处置集中整治。全市废水处理能力达到135万吨/日，污水收集干管总长度超过1000公里。列入“811”环保新三年行动的全市11个省级开发区污染整治工作全部完成并通过验收。积极开展生态系列创建活动，诸暨市、新昌县已创建成为省级生态县（市），嵊州市争创国家级生态示范区，上虞市争创省级生态县（市）。当年创建国家级生态乡镇8个、省级生态乡镇（街道）15个，省级绿色学校16所，绿色企业7家。累计创建省级绿色学校95所，省级绿色社区57个，省级绿色饭店33家，省级绿色家庭120户，省级绿色医院9家。全市环境空气质量达标（API<100）天数333天；县级以上集中式饮用水源水质达标率、城市生活垃圾无害化处理率、医疗废物处置率均保持在100%。

五年来，我们始终坚持可持续发展理念，积极建设资源节约型、环境友好型社会，努力提升生态竞争力、环境承载力。全国生态市建设试点顺利推进，诸暨市、新昌县成为省级生态县，21个乡镇成为国家级生态乡镇。节能减排约束性指标全面完成，预计单位生产总值能耗、二氧化硫和化学需氧量排放量分别比2005年下降20%、15.1%和15%。资源综合利用效率明显提高，耕地总量连年实现占补平衡，每平方公里土地面积产出比“十五”期末提高64%，万元生产总值水耗下降50%，工业用水重复利用率达到71%。空气质量优良天数达到333天。城市日供水能力由40万吨提高到80万吨，县级以上集中式饮用水源水质达标率100%，污水日处理能力由71.5万吨提高到126万吨。

人均公共绿地面积由11平方米提高到15.2平方米。新建林带林网1800公里，森林覆盖率提高到54%，“森林绍兴”建设在全省率先启动。

（七）社会安全

2010年绍兴市安全生产进一步稳定好转，全年各类安全事故起数、死亡人数、直接经济损失分别下降11.71%、6.77%和14.36%，实现省政府下达的三个“零增长”目标。积极创建“平安绍兴”，扎实开展社会治安整治行动。全市命案、五类案件破案率分别达97.89%、100%。全市刑事案件列案数下降0.36%，破案数增长0.83%；道路交通事故、火灾事故起数分别下降12.38%和14.74%。

三、绍兴市在长三角地区经济发展中的地位

2010年，外界宏观经济运行环境极其复杂，金融危机的残余势力影响仍较为严重，同时面对自身转型升级的巨大压力，绍兴市开拓创新，采取了一系列有力、有效的扎实举措，保持了经济社会的稳定健康发展，促进了人民生活水平的不断提高和社会的和谐稳定，在长三角地区经济发展中的地位仍保持着较为领先的优势。

2006－2010年绍兴市地区生产总值在长三角所占比重分别为3.53%、3.49%、3.39%、3.28%和3.24%，五年来持续下降，累计降幅为0.29个百分点。2010年讲诉减缓，较上年下跌了0.04个百分点。

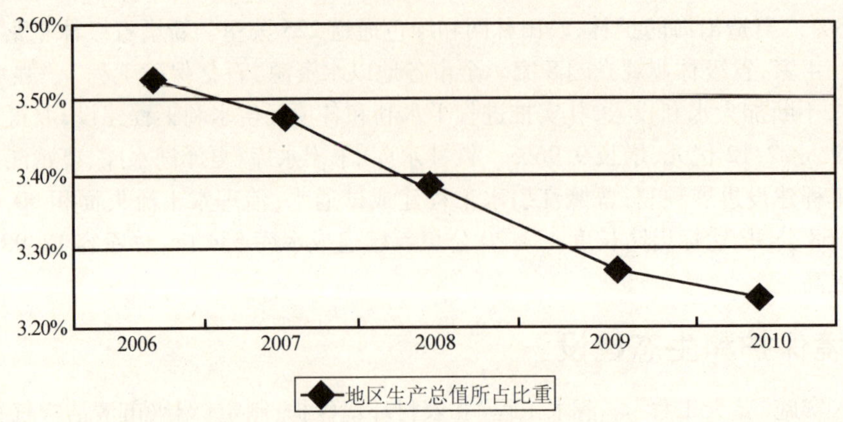

图 3-248　2006-2010 年绍兴市地区生产总值在长三角所占比重的变化趋势

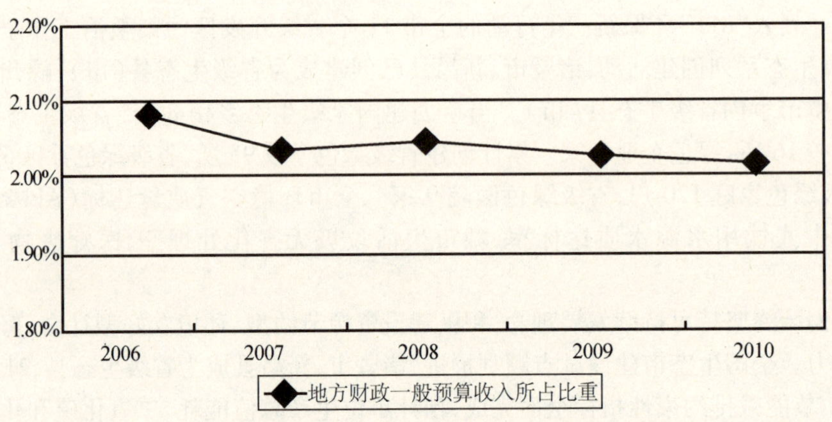

图 3-249　2006-2010 年绍兴市地方财政一般预算收入在长三角所占比重的变化趋势

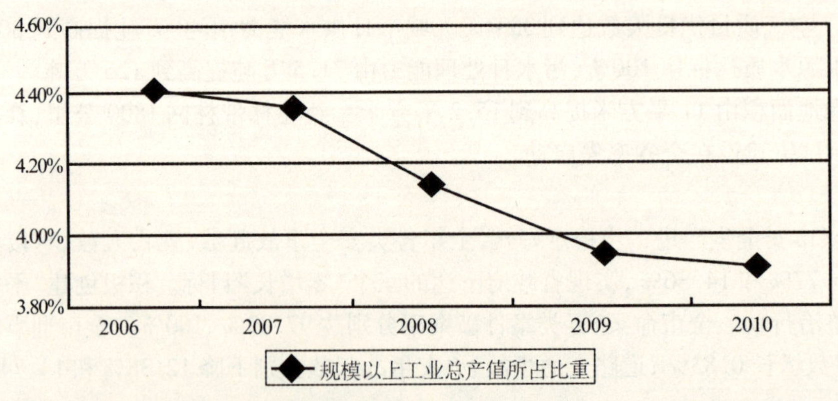

图 3-250　2006-2010 年绍兴市规模以上工业总产值在长三角所占比重的变化趋势

2010 年绍兴市地区生产总值在长三角地区 25 个市(苏浙两省 24 个地级市和上海市,下同)排名与上年保持一致,排名第 11 位,仍保持着相对领先的优势,但近几年下跌严重,亟需有所改善。

2006-2010 年绍兴市地方财政一般预算收入在长三角所占比重分别为 2.09%、2.04%、2.04%和 2.02%和 2.02%,近年来占比相对较为平稳,虽有着逐渐减少的趋势,但变幅很小,五年累计下跌 0.07 个百分点。2010 年几乎止住了下跌,与上年基本保持一致。

2010 年绍兴市地方财政一般预算收入在长三角地区 25 个市排名与上年保持一致,排名第 11 位,虽保持着相对领先的优势,但近几年几乎停滞不前,亟需有所突破。

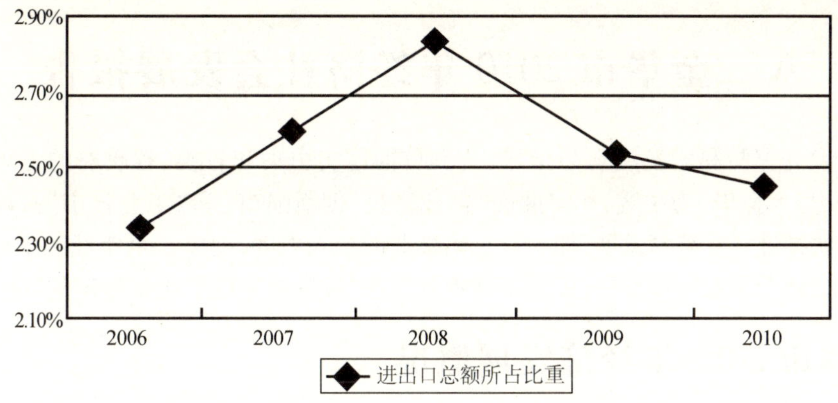

图 3-251　2006-2010 年绍兴市进出口总额在长三角所占比重的变化趋势

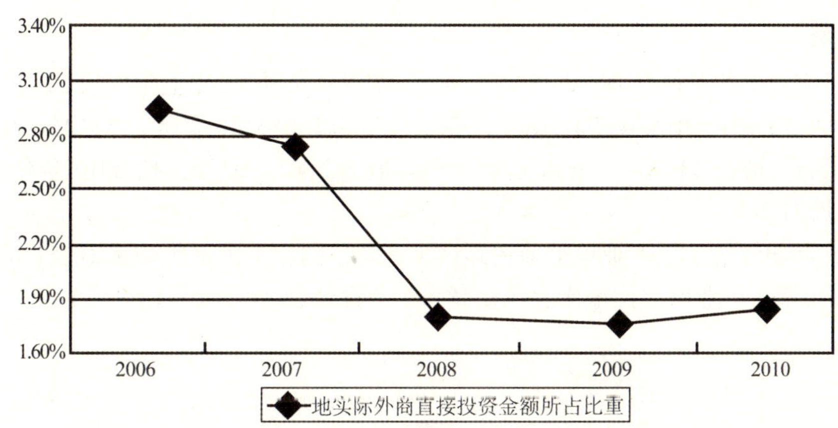

图 3-252　2006-2010 年绍兴市实际外商直接投资金额在长三角所占比重的变化趋势

2006-2010 年绍兴市规模以上工业总产值在长三角所占比重分别为 4.39%、4.36%、4.14%、3.97%和3.92%，呈现明显的下降态势，累计下跌了 0.47 个百分点。2010 年较上年跌速有所放缓，比上年下跌了 0.05 个百分点。

2010 年绍兴市规模以上工业总产值在长三角地区 25 个市排名与上年保持一致，排名第 9 位，仍然保持着相对领先的优势，但近几年下滑较为严重，亟需有所改善。

2006-2010 年绍兴市进出口总额在长三角所占比重分别为 2.33%、2.61%、2.86%、2.55%和2.48%，在连续 3 年稳定增长之后，2009 年和 2010 年占比连续出现下跌，跌幅为 0.38 个百分点。2010 年跌幅叫上年有所减少，为 0.07 个百分点。

2010 年绍兴市进出口总额在长三角地区 25 个市排名与上年保持一致，排名第 7 位，仍然保持着领先的优势，但已出现连续年的下滑，形势不容乐观，希望继续解放思想，大力发展，以期能有更大的提升。

2006-2010 年绍兴市实际外商直接投资金额在长三角所占比重分别为 2.91%、2.75%、1.86%、1.74%和 1.80%，前几年下跌态势较为严重。2010 年通过各方面的努力，终于止跌上扬，但回升比重不大，仅为 0.06 个百分点，距离 2006 年的水平还有较大差距。

2010 年绍兴市实际外商直接投资金额在长三角地区 25 个市排名较上年下降了两位，排名第 17 位，下滑严重，位置靠后，急需有所改善。

八　金华市2010年经济社会发展报告

2010年,金华市坚持科学发展观为指导,认真贯彻落实中央和省委、省政府的各项方针政策,以“发展城市群、共建大金华”为主线,扎实推进“创业富民、创新强市”和“工业强市”战略,大力推进产业转型升级,加快推进城乡统筹发展,加大对民生事业的投入力度,确保了全年经济平稳较快增长,经济结构继续优化,社会事业持续发展,民生不断得到改善,较好地完成了年初确定的目标任务。

一、金华市2010年经济发展概况

(一)综合经济

1. 经济总量

2010年全市实现生产总值(GDP)2 094.70亿元,按可比价计算,比上年增长12.5%。其中:第一产业增加值为107.19亿元,增长4.7%;第二产业增加值为1 085.46亿元,增长12.6%;第三产业增加值为902.05亿元,增长13.3%。全市人均生产总值达到45 031元(按2010年年均汇率折算为6 652美元),增长11.9%。

金华市2010年第一、二、三产业增加值占地区生产总值的比重由上年的5.2∶51.8∶43.0变化为5.1∶51.8∶43.1,第三产业所占比重比上年提高0.1个百分点。

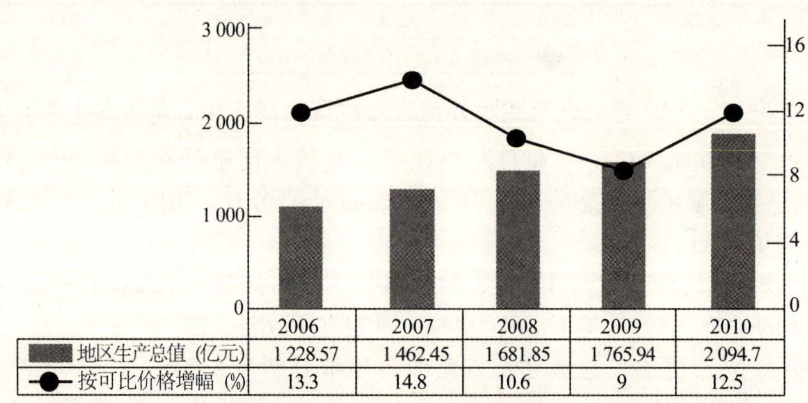

	2006	2007	2008	2009	2010
地区生产总值(亿元)	1 228.57	1 462.45	1 681.85	1 765.94	2 094.7
按可比价格增幅(%)	13.3	14.8	10.6	9	12.5

图3-253　2006-2010年金华市地区生产总值及增长速度

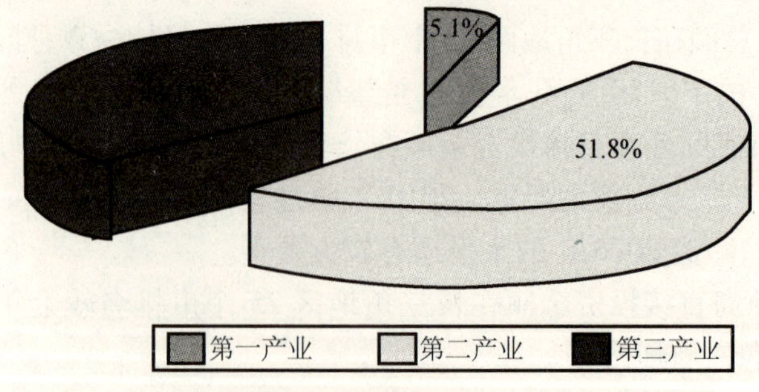

图3-254　2010年金华市三次产业结构图

表 3－55　2010 年金华市县市主要经济指标

县市	生产总值（亿元）	地方财政收入（亿元）	全社会固定资产投资（亿元）	出口总额（万美元）	社会消费品零售总额（亿元）
金华市区	403.03	38.99	169.96	171 372	222.45
兰溪市	180.31	11.22	69.58	64 105	68.25
东阳市	286.86	19.40	95.16	142 548	126.98
义乌市	619.91	42.76	206.20	29	290.37
永康市	310.48	22.40	109.94	306 082	91.74
武义县	128.50	8.87	52.36	157 864	45.66
浦江县	131.63	9.01	46.42	72 188	55.19
磐安县	48.22	3.28	23.18	18 399	15.59

2. 财政收入

2010 年全市完成财政一般预算收入 272.68 亿元，增长 17.2%。其中：上划中央财政收入 116.75 亿元，增长 13.0%；地方财政收入 155.93 亿元，增长 20.6%。全市一般预算支出 211.52 亿元，增长 28.3%。财政支出更加关注民生，其中住房保障支出、社会保障和就业支出、环境保护支出、医疗卫生支出、农林水事务支出、城乡社区事务支出分别上年增长 574.0%、68.1%、54.4%、38.9%、31.0%、27.5%。

3. 物价指数

至 2010 年底，金华市区居民消费价格比上年上涨 4.0%，其中食品类价格上涨 7.4%，医疗保健和个人用品类上涨 6.4%，居住类价格上涨 4.8%。商品零售价格上涨 3.9%。全市工业品出厂价格上涨 6.3%，原材料购进价格上涨 10.7%。

4. 固定资产投资

2010 年全市完成全社会固定资产投资 777.71 亿元，比上年增长 22.4%。其中，限额以上固定资产投资 724.11 亿元，比上年增长 23.7%。民间投资稳定增长，全年限额以上非国有投资 570.27 亿元，比上年增长 33.3%，占限额以上投资的 78.8%。在限额以上固定资产投资中：房地产开发投资 164.45 亿元，增长 24.0%；投资项目（单位）投资 559.66 亿元，增长 23.6%。

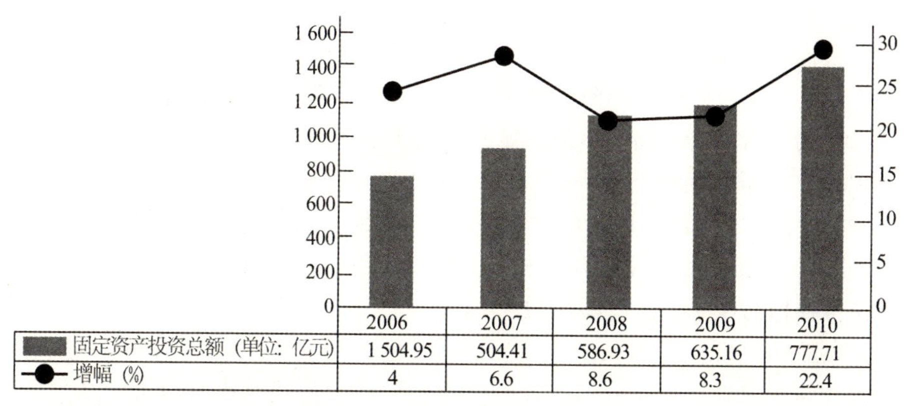

图 3－255　2006－2010 年金华市全社会固定资产投资及增长幅度

在限额以上投资中：第一产业完成投资 2.02 亿元，增长 94.0%。第二产业完成投资 383.17 亿元,增长27.5%;其中工业投资378.37亿元,增长26.5%。第三产业完成投资338.92亿元,增长19.4%。第一、第二产业投资比重分别比上年上升0.1个和1.6个百分点,第三产业投资比重下降1.7个百分点,三次产业投资结构调整为0.3:52.9:46.8。

2010年金华市列入市重点建设计划的项目178项,其中列入考核的实施类项目151项,总投资752.62亿元,全年计划投资114.41亿元,实际完成投资115.80亿元,完成年度计划的101.2%。金华九峰水库、金华市文化中心、兰溪市污水处理工程管网延伸工程、永康四方集团搬迁工程等26项工程已建成投入使用。金华市城南桥至河盘桥段加固及景观改造工程、东永高速公路、义乌枫坑水库除险加固工程等58项工程完成年度投资计划。

5. 固定资产运行特点分析

2010年,金华市全社会及限额以上投资增速均创下2004年以来的年度新高,分别比上年增速提高了14.1和14.4个百分点。主要特点有:

①新开工项目数及规模增长迅速。2010年全市限额以上投资中,在建项目3 078个,比上年增加280个,增长10%;其中,本年新开工项目个数1 528个,比上年增加294个,增长23.8%。当年新开工项目计划投资规模达750.33亿元,增长58%。

②工业性投资增长持续强劲。全市限额以上工业完成投资378.37亿元,增长26.5%,居全省首位,高于全省平均增幅17.2个百分点;其中,限额以上制造业投资完成354.4亿元,增长28.2%,居全省第一位,高于全省平均增幅17.5个百分点。工业投资一直是金华市投资行业分类中的中坚构成,占二次产业投资的比重达98.7%,占全部限额以上投资的比重为52.3%,不仅是固定资产投资的主要构成也是保证投资稳定增长的重要力量。

③民间投资表现活跃。自今年5月《国务院关于鼓励和引导民间投资健康发展的若干意见》("新36条")的实施,迅速刺激了民间投资的增长。2010年,全市民间投资完成546.9亿元,增长35%,较上年增幅提高了28.1个百分点,占全部限额以上投资的比重达75.5%,对金华市的投资增长起到了非常重要的带动作用。

④房地产开发投资反弹走高。有别于上年房地产开发投资的相对低谷,今年金华市房地产投资走势反弹明显。全年累计完成投资164.45亿元,增长24%,较上年增幅提高了29.8个百分点。同时房屋施工面积增长明显,全市房屋施工面积达1 537.6万平方米,增长20.5%,其中本年新开工面积586.85万平方米,较上年增长15.4%。

2、农业

2010年全市农林牧渔业增加值107.19亿元,比上年增长4.7%。

全市农作物播种面积273.7千公顷,比上年增长0.3%。其中粮食播种面积为158.1千公顷,总产量为89.42万吨,分别比上年下降0.8%和0.9%;棉花播种面积6.6千公顷,产量为1.05万吨,分别增长13.8%和6.1%;油料播种面积为26.9千公顷,比上年增长5.1%,产量为4.28万吨,比上年下降7.6%;蔬菜播种面积为42.3千公顷,产量为90.74万吨, 分别比上年下降0.7%和0.1%;药材播种面积7.4千公顷,增长4.2%;果用瓜种植面积10.5千公顷,产量为24.01万吨,分别增长1.0%和3.7%;花卉苗木种植面积9.7千公顷,增长3.2%。

全市完成造林面积0.432千公顷,迹地更新面积1.484千公顷,重点防护林工程建设完成0.423千公顷,其中人工造林0.237千公顷、封山育林0.186千公顷;完成林木抚育面积3.473千公顷,其中幼林抚育面积1.297千公顷,成林抚育面积2.176千公顷。全市创建省级村庄绿化示范镇1个,省级绿化示范村32个,创建市级绿化示范村77个。

全年肉类总产量为22.90万吨,比上年增长6.8%,其中猪肉18.18万吨,增长9.1%;全年生猪出栏243.99万头，增长8.4%；家禽出栏2731万只，增长0.2%。全年牛奶产量7.96万吨，比上年下降4.4%；水产品产量6.51万吨，增长6.1%。

全市农田有效灌溉面积159.5千公顷，旱涝保收面积122.3千公顷。年末拥有农业机械总动力246.34万千瓦，比上年末增长2.7%；全年化肥施用量（折纯）11.2万吨，增长1.4%；农村用电量36.5亿千瓦时，增长1.7%。

金华市2010年继续努力提高农业组织化程度，农民专业合作社累计达到2324家，市级以上农业龙头企业达到247家。举办华东农交会、中国苗交会、义乌森博会等展会，促进农产品产销对接。加快发展设施农业、来料加工、"农家乐"和"兴林富民"项目，多渠道增加农民收入。

（三）工业和建筑业

1. 工业增加值

2010年全市完成工业增加值938.32亿元，比上年增长11.8%，工业增加值占GDP的比重为44.8%。全市规模以上工业实现总产值3 393.31亿元，销售产值3 277.14亿元，分别增长32.8%和32.2%。规模以上工业企业完成出口交货值853.85亿元，增长30.8%，占销售产值的比重为26.1%。

2010年，金华市列入省考核的十一项规模以上工业经济效益评价考核指标综合得分为234.96分，比上年提高24分。全年规模以上工业企业实现利税261.75亿元，比上年增长39.8%；其中利润165.62亿元，增长53.7%。金属制品，纺织，交通运输设备制造，电气机械及器材制造，通信设备、计算机及其它电子设备，化学原料及化学制品制造等六大行业实现利润占全市规模以上工业利润总额的53.4%。

2010年全市规模以上工业企业科技活动经费支出20.34亿元，比上年增长21.6%。新产品生产增长较快，规模以上工业企业完成新产品产值509亿元，增长57.8%，新产品产值率达到15.0%，比上年提高2.4个百分点　。

表3－56　2010年金华市县区规模以上工业总产值

单位：亿元

县市	规模以上工业总产值
金华市区	635.17
兰溪市	502.36
东阳市	351.88
义乌市	581.20
永康市	681.60
武义县	338.11
浦江县	259.93
磐安县	61.54

2. 建筑业

2010年全市建筑业总产值达1 563亿元，比上年增长30.5%；建筑业年末从业人数达到73.12万人。建筑施工面积19 109.6万平方米，完成房屋竣工面积6 649.9万平方米。省外市场发展良好，2010年建筑业企业在省外完成产值951亿元，占全省省外完成产值的16.6%，占全市建筑业总产值的60.9%。

3. 金华市工业发展

金华市按照新型工业化要求，提升工业经济规模和质量。推动工业集聚发展。推进开发区整合提升,金华经济开发区升格为国家级经济技术开发区。实施金衢丽产业带规划,在全省率先编制了产业集群发展规划,汽车、五金、饰品、棉纺织、磁性材料5个块状经济列入省产业集群转型提升示范区试点。

2010年金华市积极推进专业市场转型,义乌国际商贸城建设不断提升,永康五金、东阳木雕、浦江水晶、武义茶叶、兰溪纺织、磐安浙八味中药材和市区建材家居、农产品、电子数码、汽车等特色市场加快发展。

金华市不断培育壮大企业主体,规模以上企业达到5 648家,比2005年增加2 580家,其中亿元以上企业达到623家,比2005年增加358家。提升民营经济发展水平,民营企业从2005年的22.9万户增加到2010年的33.8万户。

2010年金华市还落实了一系列"标本兼治、保稳促调"的措施,全力扩内需、促投资、保企业、拓市场。深入开展"送政策、送服务、送温暖"活动,累计减轻企业负担超过200亿元。设立企业应急解困调头基金,保障重点企业资金链安全。开展多种形式的银企对接活动,加大金融支持地方经济发展力度。2010年金融机构存款余额3 987亿元、贷款余额3 096亿元,分别是2005年的2.55倍、2.58倍。

(四)服务业

1.国内贸易

2010年全市实现社会消费品零售总额916.23亿元,比上年增长18.9%。城乡消费市场同步增长,其中城镇消费品零售额为755.14亿元,比上年增长19.1%;乡村消费品零售额为161.09亿元,增长17.7%。分行业看,批发零售贸易业零售额为831.58亿元,增长19.4%;住宿餐饮业零售额为84.64亿元,增长13.9%。

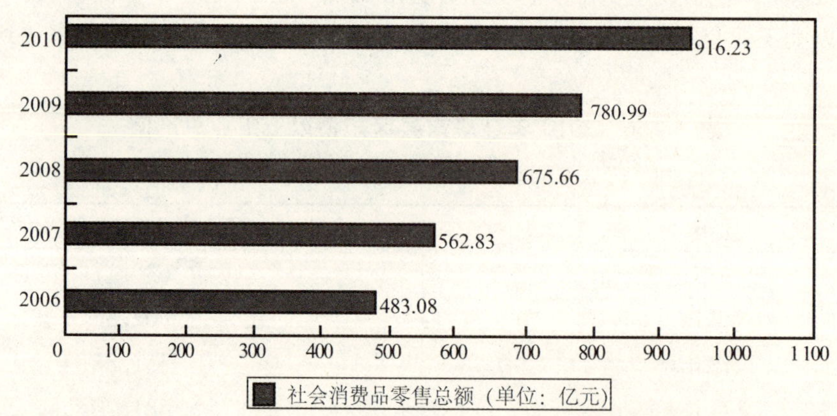

图3-256　2006-2010年金华市社会消费品零售总额

市场需求稳定增长。在限额以上批发零售贸易业零售额中,吃穿用类商品稳定增长。食品、饮料、烟酒类零售额20.56亿元,增长15.9%;其中干鲜果品类零售额1.39亿元,增长43.6%。服装、鞋帽、针纺织品类零售额20.51亿元,增长31.1%。日用品类、化妆品类、金银珠宝类零售额分别为5.22、2.16、3.26亿元,分别增长20.2%、24.1%、37.9%。中西药品类、家用电器及音像器材类零售额分别为17.38、11.82亿元,分别增长11.0%、26.4%。热点商品中汽车类、能源类消费增长较快。汽车类销售额157.21亿元,增长35.1%;石油及制品类零售额81.95亿元,增长32.1%。

2010年全市共有各类市场423个,商品交易市场年成交额为1 554.43亿元,比上年增长20.4%。其中年成交额超亿元的市场有52个,总成交额为1531亿元,比上年增长29.3%。

2.交通运输、邮政通讯业

2010年全市交通建设共投资28.06亿元,其中:高速网络工程投资6.26亿元,国省道及路网改造工

程完成投资 13.32 亿元,大中修工程完成投资 3.0 亿元,农村联网公路完成投资 0.73 亿元,安保及危桥改造完成投资 1.29 亿元,站场建设完成投资 3.47 亿元。全市境内公路总里程达 11 512.04 公里,其中高速公路里程 309.78 公里。年内公路旅客周转量 88.52 亿人公里,货物周转量 148 亿吨公里。

全年邮政通讯业务收入 64.75 亿元,比上年增长 5.7%。其中,邮政业务收入 5.41 亿元,比上年下降 7.7%;电信业务收入 59.33 亿元,增长 7.1%。年末城乡固定电话用户 183.64 万户,下降 13.0%。其中住宅电话 99.30 万户,比上年末下降 26.6%;公用电话 22.32 万户,下降13.2%。移动电话普及率 190.2 部/百人,固定电话普及率 39.5 部/百人。年末移动电话用户达 701.18 万户,比上年末增长 32.9%。互联网宽带接入用户达 91.44 万户,比上年末增长 21.1%。年末行政村宽带覆盖率达到 100%。

2010 年,杭长客专、金温扩能改造项目稳步实施。甬金、诸永、台金高速公路全线开通,东永高速开工建设,金义快速路、虹戴公路建成通车,"十一五"新增高等级公路里程 866 公里。义乌机场航站楼扩建工程投入使用。构建了较为完善的防洪、灌溉、供水和水资源保障体系,九峰水库封孔蓄水,金兰水库完成除险加固。加快电力建设,变电容量实现翻番,浙能兰溪电厂并网发电。3G 网络和甬绍金衢成品油管道工程顺利推进。

3. 旅游业

2010 年全市共接待游客 2 945.41 万人次,比上年增长 22.3%;实现旅游收入 283.61 亿元,比上年增长 26.8%。其中接待国内旅游者 2 882.71 万人次,比上年增长 22.4%;实现国内旅游收入 258.01亿元,比上年增长 27.2%;接待入境旅游者 62.7 万人次,比上年增长 18.0%;实现旅游外汇收入 37 669.99 万美元,比上年增长 23.8%。

4. 金融、证券和保险业

2010 年末,全市金融机构本外币各项存款余额 3 986.99 亿元,增长 23.8%。其中: 本外币企事业单位存款余额 1 095.72 亿元,增长 24.7%;本外币储蓄存款余额 2 027.62 亿元,增长 18.0%。年末金融机构本外币各项贷款余额 3 096.47 亿元,增长 23.3%。其中短期贷款余额 2 213.84 亿元,增长24.6%;中长期贷款余额 812.21 亿元,增长 19.4%。本外币余额存贷比为 77.7%。

全市保险机构全年保费收入 79.21 亿元,比上年增长 31.5%。其中财产险保费收入 31.86 亿元,人身险保费收入 47.35 亿元,分别比上年增长 31.0% 和 31.8%。全年支付各类赔偿及给付 18.53 亿元,比上年下降 1.2%。其中财产险赔款及给付 13.40 亿元,比上年增长 4.2%;人身险赔款及给付5.1 亿元,比上年下降 15.0%。

5. 房地产业

2010 年全市房屋施工面积为 1 537.60 万平方米,比上年增长 20.5%。当年新开工面积 586.85 万平方米,比上年增长 15.4%;竣工面积 265.15 万平方米,下降 8.0%。全市商品房销售面积为 425.05万平方米,增长 1.2%;其中住宅销售面积 378.05 万平方米,下降 0.3%。

(五)对外经济

1. 对外贸易

2010 年全市完成进出口总额 131.99 亿美元,比上年增长 41.3%。其中出口总额 121.88 亿美元,比上年增长 41.8%,增幅高于全省 6.1 个百分点;进口总额 10.11 亿美元,比上年增长 35.7%,增幅高于全省 2.2 个百分点。出口有效主体增加。全年新增备案企业 1 205 家,累计获外贸经营权企业达 8 561家;全年有出口实绩企业 3 831 家,比上年净增 534 家;其中出口超 1 000 万美元企业 267 家,比上年净增 94 家。出口市场结构优化。与 206 个国家和地区建立了贸易关系,其中出口超 1 亿美元的国家和地区 34 个,增加 13 个。

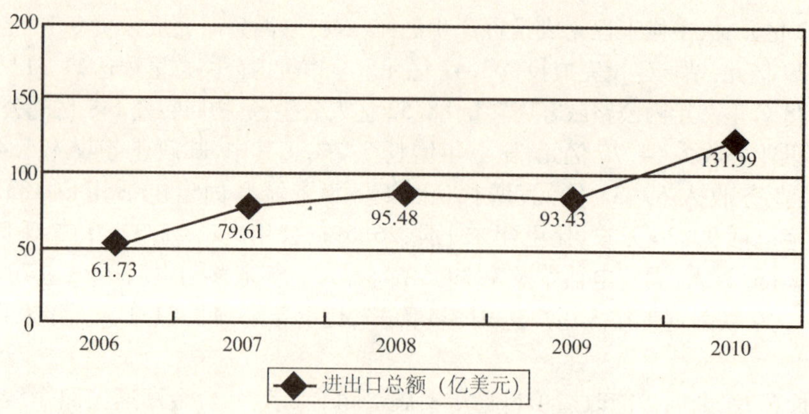

图3－257　2006－2010年金华市外贸进出口总额

2. 利用外资

金华市2010全年新批外商投资企业104家,比上年增长12.0%,合同利用外资60 174万美元,比上年增长14.1%,实际利用外资35 263万美元,比上年增长11.0%。工业利用外资继续占主导地位。全年新批工业制造业外资项目61个,合同利用外资占当年新批合同外资的62.7%,实到外资占全市总数的78%。外商投资大项目主体作用明显。全年新设立总投资1 000万美元以上项目36个,比上年增加17个,合计合同外资48 823万美元,占全市合同外资总数的81%。全年有32家外资企业发生增资,共增加合同外资15 027万美元,占当年全市合同利用外资总额的25%。

全年新批境外投资企业(机构)50家,境外投资总额首次突破1亿美元,达1.07亿美元,比上年增长88.3%;其中中方投资额9 793.87万美元,增长125%。外经营业额突破2亿美元,达2.04亿美元,其中对外承包工程营业额1.92亿美元,增长25.5%。境外营销网络建设初显成效。全年在美国、德国、英国、加拿大等12个国家和地区设立贸易窗口、商贸城及销售公司42个,占项目总数的84%。境外投资规模明显扩大。全市境外投资企业全年增资额达2 948万美元,占中方投资总额的30%。

全年在服务外包业务管理和统计系统中注册的企业共有101家,从业人员超万人;合同签约金额7731.84万美元,离岸执行金额5445.38万美元。

表3－57　2010年金华市县市实际使用外资

单位:万美元

县市	实际使用外资金额
金华市区	13 987
兰溪市	3 533
东阳市	4 498
义乌市	5 153
永康市	3 533
武义县	2 027
浦江县	2 018
磐安县	514

3. 对外合作

至2010年底,金华市积极开展产业招商,实际利用外资3.5亿美元、引进内资133亿元。启动金华现代服务业和义乌国际贸易综合配套改革试点。深化浙中商业购物中心建设,举办了两届浙中购物节,在省内外开设了一批“金华名品中心”。“十一五”累计引进外资22.8亿美元、内资463亿元,完成限额

以上工业投资1 300亿元，引进和实施了一批汽车、装备制造、新能源、新材料等方面的重大项目。

4. 民营经济

提升民营经济发展水平，民营企业从2005年的22.9万户增加到2010年的33.8万户。

二、金华市2010年社会发展概况

（一）人口、人民生活

2010年全市出生人口49084人，出生率10.55‰，人口自然增长率3.63‰。年末总人口466.65万人，其中市区93.19万人；非农业人口109.41万人，其中市区32.16万人。平均每户家庭人口2.57人。

2010年市区城市居民人均可支配收入为25 029元，比上年增长9.2%；市区城市居民人均消费支出17 386元，比上年增长9.7%。全市农村居民人均纯收入为10 201元，增长13.3%；农村居民人均生活消费支出7 695元，增长15.3%。年末市区城市居民人均现住房建筑面积34.38平方米，比上年增长0.9%；全市农村居民人均生活用房面积63.6平方米，比上年增长2.7%。

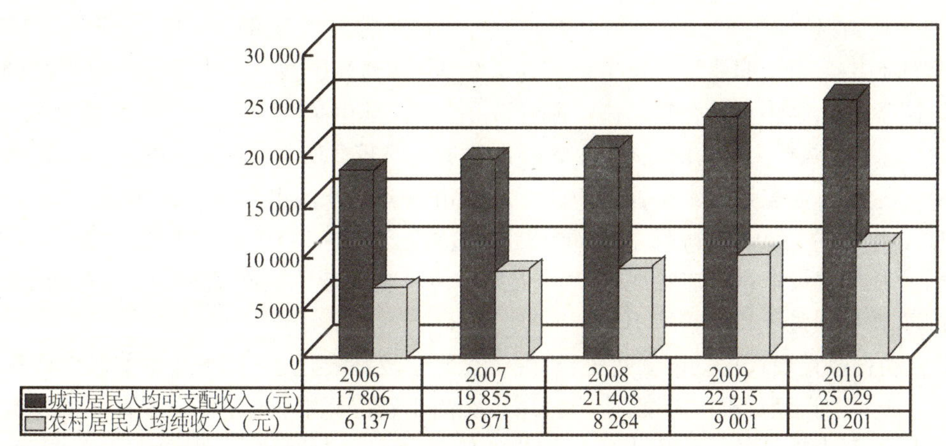

图3－258　　2006－2010年金华市城乡居民收入对比一览

（二）就业与社会保障

1. 就业

2010年，全市城镇新增就业67 954人，城镇失业人员实现再就业28 501人，农村劳动力转移就业57 149人，年末城镇登记失业率3.02%，低于4%的控制指标。

2. 社会保障

2010年全市拥有各类收养性社会福利单位96个，社会福利床位数14 417张，收养各类人员9 375人。全市共有低保对象6.55万人，发放最低生活保障金14 212.30万元。全市共筹集医疗救助资金4 189.90万元，实际救助27 907人次。全市发放救灾款1 040.90万元，救济灾民3.7万人次。农村五保对象集中供养率为99.31%，城镇"三无"对象集中供养率为99.07%。社区服务功能日趋完善，建立街道服务中心28个、社区服务中心（站）140个、社区服务网点5 840个，建立捐赠接收站（慈善超市）86个，建立避灾场所76个。全市共有享受抚恤优待的对象15 087人，发放抚恤金13 799.4万元，义务兵优待金3 857.58万元，困难补助经费332.92万元，自谋职业一次性补助金1 520.9万元，城镇退役义务兵自谋职业率达到99.48%。发行社会福利彩票4.66亿元（不含义乌）。

年末全市城镇职工养老保险参保人数103.96万人,职工医疗保险参保人数88.64万人,工伤保险参保人数110.99万人,失业保险参保人数54.48万人,生育保险参保人数43.83万人,城镇居民医疗保险参保人数48.49万人,被征地农民基本生活保障参保人数44.32万人。建立了城乡居民社会养老保险制度,全市参保人数达到171.58万人,参保率超过80%,其中60周岁以上享受养老金人数61.75万人,16-60周岁以下参保缴费人数109.8万人。

实施"五费合征"工作机制,2010年全市职工养老、医疗、失业、工伤、生育五大保险总参保人数达402万。连续6年提高企业退休人员养老金。构建覆盖城乡的新型社会救助体系,农村"五保"对象集中供养率达到99.3%。推进城镇困难群体住房保障工程,"十一五"累计建设经济适用房55万平方米,筹集廉租房保障资金3.36亿元,新增廉租房保障户4286户。

(三)教育和科学技术

1.教育事业

2010年全市拥有各级各类全日制学校767所,在校学生77.41万人。其中小学456所,在校学生36.85万人,小学入学率、巩固率均达到100%;初中181所,在校学生16.69万人,初中入学率、巩固率分别达到99.99%、100%。普通高中60所,在校学生9.14万人;职业高中42所,在校学生6.28万人;普通中专5所,在校学生5926人;初中毕业生升入高中段学校比例98.32%,升入优质高中比例80.04%。普通高中与中等职业学校招生比例为1:0.98,普通高中教育与中等职业教育协调发展。高等教育规模不断扩大,结构更趋合理。高等院校8所,在校学生7.67万人,其中普通高校 2所,在校学生3.03万人;高职院校4所,在校学生4.35万人;成人高校2所,在校学生2969人。高等教育毛入学率达到45%。普通高考上线录取率为97.8%。全市拥有幼儿园1604所,在园幼儿22.36万人,学前三年幼儿入园率98.65%。特殊教育学校7所,在校学生1451人。十五年教育普及率达到99.35%。教育强市建设取得标志性成果,9个县(市、区)全部成为省教育强县,所有的乡镇成为省、市教育强乡镇,教育强县人口覆盖率100%。

金华市启动省教育现代化县市创建工作,继续抓好学校标准化建设,实施学前教育改革与发展三年行动计划。加大教育经费投入力度,生均公用经费高于省定标准,促进城乡教育均衡发展。大力加强师德师风建设,努力提高教师队伍素质。加快实施教育重大发展项目,继续优化学校布局,进一步盘活教育资源。抓好上海财大浙江学院二期扩建、金华艺校搬迁、市特殊教育中心筹建、义乌工商学院扩建和永康卫校迁建等工作。加强金华职业技术学院建设,支持浙江师范大学发展。

2.科技与创新

全市新列市级以上科技项目780项,其中国家级86项,省级380项,市级303项。获2009年度省科学技术奖22项,评选2010年市科学技术奖69项、市科技合作奖2项。新培育创新型企业76家(其中横店联宜电机成为国家创新型试点企业),省级12家,市级16家;认定高新技术企业60家,其中国家级30家;认定省科技型中小企业30家。企业研发省级新产品276只,认定市高新技术产品88只。全市高新技术产业年产值实现607亿元、比"十五"期末增长1.79倍。金华省级高新技术产业园区11月份晋升为国家级经济技术园区。金利华、万里扬、金字火腿3家国家级高新技术企业成功上市。

新认定省级企业研究院1家,列入培育1家。新组建市级以上高新技术研发中心37家,其中省级7家;农业科技研发中心16家,其中省级7家。市高新园区国家级科创中心新入孵企业33家,毕业14家。中科院金华科技园新引进3家科研与服务机构。新培育市级以上农业科技企业36家,其中省级16家。全市各级科技特派员共实施科技开发项目151项,其中省级项目21项,建立各类科技示范基地43个,其中第三批13个市级科技特派员示范基地被认定挂牌,组织培训农民240余场次共计2.9万人次。

成功举办第11届工科会。应邀参会的有来自118家高校院所的专家教授411名，达成科技合作项目145项（含共建创新载体10个），合同投入金额5.04亿元，其中会上签约57项（含共建创新载体7个），合同投入金额2.61亿元。兰溪、东阳、义乌、永康等县市产学研合作工作取得新进展。

知识产权认识水平不断深化。“金华市汽车和零部件产业集群”被列为国家中小企业知识产权战略推进工程首批实施项目，义乌市启动国家知识产权示范市创建工作，永康市通过省级示范市创建验收，金华高新园区成为省级示范创建区，认定2010年市级知识产权试点乡镇（街道）5个。新培育市级以上专利示范企业39家，其中省级11家，入选省自主知识产权优势中小企业7家。全市年申请国家专利10252件，比上年增长7.3%，其中发明专利824件；获国家授权专利10 139件，比上年增长44.2%，其中发明专利270件；专利申请量、授权量首次突破万件，双创历史新高。专利维权执法工作有效开展，共受理案件32件，结案31件，结案率达97%。

全市新增浙江名牌产品31只、累计242只，新增加金华名牌产品56只、累计319只；中天建设集团有限公司获首届省政府质量奖，8家企业提名2010年度市长质量奖，企业名牌产品产值达12 24.6亿元，比上年增长26.7%。参与制修订国家或行业标准32个，重点产品采用国际标准采标率达87%，新增国家级服务业标准化试点项目1个、省级标准化技术委员会1个、块状产业标准化重点项目4个、农业标准化推广示范项目12个、农业标准化示范区面积6.48万亩、服务业标准化试点项目1个。产品监督抽查合格率93.2%，比上年提高2.2个百分点，食品监督抽查合格率94.7%，比上年提高0.3个百分点。特种设备定检率、登记率和操作人员持证上岗率达95%以上，计量器具强制检定39.41万台件。

（四）文化、卫生和体育

1. 文化事业

2010年末全市拥有艺术专业团体6个，群众艺术馆（文化馆）10个，公共图书馆10个，剧院9家。地市级广播电台1座、电视台1座，县级广播电视台7座。广播综合覆盖率和电视综合覆盖率达99.34%和99.56%。全市县城以上城区数字电视整体转换率达96.48%，数字电视用户达到35万多户。

2. 卫生事业

全市共有卫生机构351个（不含社区卫生服务站、村卫生室、诊所等，下同），其中医院、卫生院（含社区服务中心）257个，妇保院（所、站）10个，专科疾病防治院（所、站）6个；全市实际开放床位数16 435张，其中：医院和卫生院床位（含社区服务中心，不含妇保院）15 616张；全市卫生技术人员23 376人，其中执业医师和执业助理医师9 379人，注册护士8 154人；疾病预防控制机构10个，总人数575人；卫生监督检验机构10个，总人数341人。另有诊所、医务室、社区卫生服务站1 340个，卫技人员1 806人。参加新型农村合作医疗的人数共达278万人，平均参合率为93.55%。全市共有艾滋病初筛实验室52个、初筛中心实验室1个、确诊实验室1个。

2010年继续加强以全科医生为重点的医疗卫生队伍建设，切实提高医卫人员综合素质和服务水平。加强市、县两级综合性大医院和特色专科医院规划建设工作，继续推进金华中心医院、金华中医院、浙大医学院附属义乌医院、金西人民医院、兰溪人民医院、武义人民医院、磐安人民医院等工程建设。完善医疗纠纷调处机制，维护医患双方合法权益。

3. 体育事业

2010年，金华市成功申办第二届省体育大会。完成金华体育发展“十二五”规划编制工作。市体育中心建设进展顺利。到年底，基本完成体育场、体育馆、游泳馆“一场两馆”主体工程建设，游泳馆已举行结顶仪式。市体育馆完成综合训练楼建设。

圆满完成第十四届省运会和首届省体育大会参赛任务。第十四届省运会上,金华市共派出400多名运动员参加22大项400多个小项的角逐,获得47.5金24.5银35铜,总分榜列全省第7位,金牌榜列第8位。省首届体育大会上,金华市共派出600多名运动员参加44个项目的比赛,获得奖牌62.5枚、团体总分1084.5分,奖牌榜列全省第6位,总分榜列第7位。举办了第三届全国桥牌混双公开赛和第三届八婺杯篮球赛两项品牌赛事。全市夏季游泳场所开放安全有序,举办了水上救生员和游泳教员培训班,培(复)训救生员138名,游泳教员39名。

全年共争创省级体育强乡(镇)25个,省级城市体育先进街道3个,省级城市体育先进社区20个;省级青少年体育俱乐部6个,省社区体育俱乐部4个,省村级体育俱乐部25个。建成小康体育村450个。举办了第五届省大众跆拳道公开赛,83支代表队、2000多人前来参赛。体育社团工作进一步加强。市游泳协会、田径协会完成换届,成立了运动休闲协会。大力开展社会体育指导员培训工作,举办了空竹、救生员、棋类等二级社会体育指导员培训班和网球、篮球、乒乓球、羽毛球等二级裁判员培训班。组队参加了省里组织的足球、篮球、田径等10余个项目的选拔赛,举办了乒乓球、羽毛球、田径等10余项市级比赛。全年共有1人达到健将级运动员标准、3人达到一级运动员标准、98人达到二级运动员标准。培养一级裁判员15人。向省队输送了武术、田径、篮球等18名集训运动员。

体育彩票安全、有序发行。全年新增电彩网点46个、竞彩网点17家。全年全市共销售体育彩票3.996亿元,比上年增长13.7%,列全省第四位;提取体育彩票公益金3 300多万元。

(五)城乡建设

新型城市化加快推进,全市城市化水平从2005年的54.3%提高到2010年的58.5%。基础设施不断完善,实现了“县县通高速”目标,城际快速通道加快建设,市县间基本形成“一小时交通圈”,区域性铁路枢纽地位进一步强化。新农村建设成效明显,到2010年,累计完成村庄整治村4 103个、污水治理村2 782个,分别占行政村总数的85.3%和57.8%。

2010年金华市加快推进“美丽乡村”建设,继续抓好村庄整治工作,大力推进农村垃圾处理、污水治理、卫生改厕、农村绿化等项目建设,年内争取完成90%的行政村村庄整治建设任务。建立农村公共设施物业化管理制度,巩固村庄整治成果。加快农村住房改造建设,完成改造建设5万户、农村困难家庭危房改造2 800户。继续实施农村饮用水安全提升工程,新增受益人口10万。启动实施新一轮农村电网改造工程,争取创建“新农村电气化市”。启动市区农村数字电视整转工作。大力培育中心村,积极引导人口、资源适度集聚。大力推进农村社区建设,完成630个农村社区服务中心、36个乡镇社区服务中心建设。创新集体经济发展机制,壮大发展集体经济。深入实施“绿化婺州行动”,加快推进“森林金华”建设。加大对欠发达地区帮扶。支持欠发达地区交通、水利、能源等基础设施和防灾减灾能力建设。深入实施“低收入农户奔小康工程”,拓宽低收入农户增收渠道。推进“兴林富民”工程,建设省级现代林业主导产业示范区11个、现代林业精品园14个。完善山海协作机制,深化对欠发达地区的对口帮扶,支持金磐扶贫开发区扩容提升。大力支持少数民族地区经济社会发展。

(六)环境保护和生态建设

2010年全面完成新“811”环境污染整治三年行动,顺利完成“十一五”两项主要污染物减排任务,生态市建设全面推进。全市城市环境空气质量与去年持平,按二氧化硫(SO_2)、可吸入颗粒物(PM_{10})、二氧化氮(NO_2)三项指标的年日均值评价,金华市市区空气质量优良率达到95.5%,全市平均达到了89.9%。

全市地表水环境质量与去年相比略有好转,但部分河段污染仍然较为严重,全市7个主要河段,达到或优于Ⅲ类水质标准的断面占40.5%,满足功能要求的占37.8%;全市19个地表水交接断面,达到或优于Ⅲ类水质标准的断面占52.6%;9个出境断面,达到或优于Ⅲ类水质标准的断面占88.9%。

全市生态公益林建设面积为254.27千公顷，生态公益林达到优质林分面积158.93千公顷。全市森林覆盖率60.44%。全市共建成全国环境优美乡镇22个，省级生态乡镇60个，市级生态乡镇95个。全市共有沙金兰等26个规范化合格饮用水源保护区，其中8个县级以上集中式饮用水源保护区水质达标率100%。建成自然保护区4个，其中国家级自然保护区1个；森林公园13个，其中国家级森林公园2个。

(七)社会安全

2010年金华市深入推进"法治金华"、"平安金华"建设，加强社会治安综合治理。健全重大事项社会稳定风险评估机制，整合社会管理职能和服务资源，实现政府行政管理与基层群众自治有效衔接和良性互动，努力化解社会矛盾。推进村级组织规范化建设，提升农村依法治理水平。认真开展"六五"普法活动，增强全民法治意识。完善人民调解和信访工作机制，加大法律援助工作力度，推行农村法律顾问制度。提高流动人口服务管理水平。加强小区物业管理，积极推进社区建设。深入开展打击假冒伪劣商品专项行动，强化食品药品安全监管，严厉打击食品非法添加行为，切实保障群众饮食用药安全。强化通胀预期管理，努力保持重要消费品和服务价格基本稳定。完善防灾救灾工作体制，强化基层应急体系建设，提高灾害救助和应急管理水平。深入开展安全生产专项整治，完善隐患治理分级挂牌督办制度，切实预防和减少重特大事故发生。加强民族、宗教、侨务和对台工作，发挥工会、共青团、妇联等人民团体的桥梁纽带作用，重视老龄、红十字事业。贯彻军民融合式发展方针，支持驻金解放军和武警部队建设，切实做好国防动员和民兵预备役工作，推进人民防空体系建设，加强国家安全工作。切实抓好新一轮对口援疆工作。

三、金华市在长三角地区经济发展中的地位

2010年，金华市以"发展城市群、共建大金华"为主线，扎实推进"创业富民、创新强市"和"工业强市"战略，大力推进产业转型升级，加快推进城乡统筹发展，加大对民生事业的投入力度，确保了全年经济平稳较快增长，经济结构继续优化，社会事业持续发展，民生不断得到改善，较好地完成了年初确定的目标任务，达到了"十一五"规划目标的完美收官，在长三角地区经济发展中的地位得以保持，但需要有所改善，有所突破。

2006－2010年金华市地区生产总值在长三角所占比重分别为2.60%、2.59%、2.57%、2.44%和2.44%，前几年连续下降，其中2009年降速最大，比2008年下降0.13个百分点，为近年年来最大降幅。2010年有所好转，呈现出止跌上扬的良好势态，但上涨幅度不大，仅比上年增长了不到0.01个百分点。

2010年金华市地区生产总值在长三角地区25个市(苏浙两省24个地级市和上海市，下同)排名与上年保持一致，排名第16位，位置相对靠后，亟需有所改变。

2006－2010年金华市地方财政一般预算收入在长三角所占比重分别为1.78%、1.70%、1.70%、1.63%和1.63%，呈现"阶梯型"下行态势，累计降幅为0.15个百分点。2010年与上年几乎保持一致，未能止跌上扬，有待进一步提升。

2010年金华市地方财政一般预算收入在长三角地区25个市排名比上年下降两位，排名第17位，位置比较靠后，亟需有所突破，争取向中上游晋升。

2006－2010年金华市规模以上工业总产值在长三角所占比重分别为2.02%、2.01%、1.98%、1.92%和1.97%，已连续三年呈现下行态势的情况下，2010年力挽狂澜，止住下跌的势头，将累计跌幅缩小到0.05个百分点。

2010年金华市规模以上工业总产值在长三角地区25个市排名与上年保持一致，排名第18位，位置相对靠后，亟需大力扶植工业，争取有所突破。

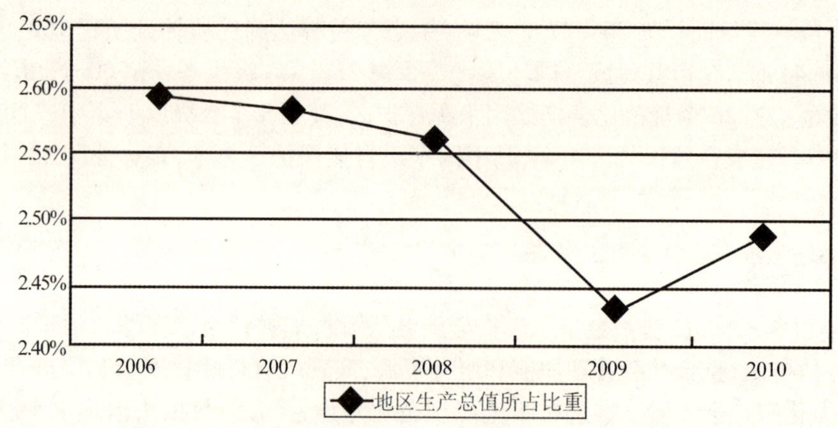

图 3-259　2006-2010 年金华市地区生产总值在长三角所占比重的变化趋势

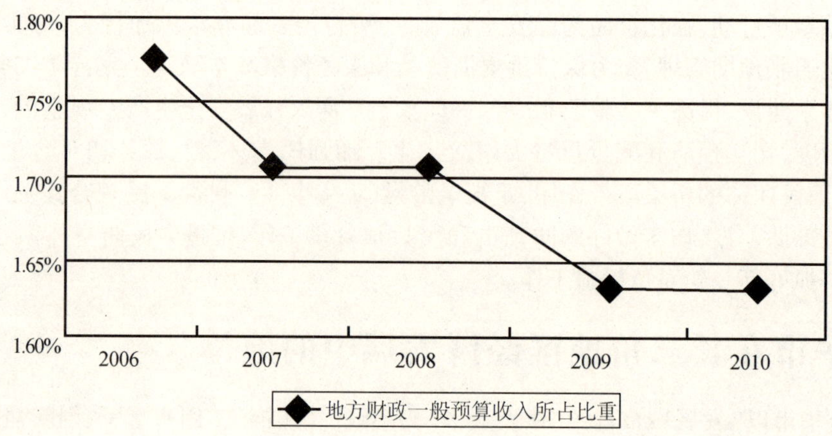

图 3-260　2006-2010 年金华市地方财政一般预算收入在长三角所占比重的变化趋势

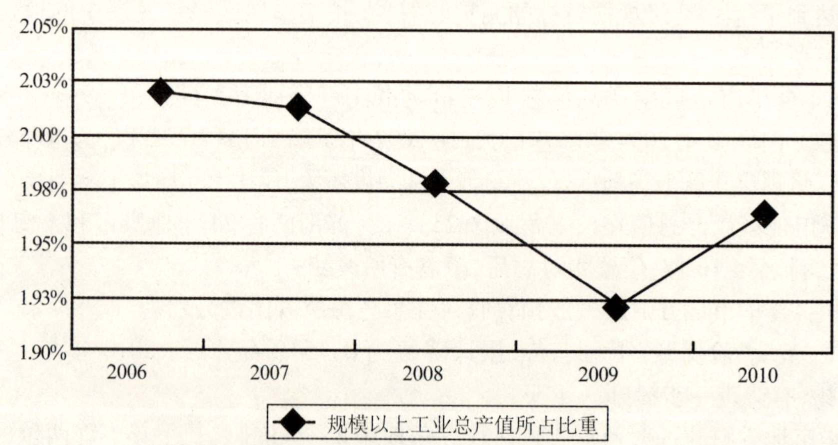

图 3-261　2006-2010 年金华市规模以上工业总产值在长三角所占比重的变化趋势

2006-2010 年金华市进出口总额在长三角所占比重分别为 1.03%、1.08%、1.15%、1.16% 和 1.21%,呈现逐年微幅增加的趋势,5 年累计增幅为 0.18 个百分点。2010 年较 2009 年涨速有所提升,增加了 0.05 个百分点。

2010 年金华市进出口总额在长三角地区 25 个市排名与上年保持一致,排名第 13 位,保持着相对领先的位置。

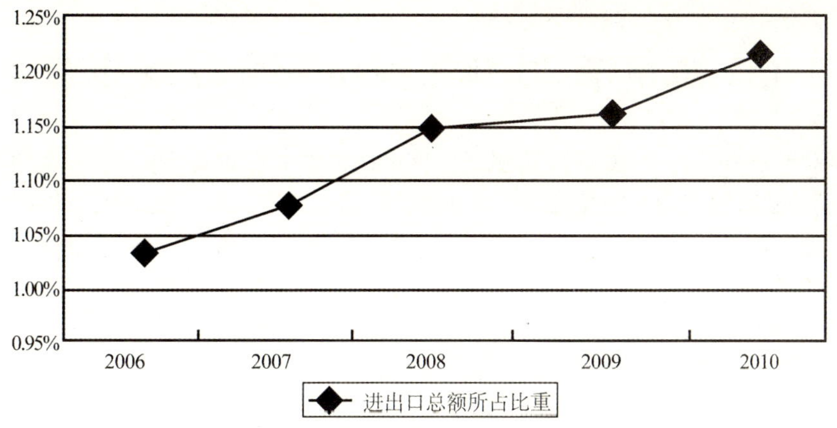

图 3－262　2006－2010 年金华市进出口总额在长三角所占比重的变化趋势

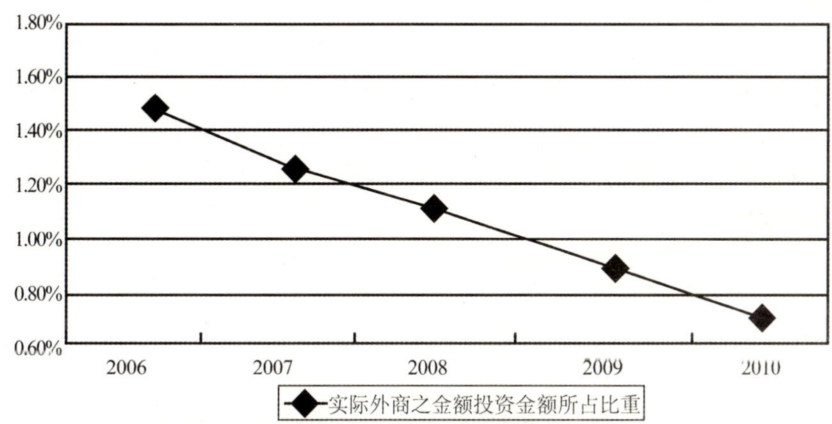

图 3－263　2006－2010 年金华市实际外商直接投资金额在长三角所占比重的变化趋势

2006－2010 年金华市实际外商直接投资金额在长三角所占比重分别为 1.53%、1.26%、1.13%、0.86%和 0.67%，呈现逐年下降的趋势，5 年累计降幅为 0.86 个百分点，其中 2010 年较上年下降了 0.19 个百分点，跌幅较大 2010 年金华市实际外商直接投资金额在长三角地区 25 个市排名与上年保持一致，排名第 19 位，位置相对靠后，亟需改变对外投资政策，仪器吸引更多的外商在华投资。

九 衢州市2010年经济社会发展报告

2010年,面对异常复杂多变的形势,衢州坚决贯彻执行中央和省委、省政府一系列重大决策部署,深入实施“两创”总战略和工业立市主战略,全力推进新型工业化、新型城市化和新农村建设,推动了经济平稳较快发展,结构调整和发展方式转变取得积极进展,民生继续改善,全面小康社会建设取得丰硕成果。

一、衢州市2010年度经济发展概况

(一)综合经济

1. 经济总量

2010年,全市生产总值752.78亿元,按可比价格计算,比上年增长13.3%。其中:第一产业增加值64.25亿元,增长4.0 %;第二产业增加值413.99亿元,增长16.0%;第三产业增加值274.54亿元,增长12.2%。在第三产业中:交通运输、仓储及邮政业增加值增长10.8%,批发和零售业增加值增长13.4%,住宿和餐饮业增加值增长14.7%,金融业增加值增长16.9%,房地产业增加值下降6.2%。三次产业增加值结构由上年的9.5: 52.8: 37.7调整为8.5: 55.0: 36.5。全市人均生产总值按户籍人口计算为30 045元,合4 438美元,比上年增长12.8%。

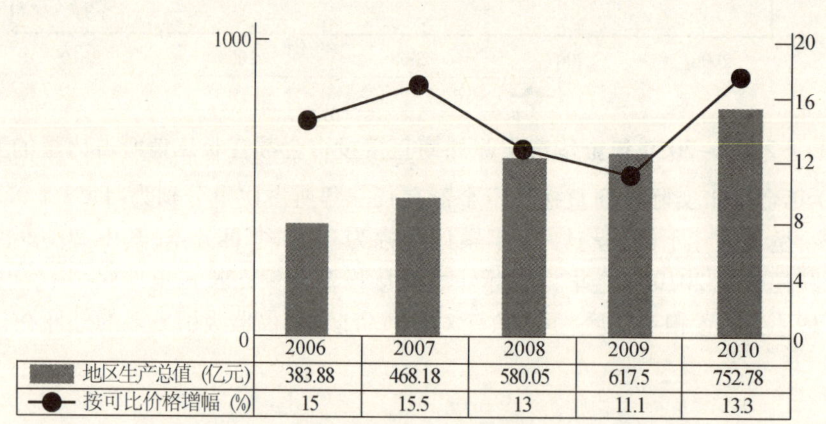

	2006	2007	2008	2009	2010
地区生产总值(亿元)	383.88	468.18	580.05	617.5	752.78
按可比价格增幅(%)	15	15.5	13	11.1	13.3

图3-264　2006-2010年衢州市地区生产总值及增长速度

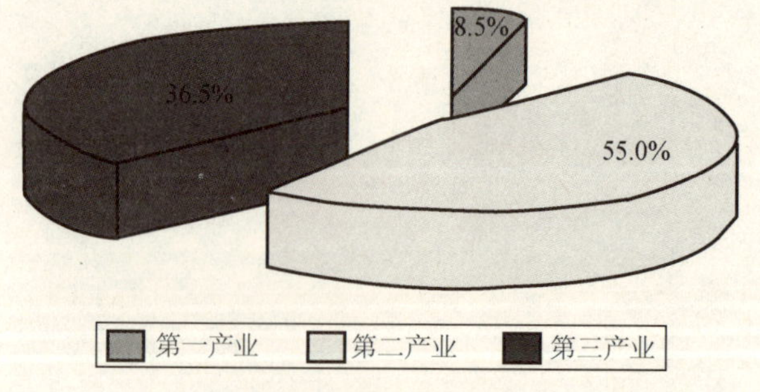

图3-265　2010年衢州市三次产业结构图

表 3-28　2010 年衢州市县市主要经济指标

县市	生产总值（亿元）	地方财政收入（亿元）	全社会固定资产投资（亿元）	出口总额（万美元）	社会消费品零售总额（亿元）
衢州市区	326.23	24.79	181.60	59 750	113.96
江山市	170.22	8.04	100.68	28 000	55.26
常山县	75.49	4.49	68.81	10 106	28.46
开化县	70.23	3.85	44.56	7 473	32.51
龙游县	118.27	5.81	86.15	15 132	60.64

2. 财政收支

2010 年，衢州市实现财政总收入 75.35 亿元，比上年增长 20.9%，其中地方财政收入 46.98 亿元，增长 24.1%。在地方财政收入中：实现税收收入 43.22 亿元，增长 27.0%，其中主体税种增值税、营业税和企业所得税分别增长 9.7%、33.7% 和 40.6%。全年财政支出 107.09 亿元，增长 11.8%。

3. 物价指数

2010 年，衢州市居民消费价格总水平同比上涨 4.2%。其中：食品价格上涨 9.4%，非食品价格上涨 2.0%；工业消费品价格上涨 2.4%，服务项目价格上涨 1.3%。1－12 月，衢州市居民消费价格持续在高位运行，11 月份在粮食、猪肉大幅上涨的推动下，居民消费价格指数创下了年内新高，指数攀至 105.9；全年月度间指数跌宕起伏，涨跌差高达 2.3 个百分点。八大类商品价格七涨一降，其中：食品价格同比上涨 9.4%，烟酒及用品类价格同比上涨 0.6%，衣着类价格同比上涨 0.2%，家庭设备用品及维修服务价格同比上涨 1.6%，医疗保健及个人用品类价格同比上涨 3.6%，交通和通信类价格同比上涨 1.3%，娱乐教育文化用品及服务类价格同比下降 0.3%，居住价格同比上涨 5.8%。

物价运行特点分析：

（1）食品类价格持续走高。 2010 年，衢州市食品类价格上涨 9.4%，拉动总水平上涨 2.8 个百分点，拉动率列首位。调查的 16 个中类食品中有 13 个上涨，涨价面高达 81.3%。在国家一系列扶持粮食生产及大幅度提高粮食最低收购价政策影响下，粮食价格自 2009 年 11 月份起出现持续攀升走势，今年累计攀升 13.5%，涨幅创近年来新高。异常天气影响鲜菜、鲜果价格大涨，鲜菜、鲜果价格分别上涨 22.8%、12.5%。捕捞成本和运输成本上升推动，水产品价格上涨较快，全年累计上涨 11.9%，其中：海水鱼价格上涨 15.4%，虾蟹类价格上涨 15.1%。

（2）工业消费品价格持续上涨。 2010 年工业消费品价格上涨 2.4%，从各月同比价格看，工业品消费价格自去年 12 月止跌回升以来，已连续 13 个月价格出现上涨。

药品、医疗器具及个人用品价格涨幅较大。 受上半年南方持续干旱影响，中药材价格涨幅较大，2010 年中药材价格累计上涨 31.5%，医疗器具及用品价格上涨 11.6%。受黄金价格大幅上涨影响，个人饰品价格上涨 7.3%，其中：首饰价格上涨 11.1%。

成品油、液化气、装修材料价格大幅上涨。 在国际原油价格持续上涨影响下的液化气、汽、柴油价格分别上涨 39.2%、15.0%、16.0%。受房地产持续热销影响，建材及装修材料价格上涨 6.8%，其中玻璃价格上涨 12.9%、木材价格上涨 12.1%、水泥价格上涨 8.4%。

（3）劳动力成本提高推动服务项目价格上涨。 在劳动力成本持续提高大环境下，服务项目价格上涨 1.3%，其中：家庭服务价格上涨 15.4%，清洗、加工维修服务、洗浴价格分别上涨 25.5%、6.9%、22.1%。受成品油价格上涨拉动的交通服务价格上涨明显，飞机票、出租车费分别上涨 10.3%、6.4%。受商品房价格大幅上涨拉动，私房房租价格上涨 13.1%。

至2010年底,衢州市工业品出厂价格增长7.6%,其中:重工业产品出厂价格增长10.3%,轻工业产品出厂价格增长3.2%。原材料、燃料、动力购进价格增长12.0%,其中:黑色金属材料类增长23.0%,有色金属类增长37.7%,化工原料类增长22.4%,燃料、动力类增长7.5%。其主要运行特点有以下四点:

(1)**工业品价格由跌转涨**。全市出厂价格由上年下跌6.8%转为上涨7.6%,原材料、燃料、动力购进价格由上年下跌8.6%转为上涨12.0%。

(2)**全年出厂价格呈现波浪式上行**。与2009年的价格水平相比,2010年全市工业品出厂价格由跌转涨,上涨明显,全年月同比指数都运行在上涨区间,其走势呈现"三段式"特征。1-4月加速上行,高开高走,逐月上扬;5-8月维持涨势,涨幅逐月小幅回落;9-11月继续上行,涨幅逐月扩大,11月涨幅达到全年最高,同比上涨10.4%,12月涨幅与11月略有回调,同比上涨10.1%。

(3)**上游产品出厂价格波动幅度大于下游**。

①.*从轻重工业品看*。轻工业产品价格逐月小幅上扬,走势较为平缓,全年上涨3.2%;重工业受采掘类、原料类产品价格剧烈变动的影响,其上涨阶段的幅度明显高于轻工业,且涨幅趋势与工业品价格月同比走势相似,全年上涨10.3%。

②.*从工业品用途看*。生活资料出厂价格稳步上升,涨幅逐月扩大,全年上涨1.4%。生产资料出厂价格上涨幅度大大超过生活资料,且涨幅有升有落,全年上涨9.1%

(4)**原材料、燃料、动力购进价格全年涨势明显**。2010年,全市工业企业购进原材料、燃料、动力价格上涨12.0%。全年先后经历了"强势开局-高位回调-重新走强-再度回落"四个阶段。从1月份同比上涨8.5%全年最低点强势开局,1-5月持续高位运行,5月份达到年内最高点同比上涨16.1%;6月份开始涨幅连续5个月回落,10月份同比涨幅为9.3%达到全年次低点;11月再度走强,同比上涨11.7%;进入12月份,涨幅二次回落,当月价格同比上涨9.9%,比上月回落1.8个百分点。

纵观全年,九大类中涨幅最明显的当数有色金属材料及电线类、黑色金属材料类和化工原料类,三者涨幅都超过20%,分别为37.7%、23.0%、22.4%。但具体原因又略有不同:有色金属材料及电线类主要由于危机后市场复苏需求增加、翘尾因素以及国际大宗商品价格走势的影响;黑色金属材料类则主要受国际铁矿石价格的上涨、市场复苏需求增加以及上年基价低的影响。化工原料类受国际市场价格走势以及原材料价格上涨的影响。

其次是木材及纸浆类、其它工业原料及半成品类,二者涨幅都超过10%,分别为15.2%、11.9%。

再次是纺织原料类、农副产品类和燃料动力类,三者涨幅分别为8.9%、8.7%和7.5%,其中燃料动力、纺织原料价格上涨,一是金融危机后市场需求增大,二是受国际市场价格的影响,农副产品类主要由于自然灾害频发导致的市场供需缺口加大,以及国际市场农副产品价格上涨的影响。

(4)固定资产投资

衢州市2010年全年全社会固定资产投资489.62亿元,比上年增长17.9%。其中限额以上固定资产投资454.71亿元,增长19.4%。

2010年,衢州市在限额以上固定资产投资中:第一产业投资11.17亿元,增长6.5%;第二产业投资254.62亿元,增长16.9%;第三产业投资188.92亿元,增长23.8%。

衢州市全年完成制造业投资240.5亿元,比上年增长18.5%。纺织业、饮料制造业、造纸业和医药制造业等12个行业的投资增长20%以上,有10类行业年投资额超10亿元,其中:金属制品业24.65亿元,增长157.3%;电气机械及器材制造业19.68亿元,增长8.2%;造纸及纸制品业22.45亿元,增长104.5%;木材加工业18.14亿元,增长6.4%;纺织业16.41亿元,增长40.2%。

全市基础设施投资98.54亿元,比上年增长3.6%。其中:水利、环境和公共设施管理投资46.46亿元,增长7.0%;交通运输、仓储和邮政业投资28.60亿元,下降3.6%;电力、燃气及水的生产供应业投资 12.09 亿元，下降 6.5%；教育设施投资 2.48 亿元，下降 1.6%；电信及信息传输业投资 3.46 亿元，增长 2.7%。全市组织实施重点项目 196 个，完成投资 159.73 亿元，其中：本年新开工项目 117 个，建成项目 121 个。

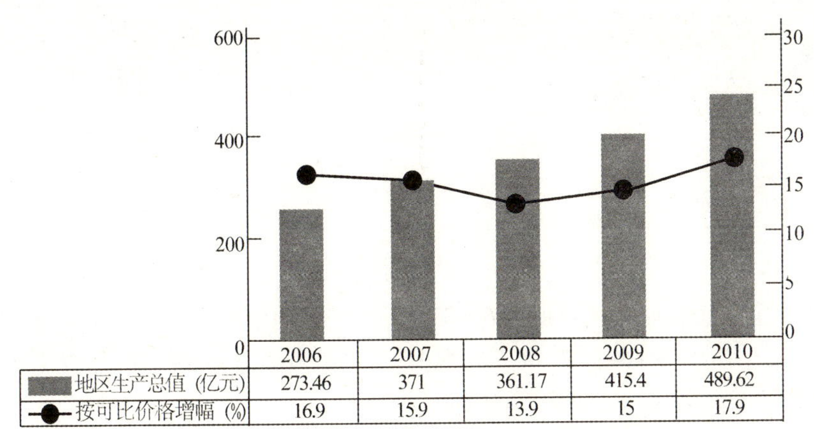

	2006	2007	2008	2009	2010
地区生产总值（亿元）	273.46	371	361.17	415.4	489.62
按可比价格增幅（%）	16.9	15.9	13.9	15	17.9

图 3－266　2006－2010 年衢州市全社会固定资产投资及增长幅度

（二）农业

2010 年，衢州市实现农林牧渔业总产值 109.23 亿元，比上年增长 8.0%。全年农作物播种面积 335.44 万亩，比上年增长 2.6%，其中：粮食播种面积 198.05 万亩，增长 1.9%；油料播种面积 57.11 万亩，增长 5.5%；蔬菜种植面积 50.44 万亩，增长 2.5%；果用瓜种植面积 7.91 万亩，增长 5.4%。

衢州市全年粮食总产量 76.15 万吨，比上年增加 0.05 万吨，增长 0.1%；油料产量 4.94 万吨，下降 18%，蔬菜产量 83.32 万吨，增长 3.1%，食用菌产量 19.55 万吨，下降 3.7%；果用瓜产量 14.95 万吨，下降 1.9%；茶叶产量 6 090 吨，下降 16%；水果产量 79.91 万吨，下降 11.2%，其中柑桔产量61.87 万吨，下降 14.6%。

全年肉类总产量 27.36 万吨，比上年增长 9.6%，其中猪肉 24.21　万吨，增长 9.5%。全年生猪出栏 440.15 万头，增长 3.3%；家禽出栏 2 508.57 万只，增长 8.9%；禽蛋产量 2.3 万吨，下降 7.9%；蜂蜜产量 1.46 万吨，下降 43%，蜂皇浆产量 395 吨，下降 30.6%；牛奶产量 2 823 吨，下降 5.1%。

（三）工业和建筑业

1. 工业增加值

2010 年年末，衢州市共有规模以上工业企业单位 1 488 家，比上年增加 222 家，其中：主营业务收入亿元以上的企业 186 家，比上年增加 38 家；大中型企业 76 家，比上年增加 5 家。

全年全部工业增加值 347.62 亿元，按可比价格计算比上年增长 16.7%。规模以上工业全年完成产值 1137.46 亿元，增长 38.5%，其中：重工业 837.38 亿元，增长 38.6%；轻工业 300.08 亿元，增长 38.3%。实现工业销售产值 1 110.52 亿元，增长 39.4%，产销率 97.63%，提高 0.66 个百分点。全年完成工业出口交货值 79.58 亿元，增长 42.3%。

在规模以上工业中：化工行业实现产值 234.66 亿元，比上年增长 46.0%；机械行业 265.40 亿元，增长 41.0%；建材行业 68.92 亿元，增长 28.9%；黑色金属冶压业 129.77 亿元，增长 29.7%；造纸行业 68.62 亿元，增长 45.0%；木材加工业 56.86 亿元，增长 48.5%；纺织业 45.14 亿元，增长 51.1%；电力行业 63.23 亿元，增长 24.6%。

全年规模以上工业企业实现利税 94.25 亿元，增长 46.0%，其中利润 65.99 亿元，增长 56.0%。列入省考核的十一项工业经济效益指数综合得分 317.79 分，比上年提高 42.46 分。

表3－59　2010年衢州市县市规模以上工业总产值

单位:亿元

县市	规模以上工业总产值
衢州市区	499.24
江山市	266.33
常山县	80.62
开化县	75.52
龙游县	165.41

2. 建筑业

衢州市2010年全年建筑业实现增加值66.37亿元,按可比价格计算比上年增长12.4%。全市建筑业企业294家,超亿元产值的企业73家。其中:具有一级资质企业19家,二级资质企业81家。全年建筑业实现总产值225.57亿元,增长72.9%。

(四)服务业

1. 国内贸易

2010年,社会消费品零售总额290.82亿元,比上年增长18.1%。分地域看:城镇市场实现消费品零售额250.25亿元,增长18.2%;乡村市场实现消费品零售额40.57亿元,增长17.2%。分行业看:批发业实现零售额42.74亿元,增长22%;零售业实现零售额216.95亿元,增长17.2%;住宿业实现零售额3.29亿元,增长20.2%;餐饮业实现零售额27.85亿元,增长18.7%。

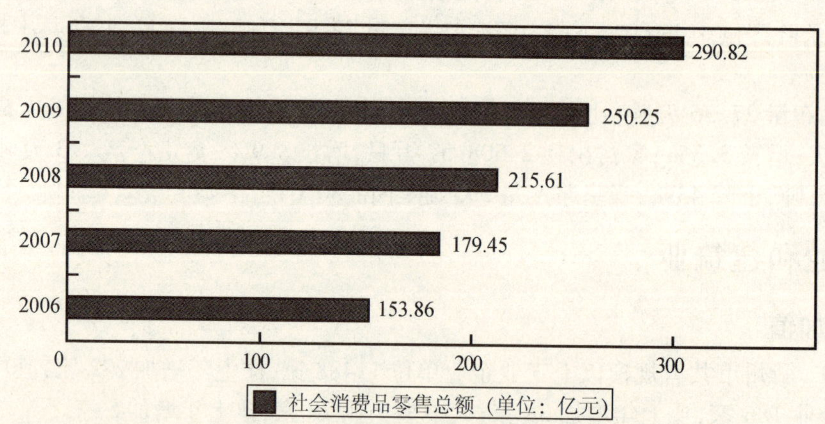

图3－267　2006－2010年衢州市社会消费品零售总额

衢州市限额以上批发零售业实现零售额60.46亿元,增长26.4%。其中:食品、饮料、烟酒类增长26%,服装鞋帽、针、纺织品类增长54.4%,日用品类增长6.3%,化妆品类增长30.8%,中西药品类增长14.4%,家用电器和音像制品类增长16.4%,汽车类增长32.6%。

2010年全市共有成交额超亿元的各类市场22个,摊位数8 036个,实现成交额215.76亿元,增长14.4%。成交额超十亿元市场有7家,与上年持平。

2. 交通运输、邮电及道路建设

2010年,全市完成交通运输和邮政业增加值30.74亿元,比上年增长10.8%。全年各种运输方式完成货物运输量9 112.41万吨,其中:铁路503.78万吨,公路8 603万吨,水运5.61万吨,民航

180.2 吨。全年各种运输方式完成旅客运输量 11 281.9 万人，其中：铁路 206.79 万人，公路 11 058 万人，水运 3.73 万人，民航 13.35 万人。

至 2010 年年末民用汽车拥有量 12.14 万辆，比上年增长 27.8%，其中：载客汽车 8.78 万辆，增长 37.4%；私人汽车 9.14 万辆，增长 23.3%。全市摩托车拥有量 25.16 万辆，增长 4.8%。

全年通信业务收入 12.07 亿元，比上年增长 2.3%。完成邮政特快业务 77.58 万件，增长 35.3%，其中国际邮政特快业务 1.23 万件，增长 17.1%。年末城乡固定电话用户 63.53 万户，比上年减少 4.55万户；年末移动电话用户 170.49 万户，增加 17.05 万户，电话普及率（含移动电话）93.15 部/百人，增加 4.5 部/百人，互联网用户 22.46 万户，增加 5.11 万户。

年末各类公路里程 7 484.38 公里，其中高速公路 318.11 公里，一级公路 282.97 公里，二级公路 653.43 公里，村道 3409.67 公里。

3. 旅游业

衢州市 2010 年全年接待国内旅游者 1 639.28 万人次，比上年增长 28.9%，国内旅游收入 91.56 亿元，增长 31.6%。全年入境的旅游者人数 9.88 万人次，增长 15.9%，在入境的旅游者中：外国人4.1 万人次，下降 6.1%；香港、澳门和台湾同胞 5.78 万人次，增长 51.4%。国际旅游外汇收入 5 122.66 万美元，增长 21.1%。全市拥有旅游星级宾馆饭店 45 家，客房总数 3 537 间，比上年下降 3.2%。

4. 金融、证券和保险业

至 2010 年年末，金融机构本外币存款余额 953.12 亿元，比上年末增长 26.2%，其中人民币存款余额 949.15 亿元，增长 26.4%。年末金融机构本外币贷款余额 788.22 亿元，增长 25.7%，其中人民币贷款余额 770.41 亿元，增长 24.9%。年末城乡居民本外币储蓄存款余额 431.29 亿元，增长 16.2%。

5 家证券机构全年证券交易量 1 391.66 亿元，比上年下降 8.8%；实现佣金收入 1.43 亿元，下降 44.3%；期末保证金余额 9.79 亿元，下降 14.5%；托管市值 73.96 亿元，增长 22.2%；实现利润 0.92 亿元，下降 55.3%；新开证券帐户 13 082 个，下降 2.9%。

年末共有保险机构 29 家，全年保费收入 22.23 亿元，增长 35.6%。其中：寿险保费收入 14.49 亿元，增长 36.3%；财产险保费收入 7.74 亿元，增长 34.2%。支付各类赔款 6 亿元，增长 69.8%，其中：寿险业务赔款 2.35 亿元，增长 774.5%；财产险赔款 3.65 亿元，增长 11.8%。

5. 房地产业

全市房地产开发投资 63.71 亿元，比上年增长 69.5%，其中住宅投资 52.57 亿元，增长 83.2%。房地产开发施工面积 538.7 万平方米，增长 3.9%；竣工面积 130.36 万平方米，下降 30.3%；销售面积 170.68 万平方米，下降 26.2%，其中：住宅销售 135.5 万平方米，下降 27.3%，商业营业用房 14.74 万平方米，下降 30.1%。商品房销售额 90.36 亿元，增长 5.1%，其中住宅销售额 74.01 亿元，增长 7.9%。

2010 年市区房地产运行情况分析如下：

（1）房地产开发情况

房地产开发投资额同比大幅增长，为近五年来最高。

全年市区累计完成房地产开发投资额 33.21 亿元，同比增长 96.39%，增幅居全省第一。其中住宅投资 28.08 亿元，同比增长 104.05%；商业营业用房投资 1.07 亿元，同比减少 10.11%。

房屋新开工面积同比增加，竣工面积同比减少。

全年市区房屋新开工面积为 98.48 万平方米，同比增加 21.95%，其中新开工住宅面积 82.69 万平方米，同比增加 23.38%。而全年市区房屋竣工面积为 59.70 万平方米，同比减少 40.66%，其中住宅竣工面积为 49.66 万平方米，同比减少 38.03%。

（2）房地产交易市场情况

商品房市场量缩价升。

Ⅰ市区商品房成交量波动频繁,年成交量同比下跌超三成。

Ⅱ市区商品房年成交均价同比大幅上涨。

今年市区房地产市场在开发成本、需求、通胀等多因素作用下,商品房成交价格一路上涨。市区商品房成交均价出现大幅上涨,原因比较复杂,或可以概括为以下三个方面:

一是土地因素。今年市区房地产用地市场十分活跃,开发商拿地热情高涨,每个地块均有多家开发商参加竞买,竞争激烈。

二是供求影响。2008 年 - 2009 年市区房地产投资额均为负增长,市区商品房开发量萎缩,在 2009 年房地产市场回暖后,市区商品房市场出现供不应求的局面,这种局面一直延续到今年 8 月份后才有所缓解。

三是通胀压力。据国家统计局数据显示,今年全国每月 PPI 同比增幅基本都在 5% 以上,这表明今年房地产开发的原材料价格已出现上涨,商品房建造成本增加。这三方面因素相互作用,促使今年市区商品房成交均价大幅上涨。

Ⅲ市区商品住宅供应量同比明显增加,供需矛盾有所缓和,供应结构渐趋合理。今年市区新增上市商品住宅 7 055 套,面积 71.24 万㎡,与 2009 年相比,供应套数增加 63.50%,供应面积增加 32.39%。而今年市区商品住房套数和面积供销比分别 1.3: 1、1.1: 1,对比 2009 年的1: 2.19和 1: 2.16的供小于求情况,市区今年商品住宅供需关系有了明显改善,供需矛盾有所缓和。

Ⅴ市区商业性房产重新受到关注。受调控影响,今年市区商品住宅成交量大跌,但商业用房成交量同比却出现了小幅增长。

市区二手房市场量缩价升。

市区二手房交易上半年跌宕起伏,下半年趋稳回暖,全年总量同比下跌。调控后,市区二手房市场运行较一手房市场稳定、活跃。

(3)土地供应情况

全年市区供应房地产住宅用地(含商住混合用地、出让拆迁安置房用地)19 宗,土地面积 515 406.9平方米(773.11 亩),土地出让成交总价款 271 656.4 万元,平均地价 351.38 万元/亩。其中市本级供应成交 5 宗,土地面积 185 749.2 平方米(278.62 亩),土地出让成交价款 97 150 万元,平均地价348.68万元/亩;西区供应成交 12 宗,土地面积 198 514.7 平方米(297.77 亩),土地出让成交价款 112 553 万元,平均地价 377.98 万元/亩;开发区供应成交 1 宗,土地面积 72 370 平方米(108.56 亩),土地出让成交价款 37 053.44 万元,平均地价 341.33 万元/亩;高新园区供应成交 1 宗,土地面积 58 773 平方米(88.16 亩),土地出让成交价款 24 900 万元,平均地价 282.44 万元/亩。

全年市区供应商业用地 34 宗,土地面积 29.0522 公顷,土地出让成交价款 3.6 亿元。

(4)房地产贷款和税收情况

今年市区房地产贷款(主要是个人贷款)呈现快速增长态势,但从 5 月份开始,增量环比开始下降,全年房地产贷款同比增幅出现回落。

从余额上看,全年全市房地产贷款合计 154.50 亿元,比年初新增 28.13 亿元,同比少增 3.12 亿元。其中,房地产开发贷款余额 31.47 亿元,新增 4.51 亿元;购房贷款余额 123.03 亿元,比年初新增 23.63 亿元,同比少增 9.69 亿元。

全年市区房地产税收 5.37 亿元,同比增长 58.52%。

(五)对外经济

1.对外贸易

2010 年,衢州市进出口总额 18.89 亿美元,比上年增长 59.6%。其中:出口 12.05 亿美元,增长

65.1%；进口6.85亿美元，增长50.8%。

全市有出口实绩的企业486家，比上年增加62家，其中当年新启动出口业务企业108家。出口额在1 000万美元以上的企业31家，增加11家。

全市出口排前三位的市场依次是：欧盟、美国、日本。对欧盟出口2.53亿美元，增长80.7%；对美国出口1.39亿美元，增长51.3%；对日本出口0.63亿美元，增长46%。对这三大主要市场出口额合计占全市出口总额的37.8%。

在主要商品出口中：机电产品出口2.93亿美元，增长108.6%；高新技术产品出口0.76亿美元，增长60%；化工医药产品出口3.95亿美元，增长96.4%；服装、纺织品出口1.82亿美元，增长55.8%；农产品及其加工产品1.41亿美元，增长66.6%。

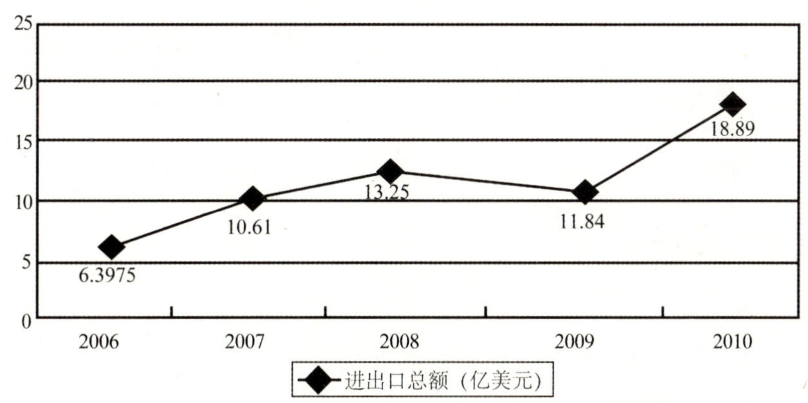

图3-268　2006-2010年衢州市外贸进出口总额

2. 利用外资

衢州市全年新批外商投资企业24家，比上年增加4家，总投资2.69亿美元，比上年下降15.4%；合同利用外资1.21亿美元，下降18.4%；实际利用外资0.62亿美元，下降2.2%。

表3-60　2010年衢州市县市实际使用外资

单位：万美元

县市	实际使用外资金额
衢州市区	3 033
江山市	1 100
常山县	412
开化县	414
龙游县	1 278

二、衢州市2010年社会发展概况

(一)人口、人民生活

至2010年年末衢州市户籍人口251.24万人，其中，男性人口129.73万人，女性人口121.51万人，分别占总人口的51.6%和48.4%。全年出生人口2.71万人，出生率为10.8‰；死亡人口1.82万人，死亡率为7.25‰；全年净增人口0.89万人，自然增长率为3.55‰。

市区城市居民人均可支配收入21 811元，比上年增长11.6%。全市农村居民人均纯收入8 270元，增长12.7%。

市区城市居民家庭恩格尔系数(即食品消费支出占消费总支出的比重)36.9%,比上年提高1.5个百分点。农村居民家庭恩格尔系数40.6%,提高0.5个百分点。市区城市居民人均住房建筑面积39.05平方米,农村居民人均住房面积55.79平方米。

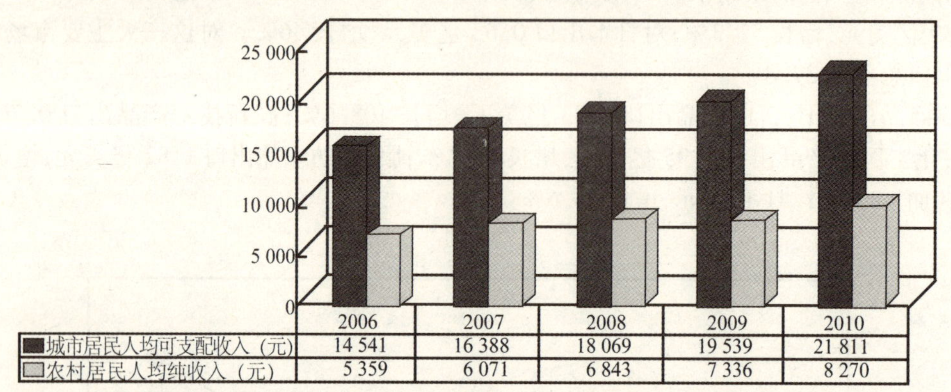

图3-269　2006-2010年衢州市城市居民收入对比一览

(二)就业与社会保障

1.就业

2010年,全市新增就业人数3.17万人,有1.36万城镇下岗失业人员实现再就业,年末城镇登记失业率为3.67%,比上年末下降0.03个百分点。

2.社会保障

至2010年末,参加城镇基本养老保险的人数42.78万人,比上年末增长12.5%,其中:企业参保人数38.12万人,增长14.2%;参加失业保险的人数17.39万人,增长6.1%;参加基本医疗保险的人数39.04万人,增长19.8%;参加工伤、生育保险的职工分别30.35和18.43万人,分别增长7.2%和14.2%。年末享受失业保险职工人数3273人,增长23.6%。

年末拥有各类收养性社会福利单位98个,床位11 690张,在院人数5 620人。农村五保人员集中供养率94.83%,城镇"三无"对象集中供养率99.59%。年末全市城镇居民和农村居民最低生活保障对象月人均补助标准分别为312和188元,已保人数分别为4 758人和5.37万人。

(三)教育和科学技术

1.教育事业

2010年,全市拥有普通高校2所,其中本科1所、专科1所,在校生10 213人。中等职业教育学校23所,在校生36 313人。普通高中24所,在校生43 723人。普通初中75所,在校生77 876人。小学212所,在校生14.83万人。特殊教育6所,在校生475人。全市拥有幼儿园889所,在园幼儿8万人。

全市学前教育入园率93.76%,小学入学率100%,初中入学率100%。初中毕业升高中段的比例96.14%。高中段毛入学率93.56%。15年教育普及率96.9%。高等教育毛入学率42%,"三残"儿童入学率99.51%。

全市有普通高校专任教师519人;普通高中专任教师2 962人,学历合格率98.48%;初中专任教师5 355人,学历合格率99.7%;小学专任教师7 822人,学历合格率99.87%;幼儿园专任教师3 643人,学历合格率93.16%;中等职业教育专任教师1 452人,学历合格率87.12%;特殊教育专任教师108人,学历合格率100%。

2. 科技与创新

2010 年底，衢州市拥有国家级高新技术企业 56 家，市级高新技术企业 76 家。全市拥有国有独立研究开发机构 11 个，企业技术开发机构 117 个。全年获得省以上科技进步奖 6 项，市级科技进步奖 40 项。当年专利申请受理 1 333 项，专利申请授权 1 296 项，其中发明 53 项。

至年末拥有产品质量检验机构 72 家，法定计量技术机构 5 个。全年强制检定计量器具 37348（件），其中：贸易结算用计量器具30 258件，安全防护用计量器具 5 569 件。全年检验特种设备6 236 台（件），其中：电梯 1 443 台，压力容器 2 520 台。

（四）文化、卫生和体育

1. 文化事业

2010 年年末共有各类艺术表演团体 16 个，其中专业 2 个。公共图书馆 7 个，面积 11 993 平方米，藏书量 1 204.5 千册。博物馆 3 个，面积 18 350 平方米。有县以上广播电台 6 座，广播综合人口覆盖率 96.85%。电视台 6 座，电视综合人口覆盖率 97.35%。全年城市影院观看电影观众 40.54 万人次，票房收入 1 040 万元。全市日均发行《衢州日报》6.03 万份，《衢州晚报》7.14 万份。年末共有综合档案馆 8 个，面积 17 512 平方米，馆藏档案全宗 1 044 个，共计 60.59 万卷、105 439 件。全年查阅档案、资料 12 230 人次，27 849 卷（件）次。

2. 卫生事业

2010 年年末共有卫生机构 703 家。共有病床床位 7 369 张。卫生技术人员 9 998 人，其中医生 4 490人。年末共有疾病控制中心 6 个，公共卫生人员 243 人。累计报告发生甲、乙类传染病 1.65 万例，发病率 657.78/10 万。孕产妇和 5 岁以下儿童死亡率分别 9.57‰和 8.57‰。新型农村合作医疗参保人数 176 万人，参保率 94.4%。农村安全饮用水普及率 97.85%，农村自来水受益率 70.55%，农村卫生厕所普及率 84.14%。

3. 体育事业

衢州市全年举办市、县运动会 91 次，参加人次 9.27 万人。在全国及全省各类体育比赛中，全市共获金牌 85 枚、银牌 79 枚、铜牌 101 枚。当年新增健身路径 68 条。

（五）城乡建设

2010 年年末全市城区面积 730.25 平方公里，其中建成区面积 106.74 平方公里，城区人口 65.22 万人（常住人口）。全年新增道路面积 61.6 万平方米。全市日供水能力 122.22 万立方米（含企业自备水），全年供水总量 15 608.78 万立方米（其中公共供水 7 401.78 万立方米）。全市用气人口 65.04 万人，燃气普及率 91.11%（按城区人口计算），其中：液化气用气人口 52.74 万人，人工煤气用气人口 4.3 万人，天然气用气人口 8.0 万人。全市共有污水处理厂 7 座（含企业），日处理能力 18.6 万立方米，城市污水处理率 75.65%。生活垃圾处理率 100%。全年新增园林绿地面积 100 公顷，建成区绿地率 37.53%，人均公园绿地面积 11.47 平方米（城区范围）。

衢州市 2010 年累计启动区域沿线村庄整治和农房改造建设 22 条，其中当年新启动 14 条。整治 286 个行政村，其中：新增村内主干道硬化里程 581.81 公里，新增卫生厕所农户 44 214 户，新增污水治理农户 44 250 户。全市农村垃圾集中收集处理覆盖率 87.8%。启动创建现代农业综合区 9 个，主导产业示范区 25 个，特色农业精品园 67 个。新增市级农家乐特色村（点）14 个，申报省级农家乐特色村（点）7 个，累计接待游客 470 多万人次，营业收入超过 3 亿元。全年累计培训农民 10.18 万人。

(六)环境保护和生态建设

2010 年,全市万元 GDP 综合能耗下降 2.6%,万元 GDP 耗电 1 335.39 千瓦时,降低 1.0%。

地表水环境功能区水质达标率 100%,出境水水质和集中式饮用水源地水质全部达标,县级以上城市空气质量全部达到二级标准,城市区域环境噪声控制在 55 分贝以下,符合功能区要求。巨化集团公司硫铵、丁酮圬生产线、龙游 3 家废纸造纸相继关停。列入今年减排计划的 78 个化学需氧量项目基本实施到位,削减量 966.58 吨,24 个重点二氧化硫减排项目均已完成,削减量 921.54 吨,全市化学需氧量削减 4.10%、二氧化硫削减 4.85%,全面完成"十一五"污染减排任务。

衢州市 2010 年获得"省级环境保护模范城市"称号,全市累计有 25 个乡镇获得全国环境优美乡镇命名,63 个乡镇获得省级生态乡镇称号。创建省级绿色企业 35 家,省级绿色饭店 10 家,省级绿色家庭 105 户,省级绿色学校 73 所,省级生态环境教育示范基地 6 个。累计建成生态公益林 311.04 万亩,全市森林覆盖率 71.5%。共建立各类自然保护小区 131 个,保护面积 143.4 平方公里。新增水土流失治理面积 82.72 平方公里、清水河建设 297.5 公里。完成绿色通道工程 91.2 公里,边坡复绿工程 0.86 万平方米,废弃矿山生态环境累计治理率 98.8%。全年新增绿色食品 9 个、无公害农产品 19 个。

(七)社会安全

衢州市全年自然灾害受灾人口 209.72 万人,因灾死亡人口 2 人,失踪人口 1 人,因灾伤病人口 135 人,倒塌房屋 2 734 间。农作物受灾面积 156.5 千公顷,其中绝收面积 35.77 千公顷。因灾害造成的直接经济损失 23.06 亿元,其中农业经济直接损失 10.98 亿元。

衢州市群众综合安全率 94.8%。全年共发生各类事故 1 133 起,死亡 291 人,受伤 1 040 人,直接经济损失 1 046 万元,分别比上年下降 3.7%、4.3%、2.2% 和 1.8%,其中:工矿商贸企业事故 33 起、死亡 35 人、直接经济损失 425 万元,分别下降 2.9%、持平、下降 4.5%;道路交通事故 1 035 起、死亡 245 人、直接经济损失 462 万元,分别下降 2.7%、8.6% 和 2%;火灾事故 65 起、死亡 11 人、直接经济损失 159 万元,分别下降 16.7%、增长 1000% 和 7.4%。

三、衢州市在长三角地区经济发展中的地位

2010 年,外界经济形势异常复杂多变,中央和省委、省政府进行了一系列重大决策部署,实施了"两创"总战略和工业立市主战略,衢州市按照上级政府的领导与安排,结合自身的特色,全力推进新型工业化、新型城市化和新农村建设,推动了经济平稳较快发展,结构调整和发展方式转变取得积极进展,民生继续改善,全面小康社会建设取得丰硕成果,但在长三角地区经济发展中的地位仍未有较大改善。

2006-2010 年衢州市地区生产总值在长三角所占比重分别为 0.81%、0.85%、0.89%、0.85% 和 0.88%,5 年变化幅度不大,除 2009 年微跌 0.05 个百分点外,其余各年均有小幅度增加,2010 年较上年增加了约 0.03 个百分点。

2010 年衢州市地区生产总值在长三角地区 25 个市(苏浙两省 24 个地级市和上海市,下同)中的排名与上年保持一致,排名第 23 位,位置较为靠后,亟需有所改变。

2006-2010 年衢州市地方财政一般预算收入在长三角所占比重 0.53%、0.48%、0.48%、0.47% 和 0.49%,呈现稳中有跌的态势,但跌幅不大,2010 年止跌上扬,较上年增加 0.02 个百分点。

2010 年衢州市地方财政一般预算收入在长三角地区 25 个市中的排名与上年保持一致,排名第 24 位,位置靠后,亟需有所突破。

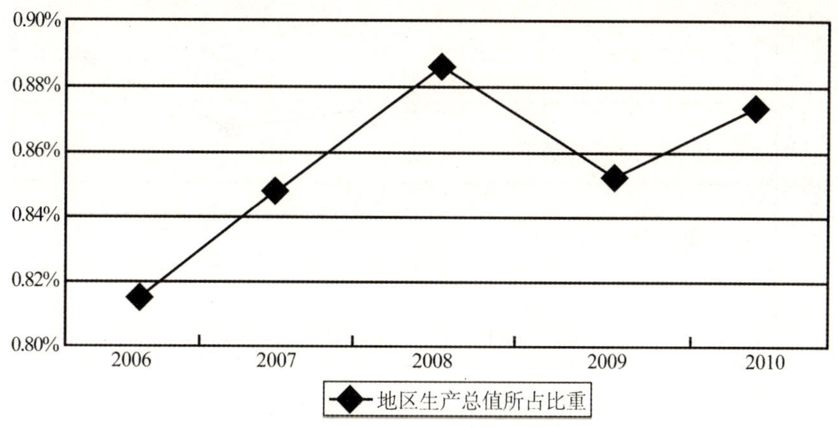

图 3－270 2006－2010 年衢州市地区生产总值在长三角所占比重的变化趋势

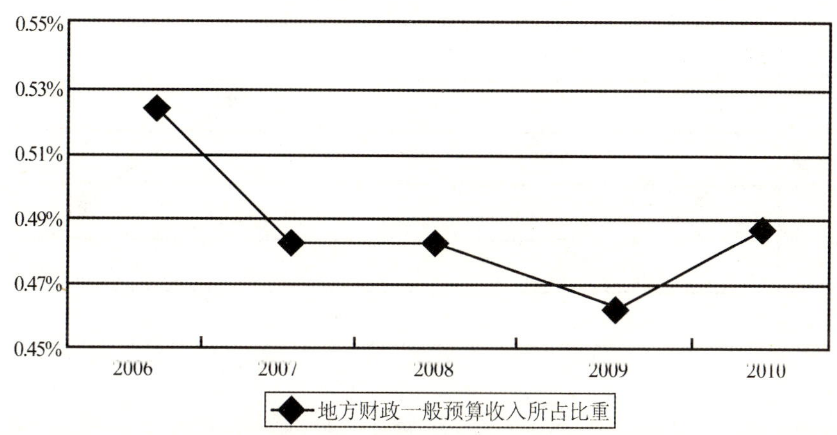

图 3－271 2006－2010 年衢州市地方财政一般预算收入在长三角所占比重的变化趋势

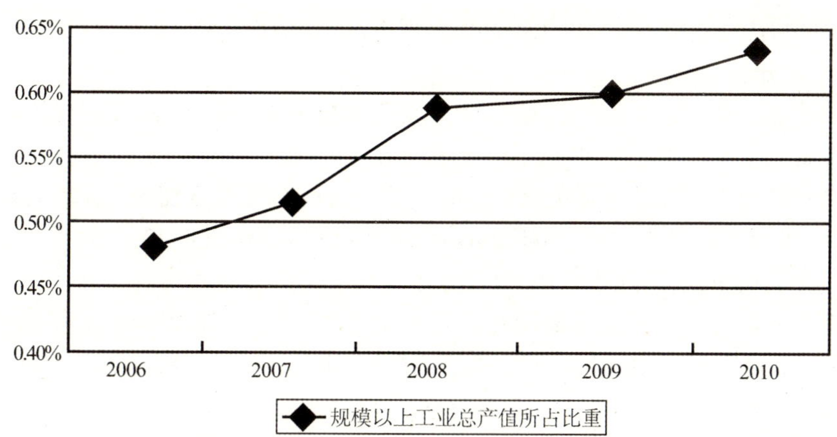

图 3－272 2006－2010 年衢州市规模以上工业总产值在长三角所占比重的变化趋势

2006－2010 年湖州市规模以上工业总产值所占比重分别为 0.48%、0.51%、0.59%、0.60% 和 0.63%，五年稳中有升，但升幅不大，累计增幅仅为 0.15 个百分点。2010 年较上年仅增加了 0.03 个百分点。

2010 年湖州市规模以上工业总产值在长三角地区 25 个市中的排名比上年下降一位，排名第 24 位，亟需有所改善。

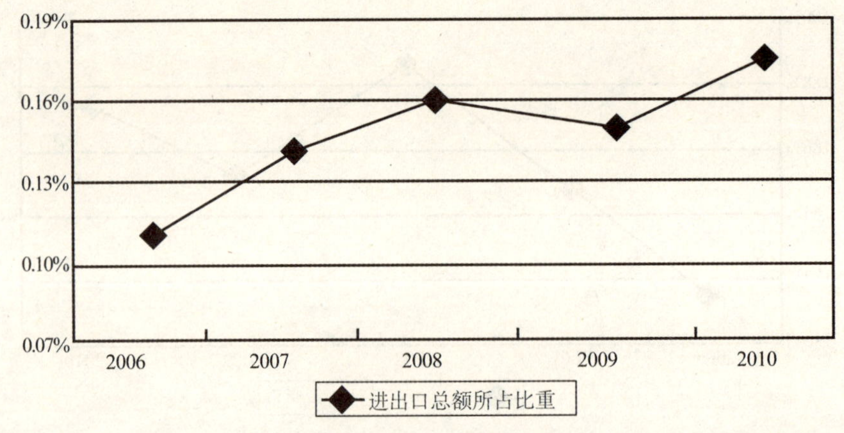

图 3－273　2006－2010 年衢州市进出口总额在长三角所占比重的变化趋势

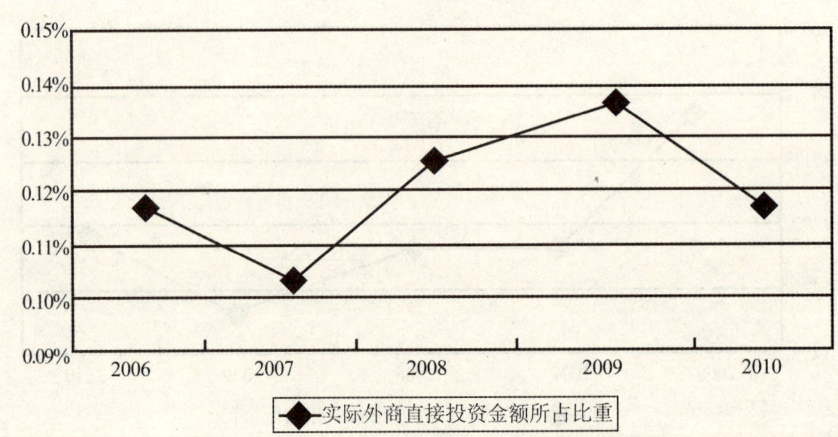

图 3－274　2006－2010 年衢州市实际外商直接投资金额在长三角所占比重的变化趋势

2006－2010 年衢州市进出口总额在长三角所占比重分别为 0.11%、0.14%、0.16%、0.15% 和 0.17%，五年间稳中有升，变幅不大，2009 年首次出现下跌，跌幅为 0.01 个百分点，2010 年止跌上扬，又上升了 0.02 个百分点。

2010 年湖州市进出口总额在长三角地区 25 个市中的排名与上年保持一致，排名第 23 位，位置靠后，需解放思想，积极发展对外贸易，彻底走出金融危机的影响。

2006－2010 年衢州市实际外商直接投资金额在长三角所占比重分别为 0.12%、0.10%、0.13%、0.14% 和 0.12%，呈现些许摆动，但变化幅度不大，基本都在 0.10 至 0.15 之间徘徊，很难有较大突破，2010 年较上年有所下跌，下降了 0.02 个百分点。

2010 年衢州市实际外商直接投资金额在长三角地区 25 个市中的排名与上年保持一致，排名第 24 位，位置靠后，需解放思想，积极开拓“走出去，引进来”的对外贸易路线，以期较大的提升外商直接投资额。

十 舟山市2010年经济社会发展报告

2010年，面对复杂多变的外部环境，舟山人民在市委、市政府的正确领导下，紧紧围绕“坚持科学发展、融入大桥时代”这一主题，牢牢把握主动权，统筹协调推进各项事业，全市经济继续保持平稳较快增长，社会发展水平不断提高，城乡居民生活不断改善。

一、舟山市2010年经济发展概况

(一)综合经济

1.经济总量

2010年，舟山市实现地区生产总值633.45亿元，按可比价计算，比上年增长11.1%，“十一五”期间年均增长14.3%。其中，第一产业增加值62.44亿元，第二产业增加值288.55亿元，第三产业增加值282.46亿元，分别比上年增长6.3%、11.4%和11.8%，“十一五”期间年均分别增长2.3%、18.4%和14.4%。三次产业结构比例从2005年的14.1∶39.7∶46.2调整为9.9∶45.5∶44.6。按户籍人口计算，人均生产总值65 458元(按年平均汇率折算为 9670美元)，比上年增长11.1%，“十一五”期间年均增长14.3%。

舟山市2010年全年海洋经济总产出1436亿元，按可比价计算，比上年增长13.7%，“十一五”期间年均增长16.8%；海洋经济增加值431亿元，比上年增长12.7%，“十一五”期间年均增长16.4%。海洋经济增加值占全市GDP的比重为68.0%，比上年提高0.9个百分点。

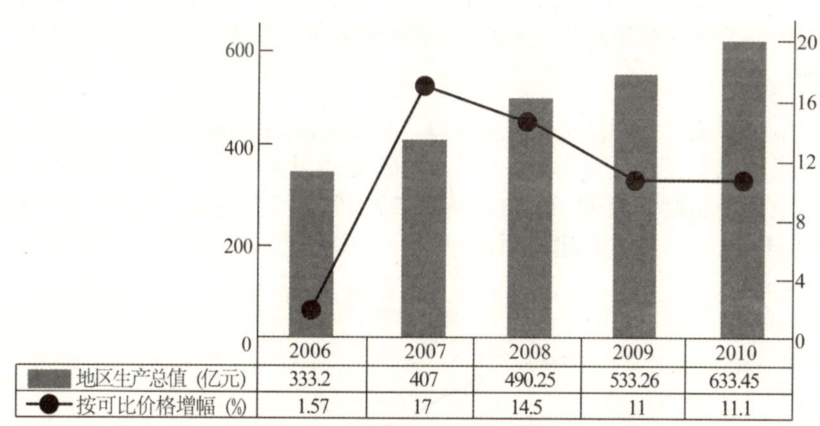

	2006	2007	2008	2009	2010
地区生产总值(亿元)	333.2	407	490.25	533.26	633.45
按可比价格增幅(%)	1.57	17	14.5	11	11.1

图3-275 2006-2010年舟山市地区生产总值及增长速度

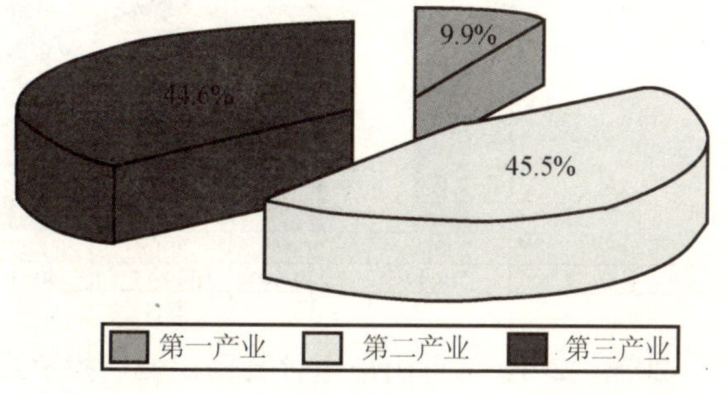

图3-276 2010年舟山市三次产业结构图

表 3-61　2010 年舟山市县市主要经济指标

县市	生产总值(亿元)	地方财政收入(亿元)	全社会固定资产投资(亿元)	出口总额(万美元)	社会消费品零售总额(亿元)
舟山市区	456.52	50.28	275.69	460 510	164.83
岱山县	128.08	6.76	57.91	211 906	32.94
嵊泗县	58.90	4.00	80.24	21 318	14.78

2. 财政收支

舟山市全年实现财政总收入 98.53 亿元,比上年增长 28.0%,"十一五"期间年均增长 28.1%。地方财政一般预算收入 61.04 亿元,比上年增长 25.1%,"十一五"期间年均增长 27.4%。其中,增值税、营业税、企业所得税分别为 6.87 亿元、22.87 亿元、7.57 亿元,分别比上年增长 27.0%、19.2%、48.3%。地方财政一般预算支出 105.03 亿元,比上年增长 26.9%,其中用于民生方面的文化体育与传媒增长 79.9%,城乡社区事务增长 51.5%,住房保障增长 49.0%,农林水事务增长 39.4%,社会保障和就业增长 18.4%,科学技术增长 15.8%,教育增长 14.8%,环境保护增长 14.3%。

3. 物价指数

2010 年舟山市全市居民消费价格比上年上涨 4.1%,其中,服务项目价格上涨 2.8%,消费品价格上涨 4.5%;商品零售价格上涨 4.3%;工业品出厂价格上涨 4.9%,其中水产加工品出厂价格上涨 6.4%;房屋销售价格上涨 12.4%,其中新建房价格上涨 16.6%,新建房中住宅价格上涨 17.4%。

2010 年,舟山市居民消费价格总水平上涨 4.1%。其中服务项目价格上涨 2.8%,消费品价格上涨 4.5%。从全年来看,价格涨幅呈逐季走高态势,与上年同期相比,1-4 季度舟山市居民消费价格分别上涨 2.9%、3.5%、4.2% 和 5.8%,其中 11 月份上涨 6.5%,为近 28 个月来新高。从八大类商品和服务项目来看,呈现"六涨一跌一持平"格局,其涨幅最大的是食品类和居住类,分别上涨 8.7% 和 5.6%,两者拉动价格总水平上升 3.5 个百分点。医疗保健和个人用品、烟酒及用品、衣着、交通和通信分别上涨 5.5%、0.7%、0.4% 和 0.2%。文教娱乐用品及服务持平,家庭设备用品及维修服务下降 0.3%。

4. 固定资产投资

2010 年,舟山市全年全社会固定资产投资 413.84 亿元,比上年增长 3.3%,"十一五"期间年均增长 25.0%。其中,限额以上投资项目投资额 402.72 亿元,比上年增长 3.6%;基础设施投资额 188.82 亿元,下降 4.8%;城乡个私投资额 99.00 亿元,增长 27.0%。全年计划总投资亿元以上新开工项目数 68 个,比上年增加 31 个;共安排重点建设项目 98 个,其中续建项目 66 个,新建项目 32 个,重点项目共完成投资 159.42 亿元。

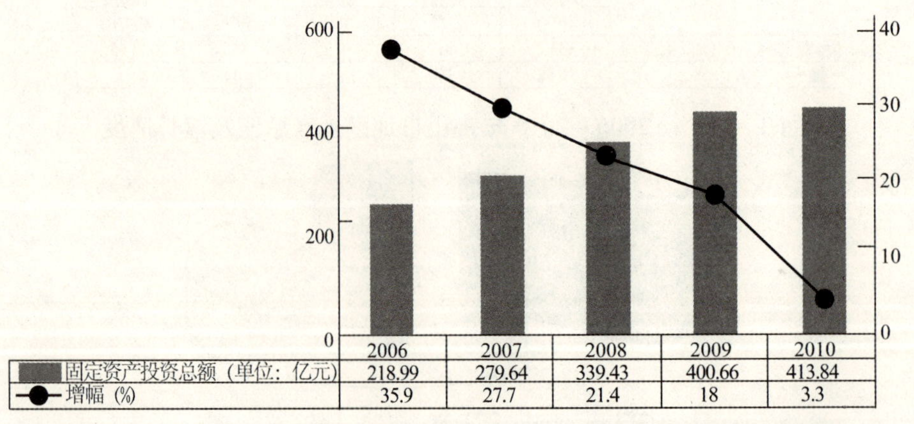

	2006	2007	2008	2009	2010
固定资产投资总额(单位:亿元)	218.99	279.64	339.43	400.66	413.84
增幅(%)	35.9	27.7	21.4	18	3.3

图 3-277　2006-2010 年舟山市全社会固定资产投资及增长幅度

从三次产业看，第一产业投资额2.08亿元，比上年增长102.2%；第二产业投资额151.68亿元，增长6.3%，其中工业投资额151.61亿元，增长6.4%；第三产业投资额260.08亿元，增长1.2%，其中交通运输仓储邮政业投资额123.96亿元，下降19.2%。

舟山市朱家尖大桥复线等一批项目进展顺利，浙江海洋学院迁建等65个项目开工建设，舟山液体化工品一期等39个项目竣工投用，全年完成固定资产投资413.8亿元

5.2010年舟山市固定资产投资运行主要特点分析

(1)基础设施投资继续下降，但降幅缩小，2010年，占全社会固定资产投资额比重45.6%的基础设施投资额比上年下降4.8%，主要原因是受洋山港三期、金塘大浦口集装箱码头工程、舟山老塘山港区五期工程等大项目投资额的减少影响，三个项目全年合计比上年减少18.6亿元，使占基础设施投资比重39.0%的水上交通运输业投资额下降明显，比上年下降25.6%，但基础设施投资降幅呈逐季缩小趋势。这主要得益于舟山市狠抓一批重大民生基础项目的落实和推进，一是加大对公路、客运(公交)中心、停车场等改善民生项目的建设力度，全年完成道路交通运输业投资23.5亿元，比上年增长20.3%；二是电力生产供应业完成投资22.7亿元，增长66.8%；三是水利、环境和公共设施管理业完成投资25.1亿元，增长42.3%。

(2)工业投资由降转升，结构继续优化，四季度以来，根据市委、市政府关于开展重点项目“百日攻坚”活动的总体要求，舟山市工业主管部门全力推进工业投资项目建设，有效扭转了前三季度工业投资持续下降趋势。2010年，全市完成工业投资151.6亿元，比上年增长6.4%。工业投资占全社会固定资产投资的比重为36.6%，比上年提高1个百分点。其中占比重53.2%的船舶修造业完成投资80.6亿元，比上年下降15.9%，前三季度同比下降25.9%，回落幅度有所收窄。

工业投资结构继续优化，技改投入继续增长。2010年，在限额以上工业投资中，符合产业发展政策方向的电器机械及器械制造业、通用设备制造业投资分别增长1.0倍、60.7%。化学原料及化学制品制造业、化纤制造业、非金属矿物制品业、水产品加工业和纺织业投资同比分别增长60.6%、1.3倍、1.5倍、45.7%和68.0%。2010年，限额以上工业技改项目投资67.3亿元，比上年增长16.1%，增幅比前三季度提高8.7个百分点，占限额以上工业投资的比重达44.8%，比上年提高3.2个百分点。在工业技改投资中，改建和内涵技术改造完成投资16.1亿元，增长1.1倍。

(3)相关服务业投资快速增长。近几年，市委、市政府把发展服务业作为舟山市新的经济增长点和结构调整的战略重点，有力地推进了舟山市相关服务业投资的快速增长。2010年，服务业中的批发零售和住宿餐饮业、租赁和商务服务业、教育、文化体育娱乐业投资分别比上年增长1.4倍、8.1倍、54.3%和1.1倍。相关服务业投资的较快增长为舟山市产业结构优化升级，人民生活水平提高，构建和谐社会起到了积极的推动作用。

(4)以民间资本为主的非国有投资继续领先于国有投资增长，在一系列有利因素的促进下，民间资本日趋活跃。2010年，非国有经济投资231.2亿元，比上年增长7.5%；国有经济投资182.6亿元，比上年下降1.5%。非国有经济投资中，民间投资完成投资额201.1亿元，增长9.4%。民间投资占全社会投资比重为48.6%，比上年提高2.7个百分点。

(5)亿元以上新开工项目个数增加，但规模缩小，建设进度缓慢，2010年，全市计划总投资亿元以上新开工项目数68个，比上年增加31个，平均每个项目计划总投资4.50亿元，比上年下降15.9%；平均每个项目完成投资额1.29亿元，比上年下降5.4%，建设进度缓慢，有待加快。

(6)政府投资资金来源趋紧，企事业单位投资意愿下降，从全年投资项目资金来源分析，2010年，国家预算内资金比上年下降47.4%，国内贷款下降13.4%，二者合计占全年资金来源比重比上年下降了7.6个百分点；自筹资金中的企事业单位自有资金下降16.4%。

(二)农业

舟山市2010年全年实现农林牧渔业总产值121.27亿元,比上年增长18.4%,“十一五”期间年均增长9.5%。其中,渔业总产值107.24亿元,比上年增长19.2%;农业总产值8.92亿元,增长15.4%;林业总产值0.23亿元,下降49.4%;牧业总产值4.69亿元,增长14.2%。

舟山市全年农作物总播种面积24.11千公顷,比上年下降8.4%,其中粮食作物播种面积11.07千公顷,下降11.6%。粮食产量5.24万吨,比上年下降11.7%;蔬菜产量16.12万吨,下降6.6%;水果产量8.59万吨,下降7.4%。

至2010年年末生猪存栏17.06万头,比上年末增长2.5%;家禽存栏102.27万只,增长1.1%。全年肉类总产量2.25万吨,比上年增长11.2%,其中猪肉产量1.91万吨,增长12.2%;禽蛋产量6 599吨,下降13.4%;牛奶产量571吨,增长25.2%。

舟山市全年水产品总产量131.12万吨,比上年增长5.9%,“十一五”期间年均增长1.1%。其中,远洋渔业产量12.18万吨,比上年增长16.8%;地方渔业产量127.67万吨,增长5.5%。全市海水养殖面积7813公顷,比上年下降2.1%,海水养殖产量13.42万吨,增长5.3%。

2010年全市有国家级无公害农产品36个、国家级无公害养殖水产品44个、国家级绿色食品18个。全市有省级无公害农产品产地46个,面积7 067公顷;省级无公害水产品基地41个,面积3 059公顷。

2010年末舟山市有机动渔船8 995艘,比上年末减少96艘,其中生产渔船7 866艘,减少53艘;辅助渔船1 129艘,减少43艘。渔船总吨位87.16万吨,比上年增长1.5%,其中生产渔船总吨位72.10万吨,增长0.6%;辅助渔船总吨位15.06万吨,增长6.1%。渔船总功率141.40万千瓦,比上年下降0.6%,其中生产渔船118.48万千瓦,下降0.9%;辅助渔船22.93万千瓦,增长1.2%。

(三)工业和建筑业

1.工业增加值

舟山市2010年全年实现工业总产值1 197.03亿元,比上年增长19.0%,“十一五”期间年均增长24.3%。全市工业销售产值1 156.13亿元,比上年增长22.8%;工业产销率96.6%,比上年提高3个百分点;工业出口交货值448.58亿元,增长31.0%。规模以上工业总产值989.14亿元,比上年增长27.1%,其中重工业总产值768.21亿元,增长29.3%;轻工业总产值220.93亿元,增长20.1%。全市临港工业总产值928.01亿元,比上年增长21.5%,对全市工业总产值增长的贡献率为86.1%;临港工业总产值占全部工业总产值比重为77.5%,比上年提高1.6个百分点。年末有工业总产值上亿元企业123家,比上年末增加17家,其中超百亿产值企业有2家;亿元企业完成工业总产值853.69亿元,比上年增长29.9%,占全部工业总产值的比重为71.3%。全市规模以上工业高新技术行业实现工业总产值143.11亿元,比上年增长36.4%,高出全市规模以上工业平均增幅9.3个百分点,对全市规模以上工业总产值增长的贡献率为18.1%。

表3-62 2010年舟山市县市工业总产值

单位:亿元

县市	规模以上工业总产值
舟山市区	706.72
岱山县	266.18
嵊泗县	6.16

舟山市全年规模以上工业经济效益考核综合得分320.80分，比上年提高46.03分。规模以上工业企业实现利税总额58.86亿元，比上年增长61.1%，其中利润总额45.87亿元，增长76.8%。规模以上工业新产品产值率26.0%，全员劳动生产率247258元/人。

舟山市全年盐田生产面积19.47千公顷，比上年下降10.5%。全年生产原盐7.87万吨，比上年下降37.5%；销售原盐11.76万吨，下降5.5%。

2. 建筑业

舟山市全年全社会建筑业增加值74.77亿元，按可比价计算，比上年增长3.1%。年末全市具有资质等级的总承包和专业承包建筑业企业118家，实现总产值133.79亿元，比上年增长29.0%；建筑施工面积1 231.72万平方米，增长32.8%，其中新开工面积604.47万平方米，增长52.6%；实现利润总额2.59亿元，增长55.1%。

（四）服务业

1. 国内贸易

舟山市2010全年社会消费品零售总额212.54亿元，比上年增长18.0%，扣除物价因素，实际增长13.1%。分行业看，批发业零售额14.93亿元，比上年增长11.8%，其中限额以上企业零售额3.88亿元，增长49.6%；零售业零售额165.58亿元，增长17.7%，其中限额以上企业零售额43.32亿元，增长25.5%；住宿业零售额8.01亿元，增长28.7%，其中限额以上企业零售额6.60亿元，增长30.4%；餐饮业零售额24.02亿元，增长20.5%，其中限额以上企业零售额3.42亿元，增长24.5%。全年批发零售业商品销售总额571.95亿元，比上年增长29.5%，住宿餐饮业营业额44.54亿元，增长30.3%。

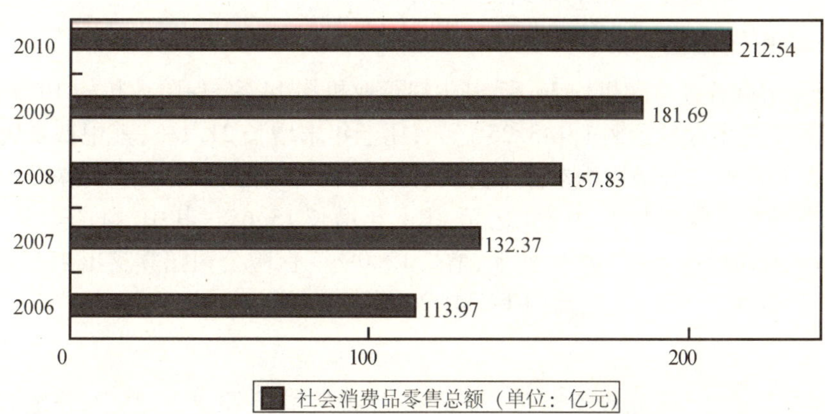

图3－278　2006－2010年舟山市社会消费品零售总额

舟山市2010年末全市有商品交易市场128个，其中消费品市场123个，生产资料市场5个。全年商品交易市场成交额159.90亿元，比上年增长18.3%，其中水产品类市场成交额67.59亿元，增长12.0%；船舶交易市场成交额43.94亿元，增长38.4%；船用商品交易市场成交额16.20亿元，增长8.0%。年末有亿元以上商品交易市场9家，全年实现成交额133.82亿元，比上年增长15.9%。

2. 交通运输、邮政通讯业

2010全年舟山市交通运输、仓储和邮政业实现增加值70.76亿元，按可比价计算，比上年增长16.2%。全年水、陆货运量13 830万吨，比上年增长13.5%；货运周转量1 291.70亿吨公里，增长28.4%。水、陆客运量15 073万人，比上年下降2.6%；客运周转量24.11亿人公里，下降1.7%。舟山普陀山机场全年共安全起降航班7 644架次，比上年增长19.1%；完成客运量35.7万人次，下降20.3%；货邮运量（不包括行李）377吨，下降13.2%。年末全市民用汽车拥有量6.05万辆，比上年末增长29.1%。

至2010年末全市有海运企业227家,比上年末增加17家,海上货物运输船舶1 719艘,其中万吨级以上船舶109艘,比上年增加29艘,运力195.76万载重吨,比上年增加51.41万载重吨。海运货运量9 571万吨,比上年增长18.6%;海运货物周转量1 206.85亿吨公里,增长31.0%。

全年舟山港域港口货物吞吐量22 084万吨,比上年增长14.4%,其中,外贸货物吞吐量7 401万吨,增长16.8%。从主要品种看,石油及天然气吞吐量4 503万吨,比上年增长6.8%;金属矿石吞吐量7 541万吨,增长16.7%;煤炭及制品吞吐量2 115万吨,增长47.0%。全年港口集装箱吞吐量14万TEU,比上年增长79.1%。年末全市有生产性泊位343个,比上年末增加7个,其中万吨以上深水泊位41个,比上年末增加7个。

2010年舟山市邮政通讯业务总量18.37亿元,比上年增长24.2%。年末全市固定电话(含小灵通)用户54.94万户,比上年末下降3.3%,移动电话用户128.94万户,增长19.4%,互联网宽带用户22.84万户,增长15.8%,邮路长度1316公里,下降1.2%。

3.旅游业

舟山市在2010年末全市有旅行社108家,其中国际旅行社1家。全市有星级宾馆61家,客房数4 512间,床位数8 414张。全年接待国内外游客共2 139.00万人次,比上年增长22.0%,其中接待国际游客25.68万人次,增长14.9%。从主要景区看,普陀山景区接待游客478.42万人次,比上年增长26.4%;朱家尖景区接待游客309.52万人次,增长39.8%;桃花岛景区接待游客136.13万人次,增长27.9%。全年实现旅游总收入142.04亿元,比上年增长21.9%;实现旅游外汇收入13 094万美元,增长15.1%。

旅游业加快发展,“印象普陀”成功首演,“南海观音宝岛慈航”等活动影响广泛,舟山市被列为国家旅游综合改革试点城市和海洋旅游标准化示范城市。

4.金融、证券和保险业

2010年末舟山市有各类金融机构36家,其中银行业机构14家,保险业机构19家,证券业机构3家。年末金融机构本外币存款余额1 143.25亿元,比上年末增长21.1%,其中城乡居民本外币储蓄410.80亿元,增长15.3%。金融机构本外币贷款余额1 017.72亿元,比上年末增长19.2%。

舟山市全年保险公司保费收入19.00亿元,比上年增长15.6%,其中,财产险保费收入8.08亿元,增长20.9%;人身险保费收入10.92亿元,增长12.0%。保险公司赔款支出4.52亿元,比上年下降2.1%;保险公司给付支出1.69亿元,下降34.8%。

5.房地产业

2010全年舟山市房地产开发投资额58.98亿元,比上年增长20.4%,其中,住宅、办公楼、商业营业用房投资额分别为39.23亿元、6.40亿元和7.15亿元,分别增长11.5%、74.2%和67.5%。全年全市商品房销售面积138.15万平方米,比上年下降14.4%;房屋竣工面积135.05万平方米,增长90.6%;商品房待售面积15.78万平方米,增长14.3%。

(五)对外经济

1.对外贸易

2010全年舟山市外贸进出口总额(含保税仓库货物)107.33亿美元,比上年增长52.8%,其中进口总额37.95亿美元,增长15.5%;出口总额69.37亿美元,增长85.5%。全年工业制成品出口额51.66亿美元,比上年增长100.1%,其中船舶出口额45.51亿美元,增长134.8%。加工贸易出口额44.82亿美元,比上年增长140.7%。

2010全年舟山口岸进出口货运量7 616万吨,比上年增长13.2%,其中进口货运量6 933万吨,

增长 11.0%；出口货运量 683 万吨，增长 41.1%。全市进出口货运总值 277.77 亿美元，比上年增长 36.8%，其中进口货运值 215.56 亿美元，增长 31.6%；出口货运值 62.21 亿美元，增长 58.3%。外轮修理 983 艘次，比上年增长 28.7%。经国家确认，年末舟山口岸对外开放陆海域面积 1 193 平方公里。

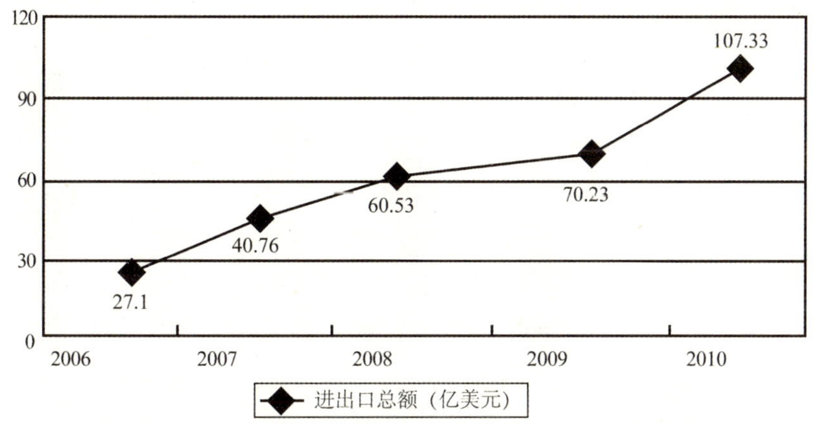

图 3－279　2006－2010 年舟山市外贸进出口总额

2. 利用外资

舟山市全年新批设立外商投资企业 5 家，增资项目 2 个，合同外资金额 3674 万美元，比上年下降 64.8%；实际使用外资金额 6 719 万美元，下降 36.6%。新注册市外境内企业 151 家，其中增资企业 25 家，合同利用市外境内资金 45.7 亿元，比上年增长 29.8%；实际利用市外内资 35.2 亿元，增长 15.8%。新批设立境外投资企业 6 家，增资项目 2 个，中方投资额 3 355 万美元，比上年增长 40.9%。全年境外承包工程、劳务合作营业额 3129 万美元，按同口径比较（即剔出外轮修理营业额），比上年增长 2.4%；外派劳务 1578 人次，下降 60.1%。

表 3－63　2010 年舟山市县市实际使用外资

单位：万美元

县市	实际使用外资金额
舟山市区	5 139
岱山县	1 031
嵊泗县	549

二、舟山市 2010 年社会发展概况

（一）人口、人民生活

2010 年末舟山市家庭总户数 36.72 万户，户籍人口 96.77 万人，其中非农业人口 36.46 万人。按性别分，男性 48.31 万人，女性 48.46 万人，男女性别比为 99.70：100（女性＝100）。全年出生人数 6 538人，死亡人数 7 707 人，人口自然增长率－1.21‰。

舟山市全年城镇居民人均可支配收入 26 242 元，比上年增长 9.0%，扣除价格因素实际增长 4.7%。城镇居民人均消费性支出 16 717 元，比上年增长 9.7%。全年渔农村居民人均纯收入 14 265 元，比上年增长 13.1%，扣除价格因素实际增长 8.6%，其中，渔村居民人均纯收入 14 576 元，增长

14.5%;农村居民人均纯收入14 144元,增长12.6%。渔农村居民人均生活消费支出10 270元,比上年增长11.4%。城镇居民恩格尔系数35.7%,比上年下降1.1个百分点;渔农村居民恩格尔系数39.6%,比上年提高0.1个百分点。年末城镇居民人均住房建筑面积31.72平方米,渔农村居民人均住房面积48.6平方米。

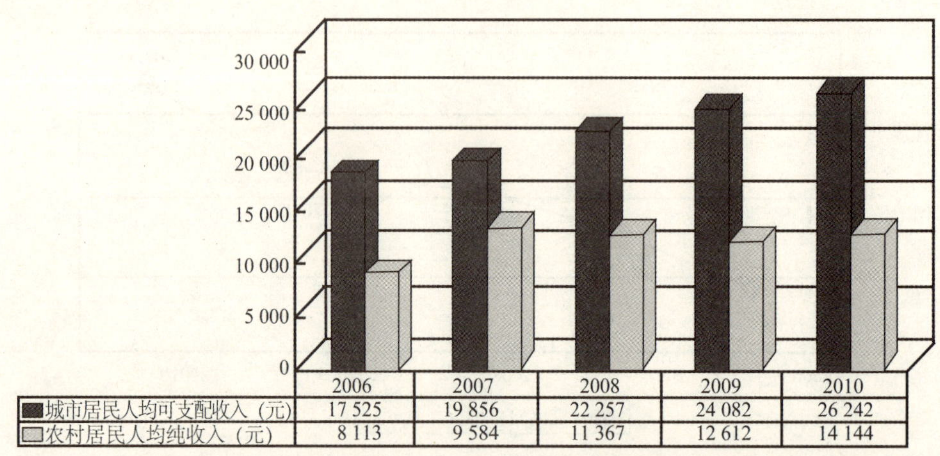

	2006	2007	2008	2009	2010
城市居民人均可支配收入(元)	17 525	19 856	22 257	24 082	26 242
农村居民人均纯收入(元)	8 113	9 584	11 367	12 612	14 144

图3-280　2006-2010年舟山市城乡居民收入对比一览

(二)就业与社会保障

1.就业

舟山市全年新增城镇就业人数1.09万人,城镇下岗失业人员中有6 019人实现了就业和再就业,城镇登记失业率为2.9%,比上年下降0.82个百分点。年末渔农村劳动力从业人员40.41万人,比上年末增加1.11万人,增长2.8%。其中,第一产业从业人员10.80万人,与上年持平;第二产业从业人员14.64万人,增长7.8%;第三产业从业人员14.97万人,增长0.4%。二、三产业从业人员比重为73.3%,比上年提高0.8个百分点。

2.社会保障

2010年末舟山市参加基本养老保险人数30.12万人,基本医疗保险参保人数29.59万人,失业保险参保人数16.53万人,工伤保险参保人数23.28万人,生育保险参保人数14.98万人。全市被征地农民参加养老保险人数13.42万人。年末新型渔农村合作医疗参加人数54.85万人,新型渔农村合作医疗参保率98.16%,人均筹资水平221元。

舟山市2010年末有敬老院32所,社会福利院8所,总床位3 252张。城镇“三无”对象集中供养率100%,渔农村“五保”老人集中供养率98.40%。城乡居民得到政府最低生活保障人数13 379人,其中城镇低保对象2 603人,渔农村低保对象10776人。城乡低保对象最低生活补助标准每月每人分别达到360元和220元,比上年分别增加40元和20元。

(三)教育和科学技术

1.教育事业

2010年末舟山市有普通高等院校3所,全年招生6 618人,毕业生6 810人,在校学生22 327人;成人高校1所,全年招生935人,毕业生1 020人,在校学生2 971人;中等职业学校7所,全年招生2 814人,毕业生3 419人,在校学生9 055人;普通高中16所,全年招生4 831人,在校学生14 609人;普通初中36所,全年招生7 729人,在校学生24 286人;普通小学61所,全年招生7 885人,在校

学生 47 201 人；幼儿园 113 所，全年招生 9 171 人，在园幼儿 25 256 人。全市 3—5 周岁幼儿入园率 99.30%，小学毕业生升学率 100%，初中升高中段比例 99.32%，高中段教育毛入学率 95.20%，高等教育毛入学率 57.91%。在各类学校就读的外来人口子女 14 383 人，其中公办学校 8 062 人；民办学校 6 321 人。年内原沈家门一小、二小、五小合并成沈家门一小。

2. 科技与创新

舟山市全年组织实施各类科技计划项目共 630 项，其中国家级 21 项，省级 189 项。申请专利 579 件，授权 376 件；其中申请发明 193 件，授权 33 件。新增高新技术企业 10 家，省级创新型试点、示范企业 2 家，省级科技型企业 9 家，省级农业科技企业 8 家，省级高新技术研发中心 3 家，省级农业科技企业研发中心 4 家。

至 2010 年末全市有浙江名牌 34 个，其中服务名牌 5 个；舟山名牌 26 个，其中工业名牌 15 个、农业名牌 7 个、服务名牌 4 个。年末止，全市共有各类注册商标 3 321 件，其中中国驰名商标 7 件，中国地理标志（包括证明、集体）商标 15 件，省著名商标 61 件，市著名商标 100 件。

（四）文化、卫生和体育

1. 文化事业

2010 年末舟山市有文化艺术表演团体 2 个，艺术表演场所 3 处，群众艺术馆 1 个，文化馆 4 个，文化站 43 个，公共图书馆 4 个，藏书 77 万册。年末全市有线电视用户数 23.64 万户，广播人口综合覆盖率 98.68%，电视人口综合覆盖率 98.67%。

2. 卫生事业

2010 年末舟山市有医疗卫生机构 407 个，其中医院、卫生院 74 个，医院、卫生院床位 4 059 张。卫生技术人员 6 169 人，其中执业医师 2 524 人，注册护士 2 132 人。全市有社区卫生服务中心 43 个，社区卫生服务站 176 个，城乡社区卫生服务人口覆盖率 100%。全年累计报告传染病 6 343 例，报告发病率每 10 万人为 565.18 人。全市免费婚检率 89.27%，流动人口孕产妇住院分娩率 99.34%，计划生育率 98.56%。

3. 体育事业

2010 全年舟山市共举办现代体育项目活动（规模为参加人数百人以上，下同）39 次，参加活动人数 10 069 人次，举办民间传统体育活动 188 次，参加活动人数 13.24 万人次。新建全民健身路径 201 条，新建各类体育健身场所 375 个。

（五）城乡建设

舟山市全年城市维护建设资金支出 18.91 亿元，比上年增长 28.8%。年末全市建成区面积 61.78 平方公里，实有城市道路面积 665.7 万平方米，建成区绿化覆盖率 40.22%，绿地率 35.40%，城市人均公园绿地面积 15.45 平方米，城市污水处理率为 74.8%，城市生活垃圾无害化处理率 100%。全年城区排水管道长度 834 公里，供水总量 5 283.78 万立方米，液化石油气供气总量 3.46 万吨，天然气供气总量 1 675.68 万立方米。

2010 全年舟山市财政内用于“三农（渔）”支出 24.64 亿元，比上年增长 24.6%。新评定渔农村小康社区 40 个，其中新创建 32 个，晋级 8 个。完成村庄整治 82 个、污水治理村 29 个。新建村内硬化道路 143.6 千米，安装路灯 1 237 盏；完成村内河沟池塘整治面积 17.08 万平方米；新增垃圾箱 2 983 个、垃圾集中收集房 152 座、垃圾清运工具 159 辆、公共厕所 63 座；新建生活污水处理池 3.8 万立方米，新增开展污水处理农户 2.88 万户，新增卫生改厕农户 1.38 万户，新增安全饮用水人口 2.16 万人。

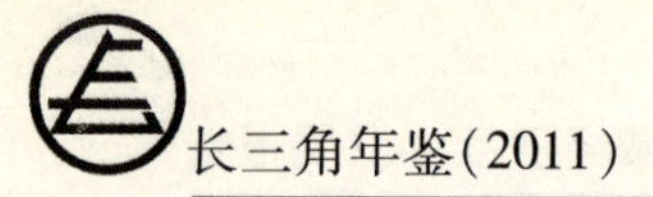

渔农村改水受益率达到98.52%,其中自来水受益率93.81%。渔农村卫生厕所普及率90.91%,无害化处理率75.44%。

全年实施渔农村住房改造建设9 327户,其中完成渔农村困难群众住房救助471户。按改造类型分,改造危旧房4 611户,新建1 946户,拆迁安置2 770户。完成经济适用住房投资2.17亿元,竣工面积5.12万平方米。年末止,累计享受廉租住房保障家庭1 363户。

(六)环境保护和生态建设

2010年舟山市全社会用电量41.08亿千瓦时,比上年增长17.8%。其中,工业用电25.31亿千瓦时,增长15.9%;城乡居民生活用电5.84亿千瓦时,增长14.7%。

全市城市集中式饮用水源水质达标率100%,水环境功能区水质达标率86.36%。区域环境噪声平均等效声级53.2分贝,烟尘控制区总面积45.71平方公里。年末优质林建成面积累计51.5万亩。

全市达到国家一、二类海水水质标准的海域面积占10.5%,三类海水海域面积占10.5%,四类和劣四类海水海域面积占79.0%。全年舟山海域共发生赤潮14次,累计赤潮面积2 890平方公里。

(七)社会安全

2010全年舟山市共发生各类生产安全事故462起,比上年减少13起,各类生产安全事故死亡(失踪)128人,比上年下降0.78%,亿元GDP生产安全事故死亡率0.20,比上年降低0.04。各类生产安全事故直接经济损失1 380万元,下降5.3%。全年共发生交通事故334起,死亡人数48人,交通事故直接损失额114.28万元。全年共发生火灾事故44起,损失额166.75万元。

舟山市2010年加强危化品、修造船和渔业等重点领域安全监管,做好跨海大桥、校园安全管理工作,开展打击偷盗电瓶车专项行动,圆满完成了世博安保任务,社会总体保持和谐稳定。

三、舟山市在长三角地区经济发展中的地位

2009年,舟山市上下努力克服国际金融危机带来的不利影响,经济企稳回升趋势逐步显现,全市经济总体上保持平稳较快发展,年初提出的计划目标任务多数完成。工业经济持续向好,消费拉动加强,投资仍保持一定增长,进出口在疲软环境下还有两位数增长,财政收入增长逐步加速,居民收入稳步增长,存贷款余额不断创新高。但经济运行中各种不确定因素还较多,发展动力还需增强。

2006－2010舟山市地区生产总值在长三角地区占比分别为0.70%、0.72%、0.75%和0.74%和0.75%,在连续稳定增长之后,2009年出现微幅下跌,2010年又止跌上扬,恢复至跌前水平。

2010年舟山市地区生产总值在长三角地区25个市(苏浙两省24个地级市和上海市,下同)排名与上年保持一致,排名第25位,为最后一名,有待有所突破。

2006－2010舟山市地方财政一般预算收入在长三角地区占比分别为0.53%、0.58%、0.61%、0.61%和0.64%,走势与地区生产总值占比基本一致,在连续几年的稳定增长之后,2009年出现微幅下跌,2010年止跌上扬,保持了较大的增速,较上年增加了0.03个百分点。

2010年舟山市地方财政一般预算收入在长三角地区25个市的排名与上年保持一致,排名第23位,位置非常靠后,仍需要进一步的努力。

2006－2010年舟山市规模以上工业总产值在长三角地区占比分别为0.40%、0.44%、0.52%和0.57%和0.56%,前几年持续保持上升的态势,2010年有些许下滑,较上年下跌了0.01个百分点,使得近5年累计增长占比缩小到0.16个百分点。

2010年舟山市地方规模以上工业总产值在长三角地区25个市的排名与上年保持一致,排名第25位,为最后一名,期待能有所改善。

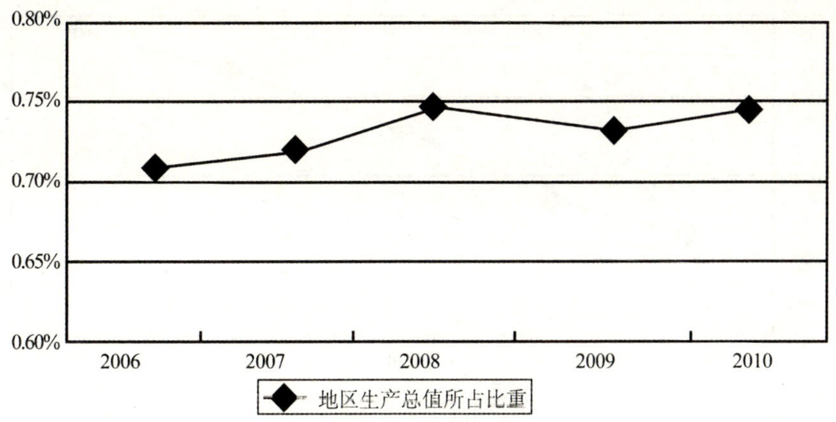

图 3－281　2006－2010 年舟山市地区生产总值在长三角所占比重的变化趋势

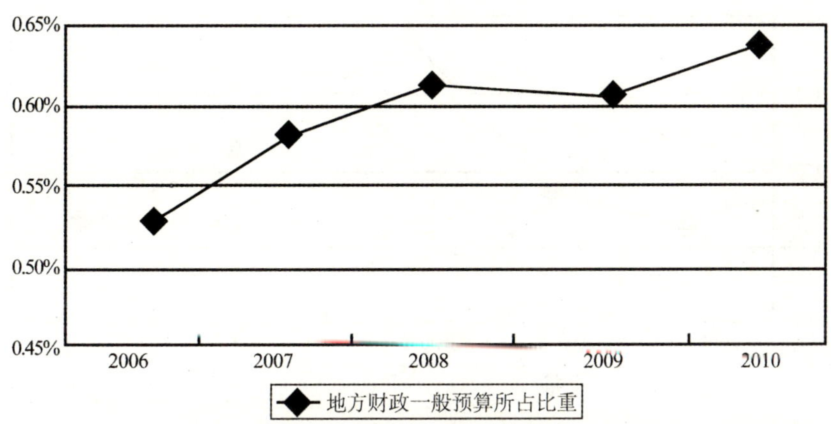

图 3－282　2006－2010 年舟山市地方财政一般预算收入在长三角所占比重的变化趋势

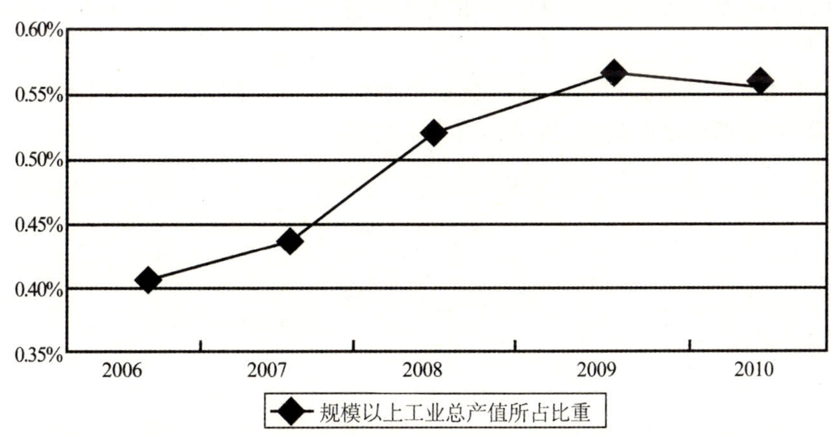

图 3－283　2006－2010 年舟山市规模以上工业总产值在长三角所占比重的变化趋势

2006－2010 年舟山市进出口总额在长三角地区占比分别为 0.45%、0.55%、0.73%、0.87% 和 0.99%，已连续多年保持增加的态势，且增幅明显，近 5 年占比累计增加 0.44 个百分点。2010 年保持了和前连年几乎一致的增速，较上年占比增加了 0.12 个百分点。

2010 年舟山市进出口总额在长三角地区 25 个市的排名与上年保持一致，排名第 14 位，继续保持着相对领先优势。

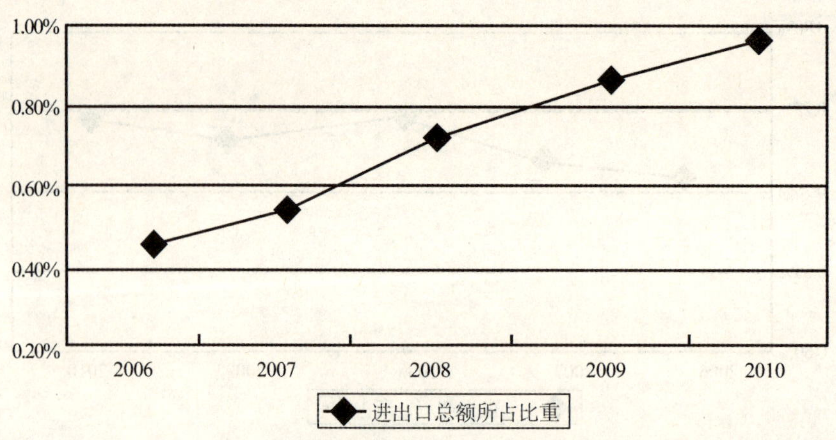

图3-284　2006-2010年舟山市进出口总额在长三角所占比重的变化趋势

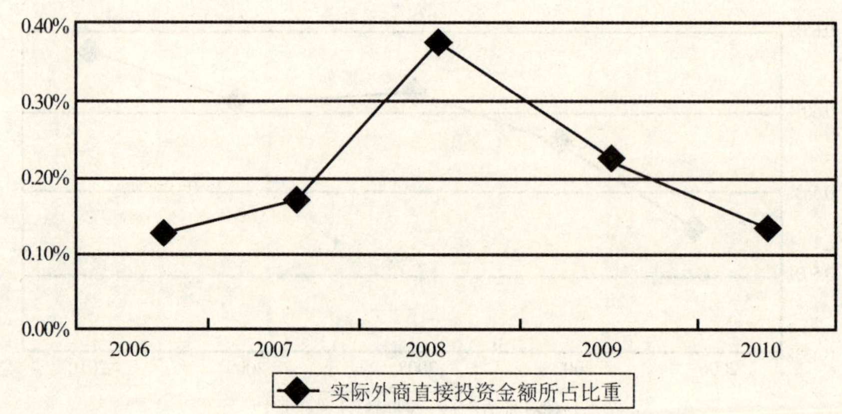

图3-285　2006-2010年舟山市实际外商直接投资金额在长三角所占比重的变化趋势

2006-2010年舟山市实际外商直接投资金额在长三角地区占比分别为0.15%、0.19%、0.35%和0.23%和0.13%,在连续增长之后2009年和2010年连续两年持续下跌,2010年跌速加大,已跌出了增长的最差水平。

2010年舟山市实际外商直接投资金额在长三角地区25个市的排名与上年保持一致,排名第23位,位置非常靠后,需要调整产业政策,吸引外商直接投资。

十一　台州市 2010 年经济社会发展报告

2010 年，台州市人民在市委、市政府的正确领导下，以科学发展观为指导，大力实施“沿海开发、自主创新、城市群构建、民生优先”四大战略，贯彻落实各项宏观调控政策，全市经济在调整中快速复苏回升，社会事业取得新的进步，“十一五”规划确定的主要目标顺利完成。

一、台州市 2010 年经济发展概况

(一) 综合经济

1. 经济总量

2010 年，台州市实现生产总值 2 415.12 亿元，按可比价格计算，比上年增长 13.1%，增速比上年提高 4.6 个百分点。其中，第一产业增加值 159.99 亿元，增长 4.4%；第二产业增加值 1 262.66 亿元，增长 14.6%；第三产业增加值 992.47 亿元，增长 12.4%；三次产业结构由上年的 6.5∶51.8∶41.7 调整为 6.6∶52.3∶41.1。全市人均生产总值为 41 582 元，比上年增长 12.3%，按年平均汇率折算已达 6 143 美元。

2010 年，市区实现生产总值 855.40 亿元，按可比价格计算，比上年增长 12.4%。市区人均生产总值达到 55 427 元，比上年增长 11.6%，按年平均汇率折算已达 8 188 美元。

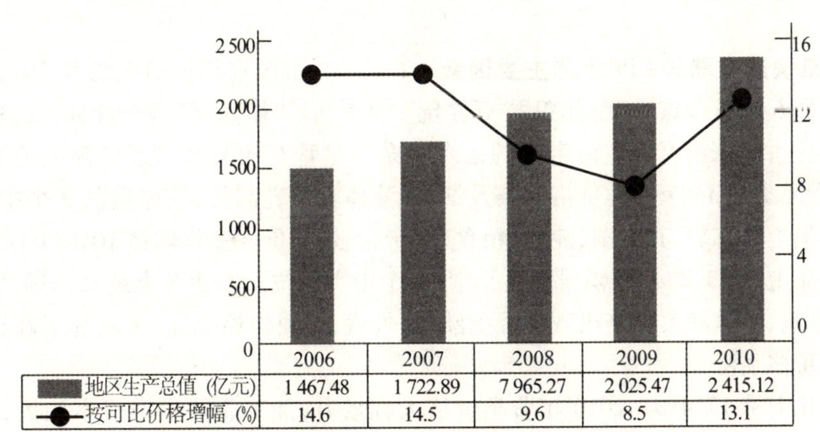

图 3－286　2006－2010 年台州市地区生产总值及增长速度

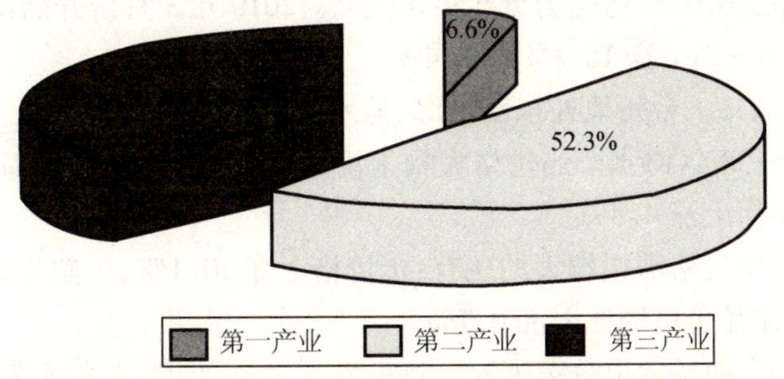

图 3－287　2010 年台州市三次产业结构图

2. 财政收入

2010 年台州市财政总收入 310.62 亿元，增长 18.04%。其中地方财政收入 164.88 亿元，增长 21.22%，地方财政收入占总收入比重为 53.08%，比上年提高了 1.4 个百分点。

3. 物价指数

受美国等发达国家采取量化宽松的货币政策影响,国际大宗商品价格暴涨,热钱流动也加大了中国输入性通胀压力以及国内为了应对国际金融危机冲击,采取的经济刺激政策等因素影响,2010 年台州市区居民消费价格总水平(下称 CPI)同比上涨4.6%。

台州市区 CPI 变动的主要特点:

(1)全年市区 CPI 呈稳步攀升趋势,2009 年前 10 个月市区 CPI 呈负增长格局,低基数也是 2010 年市区 CPI 走高的一个原因。受春节影响,2010 年2 月份 CPI 涨幅为前4 个月的最高,全年最高是 11 月,同比上涨5.8%,创近 30 个月以来的最高峰值。分季度看,一季度上涨 3.7%,二季度快速上涨至4.6%,三季度涨幅保持在4.5%,四季度进入快速上升通道,上涨5.4%。

(2)八大类价格呈"六涨一平一降",在所调查的八个商品和服务大类价格中,同比价格上涨的有:居住类价格上涨9.8%;食品类价格上涨8.5%;医疗保健和个人用品价格上涨5.2%;娱乐教育文化用品及服务价格上涨2.4%;交通和通信价格上涨0.9%;烟酒及用品价格上涨0.4%。家庭设备用品及维修服务价格与上年持平,衣着类价格比上年下降4.5%。

(3)2010 年,市区 CPI 涨幅高于全国平均水平1.3 个百分点,高于全省平均水平0.8 个百分点,为全省11 个市最高。主要是食品和居住类价格比全省平均水平分别高1.2 和3.8 个百分点。

影响 CPI 上涨的主要因素:

2010 年台州市区 CPI 运行除居住类和食品上涨较快外,其他类别价格指数均在较低水平。如:非食品价格上涨2.8%,工业品价格上涨1.6%,扣除食品和能源价格上涨因素,市区消费价格指数仅上涨2.0%。

(1)食品价格快速上涨是 CPI 上涨主要因素。2010 年,市区食品价格上涨8.5%,拉动居民消费价格总水平上涨2.6 个百分点。"蒜你狠""豆你玩""姜你军""糖高宗"等个性词汇的横空出世,形象描绘出大宗商品轮番上涨给百姓生活带来的诸多无奈。尽管有相关部门系列政策的调控,但是由于多种因素影响,食品类的16 个中类价格除茶及饮料、液体乳及乳制品、其他食品 3 个中类价格没上涨外,其余13 类均呈上涨态势,其中菜、淀粉、粮食、水产品、蛋的价格涨势均在10%以上。

菜价格比上年上涨23.2%,涨幅居食品类中16 个中类首位。本地冬季蔬菜市场供应相当部分来自外地,受天气影响,市区蔬菜价格出现大幅上涨,另外汽、柴油价格上涨,也增加了蔬菜的运输成本,进一步导致蔬菜价格上涨。

淀粉价格同比上涨17.4%。2010 年薯类价格大幅攀升,加工企业生产成本加大,薯类深加工产品的淀粉价格也随之攀升。

粮食价格比上年上涨16.0%,涨幅为近6 年来最高。2010 年3 月份开始市区大米、面粉价格逐月小幅上涨,全年比2009 年分别上涨18.1%和8.4%。

水产品价格上涨14.1%。台州地处东南沿海,海水产品是市区居民餐桌上的主要菜肴,受养殖、捕捞成本上升等因素影响,市区海水产品价格大幅上涨,其中虾蟹类价格大幅上涨22.0%,海水鱼价格上涨19.0%,淡水鱼价格上涨4.8%。

另外,2010 年食品类中价格涨幅较大的还有:蛋价格上涨10.1%,干鲜瓜果价格上涨9.4%,糖价格上涨7.5%,干豆及豆制品价格同比上涨6.7%。

(2)政策性因素。一方面是货币政策因素。货币发行过量,特别是美国等发达国家实行量化宽松的货币政策之后,国际市场大部分商品价格急剧上涨,石油、棉花、糖都受此影响。国际石油涨价,导致2010 年市区瓶装液化气和管道燃气价格比上年分别上涨32.8%和28.6%,拉动总指数上升0.6 个百分点。现阶段我国实行的货币政策使得国内流动性相对过剩。全年市区房屋贷款利率的上调拉动总指数上涨0.3 个百分点。尽管货币供应量到物价上涨之间的传导具有时滞亦非稳定,但会加大物

价和资产价格上涨压力。另一方面,政策性调价因素。2010 年,受国家多次调整成品油价格影响,全年市区汽油、柴油价格分别比上年上涨 15.0% 和 16.0%。2010 年 3 月份市区居民用水价格由每立方米 2.46 元上调至 3.2 元,水价上涨拉动全年总指数上升 0.2 个百分点。市区数字电视整体转换,月租费也相应提高,拉动全年总指数上升 0.1 个百分点。

(3) 结构性供给不足,生产经营成本提高。生产经营成本,包括生产成本和流通成本,从生产环节看,蔬菜和柴油生产的结构性供给不足表现明显。从蔬菜生产来说,随着城市化进程加快,部分副食品基地被征用,在短期内又难以补足这些基地所提供的蔬菜供应量,导致生产环节供给不足。此外,农业生产成本有所提高。如农用柴油价格和农用种子、农用薄膜价格的上涨,农村外出人员增加导致农业雇工费用上涨。从流通环节看,副食品流通成本居高不下是影响副食品价格上涨的重要因素。

(4) 国际大宗商品价格上涨带来了输入性通胀压力。现阶段,国际大宗商品价格保持高位,而且屡创近年来的新高。从近几年国内外市场价格变化看,国内原材料购进价格与国际大宗商品价格变动高度一致。当前全球充裕的流动性将继续对国内物价造成压力,如国际原油价格回升,推动我国石油产品(包括液化石油气、管道燃气)价格及运输行业的价格上涨,这些价格的变动均对居民消费相关领域的价格产生一定影响。

(5) 市场游资炒作和自然灾害因素。一方面,2010 年以来,大蒜、绿豆、玉米、棉花、小麦等一系列商品涨价的背后有大量市场游资借机囤积,拉高价格,牟取暴利。由于粮食收购主体多元化,这些市场游资也进入粮市,争抢粮源抬高粮价,游资的炒作行为在一定程度上助长了消费价格上涨。另一方面,2010 年国内极端天气加重农民的惜售心理,形成了"粮价越高越不卖"的状态,助长了农产品价格一定程度的上涨。

5. 固定资产投资

2010 年全年台州市完成全社会固定资产投资 950.24 亿元,比上年增长 13.9%,增幅比上年提高 4.1 个百分点。全年完成工业性投资 462.84 亿元,比上年增长 5.3%。全部限额以上固定资产投资 838.07 亿元,比上年增长 14.8%。其中第一产业完成投资 1.23 亿元,比上年下降 40.3%,第二产业和第三产业分别完成投资 439.20 亿元和 397.64 亿元,分别增长 7.1% 和 25.3%。全部限额以上投资中,基础设施完成投资 218.96 亿元,比上年增长 14.9%;民间投资 540.40 亿元,增长 11.7%。

2010 全年省、市 135 个重点项目完成投资 211.95 亿元,完成年度计划的 108.4%。诸永高速公路、椒江污水处理二期、路桥农村饮用水管网、三山涂围垦、台州大道二期等 15 个项目顺利建成,仙居抽水蓄能电站、74 省道南延段、台州港中心港区(临海)疏港公路工程一期、台州市(路桥)城市生活垃圾焚烧发电等 40 个项目开工建设。

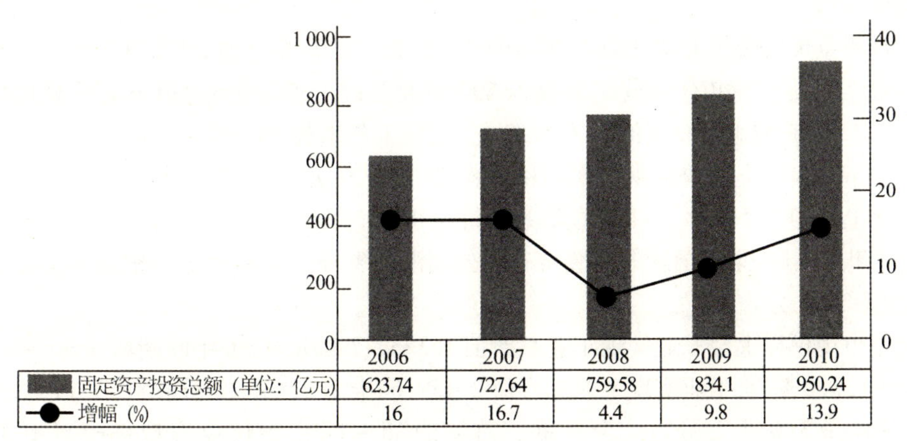

	2006	2007	2008	2009	2010
固定资产投资总额(单位:亿元)	623.74	727.64	759.58	834.1	950.24
增幅 (%)	16	16.7	4.4	9.8	13.9

图 3－288　2006－2010 年台州市全社会固定资产投资及增长幅度

表3－64　2010年台州市县市主要经济指标

县市	生产总值（亿元）	地方财政收入（亿元）	全社会固定资产投资(亿元)	出口总额（万美元）	社会消费品零售总额(亿元)
台州市区	852.77	72.36	289.77	543 002	410.46
温岭市	581.46	30.59	207.23	266 525	235.53
临海市	328.01	22.13	153.26	180 230	110.66
玉环县	308.22	18.25	74.10	273 858	75.66
三门县	106.62	8.07	134.91	48 487	37.57
天台县	118.58	7.81	44.61	44 082	49.65
仙居县	100.95	5.67	46.37	40 075	40.92

(二)农业

2010年,台州全市实现农林牧渔业总产值276.02亿元,按可比价格计算,比上年增长4.6%。其中,农业产值105.54亿元,增长2.4%;林业产值5.37亿元,下降2.7%;牧业产值27.14亿元,增长5.9%;渔业产值135.20亿元,增长6.3%;农林牧渔服务业产值2.76亿元,增长3.7%。

全年农作物总播种面积265.43千公顷,比上年下降2.2%。全市粮食作物播种面积152.37千公顷,比上年下降4.0%;全年粮食总产量82.75万吨,比上年下降2.2%,每公顷单产为5 431公斤,比上年上升1.9%。全市非粮作物播种面积113.06千公顷,比上年增长0.2%。粮食作物与非粮食作物播种面积的比例为57.4:42.6。全年蔬菜产量172.27万吨,比上年增长0.8%;油菜籽产量1.59万吨,比上年下降2.1%;水果产量124.55万吨,比上年增长6.8%。

2010年全市农民专业合作社已发展到4 992家,其中省级示范性专业合作社93家。全市共认证有机食品62个,绿色食品213个,国家无公害农产品218个,浙江省无公害农产品产(基)地214个。

畜牧业生产回暖,2010全年肉类总产量11.80万吨,比上年增长8.2%,其中猪肉产量8.80万吨,增长4.7%。禽蛋产量4.66万吨,增长6.4%。

渔业产量保持稳定,全年水产品产量140.38万吨,比上年增长4.7%。其中海洋捕捞产量99.98万吨,比上年增长3.4%;海水养殖产量35.47万吨,比上年增长6.2%。

(三)工业和建筑业

1.工业增加值

2010年,台州全市实现工业增加值1 144.08亿元,按可比价格计算,比上年增长15.3%,增幅比上年提高7.8个百分点。全市年主营业务收入500万元及以上工业企业(以下简称规模以上工业企业)家数为6 322家,完成工业总产值3 783.32亿元,比上年增长35.1%。

2010年,全市规模以上工业企业实现利税总额276.86亿元,比上年增长30.0%,其中利润总额169.08亿元,比上年增长41.6%。工业经济效益综合得分245.1分(不包括台州电业局、台州电业局直属供电局、台州发电厂、华能国际电力股份有限公司浙江省分公司和浙江桐柏抽水蓄能发电有限公司),比上年提高30.4分。

2010年,全市规模以上轻工业实现工业总产值1 323.72亿元,比去年同期增长30.4%,占规模以上工业总产值的35.0%,重工业实现工业总产值2 459.60亿元,比去年同期增长37.7%,所占比重为65.0%,比上年提高3.0个百分点。全市重点监测的“5＋1”主导行业实现规模以上工业总产值1 992.24亿元,比上年增长35.5%。全市工业总产值超亿元企业有724家,完成工业总产值2 428.07

亿元;其中超10亿元企业有42家,完成工业总产值939.92亿元。

2010年,规模以上工业中,缝纫机、化学原料药、塑料制品和模具等产品产量保持一定增长

2010年,全市规模以上工业企业实现新产品产值896.31亿元,比上年增长65.2%,新产品产值率为23.7%,比上年提高4.3个百分点。

2010全年台州市共有9家企业(仙琚制药、伟星新材、南洋科技、爱仕达、齐合天地、艾迪西、双环传动、浙江永强、新界泵业)挂牌上市,募集资金总额达82.85亿元,其中齐合天地以红筹方式登录香港主板市场,实现境外上市零的突破。年末台州市累计已有上市公司23家,累计融资总额达到160.2亿元。小额贷款公司试点工作顺利推进,已有17家企业登记营业,合计注册资金20亿元,全年累计发放贷款85.96亿元。

表3-65　2010台州市县市规模以上工业总产值

单位:亿元

县市	规模以上工业总产值
台州市区	1 364.50
温岭市	767.85
临海市	510.89
玉环县	561.93
三门县	157.62
天台县	155.57
仙居县	112.44

2. 工业能源消费情况分析

2010年,全市6322家规模以上工业企业增加值比上年增长21.2%,综合能源消费416.93万吨标准煤(电力按等价计算,下同),比上年增长7.5%,万元增加值综合能耗比上年下降11.3%,其中万元增加值电耗比上年下降8.2%。

2010年上半年,受世界经济的持续复苏和国内经济积极向好的影响,台州市规模以上工业经济回升明显,同时,全社会用电量和工业用电量也呈现快速增长的态势,规模以上工业电力消费增长速度快于增加值增长速度。针对这一状况,台州市及时采取了电力调控措施,加强用电管理,加大有序用电工作力度,压缩高耗能企业用电,有效地遏制了用电需求过快增长的势头。2010年,全市规模以上工业用电量为105.85亿千瓦时,比上年增长11.3%,增速与一季度的20.8%、上半年的17.7%、前三季度的12.8%相比,分别回落9.5个、6.4个和1.5个百分点。

八大高耗能行业能源利用效率提高,2010年,全市规模以上工业企业分布在34个行业大类中,万元增加值综合能耗比上年下降的行业有32个,其中降幅10%以上的有18个行业。八大高耗能行业综合能源消费142.58万吨标准煤,占全部规模以上工业综合能耗消费的34.2%,比重比上年下降2.3个百分点,万元增加值能耗比上年下降12.3%,比规模以上工业平均水平多降1个百分点。

七成重点耗能企业增加值能耗下降,2010年全市301家千吨以上重点耗能企业综合能源消费248.38万吨标准煤,比上年增长2.6%,综合能源消费量占全部规模以上工业企业的59.6%,比重比上年下降2.8个百分点。301家企业中有267家企业增加值综合能耗比上年下降,占重点耗能企业数的70.7%,其中降幅20%以上的企业有145家。

各县(市、区)万元增加值综合能耗均有一定幅度下降,2010年,各县(市、区)的工业能耗总体水平均有不同程度的下降,但受产业结构的限制,地区之间的单耗水平仍有较大差异。从各县(市、区)万元增

加值综合能耗降幅情况看:临海市、玉环县、仙居县和椒江区下降较快,分别比上年下降15.0%、13.7%、12.3%和11.5%,其他县(市、区)万元增加值综合能耗也有一定幅度下降,均在7%以上。

能源加工转换效率继续提高,2010年,全市7家能源加工转换企业用于火力发电的投入量为927.9万吨标准煤,比上年增长4.3%,电力产出量为325.5亿千瓦时,比上年增长6.7%。火力发电标准煤耗和供电煤耗分别为285.1克标准煤/千瓦时和300.5克标准煤/千瓦时,分别比上年下降2.3%和2.6%。

3. 建筑业

建筑业增长平稳,2010年全市实现建筑业增加值118.58亿元,按可比价格计算,比上年增长7.9%。

(四)服务业

1. 国内贸易

2010年,台州市实现社会消费品零售总额960.45亿元,比上年增长18.0%,扣除价格因素,实际增长12.7%。其中批发业实现零售额50.79亿元,比上年增长13.2%,零售业实现零售额807.13亿元,增长18.5%,住宿业实现零售额10.77亿元,增长18.2%,餐饮业实现零售额91.77亿元,比上年增长16.0%。限额以上批发零售企业中,汽车类、石油制品类和家用电器音像器材类零售额分别比上年增长30.0%、37.6%和36.6%。大力推进商贸设施建设,台州新明国际家居广场、浙江工量刃具交易中心、黄岩新天地家居广场等一批现代市场相继建成开业。年末全市拥有各类商品交易市场488家,成交额101 9.87亿元,年成交额超亿元的市场有96家。

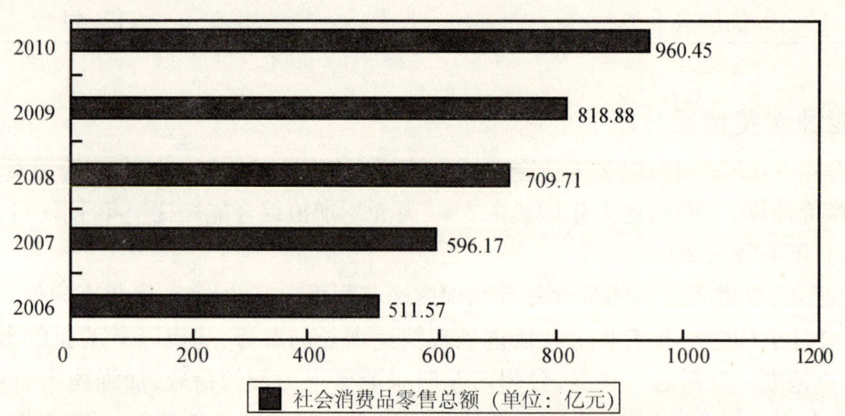

图3-289 2006-2010年台州市社会消费品零售总额

2010年台州市居民消费价格总水平比上年上升4.6%。其中消费品价格上升4.8%,服务项目价格上升3.8%。工业品出厂价格比上年上升3.7%,原材料、燃料、动力购进价格比上年上升10.2%。

2. 交通运输、邮政通讯业

2010年,台州市交通运输业发展较快。全年完成货物周转量1 110.64亿吨公里,比上年增长38.0%;旅客周转量为97.71亿人公里,比上年增长8.9%。全年完成港口货物吞吐量4 706万吨,比上年增长9.6%。其中外贸吞吐量1 000万吨,增长37.3%,完成集装箱吞吐量12.16万标箱,增长33.8%。民航完成旅客吞吐量61.69万人次,比上年增长17.1%,货邮吞吐量5483吨,增长27.7%。铁路发送旅客271.62万人次。

至2010年末全市公路总里程(含村道)11 267公里,其中等级公路11 005公里,占公路总里程的97.7%,高速公路274公里。年末全市民用汽车拥有量达56.59万辆,比上年净增11.11万辆,其中私人汽车48.17万辆,比上年增加10.24万辆。

2010 年全市完成邮政通讯业务收入 66.30 亿元，比上年增长 6.0%。年末移动电话用户达719.60万户，全年新增 128.26 万户。年末国际互联网用户 95.78 万户，其中宽带用户 86.36 万户，比上年增加 18.06万户。固定电话用户数继续下降，年末城乡固定电话用户为 178.72 万户，比上年减少 11.23 万户。

3. 旅游业

2010 年台州市全年共接待旅游总人数 3 295.95 万人次，比上年增长 13.8%，其中接待海外旅游人数 10.29 万人次，增长 19.0%。实现旅游总收入 273.23 亿元，比上年增长 18.8%，其中海外旅游收入 5 629.35 万美元，增长 13.4%。全市共有 4A 级旅游区 6 个，3A 级旅游区 7 个，2A 级旅游区 7 个。共有星级饭店 60 家，客房 7 680 间，床位 12781 张，旅行社 126 家。

4. 金融、证券和保险业

2010 年末，台州全市金融机构本外币存款余额 3 588.48 亿元，比上年末增长 22.2%，当年新增存款 653.09 亿元。其中城乡居民本外币储蓄存款余额 1 730.67 亿元，比上年末增长 19.4%，当年新增 280.95 亿元。年末金融机构本外币贷款余额 3 055.82 亿元，比上年末增长 21.4%，当年新增贷款 537.76 亿元。年末金融机构本外币存贷比为 85.2%，不良贷款率为 1.13%。

2010 年末全市有各类保险机构(含分支机构)43 家。全年保费总收入 72.92 亿元，比上年增长 26.8%。其中财产险保费收入 29.42 亿元，人寿险保费收入 43.49 亿元，分别比上年增长 25.9% 和 27.4%。全年各类赔款、给付支出 18.43 亿元，比上年下降 11.3%。

5. 房地产业

2010 年全年台州房地产开发完成投资 196.08 亿元，比上年增长 28.8%。房屋施工面积 1 801.68 万平方米，比上年增长 23.9%，房屋竣工面积 176.66 万平方米，比上年增长 4.1%。房地产市场销售增长平稳，全年实现商品房销售额 331.37 亿元，比上年增长 22.0%，销售面积 463.58 万平方米，增长 9.8%。房地产投资中，保障性住房完成投资 1.95 亿元，施工面积 38.41 万平方米，竣工面积 6.38 万平方米，竣工套数 702 套。

(五)对外经济

1. 对外贸易

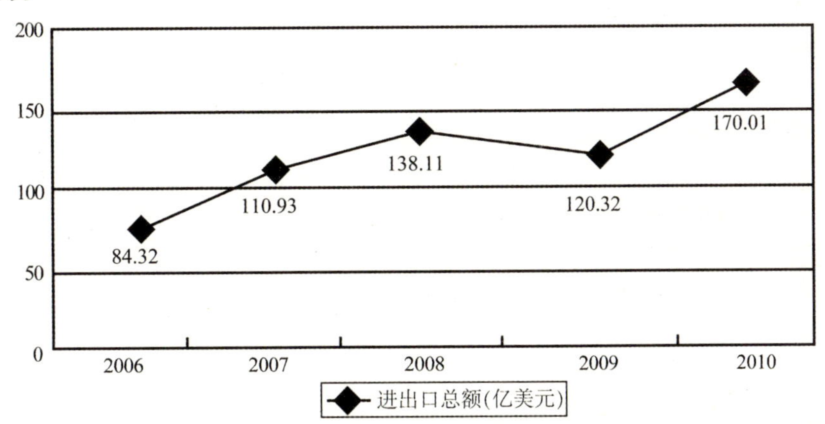

图 3－290　2006－2010 年台州市外贸进出口总额

2010 全年外贸进出口总额 170.01 亿美元，比上年增长 41.3%。其中自营出口总额 139.63 亿美元，增长 38.7%。全年外贸企业出口 22.29 亿美元，增长 36.3%；三资企业出口 25.04 亿美元，增长 28.9%；生产企业出口 92.30 亿美元，增长 42.2%。在出口总额中，一般贸易出口 125.16 亿美元，增长 39.5%；加工贸易出口 14.42 亿美元，增长 32.3%。主要出口产品中，太阳能板、船舶、服装机械、阀门龙头等出口分别比上年增长235.7%、45.5%、53.0%和47.8%。2010年台州市有进出口实绩企业3 819家,比上年增加367家,其中进出口超1 000万美元企业有363家。出口国家和地区已达207个。

2. 利用外资

2010全年台州新批境外投资项目29个,中方投资额7 341万美元。全市累计境外投资项目371个,中方累计投资额3.50亿美元。全年新批对外经济合作项目3个,对外经济合作营业额3.12亿美元。

表3-66 2010年台州市县市实际使用外资

单位:万美元

县 市	实际使用外资金额
台州市区	4 581
温岭市	1 207
临海市	2 722
玉环县	2 271
三门县	1 088
天台县	557
仙居县	780

二、台州市2010年社会发展概况

(一)人口、人民生活

至2010年末,台州市户籍人口总数达到583.14万人,其中农业人口达到477.47万人,非农业人口达到105.67万人。主要呈现出以下几个特点:

(1)**人口总量正常增长**。2010年末全市户籍总人口583.14万人,比上年净增加4.67万人,增长8.1‰。其中男性人口299.68万人,女性人口283.46万人,分别占总人口的51.4%和48.6%,男女性别比为105.72: 100。人口密度620人/平方公里,比上年末增加6人。

(2)**人口自然增长率回升显著,出生性别比较高**。全年共出生7.29万人,死亡3.67万人,出生人口中,男性为3.95万人,女性为3.34万人,男女出生性别比为118.26: 100,与上年基本持平,人口出生率和死亡率分别为12.5‰和6.3‰,人口自然增长率为6.2‰,比上年上升0.6个千分点。

(3)**老龄人口比重提高**。在户籍总人口中,年龄在18岁以下的人口为116.26万人,比上年增加1.17万人,占总人口的比重为19.9%,与上年持平;18~60岁之间的人口为377.38万人,比重为64.7%,比上年下降0.5个百分点;60岁以上的人口为89.50万人,比上年增加3.38万人,比重为15.3%,比上年提高0.4个百分点。

台州市全年城镇居民人均可支配收入27 212元,比上年增长11.4%,扣除价格因素实际增长6.5%。全年农村居民人均纯收入11307元,比上年增长13.0%,扣除价格因素实际增长8.0%。城乡居民收入差距倍数由上年的2.44缩小到2.41。城镇居民恩格尔系数为34.6%,农村居民恩格尔系数为36.9%。年末城镇居民和农村居民人均住房建筑面积分别为42.9平方米和57.0平方米。城乡居民每百户家庭家用汽车、空调、家用电脑等高档耐用消费品拥有量继续增加。

2010年,台州市经济总体保持较快增长,二、三产业发展速度明显回升,农产品价格不断走高,农村居民增收环境总体趋好,收入水平稳步提高,增幅加快。农村居民抽样调查资料显示,2010年,台州市农村居民人均纯收入11 307元,比上年增加1 301元,增长13.0%,增幅比上年提高4.0个百分点,高于全省平均水平0.1个百分点。农民增收的主要特点有:

(1)工资性收入快速增长,是农民增收的最大亮点。2010 年,农村居民人均工资性收入 4 828 元,比上年增加 665 元,增长 16.0%,增幅比 2009 年提高 3.1 个百分点。工资性收入对农民人均纯收入的贡献率达 51.1%,拉动农民收入增幅 5.9 个百分点,是全年农民增收的主要支撑点。工资性收入中,农村居民在非企业组织中得到的收入人均 435 元,比上年增长 14.9%;在本地企业中得到的劳务收入人均为 3 694 元,增长 15.4%;外出从业得到收入人均为 699 元,增长 19.6%。

(2)家庭经营性收入增幅回升,仍然是农民收入的最主要来源。2010 年,全市农村居民家庭经营性纯收入人均 5 127 元,比上年增加 508 元,增长 11.0%,增幅比 2009 年提高 4.1 个百分点。其中家庭经营第一产业人均纯收入 1 666 元,增长 8.0%;家庭经营第二产业纯收入人均为 1 708 元,比上年增长 14.9%;家庭经营第三产业纯收入人均 1 753 元,增长 10.2%。经营性收入占农村居民收入的 45.2%,仍然是农村居民收入的主渠道。

(3)非经营性收入增长稳定,是农民增收的有益补允。2010 年,全市非经营性收入人均为 1 352 元,增长 10.5%。其中财产性收入人均 688 元,下降 5.0%;转移性收入人均 664 元,增长 32.7%,其中离退休金、养老金人均 321 元,增长 73.0%。

(4)收入增幅逐季回升。2010 年,台州农村居民收入呈逐季提高趋势,现金收入增幅一季度为 10.0%,上半年 13.9%,1~3 季度为 14.0%。全年农村居民纯收入增长 13.0%,增幅比上年提高 4.0 个百分点。从收入结构看,工资性收入、家庭经营收入、转移性收入均有较大幅度的提高,增幅与上年分别提高 3.1 个百分点、4.1 个百分点和 23.7 个百分点。

(5)收入非农化比重提高。2010 年,农村居民来自家庭经营第一产业的收入 1 666 元,增长 8.0%,低于全市平均水平 5.0 个百分点。收入非农化比重为 85.3%,比上年提高 0.7 个百分点。

(6)收入差距有所缩小。2010 年,城乡之间、农民内部之间、县(市、区)之间收入差距均有所缩小。2010 年城镇居民可支配收入增长 11.4%,低于农村居民收入增幅 2.6 个百分点,城乡居民收入差距继续缩小。从农村居民内部看,低收入农户收入增幅明显高于高收入农户,调查显示,20% 低收入农户人均纯收入 3398 元,增长 25.8%,比 20% 高收入农户增幅高 15.4 个百分点,农村居民内部收入差距有所缩小,农村居民基尼系数也由 2009 年的 0.3799 缩小至 2010 年的 0.3621。从各县(市、区)看,最高收入与最低收入差距倍数由 2009 年的 1.83 倍降至 2010 年的 1.75 倍。

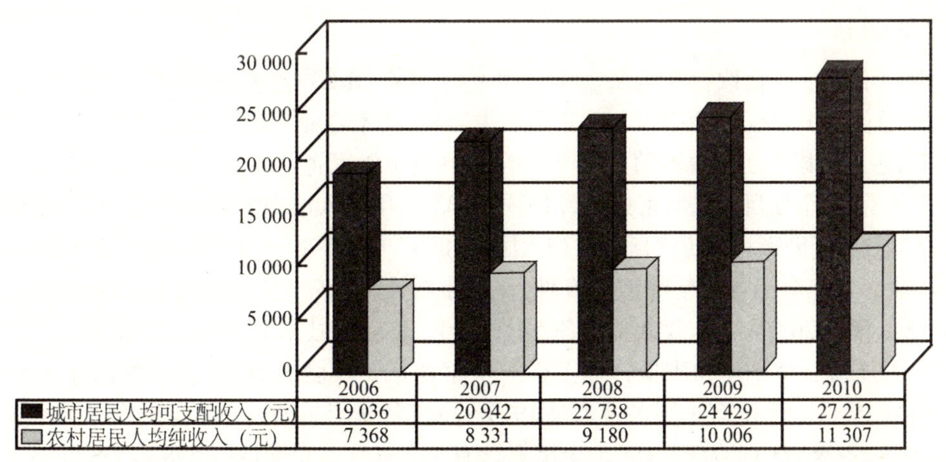

图 3－291　2006－2010 年台州市城乡居民收入对比一览

(二)就业与社会保障

1. 就业

2010 年,台州全市城镇新增就业人数 5.43 万人,帮助 1.98 万名城镇失业人员实现再就业。年末全市拥有职业介绍机构181个,全年介绍就业成功人数4.92万人。全年人事劳动部门共举办各类招聘会494场次,其中人才招聘会329场次,4.13万家用人单位进场招聘,提供各类就业岗位61.2万个。全年创业培训3 539人。年末城镇登记失业率为3.56%。

2. 社会保障

至2010年年末全市有参加城镇养老保险、基本医疗保险、工伤保险、生育保险和失业保险年末参保人数分别达到107.69万人、74.48万人、180.91万人、34.58万人和62.72万人,分别比上年末增加6.65万人、8.24万人、20.84万人、7.15万人和6.52万人。"五大保险"全年收缴各类基金43.40亿元,支出26.37亿元。城镇居民医疗保险参保人数为50.8万人。年末全市有25.48万被征地农民参加农村养老保险,比上年增加4.08万人。农村新型合作医疗参保人数431.26万人,参合率94.87%,人均筹资水平197元。城乡居民社会养老保险工作全面推开,全市有159.22万人参加城乡居民社会养老保险,其中76.5万名60周岁以上老人享受到每月60元的基础养老金。

台州市社会救助和社会福利体系建设不断深化。全市城乡居民最低生活保障人数为64 335人,全年共投入低保资金10 645万元。提高低保对象补助标准,城镇和农村低保对象月人均补助分别为219元和143元。全市农村五保对象集中供养率达到95.61%,城镇"三无"人员供养率达到100%。老年福利事业得到重视和加强,全市共有各类收养类单位252个,床位20 488张,收养各类人员13624人。

(三)教育和科学技术

1. 教育事业

至2010年末全市有幼儿园1291所,在园幼儿25.98万人,普通小学561所,在校生43.05万人,初中在校生19.69万人,高中段在校生16.40万人,初升高比例达到99.01%。新增国家级重点职校1所,国家级实训基地1个,省级实训基地8个。全面实施免除农村义务教育阶段学校住宿费政策,全市7万多名学生的住宿费得到免除,免费金额达到3 825万元。公办民工子弟学校增加到19所,在台州市接受义务教育的外来民工子女共有12.2万名,其中75.8%在公办学校就读。全市特殊教育招生(含普通学校随班就读)280人,在校生2 141人。全市全日制普通高校招生9 469人,在校生29 749人,成人高校在校学生22 323人。高等教育毛入学率达到45.0%,比上年提高3.2个百分点。

2. 科技与创新

2010年台州市科技事业取得新成果。全市研究与试验(R&D)经费支出30.43亿元,比上年增长20.1%,占生产总值的1.26%。规模以上工业企业中,高新技术企业完成工业总产值902.74亿元,比上年增长32.9%,占规模以上工业总产值23.9%。全市共有104家企业被认定为国家重点扶持的高新技术企业。全市共有58个项目入选国家火炬计划项目,33个项目入选国家创新基金项目,获资助金额达2 400万元,立项数和资助额均创历史新高。列入国家"863"项目3项、国家重点新产品计划项目4项,国家星火计划项目5项。全年申请专利10 436件,比上年增长18.5%;专利授权10 558件,增长29.6%,其中发明285件,增长26.7%。全年共签订各类技术合同208项,技术交易额2.29亿元。

台州市大力加强品牌创建和质量管理工作。全年新增5件驰名商标,全市被国家工商总局认定的驰名商标达到19件。全市有中国名牌产品19个;浙江名牌产品273个。全市产品国家级监督抽查合格率为83.9%,省级合格率为91.1%。全市累计有492家食品企业取得598本QS证书。年末全市有各类检验机构80家,其中国家检测中心1家,省级质检中心8家。

(四)文化、卫生和体育

1. 文化事业

至2010年末,台州市全市东海文化明珠乡镇、省级文化示范村和示范社区总数分别达到62个、

31个和11个。全市已完成1767场文艺演出、3.92万场数字电影和13.99万册图书的下乡任务。至2010年末全市拥有国家级非物质文化遗产项目10项,省级67项,市级229项。公共文化基础设施日趋完善。台州市图书馆已完成主体工程,并于12月初对市民试开放。年末全市有群众艺术馆1个,文化馆9个,公共图书馆10个,自办广播节目10套,自办电视节目10套。年末全市拥有有线电视用户129.77万户,其中数字电视用户76.38万户。全年广播节目播出时间70 330小时,电视节目播出时间58 105小时。广播人口综合覆盖率和电视人口综合覆盖率分别为99.63%和99.47%。

2. 卫生事业

至2010年末全市有各类医疗卫生机构1 380家,床位16 528张,各类卫生技术人员26 765人,其中执业医生和执业助理医生11 521人,注册护士9 104人。年末每千人拥有卫生技术人员4.59人,其中医生1.98人。全市拥有社区卫生服务机构470家。全市孕产妇死亡率7.06/10万,五岁以下儿童死亡率6.90‰,其中婴儿死亡率4.79‰。全年有7.05万人参加无偿献血。农村自来水普及率91.0%,卫生户厕普及率86.2%。

3. 体育事业

2010年台州市举办了全市武林大会、首届市区机关运动会、第二届体育健身节等多项群体活动和比赛。2010年,全市运动员参加国际国内各项赛事取得了较好成绩,共夺得国际比赛银牌3枚、铜牌2枚,全国比赛金牌27枚、银牌22枚、铜牌26枚,全国体育大会二等奖1个,三等奖3个,省级比赛金牌162.7枚、银牌94枚、铜牌123.5枚。体育社团力量不断壮大,全市共有体育社团174个。

(五)城乡建设

2010年全市完成河道疏浚清淤565.4公里,其中市区356.97公里,治理水土流失面积54.14平方公里,新增防渗渠道344.56公里,新增节水灌溉面积4 463公顷。年末全市拥有农业机械总动力337.83万千瓦,全年农村用电量80.77亿千瓦时。

(六)环境保护和生态建设

2010年,台州市节能降耗和环境保护工作进一步加强。全市万元生产总值综合能耗预计比上年下降4.8%,全年化学需氧量和二氧化硫排放量预计分别比上年下降3.37%和1.22%。全市地表水满足水域功能达标率为64.0%,比上年提高5.6个百分点,城市空气综合污染指数1.42。全市工业废水排放达标率为91.6%,工业固体废物综合利用率为98%。城镇生活污水集中处理率为75.6%,城镇生活垃圾无害化处理率为97%。2010年,市区环境空气质量达到二级标准以上的天数有355天,占全年总天数的97.3%。

全市完成造林更新面积4217公顷,其中人工造林面积1 551公顷。年末实有封山育林面积13.48千公顷。全市有林地面积539.95千公顷,森林覆盖率为59.3%。全市有自然保护区(含小区)35个,面积12.14千公顷。

(七)社会安全

2010年,台州市共发生各类事故4 376起,死亡651人,受伤3 894人,直接经济损失3 941万元,分别比上年下降7.0%、4.3%、3.3%和3.3%。

三、台州市在长三角地区经济发展中的地位

2010年,台州市人民在市委、市政府的正确领导下,以科学发展观为指导,大力实施“沿海开发、自主创新、城市群构建、民生优先”四大战略,贯彻落实各项宏观调控政策,全市经济在调整中快速复苏回升,社会事业取得新的进步,“十一五”规划确定的主要目标顺利完成,但在长三角地区经济发展的地位有待进一步的提升。

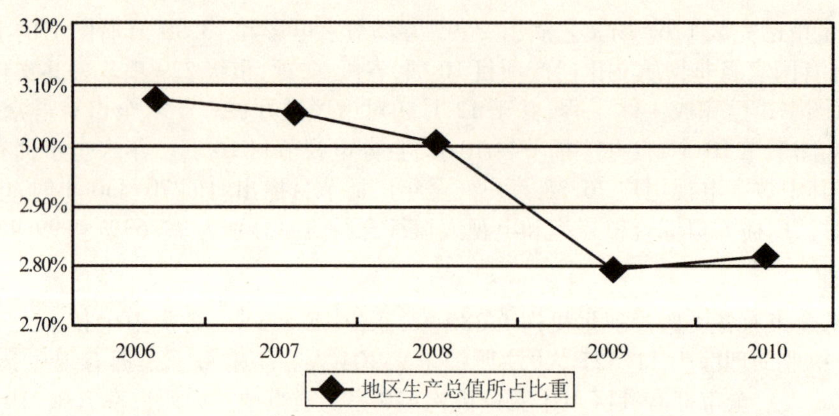

图 3-292　2006-2010 年台州市地区生产总值在长三角所占比重的变化趋势

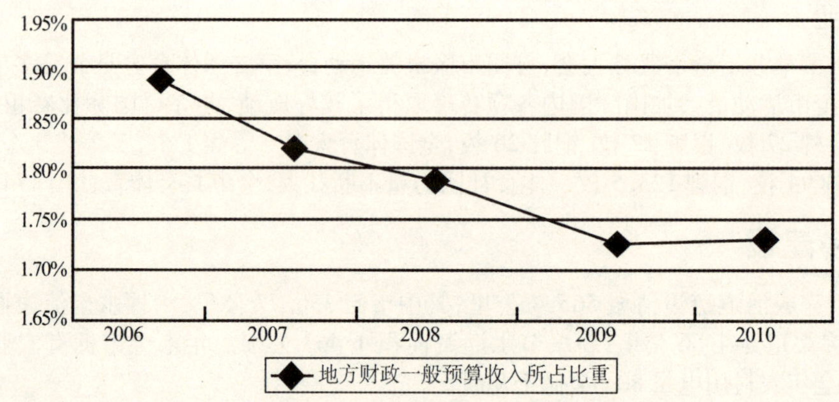

图 3-293　2006-2010 年台州市地方财政一般预算收入在长三角所占比重的变化趋势

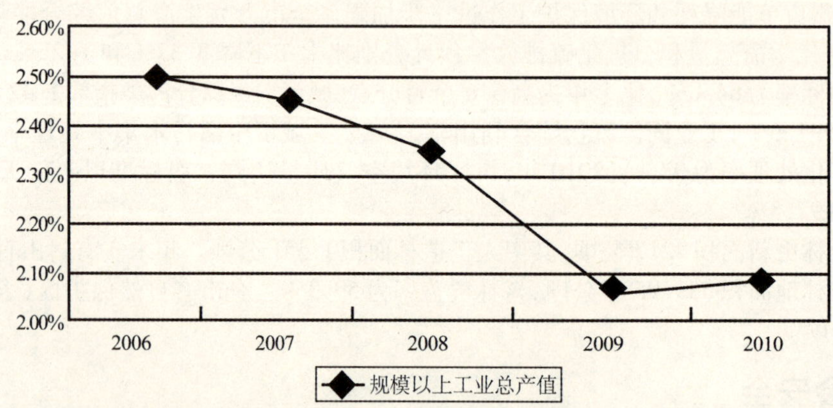

图 3-294　2006-2010 年台州市规模以上工业总产值在长三角所占比重的变化趋势

2006-2010 年,台州市地区生产总值在长三角所占比重分别为 3.08%、3.04%、3.00%、2.79% 和 2.81%,在多年微幅下降趋势的情况下,2010 年止跌上扬,但涨幅不大,距往年水平仍有很大距离。

2010 年台州市地区生产总值在长三角地区 25 个市(苏浙两省 24 个地级市和上海市,下同)中排名与上年保持一致,排名第 12 位,继续保持着相对领先的优势。

2006-2010 年台州市地方财政一般预算收入在长三角所占比重分别为 1.89%、1.82%、1.79%、1.72% 和 1.72%,呈现连年下降的态势,累计降幅为 0.17 个百分点。2010 年较上年基本保持一致,没有再次下跌。

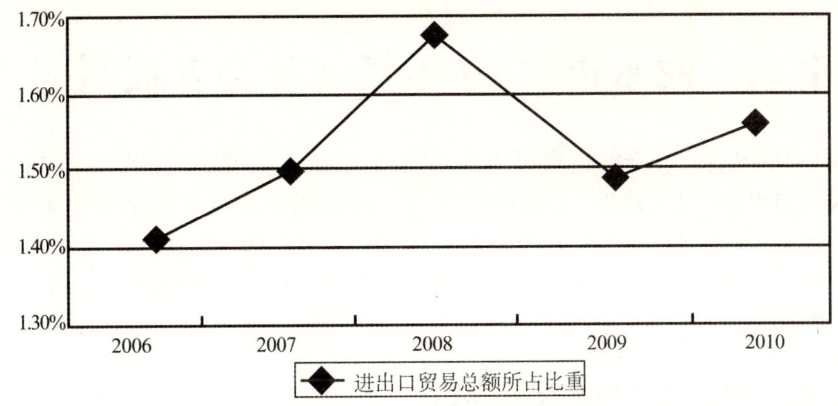

图 3－295　2006－2010 年台州市进出口总额在长三角所占比重的变化趋势

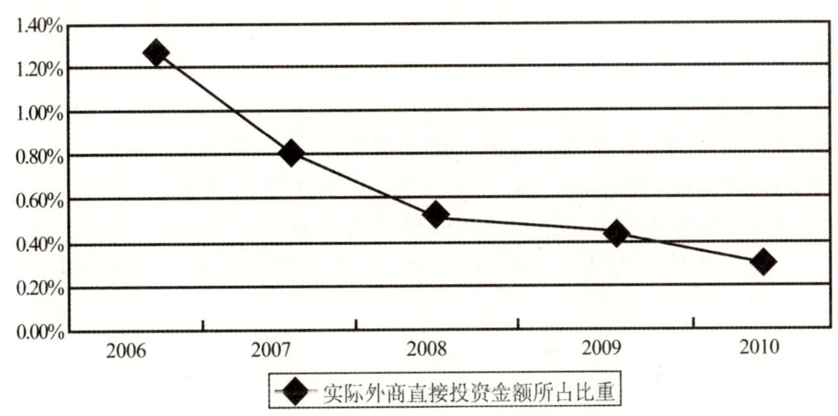

图 3－296　2006－2010 年台州市实际外商直接投资金额在长三角所占比重的变化趋势

2010 年台州市地方财政一般预算收入在长三角地区 25 个市中的排名比上年下降两位，排名第 16 位，形势不容乐观，亟需有所改善。

2006－2010 年台州市规模以上工业总产值在长三角所占比重分别为 2.50%、2.45%、2.35%、2.06%和 2.09%。2006 至 2009 年呈现出较大的下降态势，累计降幅为 0.44 个百分点，其中 2009 年降幅最大，为 0.29 个百分点；2010 年止跌上扬，改变了一直下滑的形势，但增幅不大，仅比上年增加了 0.03 个百分点。

2010 年台州市地方规模以上工业总产值在长三角地区 25 个市中的排名与上年保持一致，排名第 17 位，排名处于中下游，亟需有所改变。

2006－2010 年台州市进出口总额在长三角所占比重分别为 1.41%、1.50%、1.66%、1.50%和 1.56%，在连续几年增长之后 2009 年出现下跌，回退到和 2007 年一样的水平，2010 年有了有点的回升，但尚未达到 2008 年的水平，仅比上年增加了 0.06 个百分点。

2010 年台州市进出口总额在长三角地区 25 个市中的排名与上年保持一致，排名第 12 位，排名处于中上游，尚有一定的优势，但仍需有所突破，争取进入前十。

2006－2010 年台州市实际外商直接投资金额在长三角所占比重分别为 1.24%、0.78%、0.53%、0.40%和 0.25%，呈现逐年下跌的趋势，累计跌幅达 0.99 个百分点。2010 年较上年下跌了 0.15 个百分点，跌幅较大。

2010 年台州市实际外商直接投资金额在长三角地区 25 个市中的排名比上年下降一位，排名第 22 位，排名处于下游，亟需有所突破，争取进入中游。

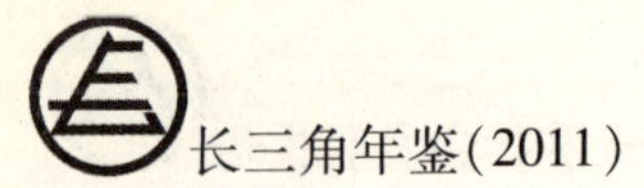

十二　丽水市2010年经济社会发展报告

2010年,在丽水市市委市政府的正确领导下,全市上下认真贯彻落实科学发展观,继续深入实施省委“两创”总战略和市委“三市并举”发展战略,紧紧围绕建设生态文明和全面小康社会两大战略目标,积极应对宏观经济环境复杂多变等不利因素,全市国民经济实现了平稳较快发展,经济增长水平和质量进一步提高,为实现“十一五”国民经济发展规划目标划上了圆满的句号,为“十二五”发展奠定了较为坚实的基础。

一、丽水市2010年经济发展概况

(一)综合经济

1.经济总量

2010年,全市生产总值644.04亿元,按可比价计算,比上年增长12.5%,“十一五”时期年均增长12.9%。其中,第一产业增加值62.84亿元,第二产业增加值322.23亿元,第三产业增加值258.97亿元,分别比上年增长4.0%、15.7%和10.7%,“十一五”时期年均分别增长4.1%、15.4%和12.6%。人均生产总值27 754元(按年平均汇率折算为4 100美元),比上年增长11.7%,“十一五”时期年均增长12.3%。三次产业增加值结构从上年的10.7∶47.8∶41.5调整为9.8∶50.0∶40.2。

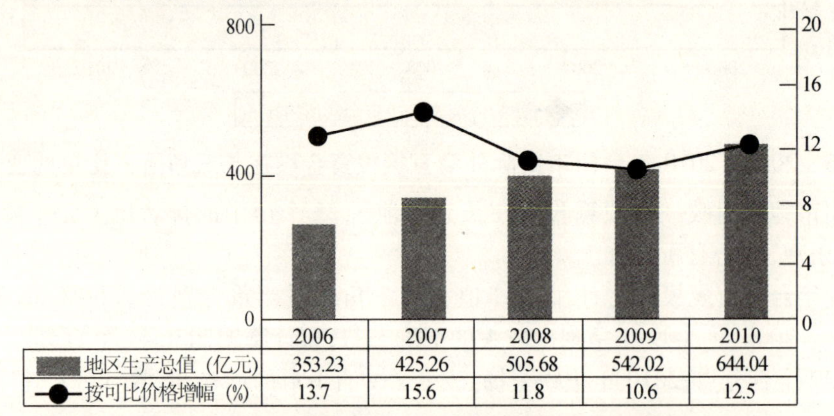

	2006	2007	2008	2009	2010
地区生产总值(亿元)	353.23	425.26	505.68	542.02	644.04
按可比价格增幅(%)	13.7	15.6	11.8	10.6	12.5

图3-297　2006-2010年丽水市地区生产总值及增长速度

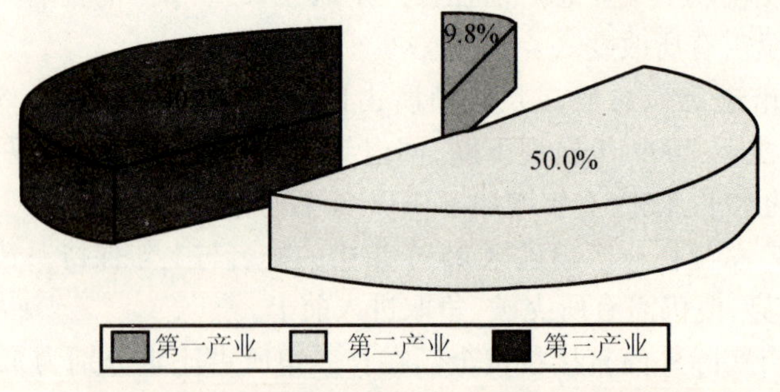

图3-298　2010年丽水市三次产业结构图

2.财政收入

丽水市2010年全市财政一般预算总收入76.84亿元,比上年增长17.2%,其中地方一般预算收入44.94亿元,增长20.1%,“十一五”时期年均分别增长17.2%和17.6%。

表 3－67　2010 年丽水市县市主要经济指标

县市	生产总值（亿元）	地方财政收入（亿元）	全社会固定资产投资（亿元）	出口总额（万美元）	社会消费品零售总额（亿元）
丽水市区	175.21	16.41	91.67	27 614	100.22
龙泉市	62.59	3.21	35.65	15 269	22.69
青田县	114.26	8.13	52.53	21 518	35.17
云和县	33.51	2.03	20.45	6 588	11.59
庆元县	31.70	1.55	19.29	3 923	14.25
缙云县	112.17	5.14	36.70	39 287	31.87
遂昌县	57.66	3.69	21.81	10 257	20.76
松阳县	47.50	2.55	24.19	9 578	16.99
景宁自治县	23.13	1.70	15.42	15	11.12

3. 物价指数

2010 年，丽水市市区居民消费价格总水平与去年相比上涨 4.0%，涨幅比前三季度下降 0.1 个百分点。从各类价格变动情况看，食品类价格上涨 8.1%，非食品价格指数上涨 2.2%；消费品价格上涨 4.3%，服务项目价格上涨 3.2%。

2010 年丽水市 CPI 指数呈先升后降的运行态势，其中 1 月份居民消费价格指数是 102.7 为全年最低;6 月份 CPI 居民消费价格指数是 105.0，为全年最高。相对去年来说，今年 CPI 总体运行趋势偏高，这其中既受到了去年 CPI 总水平较低的影响，又有本期物价上涨因素的影响。2010 年八大类商品价格呈现“六升两降”格局。食品类价格上涨是拉动 CPI 上涨的主要因素，2010 年全年食品类价格比前三季度价格提高了 0.9 个百分点，是八大类中涨幅最大的，也是涨幅增加最快的。2010 食品类价格的上涨拉动居民消费价格总指数上涨 2.5 个百分点，除食品类以外的其它各类价格上涨拉动总指数上涨 1.5 个百分点，可以说，食品类价格上涨是拉动居民消费价格总水平上涨的主因。具体变现如下：

（1）粮食类价格持续走高。

（2）油脂类价格在第四季度出现较快上涨

（3）肉禽类价格持续上涨

（4）蔬菜价格波动较大

2010 年丽水市居民消费价格影响因素分析如下：

（1）全球性的原材料价格上涨，是推动 CPI 上涨的首要因素。丽水市今年农产品和轻工业品的价格上涨，主要是受此影响。近一年来，由于粮食、石油、钢铁、煤炭等原材料价格不断上涨，使得日常消费用品的生产成本不断增加，国际商品市场价格上涨也开始向各国国内传递，特别是能源和农产品价格的大幅上涨，对 CPI 产生了明显的上推作用。

（2）劳动力成本的攀升。近两年来出现的“民工荒”在沿海省份和城市蔓延，这一点在丽水市也有所体现。与此同时，丽水市近年来大量的基础投资又使得各地用工需求大幅增加，这进一步地推动了劳动力成本的攀升。

（3）其他因素的影响。诸如增持外汇储备、灾害、耕地减少、炒作、物流不畅、社会资源浪费等等，也是影响物价上涨的原因。

4. 固定资产投资

2010 年，丽水市全社会固定资产投资 320.38 亿元，比上年增长 14.8%，“十一五”时期累计完成投资 1 307.84 亿元，年均增长 9.4%。其中，限额以上固定资产投资 298.01 亿元，增长 16.1%，“十一五”时期年均增长 8.7%;限额以上固定资产投资中非国有投资 161.66 亿元,增长 25.0%,占限额以上固定资产投资比重为 54.2%。

在限额以上固定资产投资中,第一产业投资 9.48 亿元,比上年增长 22.9%;第二产业投资 98.77 亿元,增长 9.4%,其中工业投资 98.51 亿元,增长 13.0%;第三产业投资 189.76 亿元,增长 19.6%。

丽水市全年限额以上投资项目 1565 个,比上年增加 155 个,其中,新开工项目 628 个。57 省道青岱线三期汤洋至将军岩段、庆景青滩坑水库淹没段青田范村至景宁大均青田段、青田外雄水电站、景宁外舍防护工程、玉溪引水工程、中国电信丽水分公司 3G 建设项目、丽水联通 3G 和 2G 及宽带数据传输建设项目、丽水文化艺术中心、市人民医院门诊医技楼等一批交通通信、能源水利、社会民生重大项目如期建成。金丽温铁路扩能改造、云景高速公路、龙庆高速公路、50 省道改扩建、开发区南城建设、滨水公园、水阁污水处理厂等一批重大项目顺利推进。

2010 年,丽水市还全面推行“重点工程效能台账”制度,积极开展“重点工程提能增效服务月”、“重点工程督查服务月”和重点建设项目“百日攻坚”行动,市区绕城西路等一批重点项目顺利推进,完成重点建设投资 107.5 亿元,占年度计划的 126.5 %。

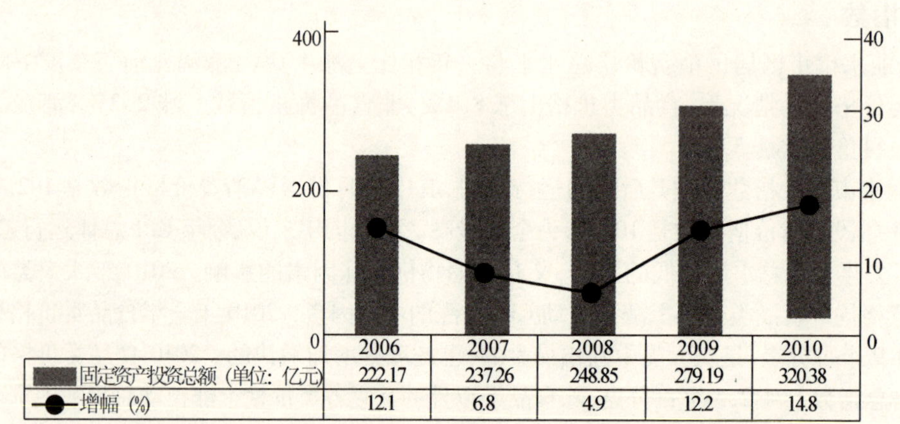

	2006	2007	2008	2009	2010
固定资产投资总额 (单位: 亿元)	222.17	237.26	248.85	279.19	320.38
增幅 (%)	12.1	6.8	4.9	12.2	14.8

图 3-299 2006-2010 年丽水市全社会固定资产投资及增长幅度

5. 区县经济

2010 年 2 月,义乌丽水签署加强区域合作框架协议,在深化两地区域合作、拓展合作领域和提升合作层次等方面签署框架协议。丽水的区域合作不断深入,另外还先后与北京海淀区、上海长宁区和黑龙江省伊春市结为友好合作城市。青田县的“接轨温州”战略也极大地促进了经济的发展。

(二)农业

1. 农业生产和建设概况

2010 年,丽水市农作物总播种面积 176.86 千公顷,比上年下降 3.8%,其中粮食播种面积为 102.26千公顷,下降 7.2%;果用瓜种植面积 3.29 千公顷,增长 2.9%;药材种植面积 3.1 千公顷,增长 1.2%;油料种植面积 11.33 千公顷,下降 0.3%;蔬菜种植面积 44.57 千公顷,增长 2.8%;花卉苗木面积 1.36 千公顷,下降 3.0%。全年粮食总产量为 53.14 万吨,比上年下降 5.7%。

全年肉类总产量为 8.73 万吨,比上年下降 0.1%,其中猪肉产量 6.16 万吨,增长 2.9%,禽肉产量 2.17 万吨,下降 9.1%,牛奶产量 361 吨,下降 0.8%。全年生猪出栏 71.83 万头,增长 6.4%;家禽出栏 1 294.07 万只,下降 7.3%。水产品总产量 1.97 万吨,增长 4.5%。

2010 年末,全市农田有效灌溉面积 86.48 千公顷,比上年增长 3.1%,其中旱涝保收面积 50.05 千公顷,与上年持平。农业机械总动力 102.99 万千瓦,增长 2.7%。

2. 农业生产特点分析

2010 年，丽水市虽然遭遇低温、多雨等自然灾害天气，农业生产受到较大影响，但各级政府及时出台抗灾救灾和扶持农业生产的政策措施，有效地调动广大农业生产者积极性，最大限度减少灾害造成的损失，农业产业结构进一步调整，生产保持平稳较快发展。2010 年农林牧渔及服务业总产值 96.97 亿元，比上年增长 7.6%，其中：农业产值 64.96 亿元、林业产值 15.14 亿元、牧业产值 14.06 亿元、渔业产值 2.05 亿元，分别增长 9.0%、1.5%、7.7% 和 12.4%。农林牧渔及服务业增加值 62.93 亿元，增长 7.3%。按可比价计算农林牧渔及服务业总产值和增加值均增长 4.0%。其主要特点分析如下：

种植业生产稳步发展，产业结构进一步优化。2010 年农作物种植产业结构进一步调整，粮食作物播种面积进一步压缩，而经济作物播种面积进一步增加。全年种植业产值 64.96 亿元，比上年同期增长 9.0%；从价值量上看，粮食作物占种植业比重为 16.8%，比上年下降 1.1 个百分点。粮经比由 2009 年的 60：40 调整为 2010 年的 57.8：42.2，粮食作物播种面积下降 2.2 个百分点。农作物种植结构进一步完善，农民收入得到进一步增加。

（1）粮食生产比上年下降。全年粮食作物播种面积 102.3 千公顷，比上年减少 8.0 千公顷，下降 7.2%，是省下达种植计划 89.3 千公顷的 114.6%；全年粮食总产量 53.1 万吨，完成省下达计划的 111.8%，但比上年减少 5.7%。其中：谷物种植面积为 63.9 千公顷，总产量 40.09 万吨，分别比上年下降 6.8% 和 4.4%。豆类种植面积为 17.9 千公顷，总产量 3.94 万吨，分别比上年下降 8.8 和8.1%。薯类种植面积为 20.47 千公顷，总产量为 9.11 万吨，分别比上年下降 7.2% 和 10.2%。

在粮食作物播种面积减少的情况下，经济作物有了较大的提升。2010 年油料作物播种面积达 11.3 千公顷，总产量达 1.72 万吨，分别比上年下降 0.3% 和 15.0%，其中油菜籽播种面积为 9.7 千公顷，产量达 1.33 万吨，分别比上年下降 0.3% 和 18.4%；药材类种植面积为 3.06 千公顷，比上年增长 1.2%，产量达 1.13 吨，比上年增长 27.3%；蔬菜种植面积为 44.57 千公顷，比上年增长 2.8%，产量为 111.86 万吨，比上年增长 2.4%；果用瓜类种植面积达 3.3 千公顷，比上年增长 2.9%，产量达 7.56 万吨，比上年下降 3.2%；花卉苗木种植面积 1.4 千公顷，盆栽类园艺达 182.6 万盆，均与上年基本持平。

（2）食用菌生产较快发展。食用菌产值 18.89 亿元，比上年增长 8.6%。在大宗食用菌生产中，除香菇产量下降 0.5% 外，其余黑木耳、鲜蘑菇及其他菇产量等均有较快增长，分别比上年同期增长 15.6%、27.9% 和 12.7%，推动食用菌总产量比上年同期增长 3.8%。香菇作为丽水市食用菌生产主要品种，近年来由于收益低于其他菌类，生产规模被进一步压缩，产量占食用菌的比重从上年 72.0% 下降到今年的 69.1%，下降 2.9 个百分点；从价值量上看，香菇产值占食用菌的比重从上年 72.9% 下降到今年的 70.6%，下降 2.3 个百分点。

（3）春茶生产好于上年。春茶生产受“倒春寒”天气影响，产量下降，但夏、秋茶采摘期气候较好，总体采摘量好于上年。全年茶叶总产量 2.26 万吨，比上年增长 3.3%，其中春茶占 49.9%，比上年下降 4.3 个百分点。茶农出售价格较上年提高 19.2%，实现现价产值 9.21 亿元，增长 23.2%

（4）水果生产有所下降。水果生产因冻害及倒春寒等影响，产量有所下降。全年水果产量 39.42 万吨，比上年减产 2.4%，虽然产量有所下降，但出售价格普遍上升，水果产值达 6.64 亿元，比上年同期增长 2.3%。柑桔种植结构进一步调整，桔子产量占柑桔产量的比重从上年的 29.7% 下降到今年的 26.2%，下降 3.5 个百分点。

林业生产平稳发展。2010 年丽水市造林面积、林苗培育及幼林抚育等与上年同期有较大增长，大宗林产品普遍下降，毛竹采伐量增加，而木材采伐量下降。据统计，全年造林面积 2 390 公顷，同比增长 28.6%，林苗培育新增 372 公顷，同比增长 16.3%，幼林抚育 14 252 公顷，增长 20.0%。在大宗林产品中，油茶籽产量 1.56 万吨，比上年下降 8.8%，笋干产量 1.09 万吨，下降 13.4%，人造板原料下降 27.5%。木材采伐量比上年下降 17.1%，毛竹采伐量增长 14.2%。林产品的销售价格与农产品一样,呈上涨势头。总体上看,林业生产呈平稳发展态势。

畜牧业生产收益下滑,养殖户信心受挫。今年以来,随着粮食等饲料价格的上涨,虽然畜禽产品价格比上年有所上涨,但因是成本推动的结果,畜牧业生产效益全面下滑,养殖户信心受挫,出现部分规模养殖户歇业的情况,牛、羊、禽等存栏量全面下降,给丽水市畜牧业生产带来影响。2010 年末生猪存栏为 57.33 万头,比上年增长 3.3%,出栏为 71.83 万头,增长 6.4%,全年饲养量 129.16 万头,同比增长 5.0%。兔子饲养格局发生变化,由传统的长毛兔饲养转向肉用兔的饲养。年末兔存栏 12.95 万只,增长 7.6%,其中肉用兔 12.37 万只,增长 9.0%,肉用兔所占比例从上年的 94.3% 增加到今年的 95.5%,上升 1.3 个百分点;兔出栏 16.7 万只,增长 18.2%。

全年肉类总产量 8.73 万吨,比上年同期减 0.1%,其中猪牛羊肉产量 6.41 万吨,增长 3.1%,占肉类总产量 73.4%,比上年增加 1.1 个百分点;禽蛋产量 0.88 万吨,增长 8.0%。

渔业养殖比重进一步提高,总产量稳步增长。丽水市渔业生产坚持"以养为主",通过产业结构调整,发展优质高效渔业,进一步提升产业发展水平。全年水产品总产量 19 703 吨,同比增长 4.5%,其中养殖产量 18 497 吨,占全部水产品的 93.9%,比上年提高 0.7 个百分点。

(三)工业和建筑业

1. 工业增加值

2010 年,丽水市全部工业增加值 272.39 亿元,比上年增长 16.2%,"十一五"时期年均增长 17.4%。规模以上工业销售产值 1 091.26 亿元,增长 33.6%;完成出口交货值 102.82 亿元,增长 37.2%;出口交货值占销售产值的比重为 9.4%,比上年提高 0.2 个百分点。

丽水市 2010 年规模以上工业企业中高新技术企业完成产值 87.42 亿元,比上年增长 31.8%,占规模以上工业产值比重为 7.6%。新产品产值 136.94 亿元,增长 67.2%,占规模以上工业产值比重 11.8%,比上年提高 2.4 个百分点。全年发电量 49.91 亿千瓦时,比上年增长 98.6%;成品钢材产量 223.16 万吨,增长 31.8%。

2010 年,全市规模以上工业企业产品销售率 94.3%,比上年上升 0.8 个百分点;实现利润总额 78.92 亿元,增长 142.5%。

丽水市 2010 年还制定和实施工业主导产业发展规划,龙泉汽车零部件产业、遂昌金属制品产业列入全省现代产业集群转型升级示范区试点。

表 3-68　2010 年丽水市县市规模以上工业总产值

单位:亿元

县市	规模以上工业总产值
丽水市区	318.68
龙泉市	87.70
青田县	205.48
云和县	41.93
庆元县	35.21
缙云县	246.00
遂昌县	103.24
松阳县	86.42
景宁自治县	14.41

2. 建筑业

丽水市2010年建筑业增加值49.84亿元，比上年增长12.8%。资质以上建筑企业完成总产值104.11亿元，增长6.8%，利润总额4.87亿元，增长18.3%。

（四）服务业

1. 国内贸易

2010年，社会消费品零售总额266.13亿元，比上年增长18.3%，“十一五”时期年均增长16.5%。其中，城镇消费品零售额209.86亿元，乡村消费品零售额56.27亿元，分别比上年增长18.4%和17.9%。分行业看，批发零售业零售额233.24亿元，增长19.0%；住宿餐饮业零售额32.89亿元，增长13.4%。

丽水市在限额以上批发零售贸易业销售额中，汽车类零售额比上年增长29.3%，石油及制品类增长35.0%，食品饮料烟酒类增长28.3%，服装、鞋帽、针纺织品类增长11.9%，家用电器和音像器材类增长39.1%，日用品类增长25.8%，金银珠宝类增长15.0%，家具类增长56.2%。

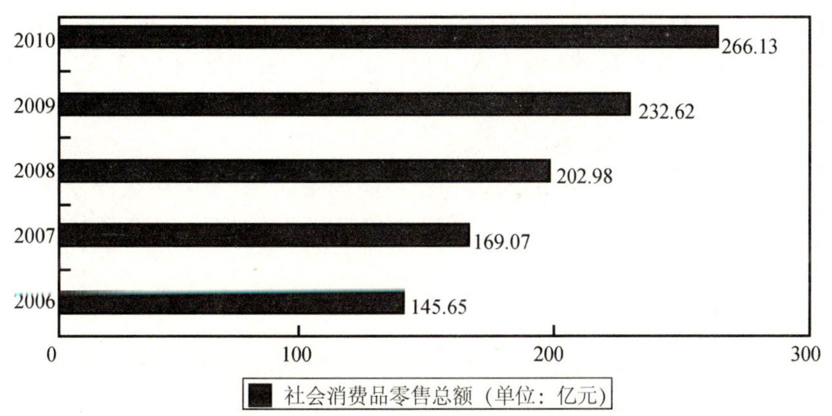

图3－300　2006－2010年社会消费品零售总额

至2010年末丽水市共有商品交易市场98个，比上年减少8个，全年成交额178.14亿元，比上年增长10.2%，其中，成交额超亿元的市场16个，全年成交额101.14亿元；超十亿元的市场6个，全年成交额66.83亿元。

2. 消费品市场特点分析

（1）城镇和农村消费品市场都得到了较快发展。全年城镇市场实现社会消费品零售额209.86亿元，同比增长18.4%；农村市场实现社会消费品零售额56.27亿元，同比增长17.9%。城镇市场仍居主导，农村市场基础在不断加强。

（2）批发零售业持续繁荣，住宿餐饮业稳步提升。2010年丽水市批发零售业实现零售额233.24亿元，同比增长19.0%，增速超过社会消费品零售总额；住宿业和餐饮业营业额分别实现7.62亿元和33.59亿元，分别增长了24.7%和21.7%。

（3）消费政策的刺激和引导。2010年，丽水市继续落实了家电、汽车摩托车“下乡”和“以旧换新”等惠民政策，直接刺激了这两类消费品的需求。家电方面，在前一年惠民政策的示范作用下，政府补贴对农村消费者更具吸引力。此外，家电下乡政策也影响了家电企业的销售策略，形成覆盖城乡的促销局面，刺激了整个家电消费需求。消费政策除了发挥刺激作用，对农村消费品市场的发展也起着引导作用。因为，政府补贴都指向那些资质较高的企业和质量较好的消费品，这能够引导农村居民合理消费。

(4)节庆活动突出消费亮点。2010年,丽水市举办了多场大型节庆活动。其中,规格最高的全省首届体育大会赛程从4月份延续到11月份。以市区为中心、各县(市)为辅的体育场馆群在7个月里,不间断地举行着各项赛事活动。以市为单位的11个代表团和14个行业体协代表团共参与48个大项、349个小项和行业体协7个非奥运体育项目的角逐,与会人员总数超过11 000人。大会的开闭幕式,还吸引了超过15 000名观众。这对丽水市消费品市场发展,特别是对住宿餐饮业发挥了巨大的推动作用。

3. 交通运输、邮政通讯业

2010年,丽水市交通运输、仓储和邮政业增加值23.0亿元,比上年增长11.0%。

全年公路货物周转量849 956万吨公里,比上年增长6.4%;公路旅客周转量241949万人公里,增长1.8%。铁路客运量123万人,货运量130万吨。

丽水市全年邮政通讯业务收入20.05亿元,比上年增长12.7%。其中,邮政业务收入1.46亿元,下降28.7%,电信业务收入18.59亿元,增长18.2%。年末固定电话用户(含小灵通)达51.30万户,年末移动电话用户223.42万户;固定电话、移动电话普及率分别为21部/百人和95.8部/百人。全年新增互联网用户(含宽带用户)5.72万户,年末总量达25.05万户,比上年末增长29.6%。

4. 旅游业

2010全年丽水市共接待国内旅游者2 065.30万人次,比上年增长34.1%;国内旅游收入97.11亿元,增长36.5%。入境旅游者12.92万人次,增长22.7%。其中外国人11.57万人次,增长22.1%;香港、澳门和台湾同胞1.35万人次,增长27.4%;国际旅游外汇收入28 908万美元,增长24.3%。全年旅游总收入116.55亿元,增长34.2%。

2010年丽水市成功创建遂昌千佛山景区、青田石门洞景区、景宁云中大漈景区3家国家4A级旅游景区;省政府批复设立丽水瓯江风情旅游度假区为省级旅游度假区;创建丽水东西岩景区为省级生态旅游区。

5. 金融和保险业

2010年末,金融机构本外币各项存款余额1 128.23亿元,比上年末增长20.4%,其中人民币存款余额1019.54亿元,增长15.7%。金融机构本外币各项贷款余额821.46亿元,比上年末增长22.2%,其中人民币贷款余额809.11亿元,增长21.5%。年末城乡居民本外币储蓄存款余额638.81亿元,比上年末增长15.8%。按五级分类4家国有商业银行不良贷款3.3亿元,不良贷款率为0.56%,比年初下降0.14个百分点。

丽水市全年保险业实现保费收入20.76亿元,比上年增长26.2%,“十一五”时期年均增长20.0%。其中,财产险保费收入8.17亿元,增长29.6%;人身险保费收入12.59亿元,增长24.1%。支付各类赔款及给付5.01亿元,其中寿险赔款及给付1.15亿元;财产险赔款3.87亿元。

6. 房地产业

丽水市2010全年房地产开发投资46.84亿元,比上年增长13.4%。商品房销售额53.58亿元,比上年下降32.4%。

(五)对外经济

1. 对外贸易

2010年,丽水市进出口总额153 285万美元,比上年增长38.0%,“十一五”时期年均增长24.0%。其中,出口134 881万美元,比上年增长44.3%,进口18 404万美元,增长4.8%,“十一五”时期年均分别增长25.1%和17.3%。

欧洲和亚洲仍是丽水市产品出口的主要市场,出口额比重达到71.5%,对北美洲和拉丁美洲市场保持较快增长。

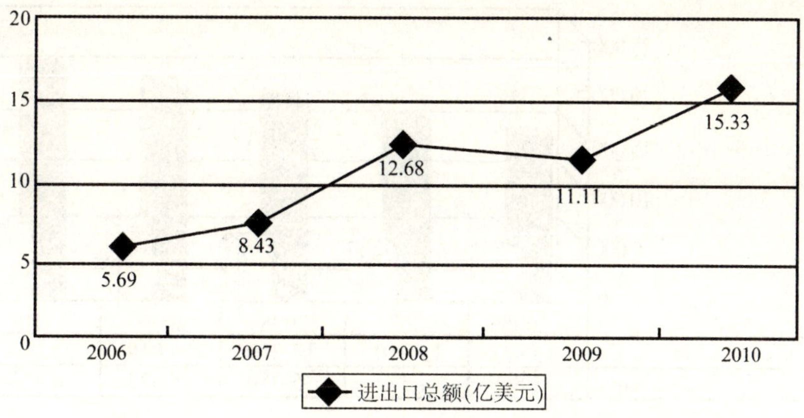

图 3－301　2006－2010 年丽水市外贸进出口总额

2. 利用外资

2010 年,全市新批准设立外商直接投资企业 12 个,比上年增加 4 个;外商直接总投资 12 008 万美元,增长 287.0%;合同利用外资金额 7 373 万美元,增长 273.7%;实际利用外资金额 3 751 万美元,增长 28.8%。

表 3－69　2010 年丽水市县市实际使用外资

单位:万美元

县市	实际使用外资金额
丽水市区	1 894
龙泉市	90
青田县	1 111
云和县	450
庆元县	55
缙云县	20
遂昌县	32
松阳县	50
景宁自治县	50

二、丽水市 2010 年社会发展概况

(一)人口、人民生活

至 2010 年末丽水全市公安户籍人口 2 596 480 人,比上年增长 0.6%。其中,男性人口 1 344 502 人,女性人口 1 251 978 人,分别占总人口的 51.8% 和 48.2%。全年出生人口 39 296 人,出生率 15.2‰;死亡人口 19 690 人,死亡率为 7.62‰;全年净增人口 19 606 人,自然增长率为 7.58‰。

丽水全市城镇居民人均可支配收入 21 093 元,农村居民人均纯收入 6 537 元,扣除价格因素,实际分别比上年增长 6.6% 和 10.2%,“十一五”时期分别年均增长 7.4% 和 9.8%。城镇居民人均生活消费支出 15 366 元,农村居民人均生活消费支出 4947 元,实际分别增长 7.6% 和 3.6%。城镇居民家庭恩格尔系数(即居民家庭食品消费支出占家庭消费总支出的比重)为 35.1%,比上年上升 0.3 个百分点;农村居民家庭恩格尔系数为 38.2%,比上年下降 0.9 个百分点。城镇居民人均住房建筑面积 41.8 平方米,比上年末增加 0.1 平方米;农村居民人均居住面积 48.04 平方米,比上年增加 1.48 平方米。年末每百户城镇居民家用汽车拥有量 17.7 辆,比上年增加 6.4 辆。

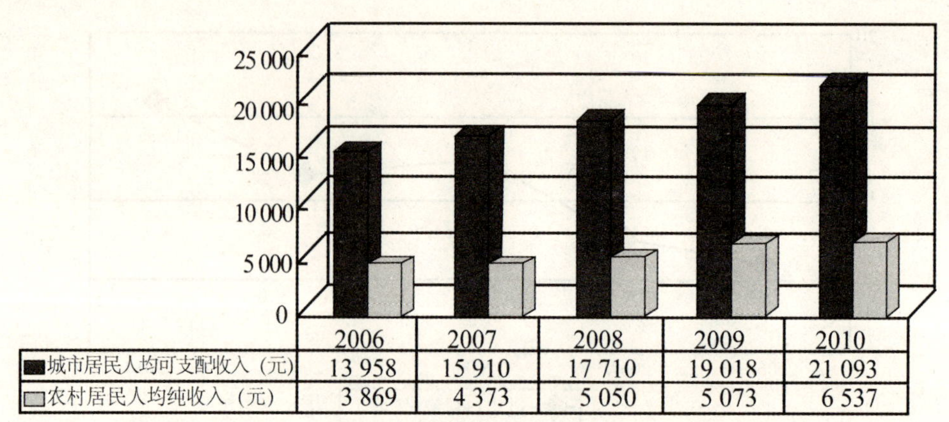

	2006	2007	2008	2009	2010
城市居民人均可支配收入（元）	13 958	15 910	17 710	19 018	21 093
农村居民人均纯收入（元）	3 869	4 373	5 050	5 073	6 537

图 3-302　2006-2010 年丽水市城乡居民收入对比一览

(二)就业与社会保障

1. 就业

2010 年丽水市新增城镇就业岗位 14 469 个,帮助 5 802 名下岗失业人员实现了再就业。年末城镇登记失业率为 3.86%。

2. 社会保障

2010 年末丽水全市参加基本养老保险人数为 34.08 万人(包括企业和机关事业的在岗及离退休人员),比上年末增加 3.27 万人;参加失业保险的人数为 15.6 万人,增加 0.58 万人;参加医疗保险的人数为 26.35 万人,增加 1.72 万人。工伤保险参保人数 27.6 万人,增加 1.25 万人,生育保险参保职工 12.83 万人,增加 1.35 万人。被征地农民基本生活保障累计参保人数 6.52 万人,筹集资金 9.31 亿元,其中政府补助 3.78 亿元。全市低保对象 67 444 人,其中城镇 4 431 人,农村 63 013 人,平均保障标准为城镇 192.84 元/月人、农村 124.53 元/月人,全年共支出低保金 10 146 万元,比上年增长 8.8%。农村五保集中供养率 91.7%,城镇"三无"集中供养率 94.9%。

丽水市全年销售社会福利彩票 2.18 亿元,比上年增长 65.2%。

(三)教育和科学技术

1. 教育事业

2010 年,丽水市拥有普通高校 3 所,普通高等教育本专科招生 11 505 人,在校生 35 584 人,毕业生 10 970 人。各类中等职业教育学校 21 所,招生 13 705 人,在校生 33 417 人,毕业生 9 103 人。普通高中招生 12 400 人,在校生 36896 人,毕业生 11 185 人。初中学校 78 所,招生 25 735 人,在校生 83 756 人,毕业生 28 812 人,初中毕业升高中段的比例为 95.02%,比上年提高 0.05 个百分点。普通小学 264 所,招生 28 096 人,在校生 156 308 人,毕业生 25 983 人;小学毕业生升学比例达 100%,初中入学率、巩固率分别为 99.89%和 99.94%。特殊教育招生 103 人,在校生 476 人。全市拥有幼儿园 877 所,在园幼儿 84 889 人。

2. 科技与创新

丽水市全年新增高新技术企业 18 家、省级科技型中小企业 6 家、省级创新型试点企业 1 家、省级高新技术企业研发中心 1 个。年末共有高新技术企业 42 家、省级科技型中小企业 45 家、省级创新型试点企业 7 家、省级高新技术企业研发中心 30 个。全年获批国家、省级新产品 49 个,国家、省级创新基金项目 9 项。

全年通过市级以上验收科技项目共97项,获得省级科学技术进步奖4项。知识产权保护工作得到加强,共获专利授权1 573项,其中发明专利35项。

2010年,全市有32家企业获得306张3C证书,法定计量技术机构9个,全年强制检定计量器具31 766台件,有470家企业获得了管理体系认证。

至2010年末已获得国家名牌产品5个、省名牌产品56个。

(四)文化、卫生和体育

1. 文化事业

丽水市至2010年末共有艺术表演团体5个,群艺(文化)馆10个、文化站183个,公共图书馆9个,博物馆8个。广播、电视综合覆盖率分别达到95.17%和97.35%。有线电视用户数44.36万户,入户率为48.01%,全市所有乡镇和97.7%以上的行政村实现了有线电视联网,农村有线电视入户数26.14万余户。全市公开发行的报纸3种,年发行量达3 615万份,平均每千人每天拥有37份报纸。全市共有综合档案馆10个,馆藏各类档案1 635个全宗,共计95.42万卷。

2. 卫生事业

丽水市年末全市共有医疗卫生机构(不含诊所)345个,其中医院、卫生院295个,妇幼保健院(所、站)9个,疾病预防控制中心(防疫站)9个,卫生监督所(中心)10个。卫生技术人员(不含诊所)12 444人,其中执业医师和执业助理医师5 521人,注册护士4 090人,床位数7 288张。

新型农村合作医疗机制进一步完善,社会保障水平不断提高。2010年,参合人数186.6万人,参合率为93.4%,人均筹资水平190.3元。其中统筹区域(县域)内报销比例达47.5%。第三轮参合农民健康体检率达39.5%。

3. 体育事业

2010年,丽水市运动健儿共取得全国冠军5个、全省冠军87个。全市共创建11个省级体育强镇(乡),20个省级青少年俱乐部,扶持建设470个新农村小康体育村。2010全年发行体育彩票1.42亿元,比上年增长14.7%。

(五)城乡建设

丽水市市围绕“一江双城”总体布局,深入开展“三大改造”和“六城联创”,大力推进城市“绿化、亮化、洁化”,建成市行政中心、丽水体育场、滨江景观带等一批重大项目。城市框架拉开、功能完善、管理创新、环境优化,至2010年末,建成区面积从25.35平方公里扩大到32.31平方公里。成功创建中国优秀旅游城市和省级环保模范城市、园林城市和森林城市。深入实施“小县大城”战略,加快社会主义新农村建设,扎实推进农民异地转移、低收入农户奔小康等工程,在全省率先推开农村危旧房改造,努力培育中心镇和中心村。

丽水市2010年新农村建设成效明显,围绕“农民增收六大目标”,坚持统筹城乡发展,积极实施各项惠民工程,农村生产生活条件进一步改善。2010年完成了380个村庄的整治任务,农村垃圾收集率达到86.16%,全年异地转移农民2.19万人。农家乐休闲旅游业发展较快,累计发展农家乐休闲旅游特色村(点)233个,从业人员9.9万人,营业收入2.38亿元。全市实施农村危旧房改造50 327户,拆除危旧房建筑占地面积223.7万平方米,新增建设用地面积39.5万平方米,新启动旧村改造村138个,完成投资33亿元。金融支持力度加大,年末金融系统涉农贷款余额389.57亿元,比上年增长31.2%,林权抵押贷款余额18亿元,增长173.6%;全市2 852个行政村全部开展农户信用评价工作,31.8万信用农户共取得89.2亿元授信额度。

全市深入实施农村"135 工程",投入村庄整治资金超过 2.6 亿元,完成通村公路路基 1 285.8 公里,路面 1 954.6 公里。拓宽农民增收渠道,全市实现来料加工费 8.1 亿元,"农家乐"直接营业收入 1.7 亿元。

(六)环境保护和生态建设

2010 年,丽水市水资源总量 304.1262 亿立方米,比上年增长 78.6%;人均水资源 11 670 立方米,比上年增长 77.3%。全年平均降水量 2176 毫米,比常年偏多 38%;平均温度 18.1 度,比常年偏高0.5 度;日照时数 1490.7 小时,比常年偏少 194.7 小时。全市(不包括景宁、松阳)共出现霾天气 90 天,平均 12.9 天。全市共建有自动气象站 208 个,土壤水份观测站 3 个,能见度观测点 9 个。年末全市 33 座大中型水库蓄水总量 43.05 亿立方米。全年完成造林面积 1 303 公顷;迹地更新 4 419 公顷;当年新增育苗 111 公顷;中、幼龄林抚育面积 4 649 公顷,森林覆盖率为 80.79%。

2010 年丽水市生态建设成效进一步显现,全年噪声达标区 244 平方公里,烟尘控制区 311 平方公里。建设项目环评执行率达到 100%。全市地表水 89 个断面的水质监测,有 87 个断面年均值满足相应水功能要求。市区空气质量符合Ⅱ级标准要求的天数达到 357 天。城市声环境质量符合国家标准,各标准适用区平均值均低于相应标准。全市共创建省级生态乡镇 31 个、省级绿色学校 15 所,建成省级生态环境教育示范基地 3 个,莲都、龙泉、缙云分别获得省级生态县(市、区)称号。全市建有各级自然保护区(含自然保护小区)82 个,其中国家级自然保护区 2 个;自然保护区面积 44.96 千公顷,占土地总面积的 2.59 %。建有市级以上森林公园 11 个。

节能降耗取得成效,主要污染物排放强度继续下降。企业加大了对节能减排项目的技术改造,积极采取节能减排措施,规模以上工业万元增加值能耗下降 10.1%;化学需氧量和二氧化硫排放总量五年累计减排 16% 和 16.69 %。

(七)社会安全及安全生产

建设"平安丽水"取得阶段性成效。据调查,2010 年丽水市群众安全感满意率 97.58%,比上年提高 0.73 个百分点。全年共发生道路交通事故 577 起、死亡 269 人、受伤 687 人,分别比上年下降 16.3%、3.6%、15.5%,直接财产损失 151 万元,比上年增长 16.2%。火灾事故 72 起,比上年下降 21.7%,直接经济损失 364 万元,下降 5.1%,无人员死亡。

全年因山洪爆发等自然灾害死亡 6 人,受伤 7 人,倒塌房屋 1 684 间,损坏房屋 49 391 间,造成直接经济损失 25.9 亿元,其中农业直接经济损失 12.15 亿元。全市工矿商贸企业发生事故 48 起、死亡 51 人。

三、丽水市在长三角地区经济发展中的地位

2010 年,丽水市继续深入实施省委"两创"总战略和市委"三市并举"发展战略,紧紧围绕建设生态文明和全面小康社会两大战略目标,积极应对宏观经济环境复杂多变等不利因素,全市国民经济实现了平稳较快发展,经济增长水平和质量进一步提高,为实现"十一五"国民经济发展规划目标划上了圆满的句号,为"十二五"发展奠定了较为坚实的基础,但在长三角地区经济发展的地位未出现较大改观,仍需继续努力。

2006 - 2010 年丽水市地区生产总值在长三角所占比重分别为 0.74%、0.77%、0.77%、0.75% 和 0.77%,保持相对稳定,仅在 0.74% 和 0.77% 的区间内窄幅变化,仅 2009 年出现了一定的下滑。2010 年结束了下滑的局面,较上年有所增加,达到了 07 年的水平,比上年增加 0.02 个百分点。

2010 年丽水市地区生产总值在长三角地区 25 个市(苏浙两省 24 个地级市和上海市,下同)中的排名与上年保持一致,排名第 24 位,位置属于下游,亟需有所改变,以期结束落后的局面。

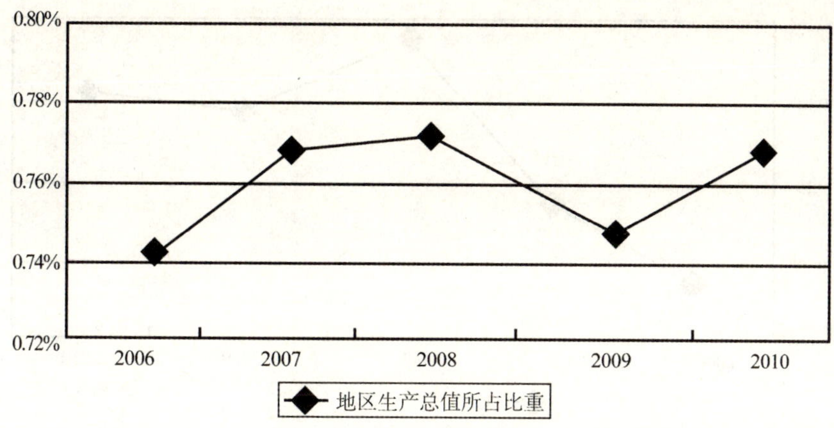

图 3－303　2006－2010 年丽水市地区生产总值在长三角所占比重的变化趋势

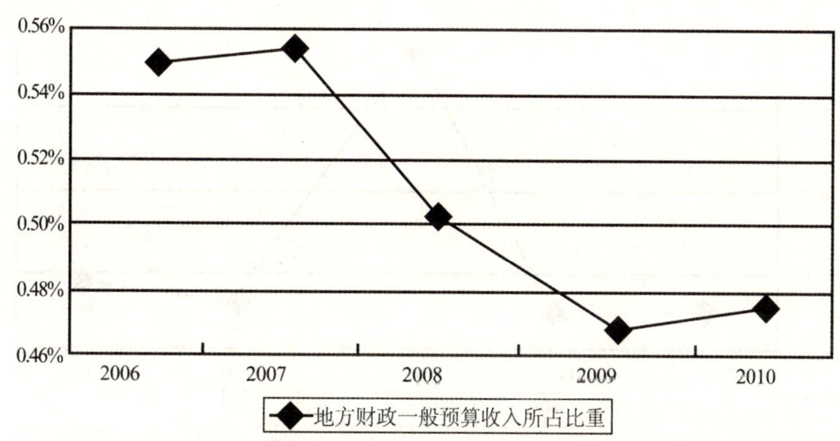

图 3－304　2006－2010 年丽水市地方财政一般预算收入在长三角所占比重的变化趋势

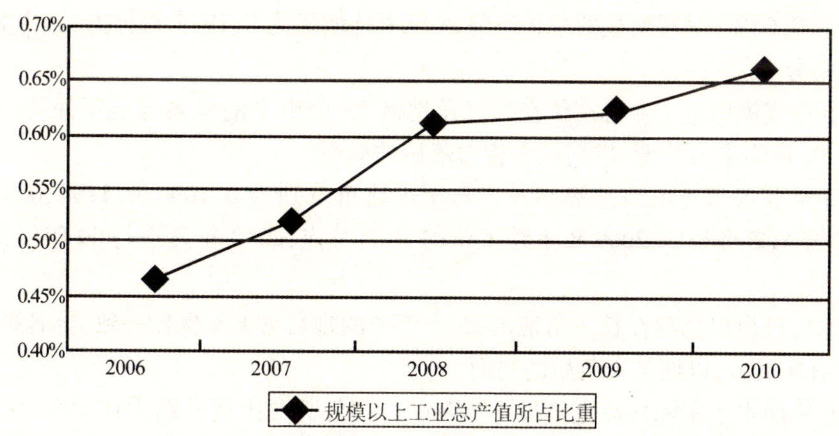

图 3－305　2006－2010 年丽水市规模以上工业总产值在长三角所占比重的变化趋势

2006－2010 年丽水市地方财政一般预算收入在长三角所占比重分别为 0.55%、0.55%、0.51%、0.47%和 0.47%，2008、2009 年两年降幅相对较为明显，累计降幅为 0.08 个百分点，2010 年止住了下跌，但仍未有所突破，仅与上年基本保持一致。

2010 年丽水市地方财政一般预算收入在长三角地区 25 个市中的排名与上年保持一致，排名第 25 位，属于倒数第一位，亟需有所改变，以期结束长期落后的局面。

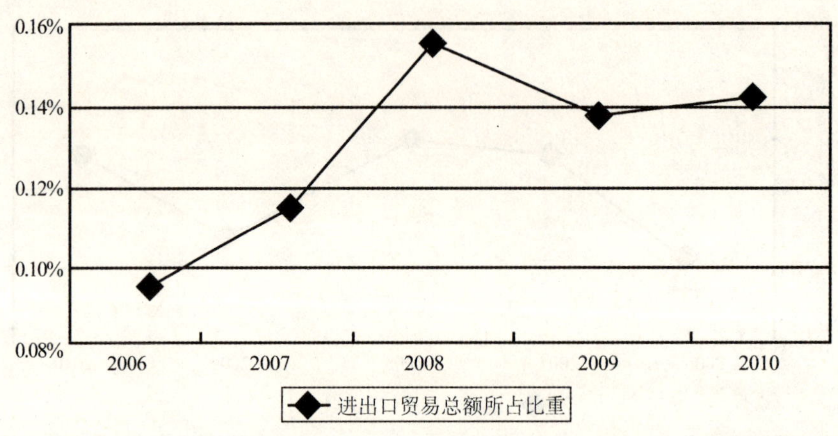

图 3－306　2006－2010 年丽水市进出口总额在长三角所占比重的变化趋势

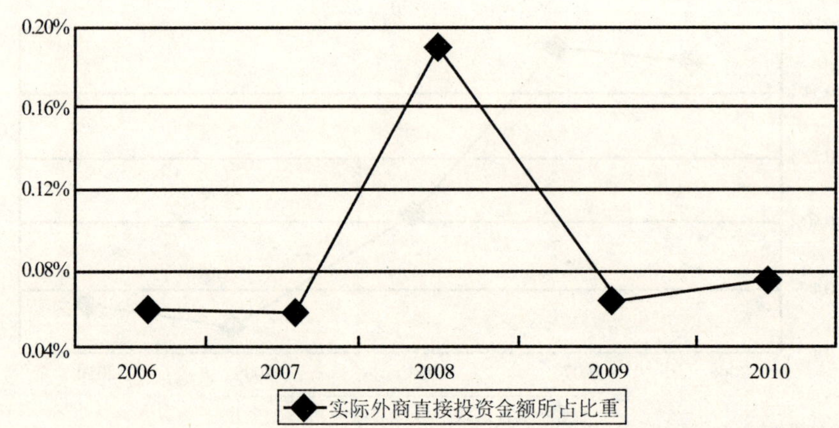

图 3－307　2006－2010 年丽水市实际外商直接投资金额在长三角所占比重的变化趋势

2006－2010 年丽水市规模以上工业总产值在长三角地区所占比重分别为 0.47%、0.52%、0.61%、0.62%和 0.66%，呈现明显的增长态势，5 年累计增幅为 0.19 个百分点，其中 2010 年较上年增加了 0.04 个百分点。

2010 年丽水市规模以上工业总产值在长三角地区 25 个市中的排名与上年保持一致，排名第 22 位，位置属于下游，亟需有所改变，以期结束相对落后的局面。

2006－2010 年丽水市进出口总额在长三角所占比重分别为 0.10%、0.11%、0.15%、0.14%和 0.14%，在 2008 年显著增长后，2009 年下跌了 0.01 个百分点，2010 年几乎与 09 年保持一致，未出现较大改善。

2010 年丽水市进出口总额在长三角地区 25 个市中的排名与上年保持一致，排名第 24 位，位置属于下游，希望能有所突破，以期结束落后的局面。

2006－2010 年丽水市实际外商直接投资金额在长三角所占比重分别为 0.06%、0.06%、0.18%、0.06%和 0.07%，除 2008 年有较大幅度的增加外，其余各年变幅均较平稳，仅在 0.06%至 0.07%之间徘徊。

2010 年丽水市实际外商直接投资金额在长三角地区 25 个市中的排名与上年保持一致，排名第 25 位，排名倒数第一，希望能解放思想，改善对外投资环境，以期能较大程度的吸引外商直接投资，改变这种落后的局面。

第四章　泛长三角地区2010年经济社会发展报告

一　安徽省2010年经济社会发展报告

2010年，面对极为复杂的宏观环境，安徽省人民在省委、省政府的坚强领导下，认真贯彻党的十七大和十七届三中、四中、五中全会精神，深入贯彻落实科学发展观，加快推进经济发展方式转变，经济发展呈现出速度加快、结构优化、效益提升、民生改善、后劲增强的良好态势，各项社会事业全面进步，圆满完成了年初确定的目标任务。

一、安徽省2010年经济发展概况

(一)综合经济

1. 经济总量

全年生产总值(GDP)12 359.33亿元，比上年增长22.8%。分产业看，第一产业增加值1 729亿元，增长4.5%；第二产业增加值6 436.6亿元，增长31.2%；第三产业增加值4 193.7亿元，增长14.5%。三次产业比例由上年的14.9∶48.7∶36.4变化为14.1∶52.1∶33.8，其中工业增加值占GDP的比重为43.7%，比上年提高3.3个百分点。

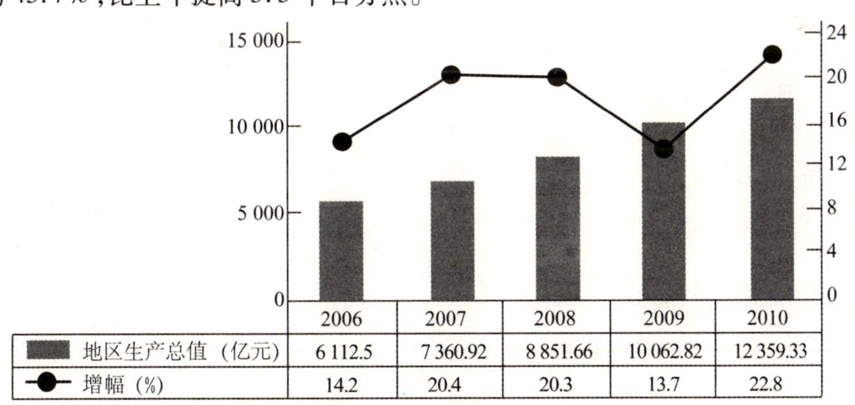

	2006	2007	2008	2009	2010
地区生产总值（亿元）	6 112.5	7 360.92	8 851.66	10 062.82	12 359.33
增幅（%）	14.2	20.4	20.3	13.7	22.8

图3－308　2006－2010年安徽省地区生产总值及增长速度

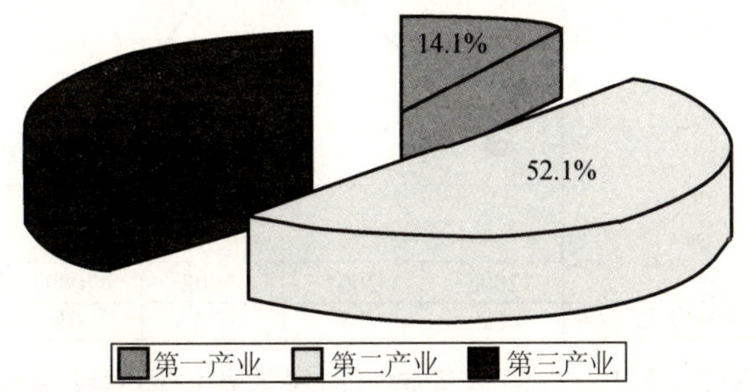

图3－309　2010年安徽省三次产业结构图

2. 财政收支

全年财政收入2 063.8亿元,比上年增长33%,其中地方财政收入1 149.4亿元,增长33%。在全部财政收入中,增值税增长29%,营业税增长32.8%,企业所得税增长35.3%。财政支出2 583.5亿元,增长20.6%。其中,城市社区事务支出增长46.5%,科学技术支出增长40.3%,社会保障与就业支出增长23.9%,一般公共服务支出增长24.2%,文化体育与传媒支出增长22%,教育支出增长16.4%。全年33项民生工程累计投入345亿元,惠及6 000多万城乡居民。

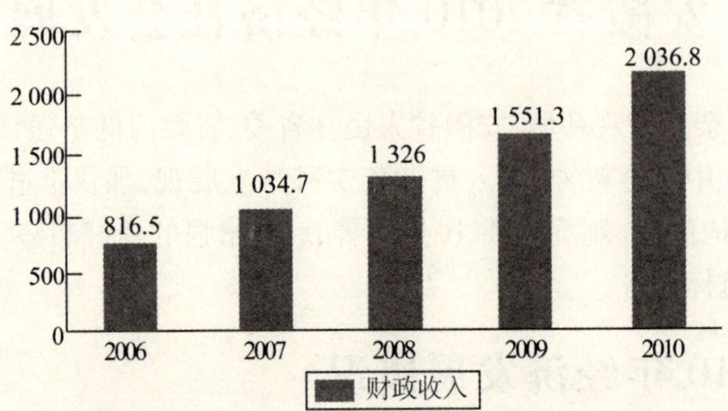

图3-310 2006-2010年安徽省财政收入

3. 物价指数

表3-70 2010年全省居民消费价格比上年涨跌幅度

单位:%

类　别	涨跌幅度%
居民消费价格	3.10
其中:城市	3.00
农村	3.40
其中:食品	6.60
烟酒及用品	2.00
衣着	-1.90
家庭设备用品及服务	-1.10
医疗保健及个人用品	3.30
交通和通信	-0.40
娱乐教育文化用品及服务	0.50
居住	5.50

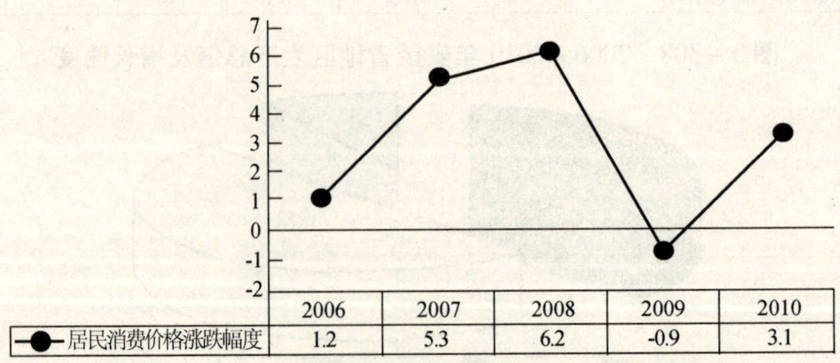

图3-311 2010年安徽省居民消费价格涨跌幅度

全省居民消费价格一季度比上年同期上涨2.2%，上半年上涨2.5%，前三季度上涨2.6%，全年上涨3.1%。全年商品零售价格上涨3.2%，工业品出厂价格上涨9%，原材料、燃料、动力购进价格上涨11.8%，固定资产投资价格上涨5.4%，农业生产资料价格上涨2%。

4. 固定资产投资

2010年安徽省全年固定资产投资11 849.4亿元，比上年增长33.6%。其中，城镇投资10 928.4亿元，增长34%；农村投资921亿元，增长28.3%。工业及信息化产业技术改造投资2 472.3亿元，增长37.1%。

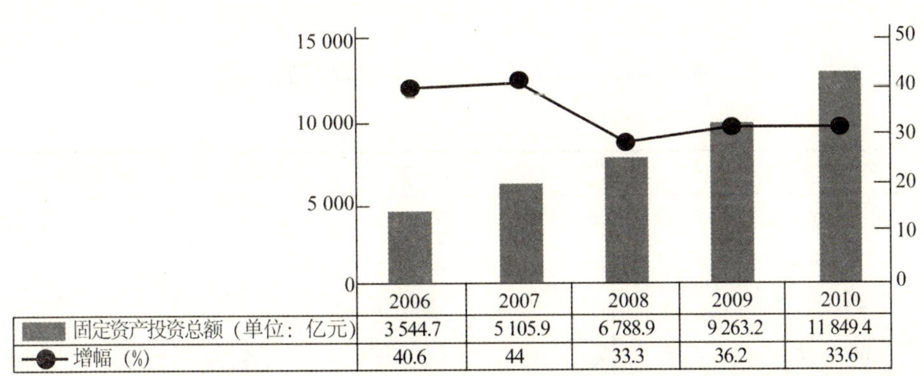

	2006	2007	2008	2009	2010
固定资产投资总额（单位：亿元）	3 544.7	5 105.9	6 788.9	9 263.2	11 849.4
增幅（%）	40.6	44	33.3	36.2	33.6

图3-312 2006-2010年安徽省全社会固定资产投资及增长幅度

从产业看，第一产业投资增长21.2%，第二产业增长40.5%，第三产业增长28.1%。从行业看，工业投资增长41.3%，其中制造业增长46.2%，制造业中的装备制造业增长49.5%。六大高耗能行业投资增长34.5%。三产中的交通运输、仓储和邮政业投资增长32.9%，住宿和餐饮业增长39.5%，金融业增长52.8%，科学研究、技术服务和地质勘查业增长1.2倍，居民服务业增长30%，文化、体育和娱乐业增长25.3%，卫生、社会保障和社会福利业增长15%。

安徽省2010全年共安排"861"行动①计划项目4 033项，当年完成投资5 294.3亿元，其中省政府重点协调调度项目完成投资1 050.8亿元。开工建设奇瑞年产30万台1.5L-1.8L发动机、马钢动车组车轮钢及精品车轮加工生产线、铜陵有色铜冶炼升级改造（双闪）、大唐淮北虎山发电厂、中建材（合肥）平板显示TFT—LCD玻璃基板、合肥新桥机场高速公路、徐州至明光高速公路安徽段等一批重大项目；枞阳海螺2×4 500t/d水泥熟料、宿州钱营孜年产180万吨煤矿、500千伏淮南开关站（汤庄变）扩建、桐城羽绒加工、芜湖华强文化科技产业园等一批工程已建成或基本建成。

（二）农业

2010年安徽省全年粮食作物种植面积6 616.4千公顷，比上年扩大10.8千公顷，其中优质专用小麦面积1 892.6千公顷，扩大126.1千公顷。油料种植面积944.3千公顷，扩大24.6千公顷。棉花种植面积344.4千公顷，扩大16.73千公顷。蔬菜种植面积775.6千公顷，扩大30.3千公顷。

---

① "861"行动计划："8"是建设八大重点产业基地。(1)加工制造业基地。主要发展汽车产业、机械装备产业和家电产业。(2)原材料产业基地。主要发展金属材料和非金属材料。(3)化工产业基地。主要发展石油化工、煤化工、橡塑制品。(4)能源产业基地。主要发展煤炭、电力、煤炭液化和煤层气。(5)高新技术产业基地。(6)优质安全农产品生产、加工和供应基地。主要为农产品生产，粮油、水果加工，畜牧深加工，纺织和造纸。(7)全国著名的旅游目的地。(8)重要的文化产业大省。"6"是指构筑六大基础工程。(1)防洪保安工程。(2)通达工程。(3)信息工程。(4)生态工程。(5)信用工程。(6)人才工程。"1"是指到2010年，安徽省国民生产总值达到1万亿RMB，这个是最近调整的（原指：到2007年全省国内生产总值达到5 620亿元，人均达到1 000美元以上）。以上简称为"861"行动计划。

全年粮食产量3 080.5万吨,比上年增加10.6万吨,增长0.3%,连续五年创新高。油料产量227.6万吨,下降5.3%;棉花产量31.6万吨,下降8.7%。

至2010年末全省生猪存栏1 442.5万头,比上年下降2.7%;全年生猪出栏2 782.1万头,增长3.8%。主要肉类产量375.4万吨,增长4.1%,其中猪牛羊肉产量271.3万吨,增长3.9%。禽蛋产量119万吨,增长0.7%。牛奶产量20.5万吨,增长2%。水产品产量193.3万吨,增长5.6%。

年末安徽省农业机械总动力5 409.8万千瓦,比上年增长5.9%。农用拖拉机248.6万台,增长2%;农用运输车66.4万辆,下降1%。全年化肥施用量(折纯)319.8万吨,增长2.2%。农村用电量107.4亿千瓦时,增长9.6%。有效灌溉面积3520.4千公顷,新增38.3千公顷;新增节水灌溉面积28.3千公顷。

表3-71　2010年安徽省主要农产品产量

单位:万吨

产品名称	绝对数	比上年增长%
粮食	3 080.50	0.30
油料	227.60	-5.30
#花生	86.40	15.10
油菜籽	133.70	-15.20
棉花	31.60	-8.70
烤烟	2.90	0.90
蚕茧	3.30	15.00
茶叶	8.30	1.50
蔬菜	2 137.40	5.40
水果	805.30	8.00

(三)工业和建筑业

1.工业增加值

2010年安徽省规模以上工业增加值5 290.62亿元,比上年增长32.9%,其中轻、重工业分别增长31.4%和33.5%,轻重工业增加值比例由上年的30.9: 69.1变化为29.7: 70.3。股份制、外商及港澳台商投资企业生产继续快速增长。

表3-72　2010年安徽省规模以上工业增加值

单位:亿元

指　　标	绝对数	比上年增长%
规模以上工业	5 290.62	32.90
其中:　轻工业	1 498.68	31.40
重工业	3 791.94	33.50
其中:　国有企业	319.25	-20.10
集体企业	38.85	28.10
股份合作企业	16.69	-34.20
外商及港澳台商投资企业	672.55	32.90
其中:国有及国有控股企业	2 222.19	25.00

表 3-73　2010 年安徽省主要工业产品产量及其增长速度

产品名称	单 位	绝对数	比上年增长%
纱	万吨	56.50	15.30
布	亿米	10.90	68.00
化纤	万吨	22.00	18.80
饮料酒	亿升	21.90	6.00
卷烟	亿支	1 225.90	3.00
彩色电视机	万部	395.30	0.90
家用洗衣机	万台	1 267.00	29.30
家用电冰箱	万台	2 078.90	32.10
房间空调器	万台	1 666.10	62.90
能源生产总量	万吨标准煤	9 367.20	5.10
原煤	万吨	13 030.40	5.10
发电量	亿千瓦时	1 443.90	9.30
柴油	万吨	196.00	6.00
生铁	万吨	1 844.90	6.00
粗钢	万吨	1 853.80	5.30
钢材	万吨	2 446.40	13.80
十种有色金属	万吨	169.00	20.70
水泥	万吨	7 873.70	13.40
平板玻璃	万重量箱	1 044.30	0.80
硫酸	万吨	439.70	24.70
纯碱	万吨	35.40	-0.60
化肥	万吨	255.40	-5.30
化学农药	万吨	15.10	-20.90
合成洗涤剂	万吨	74.60	17.10
金属切削机床	万台	2.60	33.20
汽车	万辆	124.50	35.90
电力电缆	百万米	1 282.80	31.20
橡胶轮胎外胎	万条	3 744.30	116.10

全省 37 个工业行业增加值全部增长，其中通用设备制造业增长 34.5%，交通运输设备制造业增长 31%，非金属矿物制品业增长 30.2%，电气机械及器材制造业增长 26%，农副食品加工业增长 26.1%，化学原料及化学制品制造业增长 20.8%，黑色金属冶炼及压延加工业增长 21.1%，煤炭开采和洗选业增长 12.8%，电力、热力的生产和供应业增长 10%。

安徽省主要工业产品产量中，原煤、发电量分别增长 5.1% 和 9.3%，粗钢、钢材分别增长 5.3% 和 13.8%，水泥增长 13.4%，家用洗衣机、家用电冰箱、房间空调器分别增长 29.3%、32.1% 和 62.9%，彩色电视机增长 0.9%，汽车增长 35.9%。

2010 年全省规模以上工业经济效益综合指数 260.1，比上年提高 38 个百分点。企业主营业务收入 17 851.5 亿元，增长 45.9%；利税 1 565.6 亿元，增长 41.3%，其中利润 843.1 亿元，增长 62.7%。煤炭开采和洗选业、电气机械及器材制造业、交通运输设备制造业、非金属矿物制品业、化学原料及化学制品制造业、农副食品加工业等 9 个利润超 30 亿元的行业，累计实现利润 528.7 亿元，占全部规模以上工业的62.7%。

2. 工业经济运行的主要特征

2010年,安徽省工业经济运行最显著特征是增长的稳定性较强。从月度增长看,3~12月份月度规模以上工业增幅保持在20%~30%(1、2月份存在春节放假的不可比因素),累计增幅则保持在23%~29%的更小区间之内,全年工业经济未受对比基数持续抬高的影响,始终运行于快速增长的通道,其中三个时点凸显快中趋稳的态势。

3. 建筑业

2010安徽省全年全社会建筑业增加值1 026.6亿元,比上年增长13.6%。资质内建筑企业利税总额201.5亿元,增长23.5%。房屋建筑施工面积23 376.9万平方米,增加4 683万平方米;房屋竣工面积9 879.4万平方米,增加1064万平方米。

(四)服务业

1. 国内贸易

2010年安徽省全年社会消费品零售总额4 151.5亿元,比上年增长19.2%。按经营单位所在地分,城镇消费品零售额3 481亿元,增长19.3%;乡村消费品零售额670.5亿元,增长19.1%。按消费形态分,商品零售3 642.2亿元,增长19%;餐饮收入509.3亿元,增长20.9%。按企业规模分,限额以上企业零售额1 367.1亿元,增长38.9%;限额以下企业零售额2 784.4亿元,增长11.5%。

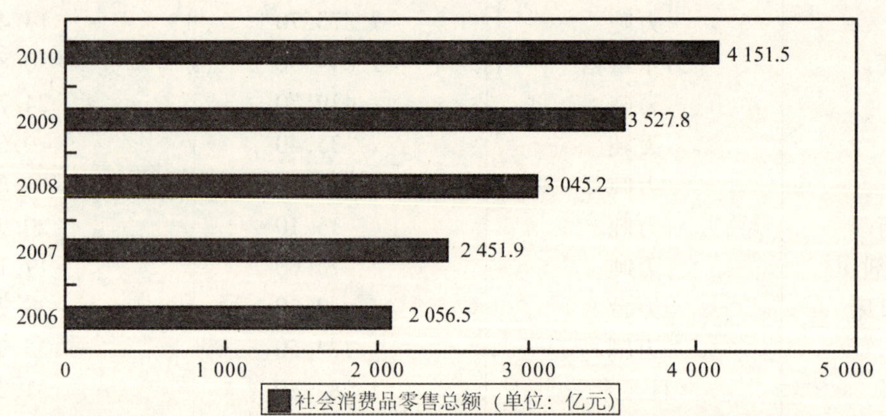

图3-313　2006-2010年安徽省社会消费品零售总额

从限额以上企业(单位)商品零售类值看,吃、穿、用商品零售额比上年分别增长35.4%、35.4%和40.9%。其中,粮油类增长52.6%,肉禽蛋类增长44%,服装类增长35.6%,化妆品类增长26%,金银珠宝类增长32.9%,日用品类增长31.4%,中西药品类增长26%,体育娱乐用品类增长30.5%,文化办公用品类增长35.7%,通讯器材类增长39.9%,家用电器和音像器材类增长42.7%,建筑及装潢材料类增长88%,家具类增长64.6%,汽车类增长47.5%,石油及制品类增长43.1%。

2. 交通运输、邮政通讯业

2010全年交通运输、仓储和邮政业增加值518.5亿元,比上年增长9.6%。

安徽省全年旅客运输量15.9亿人,货物运输量22.81亿吨,比上年分别增长12.8%和16%;旅客运输周转量1 478.51亿人公里,货物运输周转量7 144.08亿吨公里,分别增长13.5%和13.1%。全年港口货物吞吐量3.3亿吨,增长22.9%,其中外贸货物吞吐量258万吨,下降6%。全省民航机场旅客吞吐量434.5万人次,比上年增长22.8%,其中合肥机场旅客吞吐量381.7万人次,增长19.1%。

表 3－74　2010 年安徽省各种运输方式完成旅客运输量与周转量

指　　标	单　　位	绝对数	比上年增长%
旅客运输量	亿　人	15.94	12.80
其中:铁路	亿　人	0.56	8.20
公路	亿　人	15.37	13.00
水运	万　人	139.00	21.90
旅客运输周转量	亿人公里	1 478.51	13.50
其中:铁路	亿人公里	468.06	13.80
公路	亿人公里	1 010.19	13.30
水运	亿人公里	0.27	21.80

表 3－75　2010 年安徽省各种运输方式完成货物运输量与周转量

指　　标	单　　位	绝对数	比上年增长%
货物运输量	亿　吨	22.81	16.00
其中:铁路	亿　吨	1.20	7.10
公路	亿　吨	18.37	16.20
水运	亿　吨	3.24	18.30
货物运输周转量	亿吨公里	7 144.08	13.10
其中:铁路	亿吨公里	1 007.21	2.70
公路	亿吨公里	5 004.91	18.00
水运	亿吨公里	1 131.96	3.40

至 2010 年末全省民用汽车拥有量 209.8 万辆，比上年增长 25.4%，其中私人汽车 136.8 万辆，增长 35.8%。民用轿车拥有量 87.6 万辆，增长 34.1%，其中私人轿车 69.7 万辆，增长 41.2%。

全年邮政通讯业务总量 845.9 亿元，其中电信业务总量 817 亿元，邮政业务总量 28.9 亿元。年末本地固定电话交换机总容量 1 528.8 万门，比上年减少 77.5 万门。本地固定电话用户 1231 万户，减少 36.3 万户；移动电话用户 2 798.7 万户，增加 644.4 万户。每百人拥有电话(含移动)65.7 部，增加 10 部。年末基础电信运营企业计算机互联网宽带接入用户 342.1 万户，增加 71.4 万户。

3. 旅游业

2010 全年入境旅游人数 198.4 万人次，比上年增长 27.1%；国内游客 15 349 万人次，增长 25.1%。旅游总收入 1 151 亿元，增长 26.6%。其中，旅游外汇收入 8.2 亿美元，增长 23.6%；国内旅游收入 1 095 亿元，增长 26.7%。年末全省共有 A 级旅游景点(区)355 处。

4. 金融、证券和保险业

至 2010 年末全省金融机构各项存款余额(人民币口径，下同)16 366.1 亿元，比上年末增加 3057.4亿元，增长 23%。其中，企业存款余额 5 208.5 亿元，增长 20.6%；城乡居民储蓄存款余额 7 788.5 亿元，增长 17.7%。金融机构各项贷款余额 11 452.3 亿元，比上年末增加 2 162.3 亿元，增长 23.3%。其中，短期贷款 4 044.2 亿元，增长 15.6%；中长期贷款 7 100.5 亿元，增长 34.1%，中长期贷款中个人消费贷款 1 906.6 亿元，增长 48.5%。

全年在上海、深圳证券交易所发行新股 7 只(A 股)，非公开发行 10 只，发行可转换公司债券 1

只,共筹集资金171.3亿元。到2010年末,全省有上市公司65家,上市公司市价总值5 723.2亿元,比上年增长23.6%。全年安徽省境内证券经营机构证券交易量15 192亿元,期货经营机构代理交易量88 622.3亿元。

安徽省2010全年保险业保费收入438.2亿元,比上年增长22.7%。其中,财产险业务保费收入119.6亿元,增长36.6%;人身险业务保费收入318.6亿元,增长18.2%。赔款和给付104.6亿元,增长14.1%。其中,财产险业务赔款支出57.9亿元,增长17.1%;人身险业务赔款和给付支出46.7亿元,增长10.5%。

5.房地产业

全年房地产开发投资2 251.8亿元,比上年增长34.9%,其中经济适用房投资28亿元,增长16.2%。商品房销售面积4 113.9万平方米,增长2.1%;商品房销售额1 732.7亿元,增长25.7%;商品房待售面积521.3万平方米,增长6%。

(五)对外经济

1.对外贸易

表3-76 2010年安徽省出口主要分类及地区分布

单位:亿美元

指　　标	绝对数	比上年增长%
出口额	124.20	39.70
其中:机电产品	48.40	43.10
其中:高新技术产品	20.10	34.30
其中:一般贸易	93.00	41.20
加工贸易	27.50	55.70
其中:对亚洲	45.70	30.10
对欧洲	28.60	55.60
对北美洲	20.50	39.30
对非洲	12.60	16.30
对拉丁美洲	14.60	83.40
对大洋洲	2.20	17.20

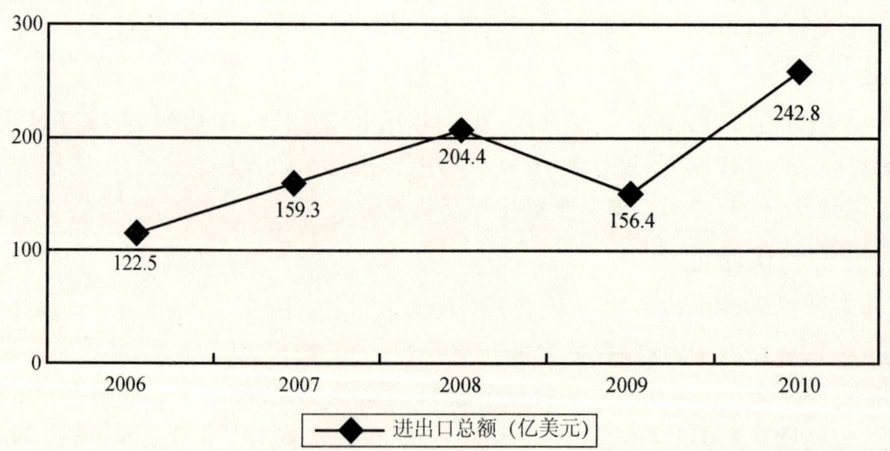

图3-314 2006-2010年安徽省外贸进出口总额

2010 全年安徽省进出口总额 242.8 亿美元，比上年增长 54.8%。其中，出口 124.2 亿美元，增长 39.7%；进口 118.6 亿美元，增长 74.6%。从出口经营主体看，生产型企业、贸易型企业出口分别增长 47.9% 和 18.8%。从出口商品类别看，机电产品、高新技术产品出口分别增长 43.1% 和 34.3%。

2. 外资状况

安徽省 2010 全年新批外商投资企业 281 家，比上年下降 4.4%；合同利用外资 21.6 亿美元，增长 50.1%；实际利用外商直接投资 50.1 亿美元，增长 29.1%。到 2010 年底，来皖投资的境外世界 500 强企业增加到 51 家。

3. 对外合作

全年对外经济技术合作新签合同金额 15.8 亿美元，比上年增长 53.2%；完成营业额 20.5 亿美元，增长 26.7%；当年外派劳务人员 12 631 人，下降 13.6%。全年新批境外企业(机构)44 个，实际对外投资 8.1 亿美元。

二、安徽省 2010 年社会发展概况

(一)人口、人民生活

2010 年全省常住人口为 5 950.0 万人，同第五次全国人口普查 2000 年 11 月 1 日零时的 5 986.0 万人相比，十年共减少 35.9 万人，下降 0.6%，年平均下降 0.06%。全省净流出到省外半年以上人数为 911.9 万人。全省普查登记的户籍人口为 6 862.0 万人，同第五次全国人口普查 2000 年 11 月 1 日零时的 6 245.3 万人相比，十年共增加 616.7 万人，增长 9.9%，年平均增长 0.95%。全省常住人口中，男性人口为 3 024.6 万人，占 50.83%；女性人口为 2 925.5 万人，占 49.17%。总人口性别比(以女性为 100，男性对女性的比例)由 2000 年第五次全国人口普查的 106.61 下降为 103.39。全省常住人口中，0－14 岁人口为 1 069.9 万人，占 17.98%；15～64 岁人口为 4 274.5 万人，占 71.84%；65 岁及以上人口为 605.7 万人，占 10.18%。同 2000 年第五次全国人口普查相比，0～14 岁人口的比重下降 7.54 个百分点，15～64 岁人口的比重上升 4.81 个百分点，65 岁及以上人口的比重上升 2.73 个百分点。全省常住人口中，居住在城镇的人口为 2 559.1 万人，占 43.01%，居住在乡村的人口为 3 391.0 万人，占56.99%。同 2000 年第五次全国人口普查相比，城镇人口增加 894.4 万人，乡村人口减少 930.3 万人，城镇人口比重上升 15.20 个百分点。

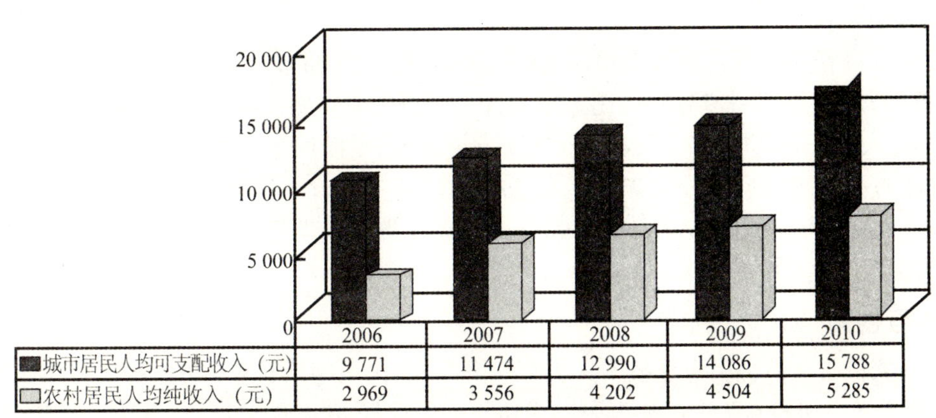

	2006	2007	2008	2009	2010
城市居民人均可支配收入（元）	9 771	11 474	12 990	14 086	15 788
农村居民人均纯收入（元）	2 969	3 556	4 202	4 504	5 285

图 3－315　2006－2010 年安徽省城乡居民收入对比一览

安徽省 2010 全年城镇居民人均可支配收入 15788 元，比上年增长 12.1%，扣除价格因素，实际增长 8.8%。人均消费性支出 11513 元，增长 12.5%，其中食品支出增长 7.9%，交通和通信支出增长

33.9%,衣着支出增长13.5%,教育文化娱乐服务支出增长20.8%。城镇居民家庭恩格尔系数为38%,比上年下降1.6个百分点。城镇居民人均住房建筑面积31.6平方米,比上年增加0.7平方米。全年农村居民人均纯收入5 285元,比上年增长17.3%,扣除价格因素,实际增长13.5%。人均生活消费支出4 013元,增长9.8%,其中食品支出增长9.3%,交通通讯支出增长12.2%,居住支出增长6.7%。农村居民家庭恩格尔系数为40.7%,比上年下降0.2个百分点。农村居民人均住房面积32平方米,比上年增加1平方米。

(二)就业和社会保障

安徽省2010年末全省参加城镇基本养老、医疗保险人数分别为669.5万人和1 529.4万人。参加失业保险人数为384万人,全年为23.9万名失业人员发放了不同期限的失业保险金。全省参加工伤、生育保险人数分别为359.5万人和351.5万人。被征地农民养老保险制度全面推进,年末被征地农民参保人数172.1万人,覆盖率98.89%。新型农村养老保险试点工作稳步推进,参保人数349.4万人。农村低保提标扩面全面完成,年末保障人数214.6万人,全年发放低保金19.6亿元;城市低保应保尽保,年末保障人数88.4万人。

至2010年末全省有各类收养性社会福利院床位20.5万张,收养各类人员16.8万人。城镇建立各种社区服务设施3 500个,其中乡镇、街道及县(市、区)级社区服务中心520个。全年销售社会福利彩票25.2亿元,筹集公益金8.1亿元。

安徽省把解决关系群众切身利益的民生问题作为重中之重,在财政支出压力加大的情况下,将更多资金向民生领域倾斜,全年民生投入1 096亿元,占财政支出42.4%,地方新增财力80%用于民生。实施33项民生工程,投入345亿元,增长35.8%。实施更加积极的就业政策,已有1 300万农业劳动力实现转移就业,高校毕业生初次就业率保持全国先进水平。加大劳动者权益保护,落实上调后的最低工资标准。不断完善社会保障体系,基本养老、基本医疗、失业保险参保人数分别达669.5万人、1 529.4万人和384万人,首批新型农村社会养老保险试点参保人数达349.4万人。社会救助整体合力不断增强,城乡低保、五保集中供养、大病医疗救助和孤儿救助等工作加快推进。20.9万户城市低收入家庭享受廉租房保障,完成城市及国有工矿棚户区住房改造22.6万户、农村危房改造4.3万户。实施采煤塌陷区村庄搬迁应急工程建设,惠及25.7万人。

(三)教育和科学技术

1.教育事业

2010年末安徽省共有研究生培养单位18个,在学研究生38 991人。普通高校100所,在校生93.9万人,高等教育毛入学率24.3%,比上年上升2个百分点。各类中等职业教育(不含技工学校)在校生87.3万人。普通高中743所,在校生127.6万人,高中阶段毛入学率80%,比上年上升5.8个百分点。普通初中2 995所,在校生279万人,初中阶段适龄人口入学率99.22%。小学13 997所,在校生460.4万人,小学学龄儿童入学率99.93%。各级各类成人学校毕业生39.8万人。全面实施免费义务教育,受益学生739.5万人。

2.科技与创新

2010年末安徽省共有各类专业技术人员159.7万人,比上年增长8.8%。科研机构2 078个,其中大中型工业企业办机构607个。从事研发活动人员9万人,其中科学家和工程师7.4万人。全年用于研究与试验发展(R&D)经费179亿元,增长31.7%,相当于全省生产总值的1.46%。全省有国家大科学工程5个;有国家实验室2个,国家重点工程实验室9个,省级(含重点)实验室92个,部属(含院属)实验室35个;有省级以上工程技术研究中心205家,其中国家级6家。

安徽省全年共取得省部级以上科技成果780项。主要科技成果有:超高压旋转水射流技术及其表面处理工程应用、若干纳米矿物研究及其相关材料研发等。全年受理专利申请37 780件,授权专利16 012件,分别比上年增长1.3倍和86.3%。共签订各类技术合同4 831项;成交金额46.2亿元,比上年增长29.6%。

2010年末全省共有县以上产品质量检验机构687个,其中系统内115个,国家检测中心12个;有产品质量、体系认证机构1个,累计完成强制性产品认证的企业1433个;有法定计量技术机构79个,全年强制检定计量器具124.7万台(件);累计制定国际标准2项、国家标准330项,制定、修订地方标准1332项;有中国名牌产品37个、国家地理标志产品25个、安徽名牌产品829个。

全年省测绘资料档案馆为社会各界提供各种比例尺地形图7 685幅,国家大地控制点成果3 989点(含GPS点),利用档案资料1 972卷(盒),航空摄影底片约18 100张,底片14筒,航空航天影像数据光盘约230盘。全年省测绘部门完成基础测绘16 033幅。

(四)文化、卫生和体育

1. 文化事业

安徽省至2010年末全省共有专业艺术表演团体75个,文化馆120个,公共图书馆90个,博物馆89个,乡镇综合文化站1 270个。全国重点文物保护单位56处、合并国保项目2处,省级重点文物保护单位455处。国家级非物质文化遗产名录60项,省级名录273项。广播电台17座,中波发射台和转播台23座,广播人口覆盖率97.31%。电视台17座,有线电视用户461.1万户,电视人口覆盖率97.5%。全年出版报纸98种,总印数11.8亿份;期刊(杂志)178种,总印数0.7亿册;图书7824种,总印数2.3亿册;电子、音像出版物240种,出版数量126.5万盒(张)。有各级国家档案馆138个,馆藏档案资料1 372.4万卷(件、册),库馆总建筑面积18.6万平方米。

2. 卫生事业

2010年末全省共有卫生机构7 347个,其中医院728个,卫生院1 446个,社区卫生服务中心(站)1 704个,妇幼保健院(所、站)119个,疾病预防控制中心124个。卫生技术人员20.5万人,其中执业(助理)医师8.1万人,注册护士7.6万人。医院、卫生院床位17.3万张。全年诊疗1.3亿人次。村卫生室1.6万个,乡村医生和卫生员4.9万人,农村有医疗点的村占总村数的97.5%。参加新型农村合作医疗的农业人口4 750万人,参合率96%。

3. 体育事业

全年在国际和国内的重大比赛中,安徽省运动健儿共获得57枚金牌、42枚银牌和61枚铜牌。其中,世界冠军25个、世界亚军17个。在第十六届广州亚运会上获得11枚金牌、4枚银牌和7枚铜牌。"全民健身、健康安徽"系列主题活动蓬勃开展,全年共举办百人以上群众体育活动2 954次,其中现代体育项目群众活动1 421次,民间传统体育群众活动1 533次。

(五)城乡建设

安徽省把加快皖北发展放到更加突出的战略位置,密集出台一系列政策措施,加大财税金融支持力度,深化结对合作机制,推动产业园区共建,积极开展"百家民企进皖北"、国企与皖北项目对接等活动,皖北发展的内生动力不断增强,经济发展明显提速,主要指标增幅高于全省平均水平。进一步加快合肥现代化滨湖大城市建设,大力推进合肥经济圈一体化发展,突出提升皖江城市带综合竞争力,积极争取并全面启动黄山国家服务业综合改革试点市工作,加快建设皖南国际旅游文化示范区和皖北、皖西、环巢湖旅游区。加大对革命老区、山区、库区、沿淮行蓄洪区和少数民族聚居区扶持力度,减少贫困人口40万。

2010 年全面落实强农惠农政策,发放涉农补贴 146.3 亿元,增长 21.2%。扎实推进粮食生产“三大行动”,启动新一轮小麦高产攻关,战胜多重自然灾害,粮食总产 616.1 亿斤,再创历史最好水平。实施畜牧业升级计划、水产跨越工程和新一轮“菜篮子”工程,农业产业化“532”提升行动提前完成,销售收入超 10 亿元龙头企业 40 家,规模以上农产品加工企业净增 1 040 家,农产品加工业总产值增长 44.5%。新农村建设省级示范村、镇分别达 1 930 个和 202 个,新增农民专业合作组织 5 580 个,完成新型农民培训 55.9 万人。农业保险基层服务网络基本覆盖全省。全面完成国家规划内 295 座大中型和重点小型病险水库除险加固任务,实施淠史杭等大型灌区续建配套与节水改造工程。连续 12 年实现耕地占补平衡,被国家列为整体推进农村土地整治示范建设省。进一步规范和促进土地承包经营权流转,扎实开展阳光村务工程,健全村级组织运行经费保障机制,全面推进村级公益事业建设一事一议财政奖补试点和“惠民直达工程”试点,深化集体林权制度配套改革,城乡一体化综合配套改革试点深入推进。

(六)环境保护和生态建设

2010 年全省已发现的矿种为 158 种(含亚矿种)。查明资源储量的矿种 122 种(含普通建筑用石料矿种),其中能源矿产 5 种,金属矿产 19 种,非金属矿产 96 种,水气矿产 2 种。全年地质勘查部门开展各类地质(科研)项目(省级)95 项,新增查明资源储量的大中型矿产地 30 处(不含共生大中型矿床 7 处)。

至年末全省共有省、市、县级环境监测站 83 个。监测的 17 个城市中,有 16 个城市空气质量达到二级标准。已建成自然保护区 38 个,其中国家级 6 个、省级 28 个、市级 4 个。当年人工造林面积 57 千公顷。年末森林面积 3 804.2 千公顷,活立木总蓄积量 21 710.1 万立方米,森林蓄积量 18 074.9 万立方米。

淮河干流安徽段水质以Ⅲ类为主,总体水质优。长江干流安徽段以Ⅱ类水质为主,总体水质优;主要支流总体水质轻度污染。巢湖湖区以及 9 条主要环湖支流总体水质均为中度污染。新安江干、支流总体水质优。全省城市集中式饮用水源地水质达标率为 93.4%。

(七)社会安全

全年亿元 GDP 生产安全事故死亡率为 0.28,比上年下降 20%;煤矿百万吨死亡率为 0.28,下降 40.4%;道路交通万车事故死亡率为 3.14,下降 10.8%。全年发生道路交通事故 7 931 起,发生火灾事故 5 172 起。

二　合肥市2010年经济社会发展报告

2010年，是“十一五”收官之年，在市委、市政府的坚强领导下，合肥市上下深入贯彻落实科学发展观，加快转变经济发展方式，抢抓发展机遇，奋力争先进位，整体经济继续保持又好又快发展态势。总体呈现：规模迅速扩张、质量明显提升、动力显著增强、结构趋强趋优，在快速发展、跨越发展的基础上，实现了科学发展、协调发展的良好局面。

一、合肥市2010年经济发展概况

(一)综合经济

1.经济总量

全年生产总值(GDP)2 701.6亿元，比上年增长17.5%。其中，第一产业增加值132.6亿元，增长3.5%；第二产业增加值1 457.6亿元，增长22.3%；第三产业增加值1 112.3亿元，增长12.7%。三次产业结构由上年5.2∶52.6∶42.2调整为4.9∶53.9∶41.2。其中，工业增加值占GDP的比重为41.5%，比上年提高1.5个百分点。

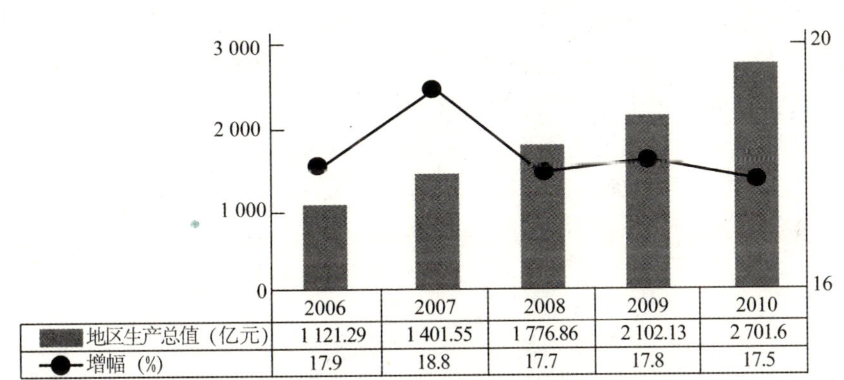

图3－316　2006－2010年合肥市地区生产总值及增长速度

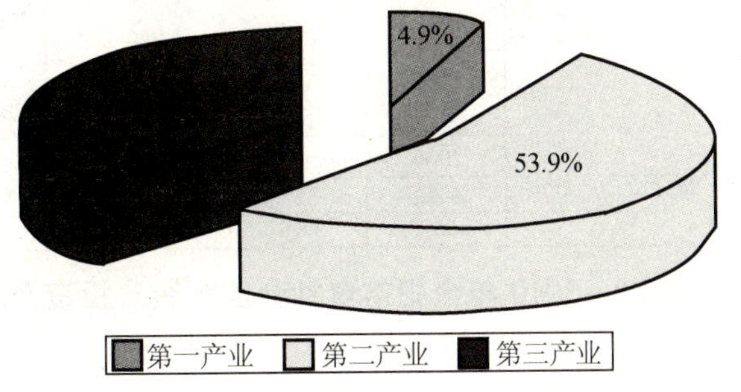

图3－317　2010年合肥市三次产业结构图

2.财政收支

2010年合肥市全年财政收入476.20亿元，比上年增长39.3%。地方财政收入259.43亿元，增长43.4%，其中税收收入221.43亿元，非税收入38亿元，分别增长43.5%和43.1%。财政支出317.72亿元，增长29.2%。其中，一般公共服务支出30.8亿元，增长30.1%；教育支出37.01亿元，增长23.2%；城乡社区服务支出102.56亿元，增长61.5%。

3. 物价指数

全年城市居民消费价格上涨2.7%,其中食品价格上涨5.5%,居住价格上涨6.1%。工业品出厂价格同比上涨2.4%。原材料、燃料、动力购进价格上涨6.7%。

表3－77　2010年合肥市城市居民消费价格比上年涨跌幅度

单位:%

指　　标	涨跌幅度
居民消费价格	2.70
其中:食品	5.50
烟酒及用品	2.20
衣着	－2.70
家庭设备用品及维修服务	－1.80
医疗保健及个人用品	2.30
交通和通信	－0.60
娱乐教育文化用品及服务	1.30
居住	6.10

4. 固定资产投资

全年全社会固定资产投资3 066.97亿元,比上年增长24.2%。其中,国有及国有控股投资1 103.58亿元,增长11.9%;外商及港澳台投资152.36亿元,下降6.6%;民间投资1 811.03亿元,增长37.3%。市区投资2 410.40亿元,增长23.2%;县域投资656.58亿元,增长28.3%。

第一产业投资27.95亿元,比上年增长4.3%;第二产业投资1 038.14亿元,增长34.6%;第三产业投资2 000.88亿元,增长19.8%。工业投资1 010.17亿元,增长34.3%,其中八大产业投资620.75亿元,增长54.9%。

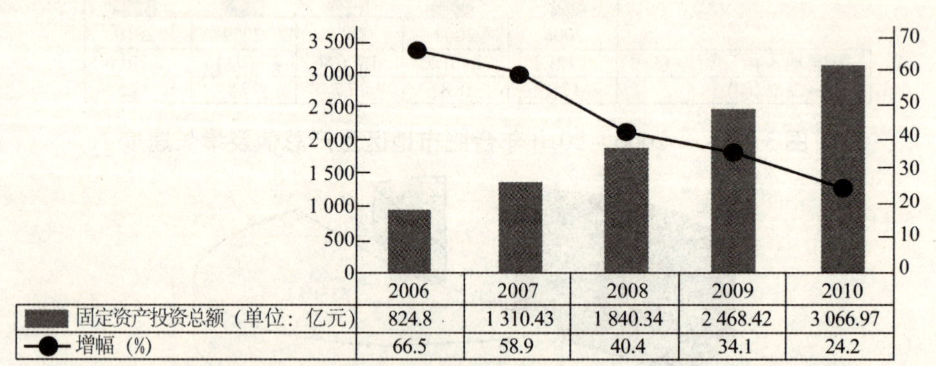

	2006	2007	2008	2009	2010
固定资产投资总额(单位:亿元)	824.8	1 310.43	1 840.34	2 468.42	3 066.97
增幅(%)	66.5	58.9	40.4	34.1	24.2

图3－318　2006－2010年合肥市全社会固定资产投资及增长幅度

(二)农业

合肥市2010年全年粮食种植面积28.26万公顷,比上年扩大1.5%;油料种植面积12.46万公顷,减少10.1%;棉花种植面积1.87万公顷,减少1.5%;蔬菜种植面积5.06万公顷,增长5.3%;瓜果种植面积1.87万公顷,增长15.8%。

粮食产量193.52万吨,比上年增长1.6%,连续七年增产。其中,稻谷产量149.81万吨,下降0.5%;小麦产量30.91万吨,增长11.8%。油料产量25.85万吨,下降18.5%;蔬菜产量109.25万吨,增长9.4%;瓜果产量42.14万吨,增长18.0%。

至2010年末生猪存栏113.96万头,比上年增长2.0%;全年生猪出栏229.97万头,增长2.5%。主要肉类产量38.02万吨,增长3.3%,其中猪牛羊肉产量19.62万吨,增长3.3%。禽蛋产量13.61万吨,增长5.7%;牛奶产量9.20万吨,增长47.2%;水产品产量12.29万吨,增长9.0%。

年末全市农业机械总动力188.38万千瓦,比上年增长5.5%。农用拖拉机14.11万台,增长7.3%;农用运输车1.1万辆,减少0.9%;排灌动力机械2.69万台,减少0.4%。化肥施用量(折纯)19.70万吨,增长2.8%。农村用电量5.45亿千瓦时,增长7.7%。有效灌溉面积244.95千公顷,比上年增长0.3%。

(三)工业和建筑业

1. 工业增加值

2010年合肥市全市规模以上(年主营业务收入500万元及以上)工业企业2 091户,完成工业总产值3 768.94亿元。全年规模以上工业增加值1 092.71亿元,比上年增长25.1%。其中,轻工业增长26.8%,重工业增长23.7%,轻、重工业增加值比例由上年41∶59调整为40.2∶59.8。股份制企业实现增加值659.39亿元,增长26.2%。大中型企业实现增加值700.10亿元,增长22.4%。

全市34个工业行业中生产实现增长的有33个。汽车、装备制造、家用电器、化工及橡胶轮胎、新材料、电子信息及软件、生物医药、食品及农副产品加工等八大产业完成产值2728.74亿元,八大产业增加值762.06亿元,增长28.5%,创下2005年确立八大产业以来的最高增幅。其中,汽车、装备制造、家用电器三大产业分别增长35.4%、31.2%和29.7%。

合肥市主要工业产品产量中,家用洗衣机、家用电冰箱、房间空调器分别增长29.1%、35.9%和65.9%,叉车、挖掘机增长66.7%和60.7%,汽车增长34.0%,发电量增长8.5%。

2. 工业效益

2010年全市规模以上工业经济效益综合指数为292.7,比上年提高3个百分点;主营业务收入3 208.93亿元,同比增长39.4%;实现利税273.1亿元,增长33.1%,其中利润165.46亿元,增长47.7%;亏损面为12.5%,比上年收窄1.6个百分点。

3. 建筑业

合肥市全市资质等级以上总承包和专业承包建筑施工企业701户,完成产值1 369.69亿元,比上年增长29%。建筑企业人均劳动生产率22.73万元,增长18.4%。全年房屋建筑施工面积9160.70万平方米,增长25.1%,其中新开工面积5102.73万平方米,增长35.8%;房屋建筑竣工面积2945.34万平方米,增长7.7%。建筑业从业人员53.54万人,增长1.8%。

(四)服务业

1. 国内贸易

2010年合肥市全年社会消费品零售总额839.02亿元,比上年增长19.8%。按区域分,市区消费品零售额744.70亿元,增长19.6%;县域消费品零售额94.32亿元,增长21.3%。按行业分,批发零售业实现零售额768.21亿元,增长19.9%;住宿餐饮业零售额70.81亿元,增长17.6%。

限额以上批发零售企业商品零售额中,建筑及装潢材料类零售额比上年增长81.1%,家用电器和音像器材类增长46.6%,汽车类增长34.9%,粮油、食品、饮料、烟酒类增长32.2%,服装、鞋帽、针纺织品类增长26.7%。全年新建万村千乡农村连锁店523家。备案家电下乡销售网点879个。举办各类会展153场。

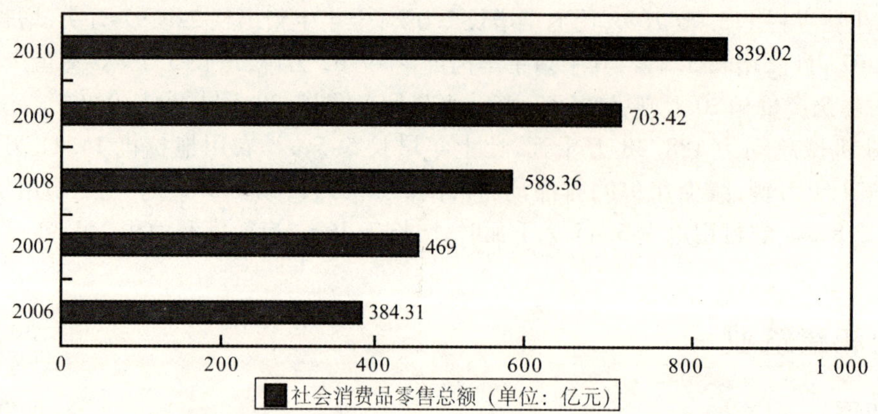

图3－319　2006－2010年合肥市社会消费品零售总额

2. 交通运输、邮政通讯业

2010年合肥全年旅客运输量2亿人,比上年增长19.3%。其中,公路1.8亿人,增长19.7%;铁路1 588万人,增长15.0%;民航416万人,增长19.2%。全年货物运输量1.97亿吨,比上年增长31.8%。其中,公路1.74亿吨,增长27.3%;铁路150.80万吨,增长11.6%;民航3.34万吨,增长14.8%;水运2 183.56万吨,增长86.7%。年末民用汽车拥有量39.32万辆,比上年增长29.7%,其中私人汽车25.05万辆,增长42.2%。民用轿车拥有量20.48万辆,增长37.9%,其中私人轿车16.51万辆,增长44.6%。

全年邮政通讯业务总量125.29亿元,其中电信业务总量122.81亿元,邮政业务总量2.48亿元。年末本地固定电话用户160.7万户,比上年增加11.3万户;移动电话用户404.9万户,增加105.6万户;基础电信运营企业计算机互联网接入用户数53.7万户,增加12.2万户。

3. 旅游业

2010年合肥市全年共接待国内外游客2 694.28万人次,实现旅游总收入247亿元,分别比上年增长55.6%和42.9%。其中,旅游外汇收入1.5亿美元,增长39.4%;国内旅游收入237亿元,增长43.2%。年末共有A级旅游景点(区)29处。

4. 金融、证券和保险业

2010年末金融机构人民币各项存款余额4 591.8亿元。其中,企事业存款2 222.16亿元,增长18.6%;储蓄存款1 241.9亿元,增长19.8%。金融机构人民币各项贷款余额4 353.7亿元。其中,短期贷款1 028.29亿元,增长8.1%;中长期贷款3 161.67亿元,增长28.8%。

2010年全市上市公司通过资本市场筹资43.1亿元。其中,首次公开发行A股3只,筹资21.46亿元;3家上市公司实现再融资,融资规模21.65亿元。到2010年末,全市有上市公司22家。

合肥市全年保险机构实现保费收入65.69亿元,比上年增长22.2%。其中,财产险保费收入23.63亿元,增长45.4%;人身险保费收入42.06亿元,增长12.2%。各项赔款与给付支出16.45亿元,比上年下降16.5%。其中,财产险赔款与给付9.98亿元,下降14.9%;人寿险赔款与给付6.47亿元,下降18.9%。

5. 房地产业

2010全年房地产投资819.03亿元,比上年增长22.2%,其中住宅投资561.36亿元,增长19.9%。商品房销售面积1 004.91万平方米,下降22.6%,其中住宅销售面积863.86万平方米,下降26.8%。商品房待售面积128.01万平方米,与上年基本持平,其中住宅待售面积65.72万平方米,减少15.07万平方米。

(五)对外经济

1. 对外贸易及合作

2010 全年合肥市进出口总额 99.58 亿美元,比上年增长 54.9%。其中,出口 56.23 亿美元,增长 26.4%;进口 43.36 亿美元,增长 119.2%。从出口经营主体看,生产型企业、贸易型企业出口分别增长 31.1% 和 14.4%。全年对外经济合作新签合同额 14.39 亿美元,比上年增长 169%;完成营业额 16 亿美元,比上年增长 31%;外派劳务人员 8168 人。

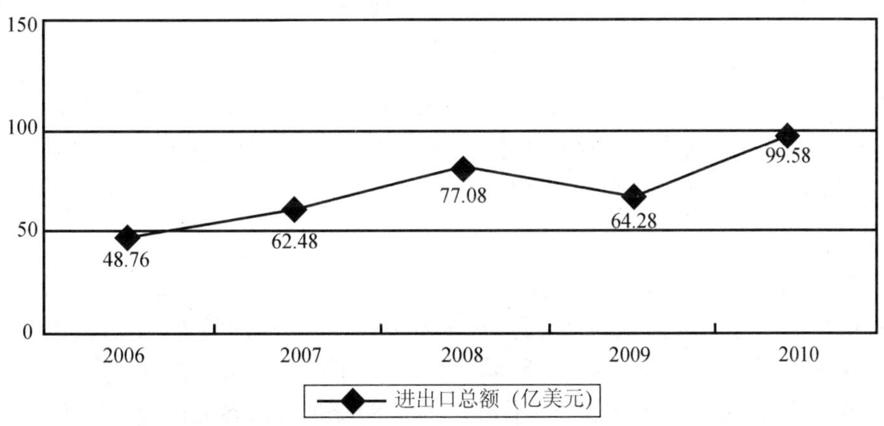

图 3-320 2006-2010 年合肥市外贸进出口总额

2. 利用外资

全年新批外商投资企业 72 户,实际利用外资 14.3 亿美元,增长 10%。其中,外商直接投资 10.96 亿美元,增长 27.8%。工业实际利用外资 7.91 亿美元,增长 34.9%。新增 3 家境外世界 500 强企业来合肥市投资。

二、合肥市 2010 年社会发展概况

(一)人口、人民生活

至 2010 年末合肥市户籍总人口 494.95 万人,比上年增加 3.52 万人。其中,市区人口 214.37 万人,增长 2.8%;非农业人口 215.84 万人,增长 1.0%。

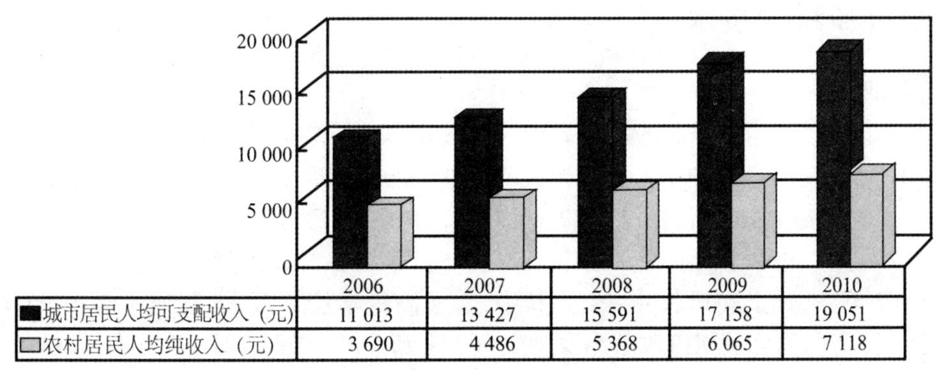

	2006	2007	2008	2009	2010
城市居民人均可支配收入(元)	11 013	13 427	15 591	17 158	19 051
农村居民人均纯收入(元)	3 690	4 486	5 368	6 065	7 118

图 3-321 2006-2010 年合肥市城乡居民收入对比一览

2010全年城镇居民人均可支配收入19 051元,增长11.0%;人均消费性支出14 012元,增长10.4%,其中教育文化娱乐服务支出增长17.4%,衣着支出增长21.4%,食品支出增长6.3%。城镇居民家庭恩格尔系数为35.8%,比上年下降1.3个百分点。城镇居民人均现住房总建筑面积26.3平方米,比上年增加0.2平方米。

全年农民人均纯收入7 118元,增长17.4%;人均生活消费支出4 188元,增长12.8%,其中食品支出增长5.6%,交通通讯支出增长13.4%,居住支出增长17.4%。农村居民家庭恩格尔系数为48.6%,比上年下降3.3个百分点。农村居民人均住房使用面积为33.4平方米,比上年增加0.44平方米。

(二)就业与社会保障

1.就业

至2010年末在岗职工65.18万人,比上年增加6.88万人。全年新增城镇就业11.3万人,下岗失业人员再就业3.4万人;累计帮扶"零就业家庭"3 849户,共5 158人,基本消除城市"零就业"家庭。年末城镇登记失业率为3.43%,比上年下降0.62个百分点。

2.社会保障和福利

合肥市全年58.42万人次领取城市居民最低生活保障金,发放城市低保金1.22亿元;43.05万人次享受农村低保,发放农村低保金1.11亿元。年末养老保险、失业保险、城镇居民医疗保险、工伤保险、生育保险参保人数分别为89.68万人、65.32万人、121.88万人、67.51万人和60.92万人。城乡20.49万人次享受医疗救助,发放救助金5184.85万元。被征地农民养老保险参保人数33万人,覆盖率100%。新型农村养老保险试点工作稳步推进,参保人数54.5万人。五保集中供养能力达48%,发放五保供养资金5 958.43万元。

实施33项民生工程,各级财政投入24亿元,增长16%。全面落实企业职工基本养老保险省级统筹,对未参保大集体企业退休人员实施补保政策。继续完善农村低保制度,保障困难群众10万多人。完成残疾人专项普查,对2.4万名贫困重度残疾人实施救助。在全省率先取消城乡低保、农村五保户、重点优抚对象住院门槛费。城市居民最低生活保障标准由260元提高到280元。新建续建保障性住房和复建点工程67项,总投资117.1亿元,其中,廉租房项目21个、竣工6 090套,公租房开工面积超过100万平方米,完成城中村及棚户区改造14 693户。加强"菜篮子"等居民基本生活必需品价格调控监管,建立快速反应机制,扩大供货渠道,切实保障市场供应和困难群众正常生活。

至2010年末合肥市各类收养性社会福利机构床位2.09万张,收养各类人员14 565人。城镇建立各种社区服务中心(站)557个,其中乡镇、街道及县(市、区)级社区服务中心149个。全年销售社会福利彩票5.62亿元,筹集公益金6 456.5万元。

(三)教育和科学技术

1.教育事业

2010年末合肥市共有高等院校56所,其中普通高校44所,普通高校在校生37.26万人。各类中等职业教育(不含技工学校)在校生13.93万人。普通高中77所,在校生10.95万人,高中阶段毛入学率111.72%。普通初中169所,在校生22.08万人,初中阶段适龄人口入学率120.75%。小学663所,在校生32.79万人,小学学龄儿童入学率103.36%。各级各类成人学校毕业生3.22万人。全市专任教师数6.62万人,比上年增长4.9%。其中,普通高等学校2万人,普通中学1.96万人,小学1.69万人。全年义务教育经费机制改革惠及学生50.34万人,其中市区21.53万人,农村28.81万人。

2.科技与创新

合肥市全年新增高新技术企业96户,全市438户高新技术企业完成产值2 021亿元。年末全市各类专业技术人员40.9万人,比上年增长5%。规模以上工业企业研发机构407个,从事研发活动人员19 354人,其中大中型工业企业办机构207个。全社会用于研究与试验发展(R&D)经费64亿元,增长31.9%。全市产学研战略联盟3个,工程技术研究中心131家。全年受理专利申请14 459件,授权专利4 007件,分别比上年增长308.9%和73.9%。签订各类技术合同4 096项,成交金额29.78亿元,比上年增长30%。

(四)文化、卫生和体育

1. 文化事业

2010年末合肥市共有专业艺术表演团体10个,文化馆9个,公共图书馆7个,博物馆2个,各级国家档案馆9个。全国重点文物保护单位2处,省级重点文物保护单位20处,市级重点文物保护单位174处。国家级非物质文化遗产项目2项,省级非物质文化遗产项目10项,市级非物质文化遗产项目30项。各类动漫企业81家,具有原创能力和代表作品的企业30多家。全市图书馆总藏量447.19万册(件),比上年增长5.6%,其中图书310.73万册,增长7.0%。各级国家档案馆馆藏档案资料82.81万卷(件、册)。电影院10家,全年票房收入8 073万元,比上年增长79.8%。

2. 卫生事业

合肥市2010年末共有卫生机构779个(含村卫生室、科研院校和计生服务站),其中医院、卫生院215个,社区卫生服务机构178个;卫生机构床位数2.54万张,其中医院、卫生院2.49万张。全市专业卫生技术人员2.92万人,其中执业医师9 490人、注册护士12 367人。每千人拥有医院床位数5.02张,拥有卫生技术人员5.93人。婴儿死亡率6.92‰,产妇住院分娩率99.96%,新农合参合率为100%。

3. 体育事业

全年在国际和国内的重大比赛中,合肥市运动健儿共获得4枚金牌、3枚银牌和5枚铜牌。在第十六届广州亚运会上,获得2枚金牌、1枚银牌和3枚铜牌。合肥市成功承办第四届全国体育大会,在比赛中获得6个一等奖、10个二等奖和4个三等奖。全年举办百人以上群众体育活动19次。

(五)城乡建设

2010年合肥市继续完善各项建设规划,全力推进区域综合交通枢纽及市政基础设施建设。全年新建续建工程516项,建成道路73公里,完成桥梁12座,建成水环境工程13项。合肥火车站改造工程完工,机场高速、合店路二期开工建设,长江西路高架及一批支路网建成通车,南北高架一号线、裕溪路高架及轨道交通一号线试验段建设加快推进。城市生态不断改善。小仓房污水处理厂建成试运行,经开区污水处理厂二期工程开工建设;排水设施百日会战成效显著,梳理整改问题1 700多个;再掀绿化造林新高潮,新增城市园林绿地1.1万亩;开展生活垃圾收运体系改革,全面完成省节能减排目标任务。三大开发区及滨湖新区开通支线公交。

2010年农村基础设施建设进一步改善。完成7座中型水库、14座小(1)型、28座小(2)型病险水库改造;提级改造农村公路360公里,三县行政村通班车率达到99%以上;新建饮水安全工程21处,解决17.5万农民饮水安全问题。

(六)环境保护和生态建设

合肥市全年累计完成城市绿化投资5.97亿元,完成人工造林4.56万亩,新增城市园林绿地1.1万亩,城市绿地率达40.2%,人均公园绿地12.5平方米。"清洁家园、绿化乡村"启动行政村234个,成片造林4.56亩。

2010年末,全市共有市县(区)级环境监测站4个,已建成31个环境噪声达标区、23个烟尘控制区。全年有55天空气质量级别Ⅰ级(优),255天的空气质量级别Ⅱ级(良),全年空气质量优良天数达到310天,优良率85%,基本达到国家环境空气质量Ⅱ级标准。重点排污企业工业废水排放量达标率96.26%,工业烟尘排放量达标率99.14%。水环境质量处于较好水平,饮用水源水质达标率100%。生活垃圾无害化处理率100%。

(七)安全生产

全年亿元GDP生产安全事故死亡率0.127,比上年下降23.5%;工矿商贸企业从业人员10万人生产安全事故死亡率1.65,下降10.8%。全年共发生道路交通事故677起,道路交通万车死亡率4.24,下降15.4%。

三　马鞍山市2010年社会经济发展报告

2010年，马鞍山市委、市政府团结带领全市人民深入贯彻党的十七大和十七届三中、四中、五中全会精神，全面落实科学发展观，抢抓实施皖江城市带承接产业转移示范区建设的历史机遇，着力构建“6653”现代产业体系，大力实施“1255”城市发展战略，全力推进项目建设，全市经济社会发展取得显著成就，呈现经济发展较快、结构调整加快、综合实力增强、民生持续改善的可喜局面。

一、马鞍山市2010年经济发展概况

(一)综合经济

1.经济总量

2010年，全市实现生产总值(GDP，下同)810.72亿元，按不变价格计算，比上年增长15%。其中，第一产业增加值28.53亿元，增长3.8%；第二产业增加值563.55亿元，增长17.2%；第三产业增加值219亿元，增长10.9%。

2010年，马鞍山市大力构建现代产业体系，着力培育新兴产业发展。新材料、新能源等六大新兴产业完成工业总产值104.64亿元，比上年增长32.7%。出台加快发展服务业实施意见和行动计划，强化政策引导和扶持，第三产业投资为363.76亿元，增长36.3%。全市第三产业增加值占GDP的比重为27.0%。

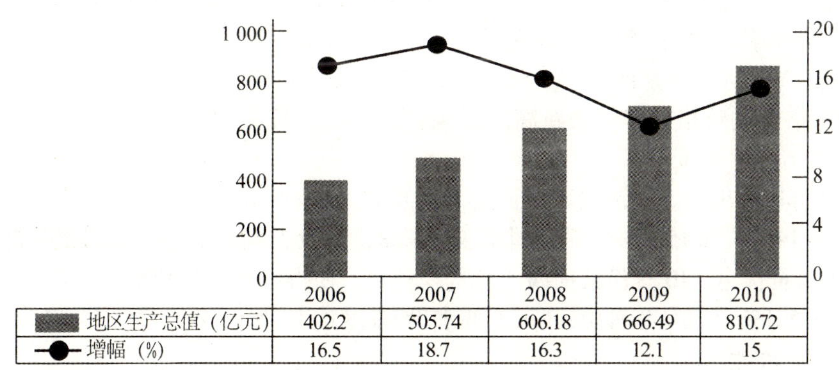

	2006	2007	2008	2009	2010
地区生产总值（亿元）	402.2	505.74	606.18	666.49	810.72
增幅（%）	16.5	18.7	16.3	12.1	15

图3-322　2006-2010年马鞍山市地区生产总值及增长速度

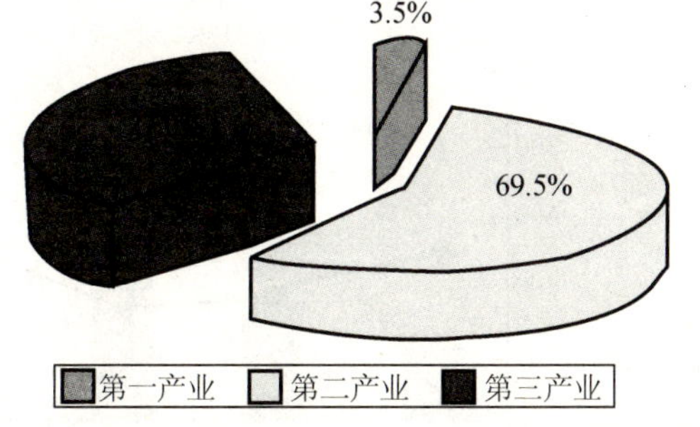

图3-323　2010年马鞍山市三次产业结构图

2.财政收入

全年实现财政收入140.04亿元，比上年增长14.5%，财政收入占GDP的比例为17.3%。其中，中央财政收入70.16亿元，比上年增长19.8%；地方财政收入69.88亿元，比上年增长9.7%。全年累

计财政支出86.53亿元,比上年增长8.1%。扎实推进民生工程,惠及全市城乡居民。全年民生工程资金总投入为14.3亿元,比上年增长44.4%。

3. 物价指数

2010年,全市居民消费价格比上年上涨3%。分类别来看,八大类商品呈“六涨二跌”格局。其中,食品类上涨5.7%;烟酒及用品类上涨1%;衣着类上涨4.7%;医疗保健和个人用品类上涨3.5%;娱乐教育文化用品类上涨1.7%;居住类上涨5.1%。家庭设备用品类下降4.4%;交通和通讯类下降1.5%。工业品出厂价格比上年上涨12.5%。

马鞍山市物价上涨主要是由食品价格上涨带动的结构性上涨。全年食品价格同比上涨5.7%,拉动物价总水平上涨1.7个百分点。同时,居住类价格快速上涨也是拉动我市物价上涨的重要因素。全年居住类价格同比上涨5.1%,拉动物价总水平上涨0.7个百分点。两大类价格上涨对全市物价上涨的贡献率达80%。主要商品价格运行情况简要分析如下:

(1)粮食价格持续上涨,全年累计上涨9.9%。其中大米累计上涨11.2%;面粉累计上涨14.3%;粮食制品累计上涨4.1%。

(2)受国际市场影响,四季度国内食用油价格出现明显上涨。一季度,受大豆价格下跌影响,我市植物油制品价格同比下跌2.7%;二季度,价格开始恢复性上涨,同比上涨2.6%;三季度,价格同比上涨4.3%,比二季度增加1.7个百分点;四季度,在国际市场大豆价格大幅上涨影响下,价格明显上涨,同比涨幅达19.9%,全年累计上涨5.8%。

(3)鲜菜、鲜果价格涨幅较大。全年各月鲜菜价格除12月份在政策影响下同比下跌11.8%外,前11个月均为上涨,且同比涨幅除6月份涨幅为一位数外,其余各月涨幅均为两位数,全年累计上涨16.9%。全年鲜瓜果价格除7、8两个月同比下降外,其余各月同比均上涨,全年累计上涨15.7%。

(4)猪肉价格先跌后涨,禽蛋价格全面上涨。2010年前四个月,猪肉价格持续走低。自国家4月下旬启动冻肉收储政策,价格在5月份触底回升。至年末,价格同比涨幅已达7.4%,全年累计上涨1.6%。禽类中鸡、鸭价格全年累计分别上涨5.4%和5.6%。鸡蛋价格全年累计上涨6%。

(5)受棉花价格收购价格创多年来新高的影响,全年服装、棉布、纺织装饰品等棉制成品的价格分别累计上涨3.9%、6.9%和4.1%。

(6)政策性调价连续出台。一是国家上调成品油价格。年内国家三次上调成品油价,全年汽、柴油价格分别累计上涨14.8%和15.8%。二是国家取消房贷优惠及上调利率。年初国家为抑制房地产价格过快上涨,取消了房贷优惠。10月份又提高了存贷款利率。使得房屋贷款利率全年累计上涨16.9%,拉动居住类价格上涨5.1%。三是9月份,我市上调水价,幅度达18.8%,全年累计上涨6.3%。

(4)固定资产投资

全年全社会固定资产投资为740.34亿元,比上年增长36.2%,投资额居安徽省第4位。

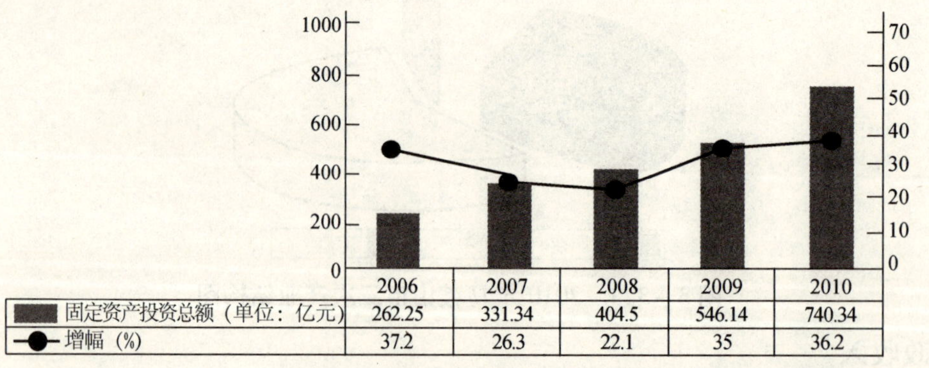

	2006	2007	2008	2009	2010
固定资产投资总额(单位:亿元)	262.25	331.34	404.5	546.14	740.34
增幅(%)	37.2	26.3	22.1	35	36.2

图3-324 2006-2010年马鞍山市全社会固定资产投资及增长幅度

马鞍山市2010全年第一产业完成投资8.8亿元;第二产业完成投资330亿元,其中工业性投资完成324.4亿元;第三产业完成投资344.1亿元,城市基础设施投资123.33亿元,增长19.7%。

全年完成重点项目投资368.58亿元,占投资总量的49.8%。“861”项目完成投资312.13亿元。马鞍山发电厂“上大压小”扩建、格力电器等115个项目开工建设,马钢结构调整、方圆回转支承等项目加快实施,国星生物等52个项目竣工。

2010年,全市企业家信心指数和企业景气指数持续攀升。四季度,企业家信心指数为141.19,比三季度提升2.18个百分点,比去年四季度提升32.05个百分点;企业景气指数为140.49,比三季度提升7.89个百分点,比去年四季度提升 11.38个百分点。

国民经济和社会发展中存在的困难和问题主要是:企业数量偏少、体量不大,战略性新兴产业、现代服务业尚在培育,加快发展的内生动力有待增强;农民收入稳定增长的基础不够牢固;城乡困难群众生产生活条件有待改善。

(二)农业

1.农业经济稳步发展

全年完成农业增加值28.46亿元,按可比价格计算,比上年增长3.8%。全市粮食与经济作物种植面积比为68.9: 31.1。50亩以上粮食规模种植户为589户。全市粮食种植面积为66.7千公顷,比上年增长1.5%。全年粮食总产量为46.84万吨,创历史新高,比上年增长1.0%;棉花总产量0.47万吨,比上年下降0.9%;油料因种植面积减少总产量有所下降,油料产量为4.2万吨,比上年下降10.3%。

2.养殖业规模持续扩大

当涂县成为“中国生态养蟹第一县”。发展规模畜禽养殖601.7万头(只),规模养殖比重为53%,比上年提升3个百分点;推广水产生态养殖面积28万亩,占总养殖面积82%,比上年提升6个百分点。全年肉类总产量为3.14万吨;奶牛存栏为0.79万头。

3.农业产业化经营取得新成效

大力发展现代农业,新增省级以上农业产业化龙头企业6家,当涂现代农业示范区投资超亿元,农民专业合作社发展到159家。

(三)工业和建筑业

1.工业增加值

表3-78　马鞍山市主要工业产品产量

产品名称	单位	产量	比上年增长(%)
生铁	万吨	1 469.72	4.10
粗钢	万吨	1 545.13	4.90
钢材	万吨	1 567.18	7.20
水泥	万吨	358.19	2.50
载货汽车	辆	29 315.00	79.10
改装汽车	辆	10 878.00	55.50
机制纸及纸板	万吨	93.21	6.50
发电量	亿千瓦时	176.68	10.60
回转支承轴承	万套	7.84	86.70
金属成形机床	万台	1.79	40.00
啤酒	千升	82 049	6.00
服装	万件	2 294.36	-13.00
乳制品	万吨	29.25	45.50

马鞍山市2010全年完成规模以上工业增加值358.32亿元。县区和开发区工业生产快速增长,县区完成规模以上工业总产值439.86亿元,增长36.3%;市开发区和慈湖开发区完成规模以上工业总产值269.09亿元,增长32.4%。

全年规模以上工业企业产品销售率为99.6%。适应市场需求的主要工业产品产量保持较快增长。

2. 工业效益

规模以上工业产品销售收入1387.45亿元,比上年增长30.9%。实现利税93亿元,增长60.4%;其中,利润总额48.89亿元,增长1.2倍。经济效益综合指数为297.2,比上年提升34.83个百分点。

3. 建筑业

马鞍山市2010年实现建筑业增加值42.8亿元,按可比价格计算,比上年增长10.6%。资质以上建筑企业实现利税总额10.79亿元,比上年增长45.2%。房屋建筑施工面积1 001.23万平方米,房屋竣工面积534.96万平方米。

(四)服务业

1. 国内贸易

2010全年马鞍山市实现社会消费品零售总额为147.8亿元,比上年增长19.2%。分地区看,城乡市场全面协调发展,全年城市和农村市场分别实现零售额139.5亿元和8.3亿元。分行业看,批发零售业实现零售额129.1亿元,比上年增长19.6%;其中,限额以上企业实现零售额52.62亿元,比上年增长36%。住宿餐饮业实现零售额18.7亿元,比上年增长16.8%;其中,限额以上企业实现零售额3.61亿元,比上年增长20%。

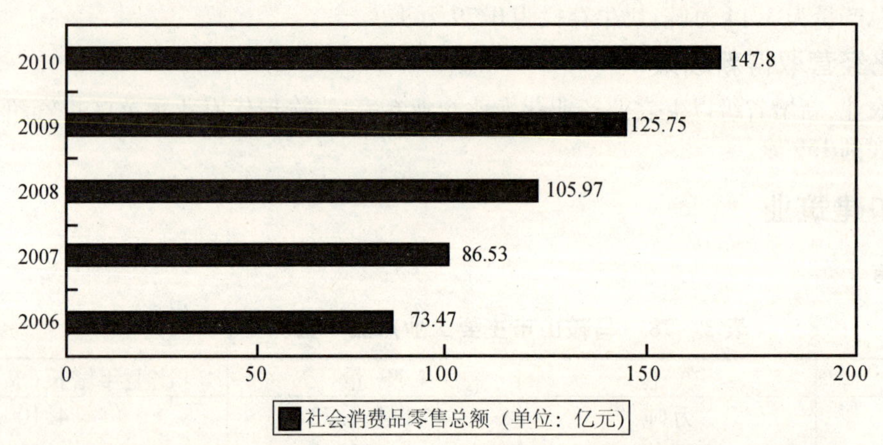

图3-325　2006-2010年马鞍山市社会消费品零售总额

2010年马鞍山市居民消费结构发生可喜变化,全年城市居民人均消费性支出14 184元,比上年增长11.3%。其中,交通和通信消费支出增长34.6%,教育文化娱乐服务类消费支出增长12.8%,衣着消费支出增长22.8%。全年农民人均生活消费支出6 339元,比上年增长6.3%。其中,衣着消费支出增长27.9%,交通和通讯消费支出增长21.6%,文化教育娱乐用品及服务消费支出增长67.7%。

2. 交通运输、邮政通讯业

2010年交通运输仓储业完成增加值19.1亿元,比上年增长2.4%。铁路旅客发送量112.23万人,铁路货运发送量481.86万吨。全年港口货物吞吐量4 825.6万吨,比上年增长15.1%。开展东环路原址高速化改造工作,完成南环、葛羊互通立交两个重要节点工程70%的工程量和收费站房的主体施工任务。做好濮塘至马鞍山一级公路改建工程。以迎接全国2010年公路大检查为契机,全面抓

好管养路段的养护管理工作。重点开展了银环路大修工程、314 省道 1.89 公里路段大修、丹阳东桥大修和 1 个桥梁改建项目。

马鞍山市全年完成邮政通讯业务收入 9.58 亿元，比上年增长 16.3%。年末固定电话用户为 45.44万户，其中，城市电话用户 32.83 万户。年末移动电话用户为 109.52 万户，比上年增加 26.65 万户。年末宽带用户为 16.67 万户，比上年增加 4.35 万户。

3. 旅游业

马鞍山市 2010 年拓展旅游发展空间，大力发展旅游事业，发挥旅游产业拉动内需、促进经济增长的作用。全年旅游业总收入 36.31 亿元，比上年增长 26%。其中，国际旅游外汇收入 5 159.22 万美元，比上年增长 26.1%。全年共接待海外旅游者 3.68 万人次，比上年增长 26.3%。年末星级饭店为 19 家。其中，四星级 5 家，三星级 8 家。

4. 金融和保险业

2010 年马鞍山市金融部门认真执行适度宽松的货币政策，采取灵活、有力的措施加大金融支持地方经济发展的力度，全市金融运行平稳有序。年末全市金融机构本外币存款余额 808.16 亿元，比年初增加 102.28 亿元。其中，企事业存款余额 241.04 亿元，比年初增加 23.56 亿元；城乡居民储蓄存款余额 355 亿元，比年初增加 49.18 亿元。年末金融机构本外币贷款余额 554.53 亿元，比年初增加 101.43 亿元。其中，短期贷款 220.63 亿元，比年初增加 47.41 亿元；中长期贷款 277.35 亿元，比年初增加 58.41 亿元。

至 2010 年末全市各类保险机构 17 家。全年保费总收入 16.52 亿元，比上年增长 19.5%。其中，财产险保费收入 4.61 亿元，比上年增长 25.6%。人身险保费收入 11.91 亿元，比上年增长 17.2%。

5. 房地产业

马鞍山市 2010 年房地产开发投资 85.05 亿元，比上年增长 35.5%。

(五) 对外经济

1. 对外贸易

全年进出口总额为 28.78 亿美元，比上年增长 73.9%。其中，出口 5.07 亿美元，增长 41.8%；进口 23.71 亿美元，增长 82.8%。其中，马钢进出口为 23.36 亿美元，占全市进出口总额的 81.2%，增长 93.2%，其中出口 2.28 亿美元，增长 96.4%；进口 21.08 亿美元，增长 92.8%。

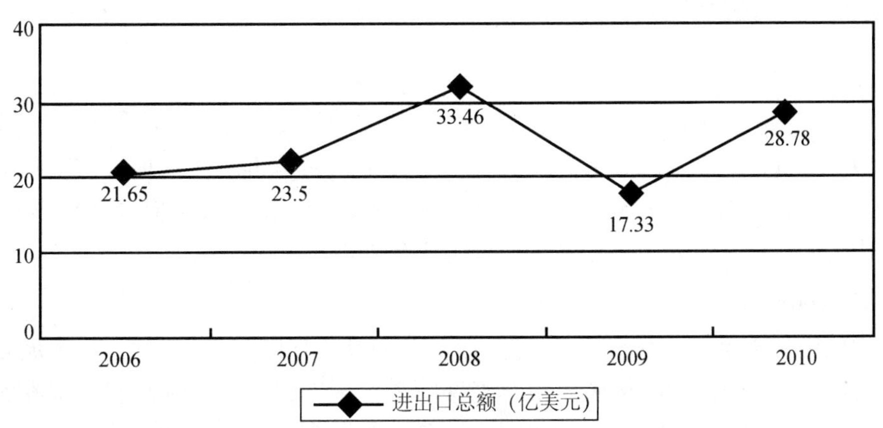

图 3－326　2006－2010 年马鞍山市外贸进出口总额

2. 利用内外资

2010 年马鞍山市外向型经济继续保持较快的发展势头,招商引资工作取得新突破。全年实际利用外资 7.21 亿美元,比上年增长 20.2%。其中,实际利用外商直接投资 7.05 亿美元,比上年增长 23.2%。实际利用内资 398.17 亿元,比上年增长 48.3%。

二、马鞍山市 2010 年社会发展概况

(一)人口、人民生活

至 2010 年末马鞍山市户籍人口为 129.1 万人,比上年末增加 0.49 万人。其中,农业人口 64.55 万人,非农业人口 64.55 万人。据抽样调查,人口出生率为 9.8‰,死亡率为 5.2‰,自然增长率为 4.6‰。

全市城市居民人均可支配收入 23 159 元,居全省首位,比上年增长 13.6%。全市农民人均纯收入为 9 332 元,居全省首位,比上年增长 17.4%。年末平均每百户城市居民家庭耐用消费品拥有量:家用空调 167 台,冰箱 101 台,移动电话 178 部,家用电脑 72 台,热水淋浴器 100 台。城乡居民储蓄余额为 355 亿元,比年初增加 49.18 亿元。其中,定期储蓄存款余额 231.58 亿元,活期储蓄存款余额 121.54 亿元,比年初增加均超过 20 亿元。

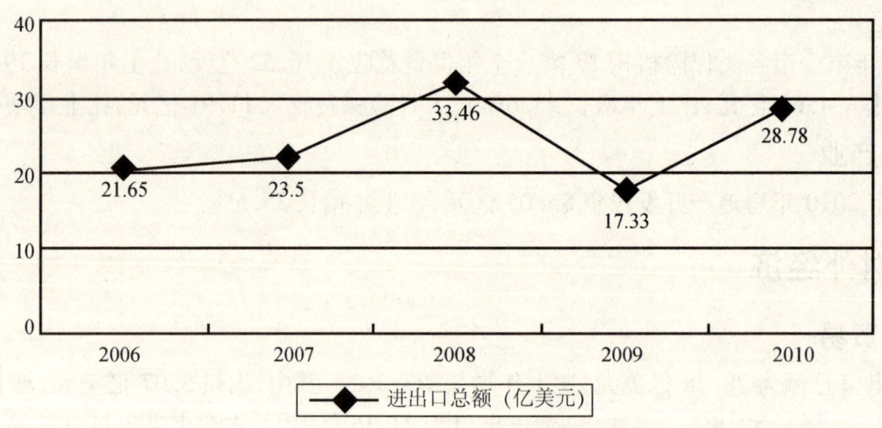

图 3-327 2006-2010 年马鞍山市城乡居民收入对比一览

(二)就业与社会保障

1. 就业

2010 全年累计新增就业 4.23 万人,其中下岗失业人员再就业 2.23 万人,“4050”人员等困难群体再就业 4 818 人,城镇登记失业率为 3.12%。抓好下岗失业人员再就业培训,调整、扩大再就业培训工种,完成就业再就业技能培训 1.53 万人,创业培训 2 282 人。认真落实促进高校毕业生就业政策,举办“送岗位进校园”活动,推荐高校毕业生就业 1 319 人。

2. 社会保障和福利

马鞍山市以“民生为本,人才优先”为主线,以就业和社会保障为重点,加快完善城乡社会保障体系。继续完善城乡居民医疗保险、城镇居民养老保险等民生工程。全市城镇职工基本养老保险参保人数为 32.05 万人,失业保险参保人数 19.06 万人,医疗保险参保人数 36.03 万人,工伤保险参保人数 25.05 万人,生育保险参保人数 48.99 万人。城镇居民医疗保险参保人数 38.55 万人。扎实开展新农保全国试点工作,继续推进新型农村社会养老保险扩面,全市参保人数 39.51 万人,参保率为 77.6%。

被征地农民参保人数6.07万人。

2010年城乡社会救助体系更加完善,民生保障水平进一步提高。全市城乡最低生活保障救助5 1647人,共支付低保金10 630.5万元。农村五保供养和服务机构建设取得新突破。全市4 726名农村五保供养对象全部纳入供养范围,供养标准在全省处于前列。慈善事业在创新中蓬勃发展。全市社会收养性福利床位数5 914张;抚恤、补助各类优抚对象7 086人;接受社会捐赠1 045万元。福彩销售量再上新台阶。全市福利彩票销售10 044万元,比上年增长19.2%,筹集福利彩票公益金3 276万元,比上年增长16.2%,其中市本级1 228万元。

(三)教育和科学技术

1. 教育事业

2010全年马鞍山市财政用于教育的支出为12.06亿元,比上年增长34.4%。全市共有各类学校387所,其中,高等院校6所、中小学及其他各类学校381所。在中小学及其他各类学校中,幼儿园166所,小学142所,特殊教育学校2所,普通中学57所。全市省一类幼儿园6所,省示范高中6所,省特色初中1所,省特色小学4所,国家重点职业学校4所。全市中小学及其他各类学校共有在校学生24.79万人、教职工2.23万人。全市高中阶段在校学生5.2万人,高中阶段教育毛入学率为92.11%。

2. 科技与创新

马鞍山市2010全年专利申请量1 222件,比上年增长78.3%。全市12项科技成果通过2010年省科学技术奖专业组评审,其中,一等奖1项,二等奖3项,三等奖8项。中钢矿院攻克特大采空区充填技术,为我国矿山特大采空区处理提供了理论依据。华菱汽车、中钢矿院2家企业被认定为国家级创新型试点企业。

全年高新技术产业产值为450亿元,比上年增长25%。全市42个项目获得省级以上科技计划项目立项,其中国家级科技计划项目25个。16个项目被国家创新基金立项。5个项目列入国家技术创新工程试点省项目计划。马鞍山高新技术产业开发区列入“十区提升、百企示范、千企培育行动”重点提升园区,马钢等8家企业列入“百企示范”企业,国星生化等93家企业列入“千企培育”企业。全市高新技术企业103家,高新技术产品217个。民营科技企业已发展到245家,技工贸总收入为57.05亿元。

2010年马鞍山市加快落实人才强市战略,突出高层次人才队伍建设,向省申报9个高层次创新创业项目,开展享受政府特殊津贴人选的选拔工作。引进国外智力取得实效,申报并获得国家批准立项的引进国外专家项目20个。全年通过人才市场举办人才集市92场,引进本科以上学历或中级以上职称人才768人,其中,硕士研究生157人,博士研究生49人,博士后4人。

(四)文化、卫生和体育

1. 文化事业

2010年,马鞍山市成功举办第九届省艺术节暨马鞍山中国李白诗歌节,“城市之光”群众大巡游等文化活动精彩纷呈。大剧院建成投入使用,先后承担了第三届音乐节等文艺演出活动50余场。年末拥有公共图书馆5个,藏书60万册;专业艺术表演团体1个,文化馆5个;广播人口覆盖率、电视人口覆盖率均为100%;综合档案馆5个,档案资料36.1万卷、9.6万件、3万册,总建筑面积1.16万平方米。

2. 卫生事业

马鞍山市2010年紧紧围绕深化医药卫生体制改革,全面落实卫生民生工程,进一步完善新型农

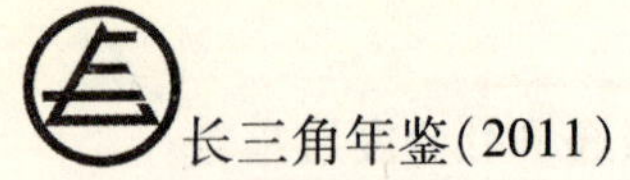

村合作医疗制度。全年共筹集资金8 164.18万元,农村居民新型合作医疗制度覆盖全市农民,乡村覆盖率和参保率均为100%。大力发展城市社区卫生服务,社区卫生服务机构83家。加强农村卫生服务体系建设,已建成标准化村卫生室164所。全市共有卫生机构349个。其中医院、卫生院54个;共有病床4 282张,卫生技术人员7 639人。全市以乡镇为单位五苗接种率为97.5%,乙肝疫苗首针接种率为99.24%。

3.体育事业

2010年马鞍山市积极营造全民健身氛围,提高全民健身意识,推动全民健身运动深入开展。共组织开展较大规模的群众体育活动30多次。积极实施"体教结合",多渠道培养体育后备人才。举办了第三届大学生运动会、中学生软式排球比赛、"金桥"杯全市少儿围棋、象棋锦标赛、全国中学生击剑比赛等。在安徽省第十二届运动会上,马鞍山市代表团获得了金牌第四、奖牌第五、总分第五的好成绩,所获金牌、总分、奖牌均超历届。在第五届全国特奥会上,马鞍山市10名特奥运动员共获4枚金牌、3枚银牌和2枚铜牌。

(五)城乡建设

马鞍山市2010年紧紧围绕实施"1255"城市发展战略,强力推进城市重点基础设施建设,进一步提高城市综合承载功能。城市建成区面积为78.5平方公里,城镇化率提高到68%。有效改善道路功能,有力提升城市形象。完成太白大道、湖西路、艳阳路、益寿路等4条城区主干道"白加黑"综合改造工程。全面完成九华路立交桥、跃进路、湖北路、葛羊路等4处易涝点整治和王百滩水系截污整治工程,为城市安全度汛发挥了重要作用。

围绕实施"1255"城市发展战略,着力推进城乡一体化进程。新建农村道路65公里,农村客运网络日趋完善。农村市场体系进一步完善,"农家店"覆盖到所有乡镇和90%以上的行政村。在全省率先建成了覆盖城乡的数字文化服务体系,42家农家书屋和1个综合文化站建成投入使用。

(六)环境保护和生态建设

马鞍山市2010年建立节能减排推进机制,加大节能减排督察力度,建立健全节能减排监察工作责任制和问责制,依法关停15户高耗能企业,对全社会电力消费进行调控,东部污水处理厂建成运营,慈湖污水处理厂基本完工,污泥处置工程开工建设。马钢被认定为国家首批"两化融合促进节能减排试点示范企业"。全市万元GDP综合能耗比上年下降5.1%,超额完成省政府下达的主要污染物减排任务。全市空气质量优良率为91%,城市饮用水水质达标率为100%。工业废水排放达标率与上年持平。

进一步巩固生态园林城市建设成果,全年新增绿地面积140公顷,市区人均公园绿地面积为13.43平方米,建成区绿化覆盖率为42.6%。完成南湖公园东岸的游道改造、沿湖岸线的木栈道建设以及亮化建设。成功举办第十九届金秋花展,布置16大景区、60处景点。

全市已发现36种矿种。其中,金属矿产10种,非金属矿产25种,水汽矿产1种。查明资源储量的矿种共计24种。其中,金属矿产5种,非金属矿产18种。

(七)安全生产

2010年全市亿元GDP安全事故死亡率为0.148,比上年下降0.04个百分点。

四　江西省2010年经济社会发展报告

2010年，是极不平凡的一年。面对极为复杂的经济社会发展环境和历史罕见的特大洪涝灾害，在省委、省政府的坚强领导下，江西省上下坚持以科学发展观为指导，以鄱阳湖生态经济区建设为龙头，紧紧围绕科学发展、进位赶超、绿色崛起的奋斗目标，齐心协力，开拓创新，顽强拼搏，全省经济实现了平稳较快发展，各项社会事业取得了新的进展。

一、江西省2010年经济发展概况

（一）综合经济

1. 经济总量

江西省2010全年实现地区生产总值9 451.26亿元，比上年增长23.5%。其中，第一产业增加值1 206.98亿元，比去年增长9.9%；第二产业增加值5 122.88亿元，比去年增长30.7%；第三产业增加值3 121.4亿元，比去年增长18.4%。三次产业对经济增长的贡献率分别为3.8%、71.2%和25.0%。三次产业结构调整为12.8：54.2：33.0。非公有制经济快速发展，实现增加值5 152.2亿元，增长16.1%，占GDP的比重达54.6%。鄱阳湖生态经济区主体地位初步显现，实现生产总值5554.6亿元，占全省的58.9%。

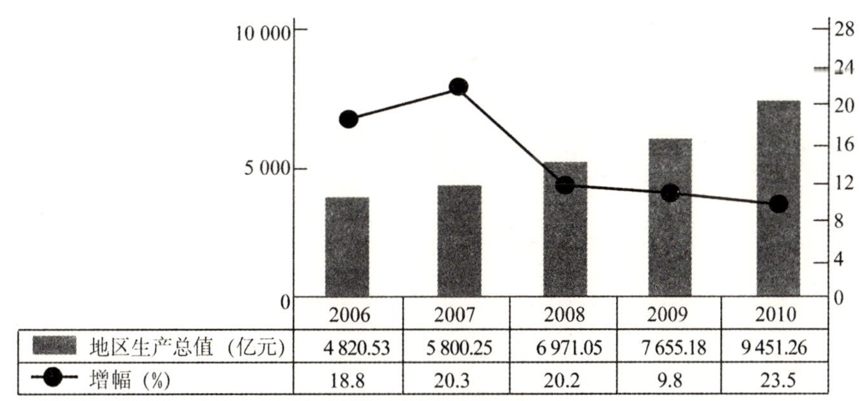

	2006	2007	2008	2009	2010
地区生产总值（亿元）	4 820.53	5 800.25	6 971.05	7 655.18	9 451.26
增幅（%）	18.8	20.3	20.2	9.8	23.5

图3－328　2006－2010年江西省地区生产总值及增长速度

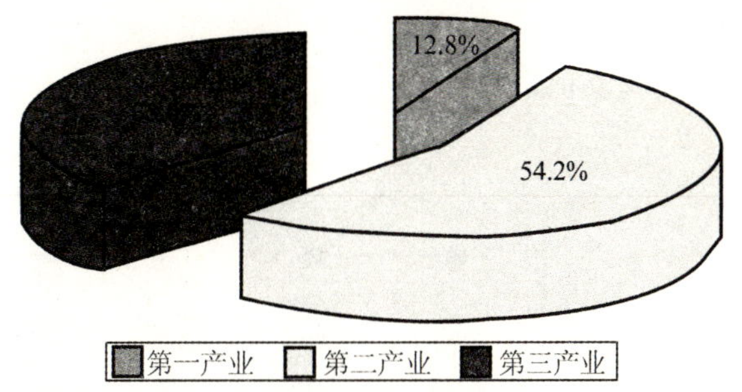

图3－329　2010年江西省三次产业结构图

2. 财政收入

2010全年江西省财政总收入突破千亿大关，达1 226.2亿元，比上年增长32.0%，创1994年分税制改革以来的最高增幅。其中，地方财政收入778.1亿元，增长33.8%。财政总收入占生产总值的比重达到13%,同比提高0.9个百分点;县域财力显著增强,全年财政总收入超10亿元的县(市、区)达到22个,其中南昌县超30亿元,丰城市、贵溪市、青山湖区超20亿元。

3. 物价指数

2010全年居民消费价格上涨3.0%,其中食品价格上涨5.6%,居住类价格上涨6.9%。商品零售价格上涨2.7%。工业品出厂价格上涨15.3%,其中冶金工业上涨31.8%。原材料、燃料、动力购进价格上涨11.8%,其中有色金属材料和电线类上涨35.0%。固定资产投资价格上涨4.8%。农产品生产价格上涨7.5%。

表3－79　2010年江西省居民消费价格比上年涨跌幅度

单位:(%)

指　标	全　省	城市	农村
居民消费价格	3.00	2.90	3.30
食品	5.60	5.60	5.60
# 粮食	7.50	7.90	6.20
烟酒及用品	0.30	0.00	0.60
衣着	－1.20	－1.60	－0.40
家庭设备用品及服务	－0.70	－1.00	0.00
医疗保健及个人用品	2.70	2.50	3.00
交通和通信	－1.00	－1.70	0.70
娱乐教育文化用品及服务	0.40	0.20	0.90
居住	6.90	7.40	5.70

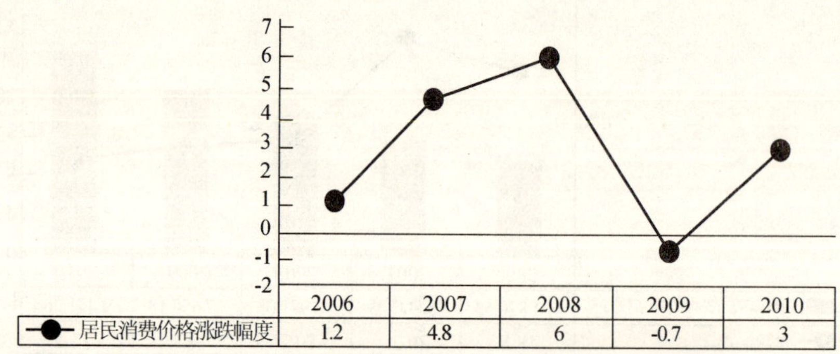

图3－330　2010年江西省居民消费价格涨跌幅度

4. 固定资产投资

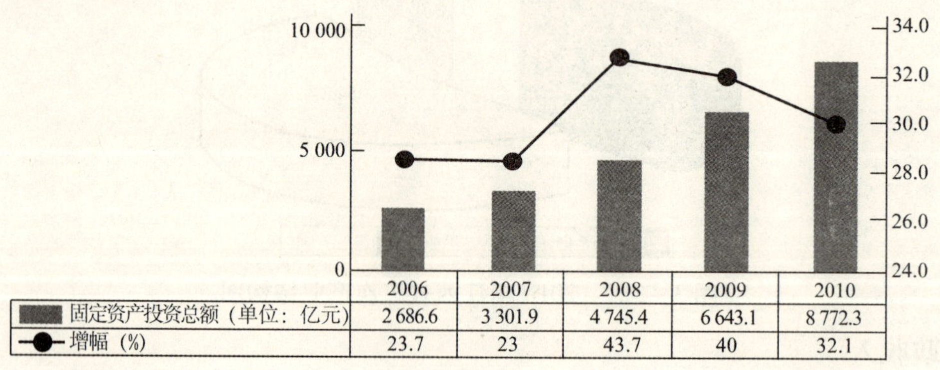

图3－331　2006－2010年江西省全社会固定资产投资及增长幅度

江西省2010全年全社会固定资产投资8 772.3亿元，比上年增长32.1%。其中，城镇固定资产投资7 856.9亿元，增长30.8%。分产业看，第一产业投资250.7亿元，增长8.9%；第二产业投资5 046.4亿元，增长38.1%，其中工业投资5 003亿元，增长37.7%；第三产业投资3 475.2亿元，增长26.0%。按登记注册类型分，国有经济投资2 096.1亿元，增长22.5%，集体经济投资1 228.1，增长54.9%。

表3－80　2010年分行业全社会固定资产投资及其增长速度

行　　业	投资额(亿元)	比上年增长(%)
总　　计	8 772.30	32.10
农、林、牧、渔业	250.70	9.00
工业	5 003.00	37.60
采矿业	264.80	51.00
制造业	4 434.30	40.90
其中:化学原料及化学制品制造业	419.10	40.80
非金属矿物制品业	612.80	33.90
黑色金属冶炼及压延加工业	110.60	13.20
有色金属冶炼及压延加工业	327.30	34.00
电气机械及器材制造业	478.40	37.40
通信设备、计算机及其他电子设备制造业	243.00	33.40
电力、燃气及水的生产和供应业	303.90	-3.00
建筑业	43.30	111.50
交通运输、仓储和邮政业	488.70	22.70
信息传输、计算机服务和软件业	66.40	31.50
批发和零售业	211.40	23.70
住宿和餐饮业	212.10	34.70
金融业	26.40	21.50
房地产业	1094.70	18.90
租赁和商务服务业	83.10	44.30
科学研究、技术服务和地质勘查业	43.90	58.70
水利、环境和公共设施管理业	840.00	43.10
居民服务和其他服务业	54.90	58.80
教育	112.10	0.60
卫生、社会保障和社会福利业	58.40	10.10
文化、体育和娱乐业	84.40	15.40
公共管理和社会组织	103.90	8.30

(二)农业

江西省2010全年粮食种植面积3 639.1千公顷，比上年增长1.0%；油料种植面积731.7千公顷，增长2.1%；棉花种植面积79.7千公顷，增长5.6%；蔬菜种植面积521.2千公顷，增长2.3%。

全年粮食总产量1 954.7万吨，大灾之年仍获丰收。其中，二晚893.8万吨。

全年肉类总产量308.2万吨，增长2.4%。年末生猪存栏1 756.3万头，增长4.6%；生猪出栏2897.5万头，增长3.0%。全年水产品产量215.3万吨，增长4.9%。牛奶产量12.2万吨，增长3.0%。禽蛋产量51.1万吨，增长1.2%。

表 3-81　2010 年江西省主要农产品产量及其增长速度

产品名称	产量(万吨)	比上年增长(%)
粮食	1 954.70	-2.40
其中:稻谷	1 858.30	-2.50
油料	107.60	5.40
其中:花生	40.80	6.80
棉花	13.10	4.50
烟叶	3.80	-13.30
茶叶	3.00	13.10
水果	297.10	-9.20
蔬菜	1 115.30	2.50
肉类	308.20	2.40
水产品	215.30	4.90

至 2010 年末省级以上龙头企业 472 家,比上年末增加 65 家;全年实现销售收入 1 303 亿元,比上年增长 8.6%;实现利润 58.2 亿元,增长 20%。规模以上农产品加工企业 2 500 家,增长 14.1%;实现销售收入 1 680 亿元,增长 29.9%。直接带动农户 356 万户。农民专业合作组织 1 1975 个,增长 42.3%;合作组织成员 12.9 万户,增长 44.7%。

江西省全年新增有效灌溉面积 19.8 千公顷。年末农业机械总动力 3 805 万千瓦,比上年末增长 13.3%,其中农用排灌动力机械 880 万千瓦,增长 6.6%;联合收割机达 4.6 万台,增长 19.3%。实际机耕面积达 2 898.8 千公顷;机械收获面积 2 222.5 千公顷,占农作物总播种面积的比重达 40.7%,同比提高 3.6 个百分点。农用化肥施用量(折纯)137.6 万吨,增长 1.4%。

(三)工业和建筑业

1. 工业增加值

江西省 2010 全年全部工业增加值 4 359.2 亿元,比上年增长 20.0%。其中,规模以上工业增加值 3 101.9 亿元,增长 21.7%。在规模以上工业中,轻工业增加值 1 072.8 亿元,增长 27.4%;重工业增加值 2 029.1 亿元,增长 18.8%。分企业类型看,国有企业增加值 316.9 亿元,增长 11.1%;集体企业增加值 24.7 亿元,增长 7.6%;股份合作企业 38.4 亿元,增长 16.6%;私营企业增加值 1 158.0 亿元,增长 23.7%;外商港澳台投资企业增加值 552.8 亿元,增长 34.9%。

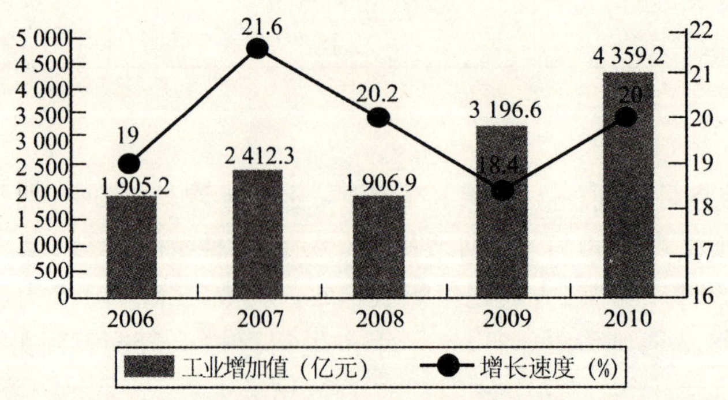

图 3-332　2006-2010 年工业增加值及其增长速度

表 3－82　2010 年江西省规模以上工业主要产品产量及其增长速度

产品名称	单　位	产　　量	比上年增长(%)
纱	万吨	74.70	21.70
布	亿米	8.10	36.00
机制纸及纸板	万吨	186.60	34.20
化学纤维	万吨	17.90	33.40
卷烟	万箱	111.80	5.70
彩色电视机	万台	67.70	-26.90
家用电冰箱	万台	126.40	38.50
房间空气调节器	万台	171.20	29.00
原煤	万吨	2830.20	-5.00
原油加工量	万吨	468.40	4.10
发电量	亿千瓦小时	617.00	24.20
火电	亿千瓦小时	545.40	21.60
水电	亿千瓦小时	70.40	46.80
粗钢	万吨	1 834.00	13.10
钢材	万吨	1 951.60	18.40
十种有色金属	万吨	111.70	14.80
其中:精炼铜	万吨	93.60	12.30
水泥	万吨	6 220.50	3.90
硫酸	万吨	227.00	6.30
烧碱	万吨	27.30	26.40
化肥(折 100%)	万吨	113.40	-1.80
化学农药	吨	21 212.90	41.50
发电设备	万千瓦	27.80	14.60
汽车	万辆	37.30	31.00
其中:轿车	万辆	7.60	-6.00
大中型拖拉机	台	3 411.00	-12.60
工业锅炉	蒸发量吨	1 718.50	50.20
金属切削机床	台	3 103.00	77.90
程控交换机	万部	1.30	32.70
移动通信手持机(手机)	万部	1 536.50	160.00
微型计算机设备	万部	9.10	70.60

2010 全年规模以上工业中,装备制造业实现增加值 647.7 亿元,增长 35.4%,高于全省平均 13.7 个百分点,其中电气机械及器材制造业增长 47.1%,通信设备、计算机及其他电子设备制造业增长 33.2%,通用设备制造业增长 32.6%,金属制品业增长 30.4%。

全年规模以上工业产品销售率 99.0%,比上年提高 0.2 个百分点;实现主营业务收入 14 196.7 亿元,比上年增长 43.8%;实现利税 1 446.0 亿元,增长 52.9%,其中利润 856.8 亿元,增长 72.7%。在 37 个行业中,有 35 个行业实现了盈利。工业经济效益综合指数 275.1%,同比提高 37.1 个百分点。

江西省至2010年末94个工业园区投产企业达8 108家,比上年增长2.2%;安置从业人数164.5万人,增长17.6%。全年园区完成工业增加值2 309.9亿元,增长21.6%;主营业务收入、利润、利税分别完成9 832.7亿元、593.2亿元和973.3亿元,分别增长43.0%、69.9%和55.9%。年主营业务收入超100亿元的园区达34家,比上年增加14家,其中南昌高新技术产业开发区达683.0亿元,南昌经济技术开发区419.3亿元。

2. 建筑业

全年资质等级以上建筑企业实现总产值1 677.0亿元,比上年增长26.7%;按建筑业总产值计算,全员劳动生产率人均19.0万元,增长14.1%。

(四)服务业

1. 国内贸易

江西省2010全年社会消费品零售总额2 956.2亿元,比上年增长19.0%。分城乡看,城镇消费品零售额2 466.0亿元,增长19.3%;乡村消费品零售额490.2亿元,增长18.5%。分行业看,批发业零售额474.1亿元,增长20.0%;零售业零售额2134.1亿元,增长18%;住宿业零售额35.9亿元,增长23.6%;餐饮业零售额312.2亿元,增长27.2%。在限额以上批发零售业零售额中,汽车类零售额173.3亿元,增长43.0%;家具类4.9亿元,增长22.0%;金银珠宝类9.9亿元,增长38.5%;建筑及装潢材料类6.2亿元,增长82.7%。

2010年成交额在亿元以上的商品交易市场93家,全年实现成交额1 232.4亿元,比上年增长17.6%。

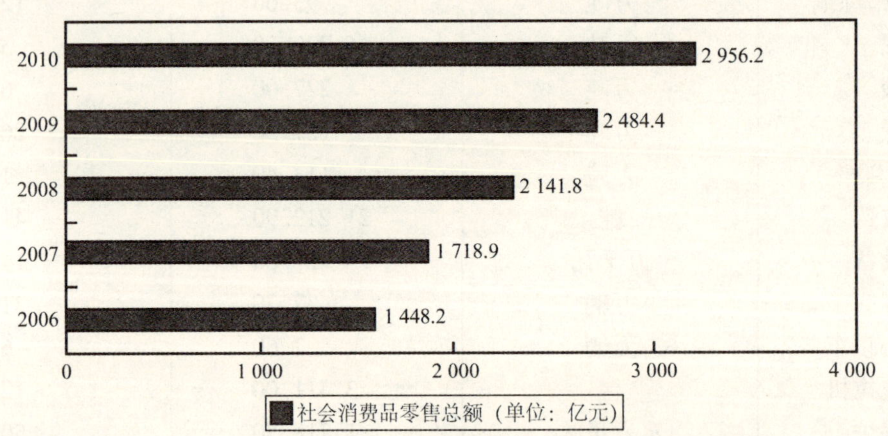

图3－333　2006－2010年江西省社会消费品零售总额

2. 交通运输、邮政通讯业

2010全年江西省铁路、公路、水运完成旅客运输量76 633万人,比上年增长8.4%;完成货物运输量100 339万吨,增长17.1%。机场旅客吞吐量561.7万人,增长18.8%。其中,昌北机场旅客吞吐量474.9万人,增长20.6%。

年末高速公路通车里程突破3 000公里,达3 088公里,铁路营运里程达2 735公里,高速铁路实现零的突破。新建扩建一批民航机场,民航旅客年吞吐量543.5万人次。统调电力装机达1 349万千瓦,基本形成500千伏输变电主网架。

全年完成邮政通讯业务总量684.1亿元,比上年增长9.6%。其中,邮政业务量24.1亿元,下降22.6%;电信业务量660亿元,增长11.3%。年末固定电话用户709.6万户。全年新增移动电话用户264.0万户,年末达到1 811.3万户。年末互联网用户数达256.1万户,增长4.1%。

表3－83　2010年江西省铁路、公路、水运完成客货运输量及其增长速度

指　　标	单　　位	绝对数	比上年增长(%)
旅客运输量	万　　人	76 633.00	8.40
铁路	万　　人	5 588.00	2.20
公路	万　　人	70 628.00	9.00
水运	万　　人	231.00	-9.80
旅客周转量	亿人公里	912.80	13.10
铁路	亿人公里	564.80	10.60
公路	亿人公里	330.50	18.40
水运	亿人公里	0.30	-19.90
货物运输量	万　　吨	100 339.00	17.10
铁路	万　　吨	5 379.00	2.90
公路	万　　吨	88 445.00	17.60
水运	万　　吨	6 513.00	23.20
货物周转量	亿吨公里	2 738.70	16.50
铁路	亿吨公里	705.90	4.50
公路	亿吨公里	1 850.00	20.40
水运	亿吨公里	182.40	31.60

3. 旅游业

江西省2010全年国内旅游收入818.32亿元，增长21.1%。接待入境旅游人数114.1万人次，增长18.3%；旅游外汇收入3.46亿美元，增长19.5%。

4. 金融、证券和保险业

至2010年末金融机构本外币各项存款余额11 907.8亿元，比上年末增长27.3%。其中，人民币各项存款余额11 846.2亿元，增长27.4%。金融机构本外币各项贷款余额7 843.3亿元，增长22.2%。其中，人民币各项贷款余额7 757.1亿元，增长22.2%。年末城乡居民本外币储蓄存款余额6 139.6亿元，增长19.9%。

2010全年新增期货公司3家，新增保险公司2家。年末全省境内上市公司直接募集资金153亿元。年末证券公司营业网点122家，全年证券交易额1.8万亿元。年末期货公司营业部19家，全年成交金额1.8万亿元。

江西省全年保险公司保费收入253.3亿元，比上年增长35.3%。其中，财产险保费收入71.8亿元，增长56.9%；寿险保费收入181.5亿元，增长30.1%；健康险保费收入10.4亿元，增长20.0%；意外伤害险收入4.4亿元，增长3.6%。支付各类赔款及给付61.9亿元，增长11.0%。其中，财产险赔款31.0亿元，增长37.4%；寿险给付25.1亿元，下降10.5%；健康险赔款和给付4.7亿元，增长18.0%；意外险赔款1.2亿元，下降3.6%。

5. 房地产业

2010全年房地产开发投资706.8亿元，比上年增长11.4%。商品房竣工面积1 817.8万平方米，增长10.7%；商品房销售面积2 469.7万平方米，增长8.3%；商品房销售额776.4亿元，增长28.8%。

(五)对外经济

1.对外贸易

江西省2010全年进出口总额216.0亿美元,比上年增长69%。其中,出口134.16亿美元,增长82.1%;进口81.8亿美元,增长48.5%。在出口中,外商投资企业出口额49.95亿美元,增长54.8%;私营及其他企业出口额70.25亿美元,增长1.3倍;国有企业出口额13.96亿美元,增长34.2%。

全年机电产品出口45.4亿美元,增长1.3倍;高新技术产业出口27.09亿美元,增长94.7%;对欧盟、东盟等国家或地区出口快速增长,分别增长1.3倍和92.5%。

表3-84　2010年江西省进出口总额及其增长速度

指　　标	绝对数(亿美元)	比上年增长(%)
进出口总额	216.00	69.00
出口额	134.16	82.10
其中:一般贸易	79.22	59.90
加工贸易	34.14	63.40
其中:机电产品	45.40	134.90
其中:高新技术产品	27.09	94.70
进口额	81.80	48.70
其中:一般贸易	63.05	86.00
加工贸易	14.80	26.10
其中:机电产品	19.21	10.90
其中:高新技术产品	11.71	38.20

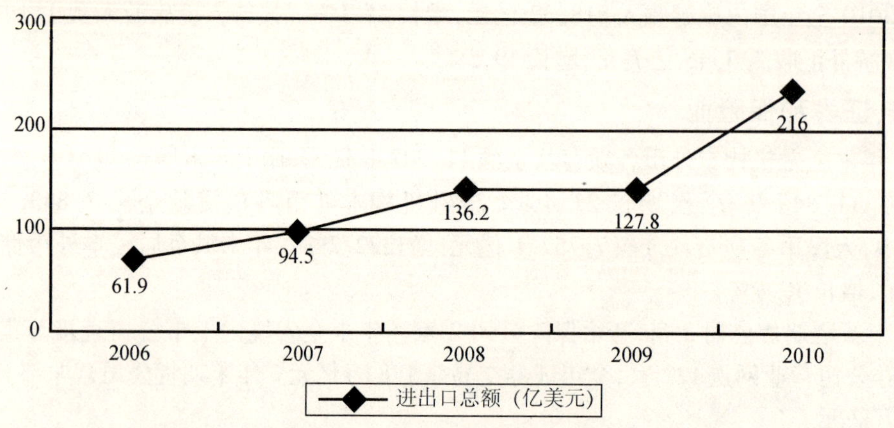

图3-334　2006-2010年江西省外贸进出口总额

2.利用外资

2010全年江西省新批外商投资企业1 092个,增长33.0%,其中新批合同外资1 000万美元以上大项目147个。实际使用外商直接投资51.01亿美元,增长26.8%。全年新增具有世界500强投资背景的企业3家,总数达40家。实际引进省外单项投资5 000万元以上项目资金1 927.4亿元,增长41.0%。

3.对外合作

江西省全年对外承包工程、劳务合作和设计咨询合同项目198个,合同金额13.92亿美元,增长30.5%;完成营业额11.09亿美元,增长46.8%。

二、江西省2010年社会发展概况

(一)人口、人民生活

2010年江西省常住人口总数为44 622 489人,同2000年第五次全国人口普查的41 485 447人相比,十年共增加了3 137 042人。全省常住人口中,男性为23 031 644人,占总人口的51.6%;女性为21 590 845人,占总人口的48.4%。人口性别比(以女性为100,男性对女性的比例)由2000年第五次全国人口普查的108.31下降为107.46。全省常住人口中,居住在城镇的人口19 660 669人,占总人口的44.06%;居住在乡村的人口24 961 820人,占总人口55.94%。同2000年第五次全国人口普查相比,城镇人口占总人口的比重上升了16.39个百分点。

全年农民人均纯收入5 789元,比上年增长14.1%;城镇居民人均可支配收入15481元,增长10.4%。农村居民恩格尔系数为46.3%,城镇居民恩格尔系数为39.5%。年末农村居民人均住房使用面积40.3平方米,城镇居民人均住房建筑面积38.9平方米,比上年末分别增加0.7平方米和0.3平方米。

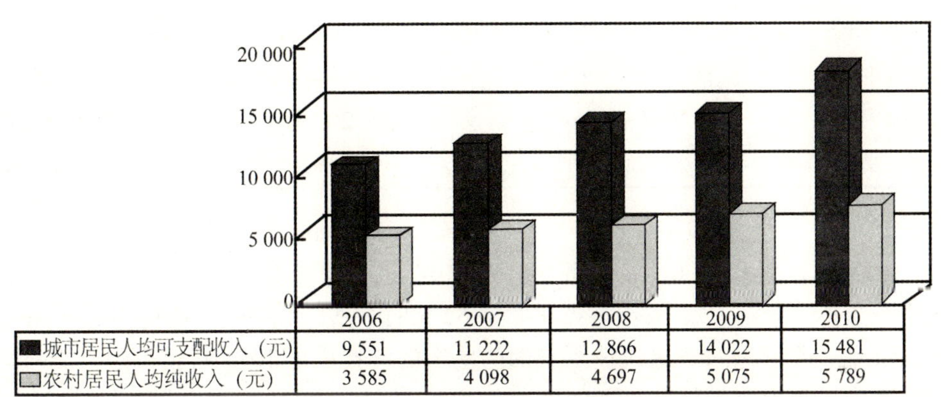

	2006	2007	2008	2009	2010
城市居民人均可支配收入(元)	9 551	11 222	12 866	14 022	15 481
农村居民人均纯收入(元)	3 585	4 098	4 697	5 075	5 789

图3-335　2006-2010年江西省城乡居民收入对比一览

(二)就业与社会保障

1.就业情况

年末从业人员2 498.8万人,比上年末增加53.6万人。全年城镇新增就业人员50.6万人。年末城镇登记失业率为3.3%。

2.社会保障

江西省2010全年发放小额担保贷款48.5亿元,直接扶持个人创业7.2万人次,带动就业人数23.3万人次,累计总额达172.4亿元,连续8年保持全国领先。全年"4050"人员实现再就业6.9万人。年末参加城镇基本养老保险人数为607.6万人,比上年末增长4.4%。其中,参保职工462.1万人,参保离退休人员145.5万人。参加城镇职工医疗保险人数532.1万人,其中,职工365.6万人,退休人员166.5万人。参加失业保险人数265.3万人。向城市低保户发放低保金20.5亿元,月人均补差252元;向农村低保户发放低保金13.7亿元,月人均补差75元。为全省城乡609万名义务教育阶段公办学校学生全面免除学杂费和免费提供教课书。2010年,建设廉租住房5.97万套、经济适用住房3 533套,改造城市棚户区1 344万平方米,完成农村危房改造3.1万户。

年有各类收养性社会福利单位1 919个,提供床位14.9万张,收养人数14.3万人,临时救济困难户1.8万人次。全年销售社会福利彩票14.4亿元,筹集社会福利资金1.8亿元,直接接受社会捐赠1.7亿元。

(三)教育和科学技术

1. 教育事业

2010全年研究生教育在校研究生2.1万人,比上年增长16.7%。普通高校在校生81.6万人。普通高中、初中、小学在校生分别达74.0万人、200.0万人和426.0万人。特殊教育在校生2.4万人。幼儿园在园幼儿123.5万人。高等教育毛入学率达到25.5%,比上年提高1.5个百分点;高中阶段毛入学率76.0%,提高5.9个百分点;初中适龄人口入学率为98.7%;小学适龄儿童入学率为99.9%。

表3-85　2010年江西省各类学校招生、在校生和毕业生人数

单位:万人

指　　标	招 生 数	在校生数	毕业生数
研究生	0.80	2.10	0.50
普通高校	25.60	81.60	22.60
成人高校	4.20	12.00	3.70
中等职业学校	22.00	61.80	18.80
普通高中	25.70	74.00	26.20
普通初中	68.40	200.00	53.70
普通小学	74.80	426.00	67.90

2. 科技与创新

2010全年研究与试验发展(R&D)经费支出94.5亿元,比上年增长24.5%,占生产总值的1.0%。年末拥有国家级重点实验室1家,省级重点实验室52家;国家工程(技术)研究中心5家,省工程(技术)研究中心84家。全年通过省级科技主管部门鉴定的科技成果207项,获得国家级科学技术进步奖的科技成果8项。全年受理专利申请6 307件,增长20.7%;授权专利4 351件,增长49.3%。全年技术市场合同成交金额23.1亿元,增长1.3倍。高新技术产业增加值737.9亿元,增长30.7%,占GDP的7.8%。

江西省全年有1个国家级检测中心通过国家认监委认可。年末法定计量技术机构265个,全年强制检定计量器具69.8万台件,开展定期监督检查1 375家企业生产的32类1 532批次。开展了监督抽查2 318家企业生产的58类2 626批次产品。截止2010年底,发放工业产品生产许可证286张。年末拥有新一代天气雷达5部,中规模卫星资料接收站91个。全年测绘部门为经济社会发展提供各种基本比例尺地形图19 477张,大地成果31 121点,航摄成果5 329片。

(四)文化、卫生和体育

1. 文化事业

江西省2010年末有艺术表演团体103个(含个体),文化馆103个,公共图书馆108个,博物馆102个。广播电台12座,电视台12座,教育台2个。有线电视入户率34%。广播节目综合人口覆盖率为96.8%;电视节目综合人口覆盖率为98.0%。全年出版各类报纸72 292万份,各类期刊6 700万册,图书16 456万册(张)。

2. 卫生事业

江西省年末有各类医疗卫生机构7 172个(未含诊所、卫生所、医务室、卫生保健院)。其中,医院、卫生院2092个,妇幼保健院(所、站)111个,专科疾病防治院(所、站)109个,疾病预防控制中心

(防疫站)113 个,卫生监督检验所 109 个。卫生技术人员 15.5 万人。其中,执业医师和执业助理医师 5.9万人,注册护士 5.8 万人。医院和卫生院床位 10.3 万张。

3. 体育事业

至 2010 年末江西省有全民健身中心 7 个,青少年俱乐部 100 个,晨晚炼健身活动点 6 320 个。农民体育健身工程 2 470 个,老区和贫困地区“雪炭工程”设施建设项目 15 个。全民健身活动广泛开展,健身意识不断加强,全年参加健身活动人数达 2 300 万人次。全年在国际和国内的重大比赛中共获得 36 枚金牌、26 枚银牌和 33 枚铜牌。

(五)城乡建设和工业园区建设

至 2010 年末江西省设区市建成区面积扩大 36%,新建和改建城市道路 3 042 万平方米。新增城市绿化面积 1.25 万公顷,城市建成区绿化覆盖率 44.5%,南昌、景德镇、宜春、新余、吉安、赣州、萍乡被评为国家园林城市,新余被评为国家森林城市。一批城市防洪、供水、供气、污水和垃圾处理项目建成并投入运营。解决了 720 万农村人口饮水安全问题,实现了户户通电、行政村村村通油(水泥)路、村村通广播电视、村村通电话、村村通宽带。在 4.6 万个自然村点开展了新农村建设,800 多万村民实现了走平坦路、喝干净水、上卫生厕、用洁净能。

2010 年,江西省工业园区招商引资工作发展稳健,重大项目引进取得进展,六大支柱产业颇具招商优势,私营企业保持较高的投资份额,全省工业园区招商签约资金和实际到位资金同比均实现较大幅度增长,扭转了上年负增长的局面。

截止 12 月底,全省工业园区完成招商引资签约资金(指工业项目,下同)3 996.87 亿元,比上年增长 35.9%;招商实际到位资金 1 973.51 亿元,增长 38.5%,两项指标增幅均高于上年 48 个百分点以上。

1. 大项目引进取得进展。

2010 年,全省工业园区招商签约资金 5 亿元以上工业项目 150 个,签约资金达 2 080.34 亿元,占全部签约资金的五成多,为 52.0%。其中 10 亿元以上项目 65 个,50 亿元以上项目 9 个。签约额最大的为江西共晶光伏科技有限公司太阳能光伏项目,签约 80 亿元。招商实际到位资金 5 000 万元以上的项目 319 个,到位资金 471.77 亿元,占全部到位资金的 23.9%,其中到位 1 亿元以上的项目 134 个,到位 346.81 亿元。

2. 六大支柱产业颇具招商优势。

2010 年,全省 3 810 个工业项目中有 1 707 个集中在六大支柱产业,占 44.8%,签约资金 1 677.60亿元,占 42.0%,到位资金 1 070.90 亿元,占 54.3%。其中精细化工及新型建材业在六大支柱产业中最突出,项目数、签约资金及到位资金均最多。江西省新兴的光伏产业完成签约资金 531.47 亿元,占全省的 13.3%,到位资金 114.31 亿元,占 5.8%。

3. 私营企业保持较高的投资份额。

2010 年,全省私营企业项目 1 857 个,占 48.7%,实现签约资金 1 826.12 亿元,占 45.7%,到位资金 872.82 亿元,占 44.2%;股份制企业项目 1 615 个,占 42.4%,签约资金及到位资金分别占 40.2% 和 41.5%;外商及港澳台商投资企业上述三项指标占全省比重分别为 7.2%、9.0% 和 9.4%。

(六)环境保护和生态建设

江西省 2010 全年完成荒山荒地造林面积 200.78 千公顷。其中人工造林完成 170.86 千公顷。森林覆盖率达 63.1%。

全年自产地表水资源量2 275.5亿立方米,比上年增长94.2%。人均拥有水资源量约4 981立方米,增长89.2%。全年平均降水量2 086.21毫米,增长49.6%。年末全省25座大型水库蓄水总量86.6亿立方米,比上年末增加17.70亿立方米。全年总用水量239.75亿立方米,比上年减少4%,其中生活用水增长6.0%,工业用水增长6.3%,农业用水减少8.6%。人均用水量为554立方米,减少4.5%。

至年末环保机构411个。主要河流监测断面水质达标率80.5%。对环境空气质量进行监测的11个设区市城区环境空气质量全部达到二级(达标)。城镇地表水集中式饮用水源地水质达标率100%。

至2010年末江西省已建有自然保护区195个,其中国家级自然保护区8个;自然保护区总面积达1 151.64千公顷,占全省土地面积6.9%。已批准国家级生态示范区8个,已批准国家级生态乡镇28个。

全年能源消费总量6 354.9万吨标准煤,比上年增长9.3%。全年二氧化硫排放量削减1.27%,化学需氧量排放量削减0.94%。“十一五”期间,单位GDP能耗降低20%的目标任务圆满完成,二氧化硫排放量下降9.1%,化学需氧量排放量下降5.7%,二氧化硫和化学需氧量两项指标均超额完成国家下达的“十一五”减排目标任务。

(七)社会安全

2010全年江西省生产安全事故9 100起。其中,道路交通事故4 120起,工矿商贸事故168起,铁路交通事故77起,水上交通事故8起,火灾事故4 721起。全年生产安全事故死亡1 924人,比上年下降5.0%。其中,道路交通事故死亡1 603人,下降2.5%;工矿商贸事故233人,下降15.9%;铁路交通事故死亡58人,下降3.3%;水上交通事故死亡9人,持平;火灾事故死亡21人,下降8.7%。亿元生产总值生产安全事故死亡人数为0.204人,下降23.6%。

五　南昌市2010年社会经济发展报告

2010年，是“十一五”收官之年。一年来，南昌市人民在市委、市政府的坚强领导下，坚持以科学发展观统领经济社会发展全局，紧紧把握重要战略机遇期，着力增强发展后劲，以建设国家文明城市为契机，以“三大工程”战略为中心，全力推动经济社会发展，全年经济社会发展取得了阶段性的新成就。全市国民经济保持了平稳较快发展，各项社会事业取得了新的进步，城乡社会更加和谐，圆满完成了“十一五”计划的预期目标，为“十二五”规划的起步奠定了坚实的物质基础。2010年南昌成为首个被列为国家低碳经济试点的省会城市。

一、南昌市2010年经济发展概况

(一)综合经济

1. 经济总量

南昌市2010全年实现地区生产总值2 207.11亿元，按可比价格计算，比上年增长14.0%。人均生产总值47 174元，增长12.4%。在全市生产总值中，非公有制经济实现增加值1 252.34亿元，增长15.4%，占全市生产总值的比重由上年的56.1%提高到56.7%。2010年，全市50万元以上固定资产投资中第一产业完成24.04亿元，比上年增长111.4%；第二产业完成785.49亿元，增长19.4%；第三产业完成1 126.07亿元，增长41.2%。三次产业投资比例由上年的0.8：44.8：54.4调整为1.2：40.6：58.2。

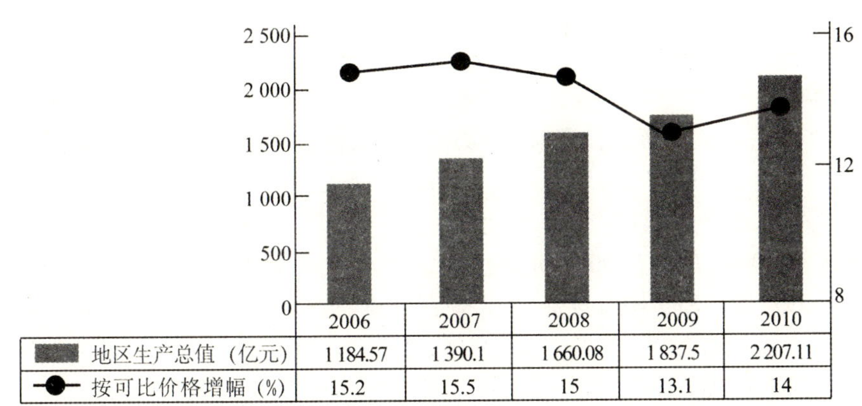

	2006	2007	2008	2009	2010
地区生产总值（亿元）	1 184.57	1 390.1	1 660.08	1 837.5	2 207.11
按可比价格增幅（%）	15.2	15.5	15	13.1	14

图3－336　2006－2010年南昌市地区生产总值及增长速度

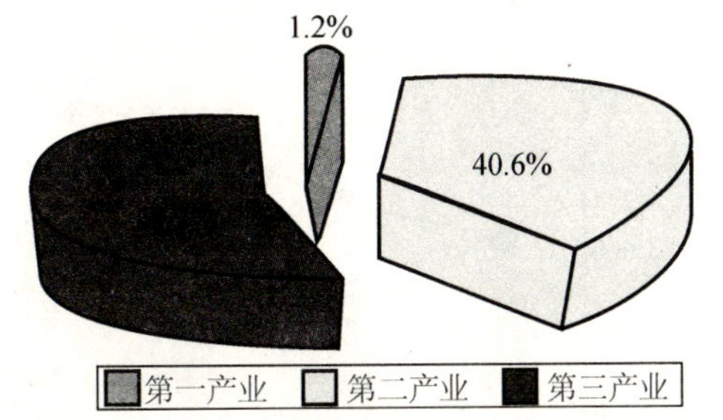

图3－337　2010年南昌市三次产业结构图

2. 财政收入

南昌市2010全年财政总收入322.34亿元，按同口径计算，比上年增长29。其中，地方财政一般预算收入146.46亿元,增长26.4%。从收入完成情况看,完成增值税11.00亿元,增长20.9%;营业税54.26亿元,增长20.7%;企业所得税12.52亿元,增长15.0%。全年地方财政一般预算支出232.03亿元,比上年增长27.7%。其中,教育支出34.83亿元,增长30.8%;社会保障和就业支出31.26亿元,增长18.7%;医疗卫生支出20.89亿元,增长44.4%;农林水事务支出17.93亿元,增长19.5%;交通运输支出17.55亿元,增长8.0%;科学技术支出3.56亿元,增长8.4%;环境保护支出3.47亿元,增长42.5%。

3. 物价指数

全年居民消费价格总水平(CPI)比上年上升了3.3%,其中:消费品价格上升了3.5%;服务价格上升了2.4%。商品零售价格上升了3.0%,工业品出厂价格上升了2.9%,原材料、燃料及动力购进价格上升了8.1%。

表3-86 2010年南昌市居民消费价格情况

指 标	涨跌幅度(%)
居民消费价格总水平	3.30
#食品	4.60
烟酒及用品	-0.10
衣着	2.30
家庭设备用品及服务	-2.40
医疗保健及个人用品	3.20
交通和通信	-1.30
娱乐教育文化用品及服务	-0.70
居住	10.10

4. 固定资产投资

2010年,南昌市共完成固定资产投资额1 923.4亿元,比上年增长24.3%,其中城镇以上固定资产投资1 816.8亿元,增长29.5%,房地产开发投资230.15亿元,增长16.1%。全年全市城镇投资施工项目5 163个。其中,新开工项目4 262个。

从投资主体看,2010年,南昌市50万元以上固定资产投资中非国有经济完成投资1 443.99亿元,比上年增长34.9%,增幅高于国有投资10.8个百分点,占全市50万元以上固定资产投资比重达74.6%,比上年提高1.6个百分点。其中,私营个体、外商及港澳台投资分别完成363.28亿元、155.93亿元,分别增长81.2%、7.2%。

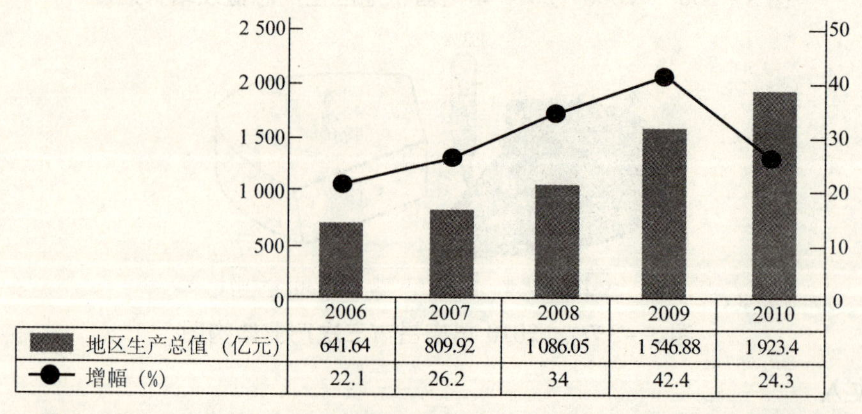

图3-338 2006-2010年南昌市全社会固定资产投资及增长幅度

(二)农业

南昌市2010全年完成农林牧渔及服务业现价总产值204.66亿元,比上年增长5.9%。其中,农业产值75.85亿元,增长0.8%;林业产值2.33亿元,增长6.5%;牧业产值80.27亿元,增长9.7%;渔业产值42.34亿元,增长7.9%;服务业产值3.87亿元,增长8.5%。

2010年南昌市虽然受洪涝灾害的影响,粮食总产量与2009年丰产相比有所下降,但仍属粮食丰产年,全年粮食总产量220.85万吨,比上年下降3.6%;油料总产量10.80万吨,增长8.1%;肉类总产量32.97万吨,增长0.3%;生猪出栏数317.77万头,增长1.7%;家禽出笼4 315.84万羽,增长8.5%;禽蛋总产量14.91万吨,增长6.0%.全年水产品总产量34.57万吨,比上年增长0.9%。其中特种水产品产量10.06万吨,增长0.7%。

全年造林7380公顷,比上年增长7.3%;零星植树744.54万株,下降31.7%;全市森林覆盖率达到21.86%。

至2010年末农田有效灌溉面积达19.30万公顷;年内新增有效灌溉面积0.19万公顷;年末农业机械总动力386.80万千瓦,比上年增长10.0%。年内完成机耕面积29.91万公顷、机播面积6.97万公顷;机械收获面积25.26万公顷。全年化肥施用量(折纯)14.92万吨,增长2.2%。

表3-87　2010年南昌市主要农产品产量及其增长速度

产品名称	单位	产量	比上年增长(%)
粮食	万吨	220.85	-3.60
棉花	万吨	0.38	92.00
油料	万吨	10.80	8.10
生猪出栏	万头	317.77	1.70
禽蛋	万吨	14.91	6.00
水产品	万吨	34.57	0.90

(三)工业和建筑业

1.工业增加值

全年完成规模以上工业增加值650.92亿元,比上年增长21.0%。规模以上工业中,分经济类型看,国有企业增加值增长17.4%

集体企业增加值下降14.5%;股份制企业增加值增长18.0%;外商及港澳台商投资企业增加值增长29.8%;股份合作企业增加值增长11.6%;私营企业增加值增长20.0%。

规模以上工业分行业看,化学原料及化学制品业增长63.6%,工艺品及其他制造业增长50.1%;家具制造业增长46.5%;通用设备制造业增长36.2%;交通运输设备制造业增长35.9%;文教体育用品制造业增长35.5%;木材加工及木、竹、藤、棕、草制品业增长33.3%;农副食品加工业增长30.5%;金属制品业增长27.5%;纺织服装、鞋、帽制造业增长24.3%;专用设备制造业增长22.2%。

2.工业效益

南昌市2010全年实现主营业务收入2 765.5亿元,比上年增长31.4%;实现利润126.24亿元,增长41.3%;实现利税260.23亿元,增长33.1%。全市33个行业全面实现了盈利。工业经济效益综合指数303.6,提高42.0个百分点。

3.工业园区

全市省级以上工业园区完成主营业务收入1 985.83亿元,比上年增长27.4%;实现利税193.53亿元,增长27.9%,其中税金101.21亿元,增长20.4%。高新技术开发区、经济技术开发区、昌东工业园、小蓝经济技术开发区主营业务收入分别达到683.04亿元、419.28亿元、336.70亿元、301.75亿元。

表3－87　主要工业产品产量及其增长速度

产品名称	单 位	绝 对 量	比上年增长(%)
卷 烟	亿 支	331.00	7.30
布	万 米	12 690.59	18.80
服装	万 件	58 676.23	10.80
机制纸及纸板	万 吨	37.09	6.70
小型拖拉机	台	17 274.00	13.30
汽车	万辆	19.97	60.20
房间空调器	万 台	171.21	29.00
发电量	亿千瓦小时	77.81	619.50
软饮料	万 吨	116.50	27.20
中成药	万吨	3.20	12.70
轮胎外胎	万 条	484.14	40.10
气体压缩机	万台	308.08	82 319.30
碱性蓄电池	万只	33.67	862.00
方便面	吨	5 870.04	139.10
手机	万台	1 085.20	136.00
锂离子电池	万只	97.52	81.10
化学试剂	吨	1 097.74	70.80
金属切削机床	台	527.00	62.70
精制食用植物油	吨	23 564.28	59.50
光缆	芯千米	125 739.00	59.00
乳制品	万吨	18.44	48.30
化学药品原药	吨	14 687.93	37.40

4.2010年全市工业经济运行呈现以下特点：

(1)全年工业经济平稳较快增长。2009年,全市工业逐步摆脱金融危机影响,工业增加值增速前低后高,受此基数影响,2010年,全市工业虽经济总量逐月攀高,但增速仍呈现“前高后低、中间起伏”的态势,不过全年月度最高和最低的工业增加值累计增速不再像2009年那样相差5.6个百分点,而是起伏不超过3个百分点,仅有2.8个百分点。2010年全市规模以上工业以21.0%的增加值增速在中部省会城市中排名第四。

(2)装备制造业的快速发展,促使全市重工业发展远远快于轻工业。2010年,全市装备制造企业完成工业增加值209.59亿元,增长25.3%,装备制造业经济总量占全市规模以上工业的32.2%,对全市工业的贡献率达39.7%,拉动全市工业增长8.3个百分点。由于装备制造业的突出业绩,大大推动了全市重工业的发展,使得全市重工业增加值增速达26.9%,高出轻工业10.6个百分点。

(3)外商及港澳台商投资企业发展迅猛。自2009年8月份以来,“中国制造业500强”之一的江铃集团逐步摆脱金融危机影响,企业一路回升走好,2010年以来该企业延续了2009年下半年的发展形势,并带动全市外商及港澳台商投资企业企业快速发展。2010年该经济类型企业完成工业增加值173.97亿元,增长29.8%,是所有经济类型企业中增速最快的,比全市工业高8.8个百分点,对全市工业的贡献达到29.8%。

(4)多数行业较快发展,特别是交通运输设备制造业对全市工业的贡献最大。2010年,全市33个大类行业中有30个行业实现了增长,其中9个行业高速增长,增长30%以上;4个行业增长在20~30%之间;14个行业增速在10~20%之间,一位数增长的仅有3个行业。在所有行业中,交通运输设备制造业优势突出,全年共完成工业增加值85.41亿元,增长35.9%,该行业既是占全市工业比重最大的行业,占13.1%,又是对全市工业贡献最大的行业,贡献率高达21.1%,拉动了全市工业4.4个百分点。

(5)工业投资较快增长,对今后全市工业的发展提供了支撑。2010年,全市制造业完成50万元以上固定资产投资718.41亿元,增长23%,其中21个超五亿的工业大项目,本年共完成投资29.74亿元,占计划总投资的13.8%,自项目开工至今完成投资占计划总投资的比重为56.3%。南昌宝迪农业科技有限公司年产800吨血浆等食品工业项目、江西江铜龙昌精密铜管有限公司38KT/a新型合金铜管二期工程、南昌双汇食品有限公司年产66 000吨低温肉制品加工项目、南昌达利食品有限公司年产25万吨饮料生产基地等亿元以上工业项目,将成为今后拉动工业增长的新生力量。

(6)企业效益水平高位运行。2010年,在全市工业生产较快增长的同时,企业经济运行质量也明显提高,为地方和国家创造了大量的社会财富。全年全市工业累计完成主营业务收入2 759.59亿元,增长31.4%;实现利润和利税分别为126.24亿元和260.23亿元,分别比2009年增长41.3%和33.1%;工业经济效益综合指数达到303.6,比2009年提高42.0个百分点,比全省高28.5个百分点。

4.建筑业

2010年全市资质以上建筑业企业439家,全年完成施工产值783.3亿元,比上年增长24.6%;房屋建筑施工面积6 226.84万平方米;竣工面积2 167.65万平方米。以建筑业产值计算的全员劳动生产率为23.6万元/人,增长19.2%。

(四)服务业

1.国内贸易

2010年,按在地口径统计全市实现社会消费品零售总额756.41亿元,比上年增长20.7%。分地域看,城镇实现零售额716.36亿元;农村实现零售额40.04亿元。分行业看,批发实现零售额100.59亿元,零售业实现零售额554.2亿元;住宿实现零售额95.79亿元,餐饮业实现零售额92.0亿元。

2010年末,全市共有各类商品交易市场274个。其中,年成交额亿元以上的商品交易市场有33个,成交总额606.80亿元,比上年增长16.4%。其中,洪城大市场年交易额216.09亿元,增长3.7%;南昌(深圳)农产品批发市场年交易额104.56亿元,增长22.1%。2010年末,全市最大的"八大商场和六大超市"共实现零售额82.43亿元。

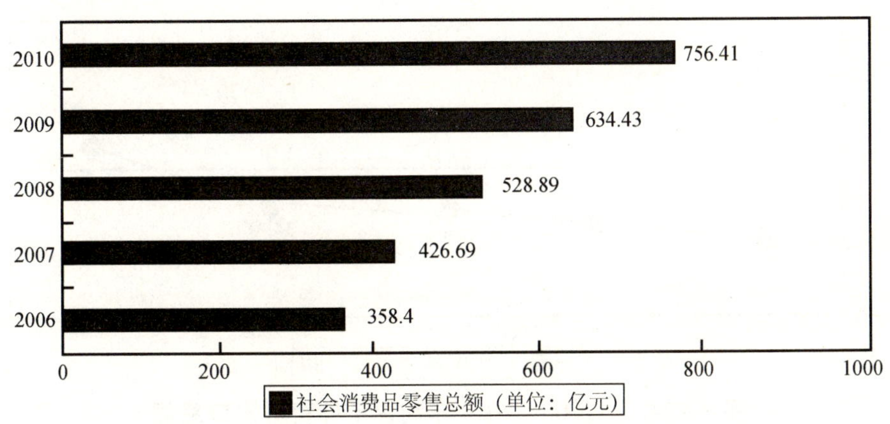

图3-339　2006-2010年南昌市社会消费品零售总额

2. 交通运输、邮政通讯业

南昌市2010年全市民用车辆拥有量达48.41万辆,比上年增长10.7%。其中年末实有营运车辆60 429辆。2010年,全市各种运输方式共完成货物运输周转量301.35亿吨公里,比上年增长3.7%。其中,公路175.12亿吨公里,增长10.0%;铁路115.71亿吨公里,下降3.9%;水运10.34亿吨公里,下降2.7%;航空0.18亿吨公里,下降4.3%。全年共实现旅客周转量144.49亿人公里,比上年增长28.1%。其中,公路71.68亿人公里,增长46.4%;铁路53.42亿人公里,增长14.3%;航空19.39亿人公里,增长13.4%。

2010年,全市完成邮政通讯业务总量46.72亿元,比上年增长4.8%。其中,邮政业务总量4.34亿元,增长3.0%;电信业务总量42.39亿元,增长5.0%。发送特快专递326.87万件,增长11.9%;发送函件7 515.81万件,增长38.5%。年末全市固定电话用户161.83万户,增长0.5%;移动电话用户472.55万户,增长3.4%;互联网宽带接入用户数56.46万户,增长4.2%。年末全市固定电话交换机总容量208.24万门,减少11.76万门;移动电话交换机容量达1 195.99万门,新增26.99万门。

3. 旅游业

2010全年共接待国内游客1 498.05万人次,比上年增长22.1%;接待入境游客12.05万人次,增长13.7%。实现国内旅游收入98.00亿元,增长17.1%;旅游创汇3 069万美元,下降3.1%。截止2010年末,全市拥有星级宾馆(饭店)51家;拥有旅行社160家,其中出境组团社16家。

4. 金融、证券和保险业

2010年末,全市金融机构各项存款余额为4 199.08亿元,比年初增长27.6%。其中,企业存款1 513.81亿元,增长24%;居民储蓄存款1 417.58亿元,增长19.9%。金融机构各项贷款余额3 506.30亿元,比年初增长19.6%。其中,短期贷款1 135.59亿元,增长19.8%;中长期贷款2 274.29亿元,增长23.7%。

全市证券营业部50家,全年证券机构股民累计新增开户数8.06万户,比上年下降20.1%。年内客户交易额结算资金83.49亿元,增长19.0%;A股交易额9 121.97亿元,增长10.8%;B股交易额11.83亿元,下降57.6%。

2010年末,全市共有保险公司28家,比上年增加2家。全年实现保费收入67.86亿元,比上年增长47.1%。其中,产险公司16.17亿元,增长55.5%;人身保险公司51.69亿元,增长44.6%。全年赔款及给付11.71亿元,增长4.7%。其中,产险公司6.69亿元,增长30.2%;寿险公司5.02亿元,增长17.0%。

(五)对外经济

1. 对外贸易

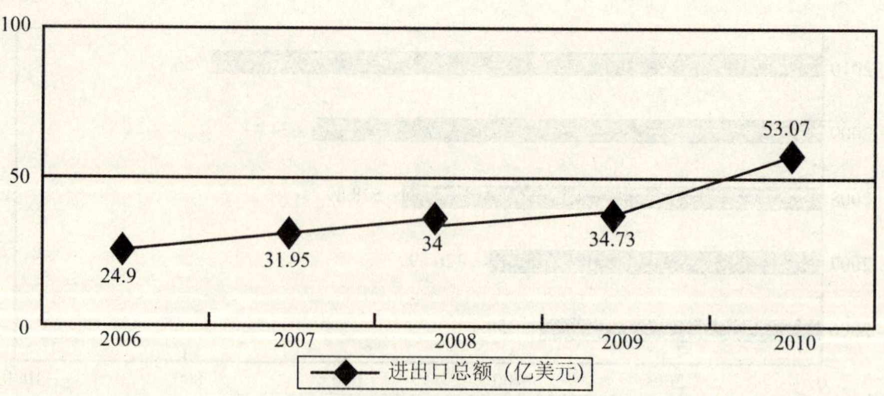

图3－340　2006－2010年南昌市外贸进出口总额

2010 年南昌地区内企业(含中央、省属公司)实现进出口总额 53.07 亿美元,比上年增长 52.4%。其中,出口总额 36.76 亿美元,增长 72.5%;进口总额 16.30 亿美元,增长 20.8%。在出口产品中,高新技术产品出口 7.72 亿美元,增长 254.2%,机电产品出口 17.12 亿美元,增长 122.3%;一般贸易出口 22.80 亿美元,增长 46.0%,加工贸易出口 9.32 亿美元,增长 83.0%。

2. 利用外资

2010 年,南昌市实际利用外资 14.77 亿美元。2010 年,全市批准外商投资企业 304 家。其中,中外合资企业占 12.2%,外商独资企业占 87.8%。全年实际利用内资 509.25 亿元,增长 12.4%。其中,省外 5 000 万元以上工业项目 261.12 亿元,增长 37.7%。

二、南昌市 2010 年社会发展概况

(一)人口、人民生活

全市 2010 年末户籍总人口 505.33 万人。其中,非农业人口 234.02 万人,减少 0.11 万人。

2010 年,城镇居民人均可支配收入 18 276 元,增长 10.9%。城镇居民人均消费性支出 13 899 元,增长 12.0%。其中,交通和通信类、居住类、食品类和衣着类的支出增幅较大,分别增长 54.6%、27.5%、9.1% 和 7.3%。城镇居民家庭恩格尔系数为 34.4%,比上年下降 0.9 个百分点。2010 年农民人均纯收入 7193 元,增长 14.3%。农民人均生活消费支出 3 992 元,增长 5.3%。农村居民家庭恩格尔系数为 48.5%。

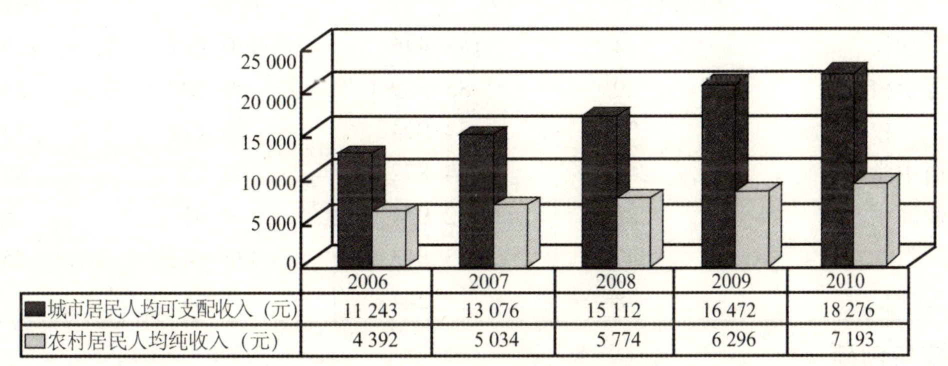

	2006	2007	2008	2009	2010
城市居民人均可支配收入(元)	11 243	13 076	15 112	16 472	18 276
农村居民人均纯收入(元)	4 392	5 034	5 774	6 296	7 193

图 3－341　2006－2010 年南昌市城乡居民收入对比一览

(二)就业与社会保障

1. 就业工作

2010 全年城镇新增就业人员 8.84 万人;安置“4050”等困难群体 0.95 万人;新增转移农村劳动力 3.85 万人。

全市年末社会从业人员 292.56 万人,比上年末增加 9.76 万人,增长 3.5%。其中,第一产业 71.41万人,第二产业 73.00 万人,第三产业 148.15 万人。年末在岗职工 63.21 万人,其中国有单位在岗职工为 40.89 万人。

2. 公积金、社会保障和福利

2010 年,全市归集公积金(未含本年利息)16.93 亿元,比上年增长 9.0%;发放住房公积金贷款 9.07 亿元,下降 17.5%;发放户数 4041 户,下降 22.0%;提取住房公积金 10.32 亿元,增长 22.7%。

全市城镇职工参加基本医疗保险人数 73.25 万人,比上年增加 8.17 万人,增长 12.6%;参加失业

保险人数56.68万人,比上年增加0.02万人,增长0.3%;城镇参加基本养老保险人数为111.11万人,其中参保职工83.06万人,参保离退休人员28.05万人;企业养老金社会化发放率达到100%。全市共有22.72万人享受最低生活保障,其中,农村11.67万人。

2010年末,全市拥有各类社会福利单位86个,各类收养性社会福利单位床位数8 596张,收养各类人员8 384人。城镇社区便民、利民、为民服务网点683个,其中综合性社区服务中心38个。

(三)教育和科学技术

1.教育事业

2010年,全市拥有各级各类学校1 954所,教职工10.52万人,其中专任教师7.96万人。全年招收研究生6 716人,在校研究生18 096人,毕业研究生3 903人。全市共有普通高校44所,招生14.84万人,在校生49.02万人,毕业生12.91万人。中等专业学校29所,招生3.54万人,在校生9.92万人,毕业生2.87万人。普通高中65所,招生3.10万人,在校生8.61万人,毕业生2.00万人。普通初中203所,招生7.38万人,在校生21.60万人,毕业生6.93万人,初中阶段适龄少年入学率97.7%。职业高中22所,招生0.21万人,在校生0.90万人,毕业生0.69万人。小学1047所,招生7.38万人,在校生43.66万人,毕业生7.56万人,小学适龄儿童入学率100%。特殊学校8所,特殊教育招生244人,在校生1653人,毕业生246人。幼儿园501所,在园幼儿8.97万人。

表3-88 2010年南昌市各类全日制学校基本情况

单位:人

项　　目	学校数(个)	招 生 数	在校生	毕业生
高等学校	44	148 446	490 241	129 073
中等学校	29	35 369	99 202	28 709
技工学校	35	34 094	99 471	33 891
普通中学	268	104 872	302 063	89 277
职业高中	22	2 054	9 031	6 852
小　　学	1047	73 813	436 642	75 614
特教学校	8	244	1 653	246

2.科技与创新

2010年,全市专利申请量2 517件,专利授权量1 636件,分别比上年增长25.5%和41.5%。新认定市级以上高新技术企业23家,年末累计达97家。全年登记技术合同2 057项,成交金额10.1亿元,比上年增长19.8%。

(四)文化、卫生和体育

1.文化事业

2010年,全市文艺创作获省级以上奖项25个,其中国家级奖项 4个。年末全市拥有各类专业艺术表演团体10个,公共图书馆10个,总藏册156.14万册,文化馆10 个,博物馆8个,文物保护管理所2处。年末全市有线电视用户68.70万户,其中数字电视36.87万户。农村广播电视"村村通"工程共完成9个村。

2.卫生事业

2010年末,全市拥有各类医疗卫生机构798个,其中医院93个;拥有床位2.00万张,其中医院床位1.59万张。拥有各类专业卫生技术人员2.80万人,其中执业(助理)医师1.03万人,注册护士

1.17万人。农村卫生服务得到改善，参加新型农村合作医疗的人数达234.26万人，参保率由上年的97.07%提高到97.26%。全市婴儿死亡率及5岁以下儿童死亡率分别由上年的3.78‰、5.31‰下降到3.62‰、4.94‰，每十万孕产妇死亡人数为17.43人。

表3－89　2010年南昌市卫生机构情况

类　　别	机构数(个)	人员数(人)
各类医院及医学教育科研机构	798	34 880
# 医　院	93	23 003
卫生院	93	3 324
门诊部	23	249
专科防治所、站	8	360
疾病预防机构	11	895
妇幼保健机构	11	1 604
卫生监督检验机构	11	398
医学科学研究机构	4	399
社区卫生服务中心	229	3 170

3. 体育事业

2010年，南昌市运动员参加比赛人数0.2万人次，共获得金牌373枚，银牌208枚，铜牌213枚。全年举办单项比赛6次，举办全民健身活动530次，其中千人以上的活动30次，参加活动的人数总计40余万人。全年完成全民健身路径工程50个，总投资57.2万元。全年发行体育彩票2.24亿元，比上年增加0.52亿元。

(五)城市建设

2010年南昌市投资更加向民生和基础设施倾斜，全年共完成城市基础设施投资267.47亿元，比上年增长35.8%。全市投入了大量资金于"七城会"建设中，加快了现有场馆改造和新闻中心建设、各场馆新闻发布厅及新建场馆配套路网建设。瑶湖水上运动中心、南昌国际体育中心、南昌湾里射击中心等一系列体育场馆相继建设完工。同时，借助"七城会"，还投入大量资金进行全民健身体育设施建设。全年新开通公交线路4条，公交线路总数达到145条；城市道路总长度达1 286公里；城市道路总面积达2 328万平方米；自来水供水管道长度达3 158公里。

(六)环境保护和生态建设

全市拥有国家级生态示范区1个，自然保护区3个(含省级)，自然保护区面积3.88万公顷。全年空气质量优良天数达344天；空气质量优良率达94.2%。城市生活污水集中处理率达92%以上；工业废水排放达标率达94.26%以上；集中式饮用水源水质达标率达到100%；区域环境噪声均值控制在55.5分贝以下；交通干线噪声均值控制在69.6分贝以下；工业固废综合利用率达到93.62%以上。

2010年末，全市拥有园林绿地面积8 113公顷，绿化覆盖面积8 616公顷，公共绿地1 915公顷，城市绿化覆盖率达到43.76%，人均公共绿地面积达到9.01平方米。

(七)安全生产和社会治安

2010年，全市发生各类事故1 604次，比上年下降15.1%。其中，道路交通事故死亡236人，下降1.7%。

全年共破获各类刑事案件17 751起，破获经济案件435起，挽回经济损失1 632.10万元。

第四篇

长三角地区产业经济社会发展报告

第一章　产业发展报告

一　长三角产业结构

2010 年长江三角洲地区产业结构得到了进一步调整优化，三次产业结构调整为 4.7：49.8：44.7。第一产业比重比去年增加了 1.5 个百分点，第二产业比重比去年减少了 0.5 个百分点，服务业增加值占 GDP 比重比上年增加了 1.2 个百分点。

一、长三角产业结构总体情况

2010 年，长三角地区实现地区生产总值 85 002.72 亿元，比去年增长 31 919.82 亿元。从三次产业情况看，第一产业实现增加值 4 014.75 亿元，比上年增加 682.18 亿元，第二产业实现增加值 42 331.68亿元，比上年增加 6080.8 亿元，第三产业实现增加值 37973.11 亿元，比上年增加 8872.01 亿元。

从与江苏比较看，2010 年江苏省三次产业结构从上年的6.4：54.1：39.5 调整为 6.2：53.2：40.6。江苏地区第一产业比重比长三角高 1.5 个百分点，江苏地区第二产业比重高于长三角地区 3.6 个百分点，江苏地区第三产业比重低于长三角地区 4.7 个百分点。

从与浙江比较看，2010 年浙江省三次产业结构从上年的5.1：51.9：43调整为5.0：51.9：43.1。浙江省第一产业比重高于长三角地区 0.3 个百分点，第二产业比重低于长三角地区 2.1 个百分点，第三产业比重低于长三角地区 1.6 个百分点。

从与上海比较来看，2010 年上海市三次产业结构从上年的0.7：39.9：59.4 调整为 0.7：42：57.3，长三角地区第一产业比重高于上海 4 个百分点，第二产业比重高于上海 7.8 个百分分点，第三产业比重低于上海 14.4 个百分点。

二、上海市产业结构发展现状分析

上海的产业转型日益迫切，2010 年上海世博会为上海带来了产业转型与重振经济的契机。

随着上海本地国企整合的进一步深入，上海国企改革正逐渐由生产型行业向现代服务行业过渡。2010 年上海世博会的举办成为上海振兴现代服务业的重要契机，为上海现代服务业的振兴搭建了广阔的舞台。

上海世博会的重要功能之一就是展示新技术及其未来产业发展方向，而技术的改进与变化给城市带来了变化和活力，而且推动了区域及国家的产业发展与经济增长。先进制造业是上海传统优势产业，涵盖电子信息产品、汽车、石化及精细化工、精品钢材、成套设备、生物医药等制造业。世博会期间参展各国在上述先进制造业领域所展示的先进技术必将极大地推动上海先进制造业向纵深发展。

《进一步推进长江三角洲地区改革开放和经济社会发展的指导意见》强调，要加快调整产业结构，努力形成以现代服务业为主的产业结构。长三角正面临着产业升级和转型的关键期，发展第三产业增加消费成为带动经济突围的主要手段。以上海为龙头、江浙为两翼的服务业大版图正渐渐清晰。2010 年上海世博会将为长三角经济圈现代服务行业的景气再添强音。

三、江苏省产业结构发展现状分析

"十一五"时期,江苏经济社会迈入了工业化、城市化、国际化、市场化互动并进的新阶段。面对复杂的国际国内经济形势,江苏省上下积极应对,着力推进产业优化升级:努力调强第一产业发展能力,加快传统农业向现代农业转变;努力调优第二产业结构,提升制造业发展质量;努力调高第三产业比重,加速发展现代服务业。几年来,产业结构调整取得积极成效,基本实现了"十一五"预期目标。

2010 年,江苏省地区生产总值(当年价格,下同)比 2005 年增加 21 400 亿元,年均增长 13.6%(可比价格,下同),比"十五"时期高 0.7 个百分点。三次产业结构趋向优化:第一产业、第二产业比重呈现稳步下降趋势,而第三产业比重则提升较快。

四、浙江省产业结构发展现状分析

浙江省在"十一五"的发展中,产业结构调整积极推进,高效生态农业建设成效显著,块状特色经济加快向现代产业集群转变,服务业发展水平稳步提升。基础设施日臻完善。2010 年,浙江省生产总值为 27 226.8 亿元,比上年增长 11.8%,"十一五"期间年均增长 11.8%,其中,第一产业增加值 1 360.7亿元,增长 3.2%;第二产业增加值 14 121.3 亿元,增长 12.3%;第三产业增加值 11 744.8 亿元,增长 12.1%,人均生产总值 52 059 元(7 690 美元),比上年增长 10.1%。

工业生产、出口和利润保持平稳较快增长。2010 年,规模以上工业增加值为 10 397 亿元,比上年增长 16.2%,增速比上年提高 10 个百分点,其中 10、11、12 月分别增长 15.1%、13.6% 和 14.1%,比最低点 6 月(11.7%)明显回升。出口交货值 10 683 亿元,增长 27.6%,增速比上年提高 25.5 个百分点,拉动销售产值增长(30.2%)6 个百分点,增长贡献率为 19.8%。实现利润 3 003.6 亿元,增长 47.3%,利润增长对全国规模上工业企业利润增长的贡献率为 6.7%(1 - 11 月),比 1 - 8 月提高 1.1 个百分点;利税总额 4 799.6 亿元,增长 37.5%;有亏损企业 6 293 家,亏损面为 9.9%,比上年缩小 4.5个百分点,亏损企业亏损额 121.6 亿元,减亏 31.1%。

货运、邮电、商贸、金融、旅游等服务业增长较快。2010 年,第三产业对 GDP 增长的贡献为 5.2 个百分点,贡献率为43.7%,除房地产业有所回落外,各行业都保持较快发展。全社会铁、公、水路货运量和货物周转量分别比上年增长 12.7% 和 25.7%,增速分别比上年加快 10.1 和 25 个百分点。邮政通讯业务总量 1972 亿元,增长 18.3%,增速比上年加快 10.5 个百分点。批发零售贸易商品销售总额增长 28.6%,住宿和餐饮业零售额分别增长 20.7% 和 16.5%。金融机构本外币存、贷款余额分别增长 20.8% 和 19.7%。实现旅游总收入 3 312.6 亿元,比上年增长 25.3%,其中,接待国内旅游者 2.95 亿人次,增长 20.8%,实现国内旅游收入 3 045.5 亿元,增长 25.7%;接待入境旅游者 684.7 万人次,增长 20%,实现旅游外汇收入 39.3 亿美元,增长 21.9%。

农业生产基本稳定。2010 年,农作物播种面积 2 484.6 千公顷,比上年减少 0.8%,其中粮食播种面积为 1 275.8 千公顷,减少 1.1%;棉花面积增长 3.5%,油料面积减少 0.7%。受春季持续低温阴雨不利气候及种植结构调整影响,粮食总产量 770.7 万吨,比上年下降 2.3%,春茶、春茧量减价升。药材、花卉苗木面积分别增长 6.3% 和 4.1%,蔬菜面积持平,其余经济作物面积均有不同程度的下降。预计肉类总产量 175.1 万吨,比上年增长 2.8%;国内渔业产量 461.4 万吨,增长 7.4%,其中,海洋捕捞增长 5.8%,海水养殖增长 8%,淡水产量增长 11.8%;远洋渔业产量 21 万吨,增长 31%。

五、长三角地区产业结构未来趋势

以上海为核心的区域发展目标指向是成为世界性的市场和服务中心之一,并成为全球制造业高地。其发展的主要抓手是以金融市场和航运市场的建设和完善为手段,加快资金、资本和货物流转,

在这基础上提升上海服务业的层次，特别是促进生产者服务业的发展；同时，采取各种手段和方法大规模吸引外资，在这一区域奠定世界性重化工业、特别是装备产业的发展基础，成为推进和提升中国工业化发展的主要产业布点区域。

长三角今后的发展趋势主要是打造世界级制造业中心，并逐渐把产业的控制部门和高端部门留在中心城市，而把协作配套业务向周边地区及全国扩散，并借此延伸长三角都市圈中心城市的服务业辐射半径和影响区域，把产业做大增强作为服务业扩张的基础和依托。

长三角将逐步在壮大东部地区经济实力、推动长江流域快速崛起、带动中西部加快发展、促进全国区域协调发展、引领我国全面参加全球竞争中，发挥核心作用。长三角注重提高自主创新能力，保持经济又快又好地发展；实践区域统筹协调发展，进一步打破行政壁垒。长三角明确重点产业发展布局，做大做强石化、钢铁、电子信息产业等具有国际竞争力的战略产业；巩固提升装备制造业、纺织轻工和旅游业等传统优势支柱产业；同时加快发展现代生产性服务业和生物医药、新型材料等具有先导作用的新型产业。

近几年，长三角一体化在推进过程中正在发生着质变。几年前，城市间的竞争大于合作，现在合作动力远大于竞争。初期，长三角的发展以投资推动、资源消耗为主，由于资本、资源等的稀缺，以争夺要素为目标的竞争在长三角城市间展开。各地争相出台优惠的招商引资政策，制造业、劳动密集型产业快速发展，成为当时长三角发展主要特征。但随着长三角经济快速发展，其资本集聚效应已显现，资本要素对长三角经济发展的限制远不如从前。且随着土地、资源、环境压力日益沉重，资源消耗型的发展模式不再适合于长三角发展。创新，这一发展要素正成为长三角新的限制。长三角各城市发展水平的不同，创新要素——人才、技术、信息的分布和集聚能力有着较大差异。

长三角地区的发展是以上海为“核心”，以沿长江、杭州湾等6个“发展带”为框架的区域联动发展，形成“一核六带”的区域总体布局框架。

一核即强化上海这个核心，充分发挥上海作为国内外交通枢纽、长三角地区要素资源配置中心和文化交流中心以及创新源头的作用，整合利用周边地区的资源优势，增强上海集聚和组织引导能力，以促进区域整体优势的发挥和竞争力提升。“六带”分别为：

一是优化提升沪宁、沪杭沿线发展带，目标建成具有世界发达水平的都市连绵区域。这一发展带主要包括沪宁杭交通沿线地区，将按照集约、创新、优化的原则，加快高技术产业集聚和现代服务业发展，优化城市功能，改善环境质量，成为带动区域创新能力和国际化水平提升、服务长三角地区乃至全国发展的区域。

二是重点建设沿江发展带。根据规划，长江沿线的县市区将发挥“黄金水道”优势，引导装备制造、化工、物流等产业向沿江区集聚；建成特色鲜明、规模聚集、布局合理、生态良好的产业基地和城镇聚集带，成为具有全球影响的长江产业带的核心组成部分。

三是重点建设沿湾发展带。沿杭州湾县市依托现有产业基础和港口条件，积极发展高新技术和高附加值的制造加工业和重化工业，建成功能协调的现代制造业聚集和城镇聚集带，带动长三角南翼发展。

四是积极开发沿海发展带，即拥有沿海岸线的县市区，依托临海港口，培育和壮大港口物流、大型重化工和能源基地，发展新兴的临港产业、海洋经济与生态保护相协调的综合经济带。

五是积极培育宁湖杭发展带，拓展长三角向中西部辐射带动功能。宁湖杭沿线县市须考虑区域资源环境开发容量及生态屏障功能，选择与生态经济相协调的开发方向和模式，重点发展高技术产业、旅游休闲、现代物流、生态农业及资源加工，培育城镇集聚区，形成生态产业集聚、城镇有序发展的发展带。

六是引导发展沿湖生态服务带，成为全国性重要旅游休闲带和区域性会展研发基地。环太湖乡镇须坚持生态优先原则，在保护太湖及其沿岸重要生态服务功能的前提下，适度发展旅游观光、休闲度假、会展、研发等服务业和特色生态农业，严格控制用地开发规模和强度，突出开发理念创新和空间布局优化。

二　长三角产业布局

一、长三角产业布局总体概况

(一)长三角三次产业布局

2010年,长三角两省一市国内生产总值(GDP)达86 313.77亿元,占同期我国经济总量的比重为21.51%,比2009年水平提高了0.22个百分点。其中,第一产业增加值为4 014.81亿元,占全国的比重为9.90%,比2009年水平下降了0.15个百分点;第二产业增加值为43 270.18亿元,占全国的比重为23.07%,比2009年水平下降了0.07个百分点;第三产业增加值为39 028.78亿元,占全国的比重为22.55%,比2009年水平上升了0.55个百分点。总体来看,长三角第三产业增加值占全国的份额大幅提高,第一产业增加值占全国的份额趋于下降,而第二产业增加值占全国的份额略有下降。这表明,长三角现代服务业正呈现良好发展势头。

从三次产业产值结构来看,长三角2010年三次产业结构为4.65: 50.13: 45.22,与2009年相比,第三产业比重上升了0.42个百分点,而第一产业、第二产业比重则分别下降了0.23个和0.19个百分点。与2010年全国三次产业结构相比,长三角第一产业比重比全国平均水平低5.45个百分点,而长三角第二、三产业比重比全国平均水平分别高3.38个百分点和2.08个百分点。

表4-1　长三角三次产业发展情况(2010年)

单位:亿元,%

	国内生产总值		第一产业		第二产业		第三产业	
	数额	占全国的比重	数额	占全国的比重	数额	占全国的比重	数额	占全国的比重
上海市	17 165.98	4.28	114.15	0.28	7 218.32	3.85	9 833.51	5.68
江苏省	41 425.48	10.33	2 540.10	6.27	21 753.93	11.60	17 131.45	9.90
浙江省	27 722.31	6.91	1360.56	3.36	14 297.93	7.62	12 063.82	6.97
长三角	86 313.77	21.51	4 014.81	9.90	43 270.18	23.07	39 028.78	22.55

(二)长三角第一产业布局

2010年,长三角第一产业总产值6 757.03亿元,以当年价计算,增长13.13%。从第一产业总产值的区域分布情况来看,上海市第一产业总产值为287.03亿元,占长三角第一产业总产值的比重为4.25%;江苏省第一产业总产值为4 297.14亿元,占长三角第一产业总产值的比重为63.60%;浙江省第一产业总产值为2 172.86亿元,占长三角第一产业总产值的比重为32.16%。

对第一产业总产值的内部结构进行分析,2010年,上海市农业总产值155.27亿元,占上海市第一产业总产值的比重为54.10%;林业总产值7.53亿元,占第一产业总产值的比重为2.62%;畜牧业总产值62.90亿元,占第一产业总产值的比重为21.91%;渔业总产值52.62亿元,占第一产业总产值的比重为18.33%;农林牧渔服务业总产值8.71亿元,占第一产业总产值的比重为3.03%。

2010年,江苏省农业总产值2 269.56亿元,占江苏省第一产业总产值的比重为52.82%;林业总产值78.12亿元,占第一产业总产值的比重为1.82%;畜牧业总产值923.25亿元,占第一产业总产值的比重为21.49%;渔业总产值805.25亿元,占第一产业总产值的比重为18.74%;农林牧渔服务业总产值220.95亿元,占第一产业总产值的比重为5.14%。

2010年,浙江省农业总产值1 041.30亿元,占浙江省第一产业总产值的比重为47.92%;林业总产值119.35亿元,占第一产业总产值的比重为5.49%;畜牧业总产值448.42亿元,占第一产业总产值的比重为20.64%;渔业总产值522.18亿元,占第一产业总产值的比重为24.03%;农林牧渔服务业总产值41.61亿元,占第一产业总产值的比重为1.91%。

表4－2　长三角第一产业布局基本情况(2010年)

单位:亿元,%

	上海市		江苏省		浙江省		长三角	
	总产值	结构	总产值	结构	总产值	结构	总产值	结构
第一产业	287.03	100.00	4 297.14	100.00	2 172.86	100.00	6 757.03	100.00
农业	155.27	54.10	2 269.56	52.82	1 041.30	47.92	3 466.13	51.30
林业	7.53	2.62	78.12	1.82	119.35	5.49	205.00	3.03
畜牧业	62.90	21.91	923.25	21.49	448.42	20.64	1 434.57	21.23
渔业	52.62	18.33	805.25	18.74	522.18	24.03	1 380.05	20.42
农林牧渔服务业	8.71	3.03	220.95	5.14	41.61	1.91	271.27	4.01

(三)长三角第二产业布局

1.长三角工业布局

工业是长三角地区重要支柱产业。2010年,长三角工业增加值为38 471.64亿元,占我国工业增加值的比重为23.92%,比2009年下降0.03个百分点。上海市工业总产值前十位的工业行业排名没有任何变化,分别是:通信设备、计算机及其他电子设备制造业,交通运输设备制造业,通用设备制造业,化学原料及化学制品制造业,电气机械及器材制造业,黑色金属冶炼及压延加工业,电力、热力的生产和供应业,石油加工、炼焦及核燃料加工业,专用设备制造业和金属制品业。十大工业行业占工业总产值的比重分别为20.01%、14.86%、7.95%、7.59%、6.52%、5.72%、4.83%、4.52%、3.58%和3.01%。与2009年相比,前十大工业行业排名中,比重上升的行业有5个,比重下降的行业有5个。2010年,上海市前十大工业行业总产值合计占工业总产值的比重为78.58%,较2009年上升了0.90个百分点。

2010年,江苏省工业总产值排名前十位的工业行业分别是:通信设备、计算机及其他电子设备制造业,化学原料及化学制品制造业,电气机械及器材制造业,黑色金属冶炼及压延加工业,交通运输设备制造业,通用设备制造业,纺织业,金属制品业,专用设备制造业和电力、热力的生产和供应业。十大工业行业占工业总产值的比重分别为14.05%、9.96%、9.51%、7.73%、7.01%、6.72%、6.48%、3.85%、3.61%和3.45%。与2009年相比,2010年前十大工业行业的排名出现了一定变化。其中,排名上升的行业有3个:交通运输设备制造业由2009年的第6位上升到2010年的第5位,通用设备制造业由第7位上升到第6位,专用设备制造业由第10位上升到第9位;排名下降的行业有2个:纺织业由第5位下降到第7位,电力、热力的生产和供应业由第9位下降到第10位。2010年,江苏省前十大工业行业总产值合计占工业总产值的比重为72.36%,较2009年上升了0.12个百分点。

2010年,浙江省工业总产值排名前十位的工业行业分别是:纺织业,电气机械及器材制造业,通用设备制造业,交通运输设备制造业,化学原料及化学制品制造业,电力、热力的生产和供应业,金属制品业,通信设备、计算机及其他电子设备制造业,塑料制品业和黑色金属冶炼及压延加工业。前十个行业占工业总产值的比重分别为10.85%、9.14%、7.35%、7.02%、6.83%、6.44%、3.83%、3.82%、3.80%和3.71%。与2009年相比,2010年前十大工业行业中,排名上升的有:通用设备制造业由2009年的第4位上升到第3位,化学原料及化学制品制造业由第6位上升到第5位,通信设备、计算机及其他电子设备制造业由第9位上升到第8位;排名下降的有:交通运输设备制造业由2009年的第3位下降到2010年的第4位,电力、热力的生产和供应业由第5位下降到第6位,塑料制品业由第8位下降到第9位。2010年,浙江省前十大工业行业总产值合计占工业总产值的比重为62.79%,较2009年下降了0.34个百分点。

表4-3　沪苏浙前十大工业行业占工业总产值的比重(2010年)

排名	上海市		江苏省		浙江省	
	行业	占工业总产值比重	行业	占工业总产值比重	行业	占工业总产值比重
1	通信设备、计算机及其他电子设备制造业	20.01%	通信设备、计算机及其他电子设备制造业	14.05%	纺织业	10.85%
2	交通运输设备制造业	14.86%	化学原料及化学制品制造业	9.96%	电气机械及器材制造业	9.14%
3	通用设备制造业	7.95%	电气机械及器材制造业	9.51%	通用设备制造业	7.35%
4	化学原料及化学制品制造业	7.59%	黑色金属冶炼及压延加工业	7.73%	交通运输设备制造业	7.02%
5	电气机械及器材制造业	6.52%	交通运输设备制造业	7.01%	化学原料及化学制品制造业	6.83%
6	黑色金属冶炼及压延加工业	5.72%	通用设备制造业	6.72%	电力、热力的生产和供应业	6.44%
7	电力、热力的生产和供应业	4.83%	纺织业	6.48%	金属制品业	3.83%
8	石油加工、炼焦及核燃料加工业	4.52%	金属制品业	3.85%	通信设备、计算机及其他电子设备制造业	3.82%
9	专用设备制造业	3.58%	专用设备制造业	3.61%	塑料制品业	3.80%
10	金属制品业	3.01%	电力、热力的生产和供应业	3.45%	黑色金属冶炼及压延加工业	3.71%

2. 长三角建筑业布局

2010 年，长三角建筑业增加值 4 798.54 亿元，占全国建筑业增加值的比重为 17.96%，比 2009 年下降 0.28 个百分点。从建筑业的区域分布情况来看，上海市建筑业增加值为 682.11 亿元，占长三角建筑业增加值的比重为 14.21%，占全国建筑业增加值的比重为 2.55%；江苏省建筑业增加值为 2 476.28亿元，占长三角建筑业增加值的比重为 51.60%，占全国建筑业增加值的比重为 9.27%；浙江省建筑业增加值为 1 640.15 亿元，占长三角建筑业增加值的比重为 34.18%，占全国建筑业增加值的比重为 6.14%。

表 4－4　长三角建筑业布局基本情况（2010 年）

单位：亿元，%

	建筑业增加值	占长三角建筑业增加值的比重	占全国建筑业增加值的比重
上海市	682.11	14.21	2.55
江苏省	2 476.28	51.60	9.27
浙江省	1 640.15	34.18	6.14
长三角	4 798.54	－－	17.96
全国	26 714.41	－－	－－

（三）长三角第三产业布局

2010 年，长三角第三产业增加值 39 028.78 亿元，占全国第三产业增加值的比重为 22.55%，比 2009 年上升 0.55 个百分点。从第三产业的区域分布情况来看，上海市第三产业增加值为 9 833.51 亿元，占长三角第三产业增加值的比重为 25.20%，占全国第三产业增加值的比重为 5.68%；江苏省第三产业增加值为 17 131.45 亿元，占长三角第三产业增加值的比重为 43.89%，占全国第三产业增加值的比重为 9.90%；浙江省第三产业增加值为 12 063.82 亿元，占长三角第三产业增加值的比重为 30.91%，占全国第三产业增加值的比重为 6.97%。

表 4－5　长三角第三产业布局基本情况（2010 年）

单位：亿元，%

	第三产业增加值	占长三角第三产业增加值的比重	占全国第三产业增加值的比重
上海市	9 833.51	25.20	5.68
江苏省	17 131.45	43.89	9.90
浙江省	12 063.82	30.91	6.97
长三角	39 028.78	－－	22.55
全国	173 087.01	－－	－－

从第三产业内部各行业的区域布局来看，上海市的批发零售业和水利、环境和公共设施管理业两个行业增加值占长三角的比重最大，浙江省的房地产业增加值占长三角房地产业的比重最大，江苏省在其余 11 个行业的增加值占长三角的比重均高于上海和浙江。

表4-6　长三角第三产业内部各行业布局情况(2010年)

单位:亿元,%

排名	上海市		江苏省		浙江省	
	增加值	比重	增加值	比重	增加值	比重
交通运输、仓储和邮政业	834.40	25.20	1 768.30	43.89	1 076.67	30.91
信息传输、计算机服务和软件业	675.98	22.68	605.28	48.06	594.55	29.26
批发和零售业	2 594.34	36.04	4 447.50	32.27	2 646.14	31.70
住宿和餐饮业	266.45	26.78	710.98	45.91	523.67	27.31
金融业	1 950.96	17.75	2 105.92	47.36	2 326.58	34.89
房地产业	1 002.50	30.56	2 600.95	32.99	1 618.17	36.45
租赁和商务服务业	776.13	19.20	868.34	49.81	451.08	30.99
科学研究、技术服务和地质勘查业	391.28	37.04	365.17	41.44	234.87	21.53
水利、环境和公共设施管理业	50.19	39.47	215.34	36.84	110.55	23.69
居民服务和其他服务业	179.98	13.35	447.86	57.26	352.99	29.40
教育	400.36	18.35	1 022.72	45.66	695.86	35.99
卫生、社会保障和社会福利业	250.41	18.89	500.72	48.27	398.95	32.84
文化、体育和娱乐	93.98	21.77	220.80	43.54	168.92	34.69
公共管理和社会组织	366.55	19.43	1 251.57	45.65	864.81	34.92

二、上海市产业布局基本情况

2010年,上海"三环"(内环、外环以及内外环之间)产业布局进一步优化发展;电子信息产品制造业、汽车制造业、石油化工及精细化工制造业、精品钢材制造业、成套设备制造业和生物医药制造业等六个重点发展的工业行业继续保持快速增长;国家级、市级工业园区呈现稳步增长。12个国家级开发区和26个市级工业园区进一步推进了全市工业的集聚集约发展。

(一)"三环"产业布局

1.内环线以内

以都市型先进制造业园区(楼宇)为基本载体,发展以产品设计开发、技术服务、经营管理和高增值、低消耗、少污染生产为主体的都市型先进制造业,形成新的产业业态,如服装设计制造业、信息加工制造业、软件业、钟表设计装配业、钻石设计加工贸易业、工艺美术旅游品开发制造业、绿色包装产品设计与现代精美印刷业、玩具设计制造业,以及其他具有上述特征的新兴行业等。

2.内外环线之间

重点发展都市型先进制造业和高科技产业,以及与支柱先进制造业相配套的产品。鼓励向高科技产业和都市型先进制造业"转型"发展。

3. 外环线以外

新增大型先进制造业项目，向市级以上开发区集中，并按各先进制造业区产业功能定位导向布局，同时鼓励围绕“一城九镇”建设进行产业配套。

（二）六个重点发展工业行业

2010 年，全市电子信息产品制造业、汽车制造业、石油化工及精细化工制造业、精品钢材制造业、成套设备制造业、生物医药制造业等六个重点发展工业行业完成工业总产值 19 891.08 亿元，占全市规模以上工业总产值的比重达到 66.1%。

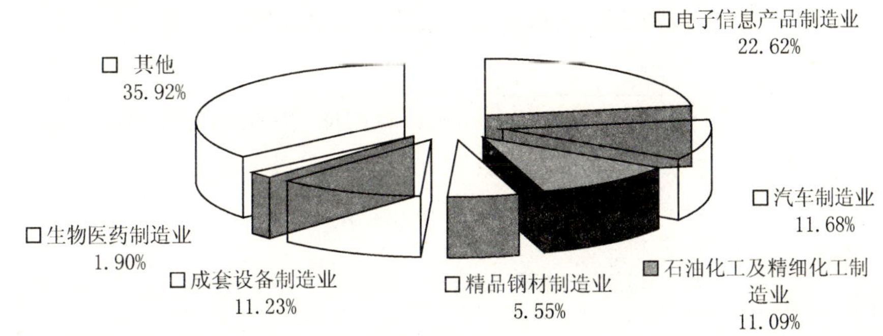

图 4－1　上海市六个重点发展工业行业占工业总产值的比重

1. 电子信息产品制造业

2010 年，上海市拥有电子信息产品制造企业 1717 家，比 2009 年减少 129 家，从业人员数 55.33 万人，比 2009 年增长 13.23%；完成工业总产值 7 022.46 亿元，比 2009 年增长 25.44%，完成主营业务收入 7 168.66 亿元，比 2009 年增长 23.33%；创造利润 209.22 亿元，比 2009 年增加 4.52 倍，上缴税金总额 28.25 亿元，比 2009 年下降 10.24%。

2. 汽车制造业

2010 年，上海市汽车制造业拥有汽车制造企业 659 家，比 2009 年减少 18 家，从业人员数 20.77 万人，比 2009 年增长 14.27%；完成工业总产值 3 626.46 亿元，比 2009 年增长 41.28%，完成主营业务收入 4 603.17 亿元，比 2009 年增长 46.51%；创造利润 634.42 亿元，比 2009 年增长 80.38%，上缴税金总额 259.66 亿元，比 2009 年增长 31.65%。

3. 石油化工及精细化工制造业

2010 年，上海市拥有石油化工及精细化工制造企业 995 家，比 2009 年减少 68 家，从业人员数 12.88万人，比 2009 年增长 0.51%；完成工业总产值3 442.44 亿元，比 2009 年增长 35.94%；完成主营业务收入3 564.36亿元，比 2009 年增长 38.69%；利润总额 238.42 亿元，比 2009 年增长 88.46%；上缴税金总额 238.14 亿元，比 2009 年增长 20.99%。

4. 精品钢材制造业

2010 年，上海市拥有精品钢材制造企业 125 家，比 2009 年减少 9 家，从业人员数 3.99 万人，比 2009 年下降 0.74%；完成工业总产值 1 722.87 亿元，比 2009 年增长 33.66%；完成主营业务收入 2 086.98亿元，比 2009 年增长 41.45%；创造利润 154.93 亿元，比 2009 年增长 180.41%，上缴税金总额 40.85 亿元，比 2009 年下降 1.19%。

5. 成套设备制造业

2010 年，上海市拥有成套设备制造企业 2 106 家，比 2009 年减少 122 家，从业人员数 35.96 万人,比2009年增长0.42%;完成工业总产值3 485.65亿元,比2009年增长14.29%;完成主营业务收入3 485.20亿元,比2009年增长13.10%;创造利润271.31亿元,比2009年增长20.85%;上缴税金总额90.07亿元,比2009年下降6.02%。

6. 生物医药制造业

2010年,上海市拥有生物医药制造企业464家,比2009年减少16家,从业人员数9.15万人,比2009年增长1.26%;完成工业总产值591.20亿元,比2009年增长17.74%;完成主营业务收入590.48亿元,比2009年增长16.14%;创造利润79.64亿元,比2009年增长28.77%;上缴税金总额32.08亿元,比2009年增长18.65%。

表4-7　上海市六个重点发展工业行业主要指标(2010年)

单位:个,万人,万元,%

行 业	单位数	从业人员	工业总产值	主营业务收入	利润总额	税金总额
电子信息产品制造业	1 717.00	55.33	7 022.46	7 168.66	209.22	28.25
汽车制造业	659.00	20.77	3 626.46	4 603.17	634.42	259.66
石油化工及精细化工制造业	995.00	12.88	3 442.44	3 564.36	238.42	238.14
精品钢材制造业	125.00	3.99	1 722.87	2 086.98	154.93	40.85
成套设备制造业	2 106.00	35.96	3 485.65	3 485.20	271.31	90.07
生物医药制造业	464.00	9.15	591.20	590.48	79.64	32.08
总计	6 066.00	138.09	19 891.08	21 498.84	1 587.94	689.05
六个重点发展工业行业占全市比重	36.40	47.40	66.10	67.00	69.10	50.70

(三)工业园区

2010年,上海市拥有12个国家级开发区,比2009年增加5个。12个国家级开发区拥有企业941家,比2009年减少2家,从业人员45.30万人,同比增长6.31%;全年完成工业总产值7 549.93亿元,同比增长24.55%;主营业务收入8 425.53亿元,同比增长24.96%;全年实现利润总额631.53亿元,同比增长81.84%,税金总额206.62亿元,同比增长25.07%。

2010年,上海市拥有26个市级工业园区,与2009年数量相比没有变化。26个市级开发区拥有企业4 792家,比2009年增加73家;从业人员94.94万人,比2009年增长9.14%;全年完成工业总产值7 941.33亿元,同比增长27.11%;主营业务收入8 189.66亿元,同比增长30.59%;全年实现利润总额618.05亿元,同比增长72.17%,税金总额187.81亿元,同比增长14.20%。

三、江苏省产业布局基本情况

2010年,江苏省"沿江、沿沪宁线、沿东陇海线、沿海"的"四沿"经济空间布局进一步优化发展,逐步成为江苏生产力总体布局的主骨架。

(一)沿沪宁线产业带

沿沪宁线产业带包括南京市区、镇江市区、句容、丹阳、常州市区、无锡市区、苏州市区、昆山等地,土地面积1.59万平方公里。2010年,沿沪宁线产业带拥有户籍人口1 571.23万人。全年实现的地区生产总值16 110.47亿元,占全省的比重为38.89%。其中,第一产业增加值300.19亿元,占全省

的比重为11.82%；第二产业增加值8 287.82亿元，占全省的比重为38.10%；第三产业增加值7 522.45亿元，占全省的比重为43.91%。

（二）沿江产业带

沿江开发区域包括南京、镇江、常州、扬州、泰州、南通6个市的市区和句容、扬中、丹阳、江阴、张家港、常熟、太仓、仪征、江都、泰兴、靖江、如皋、海门、启东14个县（市），土地面积2.54万平方公里。2010年，沿江产业带拥有户籍人口2 531.10万人。全年实现的地区生产总值20 608.55亿元，占全省的比重为49.75%。其中，第一产业增加值655.31亿元，占全省的比重为25.80%；第二产业增加值11 210.21亿元，占全省的比重为51.53%；第三产业增加值8 743.01亿元，占全省的比重为51.03%。

（三）沿海产业带

江苏沿海地区包括南通、盐城、连云港三个市的市区和所辖的14个县（市），土地面积2.84平方公里。2010年年末总人口为1 745.04万人。2010年，沿海产业带完成地区生产总值6 060.60亿元，占全省的比重为14.63%。其中，第一产业增加值698.49亿元，占全省的比重为27.50%；第二产业增加值3 123.84亿元，占全省的比重为14.36%；第三产业增加值2 238.26亿元，占全省的比重为13.07%。

（四）沿东陇海线产业带

沿东陇海线产业带包括徐州、连云港两个市区和铜山、邳州、新沂、东海四个县（市），土地面积9 890平方公里。2010年，沿东陇海地区拥有户籍人口804.04万人。2010年实现地区生产总值3 023.58亿元，占全省的比重为7.30%。其中，第一产业增加值217.07亿元，占全省的比重为8.55%；第二产业增加值1 544.43亿元，占全省的比重为7.10%；第三产业增加值1 262.09亿元，占全省的比重为7.37%。

表4－8　江苏省“四沿”产业带主要经济指标（2010年）

单位：亿元，%

	全省总计	沿沪宁线产业带		沿江产业带		沿东陇海线产业带		沿海产业带	
		数额	比重	数额	比重	数额	比重	数额	比重
地区生产总值	41 425.48	16 110.47	38.89	20 608.55	49.75	3 023.58	7.30	6 060.60	14.63
第一产业增加值	2 540.10	300.19	11.82	655.31	25.80	217.07	8.55	698.49	27.50
第二产业增加值	21 753.93	8 287.82	38.10	11 210.21	51.53	1 544.43	7.10	3 123.84	14.36
其中：工业增加值	19 277.65	7 480.62	38.80	10 168.43	52.75	1 356.03	7.03	2 586.46	13.42
第三产业增加值	17 131.45	7 522.45	43.91	8 743.01	51.03	1 262.09	7.37	2 238.26	13.07

注：沿沪宁产业带和沿江产业带，沿东陇海产业带和沿海产业带所覆盖的区域有重叠。

四、浙江省产业布局基本情况

2010年，浙江省“四圈三带”（“四圈”是指杭州、宁波、温台、浙中城市四大都市圈；“三带”是指环杭州湾、温台沿海、金衢丽高速公路沿线三大产业带）各项经济指标在2009年基础上进一步优化发展，产业空间布局进一步优化。

(一)四大都市圈

1. 杭州都市圈

杭州都市经济圈涵盖杭州、嘉兴、湖州、绍兴四市全境的区域,土地总面积34 608平方公里。2010年,杭州都市经济圈年末总人口为1 729.61万人。2010年实现地区生产总值1 2346.3亿元,占全省的比重为44.54%。其中,第一产业增加值589.30亿元,占全省的比重为43.31%,第二产业增加值6 465.26亿元,占全省的比重为45.22%,第三产业增加值5 291.75亿元,占全省的比重为43.86%。

2. 宁波都市圈

宁波都市圈包含宁波全境的行政区域,土地面积9816平方公里。2010年,宁波市年末总人口数为574.08万人。2010年,全市完成地区生产总值5 163.00亿元,占全省的比重为18.62%。其中,第一产业增加值219.13亿元,占全省的比重为16.11%,第二产业增加值2 870.69亿元,占全省的比重为20.08%,第三产业增加值2 073.18亿元,占全省的比重为17.19%。

3. 温台都市圈

温台都市圈包括温州和台州两个地级市,土地面积2 1197平方公里。2010年,温台都市圈年末总人口为1 369.94万人。2010年,温台都市圈实现地区生产总值5 351.49亿元,占全省的比重为19.30%。其中,第一产业增加值254.11亿元,占全省的比重为18.68%,第二产业增加值2 787.79亿元,占全省的比重为19.50%,第三产业增加值2 309.59亿元,占全省的比重为19.14%。

4. 浙中城市群

"浙中城市群"由金华市本级,义乌、兰溪、永康、东阳四个县级市和武义、浦江、磐安三个县组成,土地面积10 941平方公里。2010年,浙中城市群年末总人口数为466.65万人。全年实现地区生产总值2 110.04亿元,占全省的比重为7.61%。其中,第一产业增加值108.03亿元,占全省的比重为7.94%,第二产业增加值1 086.02亿元,占全省的比重为7.60%,第三产业增加值902.05亿元,占全省的比重为7.48%。

表4-9　浙江省四大都市圈主要经济指标占全省的比重(2010年)

单位:亿元,%

	杭州都市圈		宁波都市圈		温台都市圈		浙中城市群	
	数额	比重	数额	比重	数额	比重	数额	比重
地区生产总值	12 346.30	44.54	5 163.00	18.62	5 351.49	19.30	2 110.04	7.61
第一产业增加值	589.30	43.31	219.13	16.11	254.11	18.68	108.03	7.94
第二产业增加值	6 465.26	45.22	2 870.69	20.08	2 787.79	19.50	1 086.02	7.60
其中:工业增加值	5 730.69	45.27	2 586.17	20.43	2 523.40	19.94	938.87	7.42
第三产业增加值	5 291.75	43.86	2 073.18	17.19	2 309.59	19.14	902.05	7.48

(三)三大产业带

1. 环杭州湾产业带

环杭州湾产业带包括杭州、宁波、绍兴、嘉兴、湖州、舟山六市,土地面积45 864平方公里。2010年,环杭州湾产业带年末总人口数为2 400.46万人。2010年,环杭州湾产业带累计完成地区生产总值18 153.62亿元,占全省的比重为65.48%。其中,第一产业增加值870.46亿元,占全省的比重为

63.98%，第二产业增加值9 629.23亿元，占全省的比重为67.35%，第三产业增加值7 653.93亿元，占全省的比重为63.45%。

环杭州湾产业带产业发展的重点是电子信息、现代医药、石化、纺织、服装五大标志性产业集群，以及交通运输设备、先进装备制造、新型金属材料及制品、造纸业及纸制品、家用电器及设备和食品加工制造六大成长性产业集群。

2. 温台沿海产业带

温台沿海产业带包括温州、台州2个地级市，土地面积21 197平方公里。2010年末总人口为1 369.94万人。全年实现地区生产总值5 351.49亿元。这一产业带市场化水平较高，民营经济活跃，块状经济发达，民间资金充裕，是著名的"温台模式"发源地。温台沿海产业带汇集了一系列在全国具有较强竞争优势的特色产业集群。主要包括：汽车摩托车及零配件、医药化工、模具塑料、服装机械、水泵阀门、工艺美术、家用电器、绿色农产品和水产品加工、鞋帽服装、日用品加工等。

3. 金衢丽产业带

金衢丽产业带包括金华、衢州、丽水3个地级市，土地面积37 080平方公里，占全省的比重为36.42%。2010年，金衢丽产业带年末人口数为977.54万人。2010年实现地区生产总值3 528.81亿元，占全省的比重为12.73%。其中，第一产业增加值235.64亿元，占全省的比重为17.32%，第二产业增加值1 829.08亿元，占全省的比重为12.79%，第三产业增加值1 437.36亿元，占全省的比重为11.91%。

金衢丽产业带产业发展的重点是：①金华市：重点打造汽车制造、日用小商品、五金机械、现代医药、食品加工、电子产业、建材产业七大产业集群。②衢州市：重点发展氟化工、新型干法水泥、矿山机械、高档纸制品、输变电设备、轻工制品等六大特色制造业基地。③丽水市：重点培育日用化工、特种材料、五金机电、羽绒制鞋、现代中医药等五大特色制造业基地。

表4－10　浙江省三大产业带主要经济指标占全省的比重(2010年)

单位：亿元，%

	环杭州湾产业带		温台沿海产业带		金衢丽产业带	
	数额	比重	数额	比重	数额	比重
地区生产总值	18 153.62	65.48	5 351.49	19.30	3 528.81	12.73
第一产业增加值	870.46	63.98	254.11	18.68	235.64	17.32
第二产业增加值	9 629.23	67.35	2 787.79	19.50	1 829.08	12.79
其中：工业增加值	8 535.38	67.43	2 523.40	19.94	1 566.33	12.37
第三产业增加值	7 653.93	63.45	2 309.59	19.14	1437.36	11.91

三　长三角第二产业

一、长三角第二产业基本情况

(一)2010 年第二产业总体发展情况

2010 年是中国长三角经济区产业处在结构调整、产业升级的关键一年;2010 年同样是长三角经济区企业极力加大开发市场的关键一年;2010 年也是中国长三角经济区产业步入“十二五”规划承上启下的关键一年。全球金融危机对长三角地区经济发展的影响在逐渐淡化,长三角经济复苏迹象明显。第二产业总产值为 42331.68 亿元,比上年增加 6080.8 亿元,是 2006 年的 1.64 倍,基本实现“十一五”规划的产业发展要求。

(二)2006 - 2010 年长三角第二产业的增长情况

2006 年是“十一五”计划起始年,在“十一五”期间长三角地区两省一市的第二产业产值不断增长,按照可比价值计算,2006 年长三角第二产业的产值比上年增长 17.36%,以后各年第二产业的产值绝对数在不断增长,但涨幅比例不断下降,长三角第二产业 2008 年的增长速度回落到 5.16%,这种情况增长符合增长理论中指数抛物线增长路径,表明长三角地区第二产业面临资源、环境、市场约束下面临增速调整和增长方式改变。2010 年长三角第二产业发展速度再创新高,一方面由于经济危机的影响行将结束,经济复苏状态良好,另一方面表现出长三角战略型新兴产业发展势头良好。

表 4 - 11　2006 - 2009 年长三角第二产业增长情况

单位:亿元,%

指标	2006	2007	2008	2009	2010
二产产值	25 788.78	30 133.36	34 480.06	36 260.88	42 331.68
二产产值增长	17.36%	16.85%	14.42%	5.16%	16.7%

(三)2006 年 ~ 2010 年长三角第二产业比例情况

从占比情况来看,2006 年长三角地区生产总值为 47 753.96 亿元,其中第二产业的总值为 25 788.78亿元,第二产业占总产值的比重为 54.0%,以后各年的第二产业总值绝对数每年增加,二产占 GDP 的比例开始逐渐下降,平均每年下降 1 个百分点左右,可以看出产业结构调整正在进行,但调整速度有待进一步提高,2010 年长三角第二产业占比下降到 50% 以下。

表 4 - 12　2004 - 2008 年长三角第二产业占比情况

单位:亿元

指标	2006	2007	2008	2009	2010
地区生产总值	47 753.96	56 710.44	65 497.68	71 939.65	85 002.72
第二产业总产值	25 788.78	30 133.36	34 480.06	36 260.88	42 331.68
占比	54.0%	53.1%	52.6%	50.40%	49.80%

数据来源:《江苏统计年鉴》、《上海统计年鉴》、《浙江统计年鉴》(历年)。

(四)2006～2010年两省一市第二产业情况

从两省一市的情况来看,在第二产业的增长方面,江苏地区的第二产业增长领先于上海和浙江两地。主要因为江苏省历年来都是长三角制造业大省,制造业在江苏省的主导地位比较稳固,历史也非常悠久。

表4－13　长三角两省一市第二产业总体概况

单位:亿元,%

地区	指　　标	2006	2007	2008	2009	2010
上海	地区生产总值	103 665.64	12 188.85	13 698.15	15 046.45	16 872.42
	第二产业总产值	5 028.37	5 678.51	6 235.92	6 001.78	7 139.96
	二产产值占GDP比重	48.51	46.59	45.52	39.89	42.31
	二产产值增长率	12.30	11.50	9.80	－3.70	16.80
江苏	地区生产总值	21 645.08	25 741.15	30 312.61	34 061.20	40 903.30
	第二产业总产值	12 250.84	14 306.40	16 663.81	18 416.10	21 753.90
	二产产值占GDP比重	56.60	55.58	54.97	56.59	53.20
	二产产值增长率	16.00	15.50	16.50	10.52	13.00
浙江	地区生产总值	15 742.51	18 780.44	21 486.92	22 832.00	27 227.00
	第二产业总产值	8 509.57	10 148.45	11 580.33	11 843.00	14 121.00
	二产产值占GDP比重	54.05	54.04	53.89	51.87	51.90
	二产产值增长率	14.30	15.50	14.41	22.20	12.30

数据来源:《江苏统计年鉴》、《上海统计年鉴》、《浙江统计年鉴》(历年)。

(五)2010年长三角第二产业的特点

2010年,长三角地区立足扩内需,坚持调结构,迅速扭转了经济增速下滑趋势,主要指标持续回升,经济总体回升向好,逐步进入复苏通道。分区域来看,上海地区第二产业增加值增长最快,江苏和浙江发展速度相同。江苏第二产业产值占地区生产比重最高,相比而言,上海地区的第二产业产值比重较小。

二、2010年上海市第二产业发展总体情况

2010年上海市全年实现工业增加值6 456.78亿元,比上年增长17.5%。其中,规模以上工业增加值6 225.98亿元,增长18.4%。在规模以上工业增加值中,轻工业增加值1 866.21亿元,增长15.9%;重工业增加值4 359.77亿元,增长19.5%。全年工业总产值31 038.57亿元,比上年增长22.9%。其中,规模以上工业总产值30 003.57亿元,增长23.1%。"十一五"时期全市工业总产值达到124 305.48亿元,年均增长12.6%。

全年电子信息产品制造业、汽车制造业、石油化工及精细化工制造业、精品钢材制造业、成套设备制造业、生物医药制造业等六个重点发展工业行业完成工业总产值19 863.27亿元,比上年增长26.6%,占全市规模以上工业总产值的比重达到66.2%。

全年高技术产业完成工业总产值6 958.01亿元,比上年增长33.7%,增幅高出全市规模以上工业总产值10.6个百分点,占全市规模以上工业的比重为23.2%。微型电子计算机、汽车等主要工业产品产量增长较快。

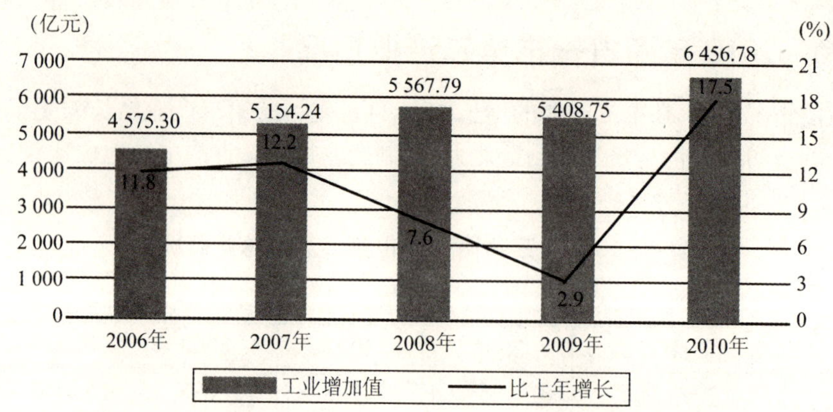

图4－2 “十一五”时期上海市工业增加值与增长速度

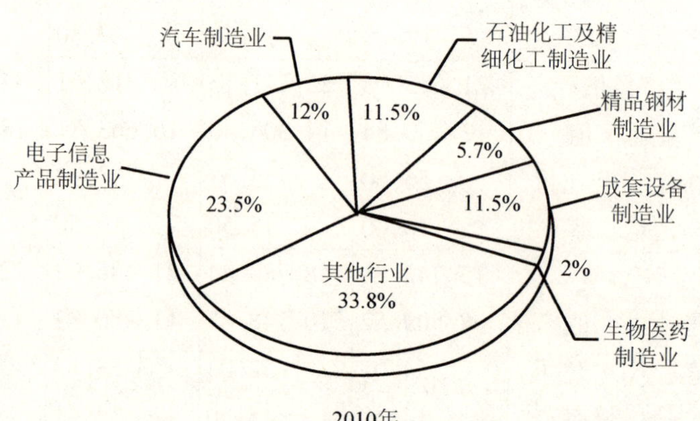

图4－3 上海市六个重点发展工业行业占工业总产值的比重

表4－14 上海市主要工业产品产量(2010年)

产品名称	单位	产量	比上年增长(%)
微型电子计算机	万部	9 388.44	20.10
成品钢材	万吨	2 475.95	10.60
汽车	万辆	169.89	35.90
#轿车	万辆	159.77	30.50
家用电冰箱	万台	218.55	17.30
电力电缆	万公里	119.11	65.80
发电量	亿千瓦小时	876.19	14.20
乙烯	万吨	226.72	25.70
化学药品原药	万吨	2.80	6.00

全年规模以上工业企业实现利润总额2 216.55亿元,比上年增长56.7%;实现税金总额1 373.98亿元,增长24.5%。其中,国有控股工业企业实现利润1 082.54亿元,增长67.5%;实现税金1 003.99亿元,增长31.9%,占全市工业税金总额的比重为73.1%。全市工业企业亏损面为18.3%。全年工业企业经济效益综合指数为263.91,比上年提高39.5个点。

全年建筑业总产值4 298.12亿元,比上年增长12.2%;房屋建筑施工面积22 092.72万平方米,增长15.9%;竣工面积6025.95万平方米,增长5.4%。建筑企业按总产值计算的全员劳动生产率达到人均34.61万元,比上年提高10.8%。

三、江苏省第二产业发展总体情况

2010年江苏省工业生产运行良好。全年规模以上工业增加值21 223.8亿元，比上年增长16.0%，其中，轻、重工业增加值6 019.1亿元、15 204.8亿元，分别增长14.6%和16.6%。国有工业增加值1 319.4亿元，增长11.1%；集体工业增加值266.9亿元，增长4.2%；股份制工业增加值9 709.4亿元，增长15.9%；外商港澳台投资工业增加值8 683.9亿元，增长16.5%。在规模以上工业中，国有控股工业增加值2 729.1亿元，增长13.6%；私营工业增加值6 971.4亿元，增长17.9%。

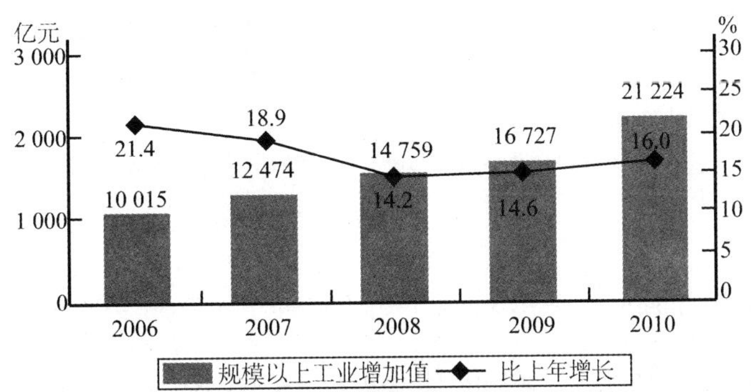

图4－4　“十一五”时期江苏省规模以上工业增加值与增长速度

表4－15　江苏省主要工业产品产量情况（2010年）

产品名称	单位	产量	比上年增长（%）
纱	万吨	434.60	8.90
布	亿米	88.50	14.50
化学纤维	万吨	1 027.20	13.20
卷烟	亿支	959.50	3.80
彩色电视机	万台	1 660.90	44.30
家用电冰箱	万台	812.50	21.80
房间空调器	万台	537.90	62.40
原煤	万吨	2 122.50	-11.00
天然原油	万吨	186.00	1.10
发电量	亿千瓦小时	3 499.30	17.30
粗钢	万吨	6 242.80	13.30
钢材	万吨	9 123.00	18.40
十种有色金属	万吨	56.10	4.80
水泥	万吨	15 647.50	8.40
硫酸	万吨	441.10	14.80
纯碱	万吨	267.20	7.60
乙烯	万吨	121.60	-14.10
化肥（折100%）	万吨	242.00	1.00
汽车	万辆	72.90	45.90
#轿车	万辆	31.40	46.20
发电设备	万千瓦	629.70	27.90
集成电路	亿块	223.20	36.50
程控交换机	万线	5.00	-32.80
微型电子计算机	万台	9 364.60	14.50

移动通讯基站设备	信道	635 842.00	22.50

企业效益大幅增长。规模以上工业企业实现主营业务收入90 635亿元,比上年增长27.3%;实现利税8 897.2亿元,增长34.9%;实现利润5 705.9亿元,增长43.6%。企业亏损面8.6%,比上年末下降3.1个百分点;亏损企业亏损额186.9亿元,下降34.9%。工业经济效益综合指数为241.0,提高18.9个点。

先进制造业增长较快。在规模以上工业中,交通运输设备制造业产值6 449亿元,比上年增长35.0%;医药制造业产值1 399.1亿元,增长28.6%;专用设备制造业产值3 218.4亿元,增长32%;电气机械及器材制造业产值8 689.6亿元,增长33.1%;通用设备制造业产值6 108.3亿元,增长29.2%;通信设备、计算机及其他电子设备制造业产值12 951.5亿元,增长25.3%。产品结构继续优化,实现工业新产品产值7853.8亿元,比上年增长27.5%;在列入统计的75种主要工业产品中,保持增长的有56种,下降的有19种。

建筑业持续发展。全省建筑企业实现利税总额1 009.8亿元,比上年增长28.7%。全年共完成建筑业总产值12 323.6亿元,增长20.1%;竣工产值9 246.0亿元,增长13.2%,竣工率达75.0%;建筑业劳动生产率为20.4万元/人,上升7.4%。建筑业企业房屋建筑施工面积118 534万平方米,增长18.9%;房屋建筑竣工面积45 929万平方米,增长6.1%,其中住宅竣工面积30 937万平方米,增长6.5%。

四、2010年浙江省第二产业发展总体情况

2010年,规模以上工业增加值10 397亿元,增长16.2%,轻、重工业增加值分别增长14.6%和17.4%。规模以上工业销售产值50 368亿元,增长30.2%。国有及国有控股工业企业增加值1 811亿元,比上年增长11.6%。规模以上工业企业完成出口交货值10 683亿元,增长27.6%;出口交货值占销售产值的比重为21.2%,比上年下降0.4个百分点。

规模以上工业企业新产品产值为10 143亿元,比上年增长42.9%,新产品产值率为19.6%,比上年提高1.7个百分点。制造业中,高新技术产业增加值2 396亿元,比上年增长18.5%,占规模以上工业的比重为23%。汽车产量为31.9万辆,增长15.2%,其中轿车产量为27.4万辆,增长25%。

全年规模以上工业企业实现利润3 003.6亿元,比上年增长47.3%。其中,国有及国有控股企业368.2亿元,增长27.3%;股份制企业322.1亿元,增长24.5%;外商及港澳台投资企业944.3亿元,增长53.8%;私营企业1 090.4亿元,增长54.2%。工业企业产品销售率97.5%,比上年下降0.3个百分点。

表4-16 2010年浙江省规模以上工业增加值

指标名称	绝对数(亿元)	比上年增长(%)
工业增加值总计	10 397	16.20
在总计中:轻工业	4 443	14.60
重工业	5 954	17.40
在总计中:国有企业	857	11.90
有限责任公司	1 641	14.20
股份有限公司	859	12.20
私营企业	4 252	18.40
港澳台商投资企业	1 187	17.70
外商投资企业	1 476	16.30

在总计中:国有及国有控股企业	1 811	11.60

表 4-17　2010 年浙江省主要工业产品产量

	单位	绝对数	比上年增长(%)
纱	万吨	214.90	12.60
布	亿米	159.00	14.50
化纤	万吨	1 366.10	21.20
卷烟	亿支	851.00	5.80
房间空调器	万台	510.80	80.40
发电量	亿千瓦小时	2 496.20	14.00
钢材	万吨	2 832.60	19.80
水泥	万吨	11 275.30	5.40
化肥(折 100%)	万吨	32.70	-26.40
汽车	万辆	31.90	15.20
#轿车	万辆	27.40	25.00
集成电路	亿块	30.40	-54.40
电子元件	亿只	476.80	27.40
移动电话机	万台	2 406.10	-2.80
微型电子计算机	万台	157.30	76.40

全年建筑业增加值 1 633 亿元,比上年增长 17.4%。资质以上建筑企业利润总额 355 亿元,比上年增长 29.4%;税金总额 385 亿元,增长 31.4%。

五、长三角第二产业发展政策分析

2010 年国务院正式批准实施的《长江三角洲地区区域规划》明确了长江三角洲地区发展的战略定位,即亚太地区重要的国际门户、全球重要的现代服务业和先进制造业中心、具有较强国际竞争力的世界级城市群;到 2015 年,长三角地区率先实现全面建设小康社会的目标;到 2020 年,力争率先基本实现现代化。在产业发展上,《长江三角洲地区区域规划》明确提出要做优做强先进制造业,加快新兴产业发展,提升传统产业,到 2015 年的长三角第二产业发展提出了指导要求。

(一)做强做优先进制造业

电子信息产业。按照立足优势、加快研发、强化协作、促进集群的原则,加快建设世界级电子信息产业基地。发挥区域在电子信息研发、设计、制造及服务方面的综合优势,加快拥有自主知识产权的核心技术研发,促进集成电路、软件、新型平板显示器件、激光显示关键材料与器件、新型电子元器件、电子专用设备仪器制造等产业发展。加强区域产业协作配套能力和分工体系建设,努力打造自主品牌。以国家电子信息产业基地或产业园为依托,打造通信、计算机及网络、数字音视频等产业集群。

以上海、南京、杭州为中心,沿沪宁、沪杭甬线集中布局。沿沪宁线重点发展具有自主知识产权的通信、软件、计算机、微电子、光电子类产品制造,形成以上海、南京、苏州、无锡为主的研发设计与生产中心,以常州、镇江等为主要生产基地的电子信息产业带;沿沪杭甬线以上海、杭州、宁波为研发设计与生产中心,整合嘉兴、湖州、绍兴、台州等地的相关产业,构建国内重要的软件、通信、微电子、新型电子元器件、家电产业生产基地。扬州、泰州、南通、温州、金华、衢州等在巩固发展电子材料、电子元器件产业的基础上,以产业协作配套为重点,开拓计算机网络和外部设备等新产品领域,加快信息产业发展。

装备制造业。按照提升水平、重点突破、整合资源、加强配套的原则,加快建设具有世界影响的装备制造业基地。发挥大型机械、成套设备及汽车、船舶研发制造等方面的优势,巩固提升装备制造业水平,力争在大型电力设备、交通设备、数控机床以及大型加工设备等关键技术和规模生产上取得突破。依托重大工程建设,积极引导企业整合相关资源,组建具有国际竞争力的大型企业集团。采取产业链接、技术外溢和资本扩张等形式,进一步加强区内外产业配套协作。

以上海为龙头,沿沪宁、沪杭甬线及沿江、沿湾和沿海集聚发展。以上海、南京、杭州为先导,苏州、无锡、宁波、徐州、台州等为骨干,提升机械装备制造业水平和核心竞争力。上海、南京、杭州、宁波、台州和盐城积极发展轿车产业,形成区域性轿车研发生产基地。以苏州、常州、扬州和金华为重点,加快形成国内重要的客车生产基地。鼓励开展新能源汽车研发和生产。以上海、南京、常州为重点,加快形成轨道交通产业基地。围绕汽车整车制造,鼓励沿海、沿江等地区发展汽车零部件生产,形成汽车零部件产业带。以上海、南通、舟山等为重点,建设大型修造船及海洋工程装备基地。结合上海地区船舶工业结构调整和黄浦江内部船厂搬迁,重点建设长兴岛造船基地。

钢铁产业。按照提高产业集中度、提升国际竞争力、构建循环经济产业链的原则,推动钢铁产业集约式发展。依托区域现有大型钢铁企业,通过跨地区、跨行业的兼并重组和战略联盟,促进企业集团化发展。实施产品差异化战略,调整产品结构,增强高端产品的国际竞争力。大力发展和运用节能、节水、环保等技术,积极推广新一代可循环钢铁流程工艺技术,构建钢铁循环经济产业链。

依托上海、江苏的大型钢铁企业,积极发展精品钢材。推进钢铁产业结构调整,充分利用海港的有利条件,在不增加现有产能的前提下,结合大型钢铁企业搬迁和淘汰落后生产能力,在连云港等沿海具备条件的地方建设新型钢铁基地。

石化产业。按照立足优势、突破创新、促进集聚、清洁生产的原则,加快建设具有国际竞争力的石化产业基地。充分利用区域石化产业发展基础及沿江临海的区位优势,进一步优化发展石化产业。大力开发核心技术和专有技术,调整产品结构,重点发展精细化工及有机化学新材料。加快现有化工园区整合,推动产业集聚升级。

在充分考虑资源环境承载能力的基础上,依托现有大型石化企业加快建设具有国际水平的上海化工区、南京化学工业园区和宁波－舟山化工区,发挥沿海地区深水岸线和管道运输优势,建设利用境外资源合作加工的大型石化基地,进一步壮大炼油、乙烯生产规模,建设大型基础石化产业密集区。发挥泰州、盐城、宁波、嘉兴、温州等滨海或临江区位优势,集中布局,优化发展精细化工。充分利用淮安岩盐和盐城矿盐资源,发展盐化工。

(二)加快发展新兴产业

生物医药产业。充分利用区域医药生产门类齐全的优势,以生物基因工程和现代中药为重点,打造集研发、生产、销售及信息服务为一体的产业链,形成自主创新能力较强、具备一定国际竞争力的生物医药产业密集区。

建成上海生物及新型医药研发与生产中心,加快建设上海、泰州、杭州国家生物产业基地,进一步做强无锡"太湖药谷"等品牌,建设南京、苏州、连云港、杭州、湖州、金华等中医药、化学原料药和生物医药研发生产基地,加快以上海临港新城、盐城、宁波、舟山等为重点的海洋生物产业发展。

新材料产业。依托区域内雄厚的科研实力及产业基础,与电子信息、冶金、汽车、建筑、化工等产业配套衔接,大力发展信息新材料、金属和非金属新材料、纤维新材料、纳米材料、半导体照明用材料、

新型建筑材料以及特种工程材料等产业。

以上海为核心，沿江、沿湾为重点区域，发展各类新材料产业。加快建设上海、苏州、杭州、宁波新材料研发中心和宁波、连云港国家新材料高技术产业基地，无锡、常州、镇江、泰州、南通、徐州、湖州、嘉兴、绍兴、台州、金华、衢州等城市积极建设新材料研发转化生产基地。

新能源产业。充分利用技术优势和发展基础，加大新能源技术研发和生产投入，鼓励发展可再生能源和清洁能源，开发利用风能、太阳能、地热能、海洋能、生物质能等可再生能源、发展燃气蒸汽联合循环发电等。在沪宁、沪杭甬等沿线大城市，加快新能源技术研发基地建设。在南通、盐城、舟山、台州、温州等沿海地区以及杭州湾地区，大力发展风能发电。鼓励发展以风电、核电和光伏为主的新能源装备制造，提高零部件研发设计和生产加工能力。优化发展太阳能光伏电池及原材料制造业。

民用航空航天产业。充分依托上海民用航空航天产业研发、制造和综合集成能力较强的优势，利用已有的支线飞机和大型客机的研制基础和国际合作经验，积极推动民用飞机制造业、航空运输业和航空服务业协同发展。全面推进国家民用航天产业基地建设，大力发展卫星导航、卫星通信、卫星遥感和相关设备制造业与服务业，加快航天技术向新材料与新能源、节能技术、信息技术、特种制造、特种装备等领域延伸拓展。

（三）巩固提升传统产业

纺织服装业。以提升档次、打造品牌为重点，建成集研发、制造、展销、贸易等多功能于一体的国际纺织及服装设计制造中心。上海重点发展服装设计和贸易，苏州、无锡、南通、常州、杭州、宁波、湖州、温州重点发展服装及面料生产、研发、展销等，鼓励扬州、泰州、盐城、湖州、嘉兴、绍兴、金华等地发展现代纺织业，积极提升产业层次和产品档次，促进传统纺织业向周边地区转移。

四　长三角服务业

现代服务业的发达程度是衡量区域综合竞争力的重要标志。面对国际服务业向我国转移步伐加快的新机遇,面对全国现代服务业加速发展的新态势,长三角地区应科学地制定发展现代服务业的战略目标,这是提高长三角地区综合竞争力的必然选择,是增强长三角地区可持续发展能力的关键举措,也是争创长三角地区发展新优势的紧迫要求。

2010 年长江三角洲地区经济发展速度快,实现地区生产总值 85 002.72 亿元。从三次产业情况看,第一产业实现增加值 4 014.75 亿元,第二产业实现增加值 43 014.86 亿元,第三产业实现增加值 37 973.11 亿元,比 2009 年增加 5 855.56 亿元,增长 18.23%。三次产业结构调整为 4.7: 50.6: 44.7。

表 4 - 18　长三角服务业发展情况(2001 - 2010 年)

地区	指标	2001	2002	2003	2004	2005	2006	2007	2008	2009	2010
上海	地区生产总值	5 210.10	5 41.00	6 694.20	8 072.80	9 154.20	10 366.40	12 188.80	13 698.15	14 900.93	16 872.42
	服务业增加值	2 728.90	3 038.90	3 404.20	4 097.30	4 620.90	5 244.20	6 408.50	7 350.43	8 847.15	9 618.31
	服务业比重	52.40	52.90	50.80	50.70	50.50	50.60	52.60	53.70	59.40	57.00
	服务业增长率	8.70	10.00	8.00	12.90	10.50	11.50	15.20	11.30	12.60	5.00
江苏	地区生产总值	9 456.80	10 606.80	12 442.90	15 300.60	18 305.70	21 645.10	25 741.20	30 000.00	34 061.20	40 903.30
	服务业增加值	454.90	3 891.90	4 493.30	5 198.00	6 489.10	7 849.20	9 618.50	11 656.00	13 443.40	16 609.80
	服务业比重	6.50	36.70	36.10	34.60	35.40	36.30	37.40	38.10	39.47	40.60
	服务业增长率	1.10	11.20	11.90	13.70	14.80	15.50	15.90	12.60	13.60	13.10
浙江	地区生产总值	898.30	8 003.70	9 705.00	11 648.70	13 437.80	15 742.50	18 780.40	21 486.92	22 832.00	27 227.00
	服务业增加值	665.70	3 227.90	3 890.80	4 584.20	5 378.90	6 307.80	7 645.90	8.811.16	9 827.00	11 745.00
	服务业比重	38.60	40.30	40.10	39.30	40.00	40.10	40.70	41.00	43.00	43.10
	服务业增长率	11.50	13.50	13.80	13.90	14.90	15.10	15.10	11.80	12.50	12.10
长三角	地区生产总值	21 565.30	24 351.60	28 842.10	34 725.10	40 897.70	47 753.90	56 710.40	65 185.07	71 794.13	85 002.72
	服务业增加值	6 120.60	7 119.90	8 384.10	9 782.30	11 868.00	14 157.10	23 672.90	27 817.59	32 117.55	37 973.11
	服务业比重	28.40	29.20	29.10	28.20	29.00	29.60	41.70	42.70	44.70	44.70
	服务业增长率	10.40	11.50	11.20	13.50	13.50	15.40	67.20	17.50	15.46	18.23
全国	地区生产总值	109 655.20	120 332.70	135 822.80	159 878.30	183 084.80	209 407.00	246 619.00	300 670.00	335 353.00	397 983.00
	服务业增加值	37 392.40	41 274.10	45 364.80	51 001.30	73 783.20	82 703.00	96 328.00	120 487.00	142 918.00	171 005.00
	服务业比重	34.10	34.30	33.40	31.90	40.30	39.50	39.10	40.10	42.60	43.00
	服务业增长率	8.40	8.70	8.30	8.30	9.60	10.30	11.40	9.50	8.90	9.50

与全国的对比情况看,初步核算,2010 年国内生产总值 397 983 亿元,比 2009 年增长 10.3%。其中,第一产业增加值 40 497 亿元,增长 4.3%;第二产业增加值 186 481 亿元,增长 12.2%;第三产业增加值 171 005 亿元,增长 9.5%。第一产业增加值占国内生产总值的比重为 10.2%,第二产业增加值比重为 46.8%,第三产业增加值比重为 43.0%。

上海市的情况,国民经济保持平稳较快发展。2010 年上海市实现生产总值 16 872.42 亿元,按可比价格计算,比 2009 年增长 9.9%。其中,第一产业增加值 114.15 亿元,下降 6.6%;第二产业增加值

7 139.96 亿元，增长 16.8%；第三产业增加值 9 618.31 亿元，增长 5%。"十一五"时期上海市生产总值达到 69 054.99 亿元，按可比价格计算，年均增长 11.1%。

江苏省的情况，经济保持平稳较快增长。初步核算，2010 年江苏实现生产总值 40 903.3 亿元，比 2009 年增长 12.6%。其中，第一产业增加值 2 539.6 亿元，增长 4.3%；第二产业增加值 21 753.9 亿元，增长 13.0%；第三产业增加值 16 609.8 亿元，增长 13.1%。

浙江省的情况，初步核算，2010 年，浙江生产总值为 27 227 亿元，比 2009 年增长 11.8%。其中第一产业增加值 1 361 亿元，第二产业增加值 14 121 亿元，第三产业增加值 11 745 亿元，分别增长 3.2%、12.3% 和 12.1%。

一、长三角两省一市服务业发展特点

（一）上海服务业发展特点

1. **金融业稳步发展。**2010 年实现金融业增加值 1 931.73 亿元，比 2009 年增长 4.9%。至 2010 年末，上海中外资金融机构本外币各项存款余额 52 190.04 亿元，比 2009 年增长 17%；贷款余额 34 154.17亿元，增长 15.1%。2010 年金融机构现金收入 33 877.47 亿元，现金支出34 941.88亿元，现金净投放 1 064.41 亿元。2010 年通过上海证券市场筹资 7 584.14 亿元，比 2009 年增长 55.9%。其中，发行新股筹资 1 891.51 亿元，增长 51.2%；再次发行（增发、配股和权证行权）和可转债转股筹资 3 640.62 亿元，增长 70.1%；发行债券 2 053 亿元，增长 39.2%。至 2010 年末，上海证券市场上市证券数 1 500 只。其中，股票 938 只，比 2009 年增加 24 只。2010 年上海证券交易所各类有价证券成交金额 39.84 万亿元，比 2009 年下降 9.8%。其中，股票成交金额 30.4 万亿元，下降 12.2%。上海期货交易所各品种总成交金额 123.48 万亿元，比 2009 年增长 67.4%。中国金融期货交易所总成交金额41.07万亿元。全国银行间货币和债券市场成交金额 179.82 万亿元，比 2009 年增长 30.7%。上海黄金交易所总成交金额 2.02 万亿元，比 2009 年增长 83.3%。2010 年通过上海钻石交易所海关报关的钻石进出口和所内交易合计 28.61 亿美元，比 2009 年增长 88.1%。2010 年原保险保费收入883.86 亿元，比 2009 年增长 32.9%。其中，财产险保险费收入 197.18 亿元，增长 24.1%；人身险保险费收入 686.68 亿元，增长 35.7%。在 2010 年原保险保费收入中，中资保险公司保险保费收入 725.26 亿元，比 2009 年增长 31.4%；外资保险公司保险保费收入 158.6 亿元，增长 40.5%。2010 年支付各类保险赔款及给付 194.54 亿元，比 2009 年增长 10.1%。其中，财产险 84.26 亿元，增长 7.3%；人身险 110.28亿元，增长 12.3%。

2. **旅游业增长喜人。**2010 年实现旅游产业增加值 1 360.8 亿元，比 2009 年增长 30.1%。至 2010 年末，上海已有星级宾馆 298 家，旅行社 1 037 家，A 级旅游景区（点）61 家，红色旅游基地 30 个。2010 年接待国际旅游入境人数 851.12 万人次，比 2009 年增长 35.3%。其中，入境外国人 665.63 万人次，增长 35.9%；港、澳、台同胞 185.49 万人次，增长 33.3%。在国际旅游入境人数中，过夜旅游人数 733.72 万人次，比 2009 年增长 37.6%。2010 年接待国内旅游者 21 463.16 万人次，比 2009 年增长 73.6%。其中，外省市来沪旅游者 11 254.66 万人次，增长 32.7%。2010 年国际旅游外汇收入 64.05亿美元，比 2009 年增长 33.5%；国内旅游收入 2 522.94 亿元，增长 31.8%。

3. **商贸流通业较快增长，消费热点突出。**2010 年批发和零售业实现增加值 2 512.89 亿元，比 2009 年增长 13.1%。2010 年实现商品销售总额 37 383.25 亿元，比 2009 年增长 24.2%。其中，批发销售额 32 184.13 亿元，增长 25.8%。2010 年实现社会消费品零售总额 6 036.86 亿元，比 2009 年增长17.5%。其中，吃的商品零售额 1 819.88 亿元，增长 12.9%；穿的商品零售额 682.12 亿元，增长 18.3%；用的商品零售额 3 179 亿元，增长 19.4%。分行业看，批发零售贸易业实现零售额 5 357.95

亿元,比2009年增长17.5%;住宿餐饮业实现零售额678.91亿元,增长16.9%。消费惠民政策成效显现。2010年受理汽车以旧换新1.36万辆,实现新车销售额20.4亿元;家电下乡和以旧换新商品销售407.76万台,实现销售额152.93亿元。至2010年末,全市连锁商业网点达到12 987家。其中,连锁超市门店2 610家,便利店4 532家。2010年连锁商业销售额2 085.28亿元,比2009年增长12.7%。

4. **交通运输业增长较快。**2010年实现交通运输、仓储和邮政业增加值746.41亿元,比2009年增长11.1%。2010年各种运输方式完成货物运输总量81 023.85万吨,比2009年增长5.3%。旅客发送总量13 431.72万人次,比2009年增长20.6%。2010年上海港口货物吞吐量达到6.53亿吨,比2009年增长10.4%。2010年港口集装箱吞吐量业2 906.9万国际标准箱,比2009年增长16.3%。上海浦东、虹桥两大国际机场全年共起降航班55.11万架次,比2009年增长15.5%;进出港旅客达到7 170.09万人次,增长25.8%。其中,国内航线进出港旅客5 098.78万人次,增长24.7%;国际航线进出港旅客1 509.55万人次,增长29%;地区航线进出港旅客561.76万人次,增长27.8%。

(二)江苏服务业发展特点

1. **金融市场稳步运行。**2010年末全省金融机构人民币存款余额比2010年初增加10 134.3亿元,比2009年少增1 670.2亿元;其中,居民储蓄存款增加3 253.9亿元,少增105.4亿元;企业存款增加2 054.1亿元,少增3 636.7亿元。2010年末金融机构人民币贷款余额比2010年初增加6 824.3亿元,比2009年少增2 313.3亿元;其中短期贷款增加2 998.3亿元,多增439.1亿元。证券市场交易稳定。2010年末江苏境内上市公司由2009年末的128家增加到169家,在上海、深圳证券交易所筹集资金791.8亿元,其中首发融资470.7亿元,分别比2009年增加521.0亿元和378.1亿元。2010年证券经营机构股票交易额76 897.2亿元,比2009年增长5.8%;期货经营机构代理交易额215 753.2亿元,比2009年增长135.4%。境内上市公司总股本900.0亿股,比2009年末增长36.7%;市价总值13 867.6亿元,比2009年末增长56.3%。2010年末共有证券公司5家,证券营业部306家;期货公司11家,期货营业部74家,证券投资咨询机构3家。保险事业规模扩大。2010年保费收入1 162.7亿元,比2009年增长28.1%。其中,财产险收入311.9亿元,寿险收入780.4亿元,分别增长36.6%和26.0%,健康险和意外伤害险收入70.4亿元,比2009年增长17.5%。赔付额251.8亿元,比2009年下降8.0%。其中财产险赔付134.4亿元,增长5.5%;寿险赔付92.4亿元,比2009年下降26.0%;健康险和意外伤害险赔付25亿元,增长17.8%。

2. **旅游业发展加快。**2010全年国内旅游人数35 518.6万人次,比2009年增长19.5%;国内旅游收入4 287.9亿元,增长24.3%。2010年入境旅游人数653.6万人次,比2009年增长17.4%。其中外国人473.5万人次,增长19.6%;港澳台同胞180.1万人次,增长12%。国际旅游外汇收入47.8亿美元,增长19.1%。旅行社组织公民自费出境旅游49.7万人次,增长44.5%。

3. **消费品市场稳步增长。**2010年实现社会消费品零售总额13 482.3亿元,比2009年增长18.7%。城乡市场均保持良好增长。城镇消费品市场实现零售额11 965.5亿元,增长19.2%;乡村消费品市场实现零售额1 516.8亿元,增长15.1%。按消费形态分,批发和零售业零售额12 207.2亿元,增长18.5%;住宿和餐饮业零售额1275.1亿元,增长20.1%。限额以上批发和零售企业经营状况良好,2010年实现商品销售额20 185.8亿元,增长29.4%,其中批发业15 321.8亿元,零售业4 864.0亿元,分别增长30.2%和26.7%。热点商品销售旺盛。在限额以上批发和零售企业的消费品中,金银珠宝零售额140.7亿元,比2009年增长40.2%;汽车零售额1 630.0亿元,增长38.4%;石油及制品零售额786.8亿元,增长35.2%;通讯器材零售额84.2亿元,增长25.6%;服装、鞋帽、针纺织品零售额535.8亿元,增长23.1%;中西药品零售额303.6亿元,增长23.1%;家用电器和音像器材零售额461.8亿元,增长21.7%;食品、饮料、烟酒零售额662.4亿元,增长19.4%。

4. **交通运输业和邮政通讯业务加快发展**。2010 年完成旅客运输量、货物运输量分别比 2009 年增长 12.7% 和 17%，旅客周转量、货物周转量增长 13.1% 和 18.6%。完成港口货物吞吐量 15.9 亿吨，增长 19.6%，其中外贸货物吞吐量 2.4 亿吨，增长 18.2%。港口货物吞吐量中，集装箱吞吐量达 1 134.6万标准集装箱，增长 29.2%。2010 年末全省公路里程 15 万公里、新增 6 504 公里，2010 年末高速公路里程4 059 公里。铁路营业里程 1 907.8 公里，铁路正线延展长度 2 922.2 公里。2010 年末民用汽车保有量 567.7 万辆，净增 109.6 万辆，分别增长 23.9% 和 29.1%。2010 年末私人汽车保有量 434.6 万辆，净增 96.3 万辆，分别增长 28.5% 和 28.6%。其中私人轿车保有量 288.6 万辆，净增 72.1 万辆，分别增长 33.3% 和 27.8%。2010 全年邮政电信业务总量 2 194.6 亿元，比 2009 年增长 21.1%。其中邮政业务总量 188.3 亿元，电信业务总量 2 006.3 亿元，分别增长 21.5% 和 20.9%。邮政电信业务收入 798.2 亿元，比 2009 年增长 8.3%。其中邮政业务收入 111.1 亿元，电信业务收入 687.1 亿元，分别增长 22.7% 和 7.3%。

(三)浙江服务业发展特点

1. **金融业稳步发展**。2010 年末，金融机构本外币各项存款余额 54 478 亿元，比 2009 年末增长 20.8%，其中人民币存款余额增长20.5%。全部金融机构本外币各项贷款余额 46 939 亿元，比 2009 年末增长 19.7%，其中人民币贷款余额增长 19.2%。2010 年末城乡居民本外币储蓄存款余额 21 094 亿元，比 2009 年末增长 16.1%。2010 年新增上市公司 56 家，其中境内上市 45 家，境外上市 11 家。到 2010 年末，浙江共有境内上市公司 186 家，位居全国第三，累计融资 1 820 亿元；其中中小板上市公司 91 家，占全国中小板上市公司总数的 17.1%，位居全国第二；创业板上市公司 16 家，占全国创业板上市公司总数的 10.5%。浙江现有境外上市公司 56 家，累计融资 490 亿元。2010 年保险业实现保费收入 834.4 亿元，比 2009 年增长 29.3%。其中，财产险公司保费收入 334.5 亿元，比 2009 年增长 30.9%；人身险公司保费收入 499.9 亿元，增长 26.2%。支付各类赔款及给付 216.1 亿元。其中，财产险公司赔付支出 147.5 亿元，人身险公司赔付支出 68.6 亿元。

2. **旅游业增长喜人**。2010 年实现旅游总收入 3 312.6 亿元，比 2009 年增长 25.3%。其中，接待国内旅游者 2.95 亿人次，增长 20.8%，实现国内旅游收入 3 045.5 亿元，增长 25.7%；接待入境旅游者 685 万人次，增长 20%，实现旅游外汇收入 39.3 亿美元，增长 21.9%。

3. **商贸流通业较快增长，消费热点突出**。2010 年，社会消费品零售总额 10 163 亿元，比 2009 年增长19.0%，扣除价格因素，实际增长 14.5%。其中，城镇消费品零售额 8 932 亿元，比 2009 年增长 19.2%；乡村消费品零售额 1231 亿元，增长 17.9%。分行业看，批发零售贸易业零售额 9 105 亿元，增长 19.2%；住宿餐饮业零售额 1058 亿元，增长 17.0%。在限额以上批发零售贸易业销售额中，汽车类零售额比上年增长 37.2%，石油及制品类增长 33.6%，食品饮料烟酒类增长 14.4%，服装、鞋帽、针纺织品类增长 25.3%，中西药品类增长 18.3%，家用电器和音像器材类增长 22.2%，日用品类增长 21.2%，金银珠宝类增长 52.8%，通讯器材类增长 42.7%，家具类增长 24.2%。

4. **交通运输业增长较快**。2010 年，交通运输、仓储和邮政业增加值为 1 041 亿元，比 2009 年增长 13.9%。2010 年铁路、公路和水运完成货物周转量 7 112 亿吨公里，比 2009 年增长 25.7%；旅客周转量 1 251 亿人公里，增长 8.5%。港口完成货物吞吐量 11.2 亿吨，增长 8.0%，其中，沿海港口完成7.8 亿吨，内河港口完成 3.4 亿吨，分别增长 9.1% 和 5.3%。2010 年邮政通讯业务总量 1 972.0 亿元，比 2009 年增长 18.3%。其中，邮政业务总量 57.4 亿元，电信业务总量 1 914.6 亿元。

二、长三角16个主要城市的服务业发展情况比较

表4－19　2010年长三角主要城市的服务业发展指标分析

城市	服务业增加值(亿元)	服务业增速(%)	服务业增加值占GDP比重(%)	二产增加值占GDP比重(%)	金融机构存款余额(亿元)	金融机构贷款余额(亿元)
上海	9 618.31	5.00	57.00	42.30	52 190.04	34 154.17
南京	2 540.57	13.00	50.70	46.50	12 887.43	10 915.34
无锡	2 444.27	19.40	42.50	55.70	8 827.20	6 487.13
苏州	3 719.31	13.40	40.60	57.70	14 225.49	10 831.62
常州	1 209.70	13.60	40.60	56.00	4 550.50	3 011.70
南通	1 246.89	13.60	35.80	56.00	4 957.83	2 964.58
扬州	819.40	13.70	37.10	55.70	2 430.60	1 486.10
镇江	750.54	13.40	38.40	57.40	2 203.22	1 563.34
泰州	728.28	13.90	36.40	56.20	2 320.32	1 460.68
杭州	2 893.39	12.30	48.70	47.80	17 084.35	15 078.73
宁波	2 059.16	11.60	40.20	55.60	9 755.50	9 414.20
嘉兴	827.58	12.50	36.00	58.50	3 526.61	2 615.92
湖州	482.34	14.50	37.10	54.90	1 805.61	1 461.32
绍兴	1 050.59	13.40	37.80	56.90	4 948.32	3 934.27
舟山	282.46	11.80	44.60	45.50	1 143.25	1 017.72
台州	992.47	12.40	41.10	52.30	3 588.48	3 055.82

三、长三角地区服务业发展中存在的问题和对策

(一)长三角地区服务业发展中存在的问题

1.上海

——上海现有服务业的集聚力和辐射力不够。虽然已经基本具备了经济中心城市所具备的强大经济势能差,但上海服务经济的主要发展形态仍是传统服务业务,新型高附加值业态的培育缓慢,产业间的融合和区域联动发展不够,呈现出“弱辐射、属地化”的阶段特征。从2007年数据看,上海第三产业比重为51.9%,与北京(71.4%)的差距接近20个百分点,与广州(57.8%)的差距也较明显。即使在长三角16个城市中,上海生产总值占该地区经济总量的比重由2000年的29.8%下降到2007年的25.7%,下降4.1个百分点;第三产业增加值占比由2000年的37.3%下降到2007年的31.6%,下降5.7个百分点。以上数据显示,不考虑经济发展质量和效益水平,仅从增长速度和规模比重看,上海经济无论是在两省一市还是在长三角16个城市范围内的优势都有所减弱,尤其是第三产业,占比下降幅度大于经济总量。

——上海综合商务成本高于周边地区。由于土地资源相对稀缺,人力资源价格上升,商务成本中硬成本的上升刚性一定程度上制约了上海现代服务业的快速发展。

——上海服务业的投入结构不尽合理。上海第二产业中的服务投入率低,与服务业发展的融合

度不高。一方面,服务业自身的发展具有很强的自我增强效应;另一方面,第二产业与整个服务业的联系程度较低,二次产业之间的融合发展、相互促进、共同推动整体经济发展的格局是比较脆弱的。可见,上海二产和三产之间在发展上存在较大的独立性。第二产业的发展未能有力带动服务业的发展,服务业的发展也不能有效促进第二产业的升级。这与上海服务业的整体发展水平较低(国际比较),生产性服务发展较慢有着密切的关系。

——上海现代服务业与区际产业资本、金融资本融合度不够,只有本地政策,缺少区域联动政策。目前,受到区际政策、品牌影响力、企业实力、体制机制等因素的制约,上海服务企业与区际产业资本和金融资本融合度不够,很少有走出去主动拓展周边发展空间的动力,跨区域经营能力十分有限。特别是在财税分割的情况下,上海服务企业在异地开展业务,实际上步履维艰。

2. 江苏

——服务业面临传统体制环境的约束,部分行业"制度性垄断"效应显著,导致创新不足,效率与服务质量水平低。例如,在电信、铁路、民航、教育、卫生公共事业等行业,市场准入门槛高,存在着部门或行业垄断,非国有企业难以介入,投资比例较低,从而使这些服务领域供给能力的扩张受到制约。在金融、新闻出版、广播电视等众多领域也保持着十分严格的市场准入限制,而且过于强调其作为国家调节经济和社会活动工具的职能。对科学研究、文化体育、医疗卫生、后勤服务、市政服务等部门,则过于注重其社会公益和单位福利的一面,长期以来处于政企不分、政事不分、盈利性机构与非盈利性机构不分的状态。

——江苏服务业国际化水平有待提升。20 世纪九十年代以来,尽管江苏服务业的开放力度不断加大,但总体而言,相当多的服务行业并没有对外资实行积极有效的开放。一方面市场化和产业化水平较低,使得服务业难以像制造业那样吸引到更多的外资。同时,制造业中加工贸易的规模过大,服务业发展的"挤出"效应明显,也抑制了服务业对外资的需求;另一方面服务业中的外资主要集中在房地产业和传统的商业服务业,许多现代服务业领域,如现代物流、金融服务等生产型服务业利用外资则严重不足,尤其是高科技服务业,引进外资就更为欠缺。由于不能很好地引进外资及外国先进技术和管理经验,服务业的供给、服务质量和服务手段也就难以像制造业一样迅速发展和提升。

——服务业面临自身发展环境不足的约束。目前,江苏服务业中实现收入最多、占比较大的项目主要是旅游、运输、转口贸易、经营租赁等劳动密集型或资金密集型的低附加值项目,传统服务业,如交通通信业、商贸餐饮业仍然占服务业增量的一半以上。金融、保险、计算机信息服务、技术咨询、专有权利、广告宣传、电影音像等技术密集型、高附加值服务产业,发展速度则相对缓慢。

——高素质劳动力有效供给不足。由于未形成合理的人才培养和引进机制,江苏人才结构与市场需求结构存在巨大矛盾,一方面一些人才供大于求,而另一方面市场对人才的需求却得不到满足,特别是从事国际贸易、咨询、信息、国际旅游、会计、广告、技术服务等方面的高级专业人才非常缺乏。在国际服务业向知识技术密集型加速发展的大趋势下,江苏服务业高素质劳动力的有效供给却存在严重约束。

——服务业发展的内部结构不平衡、不合理。一是服务业的内部行业结构不平衡、不合理。突出表现在传统服务业偏多,现代服务业偏少;生产型服务业分工不细,生活型服务业不健全,服务业为生产服务、为生活服务的功能均远不到位,影响了生产的进一步发展提升和生活的进一步改善提高;二是服务业的地区分布结构不平衡、不合理。突出表现在苏南服务业发展稍快,苏中苏北服务业发展滞后。服务业发展明显呈现出从南到北阶梯分布的特点,且南北阶差也越来越大,反映出各地区服务业发展规模和水平与经济发展总体水平具有一定的相关性。地区发展差距拉大,不利于提升江苏服务业的整体水平。

3. 浙江

——产业需求存在断层。目前,浙江在国内国际市场中具有比较优势的产业主要是个体私营经济较为集中、规模经济不显著的劳动密集型产业,随着相对比较优势向中西部地区的转移,这些产业已经出现了转移和萎缩现象;同时由于产业结构调整和升级有一个过程,资本密集型和技术密集型产业发展成为新的支柱产业也需假以时日,一定程度上制约了经济发展对服务业特别是现代服务业的需求。浙江服务业的发展不仅滞后于国内外需求结构的变化和经济发展的阶段性变化,而且也滞后于上海、江苏、山东、广东等其他沿海发达省、市。

——中心城市竞争力有待提升。改革开放以来,浙江实施"强县战略",经济发展的主战场在农村,中心城市的发展相对较为缓慢,城市化进程总体上滞后于工业化进程。进入工业化后期以后,区域经济的竞争日益表现为城市之间的竞争,而浙江生产要素分布依然主要滞留在农村及集镇地区,在区域经济竞争中具有比较优势的产业也主要以农村和小城镇为生产基地,很难在以中心城市为核心的资金、人才、信息等高级要素的竞争中占据有利位置。

——体制优势面临考验。浙江先行发育的市场经济是一种与工业化初期相适应的初级市场经济,其主要特点是以传统中小企业为微观基础,市场组织化程度低,传统商品市场和交易方式较为发达,生产要素市场发育不完善,政府经济调控作用较弱。到了工业化中期和后期,这种初级市场经济已经不能适应现代经济部门发展的需要,尤其是对政府调控能力和对科技、知识、信息的依赖性强的现代服务业发展的需要。

(二)长三角地区服务业发展的对策

1. 上海

以建设金融中心为抓手,发展现代金融业

上海现阶段建立国际金融中心,应当而且必须依靠世界制造业大规模向中国转移的有利时机,以生产为依托,优先发展与生产联系紧密的金融服务,吸引金融资源向上海集聚,引进国内外优秀金融人才,推动金融集聚区的形成,并逐步开展和完善离岸金融业务、金融衍生品业务等其他金融业务,带动中国其他地区相关业务的发展,使之真正成为全球资金"聚集 - 配置 - 辐射"的中心。

建议上海通过优化金融市场环境和创新金融服务,提高金融服务业的竞争力。从长期看,上海要逐步发展保险、基金等专业性要求较高的金融服务,加快引进国内外著名的评估、经纪、咨询等相关金融中介机构,鼓励市内外、国内外金融机构多样化联合与合作,支持银企探索多样化联合和合作方式。形成期货市场与证券市场、资本市场与货币市场的互补通道,逐步掌握金融资产的定价权,并加强各个金融市场之间的联系,促进长三角金融市场一体化,增强上海金融市场在全国的集聚和辐射能力。

以建设航运中心为契机,发展现代物流业

上海要以建设国际航运中心为契机,以扩大深水港和航空港建设运营为突破口,加强政策引导、产业创新和市场拓展,加快培育现代物流业急需人才,加速推进现代物流集聚地建设,发展第三方物流市场,构建多式联运物流网络体系,拓展航运服务产业链,推进航运、配送、仓储等物流行业的发展,推动统一开放的物流大市场形成,尽快形成国际航运中心,服务长三角和全中国。第一,进一步加强物流设施建设,大力发展水水联运、水陆联运、公铁联运、空陆联运等多式联运方式;第二,进一步强化物流信息技术平台支撑,建设长三角现代物流公共信息平台,为企业和客户提供供应链整合、物流信息交换、物流信息查询、在线交易等服务;第三,进一步完善和优化物流市场环境,发展和提高各种有形市场的集约化、信息化、标准化水平。

以信息化提升服务业,构建长三角区域信息服务中心

上海要以信息化提升服务业,加快建设国际一流的现代信息服务业园区,构建长三角区域和全国产业信息服务中心、国际信息服务集团集聚地和亚太地区最重要的电信枢纽之一。主要路径:一是促进信息产业化及其服务化,上海目前应着眼于发展3G移动通信等基于无线宽带网络的移动终端增值

链，建设具有自主知识产权的导航电子地图数据库，发展数字内容产业，建成内容制作、信息提供等基于有线网络的数字电视增值链及具有国际水平的数字电视播出平台。二是促进产业信息化及其与传统产业的融合，巩固和提高传统优势服务业，淘汰和转移低层次劣势服务业，提高上海服务业的信息化水平；同时依托国家软件产业基地，建设具有国内外领先地位的软件测试平台，为软件产业提供引擎开发、产品评测、人才培养等服务；依托政府职能部门的信息系统，开发建设大型公益性基础数据库和商用数据库；推进第三方中小企业信息化服务平台建设，为长三角及全国中小企业生产、经营、管理提供廉价的信息化服务。

在产业融合中开创新的市场和新的客户群。对新型服务业（需制定标准）和有较强产业融合效应、区域联动效应或就业带动效应的服务业实行创业板上市扶持和税收优惠或财政补贴政策。

以举办世博会为契机，促进商贸旅游业和会展服务业的互动发展

建议从“走进上海滩，可见全世界”上做文章，有效利用 2010 年上海举办的世博会和迪斯尼建设的战略机遇，促进上海商贸旅游和会展服务业的互动式、跨越式发展。具体路径：第一，中心城区商贸业要在现代服务业集聚区建设中，拓展内涵、完善功能、提升能级，郊区商贸业要发挥重点地区和重点项目集聚集成功能和效应，实现跨越式发展。同时鼓励商旅文展服务业联动，创造上海大都市商业、旅游、文化、会展发展共赢的平台和机制。第二，制定相关的促进政策，加强区域标准制定和信用体系建设。积极开展区域市场信息监测、政策信息发布、项目信息发布、信息咨询服务，构建区域协调互动的政策发展环境，推进商贸业和会展业在资本、商品、市场、技术、人才、管理等方面的全方位合作，加快产业联动发展。

以科教文卫为抓手，发展区域性公共服务业

在科技方面，继续支持建立一批高新技术专业孵化器，形成服务长三角和全国的区域性和全国性孵化基地。以高校和科技园为载体，打造集教育、培训、研发、产业化于一体的科技创新区。积极建设市场化、社会化、网络化的科技中介服务体系，鼓励开展技术检验、科技评估和认证服务。在教育方面，发挥上海教育资源优势，实现长三角联动和教育资源共享。扩大学校办学自主权和师生有条件跨区域流动。在文化方面，大力推进文化与经济的融合，繁荣文化市场，整合文化资源，突出长三角优势特色，不断增强文化产业的融合力和竞争力，成为全国文化产业的重要基地。在卫生方面，鼓励长三角地区医疗、健康保健资源的整合、创新、共享和流动，使上海的优质医疗、健康保健资源更多、更好地服务于长三角，服务于全国，服务于全球的劳动者。

2. 江苏

——加大政策支持力度。第一，改变“重制造、轻服务”的产业政策倾向，重视制造业同服务业的协调发展。第二，发挥政府财税政策的宏观导向作用，支持服务业的发展与开放，促进高端服务业发展，减轻服务业纳税人负担，促进服务业的长远发展，特别是作为高端服务产业的生产性服务业和现代服务业的发展。第三，出台有利于服务业创业的政策，降低服务业创业门坎，为大学生、社会待业人员从事服务业提供支持平台。第四，加强对民营中小企业的金融支持力度。

——深化服务业体制改革，加快市场化的步伐。第一，降低服务业中国有性质企业的比重。引导民营企业广泛参与服务业领域的经营，特别是要完善为民营服务业服务的金融服务体系。第二，深化体制改革，放宽市场准入条件，减少垄断，加强市场竞争，除基本公共服务领域外，其他领域都要尽快实行产业化经营。当前，江苏服务业在信息媒体、文化、卫生、教育等行业中还存在进入管制问题，要深化公益、公用事业等服务价格改革，减少政府直接参与定价。

——扩大服务业对外开放。第一，加快招商引资步伐，提高利用外资水平。第二，积极承接国际服务业转移。

——加强现代服务业人才培养。第一，建立完善人才培养、引进机制，将服务业人才培养上升到战略层面,要依托江苏高校的优势,建设培养基地,培养大量高层次熟悉国际规则和现代管理的服务业专业人才。第二,大力发展职业教育,培养合格的、高素质的服务业专业人才。第三,建立相应的激励制度,吸引海外优秀服务业人才来江苏工作,引进发达国家先进管理经验和技术。

——服务业结构升级。应注重优先发展生产性服务业,特别是重视现代物流业、信息服务业、科技服务业、金融保险业等生产性服务业的发展。同时要提高服务业组织与管理水平,建议江苏由政府牵头建设各有关部门参加的服务业联席会议制度,鼓励支持服务业各行业协会发展,发挥其自身组织作用。

3. 浙江

——尽快实现浙江服务业发展的量的突破。一是进一步刺激服务业国内需求。要实现浙江服务业量的突破,离不开国内市场对服务业的现实需求。首先,要增加农民收入;其次,要增加城镇居民收入,通过完善分配制度和调整税制来避免收入两极分化;通过健全全民医疗保障制度和社会养老保障制度来消除居民的后顾之忧,从而确保城镇居民收入的持续提高;再次,要通过实施服务业消费鼓励政策来刺激对服务业的消费。二是积极拓展国际服务贸易市场。首先,要扩大国际运输贸易规模。其次,要加大国际旅游贸易开拓力度,在旅游产品设计、旅游促销、旅游服务等方面有针对性地做出相应的调整和改进,以吸引更多国际游客来浙江旅游和度假。再次,要积极开展金融服务、计算机和信息服务、通信服务、教育服务、广告和宣传服务、咨询服务、其他商业服务等国际服务贸易。最后,要大力承接国际服务外包业务。三是继续促进各类企业投资服务业。应进一步打破服务行业垄断,减少行业进入壁垒,促进公平竞争,营造公平的行业进入环境和竞争环境。只有各类企业大量投资于服务业,形成服务业投资主体的多元化,才能突破服务业发展的规模制约。四是大力发展农村服务业。

——加大服务业人力资本积累力度。一是人力资本是任何产业发展的基础要素,而现代服务业的要素构成特点使得人力资本成为服务企业发展的根本和支柱。只有进一步提高各类教育入学率,才能从根本上提高全民素质,为服务业发展提供充足的人力资本。二是要改革教育教学管理体制,努力培养适合经济社会发展需要的各类专业人才。高校专业设置应随着经济社会的变化而及时做出相应调整,增设现代服务业类的专业,如物流服务、信息服务、文化服务、专业服务等。还应及时更新现有专业教学计划,增加新课程,在教学计划中增加学生社会实践时间,确保学生在掌握系统专业知识的同时能够得到实践能力的培养。还需将高校专业和学生能否满足经济社会发展需要作为高校、教师、学生评价体系和评价标准中的重要内容。另外要加强职业教育和专业技能培训,有的放矢地培养服务业专业人才。三是要创造和形成吸引人才的良好环境和氛围。应研究北京、上海、深圳等大城市聚集人才的方法和经验,使浙江的城市也能成为全国重要的人才聚集地。例如应大力发展总部经济,吸引更多跨国公司总部来浙江落户,积极吸引海外留学人员来浙发展,改善企业员工待遇,为各类人才提供创新与创业的环境和施展才能的舞台,从而带动服务业的发展和人才的聚集与积累。

——进一步提升服务业企业竞争力。企业竞争力是服务业企业的生存之本和发展之道,浙江服务业发展要实现质的飞跃必须进一步提升服务业企业的竞争力。今后首先应注重浙江服务企业的技术进步与技术创新。企业应及时跟踪本行业国际最新技术的研究、开发和应用动态,加强自主研发投入和研发实力,凭借独特技术获得竞争优势。技术进步与技术创新离不开 R&D 经费投入的支撑。其次,要重视培育企业服务品牌,依靠采用先进技术设备和信息系统,提高企业服务技术,强化企业质量管理、战略管理、知识管理、信息化管理、诚信管理及危机管理,向客户提供优质高效的个性化服务,培育企业独特品牌。再次,要进行规模经营,可通过并购重组等方式实现企业规模扩张和优势互补,通过国际化经营扩大企业国际市场份额,获取规模经济效应。

五　长三角农副食品加工业

一、长三角农副食品加工业发展总体概况

2010 年,长三角农副食品加工业主要经济指标继续保持快速增长,体现为行业资产规模进一步扩大、销售收入快速增长、盈利能力继续增强。2010 年,长三角地区拥有规模以上农副食品加工企业 3 183 家,比 2009 年增加 151 家;全年实现工业总产值 3 291.15 亿元,同比增长 19.74%,2010 年增速比 2009 年提高 5.84 个百分点;完成主营业务收入 3 299.45 亿元,同比增长 21.20%,2010 年增速比 2009 年提高 7.33 个百分点;年末资产总额 1 946.57 亿元,同比增长 30.84%,2010 年增速比 2009 年提高 6.01 个百分点;全年创造利润 167.99 亿元,同比增长 42.89%,增速比 2009 年水平提高 10.06 个百分点;完成利税总额 252.72 亿元,同比增长 40.34%,增速比 2009 年水平提高 7.52 个百分点。

表 4 -20　长三角农副食品加工业发展情况(2005 -2010 年)

单位:个,亿元,%

	企业单位数		工业总产值		利润总额		利税总额		主营业务收入		资产总计	
	数额	增加数	数额	增速	数额	增速	数额	增速	数额	增速	数额	增速
2005	1 938	29	1 261.32	14.71	24.64	53.23	42.99	38.81	1 233.20	15.33	699.11	9.34
2006	2 143	205	1 458.02	15.59	43.97	78.45	70.10	63.06	1 459.67	18.36	808.49	15.65
2007	2 303	160	1 908.56	30.90	74.06	68.43	106.27	51.60	1 912.56	31.03	1 007.05	24.56
2008	2 520	217	2 413.09	26.44	88.51	19.51	135.58	27.58	2 390.77	25.00	1 191.80	18.35
2009	3 032	512	2 748.60	13.90	117.57	32.83	180.08	32.82	2 722.35	13.87	1 487.76	24.83
2010	3 183	151	3 291.15	19.74	167.99	42.89	252.72	40.34	3 299.45	21.20	1 946.57	30.84

(一)主要产品产量

1. 食用植物油

2010 年,长三角食用植物油产量为 626.62 万吨,比 2009 年增长 3.69%。分地区来看,2010 年,上海市生产食用植物油 85.31 万吨,同比下降 7.54%;江苏省精制食用植物油的生产量为 496.72 万吨,同比增长 6.25%;浙江省食用植物油的产量为 44.59 万吨,同比增长 0.09%。

表 4 -21　长三角食用植物油产量(2005 -2010 年)

单位:万吨

	上海市	江苏省	浙江省	长三角
2005	45.11	194.62	11.92	251.65
2006	72.86	254.68	31.73	359.27
2007	85.24	254.32	39.37	378.93
2008	96.88	209.03	60.24	305.91
2009	92.27	467.49	44.55	604.31
2010	85.31	496.72	44.59	626.62

2. 配混合饲料

2010 年,长三角配混合饲料产量大体保持快速增长态势。由于上海市、江苏省未对 2010 年配混合饲料产量进行统计,仅对浙江省配混合饲料产量进行分析。2010 年,浙江省配混合饲料产量为 296.03 万吨,比 2009 年增加 31.2 万吨,同比增长 11.78%。

(二)资产运营情况

从资产运营情况来看,2010 年,长三角农副食品加工业资产总额为 1 946.57 亿元,同比增长 30.84%;负债总额为 1 277.28 亿元,同比增长 33.32%。农副食品加工业资产的增长慢于负债的增长,导致 2010 年长三角农副食品加工业资产负债率有所上升,达到 64.40%,较 2009 年提高了 0.92 个百分点。分地区来看,上海农副食品加工业资产运营情况最好,2010 年资产负债率为 53.78%,比 2009 年下降了 1.81 个百分点;江苏农副食品加工业资产负债率最高,2010 年资产负债率为 67.26%,比 2009 年上升了 0.68 个百分点;浙江农副食品加工业资产负债率上升最快,2010 年资产负债率为 66.05%,比 2009 年提高了 2.35 个百分点。

(三)重点企业发展情况

1. 江苏雨润食品产业集团有限公司

雨润集团是一家集食品、物流、百货、旅游、房地产、金融等产业于一体的中国 500 强企业,创建于 1993 年。集团总部位于江苏省南京市,下属子(分)公司 两百多家,遍布全国三十个省、直辖市和自治区。2010 年,集团员工总数近 10 万人,实现销售总额 647 亿元,生猪屠宰产能达 3 100 万头,稳居世界首位,"雨润牌"低温肉制品连续十三年销量位列国内第一。目前,在中国企业 500 强中排名 135 位、中国制造业 500 强第 60 位、中国民营企业 500 强第 7 位、中国肉食品加工业第 1 位。目前,集团旗下拥有雨润食品(1068. HK)、南京中商(600280. SH)两家上市公司。

2. 冠生园(集团)有限公司

冠生园创建于 1915 年,是一家有着近百年历史的中华民族名牌老字号企业,也是中国食品工业二十大杰出企业之一。冠生园(集团)有限公司是由光明食品集团与国际跨国公司中信资本共同投资的中外合资企业,分别占股 55% 和 45%。公司总部位于上海市中心新闸路,生产基地主要集中于上海星火开发区和青浦工业园区内。

冠生园(集团)有限公司拥有"冠生园"和"大白兔"两个中国驰名商标,主要生产和经营大白兔糖果、冠生园蜂制品、保健品、面制品、华佗十全酒、佛手调味品等五大类上千个品种的产品。冠生园集团注册资金 10 亿元,年销售收入 60 亿元,效益连年增长。冠生园集团的科研机构为市级技术中心,并通过国家实验室认可,同时拥有多项技术发明专利。冠生园在全国各大省市建立了 20 多个销售中心,形成 10 000 余个销售网点。与逾 100 家国外经销商建立长期业务往来关系,并在 50 多个国家和地区注册了商标。

3. 上海良友海狮油脂实业有限公司

上海良友海狮油脂实业有限公司是由上海良友(集团)有限公司和上海市油脂公司共同投资的一家专门从事食用植物油生产、销售、储运、内外贸为一体的大中型国有企业,注册资金 1 亿余元人民币。公司主要生产经营各种精炼食用油,拥有年加工能力达 36 万吨的油脂精炼设备、32 万吨中小包装灌装设备、8 万吨的散装油脂储存罐、7 千吨的小包装油脂成品仓库、1 座专用内江码头、2 个检测仪器齐全的中心实验室。公司旗下共有"海狮"、"友益"、"乐惠"、"玉兰"及"金海狮"五个食用油品牌,其中,"海狮"是核心品牌;拥有 10 大类(大豆油、菜籽油、食用调和油、玉米油、葵花籽油、橄榄油、山茶

籽油、红花籽油、芝麻油、核桃油、芥花油、葡萄籽油等）、数十个规格的包装油脂产品。自1996年起，"海狮"系列食用油连续荣获"上海名牌产品"称号；"海狮牌"食用油获得"2000－2010年十一年畅销金品大奖"；"海狮"食用油商标是上海市著名商标。公司连续多次入围上海工业销售收入500强之列。2007年荣获"上海 市质量金奖企业"称号，2004－2010年荣获"上海市文明单位"称号。

二、上海市农副食品加工业基本情况

（一）行业经济总量

2010年，上海市拥有规模以上农副食品加工企业202家，比2009年减少6家；实现工业总产值262.07亿元，同比增长7.81%；实现主营业务收入279.28亿元，同比增长11.32%；年末资产总额183.89亿元，同比增长9.00%；全部从业人员年平均人数达到3.16万人，同比增长2.60%。2005－2010年，上海市农副食品加工企业单位数年均增加5家；农副食品加工业总产值年平均增长速度为11.76%；主营业务收入年均增长11.72%；年末资产总额年均增长12.04%；从业人员年平均人数年均增长8.01%。

表4－22　上海市农副食品加工业发展情况（2005－2010年）

单位：个，亿元，万人

	企业单位数	工业总产值	主营业务收入	利润总额	税金总额	资产总计	从业人员
2005	179	150.34	160.47	3.03	2.56	104.17	2.15
2006	171	152.54	170.44	6.42	3.15	110.55	2.17
2007	170	208.44	226.23	13.10	3.47	145.91	2.62
2008	206	291.59	311.13	8.68	5.35	161.62	3.09
2009	208	243.09	250.88	12.29	4.31	168.70	3.08
2010	202	262.07	279.28	11.44	3.45	183.89	3.16

2. 行业经济效益

2010年，上海市农副食品加工业创造利润总额11.44亿元，同比下降6.92%；税金总额3.45亿元，同比下降19.95%。2005－2010年，上海市农副食品加工业利润总额年平均增长速度为30.44%；税金总额年均增长速度为6.15%。

三、江苏省农副食品加工业基本情况

（一）行业经济总量

2010年，江苏省拥有规模以上农副食品加工企业1 858家，比2009年增加104家；年末资产总额1 166.98亿元，同比增长39.59%；全年共实现工业总产值2 253.57亿元，同比增长21.70%；完成主营业务收入2 258.84亿元，同比增长22.82%；全部从业人员年平均人数为18.23万人，同比增长为14.73%。

2005－2010年，江苏省农副食品加工企业单位数年均增加175家；农副食品加工业总产值年平均增长速度为26.11%；主营业务收入年均增速为26.90%；年末资产总额年均增速为28.96%；从业人员年平均人数年均增长速度为11.43%。

表4－23　江苏省农副食品加工业主要经济指标(2005－2010年)

单位:个,亿元,万人

	企业单位数	工业总产值	主营业务收入	利润总额	税金总额	资产总计	从业人员
2005	983	706.40	686.42	327.20	12.91	22.06	10.61
2006	1 108	851.06	855.58	378.27	22.94	36.05	11.14
2007	1 221	1 158.03	1 166.33	462.64	43.61	63.70	11.91
2008	1 292	1 484.15	1 467.05	573.02	64.59	97.30	12.99
2009	1 754	1 851.67	1 839.19	836.01	85.66	135.00	15.89
2010	1 858	2 253.57	2 258.84	1 166.98	125.09	195.25	18.23

表4－24　江苏省农副食品加工业主要经济效益指标(2005－2010年)

单位:%,次/年

	2005	2006	2007	2008	2009	2010
企业亏损面	11.90	9.84	7.62	8.05	5.19	4.14
产值利税率	3.12	4.24	5.50	6.56	7.29	8.66
销售利税率	3.21	4.21	5.46	6.63	7.34	8.64
资金利税率	7.46	10.80	15.87	30.45	18.30	20.01
成本费用利润率	1.92	2.76	3.92	4.62	4.92	5.90
资产负债率	65.96	64.68	64.43	62.23	66.58	67.26
流动资产周转次数	3.62	3.92	4.32	4.24	3.67	3.40
产品销售率	98.17	98.87	97.71	98.92	98.57	98.81

(二)行业经济效益

1.行业盈利能力显著提高

2010年,江苏省农副食品加工行业创造利润总额125.09亿元,同比增长46.03%;利税总额195.25亿元,同比增长44.63%。利润总额和利税总额增速高于行业总产值和主营业务收入的增长速度。这表明,江苏省农副食品加工业的盈利能力进一步增强。

2.企业亏损面进一步减少

2010年,江苏农副食品加工企业亏损面在2009年的基础上进一步下降,达到4.14%,比2009年下降了1.05个百分点,为近年来最好水平。

3.三项利税率指标进一步提高

2010年,江苏省农副食品加工业产值利税率、销售利税率、资金利税率三项指标均比2009年有不同程度的提高。2010年产值利税率、销售利税率、资金利税率分别为8.66%、8.64%和20.01%,比2009年分别提高了1.37个百分点、1.3个百分点和1.71个百分点。其中,2010年产值利税率和销售利税率创下近年来新高,资金利税率则是仅次于2008年的第二高。

4.资产负债率继续上升

2010年,江苏省农副食品加工业资产负债率为67.26%,比2009年提高了0.68个百分点。这是自2009年江苏农副食品加工业资产负债率较上年上升以来连续第二年出现上升。

5. 企业流动资产周转继续放缓

2010年，江苏农副食品加工业流动资产周转次数自2008年以来连续三年出现下降。2010年流动资产周转次数仅为3.40次/年，比2009年降低了0.27次/年。

6. 产品销售率转为上升

2010年，江苏省农副食品加工业产品销售率扭转了2009年的下降态势。2010年农副食品加工业产品销售率比2009年上升了0.24个百分点，达到98.81%。

四、浙江省农副食品加工业基本情况

(一)行业经济总量

2010年，浙江省拥有规模以上农副食品加工企业1123家，比2009年增加53家；完成工业总产值775.51亿元，同比增长18.61%；主营业务收入761.33亿元，同比增长20.41%；年末资产总额为595.70亿元，同比增长23.32%。

2005－2010年，浙江省农副食品加工业企业单位数年均增加69家；农副食品加工业总产值年平均增长速度为13.90%；主营业务收入年均增长14.53%；年末资产总额年均增长17.34%。

表4－25　浙江省农副食品加工业主要经济指标(2005－2010年)

单位:个,亿元

	企业单位数	工业总产值	主营业务收入	利润总额	利税总额	资产总计
2005	776	404.58	386.31	8.70	15.34	267.74
2006	864	454.42	433.65	14.61	24.48	319.67
2007	912	542.09	520.00	17.35	26.00	398.50
2008	1 022	637.35	612.59	15.24	24.25	457.16
2009	1 070	653.84	632.28	19.62	28.48	483.05
2010	1 123	775.51	761.33	31.46	42.58	595.70

(二)行业经济效益

1. 行业盈利能力进一步提高

2010年，浙江省规模以上农副食品加工业创造利润总额为31.46亿元，同比增长60.35%；利税总额为42.58亿元，同比增长49.51%。行业盈利能力提高带来了企业亏损面的下降。2010年，在1 123家农副食品加工企业中，仅有112家企业出现亏损，亏损面为9.97%，比2009年下降了2.83个百分点。

2. 利税率指标大幅提高

2010年，浙江省规模以上农副食品加工业“每百元固定资产原值实现利税”、“每百元主营业务收入实现利税”延续了2009年以来的增长态势。2010年“每百元固定资产原值实现利税”、“每百元主营业务收入实现利税”分别达到22.77元和5.59元，比2009年分别提高了5.69元和1.09元。

3. 产品销售率转为上升

2010年，浙江省农副食品加工业产品销售率扭转了2009年的下降态势。2010年产品销售率比2009年上升了0.50个百分点，农副食品产销呈现出向好势头。

表4-26　浙江省农副食品加工业主要经济效益指标(2005-2010年)

单位:元,%,次/年

	2005	2006	2007	2008	2009	2010
每百元资金实现利税	6.70	9.25	8.00	6.30	--	--
每百元固定资产原值实现利税	13.85	19.78	19.08	15.70	17.08	22.77
每百元主营业务收入实现利税	3.97	5.64	5.00	3.96	4.50	5.59
产品销售率	96.81	95.98	95.68	96.09	96.05	96.55
流动资金周转次数	2.56	2.44	2.24	2.21	--	--

(三)不同所有制企业经营情况

1. 私营企业

从企业所有制来看,在农副食品加工企业中,浙江省私营工业企业在农副食品加工业占据支柱地位。从企业单位数来看,2010年,浙江省私营工业企业数为862家,占全部规模以上工业企业单位数的比重高达76.76%;从工业总产值来看,2010年,浙江省私营企业完成工业总产值为429.71亿元,占浙江全省农副食品加工业总产值的比重为55.41%;主营业务收入为420.31亿元,占全省农副食品加工业主营业务收入的比重为55.21%;年末资产总额为292.58亿元,占全省农副食品加工业年末资产总额的比重为49.12%。2010年,浙江省私营食品加工企业创造利润19.19亿元,占全省农副食品加工业利润总额的比重为61.00%;实现利税27.14亿元,占全省农副食品加工业利税总额的比重为63.74%。

从行业经济效益指标来看,私营农副食品加工企业"每百元固定资产原值实现利税"指标位居前列,2010年数值为29.85元,而同期国有及国有控股企业、外商投资和港澳台投资企业的这一指标值仅为16.41元和14.64元。此外,私营食品加工企业新产品产值率亦很高。2010年浙江私营农副食品加工企业新产品产值率达到10.86%,高于国有及国有控股农副食品加工企业的0.04%和外商投资和港澳台投资食品加工企业的5.34%。

2. 国有及国有控股企业

国有及国有控股企业在浙江省农副食品加工行业中的比重最小,但利税率和销售情况却最好。2010年,浙江省拥有国有及国有控股企业11家,比2009年减少6家。全年完成工业总产值11.26亿元,同比增长9.11%;实现主营业务收入12.55亿元,同比增长5.20%;创造利润1.18亿元,同比增长55.26%。

行业经济效益指标方面,国有及国有控股企业的主营业务收入利税指标要好于私营和外资港澳台企业。2010年,浙江省国有及国有控股的农副食品加工企业"每百元主营业务收入实现利税"10.44元,而同期私营企业、外商投资和港澳台投资企业仅为6.46元和4.45元;此外,国有及国有控股企业产品销售情况亦好于其他企业。2010年,浙江省国有及国有控股的农副食品加工企业产品销售率为98.10%,高于私营企业的96.82%和外商投资和港澳台投资企业的97.50%。

3. 外商投资、港澳台投资企业

2010年,浙江省拥有外商投资和港澳台投资食品加工企业103家,比2009年减少9家;完成工业总产值168.41亿元,同比增长3.07%;主营业务收入168.28亿元,同比增长5.55%。从盈利情况看,

2010 年，浙江省外商投资和港澳台投资食品加工企业创造利润 5.76 亿元、利税 7.49 亿元，同比分别增长 150.43% 和 78.76%。

与其他企业相比，外商投资和港澳台投资食品加工企业的产品出口比重相对较高。2010 年，浙江省外商投资和港澳台投资食品加工企业出口交货值占销售产值的比重为 28.16%。而同期国有及国有控股企业出口交货值占销售产值的比重仅为 11.82%，私营企业出口交货值占销售产值的比重为 18.80%。

表 4－27　浙江省农副食品加工业不同所有制企业主要经济指标（2010 年）

单位：个，亿元，元，%

	国有及国有控股企业	私营企业	外商投资和港澳台投资企业
企业单位数	11.00	862.00	103.00
其中：亏损企业数	2.00	71.00	22.00
工业总产值	11.26	429.71	168.41
资产总计	12.49	292.58	151.17
负债合计	9.58	182.00	99.63
主营业务收入	12.55	420.31	168.28
利润总额	1.18	19.19	5.76
利税总额	1.31	27.14	7.49
每百元固定资产原值实现利税	16.41	29.85	14.64
每百元主营业务收入实现利税	10.44	6.46	4.45
产品销售率	98.10	96.82	97.50
出口交货值占销售产值比重	11.82	18.80	28.16
新产品产值率	0.04	10.86	5.34

六　长三角钢铁产业

一、长三角钢铁产业整体情况综述

长三角规模以上钢铁企业的总产值保持增长,2010年为22 352.41亿元,增长率为20.75%,主营业务收入为16 274.35亿元,但增长速度稍有减缓的趋势,从利润情况来看,到了2009年利润额开始回升,2009年的利润为675.82亿元,2010年的利润增长最为迅速,增长率达到72%。

表4--28　长三角规模以上钢铁企业主要经济指标(一)(2007-2010年)

单位:亿元

长三角钢铁(年)	企业单位数(个)	工业总产值
2007	8 536	14 599.04
2008	9 158	17 005.15
2009	14 559	18 510.19
2010	14 810	22 352.41

数据来源:《江苏统计年鉴》、《上海统计年鉴》、《浙江统计年鉴》(历年)。

表4-29　长三角规模以上钢铁企业主要经济指标(二)(2007-2010年)

单位:亿元

长三角钢铁(年)	总资产	主营业务收入	利润	利税
2007	10 644.33	14 658.72	744.65	1 238.33
2008	11 618.05	16 884.58	580.65	1 181.49
2009	12 172.35	15 418.01	675.82	1 376.91
2010	8 764.51	16 274.35	1 162.65	1 213.67

数据来源:《江苏统计年鉴》、《上海统计年鉴》、《浙江统计年鉴》(历年)。

(一)上海市钢铁业

1.上海市钢铁行业整体情况

上海规模以上钢铁行业的主要指标显示,2010年上海钢铁企业1 932个,减少钢铁企业164个。工业总产值为3 073.02亿元。上海市钢铁企业的总资产2010年为3 125.43亿元,比2009年增加了210.08亿元。主营业务收入2010年为3 449.67亿元。

表4-30　上海市规模以上钢铁企业主要指标(2007-2010年)

单位:亿元

上海市钢铁业(年)	企业单位数	工业总产值	总资产	主营业务收入	利润	利税
2007	1 028	2 477.74	2 782.93	2 700.21	190.92	311.94
2008	1 151	2 530.74	2 252.66	2 812.57	83.72	181.54
2009	2 096	2 362.36	2 915.35	2 600.12	103.36	165.37
2010	1 932	3 073.02	3 125.43	3 449.67	225.98	67.77

数据来源:《上海统计年鉴》(历年)。

2. 上海钢铁产业未来发展趋势

从现货交易到电子商务

现货交易是钢材市场中最基础、最重要的交易模式。目前，钢铁产品除部分由钢厂直供给终端用户外，大部分还是通过贸易流通商，分流到终端用户。我们看一个2004年的数据。据国家发改委对全国76家重点钢铁企业的统计分析，2004年，这76家企业通过自行销售钢材占全部的21.8%；通过流通企业销售钢材占63.8%。

应该说，直供，也就是钢厂给终端用户直接供应钢材产品，是流通渠道中效率最高的一种流通方式。由于钢厂的生产比较刚性，也就是说钢厂每月生产的产量和品种都比较稳定，所以直供一般是针对需求量大且稳定的终端客户。也因为此，近几年国内许多钢厂都在纷纷加大直供力度。

除直供外，一般钢厂更多的产品是通过贸易商代理的方式流通到市场，再由贸易商分销或零售给各种类型的终端用户。由于许多中小型用户对钢材产品的需求存在量小、但品种规格多等特点，钢厂无法实现直接销售，而贸易商在两者中间起到承上启下的作用，为两者的供求实现对接。由于钢厂产能释放比较刚性，而需求则有淡旺季，供求关系会出现弹性变化，而贸易流通行业则在其中起到了蓄水池的作用。

传统的钢材现货交易中，交易由买方和卖方直接进行，交易时间、地点、方式等由双方协商决定。市场上信息不对等，价格透明度不高，难以形成统一的价格；交易效率低、成本高，容易出现交易诚信问题造成的质量纠纷和"三角债"。从更深层次看，传统的现货交易存在层层"剥皮"现象，从钢厂出来的材料可能要经过许多贸易商的手才最终到终端用户，容易造成实际需求的失真和市场价格的波动，增加整个社会的物流成本和交易成本。如何减少传统经营模式所存在的弊端？电子商务模式为这一切的改变提供了新的可能。

2006年5月，宝钢旗下的东方钢铁在线推出现货电子交易一期平台，这是宝钢进军钢铁电子商务领域迈出的重要一步。当年运营仅半年多，通过东方钢铁在线的现货交易量已达10多万吨，参与交易的会员已达300多家。继东方钢铁之后，Mysteel旗下的Banksteel、中金交易在线等也推出钢铁现货电子交易平台，开始探索发展钢铁电子商务。

现货电子交易除了可以提高交易效率、降低成本等优势之外，更重要的是其引发的商业模式的变化，是对钢铁供应链的业态创新。东方钢铁在线推出的钢材电子现货交易是专注于真实的现货交易，以网络技术为手段，提高现货交易的便利性，为供需双方提供一个高效、公正的第三方平台。由钢厂、贸易商、终端用户等交易中心会员组成的交易主体，通过专业的交易平台，以挂牌、竞价、招标、专场、团购等方式，完成网上支付、在线交易。

随着信息化的普及，电子商务模式开始影响和冲击传统的钢材贸易行业。钢铁电子商务已成为业内关注的新趋势和新的利润增长点。不过由于面临法律环境不够成熟、信用体系不够健全以及信息流、资金流和物流三者能否有机结合等问题，钢铁电子商务还处于起步发展阶段，市场还有待培育壮大。

从有形市场到无形市场

上海钢材贸易商大军的发展同时也促成了各地规模不一、形态各异的钢材交易市场。上海最早出现的钢材市场是上个世纪90年代初期的宝山钢材市场，这是典型的"票据式"市场，在市场内仅有票据交易，没有现货仓储和加工，其商流与物流分开操作。同类型的还有地处上海徐家汇黄金地段的香山钢市等。这些交易市场往往具有国企背景，与当时的物资系统或冶金系统有密切的关系，管理团队成员也大多出于此。2000年后，这些国企背景的交易市场也大多进行了改制，成为民营性质的交易市场。

说到钢材交易市场不能不提第一钢市。第一钢市的前身为逸仙钢市，由福建周宁商人周华瑞于1996年创建，首开"前店后库"的市场模式，也成为后来不少钢材交易市场效仿的样板。经过十多年的发展,入驻企业已近800家,交易量也逐年上升。据其网站公布数据,年成交额达200多亿。之后,一批福建籍老板开创的铁闵钢市、砖桥钢市、曹安钢市、松江钢市等后来居上,风头渐盛,与宝山、香山等钢市分庭抗礼。

进入21世纪后,中国的钢铁产业迎来大爆发时期,上海钢材贸易流通行业急剧膨胀,钢材市场也得到很大发展。为了满足钢铁用户个性化的需求,在“仓储式”基础上,一些市场又引入了钢材剪切加工的配套服务,出现了“加工式”市场。随后这些市场又联合银行、担保公司等,为市场内的企业提供融资担保服务。钢材交易市场作为钢铁服务业中重要的组成部分,其提供服务内容的增加和转变,说明了市场对钢铁服务业需求的必然性。到目前,上海地区有近7000家与钢铁相关的服务企业,60余家钢材交易市场。

在有形的交易市场得到较大发展后,“无形交易市场”也开始崭露头角。一类是以大宗等为代表的中远期电子交易。随着电子网络技术的成熟,继2003年安徽出现了首个钢铁电子交易市场后,以大宗、钢之源、欧浦等为代表的中远期钢铁电子交易市场开始兴起,不仅很快吸引众多贸易商的参与,而且与现货市场形成互动影响。

另一类就是以东方钢铁为代表的现货电子交易。上文提到的东方钢铁在线,其母体就是宝钢国贸于2000年开始筹划的现货电子交易平台,然后在2004年整合推出东方钢铁在线,成为全国首家现货电子交易平台。由于其具有的BtoB特性,我们将其归类在电子商务平台来阐述,但形式上也是属于“无形市场”。这种“无形市场”的模式突破了时间与空间的限制,有利于提高交易效率,节约交易成本。

从最初仅提供票据交易,提供现货仓储,再到集仓储加工于一体,到提供融资担保等,从钢材交易市场的发展轨迹来看,从“票据式”走向“仓储式”和“加工式”,再从有形市场向无形市场这种趋势,标志着上海的钢铁服务业发展已经在不自觉中走到了全国的前列。

期货交易市场的再度兴起

2009年3月27日,上海期货交易所推出线材和螺纹钢两个品种的钢材期货,受到行业内外广泛关注。

由于钢材期货具有的价格发现和套期保值的功能,发展钢材期货有利于完善钢铁行业市场体系和价格形成机制,更大程度发挥钢铁在资源配置中的作用,可以为生产企业和用户提供规避市场风险的工具,引导钢铁产业有序健康发展。由于期货市场集中众多的生产、加工、贸易企业以及投资者,公开公平地进行竞价交易,有助于权威性、公正性、透明性、连续性的价格的形成,有利于钢材相关企业提前锁定成本,合理安排经营计划,避免钢材价格涨跌的风险。

而实际上,在此之前,国内就曾推出过钢材期货。1993年3月,苏州商品交易所率先在国内推出了钢材期货——直径6.5mm线材期货交易。之后,天津联合期货交易所、沈阳商品交易所、重庆商品交易所、上海建筑材料交易所和北京商品交易所也相继推出该品种的期货合约。

线材期货交易一经推出,立即得到多方响应。由于线材市场需求面广量大,银行资金也相对宽松,线材期货品种的交易规模迅速催化扩大。据有关统计数据显示,这期间全国线材期货交易累计成交总量达到4.52多亿吨,成交金额计1.32多万亿元,交割总量251多万吨,成为当时全国成交量最大的商品期货品。但当时的环境不成熟,条件不具备,钢材期货市场不规范,严重的投机炒作产生了严重的后果,出现了一系列问题,最后被取缔而退出了市场。

为再次推出钢材期货,上海期货交易所于2005年成立钢材期货小组,多次奔赴各地,对各地主要钢厂生产企业、流通市场以及贸易流通商进行调研,同时对钢材期货合约设计进行反复推敲和论证。

由于我国钢材现货市场存在的问题和电子交易市场的局限性,加上期货市场所具有的功能,钢材期货的推出,将会对目前的中远期市场和现货市场产生新的影响,但三者相互之间的互动会有一个过程。从一个成熟的市场经济的形态来看,现货市场、远期市场和期货市场共同发展、相互促进不仅是合理的，也是必要的。我们相信，随着钢材期货市场的逐步发展成熟，将对钢材现货市场的发展、对整个钢铁产业的发展，起到保驾护航的作用。

从传统模式到服务模式的转变

近期有一个值得我们关注的现象：一批规模较大，实力较强的钢铁贸易流通企业纷纷提出要从传统的钢铁贸易商向服务提供商转变，即不再简单地为客户提供产品，而是为客户提供剪切加工、物流配送等增值服务。

经过十数年的市场打拼，贸易流通商已达到了一定的经营规模，积累了相当的资金实力，但在钢铁贸易方面再要深挖潜力却遇到瓶颈，所以从传统贸易商向服务提供商转型不仅是企业寻求突破发展的自觉自愿，也是适应产业形态发展的必需。

由钢铁贸易商的客户群体分析可见，很多钢材贸易商的客户群体具有连带关系和地域关系，这一关系使钢材贸易商和其客户之间的信任、合作获得保证；地域的优势也造就贴近终端用户的便利，使钢材贸易商与用户良好的合作关系获得延伸与保持，能够依据对终端用户需求更多的了解、掌握，促使服务手段的多样化。追求向服务提供商的转型，不断深化服务内涵，提高服务水平，需要结合自身的特点与专长，掌握客户的需求和需求节点，才能够对不同的客户提供针对性的个性服务。为了保证其服务手段的实现，许多钢铁贸易商开始寻求产业上下游的延伸，或投资参股钢厂，或建设加工配送中心，以实体的资源成为实现服务客户的载体，同时寻找新的利润增长点。

随着产业结构的调整，围绕钢铁产业的相关服务企业，也必须不断调整其服务手段，丰富其服务内容，不断向产业链的价值高端去寻求自身的定位和发展。

目前，上海钢铁产业在发展中存在的问题主要体现在：一是上海钢铁服务业发展缺乏全局性的科学规划，如钢材交易市场存在低水平的重复建设情况；二是上海钢铁服务业市场信息不够流畅，交易成本过高；三是产业集中度低，难以形成规模优势；四是钢铁服务业与钢铁主业的合作关系大多停留在初步合作阶段，没能充分发挥双方的协同发展效应。正是上述这些问题的存在，阻碍了上海钢铁服务业向更高的层次发展。

自20世纪60年代初，世界主要发达国家经济重心开始转向服务业，服务业在就业和国内生产总值中的比重不断加大。20世纪80年代全球经济呈现出从“工业型经济”向“服务型经济”转型的总趋势，产业发展则呈现出服务化的新趋势。

作为生产性服务业的钢铁服务业贯穿于钢铁生产、流通、分配、消费等社会再生产环节之中，作为全过程参与的服务，发挥着重要的协同功能，提高了生产过程不同阶段的产出价值和运行效率。这条完整的钢铁服务产业链已经成为集成众多生产服务要素和资源的调配器。同时，由于钢铁服务业的内容十分宽泛，行业跨度大，市场组合需求的集成度高，这些因素都要求钢铁服务业企业同钢铁企业之间形成更高的联动发展能力，能够通过联动体的成本比较优势和服务集成优势在市场兑现价值。

从《钢铁产业发展政策》到《钢铁产业调整和振兴规划》出台的政策路径，上海城市发展功能定位，以及与国外先进钢铁产业发展模式的对比，我们不难从中得出结论，钢铁产业结构的进一步调整和优化，整个钢铁产业的振兴，必须大力发展紧紧围绕钢铁产业主链的物流配送、融资担保、交易市场（包括现货交易、中远期交易和期货交易）、工程设计、结构安装、科研教育、节能环保、信息资讯、咨询管理、会展旅游以及企业信息化等钢铁服务业。

引导服务落地

今年3月份出台的《钢铁产业调整和振兴规划》中明确提出，要发挥行业协会的作用。上海钢铁服务业协会作为全国首家钢铁行业的协会，面向整个钢铁产业链，以“服务企业、规范行业、发展产业”的宗旨和使命，搭建政府和企业、企业和企业之间沟通平台，及时反映行业问题和企业诉求，引导企业落实国家产业政策，加强行业自律，提高行业整体素质。具体通过“仲裁中心、统计中心、融资担保中心、教育培训中心、人事服务中心、技术服务中心、质量检测中心”等一个个平台的搭建和运营，发动钢铁服务企业广泛参与,将各项服务引导落地,解决当前钢铁服务企业面临的共性和个性问题,促进上海钢铁服务业又好又快发展。从行业协会工作者的角度看,我们可以从以下几个方面来推进钢铁服务业的发展。

一是根据行业现实和需要,制定具体政策和措施,通过政策和措施的实施来促进钢铁服务业的市场化发展。从上海发展现代服务业的大框架看,上海钢铁服务业可以着重在钢铁物流、加工配送、融资担保、技术服务以及管理咨询等方面下功夫,提出现实可行的发展政策,辅以工商、税务等相关产业支持政策和措施,建立质量检测中心等专业服务机构,促进钢铁服务业的市场化进程。

二是制定和完善钢铁服务业行业规范和标准,营造规范诚信的市场环境,促进钢铁服务业的健康有序发展。通过各种组织与制度安排,为钢铁服务业发展创造规范而诚信的环境与氛围,建立健全钢铁服务业的行业自律组织,制定并完善钢铁服务业的行业规范与相关标准,加强行业自律管理,从而为钢铁服务业的规范有序、健康快速发展提供相应的制度保障与组织平台,并积极推进钢铁服务行业的信用体系与平台建设,形成良好的信用约束机制,为诚信企业的健康发展创造良好的环境氛围。

三是引导专业化战略实施,提高钢铁服务企业的核心竞争力。目前钢铁服务业面临企业多而分散、重复和低层次竞争格局。需要通过专业化战略来做强做大,形成产业集群,以获得规模效应,提高效率,降低成本,形成良好的竞争格局,进而培育出一些更具影响力的知名品牌,提高钢铁服务企业在国际上的竞争力。

四是加强行业内外交流,促进商机对接和业务合作。推动钢铁服务业的行业内外和国内外交流,以借鉴吸收其他行业或国外先进发展模式,同时促成企业间或行业间商机对接和业务合作。同时开展信息统计分析工作,为钢铁服务业企业经营决策提供有效帮助。

五是抓好钢铁服务业的人才引进和培养,构筑钢铁服务业人才高地。当前企业之间的竞争更多地体现在人才的竞争上,所以人力资源开发和人才队伍培养建设,将是钢铁服务业持续发展的动力保证。除了为钢铁服务业发展提供钢铁营销、钢铁物流等方面专业人才外,可以尝试建立职业资格认证制度,确保钢铁服务业从业人员的基本职业素养。

(二)江苏省钢铁业

1.江苏省钢铁行业整体情况

江苏省规模以上钢铁行业的主要指标显示,2010 年江苏省钢铁企业 6 991 个,新增钢铁企业 227 个,工业总产值为 13 567 亿元,新产品产值为 702 亿元,工业销售产值为 13 442 亿元,出口交货值为 867 亿元。

江苏省钢铁企业的总资产 2010 年为 8 764.51 亿元,比上一年增加了 1 425.01 亿元,主营业务收入 2010 年为 13 570.05 亿元。2010 年江苏省钢铁行业的利润比 2008 年增加了 209.04 亿元。

表 4-31 江苏省规模以上钢铁企业主要指标(一)(2007-2010 年)

单位:亿元

江苏省钢铁业	企业单位数(个)	工业总产值	新产品产值	工业销售产值	出口交货值
2007	4 173	8 523.17	544.73	8 395.58	552.04
2008	4 422	10 171.00	678.00	10 031.00	806.00
2009	6 764	11 613.22	494.43	11 431.19	697.01
2010	6 991	13 567.00	702.00	13 442.00	867.00

数据来源:《江苏统计年鉴》(历年)。

表4-32　江苏省规模以上钢铁企业主要指标(二)(2007-2010年)

单位:亿元

江苏省钢铁业	总资产	主营业务收入	利润	利税
2007	5 127.25	8 460.42	423.50	688.08
2008	6 010.80	9 908.29	399.78	773.67
2009	7 339.50	11 332.90	473.75	790.73
2010	8 764.51	13 570.05	682.79	1 035.29

数据来源:《江苏统计年鉴》(历年)。

2.江苏省钢铁行业前景

进入新世纪以来,我省钢铁产业持续较快发展,已成为全国重要的钢铁产业基地之一。2008年,生产生铁3 858万吨、粗钢4 864万吨、钢材7 364万吨,均占全国1/10左右。骨干企业产品结构不断优化,一批优质产品在国内市场享有较高声誉。自主创新能力进一步增强,加快实施工艺调整,骨干企业技术装备总体上已接近国际先进水平,初步形成了以大型骨干企业为主体的研发体系。但是,受国际金融危机影响,钢铁市场需求不振,产量大幅下降,出口严重受阻,价格大幅下跌,企业经营困难。同时,长期积累的矛盾日益突出。一是资源控制力较弱。江苏省铁矿资源匮乏,90%的矿石依靠进口和省外市场采购,进口矿石中"协议矿"不足30%,"权益矿"比重低于3%。二是产业集中度较低。2008年,全省前5名钢铁企业生铁、粗钢和钢材行业集中度分别为65.8%、61.6%和40.2%,骨干企业大多缺乏市场领导力、控制力。三是产品附加值较低。成品钢材中附加值较低的棒、线、型材占45%,先进生产技术和高端产品研发、应用相对滞后。四是布局调整步伐较慢。全省90%的铁、钢产能集中在沿江两岸,30%左右的产能布局在城市或城市近郊。五是环境压力较大。煤、电、水、矿等资源消耗总量增加,环境要素制约加重。

未来主要目标

调整和振兴钢铁产业,要以转变发展方式和促进优化升级为主线,在发展中调整,在调整中提升,努力增强产业整体素质,提高产业竞争力。

产业布局优化。根据国家钢铁产业政策确定的布局原则,严格控制沿江地区产能,通过兼并重组、淘汰落后以及搬迁改造,向沿海地区转移生产能力,逐步减少全省钢铁企业数量。到2011年,力争前5名钢铁企业生铁、粗钢集中度提高到75%,钢材集中度提高到55%。

技术进步加快。加强原始创新、集成创新和引进消化吸收再创新,推动技术进步,实现一般装备自主化、本地化,并在关键工艺技术和高端产品研发上取得突破。综合运用经济、法律和行政手段,在按期淘汰300立方米及以下高炉和20吨及以下转炉、电炉产能的基础上,提高标准,加大力度,淘汰400立方米及以下高炉和30吨及以下转炉、电炉。

品种质量提升。依托区位优势,围绕汽车、船舶、家电、电力设备、油气输送、集装箱制造和工程机械等行业市场需求,在南京、苏州、无锡、常州、淮安等地区,加快发展特殊钢、优质钢,提高精深加工能力,力争特殊钢、优质钢比重提高到60%,板带管比重提高到55%左右。

兼并重组加速。根据市场供求关系变化,通过政府引导、政策扶持,努力培育自主创新能力较强、具有国际竞争力的特大型企业集团。加强对中小企业发展的分类指导,鼓励开发特色产品,支持部分中小企业转换主营业务,有序退出钢铁产业。绿色制造水平提高。加快建设钢铁产业循环经济体系,采用大型化、连续式、高精度、低损耗冶炼和轧制设备,集成式、循环型工艺流程,努力使全行业吨钢综合能耗降到0.65吨以下,吨钢新水消耗降到5吨以下,低于全国平均水平,其中重点骨干企业低于全国平均水平20%左右。积极开展清洁生产,加强"三废"综合利用,废渣、煤气利用率基本达到100%,工业用水复用率达到95%,废钢利用率达到30%以上。

产业发展稳定。遏制下滑势头,保持总体稳定,在提高技术水平和创新能力基础上,产业规模控制在合理水平,其中生铁4 000万吨左右,粗钢5 000万吨左右,巩固强化支柱产业地位,逐步实现全行业良性发展。

未来技术研发领域

前沿技术和关键产品生产技术。主要包括非高炉炼铁技术、连铸薄带技术、高效低成本纯净钢生产技术、大型板坯连铸技术、钢渣综合利用等关键共性技术研发和成果转化。重点为百万千瓦火电及核电用特厚板和高压锅炉管、25万千伏安以上变压器用高磁感低铁损取向硅钢等高端品种生产技术。

自主集成重大装备和首台首套设备。主要包括千万吨级钢铁企业的设计、制造和系统耦合技术,中厚板调质热处理及热轧和冷轧宽带钢关键技术及装备,重大装备国产化依托工程首台首套设备。

成熟应用技术。主要包括高强度钢筋、汽车板、造船板等产品生产应用技术。

未来技术引进领域

高端产品生产技术。主要包括高磁感取向硅钢、耐高温高压腐蚀电站用钢、高性能调质热处理中厚板、高强度轿车板等生产技术。

清洁生产和循环经济工艺技术。主要包括焦炉煤调湿、大型热电联产、循环水及中水回用和海水淡化等工艺技术。

未来工艺技术装备升级领域

关键钢材品种。主要包括高速铁路用钢、高牌号无取向硅钢、高磁感取向硅钢、高性能调质热处理钢、抗腐蚀抗大变形管线钢、高强度高档次机械用钢、轿车用钢、工模具钢、海洋工程装备用钢、桥梁斜拉索用钢、电力用钢、高强度建筑用钢、高档精密不锈钢薄板带、特殊大锻材、特殊质量要求的高级无缝钢管等产品及技术。

高强度钢筋和节材型建材。主要包括淘汰强度335MPa热轧带肋钢筋,对建筑物基础工程、重点工程强制使用强度400MPa以上钢筋,采用超细晶粒或微合金化等工艺对建筑钢材生产线进行改造提升,促进建筑钢材升级换代。

可循环工艺和节能减排工艺技术。主要包括在现有企业和国家核准的新建钢铁企业建设中推广高温高压干熄焦技术、烧结余热利用技术、烧结烟气脱硫技术、高炉和烧结工序系统工艺技术、高炉炉顶余压发电技术、干法除尘技术、转炉煤气干法除尘及回收利用技术、铸轧一体化技术、综合能源管理技术,以及沿海企业采用风力发电等清洁新能源。

低品位难选冶矿产资源采选冶炼。主要包括利用共生、低品位、难选冶的褐铁矿、高磷铁矿、菱铁矿等深部开采和选冶技术,钒钛、硼铁资源综合利用技术。

焦化附产和辅料。主要包括焦化产品回收,铁合金、炭素和耐火材料等产品先进节能减排技术开发及应用。

信息化和自动化。主要包括自主开发应用钢铁生产工艺自动化控制技术和信息化管理技术。

(三)浙江省钢铁产业

1.浙江省钢铁产业发展情况

浙江省规模以上钢铁行业的主要指标显示,2010年浙江省钢铁企业5 887个。工业总产值为5 712.39亿元,比2009年增加1 177.7亿元。主营业务收入2010年为5 574.3亿元。

表 4-33　浙江省规模以上钢铁企业主要指标(2007-2010 年)

单位:亿元

浙江省钢铁业	企业单位数(个)	工业总产值	总资产	主营业务收入	利润	利税
2007	3 335	3 598.13	2 734.15	3 498.09	130.23	238.31
2008	3 585	4 303.41	3 354.59	4 163.72	97.15	226.28
2009	5 737	4 534.69	2 595.60	2 082.84	98.97	136.16
2010	5 887	5 712.39	4 384.41	5 574.73	253.88	110.61

数据来源:《浙江统计年鉴》(历年)。

2. 浙江省钢铁产业前景分析

浙江省钢铁产业将加紧布局调整和结构转型升级,2012 年,力争使钢铁产业总体实力明显增强。粗钢生产能力达到 1300 万吨左右;不锈钢生产能力保持 300 万吨左右,产业集中度明显提高;不锈钢无缝管规模和质量继续居国内领先地位;钢铁服务业较快发展。

规划建设宁波大型临港钢铁基地

以宝钢重组宁波钢铁公司为契机,规划建设"千万吨级"宁波大型临港钢铁基地。在充分发挥宁钢现有产能效益的基础上,启动 200 万吨钢铁改造提升工程,在 2012 年形成年产 600 万吨钢铁规模;结合杭钢转型升级,适时规划建设郭巨年产 1500 万吨钢铁项目。

加快推进杭钢转型升级

按照《钢铁产业调整和振兴规划》关于杭州城市钢厂搬迁的要求,积极推动杭钢转型升级,研究制定相关方案;积极探讨并推动杭钢与国内大型钢铁企业集团的合作,推动杭钢产品结构调整升级;在相关条件基本具备后,杭州厂区适时退出炼钢炼铁,重点发展钢铁冷轧及深加工,以钢铁为重点的仓储、物流、贸易等现代服务业。

做强做精不锈钢产业

根据浙江省不锈钢板带、棒、管的区域分工特点,按照"上大压小"要求集聚发展,形成技术先进、特色鲜明、错位竞争的发展格局。

积极发展优特钢

要充分发挥元立集团现有金属制品加工优势,进一步提升发展优质棒、线材产品,逐步向优特钢方向转型发展;通过钢材品质的提升,进一步提高钢铁深加工产品档次、附加值,增强竞争力。

七　长三角装备制造业

装备制造业是为国民经济各部门简单再生产和扩大再生产提供技术装备的各制造工业的总称，它的发展水平反映出一个国家或地区在科学技术、工艺设计、材料、加工制造等方面的综合配套能力。包括七大类，即：金属制品业，通用设备制造业，专用设备制造业，交通运输设备制造业，电气机械及器材制造业，通信设备、计算机及其他电子设备制造业，仪器仪表及文化、办公用机械制造业。

一、长三角地区基本情况

(一)规模以上企业情况

2010年，长三角共有62 017家规模以上装备制造业企业，比上年增长5.72%；拥有总资产61 607.74亿元，增长23.54%；实现工业总产值78 189.33亿元，增长27.85%；主营业务收入78 173.10亿元，增长29.15%；主营业务成本68 367.04亿元，增长27.68%；利润总额5 447.01亿元，增长53.48%；利税总额7 668.15亿元，增长44.07%。

表4－34　2005～2010年长三角地区装备制造业规模以上企业指标

年份	单位数（个）	工业总产值（亿元）	资产总计（亿元）	主营业务收入（亿元）	主营业务成本（亿元）	利润总额（亿元）	利税总额（亿元）
2005	33 594	28 858.31	23 546.05	28 709.70	25 845.42	1 353.47	2 041.39
2007	43 083	45 922.82	36 340.91	46 799.53	41 752.11	2 535.50	3 596.65
2008	51 121	56 185.30	42 488.73	55 131.03	49 365.73	2 858.22	4 200.76
2009	58 664	61 155.84	49 868.89	60 529.52	53 543.95	3 548.94	5 322.41
2010	62 017	78 189.33	61 607.74	78 173.10	68 367.04	5 447.01	7 668.15

(二)大中型企业情况

2010年，长三角地区共有5 933家大中型装备制造业企业，比上年增长16.20%；拥有总资产40 896.54亿元，增长26.10%；实现主营业务收入52 285.30亿元，增长31.92%；主营业务成本45 883.50亿元，增长30.17%；利润总额3 852.29亿元，增长57.10%；利税总额5 189.49亿元，增长48.34%。

表4－35　2007～2010年长三角地区装备制造业大中型企业指标

	单位数（个）	工业总产值（亿元）	资产总计（亿元）	主营业务收入（亿元）	利润总额（亿元）	利税总额（亿元）
2007	4 652	24 971.99	32 098.22	28 795.42	1 763.64	2 358.61
2008	4 762	27 047.56	35 326.11	31 884.65	1 838.71	2 550.31
2009	5 106	32 430.58	39 634.36	35 248.54	2 452.17	3 498.40
2010	5 933	40 896.54	52 285.3	45 883.50	3 852.29	5 189.49

二、上海市基本情况

(一)规模以上企业情况

2010年，上海市规模以上装备制造业企业共有8 396家，比上年下降6.09%；吸纳从业人员

165.79万人，增长4.45%；拥有总资产14 500.34亿元，增长15.98%；实现工业总产值17 197.48亿元，增长24.98%；主营业务收入18 393.42亿元，增长25.84%；成本费用总额17 219.41亿元，增长23.41%；利润总额1 346.82亿元，增长69.44%；税金总额476.12亿元，增长18.10%。分行业来看：

1. 金属制品业

共有规模以上企业1 560家，下降8.02%；从业人员17.46万人，下降7.77%；拥有总资产809.61亿元，增长11.72%；实现工业总产值905.96亿元，增长20.46%；主营业务收入922.05亿元，增长22.44%；成本费用总额871.52亿元，增长21.03%；利润总额58.95亿元，增长43.05%；税金总额23.16亿元，增长13.25%。

2. 通用设备制造业

共有规模以上企业2 156家，下降3.53%；从业人员29.67万人，略增0.51%；拥有总资产2 749.92亿元，增长3.51%；实现工业总产值2 395.11亿元，增长10.23%；主营业务收入2 409.32亿元，增长7.26%；成本费用总额2 241.60亿元，增长5.91%；利润总额174.69亿元，增长8.77%；税金总额78.58亿元，下降2.98%。

3. 专用设备制造业

共有规模以上企业1 129家，下降7.00%；从业人员15.71万人，增长2.21%；拥有总资产1 264.28亿元，增长17.92%；实现工业总产值1 077.19亿元，增长25.89%；主营业务收入1 103.38亿元，增长26.35%；成本费用总额1 022.28亿元，增长23.87%；利润总额106.83亿元，增长77.99%；税金总额32.12亿元，增长12.46%。

4. 交通运输设备制造业

共有规模以上企业999家，下降3.01%；从业人员29.69万人，增长11.45%；拥有总资产4 696.26亿元，增长31.38%；实现工业总产值4 475.48亿元，增长37.87%；主营业务收入5 440.37亿元，增长43.14%；成本费用总额4 850.47亿元，增长40.31%；利润总额675.79亿元，增长72.49%；税金总额277.56亿元，增长30.74%。

5. 电气机械及器材制造业

共有规模以上企业1 476家，下降6.88%；从业人员26.59万人，增长3.71%；拥有总资产1664.99亿元，增长20.98%；实现工业总产值1 962.26亿元，增长22.09%；主营业务收入2 013.26亿元，增长26.17%；成本费用总额1 878.80亿元，增长27.15%；利润总额148.63亿元，增长23.10%；税金总额37.73亿元，略增0.40%。

6. 通信设备、计算机及其他电子设备制造业

共有规模以上企业719家，下降9.90%；从业人员40.73万人，增长9.78%；拥有总资产3 004.65亿元，增长6.86%；实现工业总产值6 026.91亿元，增长24.40%；主营业务收入6 132.25亿元，增长21.29%；成本费用总额6 014.46亿元，增长18.22%；利润总额142.68亿元，增加16.33倍；税金总额18.29亿元，增长18.69%。

7. 仪器仪表及文化、办公用机械制造业

共有规模以上企业357家，下降6.54%；从业人员5.94万人，增长7.61%；拥有总资产310.63亿元，增长8.25%；实现工业总产值354.57亿元，增长25.92%；主营业务收入372.79亿元，增长28.01%；成本费用总额340.28亿元，增长26.50%；利润总额39.25亿元，增长26.74%；税金总额8.68亿元，增长10.43%。

表 4－36　2005－2010 年上海市装备制造业规模以上企业主要指标

行业	年份	单位数(个)	从业人员(万人)	工业总产值(亿元)	资产总计(亿元)	主营业务收入(亿元)	利润总额(亿元)	税金总额(亿元)	成本费用总额(亿元)
金属制品业	2005	1 296	16.11	591.42	494.17	598.28	37.02	13.19	567.15
	2007	1 350	17.33	831.70	658.72	845.77	46.37	18.43	807.88
	2008	1 795	19.97	973.60	750.18	970.26	45.15	22.98	933.71
	2009	1 696	18.93	752.11	724.65	753.09	41.08	20.45	720.11
	2010	1 560	17.46	905.96	809.61	922.05	58.95	23.16	871.52
通用设备制造业	2005	1612	24.10	1 229.93	1 278.06	1 218.76	95.22	32.74	1 132.55
	2007	1 759	26.89	1 890.42	1 941.63	1 876.88	148.03	55.69	1 731.77
	2008	2 310	29.95	2 216.53	2 404.80	2 175.18	149.00	58.98	2 039.61
	2009	2 235	29.52	2 172.82	2 656.72	2 246.24	160.61	80.99	2 116.42
	2010	2 156	29.67	2 395.11	2 749.92	2 409.32	174.69	78.58	2 241.60
专用设备制造业	2005	857	11.17	395.06	473.06	397.29	24.88	13.02	379.56
	2007	915	13.19	600.57	664.96	593.74	42.32	17.01	556.67
	2008	1 269	15.77	853.68	931.61	856.99	57.70	20.76	816.08
	2009	1 214	15.37	855.68	1 072.14	873.25	60.02	28.56	825.31
	2010	1 129	15.71	1 077.19	1 264.28	1 103.38	106.83	32.12	1 022.28
交通运输设备制造业	2005	701	19.02	1 393.01	1 671.29	1 568.49	110.63	80.53	1 461.67
	2007	797	22.51	2 358.92	2 688.07	2 667.83	238.17	137.47	2 448.29
	2008	1 080	25.75	2 571.72	2 972.59	2 936.08	214.69	112.54	2 760.80
	2009	1 030	26.64	3 246.15	3 574.57	3 800.64	390.77	212.30	3 457.06
	2010	999	29.69	4 475.48	4 696.26	5 440.37	675.79	277.56	4 850.47
电气机械及器材制造业	2005	1 187	20.79	1 001.54	854.06	1 013.12	73.58	24.59	947.11
	2007	1 247	25.63	1 573.37	1 161.86	1 575.35	103.76	32.18	1 480.67
	2008	1 663	25.17	1 740.58	1 285.95	1 726.51	95.34	35.11	1 645.04
	2009	1 585	25.64	1 607.27	1 376.20	1 595.61	120.74	37.58	1 477.62
	2010	1 476	26.59	1 962.26	1 664.99	2 013.26	148.63	37.73	1 878.80
通信设备、计算机及其他电子设备制造业	2005	659	29.60	3 434.21	2 422.06	3 539.06	54.36	19.71	3 496.59
	2007	700	38.34	4 976.89	2 803.49	5 133.06	90.82	19.35	5 034.82
	2008	830	36.45	5 266.68	2 685.35	5 421.55	44.93	18.68	5 447.32
	2009	798	37.10	4 844.88	2 811.72	5 055.94	-9.31	15.41	5 087.59
	2010	719	40.73	6 026.91	3 004.65	6 132.25	142.68	18.29	6 014.46
仪器仪表及文化、办公用机械制造业	2005	313	5.35	279.88	213.10	294.55	20.55	7.77	276.34
	2007	338	6.53	322.54	278.69	325.08	32.09	9.19	295.61
	2008	429	6.40	351.70	295.85	357.89	34.58	8.46	328.90
	2009	382	5.52	281.58	286.95	291.21	30.97	7.86	269.00
	2010	357	5.94	354.57	310.63	372.79	39.25	8.68	340.28
装备制造业(合计)	2005	6 625	126.14	8 325.05	7 405.8	8 629.55	416.24	191.55	8260.97
	2007	7 106	150.42	12 554.41	10 197.42	13 017.71	701.56	289.32	12 355.71
	2008	9 376	159.46	13 974.49	11 326.33	14 444.46	641.39	277.51	13 971.46
	2009	8 940	158.72	13 760.49	12 502.95	14 615.98	794.88	403.15	13 953.11
	2010	8 396	165.79	17 197.48	14 500.34	18 393.42	1 346.82	476.12	17 219.41

(二)大中型企业情况

表 4－37　2005－2010 年上海市装备制造业大中型企业主要指标

行业	年份	单位数（个）	从业人员（万人）	工业总产值（亿元）	资产总计（亿元）	主营业务收入（亿元）	利润总额（亿元）	税金总额（亿元）	成本费用总额（亿元）
金属制品业	2005	70	5.02	214.59	179.67	218.46	15.85	2.95	204.75
	2007	97	6.56	350.20	283.61	346.71	22.82	5.41	328.12
	2008	105	7.37	423.06	316.72	419.73	23.09	8.02	400.72
	2009	94	7.26	276.37	274.80	280.86	17.33	6.58	266.41
	2010	90	5.96	351.18	288.04	349.66	29.38	6.87	326.60
通用设备制造业	2005	107	9.95	714.25	798.15	701.30	60.39	15.20	644.73
	2007	139	11.52	1 132.30	1 283.57	1 128.37	89.98	31.58	1 037.47
	2008	141	12.10	1 327.53	1 575.78	1 298.62	94.42	31.29	1 207.42
	2009	146	12.94	1 388.63	1 805.16	1 467.66	111.88	52.64	1 376.66
	2010	162	13.64	1 479.43	1 821.66	1 480.46	104.55	50.01	1 370.27
专用设备制造业	2005	65	4.01	158.86	214.77	161.15	9.10	5.23	156.13
	2007	96	5.74	273.46	333.06	270.43	20.00	7.96	253.80
	2008	103	6.41	404.56	454.35	413.66	29.85	8.66	389.20
	2009	102	6.57	402.41	487.10	406.46	26.28	11.79	384.14
	2010	113	7.42	588.67	714.87	605.36	64.54	15.01	559.52
交通运输设备制造业	2005	90	11.62	1 121.30	1401.37	1 303.09	97.37	70.69	1 205.95
	2007	139	14.92	1 981.55	2 346.28	2 302.12	220.92	126.63	2 096.69
	2008	161	16.33	2 091.07	2 543.61	2 449.65	186.03	98.68	2 299.15
	2009	161	17.04	2 746.82	3 096.40	3 306.43	354.51	196.31	2 991.00
	2010	190	20.18	3 909.42	4 189.87	4 846.86	628.11	259.47	4 297.92
电气机械及器材制造业	2005	115	10.18	546.54	452.84	556.29	44.38	11.15	516.59
	2007	160	15.45	1 005.92	700.05	1 006.58	65.10	16.74	943.46
	2008	159	13.06	979.36	656.35	978.56	52.48	16.10	935.35
	2009	167	14.13	914.02	728.60	918.40	73.61	19.82	849.32
	2010	192	15.81	1 249.87	971.84	1 289.07	96.65	20.22	1 203.44
通信设备、计算机及其他电子设备制造业	2005	157	22.40	2 991.80	1 978.09	3 100.37	36.13	13.12	3 071.34
	2007	206	32.68	4 686.73	2 529.31	4 838.75	79.47	11.98	4 749.14
	2008	208	30.28	4 740.05	2 264.44	4 880.93	37.68	10.28	4 913.28
	2009	194	31.31	4 580.88	2 520.81	4 784.72	－17.66	8.25	4 823.19
	2010	198	35.37	5 701.52	2 704.87	5 793.80	116.78	10.24	5 697.70
仪器仪表及文化、办公用机械制造业	2005	31	2.53	163.75	97.67	172.62	7.06	3.38	166.23
	2007	46	4.01	202.04	170.41	209.01	18.36	5.42	191.75
	2008	43	3.53	209.52	166.09	216.79	20.12	4.07	200.62
	2009	34	2.79	155.02	155.52	162.47	16.30	3.15	152.77
	2010	35	3.22	204.03	168.70	217.53	21.39	4.22	200.29
装备制造业（合计）	2005	635	65.71	5 911.09	5 122.56	6 213.28	270.28	121.72	5 965.72
	2007	883	90.88	9 632.20	7 646.29	10 101.97	516.65	205.72	9 600.43
	2008	920	89.08	10 175.15	7 977.34	10 657.94	443.67	177.10	10 345.74
	2009	898	92.04	10 464.15	9 068.39	11 327.00	582.25	298.54	10 843.49
	2010	980	101.60	13 484.12	10 859.85	14 582.74	1 061.40	366.04	13 655.74

2010 年,上海市共有大中型装备制造业企业 980 家,比上年增长 9.13%;吸纳从业人员 101.60 万人,增长 10.39%;拥有总资产 10 859.85 亿元,增长 19.75%;实现工业总产值 13 484.12 亿元,增长 28.86%;主营业务收入 14 582.74 亿元,增长28.74%;成本费用总额 13 655.74 亿元,增长 25.93%;利润总额 1 061.40 亿元,增长 82.29%;税金总额 366.04 亿元,增长 22.61%。

(三)主要产品产量

2010 年,上海市装备制造业主要产品中,发电设备 2 555.60 万千瓦,比上年增长 4.71%;内燃机 14 330.35 万千瓦,增长 31.41%;金属切削机床 13 386 台,增长 1.37 倍,其中数控机床 6 136 台,增长3.41倍;程控交换机 247.03 万线,下降 36.17%;微型电子计算机 9 388.44 万部,增长 28.25%;移动通信基站设备 299.44 万信道,增长 50.65%;集成电路 1 134 629 万块,增长 56.96%;汽车 169.89 万辆,增长 35.88%。

表 4-38　2005~2010 年上海市装备制造业主要产品产量

	发电设备(万千瓦)	内燃机(万千瓦)	金属切削机床(台)	数控机床	程控交换机(万线)	微型电子计算机(万部)	移动通信基站设备(万信道)	集成电路(万块)	汽车(万辆)
2005	2 138.05	4 915.40	13 158	1 059	796.59	2 176.17	115.03	677 003	48.45
2007	2 845.59	8 357.01	14 440	1 537	447.54	4 478.78	307.46	891 138	82.12
2008	2 831.10	8 295.67	16 430	4 785	465.14	5 767.97	343.58	830 487	80.65
2009	2 440.70	10 905.21	5 641	1 392	387.00	7 320.15	198.76	722 883	125.03
2010	2 555.60	14 330.35	13 386	6 136	247.03	9 388.44	299.44	1 134 629	169.89

三、江苏省的基本情况

(一)规模以上企业情况

2010 年,江苏省共有 27180 家规模以上装备制造业企业,比上年增长 7.39%;吸纳从业人员 567.74万人,增长 18.11%;拥有总资产 29 724.54 亿元,增长 25.71%;实现工业总产值 42 906.15 亿元,增长 29.35%;主营业务收入 42 206.41 亿元,增长 30.57%;主营业务成本 36 285.32 亿元,增长 29.34%;利润总额 2 921.67 亿元,增长 48.77%;利税总额 4 159.35 亿元,增长 41.53%。

1. 金属制品业

共有规模以上企业 4 374 家,增长 5.70%;拥有总资产 2 379.72 亿元,增长 22.72%;实现工业总产值 3 543.90 亿元,增长 24.85%;主营业务收入 3 492.25 亿元,增长 26.25%;主营业务成本 3 019.61亿元,增长 25.41%;利润总额 220.08 亿元,增长 52.04%;利税总额 347.16 亿元,增长 40.81%;全部从业人员 52.48 万人,增长 9.52%。企业亏损面 8.30%,减少 2.72 个百分点;产值利税率 9.80%,增加 1.11 个百分点;销售利税率 9.94%,增加 1.03 个百分点;资金利税率 16.29%,增加 1.78 个百分点;资产负债率 56.55%,减少 0.41 个百分点;流动资产周转次数 2.41 次/年,提高 0.08 次/年;成本费用率 6.78%,增加 1.19 个百分点;产品销售率 98.20%,增加 0.65 个百分点;总资产贡献率 15.82%,增加 1.76 个百分点。

2. 通用设备制造业

共有规模以上企业 7 725 家,增长 8.80%;拥有总资产 4 531.97 亿元,增长 29.50%;实现工业总产值 6 182.82 亿元,增长 29.94%;主营业务收入 6 076.90 亿元,增长 30.84%;主营业务成本 5 090.76亿元,增长 29.72%;利润总额 468.95 亿元,增长 46.10%;利税总额 694.89 亿元,增长

36.48%；全部从业人员91.02万人，增长13.28%。企业亏损面6.21%，减少2.56个百分点；产值利税率11.24%，增加0.54个百分点；销售利税率11.43%，增加0.47个百分点；资金利税率17.10%，增加0.51个百分点；资产负债率53.85%，减少1.88个百分点；流动资产周转次数2.10次/年，下降0.07次/年；成本费用率8.41%，增加0.96个百分点；产品销售率98.08%，增加0.09个百分点；总资产贡献率16.10%，增加0.73个百分点。

3. 专用设备制造业

共有规模以上企业3 567家，增长7.67%；拥有总资产2 642.01亿元，增长33.86%；实现工业总产值3 321.86亿元，增长37.34%；主营业务收入3 260.62亿元，增长38.07%；主营业务成本2 685.21亿元，增长35.17%；利润总额276.36亿元，增长71.72%；利税总额388.11亿元，增长54.55%；全部从业人员51.04万人，增长17.77%。企业亏损面8.16%，减少2.65个百分点；产值利税率11.68%，增加1.30个百分点；销售利税率11.90%，增加1.27个百分点；资金利税率16.32%，增加1.88个百分点；资产负债率52.74%，下降1.74个百分点；流动资产周转次数1.97次/年，提高0.05次/年；成本费用率9.29%，增加1.95个百分点；产品销售率98.02%，减少0.49个百分点；总资产贡献率15.50%，增加1.96个百分点。

4. 交通运输设备制造业

共有规模以上企业2 974家，增长8.42%；拥有总资产5 403.40亿元，增长19.45%；实现工业总产值6 452.22亿元，增长32.53%；主营业务收入6 255.91亿元，增长32.70%；主营业务成本5 144.98亿元，增长29.56%；利润总额592.19亿元，增长62.04%；利税总额846.55亿元，增长51.13%；全部从业人员74.80万人，增长28.41%。企业亏损面8.57%，减少4.04个百分点；产值利税率13.12%，增加1.61个百分点；销售利税率13.53%，增加1.65个百分点；资金利税率18.20%，增加3.69个百分点；资产负债率62.95%，减少3.11个百分点；流动资产周转次数1.91次/年，提高0.20次/年；成本费用率10.59%，增加2.07个百分点；产品销售率97.67%，减少0.32个百分点；总资产贡献率16.30%，增加3.33个百分点。

5. 电气机械及器材制造业

共有规模以上企业4 594家，增长5.76%；拥有总资产5 744.60亿元，增长34.27%；实现工业总产值8 750.31亿元，增长33.92%；主营业务收入8 553.34亿元，增长35.29%；主营业务成本7 264.34亿元，增长34.96%；利润总额587.22亿元，增长38.48%；利税总额853.77亿元，增长36.06%；全部从业人员92.24万人，增长21.34%。企业亏损面7.38%，减少3.51个百分点；产值利税率9.76%，增加0.15个百分点；销售利税率9.98%，增加0.06个百分点；资金利税率16.59%，增加0.04个百分点；资产负债率55.02%，减少0.50个百分点；流动资产周转次数2.25次/年，提高0.04次/年；成本费用率7.43%，增加0.19个百分点；产品销售率98.35%，增加0.37个百分点；总资产贡献率15.90%，增加0.33个百分点。

6. 通信设备、计算机及其他电子设备制造业

共有规模以上企业2 983家，增长6.31%；拥有总资产7 878.35亿元，增长19.84%；实现工业总产值12 932.00亿元，增长23.67%；主营业务收入12 859.82亿元，增长25.54%；主营业务成本11 645.60亿元，增长25.13%；利润总额639.82亿元，增长40.42%；利税总额835.64亿元，增长36.54%；全部从业人员184.68万人，增长17.77%。企业亏损面15.49%，减少4.86个百分点；产值利税率6.46%，增加0.61个百分点；销售利税率6.50%，增加0.52个百分点；资金利税率11.46%，增加1.31个百分点；资产负债率54.47%，减少0.72个百分点；流动资产周转次数2.72次/年，与上年持平；成本费用率5.25%，增加0.58；产品销售率99.42%，增加0.87个百分点；总资产贡献率9.85%，增加1.20个百分点。

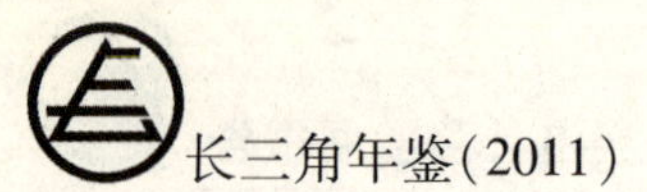

表 4－39　2005～2010 年江苏省装备制造业规模以上企业主要指标

行业	年份	单位数（个）	工业总产值（亿元）	资产总计（亿元）	主营业务收入（亿元）	主营业务成本（亿元）	利润总额（亿元）	利税总额（亿元）	全部从业人员年平均人数（万人）
金属制品业	2005	1 907	1 149.56	795.18	1 119.97	983.33	53.86	86.89	29.87
	2007	2 494	2 001.06	1 290.07	1 950.78	1 714.65	93.60	148.37	36.90
	2008	2 900	2 584.97	1 555.36	2 496.00	2 189.88	117.98	203.85	41.69
	2009	4 138	2 838.54	1 939.15	2 766.07	2 407.74	144.75	246.55	47.92
	2010	4 374	3 543.90	2 379.72	3 492.25	3 019.61	220.08	347.16	52.48
通用设备制造业	2005	3 341	1 935.06	1 486.13	1 894.30	1 621.87	99.99	164.04	56.13
	2007	4 506	3 314.66	2 318.28	3 265.11	2 764.14	211.18	317.15	67.96
	2008	5 035	4 145.35	2 848.08	4 018.47	3 437.62	253.24	393.61	73.50
	2009	7 100	4 758.14	3 499.50	4 644.45	3 924.51	320.97	509.14	80.35
	2010	7 725	6 182.82	4 531.97	6 076.90	5V090.76	468.95	694.89	91.02
专用设备制造业	2005	1 598	861.29	740.64	834.61	699.25	46.98	73.63	25.58
	2007	2 049	1 425.76	1 164.41	1 392.00	1 151.53	110.94	157.36	33.03
	2008	2 267	1 808.67	1 451.22	1 750.77	1 462.75	118.96	178.66	35.80
	2009	3 313	2 418.68	1 973.70	2 361.53	1 986.53	160.94	251.12	43.34
	2010	3 567	3 321.86	2 642.01	3 260.62	2 685.21	276.36	388.11	51.04
交通运输设备制造业	2005	1 359	1 404.51	1 377.46	1 357.87	1 187.38	37.59	81.61	32.21
	2007	1 722	2 453.98	2 395.16	2 390.12	2 027.82	139.96	211.73	40.01
	2008	1 933	3 416.67	3 396.26	3 299.81	2 842.55	209.89	311.87	47.05
	2009	2 743	4 868.33	4 523.60	4 714.21	3 971.10	365.45	560.14	58.25
	2010	2 974	6 452.22	5 403.40	6 255.91	5 144.98	592.19	846.55	74.80
电气机械及器材制造业	2005	2 072	2 093.11	1 588.24	2 026.23	1 729.75	103.59	157.19	42.60
	2007	2 685	4 023.08	2 660.88	3 904.11	3 334.19	210.79	307.05	56.02
	2008	3 042	5 225.93	3 176.73	5 031.47	4 302.46	276.37	420.24	66.24
	2009	4 344	6 534.15	4 278.53	6 322.22	5 382.66	424.04	627.48	76.02
	2010	4 594	8 750.31	5 744.60	8 553.34	7 264.34	587.22	853.77	92.24
通信设备、计算机及其他电子设备制造业	2005	1 350	5 278.99	3 411.97	5 250.52	4 869.19	184.11	226.55	81.36
	2007	1 814	8 196.35	5 351.05	8 104.51	7 404.64	336.85	388.99	123.92
	2008	2 062	9 679.44	5 681.37	9 364.69	8 485.92	436.62	564.13	142.31
	2009	2 806	10 457.10	6 574.21	10 243.61	9 306.76	455.66	612.03	156.82
	2010	2 983	12 932.00	7 878.35	12 859.82	11 645.60	639.82	835.64	184.68
仪器仪表及文化、办公用机械制造业	2005	395	458.11	296.68	461.05	399.83	26.06	34.17	9.00
	2007	527	816.54	493.61	795.21	684.37	50.13	65.71	12.53
	2008	590	1 153.94	636.16	1 113.78	967.85	68.35	93.47	15.80
	2009	866	1 295.91	855.98	1 272.54	1 075.70	92.01	132.43	17.98
	2010	963	1 723.04	1 144.49	1 707.57	1 434.82	137.05	193.23	21.48
装备制造业（合计）	2005	12 022	13 180.63	9 696.30	12 944.55	11 490.60	552.19	824.09	276.75
	2007	15 797	22 231.43	15 673.45	21 801.84	19 081.33	1 153.45	1 596.37	370.38
	2008	17 829	28 014.97	18 745.18	27 074.99	23 689.03	1 481.41	2 165.83	422.39
	2009	25 310	33 170.83	23 644.67	32 324.63	28 055.00	1 963.82	2 938.89	480.68
	2010	27 180	42 906.15	29 724.54	42 206.41	36 285.32	2 921.67	4 159.35	567.74

表4-40　2005~2010年江苏省装备制造业规模以上企业经济效益指标

行业	年份	企业亏损面(%)	产值利税率(%)	销售利税率(%)	资金利税率(%)	资产负债率(%)	流动资产周转次数(次/年)	成本费用率(%)	产品销售率(%)	总资产贡献率(%)
金属制品业	2005	12.48	7.56	7.76	12.92	62.14	2.38	5.05	97.88	
	2007	9.14	7.41	7.61	13.60	62.14	2.50	5.08	98.06	
	2008	10.72	7.89	8.17	17.91	58.67	2.54	5.01	98.19	
	2009	11.02	8.69	8.91	14.51	56.97	2.33	5.59	97.55	14.06
	2010	8.30	9.80	9.94	16.29	56.55	2.41	6.78	98.20	15.82
通用设备制造业	2005	9.22	8.48	8.66	12.89	62.07	2.09	5.56	97.97	
	2007	6.59	9.57	9.71	16.52	60.01	2.39	6.95	98.13	
	2008	8.98	9.50	9.80	19.36	58.02	2.38	6.72	97.82	
	2009	8.77	10.70	10.96	16.59	55.73	2.17	7.45	97.99	15.37
	2010	6.21	11.24	11.43	17.10	53.85	2.10	8.41	98.08	16.10
专用设备制造业	2005	12.58	8.55	8.82	11.67	61.77	1.86	5.96	96.98	
	2007	9.22	11.04	11.30	16.08	56.60	2.00	8.64	97.94	
	2008	12.57	9.88	10.20	15.86	56.27	1.98	7.30	96.82	
	2009	10.81	10.38	10.63	14.44	54.48	1.92	7.34	98.51	13.54
	2010	8.16	11.68	11.90	16.32	52.74	1.97	9.29	98.02	15.50
交通运输设备制造业	2005	16.11	5.81	6.01	7.03	64.65	1.75	2.84	98.08	
	2007	11.85	8.63	8.86	11.44	67.71	1.82	6.29	98.12	
	2008	13.81	9.13	9.45	14.46	69.19	1.63	6.81	98.63	
	2009	12.61	11.51	11.88	14.51	66.06	1.71	8.52	97.99	12.97
	2010	8.57	13.12	13.53	18.20	62.95	1.91	10.59	97.67	16.30
电气机械及器材制造业	2005	13.95	7.51	7.76	11.90	58.77	2.05	5.37	97.29	
	2007	10.17	7.63	7.86	13.90	59.65	2.31	5.75	97.76	
	2008	12.69	8.04	8.35	19.06	56.84	2.39	5.85	97.88	
	2009	10.89	9.60	9.92	16.55	55.51	2.21	7.24	97.98	15.57
	2010	7.38	9.76	9.98	16.59	55.02	2.25	7.43	98.35	15.90
通信设备、计算机及其他电子设备制造业	2005	21.48	4.29	4.31	7.80	66.38	2.73	3.62	98.30	
	2007	19.40	4.75	4.80	8.39	62.59	2.80	4.36	98.27	
	2008	23.38	5.83	6.02	11.70	56.94	2.90	4.90	97.86	
	2009	20.35	5.85	5.97	10.15	55.19	2.72	4.67	98.55	9.85
	2010	15.49	6.46	6.50	11.46	54.47	2.72	5.25	99.42	11.05
仪器仪表及文化、办公用机械制造业	2005	14.18	7.46	7.41	13.44	57.97	2.47	5.99	99.79	
	2007	12.33	8.05	8.26	15.41	53.08	2.51	6.77	99.40	
	2008	10.68	8.10	8.39	17.68	51.53	2.64	6.55	97.87	
	2009	11.55	10.22	10.41	17.37	51.18	2.30	7.83	99.11	16.17
	2010	7.37	11.21	11.32	18.92	50.45	2.40	8.77	98.74	17.52

(7)仪器仪表及文化、办公用机械制造业

共有规模以上企业963家,增长11.20%;拥有总资产1 144.49亿元,增长33.71%;实现工业总产值1 723.04亿元,增长32.96%;主营业务收入1 707.57亿元,增长34.19%;主营业务成本1 434.82亿元,增长33.38%;利润总额137.05亿元,增长48.95%;利税总额193.23亿元,增长45.91%;全部从业人员21.48万人,增长19.47%。企业亏损面7.37%,减少4.17个百分点;产值利税率11.21%,增加1.00个百分点;销售利税率11.32%,增加0.91个百分点;资金利税率18.92%,

增加1.55个百分点;资产负债率50.45%,下降0.72个百分点;流动资产周转次数2.40次/年,提高0.10次/年;成本费用率8.77%,增加0.94个百分点;产品销售率98.74%,减少0.37个百分点;总资产贡献率17.52%,增加1.35个百分点。

(二)大中型企业情况

2010年,江苏省共有2 925家大中型装备制造业企业,比上年增长19.10%;吸纳从业人员347.01万人,增长24.55%;拥有总资产20 484.68亿元,增长29.02%;实现主营业务收入27 892.32亿元,增长32.96%;主营业务成本23 967.80亿元,增长31.57%;利润总额2 050.56亿元,增长48.84%;利税总额2 766.62亿元,增长43.46%。。

表4-41　2007-2010年江苏省装备制造业大中型企业主要指标

行业	年份	单位数(个)	资产总计(亿元)	主营业务收入(亿元)	主营业务成本(亿元)	利润总额(亿元)	利税总额(亿元)	全部从业人员年平均人数(万人)
金属制品业	2007	182	706.79	911.88	785.23	54.24	77.88	14.69
	2008	175	745.79	1 087.74	939.41	60.95	99.27	14.95
	2009	206	863.93	1 090.31	930.54	72.15	112.37	16.67
	2010	234	1 084.75	1 411.78	1 202.11	107.11	158.10	18.81
通用设备制造业	2007	339	1 248.96	1 525.60	1 263.83	115.35	156.03	27.73
	2008	317	1 345.22	1 633.26	1 367.16	122.70	171.40	25.07
	2009	350	1 701.63	1 812.19	1 484.19	162.11	232.49	26.19
	2010	435	2 336.15	2 470.40	1 990.92	246.96	333.67	31.31
专用设备制造业	2007	190	577.16	612.30	492.84	64.80	83.40	13.73
	2008	178	624.33	652.98	541.43	46.41	66.75	12.48
	2009	230	911.49	1 000.12	833.83	80.09	113.98	16.42
	2010	302	1 415.31	1 553.74	1 255.40	160.54	206.03	22.16
交通运输设备制造业	2007	244	1 862.45	1 621.90	1 359.37	108.06	151.11	23.53
	2008	243	2 525.41	2 173.46	1 853.06	160.61	223.49	26.12
	2009	321	3 473.89	3 282.92	2 728.09	292.49	432.54	34.12
	2010	397	4 283.62	4 586.82	3 711.66	489.00	679.33	48.51
电气机械及器材制造业	2007	343	1 754.51	2 375.31	1 989.12	140.94	193.12	32.30
	2008	349	1 925.20	2 767.42	2 320.85	156.51	232.00	35.37
	2009	431	2 731.90	3 771.08	3 150.99	292.91	409.35	41.05
	2010	508	3 804.35	5 251.20	4 391.30	392.64	547.65	52.95
通信设备、计算机及其他电子设备制造业	2007	649	4 824.95	7 421.29	6 817.23	295.77	331.64	107.77
	2008	641	4 668.15	8 086.11	7 397.58	346.62	442.44	114.43
	2009	815	5 645.44	9 184.12	8 379.20	411.55	537.49	133.30
	2010	916	6 778.36	11 497.24	10 474.63	557.37	711.95	159.88
仪器仪表及文化、办公用机械制造业	2007	84	325.76	572.38	500.12	33.75	41.03	7.76
	2008	93	396.56	720.57	636.24	39.49	51.31	9.70
	2009	103	548.64	837.49	710.42	66.35	90.29	10.86
	2010	133	782.14	1 121.14	941.78	96.94	129.89	13.39
装备制造业(合计)	2007	2031	11 300.58	15 040.66	13 207.75	812.91	1 034.22	227.52
	2008	1 996	12 230.66	17 121.54	15 055.73	933.29	1 286.66	238.12
	2009	2 456	15 876.92	20 978.23	18 217.26	1 377.65	1 928.51	278.61
	2010	2 925	20 484.68	27 892.32	23 967.80	2 050.56	2 766.62	347.01

表4-42　2008~2010年江苏省装备制造业大中型企业经济效益指标

行业	年份	企业亏损面(%)	产值利税率(%)	销售利税率(%)	资金利税率(%)	资产负债率(%)	流动资产周转次数(次/年)	成本费用率(%)	产品销售率(%)	总资产贡献率(%)
金属制品业	2008	9.09	11.05	11.39	18.43	57.50	2.31	7.87	98.39	18.04
	2009	11.17	10.22	10.31	15.08	57.41	2.10	7.21	97.31	14.49
	2010	6.84	11.08	11.20	16.41	56.67	2.19	8.28	98.52	15.84
通用设备制造业	2008	9.21	11.97	12.22	17.55	58.81	2.02	9.55	97.94	15.52
	2009	10.57	12.63	12.83	15.99	56.88	1.72	9.79	98.51	14.37
	2010	4.83	13.39	13.51	16.14	53.63	1.61	11.14	98.38	14.86
专用设备制造业	2008	11.81	11.58	11.95	14.07	57.74	1.65	9.37	97.02	13.10
	2009	11.30	11.26	11.40	14.12	55.85	1.71	8.73	98.98	13.37
	2010	5.96	13.05	13.26	16.09	53.58	1.74	11.52	98.24	15.29
交通运输设备制造业	2008	15.02	12.79	13.11	14.15	72.31	1.47	9.36	99.45	12.06
	2009	10.90	12.88	13.18	14.70	68.48	1.53	9.94	98.03	12.97
	2010	8.56	14.35	14.81	18.62	64.29	1.76	12.12	97.58	16.43
电气机械及器材制造业	2008	11.16	10.30	10.57	18.32	58.95	2.26	7.71	98.60	16.55
	2009	8.82	10.51	10.85	16.96	57.18	2.07	8.47	98.09	15.85
	2010	7.48	10.20	10.43	16.11	56.10	2.10	8.14	98.51	15.44
通信设备、计算机及其他电子设备制造业	2008	21.74	6.40	6.52	11.85	56.76	3.14	5.47	97.90	11.66
	2009	17.42	5.73	5.85	10.36	55.99	2.87	4.71	98.59	10.04
	2010	17.36	6.16	6.19	11.33	55.42	2.86	5.11	99.49	10.91
仪器仪表及文化、办公用机械制造业	2008	16.22	8.82	9.06	17.44	49.58	2.57	7.25	97.15	15.61
	2009	8.74	10.67	10.78	18.66	50.51	2.36	8.64	99.58	17.10
	2010	5.26	11.57	11.59	18.64	50.10	2.35	9.52	98.76	17.15

(三)主要产品产量

2010年,江苏省装备制造业主要产品中,金属切削机床7.70万台,比上年下降15.75%,其中数控机床2.30万台,下降2.75%;大中型拖拉机7.95万台,增长15.12%;汽车72.87万辆,增长43.96%;程控交换机5.00万线,增长5.45%,均为数字程控交换机;微型电子计算机9364.56万台,增长14.47%,其中笔记本计算机8426.09万台,增长20.06%;集成电路223.21亿块,增长35.09%。

表4-43　2005~2010年江苏省装备制造业主要产品产量

年份	金属切削机床(万台)	数控机床	大中型拖拉机(万台)	汽车(万辆)	程控交换机(万线)	数字程控交换机	微型电子计算机(万台)	笔记本计算机	集成电路(亿块)
2005	6.04	1.09	4.34	30.57	95.85	72.86	2 996.13	2 037.42	82.02
2007	7.41	1.63	4.88	26.94	9.95	9.37	5 098.41	3 922.38	128.39
2008	8.51	1.26	5.26	33.03	13.55	13.47	6 038.19	4 479.35	145.15
2009	9.14	2.36	9.36	50.62	4.74	4.71	8 180.94	7 018.43	165.23
2010	7.70	2.30	7.95	72.87	5.00	5.00	9 364.56	8 426.09	223.21

注:表中数据的统计范围是规模以上工业企业。

四、浙江省的基本情况

(一)规模以上企业情况

2010年,浙江省共有26 441家规模以上装备制造业企业,比上年增长8.30%,其中亏损2 054家,亏损面减少3.62个百分点;拥有总资产17 382.86亿元,增长26.69%;实现工业总产值18 085.70亿元,增长27.14%;主营业务收入17 573.27亿元,增长29.32%;主营业务成本14 862.31亿元,增长28.84%;利润总额1 178.52亿元,增长49.13%;利税总额1 685.86亿元,增长42.21%。规模以上装备制造业企业的经济效益比上年大有好转。

1.金属制品业

共有规模以上企业4 010家,增长7.05%,其中亏损346家,亏损面减少4.05个百分点;拥有总资产1 685.54亿元,增长7.99%;实现工业总产值1 970.78亿元,增长13.72%;主营业务收入1 896.40亿元,增长15.77%;主营业务成本1 641.54亿元,增长15.23%;利润总额103.73亿元,增长36.33%;利税总额158.90亿元,增长31.34%。每百元固定资产原值实现利税30.98元,增长19.11%;每百元主营业务收入实现利税8.38元,增长13.40%;产品销售率96.98%,提高0.61个百分点;出口交货值占销售产值比重29.89%,提高4.15个百分点,新产品产值率16.38%,提高0.18个百分点。

2.通用设备制造业

共有规模以上企业7 442家,增长9.07%,其中亏损438家,亏损面减少4.59个百分点;拥有总资产3 694.78亿元,增长42.64%;实现工业总产值3 777.93亿元,增长33.23%;主营业务收入3 681.07亿元,增长33.77;主营业务成本3 074.08亿元,增长33.48%;利润总额269.35亿元,增长55.74%;利税总额388.71亿元,增长46.47%。每百元固定资产原值实现利税33.45元,增长25.28%;每百元主营业务收入实现利税10.56元,增长9.54%;产品销售率96.82%,减少0.28个百分点;出口交货值占销售产值比重21.58%,减少1.73个百分点;新产品产值率26.89%,提高4.13个百分点。

3.专用设备制造业

共有规模以上企业2 601家,增长10.78%,其中亏损190家,亏损面减少4.28个百分点;拥有总资产1 340.31亿元,增长20.27%;实现工业总产值1 331.52亿元,增长33.95%;主营业务收入1 270.80亿元,增长33.19%;主营业务成本1031.05亿元,增长30.82%;利润总额108.67亿元,增长66.85%;利税总额151.51亿元,增长55.57%。每百元固定资产原值实现利税35.36元,增长34.40%;每百元主营业务收入实现利税11.92元,增长16.75%;产品销售率96.18%,减少0.74个百分点;出口交货值占销售产值比重19.63%,提高0.15个百分点;新产品产值率28.54%,提高2.67个百分点。

4.交通运输设备制造业

共有规模以上企业3588家,增长9.06%,其中亏损314家,亏损面减少1.80个百分点;拥有总资产3794.68亿元,增长27.49%;实现工业总产值3609.56亿元,增长25.29%;主营业务收入3475.98亿元,增长29.88%;主营业务成本2994.13亿元,增长29.00%;利润总额216.17亿元,增长41.62%;利税总额303.59亿元,增长36.54%。每百元固定资产原值实现利税28.92元,增长21.26%;每百元主营业务收入实现利税8.73元,增长5.05%;产品销售率97.89%,提高0.78个百分点;出口交货值占销售产值比重28.67%,提高0.91个百分点;新产品产值率29.02%,提高2.33个百分点。

5.电气机械及器材制造业

共有规模以上企业5841家,增长6.67%,其中亏损476家,亏损面减少3.25个百分点;拥有总资产4343.02亿元,增长24.87%;实现工业总产值4697.95亿元,增长26.04%;主营业务收入4604.48

亿元，增长28.48%；主营业务成本3922.78亿元，增长29.65%；利润总额277.42亿元，增长32.89%；利税总额413.16亿元，增长32.63%。每百元固定资产原值实现利税38.94元，增长13.69%；每百元主营业务收入实现利税8.97元，增长3.22%；产品销售率97.45%，提高0.63个百分点；出口交货值占销售产值比重27.71%，提高1.76个百分点；新产品产值率29.56%，提高3.42个百分点。

表4－44　2005～2010年浙江省装备制造业规模以上企业经济效益指标

行业	年份	每百元固定资产原值实现利税（元）	每百元主营业务收入实现利税（元）	产品销售率（%）	出口交货值占销售产值比重（%）	新产品产值率（%）
金属制品业	2005	32.25	8.07	96.97		
	2007	29.40	6.73	97.12		
	2008	29.92	7.24	96.81		
	2009	26.01	7.39	96.37	25.74	16.20
	2010	30.98	8.38	96.98	29.89	16.38
通用设备制造业	2005	34.43	10.73	97.36		
	2007	34.02	9.87	97.07		
	2008	30.40	8.92	96.77		
	2009	26.70	9.64	97.10	23.31	22.76
	2010	33.45	10.56	96.82	21.58	26.89
专用设备制造业	2005	34.70	11.76	96.40		
	2007	33.33	11.02	96.69		
	2008	26.37	9.58	96.18		
	2009	26.31	10.21	96.92	19.48	25.87
	2010	35.36	11.92	96.18	19.63	28.54
交通运输设备制造业	2005	27.37	8.44	96.48		
	2007	32.47	9.30	96.90		
	2008	25.61	7.83	96.65		
	2009	23.85	8.31	97.11	27.76	26.66
	2010	28.92	8.73	97.89	28.67	29.02
电气机械及器材制造业	2005	35.22	8.43	97.46		
	2007	36.46	7.88	97.10		
	2008	37.49	8.17	97.11		
	2009	34.25	8.69	96.82	25.95	26.14
	2010	38.94	8.97	97.45	27.71	29.56
通信设备、计算机及其他电子设备制造业	2005	14.99	4.14	100.21		
	2007	25.20	6.19	98.54		
	2008	24.16	7.21	97.93		
	2009	21.47	7.67	97.40	50.99	30.23
	2010	31.59	9.61	97.76	47.56	31.54
仪器仪表及文化、办公用机械制造业	2005	34.74	9.91	97.20		
	2007	33.63	9.35	96.18		
	2008	32.23	10.24	95.35		
	2009	31.48	10.63	96.41	24.65	31.79
	2010	38.53	11.84	96.77	26.72	32.46

表4-45　2005~2010年浙江省装备制造业规模以上企业主要指标

行业	年份	单位数(个)	亏损单位数	工业总产值(亿元)	资产总计(亿元)	主营业务收入(亿元)	主营业务成本(亿元)	利润总额(亿元)	利税总额(亿元)
金属制品业	2005	2 338	182	839.38	653.82	805.96	701.19	41.60	65.03
	2007	3 219	242	145.70	1 145.39	1 403.40	1 238.54	57.02	94.49
	2008	3 709	499	1 768.23	1 409.23	1 700.19	1 493.44	74.52	123.03
	2009	3 746	475	1 732.98	1 560.88	1 638.07	1 424.60	76.09	120.98
	2010	4 010	346	1 970.78	1 685.54	1 896.40	1 641.54	103.73	158.90
通用设备制造业	2005	4 328	274	1 628.37	1 436.28	1 581.77	1 326.55	111.70	169.78
	2007	5 708	308	2 584.46	2 239.84	2 516.23	2 124.34	166.81	248.44
	2008	6 754	702	2 974.16	2 589.66	2 884.96	2 457.77	163.67	257.22
	2009	6 823	715	2 835.68	2 590.22	2 751.80	2 303.04	172.95	265.38
	2010	7 442	438	3 777.93	3 694.78	3 681.07	3 074.08	269.35	388.71
专用设备制造业	2005	1 303	121	504.69	494.02	485.72	401.09	37.55	57.11
	2007	1 844	139	875.07	853.53	832.20	686.32	62.49	91.72
	2008	2 268	340	941.98	984.79	895.53	741.06	56.51	85.75
	2009	2 348	272	994.07	1 114.44	954.11	788.13	65.13	97.39
	2010	2 601	190	1 331.52	1 340.31	1 270.80	1 031.05	108.67	151.51
交通运输设备制造业	2005	2 083	153	1 238.20	1 142.63	1 171.55	1 004.55	57.88	98.92
	2007	2 694	213	2 145.07	2 003.16	2 017.27	1 755.27	132.05	187.64
	2008	3 196	391	2 624.49	2 611.52	2 447.15	2 132.69	131.09	191.51
	2009	3 290	347	2 880.90	2 976.45	2 676.28	2 321.03	152.64	222.35
	2010	3 588	314	3 609.56	3 794.68	3 475.98	2 994.13	216.17	303.59
电气机械及器材制造业	2005	3 132	251	1 794.87	1 484.93	1 726.25	1 476.10	93.59	145.47
	2007	4 265	332	3 074.70	2 436.65	2 943.63	2 538.65	151.04	231.83
	2008	5 302	658	3 668.19	2 967.47	3 536.23	3 039.13	189.98	288.83
	2009	5 476	624	3 727.49	3 477.92	3 583.79	3 025.61	208.76	311.52
	2010	5 841	476	4 697.95	4 343.02	4 604.48	3 922.78	277.42	413.16
通信设备、计算机及其他电子设备制造业	2005	1 039	154	1 044.37	958.30	1 074.71	948.28	24.95	44.50
	2007	1 487	177	1 814.58	1 335.75	1 791.93	1 577.76	81.85	110.84
	2008	1 584	283	1 705.58	1 322.45	1 658.90	1 442.33	88.49	119.64
	2009	1 627	246	1 496.57	1 396.30	1 457.60	1 249.38	78.77	111.82
	2010	1 757	201	1 965.09	1 755.63	1 937.53	1 632.77	145.32	186.29
仪器仪表及文化、办公用机械制造业	2005	724	47	302.75	273.97	289.64	236.09	17.77	28.70
	2007	963	72	497.40	455.72	475.32	394.19	29.23	44.44
	2008	1 103	120	513.21	532.10	488.62	398.82	31.16	50.05
	2009	1 104	101	556.83	605.06	527.26	424.05	35.90	56.05
	2010	1 202	89	732.87	768.90	707.01	565.96	57.86	83.70
装备制造业(合计)	2005	14 947	1 182	7 352.63	6 443.95	7 135.60	6 093.85	385.04	609.51
	2007	20 180	1 483	11 136.98	10 470.04	11 979.98	10 315.07	680.49	1 009.40
	2008	23 916	2 993	14 195.84	12 417.22	13 611.58	11 705.24	735.42	1 116.03
	2009	24 414	2 780	14 224.52	13 721.27	13 588.91	11 535.84	790.24	1 185.49
	2010	26 441	2 054	18 085.70	17 382.86	17 573.27	14 862.31	1 178.52	1 685.86

6. 通信设备、计算机及其他电子设备制造业

共有规模以上企业 1 757 家，增长 7.99%，其中亏损 201 家，亏损面减少 3.68 个百分点；拥有总资产 1 755.63 亿元，增长 25.73%；实现工业总产值 1 965.09 亿元，增长 31.31%；主营业务收入 1 937.53 亿元，增长 32.93%；主营业务成本 1 632.77 亿元，增长 30.69%；利润总额 145.32 亿元，增长 84.49%；利税总额 186.29 亿元，增长 66.60%。每百元固定资产原值实现利税 31.59 元，增长 47.14%；每百元主营业务收入实现利税 9.61 元，增长 25.29%；产品销售率 97.76%，提高 0.36 个百分点；出口交货值占销售产值比重 47.56%，减少 3.43 个百分点；新产品产值率 31.54%，提高 1.31 个百分点。

7. 仪器仪表及文化、办公用机械制造业

共有规模以上企业 1 202 家，增长 8.88%，其中亏损 89 家，亏损面减少 1.74 个百分点；拥有总资产 768.90 亿元，增长 27.08%；实现工业总产值 732.87 亿元，增长 31.61%；主营业务收入 707.01 亿元，增长 34.09%；主营业务成本 565.96 亿元，增长 33.47%；利润总额 57.86 亿元，增长 61.17%；利税总额 83.70 亿元，增长 49.33%。每百元固定资产原值实现利税 38.53 元，增长 22.40%；每百元主营业务收入实现利税 11.84 元，增长 11.38%；产品销售率 96.77%，提高 0.36 个百分点；出口交货值占销售产值比重 26.72%，提高 2.07 个百分点；新产品产值率 32.46%，提高 0.67 个百分点。

（二）大中型企业情况

2010 年，浙江省共有 2028 家大中型装备制造业企业，比上年增长 15.75%，亏损 92 家，亏损面减少 1.63 个百分点；拥有总资产 9552.01 亿元，增长 27.61%；实现工业总产值 10005.14 亿元，增长 30.59%；主营业务收入 9810.24 亿元，增长 33.85%；主营业务成本 8259.96 亿元，增长 33.49%；利润总额 740.33 亿元，增长 50.39%；利税总额 995.43 亿元，增长 44.45%。总体经济效益比上年好转。

表 4－46　2005～2010 年浙江省装备制造业大中型企业主要指标

行业	年份	单位数（个）	亏损单位数（个）	工业总产值（亿元）	资产总计（亿元）	主营业务收入（亿元）	主营业务成本（亿元）	利润总额（亿元）	利税总额（亿元）
金属制品业	2005	123	7	335.69	283.93	323.41	276.96	19.20	27.07
	2007	187	12	613.50	525.13	593.79	520.45	25.79	39.63
	2008	202	9	765.74	641.20	732.06	636.28	39.88	59.49
	2009	188	10	712.79	665.64	667.36	571.31	40.16	58.52
	2010	216	13	800.13	707.88	769.83	656.16	52.64	75.48
通用设备制造业	2005	319	14	768.92	743.22	752.60	620.38	61.11	85.75
	2007	396	13	1 238.73	1 157.83	1 219.50	1 013.19	97.03	132.21
	2008	418	26	1 295.25	1 192.80	1 268.90	1 067.71	86.54	124.04
	2009	374	22	1 205.29	1 316.38	1 195.60	976.93	98.07	137.29
	2010	396	12	1 616.08	1 645.82	1 597.48	1 304.71	143.66	193.86
专用设备制造业	2005	94	6	250.77	242.49	241.22	201.34	19.86	28.73
	2007	134	15	433.14	404.77	409.47	337.26	33.96	47.15
	2008	124	15	412.24	425.70	392.26	324.21	30.08	40.05
	2009	116	7	406.17	455.18	390.41	321.90	32.37	44.36
	2010	137	4	577.06	564.18	547.18	438.44	59.78	76.53
交通运输设备制造业	2005	189	14	777.45	735.68	745.17	642.60	35.45	58.95
	2007	271	14	1 424.78	1 313.48	1 364.05	1 197.49	100.65	133.96
	2008	290	27	1 753.67	1 767.52	1 651.23	1 449.91	97.83	129.13
	2009	275	13	1 878.60	1 888.21	1 733.38	1 509.06	110.14	148.77
	2010	338	16	2 433.54	2 545.69	2 366.58	2 050.32	156.16	205.31

（续表）

电气机械及器材制造业	2005	329	20	989.35	841.72	957.26	808.90	55.19	82.98
	2007	450	27	1 756.38	1 396.33	1 679.11	1 431.85	97.44	144.93
	2008	527	51	2 009.15	1 614.36	1 949.36	1 659.96	118.19	172.55
	2009	520	30	2 060.60	1 904.61	1 986.90	1 651.86	134.06	191.65
	2010	597	28	2 692.47	2 458.32	2 674.65	2 259.70	175.51	252.07
通信设备、计算机及其他电子设备制造业	2005	142	23	709.22	699.35	747.12	653.67	13.94	26.68
	2007	193	21	1 420.42	968.90	1 410.88	1 256.94	60.54	77.29
	2008	188	26	1 316.56	898.27	1 285.77	1 128.39	70.99	89.31
	2009	183	18	1 076.23	905.76	1 053.33	915.44	54.66	74.83
	2010	225	15	1 445.75	1 179.41	1 429.08	1 213.06	113.14	138.10
仪器仪表及文化、办公用机械制造业	2005	71	4	175.55	155.16	167.88	135.15	11.02	17.29
	2007	107	6	293.44	258.68	278.79	230.06	18.67	26.85
	2008	97	6	281.89	299.71	267.05	216.72	18.24	28.31
	2009	96	8	321.53	349.49	302.15	241.29	22.81	33.68
	2010	119	4	440.11	450.71	425.44	337.57	39.44	54.08
装备制造业（合计）	2005	1267	88	4 006.95	3 701.55	3 934.66	3 339.00	215.77	327.45
	2007	1 738	108	7 180.39	6 025.12	6 955.59	5 987.24	434.08	602.02
	2008	1 846	160	7 834.50	6 839.56	7 546.63	6 483.18	461.75	642.88
	2009	1 752	108	7 661.21	7 485.27	7 329.13	6 187.79	492.27	689.10
	2010	2 028	92	10 005.14	9 552.01	9 810.24	8 259.96	740.33	995.43

表4－47　2005～2010年浙江省装备制造业大中型企业经济效益指标

行业	年份	每百元固定资产原值实现利税（元）	每百元主营业务收入实现利税（元）	产品销售率（%）	出口交货值占销售产值比重（%）	新产品产值率（%）
金属制品业	2005	34.02	8.37	97.56		
	2007	29.42	6.67	97.09		
	2008	35.21	8.13	96.98		
	2009	32.55	8.81	96.43	27.01	26.53
	2010	38.42	9.80	97.03	34.96	25.08
通用设备制造业	2005	34.80	11.39	97.84		
	2007	36.73	10.84	97.47		
	2008	32.74	9.78	97.10		
	2009	31.73	11.48	97.76	25.54	37.05
	2010	39.85	12.14	97.18	24.01	42.02
专用设备制造业	2005	38.57	11.91	96.48		
	2007	39.06	11.51	97.33		
	2008	29.92	10.21	96.43		
	2009	31.10	11.36	97.57	23.39	33.16
	2010	46.18	13.99	96.16	22.92	38.49

（续表）

交通运输设备制造业	2005	25.04	7.91	97.20		
	2007	35.27	9.82	97.52		
	2008	26.18	7.82	97.86		
	2009	25.31	8.58	97.87	31.96	33.38
	2010	30.75	8.68	98.10	34.72	35.86
电气机械及器材制造业	2005	35.76	8.67	97.77		
	2007	40.42	8.63	97.37		
	2008	40.98	8.85	97.28		
	2009	39.00	9.65	96.87	28.77	34.30
	2010	43.06	9.42	97.91	32.26	39.55
通信设备、计算机及其他电子设备制造业	2005	12.47	3.57	101.31		
	2007	24.24	5.48	98.94		
	2008	25.33	6.95	98.21		
	2009	21.04	7.10	97.67	61.74	33.74
	2010	33.61	9.66	97.85	56.46	34.39
仪器仪表及文化、办公用机械制造业	2005	37.80	10.30	97.86		
	2007	38.06	9.63	96.25		
	2008	33.01	10.60	94.81		
	2009	33.96	11.15	96.28	27.46	40.88
	2010	43.29	12.71	96.95	29.35	39.97

（三）主要产品产量

2010 年，浙江省装备制造业主要产品中，内燃机 4 456.57 万千瓦，比上年增长 94.24%；数控机床 65 456 台，增长 78.68%；大中型拖拉机 36 935 台，增长 20.49%；汽车 319 117 辆，增长 13.26%；发电设备 544.42 万千瓦，增长 11.72%；交流电动机 2 097.86 万千瓦，增长 39.56%；变压器 8 320.02 万千伏安，增长 16.85%。

表 4－48　2005～2010 年浙江省装备制造业主要产品产量

	内燃机（万千瓦）	数控机床（台）	大中型拖拉机（台）	汽车（辆）	发电设备（万千瓦）	交流电动机（万千瓦）	变压器（万千伏安）
2005	931.59	10 615	15 855	14 9645	251.10	1 092.27	3 940.13
2007	964.37	28 545	17 670	20 7817	419.20	1 863.41	6 036.35
2008	3 397.12	29 404	20 352	245 350	622.73	2 761.89	6 692.90
2009	2 294.39	36 634	30 654	281 749	487.29	1 503.23	7 120.44
2010	4 456.57	65 456	36 935	319 117	544.42	2 097.86	8 320.02

注：表中数据的统计范围是规模以上工业企业。

八　长三角汽车产业

一、长三角汽车产业基本情况

汽车产业是国民经济的重要支柱产业，是一个技术密集、高度竞争、必须不断自主创新的产业。凭借优越的地理位置、良好的工业基础、强大的经济实力和灵活的民间资本，长三角已成为中国国内最大的汽车产业集群，集聚了全国最多的汽车整车、零部件和研发等服务企业。

(一)长三角的总体情况

从总量上看，2007－2010年长三角汽车产量始终保持稳定的增长态势。2010年，长三角汽车产业得益于中国宏观经济的整体增长和产业振兴规划及各项优惠政策的有力实施，延续了上年发展态势，汽车产量再次出现井喷，达到274.67万辆，比去年增加70.85万辆，创出4年来汽车产量的最高峰。

从增长情况看，2010年长三角汽车产量比2009年增长34.76%，增速有所减缓，但再次高于全国的平均增长速度。

表4－49　2007－2010年长三角汽车产量

单位：万辆

年份	2007年	2008年	2009年	2010年
汽车	129.84	138.22	203.82	274.67

表4－50　2007－2010年长三角汽车产量增长率

单位：%

年份	2007年	2008年	2009年	2010年
长三角	17.42	6.45	47.46	34.76
全 国	22.12	5.14	47.57	32.44

(二)长三角的占比情况

2010年长三角汽车产量占全国的15.04%，比2009年提高了0.26个百分点，成为2007年以来占比最高的一年。

表4－51　2007－2010年长三角汽车产量占全国比重

年份	2007年	2008年	2009年	2010年
长三角产量(万辆)	129.84	138.22	203.82	274.67
全国产量(万辆)	888.89	934.55	1 379.10	1 826.47
比重(%)	14.61	14.79	14.78	15.04

(三)两省一市基本情况

2007－2010年期间上海市汽车产量始终占据了长三角汽车总产量的半壁江山以上，最高比重为2007年的63.25%，最低为2008年的58.35%，2010年上海汽车产量在长三角中的比重61.85%，较

2009 年提高了 0.51 个百分点；江苏省汽车产量在长三角中的比重位居第二，多年来发展平稳，除 2007 年比重下降到 20.75%，其余年份均在 24% 左右上下波动，2010 年比重上升至 26.53%，较 2009 年提高了 1.69 个百分点；浙江省汽车产量在长三角中比重最小，最高比重为 2008 年的 17.75%，2010 年的比重下降至 11.62%，比 2009 年下降了 2.2 个百分点。

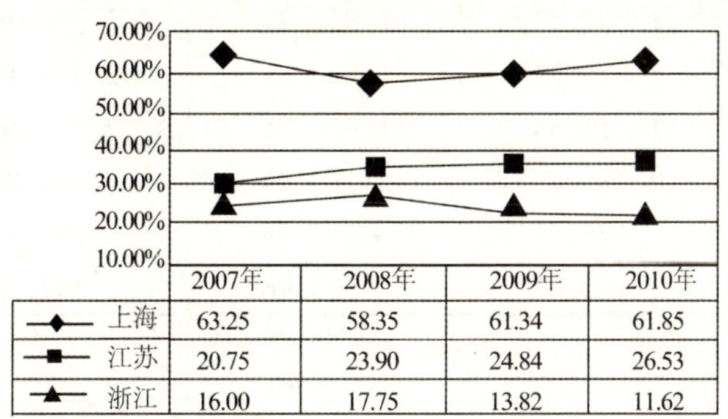

图 4 -5　2007 -2010 年上海、江苏、浙江汽车产量在长三角汽车总量中比重变化

二、上海市汽车产业基本情况

(一) 上海市的总体情况

1. 汽车生产与销售

2010 年，上海市汽车产销量为 169.89 万辆和 168.94 万辆，分别比 2009 年增长了 35.88% 和 36.26 %。其中轿车产销量为 159.77 万辆和 158.75 万辆，分别比 2009 年增长了 30.47% 和 30.81 %；乘用车销售 168.26 万辆，同比增幅 36.5%，占整车总量 99.6%。与全国市场增幅比较，上海汽车销售增幅高于全国市场 3.89 个百分点。

表 4 -52　2007 -2010 年上海市汽车产销量

单位：万辆

年份		2007 年	2008 年	2009 年	2010 年
产量	汽车	82.12	80.65	125.03	169.89
	# 轿车	81.15	80.00	122.46	159.77
销量	汽车	81.92	80.16	123.98	168.94
	# 轿车	81.04	80.09	121.36	158.75

2. 行业经济总量及效益

汽车产业是上海市的六大重点发展工业行业之一，也是上海着力发展的优势产业。2010 年上海共有汽车制造业单位 659 个，同比减少 2.66 %；从业人员 20.77 万人，同比增长 14.25 %；完成工业生产总值 3 626.46 亿元，同比增长 41.28%，占全市规模以上工业总产值的比重达 12.04%，同比增加 1.39 个百分点；实现销售产值 3 604.18 亿元，同比增长 42.39%；年末资产总计 3 366.28 亿元，同比增长 33.87 %；主营业务收入 4 603.17 亿元，同比增长 46.51%；实现利润总额 634.42 亿元，同比增长80.38%；实现利税总额 259.66 亿元，同比增长 31.65 %。

表4-53　2007-2010年上海市汽车行业主要指标

年份	2007年	2008年	2009年	2010年
单位数(个)	469.00	687.00	677.00	659.00
从业人员(万人)	14.43	17.69	18.18	20.77
工业总产值(亿元)	1 807.52	1 851.27	2 566.79	3 626.46
工业销售产值(亿元)	1 775.57	1 856.31	2 531.18	3 604.18
年末资产总计(亿元)	1 816.64	1 960.05	2 514.50	3 366.28
主营业务收入(亿元)	2 114.45	2 249.74	3 141.82	4 603.17
利润总额(亿元)	185.61	157.53	351.72	634.42
税金总额(亿元)	130.47	103.96	197.24	259.66

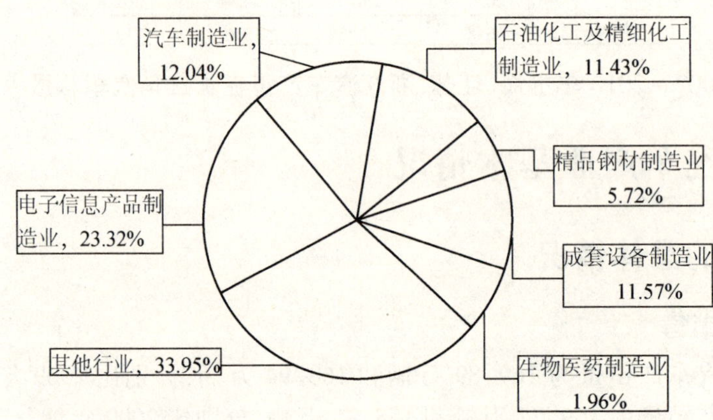

图4-6　2010年上海市六大重点工业比重

(二)汽车生产企业(集团)情况

上海汽车工业(集团)总公司(简称“上汽集团”)是中国三大汽车集团之一,主要从事乘用车、商用车和汽车零部件的生产、销售、开发、投资及相关的汽车服务贸易和金融业务。集团持有上海汽车集团股份有限公司(简称“上海汽车”)78.94%的股份;同时持有独立供应汽车零部件业务上市公司——华域汽车系统股份有限公司(简称“华域汽车”)60.10%的股份。上汽集团在汽车整车及相关零部件制造和研发、汽车服务等领域,与德国、美国、日本、瑞典、意大利等11个国家和地区著名国际汽车集团合资建立了60家企业。

汽车行业协会内的上海市四大乘用车整车企业销售业绩优异,2010年全年上海通用(含外地)、上海大众、上海汽车(含MC)、华普汽车分别销售103.33、101.78、16.02、5.86万辆,同比增幅分别为45.1%、42.3%、94.9%、48.3%。特别具有里程碑意义的是:12月16日在中国汽车市场一直处于领先地位的上海通用,年产销量超越100万辆,成为中国汽车工业史上第一个年产销量跃上“百万量级”的轿车企业,十天以后,上海大众年产销量也超过了100万辆,上海的两大轿车企业成为全国范围轿车企业百万量级的排头兵。

2010年行业协会统计范围企业(下同)累计实现总产值3 118.21亿元,与同期相比增长了42.6%。其中:上汽集团实现总产值2 872.83亿元,同比增长了43.2%;上汽集团外企业实现总产值245.38亿元,同比增长了35.7%,上汽外企业占全部的7.9%。

2010年累计实现主营业务收入4 084.32亿元,与同期相比增长了47.7%。其中:上汽集团同比增长48.4%;上汽集团外企业同比增长38.5%,上汽集团外企业销售占全部收入的6.3%。

2010年实现利润总额510.97亿元，与2009年相比增幅74.6%。其中：上汽集团利润总额增幅73.4%；上汽集团外企业利润总额增幅109%，增幅优于上汽集团企业。

2010年行业企业从业人员平均人数同比增长11.7%，远低于工业总产值增幅。其中：上汽集团从业人数增长了15.3%，上汽集团外企业从业人数同比增长了1.6%，上汽集团外企业从业人数占全部人员的23.6%，比重较上年略有下降。

（三）汽车产业发展的主要特点

上海市汽车产业的总体规模较大，处于国内同行业第一阵营的位置，已经形成了若干实力较强的优势企业，如全国三大汽车集团之一的上汽集团、中德合资企业上海大众、中美合资企业上海通用，且2004年上汽集团就已成为我国第一家进入全球500强的汽车集团；产品结构以乘用车为主，以轿车为重点，商用车发展相对滞后；产业体系比较完整，整车、零部件、技术开发和服务贸易并举发展；特别是依托优越的区域条件，汽车服务贸易发展较快。

三、江苏省汽车产业基本情况

（一）江苏省的总体情况

1. 汽车生产、销售和库存

2010年，江苏省年初库存汽车1.72万辆，本年生产72.87万辆，本年销售72.31万辆，年末库存2.28万辆，同比增长率分别为56.36 %、43.95%、44.85%、26.67%。

表4－54　2007－2010年江苏省规模以上工业企业汽车生产、销售、库存

单位：万辆

年份	2007年	2008年	2009年	2010年
年初库存	1.10	1.55	1.10	1.72
本年生产	26.94	33.03	50.62	72.87
本年销售	26.44	33.47	49.92	72.31
年末库存	1.59	1.11	1.80	2.28

2. 载货汽车生产、销售和库存

2010年，江苏省年初库存载货汽车0.48万辆，本年生产8.14万辆，本年销售8.16万辆，年末库存0.47万辆，同比增长率分别为54.84%、38.67%、43.16%、－2.08%。

表4－55　2007－2010年江苏省规模以上工业企业载货汽车生产、销售、库存

单位：万辆

年份	2007年	2008年	2009年	2010年
年初库存	0.22	0.30	0.31	0.48
本年生产	6.78	5.45	5.87	8.14
本年销售	6.77	5.45	5.70	8.16
年末库存	0.22	0.31	0.48	0.47

3. 轿车生产、销售和库存

2010年，江苏省年初库存轿车0.52万辆，本年生产31.38万辆，本年销售30.96万辆，年末库存0.94万辆，同比增长率分别为67.74%、46.16%、45.56%、80.77%。

表 4-56　2007-2010 年江苏省规模以上工业企业轿车生产、销售、库存

单位:万辆

	2007 年	2008 年	2009 年	2010 年
年初库存	0.34	0.82	0.31	0.52
本年生产	12.53	18.66	21.47	31.38
本年销售	12.05	19.01	21.27	30.96
年末库存	0.82	0.47	0.52	0.94

(二)江苏省的区域情况

江苏省南汽、东风悦达起亚、南京长安、苏州金龙等骨干企业已经具备了一定的规模、较强的市场竞争力,江苏省汽车产业的集中度大幅提升。南汽集团依托上汽集团综合优势,着力打造 MG 名爵自主品牌,加快实施具有自主知识产权的乘用车和小型发动机项目。其中南汽名爵二期工程,总投资 25.66 亿元,包括新型发动机和新型中级车平台两大项目。统计显示,2010 年南京汽车集团有限公司乘用车产销量达 5.65 万辆和 5.06 万辆,同比分别增长 260% 和 238%。东风悦达起亚 2010 年乘用车产销量达 33.8 万辆和 33.3 万辆,同比分别增长 38.6% 和 38.0%,规划 2011 年,公司跻身中国乘用车企业前 10 位,年销售收入 500 亿元,整车产能达到 43 万辆。南长安福特马自达在完成 16 万辆乘用车项目建设基础上,新建年产 5 万辆乘用车项目,同时加快推出换代产品马自达劲翔及福特嘉年华。到 2011 年,形成 31 万辆乘用车和 43 万台套动力总成生产能力。金龙联合汽车工业(苏州)有限公司大中型客车产销量位居国内前三,全年产销各类客车均为 2.1 万辆,同比分别增长 40.2% 和 37.3%。

(三)汽车产业发展的主要特点

江苏省汽车产业发展的总体特点是:产品领域包括轿车、载货车、大中轻型客车、专用车、农用运输车及汽车零部件;有南京菲亚特、春兰汽车、上汽仪征、扬州亚星,盐城的东风悦达起亚等数家独具各自优势的企业;在专用车制造方面具有较强的市场竞争力;轿车领域以经济车型为主,中高档轿车起步较晚。“十一五”期间,江苏省汽车产量实现了数量的飞跃,也实现了结构的提升,产品结构从以载货车为主转变为以乘用车为主,乘用车占比达 86%。

四、浙江省汽车产业基本情况

(一)浙江省的总体情况

虽然浙江汽车产业起步晚,特别是整车产业相对较薄弱,汽车产量与上海和江苏相比有一定的差距,但 2007-2010 年期间浙江省汽车产量发展形势良好,产量节节攀升,于 2010 年达到 31.91 万辆,比 2009 年增加 3.74 万辆,同比增长 13.28%,其中载货汽车产量为 3.19 万辆,比 2009 年增加 0.89 万辆,同比增长了 38.7%。

表 4-57　2007-2010 年浙江省汽车产量

单位:万辆

年份	2007 年	2008 年	2009 年	2010 年
汽车	20.78	24.54	28.17	31.91
#载货汽车	1.96	3.28	2.30	3.19

（二）浙江省的区域情况

与上海相隔一湾的浙江省，民营汽车企业十分发达。这里有年生产能力达到60万辆整车、60万台发动机、60万台变速器的吉利汽车集团，还有众泰汽车等一批民营汽车企业。此外，浙江省还有以万向集团、华翔集团为代表的一批实力雄厚的汽车零部件公司，和一大批中小零部件企业，很多零部件产品已经形成一定的出口规模，浙江已成为全国汽车类部件主要生产基地和出口基地。

浙江汽车零部件产业以杭州、宁波、温州、台州为主力，块状经济特色十分明显。各个地区各具特点和优势：杭州具有明显的区位优势，单是下沙就有汽车零部件配套企业30余家，除了家用轿车发动机和变速箱，几乎涵盖所有汽车零部件。萧山临江工业园区更被授予了“中国汽车零部件生产基地”的称号。在温州，仅瑞安的塘下镇就有300家至400家企业生产空气滤清器，竞争非常激烈、市场化程度极高，所提供的产品质优价廉。台州，除了是吉利、吉奥等车企的“老家”，更有近3 000家生产汽车零部件及相关产品的企业；宁波有不少是引进外资的零部件企业，产品走较高端的路线。绍兴的车用仪表和蓄电池等汽车配件技术含量较高，在国内也具有一定的影响力。作为“中国汽车摩托车产业基地”的金华，汽车产业发展呈现出产品门类全、拳头产品多、配套能力强、发展速度快的良好态势，其汽车、摩托车轮毂占国内市场份额20%。

（三）汽车产业发展的主要特点

2010年，浙江省汽车产业的发展势头良好，竞争力也处在上升阶段，具有较大的发展空间。其产业特色突出体现在两个方面：一是以民营经济为主，民营企业的迅速崛起是浙江汽车及零部件产业快速发展的重要原因。如吉利汽车集团是国内最早获得轿车生产资格的民营企业，其生产的经济型轿车已在国内汽车市场占据一席之地。二是产业的集群化发展。块状经济发达是浙江经济快速发展的主要特色之一，其汽车产业的发展同样秉承这种特色。杭州、宁波、台州等地都已形成了汽车及零部件生产的产业集群，并成为支撑当地经济发展的主要产业。全省现有汽车零部件生产企业7 000余家，汽车零部件行业规模以上企业2 300余家，2010年产值达2 500亿元。汽车零部件及相关产品涵盖整车制造的五大类零部件系列，汽车零部件及相关产品大量占领国内的售后市场，并已进入一汽集团、二汽集团、上海大众、上海通用、一汽丰田、北汽集团、广汽集团、东南汽车集团、长安汽车集团等国内主要主机厂的配套体系，同时还大量进入国际市场的配套体系以及维修和售后服务市场。

五、主要措施分析

（一）上海市的主要措施

上海大众汽车有限公司2010年7月发布信息称公司将汽车新项目选址于江苏仪征。此次新项目落户仪征，是上海大众抓住机遇优化生产布局、调整工厂结构的新举措，有助于充分利用江苏地区产业资源，实现长三角地区汽车产业资源的优化配置和联动发展，进一步打造长三角汽车产业的整体实力和市场竞争力。

同时，随着上汽南汽合作深入，以及上汽自主双品牌定位逐渐清晰，上汽未来5年将再投入100亿元，形成南京基地100万辆的产能，实现年销售收入1 000亿元，形成一个零部件及汽车服务贸易的产业基地，使南京成为上汽集团国内最重要的基地之一。届时，上南合作这桩中国最大的跨地区重组将更有说服力。

在新能源汽车发展方面，上汽全力抢占世界汽车工业新一轮技术与市场的制高点。2010年上汽为上海世博会提供逾千辆新能源汽车，技术上包括纯电动、混合动力、燃料电池等多种方案，品种上包括轿车、大客车、观光车、出租车等多种样式,用于园区内外公交、场馆运营等。在184天的世博会期间,上汽的新能源车接受了高温、暴雨、大客流等的挑战,安全运行1240万公里,运送游客接近2亿人次,车辆完好率达到99%,在实战中验证了新能源汽车的可靠性。不仅做强整车,上汽在新能源汽车核心零部件和关键技术方面也投入了巨大的研发力量。在电池、电机、电控等三大新能源汽车核心系统方面,上汽已经和全球技术领先企业进行合作,研发自主的先进技术。

为了加快新能源车的市场应用,上海将在多方面加以支持,争取2012年形成两万辆左右新能源乘用车的市场化应用规模,政府和公共机构新能源汽车新购比例占30%以上,新能源公交客车新购比例占30%以上。

(二)江苏省的主要措施

为促进新能源汽车研发制造和产业化步伐,提升江苏省汽车产业竞争力,省经信委特别制定了行动计划。根据该计划,江苏省今年将主要研究开发新能源汽车整车设计与匹配技术和动力电池及管理系统、驱动电机及控制系统、车用附件(电转向、电空调、电制动)等关键部件设计制造技术。重点骨干企业纯电动汽车定型产品要实现小批量生产并投入示范运行,混合动力技术和混合动力汽车研发则要取得突破性进展。力争全省5家企业通过国家考核,获得新能源汽车生产企业及产品准入许可,相关产品进入国家新能源汽车示范工程推荐车型目录。力争全年新能源汽车产业销售收入达到100亿元。

行动计划还列出了五大重点:组织一批关键技术攻关;开发一批各具特色新产品;壮大一批关键零部件配套企业;实施一批重点技改项目;在南京、常州、苏州、盐城等地,启动一批特色产业基地建设。在重点技改项目中,整车项目共28个,总投资约49亿元;关键部件项目共26个,技改投资约26亿元;系统项目共15个,技改投资约19亿元。

与之配套,行动计划重点强调了四条措施。一是支持新产品推广应用。支持和帮助有较强研发能力、有自主技术和具备生产条件的企业,早日进入国家新能源汽车产品公告目录。加快新能源汽车在省内主要城市和国家批准的试点城市的示范推广应用。二是积极引导和支持新能源汽车及零部件企业与国内外、省内外研发机构和高校、科研院所开展各种形式的交流与合作。三是贯彻落实好有关新能源汽车研发和测试平台建设、企业和产品市场准入、产业化项目、示范运营配套基础设施建设等方面的财政、税收、信贷优惠政策。四是组建新能源汽车产业联盟。联盟成员之间实现资源共享、互惠互利、深度合作,形成联合开发、风险共担、成果共享的运行机制;协调和统一技术路线,并按联盟成员各自优势,合理分工、错位发展;围绕新能源汽车核心技术开发和新能源汽车及关键零部件研制,健全和完善产业链。

(三)浙江省的主要措施

2010年,浙江车企亮点频出:吉利以“蛇吞象”的方式收购了沃尔沃,品牌形象提升,一些新款车型在市场上也取得了不俗的销售成绩;青年豪华客车销量领先,成功导入德国曼(MAN)卡车品牌,旗下莲花汽车开始提升品牌知名度;众泰实现了“第一辆中国纯电动乘用车正式挂牌上路”等创新,成为新能源车领域的重要角色;吉奥与广汽合资,微面市场反应热烈;东风裕隆在杭成立合资企业,共创自主品牌“纳智捷”。

随着国内试点城市新能源汽车补贴方案的出台,新能源汽车正成为市场追逐的热点。浙江汽车零部件企业也纷纷上马和新能源汽车相关的项目。同时,越来越多的浙江零部件企业开始考虑通过重组或并购的方式,延伸产业链,形成供应配套体系;并通过收购国际先进技术进入国际车型的同步研发体系,以获得长期的竞争优势。以万向钱潮为例,该公司未来产品将围绕新能源开展,凡未来新投资的项目,必须全部围绕新能源汽车零部件需要开展投资;凡现有产品中,不符合未来新能源汽车配套需要的，要逐步予以淘汰。并购重组方面，万丰奥威计划控股万丰摩轮，将业务范围从汽车铝合金车轮领域拓展到摩托车铝合金车轮领域。宁波华翔则表示，将利用国际汽车零部件行业的并购机会，在欧洲、美洲收购国际上的龙头企业，完成全球布局。银轮股份、亚太股份和万里扬也都在前期产品的基础上，积极投资上下游相关产品。

六、长三角汽车产业的未来发展

（一）未来趋势分析

金融危机之后，欧美等发达国家的汽车市场饱和，汽车需求量上升缓慢。2010 年英国市场的汽车销量同比上升了 1.8%，达到 203 万辆，相比于 2009 年销量略为提高了 3.6 万辆。法国全年汽车销量为 225.2 万辆，十年来基本持平。汽车大国－－美国据测算全年销量为 1 150 万辆。和世界其他国家相比，无论是汽车销售量绝对值还是增长速度，中国均遥遥领先。2010 年，中国汽车销量 1 806.19 万辆，同比增长 32.4%，继续稳坐全球第一宝座。长三角是中国经济最发达的地区，有着巨大的汽车消费市场，将成为国外汽车产业转移的目标地，在产业政策、宏观经济增长、消费结构升级等因素的综合影响下，预计未来较长一段时间内，长三角汽车行业仍将保持持续较快的增长，汽车产能有扩大趋势，并直接导致竞争的白热化，加之消费需求更趋多元化，将有更多的新产品推向市场，汽车工业产业结构调整加快。众多生产企业为了在有限的现实市场空间中占有更大的市场份额，不仅将继续在产品价格上做文章，而且会在管理、降低成本、产品开发、营销等方面加强创新，在加强售后服务、提升产品质量等多个方面提升顾客的满意度。

另一方面，近些年，世界汽车产能增长速度远大于市场销售增长速度，产能过剩矛盾日趋突出。在后危机时代，长三角汽车产业单纯扩大产能的发展模式已经难以为继，汽车产业必须从目前数量扩张型向技术制胜型转变。在未来发展中，谁拥有技术谁就会占领市场制高点。各地在发展汽车产业的时候，应跳出简单的产能扩张思维，把更多的精力投放到技术创新和自主创新上来。

此外，受金融危机影响，部分汽车企业受到冲击，汽车产业将在更大范围内加快产业重组，提高产业集中度。国家出台的《汽车产业调整和振兴规划》也为长三角汽车产业的发展提供了良好的外部环境，在市场调节和政府有关政策的双重作用下，长三角汽车产业结构进一步向合理方向发展，企业之间的兼并、重组及战略合作仍会不断上演，国内企业同国外企业之间的合资与合作也会进一步发展。自主品牌企业也将在产品研发、市场开拓、管理、营销等诸多方面有更大的进展。

（二）存在问题分析

近年来，长三角汽车产业在取得快速发展的同时，还存在一些较明显的问题：

1. 自主研发能力薄弱

中国汽车工业的迅速发展，得益于与国际汽车公司的合资与合作。长三角亦是如此，合资、合作加速了长三角汽车产业的发展，也导致了其汽车产业的持续发展在某种程度上受制于国际汽车集团。由于长期以来比较重视引进产品，而在引进技术的消化吸收和核心技术的研发上投入不足，缺乏产品研发的实践，尚未形成产品研发的整体力量。目前，长三角汽车产业除了在载货汽车和客车方面具有几个自主品牌和一定的研发能力外，在标志汽车专业水平的轿车方面研发能力很弱，在关键零部件方面几乎是空白。

2. 自主品牌竞争力较弱

由于缺乏核心技术，长三角汽车自主品牌的竞争实力与国际汽车巨头还有一定的差距。不仅轿车产品技术水平与国外存在较大的差距，商用车产品技术水平同样存在着不小的差距。特别是在耐久性、可靠性、舒适性和环保方面还存在着很大的差距。

虽然以吉利为代表的自主品牌近年发展迅猛,但总体来看长三角汽车自主品牌企业规模有限,产品集中于低端市场,与合资品牌产品相比技术、性能、质量差距很大,缺乏整体品牌规划,品牌差距巨大,溢价能力低下,价值差距明显,利润微薄、差距悬殊等问题依然困扰着自主品牌汽车企业的发展。

3. 产业集中度有待提高

几年来,虽然国家一直提出要提升产业集中度,但实际上,由于中国市场的复杂性和多元性,中国汽车企业的数量依然是全世界最多的,诸多中小型汽车企业虽然利润微薄,但在中国汽车市场特定的发展大潮和地方政府支持下,还是小农经济式地生存着。

从国际汽车产业发展现状看,年产100万辆以下的汽车公司已经不能单独存在,200万辆规模的公司也面临重组的局面。而位于长三角的上汽集团作为当今中国最大的汽车企业生产规模也才突破200万辆,单个车型则更少,离国际标准还有很大的差距。这说明,虽经多年的产业结构调整,长三角汽车产业组织结构与国际相比仍显落后,汽车行业分散型、低规模、低水平的现象并未消除。

4. 专业化协作程度低

在全球经济一体化的背景下,汽车零部件的通用率(通约化)与专业化程度越来越高,国际汽车集团的零部件自制率只有30%左右,而中国汽车企业的自制率还高达70% -80%左右。长三角地区这一问题也很突出,汽车企业无论规模大小还是合资与否,都各自拥有大量的汽车零部件配套企业,如上汽集团拥有43家零部件企业,“大(小)而全”不仅导致汽车的生产成本居高不下,而且也制约了汽车零部件本身的发展。汽车零部件技术基础还是比较弱,零部件生产较分散,缺少核心技术和大企业。

5. 汽车产业售后市场严重滞后于产业发展

主要表现在营销方式、服务、贸易理念以及汽车金融、消费信贷、二手车的流通、配件流通、报废回收拆解等方面,长三角地区跟美国、加拿大等发达国家相比,差距非常大。

6. 能源、交通、环保和汽车工业快速发展的矛盾比较突出

长三角作为中国人口最为密集的地区之一,汽车数量的快速增长,加剧了城市特别是大城市闹市区的拥挤;我国原油资源缺乏,进口依存度不断提高,使人们对汽车能源供应的可持续性提出质疑;汽车有害气体在城市排放中的分担比重随汽车数量增长而上升,环境污染压力增大,这些因素都将制约汽车工业的快速发展。

(三)对策建议分析

加快长三角汽车产业的发展,核心是要调整发展战略,提高自主创新的能力,推动产业结构调整和优化升级,加快与国际汽车产业接轨。

1. 提高自主研发和技术创新的能力,发展自主品牌

重点就是要形成和提高产品的研发和科技创新能力,大力培育和发展自主品牌。然而,自主研发并非意味着和引进合资、融入全球化实践相对立,合资企业也可以创建自主品牌,上汽荣威和南汽名爵的出现就是对这一创新方式的有益尝试。可见,发展自主品牌必须站在一个高的起点上,充分利用这些年积累的经验,利用全球资源,从中低端的产品开始,不断扩大长三角汽车产品的市场比重,逐步向高端产品发展,打造具有国际竞争力的自主品牌。通过原始创新、集成创新和引进消化、吸收再创新等多种创新方式,走一条适合长三角地区的自主创新道路。

2. 面向两个市场,实施走出去的发展战略

随着我国汽车产业竞争力的提高,比较优势的不断显现,我国汽车产品已开始大规模走向国际市场，长三角汽车工业要抓住机遇，加快拓展国际市场。整车出口要以商用车为主，向商用车和乘用车并重的方向转变；零部件出口要以售后市场为主，向售后市场和 OEM 并重转变；从低附加值的产品为主，向低、中、高并重的方向转变；出口方式要以单一的出口产品向产品、技术、资本出口并重的方向转变。

3. 提高产业集中度，形成规模经济

改变汽车工业部门的条块分割体制，对全国汽车生产进行统一管理，统一规划，杜绝重复建设和投资浪费。在对外开放市场之前先完成对内开放，减少企业之间竞争障碍。在此基础上，长三角两省一市有关政府主管部门通过政策的支持鼓励，让企业在统一市场竞争中去自发进行市场的扩张，并通过并购方式对现有的汽车产业进行战略重组。在整车市场上应针对不同的市场结构采取横向并购的方式，以上汽、南汽、吉利为龙头进行并购重组，淘汰一批劣势企业，提高整个行业的规模效益和竞争实力，提高产业集中度。

4. 建立强大的汽车零部件支撑体系

汽车零部件产业的发展重点是要努力成为国际汽车零部件采购中心。目前，国际上正面临着新一轮的汽车零部件产业的转移，长三角要抓住机遇，加强汽车零部件企业招商引资的力度，利用本地区汽车零部件产业已有的基础，发挥比较优势，积极主动地与国际汽车零部件巨头合资合作和技术联合，提升长三角汽车零部件企业的整体实力，加快形成一批有实力的零部件骨干企业和名牌产品，加快零部件产业基地建设。努力提高企业的研发能力，实现规模经营，系列化配套，主动参与和进入到跨国汽车集团零部件采购体系，两个市场共同发展。特别是要紧密配合整车企业品牌建设战略，通过共同合作，提高汽车零部件产业竞争力。同时，把握好汽车产业提升期的发展机遇，积极实施“零部件出口战略”，扩大长三角汽车零部件出口份额。

5. 延伸汽车产业链，加强汽车后市场的培育与发展

随着国内汽车产业逐渐成熟，整车销售的利润空间逐渐下滑，而汽车售后市场正商机涌动。根据汽车发达国家的经验，汽车售后市场的利润可占整个汽车产业利润总和的 60% －70% 左右，汽车售后服务是整车制造市场容量的 1.5 倍。我国汽车售后市场必将成为汽车产业一个新的增长亮点。长三角地区既是汽车生产的重点地区，同时也是汽车消费的重点地区，汽车保有量在全国居于前列，汽车后市场发展前景巨大。长三角汽车产业应从“生产带动型”向“市场带动型”转变，在积极扩大整车生产能力的同时，做好汽车售后市场的培育和发展。进一步扩大招商引资，吸收国外先进的后市场开拓理念和先进的技术、经验，大力发展售后服务、维修保养、二手车经营、加油、洗车及美容、物流、金融服务、保险、租赁、信息咨询、汽车文化等汽车售后市场，延长汽车产业链，有效拓展汽车产业发展空间，提升汽车产业的规模和水平。

6. 支持节能与新能源汽车产业化

发展节能环保型汽车和新能源汽车是长三角地区能源战略的需要，也是我国汽车工业乃至整个社会可持续发展的需要。鉴于发达国家的汽车产业已发展到成熟阶段，具有了很强的发展惯性，而长三角恰好可以利用在技术上的后发优势积极投入到电动汽车和新能源汽车等节能环保汽车的开发和研制。可以在各省市科技发展专项资金中安排一定比例，重点支持新能源汽车共性技术研发平台和产品研发平台建设，加快关键核心技术和整车产品研发。鼓励和支持民营科技企业参与节能和新能源汽车及零部件研发，推进节能与新能源汽车的产业化。

九　长三角化学工业

一、长三角化学工业总体概况

化学工业又称化学加工工业，它是利用化学反应改变物质结构、成分、形态等生产化学产品的部门。泛指生产过程中化学方法占主要地位的过程工业，主要包括基本化学工业和石油、塑料、合成纤维、橡胶、药剂、染料工业等，是国民经济中的重要组成部分。按照国民经济行业分类，化学工业分属于石油加工炼焦及核燃料加工业、化学原料及化学制品制造业、医药制造业、化学纤维制造业、橡胶制品业和塑料制品业。发展化学工业，对于改进工业生产工艺，发展农业生产，扩大工业原料，巩固国防，发展尖端科学技术，改善人民生活以及开展综合利用都有很大作用。

2010 年，长三角化学工业合计拥有规模以上企业 20 914 家，比 2009 年增加 904 家。其中，石油加工、炼焦及核燃料加工企业 290 家，比 2009 年增加 2 家；化学原料及化学制品制造企业 8 357 家，增加 242 家；医药制造企业 1473 家，增加 23 家；化学纤维制造企业 1 398 家，与 2009 年相比数量没有变化；橡胶制品企业 1 675 家，增加 72 家；塑料制品企业 7 721 家，增加 565 家。

2010 年，长三角化学工业总产值为 30 884.41 亿元，同比增长 29.87%。其中，石油加工、炼焦及核燃料加工业总产值 4 210.18 亿元，同比增长 41.41%；化学原料及化学制品制造业总产值 14 966.13亿元，同比增长 30.29%；医药制造业总产值 2 599.91 亿元，同比增长 22.33%；化学纤维制造业总产值 3 582.49 亿元，同比增长 29.98%；橡胶制品业总产值 1 443.64 亿元，增长 21.82%；塑料制品业总产值 4 082.06 亿元，增长 25.56%。

表 4－58　长三角化学工业发展情况(2010 年)

单位：个，亿元

行业	企业单位数	工业总产值	利润总额	利税总额	主营业务收入	资产总计	负债合计
石油加工、炼焦及核燃料加工业	290	4 210.18	211.41	810.83	4 239.84	1 510.71	707.61
化学原料及化学制品制造业	8 357	14 966.13	1 180.01	1 704.89	15 024.75	11 705.18	6 387.18
医药制造业	1 473	2 599.91	296.55	447.34	2 536.42	2 467.88	1 075.02
化学纤维制造业	1 398	3 582.49	271.02	352.31	3 599.81	2 775.38	1 712.66
橡胶制品业	1 675	1 443.64	88.55	135.87	1 485.97	1 206.50	655.42
塑料制品业	7721	4 082.06	241.40	358.43	4 011.24	3 264.93	1 838.59
合计	20 914	30 884.41	2 288.94	3 809.67	30 898.03	22 930.58	12 376.48

2010 年，长三角化学工业创造利润总额 2 288.94 亿元，同比增长 55.48%。其中，石油加工、炼焦及核燃料加工业利润总额 211.41 亿元，同比增长 33.88%；化学原料及化学制品制造业利润总额 1 180.01亿元，增长 66.95%；医药制造业利润总额 296.55 亿元，增长 22.40%；化学纤维制造业利润总额 271.02 亿元，增长 125.42%；橡胶制品业利润总额 88.55 亿元，增长 8.81%；塑料制品业利润总额 241.40 亿元，增长 47.54%。长三角化学工业实现利税 3 809.67 亿元，同比增长 42.92%。其中，石油加工、炼焦及核燃料加工业利税总额 810.83 亿元，同比增长 29.17%；化学原料及化学制品制造

业利税总额1 704.89亿元,增长53.35%;医药制造业利税总额447.34亿元,增长20.38%;化学纤维制造业利税总额352.31亿元,增长109.15%;橡胶制品业利税总额135.87亿元,增长7.82%;塑料制品业利税总额358.43亿元,增长37.78%。

2010年,长三角化学工业合计完成主营业务收入30 898.03亿元,同比增长31.07%。其中,石油加工、炼焦及核燃料加工业主营业务收入4 239.84亿元,同比增长42.57%;化学原料及化学制品制造业主营业务收入15 024.75亿元,增长31.70%;医药制造业主营业务收入2 536.42亿元,增长21.1%;化学纤维制造业主营业务收入3 599.81亿元,增长31.75%;橡胶制品业主营业务收入1 485.97亿元,增长24.00%;塑料制品业主营业务收入4 011.24亿元,增长26.72%。

(一)主要产品产量

长三角化学工业门类齐全、化工产品种类丰富。2010年,多数化工产品产量均同比出现增长。

1. 上海市化学工业主要产品产量

2010年,上海市化学农药、化学纤维、乙烯等产品产量同比出现大幅上涨,2010年产量分别为5.28万吨、49.00万吨、226.72万吨,同比涨幅分别为45.86%、29.25%和25.75%;焦炭、烧碱、汽油等产品产量出现下降,同比降幅分别为4.55%、0.48%和0.14%,2010年产量分别为630.75万吨、72.63万吨和259.67万吨。

2. 江苏省化学工业主要产品产量

2010年,江苏省合成洗涤剂、化学原料药、浓硝酸等产品产量同比出现大幅上涨,同比增速分别为70.03%、50.22%和45.72%,2010年产量分别为30.28万吨、17.42万吨和40.71万吨;农用化学肥料、乙烯等产品产量同比降幅较大,同比降幅分别为23.76%和14.09%,2010年产量分别为241.96万吨和121.65万吨。

3. 浙江省化学工业主要产品产量

2010年,浙江省农药、纯苯、焦炭等产品的产量同比出现大幅上涨,同比涨幅分别为506.72%、74.02%和41.90%,2010年产量分别为23.74万吨、29.07万吨和325.93万吨;农用化肥、合成氨和纯碱等产品产量降幅较大,同比降幅分别为29.65%、23.18%和19.95%,2010年产量分别为32.69万吨、49.49万吨和11.92万吨。

表4-59　长三角化学工业主要产品产量

单位:万吨,万条,%

地区	产品	产量		同比增速
		2009年	2010年	
上海市	化学纤维	37.91	49.00	29.25
	汽油	260.04	259.67	-0.14
	柴油	682.63	773.61	13.33
	焦炭	660.79	630.75	-4.55
	硫酸	27.02	28.66	6.07
	烧碱	72.98	72.63	-0.48
	化学农药	3.62	5.28	45.86
	乙烯	180.30	226.72	25.75
	合成橡胶	24.69	26.98	9.28
	合成洗涤剂	21.93	23.21	5.84
	轮胎外胎	849.07	915.22	7.79

(续表)

江苏省	化学纤维	894.50	1 027.19	14.83
	天然原油	184.03	186.02	1.08
	汽油	318.24	286.50	-9.97
	煤油	156.87	165.57	5.55
	燃料油	154.89	187.61	21.12
	焦炭	1 212.57	1 385.05	14.22
	硫酸	362.88	441.11	21.56
	浓硝酸	27.94	40.71	45.72
	烧碱	232.30	234.87	1.11
	纯碱	273.99	267.19	-2.48
	农用化学肥料	317.34	241.96	-23.76
	化学农药原药	64.44	61.76	-4.17
	乙烯	141.60	121.65	-14.09
	染料	27.31	31.14	14.06
	合成洗涤剂	17.81	30.28	70.03
	化学原料药	11.60	17.42	50.22
	轮胎外胎	10 381.29	11 173.38	7.63
浙江省	汽油	321.32	305.06	-5.06
	煤油	146.08	154.56	5.81
	柴油	825.89	832.57	0.81
	燃料油	113.32	134.66	18.83
	焦炭	229.69	325.93	41.90
	硫酸	98.84	107.21	8.47
	烧碱	98.48	104.61	6.22
	纯碱	14.89	11.92	-19.95
	合成氨	64.42	49.49	-23.18
	农用化肥	46.47	32.69	-29.65
	农药	3.91	23.74	506.72
	纯苯	16.70	29.07	74.02
	肥皂	36.90	37.44	1.46
	合成洗涤剂	55.55	61.54	10.78
	化学原料药	28.66	28.54	-0.42
	中成药	1.91	2.29	19.80
	化学纤维	1 207.16	1 366.13	13.17
	合成纤维	1 161.86	1 346.38	15.88
	轮胎外胎	6 505.25	8 697.80	33.70
	塑料制品	811.50	915.57	12.82

(二)资产运营情况

2010年,长三角化学工业年末资产总额为22930.58亿元,同比增长21.29%;负债总额为12376.48亿元,同比增长18.72%;2010年长三角化学工业资产负债率为53.97%,比2009年下降1.17个百分点。其中,石油加工炼焦及核燃料加工业资产负债率下降最快,2010年资产负债率比2009年下降了6.95个百分点。2010年长三角医药制造业资产负债率最低,仅为43.56%;长三角化学纤维制造业资产负债率最高,达61.71%。

表 4-60　长三角化学工业分行业资产负债率

单位:%,百分点

年份	2009	2010	2010 年比 2009 年增减
石油加工、炼焦及核燃料加工业	53.79	46.84	-6.95
化学原料及化学制品制造业	55.35	54.57	-0.78
医药制造业	46.17	43.56	-2.61
化学纤维制造业	62.56	61.71	-0.85
橡胶制品业	54.38	54.32	-0.06
塑料制品业	56.15	56.31	0.16
合 计	55.14	53.97	-1.17

从地区来看,在石油加工、炼焦及核燃料加工业中,2010 年,浙江省资产负债率最低,仅为 35.26%,江苏省资产负债率最高,为 62.35%;在化学原料及化学制品制造业中,上海市资产负债率最低,为 51.04%,浙江省资产负债率最高,为 56.76%;在医药制造业中,江苏省资产负债率最低,为 41.02%,浙江省资产负债率最高,为 46.32%;在化学纤维制造业中,上海市资产负债率最低,仅为 40.81%,浙江省资产负债率最高,为 63.95%;在橡胶制品业中,江苏省资产负债率最低,为 49.32%,浙江省资产负债率最高,为 59.85%;在塑料制品业中,上海市资产负债率最低,为 50.25%,浙江省资产负债率最高,为 61.95%。

表 4-61　长三角化学工业分地区资产负债率(2010 年)

单位:%

年份	上海市		江苏省		浙江省	
	2009	2010	2009	2010	2009	2010
石油加工、炼焦及核燃料加工业	44.76	43.50	55.92	62.35	62.05	35.26
化学原料及化学制品制造业	52.51	51.04	54.24	54.64	59.60	56.76
医药制造业	46.14	43.22	43.31	41.02	49.13	46.32
化学纤维制造业	42.03	40.81	60.35	59.85	65.19	63.95
橡胶制品业	55.23	55.93	50.31	49.32	59.69	59.85
塑料制品业	49.65	50.25	51.77	50.99	61.60	61.95

二、上海市化学工业基本情况

(一)行业经济总量

1. 企业单位数

2010 年,上海市拥有规模以上化学工业企业 2 813 家,比 2009 年减少 166 家。其中,石油加工、炼焦及核燃料加工企业 53 家,与 2009 年数量相比没有变化;化学原料及化学制品制造企业 1 142 家,比 2009 年减少 69 家;医药制造企业 237 家,比 2009 年减少 10 家;化学纤维制造企业 48 家,比 2009 年减少 11

家;橡胶制品企业254家,比2009年减少32家;塑料制品企业1 079家,比2009年减少44家。

2. 工业总产值

2010年,上海市规模以上化学工业实现工业总产值4 921.73亿元,同比增长31.54%。其中,石油加工、炼焦及核燃料加工业总产值1 359.92亿元,同比增长39.02%;化学原料及化学制品制造业总产值为2 284.33亿元,同比增长35.04%;医药制造业总产值为410.76亿元,同比增长16.17%;化学纤维制造业总产值为41.48亿元,同比增长12.23%;橡胶制品业总产值为182.97亿元,同比增长13.41%;塑料制品业总产值为642.27亿元,同比增长23.58%。

3. 主营业务收入

2010年,上海市规模以上化学工业完成主营业务收入5 109.55亿元,同比增长34.24%。其中,石油加工、炼焦及核燃料加工业主营业务收入1 389.42亿元,同比增长39.27%;化学原料及化学制品制造业主营业务收入2 386.91亿元,同比增长39.30%;医药制造业主营业务收入409.89亿元,同比增长13.96%;化学纤维制造业主营业务收入为40.83亿元,同比增长9.46%;橡胶制品业主营业务收入为233.18亿元,同比增长26.23%;塑料制品业主营业务收入为649.32亿元,同比增长26.49%。

4. 年末资产总额

截至2010年底,上海市规模以上化学工业资产总额为3 948.63亿元,同比增长11.07%。其中,石油加工、炼焦及核燃料加工业年末资产总额为532.56亿元,同比增长3.07%;化学原料及化学制品制造业年末资产总额为2 060.35亿元,同比增长12.26%;医药制造业年末资产总额为487.35亿元,同比增长13.64%;化学纤维制造业年末资产总额为44.30亿元,同比增长0.11%;橡胶制品业年末资产总额为201.26亿元,同比增长5.28%;塑料制品业年末资产总额为622.81亿元,同比增长15.57%。

表4-62 上海市化学工业主要经济指标(2010年)

单位:个,亿元

行业	企业单位数	工业总产值	利润总额	税金总额	主营业务收入	资产总计
石油加工、炼焦及核燃料加工业	53	1 359.92	70.16	173.12	1 389.42	532.56
化学原料及化学制品制造业	1142	2 284.33	180.10	72.72	2 386.91	2 060.35
医药制造业	237	410.76	57.08	25.99	409.89	487.35
化学纤维制造业	48	41.48	3.11	1.12	40.83	44.30
橡胶制品业	254	182.97	13.10	5.52	233.18	201.26
塑料制品业	1 079	642.27	44.54	16.00	649.32	622.81
合计	2 813	4 921.73	368.09	294.47	5 109.55	3 948.63

(二)行业经济效益

2010年,上海市化学工业实现利润总额368.09亿元,同比增长65.60%;税金总额294.47亿元,同比增长19.79%。其中,石油加工、炼焦及核燃料加工业利润总额70.16亿元,税金总额173.12亿元,同比分别增长67.85%和21.55%;化学原料及化学制品制造业利润总额180.10亿元,同比增长99.20%,税金总额72.72亿元,同比增长20.66%;医药制造业利润总额57.08亿元,同比增长21.27%,税金总额25.99亿元,同比增长16.76%;化学纤维制造业利润总额3.11亿元,同比增长

85.12%，税金总额1.12亿元，同比增长19.15%；橡胶制品业利润总额13.10亿元，同比增长34.22%，税金总额5.52亿元，同比增长7.60%；塑料制品业利润总额44.54亿元，同比增长41.17%，税金总额16.00亿元，同比增长8.11%。

三、江苏省化学工业基本情况

（一）行业经济总量

1. 企业单位数

2010年，江苏省拥有规模以上化学工业企业9 825家，比2009年增加352家。其中，石油加工、炼焦及核燃料加工企业169家，比2009年增加3家；化学原料及化学制品制造企业4798家，比2009年增加166家；医药制造企业693家，比2009年增加21家；化学纤维制造企业902家，比2009年增加24家；橡胶制品企业669家，比2009年增加26家；塑料制品企业2 594家，比2009年增加112家。

2. 工业总产值

2010年，江苏省规模以上化学工业实现工业总产值15 973.17亿元，同比增长29.58%。其中，石油加工、炼焦及核燃料加工业总产值为1 496.56亿元，同比增长44.76%；化学原料及化学制品制造业总产值9 170.96亿元，同比增长29.33%；医药制造业总产值1 419.43亿元，同比增长28.30%；化学纤维制造业总产值1 682.74亿元，同比增长29.97%；橡胶制品业总产值717.10亿元，同比增长16.78%；塑料制品业总产值1 486.38亿元，同比增长25.23%。

表4－63　江苏省化学工业主要经济指标（2010年）

单位：个，亿元

行业	企业单位数	工业总产值	利润总额	税金总额	主营业务收入	资产总计
石油加工、炼焦及核燃料加工业	169	1 496.56	65.67	272.80	1 463.77	483.68
化学原料及化学制品制造业	4 798	9 170.96	673.48	1 014.06	9 087.43	6 535.29
医药制造业	693	1 419.43	146.97	228.87	1 394.29	1 000.83
化学纤维制造业	902	1 682.74	141.11	180.30	1 695.08	1 266.98
橡胶制品业	669	717.10	49.61	76.07	703.82	558.35
塑料制品业	2 594	1 486.38	85.61	133.66	1 459.47	1 014.94
合计	9 825	15 973.17	1 162.45	1 905.76	15 803.86	10 860.07

3. 主营业务收入

2010年，江苏省规模以上化学工业完成主营业务收入15 803.86亿元，同比增长30.29%。其中，石油加工、炼焦及核燃料加工业主营业务收入1 463.77亿元，同比增长46.12%；化学原料及化学制品制造业主营业务收入9 087.43亿元，同比增长30.38%；医药制造业主营业务收入1 394.29亿元，同比增长26.10%；化学纤维制造业主营业务收入为1 695.08亿元，同比增长31.20%；橡胶制品业主营业务收入为703.82亿元，同比增长17.32%；塑料制品业主营业务收入为1 459.47亿元，同比增长25.81%。

4. 年末资产总额

截至2010年底，江苏省规模以上化学工业资产总额为10 860.07亿元，同比增长25.59%。其中,石油加工、炼焦及核燃料加工业年末资产总额为483.68亿元,同比增长31.03%;化学原料及化学制品制造业年末资产总额为6 535.29亿元,同比增长28.41%;医药制造业年末资产总额为1 000.83亿元,同比增长20.79%;化学纤维制造业年末资产总额为1 266.98亿元,同比增长27.39%;橡胶制品业年末资产总额为558.35亿元,同比增长8.46%;塑料制品业年末资产总额为1 014.94亿元,同比增长19.31%。

(二)行业经济效益

1.石油加工、炼焦及核燃料加工业

2010年,江苏省石油加工、炼焦及核燃料加工业多数经济效益指标如下:

企业亏损面、资产负债率上升。2010年企业亏损面为11.83%,比上年上升了1.59个百分点;2010年资产负债率为62.35%,比上年上升了6.44个百分点。

产值利税率、销售利税率和成本费用利润率下降。2010年产值利税率为18.23%,销售利税率为18.64%,成本费用利润率为5.13%,分别比上年降低了0.65个百分点、0.84个百分点和0.77个百分点。

产品销售率有所上升。2010年销售率为98.48%,比2009年上升了0.36个百分点。

2.化学原料及化学制品制造业

2010年,江苏省化学原料及化学制品制造业主要经济效益指标呈现出如下特点:

企业亏损面下降,产品销售率上升。2010年企业亏损面为8.30%,比上年下降了1.14个百分点;产品销售率为98.24%,比上年提高了0.13个百分点。

三项利税率指标出现上升。2010年,产值利税率、销售利税率、资金利税率分别为11.06%、11.16%和18.22%,比上年分别提高了1.26个百分点、1.20个百分点和2.15个百分点。

成本费用利润率提高。2010年,成本费用利润率为8.13%,比上年提高1.47个百分点。

3.医药制造业

2010年,江苏省医药制造业经济效益指标具有如下特点:

企业亏损面、资产负债率下降。2010年企业亏损面为8.51%,比上年下降1.46个百分点;资产负债率为41.02%,比上年下降了2.28个百分点。

产品销售率下降。2010年产品销售率为96.98%,比上年下降了0.63个百分点。

三项利税率指标变化不大。其中,2010年销售利税率与2009年持平,产值利税率降低了0.28了个百分点,资金利税率上升了0.23个百分点。

4.化学纤维制造业

2010年,江苏省化学纤维制造业经济效益指标具有如下特点:

企业亏损面、资产负债率下降。2010年企业亏损面为6.10%,比上年下降了5.75个百分点;资产负债率为59.85%,比上年下降了0.51个百分点。

三项利税指标大幅上升。2010年产值利税率为10.71%,销售利税率为10.64%,资金利税率为16.73%,分别比上年上升了3.60个、3.51个和6.08个百分点。

产品销售率有所下降。2010年产品销售率为99.13%,而2009年产品销售率高达100.05%,2010年比2009年下降了0.92个百分点。

5.橡胶制品业

2010年,江苏省橡胶制品业经济效益指标具有如下特点:

企业亏损面、资产负债率下降。2010年企业亏损面为9.27%,比上年下降了1.15个百分点;资产负债率为49.32%,比上年下降了0.98个百分点。

产值利税率、销售利税率下降,资金利税率上升。2010 年产值利税率为 10.61%,销售利税率为 10.81%,分别比上年下降了 0.71 个百分点和 0.77 个百分点。资金利税率为 14.69%,比上年上升了 0.10%。

产品销售率上升。2010 年产品销售率为 98.07%,比上年上升了 0.46 个百分点。

6. 塑料制品业

2010 年,江苏省橡胶制品业经济效益指标具有如下特点:

企业亏损面、资产负债率下降。2010 年企业亏损面为 9.68%,比上年下降了 2.45 个百分点;资产负债率为 50.99%,比上年下降了 0.78 个百分点。

三项利税率指标上升。2010 年产值利税率为 8.99%,销售利税率为 9.16%,资金利税率为 14.57%,分别比上年提高了 0.59 个百分点、0.56 个百分点和 1.33 个百分点。

流动资产周转速度有所加快。2010 年流动资产周转速度为 2.48 次/年,比上年提高了 0.02 次/年。

表 4－64　江苏省化学工业主要经济效益指标(2010 年)

单位:%,次/年

行业	企业亏损面	产值利税率	销售利税率	资金利税率	资产负债率	流动资产周转次数	成本费用利润率	产品销售率
石油加工、炼焦及核燃料加工业	11.83	18.23	18.64	61.07	62.35	5.58	5.13	98.48
化学原料及化学制品制造业	8.30	11.06	11.16	18.22	54.64	2.79	8.13	98.24
医药制造业	8.51	16.12	16.41	26.87	41.02	2.41	11.80	96.98
化学纤维制造业	6.10	10.71	10.64	16.73	59.85	2.56	9.12	99.13
橡胶制品业	9.27	10.61	10.81	14.69	49.32	2.52	7.58	98.07
塑料制品业	9.68	8.99	9.16	14.57	50.99	2.48	6.26	98.37

四、浙江省化学工业基本情况

(一)行业经济总量

1. 企业单位数

2010 年,浙江省拥有规模以上化学工业企业 8 276 家,比 2009 年增加 718 家。其中,石油加工、炼焦及核燃料加工企业 68 家,比 2009 年减少 1 家;化学原料及化学制品制造企业 2 417 家,比 2009 年增加 145 家;医药制造企业 543 家,比 2009 年增加 12 家;化学纤维制造企业 448 家,比 2009 年减少 13 家;橡胶制品企业 752 家,比 2009 年增加 78 家;塑料制品企业 4 048 家,比 2009 年增加 497 家。

2. 工业总产值

2010 年,浙江省规模以上化学工业实现工业总产值 9 989.51 亿元,同比增长 29.51%。其中,石油加工、炼焦及核燃料加工业总产值 1 353.70 亿元,同比增长 40.24%;化学原料及化学制品制造业总产值 3 510.84 亿元,同比增长 29.84%;医药制造业总产值 769.72 亿元,同比增长 15.67%;化学纤维制造业总产值 1 858.27 亿元,同比增长 30.46%;橡胶制品业总产值 543.57 亿元,同比增长 32.68%;塑料制品业总产值 1 953.41 亿元,同比增长 26.49%。

3. 主营业务收入

2010 年,浙江省规模以上化学工业完成主营业务收入 9 984.62 亿元,同比增长 30.74%。其中,石油加工、炼焦及核燃料加工业主营业务收入1 386.65亿元,同比增长42.31%;化学原料及化学制品制造业主营业务收入3 550.41亿元,同比增长30.30%;医药制造业主营业务收入732.24亿元,同比增长16.40%;化学纤维制造业主营业务收入为1 863.90亿元,同比增长32.86%;橡胶制品业主营业务收入为548.97亿元,同比增长32.68%;塑料制品业主营业务收入为1 902.45亿元,同比增长27.51%。

4.年末资产总额

截至2010年底,浙江省规模以上化学工业资产总额为8 121.88亿元,同比增长21.16%。其中,石油加工、炼焦及核燃料加工业年末资产总额为494.47亿元,同比增长5.18%;化学原料及化学制品制造业年末资产总额为3 109.54亿元,同比增长21.73%;医药制造业年末资产总额为979.70亿元,同比增长21.24%;化学纤维制造业年末资产总额为1464.10亿元,同比增长23.91%;橡胶制品业年末资产总额为446.89亿元,同比增长22.60%;塑料制品业年末资产总额为1 627.18亿元,同比增长22.81%。

表4-65 浙江省化学工业主要经济指标(2010年)

单位:个,亿元

行业	企业单位数	工业总产值	利润总额	税金总额	主营业务收入	资产总计
石油加工、炼焦及核燃料加工业	68	1 353.70	75.58	294.75	1 386.65	494.47
化学原料及化学制品制造业	2 417	3 510.84	326.43	438.01	3 550.41	3 109.54
医药制造业	543	769.72	92.50	135.40	732.24	979.70
化学纤维制造业	448	1 858.27	126.80	167.78	1 863.90	1 464.10
橡胶制品业	752	543.57	25.84	41.18	548.97	446.89
塑料制品业	4 048	1 953.41	111.25	164.23	1 902.45	1 627.18
合计	8 276	9 989.51	758.40	1 241.35	9 984.62	8 121.88

(二)行业经济效益

1.石油加工、炼焦及核燃料加工业

利税指标下降明显。2010年,浙江省石油加工、炼焦及核燃料加工业每百元规定资产原值实现利税77.25元,比上年下降36.37元;每百元主营业务收入实现利税21.26元,比上年下降4.22元。

产品销售率有所下降。2010年,浙江省石油加工、炼焦及核燃料加工业产品销售率为98.30%,比上年下降0.79个百分点。

新产品产值率有所下降。2010年,浙江省石油加工、炼焦及核燃料加工业新产品产值率为0.68%,比上年下降0.51个百分点。

2.化学原料及化学制品制造业

利税指标出现上升。2010年,浙江省化学原料及化学制品制造业每百元规定资产原值实现利税32.64元,比上年增加9.28元;每百元主营业务收入实现利税12.34元,比上年增加2.55元。

产品销售率提高。2010年,浙江省化学原料及化学制品制造业产品销售率为97.75%,比上年提高0.99个百分点。

新产品产值率大幅提高。2010年,浙江省化学原料及化学制品制造业新产品产值率为24.75%,比上年提高1.97个百分点。

3. 医药制造业

固定资产利税率上升，主营业务收入利税率下降。2010 年，浙江省医药制造业每百元规定资产原值实现利税 40.95 元，比上年增加 1.22 元；每百元主营业务收入实现利税 18.49 元，比上年下降 0.70元。

产品销售率微降。2010 年，浙江省医药制造业产品销售率为 94.97%，比 2009 年微降 0.18 个百分点。

出口交货值占销售产值比重大幅提高。2010 年，浙江省医药制造业出口交货值占销售产值比重为 29.38%，比上年大幅上升 1.29 个百分点。

4. 化学纤维制造业

利税指标快速上升。2010 年，浙江省化学纤维制造业每百元规定资产原值实现利税 26.48 元，比上年提高 13.52 元；每百元主营业务收入实现利税 9.00 元，比上年提高 3.75 元。

出口交货值比重上升。2010 年，浙江省化学纤维制造业出口交货值占销售产值比重为 5.50%，比上年提高 0.60 个百分点。

新产品产值率上升。2010 年，浙江省化学纤维制造业新产品产值率为 27.65%，比全部工业平均水平高 0.85 个百分点。

5. 橡胶制品业

利税率指标下降。2010 年，浙江省橡胶制品业每百元固定资产原值实现利税 20.20 元，比上年减少 2.54 元；每百元主营业务收入实现利税 7.50 元，比上年减少 2.56 元。

产品销售率下降。2010 年，浙江省橡胶制品业产品销售率为 99.64%，比上年降低 1.84 个百分点。

新产品产值率大幅下降。2010 年，浙江省橡胶制品业新产品产值率为 16.70%，比上年下降 3.92 个百分点。

6. 塑料制品业

2010 年，浙江省塑料制品业主要经济效益指标均呈现不同程度好转，具体体现为：

利税率指标上升。2010 年，浙江省塑料制品业每百元固定资产原值实现利税 27.17 元，比上年增加 5.02 元；每百元主营业务收入实现利税 8.63 元，比上年增加 0.99 元。

产品销售率上升。2010 年，浙江省塑料制品业产品销售率为 97.65%，比上年上升 0.22 个百分点。

新产品产值率明显提高。2010 年浙江省塑料制品业新产品产值率为 13.53%，比上年提高 1.36 个百分点。

表 4-66 浙江省化学工业主要经济效益指标(2010 年)

单位：元，%

行业	每百元固定资产原值实现利税	每百元主营业务收入实现利税	产品销售率	出口交货值占销售产值比重	新产品产值率
石油加工、炼焦及核燃料加工业	77.25	21.26	98.30	0.22	0.68
化学原料及化学制品制造业	32.64	12.34	97.75	11.15	24.75
医药制造业	40.95	18.49	94.97	29.38	32.60
化学纤维制造业	26.48	9.00	98.57	5.50	27.65
橡胶制品业	20.20	7.50	99.64	25.90	16.70
塑料制品业	27.17	8.63	97.65	19.20	13.53

十　长三角纺织服装业

一、长三角纺织服装业发展总体概况

2010年以来,在一系列促进消费、扩大内需的政策措施激励下,我国纺织服装市场明显回暖,但原材料、能源和用工成本的持续上涨,给纺织服装行业带来了一定影响。总体而言,我国纺织服装行业主要经营指标在2009年的基础上进一步好转,主营业务收入实现快速增长,企业盈利能力得到显著增强。

2010年,长三角地区拥有规模以上纺织服装、鞋、帽制造企业8 045家,比2009年减少62家;完成工业总产值4 739.16亿元,同比增长13.87%;实现主营业务收入4 677.35亿元,同比增长15.66%;全年创造利润总额289.93亿元,同比增长32.39%;利税总额460.02亿元,同比增长29.54%;年末资产总额为3 287.61亿元,同比增长19.68%。

2005-2010年,长三角纺织服装业企业单位数年均增加538家,工业总产值年平均增长速度为14.95%,主营业务收入年均增速为15.20%,利润总额年均增速为20.20%,利税总额年均增速为20.59%,资产总额年均增速为15.51%。

表4-67　长三角纺织服装、鞋、帽制造业发展情况(2005-2010年)

单位:个,亿元,%

年份	企业单位数		工业总产值		利润总额		利税总额		主营业务收入		资产总计	
	数额	增加数	数额	增速	数额	增速	数额	增速	数额	增速	数额	增速
2005	5354	276	2361.46	35.97	115.54	45.50	180.40	41.59	2 305.37	37.11	1 598.67	27.33
2006	5 914	560	2931.00	24.12	145.53	25.96	227.13	25.90	2 857.66	23.96	1 895.22	18.55
2007	6 644	730	3462.00	18.12	165.98	14.05	272.46	19.96	3 382.30	18.36	2 221.29	17.20
2008	7 173	529	3826.97	10.54	176.29	6.21	302.05	10.86	3 724.68	10.12	2 513.47	13.15
2009	8 107	934	4162.00	8.75	219.00	24.23	355.11	17.57	4 043.97	8.57	2 747.01	9.29
2010	8 045	-62	4739.16	13.87	289.93	32.39	460.02	29.54	4 677.35	15.66	3 287.61	19.68

(一)资产运营情况

从资产运营情况来看,2010年长三角纺织服装业年末资产总额为3287.61亿元,同比增长19.68%,负债总额为1 850.41亿元,同比增长19.72%。资产增长速度略低于负债增长速度,使得2010年长三角纺织服装业资产负债率较2009年微升0.01个百分点,达56.28%。其中,上海纺织服装业资产负债率上升最快,2010年上海纺织服装业资产负债率比2009年上升了2.92个百分点,为56.16%;而江苏和浙江两省纺织服装业资产负债率却出现了不同程度下降。2010年,江苏和浙江纺织服装业资产负债率分别为53.99%和58.60%,分别比2009年下降了0.62个百分点和0.31个百分点。

(二)服装鞋帽类上市公司经营分析

2010年,在我国上海证券交易所和深圳证券交易所全部A股上市公司中,长三角共有服装鞋帽类上市公司13家，与2009年长三角纺织服装类上市公司的数量相比没有变化。其中，沪市7家、中小企业板6家。分别为：雅戈尔集团股份有限公司、上海美特斯邦威服饰股份有限公司、宁波杉杉股份有限公司、浙江伟星实业发展股份有限公司、江苏红豆实业股份有限公司、凯诺科技股份有限公司、上海华源企业发展股份有限公司、浙江报喜鸟服饰股份有限公司、黑牡丹（集团）股份有限公司、江苏金飞达服装股份有限公司、上海开开实业股份有限公司、江苏三友集团股份有限公司、宁波宜科科技实业股份有限公司。

1. 经济总量分析

从主营业务收入的增长情况来看，2010年，长三角地区13家服装鞋帽类上市公司合计实现主营业务收入367.37亿元，同比增长25.92%。与2009年比较，2010年长三角纺织服装业主营业务收入增速比2009年同比增速提高了15.42个百分点。在13家服装鞋帽类上市公司中，13家上市公司主营业务收入同比均出现增长。其中，红豆股份、美邦服饰、杉杉股份、伟星股份、宜科科技等5家公司主营业务收入增长最快，同比增幅分别为103.20%、43.76%、33.24%、31.12%和26.50%。从资产总额的增长情况看，13家服装鞋帽类上市公司资产总额合计876.40亿元，同比增长19.15%，负债总额合计531.27亿元，同比增长29.05%。2010年，长三角纺织服装业总体资产负债率为60.62%。

表4－68　长三角13家服装鞋帽类上市公司主要经济指标

单位：万元，%

年份	2009	2010	本年比上年增减
主营业务收入	2 917 436.93	3 673 713.50	25.92
利润总额	547 229.86	699 907.88	27.90
净利润	438 524.94	551 141.76	25.68
资产总额	7 355 707.05	8 764 047.51	19.15
负债总额	4 116 811.59	5 312 743.75	29.05

2. 盈利能力分析

从利润总额增长情况来看，在长三角13家服装鞋帽类上市公司中，9家长三角服装鞋帽类上市公司2010年利润总额同比出现增长。其中，利润总额增幅最大的上市公司为：红豆股份、宜科科技、美邦服饰和伟星股份，同比增幅分别为149.10%、94.33%、63.37%和51.35%。4家上市公司利润总额同比出现下降，降幅较大的上市公司是：华源发展（－223.47%）和金飞达（－67.63%）。

从净利润增长情况来看，2010年，在长三角13家服装鞋帽类上市公司中，9家上市公司净利润同比出现增长，4家上市公司净利润同比出现下降。其中，净利润增长最快的上市公司为：红豆股份、伟星股份，同比增幅分别为130.52%和48.47%。净利润降幅最大的上市公司是：华源发展、金飞达，同比降幅分别为270.27%和63.81%。

从销售毛利率的变化情况来看，有7家上市公司2010年销售毛利率较2009年出现上升，6家上市公司销售毛利率出现下降。在销售毛利率出现上升的公司中，杉杉股份、凯诺科技和报喜鸟3家公司销售毛利率升幅最大，2010年销售毛利率分别比2009年提高了3.29个百分点、3.18个百分点和3.06个百分点。在销售毛利率出现下降的公司中，黑牡丹、雅戈尔、金飞达3家公司销售毛利率下降最快，2010年销售毛利率分别比2009年下降了6.81个百分点、4.80个百分点和4.08个百分点。

表4-69 长三角13家服装鞋帽类上市公司盈利情况(2010年)

单位:万元,%

股票代码	股票简称	主营业务收入		利润总额		净利润	
		数额	同比增幅	数额	同比增幅	数额	同比增幅
002 003	伟星股份	182 932.32	31.12	33 706.03	51.35	25 607.24	48.47
002 036	宜科科技	33 963.08	26.50	2 090.32	94.33	985.90	26.69
002 044	江苏三友	55 431.70	8.72	3 238.72	12.40	2 321.29	22.29
002 154	报喜鸟	125 775.34	15.19	29 365.08	32.82	24 286.00	31.29
002 239	金飞达	41 755.27	3.53	1 305.13	-67.63	1047.71	-63.81
002 269	美邦服饰	750 047.91	43.76	103 381.38	63.37	75 785.23	25.42
600 177	雅戈尔	1 451 359.05	18.20	366 072.33	-10.66	267 217.19	-18.13
600 272	开开实业	86 689.78	0.14	3 258.61	-26.39	2 670.38	-32.40
600 398	凯诺科技	114 642.69	12.78	9 820.14	14.26	8 614.91	8.77
600 400	红豆股份	213 938.04	103.20	10 211.12	149.10	5 946.45	130.52
600 510	黑牡丹	270 090.81	12.75	51 991.44	7.43	39 393.86	8.04
600 757	华源发展	63 036.22	15.20	69 662.21	-223.47	85 192.60	-270.27
600 884	杉杉股份	284 051.29	33.24	15 805.37	24.18	12 073.00	26.87

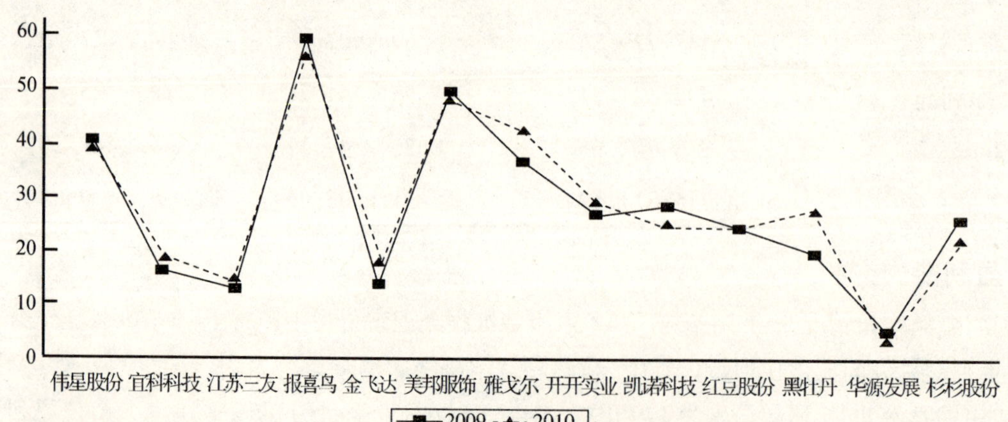

图4-8 长三角13家服装鞋帽类上市公司销售毛利率的变化(2009-2010年)

3. 经营与发展能力分析

存货周转率

在13家服装鞋帽类上市公司中,2010年,江苏三友、伟星股份、开开实业和金飞达等4家上市公司存货周转率最高,分别为7.85%、5.53%、5.45%和5.27%,反映出上述4家公司存货管理水平相对较高。而红豆股份、黑牡丹和雅戈尔等3家公司存货周转率相对较低,分别为0.75%、0.63%和0.52%。

应收账款周转率

在13家服装鞋帽类上市公司中,2010年,雅戈尔和江苏三友2家公司应收账款周转率最高,分别为21.52%和20.40%,表明上述2家公司收帐速度快,资产流动快,偿债能力强。而宜科科技、金飞达等2家公司应收账款周转率相对较低,其2010年应收账款周转率分别为4.76%和4.51%。

总资产周转率

在13家服装鞋帽类上市公司中,2010年,江苏三友、伟星股份和华源发展3家公司总资产周转率最高,其总资产周转率分别为1.26%、1.13%和1.13%,表明上述3家公司总资产周转速度快,销售能力强,资产利用效率高。而黑牡丹和雅戈尔总资产周转率相对较低,分别为0.36%和0.32%。

表4-70　长三角13家服装鞋帽类上市公司三项指标周转率(2010年)

单位:%

股票代码	股票简称	存货周转率	应收账款周转率	总资产周转率
002 003	伟星股份	5.53	11.82	1.13
002 036	宜科科技	3.01	4.76	0.52
002 044	江苏三友	7.85	20.40	1.26
002 154	报喜鸟	1.74	6.51	0.55
002 239	金飞达	5.27	4.51	0.70
002 269	美邦服饰	2.37	10.63	1.07
600 177	雅戈尔	0.52	21.52	0.32
600 272	开开实业	5.45	7.84	0.83
600 398	凯诺科技	4.08	10.48	0.49
600 400	红豆股份	0.75	8.00	0.45
600 510	黑牡丹	0.63	6.08	0.36
600 757	华源发展	--	--	1.13
600 884	杉杉股份	3.58	5.63	0.43

4. 资产负债分析

表4-71　长三角服装鞋帽类上市公司资产负债情况(2010年)

单位:万元,%

股票代码	股票简称	资产总额	负债总额	资产总额增速	负债总额增速	资产负债率	
						2009	2010
002 003	伟星股份	179 581.00	59 673.74	23.94	25.86	32.72	33.23
002 036	宜科科技	66 748.74	14 921.48	4.82	35.05	17.35	22.35
002 044	江苏三友	43 014.27	8 252.03	-3.91	-24.27	24.34	19.18
002 154	报喜鸟	257 866.86	71 416.98	29.52	80.90	19.83	27.70
002 239	金飞达	57 603.30	4 594.44	-7.57	-14.03	8.58	7.98
002 269	美邦服饰	858 671.43	525 582.17	57.52	113.64	45.13	61.21
600 177	雅戈尔	4 826 270.01	3 305 584.86	15.09	25.40	62.86	68.49
600 272	开开实业	109 057.16	75 867.21	10.04	4.19	73.47	69.57
600 398	凯诺科技	241 024.64	42 457.57	7.35	30.73	14.46	17.62
600 400	红豆股份	522 356.59	362 983.90	22.61	25.41	67.94	69.49
600 510	黑牡丹	906 759.14	509 432.52	51.33	119.29	38.77	56.18
600 757	华源发展	9 342.19	9342.19	-91.25	-95.95	215.96	100.00
600 884	杉杉股份	685 752.18	322 634.66	6.02	22.75	40.64	47.05

从资产运营情况来看,在13家服装鞋帽类上市公司中,有9家公司2010年资产负债率比2009年出现上升,4家公司资产负债率出现下降。其中,资产负债率上升最快的公司有:黑牡丹、美邦服饰,2010年资产负债率分别比2009年上升了17.41个百分点和16.08个百分点;资产负债率下降最快的公司是华源发展,2010年资产负债率比2009年下降了115.96个百分点。

对资产负债率水平进行横向比较,2010年资产负债率相对较低的公司有:金飞达(7.98%)、凯诺科技(17.62%)、江苏三友(19.18%)。资产负债率相对较高的公司有:华源发展(100.00%)、开开实业(69.57%)、红豆股份(69.49%)、雅戈尔(68.49%)。

二、上海市纺织服装业基本情况

(一)行业经济总量

2010年,上海市拥有规模以上纺织服装、鞋、帽制造企业957家,比2009年减少202家。全行业实现工业总产值463.41亿元,同比下降0.80%;实现主营业务收入470.64亿元,同比增长2.34%;年末资产总额为413.31亿元,同比增长7.97%,全部从业人员年平均人数达到17.16万人,同比下降22.88%。2005-2010年,上海纺织服装业主营业务收入年均增幅为5.97%,工业总产值年均增幅为5.48%,资产总额年均增幅为10.73%。

表4-72 上海纺织服装、鞋、帽制造业增长情况(2005-2010)

单位:个,亿元,万人

	企业单位数	工业总产值	主营业务收入	利润总额	税金总额	资产总计	从业人员
2005	1 083	354.86	352.11	15.01	8.74	248.26	23.64
2006	1 036	405.72	389.23	19.78	10.00	269.23	22.01
2007	1 039	434.31	424.14	22.29	13.14	298.38	22.25
2008	1 228	471.64	472.55	19.83	16.42	357.35	22.83
2009	1 159	467.14	459.87	28.63	13.54	382.81	22.25
2010	957	463.41	470.64	38.87	18.04	413.31	17.16

(二)行业经济效益

2010年,上海纺织服装业创造的利润总额为38.87亿元,同比增长35.77%;税金总额18.04亿元,同比增长33.22%。2005-2010年,上海纺织服装业利润总额年均增幅为20.96%,税金总额年均增幅为15.60%。

三、江苏省纺织服装业基本情况

(一)行业经济总量

2010年,江苏全省拥有规模以上纺织服装、鞋、帽制造企业3 755家,比2009年增加40家;全年共实现工业总产值2 622.80亿元,同比增长13.91%,其中新产品产值190.42亿元,同比增长4.78%;实现主营业务收入2 591.43亿元,同比增长16.08%;年末资产总额1 432.51亿元,同比增长21.13%。2005-2010年,江苏纺织服装业工业总产值年均增幅为20.07%,主营业务收入年均增幅为20.39%,年末资产总额年均增幅为17.67%。

表 4 - 73　江苏省纺织服装、鞋、帽制造业主要经济指标(2005 - 2010 年)

单位:个,亿元,万人

年份	企业单位数	工业总产值	新产品产值	主营业务收入	资产总计	利润总额	利税总额	从业人员
2005	1 983	1 050.88	54.77	1 024.51	635.09	49.18	74.98	56.63
2006	2 293	1 419.04	66.49	1 392.48	794.23	68.67	106.21	64.14
2007	2 649	1 710.97	117.73	1 671.42	915.21	76.53	127.21	70.93
2008	2 717	1 909.62	143.54	1 854.79	1 009.79	85.09	140.97	71.22
2009	3 715	2 302.53	181.73	2 232.46	1 182.66	111.40	185.52	82.22
2010	3 755	2 622.80	190.42	2 591.43	1 432.51	147.78	237.81	82.63

(二)行业经济效益

1. 企业亏损面下降

2010 年,江苏省纺织服装业企业亏损率达到9.96%,比2009 年下降2.34 个百分点,为近年来最好水平。

2. 企业盈利显著提升

2010 年,江苏纺织服装业实现利润总额 147.78 亿元,同比增长 32.66%,比 2009 年增速提高1.74 个百分点;利税总额 237.81 亿元,同比增长 28.19%,比 2009 年增速提高 12.74 个百分点。

3. 三项利税指标稳步上升

2010 年,江苏纺织服装业的产值利税率、销售利税率和资金利税率分别达到 9.07%、9.18% 和 20.12%。与 2009 年相比,2010 年三项利税率指标均出现上升,上升幅度分别为 1.01 个百分点、0.87 个百分点和 1.63 个百分点。

4. 产品销售率继续上升

2010 年,江苏省纺织服装、鞋、帽制造业产品销售率在 2009 年的基础上进一步上升,达到 98.29%,比 2009 年水平提高了 0.05 个百分点。

5. 企业流动资产周转速度有所放缓

2010 年,江苏省纺织服装、鞋、帽制造企业流动资产周转次数为 3.08 次/年,比 2009 年水平减少 0.04 次/年。

表 4 - 74　江苏省纺织服装、鞋、帽制造业主要经济效益指标(2005 - 2010 年)

单位:%,次/年

年份	2005	2006	2007	2008	2009	2010
企业亏损面	15.48	11.86	12.80	15.57	12.30	9.96
产值利税率	7.14	7.48	7.43	7.38	8.06	9.07
销售利税率	7.32	7.63	7.61	7.60	8.31	9.18
资金利税率	14.24	16.32	16.36	20.02	18.49	20.12
成本费用利润率	5.05	5.19	4.83	4.85	5.30	6.10
资产负债率	57.66	56.21	54.36	55.05	54.61	53.99
流动资产周转次数	2.80	3.03	3.04	3.11	3.12	3.08
产品销售率	98.12	98.42	97.97	97.88	98.24	98.29

四、浙江省纺织服装业基本情况

(一)行业经济总量

2010 年,浙江省拥有规模以上纺织服装、鞋、帽制造企业数量 3 333 家,比 2009 年增加 100 家;全年完成工业总产值 1 652.95 亿元,同比增长 18.68%;主营业务收入 1 615.28 亿元,同比增长 19.51%;年末资产总额达到 1 441.79 亿元,同比增长 22.03%。2005 - 2010 年,浙江省纺织服装业工业总产值年平均增长速度为 11.58%,主营业务收入年均增速为 11.70%,年末资产总额年均增速为 15.05%。

表 4 - 75　浙江省纺织服装、鞋、帽制造业主要经济指标(2005 - 2010 年)

单位:个,亿元

	企业单位数	工业总产值	主营业务收入	利润总额	利税总额	资产总计
2005	2 288	955.72	928.75	51.35	81.67	715.32
2006	2 585	1 106.46	1 075.95	57.08	91.14	831.76
2007	2 956	1 317.04	1 286.74	67.16	109.82	1 007.70
2008	3 228	1 445.71	1 397.34	71.37	124.83	1 146.33
2009	3 233	1 392.76	1 351.64	78.85	127.42	1 181.54
2010	3 333	1 652.95	1 615.28	103.28	165.30	1 441.79

(二)行业经济效益

1. 企业盈利能力显著增强。

2010 年,浙江省规模以上纺织服装、鞋、帽制造企业创造的利润总额为 103.28 亿元,同比增长 30.98%,比 2009 年增速提高 20.5 个百分点;实现利税总额 165.30 亿元,同比增长 29.73%,比 2009 年增速提高 27.66 个百分点。

2. 行业利税率大幅提高。

2010 年,浙江省规模以上纺织服装、鞋、帽制造企业"每百元固定资产原值实现利税"、"每百元主营业务收入实现利税"分别为 36.40 元和 10.23 元,比 2009 年分别提高了 4.87 元和 0.80 元。

3. 产品销售率略有下降。

2010 年,浙江省纺织服装、鞋、帽制造业产品销售率为 97.66%,比 2009 年微降 0.03 个百分点。

表 4 - 76　浙江省纺织服装、鞋、帽制造业主要经济效益指标(2005 - 2010 年)

单位:元,%,次/年,元/人

年份	2005	2006	2007	2008	2009	2010
每百元资金实现利税	13.62	13.10	13.13	13.17	- -	- -
每百元固定资产原值实现利税	31.33	31.63	31.88	31.34	31.53	36.40
每百元主营业务收入实现利税	8.79	8.47	8.53	8.93	9.43	10.23
产品销售率	97.68	97.73	98.37	96.93	97.69	97.66
流动资金周转次数	2.25	2.20	2.18	2.09	- -	- -

十一　长三角房地产业

一、长三角地区房地产业发展情况综述

(一)全国房地产市场发展情况

2010年是房地产宏观调控政策密集出台的一年。自2010年4月17日《国务院办公厅关于促进房地产市场平稳健康发展的通知》发布以来,为贯彻落实《国务院办公厅关于促进房地产市场平稳健康发展的通知》,住房城乡建设部、国土资源部、中国人民银行、中国银行业监督管理委员会等有关部委以及各级地方政府陆续出台了一系列宏观调控措施。在宏观调控政策的影响下,我国房地产市场较上年出现了许多新的变化。据统计,2010年,全国房地产开发投资48267亿元,同比增长33.18%;全国房地产开发企业完成房屋施工面积40.55亿平方米,同比增长26.57%;房屋新开工面积16.38亿平方米,同比增长40.69%;房屋竣工面积7.60亿平方米,同比增长4.57%;商品房销售面积10.43亿平方米,同比增长10.07%。2010年12月份,全国70个大中城市房屋销售价格同比上涨6.4%,为2010年5月份以来连续8个月同比实现上涨。

(二)长三角房地产市场发展情况

2010年,长三角两省一市累计完成房地产开发投资9305.49亿元,同比增长31.86%;房屋施工面积70183.79万平方米,同比增长17.27%;房屋竣工面积14753.36万平方米,同比增长2.51%;商品房销售面积16357.53万平方米,比2009年下降2801.25万平方米,同比降幅为14.62%。2010年,长三角房地产开发投资占全国房地产开发投资的比重为19.28%,比2009年水平下降0.19个百分点。长三角房屋施工面积、竣工面积、销售面积占全国的比重分别为17.31%、19.41%和15.68%,比2009年水平分别下降3.11个百分点、0.39个百分点和4.54个百分点。

表4-77　长三角房地产业发展情况(2005-2010年)

单位:亿元,万平方米,%

年份	房地产开发投资		房屋施工面积		房屋竣工面积		商品房销售面积	
	数额	增速	数额	增速	数额	增速	数额	增速
2005	4 248.50	11.85	41 733.39	16.48	12 726.66	16.62	11 600.26	19.36
2006	4 756.58	11.96	47 017.08	12.66	13 085.25	2.82	12 671.51	9.23
2007	5 645.11	18.68	52 358.42	11.36	13 821.00	5.62	15 835.28	24.97
2008	6 454.45	14.34	57 852.14	10.49	13 637.80	-1.33	10 700.58	-32.43
2009	7 056.95	9.33	59 848.18	3.45	14 391.60	5.53	19 158.78	79.04
2010	9 305.49	31.86	70 183.79	17.27	14 753.36	2.51	16 357.53	-14.62

从纳入国家统计范畴的9个长三角城市的房屋销售价格指数变化情况来看,2010年度除了1~4月份长三角9市房屋销售价格指数出现短暂上升外,从5月份开始,长三角9市房屋销售价格指数总体呈现出逐月下滑的态势。截至2010年12月份,上海、南京、杭州、宁波、无锡、扬州、徐州、温州和金华等9市房屋销售价格当月同比增幅分别为2.2%、1.2%、0.5%、0.8%、2.5%、4.2%、2.0%、8.8%和6.5%。

表 4-78　长三角主要城市房屋销售价格指数(2010 年)

	1 月份	2 月份	3 月份	4 月份	5 月份	6 月份	7 月份	8 月份	9 月份	10 月份	11 月份	12 月份
上海	108.8	109.0	110.7	111.6	110.9	108.2	106.8	106.0	105.4	104.2	103.2	102.2
南京	110.4	110.7	111.7	112.3	111.2	109.2	107.0	105.7	105.1	103.8	102.4	101.2
杭州	112.7	113.4	113.9	117.1	115.5	114.5	112.6	108.9	107.2	105.3	102.4	100.5
宁波	108.0	108.0	108.1	108.6	107.2	104.9	103.3	106.5	105.7	104.3	102.7	100.8
无锡	105.6	106.0	106.1	106.2	106.0	105.7	104.8	104.7	104.6	104.1	103.1	102.5
扬州	105.5	106.0	106.5	106.8	107.0	106.8	106.7	105.6	105.0	105.2	104.7	104.2
徐州	104.4	105.6	107.3	107.5	107.4	107.1	107.0	106.5	105.7	105.1	102.9	102.0
温州	115.7	116.5	117.4	121.8	119.2	115.9	114.9	114.3	114.0	112.2	110.6	108.8
金华	113.4	113.6	116.2	118.9	117.7	114.4	111.5	109.2	109.2	108.0	107.4	106.5

从房地产开发企业融资渠道来看,2010 年长三角房地产开发企业资金来源结构出现的最大变化是"自筹资金"占房地产开发资金的比重出现较大上升,而"其他资金"占房地产开发资金的比重则下降较快。2010 年,长三角"自筹资金"占房地产开发资金的比重为 26.29%,"其他资金"占房地产开发资金的比重为 52.33%。与 2009 年相比,2010 年长三角"自筹资金"比重上升了 6.36 个百分点,而"其他资金"比重则下降了 7.53 个百分点。究其原因,"其他资金"比重的下降主要是由于商品房销售面积在 2010 年出现大幅下降。商品房销量的下降,导致以"住房按揭贷款"为主要组成部分的"其他资金"增速远小于"自筹资金"、"国内贷款"等的增长幅度。

表 4-79　长三角房地产开发企业资金来源(2005-2010 年)

单位:亿元,%

年份	本年资金来源小计	国内贷款		利用外资		自筹资金		其他资金	
	数额	数额	比重	数额	比重	数额	比重	数额	比重
2005	5 968.86	1 309.62	21.94	80.22	1.34	1 576.56	26.41	3 002.47	50.30
2006	7 200.30	1 615.08	22.43	126.47	1.76	1 791.19	24.88	3 667.56	50.94
2007	9 639.81	1 940.58	20.13	195.34	2.03	2 210.66	22.93	5 293.23	54.91
2008	9 275.49	2 143.39	23.11	202.09	2.18	2 671.81	28.81	4 258.22	45.91
2009	13 936.68	2 719.75	19.52	96.40	0.69	2 778.26	19.93	8 342.28	59.86
2010	16 703.23	3 358.83	20.11	212.77	1.27	4 391.15	26.29	8 740.48	52.33

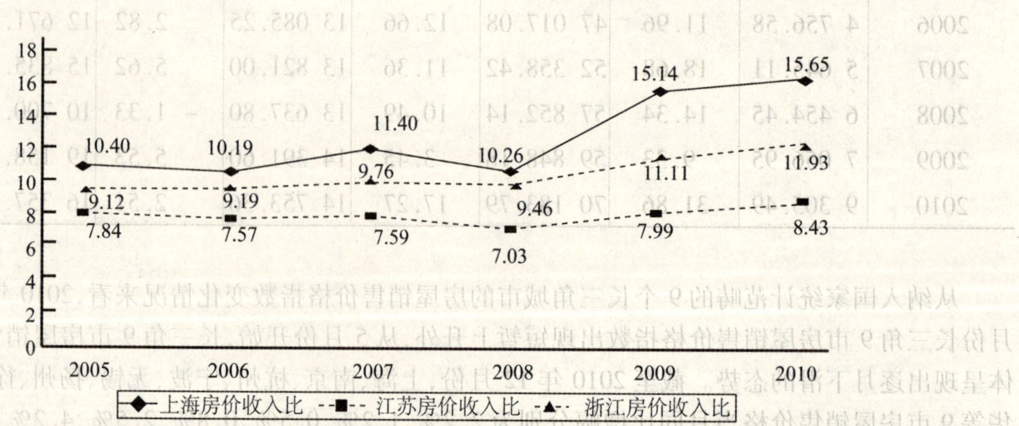

图 4-9　沪浙苏房价收入比的变动(2005-2010 年)

二、长三角地区两省一市房地产业发展基本情况

(一)上海市

1.房地产开发投资增速迅猛

2010年,上海市房地产开发投资增速大幅提高,全年完成房地产开发投资额1 980.68亿元,同比增长35.28%,是1998年房改以来的最快增长速度。在房地产开发投资总额中,住宅类开发投资1 229.83亿元,同比增长33.87%;办公楼开发投资224.46亿元,同比增长18.67%;商业营业用房开发投资244.70亿元,同比增长32.20%;其他类开发投资281.69亿元,同比增长64.49%。在住宅开发投资中,别墅、高档公寓的开发投资额为373.67亿元,同比增长51.58%。

2.房屋施工面积同比上涨,竣工面积继续下降

2010年,上海市完成房屋施工面积11 295.03万平方米,同比上涨13.39%,为2007年以来首次出现增长。房屋竣工面积1 941.25万平方米,比2009年下降163.73万平方米,同比降幅为7.78%。2008－2010年,上海市房屋竣工面积已连续三年呈下降态势,但年度降幅呈现出逐年缩小趋势。

3.商品房销售面积大幅下降

2010年,上海市累计销售商品房2 055.53万平方米,是2003年以来的最低水平。与2009年比较,2010年上海商品房销售面积下降了1 316.92万平方米,同比降幅为39.05%,为1998年房改以来的最大降幅。

表4－80　上海市房地产业发展情况(2005－2010年)

单位:亿元,万平方米,%

	房地产开发投资		房屋施工面积		房屋竣工面积		商品房销售面积	
	数额	增速	数额	增速	数额	增速	数额	增速
2005	1 246.86	6.07	10 462.39	10.34	3 095.74	－10.09	3 158.87	－ 9.46
2006	1 275.59	2.30	10 938.75	4.55	3 274.27	5.77	3 025.40	－ 4.23
2007	1 307.53	2.50	10 766.72	－ 1.57	3 380.12	3.23	3 694.96	22.13
2008	1 366.87	4.54	10 390.67	－ 3.49	2 475.04	－26.78	2 296.12	－37.86
2009	1 464.18	7.12	9 961.60	－ 4.13	2 104.98	－14.95	3 372.45	46.88
2010	1 980.68	35.28	11 295.03	13.39	1941.25	－ 7.78	2 055.53	－39.05

4.商品房销售价格继续上涨

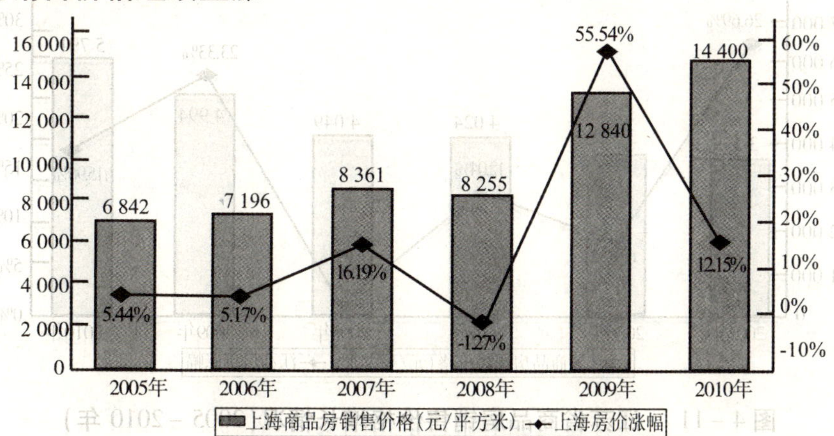

图4－10　上海市商品房销售价格增长情况(2005－2010年)

在商品房销售面积出现下滑的同时,上海市房价却继续保持上涨态势。虽然2010年上海市房价上涨速度比2009年水平出现了大幅回落,但仍然保持了两位数的较快增长速度。2010年全年,上海市商品房平均销售价格为14400元/平方米,同比上涨12.15%。

(二)江苏省

1.房地产开发投资增速加快

2010年,江苏省房地产开发投资实现快速增长,全年完成房地产开发投资4 299.38亿元,同比增长28.78%,比2009年增速高19.84个百分点。在房地产开发投资总额中,住宅类开发投资3 158.46亿元,同比增长30.31%;办公楼开发投资154.61亿元,同比增长18.10%;商业营业用房开发投资611.08亿元,同比增长19.64%;其他类开发投资375.23亿元,同比增长37.44%。

2.房屋施工面积增速加快,竣工面积增速下降

2010年,江苏全省完成房屋施工面积35106.90万平方米,同比增长17.20%,较2009年增速上升了10.94个百分点。与施工面积的快速增长形成鲜明对比的是,2010年江苏房屋竣工面积的增长速度却出现了大幅回落,全年完成房屋竣工面积8696.28万平方米,同比增速仅为3.00%,比2009年水平下降了22.93个百分点。

表4-81 江苏省房地产业发展情况(2005-2010年)

单位:亿元,万平方米,%

	房地产开发投资		房屋施工面积		房屋竣工面积		商品房销售面积	
	数额	增速	数额	增速	数额	增速	数额	增速
2005	1 545.15	21.69	15 619.26	26.82	5 500.12	40.80	5 135.55	61.55
2006	1 906.71	23.40	19 108.25	22.34	5 933.51	7.88	6 101.15	18.80
2007	2 515.91	31.95	23 221.55	21.53	6 340.75	6.86	7 598.35	24.54
2008	3 064.46	21.80	28 188.14	21.39	6 704.50	5.74	5 412.26	-28.77
2009	3 338.50	8.94	29 953.89	6.26	8 442.80	25.93	10 248.20	89.35
2010	4 299.38	28.78	35 106.90	17.20	8 696.28	3.00	9 485.47	- 7.44

3.商品房销售面积同比下降,商品房销售价格继续上涨

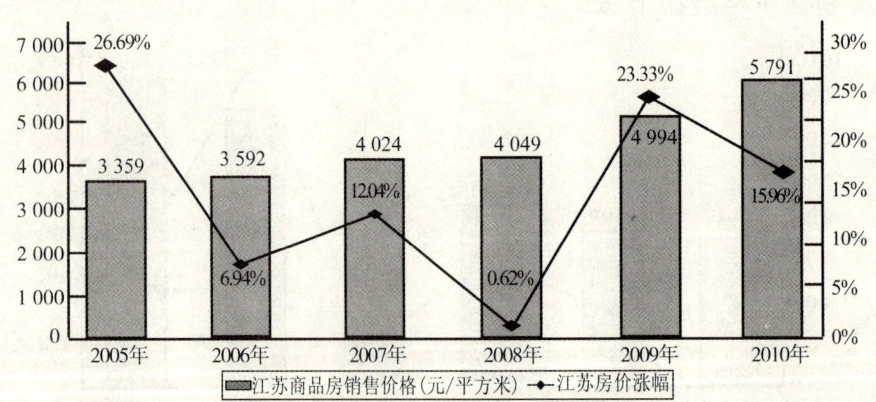

图4-11 江苏省商品房销售价格增长情况(2005-2010年)

从商品房销量的变动情况来看,2010年,江苏省实现商品房销售面积9 485.47万平方米,比2009年下降了762.73万平方米,同比降幅为7.44%。

从商品房销售价格的增长情况来看,2010 年江苏省商品房平均销售价格为 5 791 元/平方米,同比上涨 15.96%。从房价的绝对水平来看,江苏省房价依然低于上海和浙江水平。但是从房价的同比涨幅来看,2010 年江苏房价同比涨幅要高于上海 3.81 个百分点、低于浙江 2.80 个百分点。

4. 中小户型房比重依然过低

一般而言,为数众多的中等收入阶层受收入水平的制约,往往倾向于购买中小户型、中低价位房。然而,从江苏省房地产市场的实际供应结构来看,比重最大的反而是 140 平方米以上的大户型房,进而导致在商品房销售市场,大户型房销售面积占住宅销售面积的比重也大于中小户型占住宅销售面积的比重。从投资结构来看,2010 年,江苏省住宅开发投资总额为 3 158.46 亿元。其中,90 平方米以下中小户型住宅和 140 平方米以上大户型住宅投资额分别为 733.15 亿元和 744.76 亿元,占住宅开发投资总额的比重分别为 23.21% 和 23.58%。两相比较,中小户型住宅投资比重比大户型投资比重低 0.37 个百分点。

从销售结构来看,2010 年,江苏省住宅销售面积为 8 112.37 万平方米。其中,90 平方米以下中小户型住宅和 140 平方米以上大户型住宅销售面积分别为 1 583.11 万平方米和 1 816.86 万平方米,占全部住宅销售面积的比重分别为 19.51% 和 22.40%。两相比较,中小户型住宅销售面积占比低于大户型销售面积占比 2.89 个百分点。

表 4－82　江苏省住宅开发投资与销售结构(2010 年)

单位:亿元、万平方米

项目 / 类别	投资完成额		销售面积	
	数额	占住宅的比重	数额	占住宅的比重
住宅	3 158.46	-	8 112.37	-
其中:90 平方米以下	733.15	23.21%	1583.11	19.51%
140 平方米以上	744.76	23.58%	1816.86	22.40%
经济适用房屋	98.94	3.13%	315.2	3.89%

(三)浙江省

1. 房地产开发投资增速加快

2010 年,浙江省房地产开发投资增速大幅提高,全年房地产开发投资额为 3 025.43 亿元,同比增长 34.21%,是近 10 年以来仅次于 2003 年(34.47%)和 2004 年(38.06%)的第三高增长速度。从房地产开发投资的类别来看,住宅类开发投资 2058.19 亿元,同比增长 30.16%,办公楼开发投资 192.99 亿元,同比增长 31.05%,商业营业用房开发投资 356.36 亿元,同比增长 41.98%,其他类开发投资 417.88 亿元,同比增长 52.13%。在住宅开发投资中,别墅、高档公寓投资额为 186.40 亿元,同比增长 35.68%。

2. 房屋施工面积与竣工面积增速加快

2010 年,浙江省累计完成房屋施工面积 23 781.86 万平方米,同比增长 19.31%。2010 年房屋施工面积增速比 2009 年增速提高 15.89 个百分点。从房屋竣工面积的增长情况来看,2010 年浙江省累计完成商品房竣工面积 4 115.83 万平方米,同比增长 7.08%。由于 2009 年房屋竣工面积出现了 13.78% 的降幅,2010 年房屋竣工面积增速比 2009 年水平提高 20.86 个百分点。

3. 商品房销售面积下降,商品房销售价格大幅上扬

从商品房销售面积的变化情况来看,2010 年,浙江省累计完成商品房销售面积 4 816.53 万平方米,比 2009 年下降 721.6 万平方米,同比降幅为 13.03%。

从商品房销售价格的增长情况来看,2010年,浙江省商品房平均销售价格为9 249元/平方米,同比涨幅为18.76%。2010年浙江省房价增速虽然比2009年增速下降了5.61个百分点。但是与同期上海和江苏相比,2010年浙江房价增幅分别高于同期上海和江苏房价增幅6.61个百分点和2.80个百分点。

表4-83　浙江省房地产业发展情况(2005-2010年)

单位:亿元,万平方米,%

	房地产开发投资		房屋施工面积		房屋竣工面积		商品房销售面积	
	数额	增速	数额	增速	数额	增速	数额	增速
2005	1 456.49	7.64	1 5651.74	11.56	4 130.80	15.91	3 305.84	8.34
2006	1 574.28	8.09	16 970.08	8.42	3 877.47	-6.13	3 544.96	7.23
2007	1 821.67	15.71	18 370.15	8.25	4 100.13	5.74	4 541.97	28.12
2008	2 023.12	11.06	19 273.33	4.92	4 458.26	8.73	2 992.20	-34.12
2009	2 254.27	11.43	19 932.69	3.42	3 843.82	-13.78	5 538.13	85.09
2010	3 025.43	34.21	23 781.86	19.31	4 115.83	7.08	4 816.53	-13.03

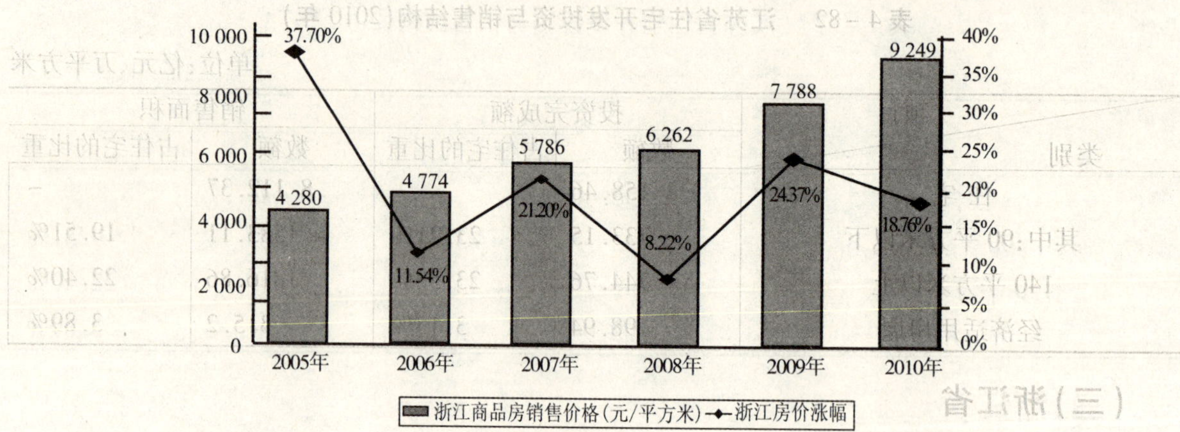

图4-12　浙江省商品房销售价格增长情况(2005-2010年)

4.居民购房压力加大

在房价快速上涨的背后是居民购房压力的增加。居民住房消费能力通常用"房价收入比"进行衡量。按照世界银行提出的标准,发达国家的房价收入比一般在1.8~5.5倍之间,发展中国家的房价收入比一般在4~6倍之间。一般认为,当一个地区房价收入比超过5的时候,通常认为该城市房屋购买力"极低";当一个地区房价收入比超过6的时候,则被称为房地产泡沫区;当一个地区房价收入比超过7以后,就会被世界上公认为"国际房价最难承受地区"。2009年以来,浙江省房价收入比逐年增加。截至2010年,浙江房价收入比为11.93倍,而同期上海和江苏房价收入比分别为15.65倍和8.43倍。从房价收入比的变化来看,2010年浙江房价收入比较2009年水平提高0.82倍,而同期上海、江苏房价收入比仅提高0.51倍和0.44倍。这表明,由于2010年浙江房价的大幅上扬,导致了浙江居民购房压力增加幅度要高于上海和江苏。

5.非公有制企业在房地产开发投资的支柱地位增强

在浙江省房地产开发投资中,内资企业特别是非公有制企业是浙江省房地产开发投资的主体。2010年,浙江省完成房地产开发投资额3025.43亿元。按登记注册类型分,内资房地产企业开发投资额为2780.56亿元,港澳台商开发投资额为117.85亿元,外商开发投资额为127.01亿元,占全省房地

产开发投资的比重分别为91.91%、3.90%和4.20%。与2009年比较,内资房地产开发企业开发投资额比重上升了0.87个百分点,港澳台房地产开发企业投资额比重下降了0.82个百分点,外资房地产开发企业投资额比重下降了0.05个百分点。

进一步分析,2010年,在内资房地产开发企业中:

浙江省公有制企业(国有、集体企业)房地产开发投资额分别为:国有企业开发投资额为57.04亿元,集体企业开发投资额为13.45亿元,股份合作企业开发投资额为4.87亿元,国有联营企业开发投资额为4.90亿元,国有与集体联营企业开发投资额为0.30亿元,国有独资企业开发投资额为47.75亿元;

浙江省非公有制企业房地产开发投资额分别为:其他有限责任公司开发投资额为1453.93亿元,股份有限公司开发投资额为83.97亿元,私营房地产开发企业开发投资额为1097.21亿元,其他企业房地产开发投资额为17.44亿元。依此计算,上述公有制房地产开发企业合计开发投资额为128.31亿元,合计占全省房地产开发投资额的比重为4.24%。非公有制企业合计开发投资额为2652.55亿元,非公有制企业合计占全省房地产开发投资额的比重为87.67%,比2009年水平提高了3.38个百分点。这表明非公有制企业在房地产开发投资中的支柱地位进一步增强。

十二　长三角 IT 业

一、长三角 IT 业

2010 年,长三角地区信息化合作取得很大进展,合作意识得到增强,合作理念逐步树立。区域信息化和信息产业管理部门间的沟通与协调机制初步建立,实现了由对话型合作向项目型合作的转变。企业间交往频繁,行业协会和民间团体间的联谊活动逐渐增加。长三角地区在信息技术研究、信息资源共享、信息系统互联互通等方面迈出了实质性的合作步伐。多方关注、共同参与、不断创新的区域合作局面初步形成。

长三角地区信息化整体水平通过“十一五”期间的持续推进已经处于国内领先地位,但与发达国家城市地区相比,仍然存在较大差距,区域内在信息基础网络设施、信息技术应用、信息产业发展等领域的数字鸿沟依然存在,区域信息化合作的深度和广度都还有较大的拓展空间。未来长三角区域社会经济率先协调发展在客观上需要开展区域信息化的合作,社会经济领域的合作对区域信息化合作的互馈效应也将进一步增强。长三角区域内三省可以把握国际信息化发展方向,遵循国家信息化发展战略,以全球化的视野,从区域整体发展要求出发,进一步完善区域信息化合作机制,克服行政区划形成的合作阻碍,在战略和政策层面营造一个资源共享、技术携手、优势互补、互惠共赢的区域信息化协同发展环境,推动企业有效参与全球经济竞争,抢占全球信息化制高点。据统计,2010 年长三角电子信息产业工业总产值为 21 919.46 亿元。

二、上海 IT 业情况分析

(一)总体情况分析

上海信息化基础设施和信息化应用日益完备,截至 2010 年,上海电子信息产业工业总产值为 7 022.46亿元,信息产业总收入接近 9 000 亿元,电子商务交易额超过 3 600 亿元。上海信息化建设已经具备更完备的基础设施,更发达的产业体系,更全面的信息技术应用格局和更完善的信息化发展环境。截至 2010 年,上海城域网出口宽带已达到 TB 级,移动电话普及率超过 110%。2010 年,上海百余个企业信息化重大项目顺利启动实施,带动企业投资逾 30 亿元。同时,上海以市场化方式搭建了一系列面向中小企业的信息化公共平台,如 2009 年启动的电子商务“双推”工程通过扶持和鼓励电子商务平台企业的方式,有效推动了近 6 000 家中小企业应用电子商务。

表 4－84　　2010 年上海市信息服务业经营情况

指 标	单 位	2009 年	2010 年
信息服务业经营收入	亿元	1 700.03	1 978.51
计算机服务及软件业	亿元	965.77	1 145.10
信息服务业从业人员	万人	29.42	31.20
计算机服务及软件业	万人	21.84	23.25

表4－85　　上海市信息产品制造业主要指标（2010年）

指 标	工业总产值	工业销售产值	年末资产总计	主营业务收入	利润总额	税金总额
总 计	7 022.46	6 953.06	3 902.88	7 168.66	209.22	28.25
通信设备制造	757.60	749.83	574.61	770.69	26.80	1.07
雷达及配套产品制造	0.67	0.91	1.06	0.90	0.09	0.10
广播电视设备制造	13.27	12.98	10.59	13.29	1.33	0.15
电子计算机制造	3 868.91	3 834.38	1 077.11	3 965.21	28.45	1.48
家用视听设备制造	236.40	233.96	108.92	241.66	2.98	0.34
电子测量仪器制造	140.87	140.55	121.56	145.59	18.59	3.67
电子专用设备制造	169.38	165.70	190.60	178.63	15.62	5.10
电子元件制造	612.37	605.87	527.98	614.16	53.25	5.79
电子器件制造	604.55	591.01	756.80	593.30	35.69	3.75
集成电路制造	347.57	342.62	513.73	344.75	26.67	3.58
电子机电产品制造	578.66	576.88	485.51	605.77	21.09	6.34
电子专用材料制造	39.79	40.99	48.15	39.46	5.32	0.45

（二）上海信息产业发展的主要问题

1.政府需求推动具有初始动力作用，但不能作为上海信息产业发展的长远思路

上海信息产业发展中基本上依靠两个方面的动力，一是引进技术，二是政府需求拉动。上海对于信息化建设投入了大量的资金，这给上海本地的信息企业创造了很好的发展条件，不少企业就是在为政府信息化和社会信息化服务过程中发展起来的，这同上海在进行城市面貌“三年大变样”过程中培养出一批城市建设企业是同样的道理。但这已经衍生出新的问题，因为这类企业几乎都是从规模较小的时候就在政府的支持下，其所经受的市场洗礼似乎不够，有些企业在为政府服务获得成功以后有了等、靠、要的思想，没有投入足够的力量将自己在为上海信息化服务过程中提供的产品和服务推向更为广阔的市场。此外，上海信息化过程虽然已经培养出了一批优秀的企业，但这些企业因为有政府订单的稳定来源，创新与竞争动力不足，对一些初步成熟的技术不能及时变为产品，占领市场，最终丧失了机会。

2.信息产品制造业群体已经形成，但上下游产业明显偏弱，信息产业体系不完整

虽然上海信息产业已经形成一个较为完整的产业体系，但上海离这个目标还有不小的距离。因为从上海信息产业的构成看，信息制造业占有绝对主导地位，而且随着今后若干大项目的建设，这一特点将更为突出。所以，上海信息产业如果说已经形成完整体系的话，只是指信息制造业已经形成体系，而其他信息产业的发展显得相对落后。

3.依靠体制内企业和引进外资发展信息产业的道路需要进一步拓宽

上海信息产业发展中技术更新走的基本上是两条路子，一是引进，二是大型企业集团开发，它们也是目前世界上较为通行的信息产业发展方式，但绝不仅仅只有这两条路子，上海目前还未发展出的第三条道路即依靠中小企业和民间创新发展信息产业，这条路子是世界上许多企业形成具有强大竞争力的信息产业必然要走过的道路。引进技术是顺应全球化过程中跨国公司全球一体化生产体系布

局调整的必然结果,引进的项目大多属于跨国公司生产体系中成本密集型的环节,即这种生产对于成本十分敏感,而技术则由母公司开发。这种项目向产业链后拓展的空间较大(如台湾的板卡),前向空间几乎不存在。而企业集团的开发虽然可以投入巨资,搞大项目攻关,但企业集团由于体制问题仍然需要理顺,研究开发中的一系列激励措施还需要重新制定,而且企业内部组织架构仍然是偏于陈旧,所以要真正形成很有竞争力的产品仍然需要一定的周期。因此,信息产业中最具有活力的实际上是小型企业和民间创新,而大型企业集团主要是依靠收购民间创新的成果加以发挥、培养,只有这样操作才会形成一种良性发展的机制。所以,上海发展信息产业目前最需要的是拓宽民间创新的道路,提高全社会的创新活力。

4. 社会创新氛围不够,没有形成一种创业的环境与气氛

比较全国和世界上一些信息产业发展较快的地区,可以发现,上海的基础条件很好,特别是上海拥有强大的传统产业基础,生产制造能力强大,产业工人的素质较高,金融、服务体系较为完备。但需要看到的是,信息产业的发展并不同于传统产业,制造业水平高低并不是决定一个国家、一个地区信息产业发展前途的决定因素。在全球经济一体化的今天,制造业只是信息产业生产环节中成本环节的一环,并不是信息产业真正的盈利与发展点所在,发展点只有研究与开发。

像上海这样一个拥有大量人才资源并对全国人才具有很强吸引力的地区,如果只以信息产品制造业作为发展方向,就意味着没有充分利用上海的优势,或者没有认识到上海的优势。上海信息产业创新能力并不强,主要是社会创新氛围相对较差,这虽然受到体制、文化背景等影响,但最主要的还是政府比较注重大项目的发展,而对民间创新,对于中小企业的发展没有投入同等的关注。可以说,这是影响上海创新环境的主要因素。不能有效培养出社会创新能力,城市的综合竞争力也就会大打折扣。

(三)政策措施

1. 制定推进信息服务业发展的政策

根据技术进步和国际产业发展趋势,以落实国家即将出台的新18号文件、《软件和集成电路促进条例》和《促进信息服务业发展的若干政策》为重点,做好地方政策措施的衔接和配套。目前,重点是制定《促进上海信息服务业发展的若干意见》,进一步强化中心城区、产业基地推进信息服务业发展的主导地位和积聚辐射效应,分类指导,梯次推进,避免区县之间相互攀比、重复雷同问题,加快形成全市信息服务业协调发展的良好局面。

2. 加大专项资金支持力度

“市现代服务业引导资金”要重点支持信息服务业发展,主要用于支持信息服务业的关键共性技术、服务产品的开发以及产业化;支持产业基地、园区和公共技术服务平台建设;支持国家和市级重大项目建设;支持品牌培育、标准制订等产业环境建设等。

“市宣传文化发展专项资金”要支持动漫产业发展,主要用于支持优秀动漫原创产品的创作生产、民族民间动漫素材库建设,以及建立动漫公共技术服务体系等动漫产业链发展的关键环节。

发挥“市软件和集成电路产业发展专项资金”的引导作用,重点支持软件产业基地建设、重大软件项目研发、软件技术成果转让和产业化。

3. 发挥现有税收优惠政策的引导作用

2008年1月1日之后完成登记注册的信息服务业企业,经认定为高新技术企业的,自取得第一笔生产经营收入所属纳税年度起,第一年至第二年免征企业所得税,第三年至第五年按照25%的法定税率减半征收企业所得税。(国家给予浦东新区政策)

信息服务业企业的技术开发费用,在按规定实行 100% 扣除的基础上,允许再按当年实际发生额的 50% 在企业所得税税前加计扣除。企业年度实际发生的技术开发费用当年不足抵扣的部分,五年内可在企业所得税应纳税所得额中结转抵扣。(国家科技政策 60 条)

信息服务业企业用于研究开发的仪器和设备,单位价值在 30 万元以下的,可一次或分次计入成本费用,在企业所得税税前扣除;其中达到固定资产标准的应单独管理,不再提取折旧;单位价值在 30 万元以上的,允许采用双倍余额递减法或年数总和法实行加速折旧。(国家科技政策 60 条)

信息服务业企业进行技术转让,以及在技术转让过程中发生的与技术转让有关的技术咨询、技术服务、技术培训的所得,年净收入在 30 万元以下的,暂免征收企业所得税。(广东做法)

符合国家规定的动漫企业自主开发、生产动漫产品,可申请享受国家现行鼓励软件产业发展的有关增值税、所得税优惠政策。(国家政策)

动漫企业自主开发、生产动漫产品涉及营业税应税劳务的(除广告业、娱乐业外),暂减按 3% 的税率征收营业税。(国家政策)

新创办软件企业经认定后,自获利年度起,享受企业所得税“两免三减半”的优惠政策。(国务院 18 号文件)

对增值税一般纳税人销售其自行开发生产的软件产品,按国家规定,对其增值税实际税负超过 3% 的部分,实行即征即退。(国务院 18 号文件)

对开发出具有自主知识产权的软件设计人员的奖励,免征个人所得税。(市政府 54 号文件)

上述税收政策,如遇国家政策调整,按新规定执行。

4. 积极拓宽投融资渠道

制订《上海市信息服务业发展投资指导目录》,明确鼓励、允许、限制和禁止投资的项目和领域,引导资本投向。支持金融机构对鼓励发展的项目予以重点支持,对产业基地、公共平台、产学研项目建设和关键共性技术产业化等加大扶持力度。以企业为主体,完善中小企业行业担保机制,为中小型信息服务业企业提供融资担保。完善风险投资机制,鼓励、支持国内外风险投资基金投向信息服务业。风险投资公司投资信息服务业的项目或产品,在本市累计投资额超过其公司注册资本 60% 的,享受高新技术企业政策;不到 60% 的,按其投资额占其公司注册资本的比例享受相应的高新技术企业政策。大力支持信息服务业企业在国内主板和中小企业板上市。

5. 加快产业基地和产业园区建设

坚持“统筹规划,科学引导,合理布局,错位发展,分工有序,特色鲜明,资源共享,优势互补,协作发展”的原则,以浦东综合改革为契机,加快国家软件产业基地、国家软件出口基地建设,重点是浦东软件园 3 期建设,加快产业集聚步伐;在国家认可的开发区内,加快动漫、网络游戏、多媒体、电子商务、网络增值服务等基地的建设;在有条件的地方,建设独具特色的信息服务业专业园区。鼓励电信运营企业为园区提供优质低价的电信网络服务;支持园区为入驻企业在机房、培训中心等公共基础设施上提供服务。

6. 加强公共技术服务平台建设

坚持政府引导、企业主体、市场运作原则,依托产业基地、产业园区、中介机构和龙头企业,建设公共技术服务平台。强化现有公共技术服务平台作用,进一步完善软件评测中心、硅知识产权交易中心、信息安全评测中心、互联网交互中心、超算中心等公共技术支持平台。加快建设一批面向行业的公共技术服务平台,重点建设数字内容公共技术服务平台、软件和信息服务外包公共服务平台、电子商务公共服务平台等。鼓励有条件企业承担本行业公共技术服务平台建设。

7. 加强人才队伍建设

积极引进海外人才,落实海外高层次留学人才的政策待遇。鼓励海外留学人员在沪创办信息服务业企业。对信息服务业企业引进外国专家、留学人员或建立博士后科研工作站,各级人事部门要在立项、经费等方面给予必要支持。“市领军人才队伍建设专项资金”要向信息服务业倾斜。加强校企合作,成立“校企合作信息服务业专业理事会”,培养适合产业发展和适应时代需要的实用性人才。

8. 加快标准体系建设和知识产权保护

鼓励企业加强信息服务业领域的标准化工作。相关标准规范研制项目,由“市标准化推进专项资金”给予适当资助。鼓励和引导企业加大知识产权投入,申请国内外专利。鼓励企业依法组建知识产权保护联盟,提高知识产权保护能力和水平。鼓励企业在国内外注册商标、创建品牌。鼓励数字内容创意企业登记著作权。加大知识产权保护执法力度,严厉打击各种侵权、盗版、制假、贩假等违法行为。

9. 加强招商引资和国际交流

按照政府推动、市场运作的方式,搭建信息服务业招商引资和国际合作交流平台。加大力度引进世界500强企业中的信息服务业企业,鼓励企业将其总部、地区总部、采购中心、研发中心等落户上海,经认定后可对其购地建设、购买或租赁自用办公用房给予相应资金补助。支持本市企业走向国际市场,进行境外战略性投资,或在境外设立国际营销渠道。

三、江苏IT业情况分析

(一)总体情况分析

2010年,受国际市场逐步回暖和国内拉动内需的共同作用,江苏全省电子信息产品制造业保持高位运行,工业总产值是12932亿元,实现主营业务收入18535亿元,同比增长29.5%,增速比去年同期提高20.2个百分点。

其中,内资企业的产值增幅明显快于常年占据电子信息行业半壁江山的外商及港澳台企业:规模以上内资企业共实现产值4933亿元,同比增长37.7%,增速高于全行业8.2个百分点;外商及港澳台投资企业实现产值14175亿元,同比增长25.1%,增速低于全行业4.4个百分点,占全行业的比重由去年的76.0%下降到今年的74.2%。

据统计,2010年,江苏全省规模以上制造业企业实现内销产值8386亿元,同比增长29.3%;出口交货值10497亿元,同比增长28.2%。内销增速高于外销增速1.1个百分点。产业对外依存度为55.6%,比去年同期下降0.2个百分点,产业对外依存度不断降低。

表4-86　江苏信息产品制造业主要指标(2010年)

指标	工业总产值	新产品产值	工业销售产值	出口交货值	资产总计	流动资产
通信设备、计算机及其他电子设备制造业	12 932.00	2 696.31	12 856.41	9 076.26	7 878.35	4 728.17
指标	主营业务收入	主营业务成本	主营业务税金及附加	利润总额	利税总额	应交增值税
通信设备、计算机及其他电子设备制造业	12 859.82	11 645.60	8.56	639.82	835.64	187.26

(二)目前产业发展遇到的问题

一是产业结构不够合理。在国际产业分工中处于价值链低端,产品附加值低。软硬件比例不协调,基础软件和软件技术服务比重偏小,软件外包企业国际市场竞争力不强。二是自主研发能力较弱。集成电路、基础软件和大尺寸液晶面板等核心技术受制于人，拥有自主品牌、具有较强竞争力的大企业较少，自有品牌产品市场占有率较低。三是吸引和发挥人才作用的有效激励机制尚未真正形成，缺少高层次的信息技术人才。支持产业发展的政策措施还不完善。以国内需求支撑产业增长的机制还不健全。

（三）产业发展方向

围绕提升产业核心竞争力，重点培育和壮大软件、集成电路、新型显示器件、现代通信及信息技术应用五大产业，到2011年形成产业规模14000亿元。

1. 软件产业。

实施软件产业"双倍增"计划，加快规模化发展步伐，形成一批骨干企业和知名品牌。到2011年，形成产业规模2800亿元。

支持具有自主知识产权的基础软件、嵌入式软件、应用软件及中间件产业化，确保在电力、电信、智能交通、信息安全、办公软件等领域继续保持优势。加快建设江苏虚拟软件园和软件产业服务中心，加快完善软件产业基地国际通信基础设施，加快建设南京"中国软件名城"、苏州嵌入式软件产业基地、无锡集成电路设计产业化基地、常州动漫游戏产业化基地，加快建设沿沪宁线软件产业密集带，促进园区建设与城市发展优势互补。

大力推进软件和信息服务外包，积极开拓软件外包市场，增强"江苏软件外包联盟"服务功能，提升"江苏外包"品牌知名度。组织省内重点软件外包企业在国外重点发包地设立工作机构。建设5个产业特色鲜明、目标市场明确的软件外包示范园，整合软件外包企业资源，推进南京、无锡、苏州中国服务外包示范城市发展。

围绕机械、纺织、船舶、电力、医疗、金融、教育等行业嵌入式软件需求，引导软件和信息服务企业组建软件应用联盟。在全省钢铁、汽车等行业开展信息技术改造传统产业试点。发展数字设计业，提升动漫与网络游戏等创意产业发展水平。

推进电子政务、电子商务软件及服务发展，加快发展为社会信息化服务的数据库业，建设统一的政府外网，加强省公共信用信息系统建设。

2. 集成电路产业。

充分发挥江苏集成电路产业链较为完整的优势，以国家实施"核心电子器件、高端通用芯片与基础软件产品"等科技重大专项为契机，提高芯片产品的设计开发水平和自主创新能力，推进集成电路制造和封装业规模化发展，加快发展以材料和装备为主线的配套产业。集中力量，重点突破，形成特色，全力打造国家微电子产业基地，使江苏集成电路产业在规模、水平、发展速度和竞争力等方面形成新优势。到2011年，形成产业规模1000亿元。

依托骨干企业，推进重点项目建设，提高芯片制造工艺水平，实现8—12英寸芯片生产线的规模化生产，形成65～45纳米工艺技术的加工能力。继续引导和支持掌握核心技术和先进制造能力的跨国芯片制造企业加大在江苏的投资，增设生产基地和研发中心。完善集成电路设计的支撑服务体系，引导芯片设计企业与整机制造企业加强战略合作，推进国家级微电子产业基地建设，加快建设江苏集成电路公共技术平台。发展多芯片集成技术、倒装焊技术、圆片级封装等技术研发和产业化。跟踪研究数字信号处理（DSP）、高清晰数字电视（HDTV）的高端芯片测试方法和技术。

3. 新型显示产业。

充分发挥江苏已有产业和技术优势，加快形成以自主品牌平板电视为龙头、可控面板为突破口、相对完善的平板显示产业体系，将江苏建成国际先进、国内最大的平板显示产业研发基地、生产基地和产品扩散基地。到2011年，形成产业规模4500亿元。

重点突破面板生产关键技术,提高关键配套材料的供给能力。支持骨干企业建设6-8代薄膜液晶显示(TFT-LCD)和等离子显示(PDP)面板生产线,扶持平板显示技术用彩色滤光片、玻璃基板、偏光片、发光二极管(LED)背光源、部分生产设备以及材料开发和产业化,推动家电企业与显示企业合作。推进中小尺寸有机发光显示(OLED)产品的生产及应用。

4.现代通信和网络。

以国家建设第三代移动通信和下一代广播电视网(NGB)为契机,发挥江苏创新优势,加快开发适应新一代移动通信网络和广播电视网的新业务、新技术,带动系统和终端产品的升级换代。到2011年,形成产业规模1200亿元以上。

通过下一代互联网建设和宽带通信网络升级,大力推动相关应用技术,推进交互式网络电视(IPTV)、手机电视等服务模式创新,支持企业开发基于先进网络技术的系统设备、应用终端,加快光纤接入网络建设,带动相关产业链的快速发展。推进以下一代互联网协议(IPv6)、交互式多媒体(IMS)为核心的多媒体业务网技术、高性能多业务承载网技术以及端到端网络保障技术等领域的研发和产业化。加快长期演进(LTE)、第四代移动通信(4G)等后续技术的研发和产业化。吸引大型通信企业的研发机构落户江苏。

推进城市宽带无线上网工程,重点城市、重点软件园区率先实现无线宽带全覆盖,拓展一批无线应用示范项目。加强农村信息基础设施建设,提高信息技术服务“三农”水平。支持具有自主知识产权和低成本优势的笔记本电脑产业化,并纳入“家电下乡”支持产品范围,积极研究支持“计算机进校园”的政策措施。

5.信息技术应用。

突破核心产业关键技术,加快信息基础设施建设,大力推动业务创新和服务模式创新,积极采用信息技术改造传统产业,强化信息技术在经济社会领域的应用。到2011年,信息技术应用产业及其带动的相关产业形成4500亿元产业规模。

加快视听产业数字化转型,推进信息产品高端化。加快模拟电视向数字电视过渡,推动下一代广播电视网络(NGB)建设,丰富数字内容,加大高清节目播出量。推动基于国内标准的蓝光高清影碟机、(超)高清电视及其机顶盒、一体化高清电视等产品发展,推动卫星接收设备升级换代。积极发展中国移动多媒体广播(CMMB)业务。

培育新业务模式,促进信息服务业创新发展。依托信息网络,加快发展网络增值服务、电子金融、现代物流、连锁经营、咨询中介等新型服务业,促进数据处理、呼叫中心、研发设计外包、人力资源、客户支持等现代服务外包产业发展。

深化信息技术在传统产业中的应用,着力提升信息化水平。以研发设计、生产制造、市场流通、企业管理等关键环节为突破口,推进信息技术与传统工业相结合,提高工业自动化、智能化、网络化水平。加快行业解决方案的开发和推广,大力扶持电子标签(RFID)、汽车电子、机床电子、医疗电子、工业控制等产品的开发和标准研究。

(四)政策措施

1.完善产业政策。

积极贯彻落实国家相关产业政策,根据国家电子信息产业调整和振兴规划的实施进度要求,研究制定进一步鼓励软件、集成电路、新型显示器件和数字电视等产业发展的政策措施。支持依托重大投资项目采购国产电子信息产品。提供用地保障,落实重点项目建设用地,提高用地计划“点供”比例,引导产业向园区、基地集中。落实环保要求,组织实施一批循环经济试点和节能减排重大科技项目,加快培育一批示范园区和企业,对重点信息产业类项目排污指标实行“点供”,提高环评审批效率。深

化环境资源价格改革，开展排污权有偿分配和交易试点。

2. 加大财税支持力度。

支持一批重大产业项目的实施，推进自主创新和产业升级，对国家支持的关键领域和重点项目给予资金支持。以贷款贴息、研发和产业化补助、政府采购、资本金注入等多种方式引导社会资金投向电子信息产业领域，建立多元化的投入体系。用足用好现行各项税收优惠政策。加快出口退税进度，确保退税资金及时足额到位。

3. 拓宽融资渠道。

鼓励金融机构为产业发展提供更多融资服务，合理增加对总部设在江苏的外资、港澳台资企业的信贷支持。推进银企合作，积极向金融机构推介重点融资项目。支持金融创新，探索开展出口退税、保单、仓单以及知识产权等质押贷款，规范发展股权质押贷款。对苏南向苏中苏北转移的重点产业项目，优先给予信贷支持。支持有条件的企业利用企业债、公司债、短期融资券和中期票据等债务融资工具，增加直接融资规模。探索开展中小企业集合债券、集合短期融资券试点。促进股权投资基金行业规范健康发展。积极发展风险创业投资。

4. 鼓励兼并重组。

促进要素向优势企业集中、向行业龙头企业集聚，鼓励优势企业整合国内资源，拓展产业链，将一批拥有自主知识产权和知名品牌、主业突出、行业领先的大企业集团建设成为百亿元级行业龙头企业。支持企业"走出去"兼并或参股拥有先进技术、知名品牌、核心专利、人才团队和营销渠道的海外企业，提高管理水平，增强国际竞争力。鼓励金融机构对电子信息企业重组给予支持。

5. 提升国际化水平。

采取综合措施为企业拓展国际市场创造条件，支持企业"走出去"设立研发、生产基地，建立境外营销网络。在扩大引进外资规模的同时，进一步提高利用外资水平。积极推进电子口岸系统（EDI）建设，降低商务成本。鼓励境内研发机构和企业与跨国公司加强合作，促进外商投资技术外溢。落实扶持服务外包产业发展的政策措施，推动软件外包企业加快发展。

四、浙江 IT 业情况分析

（一）总体情况

2010 年度浙江省电子信息产业共实现工业总产值 1965.09 亿元。2010 年浙江省软件业实现软件业务收入 701.4 亿元，同比增长 35.7%；实现利润总额 166.3 亿元，同比增长 77.6%；上交税金总额 62.5 亿元，同比增长 64.8%；软件业务出口 92934.6 万美元，同比增长 37.9%。产业规模、效益保持全国前列。

表 4－87　浙江信息产品制造业主要指标（2010 年）

指 标	工业总产值	实收资本	出口交货值	资产总计	流动资产	固定资产
通信设备、计算机及其他电子设备制造业	1 965.09	422.40	913.67	1 755.63	11 75.63	392.86
指标	主营业务收入	主营业务成本	主营业务税金及附加	利润总额	利税总额	应交增值税
通信设备、计算机及其他电子设备制造业	1 937.53	1 632.77	4.92	145.32	186.29	36.05

(二)产业发展遇到的问题

从浙江信息产业发展和信息化建设的现实基础看,经过发展,浙江已经具备了加快信息产业发展的基础条件。但是,近年来,浙江信息产业已经进入平衡发展运行期;与沿海发达省市相比,无论是总体规模、科技创新能力,还是开放水平,浙江都存在一定差距。地区发展不平衡、软件产业布局不合理的问题比较明显;支撑"数字浙江"建设的装备技术能力有待提高,具有龙头带动作用的大企业大集团还比较少,产业结构转型升级任务还十分艰巨,特别是要看到浙江有些产业的竞争优势有弱化趋势。

(三)主要发展方向

浙江开始实施信息技术"倍增"行动计划,就是要充分发挥信息技术渗透性强、融合性好、倍增性高等特性,大力推进信息化与工业化融合,加快传统产业的信息化改造升级,推动先进制造业和现代服务业的创新发展,促进经济结构调整和增长方式转变。具体工作任务为推进七大"倍增"主题应用:一是围绕节能减排,推进信息技术在高能耗、高物耗、高污染行业的应用。二是围绕装备制造业现代化,推进纺织机械、数控机床、基础装备的信息化改造。三是围绕传统产品的提升增值,大力发展嵌入软件和智能系统。四是围绕块状经济创新能力的提升,推进区域工业经济信息技术公共支撑服务体系建设。五是围绕网络经济发展,推进网络技术与传统服务业融合。六是围绕传统市场和企业竞争能力的提高,加快电子商务发展。七是围绕信息资源开发利用,大力发展信息服务业和文化创意产业。

实施统筹城乡发展信息化行动计划:按照社会信息化与经济信息化并重并举的原则,统筹城乡、区域、领域信息化,努力减少信息化发展在不同地区、领域和社会群体间的差距,切实提高公共服务和社会管理的信息化水平,促进信息化与信息安全协调发展,普遍提升国民技能,使全体公民更好地分享信息化成果。具体工作任务为抓好六项社会信息化发展重点:一是围绕农业增效、农民增收、农村发展,加快农业和农村信息化建设。二是围绕提升城市管理水平和为民服务能力,推进城市和社区信息化。三是围绕构建法制政府和服务型政府,深化电子政务建设与应用。四是围绕构建和谐社会的总体要求,推进社会事业信息化。五是围绕核心战略资源作用的发挥,加强信息资源开发利用与共享。六是围绕打造"平安浙江",做好网络与信息安全保障工作。

推进六个方面发展重点。一是优先发展面向公共服务、节能降耗环保与工业自动化控制的支撑技术、平台软件和嵌入式软件。二是重点发展第三代移动通信、新一代网络和计算机技术。三是大力发展软件与信息服务业,扩大软件外包业务;加快发展集成电路设计技术和新型元器件、数字音视频等技术和产品。四是着力深化信息产业基地(园区)建设,调整优化产业布局,进一步提高产业发展集聚度。五是切实抓好信息安全保障工作,促进信息化和信息安全工作协调发展。六是加强无线电频谱资源科学化、规范化管理,维护空中电波秩序。

(四)政策措施

1. 增强自主创新能力,壮大核心产业,实现信息技术产业发展新跨越。

切实增强企业自主创新能力。加快建立以企业为主体,产学研用相结合的信息技术创新体系,加强企业技术中心和工程中心建设,重点建设面向产业集群、块状经济、中小型企业技术创新的公共服务平台。建立信息产业创新服务体系、人才培养体系和国内外产业链合作平台。鼓励软件企业提高产业化、工程化和自主知识产权产品的比重。推动知识产权、标准化战略的实施,鼓励有实力的企业牵头或参与行业标准制定。

不断壮大核心主导产业规模。立足浙江信息产业发展现实基础和信息化建设客观需求,加快发展软件、信息服务、微电子产业、新型电子元器件等核心关键产业，抢占产业发展制高点，不断延伸和完善产业链。紧紧抓住信息化、国际软件和信息服务外包发展的重要机遇，加快浙江软件和信息服务业、电子商务、移动通信产业、动漫游戏等新兴优势产业的发展。通过实施大公司大集团发展战略，努力培育一批大而强的龙头企业和专而精的“小巨人企业。

大力推进产业集聚发展。围绕长三角一体化发展战略，承接国际IT产业转移，建设环杭州湾具有国际竞争力的信息产业基地的目标，加快推进“两带十园多块产业功能区建设进度，着力建设一批产业规模大、研发能力强、核心产业优势明显、骨干企业相对集中、区域内产业配套协作能力强的信息产业基地和园区，提高区域产业配套协作能力。加快软件与集成电路、光电子、微电子、通信与网络、基础材料和新型配套元器件等七大主导产业集群发展。

2. 发挥信息技术倍增作用，促进经济转型升级，提升企业综合竞争力。

加快推进经济信息化。大力推进能源、机械、原材料等传统产业的信息化改造与应用；加快建设面向中小企业的信息技术公共服务体系，大力推进企业信息化；着力推动信息技术和网络技术在商贸、金融、旅游、文化、房地产等优势服务业和科教、中介、社区等新兴服务业的普及应用；加快发展现代金融业务，培育第三方电子商务及相关增值服务，鼓励专业市场利用信息技术创新交易模式；积极推动电子商务在国际贸易与经济合作、政府采购等领域的应用。

加大七大制造业信息化改造力度。加快推进“信息技术改造传统产业工程”，以电力、石化、冶金、建材、纺织、印染、装备制造等七个行业为重点，大力推进信息技术与传统产业技术相结合的集成创新和应用融合。加快关键和重大装备的信息化改造，突破共性技术和关键产品，大力推进智能传感器和检测技术、数控技术、工业控制技术、人工智能和优化技术、网络协同和集成技术等信息技术的开发和普及应用。

加强节能减排信息技术的运用。大力推进节能减排电子信息技术在高耗能、高污染企业生产环节中的应用，促进“绿色制造”，发展循环经济。运用信息化手段，充分挖掘各种信息资源，加强对能源、冶金、化工、纺织印染等传统高耗能、高污染行业的技术改造和监督管理，改进监测、预警和控制方法，改革工艺流程管理，大幅度降低能耗、水耗、材耗和污染物排放水平。

3. 深入实施统筹城乡发展信息化行动计划，加快农村信息化，促进农村改革发展

高起点建设农村信息化综合服务平台。以农村信息化综合服务平台建设为重点，加快基层村务管理信息系统和农村经济合作社经营管理、农产品电子商务等软件的集约化开发和村级门户网站集群的建设。在深化试点应用的基础上，不断完善平台应用功能，切实满足农村信息化需要，充分发挥平台在推进村务管理、信息发布、政务公开、培训教育、产品销售等方面的作用。

五、值得关注的问题

当前，产业正处于转型升级的关键时期，从技术发展、市场竞争、宏观环境等方面都出现一些新的苗头，需要引起高度重视。

（一）产业调整升级趋势加快

一是技术和网络的融合。信息技术融合发展使整机产品的界限日趋模糊，三网融合逐步走向实质发展阶段，互联网电视、手机电视、PCTV等融合产品成为新的增长点。移动互联网成为产业链发展的重要平台，同时随着智慧地球概念的不断研究和落实，传统的网络将进一步拓及物联网，也将影响制造业的发展格局。

二是服务化趋势。随着经济社会发展水平的不断提高，人民生活需求日益从产品转向服务，信息服务业是现代服务业的重要代表和发展方向，特别是基于网络的内容开发和在线服务成为下一步重要的增长点。

三是产业链分工整合。电子信息产业分化整合趋势更加清晰,跨国公司日益将战略重心转向芯片设计、软件开发和信息服务等高端环节,日益将低端环节外包出去。软件外包服务更加深入,传统的业务外包转向战略合作和产业链整合,传统的半导体制造企业也逐步向整合设计生产模式转型。

四是生态发展要求。废旧电子产品对环境污染问题日益突出,电子产品充电器、电池、网络接口等统一标准的要求日益明确,生态设计模式从源头整合产业各个环节的能耗、环保要求,将成为产业重要的发展方向。

(二)国际产业竞争日趋加剧

一是国家力量介入明显。为应对国际金融危机影响,各国家和地区纷纷加大对IT等高技术领域的战略投入,产业竞争上升为国家间的竞争。

二是大企业并购增多。2009年是电子信息企业并购重组的重要一年,最突出的变化体现在大企业并购和基础领域整合增多,如日本NEC电子和瑞萨合并成立了第三大半导体公司,台湾地区多家半导体企业整合建立了"台湾记忆体公司",群创并购奇美等,都将在全球半导体、面板领域形成新的竞争格局。此外,松下并购三洋、甲骨文并购SUN等重大并购案件,也将对家电、软件产业格局带来深远影响。

三是产业链竞争突出。当前企业间的竞争不仅是产品的竞争,更多是基于产业链开展的竞争。近年来,跨国公司经常基于完整的产业链优势,利用局部领域打击竞争对手。

(三)行业发展秩序仍需规范

一是产品质量和售后服务问题突出。由于电子产品更新换代快,企业为适应市场需要,更多注重新品开发的节奏,而相对忽视了质量和服务的问题。根据中国电子商会315消费电子投诉网统计,2009年手机、平板电视质量投诉案件同比增长30%以上,成为消费市场的投诉热点。

二是低价竞争现象明显。电信运营商集中采购时价格竞争现象明显,通信产品价格同比下降20%以上。计算机产品价格下降明显,上网本、一体机对传统微机价格冲击明显,2009年价格降幅比往年正常水平提高10%以上。

三是山寨产品已成为行业发展不容忽视的力量。山寨产品从手机行业日益向彩电、计算机等多个领域延伸,成为行业发展不容忽视的力量。

四是部分领域盲目建设的苗头有所显现,一些低水平重复建设倾向突出。

(四)产业环境亟待改善

一是核心领域的政策仍不能满足产业需要。软件和集成电路产业的新政策始终未能出台,严重影响企业发展的信心。国家增值税制转型后,集成电路、液晶面板企业进口面临的增值税税负压力巨大,严重影响企业的流动资金。以旧换新政策不断落实,但配套的电子产品回收处理体系仍需完善。

二是管理机制仍不适应产业发展和三网融合的要求。行业主管部门在发展产业中的手段依然不足,难以有效反映和协调产业发展的问题。广电、通信网络不能有效地互联互通,数字电视标准不统一,导致制造企业难以适从。网络电视管理体制需要改善,加强内容管理和促进制造业发展应统筹推进。

三是宏观环境变化影响产业比较优势。近几年,国家实施汇率改革、出台新劳动合同法、统一企业所得税率等措施,在一定程度上增加了企业的成本。人民币升值预期明显,将对产品和服务出口带来不利影响。

十三　长三角大众传媒产业

一、长三角大众传媒产业基本情况

长三角地区在国内的强势经济地位与发展活力，为当地传媒产业的发展提供了肥沃土壤和发展的动力，发展水平在全国处于较高的层次。2010 年长三角共出版报刊 312 种，与 2009 年持平；总印数 75.53 亿册，比 2009 年增加 1.3 亿册，同比增幅为 1.75%；总印张数 359.98 亿印张，比 2009 年增加 32.73 亿印张，同比增长了 10.00%。出版期刊 1290 种，比 2009 年增加了 12 种，同比增幅为 0.94%；总印数 3.54 亿册，比 2009 年增加了 0.03 亿册，同比增长了 0.85%；总印张数 16.05 亿印张，比 2009 年增加 0.05 亿印张，同比增长 0.31%。出版图书 41851 种，比 2009 年增加 2556 种，同比增长6.50%；总印数 10.88 亿册，比 2009 年增加 0.07 亿册，同比增长 0.65%；总印张数 78.39 亿印张，比 2009 年增加了 2.04 亿印张，同比增幅为 2.67%。

表 4－88　2007－2010 年长三角报刊、期刊、图书出版情况

		2007 年	2008 年	2009 年	2010 年
报刊	种类(种)	314	313	312	312
	总印数(亿册)	74.17	75.05	74.23	75.53
	总印张数(亿印张)	324.88	327.53	327.25	359.98
期刊	种类(种)	1281	1281	1278	1290
	总印数(亿册)	3.51	3.61	3.51	3.54
	总印张数(亿印张)	46.40	15.75	16.00	16.05
图书	种类(种)	34537	36253	39295	41851
	总印数(亿册)	9.88	10.66	10.81	10.88
	总印张数(亿印张)	71.81	77.81	76.35	78.39

二、上海市大众传媒产业基本情况

(一)上海市的总体情况

1. 电视台情况

2010 年上海市电视台共有节目 25 套；公共节目播出时间 175 304 小时，其中市级电视台 124 882 小时，区县级电视台 50 422 小时，同比分别增长 0.9%、0.84% 和 1.05%；全年制作节目时间 49 507 小时，同比下降 21.91%。

表 4－89　2007－2010 年上海市电视台情况

	2007 年	2008 年	2009 年	2010 年
节目套数(套)	25	25	25	25
公共节目播出时间(小时)	172 278	171 730	173 742	175 304
全年制作节目时间(小时)	61 275	53 358	63 401	49 507

2. 广播电台情况

2010 年上海市广播电台共有节目 21 套;公共节目播出时间 131 433 小时,其中市级广播电台 74 808小时,区县级广播电台 56 625 小时,同比增幅分别为 -0.03%、-2.6%和 2.87%;全年制作节目时间 85 262 小时,同比下降了 6.98%。

表 4-90　2007-2010 年上海市广播电台情况

	2007 年	2008 年	2009 年	2010 年
节目套数(套)	21	21	21	21
公共节目播出时间(小时)	130 511	131 854	131 467	131 433
全年制作节目时间(小时)	86 733	86 466	91 660	85 262

3. 有线电视情况

2010 年,上海有线电视总用户数为573 万户,比 2009 年增加了 19.7 万户,同比增长了 3.56%;有线电视入户率为 112.36%,增加了 3.15 个百分点;有线广播电视传输网络干线总长 36 211 公里,同比增幅为 2.33%。

表 4-91　2007-2010 年上海市有线电视基本情况

	2007 年	2008 年	2009 年	2010 年
有线电视总用户数(万户)	499.30	527.20	553.30	573.00
有线电视入户率(%)	99.94	104.76	109.21	112.36
有线广播电视传输网络干线总长(公里)	30 201	33 696	35 387	36 211

4. 报刊出版情况

2010 年上海市共出版报刊 100 种,其中综合报 12 种,专业报 88 种,均与 2009 年相同;报刊期数为 11 013 期,比 2009 年减少了 165 期,降幅为 1.48%;每期平均印数 752.18 万份,同比增加 11.18 万份,增幅为 1.51%;总印数为 15.90 亿册,同比减少了 0.43 亿册,降幅为 2.63%;总印张数为 78.65 亿印张,同比增加 0.71 亿印张,同比增幅为 0.91%。

表 4-92　2007-2010 年上海市报刊出版情况

		2007 年	2008 年	2009 年	2010 年
种类(种)	总计	101	100	100	100
	综合报	18	12	12	12
	专业报	83	88	88	88
期数(期)		10 894	11 034	11 178	11 013
每期平均印数(万份)		815	787	741	752.18
总印数(亿册)		17.04	17.24	16.33	15.90
总印张数(亿印张)		86.75	88.29	77.94	78.65

5. 期刊出版情况

2010 年上海市共出版期刊 632 种,比 2009 年增加了 11 种;出版期数为 5 983 期,同比增加了 76 期,增幅为 1.29%;每期平均印数 1 019 万份,同比减少了 20 万份,降幅为 1.92%;总印数为 1.77 亿册,同比减少了 0.02 亿册,降幅为 1.12%;总印张数为 9.04 亿印张,同比增加了 0.02 亿印张,增幅为 0.22%。

表 4－93　2007－2010 年上海市期刊出版情况

	2007 年	2008 年	2009 年	2010 年
种类(种)	624	623	621	632
出版期数(期)	5 540	5 910	5 907	5 983
每期平均印数(万册、份)	1 117	1 105	1 039	1 019
总印数(亿册)	1.83	1.90	1.79	1.77
总印张数(亿印张)	8.75	9.27	9.02	9.04

6. 图书出版情况

2010 年上海市共出版图书 19 519 种，较全年增加 646 种，增幅为 3.42%；总印数为 2.89 亿册，同比增加了 0.15 亿册，增幅为 5.47%；总印张数为 26.34 亿印张，同比增加了 0.88 亿印张，增幅为 3.46%。

表 4－94　2007－2010 年上海市图书出版情况

	2007 年	2008 年	2009 年	2010 年
种类(种)	16 958	17 780	18 873	19 519
总印数(亿册)	2.40	2.64	2.74	2.89
总印张数(亿印张)	24.05	24.97	25.46	26.34

(二)上海市的占比情况

表 4－95　2007－2010 年上海市报刊、期刊、图书出版占长三角比重

单位：%

		2007 年	2008 年	2009 年	2010 年
报刊	总印数	22.97	22.97	22.00	21.05
	总印张数	26.70	26.96	23.82	21.85
期刊	总印数	52.17	52.63	51.00	50.03
	总印张数	18.86	58.86	56.38	56.34
图书	总印数	24.28	24.77	25.35	26.57
	总印张数	33.49	32.09	33.35	33.60

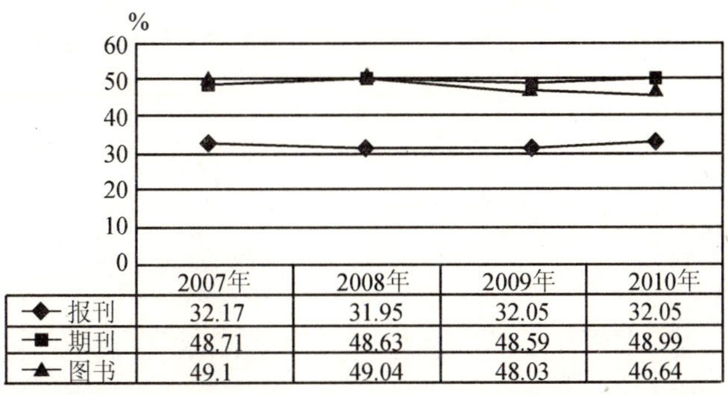

图 4－13　2007－2010 年上海市报刊、期刊、图书出版种类占长三角的比重

2007－2010年上海市报刊种类和总印量在长三角的比重并不大,平均在1/3以下,2010年上海报刊种类、总印数、总印张数分别占长三角的32.05 %、21.05%和21.85%;期刊和图书发展相当繁荣,出版种类在长三角的比重接近一半,显示出绝对主力地位,2010年上海期刊种类、总印数、总印张数分别占长三角的48.99%、50.03%和56.34%,均与2009年基本持平,图书种类、总印数、总印张分别占长三角的46.64%、26.57%和33.60%。

三、江苏省大众传媒产业基本情况

(一)江苏省的总体情况

1.电视台情况

2010年,江苏省共有电视台14座;电视发射及转播台96座,较去年减少了20座;发射机功率为520千瓦,同比增加15千瓦,增幅为2.97%;电视人口覆盖率为99.9%;有线电视用户1 886万户,同比增加162万户,数字电视用户1 008万户,较去年增加278万户,同比增幅为38.08%;有线电视入户率78.5%,同比上升了6.3个百分点;节目制作时间为226 743小时,同比增幅高达39.41%。

表4－96　2007－2010年江苏省电视台情况

	2007年	2008年	2009年	2010年
电视台(座)	14	14	14	14
电视发射及转播台(座)	116	116	116	96
发射机功率(千瓦)	487	492	505	520
电视人口覆盖率(%)	99.9	99.9	99.9	99.9
有线电视用户数(万户)	1 451	1 569	1 724	1 886
数字电视用户数(万户)	323	556	730	1 008
有线电视入户率(%)	62.4	65.8	72.2	78.5
节目制作时间(小时)	156 840	156 853	162 649	226 743

2.广播电台情况

2010年,江苏省共有广播电台14座,中短波发射台及转播台21座;中短波发射机功率为718千瓦,比去年减少77千瓦;广播人口覆盖率为100.0%;节目制作时间为569 636小时,同比减少0.25%。

表4－97　2007－2010年江苏省广播电台情况

	2007年	2008年	2009年	2010年
广播电台(座)	14	14	14	14
中短波发射台及转播台(座)	21	21	21	21
中短波发射机功率(千瓦)	755	755	795	718
广播人口覆盖率(%)	99.9	99.9	100.0	100.0
节目制作时间(小时)	528 823	578 674	571 053	569 636

3. 报刊出版情况

2010 年江苏省共有报纸 142 种；总印数为 271 213 万册，同比增加 6 242 万册，增幅为 52.36%；总印张数为 1 339 891 万印张，同比增加 205 750 万印张，增幅为 18.14%。

表 4－98　2007－2010 年江苏省报纸出版情况

	2007 年	2008 年	2009 年	2010 年
种数(种)	143	143	142	142
总印数(万册、万份)	280 300	279 400	264 971	271 213
总印张(万印张)	1 089 560	1 194 731	1 134 141	1 339 891

4. 期刊出版情况

2010 年江苏省共出版期刊 440 种；总印数为 10 475 万册，同比增加 897 万册，增幅为 9.37%；总印张数为 42 321 万印张，同比增加 3 638 万印张，增幅为 9.40 %。

表 4－99　2007－2010 年江苏省期刊出版情况

	2007 年	2008 年	2009 年	2010 年
种数(种)	439	439	439	440
总印数(万册、万份)	8 696	9 652	9 578	10 475
总印张(万印张)	343 701	34 782	38 683	42 321

5. 图书出版情况

2010 年江苏省共出版图书 14 248 种，同比增加 1 661 种，增幅为 13.20%；总印数为 51 695 万册，同比增加 2 209 万册，增幅为 4.46%；总印张数为 329 825 万印张，同比增加 26 815 万印张，增幅为8.85%。

表 4－100　2007－2010 年江苏省图书出版情况

	2007 年	2008 年	2009 年	2010 年
种数(种)	10 593	11 191	12 587	14 248
总印数(万册、万份)	49 189	50 640.56	49 486	51 695
总印张(万印张)	314 262	346 561.10	303 010	329 825

(二)江苏省的占比情况

2007－2010 年江苏省报刊种类在长三角中比重最大，平均超过 45%，图书总印数所占比重最大，达到了 47.53%，2010 年江苏省报刊种类、总印数、总印张数在长三角中占比分别为 45.51%、35.91 %和 37.22 %，其中报刊总印张数占比上升了 2.56 个百分点；期刊种类在长三角的比重较大，平均超过 34%，总印数所占比重却相对偏小，2010 年江苏省期刊种类、总印数、总印张数分别占长三角的 34.11%、29.61%和 26.38%，除期刊种类的比例略有下降外，总印数、总印张数的比例比 2009 年均有不同幅度的增长；2010 年江苏省图书种类、总印数、总印张数分别占长三角的 34.04%、47.53%和 42.07%，三者在长三角中所占的比重均有所提高，图书种类在长三角的比重提高了 2.01 个百分点。

表4-101　2007-2010年江苏省报刊、期刊、图书出版占长三角比重

单位:%

年份		2007年	2008年	2009年	2010年
报刊	总印数	37.79	37.23	35.70	35.91
	总印张数	33.54	36.48	34.66	37.22
期刊	总印数	24.79	26.87	27.35	29.61
	总印张数	74.07	22.10	24.19	26.38
图书	总印数	49.76	47.47	45.79	47.53
	总印张数	43.76	44.54	39.69	42.07

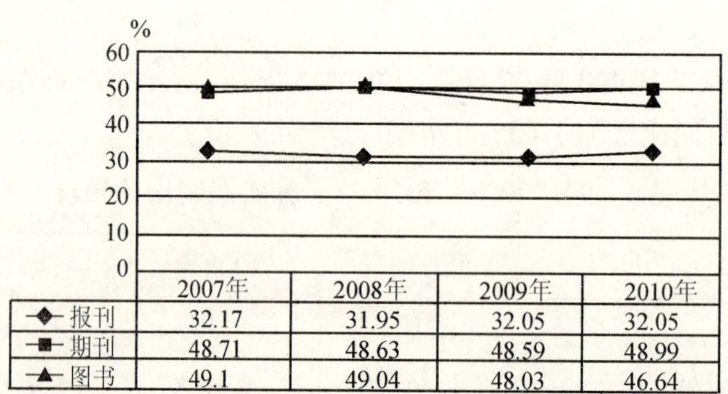

图4-14　2007-2010年江苏省报刊、期刊、图书出版种类占长三角的比重

四、浙江省大众传媒产业基本情况

(一)浙江省的总体情况

1.电视台情况

2010年,浙江省共有省市级电视台12座;电视节目套数115套;电视发射台及转播台98座,同比减少6座;播出时间为712 130小时,同比增长了1.71%;电视人口覆盖率为99.35%,同比增加0.08个百分点;有线电视入户率74.13%,同比增加4.52个百分点。

表4-102　2007-2010年浙江省电视节目制作情况

	2007年	2008年	2009年	2010年
省市级电视台(座)	12	12	12	12
电视节目套数(套)	114	114	114	115
电视发射台及转播台(座)	117	110	104	98
播出时间(小时)	659 073	679 332	700 188	712 130
电视人口覆盖率(%)	99.07	99.13	99.27	99.35
有线电视入户率(%)	66.69	66.93	69.61	74.13

2.广播电台情况

2010年,浙江省共有省市级广播电台12座;广播节目套数107套,较去年增加了1套;中短波广播发射台和转播台37座;县级广播电视台66个;广播人口综合覆盖率为99.17%,同比增加0.08个百分点;全年公共广播节目播出时间709854 小时,同比增长2.16%。

表 4－103　2007－2010 年浙江省广播节目制作情况

	2007 年	2008 年	2009 年	2010 年
省市级广播电台(座)	12	12	12	12
广播节目套数(套)	106	106	106	107
中短波广播发射台和转播台(座)	36	36	37	37
县级广播电视台(个)	66	66	66	66
广播人口综合覆盖率(%)	98.73	98.92	99.09	99.17
全年公共广播节目播出时间(小时)	672 587	687 024	694 857	709 854

3. 报纸出版情况

2010 年浙江省共出版报纸 70 种，其中综合报 41 种，专业报 29 种；总印量为 325 048 万册，同比增加 11 015 万册，增幅为 3.51%；总印张为 14 734 582 千印张，同比增加 1 145 080 千印张，增幅为 8.43%。

表 4－104　2007－2010 年浙江省报纸出版情况

		2007 年	2008 年	2009 年	2010 年
种类(种)	总计	70	70	70	70
	综合报	47	47	44	41
	专业报	23	23	26	29
总印量(万册、万份)		291048	298677	314033	325048
总印张(千印张)		12917060	11977337	13589502	14734582

4. 杂志出版情况

2010 年浙江省共出版杂志 218 种；总印量为 7 201 万册，同比减少 395 万册，降幅为 5.2%；总印张为 277 291 千印张，同比减少了 33 367 千印张，降幅为 10.74%。

表 4－105　2007－2010 年浙江省杂志出版情况

	2007 年	2008 年	2009 年	2010 年
种数(种)	218	219	218	218
总印量(万册、万份)	8 082	7 407	7 596	7 201
总印张(千印张)	327 935	299 882	310 658	277 291

5. 图书出版情况

2010 年浙江省共出版本版图书 8 084 种，同比增加 249 种，增幅为 3.18%；总印量为 28 179 万册，同比减少 3 042 万册，降幅为 9.74%；总印张为 1 907 000 千印张，同比减少 152 221 千印张，降幅为 7.39%。

表 4－106　2007－2010 年浙江省图书出版情况

	2007 年	2008 年	2009 年	2010 年
本版图书种数(种)	6 986	7 282	7 835	8 084
总印量(万册、万份)	25 656	29 564	31 221	28 179
总印张(千印张)	1 633 112	1 818 335	2 059 221	1 907 000

(三)浙江省的占比情况

2007－2010年浙江省大众传媒产业有了突飞猛进的发展，其中报刊发行成绩最为显著，2010年浙江虽然报刊种类占长三角的比例最低，只有22.44%，但总印数和总印张的比例却最高，均高于40%，分别达到43.04%和40.93%；期刊种类在长三角的比重是三种出版物中最低的，其比重只有16.9%，总印数基本在21%左右上下波动，2010年浙江省期刊种类、总印数、总印张数分别占长三角的16.90%、20.36%和17.28 %，比重均有不同程度下降；2010年浙江省图书种类、总印数、总印张数分别占长三角的19.32%、25.91%和24.33%，三者的比重均有所下降。

表4－107　2007－2010年浙江省报刊、期刊、图书出版占长三角比重

单位：%

		2007年	2008年	2009年	2010年
报刊	总印数	39.24	39.80	42.30	43.04
	总印张数	39.76	36.57	41.53	40.93
期刊	总印数	23.04	20.50	21.65	20.36
	总印张数	7.07	19.05	19.44	17.28
图书	总印数	25.96	27.77	28.86	25.91
	总印张数	22.74	23.36	26.97	24.33

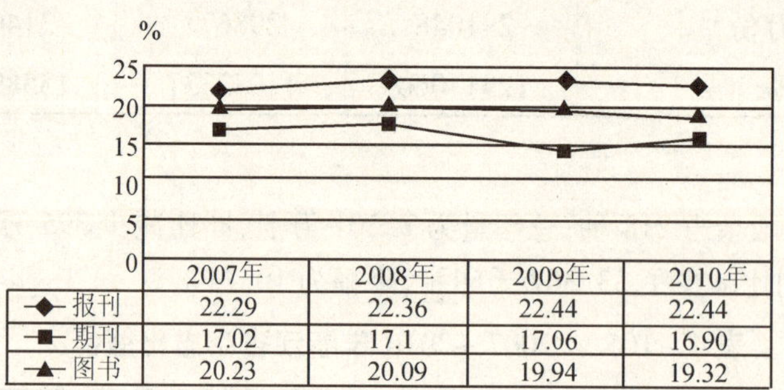

图4－15　2007－2010年浙江省报刊、期刊、图书出版种类占长三角的比重

五、主要措施分析

(一)上海市的主要措施

上海传媒产业的发展致力于布局未来竞争的制高点。2010年5月，上海东方传媒集团(SMG)有限公司与中国银联实现数字电视新媒体与电子商务、金融支付的无缝衔接，共同推动中国新型文化传媒产业、金融支付产业和电子商务产业的快速、健康发展。此外，东方传媒集团于2010年8月成功收购星空卫视在华业务，在有效延伸集团投资产业链的同时也推动世界传播格局的变革与发展。解放日报报业集团积极谋划战略布局，首先，在资本市场的拓展方面，解放日报报业集团已经通过新华传媒进入了二级市场，未来会立足文化产业，尝试进入一级半市场；其次，在主业发展方面，在坚持平面媒体这个主业的基础上，积极向数字报业推进，目标是成为综合的内容生产商；第三，在多元化发展方面，解放日报报业集团从2005年开始投资房地产，通过资源优势低成本拿地，主要的目的是希望熨平经济周期，增加集团的盈利点。

(二)江苏省的主要措施

江苏传媒产业的发展顺应趋势进入新媒体。新华日报报业集团依托自身新闻资源优势,同时与江苏省三大运营商合作创办了一个立足江苏、覆盖全国的手机新媒体平台《江苏手机报》,收费总用户数同时突破200万,成为该集团第二个超200万读者用户的媒体,也是目前全国省级报业集团中读者用户最多的手机新媒体,荣获“2010年最具成长性媒体”权威奖项。目前,江苏手机报在稳定发展短信、彩信、WAP等业务的基础上,积极进军3G客户端、移动互联网等领域,先后与江苏移动、江苏联通、江苏电信共建“江苏手机新闻中心”、“3G手机新媒体实验中心”等,为全球iphone用户推出“中国江苏·3G”,全景式、权威性反映江苏政治、经济、社会、文化等领域的新成就和新经验。

(三)浙江省的主要措施

浙江传媒产业的发展高度重视发展战略。浙江日报报业集团斥巨资同时聘请全球知名的罗兰·贝格等三家咨询公司,全面梳理了该集团的战略发展、管控体系等方面的问题,提出了从传统报业集团向现代传媒集团战略转型的战略目标。浙江日报报业集团秉承“传媒控制资本,资本壮大媒体”的发展理念,依托传媒主业,首创了“一媒体一公司”的运营模式,做强主业。“以报为本,多元发展”培育了资本经营、房地产和高新技术三大重点多元业务,收获颇丰。同时浙江日报报业集团大力拓展区域性市场,收购9家县级报,杭州日报报业集团和宁波日报报业集团也都收购了若干家县级报。目前,浙江日报旗下的9家县级报广告收入为1亿元左右,杭州日报旗下的萧山日报的报纸广告收入为4000万元左右,再加上户外广告收入,总广告收入将近1亿元,显示了经济发达地区县级市传媒业市场的巨大潜力。

六、存在问题分析

1. 规模“多”而“散”,市场集中度低

尽管近年来长三角地区建立了一批规模较大的传媒集团,但与国外大型传媒企业相比,“个头”仍然偏小,区域产业链群集中度非常低,没有形成在市场占有绝对主导地位的产业或传媒机构。由于传统文化体制条块分割的束缚,传媒集团基本上都是在行政方式推动下,按照同行业、同区域范围组建的。长三角的传媒产业集团也是如此,基本上还停留在以省为单位的“原生态”,没有形成跨地区的好的传媒产业集团,市场集中度低,资源配置没有形成规模,条块分割,竞争也停留在浅层次、低水平上。如果不出台一系列打破条块分割的政策,则集团化建设可能导致新一轮的产业组织结构同构化、低级化,全国统一大流通市场下的产业链经济难以实现。

2. 资源有效整合的“不作为”,使产业组织程度处于低下状态

我国的传媒产业依托的不是市场及其规律的发展,而是行政命令这只“有形的手”“拉郎配”,在积累和扩张过程中,没有形成真正意义上的一体化,也没有形成促进产业生态成长的优质土壤。长三角的传媒产业,大多(或根本上)是属于计划经济的产物,“发展”、“壮大”多是“政策施惠”的结果,因此,资源有效整合“不作为”,使遵循产业规律的有机发展往往是市场的“体外循环”:产业宏观目标和具体战略的市场特征不突出;没有形成有价值的产业文化底蕴;也没有形成产业资源共享的科学机制。

3. 管理“行政化”现象严重,转制革新任重道远

虽然长三角的传媒产业在体制转型方面算是走在前列,但由于产业的市场化程度低,加上长期的计划经济体制的影响和高度的“政府控制惯性”,使传媒产业总体市场管理水平较低,很多传媒转制并不彻底,或者只学到了公司化治理的皮毛而未能领会其精髓。这就导致一些地区传媒产业企业化之

后,管理者的政策性宏观调控能力缺失,不知从哪里下手。另一个极端则是,“像以往(计划经济体制状态下)一样”,有利益的人、财、物“眉毛胡子”一把抓,导致二级传媒机构等的生产经营决策权“彷徨”,市场反应能力弱化,传媒产业的转制革新依然任重而道远。

4. 同质化竞争严重,缺乏创意制约传媒持续发展

目前长三角传媒市场基本上还处在早期竞争阶段,同质化竞争严重。一方面传媒竞争日趋激烈,而在内容服务和营销手段上又越来越“大同小异”。报纸没有特色,电视频道面目模糊,克隆成风,媒体普遍缺乏好的产品和服务。传媒产品雷同的背后其实是文化需求创意的不足,文化市场中的多元文化消费需求没有得到全面的关注,产品定位及功能单一。创意为首的传媒产业中创意的价值未得到应有的重视。

5. 赢利模式单一,传媒整合产业价值链能力弱

我国传媒市场仍是半垄断性的,业外资本难以进入,专业化分工不够,传媒产业价值链尚未完全形成。长三角地区也是如此,传媒严重依赖广告,经营模式单一。国泰君安的一份报告指出,绝大多数报纸的收入结构比较单一,广告收入占主营收入比重超过70%,发行收入占比例小,缺乏市场应变能力,经营前景堪忧。由于传媒整合产业价值链能力不高,资源整合能力不强,传媒竞争不是真正内容和服务质量的竞争,而是对有限的广告费进行你死我活的争夺,尽管投入不少,传媒业依然市场总量不大、经营绩效不高、发展后劲不足。

6. 决策型人才匮乏,传媒人才培养方式有待完善

传媒是需要创造力的行业,离不开创造性人才,特别是决策型人才。长三角是我国人才集聚的重要之地,但符合传媒业发展需求的高端人才却相对匮乏。所谓高端人才,是指那种复合型专业化人才,不同于一般岗位上的专业人才。随着传媒从生产型向经营型转变,市场化取向的传媒业对经营者的素质要求也越来越高,决策型人才匮乏问题便显得愈发突出。

另一方面,长三角媒介人才市场远未充分开发,传媒人才的培养方式还不完善,这些都导致对人才的培养远远不能适应市场的需求。以经营管理人才为例,仅仅靠学校教育是不够的,还需要传媒“实战”中的锻炼和熏陶。如何在实践中发掘和培养能够适应国际化传媒经营的人才队伍,是传媒业发展中亟待解决的重要问题。

七、对策建议分析

传媒产业作为国家重点扶持的战略性产业,在产业发展、消费升级和技术进步等因素的推动下,有着巨大的增长空间,也面临着难得的历史性发展机遇。因此,虽然短期内长三角传媒业将受到金融危机的影响,但其程度会比西方媒体弱,而且长期将继续保持高速发展态势。如果能够利用好其中的机会,就有可能变危机为机遇,关键在于采取切实可行的对策。

1. 完善传媒相关法律法规,保障传媒业的健康成长

没有规矩,不成方圆。法律法规是保证正常市场秩序,开展公平竞争的关键,没有制度的约束,市场的经济行为就会陷入混乱。由于计划经济的后遗症和传媒业的特殊性,长期以来我国传媒业的“人治”现象还普遍存在,特别是在立法滞后,法律法规体系不完善,层次不高,法规与法规之间缺乏协同性的情况下,给“人治”留下了很大的发挥空间。传媒业要实现长远发展,对外发展,必须结合我国的实际情况制定一套适合我国传媒业发展的、符合国际惯例的法律体系。用以保证传媒业的多渠道融资、民营与国有企业的公平竞争、跨区域、跨行业、跨媒体的推行、“走出去”战略的实施等得到详尽的、操作性强的法律法规的保障。

2. 强化创新意识，提高创新能力。

传媒业属于创意产业，创新是传媒的永恒主题。随着科学的进步，在信息技术飞速发展的今天，创新已经成为生存的手段。科学技术、科技创新这些基本要素，在经济下行阶段恰恰能够形成“创新的温床”。长三角传媒业处于发展水平较低的不成熟阶段，尤其在当前，改革创新是应对危机之道，要通过体制、内容、载体和经营机制的创新，促生新的消费群体，开拓市场空间，取得跨越式发展和超越。

3. 拓展融资渠道，为中小型传媒企业提供资金保障，激发市场活力。

进一步落实对中小型企业的优惠政策，保证市场的多元化，激发市场活力。可以通过设立专项基金鼓励中小型企业打造富有原创性的精品节目；其次，长三角各级政府可以加强与各大银行的联系，为传媒企业和银行搭建沟通的桥梁，帮助企业获得贷款，在条件允许的情况下，尝试政府贴息、银行提供免息贷款等合作方式。还可以以优秀的项目方案和良好的行业前景重塑投资者信心，通过行业协会等相关组织与银行业进行沟通，行业协会可为银行提供客观的项目评估报告，为优秀的项日争取贷款；降低项目成本，积极推进跨媒体合作。

4. 变粗放型的外延式增长方式为内涵式的集约型增长方式。

长三角的传媒业大多还处于重量不重质的粗放型经济发展阶段，进行量上的大规模扩张，虽然总盘子很大，但是利润额很小，利润率更低。要实现集约型的经济增长方式，一是进行科学的定岗，避免出现人浮于事的冗员现象。二是对信息产品进行深层次开发。当前，传媒对信息的开发基本上是一次性使用，导致了新闻产品大量浪费和成本过高。一般来说，信息产品经过第一次采集和加工后，还可以进行第二次加工用在其他类型的媒体上，如新闻产品在报纸上刊登之后，还可以放在网络媒体和移动媒体上，更可以对读者和受众分类，进行信息产品综合的深层次加工，满足读者的个性化需求。例如，财经类媒体可以针对大型企业和个人大客户，提供相关行业的年度分析报告。三是实施跨区域和跨媒体战略，充分发挥媒体的规模经济和范围经济效应。媒体通过实施跨区域和跨媒体战略，同样的新闻内容就能在不同地区的媒体和不同的媒介上共同使用，例如，同一媒体在不同省份办的媒体可以共用国际新闻和国内新闻，在同一省份办的媒体还可以共用省内新闻。

5. 改变过于依靠广告的单一盈利模式，丰富和完善盈利模式。

目前长三角传媒业仍处于转型和扩张期，积极寻找和拓展新的盈利模式是经营业绩的重要手段。要通过整合资源打通传媒的产业链，实现纵向或横向整合。一方面，我们可以实现纵向整合，通过纵向整合，传媒集团将原材料供应、销售渠道、资本运营等价值行为整合成一条完整的产业链，降低集团内部的交易成本，产业链上的多种盈利模式也降低了行业经营风险。另一方面，也可以尝试横向整合。这方面长三角媒体已在普遍行动，例如新华传媒由图书音像发行业务扩展至图书音像和报刊发行、报刊经营、媒体广告代理、物流配送以及传媒衍生品开发等业务，资产规模、质量和盈利能力都大幅提升。对长三角传媒来讲，以媒体平台为基础，渗入产业领域，真正实现产业协作，力争降低广告收入所占比例，将使一批专业媒体真正焕发青春，实现内容、渠道、实业的共赢。如此不仅可以改变目前收入来源单一，商业模式原始、初级的问题，还可以占据制高点从而获得竞争优势。

6. 加大传媒业人才的培养力度

人才是传媒业中最活跃、最重要的资源，是决定传媒企业在未来竞争中取胜的关键，也是传媒业实现长期、可持续发展的决定性资源。因此，有专家认为，长三角传媒业发展最缺乏的不是资金，而是人才，特别是高层次的复合型人才。随着传媒业由生产型向经营型的转变，既懂新闻，又懂经营的复合型人才成为了传媒业发展的宝贵资源。传媒业要长远持续发展，必须加强对人才的培养和储备。充分利用长三角高校众多、教育资源丰富的优势，把传媒人才教育与传媒企业的实践结合起来，设立职业培训机构和教学科研实习基地，引进培养熟悉国际传媒市场规则和环境的高级人才，建立“官产学研一体化”的传媒业发展模式，为传媒业的长远发展提供源源不断的人才支持和智力保障。

十四　长三角通讯服务业

随着信息化程度的快速提高,通讯服务业为各地区的经济社会发展提供了便捷高效的平台,因此,通讯服务业是经济发展的重要行业,也对各地经济总体发展的作出了重大贡献。长三角地区人口密度大,经济增长比较快,对地区信息化程度的要求也相对较高,相应的,通讯服务业的发展空间也很大。

一、上海市通讯服务业

经过近几年发展,上海信息服务业形成了较完整的产业体系,产业门类比较齐全,信息服务业企业数和从业人员不断增加,产业整体发展态势良好,对国民经济贡献逐年增加。

(一)邮政电信服务业稳定发展

上海市2010年邮政通讯业务实现了快速增长,全年完成邮政电信业务总量1 031.23亿元,比2009年增长17.8%。其中,邮政业务总量64.27亿元,下降6.3%;电信业务总量966.96亿元,增长19.8%。至2010年末,全市固定电话用户935.9万户。其中,住宅电话574.5万户。移动电话用户2 361.6万户。其中,3G用户197.3万户。

(二)通信信息服务业继续保持较快增长

上海对于城市信息化建设比较重视,并致力于提高城市的通信信息服务水平,因此,上海信息产业发展较快。2010年实现信息产业增加值1 646.49亿元,比2009年增长21%。其中,信息服务业增加值903.52亿元,增长15.2%。,通过CMM/CMMI3级以上国际认证的企业达到117家。其中,5级18家。189家企业获得计算机信息系统资质认证。其中,1级12家。信息服务业上市企业达到27家,经营收入超亿元软件企业150家。全市用于信息化建设的固定资产投资317.91亿元,占全社会固定资产投资总额的比重为6%。集约化信息管线累计敷设5 821沟公里,比2009年增加467沟公里;3G宏基站4 300个,增加1 500个;国际互联网出口带宽达300Gbps,增加100Gbps;WLAN无线热点7 400个,增加2 300个;宽带接入用户达499.2万户,其中家庭宽带用户达440万户;数字电视用户达227万户,增加143万户;IPTV用户达130万户,增加29万户。全年完成电子商务交易额4 095.1亿元,比2009年增长23.5%。口岸税费电子支付系统入网企业累计达到4 410家,电子单证传输量达到13 250万张,实现电子支付金额1 566亿元,比2009年增长49.4%。社会公共服务领域信息化建设不断深化。

表4-108　2010年上海市社会公共服务领域信息化发展

指　　标	单位	绝对值	比2009年
"市民信箱"累计注册用户	万人	399.00	增加14万人
全年"付费通"业务平台交易量	万笔	7 483.10	增长60.9%
全年"付费通"业务平台交易额	亿元	62.40	增长34.2%
全年交通卡销售额	亿元	25.90	增长1.2倍
银行卡累计发卡量	万张	11 427.54	增加1 417.61万张
全年银行卡交易额	亿元	11 306.30	增长18.8%

资料来源:2010年上海市统计公报。

至2010年末，数字证书累计发放217.86万张。社会信用体系持续完善。至年末，个人信用联合征信系统覆盖1 138.2万人的信用信息，比2009年末增加28.6万人；个人信用产品提供量达到1 460.9万份，增加21.1万份。

（三）通信信息服务业企业和产业发展不断健全

目前，上海市有各类信息服务业企业3 000多家，信息服务业从业人员超过30万人。涌现了上海热线、东方网等全国著名门户网站，盛大、九城等游戏运营公司，携程、易趣、前程无忧、中昊化工、东方钢铁在线等著名的行业性电子商务公司，掌上灵通等专业内容提供商，宝信、新华控制等一大批全国著名的软件开发企业，以及汇丰数据、花旗银行数据中心等跨国公司的信息服务中心。其中，盛大、携程、易趣、掌上灵通、四方信息、九城已经在纳斯达克成功上市，宝信、华东电脑等在国内主板上市，交大慧谷、华博、交大铭泰等香港上市。在产业形态上，电信服务业随着电信市场整体的扩张而稳健发展。宽带互联网应用发展迅速，电子商务日益广泛，众多网络服务模式带来了巨大的市场。广电的传媒业转向数字电视及其内容提供领域，基于数字技术的新媒体正逐步成为市场主力。通过利用各种虚拟和实体的网络，实现资源和能力的整合和共享，上海信息服务业已成为企业参与国际竞争、实现全球化管理和运营的不可或缺的手段。

二、江苏省通讯服务业

江苏省邮政电信业保持了较快发展。2010年邮政电信业务总量2 194.6亿元，比2009年增长21.1%。其中邮政业务总量188.3亿元，电信业务总量2 006.3亿元，分别增长21.5%和20.9%。邮政电信业务收入798.2亿元，比2009年增长8.3%。其中邮政业务收入111.1亿元，电信业务收入687.1亿元，分别增长22.7%和7.3%。局用交换机总容量4 288.2万门，固定电话用户2 498.8万户，减少163.6万户，其中：城市电话用户1 527.8万户，乡村电话用户971万户。住宅电话用户1 759万户，减少116.3万户。移动电话用户5 916.7万户，净增976.4万户。全省电话普及率达109部/百人，比2009年增加10部/百人。长途光缆线路总长度3.3万公里，新增0.1万公里。互联网用户1081.3万户，新增120.4万户。

三、浙江省通讯服务业

2010年，浙江邮电通信能力稳步提高。随着浙江省通信技术装备水平的进一步提高，浙江省通信服务能力持续增强。浙江省大力加强营业网、投递网、信息网、实物网和营销体系等支撑能力的建设，努力改善和提高邮政通信行业的整体服务水平，这为邮政业务的持续快速发展打下了坚实的基础。邮政通讯业务总量在连续多年高增长的基础上，2010年邮政通讯业务总量1 972.0亿元，比2009年增长18.3%。其中，邮政业务总量57.4亿元，电信业务总量1 914.6亿元。2010年本地电话交换机容量3 062万门，比2009年减少48万门。移动电话交换机容量8 666万户，比2009年增加693万户。年末本地电话用户1 998.5万户，其中城市电话用户1 213万户，农村电话用户785.5万户；移动电话用户5 047万户，新增611万户。2010年末全省互联网用户数为3 670万户。

四、长三角地区电信一体化的发展与对策

自2008年9月国务院将长三角一体化发展战略上升到国家层面以来，长三角融合发展的步伐再次加快。当前，在各行各业推动长三角社会经济一体化发展的大背景下，如何利用信息通信的资源优势加速推动区域经济快速发展，不仅对长三角地区信息通信一体化融合有重要意义，也将对在全国范围内促进信息化和工业化深度融合产生重要影响。

作为迅速崛起的世界第6大城市群,长三角地区固定电话用户数、移动电话用户数、互联网用户数分别占全国的17%、18%、19%,其电话普及率远远高于全国平均水平。随着长三角一体化进程加快,区域内人员流动增加(城际日流动人数超过220万),继而带动了跨地区通信需求大幅增长,要求实现通信一体化的呼声也越来越高。

正是应对这一呼声,近年来长三角地区的信息通信服务企业在一体化方面逐步开始了有益尝试:

中国电信的上海、浙江、江苏公司,目前已经就实现信息资源共享、积极探索新业务、新技术发展进行了研讨,并在中小企业信息化建设、加快宽带、视频导航等新业务发展方面达成了共识。中国电信还在长三角正式启动了"无线宽带"省际漫游业务,也就是说,江苏、浙江、上海的中国电信无线宽带用户只要在原有的宽带账号后增加相应后缀,就可在三地的"无线宽带"覆盖区域内享受互联网接入服务。而一场消除城市界限的"114"革命则意味着日后在长三角任何一个城市,不用拨区号,就可以直接查询两省一市各地的电话号码。

中国移动方面推出了长三角异地一卡双号服务。一张SIM卡上同时开通上海移动号码和外地(如江苏或浙江)移动号码。用户可通过一定设置,在不关机、不换机的条件下进行软切换。中国联通则在2006年率先推出了"长三角商旅卡",打破行政区划的概念,实现区域内统一的通话费率,此举被业内人士看作是长三角通信一体化的"试水项目"。除此以外,目前在客户维护方面,中国联通在长三角地区还实现了高端客户的异地缴费、充值、查询和补卡。

长三角的电信业近年来发展迅猛,其用户规模、服务水平都走在全国前列。长三角地区的通信运营公司在一体化方面进行了有益的尝试,并实施了诸多实质性举措,包括无线宽带省际漫游、长三角异地一卡双号服务、长三角商旅卡等等。但与长三角经济一体化的需求相比,仍有一定差距。因此,还需进一步促进长三角通信一体化的形成。具体来说,长三角通信业一体化的实现可以重点把握以下几个方面 :

(一)基础设施一体化

目前,长三角区域内各地的信息化发展程度参差不齐。总的来说,上海处于领跑位置,众多中小城市正积极升级改造其通信设施。该地区各个城市在加大通信基础设施投入的形势下,地区间的通信建设仍存在一定的条块分割现象,这与网络经济的统一性、开放性、交互性和规模性等特性是相违背的。而在长三角不同的城市、不同的行政机构之间的信息化网络建设中,类似的问题同样存在,这不仅造成了社会资源的浪费,而且将极大地影响这一地区信息一体化与经济一体化的进程。随着电信业重组成3家实力相当的运营商,通信管理机构可以积极推动各电信运营商之间的良性合作互动,共享基础设施,减少不必要的重复建设,在长三角这样土地资源、设备资源都很宝贵的地区,最大程度地节约社会开销,为建立节约型社会和提高资源利用水平都提供了很好的示范作用。为帮助相关企业整合通信服务资源,长三角通信管理部门还可以争取相关政策支持,探索电信运营企业之间、电信运营企业与相关企业(设备制造企业、终端销售企业等)的合作模式,鼓励利用产业链整合和企业合作,最大程度地实现资源共享。

(二)市场一体化

长三角是一个市场发育较为成熟的地区,区域内各类有形的和无形的市场很多,当务之急是要打破行政区界进行梳理和整合,以形成统一、开放、有序的市场机制。在一些相关行业已经出现了示例:长三角邮政部门将建立区域快递服务一体化发展联席会议制度,争取区域内有关部门的支持,制定统一的扶持政策,以协调解决快递车辆进城、企业融资、设施用地、航空运能、快件通关、税费减免、工商登记、人才培育等问题。我们认为在长三角通信一体化的过程中,应该逐步弱化政府的角色,加强市场机制的作用;目前长三角一体化还是以政府的推动力为主,这一点不应当否定,但在推动当中,还需

要把社会的一些力量、企业的力量、民间力量都纳入到一体化中。在这个过程当中，通信市场应该有统一的规划、管理、指挥，这样不仅有利于提高市场决策的科学性，还能充分挖掘长三角地区独特的市场需求，为更好地服务该地区提供保障。

（三）生态环境保护一体化

长期以来，长三角的经济得到了迅速发展，环境保护却没有得到充分的重视，出现了水质污染、空气质量下降等环境问题。现在该地区的各个城市都把环境保护作为经济发展的重要参考指标，不过生态保护是个庞大的系统工程，仅仅局限于一个较小的行政区域内是不可行的，需要该地区各城市联合探索跨行政区域的生态维护方法。通信业在适应长三角一体化发展的同时，必须大力倡导“环境友好、节能减排、减少辐射”的绿色通信。为此，江浙沪三地政府间可以成立相应的协调机构、建立通信环保标准工作组，加强对通信环保的实施和执行；三大运营商也应主动根据长三角地区资源紧张、增值业务众多等特点推出有利于节能、健康的业务与活动，并将环保作为企业社会责任的一种体现；电信设备制造企业则需要加大研发力度，推出各种低辐射、节能的环保产品，满足保护环境的终端产品。在保护通信环境方面，研究者一直都遗忘了通信活动中重要的一员——消费者，他们认为消费者只是通信设备的使用者、通信服务的收益者，通信环境的保护与消费者联系不上。其实在很大程度上，通信环境的保护是需要消费者积极配合的，例如选择环保健康的网络、规范处理淘汰通信设备、杜绝传播不良信息等。

（四）技术发展一体化

在技术的研究与应用方面，长三角地区可以尝试编制统一的通信发展规划。我国以往的通信发展规划都是严格按行政区域来制订和实施的，在国家发改委刚颁布的《新编长三角发展规划》中，国务院也已有了明确的指导性意见：“各城市政府理应及时呼应，联手编制统一的区域性尤其是城市圈的信息发展规划，以在未来的发展中做到资源共享。”目前该区域内各单位采用不同技术、设定不同的接口等行为，都提高了信息共享的门槛，影响了长三角地区一体化的质量。具体表现有：电子政务建设方面，一些政府和部门往往“各自为政”，采用不同的技术标准，业务内容单调而且重复。企业信息化建设方面，则不同程度地表现为“信息孤岛”现象，各个城市的企业之间信息封闭，引起区域内部生产资源利用率不足、区域竞争力不高的局面。所以只是各城市的学者讨论先进技术，是无法推动区域信息一体化的，可以成立一个“长三角通信技术一体化委员会”，仿效欧盟的管理方式，由区域内的各个城市轮流来当委员会的主席，同时赋予这个委员会一定的技术指导权，尝试指导该区域构建统一的信息平台，统一接入标准，实施通信人才互认制度，并协同推进一体化应急机制的建设。

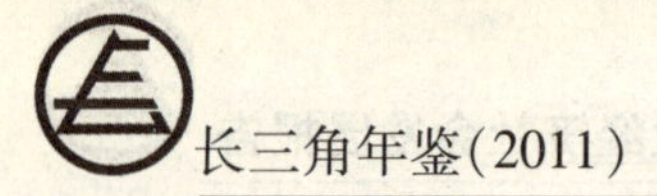

十五　长三角交通运输业

一、长三角地区基本情况

(一)交通运输基础设施不断完善

在构建现代化综合交通运输体系思想指导下,长三角地区各种交通运输方式加快发展。2010 年,长三角地区公路总里程达 27.24 万公里,其中高速公路总里程达 8 217 公里,同比增长 3.8% 和 5.6%,内河航道总里程达 36 062 公里。长三角港口吞吐量为 30.3 亿吨。

表 4－109　长三角地区运输线路(2010 年)

	长三角	江苏	上海	浙江
铁路(公里)	4 083	1 908	1 761	414
公路(公里)	272 458	150 307	110 177	1 1974
高速公路(公里)	8 217	4 059	3 383	775
水运(公里)	36 062	24 248	9 704	2 110
港口吞吐量(亿吨)	30.30	15.90	7.90	6.50

(二)交通运输服务能力稳步提升

2010 年,长三角地区共完成客运周转量 4 068.99 亿人公里,占全国的 14.65%,其中公路完成 2 193.48亿人公里、铁路完成 773.8 亿人公里、水运完成 11.2 亿人公里,分别占全国的比例为 14.71%、8.8%、15.69%;完成货运周转量 2 9401.6 亿吨公里,占全国的 21.41%,其中铁路完成 704.9亿吨公里、公路完成2 713.8亿吨公里、水运完成 25 389.9 亿吨公里,分别占全国的比例为 2.55%、6.31%和 39.48%。

表 4－110　长三角地区运输能力(2010 年)

	长三角	全国	长三角占比(%)
客运周转量(亿人公里)	4 068.99	27 779.20	14.65
铁路	773.83	8 762.20	8.83
公路	2 193.48	14 913.90	14.71
水运	11.22	71.50	15.69
货运周转量(亿吨公里)	29 401.60	137 329.00	21.41
铁路	704.94	27 644.10	2.55
公路	2 713.81	43 005.40	6.31
水运	25 389.90	64 305.30	39.48

(三)交通运输结构趋于优化

从各种运输方式的特性及国外交通运输发展经验来看,现代公路由于突出的优越性——机动、灵活、迅速、方便、直达,将是客运的主导交通方式;而在货运方面,由于水路交通运载能力大、投资少、能耗低、单位运输成本低等优越性，将成为货物运输的主要方式。

在综合交通运输网络逐步完善的同时，交通运输结构趋于优化。2010 年，长三角地区共完成客运周转量 4 068.99 亿人公里，其中公路完成 2193.48 亿人公里，占 53.9%，铁路完成 773.8 亿人公里，占 19%；完成货运周转量 29 401.61 亿吨公里，其中水运完成 25 389.94 亿吨公里，占 86.36%。

表 4－111　长三角交通运输结构（2010 年）

	长三角	江苏	浙江	上海
客运（亿人公里）	4 068.99	1 604.00	1 250.74	1 214.25
铁路	773.83	351.00	362.67	60.16
公路	2 193.48	1 196.00	882.04	115.44
水运	11.22	1.50	6.03	3.69
货运（亿吨公里）	29 401.61	6 111.57	7 117.04	16 173.00
铁路	704.94	336.86	342.08	26.00
公路	2 713.81	1 149.10	1 298.71	266.00
水运	25 389.94	4 095.70	5 476.24	15 818.00
港口吞吐量（亿吨）	30.30	15.90	7.90	6.50

二、上海市的基本情况

2010 年，上海进一步加快基础设施建设，提高装备技术水平，建设资源节约环境友好行业，健全完善安全监管和应急处置体系，不断提高服务能力和水平，成绩显著。2010 年，全市各种运输方式完成货物运输总量 81 023.85 万吨，比上年增长 5.3%。旅客发送总量 13 431.72 万人次，比上年增长 20.6%。全年上海港口货物吞吐量达到 6.53 亿吨，比上年增长 10.4%。全年港口集装箱吞吐量 2 906.9万国际标准箱，比上年增长 16.3%。上海浦东、虹桥两大国际机场全年共起降航班 55.11 万架次，比上年增长 15.5%；进出港旅客达到 7 170.09 万人次，增长 25.8%。其中，国内航线进出港旅客 5 098.78 万人次，增长 24.7%；国际航线进出港旅客 1 509.55 万人次，增长 29%；地区航线进出港旅客 561.76 万人次，增长 27.8%。

年内轨道交通 10 号线、2 号线延伸段、11 号线支线段建成运营。至年末，全市轨道交通线路达到 12 条，运营线路长度达到 452.57 公里。全年新增公交专用道 48.3 公里，新辟公交线路 127 条，建成 6 个“P＋R”公共换乘停车点。全年公交运营车辆 1.74 万辆，运营出租车 5 万辆。全年市内公共交通客运量 59.25 亿人次，比上年增长 13.4%。其中，轨道交通客运量 18.84 亿人次，增长 42.9%；公共汽电车客运量 28.08 亿人次，增长 3.8%。全年享受公交优惠换乘人数达到 84975 万人次，老年人免费乘车人数达到 18 558 万人次。

2010 年，上海重点围绕世博交通保障、推进国际航运中心建设、深化实施公交优先战略，推动交通港航业持续、健康发展。主要成绩和经验有：

（一）全力落实世博交通保障

按照世博交通保障方案，构建“以轨道交通为主体、地面公交为基础、其他交通方式为补充”的市域世博公共交通网络、“长途客运＋旅游专线＋团体包车”的长三角公路世博客运网络和“分层疏流、引导换乘”的世博专用 P＋R 系统。完成 16 条世博直达专线，20 条世博公交 B 线，6 条世博远郊接驳线路和部分园区周边短驳线路的设置，并完成 1 100 辆左右配车和相关运营服务配套。做好世博出租汽车调度平台和专属车队营运保障,统一世博调度平台、车辆设施、司机服饰、服务标准和投诉咨询管理,满足世博园区居民和服务世博宾馆游客出租汽车出行需求。充分利用既有长途班线及旅游包车资源,形成“长途班线(包括加班车)+旅游集散中心专线+团体旅游包车”的公路交通保障网络。建立完善应急预案,应对世博期间客流集聚、滞留,恶劣天气,突发事件等疏运任务。做好三个层次世博专用停车设施的服务监管和应急调度,世博会展区出入口附近及周边地区设置10 000个停车泊位,对来自中心城区以外的社会车辆,设置9个停车换乘(P+R)停车场约11 570个泊位。推进世博水上交通船舶建造和世博交通船配套船员培养,提升窗口服务水平与能力。协同申通集团做好轨道交通运营组织、应急保障、维修保养等世博服务保障方案。协同民航华东地区管理局、上海机场集团做好世博期间净空保护及确保机场安全、有序运营的各项保障工作。

(二)全力推进上海国际航运中心建设

进一步优化现代航运集疏运体系,编制“十二五”港口和内河航道建设计划;推进外高桥港区和吴淞口国际邮轮母港建设,完善港口布局;加快推进杭申线、苏申外港线及赵家沟等高等级内河航道及配套海港港区建设;研究制定促进集装箱水水中转业务发展和内河集装箱市场培育的政策措施。进一步发展现代航运服务体系,完成《航运经纪人发展政策研究课题》并提出相关政策方案,力争成果在上海先行试点。配合有关部门积极争取交通运输部支持,加快突破境外国际邮轮公司在沪设立控股或独立邮轮公司开展业务的政策限制。探索建立国际航运发展综合实验区,跟踪启运港退税政策试点情况,研究完善性措施和提出向更多港口推广方案。组织对国际航运发达国家(地区)航运支持政策和先进做法进行专题研究,力争在上海港推行地主港管理模式和实施境内关外政策等方面取得突破性研究成果。

(三)全力推动公交优先

继续推进公交改革,基本实现上海公交企业20家左右的目标,进一步完善市场化运作机制。不断改善公交服务,优化公交线网,世博会前调整公交线路100条,开辟约30条公交冷僻线路(含社区巴士和城乡巴士);随虹桥机场等公交枢纽将陆续建成使用,计划调整公交线路50条;做好轨道交通2号线东延伸及10号线等新线公交配套,计划调整公交线路20条,方便市民出行,同时落实公交服务规范,确保世博会前60%以上线路达标。加快推进基础设施建设,年内开工建设23个公交枢纽,实现“十一五”开工建设60个公交枢纽的目标。着力加强公交行业监管,进一步加强线路经营权的年度管理与考核,完善线路经营权退出机制;建立公交成本费用评价委员会;在公交全行业实施成本规制管理办法,进一步完善公交企业成本监审;配合相关部门落实职工收入正常增长机制,督促企业规范劳动工资制度,保障公交职工切身利益。

(四)全力加强行业发展监管

加强行业立法,修订行业法规、规章,推进行政审批制度改革等为契机,提升行业依法管理水平和依法行政能力。在继续做好整治非法营运工作,积极研究加强和规范交通行政执法的长效机制,探索建立适应新形势的执法监督方式,完善执法监督机制。贯彻落实《上海市人民政府关于进一步促进本市出租汽车行业健康持续发展的意见》,进一步加强出租汽车行业管理。提升浦江游览港航规范化管理程度,发展长江水上旅游业,做大做强苏州河旅游市场,大力推进崇明三岛水上旅游业为抓手,积极推进本市水上旅游业发展。推动上海城市现代商业配送网项目运作;推进本市中心城区危险化学品零星配送试点、道路货物“甩挂”运输、停车场(库)属地化管理及停车执法联动机制试点推广等工作,促进道路货运及运输服务业发展。切实强化对城市交通、港口安全、内河和水上客运安全管理等重点部位的安全监管。

三、江苏省的基本情况

2010年,江苏交通运输业加快发展。全年完成旅客运输量、货物运输量分别比上年增长12.7%和17%,旅客周转量、货物周转量增长13.1%和18.6%。完成港口货物吞吐量15.9亿吨,增长19.6%,其中外贸货物吞吐量2.4亿吨,增长18.2%。港口货物吞吐量中,集装箱吞吐量达1 134.6万标准集装箱,增长29.2%。年末全省公路里程15万公里、新增6 504公里,年末高速公路里程4 059公里。铁路营业里程1 907.8公里,铁路正线延展长度2 922.2公里。年末民用汽车保有量567.7万辆,净增109.6万辆,分别增长23.9%和29.1%。年末私人汽车保有量434.6万辆,净增96.3万辆,分别增长28.5%和28.6%。其中私人轿车保有量288.6万辆,净增72.1万辆,分别增长33.3%和27.8%。

(一)交通建设完成投资再创新高

2010年江苏省公铁水空交通基础设施建设完成投资首次突破千亿元,同比增长21.5%。其中,全省公路建设投资同比增长36.5%;铁路建设投资同比增长6.2%;港口建设投资同比增长11.7%;内河航道(不含长江)建设投资同比增长10.1%;机场建设投资增长154.8%。"十一五"期间,江苏在保持公路建设投资平稳增长的同时,着力推进铁路、水运和机场建设,完成投资分别是"十五"期间的17.0倍、6.4倍和17.5倍,各种运输方式协调发展的格局正加快形成。

(二)重点工程建设继续大力推进

公路:江都至海安、徐州至济宁、连云港至临沂、无锡至张家港、南京绕越高速公路东南段建成通车,新增高速公路通车里程304公里,全省高速公路通车总里程突破4000公里,率先实现联网畅通。泰州大桥、南京四桥、崇启大桥等重点工程建设加快推进。服务沿海开发的临海高等级公路等项目开工建设,建成通车普通国省干线公路623公里;二级以上公路达到公路总里程的23%,居全国第一。新改建农村公路4 493公里、完成桥梁改造2 375座,实现了县到乡通二级、乡到乡通三级、乡到村通四级的更高水平"村村通"。铁路:沪宁城际高铁建成通车,沿线常州、无锡、镇江、苏州铁路综合客运枢纽相继建成,全省铁路运营总里程超过2 000公里。京沪高铁、南京南站、宁杭城际铁路等项目建设加快推进。水运:连云港港疏港航道建成通航,连申线东台至长江段开工建设,千吨级干线航道网主骨架建设全面展开。长江南京以下12.5米深水航道建设工程前期工作取得重大突破。连云港港10万吨级氧化铝散化肥专业泊位水工主体工程完工;太仓港集装箱三期工程全面完工投入试运行。全省共建成沿江沿海万吨级以上泊位26个,全省港口通过能力、万吨级以上泊位数均居全国第一。机场:淮安涟水机场建成通航,苏中江都机场建设启动,其他机场改扩建工程有序推进,南京禄口国际机场二期工程开工建设。

(三)运输服务保障水平进一步提升

2010年全省完成综合客运量23亿人、旅客周转量1 658亿人次,综合货运量18亿吨、货物周转量5 589亿吨公里,与2005年相比均增长80%以上。2010年全省港口总吞吐量超过15亿吨,集装箱吞吐量达到1 140万标箱,分别比2005年增长1.0倍和2.7倍。苏州港、南京港、南通港、连云港港、镇江港、江阴港六个港口进入全国亿吨大港之列。2010年全省机场完成客货吞吐量1 730万人次、31万吨,比2005年增长156%、90%。省内市际道路客运班线实现当日往返,市域内县际班车平均15分钟一班。所有一、二级汽车客运站以及150个三级以下客运站实现联网售票。全省行政村客运班车通达率达到95%。溧阳、句容、吴江、江宁、江阴、昆山、靖江、如皋等地率先探索和实践镇村公交等城乡客运一体化发展新模式,江苏省政府召开专题会议,并出台相应政策,加快推进城乡客运统筹发展。在全省范围内开通了机动车维修救援网络。省内部分地区实现公交IC卡一卡通。高速公路不停车收费(ETC)系统实现苏、沪、皖、赣跨省市联网。江苏交通服务热线96196覆盖全省,形成“门户网站、服务热线、交通广播”三位一体的信息服务体系。苏北运河实现“一票通”,加强过闸调度和通航秩序维护,船舶全程耗时由15~20天缩短至5~7天。多渠道、多平台的水上交通信息服务体系基本形成。撤渡建桥、促进城市公交发展等十项为民实事全面完成。

(四)体制改革和行业管理工作扎实推进

江苏省交通运输厅和各市、县交通运输部门的机构改革工作基本完成。政府还贷二级公路收费人员安置工作基本完成。全省辖区水上交通安全形势稳定,水上搜救成功率保持在95%以上。全省交通运输系统高质量完成了上海世博会交通安全保障工作,实现了辖区入沪车船零事故、人员零伤亡、道路(航道)不堵塞、水域无污染、信息报道最准确的工作目标,受到交通运输部和江苏省委、省政府的表彰。完成全省高速公路网命名编号与标志标牌更换,干线公路迎国检等工作扎实推进,全省综合交通运输“十二五”发展规划纲要编制工作基本完成。在建工程建设质量优良率稳步提升。苏通大桥建设工程“千米级斜拉桥结构体系、设计及施工控制关键技术”获得国家科技进步一等奖,泰州大桥承担的国家科技支撑计划全面启动。

(五)行业人才队伍建设取得显著成绩

大力实施“千名干部培训工程”,以市县交通运输局长、高级专业技术人员、军转干部、基层站所长等为主要对象的近1500名干部参加了主体班次培训,其他各类培训100余班次,培训人员超过1万人次。创新全省交通运输行业党建工作机制,创设了行业党建“现场例会制度”。开通了全省首家省级行业党员手机信息平台——《交通党员手机报》,成为交通党员学习的新课堂和创先争优典型宣传的新平台。在全行业开展了争创“百个先进堡垒党支部”、争当“百名先锋模范党员”活动。文明行业创建成果丰硕,12家单位(集体)分别被表彰为全国交通行业文明单位和文明示范窗口,7名职工分别被表彰为全国交通行业文明职工标兵和精神文明建设先进工作者,2名职工获得铁路总工会颁发的“火车头”奖章,8家单位被评为江苏省文明单位标兵,53家交通运输基层单位被评为江苏省文明单位。组织开展厅行政权力网上公开透明运行系统建设,省交通运输厅行使的行政执法权全部在网上规范运行,作为首批单位顺利通过江苏省政府组织的验收,并获得省级机关优秀单位第一名。

四、浙江省的基本情况

2010年,浙江交通运输快速发展。全年铁路、公路和水运完成货物周转量7 112亿吨公里,比上年增长25.7%;旅客周转量1251亿人公里,增长8.5%。港口完成货物吞吐量11.2亿吨,增长8.0%,其中,沿海港口完成7.8亿吨,内河港口完成3.4亿吨,分别增长9.1%和5.3%。2010年,浙江交通运输运行的特点主要包括:

(一)铁路客货运输全面增长

旅客运输:全年完成发送量7 634万人次、周转量362.7亿人公里,分别比上年增长17.3%、24.5%,依次比08年增加18.4%、25.2%。增幅比09年分别提升16.4、24.0个百分点。客运快速增长主要得益于沿海铁路和沪杭高速铁路开通。分站段看,嘉兴车务段、宁波车务段、杭州直属站发送量分别比上年增长1.3%,9.7%,14.0%,低于全省平均增幅;其它除沿海公司、沪杭客专外的站、段、

公司发送量均比上年减少。沪杭高速铁路 10 月 26 日正式运营，沪杭客专年内完成发送量 50.9 万人次；沿海公司全年完成发送量 877.5 万人次，占全省发送量的 11.5%。

货物运输：发送量增速逐季平缓回落，但增幅较高；周转量增幅略低，全年完成发送量 3888 万吨、周转量 342.1 亿吨公里，分别比上年增加 13.2%、5.8%，比 08 年分别增加 14.2%、0.7%。增幅分别比 09 年提升 12.3、10.6 个百分点。完成到达量 6 998 万吨，增长 5.0%，比 08 年减少 4.8%，增幅比 09 年提升 14.4 个百分点；日均装车 1850 辆，同比增加 13.9%；日均卸车 3214 辆，增加 5.6%。分货种看，燃煤到达减少，发送大幅增长。燃煤到达 2 226.6 万吨，减少 7.6%；发送 864.2 万吨，增加 46.7%。其中，水转铁燃煤发送，宁波车务段增加 33.7%，金温公司增加 77.0%。其它高于全省增长水平的主要货种有：金属矿石发送增加 23.0%，到达增加 17.6%；石油、钢铁、水泥、化肥、集装箱到达分别增加 6.5%、15.8%、20.7%、19.4%、28.5%。电厂电煤到达有增有减。

（二）民航设施能力提升，生产继续较快增长

2010 年末，浙江省七大机场已拥有航站楼总面积 31.4 万 M2、站坪 114 万 M2、机位 130 个，旅客吞吐能力达 2065 万人次。2010 年保障航班安全起降 25.71 万架次，完成旅客吞吐量 2871.5 万人次、货邮吞吐量 39.83 万吨，分别比上年增长 9.4%、12.8%、23.8%，依次比 08 年增加 24.1%、33.2%、35.3%。分机场看，旅客吞吐量义乌机场增幅最高，达 24.2%；货邮吞吐量增速台州机场居首，达 27.7%。舟山机场主要因跨海大桥、沿海铁路分流，在航班量增加的 19.1% 的情况下，客、货吞吐量比上年分别减少 20.3%、13.2%，成为全省客货吞吐量唯一负增长的机场。杭州萧山国际机场继续保持较高的增长水平。全年完成旅客吞吐量 1706.9 万人次、货邮吞吐量 28.34 万吨、航班量 14.63 万架次，增幅依次居全国机场的第 4 位、第 3 位、第 5 位。三项指标在全省的占比分别达 59.4%、71.2%、56.9%。年末，在机场运营的国内外航空公司已达 30 家；机场通航点已增至 108 个，其中内地 72 个、地区 7 个、国际 29 个；总航线增至 160 条，其中内地 122 条、地区 8 条、国际 30 条。

（三）道路运输量增幅总体提升，客货运力结构继续优化

2010 年，浙江省全年完成客货运输量 21.6 亿人次、882 亿人公里、10.3 亿吨、1 299 亿吨公里，依次比 08 年增加4.7%、7.4%、12.8%、16.5%。增幅分别比 09 年提升 0.2、-0.6、3.3、2.6 个百分点。个体营运货车占比提升，营运车辆进一步向大型化、高级化、专业化方向发展。截止 10 年末，全省营运客车达 8.07 万辆、80.8 万客位，分别比 09 年末增加 3.1%、7.7%。其中，班线客车 2.94 万辆，增长 1.3%。高级班车占班线客车总数的 35.7%；大型客车占班线客车总数的 34.8%，占比提升 4.7 个百分点。旅游车达 5 508 辆、21.7 万客位，同比分别增加 20%、27.8%。出租车达 3.87 万辆，比 09 年增加 1030 辆。年末，营业性载货汽车达 46.6 万辆、205.7 万吨位。其中，厢式货车 11.6 万辆、专用载货汽车达 2.7 万辆、集装箱车 1.6 万辆、危险品运输车 1.26 万辆、重型货车 7.37 万辆，依次比 09 年末增长初增加14.6%、17.4%、26.4%、11%、42.3%。个体营运货车占全省营运货车的比重达 58.5%。

（四）水路货运快速增长，客运下跌趋缓，运力规模再创新高

运力结构继续优化。特种船舶和万吨级以上船舶达 1 190 万载重吨，占总运力的 65%，年内净增 264 万载重吨；万吨级以上船舶运力已达 1 021 万载重吨，本年净增 249 万载重吨。客运：全年完成旅客运量 3 155 万人次，同比下降 14.2%。其中沿海 2 472 万人次，减少 20.9%；内河 683 万人次，增长 23.1%。完成旅客周转量 6.04 亿人公里，同比减少 19.0%。其中，沿海 5.27 亿人公里，减少 22.4%；内河 0.77 亿人公里，增加 15.9%。货运：全年完成水路浙电统配电煤运量 3 403 万吨，其中，沿海 3 113万吨、内河 290 万吨，同比分别增长 12.8%、12.6%、15.9%。全年共完成货物运量 6.3 亿吨、周转量 5 471 亿吨公里，比 08 年分别增加 22.5%、36.0%。增幅分别比 09 年提升 11.5、26.6 个百分点。

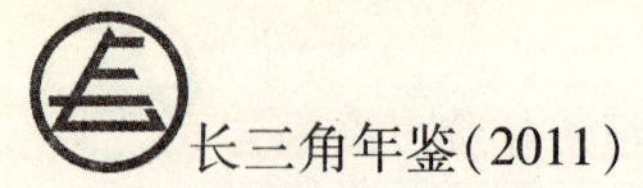

分运输方式看,受市场供求和景气度影响,运量、周转量增幅,远洋高于沿海,沿海高于内河。内河增幅分别为10.8%、13.1%,沿海增幅分别为19.2%、25.9%,远洋增幅分别为103.9%、64.5%。受多种因素叠加影响,水运企业经营状况难以乐观。内河运输企业受主要货种运价低、燃油等经营成本上涨、节能减排石矿关停、年内内河航道多次封航、上海世博会对船舶安检管控等影响,经济效益差。部分企业,特别是人员负担较重的国有老企业,亏损较为严重。

(五)港口货物吞吐量快速增长

2010年浙江省完成港口货物吞吐量11.23亿吨,其中,沿海7.85亿吨、内河3.38亿吨,依次比2008年增加18.1%、23%、8%。增幅分别比2009年回落0.2、0.9个百分点和提升1.1百分点。完成外贸吞吐量2.93亿吨、集装箱吞吐量1 403.8万标箱,比2008年分别增加22.5%、22.4%。增幅分别比09年提升5.2、28.1个百分点。

宁波－舟山港货物吞吐量继续位居全国第一。集装箱吞吐量跃升至全国第三位,增幅已位居全球30大港口之首。全年完成货物吞吐量6.29亿吨,其中,宁波港域4.08亿吨、舟山港域2.21亿吨。完成外贸吞吐量2.76亿吨,其中宁波港域2.03亿吨、舟山港域0.73亿吨,分别增长12.2%、11.8%、13.5%。完成集装箱吞吐量1 314.4万标箱,其中,宁波港域1 300.2万标箱、舟山港域14.2万标箱。

十六　长三角新能源产业

一、长三角地区基本情况

江苏、上海和浙江等省市所处的长三角地区是中国新能源产业发展的高地。2010 年，长三角地区新能源产业发展环境和新能源产业链日益完善，产业集群发展的态势正逐步形成。该地区聚集了全国约三分之一的新能源产能，集中了我国 60% 的光伏企业、20% 以上的风电装备制造企业、53.5% 的建成核电站装机和近 40% 的生物质发电装机。以江苏为例，2010 年江苏风电发展势头迅猛，中国七大千万千瓦级风电基地中唯一的海水风电基地就位于江苏沿海。到 2015 年，江苏省电力可供装机容量达到 11 000 万千瓦，其中可再生能源装机占 7% 左右。同时，江苏省还聚集了一大批风电整机和零部件装备制造企业，已初步形成了从技术研发、风电装备制造到风电场建设，再到并网发电的完整产业链体系。

（一）长三角地区新能源发展的新特点

1. 逐步由政策驱动型逐步向市场驱动过渡

长期以来，由于新能源的成本相对较高、电价问题和新能源并网等问题的困扰，长三角地区乃至全国的新能源产业主要是依靠政策的扶持，才得以快速的发展。例如，在“十一五”期间，上海新能源产业呈快速发展之势，截止 2010 年，上海太阳能光伏、核电、智能电网等新能源产业将实现同比增长 20% 以上。目前长三角地区的新能源产业链已趋于完善，且产业规模已达到一定水平。长三角的新能源产业发展模式将逐步由依靠政策扶持，向市场驱动方向转变，新能源市场的抢占和技术的研发将越来越成为长三角投资和竞争的焦点。

2. 逐步由规模扩张的粗放模式向提升核心竞争力的集约模式转变

近年来，长三角地区的新能源产业得到了大规模的发展。2010 年江苏新能源产业总产值超过 3 000亿元，居全国前列，并拥有 8 家上市的光伏企业。2010 年上海的新能源产业重点领域总产值也超过了 1 000 亿元。与 2005 年相比，长三角的新能源产业扩张速度非常迅猛。随着新能源终端应用领域的提高和新能源技术的持续进步，长三角地区新能源产业将通过推动跨地区间企业合作、两省区间双边和多边互供合作，由传统的粗放型扩张模式逐步向提升核心竞争力的集约模式转变，来共同促进长三角地区产业的优化升级。

3. 逐步由依赖国外技术引进向自主创新方向发展

长三角乃至全国多数新能源产业都以加工制造为主，拥有自主技术相对较少。以风电产业为例，当前世界的风机正向大容量、低风速、高效率等方向发展，而我国由于对设计原理性技术掌握较少，只对少数风机设备拥有自主知识产权，这导致国产风机装备的稳定性和运转性能与国外装备相比，存在一定的差距，是严重制约我国新能源产业的发展的重要问题之一。当前，长三角地区在形成较为完备的产业链和有一定研发能力的基础上，一方面，将逐步加大对新能源技术的研发；另一方面将逐步消化吸收国外先进技术，并将之国产化，走自主创新的持续发展道路。

（二）长三角地区新能源发展的重点

1. 由普通制造向高端制造转变，推动产业升级

近些年来，我国新能源企业如雨后春笋般成立，但在核心技术和关键零部件制造等方面，几乎走

的是清一色的引进路线。使得国产设备的性能与国外设备相比,存在较大的差距,严重制约我国新能源产业的发展。当前,长三角地区发展新能源制造产业的重要转变之一就是:由新能源普通装备零部件制造向关键部件制造转变,以抢占新一轮国际新能源竞争的制高点,推动产业升级。例如,浙江运达风电股份有限公司、浙江大学等六家单位共同参与组织的“浙江省风电产业技术创新战略联盟”,被浙江省科技厅正式批准列入“2010 首批浙江省产业技术创新战略联盟”,该产业联盟在“十二五”期间将积极推动我国新能源高端设备的研发和制造。

2. 更加重视新能源终端应用,完善产业链布局

近些年,长三角地区主要通过推动跨地区的合作,来促进新能源产业的发展,其产业平台和产业链建设正逐步完善。江苏省正继续全力打造风电“绿能”产业链,为打造完整产业链,江苏省采取了一系列举措:一是在产业链的地区布局上,以常州、无锡、南通、盐城等地区为重点,发展年产 100 台以上的兆瓦级风电整机;二是以扬州为重点,发展大批量小型家用风电整机;三是以南京、无锡、盐城等地区为重点发展叶片、塔筒、法兰等配套产品与关键部件。长三角地区将更加重视新能源的终端应用。如,江苏正加快 2 兆瓦级以上陆上风电机组和兆瓦级海上风机的自主研发与应用;浙江正实施百万屋顶发电计划,建设约 50MW 光伏发电装机。

3. 重点发展产品研发和技术创新,提升核心竞争力

长三角地区在深度开发利用风能、太阳能、地热能、海洋能、生物质能等可再生能源、发展燃气蒸汽联合循环发电等领域取得了诸多国内外技术专利。在全国范围内,长三角地区新能源产品的研发和技术创新能力一直处于较为先进的水平。究其原因,主要是该地区在发展新能源产业时,坚持以自主知识产权为核心,鼓励各行业积极开展新能源技术的研发创新,推动该地区新能源产业的发展。从而避免过渡依赖发达国家的核心技术,提升地区在新能源市场中的核心竞争力。

二、上海市基本情况

(一)上海新能源产业发展概况

上海地处东南沿海,是我国除内蒙古之外最适合于风力发电的地区之一。上海 50 米高度的年平均风速是每秒6.7 至7.1 米,年有效风力累计时间在7 300 小时以上,风电资源丰富,而且海上的风能较陆地更为充足,发展空间极大。事实上,上海周边大量的滩涂和浅海区域都可用于建设大型的风力发电场。由于风车在上海还属新鲜事物,崇明和南汇的这两个风电场还有望成为旅游景点。风力发电十分环保,有资料显示,风力发电一度,就可相应减少 960 克二氧化碳的排放量。目前,位于奉贤区的风电场已经建成使用,每年可输出的风电已达 748 万千瓦时,包括位于崇明、南汇的风电场,这 3 个风电场的风电年输出量达5 368 万千瓦时。

上海全力推进新能源、新能源汽车、先进重大装备等九个重点领域的高新技术产业化。特别是把推进新能源产业,作为实施能源战略的重要抓手,加快发展核电、风电和太阳能等战略性新兴产业。浦东、闵行、奉贤、松江等新能源产业基地也得到了快速发展。世博会场馆建设采用了大量的新能源绿色环保的新技术、新产品。1 000 多辆新能源汽车集中使用,成为目前示范应用规模最大的城市。同时,围绕促进资源节约集约利用,大力推进工业项目向园区集中,引导价值高端型、资源集约型和环境友好型企业,加快发展。

(二)上海推动新能源发展的主要思路

1. 积极支持新能源装备制造业发展。

制订首台(套)政策。根据《上海市企业自主创新专项资金管理办法》,对经认定的首台(套)风力

发电、核电、IGCC、薄膜太阳能电池和智能电网等关键装备，给予资金支持。支持符合条件的中资及中资控股风机制造企业根据《风力发电设备产业化专项资金管理暂行办法》，申请国家首台（套）政策资金补助。

2. 设立专项资金。

设立的自主创新和高新技术产业发展重大项目专项资金，重点支持企业实施新能源领域的高新技术产业发展重大项目、重大技术装备研制项目、重要共性关键技术研发项目和公共服务平台项目。对高新技术产业化重大项目，专项资金的支持比例一般不超过项目新增总投资的10%；对重大技术装备研制项目、重要共性关键技术研发项目和公共服务平台项目，专项资金的支持比例一般不超过项目新增总投资的30%。

3. 鼓励技术创新。

支持和鼓励新能源企业为吸收和创新的技术申请国内外专利。对获得外国发明专利权的，由本市知识产权部门给予每件一个国家最高不超过30000元的专利申请费资助（最多不超过3个国家）；对企业申请国内专利的，按专利申请费实际缴纳费用资助；获国内发明专利权的，对发明专利的实审费、授权费及授权后第二年、第三年的年费，按实际缴纳费用资助。

4. 给予税收政策支持。

支持符合条件的新能源企业申报认定国家高新技术企业、技术先进型服务企业。被认定为国家高新技术企业，减按15%的税率征收企业所得税。自2009年1月1日起至2013年12月31日止，对符合条件的技术先进型服务企业，减按15%的税率征收企业所得税。技术先进型服务企业职工教育经费按不超过企业工资总额8%的比例，据实在企业所得税税前扣除；对技术先进型服务企业离岸服务外包业务收入，免征营业税。

对新能源企业和个人从事技术转让、技术开发业务和与之相关的技术咨询、技术服务业务所取得的收入，免征营业税。符合条件的新能源产品的技术转让，在一个纳税年度内，技术转让所得不超过500万元的部分，免征企业所得税；超过500万元的部分，减半征收企业所得税。

对新能源企业投资符合《当前国家重点鼓励发展的产业、产品和技术目录》和《外商投资产业指导目录》鼓励类的项目，在投资总额内进口的自用设备，以及按合同随设备进口的技术及配套件、备件，除列入《国内投资项目不予免税的进口商品目录》和《外商投资项目不予免税的进口商品目录》的商品外，免征关税。

5. 引进高端人才。

积极创造条件，引入国内外优秀的行业领军人才和技术团队，重点实施高层次海外人才“千人计划”。引进的人员可根据相关规定优先解决上海户籍、上海市居住证。每年组织评选认定，加大对领军人才和高层次人才的资助力度。建立产学研合作机制，通过“校企合作”等方式，加强新能源领域人才培养力度。支持高校和科研机构建设新能源领域的研究基地和创新平台，支持有条件的高等院校设立新能源相关学科和专业。

6. 加大金融支持力度。

设立地方政府创业投资引导基金，借助财政资金的杠杆效应，引导社会资金增加对新能源领域创业企业的投资。探索设立专注于新能源领域的专业创业投资企业，逐步完善有利于创业投资企业投资新能源产业的配套机制。积极支持符合条件的新能源企业通过境内外资本市场融资。鼓励新能源企业加大体制机制创新力度，充分利用现有金融资源，通过战略重组、兼并收购等多种方式，进一步转换经营机制、提升产业能级。

三、江苏省基本情况

(一)总体概况

近年来,在国内外市场的有力带动下,江苏新能源产业持续快速增长,全省光伏电池产量达到2 620MW,增长65.8%,约占全国产量的65%、全球产量的25%,产业规模继续保持全国首位。全省风能、生物质能、核能产业后发优势明显,风电整机生产能力达到200万千瓦,关键零部件中齿轮箱产量达到4 000多台,叶片产量1 500套,回转轴承10 430套。新能源产业已成为带动江苏经济新一轮发展的强劲动力。

1. 产业链更趋完整。

光伏产业形成了从高纯硅、硅片、电池、组件、系统集成、装备制造等相对完整的产业链。风电产业依托我省雄厚的制造业基础,短时间内形成了叶片、轮毂、主轴、齿轮箱、轴承、底盘、机舱罩、塔筒等较完整的配套能力,零部件配套率达到80%以上。

2. 形成了一批龙头企业。

伴随产业的快速发展,江苏省形成了一批具有自主知识产权和知名品牌的骨干龙头企业,对整个产业的发展起到了很好的引领作用。全省销售收入超10亿元的企业已超过20家。无锡尚德、常州天合、苏州阿特斯、南通林洋、南京中电等光伏企业一直保持强劲增长势头,南京高齿、常州新誉、江阴远景、连云港中复联众等风电企业市场占有率不断提高,华锐风电、金风科技、东方电气、上海电气等国内风电龙头企业纷纷在江苏投资设厂。在龙头企业带动下,一大批为龙头企业配套的特色企业也正在茁壮成长。

3. 产业集聚初具规模。

江苏光伏产业重点企业主要分布在无锡、常州、镇江、南京、扬州、苏州、南通、徐州、连云港等九个城市,形成了九大光伏产业集群。分别是:无锡太阳能电池及组件、太阳能小功率灯具产业集群,常州太阳能电池及组件生产和检测设备产业集群,苏州太阳能电池及组件、系统应用集成产业集群,南京N型太阳能电池及组件产业集群,镇江太阳能电池切片及材料再生循环产业集群,扬州多晶硅材料、太阳能电池及组件业基地和大功率LED灯具产业集群,南通太阳能电池及组件产业集群,徐州万吨级多晶硅材料和切片基地,连云港多晶硅材料基地。这些基地已初具规模,集聚效应开始显现。

江苏省风电整机制造企业主要分布在常州、无锡、南通、盐城、连云港等地,扬州以小型离网型风电机组制造企业为主,齿轮箱、叶片、塔筒、主轴、法兰、轮毂、底盘、轴承以及特种电缆、变压器等配套产品和关键部件制造企业主要分布在南京、常州、无锡、盐城、连云港、徐州、南通等地区。

(二)工作重点

1. 光伏产业

改进改良西门子法生产多晶硅工艺,提高纯度,降低能耗和生产成本,加快硅烷法等低成本新技术工艺的开发;不断改进熔铸、剖锭及切割等关键技术,硅片厚度达到170um以下,提高成品率;提高太阳能晶体硅电池转换效率,发展薄膜等新型太阳能电池,提高薄膜电池转换效率,降低衰减率;推进平衡部件、逆变器、控制器等集成系统设备研发和应用领域开拓,开发新一代高效智能光伏跟踪式系统、聚光电站技术;推动太阳能屋顶和建筑一体化示范项目建设,鼓励企业承接省外、国外光伏发电工程。

2. 风电产业

在已形成 1.5MW、2MW、3MW 整机生产能力的基础上，提升设计制造水平，扩大生产规模和市场占有率，加快 3MW 以上海上风电机组的研发和产业化。提高零部件整体配套能力，重点突破主轴轴承、双馈式和直驱式发电机、变流器、控制系统等关键技术。

3. 生物质产业

支持以农林油料植物和餐饮业油脂等废油为原料生产生物柴油技术的推广应用，开发以秸秆、木材、枯草等非粮食为原料生产燃料乙醇，加快规模化生产。开发生物质直燃和气化发电以及沼气发电等技术和设备，研发和推广生物质成型设备。加快形成完善的生物质产业体系和规模生产能力。

4. 核电产业

扩大核电辅助设备和部件配套范围，包 括核岛用不锈钢管道生产和主管道预制，核电专用阀门，管道附件，大型铸锻件，电缆、变压器、配电装置等电气设备配套。加强关键部件、辅助设备、特种管材的技术攻关，争取更多产品通过认证进入核电领域。

四、浙江省基本情况

（一）2010 年浙江新能源发展状况

浙江省一次能源生产总量为 1490 万吨标准煤（等价值），比上年增长 20.3%。净调入和进口能源 15211 万吨标准煤，比上年增长 9.0%。

1. 二次能源

电力生产：全省电力总装机容量 5 728 万千瓦，比上年增长 2.0%。总发电量 2 568 亿千瓦时，比上年增长 14.1%，其中 6 000 千瓦及以上发电机组发电量 2 503 亿千瓦时，比上年增长 13.4%。

热电联产：地方热电联产企业年发电量 172 亿千瓦时，比上年减少 16.1%；年集中供热量 3.2 亿吉焦，与上年持平。

原油加工生产：全省加工原油 2 832 万吨，比上年增长 13.2%。生产各类成品油及石油制品 2 965万吨，比上年增长 18.1%。

2. 可再生能源

风能利用：全省已建成投产风力发电总装机容量 24.9 万千瓦，比上年增长 9.7%。风力发电量 4.7亿千瓦时，比上年增长 32.0%。

太阳能利用：全省已建成投产的光伏利用示范项目装机容量 2.96 万千瓦，比上年增长 5.7 倍，累计推广太阳能热水器 920 万平方米，比上年增长 5.5%。

垃圾焚烧发电：全省已建成投产的垃圾焚烧发电机组装机容量 33.3 万千瓦，比上年增长 2.3%。年发电量约 20.1 亿千瓦时，比上年增长 25.7%。

农村生物质能：全省农村地区生产、生活用能中，秸秆和薪柴消费折合标准煤 57.8 和 95.6 万吨。沼气用户 14.4 万户，大中型沼气工程 7 240 处，年产沼气 1.7 亿立方米，折合标准煤 10.3 万吨。农村清洁能源利用率已达 66.0%。

3. 能源消费

浙江省省能源消费总量为 16 865 万吨标准煤，比上年增长 8.3%。其中，煤炭消费 13 950 万吨，比上年增长 5.1%；石油及制品消费 2518 万吨，比上年增长 8.9%；天然气消费 31.8 亿立方米，比上年增长 66.7%；电力消费 2 821 亿千瓦时，比上年增长 14.1%，其中水、核、风电消费 485 亿千瓦时，比上年增长 22.5%。

能源品种消费结构仍以煤炭为主。煤炭占61.3%,比上年下降1.9个百分点。石油占22.1%,比上年上升0.4个百分点。天然气占2.4%,比上年上升0.9个百分点。水、核、风电占8.8%,比上年上升0.9个百分点。其他能源品种占5.4%,比上年下降0.3个百分点。

全社会能源消费总量中,第一产业占2.2%,消费369万吨标准煤;第二产业占72.8%,消费12 280万吨标准煤;第三产业占15.1%,消费2543万吨标准煤;生活能源占9.9%,消费1 674万吨标准煤。

全省1 311家重点工业用能企业能源消费4 510万吨标准煤,占工业用能的37.8%。总用电553亿千瓦时,占工业用电量的25.5%。

各市能源消费增速普遍较上年有所提高,增速均超过7%。其中,增速在8%以下的有温州、宁波、绍兴和台州;增速在8% ~9%的有丽水、湖州、杭州、舟山、嘉兴和金华;衢州增速最高,为10.5%。

(二)工作思路及经验

浙江省认真贯彻落实科学发展观,把节约能源作为调整经济结构、转变发展方式的突破口和重要抓手,以提高能源利用效率为核心,落实责任、健全法制、强化监管、依靠科技、加大投入、强力推进,节能降耗工作稳步推进。

1. 建立节能目标责任制

浙江省将节能降耗纳入各地经济社会发展综合评价和考核,制定出台了《浙江省单位GDP能耗考核体系实施方案》、《浙江省节能目标考核奖惩暂行办法》等配套措施,对年度节能目标任务完成情况予以奖惩。

2. 调整和优化产业结构

大力发展现代服务业,实施装备制造业等重点产业转型升级和推进企业技术创新,促进高技术产业发展。至“十一五”末,全省第三产业比重由2005年39.9%提升至43.5%,高新技术产业和装备制造业增加值分别占规模以上工业的23%和35%。

3. 推广应用先进节能技术

先后发布六批《浙江省节能技术、产品推广导向目录》,连续举办两届“中国(宁波)节能环保技术与产品博览会”。组织实施《浙江省节能降耗重点项目计划》,积极实施“节能产品惠民工程”。同时,积极推进建筑、交通等领域的节能技术及项目应用。

4. 完善节能激励和约束机制

省级财政共安排节能与工业循环经济专项资金3.75亿元,支持的省级重点节能项目涉及的总投资达到125亿元。设立建筑节能专项资金,对建筑节能重点项目进行专项补助。同时,对电解铝、铁合金、电石、烧碱、水泥、钢铁等高耗能产业的企业进行甄别,对淘汰类、限制类企业实施差别电价。用市场手段开展发电权交易。

5. 实施项目节能评估审查评价制度

制定并实施《浙江省固定资产投资项目节能评估和审查管理办法》。对年耗3 000吨标准煤以上(或年用电300万千瓦时以上)的固定资产投资项目,未进行节能审查或未能通过节能审查的项目一律不得审批、核准,不得开工和通过验收。

6. 推进新能源开发和清洁能源利用

至2010年底,全省核能、天然气、水能、风能、生物质能等清洁能源、可再生能源发电机组的总装机容量约占全省电力总装机容量的25.8%。目前,我省在垃圾、污泥焚烧发电、低温余热、余压发电设备研发制造、大型潮汐发电机组及大中型轴流水电机组、非晶微晶薄膜电池生产与装备制造、1.5MW以上风机研发制造等领域,多项能源科技水平已处国内领先水平。

十七　长三角旅游业

旅游业是战略性产业，资源消耗低，带动系数大，就业机会多，综合效益好。改革开放以来，我国旅游业快速发展，产业规模不断扩大，产业体系日趋完善。当前我国正处于工业化、城镇化快速发展时期，日益增长的大众化、多样化消费需求为旅游业发展提供了新的机遇。同时，旅游业在保增长、扩内需、调结构等方面也发挥着积极作用。

一、长三角地区基本情况

国际旅游方面，2010 年，长三角地区共接待入境游客 2189.38 万人次，比上年增长 24.65%；其中外国游客 1 586.54 万人次，增长 25.58%；旅游创汇 151.18 亿美元，增长 25.61%。

国内旅游方面，2010 年，长三角地区共接待国内游客 86463 万人次，比上年增长 30.02%；实现国内旅游收入 9 855.76 亿元，增长 26.57%。

表 4－112　2000～2010 年长三角地区旅游业基本情况

年份	国际旅游业			国内旅游业	
	接待入境旅游人数（万人次）	其中：外国人	国际旅游外汇收入（百万美元）	接待国内旅游人数（万人次）	国内旅游收入（亿元）
2 000	454.93	301.67	2 851	20 910	1 996.95
2005	1 297.66	947.34	7 584	39 004	4 173.86
2007	1 689.32	1 249.60	10 914	52 510	5 939.44
2008	1 724.34	1 269.64	11 931	58 006	6 585.59
2009	1 756.38	1 263.41	12 036	66 498	7 786.98
2010	2 189.38	1 586.54	15 118	86 463	9 855.76

二、上海市的基本情况

（一）国际旅游情况

2010 年，上海接待入境游客 851.12 万人次，比上年增长 35.33%；其中外国人 665.63 万人次，增长 35.91%；入境游客平均逗留时间 3.51 天/人，略降 0.09 天/人；旅游创汇 64.05 亿美元，增长 33.55%。从外国游客的国别来看，日本仍是上海市的第一大客源国，2010 接待日本游客 152.47 万人次，增长 22.58%，占外国人总数的 22.91%；第二大客源国是美国，2010 年接待美国游客 80.79 万人次，增长 36.54%，占 12.14%。2010 年来上海旅游的港澳同胞、台湾同胞人数分别为 77.47 万人次和 108.02 万人次，分别增长 43.33% 和 26.89%。

（二）国内旅游情况

2010 年上海市共接待国内游客 21 463 万人次，比上年增长 73.63%。实现国内旅游收入 2 521.90亿元，增长31.80%。人均消费支出1 175 元，下降24.10%，其中，长途交通费占11.83%、住宿费14.30%、餐饮费 13.02%、购物费 38.55%、门票费 11.15%、娱乐费 3.57%、市内交通费 4.51%、邮电通信费 1.19%。

表4－113　2000－2010年上海市国际旅游业发展情况

年份	2000	2005	2007	2008	2009	2010
国际旅游入境人数(万人次)	181.40	571.35	665.59	640.37	628.92	851.12
外国人	139.14	452.27	536.76	507.40	489.74	665.63
日 本	53.76	119.76	142.68	121.55	124.38	152.47
新加坡	5.29	13.69	17.01	18.43	18.43	23.5
德 国	7.11	20.33	25.45	24.73	23.11	29.52
法 国	5.39	13.44	18.83	17.98	16.41	24.86
英 国	1.69	13.89	19.25	19.09	17.54	20.94
意大利	1.88	7.65	9.90	8.84	8.23	11.49
加拿大	2.25	8.06	12.12	11.59	12.37	20.97
美 国	13.78	44.51	63.59	62.98	59.17	80.79
澳大利亚	3.23	10.99	15.17	14.57	14.08	21.33
港澳同胞	17.62	48.59	51.25	52.38	54.05	77.47
台湾同胞	19.88	70.49	77.58	80.59	85.13	108.02
平均每天来沪旅游人数(人次/天)	4 970	15 654	18 235	17 544	17 231	23 382
来沪旅游者平均逗留天数(天/人)	3.92	3.50	3.69	3.72	3.60	3.51
国际旅游(外汇)收入(亿美元)	16.13	36.08	47.37	50.27	47.96	64.05

表4－114　2000－2010年上海市国内旅游发展情况

年份	2000	2005	2007	2008	2009	2010
国内旅游者来沪人数(万人次)	7 848	9 012	10 210	11 006	12 361	21 463
外省市来沪旅游人数(万人次)	6 433	6 805	7 766	7 842	8 484	11 255
本市市民在本地旅游人数(万人次)	1 415	2 207	2 444	3 164	3 877	10 208
国内旅游者人均消费支出(元)	1 248	1 452	1 578	1 465	1 548	1 175
长途交通费	260	176	165	156	168	139
住宿费	194	219	234	206	224	168
餐饮费	192	220	210	212	235	153
购物费	386	553	650	609	596	453
门票费	41	96	109	99	112	131
娱乐费	30	30	46	42	57	42
市内交通费	73	88	87	81	81	53
邮电通信费	13	37	35	31	27	14
国内旅游收入(亿元)	979.43	1 308.54	1 611.14	1 612.38	1 913.48	2 521.90

(三)旅行社接待经营情况

2010 年,上海市旅行社共接待入境旅游者 1 239.28 万人次,比上年增长 39.89%;接待国内游客 1 081.03 万人次,增长 35.56%;组织出境游 116.86 万人次,增长 35.82%。实现营业收入 341.88 亿元,增长 38.09%;实现利润总额 4.02 亿元,增长 106.15%。

表 4－115　2005－2010 年上海市旅行社接待经营情况

年份	2005	2007	2008	2009	2010
接待境内外来沪旅游者(万人次)	750.89	904.73	853.95	885.92	1 239.28
境外旅游者	95.01	111.50	90.21	88.44	158.325
外国人	90.01	108.51	88.26	86.52	147.79
中国香港	1.48	1.29	1.10	0.66	4.47
中国澳门	0.01	0.01	0.01	0.01	0.08
中国台湾	3.51	1.69	0.84	1.25	5.91
境内旅游者	655.88	793.23	763.75	797.48	1 081.03
出境旅游者(万人次)	51.71	68.91	73.83	86.04	116.86
经营和财务状况					
营业收入(亿元)	132.43	228.84	234.52	247.57	341.88
利润总额(亿元)	1.61	1.91	1.70	1.95	4.02

(四)住宿业接待经营情况

2010 年,上海市共有旅游星级饭店 298 个,与上年持平;客房 6.51 万间,增长 6.20%;床位 10.1 万张,增长 4.12%;客房平均出租率为 65.7%,提高 15.5 个百分点;营业收入 190.52 亿元,增长44.85%。

表 4－116　2005－2010 年上海市旅游星级饭店基本情况

年份	全部					其中:五星级饭店				
	营业收入(亿元)	饭店数(个)	客房数(万间)	床位数(万张)	客房平均出租率(%)	营业收入(亿元)	饭店数(个)	客房数(万间)	床位数(万张)	客房平均出租率(%)
2005	351	6.18	10.35	65.60	152.54	25	1.15	1.63	72.30	70.06
2007	320	6.14	9.90	61.50	159.70	32	1.43	1.90	68.20	82.19
2008	310	6.13	9.82	55.40	154.59	37	1.62	2.27	59.90	79.59
2009	298	6.13	9.70	50.20	131.53	38	1.64	2.32	53.50	66.86
2010	298	6.51	10.10	65.70	190.52	44	1.96	2.69	68.00	98.28

三、江苏省的基本情况

(一)国际旅游情况

2010,江苏省年接待入境游客 653.55 万人次,比上年增长 17.37%;其中接待外国人 473.50 万人次,增长 19.55%。旅游创汇 47.83 亿美元,增长 19.11%。

表 4－117　2000－2010 年江苏省国际旅游业发展情况

年份	2000	2005	2007	2008	2009	2010
接待人数(万人次)	160.94	378.30	512.55	544.30	556.83	653.55
其中:外国人	98.15	262.15	369.20	396.11	396.07	473.50
香港同胞	24.90	41.35	48.91	49.75	54.04	56.96
澳门同胞	2.17	3.65	5.02	5.47	7.04	7.17
台湾同胞	35.73	71.16	89.42	92.97	99.68	115.93
旅游外汇收入(亿美元)	7.24	22.60	34.69	38.80	40.16	47.83

表 4－118　2000－2010 年江苏省接待外国游客数

年份	2000	2005	2007	2008	2009	2010
外国人(人次)	981 486	2 621 472	3 691 993	3 961 095	3 960 676	4 734 996
亚洲	630 705	1 597 371	2 022 770	2 123 574	2 124 613	2 624 108
日本	299 176	635 260	884 314	989 335	952 862	1 129 775
菲律宾	4 436	21 791	18 124	24 064	31 910	38 971
新加坡	58 513	133 521	182 554	201 321	181 930	218 380
泰国	19 623	63 427	58 265	46 216	58 558	85 253
印度尼西亚	14 548	36 298	－	37 925	44 152	64 835
马来西亚	115 748	232 236	238 179	197 997	168 749	235 926
韩国	96 849	353 345	464 886	484 170	448 502	553 331
其他	21 812	121 493	176 448	142 546	237 950	297 637
美洲	131 620	388 015	599 822	673 974	645 669	827 525
美国	108 455	303 362	468 966	511 889	439 504	548 192
加拿大	17 388	65 294	99 941	111 716	112 212	171 362
其他	5 777	19 359	30 915	50 369	93 953	107 971
欧洲	168 221	496 143	846 534	890 486	867 613	967 371
英国	28 567	77 726	167 197	172 862	159 865	182 089
法国	32 960	77 917	136 320	139 084	111 939	122 234
德国	30 394	119 195	1940 49	218 528	211 819	244 057
意大利	19 239	51 965	74 255	75 716	63 242	73 654
瑞士	4 842	14 938	16 986	21 201	19 026	24 371
瑞典	5 652	21 332	29 572	27 687	24 176	29 155
俄罗斯	7 024	21 867	55 824	74 025	51 224	45 431
西班牙	7 162	29 474	34 991	28 992	29 808	30 800
其他	32 381	81 729	137 340	132 391	196 514	215 580
大洋洲	24 537	100 238	151 933	174 775	198 173	214 226
澳大利亚	20 522	73 928	119 882	131 449	134 114	158 935
其他	4 015	26 310	32 051	43 326	64 059	55 291
非洲及其他	26 403	39 705	70 934	98 286	12 4608	101 766

从外国游客的洲际市场来看,2010 年共接待亚洲外国游客 262.41 万人次,比上年增长 23.51%;接待美洲游客 82.75 万人次,增长 28.17%;接待欧洲游客 96.74 万人次,增长 11.50%;接待大洋洲游客 21.42 万人次,增长 8.10%;接待非洲及其他游客 10.18 万人次,下降 18.33%。从外国游客的国别来看,日本、韩国、美国仍是江苏的三大主要客源国,2010 年江苏接待日本游客 112.98 万人次,增长 18.57%;韩国游客 55.33 万人次,增长 23.37%;美国游客 54.82 万人,增长 24.73%。三者合计共占外国游客市场的 47.12%。

(二)国内旅游情况

2010 年,江苏省接待国内游客 3.55 亿人次,比上年增长 19.42%;实现国内旅游收入 4 287.86 亿元,增长 24.30%。

表 4－119　2000－2010 年江苏省国内旅游业发展情况

年份	2000	2005	2007	2008	2009	2010
接待人数(亿人次)	0.72	1.72	2.32	2.61	2.97	3.55
国内旅游收入(亿元)	587.52	1 625.62	2 508.30	2 933.21	3 449.50	4 287.86

(三)各市旅游业发展情况

1. 各市国际旅游发展情况

2010 年,接待入境游客数最多的三个市分别是:苏州,207.53 万人次,增长 22.43%;南京,130.88 万人次,增长 15.36%;无锡,79.16 万人次,增长 25.75%。有 9 个市旅游创汇超亿元,其中旅游创汇最多的三个市是:苏州,12.51 亿美元,增长 25.40%;南京,9.81 亿美元,增长 17.12%;无锡,4.81 亿美元,增长 38.00%。

表 4－120　2000－2010 年江苏省各市国际旅游情况

年份	2000	2005	2007	2008	2009	2010
接待人数(人次)						
南京市	419 006	876 279	1 160 863	1 191 813	1 134 515	1 308 791
无锡市	283 739	616 786	694 728	611 325	629 500	791 592
徐州市	17 825	73 010	120 849	132 128	139 147	158 277
常州市	33 067	181 966	257 698	294 181	305 581	35 9067
苏州市	566 672	1 185 892	1 612 363	1 682 267	1 695 126	2 075 299
南通市	58 257	151 305	223 907	280 037	299 866	355 133
连云港市	11 518	53 758	82 204	90 922	100 076	116 663
淮安市	6 307	21 634	27 592	26 422	26 264	28 313
盐城市	10 903	40 710	48 483	50 704	54 938	62 100
扬州市	85 477	238 649	374 789	463 557	50 0251	560 113
镇江市	104 906	306 482	464 112	535 508	588 935	613 277
泰州市	9 082	29 249	42 142	60 087	68 151	79 016
宿迁市	2 680	7 303	15 759	24 071	25 907	27 857

(续表)

旅游外汇收入(万美元)						
南京市		57 557	80 764	87 174	83 728	98 062
无锡市		26 323	36 249	33 518	34 889	48 146
徐州市		5 658	10 446	12 296	13 194	15 287
常州市		14 364	22 723	27 599	29 398	34 707
苏州市		63 905	88 916	99 547	99 725	125 059
南通市		13 531	24 728	28 368	30 933	36 066
连云港市		4 601	7 789	7 959	9 173	10 747
淮安市		1 322	2 230	2 076	2 090	2 475
盐城市		2 125	2 970	3 490	3 903	4 535
扬州市		15 177	28 163	35 942	40 131	45 988
镇江市		17 988	36 340	42 070	45 435	46 966
泰州市		2 899	4 394	6 102	6 872	7 931
宿迁市		524	1 188	1 879	2 130	2 375

2. 各市国内旅游发展情况

2010 年,江苏省接待国内游客人数最多的三个市分别是:苏州,7 004.88 万人次,增长 19.34%;南京,6 365.50 万人次,增长 15.32%;无锡,5 067.27 万人次,增长 17.56%。国内旅游收入最高的三个市分别是:苏州,917.76 亿元,增长 18.76%;南京,852.41 亿元,增长 18.35%;无锡,703.92 亿元,增长 18.28%。

表 4-121　2000-2010 年江苏省各市国内旅游情况

年份	2000	2005	2007	2008	2009	2010
接待人数(人次)						
南京市	1 272.70	3 189.66	4 488.88	4 970.16	5 519.91	6 365.50
无锡市	1 127.77	2 637.50	3 350.76	3 682.44	4 310.48	5 067.27
徐州市	360.09	993.59	1 344.15	1 538.29	1 790.91	2 049.40
常州市	428.33	1 282.78	1 746.95	2 037.05	2 342.81	2 802.43
苏州市	1 496.05	3 656.87	4 792.39	5 286.88	5 869.67	7 004.88
南通市	319.88	743.08	1 072.13	1 275.31	1 483.26	1 756.79
连云港市	308.49	700.28	910.67	1 065.07	1 210.28	1 392.73
淮安市	280.89	549.85	733.29	854.74	1 010.03	1 156.29
盐城市	328.80	529.91	702.80	805.77	961.75	1 105.39
扬州市	436.66	1 113.05	1 522.42	1 844.24	2 265.50	2 647.22
镇江市	442.75	1 166.97	1 589.88	1 904.23	2 242.37	2 607.45
泰州市	286.02	488.28	660.54	786.06	933.24	1 072.83
宿迁市	103.10	182.44	283.74	370.88	427.74	490.42

（续表）

旅游外汇收入(万美元)						
南京市	101.08	328.20	526.03	620.58	720.24	852.41
无锡市	101.75	280.07	418.04	496.84	595.12	703.92
徐州市	23.87	76.81	123.98	151.99	183.97	215.84
常州市	36.10	114.42	182.06	214.91	262.29	320.75
苏州市	125.22	380.28	570.34	665.38	772.79	917.76
南通市	28.24	65.13	101.91	130.62	162.17	202.26
连云港市	24.21	61.06	91.97	111.07	128.31	153.58
淮安市	12.48	34.55	60.04	77.52	99.52	118.59
盐城市	29.46	38.04	56.01	67.49	83.05	99.10
扬州市	37.26	92.36	144.00	176.26	225.93	271.84
镇江市	41.93	103.48	153.91	185.07	234.30	285.59
泰州市	20.46	41.01	61.98	75.55	94.90	113.34
宿迁市	5.46	10.21	17.99	23.50	27.71	32.88

四、浙江省的基本情况

（一）国际旅游情况

2010年，浙江省接待入境游客684.71万人次，比上年增长19.99%；其中，接待外国人447.41万人次，增长18.49%；接待港澳同胞108.54万人次，增长19.72%；台湾同胞128.77万人次，增长25.77%。旅游创汇39.30亿美元，增长21.92%。

表4－122　2000－2010年浙江省国际旅游业发展情况

年份	2000	2005	2007	2008	2009	2010
入境旅游人数合计(人次)	1 125 898	3 480 089	5 111 789	5 396 682	5 706 385	6 847 102
外国人	643 840	2 329 202	3 436 358	3 661 293	3 776 024	4 474 054
港澳同胞	210 890	510 490	785 905	820 554	906 547	1 085 362
台湾同胞	271 168	640 397	889 526	914 835	1 023 814	1 287 686
创汇收入(万美元)	51 397	171 623	270 821	302 408	322 358	393 020

表4－123　2000～2010年浙江省接待外国游客人数

单位：人次

年份	2000	2005	2007	2008	2009	2010
外国人	643 840	2 329 202	3 436 358	3 661 293	3 776 024	4 474 054
日本	162 908	422 076	655 671	661 465	655 722	708 286
韩国	89 332	454 544	614 454	661 668	623 905	714 301
马来西亚	40 010	177 855	175 444	177 103	197 084	238 386

(续表)

美国	65 672	176 730	271 406	272 776	270 430	338 155
新加坡	32 421	108 603	129 356	135 770	128 438	160 493
泰国	20 445	78 977	100 585	103 423	100 083	104 606
德国	23 742	71 959	100 991	111 433	117 846	136 780
意大利	15 338	62 354	97 688	96 407	103 074	124 211
法国	18 094	55 926	86 619	94 438	95 883	120 369
印度尼西亚	14 798	42 598	58 673	62 860	62 639	79 815
澳大利亚	13 076	45 936	75 528	77 793	73 816	93 118
英国	14 153	43 622	68 323	81 024	83 805	107 092
印度	8 194	35 691	60 830	61 419	70 565	85 319
菲律宾	11 813	29 125	38 019	42 903	46 148	51 418
加拿大	14 990	40 741	71 301	78 835	75 366	102 507
西班牙	10 463	42 064	68 525	69 117	68112	76 984
荷兰	7 748	25 742	44 003	49 240	46 033	53 506
俄罗斯	7 872	28 136	50 790	61 761	81 844	93 631
瑞典	4 129	10 907	21 018	25 380	25 704	27 929
瑞士	2 821	8 989	18 544	22 486	23 136	26 721
新西兰	3 464	8 081	15 359	19 165	21 757	25 126

从外国游客的国别来看，韩国和日本位居浙江入境游的客源国前两位。2010 年，浙江共接待韩国游客 71.43 万人次，增长 14.49%，占全省外国游客总数的 15.97%，为第一大客源国；接待日本游客 70.83 万人次，增长 8.02%，占 15.83%，为第二大客源国；二者合计共占 31.80%。美国、马来西亚和新加坡的游客数也都位居前列，分别为 33.82 万人次、23.84 万人次和 16.05 万人次，分别增长 25.04%、20.96% 和 24.96%，分别占 7.56%、5.33% 和 3.59%。

(二)国内旅游情况

2010 年，浙江接待国内游客 2.95 亿人次，比上年增长 20.85%；实现国内旅游收入 3 046 亿元，增长 25.66%。

表 4－124　2000－2010 年浙江省国内旅游业发展情况

	2000	2005	2007	2008	2009	2010
国内旅游人数(万人次)	5 870	12 758	19 100	20 900	24 410	29 500
国内旅游收入(亿元)	430	1 240	1 820	2 040	2 424	3 046

(三)各市旅游发展情况

1. 各市国际旅游发展情况

2010 年，杭州接待入境游客数仍遥遥领先其他各市，达到 275.71 万人次，增长 19.67%；其次是宁波，95.17 万人次，增长 18.88%；再次是嘉兴，66.41 万人次，增长 19.28%。旅游创汇最高的是杭州，达 19.60 亿美元，增长 22.47%；其次是宁波，5.91 亿美元，增长 21.41%；再次是金华，3.77 亿美元，增长 23.82%。

表 4 – 125　2000 – 2010 年浙江省各市国际旅游情况

	2000	2005	2007	2008	2009	2010
杭州市	707 148	1 513 585	2 260 802	2 213 319	2 304 045	2 757 147
宁波市	123 629	438 300	689 231	756 776	80 0548	951 680
嘉兴市	29 487	442 458	612 532	539 600	556 708	664 063
湖州市	12 500	102 132	194 909	243 656	282 690	331 650
绍兴市	48 038	201 933	360 915	398v811	431 713	522 841
舟山市	61 180	140 028	199 295	211 965	223 482	256 790
温州市	59 942	213 254	289 033	318 230	329 764	391 587
金华市	49 034	283 905	445 415	489 478	531 852	627 437
衢州市	4 369	27 430	65 725	73 152	85 262	98 826
台州市	22 712	75 321	93 113	103 820	86 514	102 947
丽水市	7 908	40 741	75 621	94 692	105 068	129 155
旅游外汇收入(万美元)						
杭州市	29 244	75 773	111 878	129 610	137 995	169 008
宁波市	5 588	24 800	43 070	46 874	48 650	59 066
嘉兴市	2 160	13 848	19 080	18 917	19 182	22 643
湖州市	626	3 688	6 793	8 688	10 286	12 585
绍兴市	2 108	6V679	12 063	13 644	14 818	18 478
舟山市	2 970	7 352	10 443	11 212	11 378	13 094
温州市	3 457	9 097	14 082	16 109	17 797	21 115
金华市	2 600	15 320	26 966	29 057	30 423	37 670
衢州市	226	1 320	3 174	3 664	4231	5 123
台州市	902	5 304	6 200	7 046	4964	5 629
丽水市	1 510	8 201	16 391	20 899	23 011	28 608

2. 各市国内旅游发展情况

2010 年，浙江省接待国内游客人数最多的三个市分别是：杭州，6 304.9 万人次，增长 23.78%；宁波，4 624.0 万人次，增长 16.71%；温州，3 487.1 万人次，增长 18.99%。国内旅游收入最高的三个市分别是：杭州，910.9 亿元，增长 28.49%；宁波，610.7 亿元，增长 22.80%；绍兴，305.8 亿元，增长26.21%。

表 4-126　2000-2010 年浙江省各市国内旅游情况

	2000	2005	2007	2008	2009	2010
接待人数(万人次)						
杭州市	2 305.00	3 265.90	4 111.90	4 551.70	5 093.70	6 304.90
宁波市	1 220.00	2 352.00	3 074.00	3 465.00	3 962.00	4 624.00
嘉兴市	415.00	1 362.50	1 850.20	2 140.00	2 492.30	3 070.10
湖州市	350.00	1 078.40	1 667.50	1 948.60	2 321.70	2 855.70
绍兴市	728.70	1 502.80	2 192.40	2 435.10	2 851.00	3 436.40
舟山市	459.70	987.70	1 285.10	1 495.30	1 730.60	2 113.30
温州市	594.80	1 401.10	2 191.80	2 546.50	2v930.70	3 487.10
金华市	556.00	1 383.90	1 855.90	2 027.20	2 356.00	2 882.70
衢州市	142.00	530.00	870.20	1 059.00	1 271.90	1 639.30
台州市	507.70	1 607.50	2 173.70	2 594.90	2 887.20	3 285.70
丽水市	132.70	485.80	855.90	1 195.00	1 539.60	2 065.30
国内旅游收入(亿元)						
杭州市	190.00	465.10	548.60	617.20	708.90	910.90
宁波市	120.00	238.40	348.20	417.40	497.30	610.70
嘉兴市	24.40	97.90	148.00	180.00	215.90	280.60
湖州市	22.10	62.60	96.90	125.70	159.00	205.60
绍兴市	54.70	110.60	177.40	204.10	242.30	305.80
舟山市	15.90	55.30	77.40	94.20	108.80	133.10
温州市	47.50	121.30	189.80	222.00	253.70	205.60
金华市	37.50	103.20	156.30	171.10	202.90	258.00
衢州市	7.40	27.70	46.60	57.00	69.60	91.60
台州市	37.90	134.80	170.60	203.70	226.70	269.40
丽水市	4.9 0	21.50	36.90	55.60	71.20	97.10

资料来源：历年《浙江省旅游概览》。

五、长三角地区的发展特点与展望

2010 年是贯彻落实《国务院关于加快发展旅游业的意见》的开局之年，是实现"十一五"规划的收官之年。长三角地区以上海世博会为契机，着力提升旅游服务质量、开展对外交流合作，取得了显著的成绩。

(一)旅游发展水平全面提高。

国内游快速增长，2010 年长三角地区共接待国内游客 86 463 万人次，比上年增长 30.02%，增幅同比提高 15 个百分点；实现国内旅游收入 9 855.76 亿元，增长 26.57%。增幅同比提高 8.33 个百分

点。入境游全面复苏,2010 年长三角地区共接待入境游客 2 189.38 万人次,比上年增长 24.65%,增幅同比提高 22.79 个百分点;旅游创汇 151.18 亿美元,增长 25.61%,增幅同比提高 24.73 个百分点。其中,上海、江苏、浙江旅游创汇分列全国第二、四、五名。

(二)上海世博会成功举办、精彩难忘。

中国 2010 年上海世博会是第一次在发展中国家举办的注册类世博会,创下了多项历史新纪录。吸引了包括 190 个国家、56 个国际组织在内的 246 个官方参展者,参观人数达到 7 308 万人次。其中,境外参观者 425 万人次,占世博参观者总数 5.8%,其中,亚洲境外参观者占三分之二。从洲际分布来看,亚洲国家或地区的参观人次数所占比重最高,占境外参观者人次数的 66.7%,有 283.49 万人次;欧洲的境外参观者占 16.7%,有 70.85 万人次;美洲的境外参观者占 12.4%,有 52.65 万人次;而大洋洲和非洲的境外参观者比重均较低,大洋洲为 3.5%,有 14.84 万人次,非洲为 0.5%,仅有 1.93 万人次。在亚洲境外参观者中,居首位的是港澳台地区,参观者达 150.73 万人次;其次是日本参观者,为 53.4 万人次;韩国参观者为 24.89 万人次。参观人次数超过 10 万的还有马来西亚和泰国。在欧洲的境外参观者中,法国参观者为 20.97 万人次,居首位;其次是德国参观者,有 11.04 万人次;英国参观者 5.19 万人次。美国参观者为 31.86 万人次,占美洲参观者人次数的 60.5%,居美洲之首。澳大利亚参观者为 12.35 万人次,居大洋洲之首。

(三)各地围绕世博会大力推广长三角旅游形象,世博溢出效应明显。

上海得天独厚,近水楼台先得月,世博会举办直接带动上海旅游会展、商业销售、交通运输、住宿餐饮等服务业快速增长,有力促进了上海经济发展。世博会举办期间,上海全市实现社会消费品零售总额 3 095 亿元,其中,园区商业零售额 45 亿元,世博特许商品销售额 310 亿元;全市星级饭店客房平均出租率达到 78%,住宿业客房收入增长 85%。2010 年,全市国际旅游入境人数达到 851.12 万人次,比上年增长 35.3%。江苏以打造"美好江苏"旅游形象为重点,全面实施"相约世博会、畅游新江苏"系列推广计划。10 个产品获"长三角城市群世博会旅游产品最佳"奖项。世博期间,全省客房出租率同比提高 6 个百分点,4A 级以上景区接待游客数量同比增长 18.5%,旅行社外联接待增长均超过 30%,代理世博门票业务的 4 家旅行社共售门票 210 万张,实现了"世博在上海,旅游到江苏"的目标。"美好江苏"旅游形象广告片在中央电视台、香港凤凰卫视等电视台播出,达到了较好的宣传效果。浙江全面开展"世博旅游年"活动,成功推出了文化探秘、时尚购物、休闲度假、生态美景、名山名寺等精品线路,有 46 个世博旅游示范点作为长三角的重点宣传推介内容,有 12 条世博旅游精品线进入江浙沪对接世博的 55 条品牌线,有 10 条线路进入国家旅游局推选的 100 个精品系列产品。杭州、宁波、嘉兴、湖州等地发挥区域优势,主动接轨上海,世博的客源拉动效应尤为明显。

从长远来看,上海世博会的成功举办,将推动长三角城市群产业化、市场化、城镇化、国际化水平全面提升,带动以上海为中心的长三角都市圈全面融合发展。通过上海世博会,长三角地区旅游业发展达到了一个新的台阶,积累了大型国际盛会推动旅游业发展的经验,促进了旅游管理服务水平不断提升,形成了全社会共促旅游业大发展的良好格局。2011 年是"十二五"规划的开局之年,也是长三角地区旅游新一轮大发展的机遇期。上海世博会"城市,让生活更美好"、"创新城市",以及在科技、环保、宜居城市等方面的理念将加速推动旅游业转变发展方式。各地应充分发挥和放大"后世博"效应,以转变发展方式为主线,以改革创新为动力,以发展促转变、以转变谋发展,大力加强产业融合、着力推进产业集聚、全力拓展旅游市场,合理创新体制机制,推动长三角旅游业持续又好又快发展。

十八 长三角电力生产

一、长三角地区基本情况

2010年,长三角地区发电7 010.69亿千瓦时,比上年增长16.59%。其中,上海发电943.89亿千瓦时,占13.49%;江苏发电3 499.29亿千瓦时,占49.91%;浙江发电2 567.51亿千瓦时,占36.62%。长三角地区用电7 981.17亿千瓦时,比上年增长15.02%。其中,上海用电1 295.87亿千瓦时,占16.24%;江苏用电3 864.37亿千瓦时,占48.42%;浙江用电2 820.93亿千瓦时,占35.34%。

表4-127 2000-2010年长三角地区电力生产与消费总体情况

年份	发电量(亿千瓦时)				用电量(亿千瓦时)			
	上海	江苏	浙江	长三角合计	上海	江苏	浙江	长三角合计
2000	5 53.09	970.34	696.59	2 220.02	559.42	971.34	742.89	2 273.65
2005	728.74	2 098.69	1 456.42	4 283.85	921.97	2 193.45	1642.32	4 757.74
2007	737.80	2 825.33	2 080.41	5 643.54	1 072.38	2 952.02	2 189.37	6 213.77
2008	773.54	2 887.26	2 133.87	5 972.67	1 138.22	3 118.32	2 322.87	6 579.41
2009	778.20	2 984.31	2 250.71	6 013.22	1 153.38	3 313.99	2 471.44	6 938.81
2010	943.89	3 499.29	2 567.51	7 010.69	1 295.87	3 864.37	2 820.93	7 981.17

2010年,长三角地区电力(含热力)生产和供应业共有规模以上企业638个,比上年增加14个;实现工业总产值7 940.72亿元,增长16.65%;拥有总资产6636.27亿元,实现主营业务收入4 638.98亿元,实现利税总额394.01亿元,利润总额204.13亿元,比上年有较大幅度下降。

表4-128 2000-2010年长三角地区电力(含热力)行业规模以上工业企业发展情况

单位:亿元

年份	企业单位数(个)	工业总产值	资产总计	主营业务收入	利润总额	利税总额
2000	350	825.17	3 013.10	1 138.65	74.10	165.64
2005	533	3 748.60	5 582.60	3 676.16	191.79	427.96
2007	553	5 143.85	7 241.20	5 119.62	307.78	628.23
2008	593	6 147.14	8 547.90	6 142.18	43.09	371.96
2009	624	6 807.23	9 397.47	6 787.85	326.55	621.16
2010	638	7 940.72	6 636.27	4 638.98	204.13	394.01

二、上海市基本情况

(一)电力生产与消费总体情况

2010年,上海市共发电943.89亿千瓦时,比上年略增21.29%。全市用电量1 295.87亿千瓦时,增长12.35%。其中,工业用电786.61亿千瓦时,比上年增长12.12%,占用电总量的60.70%;农业用电6.07亿千瓦时,增长12.62%,占0.47%;城市居民生活用电168.95千瓦时,增长10.77%,占13.04%。

表 4-129 2000-2010 年上海市电力生产与消费总体情况

单位:亿千瓦时

年份	发电量	用电量			
		总计	工业用电	农业用电	城市居民生活用电
2000	553.09	559.42	393.13	8.92	53.20
2005	728.74	921.97	617.59	5.76	109.20
2007	737.80	1 072.38	705.90	5.27	131.12
2008	773.54	1 138.22	727.13	5.08	146.55
2009	778.20	1 153.38	701.58	5.39	152.52
2010	943.89	1 295.87	786.61	6.07	168.95

(二)电力建设情况

随着世博会相关建设进入尾声,上海市 2010 年电力建设放缓,全市电力(含热力)生产与供应业建设改造投资施工项目 279 个,全部建成投产项目 215 个,建设改造投资额 148.50 亿元,项目建成投产率 77.1%,各项指标均比上年有较大幅度的下降。

表 4-130 2000-2010 年上海市电力建设情况

年份	施工项目(个)	全部建成投产项目(个)	建成投产率(%)	建设改造投资额(亿元)
2000	489	401	82.00	64.86
2005	654	552	84.40	125.20
2007	652	527	23.70	164.63
2008	505	424	84.00	132.12
2009	928	785	85.00	252.12
2010	279	215	77.10	148.50

(三)电力生产企业情况

2010 年,上海市电力(含热力)生产和供应业共有规模以上企业 37 个,比上年减少 1 个;从业人员 2.09 万人,与上年持平;总资产 2 113.78 亿元,增长 4.32%;实现工业总产值 1 454.75 亿元,增长 13.74%;主营业务收入 1 454.05 亿元,增长 13.44%;成本费用 1 475.97 亿元,增长 15.41%;全年上交税金总额 47.18 亿元,增长 15.21%;实现利润 32.05 亿元,下降 34.81%。

表 4-131 2000-2010 年上海市电力(含热力)生产规模以上工业企业发展情况

单位:亿元

年份	2000	2005	2007	2008	2009	2010
企业单位数(个)	15	27	30	33	38	37
从业人员(万人)	3.53	2.28	2.09	2.08	2.09	2.09
工业总产值	192.14	572.96	724.32	1 205.93	1 279.03	1 454.75
资产总计	621.83	1 173.08	1 453.8	1 838.02	2 026.25	2 113.78
主营业务收入	222.27	584.27	718.67	1 199.67	1 281.73	1 454.05
利润总额	19.79	41.81	54.61	10.22	49.21	32.05
税金总额	23.74	39.21	51.42	58.59	40.95	47.18
利税总额	43.53	81.02	106.03	68.81	90.16	79.23
成本费用总额	207.62	550.89	670.75	1 198.51	1 278.90	1 475.97

三、江苏省基本情况

(一)电力生产与消费总体情况

2010年江苏省共发电3 499.29亿千瓦时,比上年增长17.26%。全省用电量3 864.37亿千瓦时,增长16.61%。其中,工业用电3 052.12亿千瓦时,增长15.99,占用电总量的78.98%;农业用电28.36亿千瓦时,增长11.43%,占0.73%;城乡居民生活用电389.62亿千瓦时,增长20.28%,占10.08%。

表4-132　2000-2010年江苏省电力生产与消费总体情况

单位:亿千瓦时

年份	发电量	用电量			
		总计	工业用电	农业用电	城市居民生活用电
2000	970.34	971.34	709.76	59.12	125.62
2005	2 098.69	2 193.45	1 771.28	29.12	200.72
2007	2 825.33	2 952.02	2 415.45	24.47	255.35
2008	2 887.26	3 118.32	2 502.70	23.34	295.74
2009	2 984.31	3 313.99	2 631.28	25.45	323.93
2010	3 499.29	3 864.37	3 052.12	28.36	389.62

(二)电力建设情况

2010年,江苏省城镇电力(含热力)生产与供应业施工项目239个,其中新开工项目117个;全部建成投产项目145个;投资额307.93亿元;项目建成投产率60.7%,各项指标均比上年有所下降。

表4-133　2005-2010年江苏省电力(含热力)建设情况

年份	施工项目(个)	新开工项目(个)	全部建成投产项目(个)	建成投产率(%)	投资额(亿元)
2005	297	164	152	51.20	510.41
2007	240	167	154	64.20	256.60
2008	360	221	210	58.30	316.66
2009	390	169	259	66.40	382.61
2010	239	117	145	60.70	307.93

注:表中数据为城镇的电力、热力生产和供应业。

(三)电力生产企业情况

2010年,江苏省电力(含热力)生产和供应业共有规模以上企业233个,比上年增加8个;总资产4 522.49亿元,增长11.87%;从业人员10.60万人,增长3.41%;实现工业总产值3 174.72亿元,增长16.62%;主营业务收入3184.93亿元,增长17.69%;实现利税总额314.78亿元,增长6.39%;利润总额172.08亿元,增长7.20%。

表 4－134　2000－2010 年江苏省电力(含热力)生产规模以上工业企业发展情况

单位:亿元

年份	企业单位数(个)	工业总产值	资产总计	主营业务收入	利润总额	利税总额	全部从业人员(万人)
2000	111	365.27	1 371.56	496.66	35.15	72.19	10.22
2005	175	1 529.28	2 254.92	1 451.31	67.11	160.47	9.78
2007	192	2 111.74	3 106.93	2 104.72	121.30	263.69	9.33
2008	210	2 470.07	3 741.46	2 464.78	9.95	161.38	10.69
2009	225	2 722.28	4 042.50	2 706.17	160.52	295.86	10.25
2010	233	3 174.72	4 522.49	3 184.93	172.08	314.78	10.60

四、浙江省基本情况

(一)电力生产与消费总体情况

2010 年,浙江省共发电 2 567.51 亿千瓦时,比上年增长 14.08%;全省用电量 2 820.93 亿千瓦时,增长 14.14%。

表 4－135　2000－2010 年浙江省电力生产与消费总体情况

单位:亿千瓦时,%

年份	发电量	比上年增长	用电量	比上年增长
2000	696.59		742.89	
2005	1 456.42		1 642.32	
2007	2 080.41	17.81	2 189.37	14.67
2008	2 311.87	11.13	2 322.87	6.10
2009	2 250.71	－2.65	2 471.44	6.40
2010	2 567.51	14.08	2 820.93	14.14

(二)电力建设情况

表 4－136　2000－2010 年浙江省电力(含热力)建设情况

年份	投资额(万元)	新增固定资产(万元)	固定资产交付使用率(%)	施工项目个数(个)	投产项目个数(个)	项目建成率(%)
2000	1 658 388	1 074 059	64.80			
2005	4 610 730	2 766 088	60.00	586	280	47.80
2007	4 553 617	3 003 929	66.00	625	310	49.60
2008	3 766 192	1 579 422	41.90	782	444	56.80
2009	4 508 785	2 798 275	62.10	735	449	61.10
2010	4 586 302	4 033 192	87.90	521	272	52.20

注:表中数据为限额以上电力、热力的生产和供应业。

2010 年,浙江省限额以上电力(含热力)生产与供应业施工项目 521 个,投产项目 272 个,项目建成投产率 52.2%,均比上年有所下降;投资额 4 586 302 万元,略增 1.72%;新增固定资产 4 033 192 万元,增长 44.13%;固定资产交付使用率 87.9%,提高 25.8 个百分点。

(三)电力生产企业情况

2010 年,浙江省电力(含热力)生产与供应业共有规模以上工业企业 368 个,比上年增加 7 个;资产总计 3 471.32 亿元,增长 4.28%;实现总产值 3 311.25 亿元,增长 18.01%;主营业务收入 3 302.63亿元,增长 17.95%;实现利税总额 316.31 亿元,增长 34.52%;实现利润 179.69 亿元,增长 53.82%。

表 4-137 2000-2010 年浙江省电力(含热力)生产规模以上工业企业发展情况

单位:亿元

年份	2000	2005	2007	2008	2009	2010
企业单位数(个)	224.00	331.00	331.00	350.00	361.00	368.00
工业总产值	267.76	1 646.36	2 307.79	2 561.37	2 805.92	3 311.25
资产总计	1 019.72	2 154.60	2 680.51	3 082.85	3 328.72	3 471.32
主营业务收入	419.72	1 640.58	2 296.23	2 551.96	2 799.95	3 302.63
利润总额	19.16	82.87	131.87	40.95	116.82	179.69
利税总额	49.92	186.47	258.81	171.97	235.14	316.31

十九　长三角海洋经济

地球上海洋面积占71%，陆地面积占29%。由于过去人类对海洋资源的认识有限，世界经济的主体是陆地经济。随着人类自身的扩张和工业化规模的扩大，现在已面临陆地资源枯竭、生态环境恶化的严重威胁。人类生存资源的供给正趋向海洋，海洋经济成为世界经济主体是一个必然的选择。从当代科学发展观来看，地球上绝大部分资源蕴藏在海洋，海洋经济是最具开发潜力的经济。

海洋产业已经成为世界经济新的增长点。如今世界海洋经济形成了4大支柱产业，海洋石油和天然气业、滨海旅游业、海洋渔业、海洋交通业。目前世界海洋经济发展由直接开发海洋资源的产业阶段跨入了以高新技术为支撑的、海陆一体化的，以经济发展、社会进步和生态环境不断改善为基本内容的系统整体协调发展阶段。

一、长三角海洋经济的发展情况

据国家海洋局初步核算，2010年全国海洋生产总值38 439亿元，比2009年增长12.8%。海洋生产总值占国内生产总值的9.7%。其中，海洋产业增加值22 370亿元，海洋相关产业增加值16 069亿元；海洋第一产业增加值2 067亿元，第二产业增加值18 114亿元，第三产业增加值18 258亿元。海洋经济三次产业结构5: 47: 48。据统计，2010年全国涉海就业人员3 350万人，其中新增就业80万人。

2010年，长江三角洲地区海洋生产总值12059亿元，占全国海洋生产总值的比重为31.4%，比2009年减少0.6个百分点。

表4－138　我国2006－2010年主要海洋产业发展情况（单位：亿元）

产业/时间	2006	2007	2008	2009	2010
海洋生物医药业	26	40	58	59	67
海洋交通运输业	1 060	3 414	3 858	3 748	3 816
滨海旅游业	2 400	3 242	3 438	3 725	4 838
海洋船舶工业	252	448	762	828	1 182
海洋盐业	44	50	59	55	53
海洋油气业	683	769	874	748	1 302
海洋化工业	140	209	542	611	565
海洋工程建筑业	135	342	411	658	808
海洋渔业	1 902	1 904	2 216	2 509	2 813
海洋矿业	8	5	9	21	49

表4－139　2010年全国区域海洋经济发展情况一览表

地区	海洋生产总值（亿元）	占全国海洋生产总值的比重（%）
长江三角洲经济区	12 059	31.40
环渤海经济区	13 271	34.50
珠江三角洲经济区	8 291	21.60

表 4－140　2010 年长三角海洋经济发展情况一览表

省份	海域面积(万平方公里)	大陆海岸线和海岛岸线(公里)	海岛(个)	滩涂面积(万亩)	海洋生产总值(亿元)
上海	0.80	763	16	126	5 318
江苏	3.75	954	16	1 034	3 241
浙江	26.00	6 500	3 061	400	3 500

(一)上海海洋经济的发展情况

上海位于中国东海之滨,全市海域面积约 9 000 平方公里,江海岸线总长 788 公里,0 米线以上岛屿、沙洲 24 个。近年来,上海海洋经济持续快速发展,2010 年全市海洋生产总值约 5 318 亿元,占全市生产总值的 31.5%。目前,围绕上海国际航运中心的建设,初步形成了以洋山深水港为核心,临港新城和崇明三岛为依托,江、浙沿江沿海地区为两翼的长三角滨江临海产业带。

据统计,海洋交通运输、滨海旅游、海洋船舶工业等上海海洋支柱产业继续保持全国领先水平,海洋现代服务业和海洋高科技产业发展迅速。上海海洋资源得到了有效有序的开发利用,初步形成规划引导、政府调控、市场配置、集约利用的海洋资源开发利用管理体系。上海海洋环境质量总体状况得到改善,陆源污染控制、生态环境修复等领域取得明显成效。海洋船舶及工程制造技术、海洋生物医药以及深海探测等方面取得了重要突破,海洋综合管理水平明显提高。

(二)江苏海洋经济的发展情况

江苏是我国海洋大省之一,拥有海岸线 954 公里,管辖海域面积约 3.75 万平方公里。海洋资源丰富,海岸类型多样,海洋资源综合指数位居全国第四,是全国海洋资源富集区域之一。江苏沿海一个很大特色是淤涨型滩涂,面积达到 1031 万亩,占全国滩涂面积的四分之一。

近几年来,江苏省委、省政府审时度势,顺势而为,高度重视海洋经济发展,先后启动实施了“海上苏东”和“沿海产业带”建设,把沿海开发列为全省沿江、沿沪宁线、沿东陇海线“四沿”发展战略,加大投入、全面扶持、强力推进。长期制约江苏沿海经济发展的基础设施问题得到了根本改观。随着苏通大桥的建成通车,沿海大通道全线贯通,高速公路通车里程超过 800 公里。连云港港、南通港已成为全国重要港口。新长铁路、宁启铁路开通运营,填补了江苏沿海中南部没有铁路的空白。南通、盐城、连云港沿海三市都有机场,初具规模。电力、通信、水利等配套条件迅速提升。海洋产业蓬勃兴起,初步形成了 4 大基地,即港口基地、新能源基地、造船基地、现代农业基地。2010 年江苏海洋经济生产总值 3 241 亿元,占全省 GDP 比重提高到 7.9%。

(三)浙江海洋经济的发展情况

浙江省海洋资源十分丰富,拥有海域面积约 26 万平方公里,相当于陆域面积的 2.56 倍;大陆海岸线和海岛岸线长达 6 500 公里,占全国海岸线总长的 20.3%;大于 500 平方米的海岛有 3 061 个,占全国岛屿总数的 40%;港口、渔业、旅游、油气、滩涂五大主要资源得天独厚,组合优势显著,为加快海洋经济发展提供了优越的区位条件、丰富的资源保障和良好的产业基础。

自 2003 年浙江第三次海洋经济工作会议提出“海洋经济强省”建设目标以来,海洋经济发展取得明显成效,目前浙江海洋经济已居全国前列。2010 年,浙江海洋经济总值为 3 500 亿元,占 GDP 比重超过 13%,预计到 2015 年,浙江海洋经济生产总值有望突破 6 000 亿元,占全省 GDP 比重超过 15%,占全国海洋经济比重超过 10%。根据规划,浙江省将逐渐成长为我国重要的国际枢纽港、具有较强国际竞争力的新型临港产业基地、世界级城市群新型城市化先行区、海洋综合开发体制改革试验区、全国清洁能源和海洋生态文明示范区。

二、长三角海洋经济的发展的机遇和挑战

影响长三角海洋经济发展的主要因素:第一,缺乏全局性的宏观调控和统筹协调。区域间海洋产业同构、临港产业布局类似。沿海各地除海洋渔业、滨海旅游业和海洋交通运输业等海洋支柱产业外,造船、钢铁、原材料加工、重化工、电力工业等其他产业雷同。第二,近岸海域资源环境压力巨大。目前绝大部分的海洋产业活动和开发利用活动发生在近岸海域,经济社会发展与资源环境承载力矛盾突出。第三,海洋科技创新能力不强,缺乏核心竞争力。一是涉海企业自主研发能力较弱,产品竞争力不强;二是主要海洋产业多以资源开发型和劳动密集型为主,产品科技含量和附加值低;三是海洋高技术产业在海洋经济中的比重较低。

值得引起高度重视的问题:一是近岸海域的性变,不科学的围填海行为,引起湿地、滩涂、海湾等由海变陆的变化;二是近岸海水的质变,海洋污染严重,海水水质变劣,生态环境严重恶化,海洋生物资源遭破坏;三是资源的量变,海洋生物资源锐减,大批海洋物种灭绝。

(一)上海

1. 海洋产业结构有待优化提升

尽管上海已初步建立了比较完整的海洋产业体系,奠定了发展海洋经济的良好基础,但全市海洋产业总体上仍偏重于传统的海上运输业以及由此带动的相关服务型产业,新兴的海洋高科技产业和海洋装备制造业尚未形成规模,海洋产业结构亟待优化升级。海洋第二产业仍然是总量小、比重低 ,明显处于弱势。在海洋电力、海洋工程、海洋生物药业等新兴海洋产业方面上海与沿海省市相比也有一定差距,海洋资源利用率较低 ,增值型、高层次的新兴海洋产业还有待培育发展。

2. 海陆互动机制有待进一步完善

近年来,上海海洋经济增长迅速,但陆海产业之间的互动机制尚不成熟。这既制约着海洋产业的进一步发展 ,也未能有效促进陆域经济的增长。在空间关系上 ,海洋运输业的发展有赖于沿岸港口、陆域仓储和集疏运体系的配套发展 ,上海的陆域集疏运体系则未能跟上港口的发展速度;在技术上 ,上海拥有全国生命科学研究方面的突出优势 ,却并未给予海洋生物医药产业的发展提供强大的技术支撑;在投资上 ,上海的金融业、风险投资市场均未完全进入海洋经济领域 ,为海洋产业的发展服务甚少;在生产联系上 ,上海先进的信息化、网络化技术在海洋产业与陆地产业之间的联系方面还未能得以有效利用 ,海洋咨询及信息服务业仍处于零星发展状态等。

3. 河口岛屿资源开发利用程度严重不足

崇明三岛陆域面积 1 411km ,约占上海陆域面积的 22 % ,扼居长江入海口并与黄浦江和钱塘江连通,通江达海、腹地深广的区位条件极为优越,港域空间、淡水、生物以及环境资源优越。但由于自然、历史等多种因素的影响,社会经济发展水平极为缓慢,不仅与世界上较发达的岛屿相距甚远,与上海其他郊县及国内沿海岛屿相比差距也十分明显。

4. 海洋生态环境保护与可持续发展形势依然严峻

上海市前两轮的环境保护和建设三年行动计划已初显成效,但总体形势依然不容乐观。据上海市海洋环境质量公报显示,上海 2006 年监测的 19 个陆域排污口中,有 18 个排污口超标排放污水,占监测总数的 94.17%;监测排污口污水年排放总量为 213 亿 t,其中污染物排放总量为 219 万 t,有的排污口还检出萘、二氢苊、芴、氯代萘等多种持久性有机污染物;受排污口污水排放的影响,排污口邻近海域底栖生物密度和生物量分布均偏低,分别是全海域平均值的 8 % 和 38 % 。可见海洋生态环境的污染仍然严重,需要高度重视,保护和治理海洋生态环境的任务依然艰巨。

5. 海洋科技自主创新能力不强，科技资源亟需开发与整合

上海拥有国家海洋局极地研究中心、东海海洋工程勘察设计研究院和东海预报中心、中国科学院上海生命科学研究院、中国水产科学研究院东海水产研究所等一大批国家重点实验室和研究机构，国家级海洋科技资源仅次于青岛等少数城市。由于体制和机制原因，上海的海洋科技力量较分散，众多的海洋研究机构分属不同部门，缺少整合，未能形成合力，海洋科技与海洋经济的结合度不高，科技成果产业转化率较低，因而海洋科研成果并不突出。

(二)江苏

1. 海洋管理体制与海洋经济发展不相称

江苏省海洋管理体制存在条块分割明显,部门缺少沟通,规划整体性不强,资金使用分散,全省在促进海洋经济发展方面没有形成合力。另外,由于行政体制和经济体制不融合,如行政区经济的刚性约束,使海洋经济成为各据一方的“诸侯经济”。如早就明确的连盐通海洋经济开发区,由于目标、任务、政策措施不到位,几年来的一揽子式开发,结果跨越不快,“洼地”依然。

2. 海洋环境脆弱,资源可利用潜力不大

由于江苏海域的地理区位决定了江苏海洋环境的脆弱性,主要表现在岸滩开阔,掩护条件差,海底地形复杂,滩涂、浅海面积大,易受海洋灾害影响。此外,随着海洋的开发,来自工农业及生活等方面的陆源排污,使得近海的污染日益严重。据全国海洋污染调查,江苏海洋环境有所恶化,水质环境最差,生物环境次之,底质环境开始受到污染。

3. 海洋产业结构不合理,经济规模偏小

“海上苏东”战略提出虽对江苏海洋经济的长远发展十分有利,但近期发展却不尽人意。江苏海洋经济仍以传统海洋产业为主,整体层次不高,配套能力差,产业结构不合理,传统产业偏高,二、三产业比重偏小。目前,随着海洋经济发展,江苏省海洋产业具有一定规模,但大企业、大公司少,像海洋渔业,滨海旅游等基本上是靠个体或几人合股,资金有限,无力购置大型设备,小规模的生产组织抗拒投资风险和自然灾害能力不足,不敢上品种,上规模。

4. 科技力量薄弱,基础设施落后

由于江苏沿海地区经济落后,交通不便,优秀人才很难引进和长期扎根,另外,本地人才流失现象加剧,使沿海的人才市场陷入雪上加霜的境地,沿海三市大、中专院校中,几乎没有一所真正意义上的从事海洋研究的海洋学院。除连云港有一些科研机构外,大多数市县科技机构很小,每年投入经费完成的科研项目成果更少,远远不能适应江苏海洋经济发展的需要。沿海地区经济发展相对滞后,部分县(市)还列于重点扶贫对象的范围,从而资金投入少。在交通方面公路建设虽较以前有很大发展,但是高等级公路所占比重偏小,路网通达程度不高。铁路和航空刚处于起步阶段。

(三)浙江

1. 主要海洋产业发展粗放

呈现资源消耗型、增长粗放型、产业同质化和竞争无序化等四大特征。海洋产业过度依赖于资源和环境,综合开发利用水平较低,海洋科技支撑薄弱 科技含量不高,海洋生产性服务业落后,产业链不长,区域统筹和资源整合力度不足,重复建设和低端竞争趋势日益加剧。

2. 资源环境承载力下降

一是海洋资源快速占用和不合理利用现象严重。浙江省 3.09 万平方公里的内海海域,已用 2 万

多平方公里，且年用海面积仍以20%以上的速度在增加，深水岸线等稀缺资源快速减少（全省深水岸线已使用和近期规划使用总量80%以上）海洋资源综合利用效率不高，浪费现象比较突出，资源有限性和开发低效性问题日益突出。二是近海海域环境污染不断加剧。中度和严重污染面积占近岸海域的77%，居全国第二，局部海域甚至出现了海洋荒漠化现象。三是海洋灾害频发，危害损失严重。超强台风、风暴潮等海洋灾害发生概率明显增加，近几年每年都有超强台风在浙江登陆，造成数十亿元的损失。海域赤潮爆发时间越来越早、频次越来越高、区域越来越广（全省每年发现赤潮30次以上，总面积每年达5 000～10 000平方公里）。四是生态环境的脆弱性和不可逆性等问题日益突出。

3. 海洋资源管理不到位

一是管理力量薄弱。面对海域使用、海底电缆管道、海洋倾废、养殖用海管理、海洋环境保护等不断增加的新任务，日常工作长期处于应急应付状态，致使大量的违法违规用海行为得不到及时纠正。二是管理手段落后。对用海项目评估缺少技术支撑，无法开展科学量化的控制性管理。海域使用动态监视监管体系缺失，无法为动态监管提供技术保障；海洋环境监测网点稀疏，预警预报与监测监控能力不强；海监执法装备不足，严重影响执法效率等等。三是体制机制不顺。海洋管理缺规范、缺标准、缺协调机制。导致日常工作中范围不清、职责不明、交叉扯皮现象屡有发生，相关部门在海岸线附近出现管理重叠或真空区。

4. 三渔问题日益突出

随着海洋开发、城市化进程的加快、沿海渔业水域被不断占用，许多滩涂浅海的生态环境受到了不同程度的破坏和污染，渔业空间受到大幅挤压，船多鱼少矛盾日益突出。内海资源中，50%～60%的渔业水域已被规划作为港口、锚地、航道和海底管道。全省仅2005、2006两年海水养殖面积就锐减14万亩，渔业水域征占用和污染的补赔偿机制未建立，渔民就业、养老等社会保障机制不健全，渔民因老、病、失水（生产水域被征占）致贫问题日益突出。

三、长三角海洋经济的发展的对策

（一）上海

1. 转变思想，突出创新

首先，在政治制度、经济制度方面应大胆创新，积极探讨海洋经济持续发展的新模式。在落实崇明三岛海岛政策的基础上，争取将浦东综合配套改革试点的国家政策向崇明延伸，赋予海岸地区和岛屿更多开发开放的自主权和先行先试的机会；在港口发展模式上，以洋山保税港区为试点，逐步转变为自由贸易港区。其次，在资金投入上，规定一定比例的海洋产业收入返还于海洋科技的研发；政府牵头设立"上海市海洋高新技术发展基金"，与银行和大企业共同资助海洋高新技术研究及其成果的转化；通过重大项目公开竞投标等方式积极吸引境外大公司参与海洋开发。第三，整合科技资源，借助上海水产大学和上海海事大学迁入南汇临港新城的机遇，实行南汇大学校区、科技园区、公共社区的"三区联动"创新模式，建立国际化、现代化、综合化的海洋高等教育模式，建立一个全国性的海洋科技教育培训基地，作为海洋人才储备中心，提高海洋自主创新能力，以保证海洋经济的持续发展。第四，建立服务、激励机制，推行海洋综合管理方式，提高海洋开发整体统筹能力，进一步理顺全市各涉海部门的管理范围、权限，明确职责，解决职能交叉问题。

2. 区域联动，发展海岛

区域分工合作、联动发展，是保证上海海洋经济持续发展的重要机制。从地理环境上看，江浙沪海域位居我国沿海的中段，并且是我国沿海地区经济最发达的区域。长江口和杭州湾在此处形成的

“Σ”字型的水陆地理特点，在我国沿海独一无二，经济价值极大。溯长江西进，可深入江浙两省，将一般意义的“长三角”升级为“海洋长三角 ”。就上海而言，如何通过高层面合作，取江浙之长，补己之短，错位协调发展，互促共赢，对促进海洋经济持续发展意义重大。优化港口资源，建设合理港群分工体系共同发展。长江三角洲地区港口众多，形成了以洋山港为主体的上海港群、以北仑港为主体的宁波 –舟山–嘉兴港群和以南京港为主体的江苏内河港群等三大组合港群。各港群之间应打破行政壁垒，建立协调机制，实现功能互补，形成有分有合、合作竞争的港群组合体系，提高长三角港口的整体国际竞争力。其中，应把上海港作为国际航运中心和东北亚国际集装箱枢纽港来建设；北仑港作为副中心，应充分发挥其建港岸线长、航道条件好、港域空间大的突出优势,加快专业码头建设；南京港应以承担长江中上游货物运输为主；其他长江内河港口则根据各自特色形成比较优势，作为上海国际航运中心的内支线港和喂给港。

3. 培养可持续发展的动力。

首先,注意海洋环境的保护。使上海陆源入海污染物排放总量得到有效控制,排海污水处理率达到85%以上;海洋主体功能区水质指标基本达标;海洋环境灾害得到有效监控;近岸海域生态环境逐步修复。目前,上海将实施“健康海洋上海行动”计划,其中包括控制污染行动;修复生态行动;保护资源行动。这将使未来上海海洋经济工作的重点围绕国际航运中心建设,形成国际重要的船舶及配套设备研发制造基地、国内海洋工程与装备研发制造基地和国内海洋科技、人才和海洋信息服务基地,努力实现海洋经济总产值年增长率不低于15%的目标。

其次,实施跨区域可持续发展战略,促进海陆一体化，推进海洋生态环境保护。江浙沪可共同协商建立“长三角海洋经济发展联席会议领导小组”，负责长三角海洋经济发展中有关重大问题的组织协调；制定统一的海陆发展规划和政策，打破主管部门分离、各自为政现象，建立综合的海陆管理体系，促进海陆产业一体化发展，催生联动效应，加强港口建设，完善港口集疏运系统，增强港口对内陆腹地的辐射作用；长三角在发展海洋产业的过程中，应在规范市场和促进竞争的基础上进行错位协调，形成海洋支柱产业配套发展、一般产业互补发展、新兴产业共建发展的良好格局；建立促进长三角海洋生态环境保护的联动机制，积极贯彻执行“长三角海洋生态环境保护与建设合作”的协议，多渠道筹集环保资金，制定鼓励发展海洋生态环境保护产业的相关政策，加强各城市政府间的组织协调与合作。

最后,以可持续发展理念为指导，联合发展海岛生态经济。一般而言，河口岛屿因其外通大洋、内联腹地的优越区位，多是商旅辐辏、经济繁荣繁华之地，如美国的曼哈顿岛和我国的香港岛。江浙沪所辖范围内海岛甚多，可以统一开发政策，联合开发。其中，尤以发展上海的崇明三岛最为紧迫。崇明囿于自然、交通、人为等原因，经济发展长期滞缓。未来的崇明应发挥长三角的整体优势，从长三角的整体去考虑其定位:　崇明岛应综合开发、全面发展，使其成为长三角的“海上花园”；长兴岛为长三角的“海洋装备岛”；横沙岛则为长三角的后备水源岛。

(二)江苏

1. 充分利用海洋资源,加强产业调整

据考察,荷兰与江苏沿海滩涂地理相似,荷兰根据自身的滩涂特色,坚持发展集约化的高效企业,加工农业和港口工业群,成为农业出口仅次于美、法两国的农业大国。江苏应借鉴外国经验,针对省内海洋自然条件的优势及沿海地区社会发展状况,顺应自然和市场经济的规律对海洋产业进行调整,突出产业开发重点,可优先发展海洋渔业,滩涂农业,海洋制造业和滨海旅游业。如近年开发的保健水产食品,美容水产食品等医药生物领域产品,是有一定的保健功能。适应了市场需要。在开发的同时应注意可持续发展原则,真正使海洋产业的发展走上一条上规模,高效益,可持续的路子。

2. 加强基础设施建设，创造良好的外部环境

主要通过加快公路、铁路、港口、通讯网络等基础交通、通讯设施的建设，促进沿海地区和外界商流、物流、信息流、人才流、资金流的相互沟通，缩短与苏南、沿江地区的空间距离。同时注意沿路电力供应，淡水供应以及路边第三产业服务设施等基础建设项目，以直接为海洋产业第一线的生产经营活动服务。基础设施投资资金主要来源于以下几个方面：一是国家投资；二是国债资金投资；三是外资投入，四是自身投资，即民间资本。

3. 进行资源整合，加快发展沿海经济

运用增长极理论，选择适当区域，大力开发沿海高标准开发区，配置一些关联效应比较强的产业，实施龙头带动战略，通过人流、物流的综合集聚效应对附近区域的辐射作用，形成新的生产力，使之在区域经济发展仍较低的情况下，将资金投入和开发重点少数关键项目上，从而优化增长极的投资环境。在海洋经济内部，应通过政策措施的引导，促进各种集团、联合体、股份制企业的发展，扶持和培育规模化、集约化、程度高的大公司、大企业。江苏赣榆海洋经济开发区和吕四海洋开发区就是一个很好的尝试。前者利用地区优势积极吸引海内外投资者，以合作、股份、合资、独资等多种经营方式，投资海水养殖、育苗、海洋化工、水产品加工等领域。其中与外商合资的中大海藻工业公司产销量居全国前列。从而促进当地经济的发展。

4. 坚持科教兴海，推动海洋产业优化升级

在当今这个科技飞速发展时代，要加大"海上苏东"战略的实施力度，实现江苏陆海经济齐飞，无疑离不开科学技术的支持。近年来，江苏海洋经济发展，主要得益于把科教兴海放在一个重要地位。如射阳县的"苏东自然农园"就是发展高科技农业，走可持续发展道路的体现。要实现科教兴海，一要增强技术装备；二要促进技术攻关，提高业务生产水平；三要加快人才培养，培养高水平的专业人才，保证海洋开发对劳动者素质的要求。江苏沿海地区现有的产业构成已不能适应发展的需求，必须以高新技术为依托，改造和提高传统产业，发展新兴产业和高新技术产业，加快海洋石油产业，海中提取工业，海洋药品和保健品工业，海洋船舶工业的发展。

5. 海洋经济发展与城市化要同步推进

多年来，导致江苏海洋经济洼地现象的出现，很大程度上是城市体系发育滞缓有关。进入 21 世纪初，苏锡常已步入"城市圈"发展新阶段，而沿海地区受城乡二元经济的困扰，仍停留在原地徘徊，城市的集聚流动功能不强；沿海城市"小马拉大车"现象严重，形成海洋经济发展动力不足，在东部沿海缺乏大城市和较大城市。在江苏长达约 1000 公里的海岸带上，平均 300 公里才摊到一个中等城市。所以城市化地位如不突出，龙头带动力度如不加大，要使海洋经济成为苏东产业核心是不可能的。同时，在新世纪，区域经济竞争力主要来自城市经济竞争力，无论是我国沿海大陆架北端的大连还是南端的珠海，他们的实践告诉我们，发展海洋经济必须与城市化同步推进。

（三）浙江

1. 增强海洋意识，树立科学海洋发展观

围绕建设浙江沿海现代化港口大城市的目标，以科学发展观统领海洋经济发展，实现下列四个思想转变：从陆域国土空间转变为海陆一体的空间思想；从追求陆域经济效益、大陆经济思想转变为多层次、海陆资源综合开发的现代海洋经济思想；从片面追求经济效益转变为发展经济和生态建设并举思想；从单纯发展海洋经济转变为发展海洋经济和弘扬海洋文化并举思想。通过统筹协调，推动海洋经济强市建设。

2. 加强组织领导,统筹协调海洋经济发展

海洋经济覆盖国民经济一、二、三产业,涉及国民经济15个门类中的13个。涉海行政部门多,为了使各涉海产业协调发展,在编制海洋经济发展规划、提高综合调控能力的同时,进一步健全沿海县(市、区)海洋行政管理机构,切实履行海洋综合管理职能。加强对海洋经济发展中重大决策的执行、重大工程项目的协调、重大政策和措施的落实,以保证海洋经济强市战略的顺利实施。

3. 加大海洋经济投入,构建发展的支撑体系

积极拓展海洋基础设施建设和海洋产业发展的投资、融资渠道,鼓励和支持国内外投资者依法平等参与海洋经济开发,形成多元化投融资新格局。安排专项基金,增加海洋基础设施建设、海洋公益事业、海洋产业结构调整等方面的投入,大力支持、积极鼓励社会和个人特别是大企业、大集团投资海洋产业,使浙江发展海洋经济的开发主体和开发项目多元化。

4. 实施"科技兴海",提高海洋经济创新能力

实施科技兴海是加快海洋经济发展的必然选择。建设海洋经济强省,必须加大科技兴海的投入,促进科技与经济的有效结合。加大对海洋新兴产业的扶持力度,增加创新投资,延伸产业链,提高规模经济和国际竞争力。积极参与《浙江省科技兴海重大科技攻关及示范工程》,鼓励海洋企业提高自主创新能力,走科技型的发展道路。完善科技创新激励制度,鼓励科技要素参与收益分配,加速技术要素市场化进程,培育、扶持、规范和完善科技中介服务。加快海洋科技人员的培养,引进浙江急需的高层次海洋科技和管理人才,实行引才、引资和引项三位一体,形成产学研结合的海洋开发体系。

5. 强化海洋管理,切实保护海洋资源环境

严格执行《中华人民共和国海域使用管理法》、《中华人民共和国海洋环境保护法》、《中华人民共和国渔业法》等法律法规,加强海洋综合管理,进一步规范海洋开发秩序,依法审批各类海洋开发活动。加快海域使用管理信息系统建设,科学地指导海洋资源综合开发和海洋环境保护。实施污水达标排放和总量控制等措施,减轻海洋污染。严格执行涉海项目的海洋环境评价制度,加强滩涂围涂科学论证和审批。加强涉海执法队伍建设,进一步强化海上执法管理,确保各项法律法规的贯彻实施。理顺各涉海部门关系,依法治海,使海洋资源的开发、管理走向法制化和科学化。

第二章　财政金融与外向型经济

一　长三角财政

2010年,长三角地区一般预算收入为9 561.93亿元,同比增长20.86%,比2009年同期增长速度增长约3.66个百分点。其中,江苏一般预算收入在长三角中占比最高,约42.67%,其次为上海30.05%。2010年,长三角地区一般预算支出为11 425.37亿元,同比增长19.03%,比2009年同期增长约0.14个百分点。其中,江苏一般预算支出在长三角中占比最高,约43.01%,上海与浙江占比大致相同。如图所示:2006年至2010年,长三角地区一般预算收入与支出呈稳定增长的趋势。上海、江苏和浙江一般预算收入与支出也呈稳定增长的趋势。

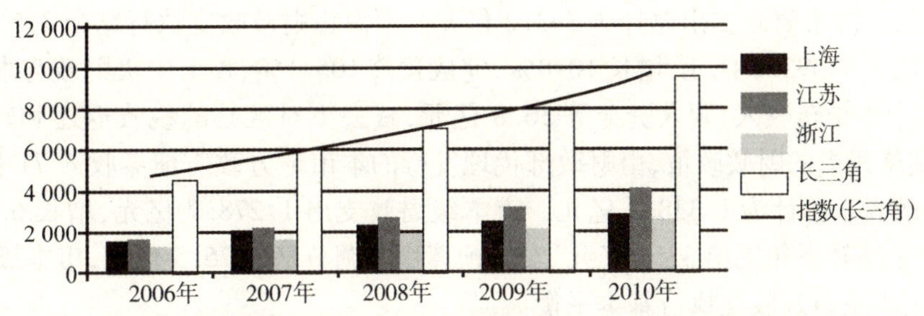

年份	上海	江苏	浙江	长三角
2006年	1 600.37	1 656.68	1 298.20	4 555.25
2007年	2 102.63	2 237.73	1 649.50	5 989.86
2008年	2 382.34	2 731.41	1 933.39	7 047.14
2009年	2 540.30	3 228.78	2 142.37	7 911.45
2010年	2 873.60	4 079.86	2 608.47	9 561.93

图4－16　长三角地方一般预算收入趋势图及附表(单位:亿元)

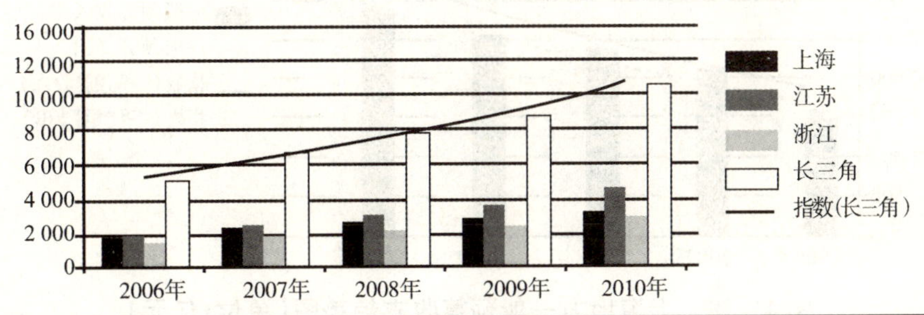

列1	上海	江苏	浙江	长三角
2006年	1 813.80	2 013.25	1 471.86	5 298.91
2007年	2 201.92	2 553.72	1 806.79	6 562.43
2008年	2 617.68	3 247.49	2 208.58	8 073.75
2009年	2 989.65	3 955.54	2 653.76	9 598.95
2010年	3 302.90	4 914.06	3 208.41	11 425.37

图4－17　长三角地方一般预算支出趋势图及附表(单位:亿元)

一、上海财政

2010年,上海市各行各业坚决贯彻落实国家和本市各项宏观调控政策,聚焦重点领域和关键环节,深化体制机制改革,深入推进上海国际金融中心和国际航运中心建设,大力促进现代服务业和先进制造业发展,加快推进经济发展方式转变和经济结构调整,国民经济保持平稳较快发展,为财政收入增长奠定了基础。同时,市各级财税部门坚持依法理财治税,加强预算管理,严格收入征管,确保了年初既定收入目标圆满完成。

(一)上海地方一般预算收入收支执行情况

2010年,上海市地方财政收入2 873.6亿元,比2009年增长(下同)13.1%,完成预算104.8%,加上中央财政与本市结算净收入387.8亿元,加上上年结转收入、调入预算稳定调节基金、动用历年结余、调入资金等64.3亿元,以及国家实施积极的财政政策,由财政部代理发行的本市地方政府债券收入71亿元,上海市可以安排使用的财政收入总计3 396.7亿元。上海市地方财政支出3 302.9亿元,增长10.5%,完成调整预算106.3%,加上结转下年支出33.1亿元、市级和部分区县安排预算稳定调节基金57.2亿元,上海市财政支出总计3 393.2亿元。上海市财政收支执行结余3.5亿元。

市本级财政收入1 393.2亿元,增长10.8%,完成预算105.1%,加上中央财政与本市结算净收入387.8亿元,加上上年结转收入、调入资金等36.8亿元,减去市对区县的税收返还和转移支付550.5亿元,加上国家实施积极的财政政策,由财政部代理发行的本市地方政府债券收入71亿元,市本级可以安排使用的财政收入总计为1 338.3亿元。市本级财政支出1 278.7亿元,增长6.8%,完成调整预算109.6%,加上结转下年支出33.1亿元、安排预算稳定调节基金26.5亿元,市本级财政支出总计1 338.3亿元。市本级财政收支执行基本平衡。

2010年,上海市本级年初预算安排坚持统筹兼顾、突出重点的原则,进一步调整和优化财政支出结构,努力体现"三个聚焦",即:聚焦惠民生、聚焦调结构、聚焦促和谐。预算执行中,按《预算法》规定安排的预备费也主要用于"三个聚焦"涉及领域,各项重点支出得到较好保障。市本级"三个聚焦"支出合计1 072.1亿元,占市本级财政支出的83.8%。

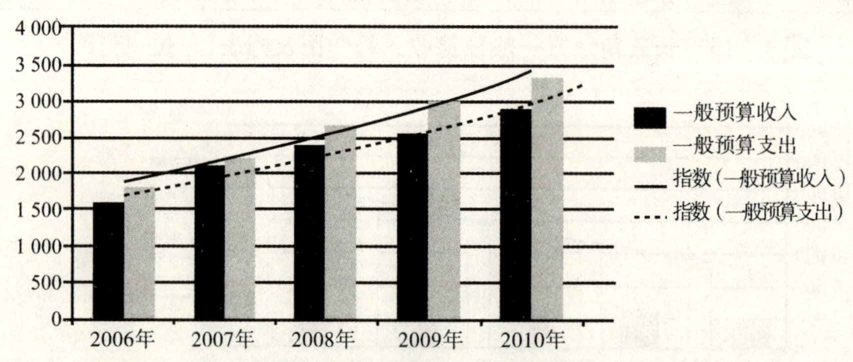

图4-18 上海地方一般预算收支趋势图(单位:亿元)

(一)上海财政预算执行与工作特点

1. **增强综合平衡能力,着力发挥财政政策在促进转变经济发展方式中的功能作用。** 一是开展现代服务业税制研究。结合实施积极的财政政策,率先开展促进现代服务业加快发展的税制和财税政策研究,及时研究提出了上海在一些生产性服务业领域实行增值税扩大征收范围的改革预案和实行营业税差额征收的政策措施,大力支持和促进现代服务业加快发展。二是支持企业自主创新。认真

实施《上海市自主创新和高新技术产业发展重大项目专项资金管理办法》，加大自主创新项目扶持力度，支持上海可形成核心自主知识产权的重大技术装备研制项目和产业共性、关键技术研发项目。同时，切实保障科学技术支出法定增长，加大人才引进等投入力度，对引进的纳入国家"千人计划"的海外高层次人才进行资助，进一步激励自主创新，支持新能源、先进重大装备等重点领域的高新技术产业化，提升现代服务业和先进制造业能级，促进战略性新兴产业加快发展。三是支持节能减排。进一步加大资金投入力度，增加市级财政节能减排专项资金总量，大力推进实现本市"十一五"节能减排工作目标。四是规范和完善区县财政扶持政策。

2. 坚持有保有压原则，着力保障和改善民生。进一步调整和优化财政支出结构，将政策支持和财力保障的重点进一步向民生领域倾斜，市本级财政支出较好地体现了"三个聚焦"的要求，一般性支出得到严格控制。在加大对调结构聚焦力度的同时，一方面，重点聚焦惠民生。切实保障教育、农业、公益性文化等法定增长支出，加大就业和社会保障、医疗卫生、保障性住房建设等投入力度，启动实施本市中长期教育改革和发展规划纲要确定的重点项目，支持旧区改造、稳定主副食品价格、建立统一的住院医师规范化培训制度等工作，提高企业退休人员基本养老金水平、城乡居民最低生活保障补助标准、万人就业项目等公益性岗位人员收入标准，落实一批顺民意、解民忧、惠民生的实事项目。另一方面，重点聚焦促和谐。切实保障公共安全、质量技术和食品药品监督、突发事件应急处置等支出，支持安全生产和食品药品安全监督体系建设，加强和改进社会建设，保障上海世博会安全举办。

3. 积极稳妥地推进财税管理体制改革，切实增强财政政策导向功能。为进一步理顺政府间的财政分配关系，根据党的十七届五中全会有关"加快财税体制改革"、"积极构建有利于转变经济发展方式的财税体制"的精神，按照市委提出的有关进一步深化完善市与区县财税管理体制改革、加快促进经济发展方式转变和经济结构调整的要求，结合谋划和编制"十二五"财政发展规划，立足当前，着眼长远，积极推进市与区县财税管理体制深化改革。

4. 加大财政信息公开力度，提高财政预算透明度。根据财政部《关于进一步做好预算信息公开的指导意见》和《2010 年上海市政府信息公开工作要点》，制定和实施了《关于进一步做好本市财政信息公开工作的指导意见》、《上海市财政局政府信息公开工作规程》等制度；在向社会公开市人大审议通过的预、决算报告的基础上，首次向社会公开了 2010 年预算、2009 年决算和执行情况，以及月度（季度）地方财政收支情况；积极推进市级部门预算信息公开；公开了涉及教育、医疗卫生、社会保障、节能减排、强农惠农等领域的 19 项财政专项资金的管理办法、操作流程、分配因素和分配结果；公开了本市国有土地使用权出让金、贷款道路建设车辆通行费、福利彩票公益金、体育彩票公益金等社会关注度高的政府非税收入情况；公开了社保基金、住房公积金、房屋维修基金、新增机动车额度拍卖收入等 4 项社会公共资金的筹集、使用和管理情况；对于社会公众普遍关注的举办上海世博会资金投入情况，经全过程审计后将向社会公布。

2010 年，上海财政运行不断规范，预算完成情况总体较好。但财政运行和预算执行中还存在一些亟待解决的问题：一是财政收入结构还不够合理，确保财政收入持续稳定增长的难度不断加大；二是财政收支矛盾依然比较突出，对民生的财政保障力度还需进一步加大；三是财政政策的导向作用有待进一步增强，财政政策的综合调控功能有待进一步完善；四是区域间基本公共服务水平差异仍然较大，市与区县的财税管理体制改革需要进一步深化完善；五是财政预算的完整性和透明度有待进一步提高，财政资金的使用效益有待进一步提高。

二、江苏财政

2010 年是经济社会发展环境极为复杂的一年。江苏省财政认真落实省十一届人大三次会议的决议要求，大力实施积极的财政政策，全力支持经济发展方式转变，支持统筹推进"三农"、民生和社会事

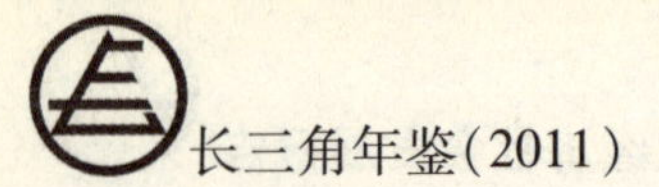

业各项工作,着力深化财政改革,全面加强财政科学化精细化管理,财政事业改革与发展取得了新的成绩。

(一)江苏地方财政一般预算收支执行情况

2010 年,江苏省一般预算收入 4 079.86 亿元,比上年增加 851.08 亿元,增长 26.4%;上划中央四税 3 018.21 亿元,增长 14.2%(不包括海关征收和代征的税收 1 078 亿元)。一般预算支出 4 914.06 亿元,增加 896.70 亿元,同比增长 20.4%。一般预算收入加上中央税收返还及补助收入、地方政府债券收入、上年结余结转及调入资金等,减去全省一般预算支出、上解中央支出、增设预算周转金及调出资金等,实现收支平衡略有结余。全省结余结转 642.72 亿元,其中,未完事项结转下年支出 588.65 亿元、净结余 54.07 亿元。

2010 年,江苏省政府性基金收入 3 564.30 亿元,增加 1 785.41 亿元,增长 100.4%。全省政府性基金支出 3 454.64 亿元,增加 1 744.04 亿元,增长 102.0%(主要因为国有土地出让收入增长较快,2010 年因土地供应增加、地价总体水平上升以及收入管理加强等因素,全省国有土地使用权出让金收入增长 105.2%)。全省基金收入加上中央基金补助收入 21.59 亿元、上年结余结转 248.96 亿元、调入资金 12.42 亿元,收入来源合计 3 847.27 亿元,减去基金支出 3 454.64 亿元、调出资金 3.56 亿元,应结转下年支出 389.07 亿元。此外,2010 年全省预算外财政专户资金收入 684.49 亿元,减少 46.38 亿元,下降 6.3%(主要因为预算外收入按国家规定逐步纳入预算管理)。预算外财政专户资金支出 643.20 亿元,减少 70.24 亿元,下降 9.8%。

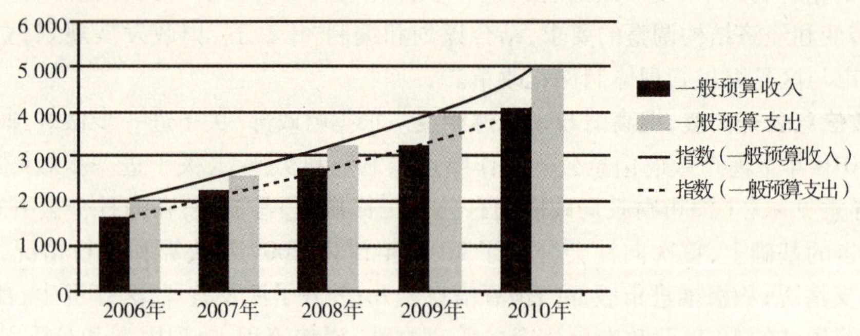

图 4-19 江苏地方一般预算收支趋势图(单位:亿元)

(二)江苏财政预算执行与工作特点

1. 加大惠民政策力度

2010 年,江苏财政共出台了 54 大项惠民政策,包括惠农政策、就业、社保、医疗、教育、文化、科技以及促转变、调结构,支持经济发展政策。其中惠农政策占据半壁江山。2010 年 9 月,省财政厅会同省有关部门出台《江苏省农村公共就业服务四项制度实施办法》,决定在全省建立农民就业失业登记制度、农民求职登记制度、农村困难家庭就业援助制度和农民创业服务制度。登记失业的农民凭《就业失业登记证》可与城镇失业人员同等享受免费职业介绍、职业指导、政策咨询等就业服务项目,并按规定享受职业培训补贴和一次性职业技能鉴定补贴。农村零转移家庭贫困户劳动者凭《就业失业登记证》,享受与城镇就业困难人员同等的社保补贴、公益性岗位补贴等。农村公共就业服务四项制度进一步推进了城乡均等化就业服务,促进了城镇公共就业服务向农村的延伸。

2. 加快推进经济发展方式转变

为加快推进经济发展方式转变,2010 年着力对物联网、新能源、新材料、生物医药、节能环保等新

兴产业给予重点资助，确定资助47项，资助经费3.64亿元，占总资助经费1/3强。围绕产业集约式发展，重点支持高新园区建设。今年共计支持6个国家级高新区35个项目、10个省级高新区22个项目，占总资助项目数近一半，有效引导科技资源向各类高新科技产业园区集聚，为培育新兴产业和推进经济集约式发展提供重要载体。注重产学研紧密结合，支持企业提升自主创新能力。本年度资助项目中涉及产学研合作的有96个，占项目总数的2/3强。与省外高校、科研机构合作项目达60项，有力吸引国内外高端人才携最新科技成果来苏实施转化和产业化，为提升我省企业自主创新能力提供有力支撑。改革资助方式，注重提高贷款贴息和有偿使用额度的比重。为充分发挥财政资金的杠杆引导作用，促使企业真正成为科技投入的主体，今年进一步加大了有偿和贴息经费的安排力度，有偿使用和贷款贴息额度达到总资助经费的近50%，有效支持了企业利用市场机制，争取社会资金投入科技。

3. 提高基本公共服务水平

2010年，江苏省财政支持全面实施义务教育学校绩效工资。建立和完善控制高校新增债务的长效机制。大力发展职业教育特别是农村中等职业教育；完善政府补偿机制，推进基本药物零差价试点，支持实施公共卫生与基层医疗卫生事业单位绩效工资制度；加快构建覆盖城乡的公共文化服务体系。安排农村文化“以奖代补”专项资金，引导各地增加农村文化投入，开展农村文化活动；支持增强我省防灾减灾、预防和处置突发公共事件的能力，确保及时有效地应对各种自然灾害和处理突发公共事件。

4. 提高财政科学化精细化管理水平

强化财政改革和发展的法律支撑。出台《江苏省省级财政专项资金管理办法》，研究拟定《江苏省非税收入管理条例》、《江苏省财政支出绩效评价管理办法》，不断健全江苏省“四位一体”的财政法规体系；进一步推进省直管县财政管理方式改革，加强省对市县预算管理的指导，规范省、市、县预算外资金分配制度；清理规范政府性基金项目，全面编制政府性基金预算；研究建立预算绩效评价体系和科学合理的财政资金绩效管理机制。

虽然目前财政收入企稳回升，但由于经济发展环境、结构性减税等因素的影响，减收压力仍然较大，收支矛盾突出，财政资金的绩效管理和风险管理有待提高。

三、浙江财政

2010年，浙江省深入实施“八八战略”和“创业富民、创新强省”总战略，扎实推进“全面小康六大行动计划”，积极发挥财政支撑保障引导作用，着力推进经济结构调整和发展方式转变，强化收入征管，优化收支结构，深化管理改革，全省财政预算执行情况良好，促进了经济社会持续平稳健康发展。

（一）浙江地方一般预算收入收支执行情况

2010年浙江省地方财政收入汇总预算为2 270.00亿元，执行数为2 608.47亿元，完成预算的114.9%，比上年增长（以下简称“增长”）21.7%。按可比口径计算增长16.3%。

全省地方财政收入主要项目完成情况为：税收收入2 464.96亿元，完成预算的116.5%，增长24.3%；非税收入143.51亿元，完成预算的93.3%，比上年下降（以下简称“下降”）9.6%。

2010年全省财政支出汇总预算为2 700.00亿元，执行数为3 208.41亿元，完成预算的118.8%，增长20.9%。按可比口径计算增长16.1%。

浙江省2010财政重点支出完成情况为：农林水事务290.92亿元，完成预算的116.1%，增长23.2%；教育606.54亿元，完成预算的110.6%，增长16.8%；科学技术121.40亿元，完成预算的112.9%，增长22.3%；文化体育与传媒77.14亿元，完成预算的114.6%，增长20.4%；医疗卫生

224.53亿元,完成预算的122.1%,增长26.8%;社会保障和就业206.43亿元,完成预算的128.2%,增长34.8%,主要是城乡居民社会养老保险支出增加。

按照现行分税制财政体制和国家有关政策规定计算,2010年全省地方财政收入加上中央税收净返还和中央各项补助,以及地方政府债券收入、结转下年支出款项等,2010年浙江省财政收支基本平衡。

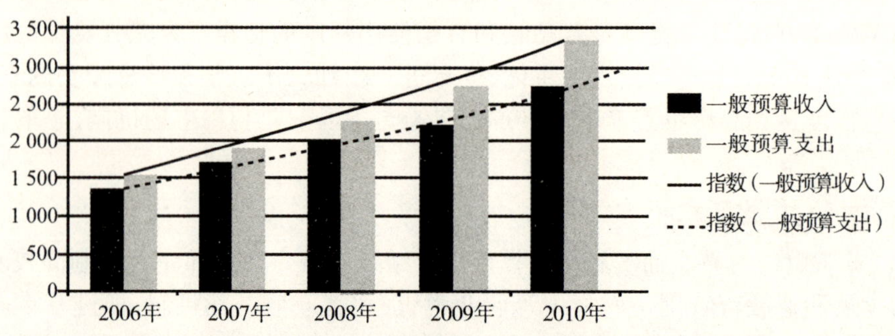

图4-20　浙江地方一般预算收支趋势图(单位:亿元)

(二)浙江财政预算执行与工作特点

1. **围绕全年预算目标,抓好增收节支。**认真落实促进县域经济发展的财政激励奖补机制,有效带动各地加快经济发展方式转变、做好做大财政"蛋糕"的积极性,市县级收入快速增长,区域间发展更为协调。加强收入进度、结构的分析和预测,依法加强税收和非税收入征管,实现收入的均衡入库、持续增长和平稳运行,全年预算收入任务超额完成,收入结构进一步优化,收入质量进一步提高。税收收入占地方财政收入的比重为94.5%,比上年提高1.9个百分点;全省地方财政收入占财政总收入的比重为53.3%,比上年提高1.3个百分点。坚持统筹兼顾、有保有压,优化支出结构,民生等各项重点支出得到较好保障,行政成本得到严格控制。全省财政支出增量中用于民生的比重达到75.0%。全省各级党政机关公用经费预算压缩5%,出国(境)经费、公务用车购置及运行费、公务接待费支出按中央政策要求实现零增长。密切关注财政支出执行情况,建立健全限时下达预算制度,严格预算追加,改革转移支付管理方式,切实加快财政支出进度,支出执行的均衡性不断提高。

2. **围绕保增长促转型,优化财政资源配置。**一是突出支持重点。大力推进"四大建设"、产业集聚区、海洋经济、中心镇、战略性新兴产业等重点建设。建立支持产业集聚区建设的引导机制,加快推进产业集聚平台建设。安排海洋经济扶持发展资金10亿元,支持海洋经济深化发展;安排中心镇培育资金10亿元,支持中心镇特别是具备发展成小城市功能中心镇的改革与发展;安排欠发达地区扶持资金20亿元,支持欠发达地区加快发展。争取中央新能源专项资金3.30亿元,推进我省新能源、节能等新型产业发展。二是增强要素保障。加大财政科技投入,创新科技资金使用机制,推动技术创新。加大人才工作投入力度,支持实施海外高层次人才引进计划,推进人才强省。三是优化需求结构。完善促进消费的各项财政政策,着力提高城乡居民收入,做好家电、汽车下乡和以旧换新财政补贴工作,扩大消费需求。

3. **围绕社会和谐稳定,加大民生和社会事业投入。**加大"三农"投入,全面落实强农惠农政策,启动村级公益事业建设一事一议财政奖补工作,完善村级组织运转经费保障机制,推进农村改革发展。全省各级财政投入"三农"资金944亿元,增长23.9%。按照法定增长要求加大财政教育投入,完善义务教育经费保障机制,实行农村义务教育学校免住宿费政策,落实义务教育学校教师绩效工资制度,全面实施"校安工程"建设。完善中职学生资助政策,实施"职业教育六项行动计划"和"高等教育质量提升行动计划"。支持公共文化服务体系建设,推进文化体制改革,大力发展文化事业和文化产业。

完善落实财税优惠政策,支持开展稳定就业、预防失业和促进就业工作。积极落实城乡居民社会养老保险财政补助资金,全面推进我省城乡居民社会养老保险制度实施。落实医改财政投入,完善医改财政经费保障机制。建立基层医疗卫生机构多渠道补偿机制,确保基本药物制度实施后基层医疗卫生机构正常运行。

4. **围绕科学精细管理,依法依规强化财政监管。**加强财政支出项目审核,净核减不合理资金105亿元,审减率9.4%。开展对社会团体和国有及国有控股企业"小金库"治理,建立健全防范"小金库"问题的长效机制。加强对行政事业单位国有资产出租、出借及对外投资行为的监管,建立行政事业单位有偿使用资产的市场化运作机制。推进乡镇财政管理方式改革,加强乡镇财政管理。加强地方政府性债务管理,按中央要求做好农林、卫生等领域政府外债项目的债务减免;清理化解省属高校债务、义务教育债务以及乡村公益性债务。全面清理核实各级政府融资平台公司及其债务,切实加强政府融资平台公司管理。加强地方金融企业资产财务监管,防范和化解财政金融风险。开展会计信息质量检查,强化对会计师事务所的监管,整顿和规范财经秩序。

从财税收支看,收入方面,除统一内外资企业城市维护建设税和教育费附加制度预期增加收入外,国家将在实施和完善消费型增值税的基础上,稳步扩大增值税征收范围,并相应调减营业税征收范围,对地方财政收入增长带来影响;随着通胀预期加大、货币政策趋紧、房地产业深入调整,财政收入的不确定性进一步增加;同时去年前高后低的收入走势也将给今年财政收入的平稳增长带来较大压力。支出方面,实施积极的财政政策,增加低收入群体收入、"三农"、教育、社会保障、医疗卫生、保障性住房等经济社会发展重点环节,推进生态文明建设,大力发展海洋经济,对口支援新疆、西藏发展等,需要进一步加大投入,财政支出压力大、刚性强。财政收支平衡面临较大压力,财政收支形势仍然趋紧。

四、长三角财政展望

2010年,虽然长三角财政收入企稳回升,但由于经济发展环境、结构性减税等因素的影响,减收压力仍然较大,收支矛盾突出。财政减收增支因素增多,一方面受宏观经济影响,财政增收乏力,增值税转型改革及国家可能出台的其它降低税收收入的措施将压缩地方政府的可用财力空间,另一方面公共财政的支出框架基本固定的情况下,重点基础设施工程、教育化债、支持"三农"、民生建设、环境保护以及对口支援灾区等方面刚性支出任务较重,其标准也越来越高,未来收支矛盾将会更为突出。

建议建立长三角区域共同财政预算。区域共同预算需要设置收入来源和共同支出目标。同时应明确区域共同财政支出仅限于区域经济一体化事权范围。对区域公共产品的财政资助上,按照混合公共产品的特点,主要由项目牵头方和主要受益方承担,并确定区域资助额的一个最高比率。同时,建议建立长三角地方政府横向财政转移支付机制,既能在一定程度上减轻对中央政府的压力,又能使长三角地区的转移支付与利益平衡之间形成明确的授受关系,缓解地区利益矛盾。财政转移支付目标应该主要用于加强人力资源建设和改善基础设施,以增强落后地方发展后劲。

二　长三角固定资产投资

固定资产投资是社会固定资产再生产的主要手段。通过建造和购置固定资产的活动,国民经济不断采用先进技术装备,建立新兴部门,进一步调整经济结构和生产力的地区分布,增强经济实力,为改善人民物质文化生活创造物质条件。这对我国的社会主义现代化建设具有重要意义。固定资产投资在整个社会投资中占据主导地位。

一、长三角地区基本情况

2010 年,长三角全社会固定资产投资总额 40 877.99 亿元,比上年增长 16.91%,增幅比上年回落 2.78 个百分点,低于全国增速 6.93 个百分点,占全国全社会固定资产投资总额的 14.70%,比上年下降 0.87 个百分点。

表 4－140　2000－2010 年长三角全社会固定资产投资

单位:亿元、%

年份	2000	2005	2007	2008	2009	2010
长三角	7 132.32	18 978.51	25 147.11	29 212.90	34 965.53	40 877.99
全国	32 917.73	88 773.60	137 323.90	172 828.40	224 598.80	278 140.00
长三角占比	21.67	21.38	18.31	16.90	15.57	14.70

注:全国 2010 年数据来自国家统计局《2010 年国民经济和社会发展统计公报》。

二、上海市的基本情况

(一)上海市全社会固定资产投资总体情况

2010 年,上海市全社会固定资产投资总额 5 317.67 亿元,比上年略增 0.84%;全社会固定资产投资保持"三、二、一"的产业结构特征,第三产业投资 3 865.90 亿元,占比 72.70%;第二产业投资 1 435.37亿元,占比 26.99%;第一产业投资 16.40 亿元,占比 0.31%。

表 4－141　2000－2010 年上海市全社会固定资产投资总体情况

单位:亿元、%

年　份	2000	2005	2007	2008	2009	2010
合计	1 869.67	3 542.55	4 458.61	4 829.45	5 273.33	5 317.67
按三次产业分						
第一产业	7.87	5.58	8.37	8.40	11.41	16.40
第二产业	615.94	1 082.10	1 397.57	1 420.82	1 427.50	1 435.37
第三产业	1 245.86	2 454.87	3 052.67	3 400.23	3 834.42	3 865.90
三次产业构成						
第一产业	0.42	0.16	0.19	0.17	0.22	0.31
第二产业	32.94	30.55	31.35	29.42	27.07	26.99
第三产业	66.64	69.30	68.47	70.41	72.71	72.70

(二)上海市固定资产投资的经济类型

2010 年,上海市全社会固定资产投资中的国有经济投资 2 234.12 亿元,占比 42.01%;非国有经济投资 3 083.55 亿元,占比 57.99%。非国有经济中,股份制经济、私营经济和外商经济投资比重靠前,分别投资 1 200.26 亿、992.16 亿和 439.28 亿元,分别占比 22.57%、18.66% 和 8.26%。

表 4－142　2000－2010 年上海市全社会固定资产投资(按经济类型分)

单位:亿元、%

年份	2000	2005	2007	2008	2009	2010
国有经济	829.98	1 240.27	1 779.43	2 295.74	2 618.61	2 234.12
非国有经济	1 039.69	2 302.28	2 679.18	2 533.71	2 654.72	3 083.55
集体经济	156.34	131.07	121.51	104.86	132.30	183.07
私营经济	83.29	565.24	644.71	612.13	701.93	992.16
联营经济	41.20	21.53	15.67	31.86	14.93	11.52
股份制经济	421.53	916.27	1 169.49	1 026.67	1 174.81	1 200.26
外商经济	222.86	504.16	522.15	541.06	423.69	439.28
港澳台经济	96.19	136.15	189.21	207.08	194.24	247.67
其他经济	18.28	27.86	16.45	10.05	12.85	9.58
构 成						
国有经济	44.39	35.01	39.91	47.54	49.66	42.01
非国有经济	55.61	64.99	60.09	52.46	50.34	57.99
集体经济	8.36	3.70	2.73	2.17	2.51	3.44
私营经济	4.45	15.96	14.46	12.67	13.31	18.66
联营经济	2.20	0.61	0.35	0.66	0.28	0.22
股份制经济	22.55	25.86	26.23	21.26	22.28	22.57
外商经济	11.92	14.23	11.71	11.20	8.03	8.26
港澳台经济	5.14	3.84	4.24	4.29	3.68	4.66
其他经济	0.98	0.79	0.37	0.21	0.24	0.18

(三)上海市固定资产投资的资金来源

2010 年,上海市全社会固定资产投资资金来源合计 6 557.05 亿元。其中,占比最大的是自筹资金 3 273.11 亿元,占 49.92%;其次是国内贷款 1 568.79 亿元,占 23.93%;利用外资 239.18 亿元,占3.65%。

(四)上海市 2010 年固定资产投资的主要特点

2010 年,上海市全年完成全社会固定资产投资总额 5 317.67 亿元。受“世博”限建的影响,全市全社会固定资产投资总体呈现“前高后低”的走势。投资增幅自 1～2 月创 2009 年以来新高后,便逐月回落,1～9 月增幅降至最低－7.4%,1－12 月固定资产投资降幅趋缓,比上年增长 0.84%。

1. 从产业投向看,第一产业投资 16.4 亿元,比上年增长 43.8%,占全社会固定资产投资总额的比重为0.3%;第二产业投资1 435.37亿元,增长0.6%,所占比重为27%;第三产业投资3 865.9亿元,增长0.8%,所占比重为72.7%。

2.从投资主体看,国有经济投资2 234.12亿元,比上年下降14.7%,占全社会固定资产投资总额的比重为42%;集体经济投资183.07亿元,增长38.4%,所占比重为3.4%;股份制经济投资1 200.26亿元,增长2.2%,所占比重为22.6%;外商及港澳台投资686.95亿元,增长11.2%,所占比重为12.9%。

3.从三大投资领域看,呈"一升一平一降"态势。"一升"是房地产开发投资上升。全年完成房地产开发投资1 980.68亿元,比上年增长35.3%;商品房施工面积11 295.03万平方米,增长13.4%;竣工面积1 941.25万平方米,下降7.8%;销售面积2 055.53万平方米,下降39%。其中,商品住宅销售面积1 685.35万平方米,下降42.4%。全年商品房销售额2 959.94亿元,比上年下降31.6%。其中,商品住宅销售额2 395.35亿元,下降33.8%。全年存量房成交过户面积1 966.86万平方米,比上年下降30%。"一平"是工业投资与上年基本持平。全年工业投资1 422.08亿元,比上年略增0.1%。其中,六大重点发展工业行业投资730.68亿元,增长16.7%。具体来看,六大行业呈"三升三降"的格局。占比重最大的电子信息产品制造业增长最快,投资219.65亿元,增长1.4倍,占六大重点发展工业的30.1%;成套设备制造业投资176.31亿元,增长24.3%,占24.1%;汽车制造业投资109.68亿元,增长11.3%,占15.0%。而石油化工及精细化工制造业、精品钢材制造业和生物医药制造业投资均呈现两位数的跌幅,分别投资85.03亿元、113.79亿元和26.21亿元,分别下降17.8%、29.2%和13.2%,分别占11.6%、15.6%和3.6%,。"一降"是城市基础设施投资下降,全年完成城市基础设施建设投资1497.46亿元,比上年下降29.1%,占全社会固定资产投资总额的比重为28.2%。其中,电力投资148.50亿元,下降41.4%;交通运输投资754.66亿元,下降22.9%;邮电通信投资111.54亿元,下降9.1%;市政建设投资396.18亿元,下降36.4%;公用事业投资86.58亿元,下降36.3%。

表4-143　2000-2010年上海市全社会固定资产投资(按资金来源分)

单位:亿元、%

年份	2000	2005	2007	2008	2009	2010
资金来源合计	1 820.61	4 247.59	5 517.44	5 609.92	6 658.51	6 557.05
国家预算内资金	48.30	46.42	98.03	83.68	90.26	116.71
国内贷款	379.21	955.29	1 296.92	1 469.43	1 522.44	1 568.79
债券	4.85	2.00	18.79	26.02	65.35	10.06
利用外资	161.83	235.61	262.41	264.67	176.15	239.18
自筹资金	905.46	1 976.72	2 364.93	2 774.73	3 003.22	3 273.11
其他资金	320.96	1 031.55	1 476.36	991.39	1 801.09	1 349.21
构 成						
资金来源合计	100.00	100.00	100.00	100.00	100.00	100.00
国家预算内资金	2.65	1.09	1.78	1.49	1.36	1.78
国内贷款	20.83	22.49	23.51	26.19	22.86	23.93
债券	0.27	0.05	0.34	0.46	0.98	0.15
利用外资	8.89	5.55	4.76	4.72	2.65	3.65
自筹资金	49.73	46.54	42.86	49.46	45.10	49.92
其他资金	17.63	24.29	26.76	17.67	27.05	20.58

三、江苏省的基本情况

(一)江苏省全社会固定资产投资总体情况

2010 年,江苏省全社会固定资产投资总额 23 184.28 亿元,比上年增长 22.35%。全社会固定资产投资依然保持"二、三、一"的产业结构特征。第二产业投资 12 463.58 亿元,增长 20.95%,占全社会固定资产投资总额的 53.76%;第三产业投资 10 498.78 亿元。增长 23.98%,占比 45.28%,;第一产业投资 221.91 亿元,增长 25.27%,占比 0.96%。

表 4-144　2000-2010 年江苏省固定资产投资总体情况

单位:亿元、%

年份	2000	2005	2007	2008	2009	2010
投资总额	2 995.43	8 739.71	12 268.10	15 060.45	18 949.88	23 184.28
按三次产业分						
第一产业	116.20	45.42	81.64	111.80	177.14	221.91
第二产业	1 358.56	4 872.12	6 698.92	8 342.42	10 304.60	12 463.58
第三产业	1 520.67	3 822.17	5 487.51	6 606.23	8 468.14	10 498.78
三次产业构成						
投资总额	100.00	100.00	100.00	100.00	100.00	100.00
第一产业	3.88	0.52	0.67	0.74	0.93	0.96
第二产业	45.35	55.75	54.60	55.39	54.38	53.76
第二产业	50.77	43.73	44.73	43.86	44.69	45.28

(二)江苏省固定资产投资的经济类型

2010 年,江苏省全社会固定资产投资中的国有经济投资总额为 4 488.74 亿元,增长 22.07%,占全社会固定资产投资总额的 19.36%,;非国有经济投资总额为 18 695.54 亿元,增长 22.41%,占 80.64%。其中,私营个体经济投资比重最大,投资总额为 8 418.86 亿元,增长 22.50%,占 36.31%;其次是有限责任公司,投资 4 421.79 亿元,增长 26.56%,占 19.07%;再次是外商投资经济,投资 1 730.94亿元,增长 3.23%,占 7.47%,占比仍处持续下降中。

表 4-145　2000-2010 年江苏省全社会固定资产投资(按经济类型分)

单位:亿元、%

年份	2000	2005	2007	2008	2009	2010
投资总额	2 995.43	8 739.71	12 268.07	15 060.45	18 949.88	23 184.28
国有经济	1 200.01	2 077.97	2 092.57	2 494.77	3 677.11	4 488.74
集体经济	455.86	445.16	453.28	539.99	753.73	948.13
其中:农村		271.06	218.83	223.07	309.78	379.27
私营个体经济	326.08	2 623.60	4 125.86	5 268.79	6 872.67	8 418.86
其中:农村		1 405.13	1 697.89	2 104.58	2 595.31	2 993.84
联营经济	14.12	7.39	23.98	22.97	18.62	12.00
股份制经济	94.19	395.59	394.48	542.61	829.39	979.13

(续表)

有限责任公司	93.54	1 457.32	2 415.35	2 839.34	3 493.96	4 421.79
港澳台投资经济	125.59	589.17	803.74	1 083.62	1 004.92	1 283.46
外商投资经济	237.63	979.46	1 497.38	1 754.81	1 676.85	1 730.94
其他经济	448.41	164.05	461.43	513.55	622.65	901.23
构 成						
投资总额	100	100	100.00	100.00	100.00	100.00
国有经济	40.06	23.78	17.06	16.57	19.40	19.36
集体经济	15.22	5.09	3.69	3.59	3.98	4.09
其中:农村	0.00	3.10	1.78	1.48	1.63	1.64
私营个体经济	10.89	30.02	33.63	34.98	36.27	36.31
其中:农村	0.00	16.08	13.84	13.97	13.70	12.91
联营经济	0.47	0.08	0.20	0.15	0.10	0.05
股份制经济	3.14	4.53	3.22	3.60	4.38	4.22
有限责任公司	3.12	16.67	19.69	18.85	18.44	19.07
港澳台投资经济	4.19	6.74	6.55	7.20	5.30	5.54
外商投资经济	7.93	11.21	12.21	11.65	8.85	7.47
其他经济	14.97	1.88	3.76	3.41	3.29	3.89

(三)江苏省固定资产投资的资金来源

2010年,江苏省全社会固定资产投资资金来源合计27 246.45亿元,比上年增长20.65%。资金来源主要依靠自筹,自筹资金总额为17 553.37亿元,增长24.80%,占投资资金来源的64.42%;其次是其他资金来源4 912.63亿元,增长12.93%,占18.03%;再次是国内贷款3 343.47亿元,增长20.51%,占12.27%。

表4-146　2000-2010年江苏省全社会固定资产投资(按资金来源分)

单位:亿元、%

年份	2000	2005	2007	2008	2009	2010
投资总额	2 995.43	9 201.07	13 872.37	16 201.68	22 583.11	27 246.45
国家预算内资金	73.42	67.60	135.20	153.86	278.79	282.11
国内贷款	489.04	1 264.49	1 561.06	1 818.06	2 774.45	3 343.47
利用外资	281.17	836.19	1 255.85	1 394.98	1 114.78	1 154.87
自筹资金	1 827.79	5 826.89	8 522.18	10 624.51	14 064.93	17 553.37
其他资金来源	324.01	1 205.90	2 398.08	2 210.27	4 350.16	4 912.63
构 成						
投资总额	100.00	100.00	100.00	100.00	100.00	100.00
国家预算内资金	2.45	0.73	0.97	0.95	1.23	1.04
国内贷款	16.33	13.74	11.25	11.22	12.29	12.27
利用外资	9.39	9.09	9.05	8.61	4.94	4.24
自筹资金	61.02	63.33	61.43	65.58	62.28	64.42
其他资金来源	10.82	13.11	17.29	13.64	19.26	18.03

(四)江苏省固定资产投资的行业分布

2010 年,江苏省城镇固定资产投资分行业来看,制造业和房地产业占比最高。制造业城镇固定资产投资7 648.64 亿元,增长 25.77%,占全省城镇固定资产投资总额的 43.92%;房地产业投资4 751.64亿元,增长 27.22%,占 27.28%。

表 4-147　2004~2010 年江苏省城镇固定资产投资(按行业分)

单位:亿元、%

年份	2004		2005		2007	
	投资额	构成	投资额	构成	投资额	构成
总计	5 008.18	100.00	6 230.54	100.00	9 161.4	100.00
农、林、牧、渔业	7.86	0.16	12.66	0.20	19.61	0.21
采矿业	25.57	0.51	30.87	0.50	22.20	0.24
制造业	1 477.43	29.50	2 172.45	34.87	3 882.80	42.38
电力、燃气及水的生产和供应业	601.28	12.01	572.34	9.19	350.06	3.82
建筑业	26.40	0.53	36.27	0.58	58.17	0.63
交通运输、仓储和邮政业	520.96	10.40	535.30	8.59	578.49	6.31
信息传输、计算机服务和软件业	65.39	1.31	80.65	1.29	52.74	0.58
批发和零售业	81.77	1.63	111.84	1.80	214.13	2.34
住宿和餐饮业	29.11	0.58	49.46	0.79	109.17	1.19
金融业	1.08	0.02	1.45	0.02	1.58	0.02
房地产业	1 318.73	26.33	1 639.36	26.31	2 689.49	29.36
租赁和商务服务业	39.38	0.79	54.16	0.87	99.54	1.09
科学研究、技术服务和地质勘查业	16.86	0.34	16.01	0.26	39.38	0.43
水利、环境和公共设施管理业	506.93	10.12	575.23	9.23	681.92	7.44
居民服务和其他服务业	10.50	0.21	9.66	0.16	19.03	0.21
教育	151.10	3.02	132.52	2.13	134.56	1.47
卫生、社会保障和社会福利业	18.82	0.38	40.39	0.65	52.88	0.58
文化、体育和娱乐业	39.58	0.79	61.04	0.98	70.02	0.76
公共管理和社会组织	69.43	1.39	98.87	1.59	85.60	0.93

年份	2008		2009		2010	
	投资额	构成	投资额	构成	投资额	构成
总计	11 369.61	100.00	14 266.82	100.00	17 416.47	100.00
农、林、牧、渔业	25.60	0.23	45.43	0.32	55.20	0.32
采矿业	51.09	0.45	55.41	0.39	63.71	0.37
制造业	4 915.35	43.23	6 081.36	42.63	7 648.64	43.92
电力、燃气及水的生产和供应业	441.32	3.88	556.65	3.90	485.18	2.79

(续表)

建筑业	64.39	0.57	85.74	0.60	59.72	0.34
交通运输、仓储和邮政业	643.33	5.66	886.66	6.21	996.53	5.72
信息传输、计算机服务和软件业	61.36	0.54	137.94	0.97	152.65	0.88
批发和零售业	267.16	2.35	365.41	2.56	442.46	2.54
住宿和餐饮业	151.83	1.34	197.64	1.39	223.29	1.28
金融业	3.11	0.03	14.39	0.10	38.79	0.22
房地产业	3 318.28	29.19	3 735.04	26.18	4751.64	27.28
租赁和商务服务业	146.75	1.29	203.16	1.42	268.97	1.54
科学研究、技术服务和地质勘查业	59.06	0.52	98.65	0.69	114.30	0.66
水利、环境和公共设施管理业	788.01	6.93	1 210.76	8.49	1 439.69	8.27
居民服务和其他服务业	31.99	0.28	40.72	0.29	58.48	0.34
教育	162.36	1.43	201.54	1.41	185.94	1.07
卫生、社会保障和社会福利业	67.18	0.59	77.77	0.55	96.25	0.55
文化、体育和娱乐业	80.31	0.71	124.25	0.87	158.88	0.91
公共管理和社会组织	91.13	0.80	148.3	1.04	176.17	1.01

(五)江苏省各市固定资产投资情况

2010年江苏省各市固定资产投资均保持两位数的增长。投资额最多的前三位城市分别是:苏州,3 617.82亿元,增长21.92%;南京,3 306.05亿元,增长23.91%;无锡,2 985.65亿元,增长25.05%。

表4-148　2000-2010年江苏省各市全社会固定资产投资

单位:亿元

地区	2000	2005	2007	2008	2009	2010
南京市	412.20	1 402.72	1 867.96	2 154.17	2 668.03	3 306.05
无锡市	350.10	1 335.09	1 674.22	1 877.02	2 387.56	2 985.65
徐州市	252.19	601.31	960.70	1 250.66	1 624.57	2 049.26
常州市	163.43	769.80	1 203.90	1 448.20	1 704.80	2 103.60
苏州市	516.43	1 870.00	2 366.36	2 611.16	2 967.35	3 617.82
南通市	239.50	815.26	1 265.80	1 505.41	1 802.38	2 168.38
连云港市	127.83	323.60	584.62	777.68	1 000.10	1 234.25
淮安市	129.62	330.73	427.22	563.25	745.58	921.01
盐城市	145.88	500.00	901.00	1 120.00	1 500.30	1 891.05
扬州市	128.25	410.00	717.90	950.00	1 063.90	1 331.85
镇江市	140.95	404.75	588.02	718.50	1 010.57	1 327.08
泰州市	138.74	403.13	703.97	900.52	1 166.20	1 538.03
宿迁市	84.21	269.00	453.00	605.00	798.60	1 010.00

*为规模以上固定资产投资。资料来源:各地统计信息网。

（六）江苏省固定资产投资的主要特点

2010 年，江苏省固定资产投资总体呈现规模不断扩大，增速稳中趋缓，结构得到优化的发展态势，为全省经济高开稳走持续向好奠定了良好的基础。

1. 总量迈上新台阶，增速稳中趋缓

2010 年，全省全社会投资首次突破 2 万亿元，达 23 184.28 亿元，比上年增长 22.35%，增幅同比回落 3.51 个百分点。扣除价格因素，实际增长 16.4%。在全国 31 个省市区中，投资总量继续保持全国第二的位置。从投资增幅的走势看，全社会投资一季度、上半年、前三季度和全年分别增长 23.8%、23.5%、22.7%和 22.4%，稳中趋缓的特征比较明显。

2. 结构调整取得新进展，三产投资更趋合理

一是产业投资结构继续改善。第一、第三产业投资增长快于二产。2010 年，全省全社会固定资产投资第一、二、三产业分别完成投资 221.91 亿元、12 463.58 亿元和 10 498.78 亿元，分别比上年增长 25.27%、20.95%、23.98%，第二产业投资增速低于全社会固定资产投资增速 1.4 个百分点，而第一、第三产业投资增速则分别高于全社会固定资产投资增速 2.92 个、1.63 个百分点。二是地区增长协调性增强，三大区域投资增速差异明显缩减。全年苏南地区城镇投资完成 9 532.5 亿元，同比增长 21.3%，增速比上年提高 0.8 个百分点，比全省平均水平低 0.8 个百分点；苏中地区城镇投资完成 2866.7 亿元，增长 22.7%，增速同比回落 4 个百分点，比全省平均水平高 0.6 个百分点；苏北地区城镇投资完成 5 019.8 亿元，同比增长 23.2%，增速回落 7.2 个百分点，但比全省平均水平高 1.1 个百分点。全年苏南与苏北增速差由上年的 9.9 个百分点缩小为 1.9 个百分点，差异明显缩减，协调性增强。从投资占比情况看，2010 年苏南占比略有下降，同比下降 0.3 个百分点，但比重达 54.7%，苏中、苏北投资占比略有提升。三是高新技术产业投资呈强劲增长态势。2010 年，全省城镇投资中高新技术产业完成投资 2 188.3 亿元，比上年增长 44.6%，增速同比加快 36 个白分点，比同期城镇投资增速高 22.5 个百分点，增长势头强劲。在城镇投资中的比重不断提升，由上年的 10.6% 提高到 12.6%，提高了 2 个百分点。从主要行业看，7 大高新技术产业投资保持全面增长，其中计算机及办公设备制造业增长 3.4 倍；航空航天器制造业增长 90%；专用科学仪器设备制造业增长 53.8%。

3. 行业分布集中度提高，主要行业增速涨落互现

2010 年，城镇投资中比重前五位的行业是制造业，房地产业，水利、环境和公共设施管理业、交通运输、仓储和邮政业，电力、燃气及水的生产和供应业，占城镇投资的比重分别为 43.92%、27.28%、8.27%、5.72% 和 2.79%，合计占比达 87.97%，高于上年 0.56 个百分点，表明投资在行业分布上更加集中，尤其是向制造业和房地产业集中表现的更加明显。一是房地产开发投资快速增长。2010 年房地产开发投资在上年低速增长的基础上增势强劲，全年完成投资 4 301.9 亿元，比上年增长 28.9%，比同期城镇投资增速快 6.8 个百分点，占城镇投资的比重由上年的 23.4% 提高到 24.7%，同比提升 1.3 个百分点，对城镇投资保持持续平稳较快增长起到了明显的支撑作用。二是基础设施投资增速回落明显。2010 年，受政策刺激力度减弱和基数较大等因素的影响，全省基础设施投资增速回落明显。2010 年城镇投资中基础设施投资 3 303.9 亿元，比上年增长 8.6%，增幅同比大幅回落 33.8 个百分点，占整个城镇投资的比重由上年的 21.3% 下降到 19%。从主要行业看：水利、环境和公共设施管理业投资 1 455.5 亿元，比上年增长 17.2%，增幅回落 47 个百分点；交通运输邮政业投资 847.2 亿元，增长 13.6%，增幅回落 19.5 个百分点；电力、燃气及水的生产和供应业投资 487.2 亿元，增幅由上年的增长 22.6% 转为下降 12.6%。三是制造业投资快速增长。2010 年，全省制造业投资 7 645.9 亿元，比上年增长 25.8%，占城镇投资的比重为 43.9%，比上年提高了 1.3 个百分点，快于同期城镇投资增速3.7个百分点，是支撑全省投资增长的主导力量。其中：化学原料及化学制品制造业投资 825.9 亿元，专用设备制造业投资 525.4 亿元，电气机械及器

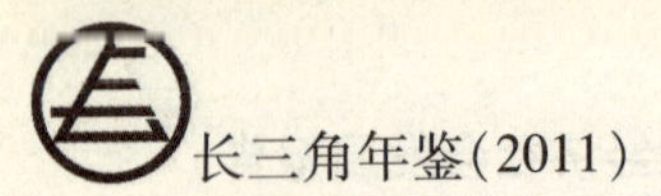

材制造业投资767.1亿元,通信设备、计算机及其他电子设备制造业904.4亿元,仪器仪表及文化、办公用机械制造业投资254.7亿元,分别增长27.4%、26.5%、48.9%、50.9%和50.4%。其中除专用设备制造业外上述其他行业增速均比上年有所提升。

4. 民间投资快速增长,所占比重进一步提高

2010年,在促进民间投资增长各项措施、政策的推动下,江苏民间投资更趋活跃,发展的步伐进一步加快。2010年全省民间投资达14 881.4亿元,增长25.5%,高于全社会投资3.1个百分点,占全社会投资的比重在2008年、2009年连续两年提升的基础上又有所攀升,2008年民间投资占比比2007年提高0.3个百分点,2009年比2008年提高1.1个百分点,2010年占比为64.2%,比2009年又提高了1.6个百分点。而国有及国有经济控股投资5 285.8亿元,增长20%,占比22.8%,港澳台外商投资3 014.4亿元,增长12.4%,占比13%,其增幅和比重均远不及民间投资。

5. 服务业投资力度加大,增速超城镇投资

2010年,全省服务业投资完成9 123.5亿元,比上年增长22.4%,增幅高于城镇投资0.3个百分点。其中:金融业增长169.5%;软件业增长55.8%;居民服务和其他服务业增长44.6%;租赁和商务服务业增长31.8%;房地产开发业增长28.9%;文卫体社会保障和社会福利业增长25.4%。

6. 重大新开工项目增势良好,支撑带动作用明显

2010年全省新开工项目个数、规模增速与上年比虽有所回落,但仍保持了一定的增长态势,特别是亿元重大项目增势良好,支撑带动作用明显。2010年,全省新开工项目个数由上年的13 381个增加到14 135个,新开工项目的计划总投资达12 575.88亿元,增长40.8%;完成投资6 985.3亿元,增长38.4%,增速比同期城镇项目投资增速高18.4个百分点,新开工项目完成投资占城镇项目投资的比重由上年的46.2%提高到53.3%,提高了7.1个百分点。在新开项目中,亿元以上新开工项目个数、计划总投资和完成投资分别为2 040个、7 866.7亿元、2 956亿元,比上年增长了67.4%、59.7%、69.7%,与上年相比,增速分别提高5.9个、2.2个和35.1个百分点。与此同时,2010年新开工项目的集中度也有明显提高,单体投资规模有所扩大,新开工项目的平均规模由上年的6 675万元/个上升到8 896万元/个,增长33.3%。全省新开工项目特别是新开工大项目的增长带动了全省在建规模的扩大,既为即期投资增长提供了支撑,也为今后投资的发展增添了后劲。

尽管2010年江苏固定资产投资总体运行良好,但投资建设中依然存在一些值得关注的问题。一是高耗能行业投资增长较快,钢铁投资增长50.3%,铝投资增长36.2%,水泥投资增长25.6%,均高于整个工业投资增长水平,节能减排工作压力增大。二是服务业投资所占比重仍低于全国平均水平。2010年全省城镇投资中,服务业投资所占比重为52.4%,比占比56.5%强的全国平均水平低4.1个百分点,更低于广东和浙江。

2011年是"十二五"规划开局之年,投资增长动力依然较强。江苏仍然处于城市化加速期和人口红利期,经济平稳较快发展的基本面没有改变,投资需求仍将较为旺盛,但随着反危机政策逐步正常化、产业结构的调整、经济发展方式的转变,全省投资将合理增长,增速将有所放缓,投资结构可望继续优化。

四、浙江省的基本情况

(一)浙江省全社会固定资产投资总体情况

2010年,浙江省全社会固定资产投资总额12 376.04亿元,比上年增长15.21%。全省限额以上固定资产投资11 451.98亿元,增长15.60%;从投资的产业结构来看,依然保持"三、二、一"的特征,

其中第三产业投资6 735.47亿元，增长21.09%，占限额以上固定资产投资总额的58.81%；第二产业投资4 656.38亿元，增长8.62%，占40.66%；第一产业投资60.12亿元，增长5.09%，占0.52%。

表4－149　2000－2010年浙江省固定资产投资（按产业分）

单位：亿元、%

	2000	2005	2007	2008	2009	2010
全社会固定资产总投资	2 267.22	6 696.25	8 420.43	9 323.00	10 742.32	12 376.04
限额以上固定资产投资		6 138.39	7 704.90	8 550.71	9 906.46	11 451.98
限额以上固定资产投资三次产业划分						
第一产业		20.11	33.02	36.07	57.21	60.12
第二产业		2 853.74	3 618.59	3 938.96	4 286.86	4 656.38
第三产业		3 264.54	4 053.29	4 575.68	5 562.39	6 735.47
限额以上固定资产投资三次产业构成						
总　计		100.00	100.00	100.00	100.00	100.00
第一产业		0.33	0.43	0.42	0.58	0.52
第二产业		46.49	46.96	46.07	43.27	40.66
第三产业		53.18	52.61	53.51	56.15	58.81

（二）江省固定资产投资的经济类型

2010年，浙江省限额以上固定资产投资11 451.98亿元。从内外资来看，内资投资10 295.10亿元，增长17.14%，占限额以上固定资产投资总额的89.90%；港澳台和外商投资1 127.42亿元，增长3.86%，占9.84%；个体经营投资29.46亿元，下降9.14%，占0.26%。内资中，占比最高的前三位分别是：其他有限责任公司，3 317.85亿元，增长23.23%，占限额以上固定资产投资总额的28.97%；私营投资2 898.29亿元，增长23.39%，占25.31%；国有投资2 763.02亿元，增长10.12%，占24.13%。从国有及非国有情况来看，国有投资3 887.77亿元，增长6.69%，占限额以上固定资产投资总额的33.95%，占比比上年下降2.84个百分点；非国有投资7 564.20亿元，增长20.79%，占66.05%，其中民间投资6 568.65亿元，增长23.97%，占限额以上固定资产投资总额的57.36%。

表4－150　2004－2010年浙江省限额以上固定资产投资（按经济类型分）

单位：亿元

年份	2004	2005	2007	2008	2009	2010
投资额	5 384.38	6 138.39	7 704.90	8 550.71	9 906.46	11 451.98
内资	4 747.43	5 344.05	6 636.37	7 375.65	8 788.49	10 295.10
国有	1 406.44	1 632.36	1 820.69	1 981.56	2 509.01	2 763.02
集体	97.01	102.42	135.01	156.72	244.92	277.75
股份合作	57.25	46.45	31.13	26.55	36.15	33.83
国有联营	6.02	18.75	37.52	23.38	31.52	40.32
集体联营	0.84	2.00	0.62	0.82	2.96	1.38

(续表)

国有与集体联营	2.24	3.84	2.78	3.91	7.48	7.87
其他联营	2.24	1.08	1.95	0.51	0.10	0.88
国有独资公司	99.53	108.13	164.87	195.45	300.24	344.91
其他有限责任公司	1 696.43	1 910.28	2 216.09	2 525.53	2 692.36	3 317.85
股份有限公司	265.44	262.28	279.46	358.19	480.64	417.66
私营	1 069.23	1 169.83	1 837.33	1 960.50	2 348.97	2 898.29
其他	44.76	86.64	108.92	142.54	134.14	191.35
港澳台商投资	259.80	342.19	504.00	574.82	559.82	578.75
外商投资	373.22	444.96	555.35	583.57	525.72	548.67
个体经营	3.92	7.19	9.17	16.67	32.43	29.46
按国有及非国有情况分						
国有及国有控股企业投资	1 956.56	2 270.30	2 659.81	2 898.75	3 644.04	3 887.77
非国有投资	3 427.82	3 868.09	5 045.09	5 651.96	6 262.42	7 564.20
民间投资	2 859.05	3 168.17	4 138.38	4 660.49	5 298.43	6 568.65

(三)浙江省固定资产投资的资金来源

2010年,浙江省限额以上固定资产投资本年资金来源14 061.52亿元,比上年增长14.64%;其中,自筹资金7 421.94亿元,增长19.05%,,占当年资金来源总额的52.78%;其次是其他资金3 497.54亿元,增长9.93%,占24.87%;再次是国内贷款2 442.76亿元,增长13.33%,占17.37%。

表4-151　2000-2010年浙江省固定资产投资(按资金来源分)

单位:亿元、%

年份	2000	2005	2007	2008	2009	2010
本年资金来源合计	1 489.98	6 633.90	9 094.79	9 666.96	12 266.08	14 061.52
国家预算内资金	64.18		180.72	328.74	442.89	458.60
国内贷款	393.80	1434.00	1686.95	1806.43	2155.35	2442.76
债券			2.67	0.74	7.20	1.91
利用外资	88.75	331.50	315.93	299.56	242.82	238.77
自筹资金	668.05	3 476.76	4 879.60	5 464.16	6 236.08	7 421.94
其他资金	275.19	1 262.24	2 028.92	1 767.32	3 181.74	3 497.54
构 成						
合 计	100.00	100.00	100.00	100.00	100.00	100.00
国家预算内资金	4.31		1.99	3.40	3.61	3.26
国内贷款	26.43	21.62	18.55	18.69	17.57	17.37
债券			0.03	0.01	0.06	0.01
利用外资	5.96	5.00	3.47	3.10	1.98	1.70
自筹资金	44.84	52.41	53.65	56.52	50.84	52.78
其他资金	18.47	19.03	22.31	18.28	25.94	24.87

注:2000年为除集体和私营个体以外的经济单位投资,2005-2010年为限额以上固定资产投资。

(四)浙江省固定资产投资的行业分布

2010年浙江省限额以上固定资产投资的行业重点仍是制造业和房地产业。制造业投资4 007.99亿元,增长9.63%,占限额以上固定资产投资总额的35.00%;房地产业投资3 574.49亿元,增长35.36%,占31.21%。此外,投资较多的是:交通运输、仓储和邮政业投资1 040.68亿元,增长6.23%,占9.09%;水利、环境和公共设施管理业投资1 020.94亿元,增长7.23%,占8.91%;电力、燃气及水的生产和供应业投资585.25亿元,增长0.97%,占5.11%。

表4-152 2004-2010年浙江省限额以上固定资产投资(按行业分)

单位:亿元、%

年份	2004		2005		2007	
	投资额	构成	投资额	构成	投资额	构成
总 计	5 384.38	100.00	6 138.39	100.00	7 704.90	100.00
农、林、牧、渔业	16.94	0.31	20.11	0.33	33.02	0.43
采矿业	10.55	0.20	7.61	0.12	10.12	0.13
制造业	1 980.00	36.77	2 283.98	37.21	3 025.92	39.27
电力、燃气及水的生产和供应业	429.63	7.98	544.79	8.88	568.29	7.38
建筑业	11.05	0.21	17.35	0.28	14.26	0.19
交通运输、仓储和邮政业	490.28	9.11	670.60	10.92	721.95	9.37
信息传输、计算机服务和软件业	105.43	1.96	96.69	1.58	125.35	1.63
批发和零售业	43.53	0.81	50.78	0.83	140.58	1.82
住宿和餐饮业	30.79	0.57	41.77	0.68	98.41	1.28
金融业	6.89	0.13	4.65	0.08	9.44	0.12
房地产业	1 413.00	26.24	1 536.36	25.03	1 978.37	25.68
租赁和商务服务业	35.83	0.67	59.53	0.97	82.89	1.08
科学研究、技术服务和地质勘查业	7.60	0.14	10.01	0.16	12.04	0.16
水利、环境和公共设施管理业	521.36	9.68	518.81	8.45	643.73	8.35
居民服务和其他服务业	19.60	0.36	32.53	0.53	4.97	0.06
教育	122.98	2.28	102.21	1.67	93.29	1.21
卫生、社会保障和社会福利业	32.75	0.61	35.31	0.58	49.27	0.64
文化、体育和娱乐业	34.94	0.65	28.20	0.46	34.74	0.45
公共管理和社会组织	71.22	1.32	77.09	1.26	58.26	0.76

年份	2008		2009		2010	
	投资额	构成	投资额	构成	投资额	构成
总 计	8 550.71	100.00	9 906.46	100.00	11 451.98	100.00
农、林、牧、渔业	36.07	0.42	57.21	0.58	60.12	0.52
采矿业	9.17	0.11	17.56	0.18	19.31	0.17
制造业	3 402.71	39.79	3 655.91	36.90	4 007.99	35.00

(续表)

电力、燃气及水的生产和供应业	501.74	5.87	579.61	5.85	585.25	5.11
建筑业	25.34	0.30	33.78	0.34	43.85	0.38
交通运输、仓储和邮政业	740.80	8.66	979.63	9.89	1 040.68	9.09
信息传输、计算机服务和软件业	134.58	1.57	157.59	1.59	158.32	1.38
批发和零售业	150.68	1.76	161.57	1.63	200.23	1.75
住宿和餐饮业	80.62	0.94	121.08	1.22	141.01	1.23
金融业	19.18	0.22	21.58	0.22	36.04	0.31
房地产业	2 228.50	26.06	2 640.75	26.66	3 574.49	31.21
租赁和商务服务业	92.99	1.09	117.44	1.19	128.97	1.13
科学研究、技术服务和地质勘查业	24.07	0.28	31.07	0.31	37.78	0.33
水利、环境和公共设施管理业	816.69	9.55	952.06	9.61	1 020.94	8.91
居民服务和其他服务业	3.58	0.04	8.99	0.09	11.05	0.10
教育	101.54	1.19	120.72	1.22	123.00	1.07
卫生、社会保障和社会福利业	55.95	0.65	75.93	0.77	80.46	0.70
文化、体育和娱乐业	43.95	0.51	80.38	0.81	72.14	0.63
公共管理和社会组织	82.54	0.97	93.60	0.94	110.35	0.96

(五)浙江省各市固定资产投资情况

2010 年,浙江省 11 个省辖市中全社会固定资产投资最多的前三位的是:杭州,2 753.13 亿元,增长 20.14%;宁波,2 193.28 亿元,增长 9.43%;嘉兴,1 488.26 亿元,增长 20.66%。

表 4 - 153　2000 - 2010 年浙江省各市全社会固定资产投资

单位:亿元

地区	2000	2005	2007	2008	2009	2010
杭州市	514.00	1 386.68	1 684.13	1 961.72	2 291.65	2 753.13
宁波市	360.26	1 336.30	1 597.54	1 728.24	2 004.22	2 193.28
嘉兴市	263.74	703.46	900.01	1 006.69	1 233.41	1 488.26
湖州市	109.34	416.05	458.34	525.24	638.69	719.98
绍兴市	247.17	676.13	843.37	915.75	1 055.03	1 245.56
舟山市	42.18	161.12	279.64	339.43	400.66	413.84
温州市	265.25	542.11	737.03	758.44	837.78	925.98
金华市	165.05	507.47	540.95	586.93	635.16	722.80
衢州市	55.44	233.84	317.00	361.17	415.40	481.80
台州市	179.73	537.62	727.64	759.58	834.10	950.24
丽水市	49.21	198.16	237.26	248.85	279.19	320.38

(六)浙江省固定资产投资的主要特点

2010 年,浙江继续落实中央扩大内需的投资项目和政府主导的投资计划,着力优化投资结构,鼓励与激活社会资本,民间资本的投资意愿增加,全省固定资产投资保持平稳较快增长。2010 年全省全社会固定资产投资总额 12 376.04 亿元,比上年增长 15.21%;全省限额以上固定资产投资 11 451.98 亿元,增长 15.60%。

①制造业投资增速较为平稳。2010 全省限额以上制造业投资 4 007.99 亿元,同比增长 9.63%。重点扶持、符合产业发展政策方向的装备制造业各行业投资均保持一定增长,其中增速超过制造业平均水平的有金属制品业,电气机械及器材制造业,通信设备、计算机及其他电子设备制造业,仪器仪表及文化、办公用机械制造业,分别增长 17.06%、22.94%、19.48% 和 17.49%。

②第三产业投资增长较快。近几年,浙江把发展服务业作为全省新的经济增长点和结构调整的战略重点,有力地推进了浙江第三产业投资的较快增长。2010 年全省限额以上第三产业投资 6 735.47亿元,增长 21.09%,占限额以上固定资产投资总额的 58.81%。全省限额以上第三产业投资增速比全省限额以上固定资产投资增速高出 5.49 个百分点,而同期限额以第一产业投资和第三产业投资增速分别比全省水平低 10.51 个和 6.98 个百分点,第三产业投资增速远超第一、第二产业。其中,金融业,房地产业,居民服务和其他服务业,科学研究、技术服务和地质勘查业投资在第三产业中增幅居前,分别增长 67.01%、35.36%、22.95% 和 21.61%。

③基础设施投资增速低位运行。受上年同期基数较大以及投资结构逐步调整的影响,2010 浙江基础设施投资增速回落明显,处于低位运行态势。全省限额以上基础设施投资 3 090.92 亿元,增长 6.8%,比上年回落 15.1 个百分点。九大基础设施行业"七升二降"。其中,文化艺术业和体育设施业投资分别下降 16.20% 和 32.60%;其他七个行业中,增速较高的是广播、电视、电影和音像业投资增长 23.40%,卫生设施投资增长 14.60%,交通运输、仓储和邮政业投资增长 11.60%,水利、环境和公共设施管理投资增长 7.50%。

④民间投资继续保持较快增长势头。2010 年,浙江全省限额以上非国有投资 7 564.20 亿元,增长 20.79%,比国有投资快 14.10 个百分点,占全省限额以上投资总额的 66.05%,占比比上年提高 2.84个百分点。其中民间投资 6 568.65 亿元,增长 23.97%,占限额以上固定资产投资总额的 57.36%。从三次产业分布看,非国有投资投向主要集中于第二、三产业,所占比重分别为 52.24% 和 47.41%,增速分别为 12.80% 和 30.96%;第一产业的投资占比仅为 0.35%,增速为 26.46%。从具体的行业投向看,制造业和房地产开发投资构成非国有投资的主体,分别占限额以上民间投资的 50.83% 和38.42%,二者合计占了近九成,增速分别为 13.34% 和 36.78%。

尽管浙江固定资产投资运行态势良好,但有些问题仍需要引起关注。少数"两高"行业投资增长仍较快,明显高于限额以上制造业投资平均增幅,如 造纸及纸制品业增长 24.57%,非金属矿物制品业增长 14.78%, 石油加工、炼焦及核燃料加工业增长 41.52%。"两高"行业的大幅增长将对全省节能减排带来较大的压力,也对全省经济结构调整带来了一定的影响。

三　长三角金融业

2010 年,长三角地区金融机构各项存款总额为 165 652 亿元,比 2009 年增加 27 070 亿元,增长 19.53%,存款总额占全国比重为 22.59%。贷款发放量增长平稳,两省一市金融机构各项贷款总额为 123 214 亿元,比 2009 年增加 19 009 亿元,增长 18.24%,贷款总额占全国比重为 24.20%。

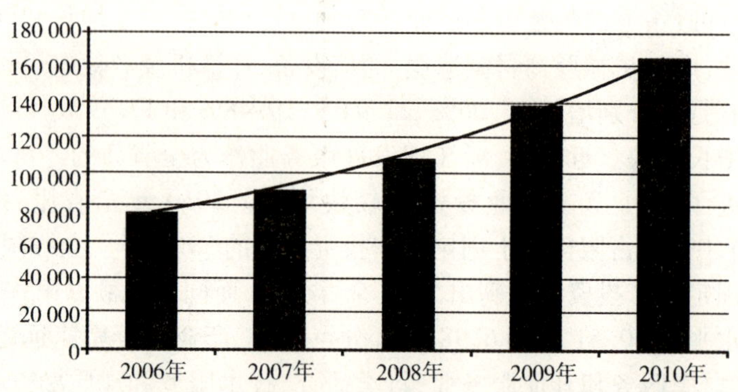

图 4－18　2006－2010 年长三角金融机构存款余额走势(单位:亿元)

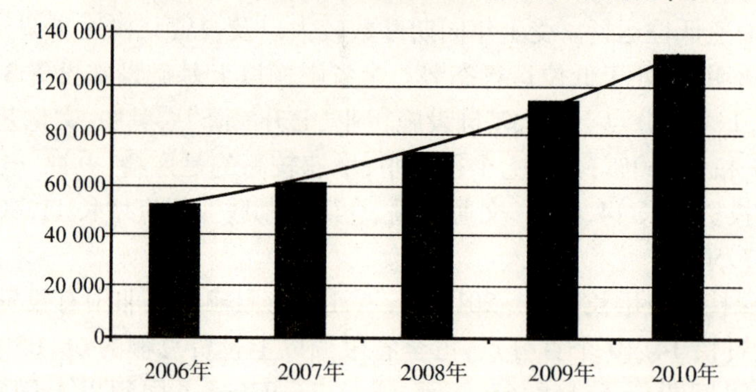

图 4－19　2006－2010 年长三角金融机构贷款余额走势(单位:亿元)

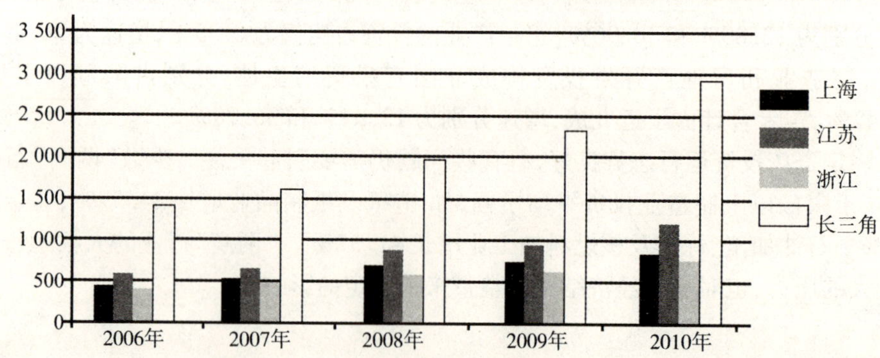

图 4－20　2006 年至－2010 年长三角保险机构保费收入趋势图(单位:亿元)

2010 年,长三角地区保险业平稳发展。如图所示,两省一市 2010 年保费收入总额 2 881 亿元,比上年增长 29.88%,占全国比重为 19.83%,略低于 2009 年。上海,江苏和浙江保费收入均有所上涨,其中,江苏省保险机构实现保费收入 1 162.7 亿元,依然为长三角之首,占据长三角保费收入 40.36% 的份额。上海市和浙江省分别实现保费收入 884 亿元、834.4 亿元。从增幅来看,上海增长较快,同比增长 32.93%。

一、上海金融运行情况

2010 年,上海市各项存贷款同比少增,经营效益快速回升,信贷资产质量继续改善。2010 年末,全市中外资金融机构本外币资产总额 7 万亿元,同比增长 11%;各项存款余额 52190 亿元,同比增长 17%;各项贷款余额 34 154.2 亿元,同比增长 15.1%。实现税前利润 797.8 亿元,同比增长 33.9%。中外资银行不良贷款率 0.83%,比年初下降 0.38 个百分点。

证券期货机构稳健运行。2010 年末,上海市证券公司总资产 3 967.4 亿元,同比减少 10.1%;净资产、净资本同比分别增长 5.8% 和 2.2%。证券公司中,拥有直投资格的有 6 家,开展了融资融券业务的有 5 家,获得期货 IB 业务资格的有 7 家。2010 年末,上海市期货公司总资产 378.5 亿元,同比增长 84%,实现手续费收入同比增长 66.2%,净利润同比增长 57.3%,客户保证金余额同比增长 88.2%。全市基金业稳步发展。全年共新发基金 70 只,同比增长 11%;新发基金首次募集资金 1 392 亿元,同比略降 0.7%。2010 年末,上海市 31 家基金公司共管理基金份额 8 032 亿份,占全国的 33%;管理基金总净值 8 128 亿元,占全国的 32%。

股票市场融资功能增强。2010 年,上海市公司通过股票(包括 A 股及海外上市)融资 1 171.4 亿元,同比增长 33.7%,约占全国的 10%。其中 14 家企业通过首发上市(IPO)方式进行融资,共筹资 116.8 亿元。通过发行债券(含公司债、企业债、短期融资券、中期票据等)融资 683.3 亿元,同比减少 35.3%。

表 4－154　2010 年上海市证券业基本情况表

项目	数量
总部设在辖内的证券公司数(家)	16
总部设在辖内的基金公司数(家)	31
总部设在辖内的期货公司数(家)	26
年末境内上市公司数(家)	177
当年国内股票(A 股)筹资(亿元)	869.00
当年发行 H 股筹资(亿元)	183.50
当年国内债券筹资(亿元)	683.30
其中:短期融资券筹资额(亿元)	195.00

数据来源:上海证监局。

各项保险业务继续快速发展,市场规模不断增大。继交通银行参股中保康联保险公司后,建设银行成为太平洋安泰的控股股东,商业银行参与投资保险公司股权试点工作进展顺利。中国人民财产保险公司、太平洋财产险公司相继宣布成立航运保险运营中心,我国首批航运保险运营中心在上海正式开业。世博期间提供的上海世博会保险保障为参展者、供应商、服务商提供了全方位的保险服务。2010 年,上海原保险保费收入同比增长 32.9%,其中,财产险公司和寿险公司原保险保费收入分别增长 24.1% 和 35.7%,产、寿险公司原保险保费收入比例为 22:78。保险业务结构不断优化,保障功能较强的分红险、普通寿险以及责任险、财产险等非车险业务发展良好。上海市保险业赔付支出累计同比增长 10.1%,其中,财产险赔款和寿险给付同比分别增长 7.3% 和 6.5%。

表 4 - 155　2010 年上海市保险业基本情况表

项目	数量
总部设在辖内的证券公司数(家)	16
总部设在辖内的保险公司数(家)	48
其中:财产险经营主体(家)	17
寿险经营主体(家)	18
保险公司分支机构(家)	115
其中:财产险公司分支机构(家)	49
寿险公司分支机构(家)	42
保费收入(中外资,亿元)	884.00
其中:财产险保费收入(中外资,亿元)	197.00
人身险保费收入(中外资,亿元)	687.00
各类赔款给付(中外资,亿元)	194.50
保险密度(元/人)	6310.00
保险深度(%)	5.20

数据来源:上海保监局。

银行间市场产品日益丰富,社会融资结构逐步改善。2010 年,上海市非金融机构融资总量 6 347.7 亿元,同比减少 13.1%。其中,通过本外币贷款融资 4 493 亿元,同比下降 16.4%;通过发行股票(包括 A 股及海外上市)和债券(含公司债、企业债、短期融资券、中期票据等)融资 1 854.7 亿元,同比减少 4.2%。贷款融资的主导地位有所下降,直接融资作用增强。。2010 年,上海黄金交易所黄金累计成交 6 046.1 吨,合计 16 143.3 亿元,同比分别增长 28.5% 和 57.1%。主力品种 Au99.95 年内最高 305 元/克创出历史新高,年底收于 301.2 元/克,较年初上涨 24.9%。银行间外汇市场推出了人民币对马来西亚林吉特、俄罗斯卢布交易。个人本外币兑换特许业务试点扩大。交银租赁、上汽通用金融服务公司分别在银行间市场发行金融债券。信用风险缓释工具、超短期融资券等创新金融工具推出。证券公司融资融券业务和期货保税交割试点正式开展。跨境人民币业务试点进一步深化。

金融市场体系和机构体系建设取得突破性进展。我国第一个股票指数期货品种——沪深 300 股指期货于 4 月 16 日在中国金融期货交易所上市交易。全国银行间市场贷款转让交易系统正式上线。上海股权托管交易中心挂牌。人保、太保在沪建立首家航运保险运营中心,上海首家消费金融公司——中银消费金融有限公司正式开业。一批中外金融机构的功能性机构落户上海。金融对外开放进一步深化。境外央行或货币当局等三类机构获准在银行间市场进行债券投资。三菱东京日联银行作为首家外资法人银行在银行间债券市场成功发行人民币债券。境外机构在境内开立人民币结算账户业务不断扩大。沪港、沪台金融合作取得成果,新台币与人民币现钞双向兑换业务试点在沪推出。

二、江苏金融运行情况

2010 年,江苏省信贷运行总体平稳。存贷款稳定增长,信贷结构调整速度加快,小企业和制造业贷款快速增长,金融支持地方经济发展方式转变力度加大。企业存款增长放缓,受物价上涨加快,通胀预期增强影响,储蓄活期化现象较为明显。

全省新增贷款较反危机时期2009年同期有所减少。2010年，全省新增人民币贷款6 824.31亿元，同比少增2 313.25亿元，但比2007年、2008年分别多增加3 217.24亿元和2 513.27亿元，新增贷款处于历史次高水平。受派生存款减少、居民通胀预期上升等因素影响，全省人民币存款增长放缓。2010年，全省新增人民币存款10 134.26亿元，同比少增1 670.24亿元。2010年末，人民币存款余额5.80万亿元，同比增长20.7%，较上年同期下降11.2个百分点。

表4－156　江苏金融机构人民币存贷款情况

指　标	绝对数(亿元)	比年初增加(亿元)	比上年末增长(%)
年末各项存款余额	58 984.10	10 134.30	20.70
企业存款	19 148.60	2 054.10	3.20
居民储蓄存款	23 334.50	3 253.90	16.20
年末各项贷款余额	42 121.00	6 824.30	19.30
短期贷款	17 689.00	2 998.30	20.10
中长期贷款	23 163.50	4 957.30	27.50
消费贷款	6 748.50	1 676.90	32.40
个人住房贷款	5 910.30	1 410.40	31.50

外汇存款增长较快。2010年末，全省外汇各项存款余额为241.43亿美元，比年初增加64.21亿美元，同比多增39.84亿美元。下半年以后，外汇存款快速增长，其中，9月单月新增外汇存款20.2亿美元，其中，既有外贸回升较快的因素，也不排除汇改重启以后，国外资金加快流入因素。外汇贷款小幅回升。2010年末，全省金融机构外汇各项贷款余额为310.93亿美元，比年初增加83.98亿美元，同比少增8.3亿美元，其中，进出口贸易融资累计增加64.72亿美元，占同期新增外汇贷款总量的77%。四季度外汇贷款新增24.72亿元，主要原因是涉外企业对外资金需求增加，人民币升值预期增强以及外汇贷款成本相对较低等因素综合推动。

证券市场交易稳定。年末全省境内上市公司由上年末的128家增加到169家，在上海、深圳证券交易所筹集资金791.8亿元，其中首发融资470.7亿元，分别比上年增加521.0亿元和378.1亿元。全年证券经营机构股票交易额76 897.2亿元，比上年增长5.8%；期货经营机构代理交易额215 753.2亿元，比上年增长135.4%。境内上市公司总股本900.0亿股，比上年末增长36.7%；市价总值13 867.6亿元，比上年末增长56.3%。年末共有证券公司5家，证券营业部306家；期货公司11家，期货营业部74家，证券投资咨询机构3家。

保险事业规模扩大。全年保费收入1 162.7亿元，比上年增长28.1%。其中，财产险收入311.9亿元，寿险收入780.4亿元，分别增长36.6%和26.0%，健康险和意外伤害险收入70.4亿元，比上年增长17.5%。赔付额251.8亿元，比上年下降8.0%。其中财产险赔付134.4亿元，增长5.5%；寿险赔付92.4亿元，比上年下降26.0%；健康险和意外伤害险赔付25亿元，增长17.8%。

信贷结构得到有力调整。认真贯彻落实江苏省加快转变经济发展方式工作会议重要精神，研究出台《关于金融支持江苏加快转变经济发展方式的指导意见(2010—2012年)》；加强科技金融发展创新的政策研究和支持，制定《江苏省科技金融创新发展指导意见》，经省政府批转全省贯彻执行。加大区域协调指导力度，制定出台《关于金融支持服务江苏沿海发展的指导意见》，抓住江苏沿海发展上升为国家战略的重大历史机遇，结合长三角一体化的加快融合，从加快要素资源集聚、创新金融服务机制、优先关键领域支持等五个方面出台了十八条务实政策举措。

再贷款再贴现工具效能明显增强。在试点的基础上，2010年以来将再贴现引导商业汇票发展的模式向全省全面推广。明确支持小面额、中小机构、中小企业票据(“三小票”)以及“三农”和县域票据发展,充分发挥信贷投向引导功能。动态调节各地区再贴现限额,累计7次调整再贴现限额,限额向苏北欠发达地区适当倾斜,累计调增苏北五市额度10.8亿元。再贴现引导功能初步发挥,全省13个省辖市中,已经全部恢复或开展了再贴现业务,再贴现限额使用比例由年初21.97%提高到年末的94.34%,年末再贴现余额和累放数额均居全国第一。在部分地区研究创新支农再贷款工作机制,助推三农经济加快发展。

积极推进各项外汇管理改革措施,促进贸易投资便利化。在新获进出口经营权的企业中全面推广出口网上核销;规范出口收结汇联网核查操作规程,便利经济主体业务操作;全面推进跨境贸易人民币结算试点,进一步扩大海关特殊监管区区内外人民币贸易结算规模;继续推动符合条件的企业开展外汇资金内部集中管理和境外放款。

加强跨境资金流动监管,防范涉外金融风险。进一步规范贸易、外商直接投资、返程投资、境外上市等渠道的资金跨境流动;加强对银行结售汇综合头寸、短期外债的监测与管理,强化银行办理外汇业务的真实性审核义务;开展针对部分银行分支机构和重点企业的打击违规资金流入专项检查;推进外汇主体监管,完善日常非现场监管和现场检查有机衔接的长效机制。

二、浙江金融运行情况

2010年,浙江省金融业健康发展,金融运行总体平稳,金融市场创新活跃,融资结构明显改善。金融服务地方经济发展能力持续增强,“金融大省”地位进一步稳固。

存贷款平稳增长。2010年末,浙江省本外币各项存款增长20.8%,增速同比降低6.6个百分点。企业存款增速大幅放缓,且定期存款比例提高。受居民投资消费趋于活跃、储蓄市场竞争激烈等影响,全省储蓄存款波动加剧且呈活期化趋势,同时,储蓄分流形势依然明显,全省储蓄存款增幅同比下降6.7个百分点。2010年,全省信贷增长逐步回归常态,本外币各项贷款比年初新增7 714.1亿元,同比少增1 882.9亿元,增速比上年降低12.8个百分点。从节奏看,总体较为均衡,一至四季度各项贷款增量占比分别为38%、25%、20%和17%。外贸融资需求稳中趋升,推动外币贷款同比增长38.8%,进出口贸易融资在外币贷款增量中居主体。

表4-157　浙江金融机构人民币存贷款情况

指　　标	年末数(亿元)	比上年增长%
各项存款余额	54 478	20.80
其中:企业存款	20 047	19.40
储蓄存款	21 094	16.10
其中:人民币	20 612	15.60
各项贷款余额	46 939	19.70
其中:短期贷款	26 045	20.10
中长期贷款	18 800	22.70

银行业改革持续深化,农村金融改革扎实推进。工商银行、中国银行、建设银行在浙分支机构改革工作继续推进,经营业绩稳步提高,农业银行已基本完成浙江省三农事业分部的组织架构搭建。城商行等地方法人金融机构改革深化,完成阶段性增资扩股,跨区域经营发展有所加快。农村合作金融机构股份制改革进展加快,系统综合效益和资产质量全国第一。2010年末全省小额贷款公司134家、

村镇银行 21 家、农村资金互助社 5 家、贷款公司 1 家,并提前实现全省 159 家金融机构空白乡镇金融网点与服务全覆盖。外资银行分支机构稳步发展,2010 年末外资银行杭州分行为 9 家。

跨境贸易人民币结算试点业务进展顺利。2010 年浙江省正式启动跨境贸易人民币结算试点,6 709家企业成为浙江省跨境贸易人民币结算首批出口试点企业,2010 年末全省 11 个地市全部开办试点业务。全年浙江省 24 家银行共为 428 家企业办理跨境人民币结算业务 1 381 笔,结算金额为 123.3 亿元。

证券期货业快速发展,股票市场融资活跃。2010 年末,全省有法人证券公司 3 家,证券营业部 358 家,证券投资咨询机构 4 家,证券经营机构家数位居全国第三。全年证券市场交易规模为 12.4 万亿元(见表4)。各法人证券公司业务发展迈向多元化,新业务收入比重增加。期货业稳健运行,综合实力和盈利能力继续保持领先,2010 年末期货营业部 102 家,全年代理交易金额 43.5 万亿元,同比增长 97.9%。2010 年末,全省境内上市公司 186 家,全年新增创业板和中小板上市公司 42 家,新增家数位居全国第二,当年 IPO 融资额 572.2 亿元,增发融资额 140.4 亿元。上市公司质量稳步提升,盈利能力总体恢复到金融危机前水平,基本建立起规范运作的信息披露和公司治理机制,具备了向更高层次发展的坚实基础。

保险市场体系日益完善。2010 年,浙江省新增保险市场主体 5 家,利宝保险有限公司浙江省分公司获准开业,填补了外资财产保险公司的空缺。保险机构发展较快,2010 年末,全省各类保险机构 3085 家,保险兼业代理机构 7 882 家,行业从业人员 14.6 万人,确立总分机构、中介机构、行业社团共同繁荣发展的市场格局(见表5),全省保险公司资产规模同比增长 21.9%。

金融市场创新活跃,融资结构趋向多元化。2010 年,全省非金融部门融资稳步增加,融资量为 8 801.5亿元,同比少增 1 556 亿元。从融资结构看,企业以贷款、债券、股票三种方式融入资金总额的占比分别为 87.6:4.3:8.1,贷款融资占比较上年下降。股票融资占比明显上升,带动直接融资比例大幅提高 5 个百分点。2010 年浙江省民间借贷趋于活跃,监测点发生额同比增长 50%。全省民间借贷加权平均利率 17.96%,同比上升 295 个基点,从走势看,上半年较为平稳,下半年特别是四季度利率上行较快。

四、长三角金融业展望

2010 年,长三角金融协调发展持续推进。成功举办第三届长三角金融论坛,发布《长三角地区经济金融运行报告》和《长三角金融稳定报告》,推动长三角经济金融数据共享。发布首批500 家重点商业承兑汇票推广企业名单和实施细则,开展支票授信试点,拓宽长三角中小企业融资渠道。推广贸易进口付汇异地备案,深化外汇信息和监管服务跨区共享。资金的跨区域流动更加频繁,上海作为金融中心的积聚和辐射效应持续增强。2010 年,上海通过大额支付系统共办理业务 4 153.4 万笔,清算资金 293.3 万亿元,同比分别增长 9.3% 和 27.4%。2011 年,长三角应继续以完善金融服务功能为方向,积极推进直接融资和保险业发展。在强化银行信贷工作的同时,高度重视资本市场和保险市场的功能,努力形成银、证、保三足鼎立的金融市场结构。进一步利用好资本市场的直接融资功能,争取更多的企业在境内外资本市场发行上市。充分利用各类债券市场,继续推动一批符合条件的大中型企业发行短期融资券、中期票据、企业债券和公司债券,积极组织中小企业集合发行短期融资券和企业债券。进一步推进农业保险试点,积极扩大经济作物和种养殖业保险,健全政策性农业保险机制,完善农业保险服务体系。积极发展商业养老保险和健康保险,大力发展责任保险,创新保险产品,提高保险业服务水平。

四　长三角开发区建设

一、长三角开发区情况

(一)开发区的总体情况

开发区是我国对外开放的产物,在长三角两省一市对外开放和经济发展中占有重要的地位。自国家启动新一轮开发区升级工作以来,长三角创建国家级开发区工作成果斐然。2010 年全年长三角共有 12 家省级开发区升级为国家级开发区,占全国新升级开发区总数的半数以上(全国为 23 家),其中江苏省有 7 家,浙江省有 5 家。此外,长三角还有 2 家开发区升级为国家级高新技术产业开发区,其中江苏、浙江各有 1 家。至2010 年底,长三角共有国家级经济技术开发区 27 家,国家级高新技术产业开发区 10 家。

表 4-158　长三角两省一市国家级开发区一览

地区	国家级经济技术开发区	国家级保税区	国家级高新技术产业开发区
上海	漕河泾新兴技术开发区 闵行经济技术开发区 虹桥经济技术开发区 金桥出口加工区	外高桥保税区	张江高科技园区
江苏	苏州工业园区 昆山经济技术开发区 南京经济技术开发区 南通经济技术开发区 连云港经济技术开发区 扬州经济技术开发区 徐州经济技术开发区 镇江经济技术开发区 吴江经济技术开发区 常熟经济技术开发区 淮安经济技术开发区 江宁经济技术开发区 盐城经济技术开发区	张家港保税区	南京高新技术产业开发区 苏州高新技术产业开发区 常州高新技术产业开发区 无锡高新技术产业开发区 泰州医药高新技术产业开发区 昆山高新技术产业开发区
浙江	杭州经济技术开发区 萧山经济技术开发区 宁波经济技术开发区 宁波大榭开发区 温州经济技术开发区 绍兴袍江经济技术开发区 嘉兴经济技术开发区 湖州经济技术开发区 金华经济技术开发区 长兴经济技术开发区	宁波保税区	杭州高新技术产业开发区 宁波高新技术产业开发区 绍兴高新技术产业开发区
长三角开发区小记	27	3	10

（二）国家级经济技术开发区情况

2010 年，长三角地区国家级经济技术开发区在经历全球金融危机之后，及时主动调整结构、加快转型升级，仍然保持了较强的抗风险能力和市场竞争力，实现了企稳回升，没有一个国家级经济开发区出现地区生产总值负增长的情况。2010 年长三角 20 个国家级经济技术开发区共实现地区生产总值 7715.27 亿元，占全国 90 个国家级开发区总量的 28.74%，同比下降了 0.16 个百分点，其中苏州工业园区实现地区生产总值最多，达到 1380 亿元，徐州经济技术开发区地区生产总值增长最快，为120.94%。

表 4－159　长三角国家级经济技术开发区地区生产总值情况 单位：亿元

开发区名称	2010 年	2009 年	同比
漕河泾新兴经济技术开发区	675.71	562.13	20.21%
闵行经济技术开发区	155.76	137.02	13.68%
虹桥经济技术开发区	96.13	68.01	41.34%
上海金桥出口加工区	554.42	443.77	24.93%
南通经济技术开发区	378.08	296.43	27.54%
连云港经济技术开发区	200.55	158.37	26.63%
昆山经济技术开发区	1 201.67	964.93	24.53%
苏州工业园区	1 380.00	1 120.09	23.20%
南京经济技术开发区	330.13	265.64	24.28%
扬州经济技术开发区	401.12	311.3	28.85%
徐州经济技术开发区	356.49	161.35	120.94%
镇江经济技术开发区	326.00	252.20	29.26%
杭州经济技术开发区	359.97	312.15	15.32%
萧山经济技术开发区	177.64	157.37	12.89%
宁波经济技术开发区	468.89	375.93	24.73%
宁波大榭开发区	145.07	130.04	11.56%
温州经济技术开发区	150.25	131.81	13.99%
绍兴袍江技术经济技术开发区	134.48	114.11	17.85%
嘉兴经济技术开发区	103.96	92.25	12.70%
湖州经济技术开发区	118.95	105.98	12.24%

二、上海市开发区情况

（一）开发区的总体情况

自金融危机爆发以来，上海市开发区贯彻落实“保增长、扩内需、调结构”，加快结构调整和发展转型步伐,2010 年,上海市开发区应对危机影响的效果逐渐显现,不仅工业生产和出口规模再度扩大,利润和税收在持续增长的基础上,增长率又有大幅提高。

表 4－160　2007－2010 年上海市开发区总体情况

	2007 年	2008 年		2009 年		2010 年	
		数值	增幅(%)	数值	增幅(%)	数值	增幅(%)
单位数(个)	4 651	5 821	25.16	5 662	-2.73	5 733	1.25
从业人员(万人)	122.60	126.76	3.39	129.60	2.24	140.24	8.21
工业总产值(亿元)	11 392.93	12 626.56	10.83	12 309.50	-2.51	15 491.26	25.85
出口交货值(亿元)	5 326.97	5 812.54	9.12	5 247.53	-9.72	6 285.23	19.78
利润总额(亿元)	612.27	523.79	－14.45	706.27	34.84	1 249.58	76.93
税金总额(亿元)	281.11	292.09	3.91	329.66	12.86	394.43	19.65

(二)国家级开发区情况

2010 年上海市国家级开发区共有 941 个单位,比 2009 年减少 2 个,降幅为 0.21%;从业人员为 45.30 万人,比 2009 年增加了 2.69 万人,增幅为 6.31%;工业总产值和出口交货值分别为 7 549.93 亿元和 4 157.38 亿元,同比分别增长了 24.55% 和 23.54%;利润总额和税金总额双创新高,分别为 631.53亿元和 206.62 亿元,同比增长了 81.84% 和 25.07 %。

表 4－161　2007－2010 年上海市国家级开发区总体情况

	2007 年	2008 年	2009 年	2010 年
单位数(个)	878	1026	943	941
从业人员(万人)	41.87	40.86	42.61	45.30
工业总产值(亿元)	6 009.43	6 335.32	6 061.96	7 549.93
出口交货值(亿元)	3 781.75	4 005.15	3 365.23	4 157.38
利润总额(亿元)	294.96	245.70	347.30	631.53
税金总额(亿元)	131.49	120.10	165.20	206.62

(三)市级开发区情况

2010 年,上海市级开发区共有 4792 个单位,比 2009 年增加 73 个,增幅为 1.55%;从业人员为 94.94 万人,比 2009 年增加 7.95 万人,增幅为 9.14%;工业总产值和出口交货值分别为 7 941.33 亿元和 2 127.85 亿元,同比分别增长了 27.11% 和 13.05%;利润总额和税金总额双创新高,分别为 618.05 亿元和 187.81 亿元,同比分别增长 72.17% 和 14.20%。

表 4－162　2007－2010 年上海市市级开发区总体情况

	2007 年	2008 年	2009 年	2010 年
单位数(个)	3 773	4 795	4 719	4 792
从业人员(万人)	80.73	85.90	86.99	94.94
工业总产值(亿元)	5 383.50	6 291.24	6 247.54	7 941.33
出口交货值(亿元)	1 545.22	1 807.39	1 882.30	2 127.85
利润总额(亿元)	317.31	278.09	358.97	618.05
税金总额(亿元)	149.62	171.99	164.46	187.81

(四)2010 年发展的主要特点

2010 年,上海市共有 12 个国家级工业园区和 26 个市级工业园区,其余为区级配套工业区。

表 4－163　上海工业园区主要经济指标(2010 年)

单位:亿元

名称	工业总产值	比上年增长(%)	出口交货值	比上年增长(%)	利润总额	比上年增长(%)
总计	15 491.26	25.85	6 285.23	19.78	1 249.58	76.93
国家级开发区	7 549.93	24.55	4 157.38	23.54	631.53	81.84
外高桥保税区	701.00	23.90	159.53	－15.80	43.23	69.66
金桥出口加工区	2 099.45	22.14	393.85	22.44	289.17	68.93
张江高科技园区	591.44	32.11	242.09	43.33	173.06	168.64
漕河泾新兴技术开发区	367.14	－43.54	131.64	－70.02	39.64	48.74
漕河泾出口加工区	793.54	37.56	741.30	51.15	6.07	168.58
闵行经济技术开发区	403.17	15.72	76.21	28.41	47.00	21.07
松江出口加工区	2 404.57	37.09	2 374.24	39.96	25.13	35.91
闵行出口加工区	11.46	－	3.15	－	1.64	－
青浦出口加工区	32.89	－	31.36	－	2.01	－
陆家嘴金融贸易区	142.03	－	3.64	－	4.33	－
虹桥经济技术开发区	0.44	－	0.22	－	0.02	－
佘山国家旅游度假区	2.80	－	0.15	－	0.21	－
市级开发区	7941.33	27.11	2127.85	13.05	618.05	72.17
宝山工业园区	269.36	67.29	48.49	108.02	19.63	36.60
月杨工业园区	167.17	18.28	10.43	29.08	9.52	13.20
富盛经济开发区	1.18	59.46	0.51	0.00	0.17	750.00
浦东空港工业园区	179.88	62.76	22.77	30.71	12.82	70.48
嘉定区工业园区	945.01	35.18	246.85	32.97	76.75	69.39
嘉定区汽车产业园区	536.67	34.75	54.05	57.44	53.03	68.62
莘庄工业区	673.29	18.24	210.90	45.81	75.31	135.56
青浦工业园区	585.83	20.37	129.85	2.46	45.88	55.42

(续表)

西郊经济开发区	227.12	51.65	70.66	67.96	10.55	175.46
松江工业园区	1 178.63	42.03	337.34	40.61	85.73	105.44
松江经济开发区	131.81	34.71	29.72	21.31	10.47	54.88
奉贤经济开发区	325.35	38.77	132.82	33.15	25.10	81.88
金山工业园区	261.11	86.97	29.14	89.22	10.47	135.81
枫泾工业园区	161.41	45.47	9.76	10.78	12.11	71.53
朱泾工业园区	44.75	122.42	9.21	57.17	0.80	17.65
市北工业园区	21.58	57.98	4.07	-4.91	1.31	184.78
崇明工业园区	10.15	32.33	0.53	-3.64	0.95	630.77
星火工业园区	180.47	24.05	29.31	19.10	10.22	61.71
紫竹高新技术产业园区	111.22	11.60	3.24	-58.09	6.02	-54.01
浦东康桥工业园区	991.09	35.47	618.95	42.89	62.54	69.72
化学工业园区	643.03	71.52	57.50	94.72	58.24	-
新杨工业园区	16.00	2.70	0.47	23.68	2.30	4.07
浦东合庆工业园区	129.67	28.30	37.64	38.48	10.46	188.15
南汇工业园区	92.17	12.68	25.39	-1.44	8.83	83.20
奉城工业园区	24.08	74.62	3.45	-	1.68	32.28
未来岛物流科技园区	33.33	36.71	4.78	10.14	7.18	51.48

注:闵行出口加工区、青浦出口加工区、陆家嘴金融贸易区、虹桥经济技术开发区、佘山国家旅游度假区五个开发区是2011年上海统计年鉴中新增的,没有上一年的数据进行比较,无法计算增长率;奉城工业园区2009年出口交货值为0,化学工业园区2009年利润总额为负值,均无法计算增长率。

从以上各表,可以看出,上海市开发区呈现以下一些特点:

1. 工业生产规模显著增长

2010年末,全市工业开发区共有5 733户企业,从业人员人数140.24万人。全年完成工业总产值15 491.26亿元,比上年增长25.85%;占全市工业总产值的49.91%,比重同比上升0.45个百分点。其中,国家级开发区完成工业总产值7 549.93亿元,比上年增长24.55%;市级开发区完成工业总产值7 941.33亿元,增长27.11%。

2. 对外贸易再创新高

在经历金融危机的冲击之后,上海市开发区经受住考验,对外贸易快速回升。2010年上海开发区工业出口不再低迷,全年完成出口交货值6 285.23亿元,创下2007年以来的新高,比上年增长19.78%。但38个工业开发区中,仍有6个区的出口交货值比上年减少。其中,漕河泾新兴技术开发区完成出口交货值131.64亿元,较2009年下降了70.02%,降幅最大;宝山工业园区增长最快,出口交货值48.49亿元,增长108.02%;化学工业园区的出口交货值增长速度也较快,达到94.72%。

3. 利润持续增长

2010年,工业开发区实现利润总额1 249.58亿元,比上年增长76.93%。其中,国家级开发区利润总额631.53亿元,增长81.84%;市级工业区利润总额618.05亿元,增长72.17%。大多数开发区都实现盈利。其中,金桥出口加工区利润总额最多,为289.17亿元,同比增长68.93%;富盛经济开发区增长幅度最大,达750.00%。

三、江苏省开发区情况

(一) 开发区的总体情况

江苏是全国兴办开发区时间最早、发展最快、规模最大的省份之一。从 1984 年设立南通、连云港开发区至今,江苏开发区经过二十多年的发展,无论是建设的速度和规模,还是发展的质量和效益,都走在了全国的前列。开发区以不到全省 2% 的土地面积,创造了全省 1/3 的生产总值,1/2 的工业增加值,1/3 的财政收入,3/4 的外贸进出口,吸纳了全省 3/4 的实际到帐外资,成为江苏经济发展的增长极,新兴产业的集聚区,外商投资的密集区,改革创新的先行区。

2010 年江苏省共有开发区 125 家,其中国家级开发区 22 家,占全省开发区总数的 1/6,包括 12 家经济技术廾发区,7 家高新技术产业廾发区,1 家保税港区,2 家旅游度假区。国家级海关特殊功能区建设成果丰硕。全省已拥有 13 家出口加工区(全国共 53 家),3 家综合保税区(全国 13 家)和 1 家保税港区(全国 14 家),出口加工区和综合保税区数量均占全国的近 1/4;是全国海关特殊监管区域数量最多、功能最全、建设水平最高的省份。此外,江苏省还有 103 家省级开发区。全省基本形成了以经济技术开发区为基础,以高新技术产业开发区为先导,以出口加工区等特殊功能区为支撑,苏南、苏中、苏北开发区互促互动、错位发展的良好格局。

2010 年,江苏省开发区业务再创新高,总收入达到 92 701.08 亿元,比上年增长 31.15%;进出口总额在经历了 2009 年的滑坡之后,再次反弹,并达到 2007 年以来的最高峰,为 35 868 205 万美元,比上年增长 37.92%,其中出口额为 20 272 496 万美元,增幅为 37.20%。

全省开发区的发展有效地扩大了就业,推动了和谐社会构建和区域共同发展。全省开发区期末从业人员达 963.51 万人,同比增长 12.0%,其中工业从业人员 693.20 万人,同比增长 12.4%,境外人士在开发区从职人员 6.49 万人,同比增长 4.0%。

表 4－164　2007－2010 年江苏省开发区总体情况

年份	2007 年	2008 年	2009 年	2010 年
业务总收入(亿元)	43 713.61	56 761.29	70 681.21	92 701.08
进出口总额(万美元)	25 325 878	28 976 810	26 006 292	35 868 205
# 出口额(万美元)	14 184 339	16 657 481	14 776 250	20 272 496

(二) 开发区的增长情况

2007－2010 年,江苏省业务总收入、进出口总额、出口额增长最快的年份均为 2010 年,增幅均超过 30%,分别为 31.15%、37.92% 和 37.20%,最慢的年份均为受金融危机影响最大的 2009 年,除业务总收入保持 24.52% 的增幅外,进出口总额和出口额分别下降 10.25% 和 11.29%。

表 4－165　2007－2010 年江苏省开发区增长情况

单位:%

	2007 年	2008 年	2009 年	2010 年
业务总收入	29.62	29.85	24.52	31.15
进出口总额	20.48	14.42	－10.25	37.92
# 出口额	24.39	17.44	－11.29	37.20

(三)2010年发展的主要特点

2010年,江苏省开发区在省委、省政府的领导下,不断深入落实科学发展观,大力推动转型升级,加快转变经济发展方式,各项主要经济指标保持较快增长,运行质量和效益进一步提高,科学发展买上了新的台阶。

1.业务总收入保持高位运行

2010年,江苏省省级以上开发区实现业务总收入92 701.08亿元,同比增长31.15%,增幅与2009年相比上升了6.63个百分点。其中国家级开发区完成业务总收入45 588.28亿元,同比增长23.4%。

2.地方一般预算收入保持较高增速

2010年,江苏省完成地方一般预算收入4 079.86亿元,同比增长26.36 %,其中国家级开发区完成781.34亿元,同比增长79%,增幅上升61.94个百分点,占江苏省开发区完成地方一般财政收入的48.81%,占比上升了11.31个百分点。

3.工业经济规模进一步扩大

全省开发区完成工业总产值69 190.58亿元,其中,规模以上工业总产值60 529.15亿元,同比分别增长31.0%和34.5%。开发区完成工业增加值15 149.13亿元,同比增长30.1%(现价)。全省开发区内的产业不断调整、优化和集聚,结构进一步优化。全省开发区完成主导产业增加值13 851.59亿元,同比增长62.0%。

表4-166　工业增加值排位前8位的行业

单位:亿元

产业名称	完成增加值
通信设备、计算机及其他电子设备制造业	3 062.89
交通运输设备制造业	1 993.44
通用设备制造业	1 353.67
电气机械及器材制造业	1 117.02
化学原料及化学制品制造业	866.33
专用设备制造业	674.34
纺织业	612.59
黑色金属冶炼及压延加工业	568.59

4.招商引资成效显著

江苏省开发区积极营造良好的投资环境,不断创新招商方式,投资结构进一步改善。2010年全省实际外商直接投资额222.33亿美元,同比增长16.44 %,占全省总量的78.02 %,比重同比上升2.62个百分点。全省开发区新增内资企业注册资本3 107.96亿元,同比增长85.0%。全省开发区新批外商投资企业2 954家,同比增长7.7%;新增内资企业38 265家,同比增长48%。

5.进出口好于全省平均水平

江苏省开发区充分发挥对外开放窗口的示范作用,不断拓宽渠道,进出口总额大幅上升。2010年,江苏省开发区完成进出口总额35 86.82亿美元,比上年增长37.92%,占全省总量的77%,增幅高于江苏省0.45个百分点,占比提高了0.2个百分点;其中出口额2 027.25亿美元,比上年增长37.20%,占全省出口总量的74.93%,增幅高于江苏省1.41个百分点,占比提高了0.77个百分点。

6. 科技进步步伐加快

全省开发区内设有高新技术创业服务中心(孵化器)377家,同比增长45.6%,中心(孵化器)内共有10 864家企业,同比增长59.7%。全省开发区内有研发中心4 386家,同比增长32.7%。全省开发区当年新增授权、申请专利为150 116项。全省开发区内现有高新技术企业2 465家,完成业务总收入20 243.04亿元,同比增长82.3%。

四、浙江省开发区情况

(一) 开发区基本建设情况

2010年,浙江省开发区(园区)积极应对国内外发展环境变化,紧紧围绕省委省政府提出的加快发展方式转变、推进"四大建设"、加强自主创新等重大战略,加大产业结构优化升级力度,加快创业创新步伐,经济规模进一步扩大,产业层次进一步提高,对全省经济的贡献进一步增大。

表4－167　开发区(园区)基本建设情况

	2009年	2010年	至2010年累计
引进项目(个)			
入园企业	7 989	13 298	91 557
#工业企业	3 265	5 594	53 229
外资及港澳台	684	928	11 134
高新技术企业	171	162	3 005
投产企业	5 610	8 317	67 806
引进外资(亿美元)			
实际到位外资	62.40	67.10	521.80
投资(亿元)			
基础建设投入	545.10	713.00	4 226.50
拆迁安置补偿款	128.10	173.50	1 020.50
入园企业投资额	2 230.00	3 532.50	19 735.40

2010年,浙江省开发区全年引进入园企业13 298家,其中工业企业5 594家,外资及港澳台企业928家,高新技术企业162家,投产企业8 317家,比上年分别增长66.45 %、71.33%、35.67 %和－5.26%。吸引内、外资双创新高,实际到位外资67.1亿美元,比上年增长7.53 %,占全省的61.0%,实际到位内资为1 669.2亿元;进出口总额1 122.2亿美元,其中出口732.9亿美元,进口389.3亿美元,分别占全省的44.3%、40.6%和53.3%;相应的基础设施投入和拆迁成本也随之上升,基础建设投入713.0亿元,拆迁安置补偿款173.5亿元,入园企业投资额3 532.5亿元,同比分别增长30.80 %、35.44%和58.41 %。

从单个开发区来看,外商投资前三位的开发区分别是宁波经济技术开发区、杭州经济技术开发区和杭州高新技术开发区,投资额分别为66 500万美元、56 030万美元和54 817万美元。

(二)开发区经济效益情况

2010年浙江省开发区经济运行总体向好,反映生产、利润和利税的指标都呈大幅上升态势,其中实现工业总产值26 285.9亿元,同比增长30.27%;工业增加值5 310.2亿元,同比增长24.93 %;出口交货值5 173.9亿元,同比增长27.25 %;实现利税总额2629.1亿元,利润总额1 618.3亿元,同比分别上升37.01 %和46.72%。

表4-168　开发区(园区)主要经济指标

单位:亿元

指标	2010年	上年同期	同比
工业总产值	26 285.90	20 177.50	30.27
工业增加值	5 310.20	4 250.40	24.93
出口交货值	5 173.90	4 066.00	27.25
利税总额	2 629.10	1 918.90	37.01
#利润总额	1 618.30	1 103.00	46.72

(三)开发区产业结构调整情况

浙江开发区(园区)服务业主要集中在现代物流、技术研发、信息咨询服务等生产性服务业,发展迅速。2010年全省开发区(园区)新引进项目中,仍呈现服务业项目多于制造业的格局,新引进服务业企业7704家,增长44.0%,占新引进企业数的57.9%,服务业企业累计达38 328家。尽管服务业引进项目较多,但规模普遍较小,2010年引进服务业内资和外资分别为416.9亿元和13.3亿美元,分别占全部的25.0%和19.8%。

(四)开发区集约利用情况

表4-169　分11市开发区(园区)经济密度

地区	经济密度(万元/亩)	比上年提高(%)
杭州	404.60	22.20
宁波	368.30	19.40
温州	249.10	7.60
嘉兴	181.90	21.70
湖州	310.20	2.90
绍兴	258.00	4.90
金华	206.40	20.00
衢州	131.30	28.60
舟山	65.10	32.10
台州	180.70	-7.00
丽水	226.30	33.00
全省平均	259.40	14.10

2010年，全省开发区（园区）平均工业经济密度（已开发土地单位面积实现工业企业销售收入）259.4万元/亩，即38.9亿元/平方公里，比上年提高14.1%。分市看，杭州最高，在400万元/亩以上，宁波和湖州在300万元/亩以上，温州、绍兴、金华和丽水在200万元/亩以上。从经济密度的增幅看，杭州、嘉兴、衢州、舟山和丽水增长较快，增幅均在20%以上。

（五）开发区（园区）自主创新情况

企业研发机构增多，创新队伍进一步扩大，创新服务平台不断完善，创新产出成果喜人。截至2010年底，累计落户开发区的企业研发中心已达1 988家，其中国家级65家，省级902家；拥有大专及以上学历或高中级技术职称人员已达78.7万人，专业技术人员55.2万人，分别占全部从业人员的18.5%和13.0%。2010年，全省开发区（园区）工业企业研究开发费用投入286.5亿元，同比增长26.3%，其中高新技术企业研发费用投入192.8亿元，同比增长35.6%。2010年，开发区（园区）工业企业新产品销售收入达5 521.9亿元，比上年增长38.1%，增速比全部产品销售收入高6.4个百分点；高新技术产品销售收入7 394.9亿元，增长41.2%，增幅高出开发区（园区）产品销售收入9.5个百分点，两项收入合计占全省开发区（园区）产品销售收入的51.5%，比重比上年同期提高3.0个百分点。

五、长三角开发区的未来发展

（一）面临的挑战

1. 区域优惠政策的终结

随着加入WTO过渡期的结束，国家进一步深化金融体制改革，并于2007年3月16日正式公布了在十届全国人大五次会议上表决通过的《中华人民共和国企业所得税法》（以下简称新税法）。新税法的颁布确立了以“产业优惠为主、区域优惠为辅”的新税收优惠体系，也意味着企业因“身份”不同而享受不同税收待遇的时代的终结。开发区单靠优惠政策的生存空间已经越来越有限，开发区的发展已经站在一个新的历史起点上。

2. 土地调控力度的加强

为了控制土地粗放扩张的情况，2006年8月《国务院关于加强土地调控有关问题的通知》进一步规范和严格了土地管理，2006年12月国土资源部进一步发布实施《全国工业用地出让最低价标准》，规定工业用地必须实施招标拍卖挂牌出让。新土地政策的颁布使得土地的价格作为开发区的优势已经不复存在，依赖廉价土地等要素驱动的增长方式难以为继，大多数开发区开始面临土地资源和空间的约束，在这种情况下产业结构的转型升级势在必行。

3. 全球金融危机的影响

2008年全球金融危机的爆发使得以发展外向型经济为主的开发区遭受首当其冲的打击。受国际金融危机影响，发达国家和世界主要经济体经济增长开始放缓或陷入衰退，国际需求大幅下降，跨国公司的投资意愿和能力双双下降，新增投资出现萎缩，进而影响到长三角吸引外国投资的进度，开发区整体吸引外资增速回落，部分外资项目撤离，招商引资形势严峻。在整个国家经济结构严重失衡的深层次矛盾凸现的时候，长三角开发区如何加快转型升级不仅是自身发展的需要，更是成为影响国家和地区经济结构转型的关键环节。

4. 劳动力成本的上升

长三角开发区最初的迅速发展离不开廉价的土地和劳动力要素。在土地价格优势丧失的同时，近几年劳动力成本也不断上升,表现为不断出现的民工荒和工资上涨。劳动力成本的上升是我国经济社会发展到一定阶段的必然结果,加上2008年新《劳动合同法》的实施在规范用工行为和保障打工者利益的同时,也增加了部分企业的用工成本。同时新一代农民工对工资福利、劳动环境和职业发展的需求更高,维权意识更强。所有这些都表明中国低价劳动力无限供给的格局已经发生了变化,劳动力成本上升迫使长三角开发区企业不断寻求技术进步及产业升级。

5. 节能环保压力的增大

世界范围内频繁出现极端气候现象使得节能环保成为全球关注的议题,中国作为能源消耗和污染物排放的大国受到西方发达国家要求承担定量减排义务的强大压力。为了完成2009年中国在哥本哈根气候谈判中对国际社会做出的有关承诺,国家在十二五规划中新增了非化石能源占一次能源消费的比重、二氧化碳排放强度和森林蓄积量三项主要节能环保指标。在全国推行节能减排的大背景下,目前仍以发展低端制造业为主的开发区不可避免的将成为实施节能减排的重要地区。节能环保压力的增大也是促使开发区实行技术创新和产业结构调整的重要原因。

(二)未来发展方向

1. 升级发展

坚持把产业结构调整和优化升级作为加快转变经济发展方式的主攻方向,从单一的发展工业向制造业和服务业协同发展转型。按照产业高端化、规模化、品牌化的思路,加快向产业链和价值链高端攀升,致力于发展高新技术产业,大力培育战略性新兴产业,逐步推进传统产业技术改造,提升制造业核心竞争力,加快引进研发、销售、金融、物流、信息、科技服务等生产性服务业,构建现代产业体系。

2. 创新发展

坚持把科技进步和创新作为加快转变经济发展方式的重要支撑,从科技创新、体制创新、发展模式创新等多方面入手,构筑创新体系,集聚创新资源,打造创新平台,提供创新服务,营造创新环境,不断提高企业原始创新、集成创新和消化吸收再创新能力,使企业成为自主创新的主体,大力培育创新集群,加快建设创新型园区,实现长三角开发区从要素驱动向创新驱动转变,为提高区域持续发展提供不竭的动力。

3. 开放发展。

继续深化对外开放,抓住国际产业、技术、人才等加快流动的机遇,加快引进和汇聚国际高端资源,创新利用外资方式,拓展国际合作空间,同时抓住"扩大内需"的战略机遇,充分发掘国内市场增长潜力,实施内外并举的均衡市场战略,以增量的提高带动存量的优化,进一步提升开放型经济的层次和水平,使之向创新型经济、服务型经济转变。

4. 集聚发展。

更加注重要素流入式集聚和成长式集聚相结合。一方面,积极推动重大工业项目向开发区集中、优质资源向优势产业集聚,开展产业链招商,吸引关联产业集聚区内,形成产业集聚和企业集群;另一方面,更加注重吸纳高端人才、核心技术、先进管理等优质要素,集聚创新资源,同时要整合土地资源,调整和优化开发区用地结构,提高开发区的投资强度和产出效益,以更优的要素结构,更高的要素收益,抢占竞争的制高点。

5. 特色发展。

按照区域比较优势原则,积极发挥自身优势,根据发展阶段和规模的不同,确定各自优先发展的主导产业,采取不同的开发模式,建设不同类别的特色产业园区,如区域品牌特色开发区、资源特色开发区、功能特色开发区等,走专业化、特色化道路,寻求差异化发展,实现有序分工、优势互补,不断提

升自身的影响力和知名度，形成长三角开发区的品牌效应。鼓励各级各类开发区在差异化发展的基础上，建立多层面、全方位的良性互动和合作共赢机制。

6. 绿色发展。

始终坚持“环保优化”的方针，同步推进生态建设和生产发展、绿色招商和绿色制造，大力建设生态园区，坚定不移地走新型工业化和可持续发展道路。加大节能减排力度，大力发展循环经济，推动清洁生产，促进产业链向生态链转变；打造绿色交通系统，加快推广绿色建筑，加快新能源的推广使用，积极实施绿化美化工程，形成资源节约、环境友好的生产方式、生活方式和消费模式，促进经济增长与环境质量同步发展，人与自然和谐共生。

7. 城市化发展。

将开发区工业化与城市化进程相结合，抓住当前扩大内需的有利时机，推动具备条件的开发区逐步摆脱单一生产功能的局限，加快建设一批重点创意产业园、服务外包基地、总部经济区、中央商务区等城市新型经济的载体，促进产业发展、商贸服务、社区建设合理布局，交通、能源、环保等基础设施配套衔接，优化人居环境，加快发展社会事业，完善公共服务体系，推动开发区逐步完善城市功能，努力满足居民生产生活的需要。

8. 和谐发展。

通过建立土地补偿的长效机制、就业扶持机制、居民安置机制和社会保障机制，切实保护好被征地农民的利益。在开发区内逐步扎实稳妥地推进农村向城市转变，农业向二、三产业转变，农民向城市居民的转变，切实解决好失地农民的安置问题，推进城市公共服务和基础设施配套向农村延伸，推进城乡基本公共服务均等化，使农民、农村和农业共同分享开发区发展成果，实现开发区的和谐发展和城乡发展的全面转型。

五　长三角上市公司

一、长三角地区上市公司总体情况

截至2010年12月31日,长三角两省一市共有570家公司 在沪、深证券交易所挂牌上市,其中2010年新上市企业100家。年末长三角上市公司总资产规模达到112 414亿元,同比增长62.91%,净资产规模达到22 961.4亿元,同比增长74.28%。2009年全年,长三角上市公司共实现营业总收入32 009.6亿元,总营业利润率8.67%,净利润2 773.9亿元,净资产收益率12.08%。

根据中国证监会行业分类方法,长三角两省一市的上市公司分布于制造业(主要包括机械、设备、仪表、石油、化学、塑胶、塑料等)、房地产、信息技术、批发零售、社会服务、交通运输仓储、金融保险、建筑、水电气供应、文化传播、采掘和综合等大类行业,其中制造业、信息技术、房地产和批发、零售业这四个行业的上市公司数量较多,合计有473家公司,占总数的82.98%。

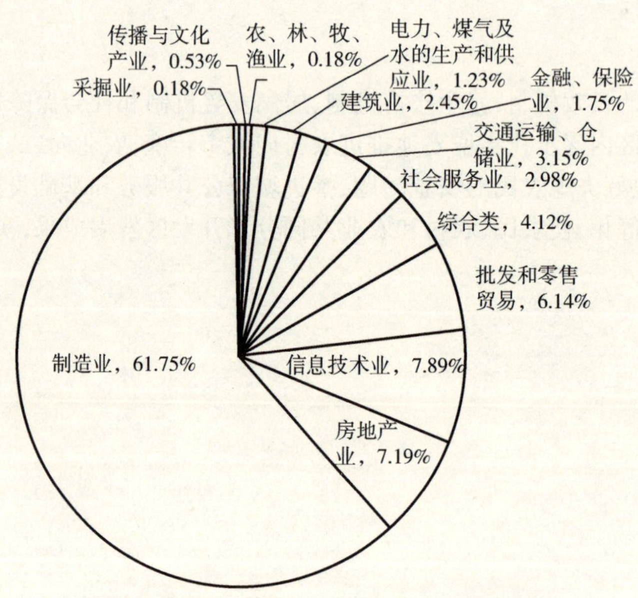

图4-20　长三角上市公司行业分布

数据来源:WIND资讯

二、上海上市公司的基本情况

(一)上海上市公司总体情况

截至2010年12月31日,上海共有212家公司在沪、深证券交易所挂牌上市,其中2010年新上市企业15家。年末上海上市公司总资产规模达到92 684亿元,净资产规模达到15 824亿元,平均市盈率26.84倍,平均市净率2.69倍,平均总市值9.6亿元。2010年全年,上海上市公司共实现营业总收入21 789亿元,平均营业利润率10.21%,净利润1 893亿元,净资产收益率9.76%。

(二)上海上市公司行业分布情况

根据中国证监会行业分类方法,上海上市公司分布于制造、房地产、信息技术、批发零售、社会服务、交通运输仓储、金融保险、建筑、水电气供应、文化传播、采掘和综合等大类行业，其中，制造业、房地产、信息技术和批发、零售业这四个行业的上市公司数量较多，合计有159家公司，占总数的75%。

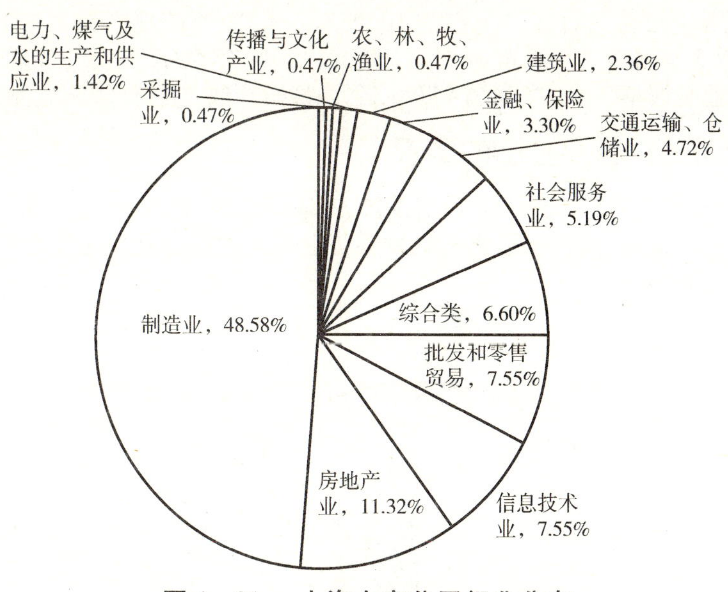

图4－21　上海上市公司行业分布

数据来源：WIND资讯

（三）上海知名上市公司

1. 三爱富（600636）

2010年，面对原材料价格大幅上涨，生产成本急剧上升，主要产品竞争激烈的宏观环境，公司以"三基"工作为抓手，加快改革调整步伐，紧紧围绕扭亏为盈、降本增效、安全生产、技术创新等工作，适时抓住市场复苏机会，积极应对困难和挑战，超额完成了2010年全年预算目标。

全年累计完成营业收入302 355.7万元，同比增长43.8%；营业利润15 004万元，同比增加159.4%；利润总额863万元，同比增长80.5%；净利润11 446万元，同比增加49.4%；其中：归属母公司所有者的净利润4231万元。

2. 安信信托（600 816）

2010年，在复杂多变的内外部经营环境中，公司结合实际，坚持"专业化、差异化"的经营策略，明确市场定位，审慎展业，积极开拓信托业务，在严格控制风险的同时，实现了业绩连续三年的持续稳定增长。报告期内实现营业总收入30 992.93万元，归属于母公司的净利润9 266.38万元，累计净利润较上年同期增长96.07%。与此同时，在公司治理、团队建设、内控体系完善、制度建设、客户管理与维护方面也取得了较为明显的成果，公司在建设具有自己特色、良好品质和较强竞争力的非银行金融机构方面取得了长足进步，在可持续发展模式的探索方面迈出了新的坚实步伐。

信托业务方面，截止报告期末，公司存续信托项目为49个，受托信托资产规模122.70亿元；已完成清算的信托项目（含部分清算）40个，清算信托规模98.62亿元；新增设立信托项目31个，新增信托资产规模89.61亿元；本报告期内公司实现手续费收入净额23 958.50万元，比2009年同期比增长120.16%。

固有业务项下，截止报告期末，公司母公司资产总额为58 065.68万元，负债总额25 482.64万元，净资产为32 583.04万元，比年初增加10 154.73万元，原因为公司利润增加。

三、江苏上市公司的基本情况

(一)江苏上市公司总体情况

截至2010年12月31日,江苏共有171家公司在沪、深证券交易所挂牌上市,其中2010年新上市企业40家。年末江苏上市公司总资产规模为10 263亿元,净资产规模为3 631亿元,平均市盈率46.89倍,平均市净率5.93倍,平均总市值81.11亿元。2010年全年,江苏上市公司共实现营业总收入5 211亿元,总营业利润率9.%,净利润447.8亿元,净资产收益率8.59%。

(二)江苏上市公司行业分布情况

江苏上市公司分布于制造、信息技术、批发零售、交通运输、房地产、社会服务、建筑、金融保险、综合等9大类行业,其中制造业、信息技术业和批发零售业这3大类行业的上市公司数量较多,合计有145家公司,占总数的84.8%。

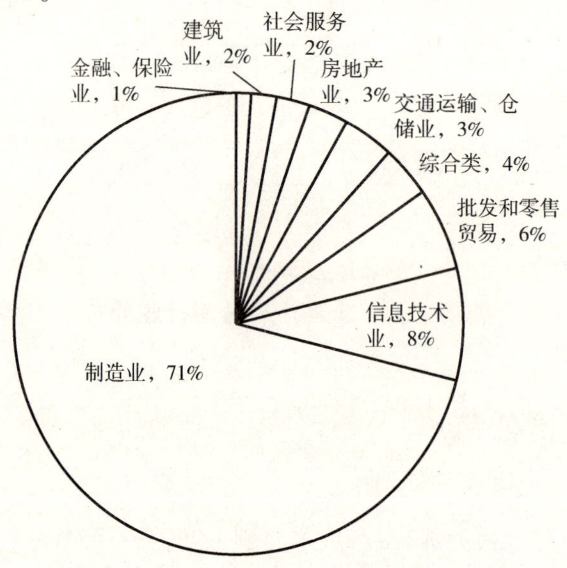

图4-22　江苏上市公司行业分布

数据来源:WIND资讯

(三)江苏上市公司区域分布情况

根据上市公司的办公地址划分,江苏的上市公司中约75%分布于苏南地区,位于苏中和苏北地区的分别仅有16.28%和8.72%。

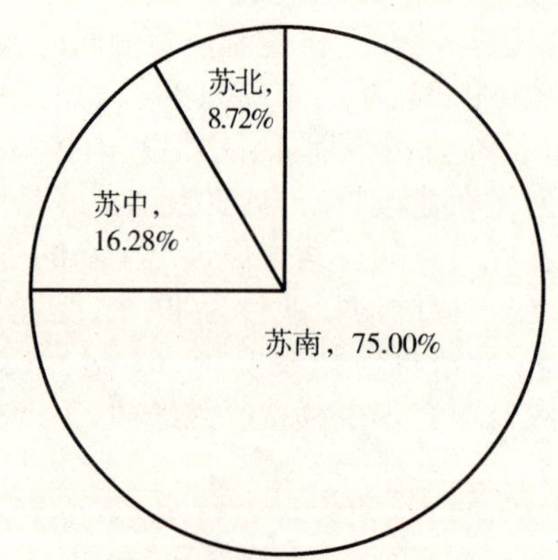

图4-23　江苏上市公司区域分布

数据来源:WIND资讯

(四)江苏知名上市公司

1.洋河股份(002 304)

公司属白酒类饮料制造业,主营洋河、双沟系列白酒的生产和销售。2010年,公司实现营业收入76.19亿元,同比增长90.38%;实现利润总额30.76亿元,同比增长83.84%;归属上市公司股东的净利润22.05亿元,同比增长75.86%。

2010年,洋河、双沟实现强强联合,并初步构建了集团公司作为投资决策中心,苏酒实业作为营销利润中心,洋河酒业、双沟酒业作为制造成本中心的集团管控体系,真正实现资源共享,优势互补,为打造宿迁酒都,进一步做强做大江苏白酒产业,打造区域竞争优势,抢占白酒行业竞争制高点,迈出了历史性的关键一步。2010年,公司坚持品牌高档化战略,实现了产品档次的高提升,产品结构进一步优化,中高端产品继续保持高速增长。洋河梦之蓝全年实现销售同比增长214.46%,天之蓝同比增长7.65%,双沟珍宝坊全年实现销售同比增长41.%,青花瓷同比增长77.97%。洋河蓝色经典、双沟珍宝坊、青花瓷等三大主导品牌占公司销售总额的比例超过70%,与上年同期相比,提升了19.37个百分点。产品结构的提档升级在增加经济效益的同时,也大大提升了洋河、双沟的品牌形象。2010年是公司市场全国化的丰收年,全国化市场布局取得突破性进展,区域结构随着市场的持续增长也在不断调优。在全国三十个省级市场中,有十三个省级市场全年销售超亿元。省外市场的全年销售同比增速远高于省内市场,省外销售占比较去年同期提高了6个百分点。

2.中材国际(600 970)

公司提出"优化结构,强化资源配置"的战略调整计划,加大了内部资源整合力度,加强了战略性市场区域开拓,克服了人民币升值、通货膨胀和海外项目实施环境复杂等压力,圆满地完成了生产经营计划。

2010年,公司主营业务继续保持健康稳定发展,主要经营指标保持快速增长。其中,实现营业收入239.33亿元,同比增长32.86%;实现利润总额18.03亿元,同比增长67.59%;实现归属于上市公司股东净利润14.26亿元,同比增长91.58%。2010年,公司加强了对新兴经济体市场的开拓力度,积极调整业务模式,适应市场需求。当年新签合同额240亿元,同比增长17%,其中海外合同150亿元(含意向性合同50亿元),国内合同90亿元,海外合同占62.5%。根据有关机构统计,以当年新签合同额计算,公司不包括中国市场的国际市场份额为37%,继续保持全球第一。

四、浙江上市公司的基本情况

(一)浙江上市公司总体情况

截至2010年12月31日,浙江共有187家公司在沪、深证券交易所挂牌上市,其中2010年新上市企业45家。年末浙江上市公司总资产规模达到9 467.65亿元,净资产规模达到3 506.25亿元,平均市盈率40.41倍,平均市净率5.62倍,平均总市值69.88亿元。2010年全年,江苏上市公司共实现营业总收入4 473.17亿元,总营业利润率11.06%,净利润433.16亿元,净资产收益率16.01%。

(二)浙江上市公司行业分布情况

根据中国证监会行业分类方法,浙江上市公司分布于制造、信息技术、批发零售、房地产、建筑、水电气供应、交通运输仓储、文化传播、社会服务、金融保险、综合等11大类行业,其中制造、信息技术、批发零售和房地产这3大类行业的上市公司数量较多,合计有155家公司,占总数的82.89%。

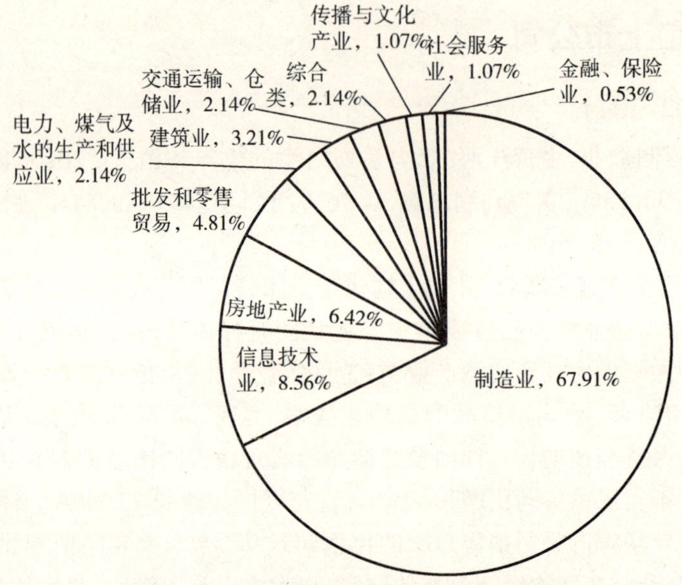

图 4－24　浙江上市公司行业分布

数据来源:WIND 资讯

(三)浙江上市公司区域分布情况

根据上市公司的办公地址划分,浙江的上市公司中约 84.3% 分布于环杭州湾地区,位于浙东南和浙西北地区的分别仅有 16.28% 和 8.14%。

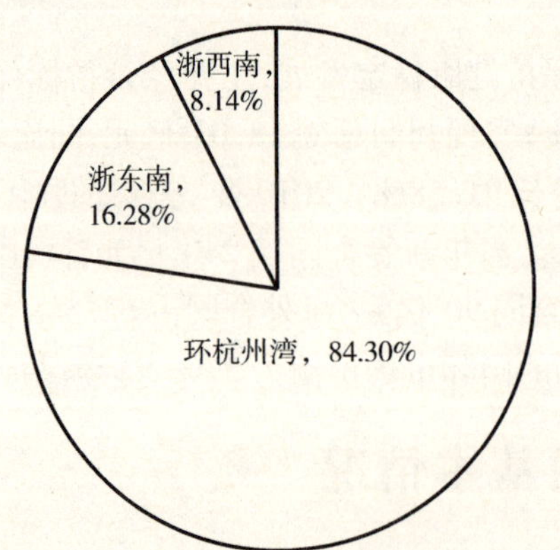

图 4－25　浙江上市公司区域分布

数据来源:WIND 资讯

(四)浙江知名上市公司

1. 精功科技(002 006)

2010 年是精功科技加快产业转型、升级,创建科学管理体系取得重要成就的一年,也是精功科技发展史上具有重要转折意义的一年。一年来,公司在董事会的领导下,在全体员工的共同努力下,按照年初确定的"抢抓机遇 协调发展 争取更大效益"的经营方针和"专注于新能源和建筑节能专用装备制造为核心产业"的发展思路,内抓管理、外拓市场,以领先的技术优势、规模化的生产能力、差异化的营销战略、优质的服务理念,开创了精功科技"规模与效益"双丰收、"产业发展与资本运作"齐头并

进的良好局面，企业形象和社会影响力得到快速提升，取得了一系列的工作成绩：一是公司成功实现了产业转型和升级。以公司太阳能多晶硅铸锭炉为代表的光伏专用装备和太阳能多晶硅片研发生产为代表的新兴产业迅速崛起，经济效益大幅增长，成为名副其实的公司核心产业；二是以公司聚氨酯生产线为代表的建筑节能装备、以包覆丝机和气流纺纱机为代表的纺织专用设备及专用汽车等传统产业继续保持行业领先地位，销售实现了翻番目标；三是公司圆满完成年初提出的经济目标并创历史新高；四是公司顺利启动了再融资工作；五是公司全资子公司浙江精功新能源有限公司完成了搬迁的各项前期工作。上述各项工作的顺利实施，为公司2011年跨越发展奠定了坚实基础。

2. 荣盛石化(002 493)

公司面对国内较为复杂的宏观经济形势，大力推进制度建设、努力调整产品结构、积极转变增长方式、加快技术更新改造，全面完成了年度各项工作任务，主要经济指标均创历史新高，保证了公司的持续稳健快速发展，实现了经营业绩、资产规模的快速增长。

2010年，PTA及聚酯涤纶行业景气度较好，下游需求旺盛，全年公司相关产品价格保持振荡上行趋势，公司PTA及聚酯涤纶生产装置保持了较高的产能利用率，相关产品产销规模继续保持增长。公司全年实现营业收入人民币157.96亿元，比上年同期增长55.29%；实现营业利润人民币25.77亿元，比上年同期增长112.94%；实现利润总额人民币25.77亿元，比上年同期增长112.33%；归属于上市公司股东的净利润人民币15.37亿元，比上年同期增长96.34%。

五、长三角地区上市公司发展政策

(一)上海

2010年7月，上海市政府召开“上海市加强金融服务促进经济转型和结构调整工作会议”，并发布《关于加强金融服务促进上海经济转型和结构调整的若干意见》(讨论稿)。《若干意见》讨论稿表示，为促进高新技术、文化产业等战略新兴产业发展，上海将出台系列措施提供金融支持，将支持上海大中型重点企业集团通过借壳、注资等多种形式实现集团整体上市。《若干意见》讨论稿表示将鼓励证券公司加大对上海九大高新技术产业和文化产业领域的项目和企业的金融服务，积极推动在创业板、中小企业板和主板市场首发上市或再融资。同时，支持上海大中型重点企业集团通过借壳、注资等多种形式实现集团整体上市。

(二)江苏

为加强对金融业的统筹和服务，2005年，江苏省政府成立金融工作办公室(简称省金融办)。省金融办的职能是研究拟定全省金融发展中长期规划和工作计划，促进金融机构合理布局，协调金融资源的优化配置；研究分析经济金融形势，提出改善金融环境，加强服务，促进金融业发展的意见和政策建议。承办省政府交办的全省股份公司设立和改造的审核、审批工作；承办省政府交办的拟上市企业的培育、初审及推荐工作，指导和推动上市公司资产重组和再融资；协助证券监管机构做好证券期货机构和上市公司规范发展工作。江苏企业上市工作办公室工作职能和人员整建制划入省金融办，撤销江苏企业上市工作办公室。

省金融办资本市场处负责分析资本市场形势，研究提出全省发展资本市场的政策意见；根据《公司法》规定，承办省政府交办的股份公司的设立、变更、分立、合并等审批事项，办理未上市股份公司股权变更等事项的备案管理；承办省政府交办的拟上市企业的培育、初审及推荐工作，推进企业上市；协助证券监管机构开展上市公司规范发展工作；协调有关部门办理企业债券的审核、发行工作；联系、指导资本市场的相关协会，指导、协调各市上市工作办公室(或相应机构)的工作。

(三)浙江

2010年10月,浙江省上市公司发展大会提出,"十二五"末,力争实现境内外上市公司350家,保持在全国前3位,从资本市场募集资金新增1 200 - 1 500亿元,中小企业板和创业板上市公司数量占到全国十分之一以上的目标任务。重点培育包括生物产业、新能源产业、高端装备制造业、节能环保产业、海洋新兴产业、新能源汽车、物联网产业、新材料产业及核电关联产业9大战略新兴产业,打造"中小企业金融服务中心"和"民间财富管理中心"。

要实现这一系列宏伟目标就必须在5年时间里实现上市公司家数和募集资金额分别增加60%和80%。实现更多企业上市持续上市的关键在于后备资源的培育,我国资本市场正处于跨越式发展的大好时机,浙江省金融办将会同市县金融上市办等部门加大后备资源的培育力度,努力形成上市一批、申报一批、培育一批、储备一批梯次推进的格局。与此同时坚持境内、境外上市一起抓,坚持主板、中小板、创业板一齐上,不断巩固和发展多渠道、多层次上市的良好态势,发挥浙江省民营企业多、体制机制活、商业模式新的优势,争取更多企业实现在主板和中小企业板市场上市,着力推动一批科技含量较高、成长性较好的中小企业,通过创业板市场上市融资。同时,进一步鼓励优质企业买壳上市,加快构建以地方特色板块为核心的全省性资本配置大平台,积极争取建立场外柜台交易市场。

在做大上市公司数量的同时要毫不放松抓好上市公司质量,2006年浙江省政府出台了关于提高我省上市公司质量的实施意见,从完善法人治理结构,推动资产重组,推进诚信建设等方面明确了提高上市公司质量的措施,有力地推动了上市公司的规范建设和发展壮大,细化到具体措施主要有三个方面,一是引导上市公司强化治理,切实提高规范运作水平。在政策导向上鼓励上市公司围绕经营目标和发展战略抓好规范运作,加强内控建设,降低风险隐患,进一步做大企业、做优效益、做强实力。二是鼓励加大并购重组力度,培育一批上市龙头公司。进一步推动上市公司的并购重组工作,浙江省金融办牵头起草了《关于支持和引导上市公司开展并购重组的若干意见》,明确对上市公司并购当地其它企业、濒临破产企业、重点拟上市企业等方面给予税收和相关政策支持,积极推动符合条件的上市公司参与行业整合产业整合或跨行业收购兼并。三是支持上市公司扩大再融资规模,用足用好定向增发、短期融资券、可转换债券等融资工具,拓宽融资渠道。通过优化资金投向带动经济结构调整和产业升级。

浙江省金融办在推动企业上市工作中将积极营造和优化三大环境:一是优化上市公司发展的服务环境,加强统筹协调、政策扶持,积极为上市公司的发展出谋划策。二是构建高效有序的监管环境,进一步健全完善一行三局一办的沟通协调机制,配合监管部门不断改进和加强上市公司监管防范,上市公司不规范或违规经营而引发风险逐步形成行政监管、法制监管、自律监管和社会监管互为补充的多层次全方位的监管体系。三是营造良好的舆论宣传环境,浙江省金融办将继续配合新闻单位和有关部门加大对上市公司的宣传,加强舆论监督,及时报道资本市场工作动态和上市公司先进典型,监督一些上市公司的不规范行为,同时防止恶意炒作,营造上市公司发展的良好氛围。

浙江省为切实抓好全省金融重点工作,落实各项政策措施,对金融重点工作实行部门分工负责,努力拓展上市等直接融资途径,大力推动符合条件的优质企业上市融资。积极培育上市后备资源,加大多层次、多渠道上市融资力度。鼓励省属国有企业上市融资,继续开拓境外资本市场,推动民营企业赴境外上市融资。积极推进上市公司可持续发展,充分发挥上市公司作用。鼓励优质上市公司通过多种方式扩大再融资规模,提高对外投资控股能力。鼓励优质企业买壳或收购控股上市公司,对已丧失融资功能的上市公司进行整合重组,提高上市公司质量。加强对上市公司运行风险的防范和化解,做强做优上市公司。

六、长三角地区上市公司发展态势

进一步提高上市公司质量是加快证券市场发展的基础。长三角是拥有上市公司最多的区域，其规模的壮大、效益的提升，对推动长三角地区经济水平的提升，乃至全国经济的发展具有重要的参考价值。

（一）长三角上市公司的特点

1. 数量居全国第一，地位非常重要。

从数量上看，长三角上市公司占全国上市公司总量的约30%，居各经济区域数量之首。由此可见，长三角上市公司在全国的地位非常重要，特别是由于上海上市公司多集中在沪市，它们的表现直接影响着沪市的表现。

2. 行业集中度较高。

在行业分布上，长三角上市公司虽然涉及多个行业，但超过80%的上市公司集中在四大行业，即制造业公司352家，占61.75%；信息技术业公司45家，占7.89%；房地产业公司41家，占7.19%；批发零售业公司35家，占6.14%。行业分布特征至少说明四个方面的问题，其一，资本这一稀缺资源主要在这三个行业配置，并且一直是这样一个结构，全国也是如此。其二，制造业、信息技术业行业发展状况直接影响全体上市公司的发展。其三，从动态看，资本配置的结构在近十年中，变化并不大。提高上市公司质量不仅要从个别公司抓起，而且需要关注上市公司的行业结构和产业结构，它们反映资本的配置结构和宏观政策的结果，需要宏观指导。其四，这四个行业上市公司的业绩状况不仅影响整体上市公司的业绩水平，而且反映资本的配置效率，也是对有关政府机构政策效果的一个检验。

3. 效益好于全国，资产重组取得成效

从业绩水平看，长三角上市公司的加权平均净资产收益率从2000年以来，一直高于全国平均水平。反映了长三角上市公司这几年的快速发展。业绩水平的提高，一个重要的原因是受益于公司购并和资产重组。从1997年开始，为了改善长三角上市公司的质量，两省一市政府对一批业绩不良的上市公司进行了大规模的重组。通过并壳、不良资产剥离、定向增发、吸收合并、置入优质资产等措施，上市公司质量大大提高。

（二）提高长三角上市公司质量的若干建议

提高长三角上市公司质量是一个系统工程，要在多方面进行深入研究，在发展、改革和稳定方面多管齐下，统筹兼顾，逐步推进。

1. 加快产业结构调整，突出发展重点

产业结构调整是我国“十二五”时期经济发展的重要内容之一，长三角上市公司未来发展也必须以产业结构调整为重点。没有一个合理的产业结构，资本市场资源配置的作用不可能充分发挥，上市公司进一步支持和推动长三角国民经济发展的作用也将逐渐减弱。加快产业结构调整可以集中在以下三个方面：第一，调整存量，按照产业结构调整的方向，大力支持金融、信息、公共服务业和基础产业等行业上市公司的发展，进一步提高其地位。第二，重视增量，大力推动优质的，符合产业结构调整要求的外资、民营企业上市。第三，对于早期上市的中小型上市公司，通过兼并重组，推动其向适应长三角城市特点的都市型产业转化。

2. 加快国资体制改革，落实股东责任

国有资产体制改革是我国今后一段时期内经济体制改革的一项重要内容，要将管人、管事和管资

产三项任务有机地结合起来。在推动上市公司发展方面,国有资产体制改革应促进以下问题的解决:第一,要进一步使国有股东终极代表人的身份具体化,通过经济和市场的方式加强与上市公司的联系,把思路的转变落实在行动上,减少行政化,为完善公司治理提供条件。第二,国有大股东要在法律界定的职责范围内行使其管人、管事和管资产的权力,明确其责任和约束,把大股东的权力置于《公司法》的监督之中。第三,要落实上市公司股东大会的选人、用人责任,不能把国有大股东的选人、用人等同于股东大会的选人、用人。

3. 加快并购重组,实现产业升级

对上市公司整体而言,并购重组的目的是为了实现产业结构的升级、公司盈利能力的提升和公司价值的最大化。为了实现这个目的,推动并购重组的原则应该是:第一,以政府指导和市场化运作为手段,以加强中小型上市公司并购重组为重点,以存量资产和国有股权的出售为内容,以新股东的引入为主导,以重组后公司盈利能力的提高为目的,制定并购重组规划,推动并购重组的深入开展。第二,衡量公司并购重组是否成功,不仅要看公司重组后不良资产的剥离和新资金注入情况,更要看重组后,公司的盈利模式是否发生重大改变,是否符合长三角整体产业结构调整和发展的目标,只有这样才能真正取得并购重组的绩效 。第三,把并购重组工作与长三角本地产权市场的发展相结合,将母公司的改造与控股公司的再建、资产结构的调整与疏导结合起来,重组后剥离出来的不良资产,通过产权市场,进一步配置和流通,防范和化解风险。

4. 完善公司治理,提高股东价值

长三角上市公司发展中存在的问题是与多种原因相关的,公司治理不完善是其中的重要原因之一。因此,促进上市公司发展必须与完善公司治理紧密结合。首先,要因地制宜,探索建立合理的股东结构。合理的股东结构是完善公司治理的基础。但是,国际上并没有一种最优的股东结构。大股东持有股权比例到底多少合适,不能一概而论。不能笼统地反对"一股独大",没有控股股东而出现的内部人控制现象,对中小股东利益造成的损害同样严重。股东结构的合理与否要通过公司发展和股东价值提升来检验。只要公司在逐步发展,股东价值在不断提高,公司的股权结构就是合适的。其次,要进一步完善对公司管理层的激励和约束机制。净资产收益率 = 销售利润率 × 总资产周转率/(1 - 资产负债率)。统计分析表明,上市公司销售利润率并不低,资产负债率比其他类型企业的负债水平反而要高,问题根源出在总资产周转率上。上市公司总资产周转率水平显著地低于其他类型企业的相应指标,说明上市公司管理层营运资产的能力不足,管理水平没有跟上。可能有两种原因,一是部分公司管理人员的素质不高,需要进行调整,淘汰不合格人员,吸引高素质人才;二是部分公司管理人员营运资产的责任不强,积极性不高。

只有多管齐下,才能达到进一步提高长三角上市公司质量的目的。在中国资本市场发展和提高长三角上市公司质量的过程中,要坚持实践第一的观点,要增加自信和自我,要把国际经验的借鉴与改革创新相结合。

六　长三角对外经济

一、长三角对外经济总体情况

随着全国经济国际化的深化，长三角地区对外经济迅猛发展，规模继续居于全国前列，全年对外承包工程及对外劳务合作完成营业额246.7亿美元，比上年增长102%，占到全国总量的28.5%。对外投资方面，长三角地区中方对外投资额为28.9亿美元，同比增长35.6%。

表4－170　长三角外经情况

单位：亿美元

	对外承包工程与劳务合作完成营业额	增长率%	中方对外投资额	增长率%
上海市	73.41	31.80	6.30	35.60
江苏省	50.30	3.00	10.60	67.60
浙江省	24.00	38.70	12.00	43.50
长三角	246.70	102.00	28.90	35.60

二、两省一市情况

(一)上海市

全年新批对外投资项目179项，投资总额24.2亿美元。签订对外承包工程和劳务合作合同7 532项；实际完成营业额75.42亿美元，增长2.7%；派出劳务人员1.59万人次，增长13.4%。至年末，上海对外承包工程和劳务合作涉及的国家和地区已达179个。

表4－171　上海市主要年份对外经济合作情况

指　标	2000	2009	2010
签订合同项目(个)	1 076	7 480	7 532
#对外承包工程	143	2 638	3 397
对外劳务合作	836	4 842	4 135
签订合同金额(万美元)	98 050	1 240 205	1 066 977
#对外承包工程	76 058	1 193 790	1 010 276
对外劳务合作	20 837	46 415	56 701
实际营业额(万美元)	83 790	734 105	754 163
#对外承包工程	61 906	665 664	689 616
对外劳务合作	21 049	68 441	64 547
年末在外人员(人)	30 052	26 250	26 847
#对外承包工程	1 327	8 178	9 430
对外劳务合作	28 710	18 072	17 417

资料来源：上海统计年鉴2011。

表 4－172　上海市海外企业情况(2009～2010)

指　标	2009 年新增	至 2009 年底累计	2010 年新增	至 2010 年底累计
企业数(个)	166	1 329	179	1508
投资额(万美元)	153 644	526 266	242 029	768 295

资料来源:上海统计年鉴 2011。

(二)江苏省

“走出去”势头迅猛。全年新批境外投资项目 408 个,比上年增长 22.9%,中方协议投资 21.8 亿美元,增长 104.6%。全年新签对外承包工程和劳务合作合同额 62.1 亿美元,增长 23.3%;完成营业额 59.7 亿美元,增长 17.5%。

表 4－173　江苏省对外经济合作情况

年　份	合同数(份)	合同金额(万美元)	实际完成营业额(万美元)	年末在外人数(人)
总　计				
2009	2 352	503 389	507 804	99 784
2010	2 023	620 766	596 702	95 765
对外承包工程				
2009	727	449 596	433 249	36 739
2010	968	544 726	519 838	35 987
对外劳务合作				
2009	1 625	53 793	74 555	63 045
2010	1 055	76 040	76 864	59 778

资料来源:江苏统计年鉴 2011。

表 4－174　江苏省境外投资情况

指标	2009	2010
新批项目数(个)	332	408
#企业	298	360
#子公司	265	326
独资子公司	214	269
合资子公司	51	57
联营公司	33	34
#国有及国有控股企业	36	39
集体企业	3	5
民营企业	200	269
外资企业	93	95
机构	34	48

（续表）

#参股并购类项目	31	47
风险投资类项目	2	2
#贸易型项目	126	162
非贸易型项目	206	246
#境外加工贸易项目	36	41
境外资源开发项目	18	7
中方协议金额（万美元）	106 347	217 613
#企业	105 972	216 646
#子公司	99 553	211 877
独资子公司	72 455	191 032
合资子公司	27 098	20 846
联营公司	6 419	4 769
#国有及国有控股企业	15 132	39
集体企业	590	5
民营企业	73 254	269
外资企业	17 371	95
机构	375	967
#参股并购类项目	9 546	46 726
风险投资类项目	603	137
#贸易型项目	14 443	61 064
非贸易型项目	91 904	156 549
#境外加工贸易项目	10 669	30 787
境外资源开发项目	19 738	3 202

资料来源：江苏统计年鉴2011。

各市情况：

南京市新签对外承包劳务合作合同金额12.38亿美元，比上年增长27.9%；实际完成对外承包劳务营业额13.09亿美元，增长24.4%。期末在外劳务人数8473人。

徐州市对外经济合作增势强劲。新签对外承包工程劳务合同额1.26亿美元，增长17.3%，完成营业额1.46亿美元，增长16.2%。

常州市服务外包发展迅速。截止年末，全市外包企业发展至321家，通过CMMI3、ISO27001认证企业分别为72家和35家，认证企业数占全省三分之一，位居全省第一。全年服务外包合同额和执行额分别达2.8亿美元和2.2亿美元，其中离岸外包合同额1.8亿美元，外包执行额1.5亿美元。

苏州市“走出去”稳步推进。境外投资项目积极向资源开发、科技创新、加工制造业和现代服务业以及市场营销等领域拓展。全年新批境外投资项目118个，中方境外投资额4.74亿美元，分别增长6.3%和47.2%。民营企业境外投资3.49亿美元，占境外投资的73.6%。全年新签对外劳务承包合同额9.13亿美元，完成营业额5.7亿美元，分别比上年增长64.8%和29.7%。

南通市全年新批设立境外企业35家,中方协议投资额 3.18 亿美元。全年新签对外承包劳务合同额8.73亿美元,比上年增长13.0%;对外承包劳务完成营业额12.53亿美元,比上年增长8.4%;新派劳务人员0.89万人次,比上年增长2.2%;年末在外劳务人员2.94万人,比上年下降8.2%。

淮安市组织全市142家企业参加境内外重点展会,签约成交2.87亿美元,比上年增长25%。在全国首家启动建设苏丹(淮安)出口商品展示中心,全年对非贸易6587万美元,比上年增长25.4%,主要涉及纺织服装、机械设备、五金工具等产品。中淮集团承揽苏丹南方打井项目,成为全市承接规模最大的援外工程。新批设立苏丹农业、美国石油油井配件、华鑫国际3家境外投资企业,投资规模达600万美元,比上年增长1.8倍。扬州市全年完成外经营业额1.85亿美元,增长23%。

扬州市新签外经合同额15 836万美元,增长13%;完成外经营业额23 520万美元,增长16%。新批境外投资项目21个,同比增加2个,合作项目分布在10个国家和地区。

镇江市外经有效拓展。2010年,全市新批境外投资企业24家,中方协议投资2亿美元,增长4.7倍;新签外经合同额3.53亿美元,增长11.5%,实现营业额3.19亿美元,增长17.9%。全市离岸外包合同额1.6亿美元,执行额9 000万美元,比上年分别增长164.0%和117.6%。唐邦机电、大全新能源分别在纳斯达克和纽约证券交易所成功上市。

泰州市开放型经济平稳发展。全年新签项目(合同)219个,注册协议外资39.71亿美元,实际利用外资13.63亿美元,分别增长31.9%、46.3%和29%。

(三)浙江省

对外承包工程、对外劳务合作、对外设计咨询完成营业额29.1亿美元,比上年增长21.6%;经审批和核准的境外企业和机构共计630家,投资总额40.2亿美元,中方投资33.6亿美元,同比分别增长2.6和2.2倍。全年实际对外直接投资为26.2亿美元,继续居全国各省市第一。

表4-175　对外经济合作情况

项目		2009	2010
新签对外承包工程和劳务合作合同额	(万美元)	247 103	246 106
对外承包工程和劳务合作营业额	(万美元)	239 345	291 076
对外承包工程和劳务合作在年底在外人数	(人)	23 504	26 261
境外投资企业数	(个)	475	630
境外企业中方投资额	(万美元)	123 491	336 008

资料来源:浙江统计年鉴2011。

各市情况:

杭州市至2010年末,全市累计设立各类境外投资企业(机构)599个,其中非贸易企业200个。全年境外协议出资16.94亿美元,其中非贸易性投资15.13亿美元,比上年分别增长10.1倍和13.3倍。完成对外承包工程和劳务合作营业额3.57亿美元,比上年下降3.5%。离岸服务外包合同执行额15.53亿美元,比上年增长69%。

温州市继续实施“走出去”战略,拓展海外市场取得积极成效。全年新批设立境外机构54家,中方境外投资额1.54亿美元,增长6.1%。新签对外承包工程和劳务合同金额2 909.30万美元,实际完成营业额1 652.53万美元。

宁波市对外合作稳步推进。全年全市完成对外承包劳务合作营业额10.0亿美元,比上年增长13.2%,其中境外工程承包营业额9.7亿美元,增长14.7%。新批境外投资企业和机构175家,项目

总投资额 7.8 亿美元，其中中方投资 5.2 亿美元，增长 31.7%。

嘉兴市对外经济技术合作工作扎实推进，全年新办境外企业 36 家，投资总额 15 913 万美元，增长 55.3%，全社会外派劳务 466 人次。

湖州市全年共输出劳务 548 人次，年末在外人数达到 1 534 人，年承包劳务营业额为 830 万美元。新批境外企业 14 家，境外直接投资总额 1 829 万美元，增长 39.0%，其中中方投资额 1829 万美元，增长 63.6%。

绍兴市外经合作有序推进。全市新批境外投资企业 164 家。境外投资企业总投资额 29 885 万美元，其中中方投资额 28 169 万美元。新签承包劳务合同额 52 764 万美元，营业额 50 260 万美元，分别增长 31.3% 和 18.5%，营业额完成年度目标任务的 125.7%。其中实际境外工程营业额 10 095 万美元，同比增长 11.7%，完成年度目标任务的 101%。全市外派劳务 49 人次，年末在外人数 309 人。

金华市全年新批境外投资企业（机构）50 家，境外投资总额首次突破 1 亿美元，达 1.07 亿美元，比上年增长 88.3%；其中中方投资额 9 793.87 万美元，增长 125%。外经营业额突破 2 亿美元，达 2.04 亿美元，其中对外承包工程营业额 1.92 亿美元，增长 25.5%。境外营销网络建设初显成效。全年在美国、德国、英国、加拿大等 12 个国家和地区设立贸易窗口、商贸城及销售公司 42 个，占项目总数的 84%。境外投资规模明显扩大。全市境外投资企业全年增资额达 2 948 万美元，占中方投资总额的 30%。全年在服务外包业务管理和统计系统中注册的企业共有 101 家，从业人员超万人；合同签约金额 7 731.84 万美元，离岸执行金额 5 445.38 万美元。

台州市对外经济合作全面拓展。全年新批境外投资项目 29 个，中方投资额 7 341 万美元。全市累计境外投资项目 371 个，中方累计投资额 3.50 亿美元。全年新批对外经济合作项目 3 个，对外经济合作营业额 3.12 亿美元。

三、展望

目前，中国境内投资者共对全球 117 个国家和地区的 2 000 多家境外企业进行了直接投资，近年增长幅度为双位数。预计今后几年，随著中国经济的持续增长，中国对外投资将保持快速发展势头。商务部将继续建立健全规范、合理、有效的对外投资合作管理体制；长三角省市商务厅将继续积极会同有关部门在财税、金融、保险、外汇和人员出入境等方面完善支持政策；不断提供多方位、有针对性的公共服务，鼓励企业积极有序开展跨国经营，帮助更多有条件的企业“走出去”。2010 年中国在海外投资是 590 亿美元，预计随着“十二五”规划的实施，在未来五年至十年，中国在海外的投资可能会超过中国的吸收外资。

与此同时，我们也面临更大的外经风险。西亚北非地区是我对外承包工程业务的主要市场之一，近期该地区政局动荡，对我对外承包工程业务产生了一定影响。这件事情也反映出中国企业在参与海外项目的过程中，建立一个有效的“走出去”的安全保障体系这件事情的重要性。

七　长三角对外贸易

一、长三角对外贸易总体情况

随着金融危机的阴影逐渐散去和去年同期低基数的影响，长三角地区出口出现快速回升，2010 年长三角对外贸易进出口总值达 10 881.6 亿美元，比上年（下同）上升 35.3%，占全国外贸比重36.6%。其中，出口 6 318.3 亿美元，同比上升 33.3%，占全国出口比重 40%。贸易顺差 1 755 亿美元。进出口总值增长率与出口增长率均略高于全国水平。

表 4－176　2010 年长三角外贸情况

单位：亿美元

	进出口总额		出口额	
	累计	±%	累计	±%
上海市	3 688.70	32.80	1 807.80	27.40
江苏省	4 657.90	37.50	2 705.50	35.80
浙江省	2 535.00	35.00	1 805.00	35.70
长三角	10 881.60	35.30	6 318.30	33.30
全国	29 728.00	34.70	15 779.00	31.30

数据来源：国家统计局网站。

二、两省一市对外贸易进展与特点

（一）上海市

全年上海市进出口总额 3 688.69 亿美元，比上年增长 32.8%。其中，进口总额 1 880.85 亿美元，增长 38.5%；出口总额 1 807.84 亿美元，增长 27.4%。全年外商及港澳台投资企业出口 1 259.74 亿美元，增长 29.7%；私营企业完成出口 228.05 亿美元，增长 31%；国有企业出口 307.67 亿美元，增长 16.3%；集体企业出口 12.26 亿美元，增长 29.3%。

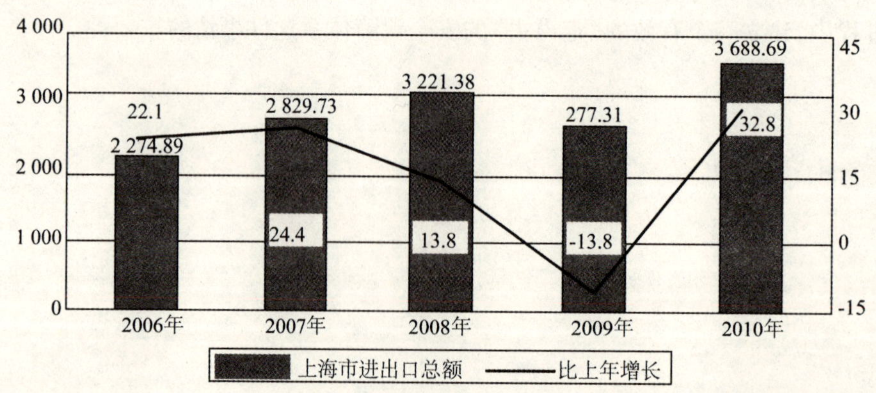

图 4－27　“十一五”时期上海市进出口总额与增长速度（亿美元，%）

表 4－177　上海市进出口总额

年 份	进出口总额	进口总额	出口总额	进出口差 额	进出口总额相当于生产总值的比例	出口总额相当于生产总值的比例
	（亿美元）	（亿美元）	（亿美元）	（亿美元）	（%）	（%）
2006	2 274.89	1 139.16	1 135.73	－3.43	174.90	87.30
2007	2 829.73	1 390.45	1 439.28	48.83	179.30	91.20
2008	3 221.38	1 527.88	1 693.50	165.62	163.30	85.90
2009	2 777.31	1 358.17	1 419.14	60.97	127.30	65.10
2010	3 688.69	1 880.85	1 807.84	－73.01	148.00	72.50

资料来源：上海统计年鉴 2011。

在上海市出口总额中，高新技术产品出口 841.11 亿美元，比上年增长 32.2%，机电产品出口 1 311.14亿美元，增长 27.8%；一般贸易出口 632.74 亿美元，增长 29.5%，加工贸易出口 1 003.74 亿美元，增长 23.2%。全年对亚洲市场出口 725.92 亿美元，比上年增长 26.5%；对欧洲出口 450.72 亿美元，增长 21.6%。

表 4－178　上海市出口市场结构

类别	绝对值（亿美元）	比上年增长（%）
上海市出口总额	1 807.84	27.40
#亚洲	725.92	26.50
#日本	196.92	22.10
中国香港	134.09	22.10
欧洲	450.72	21.60
北美洲	437.83	27.40
#美国	409.91	27.70
拉丁美洲	94.47	61.10
大洋州	57.91	45.10

资料来源：上海统计年鉴 2011。

（二）江苏省

全省对外贸易呈现恢复性增长态势并逐步迈上新台阶。全年进出口总额 4 657.9 亿美元，比上年增长 37.5%。其中，出口 2 705.5 亿美元，增长 35.8%；进口 1 952.4 亿美元，增长 39.9%。

出口商品结构进一步优化，高技术含量产品出口增加。机电产品、高新技术产品出口额为1 883.4亿美元和 1 256.9 亿美元，分别占出口总额的 69.6% 和 46.5%。其中计算机与通信技术产品出口 840.1 亿美元，占高新技术产品出口额的 66.8%。外商投资企业出口 1 923.2 亿美元，增长31.1%，占出口总额的 71.1%。私营企业出口额为 483.4 亿美元，增长 55.0%，占出口总额的17.9%。对欧盟、美国、日本、香港特别行政区出口额分别为 698.1 亿美元、583.4 亿美元、254.6 亿美元和 179.5 亿美元，比上年分别增长 41.6%、29.2%、30.1% 和 26.2%；对东盟、韩国、台湾省市场出口额分别为 210.7 亿美元、137.2 亿美元和71.9亿美元,分别增长26.3%、36.0%和46.7%;对拉丁美洲、非洲、俄罗斯出口额分别为145.5亿美元、63亿美元和36.5亿美元,分别增长61.4%、32.9%和105.0%。

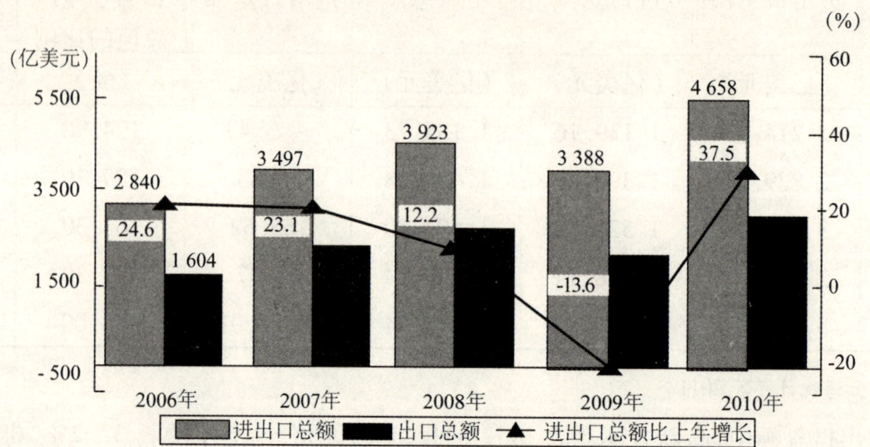

图4-28 "十一五"时期进出口总额与增长速度

表4-179 2010年江苏省进出口贸易主要分类情况

指 标	绝对数(亿美元)	比上年增长(%)
出口总额	2 705.50	35.80
# 一般贸易	989.30	39.60
加工贸易	1 598.10	30.40
# 工业制成品	2 661.80	35.60
初级产品	43.70	47.60
# 机电产品	1 883.40	35.70
# 高新技术产品	1 256.90	35.40
# 外商投资企业	1 923.20	31.10
国有企业	243.20	39.90
进口总额	1 952.40	39.90
# 一般贸易	666.20	47.60
加工贸易	928.90	31.30
# 工业制成品	1 672.80	39.10
初级产品	279.60	44.30
# 机电产品	1 210.90	39.40
# 高新技术产品	849.80	38.70
# 外商投资企业	1 548.80	37.00

资料来源:江苏统计年鉴2011。

各市外贸情况:

南京市全年完成进出口总值456.01亿美元,比上年增长35.1%。其中,完成出口总值248.85亿美元,增长34.8%。三资企业全年出口额达83.51亿美元,增长28.8%,占全市出口额的比重达到33.6%。对亚洲、欧洲、北美洲三大主体市场的出口全面增长,全年出口213.08亿美元,增长35.0%,

占全市出口额的85.6%。全年对非洲和拉丁美洲出口分别增长29.1%和15.9%。

从出口贸易方式看，2010年，全市实现一般贸易出口156.04亿美元，增长37.4%，占出口的比重达到62.7%。加工贸易85.85亿美元，增长29.3%，占出口的比重达到34.5%。从出口商品构成看，2010年，高新技术产品出口69.28亿美元，增长37.8%，占出口总额的份额由2009年的27.2%提高到27.8%。机电产品出口135.76亿美元，增长36.3%。

全市出口额超千万美元的企业有292家，出口额达214.9亿美元，增长39.1%，占全市出口总量的86.3%。

表4－180　2010年南京市对主要国家和地区货物出口额及其增长速度表

	出口额(亿美元)	增长(%)
合 计	248.85	34.80
一、亚 洲	97.02	41.90
#香港	12.91	52.70
日本	23.19	80.20
韩国	12.53	28.30
台湾省	4.66	52.40
东南亚国家联盟	19.04	19.00
二、非 洲	12.27	29.10
三、欧 洲	73.07	39.50
#欧洲联盟	68.41	39.40
四、拉丁美洲	16.03	15.90
五、北美洲	42.99	18.50
#美国	37.96	19.00
六、大洋洲	7.48	76.40
#澳大利亚	5.00	59.10

资料来源：南京统计年鉴2011。

表4－181　2010年南京市对主要国家和地区进出口总额及其增长速度

单位：亿美元

国家和地区	出口额	比上年增长(%)	进口额	比上年增长(%)
美国	51.08	34.20	17.03	70.60
日本	37.85	36.40	67.21	34.00
韩国	37.62	28.20	35.25	48.40
香港	30.61	20.70	0.61	8.30
德国	23.18	46.40	13.26	26.80
荷兰	19.25	96.60	3.94	7.10
意大利	11.82	99.70	3.31	13.00

资料来源：南京统计年鉴2011。

无锡市对外贸易复苏强劲。全年实现外贸进出口总额612.23亿美元,比上年增长39.3%。其中,进口总额249.51亿美元,比上年增长39.1%;出口总额362.72亿美元,比上年增长39.5%。出口结构持续优化,高新技术产品出口额为178.09亿美元,比上年增长42.6%,占全市比重达到49.1%。

徐州市对外贸易大幅提升。全年进出口总额为41.61亿美元,比上年增长80.8%,其中出口26.31亿元,增长73.6%。

常州市对外贸易增势强劲。在全球经济日益复苏和外部需求逐步回升等利好因素作用下,对外贸易实现恢复性增长,全年完成进出口总额222.8亿美元,比上年增长47.7%,增幅较上年提高62.2个百分点,其中出口155.6亿美元,增长43.2%;进口67.2亿美元,增长59.5%,实现贸易顺差88.4亿美元。出口商品结构得到优化,全年机电产品出口87.0亿美元,增长50.3%,占出口总额的比重达55.9%,较上年提高2.7个百分点;高新技术产品出口36.8亿美元,增长84.7%,占出口总额的比重达23.7%,较上年提高5.3个百分点。远洋市场得到拓展,贸易伙伴遍及全球六大洲201个国家和地区,其中对欧盟、东盟地区出口规模扩大明显,分别达46.0亿美元,14.2亿美元,比上年增长60.8%和51.3%;对东欧、拉美和大洋洲等新兴市场的出口增长速度迅猛,增幅分别达49.9%、45.8%和48.8%。

苏州市对外贸易实现恢复性增长。全市完成进出口总额2 740.8亿美元,其中出口1 531.1亿美元,分别比上年增长36.1%和34.2%。出口总额按贸易方式分,加工贸易出口1 121.7亿美元,一般贸易出口309.2亿美元,分别比上年增长27.5%和44.9%,一般贸易出口占全市出口的比重达20.2%,比上年提高1.5个百分点。出口总额按企业类型分,国有、集体企业出口117亿美元、外商投资企业出口1 270亿美元、私营企业出口142.9亿美元,分别比上年增长65.2%、29.0%和68.9%。对欧盟、美国、日本三大市场的出口额935.32亿美元,增长32.2%,占全市出口总额的比重为61.1%,比上年下降0.9个百分点。对拉美、东盟等新兴市场出口额178.47亿美元,增长33.2%。

南通市全年进出口总值210.96亿美元,比上年增长29.8%。其中,出口总值141.07亿美元,增长26.2%;进口总值69.89亿美元,增长37.6%。在出口贸易总值中,机电产品出口60.24亿美元,比上年增长24.1%;高新技术产品出口26.94亿美元,比上年增长53.1%;纺织服装制品出口46.77亿元,比上年增长24.1%。

年末与全市建立进出口贸易关系的国家和地区187个,全市有进出口业绩的企业3 780家。

表4-182　2010年南通市进出口贸易主要方式分类情况

指 标	总量(亿美元)	比上年增长(%)
出口总值	210.96	141.07
出口	85.01	53.62
其中:一般贸易	69.89	31.99
加工贸易	25.59	29.80
进口	26.20	33.10
其中:一般贸易	14.10	37.60
加工贸易	51.70	36.40

资料来源:南通市统计公报2010。

表4－183　2010年南通市进出口贸易主要市场情况

国家和地区	出口总值（亿美元）	比上年增长（%）	进口总值（亿美元）	比上年增长（%）
新加坡	4.26	6.60	28.05	4.99
香港	1.73	12.97	4.04	17.70
日本	11.93	35.25	20.00	－17.30
韩国	7.30	13.50	33.50	56.70
中国台湾	59.50	33.60	31.30	60.60
德国	2.53	0.37	14.99	6.87
荷兰	4.38	4.43	1.06	8.60
美国	13.21	9.28	112.00	36.10
东盟组织	16.60	42.80	49.00	－25.00
欧盟组织	111.10	34.00	97.90	－0.50

资料来源：同前。

连云港市对外贸易较快回升。完成进出口总额50.76亿美元，增长31.5%，总量在13个省辖市中列第9位，苏北5市中列第1位；增速比上年提高44.8个百分点。其中出口26.01亿美元，增长33.1%，增幅高于上年48.0个百分点；进口24.75亿美元，增长29.8%，增幅高于上年41.4个百分点。

淮安市进出口总额21.7亿美元，比上年增长50.1%，其中，出口14.9亿元，增长43.7%。

盐城市对外贸易增长迅速。2010年，全市完成进出口总额39.55亿美元，比上年增长37.6%，其中出口23.19亿美元，比上年增长24.4%，进口16.36亿美元，比上年增长62.1%。全市注册外资实际到帐13.04亿美元，同比增长24.9%，总量继续保持苏北第一。

扬州市2010年，全市进出口总额82.4亿美元，同比增长51.7%，其中出口60.57亿美元，增长50.9%，进口21.84亿美元，增长53.8%。从贸易方式看，一般贸易累计出口35.21亿美元，增长40.62%；加工贸易累计出口23.75亿美元，增长71.95%。从出口商品看，船舶、纺织原料与纺织制品、化学化工制品、液晶显示面板与电子纸、半导体器件及延伸产品等产品位居前列。从出口市场结构看，欧美仍是全市主要传统出口市场，2010年全市对欧盟累计出口149 144万美元，增长11.94%；对美国累计出口96 566万美元，增长25.95%。新兴出口市场强劲扩大，成为全市出口增长的主要动力，全市对拉美、大洋洲市场累计出口分别达86 955万美元、35 370万美元，分别增长219%、163%。

镇江市外贸高开回稳。2010年，全市完成进出口总额81.54亿美元，比上年增长35.1%，其中：进口总额34.03亿美元，增长36.6%；出口总额47.51亿美元，增长34.2%。分注册类型看，国有、外商投资、私营企业完成出口总额4.9亿美元、26.79亿美元和14.59亿美元，比上年分别增长45.6%、30.3%和41.2%。分外贸地区看，亚洲市场完成出口总额22.22亿美元，比上年增长37.8%，其中：对香港、印度、日本、韩国、台湾、东盟出口总额2.36亿美元、2.48亿美元、4.77亿美元、2.41亿美元、2.14亿美元和4.02亿美元，分别增长80.4%、30.0%、14.9%、46.4%、168.1%、21.2%；欧洲市场完成出口总额10.54亿美元，增长40.4%，其中欧盟出口总额8.4亿美元，增长32.2%；美国市场出口总额7.76亿美元，增长14.4%。分外贸产品看，机制纸及纸板、机电和高新产品完成出口总额8.1亿美元、15.49亿美元和1.82亿美元，分别增长9.6%、35.1%和140.7%。

泰州市对外贸易大幅回升。全年进出口总额85.85亿美元，增长47.5%。其中，出口58.77亿美元，增长39.4%；进口27.08亿美元，增长68.8%。其中，一般贸易40.17亿元，加工贸易44.09亿元，分别比上年增长45.8%和46.6%。

宿迁市进出口贸易和利用外资快速增长。全年实现进出口总额12.20亿美元,增长95.8%,是"十五"末的倍,"十一五"年递增51.9%。其中出口9.14亿美元,增长70.8%;全市新批外商投资企业51家,协议注册外资3.2亿美元,增长20.5%;实际到帐外资1.85亿美元,增长61.9%,是"十五"末的5.6倍,"十一五"年递增38.3%。

(三)浙江省

2010年,进出口总额为2 535亿美元,比上年增长35%,其中进口730亿美元,增长33.4%;出口1 805亿美元,增长35.7%,出口占全国的比重从上年的11.1%提高到11.4%。

表4-184　2010年浙江省进出口主要分类情况

	绝对数(亿美元)	比上年增长(%)
进出口总额	2 534.70	35.00
出口额	1 804.80	35.70
#一般贸易	1 450.20	36.00
加工贸易	330.10	32.50
#机电产品	791.30	42.60
#高新技术产品	147.40	49.20
进口额	729.90	33.40
#一般贸易	493.80	31.90
加工贸易	157.60	34.00
#机电产品	163.20	37.20

资料来源:浙江统计年鉴2011。

月度出口规模创历史新高。月均出口150.4亿美元,其中7月当月出口180.4亿美元创历史新高。主要出口市场全面恢复,欧盟仍为第一大贸易伙伴。新兴市场出口份额稳步提高,东盟成为第三大出口市场。机电产品、高新技术产品出口比重提高,能源资源类等初级产品进口增加,外贸结构得到优化。

表4-185　2010年浙江省对主要市场进出口情况

国家或地区	出口额(亿美元)	比上年增长(%)	进口额(亿美元)	比上年增长(%)
欧盟	483.20	34.00	93.80	45.80
东盟	110.10	37.00	68.70	54.70
美国	304.60	32.10	61.20	51.30
日本	105.50	18.50	100.00	26.40
俄罗斯	51.10	81.10	12.20	0.70
韩国	45.40	27.80	63.50	8.60
中国香港	64.40	43.20	2.50	15.30
中国台湾	20.10	52.50	101.80	31.40

资料来源:浙江统计年鉴2011。

各市外贸完成情况：

杭州市全市完成外贸进出口总额523.55亿美元，比上年增长29.5%。其中进口总额170.18亿美元，增长28.6%；出口总额353.37亿美元，增长30.0%。出口总额中，机电产品出口136.6亿美元，增长32.7%；高新技术产品出口44.77亿美元，增长38.9%。按贸易方式分，一般贸易出口277.97亿美元，比上年增长31.4%；加工贸易出口74.58亿美元，增长26.3%。出口国别和地区中，对欧盟出口98.16亿美元，增长27.8%；对日本出口31.47亿美元，增长26.8%；对美国出口71.41亿美元，增长23.7%。"十一五"时期，全市进出口总额累计达2 231.75亿美元，其中出口1 523.25亿美元，年均分别增长11.9%和12.3%。

温州市全年外贸进出口总额170.94亿美元，比上年增长28.8%。其中进口总额25.51亿美元，增长8.9%；出口总额145.43亿美元，增长33.0%。外贸依存度为39.6%，其中出口依存度为33.7%，分别比上年提高3.7和4.1个百分点。目前，与全市建立进出口贸易关系的国家和地区200个，年末拥有进出口经营权企业7009家。

表4－186　2010年温州市外贸出口分类情况

单位：亿美元

指 标	2010年	比上年增长(%)
出口总额	145.43	33.00
#一般贸易	135.42	32.80
加工贸易	9.98	37.00
#鞋类	37.40	35.80
服装	15.77	21.80
合成革	3.99	31.90
眼镜	6.36	21.70
打火机	0.82	-14.80
机电类	56.40	34.00

资料来源：温州市统计公报2010。

表4－187　2010年温州市主要市场出口情况

单位：亿美元

地 区	2010年	比上年增长(%)
欧洲	59.57	34.60
亚洲	40.24	25.70
北美洲	19.07	42.80
拉丁美洲	13.31	45.20
非洲	10.86	21.70
大洋洲	2.23	43.60

资料来源：温州市统计公报2010。

宁波市进出口大幅增长。全年全市实现外贸自营进出口总额829.0亿美元，比上年增长36.3%。其中出口519.7亿美元，增长34.5%；进口309.3亿美元，增长39.6%。实现口岸进出口总额1 613.4

亿美元,增长38.0%。新增外贸经营备案登记企业2 487家,累计15 367家。机电产品和高新技术产品出口分别增长38.4%和26.3%;进口均增长29.7%。加工贸易进出口额为175.9亿美元,增长25.9%;一般贸易进出口额602.0亿美元,增长36.2%。

金华市2010年全市完成进出口总额131.99亿美元,比上年增长41.3%。其中出口总额121.88亿美元,比上年增长41.8%,增幅高于全省6.1个百分点;进口总额10.11亿美元,比上年增长35.7%,增幅高于全省2.2个百分点。出口有效主体增加。全年新增备案企业1 205家,累计获外贸经营权企业达8 561家;全年有出口实绩企业3 831家,比上年净增534家;其中出口超1 000万美元企业267家,比上年净增94家。出口市场结构优化。与206个国家和地区建立了贸易关系,其中出口超1亿美元的国家和地区34个,增加13个。

表4-188　2010年湖州市外贸进出口额

单位:亿美元

指标	2010年	±%
进出口总额	69.28	43.30
出口	58.61	43.80
#一般贸易	54.07	47.60
加工贸易	4.54	10.40
#生产企业	27.88	60.30
外资企业	21.13	33.30
#亚 洲	16.29	43.00
#日 本	2.96	27.80
非 洲	2.64	18.70
欧 洲	20.03	50.50
拉丁美洲	4.80	70.70
北美洲	13.18	32.00
#美 国	11.51	32.00
大洋洲	1.67	60.30
#纺织原料及纺织制品	19.97	33.50
机电产品	18.93	65.10
化工产品	4.10	30.00
农副产品	6.29	24.90
高新技术产品	3.41	240.30
其它	10.05	53.00
进口	10.67	40.90

资料来源:湖州市统计公报2010。

嘉兴市全市进出口总值228.20亿美元,比上年增长32.6%。其中出口总值160.41亿美元,增长30.0%;进口总值67.80亿美元,增长39.3%。机电、服装及纺织类等产品居出口商品主导地位,机电产品出口48.90亿美元,增长47.2%,占全市出口总额的30.5%;服装类产品出口36.70亿美元,增长

12.8%,占全市出口总额的22.9%;纺织类产品出口26.39亿美元,增长28.9%,占全市出口总额的16.5%。“十一五”期间,全市出口总值累计633.36亿美元,年均增长17.9%。经济外向度有所下降,2010年全市进出口总额占GDP的比例67.3%,出口额占GDP的比重47.3%,分别比2005年下降2.9和2.5个百分点。

湖州市全市外贸进出口总额69.28亿美元,比上年增长43.3%。其中,出口58.61亿美元,增长43.8%;进口10.67亿美元,增长40.9%。按出口贸易方式分,一般贸易出口54.07亿美元,加工贸易出口4.54亿美元,分别增长47.6%和10.4%。按出口企业性质分,生产企业出口27.88亿美元,流通企业出口9.6亿美元,外资企业出口21.13亿美元,分别增长60.3%、27.8%和33.3%。从主要出口产品分析,全市主要商品出口进一步回升,出口增幅平均增长三成以上。纺织及服装出口19.97亿美元,机电产品出口18.93亿美元,分别比上年增长33.5%和65.1%。高新技术出口飞速增长,出口3.41亿美元,比上年增长240.3%。按出口市场分,主要出口市场增速保持稳步增长,其中北美洲增长32.0%,欧洲增长50.5%,亚洲增长43.0%。全年进出口贸易额超两千万美元的企业数为68家,比上年增加18家,其中出口超两千万美元企业57家,增加17家。

绍兴市对外贸易快速增长。全年全市进出口总额270.16亿美元,同比增长31.8%。其中出口210.89亿美元,增长33.8%,进口59.27亿美元,增长25.3%。进出口额、出口额均居全省第3位,进口额居全省第4位。有进出口国家和地区199个,其中出口超1 000万美元的国家和地区100个。美国、巴西和德国分别位居出口额前三位国家,出口额分别为25.90亿美元、10.30亿美元和10.19亿美元。机电、化工和高新技术产品分别出口38.48亿美元、11.94亿美元和11.17亿美元,增长43.8%、35.5%和63.6%;纺织品及服装出口139.40亿美元,增长31.8%。新登记备案企业1 690家,累计获进出口经营权企业10 597家。全市出口超1 000万美元企业466家,同比增加138家。

金华市外贸出口受国际金融危机影响较大。全年实现自营出口额42 777万美元,同比下降14.6%。

衢州市全年进出口总额11.84亿美元,比上年下降10.8%。其中:出口7.3亿美元,下降19%;进口4.54亿美元,增长6.6%。全市有出口实绩的企业424家,增长16.8%,其中当年新启动出口业务企业113家。出口额在100万美元以上的企业148家,增加8家;1 000万美元以上的龙头企业20家,减少1家。全市出口排前三位的市场依次是:欧盟、美国、日本。对欧盟出口1.4亿美元,下降7.7%;对美国出口0.92亿美元,下降34.9%;对日本出口0.43亿美元,下降19.1%。对这三大主要市场出口额合计占全市出口总额的37.7%。在主要商品出口中:机电产品出口1.41亿美元,下降17.6%;高新技术产品出口0.48亿美元,下降59%;化工医药产品出口2.01亿美元,下降41%;服装、纺织品出口1.17亿美元,下降6.8%;农产品及其加工产品0.85亿美元,下降5.8%

舟山市全年外贸进出口总额(含保税仓库货物)70.23亿美元,比上年增长16.0%。其中,进口总额32.84亿美元,增长18.7%;出口总额37.39亿美元,增长13.8%。全年工业制成品出口额25.82亿美元,增长31.3%,其中船舶出口额19.39亿美元,增长44.6%,占全市出口额的比重为51.8%,比上年提高12.4个百分点。加工贸易出口额18.62亿美元,增长62.3%。

台州市对外贸易恢复性增长。全年外贸进出口总额170.01亿美元,比上年增长41.3%。其中自营出口总额139.63亿美元,增长38.7%。全年外贸企业出口22.29亿美元,增长36.3%;三资企业出口25.04亿美元,增长28.9%;生产企业出口92.30亿美元,增长42.2%。在出口总额中,一般贸易出口125.16亿美元,增长39.5%;加工贸易出口14.42亿美元,增长32.3%。主要出口产品中,太阳能板、船舶、服装机械、阀门龙头等出口分别比上年增长235.7%、45.5%、53.0%和47.8%。2010年全市有进出口实绩企业3 819家,比上年增加367家,其中进出口超1 000万美元企业有363家。出口国家和地区已达207个。

丽水市进出口总额153 285万美元,比上年增长38.0%,“十一五”时期年均增长24.0%。其中,出口134 881万美元,比上年增长44.3%,进口18 404万美元,增长4.8%,“十一五”时期年均分别增长25.1%和17.3%。欧洲和亚洲仍是全市产品出口的主要市场,出口额比重达到71.5%,对北美洲和拉丁美洲市场保持较快增长

三、展望

2010年以来,我国对外贸易全面恢复,进出口绝对量双双超过金融危机之前的水平;主要产品出口形势良好,贸易结构有所优化;对新兴经济体出口比例提高。展望未来,各国政府联手救市政策带来的世界经济快速回升阶段趋于结束,2011年上半年,世界经济将处于短、中、长经济周期下降期的重叠阶段,国内需求出现放缓迹象,加之基数效应显现,预计外贸增速将逐步减慢;2011年下半年,世界经济与中国经济趋于稳定,国际贸易与投资活跃程度提高,我国外贸增长亦将逐步回升。

八　长三角外资

一、长三角利用外资总体情况

据海关统计,2009 年长三角实际利用外资总额达 476.4 亿美元,比上年(下同)增长 1.2%,占全国实际利用外资总额比重 50.8 %,总体情况好于全国。其中,江苏仍然是长三角地区的引资主力,外资增长率为 0.8%,实际到帐外资 253.2 亿美元,同比增长 0.8%。规模连续七年保持全国第一,占全国比重进一步提高。分别占长三角地区和全国外资总额的 55.3% 和 28%。增长方面,在全国外资回落情况下,上海实际利用外资增速突出,增长 4.5%,占全国出口比重 11.7 %。浙江省利用外资出现了轻度倒退,为 -1.3%。

表 4 - 189　2010 年长三角外资情况

单位：亿美元

	当年实际利用外资额	±%		当年实际利用外资额	±%
上海市	105.40	4.50	江苏省	253.20	0.80
南京	22.82	0.90	无锡	32.03	1.20
常州	22.61	10.90	苏州	82.27	1.20
南通	20.05	-31.70	扬州	15.19	0.60
镇江	14.41	19.90	泰州	10.56	0.60
浙江省	99.00	- 1.30	杭州	38.80	17.20
宁波	21.96	-12.80	嘉兴	13.35	- 1.80
湖州	8.11	1.10	绍兴	8.11	5.00
舟山	0.75	-52.70	台州	1.88	-21.30
长三角	476.40	1.20	全国	900.00	- 2.60

二、两省一市利用外资进展与特点

(一)上海市

全年批准外商直接投资合同项目 3 906 项,比上年增长 26.4%;吸收外资合同金额 153.07 亿美元,增长 15.1%;实际到位金额 111.21 亿美元,增长 5.5%。全年第三产业吸收外商直接投资实际到位金额 88.31 亿美元,增长 16%,占全市实际利用外资的比重达到 79.4%。全年批准总投资在 1000 万美元以上的外商直接投资项目 203 项,合同金额 125.65 亿美元。至年末,在上海投资的国家和地区已达 149 个。年内新增跨国公司地区总部 45 家、投资性公司 22 家、外资研发中心 15 家。至年末,在上海落户的跨国公司地区总部达到 305 家,投资性公司 213 家,外资研发中心 319 家。

表 4 - 190　上海市主要年份直接吸收外资情况

指 标	2000	2009	2010
签订合同项目(个)			
# 合资经营	441	361	445
合作经营	226	7	14
独资经营	1146	2721	3443
签订合同金额(亿美元)	63.90	133.01	153.07

(续表)

指 标	2000	2009	2010
#合资经营	13.86	17.40	21.54
合作经营	5.86	3.73	1.11
独资经营	44.14	109.23	128.17
实际吸收外资金额(亿美元)	31.60	105.38	111.21
#合资经营	12.94	16.16	17.84
合作经营	2.99	2.04	1.69
独资经营	15.67	87.18	90.71

资料来源:上海统计年鉴2011。

表4-191　上海市外商直接投资合同项目和金额(2010年)

类别	签订合同项目(个)		签订合同金额(亿美元)		实际吸收外资金额(亿美元)	
	2010	至2010年底累计	2010	至2010年底累计	2010	至2010年底累计
总 计	3906	59 497	153.07	1751.23	111.21	1064.27
#1000万美元以上项目	203		125.65			
#工 业	52		23.31			
按投资方式分						
#合资经营	445	16 583	21.54	415.16	17.84	315.92
合作经营	14	5 091	1.11	136.33	1.69	91.83
独资经营	3 443	37 744	128.17	1 157.30	90.71	627.80
按产业分						
第一产业	26	290	0.15	4.65	0.89	3.39
第二产业	372	25 644	28.85	802.59	22.01	445.24
#工 业	337	24 766	27.75	784.39	21.59	439.47
第三产业	3 508	33 563	124.07	944.00	88.31	615.64
按主要国别(地区)分						
#中国香港	1 335	17 734	68.08	608.25	46.35	311.18
中国澳门	8	246	-0.06	4.01	0.08	1.59
中国台湾	399	6 564	1.56	53.33	1.00	37.65
日 本	566	8 155	12.98	178.50	10.10	131.91
韩 国	187	2 075	2.09	23.62	1.46	13.45
新加坡	200	3 071	22.52	103.54	12.62	52.35
泰 国	11	229	0.24	2.76	0.08	2.58
德 国	100	1 367	1.91	68.47	3.80	49.72
英 国	71	973	0.95	26.51	1.41	20.88
法 国	54	609	3.14	25.27	2.83	14.46
意大利	62	653	0.45	7.22	0.32	3.72
美 国	297	6 622	3.59	129.21	4.47	89.33
加拿大	46	998	0.17	9.46	0.67	4.84
澳大利亚	44	1 079	0.54	11.52	0.43	5.94

资料来源:上海统计年鉴2011。

(二)江苏省

吸引外资规模继续保持全国第一,利用外资结构不断改善。全年新批外商投资企业4 661家,新批协议外资568.3亿美元;实际到帐外资285.0亿美元,比上年增长12.5%。新批及净增资3 000万美元以上的大项目660个。全年服务业新批外商直接投资企业1 490家,协议外资140.7亿美元;实际到帐外资81.5亿美元,增长22.8%。开发区建设取得新进展。全省开发区完成进出口总额3 585.9亿美元,其中出口总额2 027.3亿美元,分别增长37.1%和36.2%,占全省总量的77.0%和74.9%;实际到帐外资222.3亿美元,增长16.6 %,占全省总量的77.9%。

表4－192　江苏省按行业划分外商直接投资(2010年)

行业	项目(个)	合同外资(万美元)	实际投资(万美元)
总计	4661	5 683 321	2 849 777
农、林、牧、渔业	258	192 004	84 855
制造业	2817	3 884 628	1 846 859
纺织服装、鞋、帽制造业	209	140 292	67 372
化学原料及化学制品制造业	81	161 544	133 721
非金属矿物制品业	90	108 266	59 830
金属制品业	122	145 162	72 471
通用设备制造业	423	540 531	204 639
专用设备制造业	331	434 322	175 422
交通运输设备制造业	195	276 262	119 176
电气机械及器材制造业	400	752 769	265 070
通信设备、计算机及其他电子设备制造业	363	611 515	341 825
建筑业	62	136 365	44 390
交通运输、仓储和邮政业	60	121 052	54 152
批发和零售业	656	220 375	131 287
房地产业	84	412 857	437 418
租赁和商务服务业	297	294 085	97 799
科学研究、技术服务和地质勘查业	181	169 218	33 011

资料来源:江苏统计年鉴2011。

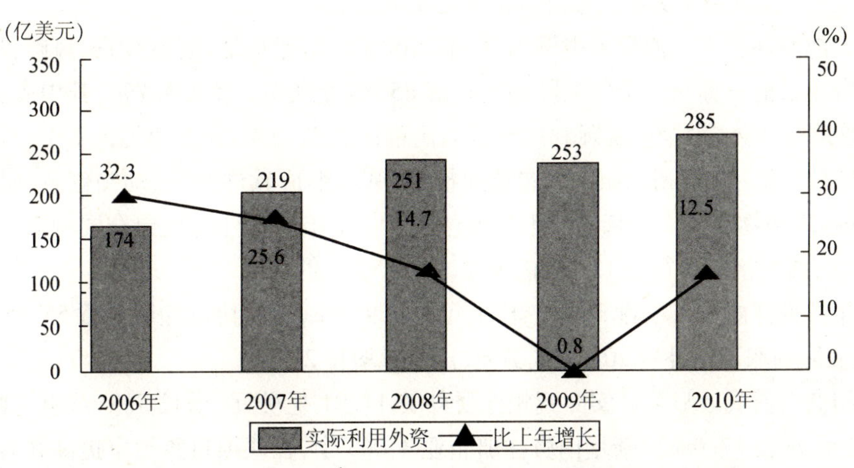

图4－29　"十一五"时期实际利用外资与增长速度(亿美元,%)

表4-193　江苏省 实际外商直接投资金额

单位:亿美元

指 标	2009	2010
合 计	253	285
合资经营企业	40	47
合作经营企业	4	25
独资经营企业	203	228
外商投资股份制企业	61	67

资料来源:江苏统计年鉴2011。

各市利用外资情况:

南京市全年新批外资企业387个,新批注册合同外资额47.78亿美元,比上年增长4.8%;实际使用外资26.76亿美元,增长17.3%。全市12个省级以上开发区新批注册合同外资30.2亿美元,增长7.4%;实际使用外资18.77亿美元,增长24.9%。

无锡市利用外资结构不断优化。全年新批和新增外资项目587个,协议注册外资47.5亿美元,到位注册外资连续三年超过30亿美元,达到33亿美元,再创历史新高。服务业利用外资占比进一步提升,占到位注册外资比重达到37.8%,高新技术产业到位注册外资占比达到50.1%。全年完成协议注册外资超3 000万美元的重大外资项目33个。至2010年底全球财富500强企业中有75家在全市投资兴办了144家外资企业。

徐州市对外开放取得新成效。全年全年新批外商投资项目204个;实际到账注册外资10.13亿美元,比上年增长45.2%。

常州市利用外资量质并举。不断加大招商引资力度,着力提升产业招商、项目招商和“双引”成效,全市利用外资规模、数量和质量均得到明显提升。全年实际到账外资达26.7亿美元,比上年增长18.1%,增幅超过全省增幅5.6个百分点,列苏南五市首位。重大项目引进取得新突破,全年新增工商登记注册外资3000万美元以上项目32个,新增世界500强投资项目7个,累计已有51家世界500强企业在全市投资了76个项目。引资结构继续优化,全年制造业实际到帐外资15.3亿美元,占全市总量的57.3%;生产性服务业实际到帐外资1.9亿美元,占服务业总量的17.5%。

苏州市加大战略性新兴产业招商引资力度,推动区域性功能总部、创业投资、风险投资、独立研发中心等高端外资项目落户苏州。全年实际利用外资85.33亿美元,增长3.7%,其中服务业利用外资23.5亿美元,增长37.0%,占全市实际利用外资的比重达到27.5%,比上年提高7.1个百分点。世界500强企业中有138家落户苏州。服务外包快速推进,基本形成软件开发、动漫创意、研发设计、生物医药、金融数据处理和物流供应链管理的服务外包集群。全年服务外包接包合同额22.96亿美元,比上年增长64.2%;离岸接包执行额13.08亿美元,增长50.1%。

南通市全年新批外商投资项目364个,比上年下降9.2%;新批协议注册外资55.15亿美元,比上年下降0.2%;实际到账注册外资20.61亿美元,比上年增长2.8%。

连云港市招商引资成效显著。实际到帐注册外资11.01亿美元,增长5.9%;引进内联客方到位资金436.91亿元,增长17.0%。新增内资注册企业3 065个,在谈项目签约率提高并有序跟踪推进。新型钢管、铜业、新能源汽车充电池、光电材料等一批重大项目纷纷落户。发行企业债券23.5亿元、公司债6.5亿元，吸引异地金融机构投放贷款余额130亿元。

淮安市积极开展系列招商活动全市上下抓住淮安加入长江三角洲城市群和江苏省沿海开发上升为国家战略的重要契机，加快借港出海，外向型经济加速发展。招商活动成效显著，成功组织"南方周"招商活动，深圳、东莞等台资密集区招商取得实质性突破。全年集中招商活动签约外资项目90个，已注册50个，到帐外资3.05亿美元。新批外资项目244个，协议注册外资20.3亿美元。全市注册外资实际到帐10.5亿美元，比上年增长92.2%，其中，注册台资实际到帐4.78亿美元，增长63.1%。进出口总额21.7亿美元，比上年增长50.1%，其中，出口14.9亿元，增长43.7%；8家省级开发区业务总收入2259.1亿元，新增基础设施投入101.9亿元。市经济开发区成功获批为国家级经济开发区。推进省级特色产业园区建设，累计获批台商工业园、盐碱科技产业园、凹土科技园、金湖汽摩配产业园、楚州精密机械配件产业园、涟水高档旅游服饰产业园、淮阴太阳能产业园，入园企业近200户，规模以上工业开票销售收入45.7亿元。

盐城市利用外资平稳增长。全全市注册外资实际到帐13.04亿美元，同比增长24.9%，总量继续保持苏北第一。

扬州市利用外资快速增长，全市实际利用外资到账25.72亿美元，增长13.5%。大项目支撑有力，500万美元以上项目占88.6%，1 000万美元以上项目占62.7%。全年新批335个项目中，协议外资1 000万美元以上项目159个，大项目单体协议外资规模2 484万美元，3 000万美元以上项目32个，比去年增加9个，增长39.1%。

镇江市外资发展稳定。2010年，全市新批工商注册外商投资企业138家，比上年减少26家；新批千万美元以上项目86个，比上年减少13个；协议利用外资23.25亿美元，比上年下降17.1%；实际利用外资16.15亿美元，比上年增长12.1%。全年完成服务外包合同额2.54亿美元，执行额1.62亿美元，比上年分别增长141.3%和159.4%。

泰州市开放型经济平稳发展。全年新签项目（合同）219个，注册协议外资39.71亿美元，实际利用外资13.63亿美元，分别增长31.9%、46.3%和29%。

宿迁全市新批外商投资企业51家，协议注册外资3.2亿美元，增长20.5%；实际到帐外资1.85亿美元，增长61.9%，是"十五"末的5.6倍，"十一五"年递增38.3%。

（三）浙江省

浙江全省新批外商直接投资项目1 944个，比上年增加206个，合同外资200.5亿美元，实际到位外资110亿美元，分别比上年增长25.2%和10.7%。第三产业利用外资继续保持良好势头，合同外资81.1亿美元，实际外资41.4亿美元，分别比上年增长41.9%和21.8%，各占外资总额的40.5%和37.7%。

表4－194　浙江省 实际利用外资金额

单位：万美元

年份	合计	对外借款	外商直接投资	其他投资
2009	1 087 685	74 715	993 974	18 996
2010	1 322 584	172 425	1 100 175	49 984

资料来源：浙江统计年鉴2011。

表4－195　按行业分的外商直接投资

指标	项目(个)	合同外资(万美元)	实际利用外资(万美元)
总计	1 944	2 004 666	1 100 175
第一产业	31	35 270	9 032
第二产业	1 104	1 157 992	676 692
#制造业	1 087	1 132 873	662 930
通用设备制造业	1 23	103 131	61 526
通信设备、计算机及其他电子设备制造业	85	117 013	53 230
第三产业	8 09	811 404	414 451
信息传输、计算机服务和软件业	63	73 646	36 856
批发和零售业	366	103 268	37 177
房地产业	36	309 100	232 841
租赁和商务服务业	169	179 155	42 673
科学研究、技术服务和地质勘查业	94	78 924	26 014

资料来源:浙江统计年鉴2011。

各市利用外资情况:

杭州市全年批准外商直接投资545项,合同利用外资77.09亿美元,比上年增长10.7%;实际到位外资43.56亿美元,增长8.5%。全市新批总投资3 000万美元以上项目147个,总投资84.32亿美元,合同外资54.15亿美元,分别占全市总额的71%和70.2%。至2010年末,共有82家世界500强企业来杭投资130个项目。

温州市全年新签外资项目25项,实际利用外资1.76亿美元,比上年下降25.1%。

宁波市利用外资较快增长。全年全市合同利用外资40.5亿美元,比上年增长18.2%,实际利用外资23.2亿美元,增长5.3%。其中第三产业新批项目267个,实到外资7.0亿美元,增长14.1%;房地产业实际利用外资4.1亿美元,增长53.3%。

嘉兴全市全年全市新批外商投资企业300家,比上年增加45家;合同利用外资32.06亿美元,同比增长22.2%;实际利用外资16.10亿美元,增长20.6%。"十一五"期间全市实际利用外资累计达71.89亿美元,是"十五"的1.5倍。对外经济技术合作工作扎实推进,全年新办境外企业36家,投资总额15 913万美元,增长55.3%,全社会外派劳务466人次。全市引进内资项目1100个,实际到位内资182.5亿元,增长29.4%。

湖州市全年新批准及增减资利用外资项目302个,其中新批外商投资企业170家,批准增资项目91个。全年合同外资20.37亿美元,比上年增长18.8%。实到外资9.19亿美元,增长13.3%,其中第一产业2554万美元,增长9.3%;第二产业6.27亿美元,增长2.0%;第三产业2.66亿美元,增长54.0%。全年批准总投资千万美元以上项目123个,合同外资18.72亿美元,占全部合同外资的91.9%,其中新批总投资千万美元以上企业100家,合同外资15.68亿美元,占全部合同外资的77.0%。

绍兴市利用外资重创新高。全市当年引进外资项目235只,比上年增加61只。新增项目平均投资规模1 146.5万美元,同比增长23.4%。新批(含增资)投资总额超1 000万美元项目98只,重大项目中超3 000万美元以上项目27只,比上年分别增加34只和17只,完成年度目标任务的163.3%

和245.5%,并新增1家500强投资项目。合同利用外资14.46亿美元,增长53.6%;实到外资9.53亿美元,增长17.5%,实到外资完成全年目标任务的113.3%。利用外资9亿美元,创出近三年来的新高。实到外资总量居全省第4位,增幅居全省第3位。制造业仍为全市招商引资重点领域,全年引进制造业项目180只,合同外资13.43亿美元,占全市总量的92.9%。其中新增机械、电子等高新技术项目93只,合同外资6.6亿美元。

金华市全年新批外商投资企业104家,比上年增长12.0%,合同利用外资60 174万美元,比上年增长14.1%,实际利用外资35 263万美元,比上年增长11.0%。工业利用外资继续占主导地位。全年新批工业制造业外资项目61个,合同利用外资占当年新批合同外资的62.7%,实到外资占全市总数的78%。外商投资大项目主体作用明显。全年新设立总投资1 000万美元以上项目36个,比上年增加17个,合计合同外资48 823万美元,占全市合同外资总数的81%。全年有32家外资企业发生增资,共增加合同外资15 027万美元,占当年全市合同利用外资总额的25%。

丽水全市新批准设立外商直接投资企业12个,比上年增加4个;外商直接总投资12 008万美元,增长287.0%;合同利用外资金额7 373万美元,增长273.7%;实际利用外资金额3 751万美元,增长28.8%。

三、展望

2010年外国直接投资在我国呈现出三个显著特征:

1. **投资重点从制造业向服务业与制造业并重转移。**目前服务业实际使用外资增速快于制造业超10个百分点,服务业实际使用外资占同期全国总量的比重上升至近50%,超过制造业所占比重的45%。服务业吸收外资主要集中在分销服务业、房地产业、运输服务业、计算机应用服务业以及电力煤气水的生产和供应业。

2. **投资主要来源地不变。**对华投资前列的国家/地区仍然是香港、台湾、日本、新加坡、美国、英国、韩国、德国、法国和荷兰。这些国家/地区实际投入外资金额占全国实际使用外资金额的90%。

3. **长三角地区仍然是全国吸收外资最多的地区。**东部地区实际使用外资金额占到全国85%左右,其中江苏、广东、辽宁、上海和浙江为全国吸收外商直接投资最多的5个省市。

受国际经济二次探底风险加大的影响,未来一年外资将加速向中国等新兴市场积聚,长三角地区可借机调整和改善外资外贸结构,推进经济增长方式转变。

第三章　基础设施与生态建设

一　长三角信息化

信息化是推动经济社会变革的重要力量。对于长三角而言,信息化不仅可以更新和节约区域发展的资源要素,减轻实物型资源和距离摩擦作用对区域发展的制约作用,拓宽区域发展的空间,而且可以提高区域的科技水平,优化区域的产业结构,促进区域经济增长方式的集约化。因此,信息化是长三角发展的战略选择,2010 年,长三角通过推进信息化,促进经济发展方式的转变,取得显著成效。

一、长三角年信息化的现状成果

作为中国经济最发达、开放度最高、最具发展潜力的地区,2010 年,长三角的信息化建设顺利,成果颇丰。长三角地区充分利用空间上的整体性、文化上的同源性、资源上的互补性,在推进信息一体化的过程中,加大信息化和工业化融合的深度与广度,使得长三角地区生产装备数字化和过程控制自动化水平不断提高,部分重点行业信息管理和决策系统进入应用集成阶段,对移动互联网、物联网、云计算等新兴信息技术也开始逐步应用,电子商务等新兴产业迅速兴起,经济社会信息化水平显著提升。

表 4－196　2010 年长三角地区的总体情况

	上海	江苏	浙江	长三角地区
信息产品制造业工业总产值(亿元)	7 022.46	12 932.00	1 965.09	21 919.55
信息服务业、计算机服务业及软件业生产总值(亿元)	675.98	605.28	594.55	1 875.81
电信业务总量(亿元)	966.96	2 006.30	1 914.60	4 887.86
固定电话用户 (万户)	935.91	1 527.80	1 998.50	4 462.21
移动电话用户 (万户)	2 361.55	5 923.10	5 047.00	13 331.65
国际互联网用户 (万人)	1 560.00	1 062.20	3 670.00	6 292.20

2011 年,中国信息化研究与促进网联合工业和信息化部电子科技情报研究所信息化研究与促进中心等支撑单位组织开展了中国优秀政府网站推荐及综合影响力的评估,评估面向全国以.gov.cn;.org.cn等为域名的近 5 万家政府网站和政务服务型网站,采取单位自荐、专家推荐和综合评估等三种主要方法,通过自下而上的测评,评选出中国政府网站领先奖,长三角地区政府网站建设表现突出。

表 4－197　2010 年度"中国政府网站领先奖"

部委网站	商务部、外交部、财政部、国土资源部、发改委、国新办、国家预防腐败局、科技部、国资委、民政部、交通运输部、公安部、质监总局、国家林业局

（续表）

省级网站	中国上海、中国广东、中国重庆、中国安徽、中国福建、中国江苏
计划单列市及省会城市网站	中国成都、中国济南、中国青岛、中国杭州、中国南京、中国大连、中国长沙
地市网站	江苏无锡、湖北孝感、福建龙岩、江苏苏州、浙江绍兴、山东潍坊、浙江温州、广东珠海、山西晋城、广东佛山
直辖市所辖区县网站	北京朝阳区、上海卢湾区、北京东城区、上海徐汇区、重庆渝中区、上海宝山区、重庆万州区、天津滨海新区、北京西城区
省市级委办厅局、区域合作、精神文明、科研院所网站	北京公安局公安交通管理局、辽宁民心网、北京经信委、上海人力和社会保障网、文明网联盟北京站、上海工商局、重庆公安局、广东应急办、北京工商局、江苏商务厅、重庆地税局、上海农委、文明网联盟四川网站、北京地税局、上海财税
计划单列与副省级城市区县网站	宁波江北区、济南历下区、青岛崂山区、杭州西湖区、宁波鄞州区、西安未央区、厦门思明区、成都温江区、深圳罗湖区、广州天河区
县区级网站	江苏仪征市、湖北神农架、福建上杭县、安徽颍上县、浙江海宁市、广东顺德区、江苏昆山市、浙江义乌市、江苏启东市、浙江德清县、湖南望城县、山东岱岳区、江苏江阴市

(一)上海信息化

2010年,上海信息化取得突出成就。在信息基础设施方面,上海拥有全国约1/3的国际出口带宽,成为国内首个拥有T级别出口带宽能力的城市和亚太地区主要信息通信枢纽之一。“城市光网”建设实现75万户覆盖能力,3G + WiFi无线宽带通信网已覆盖全市范围。在国民经济信息化方面,以信息技术与制造技术的融合,推进汽车、船舶、装备等传统制造行业能级的提升,公共服务体系不断完善,“企业信息化公共服务平台”整合各方社会资源的优势,形成促进信息化与工业化融合发展的合力;金融信息化建设取得新进展。在社会信息化方面,95%以上的高校建立了校园网,“教学通”、“管理通”、“培训通”、“社区通”走向实用化;社区卫生服务信息管理系统和市民电子健康档案的应用试点取得成效,卫生应急、医疗业务、疾病控制和卫生监督等数据库基本框架建成;市、区、街道三级信息网络,促进了民政救助、劳动保障、社保卡办理、医疗保障、计划生育等信息的共享;文化信息资源共享工程建设,扩大了文化信息资源供给。在政务信息化方面:基本建成电子政务基础网络框架;政府采购一体化信息管理平台建设工作全面启动,食品药品监管、安全生产监管、企业信用监管等信息系统的建设取得成效;实有人口信息管理系统、企业基础信息共享应用系统、劳动保障信息系统等逐步实现了跨部门的数据交换;以“中国上海”为标志的政府网站群,实现了政务信息公开、网上互动交流、在线办事与服务等功能。信息产业作为上海的六大支柱产业,发展平稳,2010年,其中信息产品制造业的从业人数为55.33万,工业总产值为7 022.46亿元,工业销售产值为6 953.06亿元,利润总额为209.22亿元,年末资产总计3 902.88亿元;信息服务业、计算机服务业及软件业的从业人员为23.25万,生产总值为675.98亿元,经营收入为1 978.51亿元。

表4－198　上海市信息化发展状况

年　　份	2006年	2007年	2008年	2009年	2010年
电信业务总量（亿元）	511.41	668.00	776.10	806.86	966.96
年末固定电话用户（万户）	1 112.00	1 022.00	1 015.40	935.48	935.91
移动电话用户（万户）	1 609.50	1 776.50	1 880.90	2 106.32	2 361.55
全年长途通话时长（亿分钟）	151.40	189.80	194.20	190.86	205.77
移动电话通话时长（亿分钟）	453.40	661.60	783.20	877.89	37.37
国际互联网用户（万人）	957	1080	1160	1250	1560
互联网用户普及率（%）	52.70	58.10	61.40	65.10	68.10
家庭宽带接入用户（万户）	301.70	327.60	376.70	423.28	440
家庭宽带接入用户普及率（%）	44.90	47.60	53.90	60.60	61.80
信息通信管线长度（沟公里）	2 451	3 131	4 007	5 354	5 821
本地信息交互流量（万亿字节）	2 113	2 188	2 429	2 950	2 906

(二)江苏信息化

2010年,江苏信息化建设的重点由大规模信息基础设施建设向信息技术普遍应用和信息资源深度开发转型;信息化和工业化互动发展,信息技术加速和产业的融合发展;注重普遍服务和深化应用,突出社会领域、农村地区等薄弱环节的信息化。2010年,江苏邮政电信业务总量2 194.6亿元,比上年增长21.1%,其中邮政业务总量188.3亿元,电信业务总量2 006.3亿元,分别增长21.5%和20.9%。邮政电信业务收入798.2亿元,比上年增长8.3%,其中邮政业务收入111.1亿元,电信业务收入687.1亿元,分别增长22.7%和7.3%。年末局用交换机总容量4 288.2万门。年末固定电话用户2 498.8万户,减少163.6万户,其中:城市电话用户1 527.8万户,乡村电话用户971万户。住宅电话用户1 759万户,减少116.3万户。年末移动电话用户5916.7万户,净增976.4万户。电话普及率达109部/百人,比上年增加10部/百人。长途光缆线路总长度3.3万公里,新增0.1万公里。年末互联网用户1 081.3万户,新增120.4万户。具体指标如表4与表5所示。2010年,江苏省徐州市的沙集模式成为农村经济中信息化带动产业化、产业化促进信息化的典型。沙集模式的特点,是"网络+公司+农户",依靠自己的聪明才智和精湛手艺,在网上卖自制拼装家具的沙集镇东风村,创造的相关产业年产值达3亿元。

表4－199　江苏省近年信息化发展状况

年　　份	2006年	2007年	2008年	2009年	2010年
函件(亿件)	3.94	7.40	8.82	9.51	9.36
国际互联网用户(万户)	577.95	671.90	771.65	960.95	1 062.20
固定电话普及率(部/百人)	42.71	42.31	38.20	33.80	32.35
移动电话用户(万户)	2 873.40	3 313.20	3 957.00	4 940.3	5 923.10
邮政通讯业务总量(亿元)	997.26	1 280.10	1 584.13	1 812.40	2 194.60

表 4－200　江苏省城市信息化发展状况

城 市	邮政通讯业务收入(亿元)	本地电话用户(万户)	年末移动电话用户(万户)	国际互联网用户(万户)	城市居民人均交通和通讯支出(元)
南京	93.05	269.09	818.82	140.02	1950
无锡	54.20	130.22	457.29	84.22	1981
徐州	25.45	94.71	278.52	45.08	2175
常州	44.48	112.63	383.62	67.67	2928
苏州	73.93	143.39	536.64	80.02	2952
南通	24.87	81.49	229.80	33.98	2091
连云港	11.19	33.29	110.48	22.38	1448
淮安	13.83	58.38	180.99	18.07	1471
盐城	12.97	72.61	14.33	16.64	1593
扬州	16.66	59.59	170.44	33.18	1400
镇江	11.94	58.65	123.86	19.84	1486
泰州	8.93	33.37	80.83	14.94	1644
宿迁	7.08	33.36	106.17	10.58	1521

(三)浙江信息化

表 4－201　浙江省近年信息化发展状况

年　　份	2006 年	2007 年	2008 年	2009 年	2010 年
邮政通讯业务总量(亿元)	1 027.90	1 327.10	1 945.80	1 666.30	1 971.96
通信设备、计算机及电子设备制造业工业总产值(亿元)	1 583.60	1 814.58	1 705.58	1 496.57	1 965.09
信息传输、计算机服务和软件业生产总值(亿元)	316.19	376.17	463.37	515.40	594.55
长途光缆线路长度(公里)	25 562	25 790	24 145	23 235	23 269
市话年末户数(户)	15 665 856	16 014 157	14 823 869	13 137 656	12 130 911
移动电话普及率(部/百人)	60.50	69.70	77.70	85.60	93.30
固定电话普及率(部/百人)	48.00	47.50	44.90	40.90	36.90
互联网用户(万户)	574	681	805	891	3970
宽带用户(万户)	453	562	692	821	868
人均邮政、电信费用支出(元/人)	970	1107	1185	1220	1301
每百人长话量(分钟/百人)	48 217	31 519	62 243	63 305	93 923
电视人口覆盖率(%)	98.95	99.07	99.13	99.30	99.35
有线电视入户率(%)	63.72	66.69	66.93	70.60	74.13

2010 年,浙江着重抓好八项工作:深入实施企业信息化;大力发展电子商务;扎实推进电子政务;着力推动社会事业和公共服务信息化;统筹促进城乡信息化;做大做强信息产品制造业;加快培育信息服务业;升级完善信息基础设施。全年邮政通讯业务总量 1 972.0 亿元,比上年增长 18.3%。其中,邮政业务总量 57.4 亿元,电信业务总量 1 914.6 亿元。全年本地电话交换机容量 3 062 万门,比上年减少 48 万门。移动电话交换机容量 8 666 万户,比上年增加 693 万户。年末本地电话用户 1 998.5万户,其中城市电话用户 1 213 万户,农村电话用户 785.5 万户;移动电话用户 5 047 万户,全年新增 611 万户。年末全省互联网用户数为 3 670 万户。在全力打造"数字浙江"的征途中,信息产业已经成为浙江经济的先导产业、基础产业和支柱产业之一。2010 年,浙江信息产业共有 14 966 家法人企业,产业活动单位数达到 17 910 家。其中电信和其他信息传输服务业有法人企业 1291 家,计算机服务和软件业分别有 8 405 家和 5 270 家,实现产业增加值 594.6 亿元,比上年增长 15.4%。从发展的趋势来看,信息产业明显超过传统产业的发展势头,在第三产业中的地位越来越重要。2010 年第三产业增加值指数为 215.7,同期信息传输和计算机服务业增加值指数为 244.3(以 2004 年为 100)。

二、长三角信息化的最新进展

随着科技的发展与社会的进步,信息化不断被赋予新的内涵和外延。2010 年,长三角信息化建设也在不断开拓、引进、研发新技术和新产品,用最新的科技和智慧,提升区域信息化水平,取得具有标准性意义的成果。

(一)世博会信息化成果显著

2010 年,在上海世博会建设中,遵照安全可靠、展示创新、整合先进的信息化原则,综合利用主流信息技术,注重推进技术创新,在诸多方面取得显著成效,主要表现为:①集约化建设方式和智能网。园区通信基础设施以集约化方式建设,实现高度共享。电信的城市光网、EPON、IPV6 和东方有线的光纤 + HFC 接入和运营商普遍采用的智能网技术,为"三网合一"和解决信息高速公路"最后一公里"等难题进行了实践性探索。②无线宽带。重点普及以国产标准 TD - SCDMA 为主的 3G 技术应用,同时采用 WIFI (无线保真) + MASH 技术,提供宽带接入服务,保证无线信号的更宽覆盖和高速传输。③RFID 和传感网。应用于世博会的门票、物流配送、展馆预约、证件管理、电子车牌等方面。中国移动在全球首次推出内置 RFID 模块的手机电子门票,并和交通银行在园区内提供手机电子支付,提供手机票和手机支付功能。④互联网。网上世博会借助互联网的 FLASH/Web3D 和 CDN 分发、SOA 架构技术等,把世博的理念、精神以及世博会的内容传到全球;覆盖全国范围的 CDN(内容分发)网络,满足国内外用户对于网上世博的访问。⑤多媒体。虚拟技术综合演播厅运用虚拟仿真技术将园区建设规划、展馆建设,大型活动的方案从抽象化、符号化转变为形象化、可视化,为科学决策、活动组织、运营指挥提供直观生动的演示平台。⑥智能视频处理。高清视频图像处理、人像识别,图像信号智能调用等多项信息技术被大量用于世博会的客流引导、视频监控等系统,通过智能视频分析和智能视频监控,使监控系统成为主动、智能化的识别工具,自动提取关键信息,为组织者提供警示,有效提升相关系统的服务能级和响应效率。⑦电子地图和定位导航。在传统导航功能的基础上,更加注重智能化、个性化和多功能化,利用高精度电子地图和共用的 GIS 平台,为园区的车辆和工作人员提供多种定位导航服务。⑧特大型活动的信息化管理。针对世博会特点,综合运用 GIS 技术、基于位置的信息发布技术、应急方案数字化技术等,形成数字化的综合运行管理,为大型活动的管理、服务提供信息化支撑。

(二)物联网的建设全面展开

2010 年,长三角的物联网建设在各个领域展开。首先,政府高度重视物联网产业发展。上海市着力建设上海物联网中心，在嘉定、浦东等地区建设物联网产业基地，以此集聚物联网优势企业，发挥产业集群优势，形成若干个物联网应用示范区和产业集聚区，并在世博园区、上海浦东机场率先进行物联网应用示范。无锡政府营造良好政策环境，大力推动"国家传感网创新示范区"建设，而且与江苏省、中科院三家联手在无锡新区共建"中国物联网研究发展中心"，目前已经吸引了包括三大运营商和中国电子科技集团在内的一系列企业创新研发中心在无锡布局，争抢产业发展的制高点。杭州市物联网产业发展已经成为浙江省和中国电子科技集团合作的重点内容。当前杭州市工作重点是支持中国电科在杭企业能够做大做强，积极推进52所海康威视安防产业基地建设，组建中国电科集团（杭州）物联网研发中心，共同建设杭州市物联网产业园，展开多个物联网应用示范项目的推进工作。

其次，企业和科研院所积极投身物联网产业发展。中科院上海微系统积极开展物联网产业相关核心技术的研发工作，目前已经拥有传感技术、微系统技术、微系统信息网、射频与能源微系统技术等国家级重点实验室，同时，积极与各个地方合作，在上海、无锡、嘉兴、杭州等地与当地政府共建产业园区和研发中心。上海华虹计通公司承担了上海2010年世博会制票系统、检票系统及票务管理系统的实施，初步确立了在国内智能卡及RFID应用系统集成领域的领先市场地位，并将系统集成业务作为未来主要的发展方向，立足于成为智能卡及RFID应用系统集成领域领先的整体解决方案供应商，积极开拓RFID在物流、金融及其他公共服务行业的应用市场。

第三，物联网研发和应用项目的投入不断增加。无锡市预计在未来十年间投入330亿元资金促进物联网产业的发展。江苏省、无锡市和中科院将共同投资5亿元建设中国物联网研发中心项目。江苏省和无锡市联合投入4.2亿元建设无锡传感网产业产学研联合创新服务平台，面向物联网产业各类创新发展机构提供全面的技术创新和创业孵化服务。上海市对物联网应用示范工程、核心技术开发、系统集成、信息服务平台建设、标准制定等物联网产业链发展的关键环节进行重点资金支持。上海将现有的由市级财政安排的市软件和集成电路产业发展专项资金、高新技术产业化专项资金、科技小巨人工程专项资金、科技型中小企业技术创新基金、企业自主创新资金等专项资金向物联网产业倾斜，不断加大投入力度。

第四，物联网示范项目工程纷纷开展。中兴通讯凭借自身多样化的产品线配置、强大的科研能力和丰富的实施经验，已经在全国各地和国外成功开展了多个物联网示范工程项目，包括"上海世博会智能交通"、"浙江高速公路二义性路径识别"、"重庆基于RFID的智能交通管理"、"武汉有源电子标签项目"、"拜尔罗斯酒类生产和销售管理系统"等多个物联网项目。中国电子科技集团52所数字安防技术及产品目前处于全球领先水平，也已经成为国内最大的综合安防监控产品供应商之一。该所积极发挥自身优势，在安防检测方面开展了"西子大厦智能园区综合管理系统"、"钢支撑应力监测"、"杭州市电梯安全物联系统示范工程"、"混凝土搅拌车监测"等多项物联网项目试点，取得了较好成效，试点范围正在逐步扩大。浙大网新集团旗下的快威科技目前已经是国内排名位居前列的物联网应用集成商，在杭州、天津、南昌、大庆、江阴等多个中心城市成功开展了"数字城市管理系统"项目的建设，并积累了大量成功经验。

（三）"智慧城市"的概念步入实践

智慧城市是工业化、城镇化、信息化在特定历史时刻交汇的结晶。2010年，长三角各城市开始接触"智慧城市"的概念，即在常规的网络建设概念中，引入了物联网、云计算、下一代通信网络、高性能信息处理、智能数据挖掘等技术，应用于客户感知、行业管理、产业发展等方面，使经济社会的物理资源和信息资源得到高度系统化整合和深度开发。

加快建设以数字化、网络化、智能化为主要特征的智慧城市，是上海推进"四个率先"、建设"四个中心"和现代化国际大都市的必然要求。2011年，上海市推进智慧城市建设动员大会召开，会上发布的《上海市推进智慧城市建设2011～2013年行动计划》指出，新一代信息技术产业将成为智慧城市发展的有力支撑。到2013年,上海智慧城市建设要基本形成基础设施能级跃升、示范带动效应突出、重点应用效能明显、关键技术取得突破、相关产业国际可比、信息安全总体可控的局面,为全面实现上海信息化整体水平继续保持国内领先、迈入国际先进行列的“十二五”规划目标奠定坚实基础。到2013年,上海信息产业总规模达到1.28万亿元,信息服务业增加值占全市生产总值的比例将达到6.2%,其中,软件产业要实现经营收入逾2 100亿元,集成电路产业总规模要达到850亿元。上海要创建国家电子商务示范城市,力争2013年电子商务交易额比“十一五”期末翻一番。推进智慧城市建设,上海准备进行三项重点工作:①加快城市信息基础设施建设,积极推进宽带城市建设,构建多层次、广覆盖、多热点的无线宽带网络,推进通信枢纽和功能设施建设,推进三网融合试点。②大力推进信息技术示范应用,进一步提高城市建设管理的智能化水平,提高社会和公共事业领域的信息化水平,提高政务领域的便捷化水平;③大力提升产业自主发展和创新服务能力,加快推进新一代信息技术产业发展,加快推进信息服务业发展,加快推进信息化与工业化深入融合。

2010年,南京市完成了“智慧旅游”建设的顶层规划设计,并注重与电信、移动、联通等运营商的合作,结合各大运营商强大的技术实力和服务品牌优势,选取需求迫切,成效显著的项目,作为“智慧旅游”示范项目重点推进。特别是在旅游业中加大了信息化的推进力度,确定相关的智慧旅游项目:①尝试建立乡村旅游营销平台,用先进的智能化、信息化手段更新乡村旅游营销的模式,拓展乡村旅游营销渠道;②启动智慧景区建设。围绕景区管理和游客感知体验两条主线设计智慧景区系统,将信息技术与风景名胜区的保护、管理、服务、发展等工作有机地结合起来;③利用先进的通讯手段,建立旅游执法管理系统。为满足管理部门执法人员在日常工作中对移动办公、现场执法等要求,通过移动通信网络和管理数据库的建设,实现旅游执法的数据现场采集和业务现场处理。

(四)数字证书应用互认平台开通

目前,长三角地区以及泛长三角的安徽,电子认证服务机构签发的数字证书已超过230万张,其中企业证书覆盖率超过90%,为税务、工商、社保、质监、统计、医疗、海关、招投标等几十项电子政务应用提供了有力的安全保障。同时,由于认证服务机构的地方属性,认证服务往往局限于某个地方和单一行业、单一部门的业务应用,电子认证的基础性作用没有得到充分发挥,还不能适应电子政务、电子商务发展的需要,与国家网络信任体系建设的目标要求还有差距。为推动建设区域一体化的网络信任体系,满足证书用户“一证在手、全网无忧”的应用需求,苏、浙、皖、沪四地信息安全主管部门积极探索建立数字证书的跨区域互认机制,推动长三角地区4家电子认证服务机构成立“长三角电子认证服务联盟”,联合开展“数字证书互认试点工作”。2010年12月,长三角地区电子认证服务工作会议暨交叉互认启动仪式在安徽举行。此次数字证书应用互认平台开通,标志着长三角地区数字证书跨平台应用取得重大进展,对于进一步促进国家网络信任体系建设具有重要意义。

三、长三角信息化的发展趋势

“十二五”期间是长三角地区推进社会、经济一体化发展的重要阶段,也是长三角地区信息化全面发展,信息产业继续壮大的重要时期。

(一)深入推进“两化融合”

长三角将通过设立“两化融合”试验区和示范项目、信息化试点企业、生产性信息服务平台建设等途径,提高进一步推进信息化与工业化的融合。未来的重点工作为:①制定规划政策,编制“两化融合”重大课题研究指南,组织对社会研究机构的公开招标,形成一批重大研究成果。②抓好关键环节,大力推进企业信息化。鼓励大中型骨干企业建立技术创新中心,支持中小企业加快信息化进程,加大产品研发的信息技术应用投入；在企业资源管理（ERP）、生产执行系统（MES）等建设运行的基础上，推动大型整机制造企业供应链管理系统的建设，实现企业之间设计和服务的协同；支持典型行业企业的生产管理、资源管理的优秀信息化解决方案产品化，并为行业其他企业提供高效的信息化服务。③推进示范试点。加强两化融合试验区建设，建设一批产业服务示范中心和培训基地。加快推进电信网、广播电视网和互联网"三网融合"试点工作，推动广电、电信业务双向进入，加快业务推广和网络建设改造。强化互联互通和资费服务监管，深入推进电信基础设施共建共享，积极推进重要信息资源综合开发利用。④搭建服务平台。加快建设以服务于工业企业为特征的电子商务平台（BtoB）、软件服务平台（SaaS）、物流信息平台及行业、企业信息服务平台等，为推进"两化融合"提供公共服务和技术支持。积极培育和引进生产性信息技术服务企业，鼓励重点行业骨干企业将内部信息技术开发部门剥离，面向全行业提供专业化、社会化服务。⑤开展考核评估，建立区域、行业、企业"两化融合"综合考评体系，加强对工业企业信息化水平的评估和引导。加强信息安全管理，完善网络与信息安全工作管理体系、技术保障体系和协调工作机制，规范企业建设行为。

（二）以信息化提升服务业水平

2010年6月国家发展与改革委员会出台《长江三角洲地区区域规划》，在发展目标上，规划提出到2020年服务业比重达到53%（核心区55%）。而信息化在服务业中具有强劲的推动力，①信息化可以节约交易成本，促进产品创新，整体提高服务业的运营效率。以金融业为例，通过信息化手段，进行金融产品创新，为客户提供更为便利的服务，可以提高自身的经营效率和市场占有率。统计显示，目前世界上有95%的金融产品创新，都极度依赖信息技术。②信息化可以促进服务业进行全球化拓展。通过先进的通信工具、电子计算机网络，现代服务业的供应者和消费者之间可以建立起密切的网络联系。网络化不仅能够更有效、更方便地提供服务，而且也使规模较小、边远地区的服务商克服了地域的局限，极大地扩展自身的服务半径。③信息化可以使服务业功能更加丰富，分工更为细致、专业，形成更多的新兴行业和就业机会。以网上购物为例，网络使商品配送业获得了前所未有的发展机会，网上商店脱离了传统的实体商店形式而独立存在。这些变化都使商品的买卖服务变得更为周到，更为人性化、个性化，也更能适应城市生活快节奏的需要。因此，未来时期，长三角必须利用信息化提升服务业的质量，实现服务业的规模化与现代化。充分发挥信息技术的革新功能，大力发展智能交通体系、城际综合运营网络、电子货币应用、数字模拟技术、交易安全保障等新型支持系统，以提升传统服务业的服务质量和经营效率。强化信息技术的衍生功能，开拓新的领域，形成新的市场。积极发展远程、多点和跨区域的生产组织、商品与服务交易，促进电子商务、远程教育、网上医院、信息软件、网络增值业务等新兴服务业的繁荣。

（三）推动信息产业结构升级

长三角未来的任务就是要进一步提升沪宁沿线信息产业集群的创新能力，将规模优势转化为技术优势。加快推进信息产业领域重大项目建设，重点支持软件、集成电路、新型元器件三大核心产业关键技术的研发。以第三代移动通信、数字电视、绿色电源等为重点，推动集成电路设计业发展，促进芯片设计与整机联动，支撑移动通信等领域的技术升级和产品开发。长三角应以国家平板显示产业基地建设为抓手，重点推进关键技术的研发和产业化，促进平板显示产业向产业链高端拓展。组织实施集成电路、平板显示、关键元器件等核心基础产业跃升计划，增强电子信息产业核心竞争力。加快3G和光纤宽带网络发展，加快D－LTE研发和产业化，统筹部署下一代互联网建设，加快通信业创新转型。《长江三角洲地区区域规划》提出要围绕培育区域性综合服务功能，加快发展金融、物流、信息、研发等面向生产的服务业，努力形成以服务业为主的产业结构。而信息服务业不仅具有创新性、渗透性、带动性、高附加值等经济特征，而且具有改善民生、拉动内需、丰富文化的社会功能，因而是长三角信息产业发展的重点。长三角应按照产业结构的演化规律,将信息产业重心转移到高技术含量、高附加值、高关联度的现代信息服务业,以培育消费热点,创造就业机会,增强产业竞争力。发展提升软件业,支持互联网基础软件、嵌入式软件等研发与产业化。加快现代信息服务业的产业基地和园区建设,突出集聚效应。以"中国服务外包基地城市"及示范区建设为契机,着力打造国际信息服务外包基地,重点推进软件外包业务,形成布局合理、分工有序、特色鲜明、资源共享、协作发展的现代信息服务业基地发展格局。

二　长三角基础设施建设

一、长三角基础设施建设的基本情况

加强长江三角洲重大基础设施建设，构建网络化、开放式的基础设施体系，是营造一体化发展的基础条件，这有利于增强区域整体吸引力，更好地吸引人才和资源；有利于优势互补，实现资源共享，提高投资的总体效率；有利于抓住世界制造业转移的机遇，促进长江三角洲地区成为世界制造业转移的承接基地，构筑现代工业走廊，提高核心竞争力和综合实力。随着各地区城市化进程的不断发展，长三角地区两省一市的基础设施建设取得了较快发展，城市道路建设和供电、供水、供气能力大幅度提高，服务水平不断上升，同时，长三角地区很多城市正在积极建设生态园林城市，城市生态基础设施建设也取得了快速发展。

表 4－202　2007－2010 年长三角地区基础设施建设情况

指　　标	2007	2008	2009	2010
自来水供水量(亿吨)	102.20	95.40	106.30	106.20
液化石油气供气量(万吨)	244.4	235.44	234.39	－
年末实有道路面积(万平方米)	92 708	105 482	110 791	109 711
城市排水管道长度(公里)	64 234	74 271	82 311	84 717
公共车辆总数(辆)	59 530	50 709	66 593	67 720
园林绿地面积(公顷)	275 882	299 337	445 501	233 192

数据来源：上海、江苏、浙江 2008－2011 年统计年鉴。

二、上海基础设施建设的主要进展

2010 年，上海市基础设施建设的主要进展体现为枢纽型、功能性、网络化重大城市基础设施体系加快建设。2010 年完成城市基础设施建设投资 1 497.46 亿元，比上年下降 29.1%，占全社会固定资产投资总额的比重为 28.2%。其中，交通运输邮电通信投资 866.2 亿元，市政建设投资 396.18 亿元，公用事业投资 86.58 亿元。全面完成世博会计划建设项目，市域快速路网基本建成。龙耀路隧道、闵浦二桥、外滩地区综合交通改造工程、铁路上海站北广场综合交通枢纽等建成投入使用。2010 年内沪宁城际铁路、沪杭客运专线建成通车。全市高速公路网通车里程达到 775 公里。

表 4－203　2010 年上海城市基础设施建设投资与增长情况

指　　标	绝对值(亿元)	比上年增长(%)
城市基础设施建设投资	1 497.46	－29.10
电力建设	148.50	－41.40
交通运输	754.66	－22.90
邮电通信	111.54	－ 9.10
公用事业	86.58	－36.30
市政建设	396.18	－36.40

资料来源：2010 年上海市国民经济和社会发展统计公报。

公用事业服务水平不断提升。全市自来水日供水能力达到1121万立方米,比2009年增长2.3%。2010年全市用电量1 295.87亿千瓦小时,比2009年增长12.4%。至2010年末,全市家庭人工煤气用户132.9万户;家庭液化气用户316.4万户;家庭天然气用户达到405.9万户。

表4-204　2010年上海公用事业发展与增长情况

指　　标	单位	绝对值	比上年增长(%)
自来水日供水能力	万立方米	1 121.00	2.30
自来水售水总量	亿立方米	24.44	1.60
生活用水	亿立方米	18.64	1.00
工业用水	亿立方米	5.80	3.70
用电量	亿千瓦小时	1 295.87	12.40
城市居民生活用电	亿千瓦小时	157.00	10.50
煤气销售总量	亿立方米	12.90	-9.20
液化气销售总量	万吨	40.00	-0.20
天然气销售总量	亿立方米	42.70	36.40

资料来源:2010年上海市国民经济和社会发展统计公报。

2010年,上海市城市生态环境明显改善。2010年新建绿地1 223公顷。其中,公共绿地766公顷,城市建成区绿化覆盖率达到38.15%。2010年新建公益林884公顷,经济林465公顷。森林覆盖率达到12.58%,相继完成了辰山植物园、卢湾南园滨江绿地、宝山炮台湾湿地公园的二期建设。

三、江苏省基础设施建设主要进展

2010年,江苏省继续加大交通基础设施建设投资,重点项目建设力度加大。新开工项目中亿元项目个数、完成投资分别为2 040个和2 956.0亿元,比2009年分别增长67.4%和59.7%。200个省级重点项目进展顺利,一批重大项目顺利竣工或加快推进。江都至海安、无锡至张家港等高速公路建成通车;沪宁城际高速铁路建成通车;南京地铁1号线南延线、2号线东延线建成投入运营,3号线开工建设;淮安涟水机场正式通航,无锡硕放机场飞行区扩建工程基本完成;连云港港疏港航道工程全线贯通;南汽轿车及发动机、无锡海力士三期、镇江恒神碳纤维、张家港道康宁有机硅、徐工机械基地、盐城华锐风电设备等项目顺利竣工;"川气东送"管道建成并实现供气,如东LNG外输管线与冀宁联络线和西气东输一线全面贯通,田湾核电项目建设继续加快推进,海上风电加快发展。

四、浙江省基础设施建设主要进展

浙江省的基础设施建设中,交通基础设施建设仍然是主要内容之一。从2008年起,交通基础设施计划建设的有40个重大建设项目,包括嘉绍高速公路、沿海高速公路、钱塘江中上游航道开发等,其中高速公路项目24个,水运工程16个,40个项目中的25个项目还被列入浙江省"三个千亿"工程。2010年,除了继续推进航道、港口、公路和铁路建设以外,浙江省生态文明建设成效显著,生态示范创建活动继续推进。2010年,全省累计建成1个国家生态县、30个省级生态县、43个国家级生态示范区、7个国家环境保护模范城市、7个省级环保模范城市、238个全国环境优美乡镇。完成更名的国家级生态乡镇232个,国家级生态村9个,省级生态乡镇835个。现有全国绿色学校49所、省级绿色学校1 095所,国家级绿色社区27个、省级绿色社区561个,省级绿色企业477家,省级绿色饭店340

家,省级绿色医院121家,全国绿色家庭22户、省级绿色家庭1 463户。国家园林城市(县城、镇)21个,省级园林城市32个。推进城乡绿化一体化进程,对1.8万个村庄开展绿化建设,共创建省、市、县三级绿化示范村5 657个,其中省级绿化示范村1 352个。

五、长三角地区基础设施一体化建设的对策

(一)完善综合交通运输体系

铁路要以客运专线和城际轨道交通建设为重点,加快区域对外通道、区域内省际通道、城际快速通道以及跨长江通道、重要枢纽客运设施等建设,优化路网结构,提高路网质量。公路要以加强关键工程和断头路段建设为重点,加快国家高速公路网建设,加强区域对外通道、区域内省际通道、重要的城际快速通道、跨海湾和跨长江通道及重要疏港高速公路建设。抓紧编制实施沿海港口发展总体规划,加强港口群协调发展。提高长江"黄金水道"、京杭运河等高等级航道通航标准,完善集装箱运输系统、外贸大宗散货海进江中转运输系统、江海物资转运系统和客运系统。积极推进空域管理和使用方式改革,科学利用空域资源,加强航空枢纽与配套支线机场建设。

(二)构建区域能源安全体系

进一步优化能源结构,鼓励发展可再生能源和清洁能源。加快石油、天然气基础设施建设,共同推进石油和液化天然气码头建设,完善油气输送管道网络,加强油气战略储备,加快建设区域石油流通枢纽和交易中心,研究建立区域天然气交易中心。改善煤炭运输条件,研究规划建设大型储煤基地。优化电力基础设施建设与布局,重点在沿海、沿江地带布置电源点,加快西电东送、北电南送和皖电东送输变电线路等的规划和建设,建设过江电缆通道。加快核电的规划和建设,进一步做好江苏沿海等地区的风电项目规划建设。

(三)改善水利基础设施。

按照水资源和水环境承载能力,统筹协调区域水利基础设施建设,构筑防洪减灾体系、水资源合理配置和高效利用体系、饮用水安全保障体系以及水生态环境保护体系。加快实施太湖流域第二轮治理、长江口综合整治、淮河治理和沿海防浪堤及防护林等重点工程建设,加强城市防洪排涝能力建设,继续实施病险水库除险加固,加强蓄滞洪区建设和管理,加强低洼易涝地区和山洪灾害易发区综合治理。加快水源工程等水资源调蓄和配置工程建设,继续加强重点地区、重点城市河湖治理和水生态修复工程建设。加快水文、水资源和水环境实时监控系统建设。加强水资源统一管理,完善流域综合管理体制。

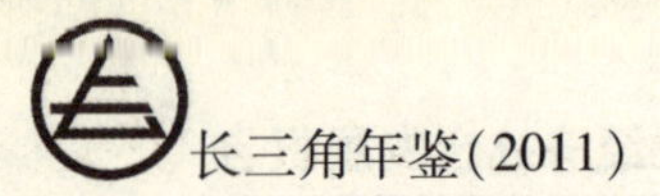

三　长三角土地利用与开发

长江三角洲地区包括上海市、江苏省和浙江省,其总面积为210 740km^2,占国土面积的2.19%。其中陆地面积186 802.8平方公里、水面面积23 937.2平方公里。耕地总面积740.7万公顷,其中上海20.5万公顷、江苏472万公顷、浙江248.2万公顷。

长三角地区生态系统类型复杂,地表覆盖多样。主要土地利用类型共有6大类14小类,分别是耕地(包括水田和旱地)、林地(包括有林地、灌木林地、疏林地、其它林地)、草地(包括高覆盖度草地、中覆盖度草地和低覆盖度草地)、水域(包括河流、湖泊、水库、坑塘、海涂和滩地)、建设用地(包括城镇用地、农村居民点用地和公交建设用地)和未利用地(包括裸土地和裸岩石用地)等。

表4－205　长三角地区土地资源情况

	长三角	上海	江苏	浙江
总面积(平方公里)	210 740.00	6 340.00	102 600.00	101 800.00
陆地面积(平方公里)	186 802.80	6 218.00	85 300.00	95 284.80
水面面积(平方公里)	23 937.20	122.00	17 300.00	6 515.20
耕地面积(万公顷)	740.70	20.50	472.00	248.20

一、上海市基本情况

(一)土地开发总体情况

上海市共有土地总面积为6 340平方公里,按所有制类型划分为国有土地和集体土地。具体的用地类型有商业、工业、仓储、市政绿化、住宅、交通、特种用地、水域、农业、其他等十大类。在各类用地中,占地面积最大的是水域和农业用地,为4 628平方公里,占上海总面积的72%。除了这两类用地,占地面积最大的为住宅用地。

1.中央商务区

上海的中央商务区是指浦西的外滩与河南路、人民路、天潼路、长治路、公平路与复兴路之间和浦东的小陆家嘴地区,区域范围约为5平方公里。

2.中心商业区

中心商业区是指北抵天目路、老北站附近,西到乌鲁木齐路、万航渡路,南到复兴路、陆家浜路,东到浦东的陆家嘴地区,面积约30平方公里,是上海中心城区人口最密集的地区,也是商业、贸易、金融等第三产业十分繁荣的地区。

3.内环线以内三产为主的综合功能区

内环线以内三产为主的综合功能区,包括内环线以内、中心商业区以外的环形区域,面积约100平方公里。本环区是中心城区工业布局最集中的地区,据统计,有工业企业3 000多家,实现工业总产值和利润占中心城区总数的60%以上,工业用地占城市总用地的比例高达30%以上,是市区平均水平的1.7倍左右。工业布局类型,主要是相对集中的工业街坊和众多分散的工业点。

4.内环线以外、外环线以内,以二、三产业为主的综合功能区

包括浦东新区、闵行区的一部分和宝山区的大部分,面积约为620平方公里。主要分布有城市边缘的9个工业区、若干大型住宅区及各类批发市场、储运中心等。

5. 外环线以外，以一、二产业为主的综合功能区

在本圈层内，除金山、宝山、安亭几个大工业基地外，在地域上，主要包括“改县建区”前的郊区县及嘉定大部分。

（二）土地利用主要经验

1. 保障重点项目用地

上海市从严从紧利用好土地计划指标，按照“有保有压”的原则，积极参与宏观调控，严格控制各类建设用地的规模、结构、布局和时序，体现“控增逼存”。新增建设用地指标的75%用于确保市级以上工业园区、六大产业基地等重点区域以及重点投资领域和市重大项目。

2. 改善行政服务水平

上海市结合实际，分阶段建立并严格实施工业、基础设施、社会事业等各类项目用地的定额标准。从工业项目入手，逐步实现由按需供地向按标准供地转变，将用地定额标准扩大到基础设施项目和社会事业项目，严格按照标准进行项目用地审批。在全面推行六类经营性用地实施招标拍卖挂牌出让的基础上，积极稳妥推进工业用地的招拍挂出让。有效发挥市场对资源的配置作用，完善土地资源集约利用的市场机制。贯彻保护公共空间、农业用地、自然景观的用地理念，制定城镇建设集约用地的导向性政策。城镇建设引入“理性增长”理念，城市建设相对集中，适当增加居住点的居住密度，提供共享的社会公共服务设施。加强建设项目的用地预审和批后管理，根据项目优劣、轻重缓急、规划布局、产业导向和“三个集中”原则，以及各类建设用地规模指标体系的规定，建立和完善土地资源利用的综合评价体系及操作机制。从行政推动层面，制定整套推进土地资源利用的产业政策、价格政策、财税政策和投资政策等，明确推进目标、推进重点和保障措施，落实政府、企业、社会团体和市民的各自责任。建立由相关部门参加的联席会议制度，负责专项规划的实施和跨部门的协调推进，对有关体制、机制、政策和技术标准等方面进行充分衔接。

3. 深化土地制度改革

上海市开展动态监控，形成土地集约利用绩效评估的标准和机制。开展建设项目用地定额标准和核定办法研究。按照“批项目、核土地”要求，完善各类建设项目用地定额标准体系，研究制定有关核定、评价及操作办法，建立用地规模核定制度。加强建设项目用地的批后管理和后评估。建立项目用地供应评估机制，加强对土地利用总体规划和计划实施情况的动态评价研究，跟踪掌握已批建设项目用地的供地、投资、开工、竣工、开发强度、产出效率等方面情况，作为评估考核的基础依据。

建立地价与土地利用集约程度挂钩的调节机制。完善土地市场运行的基本制度、组织架构和运行模式，推进全市统一、透明、规范的土地有形市场建设。按照国家要求和本市经济社会发展的实际情况，加快研究更新本市基准地价。在不低于全市各类土地基准地价的前提下，对土地利用低效的适当提高供地价格，对土地利用效率高的适当给予优惠。

建立土地供应与土地集约利用考核结合的评估机制。根据区域不同情况，制定相应的考核标准，并提出逐年提高土地集约利用水平的具体目标和要求，将土地供应与节约集约用地情况挂钩，特别是将增量用地计划指标和存量土地消化利用情况挂钩，建立长效的评估激励机制。对土地集约利用度较高的地区，倾斜安排下一年度土地利用计划，优先办理农用地转用、土地征用审批手续。

4. 集约土地利用

上海市积极完善土地储备库蓄水池的调控作用，强化土地储备中心功能，统一收购、储备、开发和供地，充分发挥土地总阀门的调控功能。支持中低价普通商品房和配套商品房建设。限制高地耗、高

能耗、低产出的用地供应。严格按照《限制用地项目目录》和《禁止用地项目目录》的要求,继续停止别墅类房地产开发项目土地供应,严格限制低密度、大套型住宅项目土地供应。

二、江苏省基本情况

(一)土地利用情况

2010 年江苏新增建设用地总量 25.32 万亩,其中新增建设占用农用地 19.875 万亩,新增建设占用耕地 15.93 万亩。新增建设占用耕地中,省级及以下独立选址重点项目建设占用耕地 5.07 万亩。土地整理复垦开发补充耕地为25.2 万亩,其中补充耕地义务量为21.375 万亩,补充耕地任务量3.825 万亩。

表 4-206　2010 年江苏土地利用情况

单位:亩

	新增建设用地	农用地转用	耕地转用	土地开发整理复垦补充耕地
全省合计	253 200	198 750	159 300	252 000
南京市	11 030	9 330	6 430	8 200
无锡市	10 310	9 320	7 260	17 370
徐州市	8 310	6 300	4 990	19 770
常州市	8 230	7 210	5 850	15 970
苏州市	15 130	12 980	10 630	12 180
南通市	10 800	7 230	5 930	16 970
连云港市	6 730	5 020	3 870	16 170
淮安市	7 060	5 790	4 770	19 170
盐城市	10 270	6 920	5 870	63 500
扬州市	8 400	6 060	5 100	16 570
镇江市	8 460	5 720	4 390	6 590
泰州市	8 170	6 100	5 220	18 370
宿迁市	6 300	5 020	4 190	21 170

(二)主要经验总结

1. 充分认识加强计划管理的重要性,严格执行土地利用年度计划

2010 年是实施“十一五”规划的最后一年,巩固和发展经济回升向好局面、夺取应对国际金融危机全面胜利非常关键,加强和改进土地利用计划管理极为重要。各地要以科学发展观为统领,按照保持政策连续性和稳定性、提高政策针对性的整体要求,把稳增长与调结构、保障发展与保护耕地、积极主动服务与严格规范管理有机结合起来。同时,根据“严控总量、优化结构、区别对待、有保有压”的原则,有序地安排计划,优先保障重大项目用地。

2. 合理安排用地计划,促进经济社会全面协调可持续发展

科学安排用地计划,保持合理的用地供应,增强经济发展的稳定性、协调性和可持续性。一要切

实加大民生领域建设用地供应，用地计划指标安排要向保障性住房、医疗卫生、教育等民生领域倾斜，着力改善民生，提高经济社会发展的协调性，促进社会事业发展。住房用地量的增长要明显高于去年，确保住房建设计划及棚户区改造规划实施所需的用地，确保保障性住房、棚户改造和自住性中小套型商品房建房用地不低于住房用地供应量的70%。二要严格控制新上项目用地，保持经济适度增长。三要安排好生态建设和环境保护工程、节能减排和循环经济等的用地计划，严禁计划指标用于高耗能、高排放、产能过剩行业等项目建设，推动经济结构调整和经济发展方式转变。四要积极支持自主创新与战略性新兴产业建设用地，提升经济发展动力和活力。五要统筹安排城乡用地，适度控制大城市建设用地规模，合理安排中小城市和小城镇建设用地，重点保障农村建设用地，促进城乡统筹发展。对农村建设用地实行计划指标单列，计划指标安排量不得低于国家下达当地用地计划总量的5%。六要保障重大基础设施项目，城市（镇）规划区及开发区范围内的交通等基础设施项目一律不得申请独立选址计划。

3. 加强计划执行的跟踪监管，不断增强计划执行力

实施年度计划的全程管理，进一步加强对计划的台账管理，各市、县要及时做好计划指标安排使用的登记统计，按月上报。对计划执行情况进行监督检查，对项目实施进行综合评价，提高计划使用的效率。继续实施计划的差别化管理，强化保护耕地和节约用地，促进依法用地。

三、浙江省基本情况

2010年，面对复杂多变的严峻形势，浙江国土资源系统坚决贯彻落实省委、省政府和国土资源部重大决策部署，积极主动服务，严格规范管理，深化改革创新，加强自身建设，为保障经济平稳较快发展、促进社会和谐稳定作出了积极贡献，主要工作成绩有：

（一）“双保双服务”行动成效明显

一是双保工程浙江行动全面推进。服务重点项目、服务新农村建设专项行动取得丰硕成果。铁路新“三线一枢纽”等一大批重点建设项目和一批新农村建设项目用地得到及时有效保障。二是新一轮土地利用总体规划修编基本完成。三是土地利用计划管理进一步完善。实施了年度计划分配与保障重点、节约集约、消化存量、耕地保护和新农村建设五挂钩制度，开展计划执行情况中期评估考核和调整，确保计划指标高效合理利用。

（二）耕地资源得到有效保护

一是“百万”造地保障工程顺利推进，全省新增耕地22.07万亩。二是耕地保护机制不断完善。组织开展耕地保护共同责任机制示范县（市、区）活动，进一步完善耕地保护目标管理责任制和共同责任机制。三是基本农田示范区建设超额完成年度目标，62个乡镇通过基本农田保护示范区验收。四是认真抓好土地卫片执法检查工作，严肃查处土地违法违规行为，有效遏制违法违规用地势头。

（三）土地资源利用效率明显提高

一是“365”行动计划深入推进，“八个一批”专项活动进展顺利。二是节约集约模范县创建活动全面启动，28个县（市）已经申报，创建活动指标体系基本确立。三是建立健全节约集约用地评价考核机制，将节约集约用地评价考核纳入转变发展方式、生态省建设和党政领导干部综合考评体系之中，有效发挥激励引导作用。《人民日报》、《新华社内参》等重要媒体都做了专题报道。四是完善存量土地挖潜政策，探索建立低效利用土地的市场流转机制。

(四)矿产资源保障能力持续增强

一是"751"地质找矿工程启动实施。加大地勘投入,支持地勘单位开展地质找矿,鼓励一批企业走向省外、国外。二是矿产资源勘查开发整合任务顺利完成。重点整合矿区采矿权降至20个,开发规模提高到30万吨/年,规模化、集约化水平进一步提高。三是新一轮矿产资源规划工作进展顺利。省级规划已获部批准,市县级规划正在修编之中。四是矿山生态环境保护与治理深入推进。

(五)农村土地整治扎实推进

一是认真实施部省合作协议,积极开展城乡建设用地增减挂钩试点,逐步探索和规范整治管理办法,推进农村土地整治工作。二是整体推进农村土地整治示范建设工作获国土资源部、财政部批准。三是农业地质环境调查取得阶段性成果。

(六)改革探索稳步推进

一是开展农村集体土地产权制度改革研究。二是进一步推进审批制度改革,下放了供地审批权、设区市和县(市、区)中心城区规划范围外的乡镇土地利用总体规划审批权及农转用审批权。三是稳步推进征地制度改革试点。四是制订土地和矿业权有形市场交易平台整合方案,完善两个市场建设。

(七)民生保障显著加强

一是深入开展"国土资源信访积案化解年"活动。二是进一步规范征地管理,完善征地程序,开展征地项目全面排查,切实维护被征地农民合法权益。三是有效化解行政争议,全年共办理行政复议和行政诉讼案件128件,办理征地补偿标准争议协调裁决案件19起。四是不断加强地质灾害防治工作。地质灾害防治群测群防体系和"十有县"建设扎实推进,地质灾害防御和治理搬迁取得明显成效。五是认真抓好青川援建工作,顺利完成青川灾区重建规划区地质灾害危险性评估、地形图测绘、项目勘察等任务。新一轮援藏工作顺利启动实施。

(八)基础支撑能力进一步提升

一是二调成果应用逐步深化,城镇数字地籍调查基本完成,村庄数字地籍调查稳步推进,土地登记规范化水平不断提高。二是信息化建设进一步加大,"批、供、用、补、查"综合监管平台着手推进,地矿行政"一张图"建设和地质灾害应急指挥系统建设进展顺利。三是政策法规和相关制度进一步健全。全面开展规范性文件清理工作,加快土地利用总体规划条例、土地登记条例和征收集体土地房屋拆迁条例起草调研。四是基础测绘全面完成,地理信息资源进一步丰富,信息共建共享取得新进展,"数字浙江"地理空间框架建设顺利推进,应急管理地理信息平台和地图数据库基本建成。

(九)"双提升双推进"工程取得阶段性成效

一是规章制度进一步完善。制定出台了实施科学决策、民主决策和贯彻党风廉政建设等方面的26项制度,系统和厅机关管理更加规范有序。二是干部队伍建设进一步加强。完成厅机关处级岗位轮岗交流和竞争性选拔工作。三是创先争优活动全面开展。在全系统开展了向李荣江同志学习、双百群众满意基层所和群众满意公务员评议、系统先进集体和先进工作者评选等一系列活动,进一步弘扬新风正气,提升队伍形象。四是国土资源宣传教育培训进一步加强。举办多班次干部研修班,选送干部参加各级党校学习,开展多种形式宣传活动。五是党风廉政建设取得实效。抓好一批制度建设,开展了一系列专项活动,扎实推进"两整治一改革",继续推进工程建设领域突出问题专项治理,严肃查处违法违纪案件,有效遏制系统腐败案件易发多发态势。

四　长三角科技进步与创新

一、长三角地区基本情况

2010年,长三角地区R&D支出总额为1 832.36亿元,其中上海480.18亿元、江苏857.95亿元、浙江494.23亿元。专利申请受理量为42.8万件,其中上海7.1万件、江苏23.6万件、浙江12.1万件。专利申请授权量为30.1万件,其中上海4.8万件、江苏13.8万件、浙江11.5万件。

表4－207　2010年长三角科技活动情况

地区	长三角	上海	江苏	浙江
R&D支出(亿元)	1 832.36	480.18	857.95	494.23
专利申请受理量(万件)	427 851	71 196	235 873	120 782
专利申请授权量(万件)	301 240	48 215	138 382	114 643

二、上海市的基本情况

2010年,上海市科技进步工作成绩显著。共取得重要科技成果2318项,其中,属于国际领先的有188项,达到国际先进水平的有698项。在已颁布的2010年度国家科学技术奖励获奖人员和项目中,上海共有58项(人)获奖,占获奖总数的16.3%。全年受理专利申请量7.12万件,比上年增长14.4%。其中,发明专利2.62万件,增长18.9%。全年专利授权量4.82万件,增长38.1%。其中,发明专利6867件,增长14.5%。至年末,全市共有42家国家级企业技术中心和分中心;323家市级企业技术中心。全年新认定高新技术企业629家。至年末,全市共认定高新技术企业总数3 129家。高技术成果产业化加快推进。全年新认定高新技术成果转化项目634项。其中,电子信息、生物医药、新材料等重点领域的项目占84.1%。拥有自主知识产权的项目占100%。至年末,全市共认定高新技术成果转化项目7 215项。其中,71.6%的项目已实现产业转化。年内启动实施高新技术产业化两批53个重大项目,22个产业技术创新战略联盟和12个技术创新服务平台相继成立。全年共签订各类技术交易合同2.62万项,比上年下降3.4%;合同金额525.45亿元,增长7.3%。

同时,上海市科技工作在以下方面取得重大进展:

(一)培育战略性新兴产业。

组织实施重大技术攻关,加快推进极大规模集成电路制造装备及成套工艺等专项的阶段性创新成果产出和转化,在新兴产业领域实施8－10个重大项目。组建产业技术研究院,推进建设一批国家级及市级产业技术创新服务平台。加快技术应用和转移,促进新能源汽车在公交系统的应用和半导体照明在公共建筑领域的推广,推动国际电动汽车城建设。加快发展技术市场,培育技术转移、专业技术和研发外包等服务机构,发展科技服务业。推进上药集团张江产业园区(一期)等重大项目建设,启动医疗器械产品应用示范工程,加快生物医药产业发展步伐。

(二)大力发展民生科技。

推进水源地保护与水资源利用、废弃物资源化循环利用等方面的技术创新和集成应用,加强医疗健康、食品安全、农业农村等领域的科技攻关。继续深化崇明生态岛科技支撑工作,重点推进陈家镇国际社区、东滩湿地公园等区域的低碳社区能源技术、生活垃圾能源化技术等示范工程。

(三)持续提升基础能力。

加强前沿基础研究,探索完善非共识项目的立项机制,部署实施若干重大和重点科学研究任务。制定发布"十二五"科技人才规划,完善科技人才培养计划体系。加强研发基地建设,争取3-5家国家工程技术研究中心、重点实验室落户上海。启动建设生物样本库、国家蛋白质科学设施。

(四)建设张江国家自主创新示范区。

建立健全工作推进机制。着力培育和发展创新集群,加快拓展创新资源布局,进一步形成张江高新区"一区多园"的布局。制定出台张江国家自主创新示范区建设的政策意见和政府规章,优化创新创业环境。推动张江高新区进入代办股份转让系统扩大试点范围。

(五)着力推进区县创新发展。

实施区县"创新热点"计划,重点支持有条件的区县实施重大专项和重要创新成果的技术转移和产业化。进一步推进杨浦创新型城区建设和浦东、闵行国家科技进步示范区建设。加快建设完善创业苗圃、孵化器和加速器构成的科技企业孵化服务链,完善科技创业服务体系。加强区县科技创新服务中心建设,建成区县科技创新创业"一门式"服务窗口。

(六)深入实施技术创新工程。

进一步实施科技小巨人工程和"加速企业创新计划"。加快发展产业技术创新战略联盟,指导完善产学研用合作机制。实施"科技114"工程,提升研发公共服务平台功能,在微纳加工、无线通信测试等重点领域新建一批专业技术服务平台。构建科技金融信息服务平台,鼓励和支持商业银行专营服务机构建设,加快发展科技保险、融资担保。加强国内外科技创新合作,深化长三角创新体系建设,完善区域创新服务平台。

(七)深化科技管理体制机制改革。

以重大项目布局和技术应用与转化为重点,改革完善科技计划体系。合理调整设置计划和专项,加强各计划间的衔接。继续做好重点项目评估,开展研发基地和科普工作评估。加强软科学研究,加快推进软科学研究基地和研究队伍建设。创新财政科技投入机制,加大科技金融结合力度。探索建立科研项目经费预算调整制度。继续推进财政科技项目信息共享平台建设。

三、江苏省的基本情况

(一)江苏科技工作成绩斐然

2010年,江苏科技工作发展迅速。创新能力进一步增强。区域创新能力继续保持全国第一。全省科技进步贡献率达54%。全年申请专利23.6万件,比上年增长35.3%,其中发明专利5.0万件,增长58.2%;授权专利13.8万件,增长58.5%,其中发明专利7210件,增长35.5%。企业专利产出大幅提高,全省企业共申请专利12.5万件,授权专利7.2万件,分别比上年增长57.4%和53.3%。全省有46项成果获国家科技奖,其中自然科学奖4项、技术发明奖1项、科技进步奖41项。全年共签订各类技术合同2.0万项,技术合同成交额达317.1亿元,比上年增长12.4%。

高新技术产业保持强劲发展势头。组织实施省重大科技成果转化专项资金项目158项,总投入

12.7 亿元。全省按国家新标准认定高新技术企业累计达 3 093 家。当年认定省级高新技术产品 4 923 项,国家重点新产品 201 项,自主创新产品 516 项。已建国家级高新技术特色产业基地 77 个,其中当年新建 9 个。全省国家和省级高新技术产业开发区实现技工贸总收入 29522 亿元,比上年增长21.9%。

科技研发投入比重继续提升。全社会研究与发展(R&D)活动经费 840 亿元,占地区生产总值的 2.1%。全省从事科技活动人员 68 万人,其中研究与发展(R&D)人员 38 万人。全省拥有中国科学院和中国工程院院士 98 人。各类科学研究与技术开发机构 6 300 个,其中政府部门属独立研究与开发机构 149 个,高等院校属科研机构 450 个,大中型工业企业办科研机构 2 350 个。已建国家和省级高技术研究重点实验室、重大研发机构、工程技术研究中心、科技公共服务平台等科技基础设施 2 048 个,比上年增加 987 个,经国家认定企业技术中心 46 个。

(二)江苏科技工作主要经验

2010 年是全面完成"十一五"目标任务、科学谋划"十二五"发展的关键一年,全省科技工作围绕省委省政府的中心任务部署科技创新工作,努力将科技工作融入发展大局,推动科技工作的重点由简单给项目给资金向着力营造创新环境转变,显著提高了科技资源的使用效益,赢得了全省上下的认同和支持,走出了一条富有地方特色的科技发展路子。

1. 着力优化创新战略布局

加强创新型省份建设布局,协助省政府召开国家技术创新工程试点动员大会,推动南京、苏州、无锡、常州列入国家创新型城市建设试点,启动建设昆山、江阴等 10 个江苏省创新型试点城市,确定昆山周庄、宜兴高塍等 23 个省创新型乡镇。优化区域科技统筹,支持南京开展国家科技体制改革综合试点,推动南京建设长三角地区科技创新中心。探索建设苏南地区自主创新的示范,实现创新能力与国际竞争力的同步提升。打造沿海科技走廊,部署建设一批创新创业载体,着力提升沿海地区自主创新能力。加大对各地科技创新支持,推动苏中、苏北加快科技创新步伐。

2. 着力推进产业创新发展

进一步推动高新技术产业,尤其是新兴产业加快发展,引领带动产业转型升级,全省高新技术产业"十一五"年均增幅 30% 以上。以培育自主知识产权和自有品牌为目标,实施高技术产业发展 841 攀登计划和重大科技成果转化专项资金项目,提高产业核心竞争力。优化高新技术产业结构,实现了具有自主核心技术的内资企业地位进一步提升,苏中苏北地区占比进一步提升,高附加值产业比重进一步提升,高新技术产品出口占全国份额进一步提升的四个"进一步提升"良好局面。牵头推进全省生物医药产业发展,成立生物医药产业发展指导办公室,制定全省生物技术和新医药产业发展规划纲要并报省政府转发,统筹各类计划和手段,安排省拨款 5.3 亿元,着力扶持泰州中国医药城等一批生物医药产业基地发展,积极支持生物医药企业研发创新,大力引进海外高层次生物医药人才,2010 年全省生物医药产业实现产值超过 3 000 亿元,顺利完成省政府目标任务。

3. 着力加强技术创新的组织

前几年通过超前布局,实施重大产业科技专项,成功培育出软件、医药、光伏、风电、轨道交通以及新型环保装备等高技术新兴产业,形成完整产业链条,实现了这些战略性新兴产业从无到有的爆发式增长。去年,科技部门认真落实省政府出台的新兴产业倍增计划,加强对影响产业发展的核心关键技术攻关,一批制约新兴产业发展的重大技术取得突破,全省战略性新兴产业在全国的地位和影响力进一步增强,全年实现产值超过 2 万亿元,同比增长 37%。

4. 着力加强企业的创新主体地位

开展高新技术企业和创新型企业认定工作,推动形成了 1 048 家创新型企业、3 093 家高新技术企业、25 000家民营科技企业的产业创新发展“三大梯队”。支持建立企业研究院和产业技术研究院,全省70%的本土大中型工业企业建有研发机构;批准设立264个院士工作站,吸引270名院士及其团队。科技资源进一步向企业集聚,全省80%以上研发投入由企业完成,80%以上科技平台建在企业,80%以上引进高层次人才进入企业,50%以上的专利申请和获奖科技成果来自企业。

5. 着力探索创新工作的机制建设

重点推进科技和金融的紧密结合,与省财政、金融、银监、证监、保监、人民银行等部门建立经常性工作协调机制,同国家开发银行等8家金融机构签署合作协议,授信科技贷款额度500亿元。安排科技贷款增长风险补偿奖励资金9 100万元,引导全省科技贷款余额增长30%以上。成功举办2010年中国(江苏)科技金融暨创业投资对接推进会,1 000多家科技型中小企业与200多家金融及投资机构参会,达成科技投融资意向近20亿元。大力发展科技创业投资,全省创投机构数量超过200家,管理资金规模超过400亿元。支持高新区建设科技支行,组织省级以上高新园区开展科技小额贷款公司试点,推进无锡市和苏州高新区国家科技保险试点工作,镇江、无锡被列为国家知识产权质押贷款试点。

6. 着力抓好创新工作的科学统筹

在加快产业技术创新的同时,面向农村和社会发展,推动科技惠民富民,五年来育成农业新品种244个,培育省级农业科技型企业247家、现代农业科技园41个、科技型农业专业合作社116个以及涉农产业技术创新战略联盟19个,选派科技特派员4 211个,2010年启动建设国家和省级科技富民强县试点县7个。实施粮食丰产科技工程,带动粮食增产60亿公斤,农民增收98亿元。围绕产业发展需要配置创新资源的同时,在安全、健康、环境、生态等领域,组织科技示范,应用推广一大批先进技术成果。实施节能减排科技支撑行动,开展太湖水污染科技治理,一批关键设备和成套技术成为节能减排与环境保护的重要支撑。率先成为全国“科技强警”示范省,扬州被列入全国首批“十城万盏”试点城市,苏州、南通被列为国家新能源汽车应用试点城市,江阴、大丰成为国家首批可持续发展先进示范区,科技为全省“两型”社会建设提供了有力支撑。

7. 着力推动创新国际化

紧密围绕江苏省战略性新兴产业创新需求,进一步深化我省与以色列、新加坡、澳大利亚、俄罗斯等重点国家和地区的科技合作,指导苏州工业园区科技发展有限公司与以色列英飞尼迪资金管理集团合作成立“中以智库”苏州有限公司。鼓励跨国公司设立研发机构,加强外资研发机构的技术溢出,全年认定省级外资研发机构59家,组织召开“中国。江苏第二届国际产学研合作论坛暨跨国技术转移大会”,吸引25个国家和地区近280名海外知名科学家、研发机构负责人参加会议,达成签约项目近60项,合作意向近80项,形成了江苏科技工作的重要品牌活动。签约组建纳米、物联网、生物医药和智能电力电气等10个产业创新国际合作联盟,有效推动国际资源向江苏集聚。

8. 着力营造有利创新的氛围环境

以研发费用加计扣除、高新技术企业认定等政策落实为重点,推进“千人万企”行动的深入开展,会同税务部门制定了企业研发费用加计扣除操作规程,12 812家企业享受到科技政策优惠,其中5 100多家企业直接减免税收107亿元。建立厅市会商制度,加强省市联动,活跃地方科技工作,对地方和基层的重大科技创新需求给予积极支持。南京“软博会”、无锡“工业设计博览会”、常州“制造技术展洽会”、苏州“电博会”、连云港“中科院高技术对接会”、徐州和盐城“成果交易会”、扬州“成果展洽会”、镇江“军民两用成果对接会”、淮安泰州“科技洽谈会”、南通宿迁“走进高校院所”等地方产学研活动各具特色,形成一批品牌亮点。

四、浙江省的基本情况

2010 年，浙江省围绕建设创新型省份和科技强省的战略目标，坚持“环境、人才、平台、项目”四位一体，大力推进国家技术创新工程试点省建设，充分发挥科技“支撑发展、引领未来、改善民生”三大作用，各项工作均取得了新进展。2010 年，全社会科技投入达 830 亿元，是 2005 年的 2.6 倍；研发经费支出占生产总值比重达 1.82%，比 2005 年提高 0.6%；专利申请量和授权量居全国第 3 位，有效专利数居全国第 2 位；高新技术产业产值达 1 万亿元，比 2005 年增长 124.7%；据《中国科学发展报告 2010》数据显示，浙江省创新指数列全国各省区第 2 位。

（一）科技创新环境明显改善

浙江省坚持将科技创新放在突出的位置，先后将自主创新列为全省又好又快发展的核心战略以及“全面小康六大行动计划”之首，不断优化鼓励自主创新的环境。2008、2009 两年企业研究开发费加计抵扣税收优惠达 67.2 亿元、高新技术企业享受税收优惠总额达 60.7 亿元。目前，浙江省共有国家高新区 3 家、省级高新技术产业园区 15 家，省级高新技术特色产业基地逾 80 家。

（二）自主创新能力大幅提升，科技综合实力明显增强

知识创新能力明显提高。2009 年，浙江省成为全国第三个年度专利申请量突破 10 万件的省份，2010 年全省专利申请量达 12 万多件，“十一五”期间，年均增长 37% 左右，国际科学论文被引用数居全国第 4 位。企业创新能力快速提升。目前，全省拥有省级创新型试点示范企业 256 家、省专利示范企业 700 余家、高新技术企业 3 580 家；先后有 34 家企业入选国家创新型（试点）企业，居全国前列。规模以上企业新产品产值率达 18% 以上，比 2005 年提高 9 个百分点以上。

基层科技工作全面加强。杭州等地相继成为国家创新型试点城市，涌现了 8 个全国科技进步先进市、40 个先进县、11 个示范市县以及 53 个省级科技强县，创建了 8 个国家级可持续发展实验区。2009 年，浙江省科学发展水平居全国第 4 位，自主创新能力指数比 2005 年提高 61%，居全国第 5 位。

（三）科技创新人才大幅增加，创新资源加快集聚

一是加快培育引进创新人才。2010 年全省科技活动人员和 R&D 人员分别达 53 万人和 20 万人年，比 2005 年增加 1.1 倍和 1.6 倍。5 年来，全省累计引进各类人才 15.8 万人，其中有 66 人入选国家“千人计划”。启动 3 年 150 个省级科技创新团队建设计划，目前已建设了 50 个，遴选 50 个。二是引进大院名校共建创新载体。全省累计引进共建了创新载体 820 家，总投资逾 230 亿元，引进科技人员 1.6 万余人、成果 1 300 多项、专利 1500 多项。三是军民科技合作走在全国前列。先后在全国多地举办军工合作对接交流大会，加强浙江民营企业与国防科工单位的对接交流，并实施军民科技合作项目 350 项。四是国际科技合作向纵深推进。先后与 50 多个国家和地区开展了科技交流与合作，组织实施国际科技合作项目 272 项，已建成 24 家留学生创业园、10 个国家级国际科技合作基地、33 个海外企业研发机构。

（四）科技创新平台建设加快，科技基础条件明显改善

浙江省科创基地（青山湖科技城）建设全面启动。目前，该基地的规划、设计和道路等基础设施建设工作正有序推进，引进了一批高校院所驻点设立研发机构。启动建设“大型仪器设备协作共用平台”等 7 个公共科技基础条件平台和“现代纺织及装备创新平台”等 50 个行业和区域创新平台，重大创新平台建设成效明显。加快做大做强“六个一批”创新载体。目前，浙江省共有省部属科研院所 57

家;省级以上重点实验室、工程技术研究中心202家,其中国家级重点实验室12家、国家工程技术研究中心9家;省级高新技术企业研发中心1146家,国家级企业技术中心40家;科技企业孵化器102家。

(五)重大科技专项加快实施,科技支撑发展作用明显增强

2006年以来,共组织实施科技专项2 548个,在大型空分设备、新药创制、农作物品种选育、城镇污水处理技术等方面取得了一大批创新成果。同时,参与承担国家科技重大专项项目84项,承担的项目数和争取国家财政科技经费均居全国第5位。围绕科技支撑发展,向21个块状经济转型升级示范区派遣了21个科技专家服务组,向农村选派了7 136名科技特派员、240个团队科技特派员。2009年,全省科技进步对经济增长贡献率达51%,比2005年提高了6.4%;农业科技贡献率、成果转化率和良种覆盖率分别达61%、60%和90%。

(六)科技体制改革不断深化,政府科技管理效能明显提升

一是企业的创新主体地位进一步增强。目前,全省企业研发机构、科技人员、科技投入、承担的科技项目和获得的专利等多项指标均占全社会的80%以上,以企业为主体、市场为导向、产学研相结合的技术创新体系基本形成。二是政府科技管理创新继续深化。基本确立了科技部门牵头、有关部门协调配合、省市县集成联动的科技管理新体制。科技管理实现了由重项目管理向重综合管理转变、由重审批向重培育转变等“五个转变”。三是科技投融资体制不断完善。设立5亿元创业风险投资引导基金,支持风险投资业发展;发展科技担保、科技银行,杭州科技支行累计发放贷款10.6亿元。目前,全省已有中小企业信用担保机构300多家,累计为中小型科技企业担保总额达1 100亿元;在浙江的创投企业达78家,创投管理资本超过300亿元,创投机构和管理资本均居全国第3位。

五　长三角教育发展

一、长三角地区教育发展总体情况

2010 年末长三角两省一市共有普通中等学校、小学和特殊教育学校合计 16 261 所，比 2009 年减少 876 所。其中普通中等学校 6 800 所，比 2009 年减少 220 所；小学 9 253 所，比 2009 年减少 658 所。

2010 年上述三类学校总数比 2000 年减少 24 225 所，减幅 59.84%。2010 年普通中等学校数比 2009 年减少 220 所，同比减少 3.13%，比 2000 年减少 1 495 所，减幅为 18.02%。2010 年小学数比 2009 年减少 658 所，同比减少 6.64%，比 2000 年减少 22 719 所，减幅为 71.06%。2010 年特殊教育学校比 2009 年增加了 2 所，同比增加 0.97%，比 2000 年减少了 11 所，减幅为 5.02%。2010 年专任教师总数比 2009 年减少 0.06 万人，同比减少 0.06%，比 2000 年增加 13.22 万人，增幅为 13.91%。2010 年普通中等学校专任教师数比 2009 年增加 0.16 万人，同比增加 0.26%，比 2000 年增加 15.82 万人，增幅为 34.99%。2010 年小学专任教师数比 2009 年减少 0.24 万人，同比减少 0.51%，比 2000 年减少 2.70 万人，减幅为 5.47%。2010 年特殊教育学校专任教师数比 2009 年增加 0.02 万人，同比增加 3.64%，比 2000 年增加 0.10 万人，增幅为 21.28%。2010 年在校学生总数比 2009 年减少 28.95 万人，同比减少 1.67%，比 2000 年减少 242.83 万人，减幅为 12.48%。2010 年普通中等学校在校学生数比 2009 年减少 42.89 万人，同比减少 4.57%，比 2000 年则增加了 107.40 万人，增幅为 13.61%。2010 年小学在校学生数比 2009 年增加 13.99 万人，同比增加 1.77%，比 2000 年减少 348.90 万人，减幅为 30.31%。2010 年特殊教育学校在校学生数比 2009 年减少 0.05 万人，同比减少 1.04%，比 2000 年减少 1.33 万人，减幅为 21.80%。

表 4－208　长三角教育发展历年概况

单位：所，万人

指 标	2000 年	2004 年	2005 年	2006 年	2007 年	2008 年	2009 年	2010 年
学校数	40 486	21 431	20 220	19 166	18 029	17 095	17 137	16 261
普通中等学校	8 295	7 160	7 020	6 902	6 748	6 567	7 020	6 800
小 学	31 972	14 071	13 001	12 066	11 083	10 322	9 911	9 253
特殊教育	219	200	199	198	198	206	206	208
专任教师数	95.05	99.33	100.49	105.07	102.47	103.15	108.33	108.27
普通中等学校	45.21	52.61	53.90	55.01	55.72	56.26	60.87	61.03
小 学	49.37	46.25	46.12	46.18	46.24	46.35	46.91	46.67
特殊教育	0.47	0.47	0.47	0.50	0.51	0.54	0.55	0.57
在校学生数	1 946.32	1 895.47	1 839.66	1 793.01	1 739.69	1 689.90	1 732.44	1 703.49
普通中等学校	789.05	964.22	953.35	939.74	916.88	885.68	939.34	896.45
小 学	1 151.17	926.26	881.43	848.55	817.97	799.41	788.28	802.27
特殊教育	6.10	4.99	4.88	4.72	4.84	4.81	4.82	4.77

注：本表数据综合上海市、江苏省、浙江省统计年鉴。

二、上海市的教育发展基本情况

(一)上海市教育发展总体情况

2010年上海市共有各类学校(全日制学校,含高等学校)1730所,与2009年持平,在校学生数197.70万人,比2009年增加0.72%;教职工总数约21.42万人,比2009年减少了0.09%。各类普通中等学校继续减少,但降速有所减缓,中等专业学校比2009年减少了5所,降幅7.14%。在普通中等学校继续减少的同时,普通小学则继续保持了回升的态势,2010年上海市普通小学共有766所,比2009年增加了15所,增幅2.00%。各级各类学校总教职工数减少了0.09%,专任教师数则增加了1.61%,这意味着专任教师在教职工中所占比例继续得到扩大。从发展趋势来看,普通小学呈现继续扩张的趋势,而普通中等学校的规模则进一步萎缩。

表4-209　2010年上海市教育发展概况

单位:所,万人,%

指 标	2000年	2009年	2010年	变动率
学校数	2 225	1 730	1 730	0.00
普通高等学校	37	66	66	0.00
普通中等学校	1 133	884	869	-1.70
中等专业学校	84	70	65	-7.14
职业中学	60	26	26	0.00
技工学校	115	13	10	-2.31
普通中学	861	762	755	-0.92
工读学校	13	13	13	0.00
普通小学	1 021	751	766	2.00
特殊教育学校	34	29	29	0.00
教职工数	22.73	21.44	21.42	-0.09
普通高等学校	6.01	7.45	7.42	-0.40
普通中等学校	10.43	8.35	8.26	-1.08
中等专业学校	1.27	0.94	0.91	-3.19
职业中学	0.66	0.44	0.43	-2.27
技工学校	0.77	0.15	0.13	-13.33
普通中学	7.66	6.76	6.73	-0.44
工读学校	0.07	0.06	0.06	0.00
普通小学	6.13	5.48	5.58	1.82
特殊教育学校	0.16	0.16	0.16	0.00
专任教师	12.83	14.29	14.52	1.61
普通高等学校	2.05	3.81	3.92	2.89
普通中等学校	6.26	5.94	5.97	0.51
中等专业学校	0.53	0.49	0.50	2.04
职业中学	0.39	0.29	0.29	0.00
技工学校	0.30	0.07	0.07	0.00
普通中学	5.01	5.05	5.07	0.40

（续表）

高 中	1.42	1.69	1.67	-1.18
初 中	3.59	3.36	3.40	1.19
工读学校	0.03	0.04	0.04	0.00
普通小学	4.43	4.43	4.52	2.03
特殊教育学校	0.09	0.11	0.11	0.00
毕业生数	55.67	46.77	46.77	0.00
普通高等学校	4.09	12.69	13.37	5.36
普通中等学校	32.76	22.63	22.63	0.00
中等专业学校	3.86	3.39	3.34	-1.47
职业中学	3.99	1.73	1.38	-20.23
技工学校	1.86	0.36	0.31	-13.89
普通中学	22.92	17.03	16.13	-5.28
高 中	7.18	7.04	6.24	-11.36
初 中	15.74	9.99	9.89	-1.00
工读学校	0.13	0.12	0.08	-33.33
普通小学	18.73	11.36	12.44	9.51
特殊教育学校	0.09	0.09	0.09	0.00
招生数	52.23	49.49	50.66	2.36
普通高等学校	8.13	14.35	14.46	0.77
普通中等学校	33.71	21.20	21.07	-0.61
中等专业学校	3.00	2.98	2.99	0.34
职业中学	2.44	1.25	1.23	-1.60
技工学校	1.68	0.37	0.42	13.51
普通中学	26.46	16.50	16.33	-1.03
高 中	7.84	5.58	5.39	-3.41
初 中	18.62	10.92	10.94	0.18
工读学校	0.13	0.10	0.10	0.00
普通小学	10.28	13.86	15.05	8.59
特殊教育学校	0.11	0.08	0.08	0.00
在校学生	207.61	196.29	197.70	0.72
普通高等学校	22.68	51.28	51.57	0.57
普通中等学校	105.53	77.39	75.47	-2.48
中等专业学校	11.89	11.50	10.91	-5.13
职业中学	8.48	4.14	3.77	-8.94
技工学校	5.37	1.06	1.08	1.89
普通中学	79.54	60.37	59.44	-1.54
高 中	23.94	17.76	16.89	-4.90
初 中	55.60	42.61	42.55	-0.14
工读学校	0.25	0.32	0.27	-15.63
普通小学	78.86	67.12	70.16	4.53
特殊教育学校	0.54	0.50	0.50	0.00

注:① 本表数据由上海市教育委员会提供。

② 普通中学学校数中,完全中学140所,高级中学133所,初级中学345所,一贯制学校144所。

(二)上海市教育发展的历史情况

2000年以来,上海市各类学校总数持续减少,2000年至2007年,包括普通高等学校在内的各类学校总数从2 225所下降到了1 640所,减幅26.29%,其中只有普通高等学校保持着增长态势。但这一趋势在2008年出现逆转,2008年各类学校总数回升到1 678所,比2007年增加了2.32%。2010年各类学校总数1 730所,与2009年保持一致。从细化数据中,我们发现,普通小学的数量继续回升,2010年普通小学由2009年的751所上升到766所,同比增长2.00%。而各类普通中等学校则继续减少,其中中等专业学校减少5所,减幅7.14%,技工学校减少3所,减幅23.08%,普通中学减少了7所,减幅0.92%。

2010年,各类学校教职工数比2009年有所减少,其中普通小学的教职工数有所增长,其他各类学校的教职工数量则都有所减少。值得注意的是,各类学校的专任教师数量在教职工总数总体小幅减少的情况下,都有一定程度增加,这意味着各类学校的专任教师在教职工中所占比例得到继续增长。在普通中等学校的学生数量继续减少的情况下,各类学校在校学生总数却由于普通高等学校和普通小学学生数的增加保持回升势头,达到197.70万人,比2009年又增加了1.41万人,但跟2000年的在校学生总数相比,仍然少4.77%。

表4-210　上海市教育发展主要年份历史情况

单位:所,万人

指　标	2000年	2004年	2005年	2006年	2007年	2008年	2009年	2010年
学校数	2 225	1 726	1 694	1 672	1 640	1 678	1 730	1 730
普通高等学校	37	59	60	60	60	61	66	66
普通中等学校	1 133	990	966	958	937	916	884	869
中等专业学校	84	82	81	81	76	73	70	65
职业中学	60	42	37	37	32	28	26	26
技工学校	115	44	41	33	30	28	13	10
普通中学	861	822	807	794	786	774	762	755
工读学校	13	/	/	13	13	13	13	13
普通小学	1 021	648	640	626	615	672	751	766
特殊教育学校	34	29	28	28	28	29	29	29
教职工数	22.73	21.64	21.59	21.35	21.03	21.15	21.44	21.42
普通高等学校	6.01	6.83	7.09	7.17	7.18	7.31	7.45	7.42
普通中等学校	10.43	9.58	9.40	9.16	8.85	8.58	8.35	8.26
中等专业学校	1.27	1.12	1.09	1.06	1.00	0.97	0.94	0.91
职业中学	0.66	0.56	0.51	0.50	0.48	0.45	0.44	0.43
技工学校	0.77	0.36	0.34	0.21	0.20	0.21	0.15	0.13
普通中学	7.66	7.54	7.46	7.33	7.11	6.89	6.76	6.73
工读学校	0.07	/	/	0.06	0.06	0.06	0.06	0.06
普通小学	6.13	5.07	4.94	4.86	4.84	5.10	5.48	5.58
特殊教育学校	0.16	0.16	0.16	0.16	0.16	0.16	0.16	0.16
专任教师	12.83	12.85	13.10	13.36	13.59	13.02	14.29	14.52

（续表）

普通高等学校	2.05	2.87	3.18	3.39	3.55	3.69	3.81	3.92
普通中等学校	6.26	6.13	6.08	6.12	6.08	5.98	5.94	5.97
中等专业学校	0.53	0.53	0.53	0.52	0.51	0.51	0.49	0.50
职业中学	0.39	0.34	0.31	0.30	0.29	0.29	0.29	0.29
技工学校	0.30	0.13	0.12	0.12	0.11	0.11	0.07	0.07
普通中学	5.01	5.13	5.12	5.14	5.13	5.03	5.05	5.07
高　中	1.42	1.77	1.81	1.80	1.79	1.72	1.69	1.67
初　中	3.59	3.36	3.31	3.34	3.34	3.31	3.36	3.40
工读学校	0.03	/	/	0.04	0.04	0.04	0.04	0.04
普通小学	4.43	3.75	3.74	3.75	3.85	4.10	4.43	4.52
特殊教育学校	0.09	0.10	0.10	0.10	0.11	0.11	0.11	0.11
在校学生	207.61	202.79	197.58	193.04	187.79	190.15	196.29	197.70
普通高等学校	22.68	41.57	44.26	46.63	48.49	50.29	51.28	51.57
普通中等学校	105.53	106.94	99.30	92.54	85.47	80.29	77.39	75.47
中等专业学校	11.89	14.05	13.67	13.70	12.81	12.08	11.50	10.91
职业中学	8.48	6.43	5.76	5.33	5.20	4.80	4.14	3.77
技工学校	5.37	3.68	2.85	2.05	1.56	1.32	1.06	1.08
普通中学	79.54	82.78	77.02	71.17	65.60	61.77	60.37	59.44
高　中	23.94	31.07	30.82	27.17	22.90	19.26	17.76	16.89
初　中	55.60	51.71	46.20	44.00	42.70	42.51	42.61	42.55
工读学校	0.25	/	/	0.29	0.30	0.32	0.32	0.27
普通小学	78.86	53.74	53.50	53.37	53.33	59.06	67.12	70.16
特殊教育学校	0.54	0.54	0.52	0.50	0.50	0.51	0.50	0.50

数据来源：综合上海市历年统计年鉴。

（三）上海市各区域教育发展基本情况

2010年上海市各区、县共有普通中学755所，招生163 277人，毕业生161 288人，在校学生594 362人，教职员工67 277人，其中专任教师50 741人。浦东新区的普通中学在各项指标上均居全市之首。

2010年上海市各区、县共有普通小学766所，招生150 465人，毕业生124 353人，在校学生701 578人，教职员工55 843人，其中专任教师45 239人。浦东新区的普通小学在各项指标上均居全市之首。

表4－211　上海市各区、县普通中学基本情况（2010年）

单位：所，人

地　区	学　校	毕业生数	招生数	在校学生	教职员工	#专任教师
总　计	755	161 288	163 277	594 362	67 277	50 741
浦东新区	151	36 077	40 593	140 793	13 453	11 067
黄浦区	23	5 530	5 176	18 380	2 472	1 634
卢湾区	14	2 233	2 184	7 651	1 136	826

(续表)

徐汇区	39	10 395	10 369	37 719	4 400	3 253
长宁区	26	5 714	5 170	19 909	2 576	1 781
静安区	15	3 855	3 617	12 731	1 674	1 126
普陀区	47	8 118	8 000	29 181	3 731	2 413
闸北区	36	8 325	6 596	25 603	3 256	2 225
虹口区	41	7 888	7 043	26 726	3 125	2 447
杨浦区	54	10 348	9 635	35 699	4 366	3 337
闵行区	59	10 573	12 403	42 025	5 321	4 108
宝山区	55	9 908	11 512	39 783	3 979	3 265
嘉定区	32	6 206	6 941	23 684	2 777	2 076
金山区	30	7 191	6 023	24 333	2 775	2 087
松江区	32	7 760	7 751	31 210	3 444	2 429
青浦区	25	6 238	6 419	2 4812	2 452	1 980
奉贤区	37	6 964	8 014	29 620	2 987	2 329
崇明县	39	7 965	5 831	24 503	3 353	2 358

注:本表数据由上海市教育委员会提供。

表4-212　上海市各区、县普通小学基本情况(2010年)

单位:所,人

地　区	学　校	毕业生数	招生数	在校学生	教职员工	#专任教师
总　计	766	124 353	150 465	701 578	55 843	45 239
浦东新区	164	31 086	36 485	165 009	11 645	10 086
黄浦区	18	2 411	2 170	10 904	1 439	1 046
卢湾区	13	1 320	1 314	6 690	903	642
徐汇区	42	5 993	6 197	30 395	2 653	2 231
长宁区	25	3 376	3 680	18 200	1 936	1 485
静安区	12	1 805	1 773	8 846	1 113	701
普陀区	27	5 740	5 527	27 752	2 285	1 692
闸北区	34	4 216	4 249	20 456	2 106	1 523
虹口区	34	4 164	4 174	20 629	2 116	1 787
杨浦区	44	5 850	5 064	26 537	2 699	2 328
闵行区	61	12 570	16 023	73 202	5 333	4 347
宝山区	72	11 204	12 986	60 214	4 491	3 844
嘉定区	40	5 707	9 112	43 749	2 855	2 301
金山区	32	4 347	5 989	27 097	2 249	1 668
松江区	33	7 624	11 714	54 081	3 292	2 724
青浦区	45	5 864	9 730	41 848	3 127	2 350
奉贤区	33	7 317	10 199	46 884	3 123	2 631
崇明县	37	3 759	4 079	19 085	2 478	1 853

注:本表数据由上海市教育委员会提供。

（四）2010年上海市教育发展的主要特点

2010年与2009年相比，各类普通中等学校的各项主要指标均继续呈现持续减少的趋势，普通高等学校的发展势头有所减缓，但仍保持总体的上升态势，普通小学相关指标在2009年的基础上继续回升，因此各项主要教育指标继续呈现“两头增长、中间减少”的现象，即普通高等学校与普通小学逐步增长，普通中等学校继续萎缩。普通小学的数量与规模回升趋势更加明显，已恢复到了2002以前的水平，从一个侧面说明小学阶段教育体系的改革调整已初步完成。

（五）上海市著名学校

1. 上海市南洋模范中学

上海市南洋模范中学，前身为南洋公学附属小学（初称下院），创建于1901年3月20日，是中国公立小学之始；1925年增设初中而成为附属中小学。1927年秋脱离大学并改制为上海市私立南洋模范中小学（简称南模），即以“模范”立校。

民国时期，南模以名师荟萃、校风纯正、教学质量上乘而蜚声海内外，成为国人称道的享有“北有南开、南有南模”美誉的名校。新中国成立后，毛泽东主席应南模学生请求，为学校壁报题字“青锋”，意谓“青年先锋”；江泽民总书记为百年南模书函，寄语南模人做“求知的模范、生活的模范、爱国的模范、进取的模范”。“青锋”成为南模代代相传的学校精神，“四个模范”成为南模坚定不移的育人目标。

百年南模遵循“勤、俭、敬、信”的校训，发扬“学业扎实、生活朴实、工作踏实、身体结实”的校风，培养了足迹遍布海内外的数万学子，他们中有杰出的新闻工作者邹韬奋，有革命烈士李一谔、陈虞钦、方能济、赵有国，有孜孜不倦勇攀高峰的卅三位中国科学院、中国工程院院士，一位中国社会科学院荣誉学部委员和十三位海外院士，有国家领导人，有海内外各界著名人士，更有无数为国家和人民不辞辛劳的普通劳动者。

新世纪，南模继承优良办学传统，创设宽松环境，注重人格教育和创新精神培养，进一步构建先进课程、提升教育质量，努力将学校办成“学习型、温馨型、数字化、国际化”的现代学校，在上海、全国乃至世界教育领域发挥示范辐射作用，成为载誉海内外的世界名校。

2. 上海市第三女子中学

上海市第三女子中学是是一所蜚声海外的百年名校，宋氏三姐妹都曾在此就读。学校前身是1881年美国基督教圣公会创办的圣玛利亚女中和1892年基督教南方监理公会创办的中西女中，1952年两校由上海市人民政府接管，合并命名为“上海市第三女子中学”。

在过去的一个多世纪里，学校培养了一大批杰出的女性，包括前国家科技部部长朱丽兰、科学院院士黄量、工程院院士陈亚珠、闻玉梅等等，学校被誉为“女子人才的摇篮”。

市三女中的办学目标是“国内一流、国际知名、特色鲜明的现代女子高中”，育人目标是培养以“独立、能干、关爱、优雅”为特征的“德才兼备、秀外慧中，开放型现代女子人才”。

目前学校形成了较为鲜明的办学特色：与八个国家和地区的十六所学校建立了合作关系，形成广泛的国际交流；通过多年探索市三英语教学模式，创出一流的英语教学；以学校管乐队、民乐队为龙头，引领出色的艺术教育；学科建设提倡文理并重，促进全面的学科发展。

市三女中是上海首批实验性示范性高中，获得上海市文明单位、上海市花园单位、上海市学校艺术教育先进集体等一系列称号。现为中国教育学会外语教学专业委员会外国语实验学校、全国绿色学校、上海市中小学行为规范示范学校、上海市科技教育特色学校、上海市心理教育示范学校。学校每年都为北京大学、清华大学、复旦大学、交通大学、同济大学等高校输送大量优秀的毕业生。每年都有一批学生在各类高级别比赛中获奖。

三、江苏省教育发展基本情况

(一) 江苏省教育发展总体情况

2010 年江苏省共有各类学校(除普通高等学校和职业技术培训机构之外)12 132 所,教职工数 813 181 人,其中专任教师数量为 677 518 人,在校学生(除普通高等学校、职业技术培训机构、成人中学和成人初等学校之外)有 11 499 213 人。各类学校中,普通中学 2 776 所、小学 4 498 所,分别比 2009 年又减少了 115 所和 515 所;特殊教育学校 112 所,比 2009 年减少 1 所;普通中等专业学校增加了 9 所,而职业高中则又减少了 38 所。职业技术培训机构数量下降为 7 001 所,比 2009 年减少了 9.37%。普通中等专业学校的教职工与专任教师数继续增长,分别比 2009 年增加了 12.57%、18.62%。普通中学的教职工比 2009 年减少了 0.95%,小学教职工比 2009 年则减少了 2.10%。

表 4-213　江苏省各级各类教育事业(2010 年)

单位:所,人

指　标	学校数	毕业生数	招生数	在校学生数	教职工数	#专任教师
普通高等教育	124	508 787	475 114	1 774 880	158 647	102 010
研究生		29 919	42 459	125 450		
本专科学生		478 868	432 655	1 649 430		
普通中等专业学校	160	167 316	227 847	683 040	31 419	24 517
普通中学	2 776	1 400 337	1 150 781	3 686 068	335 609	284 594
高　中	653	486 363	440 338	1 356 550		98 197
初　中	2 123	913 974	710 443	2 329 518		186 397
职业高中	122	97 290	98 181	258 790	18 412	14 679
技工学校	132	88 815	115 761	315 082	18 317	14 534
小　学	4 498	705 776	731 257	3 987 821	275 678	249 586
特殊教育学校	112	5 228	4 763	29 742	3 802	2 988
幼儿园	3 944	659 276	833 130	2 057 187	120 982	81 140
成人高等教育	12	108 510	148 348	402 932	2 796	1 646
#广播电视大学	2	1 907	3 741	9 216	824	440
管理干部学院	3	1 132	2 580	5 641	849	551
职工高等学校	5	613	977	2 973	332	204
教育学院	2	5 092	3 518	11 576	791	451
成人中等专业学校	68	17 225	36 535	78 551	4 377	2 421
成人中学	277				1 632	1 276
成人初等学校	28				157	137
网络教育	3					

注:本表转自江苏省统计年鉴 2011,若干数据根据《2010 年江苏省教育事业发展公报》修订。

（二）江苏省教育发展历史变化情况

2000年以来，江苏省的普通中等学校、小学和特殊教育学校数量保持减少的趋势。其中普通中等学校减少了27.57%，特殊教育学校减少了8.94%，而小学数量的减幅则继续增大到76.46%。三类学校专任教师总数比2009年有所减少，其中小学专任教师数量比2009年减少2.00%，比2000年则减少了13.63%，而普通中等学校的专任教师数量则比2009年减少0.55%，比2000年却增加了29.34%。在招生数方面，普通中等学校2010年的招生数自2005年以来继续减少，与2000年相比也减少了6.50%，小学招生数比2009年又有小幅增加，与2000年相比则仍减少了23.45%，特殊教育学校的招生数比2009年有所增加，比2000年则多出了23.08%。

表4-214　江苏省普通中等学校、小学、特殊教育学校主要年份历史变化情况

单位：所，万人，%

指　标	2000年	2005年	2009年	2010年	与2000年相比变化
学校数					
普通中等学校	4 222	3 530	3 202	3 058	-27.57
小学	19 110	6 261	5 013	4 498	-76.46
特殊教育	123	109	113	112	-8.94
专任教师					
普通中等学校	25.02	31.13	32.54	32.36	29.34
小学	28.90	26.16	25.47	24.96	-13.63
特殊教育	0.27	0.25	0.30	0.30	11.11
招生数					
普通中等学校	157.94	197.19	154.86	147.67	-6.50
小学	95.53	61.93	66.05	73.13	-23.45
特殊教育	0.39	0.40	0.45	0.48	23.08
在校学生					
普通中等学校	433.97	592.97	496.38	462.79	6.64
小学	718.55	485.53	396.02	398.78	-44.50
特殊教育	3.59	3.07	3.09	2.97	-17.27
毕业生数					
普通中等学校	117.74	180.99	177.71	166.50	41.41
小学	114.78	105.52	77.27	70.58	-38.51
特殊教育	0.36	0.43	0.53	0.52	44.44

注：本表数据转自江苏省统计年鉴2011。

(三)江苏省辖市教育发展基本情况

2010 年江苏省 13 个省辖市共有在校学生总数 1 073.17 万人,其中普通中学 368.62 万人,小学 398.81 万人。普通中学和小学在校生数最多的市为徐州市,分别占全省总数的 14.13% 和 13.29%。而南京市的在校学生总数达 145.22 万人、专任教师数量则达到了 9.90 万人,均居全省第一,分别占全省总数的 13.53% 和 14.28%。

表 4-215　江苏省省辖市教育情况(2010 年)

单位:万人

市　县	在校学生总数	#普通中学	#小学	专任教师总数
合　计	1 073.17	368.62	398.81	69.32
南京市	145.22	24.86	28.83	9.90
无锡市	74.89	22.76	30.62	5.03
徐州市	130.26	52.07	53.02	8.49
常州市	60.39	18.88	22.15	3.46
苏州市	95.45	27.25	38.84	6.48
南通市	84.40	33.65	32.32	5.38
连云港市	74.87	30.91	32.71	4.67
淮安市	78.94	29.30	30.36	4.72
盐城市	87.38	34.33	35.97	6.20
扬州市	59.14	22.25	22.77	3.79
镇江市	38.62	12.34	12.93	2.56
泰州市	55.14	23.31	22.53	3.98
宿迁市	88.47	36.71	35.76	4.66

注:本表数据摘自江苏省统计年鉴 2011。

(四)2010 年江苏省教育发展的主要特点

2010 年江苏省普通中等学校、小学等主要教育机构继续在体制调整中减少,其中 2010 年的小学数量与 2000 年相比,已经减少了 76.46%。但值得注意的是,小学的招生数和在校生数量上面,出现了重新增加的局面,与学校数量和教师数量的减少形成对比,与毕业生数的持续减少也正相反,这很有可能提示我们,在人口生育周期的作用下,可能会迎来一轮新的教育资源调整的市场需求。而这与十二五规划要求继续改革调整教育体制的要求,正相吻合。

(五)江苏省著名学校

1. 江苏省泰州中学

江苏省泰州中学始于 1902 年在宋代著名教育家胡瑗讲学旧址上创立的泰州学堂,是一所历史悠久、文化底蕴深厚、具有优良办学传统的百年名校,是中国百所知名中学之一。学校先后被评为省属重点中学、国家级示范高中、省四星级高中。1999 年建成的新校区占地 226 亩,建筑面积 5.8 万平方米,校园环境优雅,办学条件一流,拥有多媒体教室、电子阅览室、闭路电视、校园网、体育馆、游泳馆、影剧院、塑胶跑道标准田径场和学生公寓等设施。学校先后获得了全国文明单位、全国精神文明建设工作先进单位、全国教育系统先进集体、全国体育卫生先进单位、江苏省文明单位标兵、江苏省模范学

校、江苏省园林式单位等四十多个省级以上荣誉称号。

学校现有59个班级，在校学生3 000余人，教职工270人，其中特级教师7人，获苏步青数学教育奖1人，教授级教师1人，中学高级教师137人，地市级以上名师10多人，具有研究生学历的教师32人，另有在读硕士研究生20多人，常年聘请外籍教师4人。

在长期的办学实践中，学校逐步形成了"和谐、求实、进取"的校风，"忠诚、谨业、创新"的教风，"好学、善思、致用"的学风和"平和从容，博雅大气"的办学风格，办学实绩硕果累累，为国家培养了大批优秀人才。其中杰出校友有：中共中央总书记、国家主席、中央军委主席胡锦涛，中国科学院或中国工程院院士李德仁、童凯、侯德元、支秉彝、夏道行等多名院士，著名企业家陶建幸、陆海明等，著名表演艺术家林达信、著名作家李进，世界举重冠军袁爱军，以及外交界郁兴志、陈来元大使，军事界颜敏，教育界程崇庆、袁振国，等等。

近几年来，学校确立了"明理达用"的校训、"倡导负责任的教育"的办学理念、"领袖风范、领军人物"的育人目标，彰显"精品化、多元化、现代化"的办学特色，作为"全国首批百所高中特色建设项目学校"，泰州中学大力加强教育教学管理与创新，深化素质教育，教育教学质量和学校美誉度不断提升。学校高考成绩多年来一直居于省市前列，每年有一大批优秀学子录取清华大学、北京大学、中国人民大学、复旦大学、南京大学、香港大学等知名高校。2007年张子旸同学成为泰州教育史上获得国际奥林匹克学科竞赛金奖"第一人"。经教育部立项、由著名特级教师洪宗礼先生主编的苏教版初中语文实验教材，目前已在全国26个省市累计发行1.3亿余册，由他主持的"江苏母语课程教材研究所"系省教育厅特批的普教界两个专业研究所之一。

学校积极扩大国际交流与合作，先后接待了来自美国、澳大利亚、日本、韩国、英国、芬兰等国家的代表团，并与澳大利亚特拉蕾根中学结为友好学校，常年进行师生互访活动。学校现已开办雅思英语班、苏教国际班、韩国留学生班等班型，国际办学特色越来越鲜明。

以质量求生存，以特色求发展。在新的发展征程里，江苏省泰州中学将坚持"全面育人、全员育人、全程育人"的育人理念，追求科学、和谐、理性、可持续、高品位的教育，靠爱心、靠责任、靠智慧教书育人治校，倾力打造"文明校园、书香校园、和谐校园、魅力校园"。

2. 无锡市第一中学

无锡市第一中学创建于1911年，前身为无锡县立初等工业学堂、无锡县中学，是解放前无锡地区仅有的两所公立学校之一，以教育质量高名闻遐迩。解放后，学校更名为无锡市第一中学，1953年被确定为江苏省重点中学。1993年起，无锡市一中成为一所高级中学，1998年被评为首批国标省级示范性普通高中，并于2004年转评为江苏省首批四星级普通高中并承办无锡市国际学校高中部。无锡市一中先后被评为"全国五讲四美为人师表先进集体"、"全国教育系统先进集体"、"全国德育先进校"、"全国勤工俭学先进集体"。中央领导谷牧、李岚清、李铁映、何东昌等同志以及省、市各级领导也曾先后多次来校视察，并发表重要讲话和题词。

目前，学校已形成一支师德优良、业务精湛、结构合理、充满活力的教育教学上颇具优势的教师队伍。学校坚持以"一切为了学生的明天"作为自己的办学理念，坚持按教育规律育人，形成了"读书，明理，求进"的优良校风。1983年至今，该校高中毕业生在历年的高考中成绩均名列全省前茅。

无锡市一中在九十多年的时间里，为国家培养了近四万名学生。他们当中英才辈出，很多人已经成为海内外著名学者、科学家、高级工程技术人员、党和国家各级机关的领导干部以及各行各业的杰出人物。该校校友中的"两院"院士有十多人。原全国政协副主席、著名物理学家钱伟长，全国政协副主席、著名法学家罗豪才，国务委员兼国务院秘书长华建敏，著名超导专家杨国桢，著名音乐指挥家聂中明，解放军军事科学院副院长糜振玉，世界著名美籍华裔画家、美国国家艺术学院终身院士程及，以及杨国桢等十位"两院"院士就是其中的优秀代表。

四、浙江省教育发展基本情况

(一)浙江省教育发展总体情况

2010年浙江省共有普通中学2 314所,小学3 989所,幼儿园9 863所,均比2009年有所减少。普通中学、小学和幼儿园的专任教师数量则都比2009年有所增加,分别达到182 865人、171 908人和95 101人。普通中学在校生2 551 480人,比2009年有所减少,小学在校生3 333 274人,比2009年有所增加。

表4-216 浙江省各级各类教育事业基本概况(2010年)

单位:所,人

	学校数	毕业生数	招生数	在校生数	教职工数	专任教师数
一、基础教育						
1、普通中学	2 314	859 673	832 963	2 551 480	208 249	182 865
高　　中	569	273 680	300 941	880 194		62 344
其中:民办	172	53 258	66 994	19 0028		11 333
初　　中	1 745	585 993	532 022	1 671 286		120 521
其中:民办	172	55 051	70 588	196 849		11 018
2、小　学	3 989	541 309	602 117	3 333 274	186 081	171 908
其中:民办	186	43 535	72 650	340 347	16 636	12 318
3、幼儿园	9 863	573 712	599 221	1 830 533	157 174	95 101
其中:民办	7 850	366 728	384 351	1 197 398	103 723	61 253
4、特殊教育学校	67	1 718	1 904	13 010	1 837	1 586
5、工读学校	1	60	59	140	52	42
二、中等职业教育						
1、职业高中	313	145 963	186 453	500 210	28 030	23 390
2、普通中等专业学校	45	26 982	39 757	106 199	5 447	4 326
3、技工学校	68	26 328	39 120	10 8791	6 875	
三、普通高等教育						
1、研究生		11 156	16 575	47 991		
博士生		1 256	1 941	8 329		
硕士生		9 900	14 634	39 662		
2、普通本专科(含筹)	80	233 741	260 111	884 867	79 785	50 969
普通本科	33	108 865	138 886	522 172	57 420	35 904
其中:民办	3	47 318	57 542	218 296	14 267	10 951
其中:独立学院	22	39 299	41 991	169 775	10 174	7 929
高职(高专)	47	124 876	121 225	362 695	22 365	15 065
其中:民办	9	24 622	22 718	71 182	3 639	2 540
四、成人教育						
1、成人高等学历教育	9	117 008	106 581	250 998	1 595	1 013
2、远程教育本专科		11 427	15 492	43 051		
3、成人中等专业教育	53	14 416	15 318	35 829	1 748	1 106
4、成人中学	374	109 607		116 494	1 848	1 285
5、成人技术培训学校	4 226	3 601 797		3 265 911	23 172	12708
6、成人初等学校	81	2 632		2 910	127	72

注:本表由浙江省教育厅提供。

(二)浙江省教育发展历史变化情况

2000年以来,浙江省小学的数量持续减少,从2000年的11841所减少到了2010年的3 989所,减幅达到66.31%。小学招生数比2009年增加了6.30万人,同比增加11.69%,与2000年相比减少了2.22%。小学教师队伍建设稳步增长,2010年小学专任教师的数量比2000年增加了1.15万人,增幅为7.17%。普通中学数量从2000年的2 940所减少到2010年的2314所,减幅21.29%,专任教师数量却从2000年的13.93万人增加到2010年的18.29万人,增幅为31.30%,招生数继续回落。特殊教育学校数量比2009年增加了3所,专任教师数比2000年增加45.45%,招生数则减少了20.83%。

表4-217 浙江省普通中学、小学、特殊教育学校历史变化情况

单位:所,万人,%

	指 标	2000	2003	2004	2005	2006	2007	2008	2009	2010	变动率
学校数	普通中学	2 940	2 695	2 609	2 524	2 459	2 404	2 377	2 353	2 314	-21.29
	小学	11 841	7 712	6 747	6 101	5 471	4 813	4 417	4 147	3 989	-66.31
	特殊教育	62	63	62	62	63	63	64	64	67	8.06
专任教师数	普通中学	13.93	15.83	16.29	16.69	17.01	17.34	17.76	18.02	18.29	31.30
	小学	16.04	15.91	16.01	16.22	16.38	16.56	16.78	17.01	17.19	7.17
	特殊教育	0.11	0.11	0.12	0.12	0.13	0.13	0.14	0.14	0.16	45.45
招生数	普通中学	92.51	90.99	84.72	86.45	91.93	90.14	90.40	85.47	83.30	- 9.96
	小学	61.58	52.45	51.42	48.96	52.99	54.85	55.78	53.91	60.21	- 2.22
	特殊教育	0.24	0.19	0.17	0.15	0.15	0.16	0.19	0.18	0.19	-20.83

注:本表数据综合浙江省历年统计年鉴。

(三)浙江省各省辖市教育发展情况

2010年浙江省共有中等职业学校在校生676 686人,其中51.30%在浙东北地区,杭州市在校生数超过了10万,占全省总数的14.92%。普通中学在校生255.17万人,其中52.73%在浙东北地区,47.27%在浙西南地区,温州市在校生数41.87万人,占全省总数的16.41%。小学在校生333.39万人,其中浙东北地区占49.46%,浙西南地区占50.54%,温州市在校生人数58.13万,占全省总数的17.44%。

表4-218 浙江省各市中等职业学校、普通中学、小学

在校学生数(2010年)

城 市	中等职业学校(人)	普通中学(万人)	小 学(万人)
浙东北	347 171	134.56	164.90
杭 州	100 968	35.30	45.39
宁 波	80 724	32.54	46.19
嘉 兴	58 198	20.72	22.55
湖 州	32 917	14.63	16.01
绍 兴	66 039	27.48	30.04
舟 山	8 325	3.89	4.72
浙西南	329 515	120.61	168.49
温 州	93591	41.87	58.13

(续表)

金　华	80 033	25.83	36.85
其中:义乌	11 175	4.83	7.76
衢　州	36 313	12.16	14.83
台　州	86 161	28.68	43.05
丽　水	33417	12.07	15.63
合计	676 686	255.17	333.39

注:本表转自浙江统计年鉴2011。

(四) 2010 年浙江教育发展的主要特点

2010 年浙江省普通中等学校与小学数量继续减少,特殊教育则有所增加。与此同时,小学的专任教师数量则继续增加,比 2009 年又增长了 1.06%,招生数则比 2009 年增加了 11.69 %。在各类教育机构占比方面,小学占比继续下降,下降了 0.55 个百分点,普通中学从 2009 年的 35.85% 上升到 36.33%。

(五) 浙江省著名学校

1. 杭州学军中学

杭州学军中学(原杭大附中)创建于 1956 年,1978 年被省政府批准为浙江省首批办好的重点中学,1995 年被省教委确认为浙江省首批一级重点中学,1997 年被教育部确定为全国中小学现代教育技术实验学校。学校还是国务院侨办华文教育基地、浙江省和杭州市重点涉外单位。

学军中学坚持"立德树人",立人先立德,树人先树品。重视对学生综合素质的培养,重视以开拓创新的精神从事教学改革,重视教育教学质量的高标准,重视学生兴趣特长的培养与学生个性的发展,重视创设浓厚的校园文化氛围,把学校办成一所高水平、现代化、在全国具有较高知名度的一流学校,使之成为教学改革和科学研究的实验性学校、教育教学示范性学校、对外开放的窗口学校。学校素以教学设施精良、师资队伍强、教学质量好、学生品德优秀蜚声省内外,先后被评为浙江省文明单位、浙江省首批绿色学校、浙江省中小学德育工作先进集体、教育部首批全国现代教育技术实验学校评估成果突出学校、联合国教科文组织环境人口与可持续发展项目实验学校。

为促使学校实现从"优秀"走向"卓越"的持续发展,在秉承科学化、规范化、严格化管理特色的基础上,学军中学确立了更新、更高的办学目标——"开拓创新,和谐发展,永争第一"。为此,学校构建以"和谐快乐、自主高效" 为内涵的新课程改革背景下的教学模式:营造和谐快乐的学习氛围,打造自主高效的学习模式,创造全面发展的学习乐园,铸造"永争第一"的学军精神。学校明确以"质量为本、规范为重、学术立身、文化立校"为核心的新时期学校的发展思路:质量为本,本在品质;规范为重,重在过程;学术立身,立在内涵;文化立校,立在发展。

学军中学现有高中教学班 36 个,学生人数近 1 800 名,教职工 190 多人,校园面积 4.8 万平方米(约 70 亩),建筑面积 3 万余平方米。

2. 浙江省诸暨中学

浙江省诸暨中学创办于 1912 年,是一所办学历史悠久的学校,其源头最早可以追溯到始创于清乾隆 21 年即 1761 年的诸暨毓秀书院。

学校坐落在西施故里陶朱山下,依山傍水,环境优美。占地面积近 10 万平方米。教学设施齐全,建有 3 800 平方米的体育馆、2 000 平方米的健身房、50 米 8 泳道的游泳池、400 米塑胶跑道的标准田径场、藏书 10 万册的图书馆。实验室、语音室、电脑室、多媒体室、CAI 课件制作中心、闭路电视系统、校园网等形成了现代化的教育教学网络。

1981 年学校被列为省重点中学,1995 年被认定为首批省一级重点中学。现设 61 个高中班,在校学生 3 000 余人,教职工 200 余人,其中有省特级教师 6 人,高级教师 67 人,一级教师 54 人。教师中获得国家级荣誉称号的 8 人,省级荣誉称号的 30 多人。

建校 90 多年来,学校为国家培养了 4 万多名优秀毕业生,其中有全国乃至世界瞩目的原全国人大常委、著名物理学家、中科院院士赵忠尧,原全国政协常委、著名社会活动家徐逸樵,著名物理学家、中科院院士何增禄,江西省原文联主席、当代作家杨佩瑾,中国音乐家协会理事、小提琴协奏曲《梁山伯与祝英台》作者何占豪等一大批杰出人才。原教育部长、国家教委副主任何东昌、金石书画装帧大家钱君匋等都是诸暨中学的校友。

学校坚持面向全体学生,全面贯彻党和国家的教育方针,形成了《学生整体发展教育》模式。在新的历史条件下,学校深入开展以创新教育为核心的素质教育,被省教委列为创新教育试点学校。

学校教学质量高,会考、高考成绩名列浙江省前茅。学科竞赛成绩优异,近 10 年来,数、理、化、生等学科获奖学生达 600 多人次,其中获得全国和省级一等奖的有近 200 多人次,获得浙江赛区第一名的有 8 人,14 人次进入国家 集训队或冬令营。学校还多次同时获得省数理化生四门学科竞赛团体优胜奖。学校是全国培养体育后备人才试点中学,体育竞赛成绩卓著。

1960 年,学校被国务院授予全国文教系统先进集体称号,1986 年被国家教委、全国总工会授予全国教育系统先进集体称号。84 – 86 年连续三年被评为浙江省教育系统先进集体和先进基层党组织。二十世纪九十年代以来,学校被评为全国"培养体育后备人才试点中学"优秀学校、全国贯彻《学校体育工作条例》优秀学校、省级文明单位、省级先进基层党组织、省文明学校、省结对扶贫先进学校、省行风建设先进集体等。

五、长三角地区教育发展政策分析

(一) 上海

2010 年,上海市正式颁布实施《上海市中长期教育改革和发展规划纲要(2010 – 2020 年)》,通过逐步建设学习型终身教育体系,构建一个面向现代化、面向世界、面向未来的现代国民教育体系的工作全面启动,教育"十大工程"项目论证、国家教育体制改革试点项目等也随之启动。上海教育部门注意加强各级各类学校的德育工作,强调将德育贯穿于学校教育教学的各个环节。同时,学前教育公共服务体系得到进一步完善,全年新增 50 所幼儿园的建设任务顺利完成。上海市进一步统筹推进城乡教育事业,义务教育均衡化水平得到很大提升。

2010 年,上海市开展了职业教育办学模式改革的综合试点工作,开展"地方政府促进高等职业教育发展综合改革试点"和"创新政府、行业、企业、高职院校办学体制、机制"改革,被列为"国家教育体制改革试点项目",继续推动职业教育集团化办学,贯彻落实《关于全面提高本市中等职业教育教学质量的若干意见》。贯彻依法治教要求,教育法制与政策研究工作有序开展。

(二) 江苏

2010 年是江苏省实施国家和省的中长期教育改革和发展规划纲要的起始之年。江苏坚持基础教育在全省教育改革发展中的重中之重地位,基础教育正在从"初步均衡"向"优质均衡"迈进。大力加强职业教育基础能力建设,深化教育教学改革,职业教育的整体发展水平显著提升。大力加强高校内涵建设,高等教育工作中心逐步实现从规模扩大、外延发展向内涵建设、质量提升的成功转移。不断深化办学体制机制改革,教育发展活力日益增强,教育对外开放不断扩大。着力解决人民群众关心的教育热点难点问题,教育事业改革发展成果更多地惠及广大群众。

2010 年,江苏省正式颁布了《江苏省中长期教育改革和发展规划纲要(2010－2020 年)》,并召开全省教育工作会议,明确提出"到 2015 年,教育发展规划、教育质量、教育投入、教育贡献度继续走在全国前列,率先建成教育强省;到 2020 年,教育发展主要指标达到国际先进水平,率先实现教育现代化,建成学习型社会和人力资源强省"的奋斗目标。十二五期间,江苏力争牢固确立教育优先发展的战略地位,大力推进教育事业优先发展、科学发展、创新发展、和谐发展,积极构建全民教育、终身教育、优质教育体系,积极实施教育均衡化、多元化、信息化和国际化战略,促进教育公平,提高教育质量,加快实现从"学有所教"向"学有优教"转变,加快实现从教育大省向教育强省的转变。

(三)浙江

2010 年浙江省教育系统继续保持了教育事业科学和谐发展的良好势头,"15 年教育"普及率达到 97%,高等教育毛入学率达到 45%。省教育厅规划了今后 10 年的教育改革和发展,从年初开始,就着眼于制定中长期教育规划纲要。规划纲要认真总结了改革开放以来,特别是"十一五"以来全省教育改革和发展的实践经验,充分反映了这些年浙江省对实现教育的科学发展、和谐发展的深入思考和探索。与此同时,还完成编制了中职教育发展规划、高等教育国际化规划和教育信息化规划等 3 个专项规划。

2010 年,浙江省教育系统加大了教育改革和开放的力度。一些改革开放试点项目已经开始启动实施。原定的扩大示范高职院校自主招生、推进中职教育课程改革、深化基础教育课程改革、建立中小学发展性评价制度等改革取得了积极进展。江浙沪长三角地区普职师资合作培养全面展开,与台湾地区的高职、中职教育合作交流取得较大进展;建立省级留学生奖励基金,招收海外留学生首次突破万人大关,面向海外友好州市的中小学"千校结对"活动已进入对接阶段。

与此同时,还积极强化校园安全稳定工作,中小学校舍安全工程进展顺利;促进各级各类教育的发展提高,尤其在基础教育领域,围绕推进素质教育,重点抓了减轻中小学生过重课业负担的工作;继续加强教师队伍建设,超额完成了农村中小学教师"领雁工程"3 年培训任务,研究制定了中小学教师专业发展培训制度,全面落实了义务教育学校教师绩效工资政策,初步建立起了义务教育学校教师与公务员工资同步增长并由财政保障的良好机制;还严格了办学规范管理,推进了多形式的对口援助工作等。

(四)基本评价与分析

2010 年是"十一五"规划的收关之年,长三角各省市教育部门都基本提前完成了相关的规划任务,着手制定、发布和实施各自的十二五规划纲要。2010 年,上海市、江苏省和浙江省相继发布了各自的中长期教育改革和发展规划纲要。

三地纲要都将建设全民教育、终身教育、优质教育体系,积极实施教育均衡化、多元化、信息化和国际化战略,促进教育公平,提高教育质量等工作,作为各自中长期教改发展规划的重中之重,把推进教育事业优先发展、科学发展、创新发展、和谐发展当作发展理念,体现了科学兴国、教育兴国的理念已经产生了巨大的社会影响力。

地区间的发展不平衡得到很大缓解,但两方面的矛盾依然存在,并将在今后一段时间里成为长三角地区间进一步协调相互间关系和各自内部问题需要注意的方面。一是长三角的两省一市间存在地区发展不平衡。二是长三角两省一市内部各地区之间的发展存在不平衡。这些问题都将在"十二五"期间和长三角中长期教育改革和发展规划实施过程中得到改善。而上海率先在职业教育体系下试点探索的职业教育体制改革,则又是教育改革适应社会经济发展现实需要的另一个值得关注的问题,必将引领长三角地区相应领域的探索和实践。

六　长三角居民收入与消费

一、长三角居民收入与消费基本情况

(一)长三角居民收入与消费整体情况

2010 年长三角地区居民收入水平和消费水平稳步提高。长三角地区城镇居民可支配收入 2010 年为 30 345 元,比 2009 年增长了 5 876 元,城镇居民消费支出为 18 531 元,比上一年增加了 1 922 元。2010 年长三角地区农村居民人均纯收入为 11 389 元,比 2008 年增加了 1 277 元,农村居民生活消费支出为 8 386 元,比上年增加了 725 元。职工年平均工资 2010 年为 41 599 元,比上年增长了 2 888 元。

表 4－219　长三角居民收入与消费整体情况

单位:元

指　　标	2006	2007	2008	2009	2010
城镇居民人均可支配收入(元)	17 672.30	20 191.70	22 693.80	24 667.00	30 345.00
城镇居民生活消费支出(元)	12 580.00	14 013.70	15 511.20	16 609.00	18 531.00
农村居民人均纯收入 (元)	7 453.70	8 349.30	9 333.30	10 112.00	11 389.00
农村居民生活消费支出(元)	5 967.70	6 693.00	7 171.70	7 661.00	8 386.00
职工年平均工资(元)	26 972.70	30 978.30	35 105.00	38 711.00	41 599.00

数据来源:《江苏统计年鉴》、《上海统计年鉴》、《浙江统计年鉴》(历年)。

(二)2006 年到 2010 年长三角收入与消费增长情况

表 4－220　长三角居民收入与消费增长情况

单位 %

收入与支出	2006	2007	2008	2009	2010
城镇居民人均可支配收入	12.20	14.30	12.40	8.62	23.00
城镇居民生活消费支出	8.90	11.40	10.70	7.07	11.50
农村居民人均纯收入	10.30	12.00	11.80	8.34	12.60
农村居民生活消费支出	11.60	12.20	7.20	6.82	8.80
职工年平均工资	10.30	14.90	13.30	10.27	7.50

数据来源:《江苏统计年鉴》、《上海统计年鉴》、《浙江统计年鉴》(历年)。

2009 年到 2010 年,长三角地区居民收入增长速度惊人,城镇居民收入水平年均增长速度在 23.01%,农村居民纯收入的增长速度为 12.60%,2007 年农村居民收入增长 12%,2008 年下降了 0.2 个百分点,2009 年下降了 3.5 个百分点,2010 年增长了 4.26 个百分点。

从消费方面看,城镇居民生活消费支出 2006 年比 2005 年增长了 8.9 个百分点,2008 年比 2007 年上升了 10.7 个百分点,2009 年比 2008 年只增加了 7.07 个百分点,2010 年比 2009 年增长 11.5 个百分点。农村居民消费 2006 年增长了 11.6 个百分点,2009 年农村居民消费增长速度不高,只有 6.82%,2010 年有所增长,提高到 8.8 个百分点。职工年平均工资水平在 2009 年增加了 10.27 个百分点,2010 年长三角职工工资增长水平不高,只增长了 7.5 个百分点。

二、上海市

(一)上海市居民收入消费整体情况

据抽样调查,城市居民家庭人均年可支配收入 31 838 元,比上年增长 10.4%;农村居民家庭人均年可支配收入 13746 元,增长 11.5%。全年城市居民人均消费支出 23 200 元,比上年增长 10.5%。其中,服务性消费支出 6 955 元,增长 4.5%。农村居民人均生活消费支出 10 225 元,比上年增长 4.3%。其中,服务性消费支出 2951 元,增长 1.9%。

据抽样调查,至年末,平均每百户城市居民家庭耐用消费品拥有量:家用轿车 17 辆,家用空调 200 台,移动电话 230 部,家用电脑 129 台。平均每百户农村居民家庭耐用消费品拥有量:彩电 198 台,洗衣机 95 台,热水淋浴器 96 台,移动电话 194 部,家用空调 147 台,家用电脑 60 台。

至年末,全市居民储蓄存款余额 16 249.29 亿元,当年新增 1 891.41 亿元。其中,定期储蓄存款余额 10 853.11 亿元,新增 1 119.84 亿元;活期储蓄存款余额 5 396.19 亿元,新增 771.57 亿元。

抽样调查结果显示:至年末,上海市平均每百户城市居民家庭耐用消费品拥有量:家用轿车 14 辆,家用空调 196 台,移动电话 223 部,家用电脑 123 台。平均每百户农村居民家庭耐用消费品拥有量:彩电 190 台,洗衣机 93 台,热水淋浴器 94 台,移动电话 174 部,家用空调 135 台,家用电脑 54 台。

表 4-221 2006 年~2010 年上海市居民收支情况

收入与支出	2006	2007	2008	2009	2010
城镇居民人均可支配收入(元)	20 668	23 623	26 675	28 838	31 838
城镇居民生活消费支出(元)	14 762	17 235	19 398	20 992	23 200
农村居民人均纯收入 (元)	9 213	10 222	11 385	12 324	13 746
农村居民生活消费支出(元)	8 006	8 845	9 115	9 804	10 225
职工年平均工资(元)	29 569	34 707	39 502	42 789	47 757
人均储蓄存款余额(元)	52 231	50 194	63 987	75 373	70 918

数据来源:《上海统计年鉴》(历年)。

表 4-222 2006-2010 年上海市居民收入增长情况

单位%

收入与支出	2006	2007	2008	2009	2010
城镇居民人均可支配收入	10.85	14.30	12.92	8.10	10.40
城镇居民生活消费支出	7.18	16.75	12.55	8.20	10.50
农村居民人均纯收入	10.44	10.95	11.38	8.20	11.50
农村居民生活消费支出	10.20	10.48	3.05	7.50	4.20
职工年平均工资	10.24	17.38	13.82	8.30	11.60
人均储蓄存款余额	10.15	- 3.90	27.48	17.80	- 5.90

数据来源:《上海统计年鉴》(历年)。

(二)"十一五"期间上海市居民收入与消费特征回顾

1. 收入来源不断扩展

“十一五”时期，从城乡居民收入来源情况来看，四大项收入齐头并进，全部增长。工资性收入与经济增长紧密相关，虽然受到国际金融危机的波及，企业效益下滑、就业困难等原因影响了居民工资奖金收入，但在各级政府积极落实就业、鼓励创业、逐年提高最低工资标准等政策效应下，城乡工资性收入保持平稳增长。城市居民工资性收入从2005年的12 409元增长到2010年的21 745元，增幅为75.2%，年均增长11.9%。农村居民工资性收入从6 364元增长到9 606元，增幅为50.9%，年均增长8.6%。

“十一五”时期，上海不断扩大城镇基本养老保险覆盖范围，逐年提高城市居民的养老金和退休金水平，城市居民的转移性收入从2005年的5 146元增长到2010年的7 954元，增幅为54.6%，年均增长9.1%。随着农村社会保障制度的逐步完善，尤其是农村养老标准水平的提高，转移性收入已经成为农村居民增收的新亮点，农村居民的转移性收入从737元增长到2 581元，增幅为2.5倍，年均增长28.5%。

“十一五”时期，上海积极支持个体、私营经济的发展，鼓励创业，城市居民的经营净收入从2005年的798元增长到2010年的1 628元。城市居民投资理财意识增强，利息收入、股息与红利收入、其他投资收入也持续增长，同时，房地产市场的不断发展也带动了房屋租金收入的增长，城市居民的财产性收入从2005年的292元增长到2010年的511元。由于农村生产组织方式的变化，家庭经营纯收入逐步转化为财产性收入，转让承包土地经营权收入与房租收入不断提升，农村居民的家庭经营纯收入从2005年的811减少到2010年的589元，财产性收入从430元增长到970元。

2. 收入结构不断优化

在城乡居民收入不断增长的同时，收入结构也在不断优化。“十一五”时期，从城市居民收入结构看，工资性收入占可支配收入的比重由2005年的66.5%提高到2010年的68.3%，是城市居民收入增长的主要推动力；转移性收入也是城市居民增收的重要因素，但所占比重由27.6%下降到25%；经营净收入与财产性收入占可支配收入的比重较小，两者合计由5.9%提高到6.7%。

“十一五”时期，农村居民收入结构呈现“城市化”的格局。工资性收入占可支配收入的比重由2005年的76.3%降低到2010年的69.9%，但依然是拉动农村居民收入增长的主要动力；转移性收入所占比重由8.8%快速上升到18.8%；家庭经营净收入所占比重由9.7%降低到4.3%；财产性收入所占比重由5.2%小幅提高到7%（见表5）。

表4－223　“十一五”期间上海市城乡居民收入结构

单位：%

指标	2006年	2007年	2008年	2009年	2010年
城镇居民人均可支配收入	100	100	100	100	100
工资性收入	67.60	70.20	70.90	68.70	68.30
经营净收入	4.60	4.90	5.20	5.00	5.10
财产性收入	1.50	1.60	1.40	1.60	1.60
转移性收入	26.40	23.30	22.50	24.70	25.00
农村居民人均可支配收入	100	100	100	100	100
工资性收入	74.80	73.30	71.90	70.80	69.90
家庭经营纯收入	8.40	7.40	6.20	4.80	4.30
财产性收入	6.00	6.60	7.40	7.50	7.00
转移性收入	10.80	12.70	14.50	16.90	18.80

3. **低收入居民收入增长明显加快**

“十一五”时期,各种政策更加惠民、更加向低收入群体倾斜。上海加大对中低收入居民的转移支付力度,逐步提高最低工资、最低生活保障标准和企业退休人员基本养老金水平,并且根据价格上涨情况对低收入群体发放生活补贴。按照收入五等份分组看,2010年,城市居民的低收入组、中低收入组分别比2005年增长91%、84.6%,明显高于中等收入组、中高收入组、高收入组75.4%、64.8%和65.6%的增长水平。农村居民的低收入组、中低收入组分别增长78.3%、80.9%,明显高于中等收入组、中高收入组、高收入组人均可支配收入69.9%、67.4%和60.3%的增长水平。这表明,在各级政府努力提高低收入居民收入政策的带动下,低收入家庭的收入增长速度明显快于高收入家庭,高低收入组间的相对差距有进一步缩小的趋势。

4. **城乡居民收入差距扩大趋势趋向稳定**

改革开放以来,城乡居民收入虽同向增长,但由于城乡政策的差异和收入基数不同,城乡收入差距呈现不断扩大态势,城乡居民收入之比由1980年的1.59:1逐步扩大到2005年的2.24:1。“十一五”时期,政府通过充分挖掘农业增收潜力、调整农产品价格、积极引导农村居民就业创业等方式,保持农村经济稳定健康地发展,同时又进一步加大“镇保”、“农保”的转移支付力度,农村居民收入实现持续较快增长,近两年,农村居民收入的增幅分别超过城市居民0.1个和1.1个百分点。“十一五”时期,城乡居民收入差距扩大趋势趋向稳定。

5. **消费结构持续升级**

“十一五”时期,随着居民消费水平的大幅度提高,消费结构趋于优化,由食品、衣着等最基本的生存型消费逐步向交通、通讯、娱乐、旅游、医疗保健等享受型消费拓展;消费行为不断时尚,由传统型消费逐步转向现代型消费;消费档次不断升级,由小康型消费转向富裕型消费;消费领域不断扩展,各种高档耐用消费品从无到有并成倍增长;消费方式推陈出新,便捷的网上购物得到了广泛的应用;消费观念与时俱进,由侧重物质型消费向侧重精神型消费过渡,由传统消费观念向超前消费和消费信贷理念过渡。从居民的吃、穿、住、用、行五大类消费支出上看,消费亮点纷呈,居民消费进入了一个全新阶段。

吃更讲究质量。“十一五”时期,从居民的食品消费支出来看,居民总体生活水平已经从“温饱型”跨越到“小康型”生活。2010年,城乡居民的食品消费支出分别达到7 777和3 807元,比2005年增长57.4%和42.3%,年均增长9.5%和7.3%。同时,食品消费呈现出从追求量到追求质的转变,消费种类从“主食化”转向“副食化”,即粮食消费量减少,菜、肉、蛋、奶、水产和水果的消费量逐年增加;消费方式由“居家型”转为“社会型”,居民除了在家用餐外,已经逐步接受并喜欢外出就餐,外出就餐成了当下人们普遍的一种生活方式,2010年,城乡居民在外饮食支出分别达到1 925和517元,占食品消费支出的24.8%和13.6%。

穿更追求品位。随着生活水平的不断提高和服装产品的不断丰富,2010年,城乡居民衣着消费支出分别达到1794和554元,比2005年增长90.9%和51%,年均增长13.8%和8.6%。居民不仅仅满足于“穿得暖”,而是更加注重衣着的质量和档次,追求“穿得高档”、“穿得特别”、“穿得漂亮”,服装消费呈现出品牌化、个性化、时尚化的趋势。

住更宽敞舒适。随着上海住宅建设步伐的加快,市民的居住条件和居住环境也发生了显著变化。2010年,全市拆除住宅建筑面积389.9万平方米,动迁居民3.8万户,完成旧住房综合改造1 055万平方米,全年新开工和筹措各类保障性住房1 300万平方米。城市居民人均住房居住面积由2005年的15.5平方米提高到17.5平方米,农村居民人均居住面积由56.6平方米提高到59.7平方米。

用加快更新换代。“十一五”时期,在家电价格不断降低和国家以旧换新政策的大背景下,居民在耐用消费品的支出大幅增长,移动电话、电脑和家用汽车成为居民新的消费热点。耐用消费品的消费体现了居民消费由实用型向享受发展型、从传统型向现代型转变的特点。2010 年，平均每百户城市居民家庭拥有家用空调 200 台、移动电话 230 部、家用电脑 129 台，分别比 2005 年增加 32 台、49 部、48 台。平均每百户农村居民家庭拥有彩电 198 台、洗衣机 95 台、热水淋浴器 96 台、移动电话 194 部、家用空调 147 台、家用电脑 60 台，分别增加 41 台、9 台、18 台、64 部、63 台和 28 台。随着居民家庭拥有耐用消费品增加，居民生活变得更加殷实和丰富。

行更方便快捷。"十一五"时期，上海加快交通基础设施建设，逐步完善路网和越江通道布局，提高道路运行效率，进一步提升公共交通的整体服务水平，扩大农村公交覆盖面，城乡居民出行更加便捷。2010 年末，全市轨道交通线路达到 12 条，运营线路长度达到 452.57 公里。公交运营车辆达到 1.74万辆，运营出租车达到 5 万辆。2010 年，市内公共交通每日客运量达 0.16 亿人次，其中，轨道交通客运量 0.05 亿人次，公共汽电车客运量 0.08 亿人次。随着居民收入水平、消费观念及生活方式的改变，汽车快速进入寻常百姓家中，2010 年末，每百户城乡居民家庭家用汽车拥有量为 17 辆和 6 辆。

三、江苏省

(一)江苏省居民收入消费总体情况

城乡居民收入持续增加。根据对城镇住户的抽样调查，全年城镇居民人均可支配收入达 22 944 元，比上年增长 11.6%，扣除物价上涨因素，实际增长 7.8%；人均消费性支出 14 357 元，增长 9.2%，其中食品支出占人均消费性支出的比重为 36.5%。根据对农村住户的抽样调查，全年农村居民人均纯收入达 9 118 元，比上年增长 13.9%，增幅自 1997 年以来首次超过城镇居民，扣除物价上涨因素，实际增长 9.2%；人均生活消费支出 6 543 元，增长 12.7%，其中食品支出占人均生活消费支出的比重为 38.1%。

表 4－224　2006 年～2010 年江苏省居民收支情况

收入与支出	2006	2007	2008	2009	2010
城镇居民人均可支配收入(元)	14 084	16 378	18 680	20 552	22 944
城镇居民生活消费支出(元)	9 629	10 715	11 978	13 153	14 357
农村居民人均纯收入 (元)	5 813	6 561	7 357	8 004	9 118
农村居民生活消费支出(元)	4 135	4 792	5 328	5 804	6 543
职工年平均工资(元)	23 782	27 374	31 667	35 890	40 505

表 4－225　2006－2010 年江苏省居民收入和消费增长情况

单位%

收入与支出	2006	2007	2008	2009	2010
城镇居民人均可支配收入	14.33	16.29	14.05	10.02	11.60
城镇居民生活消费支出	11.68	11.28	11.78	9.81	9.10
农村居民人均纯收入	10.18	12.87	12.13	8.45	13.90
农村居民生活消费支出	15.92	15.89	11.19	8.93	12.70
职工年平均工资	13.48	15.10	15.68	13.34	12.80

数据来源：《江苏统计年鉴》(历年)。

(二)江苏省城乡居民消费价格变化

2010年全年江苏省居民消费价格上涨3.8%,涨幅比上年提高4.2个百分点。食品价格上涨7.4%,其中猪肉上涨2.6%、油脂上涨3.3%、鲜蛋上涨7.7%、禽上涨6.3%、鲜菜上涨17.7%。工业品出厂价格上涨7.3%,其中纺织业上涨10.7%、化学原料及化学制品业上涨16.7%、医药制造业上涨5.4%、化学纤维制造业上涨16.1%、黑色金属冶炼及压延加工业上涨14.5%、有色金属冶炼及压延加工业上涨18.9%、电气机械及器材制造业上涨7.2%。原材料、燃料、动力购进价格上涨12.8%,其中燃料动力类上涨19.6%、黑色金属材料类上涨10.3%、有色金属材料和电线类上涨18.4%、化工原料类上涨17%、建筑材料及非金属矿类上涨3.1%、农副产品类上涨10.8%、纺织原料类上涨7.6%。农业生产资料价格上涨4.2%。

表4-226　江苏省2010年居民消费价格比上年上涨情况(%)

指　　标	全省	城市	农村
居民消费价格	3.80	3.60	4.30
食品	7.40	6.90	8.40
#粮食	15.20	14.80	15.60
烟酒及用品	2.40	2.30	2.60
衣着	0.70	1.60	-1.50
家庭设备用品及服务	0.10	0.40	-0.60
医疗保健及个人用品	2.90	2.90	3.00
交通和通信	-0.20	- 0.10	-0.50
娱乐教育文化用品及服务	1.60	1.10	2.60
居住	5.00	4.60	6.10

来源:2010年江苏省国民经济和社会发展统计公报。

(三)"十一五"期间年江苏省居民收入特点

2010年江苏居民收入稳步增长。全年城镇居民人均可支配收入达22 944元,比上年增长11.6%,扣除物价上涨因素,实际增长7.8%;农村居民人均纯收入达9 118元,增长13.9%,增幅自1997年以来首次超过城镇居民,扣除物价上涨因素,实际增长9.2%。就业形势总体平稳。年末城镇登记失业率3.16%。当年新增农村劳动力转移44.1万人。

"十一五"期间,各级政府千方百计促进就业,多次上调了最低工资标准,连续提高企业地的离退休人员的养老金发放标准,大力实施了农村脱贫攻坚,较好地促进了低收入群体收入的较快增长,居民收入的差距扩大的趋势得到遏制。

据抽样调查,2010年城镇居民低收入组的分组人均可支配收入比上年增长了14.1%,高收入组的人群人均可支配收入增长了11.6%,城镇居民高低收入组的收入差距由上年的5.8比1缩小到5.7比1。全省城乡居民收入差距从1997年以来首次缩小,由上年的2.57比1缩小到2.52比1,目前江苏城乡居民收入的差距为全国最小的省份之一。据省统计局相关人士介绍,江苏城镇居民收入水平是22 944元,在全国是排第六位,增幅排在第十位。农民的收入水平是9118元,在全国各省区中是第五位,增长幅度在全国位列第24位。

1. 工资性收入继续增长。

全省不断提高最低工资标准，企事业单位提高全年奖金发放标准，实施事业单位绩效工资、规范机关事业单位职工津补贴发放等一系列改革措施，使得职工的工资水平有显著提高。2010 年，城镇居民人均工资性收入 14 817 元，比上年增加 1 336 元、增长 9.9%；比 2005 年增加 6 420 元、增长 76.5%，年均增长 12.0%。

2. 经营性收入快速增长。

宏观经济向好，政府政策措施支持力度加大、个体私营从业人员增加及企业效益好转等综合因素拉动了居民经营性收入的增长。2010 年，城镇居民人均经营净收入 2 519 元，比上年增加 379 元、增长 17.7%。五年来人均经营净收入增加 1 490 元、增长近 1.5 倍，年均增长 19.6%。

3. 财产性收入快速增长。

"十一五"期间，在股市的跌宕起伏和房价持续上涨的背景下，居民风险意识和理财意识有所增强。2010 年，城镇居民人均财产性收入 471 元，比上年增加 89 元、增长 23.3%。其中股息与红利收入增长最快，增幅达 85.7%；出租房屋收入增长 21.6%。五年来人均财产性收入增加 231 元、增长 96.3%，年均增长 14.4%。

4. 转移性收入稳步增长。

一是全省连续数年为企业离退休人员提高离退休金标准；二是退休教师的退休金随教师绩效工资改革有较大幅度的增长；三是最低生活保障标准也逐年有所提高，使得转移性收入稳步增长。2010 年，城镇居民人均转移性收入 7 309 元，比上年增加 816 元、增长 12.6%。其中离退休或养老金收入6 282 元，增长 16.2%。"十一五"期间，人均转移性收入增加 3 645 元、增长 99.5%，年均增长 14.8%。

5. 收入结构优化。

在城镇居民收入稳步增加的过程中，收入来源日益多元化，收入结构继续优化。工资性收入的主导地位依然明显，经营性收入、财产性收入、转移性收入占可支配收入的比重提高。同 2005 年相比，2010 年城镇居民总收入中，工资性收入占比为59.0%，下降4.0 个百分点；转移性收入占比为29.1%，上升 1.6 个百分点；经营净收入占比 10.0%，上升 2.3 个百分点；财产性收入占比 1.9%，上升 0.1 个百分点。

6. 各群体、各地区收入差距缩小

从不同群体看，2010 年低收入组的增幅明显高于高收入组。按占总体 20%（五等分）分组，低收入组、较低收入组家庭的收入增长相对较快，人均分别为 8 710 元、14 149 元，比上年增长 14.1%、12.1%；较高收入组、中等收入组家庭的收入增长相对较慢，人均分别为 26 141 元、19 246 元，增长 10.8%、11.1%；而高收入组家庭的收入增长水平与全省持平，人均为 49 507 元，增长 11.6%。高低收入组的收入差距由 2005 年的 6.3:1 缩小到 5.7:1。

分地区看，2010 年苏南地区城镇居民人均可支配收入为 27 780 元，比上年增长 11.1%；苏中地区为 20 748 元，增长 12.3%；苏北地区为 16 020 元，增长 13.6%；区域间收入差距有所缩小：三地区收入差距由 2008 年的 1.82:1.32:1，2010 年缩小到 1.73:1.30:1。

分市看，2010 年十三个省辖市城镇居民加权平均可支配收入超过 16 000 元的有苏州（30 366 元、11.7%）、无锡（27 750 元、10.9%）、南京（27 383 元、11.0%）、常州（25 875 元、10.6%）、镇江（23 224元、10.4%）、南通（21 825 元、12.1%）、泰州（20 255 元、12.0%）、扬州（19 537 元、12.7%）、盐城（16 935 元、13.7%）、徐州（16 762 元、13.3%）；低于 16 000 元的有淮安（15 983 元、13.8%）、连云港（15 790 元、13.7%）、宿迁（12 757 元、14.4%），其中收入水平最高的苏州市人均可支配收入是最低宿迁市的 2.38 倍，相比 2009 年的 2.44 倍，2008 的 2.50 倍，各市间的收入差距继续缩小。

(四)江苏省居民消费特点

抽样调查资料显示,2010 年,全省城镇居民消费平稳增长,全年人均消费支出为 14 357 元,比上年增加 1 204 元、增长 9.2%;扣除价格上涨因素,实际增长 5.4%;比 2005 年 8 622 元增加 5 735 元、增长 66.5%,年均增长 10.7%。"十一五"期间,随着消费市场的发展,商品和服务种类日益繁多,城镇居民的消费方式和消费结构均发生了较大变化。

表 4-227　2005-2010 年居民消费支出变化

单位:元

	2005 年	2006 年	2007 年	2008 年	2009 年	2010 年	年均增速(%)
可支配收入	12 319	14 084	16 378	18 680	20 552	22 944	13.20
消费支出	8 622	9 629	10 715	11 978	13 153	14 357	10.70
一、食品	3 206	3 463	3 929	4 545	4 774	5 243	10.30
二、衣着	804	887	990	1 167	1 298	1 466	12.80
三、居住	795	998	1 020	1 042	1 149	1 234	9.20
四、家庭设备	587	648	707	813	923	1026	11.80
五、医疗保健	579	601	689	795	808	806	6.80
六、交通通讯	1 051	1 203	1 303	1 358	1 722	1 935	13.00
七、教育文化娱乐	1 288	1 467	1 699	1 800	1 968	2 133	10.60
八、其他商品和服务	312	363	377	458	511	514	10.50

表 4-228　2005--2010 年居民消费结构变化

单位:%

	2005 年	2006 年	2007 年	2008 年	2009 年	2010 年
消费倾向	70.00	68.40	65.40	64.10	64.00	62.60
一、食品	37.20	36.00	36.70	37.90	36.30	36.50
二、衣着	9.30	9.20	9.20	9.70	9.90	10.20
三、居住	9.20	10.40	9.50	8.70	8.70	8.60
四、家庭设备	6.80	6.70	6.60	6.80	7.00	7.10
五、医疗保健	6.70	6.20	6.40	6.60	6.10	5.60
六、交通通讯	12.20	12.50	12.20	11.30	13.10	13.50
七、教育文化娱乐	14.90	15.20	15.90	15.00	15.00	14.90
八其他商品和服务	3.60	3.80	3.50	3.80	3.90	3.60

1. 食品消费质量提高,恩格尔系数下降

2010 年,全省城镇居民人均食品类支出 5 243 元,比上年增长 9.8%,恩格尔系数为 36.5%,比上年上升 0.2 个百分点。同期食品消费价格指数为 107.4,食品价格上涨使城镇居民每人多支出 361.3 元。在城镇居民食品消费中受价格上涨影响最大的是粮食和鲜菜。2010 年,城镇居民粮食和鲜菜人均支出分别为 373.4 元和 568.5 元,同期粮食和鲜菜的价格指数为 115.2 和 117.7,影响城镇居民增加支出分别为 49.3 元和 85.5 元。与 2005 年比,城镇居民食品类支出增长 63.5%,年均增长 10.3%。恩格尔系数下降 0.7 个百分点,标志着"十一五"期间我省城镇居民生活水平的提高。其中城镇居民

人均粮食消费增长67.2%，肉类消费支出增长63.5%，蔬菜类消费支出增长95.0%，干鲜瓜果类消费支出增长98.3%。

2. 衣着支出持续增长

生活水平的提高使人们越来越注重自己的仪容仪表，对高档服装的追求使得居民家庭人均衣着支出稳步增长。2010年全省城镇居民人均衣着消费支出1 466元，比2009年增长12.9%；占消费支出的比重为10.2%，上升了0.3个百分点。与2005年相比，居民人均衣着消费增长82.3%，年均增长12.8%。人们在衣着消费方面的“成衣化”趋势，使得“量体裁衣”的传统做法逐渐被淡化。五年来，人均服装支出占衣着消费的比重由73.1%上涨到74.5%，衣着材料消费支出占衣着消费支出的比重由1.2%降低到1.0%。

3. 居住环境改善，居住类支出上涨

2010年，全省城镇居民人均居住类支出1234元，比上年增长7.4%，占消费支出的比重为8.6%。居住环境的不断优化，家用电器的不断增多，使得居住成本增长较快。水、电、炊用燃料等支出为722元，增长24.9%，以物业管理费为主的居住服务费增长50.5%。

“十一五”期间是房地产市场快速发展的五年，居民对居住的条件、环境更加关注。与2005年相比，2010年城镇居民人均住房建筑面积为33.4 ㎡，增加4.6 ㎡；居民家庭独用自来水的占99.2%，有厕所浴室的占91.4%，有空调设备和暖气的占85.1%，使用管道燃气的占46.0%，分别增加1.5个、14.3个、12.9个和8.3个百分点；三居室及以上住宅比重增加了8.8个百分点；未装修住房比重下降了13.5个百分点。除了现住房外，2010年平均每百户城镇居民家庭中还另拥有21套住房，比2005年增加了9套，其中近一半用于出租。

4. 家庭设备用品消费结构升级

2010年，全省城镇居民人均家庭设备用品及服务类支出1 026元，比上年增长11.2%；占消费支出的比重为7.1%，上升0.1个百分点。其中室内装饰品人均消费22元，增长41.7%；家庭日用杂品人均消费385元，增长25.8%。随着收入水平的不断提高，居民家庭更加注重生活品质的提升和消费的合理性，用于高档消费品和服务方面的支出大幅增加。“十一五”期间，全省城镇居民人均家庭设备用品及服务支出增长74.8%，年均增长11.8%。

5. 居民保健意识增强，保健支出稳步增长

新医改方案的启动和基本药物制度的实施，使得城镇居民的医疗保健支出有所下降，2010年，城镇居民人均医疗保健支出806元，比上年下降0.3个百分点，占消费支出的比重也由上年的6.1%下降到5.6%。人均医疗费支出比上年下降了8.9%。“十一五”期间人均医疗保健支出年均增长6.8%，其中人均购买滋补保健品支出年均增长13.2%，人均药品费支出年均增长4.7%，人均医疗费支出年均增长5.2%。

6. 交通和通讯支出增速迅猛，汽车消费成热点

居民购买家用轿车和电脑上网家庭增多、上网费增长加快，导致城镇居民在交通和通信方面的花费占消费支出的比重同比上升0.4个百分点，达13.5%。2010年城镇居民交通和通信类支出1 935元，比上年增长12.4%；每百户拥有家用汽车13.8辆，增长16%；车辆用燃料及零配件的人均消费支出244.5元，比上年增长28.6%，其中人均汽油消费201.2元，同比增幅达35.4%。全省城镇居民每百户拥有移动电话183.3部，家用电脑81.4台，其中12.4部移动电话和63.4台计算机接入互联网，分别比上年增长9.1%和7.7%。

“十一五”期间，在八大类消费中，交通通讯支出年均增速最高，为13.0%。2010年每百户拥有家用汽车比2005年增加9.5辆，增长2倍多；车辆用燃料及零配件的人均消费支出增加175.5元，增长

2.5倍;每百户拥有移动电话增长52.0%;家用电脑增长75.4%。

7.教育改革逐见成效,文教娱乐投资成家庭消费新亮点

2010年全省城镇居民教育文化娱乐服务支出2 133元,比上年增长8.4%,占消费支出的比重仍然达到14.9%。"十一五"期间城镇居民人均托幼费支出年均增长12.6%,人均家教费和参加各类培训班支出年均增长17.3%。同时,居民在拥有了充足的休闲假日后,对生活质量有了更高的追求。2010年城镇居民文化娱乐服务支出744元,比上年增长22.4%,团体旅游增长28.4%,参观游览增长26.5%,健身活动增长17.1%。人均文化娱乐用品支出578元,增长12.0%。"十一五"期间人均团体旅游支出年均增长23.8%,参观游览支出年均增长27.8%,健身活动支出年均增长27.0%。

随着江苏义务教育制度的不断完善,城镇居民的教育负担有所下降。2010年全省城镇居民人均教育支出832元,下降1.5%,其中教材费下降15.7%,教育费用下降1.0%。"十一五"期间,江苏义务教育免费制度得到有效贯彻,教育改革初见成效。调查显示,五年来江苏城镇居民人均教育支出年均增长4.9%,远低于消费支出的增速,其中教材费年均下降2.1%,由于杂费的减免,义务教育阶段学杂费年均下降15.3%,非义务教育阶段学杂费年均下降0.2%。

四、浙江省

(一)浙江省居民收入消费总体情况

据对城乡住户抽样调查,2010年浙江省全省城镇居民人均可支配收入27 359元,农村居民人均纯收入11 303元,扣除价格因素,分别比上年实际增长7%和8.6%。城镇居民人均可支配收入连续10年居全国第3位、农村居民人均纯收入连续26年列各省区第1位。城镇居民人均消费支出17858元,比上年实际增长3.1%;农村居民人均生活消费支出8 390元,实际增长9.4%。城镇居民家庭恩格尔系数(居民家庭食品消费支出占生活消费总支出的比重)为34.3%,比上年上升0.7个百分点;农村居民家庭恩格尔系数为35.5%,比上年下降1.9个百分点。

表4-229　2006年~2010年浙江省居民收支情况

收入与支出	2006	2007	2008	2009	2010
城镇居民人均可支配收入(元)	18 265	20 574	22 727	24 611	27 359
城镇居民生活消费支出(元)	13 349	14 091	15 158	16 683	17 858
农村居民人均纯收入 (元)	7 335	8 265	9 258	10 007	11 303
农村居民生活消费支出(元)	5 762	6 442	7 072	7 375	8 390
职工年平均工资(元)	27 567	30 854	34 146	37 480	33 689

数据来源:《浙江统计年鉴》(历年)。

表4-230　浙江省2006-2010年浙江省居民收入和消费增长情况 单位%

收入与支出	2006	2007	2008	2009	2010
城镇居民人均可支配收入(元)	12.10	12.64	10.46	8.28	11.10
城镇居民生活消费支出(元)	8.94	5.56	7.57	10.06	7.04
农村居民人均纯收入 (元)	10.14	12.68	12.01	8.09	12.90
农村居民生活消费支出(元)	10.49	11.80	9.78	4.28	13.80
职工年平均工资(元)	7.80	11.92	10.67	9.70	10.10

数据来源:《浙江统计年鉴》(历年)。

表 4－231　2010 年城乡居民每百户主要耐用消费品拥有量

	单位	城镇居民	比上年增长（%）	农村居民	比上年增长（%）
洗衣机	台	94.26	1.50	68.34	4.10
电冰箱	台	100.36	1.20	89.43	4.80
空调器	台	186.62	3.70	78.60	12.90
摩托车	辆	25.82	0.20	53.96	－3.00
家用汽车	辆	26.43	11.90	7.79	24.90
彩色电视机	台	185.7	2.20	161.43	2.80
固定电话	部	89.13	－0.60	88.36	－1.80
移动电话	部	198.01	3.40	189.09	7.00
家用电脑	台	89.84	6.40	35.64	24.40

（二）浙江省居民消费品价格变化情况

2010 年浙江省全省居民消费价格比上年上涨 3.8%，其中居住类上涨 6.0%，食品类上涨 7.3%（见表 14）；商品零售价格上涨 3.9%，农业生产资料价格上涨 2.9%，工业品出厂价格上涨 6.2%，原材料、燃料、动力购进价格上涨 12.0%，固定资产投资价格上涨 4.7%。

表 4－232　2010 年浙江省居民消费价格变动情况（上年＝100）

	全 省	城 市	农 村
居民消费价格总指数	103.80	104.00	103.70
食品	107.30	107.50	107.00
#粮食	114.30	115.20	113.40
烟酒及用品	100.70	101.10	100.50
衣着	99.30	98.50	100.10
家庭设备用品及服务	100.40	101.30	99.70
医疗保健及个人用品	105.40	105.40	105.30
交通和通信	100.30	100.60	100.00
娱乐教育文化用品及服务	101.60	101.50	101.60
居住	106.00	106.40	105.50

资料来源：2010 年浙江省国民经济和社会发展统计公报。

（三）浙江省居民收入的特点

1. 工资性收入仍是居民收入的主要来源

2010 年，城镇居民的人均工资性收入 18 314 元，比上年增长 9.7，占家庭总收入的比重达 60.8，是城镇居民收入的主要来源，但与城镇居民人均可支配收入增长幅度相比，居民来自从业单位的收入增长相对较慢。同时，由于工资外收入的较快增长，使工资性收入占家庭总收入的比重有所降低，

2010年比上年低0.8个百分点。

城镇居民经营净收入增长逐季回升,出租房屋收入是家庭财产性收入的主要增长点

随着浙江经济运行的企稳回升,城镇居民的经营状况也逐步好转。2010年,城镇居民人均经营净收入3 641元,比上年增长10.5,增幅比上年高6.3个百分点。分季度看,全年四个季度同比分别增长2.6、9.0、13.4和19.5,城镇居民的经营净收入增长幅度出现了逐季回升的趋势。

2010年城镇居民人均财产性收入1 470元,比上年增长3.9,增幅比上年减少2.9个百分点。出租房屋收入是财产性收入的主要来源,人均出租房屋收入800元,比上年增长12.8,增幅比上年提高4.0个百分点,拉动财产性收入增长6.4个百分点,对财产性收入的贡献达163.2。

2.城镇居民的离退休金或养老金不断提高

2010年,城镇居民人均转移性收入6710元,比上年增长17.5。其中人均离退休金或养老金为5 417元,比上年增长20.0,拉动家庭总收入增长3.3个百分点,对家庭总收入的贡献达30.0。城镇居民的养老金或离退休金较快增长得益于各项加大转移支付力度政策的实施,如提高了企业离退休人员的养老金或离退休金标准,各地对企业离退休人员的节日慰问金标准也不断提高,同时全省各地从上年开始就陆续实行教师绩效工资,工资标准提高,离退休教师也增发离退休金等。

3.城镇居民收入差距比上年有所缩小

2010年浙江城镇10最低收入家庭人均可支配收入8 764元,同比增长11.7,增幅比10最高收入家庭高3.9个百分点;20低收入家庭人均可支配收入10 981元,同比增长12.3,增幅比20高收入家庭高2.7个百分点。低收入家庭收入的较快增长,使居民收入差距比上年有所缩小。城镇20高低收入家庭人均可支配收入的倍数由2009年的5.23倍缩小到2010年5.1倍;10最高最低收入家庭人均可支配收入的倍数由2009年的8.19倍缩小到2010年的7.9倍。

4.人均可支配收入中位数为23 400元

居民收入中位数是全部调查家庭按户人均可支配收入排序后,位于全部调查人口数一半位置的那个家庭的人均可支配收入,高于中位数收入和低于中位数收入的人口各为50。中位数不受极值的影响,能较好反映总体的一般水平。2010年浙江城镇居民家庭人均可支配收入的中位数为23 400元,比上年增长11.5。人均可支配收入的中位数比人均可支配收入的平均数(27 359元)低3 959元。收入在平均水平(27 359元)以下的家庭占63.1,比上年扩大1.1个百分点。人均可支配收入低于中位数的家庭比上年扩大0.8个百分点。

5.收入水平连续10年位居全国前列

2010年浙江城镇居民人均可支配收入继续位列上海、北京之后,是2001年以来连续第10年居全国31个省(区、市)第3位,省(区)第1位。2010年浙江城镇居民人均可支配收入27 359元,比全国平均水平19 109元高出8 250元。城镇居民收入最高的是上海市,人均可支配收入首超3万,为31 838元;第2位是北京市,人均收入为29 073元;第4位是天津市,人均收入为24 293元;第5位是广东省,人均收入为23 898元;第6位是江苏省,人均收入22 944元;第7位是福建省,人均收入为21 781元;第8位是山东省,人均收入为19 946元;其余省市城镇居民收入均在全国平均水平以下。

(四)浙江省居民消费特征

2010年浙江城镇居民人均消费支出17 858元,比上年增长7.0,扣除价格因素,实际增长3.1,比上年回落8.6个百分点。城镇居民八大类消费支出呈现六升两降态势。

1.食品价格上涨带动食品支出增长,恩格尔系数有所回升

2010年,浙江城镇居民人均食品支出为6 118元,比上年增长9.2,扣除食品价格上涨因素,城镇

居民食品消费支出实际增长1.6。由于价格上涨因素的影响，城镇居民“恩格尔系数”（食品支出占消费总支出的比重）为34.3，比上年增加0.7个百分点，恩格尔系数反弹。

2. 城镇居民人均文化娱乐服务类支出增长加快

2010年人均教育文化娱乐类支出2 586元，同比增长12.7，其中文化娱乐服务类支出增长27.7。受上海世博会影响，城镇居民的参观游览和团体旅游支出增长较快，2010年城镇居民人均参观游览和团体旅游支出684元，比上年增长30.3。

3. 城镇居民人均衣着类、家庭设备用品类消费支出增幅均超过10

2010年浙江城镇居民人均衣着支出为1 802元，比上年增长11.6；人均家庭设备用品及服务支出916元，比上年增长10.5。

4. 交通通信支出增幅明显回落

2010年城镇居民人均交通通信支出3 437元，比上年仅增长4.5，而上年的同比增幅达37.5，回落幅度较大。交通通信支出增长出现大幅回落的主要原因是城镇居民家用汽车购买量的下降。2010年城镇居民人均购买汽车支出1 287元，比上年减少5.2。2009年国家免收养路费、增收燃油税及小排量车购置税减半征收等政策的实施，对城镇居民的购车产生了积极影响，2009年城镇居民人均购车支出高达1 358元，比2008年增长1.76倍。2010年虽然购车的优惠政策仍然延续，但随着中高收入家庭汽车普及率的提高，以及低收入家庭购买力的限制，城镇居民对家用汽车的需求有所减弱，2010年全省平均每百户城镇居民家庭购买家用汽车2.62辆，比上年减少9.7。

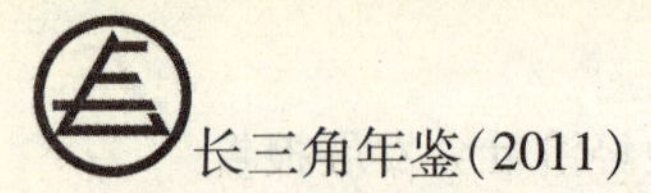

七　长三角生态环境

长江三角洲(下称“长三角”)是我国人口集聚度最高、城市化发展最快、经济活力最强的区域,也是“中国综合实力最强的区域”,在社会主义现代化建设全局中具有重要战略地位和带动作用。2010年,上海全市围绕举办2010年世博会和“调结构、促转型”大局,以污染减排和环保三年行动计划为抓手,进一步加大了环保工作推进力度,取得了较好的工作成效;世博环境保障工作取得全面胜利,“十一五”各项环保目标如期实现,污染减排任务提前并超额完成,第四轮环保三年行动计划进展顺利。江苏全省上下紧紧围绕“稳增长、调结构、抓创新、惠民生”的大局,大力削减污染物排放总量,全力推进重点流域治理,加快实施蓝天工程,不断强化环境执法监管,深入开展良好生态创建,环境保护工作取得新的进展。浙江省全面实施“八八战略”和“两创”总战略,扎实推进“全面小康六大行动计划”,坚持调结构促转型谋发展、抓统筹惠民生保稳定,全省经济保持平稳增长,继续朝着宏观调控的预期方向发展,转型升级步伐有所加快,内生动力和活力持续增强,民生进一步改善,节能降耗取得成效,出色地完成了各项环境保护目标任务,为全省“十一五”环境保护工作和“811”环境保护新三年行动划上了圆满句号。

一、长三角生态环境基本状况

(一)水环境

江苏省扎实推进太湖、淮河、长江等重点流域的水环境综合整治,水环境质量较“十五”末有一定程度的改善。全省符合Ⅲ类水质的断面占比上升,劣于Ⅴ类水质断面占比下降;水环境功能区水质达标率稳步提高;集中式饮用水源地水质基本保持良好。2010年全省地表水环境质量总体仍处于轻度污染。依据《地表水环境质量标准》(GB3838－2002)评价,124个国控断面中,水质较好的Ⅰ～Ⅲ类水质断面占36.4%,较2009年提高3.9个百分点;劣于Ⅴ类水质断面占24.0%,较2009年下降4.5个百分点。全省地表水国控断面主要污染物高锰酸盐指数年均浓度为4.8毫克/升,较2009年下降2.0%;氨氮年均浓度为0.95毫克/升,较2009年下降13.6%。

浙江江河干流水质总体“良好”。但省内部分河流的支流,流经城镇的局部河段存在不同程度污染,运河、平原河网和城市内河污染依然严重。浙江的母亲河钱塘江水系有73.3%的河段水质在一类到三类之间,主要污染河段为东阳江、南江、金华江、武义江和浦阳江浦江段。

2010年,上海市水环境质量总体较2009年有所好转。与2009年相比,黄浦江和苏州河总体水质状况有所改善,但长江口总体水质状况略有下降。

上年相比,水质无明显变化。太湖环湖河流总体为轻度污染。88个国控监测断面中,Ⅰ～Ⅲ类、Ⅳ类、Ⅴ类和劣Ⅴ类水质的断面比例分别为43.0%、33.0%、12.0%和12.0%。主要污染指标为氨氮和石油类。与上年相比,水质有所好转。

表4－233　2010年长三角内相关水系水质状况

名称	综合营养状态指数	营养状态	水质类别	主要污染指标
洪泽湖	58.2	轻度富营养	Ⅴ	总磷、总氮
玄武湖	56.2	轻度富营养	Ⅴ	总氮、总磷
西湖	51.0	轻度富营养	劣Ⅴ	总氮
千岛湖	33.1	中营养	Ⅲ	—

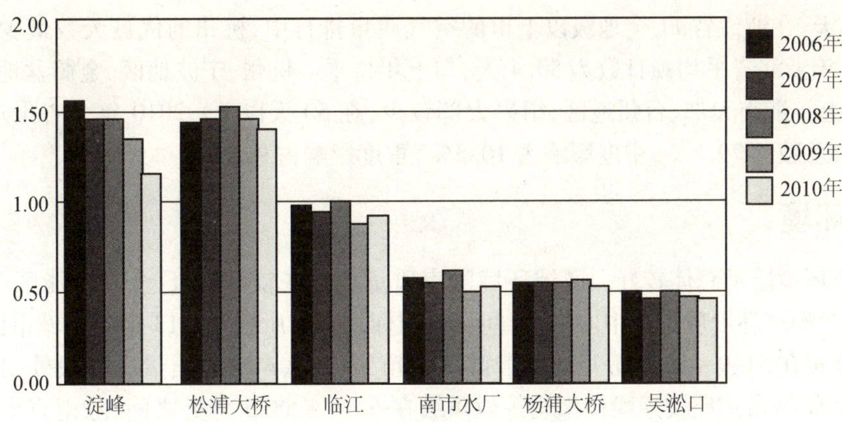

图 4－29　2006－2010 年黄浦江水质综合污染指数

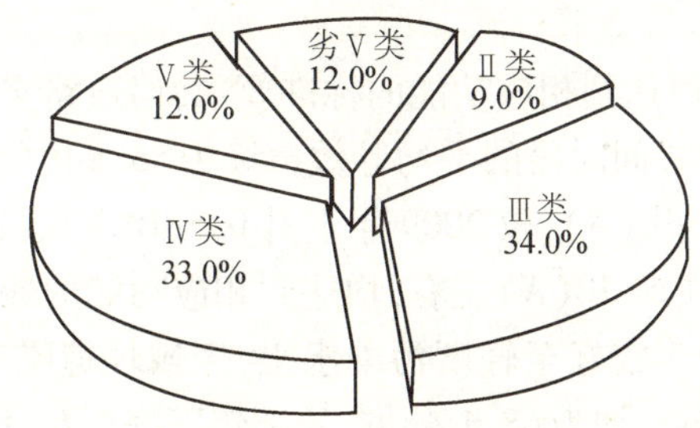

图 4－30　2010 年太湖环湖河流水质类别比例

(二)空气环境

江苏全省空气质量优良天数比例较“十五”末上升了 3.6 个百分点，空气中二氧化硫和可吸入颗粒物年均浓度分别下降 18.2%和 7.6%，但受机动车排气污染等影响，城市二氧化氮浓度上升了 16.7%。

2010 年，上海市环境空气质量总体较 2009 年有所好转。上海市环境空气质量为优良的天数有 336 天，较 2009 年增加 2 天。优良率为 92.1%，较 2009 年上升 0.6 个百分点。全年首要污染物为可吸入颗粒物的有 352 天，占总数的 96.4%；首要污染物为二氧化氮的有 9 天，占总数的 2.5%；首要污染物为二氧化硫的有 3 天，占总数的 0.8%；可吸入颗粒物和二氧化氮同为首要污染物的有 1 天，占总数的 0.3%。近年来，上海市环境空气质量优良率总体呈上升趋势，已连续两年高于 90%。

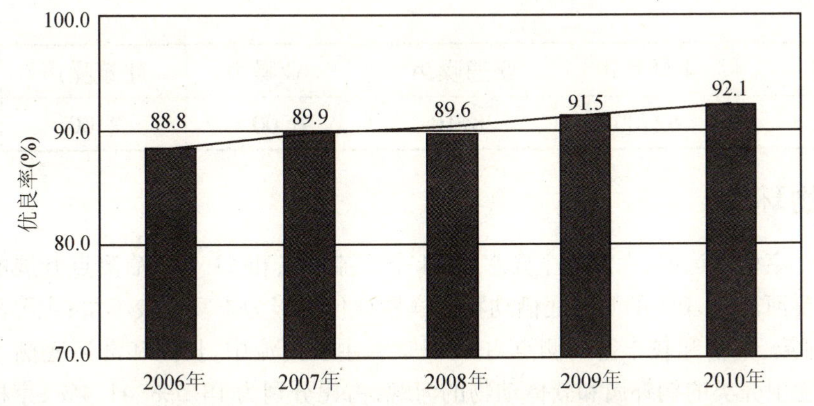

图 4－31　2006－2010 年上海市空气质量优良率

浙江全省城市环境空气质量总体良好，在 32 个省控城市中，96.9%的达到国家二级标准；对城市空气质量影响最大的仍为可吸入颗粒物，其次是二氧化硫和二氧化氮。2010 年，杭州的优良天数比

2009年少了13天,在浙江省11个地级以上市的空气质量排行中,杭州的优良天数最少,排名倒数第一。此外,2010年浙江省平均霾日数为50.4天,与上年持平。杭州、宁波地区、金衢盆地、温州分布最多,在100天以上。浙南大部、台州地区、绍兴大部较少,在50天以下。2010年全省出现轻微和轻度影响的霾天气占总数的79.8%,中度影响占10.5%,重度影响占9.7%。

(三)声环境

江苏全省声环境质量总体较好。区域环境噪声质量稳定在较好等级,全省功能区声环境质量有所改善,道路交通噪声环境质量稳中向好,夜间噪声超标现象有所缓解。13个省辖城市区域环境噪声平均等效声级分布在51.9~55.3分贝之间。除无锡市为三级、声环境质量属一般外,其余城市均达到二级。13个省辖城市道路交通噪声平均等效声级在62.4~68.5分贝之间,除南京市为二级、声环境质量属较好外,其余城市均达一级,声环境质量良好。全省噪声等效声级超过70分贝的路段长度占监测道路总长的11.5%。

2010年,上海市区域环境噪声达到相应功能的标准要求,但道路交通噪声夜间时段未能达到相应功能的标准要求。区域环境噪声昼间时段的平均等效声级为55.8dB(A),较2009年上升0.9dB(A);夜间时段的平均等效声级为48.3dB(A),较2009年上升0.5dB(A)。近5年(2006-2010年)的监测数据表明,上海市区域环境噪声在55dB(A)左右,均达到相应功能的标准要求,总体保持稳定。

浙江城市总体声环境质量处于较好至轻度污染水平,区域环境噪声平均值为55.2分贝,较上年下降0.4分贝;城市道路交通噪声平均为68.1分贝,较上年下降0.6分贝。在影响城市声环境的各类噪声源中,生活噪声源占52.0%,交通噪声源占28.1%,工业噪声源占6.0%,建筑施工噪声源占2.0%,其他噪声源占11.9%。生活噪声源和交通噪声源仍是主要噪声源,施工、交通和工业噪声平均声级相对较高。11个设区城市区域环境噪声平均等效声级范围为52.2-60.0分贝,相对较低的城市为衢州市、舟山市和宁波市。城市道路交通噪声平均等效声级在65.5-73.3分贝之间,除温州市、衢州市外均在70分贝的控制值内。

表4-234　2010年上海市网格环境噪声声级分布

测点数(个)	1	2	21	127	76	22
噪声范围dB(A)	>70	65-70	60-65	55-60	50-55	≤50

表4-235　2010年浙江省噪声源类型及所占比例

单位:%

噪声类型	生活噪声	交通噪声	工业噪声	建筑噪声	其他噪声
占比例	52.00	28.10	6.00	2.00	11.90

(四)生物环境

江苏对长江、京杭大运河、太湖等主要水域64个河流测点和53个湖泊测点开展的水生生物多样性监测显示,主要河流50.0%的测点底栖动物多样性评价等级为丰富和较丰富;主要湖泊底栖动物多样性状况好于河流,丰富和较丰富的测点占67.3%。主要河流中,长江和淮河底栖动物环境相对较好,优势种分别为甲壳类的钩虾属和软体动物的河蚬,占比分别为18.5%、41.4%;京杭大运河和城市河流相对较差,优势种均为寡毛类的霍甫水丝蚓,占比接近50%。主要湖泊中,洪泽湖和阳澄湖底栖动物环境相对较好,优势种分别为软体动物的河蚬和刺铗长足摇蚊,占比分别为30.1%、27.6%;太湖和滆湖相对较差,优势种均为寡毛类的霍甫水丝蚓,占比分别高达59.1%、70.6%。

浙江舟山、宁波、台州、温州等地近岸海域贝类生物所进行的污染物残留量监测结果表明：贝类生存环境质量欠佳，所监测区域贝类生物符合《海洋生物质量》标准第二类的占66.7%、第三类的占11.1%、劣三类的占22.2%。主要超标因子为铜、石油烃、锌，大部分出现在牡蛎生物体。

(五)辐射环境

江苏设有自动γ监测站、陆地γ剂量率、空气、水体、土壤和电磁环境等6大类共28个国控监测点，272个省控监测点。全省γ辐射吸收剂量率，气溶胶，土壤中天然及人工放射性核素，空气中氚浓度、氡浓度，以及长江、淮河、太湖流域共18个断面水中天然及人工放射性核素均保持在本底水平，重点饮用水源地取水口水中放射性水平符合标准要求，电磁辐射电场强度测值均低于国家标准有关公众导出限值的要求。通过田湾核电站外围6个辐射自动监测站对其周围辐射环境实施监控，采集核电站周围30公里范围气溶胶、沉降灰、降雨、饮用水、地表水、地下水、海水、土壤、底泥、陆地生物、海洋生物、指示生物等样品404个，监测结果表明，田湾核电站周围大气、陆地和海洋环境介质放射性水平均在天然本底涨落范围内。

上海环境天然放射性水平方面，对γ辐射空气吸收剂量率、γ辐射累积剂量的监测及气溶胶、雨水沉降物、水汽、地表水、地下水、海水、土壤等样品的分析结果表明，上海大气、水体、土壤等介质中的放射性核素浓度处于正常水平，全市各监测点的γ辐射空气吸收剂量率与历年的监测结果相当。上海市电磁辐射环境背景水平无明显变化。

(六)固体废物

2010年，江苏全省共产生工业固体废物9 062.5万吨，其中75.8%为粉煤灰、炉渣、冶炼废渣等，1.5%为危险废物，工业固体废物的综合利用率达96.2%；省城镇生活垃圾的清运量为1 148万吨，全省共建成城镇生活垃圾处理设施79座，总处理能力4.8万吨/日，无害化年处理量约为975.8万吨，无害化处理率约85.0%。

浙江全省工业固体废物产量为4 267.85吨，比上年增长9.22%，其中危险物产生量为63.60万吨；工业固体废物排放量为0.62万吨，比上年减少18.42%，工业固体废物综合利用率达到94.31%。浙江全省11个市建成12座医疗废物集中处置设施，年处置能力达4.32万吨；13座工业危险废物综合集中处置设施年处置能力达12.88万吨。

二、长三角生态环境存在的突出问题

生态危机“倒逼”要求推进生态文明建设。长期粗放发展模式的表现和结果，给长三角带来的是面临能源供给紧张、土地资源矛盾突出、生态环境恶化以及社会发展滞后等问题，生态文明问题日益突出，长三角正处在生态文明失衡的征兆之中。

(一)工业结构性污染突出

从区位、交通、资源、市场等各种综合条件看，长三角具有发展现代重化工及制造业的优越条件，加之以GDP和财政收入最大化导向的竞争机制，使得长三角地区不可避免地均将机械、电力、钢铁、造纸、化工等作为首选、优先发展的支柱产业，工业第一方略和城市化战略成为各个城市的优先发展战略，并且短时期内不会有很大改变。目前，长三角地区聚集了全国22%的制造业，在中国加工制造领域处于龙头地位，但长期高速的工业发展造成的也使得长三角地区的环境承载能力变得十分脆弱，使长三角成为中国新的生态环境脆弱带。而且这些重污染的企业和项目主要布局于城市四周，靠近江河湖泊、道路要塞，对城市生态环境，特别是对城市生活造成极大的威胁。

表 4－236　主要年份两省一市工业废气排放总量

单位:亿标立方米

年份	2004 年	2005 年	2006 年	2007 年	2008 年	2009 年	2010 年
上海	8 834	8 482	9 428	9 591	10 436	10 709	13 667
江苏	17 818	20 197	24 881	2 359	26 726	27 432	31 213
浙江	11 749	13 025	14 702	17 467	17 620	—	20434

表 4－237　浙江省 2010 年与 2009 年废弃物排放量对比表

单位:万吨

年份	二氧化硫			烟尘			粉尘
	合　计	工业	生活	合　计	工业	生　活	
2009 年	70.13	60.70	2.43	18.84	17.86	0.98	16.83
2010 年	67.83	65.39	2.44	17.44	16.54	0.90	13.92
增减率(%)	－3.28	－3.41	0.004	－7.43	－7.39	－8.16	－17.30

(二)生态环境与产业逆向演替

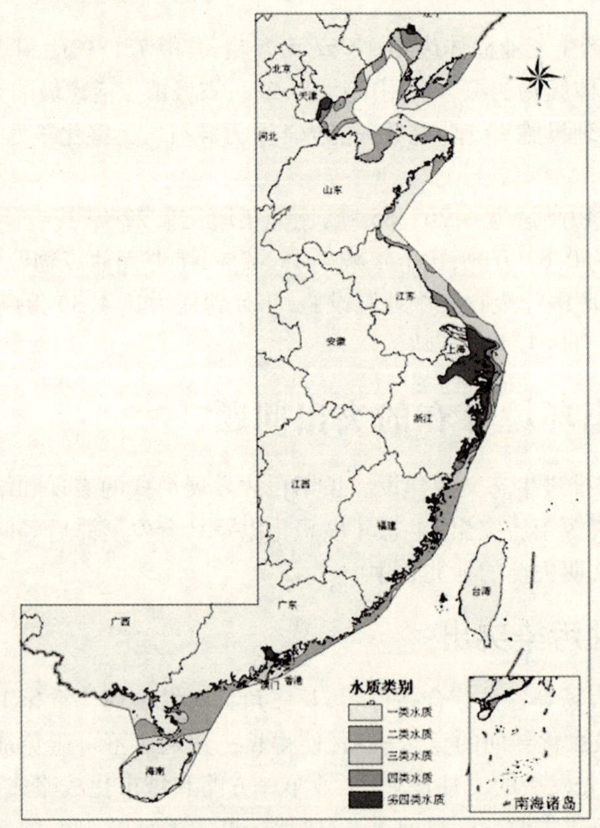

图 4－32　2010 年全国近岸海域水质分布示意图

从经济发展流程来看,产业的演变是由发达地区向后发地区进行产业梯度转移,随着经济的发展和技术的进步,经济发达地区会将所谓的夕阳产业向经济欠发达地区转移,如果处理不妥,也会产生污染的梯度转移。从长三角地区看，上海随着产业结构的升级换代，已经逐渐向高新技术、服务业等方向发展，原来的消耗资源型产业逐渐向江、浙地区转移，呈现由东向西扩散的趋势。但从地势上看，由于江苏高于上海，江苏许多河流都位于上海上游，其结果导致扩散污染的回归，呈现生态环境演变与产业演变的逆向演替，产生更大的经济与环境的矛盾。

(三)高新技术产业产生的现代环境问题危害加剧

目前，随着IT产业、新材料、重化工、新医药及许多高新技术产业的快速发展，危险废物、核安全、有机毒物、电磁辐射和电子垃圾等已经成为新的环境危害。浙江、江苏都先后兴建了核电站，这预示着将承担巨大的核安全风险。高速公路的发展，其流动污染源危害也日益明显。据国家环保总局南京环境科学研究所对沪宁高速、205国道等多条道路两旁的土壤及种植的作物进行采样分析，受污染较重的土壤中有害物质竟有近百种，沪宁高速沿途受到的铅污染最为严重，部分地段小麦中含铅量甚至超过国家标准6.98倍。除最常见的铅污染外，还有多环芳烃等有机污染物，这些物质有一定的生物积累性、毒性和致癌、致畸、致突变的“三致”效应。估计江苏有1/10的耕地已经遭到汽车废气的污染，有机毒物对人体健康的影响更不容忽视，虽然长江巨大的水资源和环境容量构成沿江开发的资源优势，能净化大量的有机污染物，但对耗氧水平低、难以被氧化降解、治理难度大、对人类具有“三致”效应的持久性有机污染物(有机毒物)，则难以自净降解。

据环境监测部门分析，沿江主要饮用水源地已经检出几十种有机毒物，其中化工企业废水中排放的卤代烃、苯系物、萘及萘的同系物是主要来源，成为长江开发中出现的新的环境问题。因此，既面临着工业污染、生活污染、机动车污染等第一、二代环境问题，又要解决化学品污染、有机毒物、电磁辐射等新一代环境问题，也就是说，发达国家上百年逐步出现、分阶段解决的环境问题，长三角在20多年的快速发展中已经集中产生，呈现显著的压缩型、复合型、叠加型特点，这更加重了解决环境问题的难度。

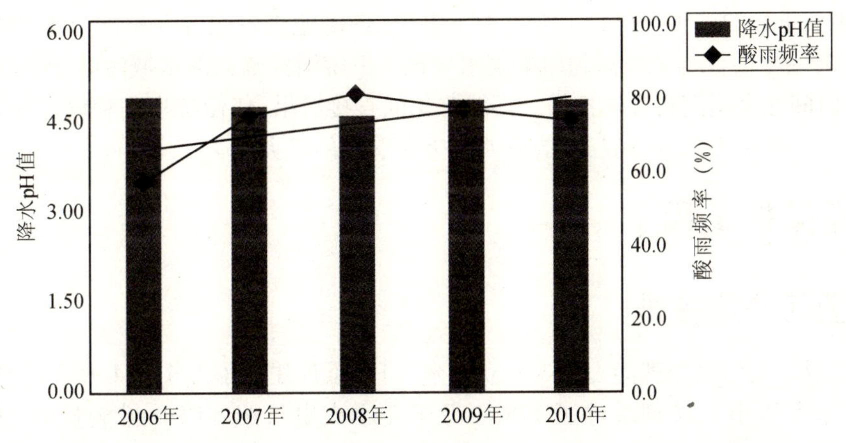

图4-33　2006-2010年上海市酸雨和降水pH值变化趋势图

(四)污染的综合性和集中性并存

综合污染表现为工业、农业与生活的共同污染；传统产业污染与高科技污染；液态、固态、气态以及辐射的多种污染。集中污染表现在上述多种污染又主要集中于城市都市圈，如太湖流域使全国酸雨最重的地区，2008年的太湖蓝藻大爆发是这一特征的典型表现。快速的工业化、城市化进程，导致耕地资源被大规模非农用占用，严重影响着区域生态保护。目前长三角地区人均耕地仅0.8亩，相当于全国平均水平的50%，且耕地流失强度是全国平均数的6.7倍。江苏人均耕地面积不足1亩，14个县(市)的人均耕地低于0.8亩的警戒线，耕地后备资源不足。上海土地利用率已经超过85.8%，但是按照上海城市总体规划的中长期发展目标，今后20年上海城市建设还将新增用地面积达到1800km^2，届时仍将有800km^2土地资源的缺口。耕地(稻田)锐减，加剧了粮食供需矛盾，对当地生态系统也造成了相当大的破坏。

由于基本农田的减少，长三角各地加大了对滩涂资源的围垦，但极大地影响到湿地生态保。长期以来，围垦滩涂资源是长三角沿海(湾)地区缓解用地紧缺、增加后备土地资源的重要渠道。但滩涂围垦处理不恰当，将和湿地生态保护形成矛盾，甚至与自然保护区管理条例相冲突。更严重的是，长三角地区土壤污染日趋严重，受重金属、有机物等污染的土壤，由原来点状的、局部的发展成面上的、区域性的污染。一些地区已不宜种植蔬菜、果品和粮食。

表4－238　浙江省近三年废水及COD排放状况

年　份	废水(亿吨)			化学需氧量(万吨)		
	合计	工业	生活	合计	工业	生活
2008年	35.04	20.05	14.99	53.86	24.27	29.59
2009年	36.50	20.34	16.16	51.38	22.05	29.33
2010	39.48	21.74	16.77	46.68	——	——

(五)生态环境问题已经对社会经济安全构成威胁

目前，环境安全已由单纯对自然生态、经济增长、人民身体健康的直接直观影响日益转化为对社会安定、精神文明等综合影响，日益扩展为影响环境道德、社会伦理和社会稳定等各个方面。因环境问题引发的污染纠纷不断升级，流域性、区域性特大污染事故和纠纷越来越成为社会关注的热点，由此引发的群众来信和集体上访呈显著上升趋势。2004年汛期，受暴雨影响，淮河流域5亿多吨高指标污水形成150多公里长的污水带扫荡了淮河中下游，江苏沿途进行鱼虾养殖的业主的经济利益也险些遭受“灭顶之灾”；上游江苏某乡镇的印染废水导致了下游浙江嘉兴的水域污染，浙江东阳等引发的群体性事件，一时间在全国闹得沸沸扬扬。环境恶化的直接后果，使传统疾病和癌症发病率都较以前有较大幅度地上升，危及人体身体健康，造成人民生命财产的巨大损失。

三、环境保护工程

(一)主要污染物减排

上海新增二级以上污水处理能力513万立方米/日，累计建成了1 412.4万千瓦机组脱硫设施。着力推进电厂“上大压小”，按期关停了178.4万千瓦小火电机组。COD排放量为21.98万吨，比2009年(24.34万吨)下降9.71%，比2005年(30.40万吨)下降27.71%，完成“十一五”减排目标；SO2排放量为35.81万吨，比2009年(37.90万吨)下降5.51%，比2005年(51.30万吨)下降30.20%，完成“十一五”减排目标。

江苏印发《2010年度主要污染物总量减排计划》、《2010年江苏省主要污染物总量减排监测体系建设和运行工作计划》、《全省燃煤机组脱硫电价考核规范》等办法，完善政策减排体系。2010年，COD和SO_2排放量分别比上年削减4.1%和2.2%，连续5年超额完成国家下达的年度减排任务，COD和SO_2累计分别减排17.86万吨和32.27万吨，比2005年净削减18.5%和23.5%，完成“十一五”减排总目标的122%和131%，位列全国第一方阵。

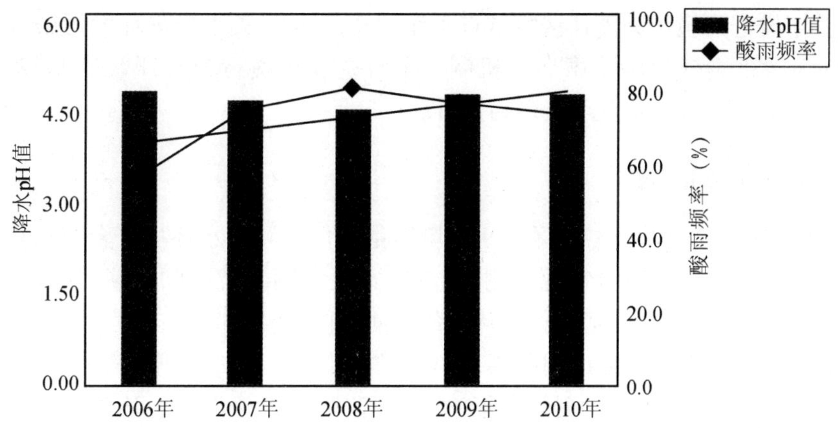

图4－34　2006－2010年上海市可吸入颗粒物（PM10）变化趋势图

（二）流域区域污染防治

江苏深入实施太湖流域水环境综合整治方案，组织实施《江苏省太湖流域省界断面总体达标方案》和《太湖一级保护区整治方案》，662项重点工程已完工和在建的达到574项，占总数86.7%；已完成投资416亿元，占总投资71.3%。

上海吴泾工业区污染源治理项目全面完成；金山卫化工集中区域环境综合整治取得良好进展，居民动迁基本完成，市政基础设施和防护林带建设、企业污染治理和产业结构调整工作进展顺利；宝山南大地区环境综合整治工作取得突破性进展。

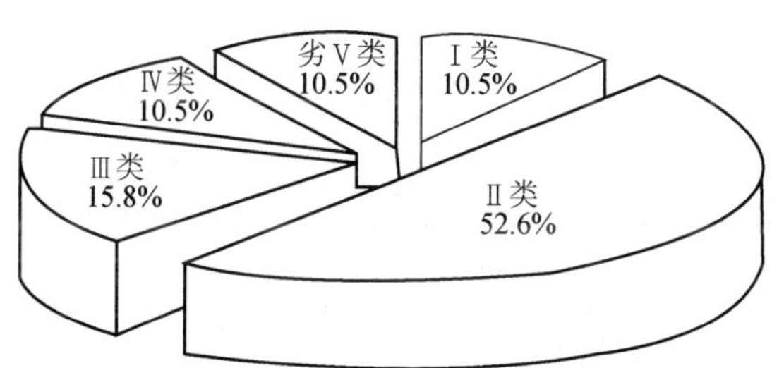

图4－35　2010年浙江湖泊水库水质状况

（三）城乡环境综合整治

江苏对全省120条城市黑臭河流，积极实施控源、截污、清淤、活水等整治工程和驳岸、绿化美化工程，消除或基本消除河流黑臭现象。

上海崇明病死畜禽无害化处理站项目配套工程已开工；商品有机肥和专用配方肥、新型药械和新农药品种的年度推广任务全部完成；配合世博保障秸秆禁烧，调整三夏作物结构推广绿肥，累计推广量已超本轮总目标；6个千亩农业面源污染防治示范核心基地试点示范效果良好；开展了114个村庄综合改造项目。

（四）政策科技改革创新

上海市开展了“上海市‘十二五’环境保护规划研究”、“上海市饮用水源地现状风险控制研究”、“长三角地区环境空气质量联动机制研究”、“世博会环境保护后评估研究”、“上海市‘十二五’重点化工企业VOC总量削减与示范研究”和“上海市低碳经济（碳足迹、碳流）分析与对策研究”等环保科研工作。

江苏出台《关于推进环境污染责任保险试点工作的意见》和《关于推进环境污染责任保险试点工作方案》,建立环境污染责任保险联席会议机制。全省企业环境行为参评数达17129家,同比增加4%。长三角两省一市首次区域企业环境行为评价。

(五)环境监测与信息

上海以第四轮环保三年行动计划各区县水环境质量评估监测和水环境综合整治重点河道效果评估监测为重点,加强地表水环境质量常规监测,参与国家近海网、长江网、太湖网的水质监测,开展苏州河生态恢复以及淀山湖和滴水湖富营养化状况的监测,并在进行生物群落学监测的基础上,开展一系列的实验生态工作。同时,开展淀山湖蓝藻“水华”监测。

江苏加强主要污染物总量减排监测体系能力建设,监测能力建设资金达到9 700万元。重点加强12个县级环境监测站标准化建设、4个重点城市饮用水水源地水质分析特定项目监测能力建设以及838家国控重点源的监督性监测。2010年,环保部主要污染物总量减排监测体系建设与运行考核,江苏位居全国第二。

(六)环境执法监督管理

上海市2010年继续深入开展整治违法排污企业保障群众健康环保专项行动实施方案》,明确了世博环境保障、重金属污染专项整治、巩固减排成果的执法后督察等任务。全市共出动执法人员38 600余人次,检查企事业单位31 300多户次,检查机动车33 200辆,责令一批违法企业停产、关闭、搬迁,对不能稳定达标的污染企业实施了限期治理,解决了一批群众反映强烈、举报和投诉集中的难点、热点问题,有效地保障了世博会环境质量和环境安全,促进了主要污染物减排工作的顺利实施。

江苏组织开展了整治违法排污企业保障群众健康、太湖流域整治违法排污、沿江沿河化工石化企业环境隐患排查、重金属企业整治等专项行动,严厉打击各类环境违法行为。全省环境监察系统共出动53.69万人次,检查企业19.86万厂次,发现环境违法企业7 287厂次,立案查处4 582家,关闭取缔506家,挂牌督办451家,限期治理1 121家,切实解决了一批危害群众健康的突出环境问题。全年行政罚款金额约1.6亿元,排污费征收额达20.95亿元,继续保持全国领先地位。

四、长三角环境保护合作

为加强区域生态环境保护,近年来长三角搭建了环境保护重点领域的合作平台,在区域环境管理政策的制定和实施、水环境综合治理、大气污染控制、环境监测和联合执法等方面进行了共同探索与合作,取得了一定的成效。根据《长江三角洲地区环境保护合作协议(2009－2010年)》和上海世博会环境空气质量保障目标,由上海市环保局牵头,江苏省、浙江省环保厅共同参与,探索和实践区域大气污染联防联控工作机制,为今后长三角环境保护的进一步合作,打下了良好的基础。

携手开展科学研究,制定联防联控措施。以世博会环境空气质量的管理需求为保障目标,上海市会同江浙两省环保部门制定了以联合监测、共同整治、应急联动为主要内容的《2010年上海世博会长三角区域环境空气质量保障联防联控措施》,确定以世博园区为核心、半径300公里的重点联防联控区域范围,通过区域部门的沟通,共同采取严格的监管措施控制污染物排放。

控制重点污染源,开展环境综合整治。两省一市将高架源污染排放控制作为重点,结合“十一五”污染减排工作,全面、加速推进燃煤电厂脱硫工程建设。世博会召开前,长三角区域内联合开展了环境综合整治,对钢铁、化工、建材、船舶等行业进行了全面整治,对燃煤锅炉和炉窑继续全面清查,并全面排查了餐饮业油烟气治理设施。

建立信息沟通渠道,加强机动车污染控制。世博会期间,依靠长三角联动机制,上海市环保部门

在进沪的主要道口和世博园区周边的专用停车场开展了机动车“冒黑烟”检测工作，对存在冒黑烟现象的各地车辆进行分类处理，定期通报江浙两省环保部门。江浙两省环保部门积极配合，协调公安交警等相关部门开展达标整治，并及时反馈信息。

创新工作举措，控制农田秸秆焚烧。江浙沪两省一市的环保、农业部门遵循疏堵结合、奖惩共济、政府引导、市场运作原则，充分采取因地制宜的措施，推进秸秆禁烧工作。各省市还充分利用环境保护部秸秆焚烧卫星遥感信息日报数据，对发现的火点及时采取有效措施。秸秆禁烧工作取得了初步成效，2010 年长三角区域的火点数明显少于往年。

开展联合监测预报，建立区域共享会商平台。长三角区域联合制定发布了“世博会期间长三角区域空气质量联动监测方案”，由上海、南京、苏州、连云港、南通、杭州、宁波、嘉兴和舟山共 9 个城市的 53 个空气质量自动监测站组成长三角区域环境空气自动监测网络，建立了区域环境空气质量预报会商小组，对未来 48 小时的空气质量变化趋势开展技术会商。

制定高污染应急预案，启动区域应急减排措施。上海市联合江浙两省制定了高污染预警和应急方案，一旦预报出现高污染日，立即启动应急方案，通过实施应急减排措施来减少污染物排放。

第五篇

长三角地区经济社会发展重要指标

第一章　长三角地区重要经济发展指标

表5－1　长三角地区国民经济和社会发展总量与速度指标(2010年)

指　标	长三角	上海市	江苏省	浙江省
人口与就业				
人口(万人)				
年末常住人口	14 919.95	2 302.66	7 869.34	4 747.95
就业(万人)				
就业人数	9 039.19	648.49	4 754.68	3 636.02
宏观经济				
国民核算(亿元)				
地区生产总值	86 313.77	17 165.98	41 425.48	27 722.31
第一产业	4 014.81	114.15	2 540.10	1 360.56
第二产业	43 270.18	7 218.32	21 753.93	14 297.93
第三产业	39 028.78	9 833.51	17 131.45	12 063.82
固定资产投资(亿元)				
全社会固定资产投资总额	40 877.99	5 317.67	23 184.28	12 376.04
财政(亿元)				
地方财政收入	9 561.91	2 873.58	4 079.86	2 608.47
地方财政支出	11 424.83	3 302.89	4 914.06	3 207.88
物价(上年＝100)				
居民消费价格指数		103.10	103.80	103.80
国内商业				
社会消费品零售总额(亿元)	29 840.50	6 070.50	13 606.80	10 163.20
对外经济贸易和旅游				
进出口总额(亿美元)	10 881.95	3 688.69	4 657.93	2 535.33
出口	6 317.99	1 807.84	2 705.50	1 804.65
教育、科技、文化				
教育				

(续表)

高等学校本专科在校学生(万人)	309.81	51.57	164.94	93.30
普通中学在校学生(万人)	683.25	59.44	368.61	255.20
小学在校学生(万人)	802.24	70.16	398.78	333.30
文化				
图书出版量(亿册)	10.88	2.89	5.17	2.82
杂志出版量(万册)	35 376	17 700	10 475	7 201
报纸出版量(亿份)	75.52	15.90	27.12	32.50
家庭、生活、环境				
家庭				
生活				
城镇居民人均可支配收入(元)		31 838.00	22 944.00	27 359.00
农村居民人均纯收入(元)		13 746.00	9 118.00	11 303.00

表 5-2　长三角地区国民经济和社会发展结构指标(2010 年)

单位(:%)

指　标	上海市	江苏省	浙江省
人口与就业			
人　口			
城乡结构			
城镇	88.90	60.60	61.60
乡村	11.10	39.40	38.40
性别结构			
男	51.50	50.38	51.40
女	48.50	49.62	48.60
就　业			
产业结构			
第一产业	3.40	22.30	16.00
第二产业	40.70	42.00	49.80
第三产业	55.90	35.70	34.20
宏观经济			
国民核算			
地区生产总值产业结构			
第一产业	0.70	6.10	4.90
第二产业	42.00	52.50	51.60
第三产业	57.30	41.40	43.50

（续表）

产业经济			
工　业			
工业产值按轻重分			
轻工业	21.60	26.60	40.70
重工业	78.40	73.40	59.30
运输业			
货运量结构			
铁路	1.20	3.40	2.30
公路	50.50	65.50	60.60
水运	47.90	25.80	37.10
对外经济贸易和国际旅游			
海外旅游人数结构			
外国人	78.20	72.50	65.30
港澳台同胞	21.80	27.50	34.70
教育、科技、文化			
教　育			
在校学生结构			
大学生	28.50	16.10	13.70
中学生	32.80	45.10	37.40
小学生	38.70	38.80	48.90
专任教师结构			
大学	27.00	15.10	12.60
中学	41.10	47.90	45.10
小学	31.10	37.00	42.30
生活、环境			
生　活			
城镇居民消费结构			
食品	33.50	36.50	34.30
衣着	7.70	10.20	10.10
居住	9.30	8.60	7.90
其他	49.50	44.70	47.70
农村居民消费结构			
食品	37.20	38.10	35.50
衣着	5.40	5.40	6.30
居住	20.00	17.90	21.40
其他	37.40	38.60	36.80

表5-3　长三角地区主要年份地区生产总值

单位:亿元(按当年价格计算)

年　份	长三角	上海市	江苏省	浙江省
1978	645.77	272.81	249.24	123.72
1979	742.73	286.43	298.55	157.75
1980	811.61	311.89	319.80	179.92
1981	879.64	324.76	350.02	204.86
1982	961.25	337.07	390.17	234.01
1983	1046.55	351.81	437.65	257.09
1984	1232.95	390.85	518.85	323.25
1985	1547.73	466.75	651.82	429.16
1986	1 738.24	490.83	744.94	502.47
1987	2074.78	545.46	922.33	606.99
1988	2 627.40	648.30	1 208.85	770.25
1989	2 867.83	696.54	1321.85	849.44
1990	3 102.85	781.66	1 416.50	904.69
1991	3 584.48	893.77	1601.38	1 089.33
1992	4 626.04	1 114.32	2 136.02	1 375.70
1993	6 443.30	1 519.23	2 998.16	1 925.91
1994	8 737.53	1 990.86	4 057.39	2 689.28
1995	11 212.23	2 499.43	5 155.25	3 557.55
1996	13 150.29	2 957.55	6 004.21	4 188.53
1997	14 805.24	3 438.79	6 680.34	4 686.11
1998	16 053.66	3 801.09	7 199.95	5 052.62
1999	17 330.47	4 188.73	7 697.82	5 443.92
2000	19 465.89	4 771.17	8 553.69	6 141.03
2001	21 565.30	5 210.12	9 456.84	6 898.34
2002	24 351.55	5 741.03	10 606.85	8 003.67
2003	28 842.12	6 694.23	12 442.87	9 705.02
2004	34 725.13	8 072.83	15 003.60	11 648.70
2005	40 897.69	9 154.18	18 305.66	13 437.85
2006	47 753.96	10 366.37	21 645.08	15 742.51
2007	56 710.44	12 188.85	25 741.15	18 780.44
2008	65 497.68	13 698.15	30 312.61	21 486.92
2009	72 494.10	15 046.45	34 457.30	22 990.35
2010	86 313.77	17 165.98	41 425.48	27 722.31

表 5-4 长三角地区主要年份第一产业生产总值

单位:亿元(按当年价格计算)

年 份	长三角	上海市	江苏省	浙江省
1978	126.80	11.00	68.71	47.09
1979	182.99	11.39	104.04	67.56
1980	168.95	10.10	94.24	64.61
1981	189.03	10.58	109.39	69.06
1982	233.34	13.31	135.15	84.88
1983	246.82	13.52	150.41	82.89
1984	300.66	17.26	179.00	104.40
1985	339.07	19.53	195.66	123.88
1986	380.24	19.69	224.26	136.29
1987	427.87	21.60	246.86	159.41
1988	542.22	27.36	319.18	195.68
1989	564.76	29.63	324.18	210.95
1990	644.45	34.24	355.17	255.04
1991	624.42	34.06	345.14	245.22
1992	690.65	34.16	393.82	262.67
1993	844.38	37.82	490.59	315.97
1994	1 170.24	47.61	683.98	438.65
1995	1476.02	59.82	866.24	549.96
1996	1 652.84	68.72	989.18	594.94
1997	1 726.73	72.03	1 035.80	618.90
1998	1 730.30	73.84	1 047.16	609.30
1999	1 718.17	74.49	1 037.37	606.31
2000	1 756.00	76.68	1 048.34	630.98
2001	1 832.26	78.00	1 094.48	659.78
2002	1 875.32	79.68	1 110.44	685.20
2003	1 961.32	81.02	1 162.45	717.85
2004	2 265.13	83.45	1 367.58	814.10
2005	2 434.65	80.34	1 461.48	892.83
2006	2 563.91	93.80	1 545.01	925.10
2007	2 904.10	101.84	1816.24	986.02
2008	3 307.23	111.80	2100.00	1 095.43
2009	3 538.76	113.82	2 261.86	1 163.08
2010	4 014.81	114.15	2 540.10	1 360.56

表5-5　长三角地区主要年份第二产业生产总值

单位:亿元(按当年价格计算)

年　份	长三角	上海市	江苏省	浙江省
1978	395.66	211.05	131.09	53.52
1979	426.42	221.21	141.14	64.07
1980	487.58	236.10	167.41	84.07
1981	516.43	244.34	178.01	94.08
1982	533.28	249.32	185.52	98.44
1983	579.25	255.32	210.81	113.12
1984	667.24	275.37	250.39	141.48
1985	864.10	325.63	339.56	198.91
1986	943.23	336.02	376.32	230.89
1987	1 129.54	354.38	493.69	281.47
1988	1374.26	433.05	586.82	354.39
1989	1 509.49	466.18	657.06	386.25
1990	1 606.37	505.60	692.59	408.18
1991	1 838.67	550.64	793.92	494.11
1992	2 450.08	677.39	1119.26	653.43
1993	3 484.39	902.38	1 598.05	983.96
1994	4 733.34	1 148.45	2 186.77	1 398.12
1995	5 989.19	1 419.41	2 715.26	1 854.52
1996	6 903.01	1 596.72	3 074.12	2 232.17
1997	7 740.45	1 774.02	3 411.86	2 554.57
1998	8 278.94	1 871.89	3 640.10	2 766.95
1999	8 879.53	1 984.64	3 920.15	2 974.74
2000	9 917.45	2 207.63	4 435.89	3 273.93
2001	10 883.52	2 403.18	4 907.46	3 572.88
2002	12 317.42	2 622.45	5 604.49	4 090.48
2003	15 092.51	3 209.02	6 787.11	5 096.38
2004	18 580.49	3 892.12	8 437.99	6 250.38
2005	21 974.11	4 452.92	10 355.04	7 166.15
2006	25 788.78	5 028.37	12 250.84	8 509.57
2007	30 133.36	5 678.51	14 306.40	10 148.45
2008	34 480.06	6 235.92	16 663.81	11 580.33
2009	36 476.64	6001.78	18 566.37	11 908.49
2010	43 270.18	7 218.32	21 753.93	14 297.93

表5-6　长三角地区主要年份第三产业生产总值

单位:亿元(按当年价格计算)

年　份	长三角	上海市	江苏省	浙江省
1978	123.31	50.76	49.44	23.11
1979	133.32	53.83	53.37	26.12
1980	155.08	65.69	58.15	31.24
1981	173.58	69.84	62.62	41.12
1982	194.63	74.44	69.50	50.69
1983	220.48	82.97	76.43	61.08
1984	265.05	98.22	89.46	77.37
1985	344.56	121.59	116.60	106.37
1986	414.77	135.12	144.36	135.29
1987	507.37	159.48	181.78	166.11
1988	710.92	187.89	302.85	220.18
1989	793.58	200.73	340.61	252.24
1990	882.03	241.82	368.74	271.47
1991	1 121.39	309.07	462.32	350.00
1992	1 485.31	402.77	622.94	459.60
1993	2 114.54	579.03	909.52	625.99
1994	2 833.96	794.80	1 186.64	852.52
1995	3 747.02	1 020.20	1 573.75	1 153.07
1996	4 594.45	1 292.11	1 940.91	1 361.43
1997	5 338.06	1 592.74	2 232.68	1 512.64
1998	6 044.43	1 855.36	2 512.69	1 676.38
1999	6 732.77	2 129.60	2 740.30	1 862.87
2000	7 792.44	2 486.86	3 069.46	2 236.12
2001	8 849.52	2 728.94	3 454.90	2 665.68
2002	10 158.81	3 038.90	3 891.92	3 227.99
2003	11 788.29	3 404.19	4 493.31	3 890.79
2004	13 879.51	4 097.26	5 198.03	4 584.22
2005	16 488.93	4 620.92	6 489.14	5 378.87
2006	19 401.27	5 244.20	7 849.23	6 307.84
2007	23 672.98	6 408.50	9 618.51	7 645.97
2008	27 710.39	7 350.43	11 548.80	8 811.16
2009	32 478.70	8 930.85	13 629.07	9 918.78
2010	39 028.78	9 833.51	17 131.45	12 063.82

表5-7 长三角地区主要年份工业生产总值

单位:亿元(按当年价格计算)

年 份	长三角	上海市	江苏省	浙江省
1978	371.54	207.47	117.10	46.97
1979	398.46	216.62	126.25	55.59
1980	455.8	230.87	151.22	73.71
1981	482.31	237.12	161.11	84.08
1982	496.05	240.75	168.09	87.21
1983	540.33	246.26	191.52	102.55
1984	619.68	263.19	228.58	127.91
1985	797.69	311.12	307.89	178.68
1986	863.29	318.89	337.77	206.63
1987	1 029.46	336.54	443.23	249.69
1988	1 241.81	399.53	526.92	315.36
1989	1 379.33	432.92	599.91	346.50
1990	1 467.70	469.83	634.13	363.74
1991	1 678.98	514.79	725.83	438.36
1992	2 236.35	636.68	1 017.94	581.73
1993	3 174.94	846.71	1 451.97	876.26
1994	4 319.96	1 074.37	2 002.22	1 243.37
1995	5 421.34	1 308.20	2 467.63	1 645.51
1996	6 191.49	1 452.79	2 754.80	1 983.90
1997	6 900.59	1 598.91	3 016.44	2 285.24
1998	7 312.85	1 670.19	3 157.69	2 484.97
1999	7 855.65	1 787.98	3 387.99	2 679.68
2000	8 793.18	1 998.96	3 848.52	2 945.70
2001	9 619.57	2 166.74	4 270.90	3 181.93
2002	10 888.95	2 368.02	4 880.09	3 640.84
2003	13 408.86	2 941.24	6 004.65	4 462.97
2004	16 598.97	3 593.25	7 514.39	5 491.33
2005	19 813.56	4 129.52	9 334.70	6 349.34
2006	23 370.92	4 670.11	11 110.24	7 590.57
2007	27 410.57	5 298.08	13 016.84	9 095.65
2008	31 213.74	5 784.99	15 068.98	10 359.77
2009	32 391.90	5 408.75	16 464.94	10 518.21
2010	38 471.64	6 536.21	19 277.65	12 657.78

表5－8　长三角地区主要年份建筑业生产总值

单位:亿元(按当年价格计算)

年　份	长三角	上海市	江苏省	浙江省
1978	24.12	3.58	13.99	6.55
1979	27.96	4.59	14.89	8.48
1980	31.78	5.23	16.19	10.36
1981	34.72	7.22	16.90	10.60
1982	37.23	8.57	17.43	11.23
1983	38.92	9.06	19.29	10.57
1984	47.56	12.18	21.81	13.57
1985	66.41	14.51	31.67	20.23
1986	79.94	17.13	38.55	24.26
1987	110.08	27.84	50.46	31.78
1988	132.45	33.52	59.90	39.03
1989	130.16	33.26	57.15	39.75
1990	138.67	35.77	58.46	44.44
1991	159.69	35.85	68.09	55.75
1992	213.73	40.71	101.32	71.70
1993	309.45	55.67	146.08	107.70
1994	413.38	74.08	184.55	154.75
1995	567.85	111.21	247.63	209.01
1996	711.52	143.93	319.32	248.27
1997	839.86	175.11	395.42	269.33
1998	966.08	201.70	482.41	281.97
1999	1 023.88	196.66	532.16	295.06
2000	1 124.27	208.67	587.37	328.23
2001	1 263.94	236.44	636.56	390.94
2002	1 428.47	254.43	724.40	449.64
2003	1 683.66	267.78	782.46	633.42
2004	1 981.52	298.87	923.60	759.05
2005	2 160.55	323.40	1020.34	816.81
2006	2 417.85	358.25	1 140.60	919.00
2007	2 722.79	380.43	1 289.56	1 052.80
2008	3 266.32	450.93	1 594.83	1 220.56
2009	4 084.74	593.03	2 101.43	1 390.28
2010	4 798.54	682.11	2 476.28	1 640.15

表5-9　长三角地区主要年份地区生产总值中第一产业比重

单位:%(按当年价格计算)

年　份	长三角	上海市	江苏省	浙江省
1978	19.60	4.00	27.60	38.10
1979	24.60	4.00	34.80	42.80
1980	20.80	3.20	29.50	35.90
1981	21.50	3.30	31.30	33.70
1982	24.30	3.90	34.60	36.30
1983	23.60	3.80	34.40	32.20
1984	24.40	4.40	34.50	32.30
1985	21.90	4.20	30.00	28.90
1986	21.90	4.00	30.10	27.10
1987	20.60	4.00	26.80	26.30
1988	20.60	4.20	26.40	25.40
1989	19.70	4.30	24.50	24.80
1990	20.80	4.40	25.10	24.90
1991	17.40	3.80	21.50	22.50
1992	14.90	3.10	18.40	19.10
1993	13.10	2.50	16.40	16.40
1994	13.40	2.40	16.90	16.30
1995	13.20	2.40	16.80	15.50
1996	12.60	2.30	16.50	14.20
1997	11.70	2.10	15.50	13.20
1998	10.80	1.90	14.50	12.10
1999	9.90	1.80	13.50	11.10
2000	9.00	1.60	12.20	10.30
2001	8.50	1.50	11.60	9.60
2002	7.70	1.40	10.50	8.60
2003	6.80	1.20	9.30	7.40
2004	6.50	1.00	9.10	7.00
2005	6.00	0.90	8.00	6.60
2006	5.40	0.90	7.10	5.90
2007	5.10	0.80	7.00	5.30
2008	5.00	0.80	6.90	5.10
2009	4.90	0.70	6.50	5.10
2010	4.70	3.40	22.30	16.00

表 5－10　长三角地区主要年份地区生产总值中第二产业比重

单位:%(按当年价格计算)

年份	长三角	上海市	江苏省	浙江省
1978	61.30	77.40	52.60	43.30
1979	57.40	77.20	47.30	40.60
1980	60.10	75.70	52.30	46.70
1981	58.70	75.20	50.80	46.20
1982	55.50	74.00	47.60	42.10
1983	55.30	72.60	48.20	44.00
1984	54.10	70.50	48.30	43.80
1985	55.80	69.80	52.10	46.30
1986	54.30	68.50	50.50	46.00
1987	54.40	66.80	53.50	46.40
1988	52.30	66.80	48.50	46.00
1989	52.60	66.90	49.70	45.50
1990	51.80	64.70	48.90	45.10
1991	51.30	61.60	49.60	45.40
1992	53.00	60.80	52.40	47.50
1993	54.10	59.40	53.30	51.10
1994	54.20	57.70	53.90	52.00
1995	53.40	56.80	52.70	52.10
1996	52.50	54.00	51.20	53.30
1997	52.30	51.60	51.10	54.50
1998	51.60	49.30	50.60	54.80
1999	51.20	47.40	50.90	54.60
2000	50.90	46.30	51.90	53.30
2001	50.50	46.10	51.90	51.80
2002	50.60	45.70	52.80	51.10
2003	52.30	47.90	54.60	52.50
2004	53.50	48.20	56.30	53.60
2005	53.70	48.60	56.60	53.40
2006	53.90	48.50	56.60	54.00
2007	53.10	46.60	55.60	54.00
2008	52.60	45.50	55.00	53.90
2009	50.30	39.90	53.90	51.80
2010	50.10	40.70	42.00	49.80

表5－11 长三角地区主要年份地区生产总值中第三产业比重

单位:%(按当年价格计算)

年 份	长三角	上海市	江苏省	浙江省
1978	19.10	18.60	19.80	18.70
1979	17.90	18.80	17.90	16.60
1980	19.10	21.10	18.20	17.40
1981	19.70	21.50	17.90	20.10
1982	20.20	22.10	17.80	21.70
1983	21.10	23.60	17.40	23.80
1984	21.50	25.10	17.20	23.90
1985	22.30	26.00	17.90	24.80
1986	23.90	27.50	19.40	26.90
1987	24.50	29.20	19.70	27.40
1988	27.10	29.00	25.10	28.60
1989	27.70	28.80	25.80	29.70
1990	28.40	30.90	26.00	30.00
1991	31.30	34.60	28.90	32.10
1992	32.10	36.10	29.20	33.40
1993	32.80	38.10	30.30	32.50
1994	32.40	39.90	29.20	31.70
1995	33.40	40.80	30.50	32.40
1996	34.90	43.70	32.30	32.50
1997	36.10	46.30	33.40	32.30
1998	37.70	48.80	34.90	33.20
1999	38.80	50.80	35.60	34.20
2000	40.00	52.10	35.90	36.40
2001	41.00	52.40	36.50	38.60
2002	41.70	52.90	36.70	40.30
2003	40.90	50.90	36.10	40.10
2004	40.00	50.80	34.60	39.40
2005	40.30	50.50	35.40	40.00
2006	40.70	50.60	36.30	40.10
2007	41.70	52.60	37.40	40.70
2008	42.30	53.70	38.10	41.00
2009	44.80	59.40	39.60	43.10
2010	45.20	55.90	35.70	34.20

表5-12　长三角地区主要年份地区生产总值中工业比重

单位:%(按当年价格计算)

年　份	长三角	上海市	江苏省	浙江省
1978	57.50	76.10	47.00	38.00
1979	53.60	75.60	42.30	35.20
1980	56.20	74.00	47.30	41.00
1981	54.80	73.00	46.00	41.00
1982	51.60	71.40	43.10	37.30
1983	51.60	70.00	43.80	39.90
1984	50.30	67.30	44.10	39.60
1985	51.50	66.70	47.20	41.60
1986	49.70	65.00	45.30	41.10
1987	49.60	61.70	48.10	41.10
1988	47.30	61.60	43.60	40.90
1989	48.10	62.10	45.40	40.80
1990	47.30	60.10	44.80	40.20
1991	46.80	57.60	45.30	40.20
1992	48.30	57.10	47.70	42.30
1993	49.30	55.70	48.40	45.50
1994	49.40	54.00	49.30	46.20
1995	48.40	52.30	47.90	46.30
1996	47.10	49.10	45.90	47.40
1997	46.60	46.50	45.20	48.80
1998	45.60	44.00	43.90	49.20
1999	45.30	42.70	44.00	49.20
2000	45.20	41.90	45.00	48.00
2001	44.60	41.60	45.20	46.10
2002	44.70	41.30	46.00	45.50
2003	46.50	43.90	48.30	46.00
2004	47.80	44.50	50.10	47.10
2005	48.40	45.10	51.00	47.20
2006	48.90	45.00	51.30	48.20
2007	48.30	43.50	50.60	48.40
2008	47.70	42.20	49.70	48.20
2009	44.70	36.00	47.80	45.80
2010	44.60	38.10	46.50	45.70

表5-13　长三角地区主要年份地区生产总值中建筑业比重

单位:%(按当年价格计算)

年　份	长三角	上海市	江苏省	浙江省
1978	3.70	1.30	5.60	5.30
1979	3.80	1.60	5.00	5.40
1980	3.90	1.70	5.10	5.80
1981	3.90	2.20	4.80	5.20
1982	3.90	2.60	4.50	4.80
1983	3.70	2.60	4.40	4.10
1984	3.90	3.20	4.20	4.20
1985	4.30	3.10	4.90	4.70
1986	4.60	3.50	5.20	4.80
1987	5.30	5.10	5.50	5.20
1988	5.00	5.20	5.00	5.10
1989	4.50	4.80	4.30	4.70
1990	4.50	4.60	4.10	4.90
1991	4.50	4.00	4.30	5.10
1992	4.60	3.70	4.70	5.20
1993	4.80	3.70	4.90	5.60
1994	4.70	3.70	4.50	5.80
1995	5.10	4.50	4.80	5.90
1996	5.40	4.90	5.30	5.90
1997	5.70	5.10	5.90	5.70
1998	6.00	5.30	6.70	5.60
1999	5.90	4.70	6.90	5.40
2000	5.80	4.40	6.90	5.30
2001	5.90	4.50	6.70	5.70
2002	5.90	4.40	6.80	5.60
2003	5.80	4.0	6.30	6.50
2004	5.70	3.70	6.20	6.50
2005	5.30	3.50	5.60	6.10
2006	5.10	3.50	5.30	5.80
2007	3.80	3.10	5.30	5.60
2008	5.00	3.30	5.30	5.70
2009	5.60	3.90	6.10	6.0
2010	5.60	4.00	6.00	5.90

表 5－14 长三角地区生产总值项目结构（增加值）（2010 年）

单位：亿元

项 目	长三角	上海市	江苏省	浙江省
地区生产总值	86 313.77	17 165.98	41 425.48	27 722.31
第一产业	4 014.81	114.15	2 540.10	1 360.56
第二产业	43 270.18	7 218.32	21 753.93	14 297.93
工业	38 471.64	65 36.21	19 277.65	12 657.78
建筑业	4 798.54	682.11	2 476.28	1 640.15
第三产业	39 028.78	9 833.51	17 131.45	12 063.82
交通运输、仓储和邮政业	3 679.37	834.40	1 768.30	1 076.67
信息传输、计算机服务和软件业	1 875.81	675.98	605.28	594.55
批发和零售业	9 687.98	2 594.34	4 447.50	2 646.14
住宿和餐饮业	1 501.10	266.45	710.98	523.67
金融业	6 383.46	1 950.96	2 105.92	2 326.58
房地产业	5 221.62	1 002.50	2 600.95	1 618.17
租赁和商务服务业	2 095.55	776.13	868.34	451.08
科学研究、技术服务和地质勘查业	991.32	391.28	365.17	234.87
水利、环境和公共设施管理业	376.08	50.19	215.34	110.55
居民服务和其他服务业	980.83	179.98	447.86	352.99
教育	2 118.94	400.36	1 022.72	695.86
卫生、社会保障和社会福利业	1 150.08	250.41	500.72	398.95
文化、体育和娱乐业	483.70	93.98	220.80	168.92
公共管理和社会组织	2 482.93	366.55	1 251.57	864.81

表5-15 长三角地区房地产投资主要指标(2010年)

指　标	长三角	上海市	江苏省	浙江省
房屋建筑面积(万平方米)				
施工面积	73 909.52	15 020.76	35 106.90	23 781.86
#住宅	42 485.48	73 44.07	26 347.13	16 138.35
竣工面积	12 812.11	2 776.21	8 696.28	4 115.83
#住宅	9 351.96	1 415.44	6 553.53	2 798.43
商品房销售情况				
房屋销售面积(万平方米)	14 302.00	2 055.53	9 485.47	4 816.53
商品房销售额(亿元)		2 959.94		

表5-16 长三角地区商品零售价格指数

(1978年=100)

年份	上海市	江苏省	浙江省
1985	130.40	123.20	100.00
1986	139.10	131.90	106.00
1987	151.40	144.20	116.00
1988	183.60	176.40	141.70
1989	214.30	206.00	166.90
1990	224.60	210.70	169.60
1991	245.90	220.90	174.70
1992	269.80	232.10	186.20
1993	317.00	269.00	217.30
1994	372.40	332.50	264.50
1995	420.90	380.10	300.20
1996	441.90	405.90	317.60
1997	436.60	403.10	318.60
1998	415.20	395.80	313.50
1999	404.00	383.50	306.30
2000	389.50	378.10	303.20
2001	384.00	373.90	297.40
2002	379.00	368.00	293.50
2003	375.40	367.30	292.30
2004	378.80	375.40	300.20
2005	376.70	376.50	302.90
2006	377.40	379.50	305.30
2007	386.50	390.50	430.50
2008	407.10	409.60	457.60
2009	404.80	405.10	452.10
2010	411.70	418.10	469.70

表 5－17　长三角地区居民消费价格指数

（1978 年＝100）

年份	上海市	江苏省	浙江省
1985	128.20	123.70	100.00
1986	136.30	132.50	106.20
1987	147.30	144.70	115.50
1988	176.90	176.30	140.40
1989	205.10	206.50	165.90
1990	218.00	213.10	169.40
1991	240.90	223.50	175.40
1992	265.00	238.30	188.50
1993	318.50	281.70	225.80
1994	394.60	347.00	281.80
1995	468.40	401.80	328.60
1996	511.50	439.20	354.60
1997	525.80	446.70	364.50
1998	525.80	444.00	363.40
1999	533.70	438.20	359.10
2000	547.00	438.70	362.60
2001	547.00	442.20	361.90
2002	549.80	438.60	358.60
2003	550.30	443.00	365.40
2004	562.20	461.20	379.70
2005	567.60	470.90	384.60
2006	574.50	478.40	388.80
2007	592.60	499.00	405.10
2008	626.80	525.90	659.10
2009	624.30	523.80	650.50
2010	643.60	543.70	676.50

表5－18 长三角地区主要年份农业总产值

单位:亿元(当年价格)

年份	长三角	上海市	江苏省	浙江省
1978	149.48	13.49	85.17	50.82
1979	198.83	15.10	114.26	69.47
1980	181.61	11.40	105.98	64.23
1981	201.02	11.91	119.90	69.21
1982	244.10	13.80	145.69	84.61
1983	256.62	12.59	160.38	83.65
1984	312.49	16.41	193.28	102.80
1985	328.68	15.63	201.85	111.20
1986	374.87	16.83	235.07	122.97
1987	416.68	17.69	257.90	141.09
1988	495.47	22.47	310.20	162.80
1989	531.81	25.53	325.02	181.26
1990	591.03	29.09	362.46	199.48
1991	602.14	30.51	354.42	217.21
1992	670.59	32.80	411.33	226.46
1993	833.92	40.52	518.55	274.85
1994	1 211.10	60.19	777.94	372.97
1995	1 545.76	77.71	986.15	481.90
1996	1 667.32	87.64	1 062.39	517.29
1997	1 686.67	85.20	1 085.26	516.21
1998	1 708.96	89.10	1 096.88	522.98
1999	1 701.99	87.86	1 095.13	519.00
2000	1 707.14	89.81	1 096.02	521.31
2001	1 726.78	95.53	1 142.66	488.59
2002	1 774.12	97.21	1 165.49	511.42
2003	1 608.86	98.17	981.25	529.44
2004	1 944.32	109.32	1 242.41	592.59
2005	2 057.12	111.25	1 291.06	654.81
2006	2 220.90	119.99	1 416.91	684.00
2007	2 405.19	126.74	1 542.53	735.92
2008	2 695.45	135.52	1 746.83	813.10
2009	2 974.78	147.53	1 948.20	879.05
2010	3 466.13	155.27	2 269.56	1 041.30

表 5－19　长三角地区主要年份林业总产值

单位:亿元(当年价格)

年份	长三角	上海市	江苏省	浙江省
1978	3.53	0.06	1.48	1.99
1979	4.82	0.04	2.03	2.75
1980	5.61	0.06	1.94	3.61
1981	6.00	0.21	2.00	3.79
1982	6.61	0.23	1.96	4.42
1983	8.27	0.20	3.30	4.77
1984	11.21	0.21	4.33	6.67
1985	13.71	0.21	4.63	8.87
1986	14.65	0.24	5.15	9.26
1987	17.97	0.34	6.02	11.61
1988	22.14	0.45	7.29	14.40
1989	21.01	0.39	7.02	13.60
1990	24.31	0.37	7.94	16.00
1991	25.36	0.39	7.55	17.42
1992	31.37	0.43	9.93	21.01
1993	44.82	0.41	14.61	29.8
1994	60.79	0.49	18.38	41.92
1995	71.89	0.45	21.42	50.02
1996	78.92	0.67	23.48	54.77
1997	82.29	0.47	22.56	59.26
1998	84.46	0.84	24.16	59.46
1999	89.42	0.98	26.13	62.31
2000	86.06	1.41	30.17	54.48
2001	94.48	3.52	30.76	60.20
2002	95.69	7.75	27.10	60.84
2003	110.21	13.05	31.49	65.67
2004	131.66	13.14	40.16	78.36
2005	139.89	11.11	45.27	83.51
2006	150.72	10.43	54.25	86.04
2007	164.40	10.05	58.88	95.47
2008	180.99	9.120	64.92	106.95
2009	197.42	8.99	70.79	117.64
2010	205.00	7.53	78.12	119.35

表5-20　长三角地区主要年份渔业总产值

单位:亿元(当年价格)

年份	长三角	上海市	江苏省	浙江省
1978	6.78	0.86	2.44	3.48
1979	8.16	0.90	3.19	4.07
1980	10.29	0.97	3.88	5.44
1981	11.95	1.23	4.61	6.11
1982	12.35	1.56	4.66	6.13
1983	14.66	1.29	6.52	6.85
1984	21.45	1.4	9.04	11.01
1985	34.49	2.82	15.53	16.14
1986	45.78	3.45	22.61	19.72
1987	59.08	4.79	28.38	25.91
1988	80.81	7.43	39.97	33.41
1989	83.92	7.88	42.08	33.96
1990	98.29	8.04	49.35	40.90
1991	111.44	8.97	50.66	51.81
1992	137.33	9.18	63.92	64.23
1993	211.08	12.31	105.4	93.37
1994	306.26	17.52	148.21	140.53
1995	421.18	22.83	203.54	194.81
1996	471.45	27.18	239.35	204.92
1997	547.73	30.37	277.98	239.38
1998	577.56	29.54	292.65	255.37
1999	600.84	31.71	302.22	266.91
2000	648.29	37.92	313.01	297.36
2001	683.14	40.13	334.17	308.84
2002	715.52	45.13	345.88	324.51
2003	757.88	49.21	371.56	337.11
2004	861.36	49.90	449.47	361.99
2005	944.31	51.64	511.86	380.81
2006	954.99	55.25	552.21	347.53
2007	1 003.09	54.19	579.00	369.90
2008	1 130.68	57.11	665.75	407.82
2009	1 208.26	53.53	719.25	435.48
2010	1 380.05	52.62	805.25	522.18

表5－21　长三角地区主要年份畜牧业总产值

单位:亿元(当年价格)

年份	长三角	上海市	江苏省	浙江省
1978	29.87	3.67	16.78	9.42
1979	45.54	4.22	25.77	15.55
1980	52.31	6.27	26.65	19.39
1981	49.94	6.38	27.11	16.45
1982	66.49	7.81	35.80	22.88
1983	67.87	7.80	36.66	23.41
1984	82.24	8.06	47.17	27.01
1985	116.63	12.25	66.54	37.84
1986	122.67	12.75	69.83	40.09
1987	152.00	15.48	87.95	48.57
1988	233.00	22.18	140.49	70.33
1989	250.22	26.41	148.13	75.68
1990	266.21	30.25	160.78	75.18
1991	278.46	33.38	168.30	76.78
1992	311.06	37.19	188.64	85.23
1993	371.87	42.95	236.81	92.11
1994	587.52	62.04	390.70	134.78
1995	699.18	81.48	475.67	142.03
1996	609.88	85.46	368.54	155.88
1997	708.97	88.37	430.57	190.03
1998	688.63	87.27	435.51	165.85
1999	657.30	86.35	413.95	157.00
2000	701.82	87.35	430.53	183.94
2001	732.88	88.43	448.51	195.94
2002	715.45	83.48	426.88	205.09
2003	773.01	81.13	458.87	233.01
2004	713.10	70.77	563.44	78.89
2005	939.43	54.34	599.14	285.95
2006	869.78	46.29	544.48	279.01
2007	1 129.98	58.00	704.38	367.60
2008	1 403.72	68.40	916.46	418.86
2009	1 343.46	64.61	873.97	404.88
2010	1 434.57	62.90	923.25	448.42

表5-22　长三角地区主要年份粮食产量

单位:万吨

年份	长三角	上海市	江苏省	浙江省
1980	4 040.30	186.85	2 417.95	1 435.50
1990	5 094.61	244.36	3 264.15	1 586.10
2000	4 497.63	174.00	3 106.63	1 217.00
2004	3 785.52	106.29	2 829.06	850.17
2005	3 770.37	105.36	2 834.59	830.42
2006	3 992.26	111.30	3 041.44	839.52
2007	4 043.11	109.20	3 132.24	801.67
2008	4 066.71	115.67	3 175.49	775.55
2009	4 140.93	121.68	3 230.10	789.15
2010	4 124.17	118.40	3 235.10	770.67

表5-23　长三角地区主要年份棉花产量

单位:万吨

年份	长三角	上海市	江苏省	浙江省
1980	57.72	7.62	41.81	8.29
1990	54.06	1.22	46.42	6.42
2000	34.49	0.12	31.45	2.92
2004	52.74	0.18	50.28	2.28
2005	34.61	0.18	32.27	2.16
2006	40.69	0.20	38.14	2.35
2007	37.54	0.25	34.75	2.54
2008	35.74	0.32	32.60	2.82
2009	28.62	0.26	25.55	2.81
2010	29.37	0.35	26.08	2.94

表 5－24　长三角地区主要年份油料产量

单位:万吨

年份	长三角	上海市	江苏省	浙江省
1980	77.10	9.60	38.64	28.86
1990	178.94	18.20	112.39	48.35
2000	299.90	16.37	225.65	57.88
2004	294.54	7.39	238.38	48.77
2005	273.07	6.94	215.99	50.14
2006	269.72	5.31	218.18	46.23
2007	192.44	3.62	145.08	43.74
2008	195.16	3.60	150.29	41.27
2009	208.86	3.39	162.23	43.24
2010	193.73	2.29	151.97	39.47

表 5－25　长三角地区农业现代化情况(2010 年)

指　　标	长三角	上海市	江苏省	浙江省
农业机械化情况				
机耕面积(千公顷)	6 929.07	394.70	5 537.78	996.59
机械收获面积(千公顷)	5 856.83	165.70	4 790.50	900.63
农村电气化情况				
农村用电量(亿千瓦小时)	2 433.52	195.48	1 472.89	765.15
农用物资使用情况				
化肥施用量(折纯量)(万吨)	445.15	11.84	341.11	92.20
农用塑料薄膜使用量(万吨)	17.67	2.11	10.02	5.54
农药使用量(万吨)	16.22	0.70	9.01	6.51

表 5－26　长三角地区国有控股工业企业单位数(2010 年)

单位:个

项　目	长三角	上海市	江苏省	浙江省
总　计	1 821	265	826	730
按轻重工业分				
轻工业	578	98	248	232
重工业	1 243	167	578	498
制造业				
农副食品加工业	39	4	24	11
食品制造业	37	8	15	14
饮料制造业	23	1	8	14
烟草加工业	9	1	6	2
纺织业	49	3	28	18
纺织服装、鞋、帽制造业	47	6	27	14
皮革、毛皮、羽毛(绒)及其制品业	5	2		3
木材加工及木、竹、藤、棕、草制造业	2	1		1
造纸及纸制品业	7	1	6	
印刷业和记录媒介的复制	63	16	29	18
文教体育用品制造业	7	4	1	2
化学原料及化学制品制造业	143	23	77	43
医药制造业	48	12	23	13
化学纤维制造业	10		8	2
橡胶制品业	11	4	3	4
塑料制品业	29	10	12	7
非金属矿物制品业	113	13	46	54
黑色金属冶炼及压延加工业	20	3	10	7
有色金属冶炼及压延加工业	20	3	12	5
金属制品业	48	9	27	12
通用设备制造业	145	36	58	51
专用设备制造业	65	16	32	17
交通运输设备制造业	134	35	78	21
电气机械及器材制造业	76	10	44	22
通信设备、计算机及其他电子设备制造业	79	7	46	26
仪器仪表及文化、办公用机械制造业	44	8	24	12
工艺品及其他制造业	12	4	2	6
电力、燃气及水的生产和供应业				
电力、热力的生产和供应业	264	9	75	180
燃气生产和供应	21	1	8	12
水的生产和供应业	188	12	58	118

表 5－27 长三角地区国有控股工业企业主营业务收入(2010 年)

单位:亿元

项 目	长三角	上海市	江苏省	浙江省
总 计	18 553.84	1 822.53	9 893.42	6 837.89
按轻重工业分				
轻工业	2 238.81	664.90	883.08	690.83
重工业	16 315.03	1 157.63	9 010.34	6 147.06
按行业分				
农副食品加工业	76.69	6.00	58.14	12.55
食品制造业	40.66	8.80	22.20	9.66
饮料制造业	56.96	0.24	34.22	22.50
烟草加工业	1 158.95	535.69	345.16	278.10
纺织业	141.41	10.46	97.65	33.30
纺织服装、鞋、帽制造业	44.39	1.38	36.84	6.17
皮革、毛皮、羽毛(绒)及其制品业	4.30	0.41		3.89
木材加工及木、竹、藤、棕、草制造业	0.68	0.07		0.61
造纸及纸制品业	13.72	0.08	13.64	
印刷业和记录媒介的复制	43.26	15.29	9.78	18.19
文教体育用品制造业	1.57	0.88	0.11	0.58
化学原料及化学制品制造业	1 913.77	64.26	1 483.24	366.27
医药制造业	198.76	34.00	75.89	88.87
化学纤维制造业	126.50		78.18	48.32
橡胶制品业	239.40	3.33	24.08	211.99
塑料制品业	19.28	3.89	10.98	4.41
非金属矿物制品业	346.62	18.37	166.57	161.68
黑色金属冶炼及压延加工业	714.29	14.38	294.99	404.92
有色金属冶炼及压延加工业	153.06	6.56	142.60	3.90
金属制品业	151.92	22.24	111.49	18.19
通用设备制造业	864.70	49.31	618.51	196.88
专用设备制造业	178.26	20.70	123.68	33.88
交通运输设备制造业	1691.85	219.04	1341.47	131.34
电气机械及器材制造业	377.87	34.42	287.80	55.65
通信设备、计算机及其他电子设备制造业	392.16	23.59	275.79	92.78
仪器仪表及文化、办公用机械制造业	145.14	10.19	127.32	7.63
工艺品及其他制造业	8.26	2.67	3.17	2.42
电力、燃气及水的生产和供应业				
电力、热力的生产和供应业	6 453.00	691.99	2 699.39	3 061.62
燃气生产和供应	142.56	0.59	45.69	96.28
水的生产和供应业	168.14	23.01	52.47	92.66

表 5-28 长三角地区国有控股工业企业利润总额(2010 年)

单位:亿元

项 目	长三角	上海市	江苏省	浙江省
总 计	1 212.90	171.75	633.94	407.21
按轻重工业分				
轻工业	328.49	155.17	111.72	61.60
重工业	884.42	16.59	522.22	345.61
按行业分				
农副食品加工业	3.50	0.31	2.01	1.18
食品制造业	3.04	0.89	1.40	0.75
饮料制造业	6.68	0.03	5.36	1.29
烟草加工业	225.48	141.18	65.15	19.15
纺织业	7.84	0.20	6.45	1.19
纺织服装、鞋、帽制造业	2.81	0.18	1.94	0.69
皮革、毛皮、羽毛(绒)及其制品业	0.92	-0.01		0.93
木材加工及木、竹、藤、棕、草制造业	0.01	0.00		0.01
造纸及纸制品业	1.75	-0.13	1.88	
印刷业和记录媒介的复制	3.30	1.26	0.42	1.62
文教体育用品制造业	0.15	0.08	0.01	0.06
化学原料及化学制品制造业	131.55	4.16	95.70	31.69
医药制造业	35.61	8.85	6.86	19.90
化学纤维制造业	16.94		16.50	0.44
橡胶制品业	9.50	0.05	1.03	8.42
塑料制品业	0.56	0.05	0.40	0.11
非金属矿物制品业	39.76	1.04	20.62	18.10
黑色金属冶炼及压延加工业	13.74	-0.04	2.09	11.69
有色金属冶炼及压延加工业	1.88	0.08	1.69	0.11
金属制品业	5.52	-3.25	7.84	0.93
通用设备制造业	72.60	0.88	49.17	22.55
专用设备制造业	10.70	0.95	8.20	1.55
交通运输设备制造业	111.46	10.17	97.91	3.38
电气机械及器材制造业	17.91	0.42	14.19	3.30
通信设备、计算机及其他电子设备制造业	29.39	2.03	10.95	16.41
仪器仪表及文化、办公用机械制造业	17.89	1.31	16.15	0.43
工艺品及其他制造业	0.90	0.35	0.40	0.15
电力、燃气及水的生产和供应业				
电力、热力的生产和供应业	280.03	1.38	124.73	153.92
燃气生产和供应	7.87	…	4.86	3.01
水的生产和供应业	10.16	-0.86	1.50	9.52

表5－29　长三角地区国有控股工业企业利税总额(2010年)

单位:亿元

项　目	长三角	上海市	江苏省	浙江省
总　计	2 920.85	441.23	1 451.19	1 028.43
按轻重工业分				
轻工业	1 062.77	403.40	370.79	288.58
重工业	1 858.08	37.83	1080.40	739.85
按行业分				
农副食品加工业	5.36	0.06	3.99	1.31
食品制造业	3.75	0.28	2.35	1.12
饮料制造业	15.73	…	11.23	4.50
烟草加工业	916.23	396.79	295.74	223.70
纺织业	12.19	0.42	9.54	2.23
纺织服装、鞋、帽制造业	4.86	0.11	3.47	1.28
皮革、毛皮、羽毛(绒)及其制品业	1.49	0.02		1.47
木材加工及木、竹、藤、棕、草制造业	0.09	…		0.09
造纸及纸制品业	2.65	0.01	2.64	
印刷业和记录媒介的复制	3.62	0.74	0.87	2.01
文教体育用品制造业	0.16	0.07	0.02	0.07
化学原料及化学制品制造业	227.98	1.38	180.95	45.65
医药制造业	41.23	2.34	11.10	27.79
化学纤维制造业	21.16		20.68	0.48
橡胶制品业	14.85	0.14	2.20	12.51
塑料制品业	1.12	0.19	0.70	0.23
非金属矿物制品业	54.6	0.71	28.22	25.67
黑色金属冶炼及压延加工业	22.98	0.31	4.54	18.13
有色金属冶炼及压延加工业	2.77	0.03	2.54	0.20
金属制品业	13.75	0.70	11.67	1.38
通用设备制造业	100.78	1.60	70.26	28.92
专用设备制造业	16.34	1.02	12.52	2.80
交通运输设备制造业	163.40	5.49	150.94	6.97
电气机械及器材制造业	31.90	1.39	26.20	4.31
通信设备、计算机及其他电子设备制造业	35.85	0.22	15.80	19.83
仪器仪表及文化、办公用机械制造业	23.77	0.60	22.50	0.67
工艺品及其他制造业	0.85	0.08	0.47	0.30
电力、燃气及水的生产和供应业				
电力、热力的生产和供应业	554.98	25.26	246.24	283.48
燃气生产和供应	10.23	0.03	6.42	3.78
水的生产和供应业	20.10	1.18	4.91	14.01

表 5－30　长三角地区建筑业总产值

单位:亿元

年份	长三角	上海市	江苏省	浙江省
1990	301.83	75.62	147.23	78.98
1991	353.34	84.30	176.21	92.83
1992	517.48	117.68	265.8	134.00
1993	903.53	193.00	449.99	260.54
1994	1 519.07	309.68	738.60	470.79
1995	2 099.76	391.42	998.11	710.23
1996	2 345.51	450.41	1 049.42	845.68
1997	2 549.82	564.37	1 102.12	883.33
1998	2 760.06	593.11	1 224.42	942.53
1999	3 039.80	573.06	1 338.46	1 128.28
2000	3 561.58	631.64	1 546.17	1 383.77
2001	4 358.19	730.33	1 859.41	1 768.45
2002	5 304.78	822.27	2 199.52	2 282.99
2003	7 118.02	1 195.80	2 794.94	3 127.28
2004	9 292.36	1 724.40	3 656.66	3 911.3
2005	11 001.5	1 889.25	4 368.95	4 743.30
2006	13 411.23	2 285.38	5 424.85	5 701.00
2007	16 571.55	2 524.18	7 010.57	7 036.80
2008	19 648.82	3 071.76	8 308.46	8 268.60
2009	23 841.66	3 830.53	10 264.92	9 746.21
2010	28 916.99	4 300.19	12 405.90	12 210.90

表 5－31　长三角地区交通运输基本情况(2010 年)

指　标	长三角	上海市	江苏省	浙江省
运输线路长度(公里)				
铁路营业里程	4 083	414	1 908	1 761
公路通车里程	272 458	11 974	150 307	110 177
#高速公路	8 217	775	4 059	3 383
内河航道里程	26 358	2 110	24 248	9 704
客运量总计(万人)	468 076	13 432	226 627	228 017
铁路	15 806	6 095	9 711	7 634
公路	435 192	3 634	215 850	215 708
水运	3 835	90	590	3 155
民用航空	5 609	3 613	476	1 520
旅客周转量(亿人公里)	2 818.25	1 214.25	1 604.00	1 250.74
货物运输量总计(万吨)	440 129	81 024	188 565	170 540
铁路	11 221	959	6 374	3 888
公路	164 390	40 890	123 500	103 394
水运	150 763	38 803	48 702	63 258
货物周转量(亿吨公里)	29 401.61	16 173.00	6 111.57	7 117.04
民用车辆拥有量(万辆)	2 835.05	309.70	1 381.88	1 143.47
#民用汽车拥有量	1 281.53	170.25	567.71	543.57
#载客汽车	1 069.85	146.24	472.78	450.83
载货汽车	183.60	23.81	72.50	87.29
#私人汽车	971.40	103.85	434.57	432.98
港口货物吞吐量(万吨)	337 103	65 339	158 977	112 787

表5－32 长三角地区客运量基本情况

单位:万人

年 份	长三角	上海市	江苏省	浙江省
1980	64 825	2 369	34 002	28 454
1985	110 145	3 434	53 935	52 776
1990	112 521	3 835	48 339	60 347
1995	199 207	5 265	84 803	109 139
1996	211 790	5 822	91 870	114 098
1997	214 882	6 057	93 684	115 141
1998	221 501	6 139	97 033	118 329
1999	226 225	6 406	101 000	118 819
2000	238 270	6893	107 244	124 133
2001	249 918	6 324	110 713	132 881
2002	259 210	7 326	115 889	135 995
2003	271 373	7 212	123 462	140 699
2004	287 738	8 968	1 28516	150 254
2005	315 360	9 487	145 204	160 669
2006	346 256	10 205	161 425	174 626
2007	387 270	10 371	187 241	189 658
2008	414 026	10 927	208 237	194 862
2009	434 528	11 136	201 262	222 130
2010	468 076	13 432	226 627	228 017

表5－33 长三角地区铁路客运量基本情况

单位:万人

年 份	长三角	上海市	江苏省	浙江省
1980	7 477	1 692	3 364	2 421
1985	10 364	2 320	4 819	3 225
1990	10 282	2 476	4 788	3 018
1995	11 680	2 929	5 185	3 566
1996	10 377	2 804	4 502	3 071
1997	10 202	2 779	4 433	2 990
1998	10 380	2 760	4 451	3 169
1999	11 480	2 906	4 824	3 750
2000	11 780	2 980	4 891	3 909
2001	12 453	3 231	5 029	4 193
2002	13 326	3 518	5 297	4 511
2003	12 833	3 391	5 104	4 338
2004	15 268	4 076	5 997	5 195
2005	16 245	4 313	6 658	5 274
2006	17 338	4 458	7 292	5 588
2007	18 384	4 795	7 658	5 931
2008	20 633	5 339	8 846	6 448
2009	20 836	5 161	9 167	6 508
2010	15 806	6 095	9 711	7 634

表 5－34　长三角地区公路客运量基本情况

单位:万人

年　份	长三角	上海市	江苏省	浙江省
1980	45 989	200	26 463	19 326
1985	85 536	410	45 751	39 375
1990	93 538	605	41 850	51 083
1995	181 574	1 257	78 947	101 370
1996	196 092	1974	86 801	107 317
1997	199 757	2 277	88 826	108 654
1998	206 068	2006	92 215	111 847
1999	209 513	2 178	95564	111 771
2000	221 191	2 482	101 713	116 996
2001	232 621	1 508	105 105	126 008
2002	241 165	2 046	110 139	128 980
2003	254 066	2 052	118 046	133 968
2004	266 860	2 465	122 218	142 177
2005	292 977	2 468	138 287	152 222
2006	322 050	2784	153 825	165 441
2007	361 579	2 872	179 206	179 501
2008	385 706	2 934	199 008	183 764
2009	404 580	2995	191 001	210 584
2010	435 192	3 634	215 850	215 708

表 5－35　长三角地区水运客运量基本情况

单位:万人

年　份	长三角	上海市	江苏省	浙江省
1980	11 323	446	4 175	6 702
1985	14 150	622	3 365	10 163
1990	8 470	555	1 701	6 214
1995	5 103	512	623	3 968
1996	4 367	422	499	3 446
1997	3 900	328	341	3 231
1998	3 985	678	273	3 034
1999	4119	581	504	3 034
2000	3 991	539	514	2 938
2001	3 344	543	430	2 371
2002	2 932	526	284	2 122
2003	2 658	528	147	1 983
2004	3 023	621	91	2 311
2005	3 173	626	37	2 510
2006	3 473	654	27	2 792
2007	3 286	95	27	3 164
2008	3 615	89	32	3 494
2009	4 456	90	686	3 680
2010	3 835	90	590	3 155

表 5－36 长三角地区民用航空客运量基本情况

单位:万人

年 份	长三角	上海市	江苏省	浙江省
1995	850	567	48	235
1996	954	622	68	264
1997	1 023	673	84	266
1998	1 068	695	94	279
1999	1 113	741	108	264
2000	1 308	892	126	290
2001	1 500	1 042	149	309
2002	1 788	1 236	170	382
2003	1 816	1 241	165	410
2004	2 587	1 806	210	571
2005	2 965	2 080	222	663
2006	3 394	2 309	280	805
2007	4 021	2 609	350	1 062
2008	4 072	2 565	351	1 156
2009	4 656	2 890	408	1 358
2010	5 609	3 613	476	1 520

表 5－37 长三角地区货运量基本情况

单位:万吨

年 份	长三角	上海市	江苏省	浙江省
1980	46 141	20 037	16 527	9 577
1985	93 470	24 243	46 842	22 385
1990	109 650	26 777	49 399	33 474
1995	171 688	27 571	81 830	62 287
1996	194 362	45 821	84 666	63 875
1997	189 184	45 938	82 290	60 956
1998	187 028	46 230	80 429	60 369
1999	193 931	48 398	81 529	64 004
2000	217 526	52 206	90 436	74 884
2001	219 386	54 049	87 505	77 832
2002	237 996	58 901	88 588	90 507
2003	260 535	63 861	93 511	103 163
2004	283 149	65 758	100 093	117 298
2005	310 389	71 304	112 909	126 176
2006	340 393	75 184	125 114	140 095
2007	375 230	78 108	143 804	153 318
2008	409 439	84 347	166 322	158 770
2009	389 172	76 967	160 966	151 239
2010	440 129	81 024	188 565	170 540

表 5－38　长三角地区铁路货运量基本情况

单位:万吨

年　份	长三角	上海市	江苏省	浙江省
1980	9 427	4 484	3 420	1 523
1985	10 877	5 059	4 037	1 781
1990	7 183	1 257	4 235	1 691
1995	7 433	1 376	4 143	1 914
1996	7 609	1 320	4 361	1 928
1997	7 104	1 252	4 131	1 721
1998	6 671	1 152	3 793	1 726
1999	6 648	997	3 941	1 710
2000	7 087	1 055	4 077	1 955
2001	7 500	1 080	4 239	2 181
2002	7 949	1 131	4 407	2 411
2 003	8 328	1 208	4 462	2 658
2004	8 836	1 284	4 665	2 887
2005	9 328	1 278	5 090	2 960
2006	9 623	1 223	5 169	3 231
2007	9 767	1 143	5 177	3 447
2008	9 501	985	5 118	3 398
2009	10 513	941	6 137	3 435
2010	11 221	959	6 374	3 888

表 5－39　长三角地区公路货运量基本情况

单位:万吨

年　份	长三角	上海市	江苏省	浙江省
1980	14 723	7 284	4 427	3 012
1985	41 868	9 216	23 255	9 397
1990	59 497	8 714	27 904	22 879
1995	100 903	6 273	49 578	45 052
1996	122 994	25 023	50 571	47 400
1997	123 656	25 991	52 441	45 224
1998	126 018	26 352	54 328	45 338
1999	127 728	27 171	54 803	45 754
2000	142 433	28 369	59 056	55 008
2001	143 633	28 869	59 058	55 706
2002	153 590	29 759	60 299	63 532
2003	165 906	30 678	64 321	70 907
2004	179 152	31 554	69 058	78 540
2005	190 433	32 684	76 301	81 448
2006	207 460	33 799	84 319	89 342
2007	231 850	35 634	97 474	98 742
2008	254 388	40 328	110 302	103 758
2009	237 549	37 745	104 002	95 802
2010	164 390	40 890	123 500	103 394

表5-40 长三角地区水运货运量基本情况

单位:万吨

年 份	长三角	上海市	江苏省	浙江省
1980	19 791	8 267	6 482	5 042
1985	39 289	9 965	18 117	11 207
1990	37 676	12 864	15 908	8 904
1995	57 327	14 845	27 161	15 321
1996	57 910	14 544	28 819	14 547
1997	52 919	14 082	24 826	14 011
1998	49 197	14 529	21 363	13 305
1999	54 377	16 241	21 596	16 540
2000	62 265	18 442	25 902	17 921
2001	62 024	19 496	22 583	19 945
2002	70 149	23 174	22 411	24 564
2003	79 539	26 621	23 320	29 598
2004	90 831	30 148	24 812	35 871
2005	105 602	34 557	29 277	41 768
2006	117 726	37 342	32 862	47 522
2007	130 028	41 041	378 58	51 129
2008	137 142	42 729	42 799	51 614
2009	132 001	37 983	42 016	52 002
2010	150 763	38 803	48 702	63 258

表5-41 长三角地区民用车辆拥有辆(2010年)

单位:万辆

指 标	长三角	上海市	江苏省	浙江省
合 计	2 835.05	309.70	1 381.88	1 143.47
汽车	1 281.53	170.25	567.71	543.57
载客汽车	1 069.85	146.24	472.78	450.83
#轿车	776.72	111.52	340.47	324.73
载货汽车	183.60	23.81	72.50	87.29
摩托车	1 495.05	129.12	807.54	558.39
拖拉机	171.57	1.16	132.52	37.89

表5-42　长三角地区私人车辆拥有辆(2010年)

单位:万辆

指　标	长三角	上海市	江苏省	浙江省
民用汽车	971.40	103.85	434.57	432.98
载客汽车	864.04	103.57	383.94	376.53
轿车	655.77	86.54	288.61	280.62
载货汽车	87.44	0.11	32.87	54.46
摩托车	1 484.91	125.95	803.77	555.19

表5-43　长三角地区邮政通讯业务基本情况(2010年)

指　标	长三角	上海市	江苏省	浙江省
邮政通讯业务总量(亿元)	4 216.04	49.48	2 194.60	1 971.96
函件(亿件)	29.51	11.66	9.36	8.49
特快专递(万件)	84 534.77	56 705.27	23 796.50	4 033.00
报刊期发数(万份)	116 791.60	115 700.00	109 1.63	147 074.00
年末市内电话(万户)	4 647.80	935.91	2 498.80	1 213.09
年末移动电话用户(万户)	13 331.65	2 361.55	5 923.10	5 047.00
国际互联网用户(万户)	6 592.20	1 560.00	1 062.20	3 970.00
邮路及农村投递路线总长度(万公里)	81.64	7.59	32.64	41.41
邮电通信工具拥有量				
长途光缆线路长度(公里)	60 973	4 670	33 034	23 269

表5-44 长三角地区限额以上批发和零售业法人企业数(2010年)

单位:个

项 目	长三角	上海市	江苏省	浙江省
总 计	27 957	5 530	12 374	10 053
#国有及国有控股	1 576	374	581	621
批发业	19 298	4 144	7 968	7 186
#国有及国有控股	941	226	361	354
按登记注册类型分				
内资企业	18 081	3 181	7 802	7 098
国有企业	586	226	212	148
集体企业	183	66	67	50
股份制企业	3 305	580	1 105	1 620
私营企业	13 857	2 269	6 332	5 256
港、澳、台商投资企业	379	265	74	40
外商投资企业	838	698	92	48
按行业分				
农畜产品批发	313	31	205	77
食品、饮料及烟草制品批发	1 043	260	371	412
纺织、服装及日用品批发	3 202	530	1 058	1 614
文化、体育用品及器材批发	391	106	100	185
医药及医疗器材批发	508	154	146	208
矿产品、建材及化工产品批发	9 339	1 697	4 376	3 266
机械设备、五金交电及电子产品批发	3 206	1 035	1 062	1 109
贸易经纪与代理	272	130	112	30
其他批发	1 024	201	538	285
零售业	8 659	1 386	4 406	2 867
#国有及国有控股	635	148	220	267
按登记注册类型分				
内资企业	8 281	1 231	4 282	2 768
国有企业	353	148	122	83
集体企业	256	65	126	65
股份制企业	2 268	426	959	883
私营企业	5 263	548	3005	1 710
港、澳、台商投资企业	178	80	57	41
外商投资企业	200	75	67	58
按行业分				
综合零售	1 380	235	746	399
食品、饮料及烟草制品专门零售	480	88	317	75
纺织、服装及日用品专门零售	449	132	214	103
文化、体育用品及器材专门零售	518	98	268	152
医药及医疗器材专门零售	502	78	258	166
汽车、摩托车、燃料及零配件专门零售	3 567	519	1 623	1 425
家用电器及电子产品专门零售	1 075	90	593	392
五金、家具及室内装修材料专门零售	349	72	228	49
无店铺及其他零售	339	74	159	106

表5-45 长三角地区限额以上批发和零售业产业活动单位(2010年)

单位:个

项目	长三角	上海市	江苏省	浙江省
总计		16 954	23 358	
#国有及国有控股		1 805	3 936	
批发业		6 093	11 531	
#国有及国有控股		459	2 751	
按登记注册类型分				
内资企业		4 853	11 275	
国有企业		459	319	
集体企业		96	200	
股份制企业		1 774	3 747	
私营企业		2 476	6 913	
港、澳、台商投资企业		379	122	
外商投资企业		861	134	
按行业分				
农畜产品批发		60	277	
食品、饮料及烟草制品批发		829	572	
纺织、服装及日用品批发		702	1 139	
文化、体育用品及器材批发		129	129	
医药及医疗器材批发		178	277	
矿产品、建材及化工产品批发		2 595	7 123	
机械设备、五金交电及电子产品批发		1 226	1 206	
贸易经纪与代理		139	112	
其他批发		235	696	
零售业		10 861	11 827	
#国有及国有控股		1 346	1 185	
按登记注册类型分				
内资企业		9 330	10 555	
国有企业		1 346	431	
集体企业		266	235	
股份制企业		6 168	4 610	
私营企业		1 427	5 079	
港、澳、台商投资企业		396	269	
外商投资企业		1 135	1 003	
按行业分				
综合零售		5 902	3 190	
食品、饮料及烟草制品专门零售		996	1 808	
纺织、服装及日用品专门零售		717	321	
文化、体育用品及器材专门零售		311	694	
医药及医疗器材专门零售		1 337	2 188	
汽车、摩托车、燃料及零配件专门零售		897	2 014	
家用电器及电子产品专门零售		393	1 084	
五金、家具及室内装修材料专门零售		140	254	
无店铺及其他零售		168	274	

表5-46　长三角地区限额以上批发和零售业从业人员(2010年)

单位:人

项　目	长三角	上海市	江苏省	浙江省
总　计	1 797 161	536 466	743 968	516 727
#国有及国有控股	212 816	31 009	117 954	63 853
批发业	820 151	261 171	310 026	248 954
#国有及国有控股	136 306	16 555	79 300	40 451
按登记注册类型分				
内资企业	676 911	153 370	280 829	242 712
国有企业	69 035	16 555	32 671	19 809
集体企业	9 312	4 834	3 042	1 436
股份制企业	271 702	58 548	110 322	102 832
私营企业	318 115	69 896	130 402	117 817
港、澳、台商投资企业	46 918	31 083	12 080	3 755
外商投资企业	96 322	76 718	17 117	2 487
按行业分				
农畜产品批发	13 501	1 583	9 117	2 801
食品、饮料及烟草制品批发	125 873	32 852	43 033	49 988
纺织、服装及日用品批发	167 755	61 371	48 490	57 894
文化、体育用品及器材批发	22 107	7 132	8 612	6 363
医药及医疗器材批发	65 707	20 886	26 399	18 422
矿产品、建材及化工产品批发	224 693	53 069	107 414	64 210
机械设备、五金交电及电子产品批发	157 975	65 321	50 003	42 651
贸易经纪与代理	10 491	7 525	2 422	544
其他批发	32 049	11 432	14 536	6 081
零售业	977 010	275 295	433 942	267 773
#国有及国有控股	76 510	14 454	38 654	23 402
按登记注册类型分				
内资企业	766 002	206 583	319 218	240 201
国有企业	38 322	14 454	17 903	5 965
集体企业	13 721	3 176	6 832	3 713
股份制企业	392 732	136 786	133 090	122 856
私营企业	312 975	49 824	156 412	106 739
港、澳、台商投资企业	83 869	19 208	54 637	10 024
外商投资企业	127 139	49 504	60 087	17 548
按行业分				
综合零售	500 725	151 281	230 206	119 238
食品、饮料及烟草制品专门零售	36 182	9 231	18 906	8 045
纺织、服装及日用品专门零售	53 909	28 347	12 357	13 205
文化、体育用品及器材专门零售	36 970	11 668	15 862	9 440
医药及医疗器材专门零售	60 257	14 342	27 128	18 787
汽车、摩托车、燃料及零配件专门零售	166 632	28 847	67 687	70 098
家用电器及电子产品专门零售	88 130	18 150	45 901	24 079
五金、家具及室内装修材料专门零售	16 430	7 415	7 551	1 464
无店铺及其他零售	17 775	6 014	8 344	3 417

表 5－47　长三角地区对外经济主要指标(2010 年)

指　标	长三角	上海市	江苏省	浙江省
进出口总额(亿美元)	10 881.95	3 688.69	4 657.93	2 535.33
进口总额	4 563.95	1 880.85	1 952.42	730.68
初级产品			279.60	191.81
工业制成品			1 672.83	538.87
出口总额	6 317.99	1 807.84	2 705.50	1 804.65
初级产品			43.74	63.36
工业制成品			2661.76	1 741.29
合同外商直接投资项目(个)	10 511	3 906	4 661	1 944
合同外商直接投资	921.87	153.07	568.33	200.47
实际外商直接投资	506.21	111.21	284.98	110.02
接待海外旅游者(万人次)	2 189.38	851.12	653.55	684.71
外国人	1 586.54	665.63	473.50	447.41
港澳同胞	250.14	77.47	64.13	108.54
台湾同胞	352.71	108.02	115.92	128.77
旅游外汇收入(万美元)	1 511 820	640 500	478 300	393 020

表 5－48　长三角地区合同外商直接投资项目(2010 年)

单位:个

指　标	长三角	上海市	江苏省	浙江省
合　计	10 511	3 906	4 661	1 944
合资经营企业	1 913	445	934	534
合作经营企业	49	14	26	9
独资经营企业	8 535	3 443	3 696	1 396

表 5－49　长三角地区合同外商直接投资金额(2010 年)

单位:万美元

指　标	长三角	上海市	江苏省	浙江省
合　计	9 218 687	1 530 700	5 683 321	2 004 666
合资经营企业	1 416 515	215 400	801 993	399 122
合作经营企业	86 757	11 100	6 5786	9 871
独资经营企业	7 632 384	1 281 700	4 764 618	1 586 066

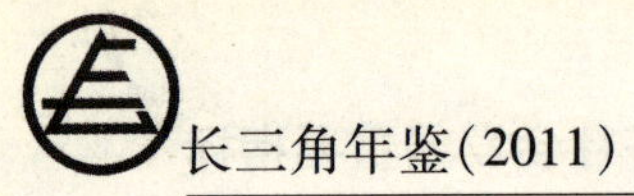

表5－50　长三角地区实际外商直接投资金额(2010年)

单位:万美元

指　标	长三角	上海市	江苏省	浙江省
合　计	5 062 052	1 112 100	2 849 777	1 100 175
合资经营企业	949 679	178 400	474 350	296 929
合作经营企业	48 313	16 900	24 697	6 716
独资经营企业	3 976 263	907 100	2 283 780	785 383

表5－51　长三角地区接待海外旅游者人数和收入(2010年)

项　目	长三角	上海市	江苏省	浙江省
接待人数(人次)	21 893 800	8 511 200	6 535 498	6 847 102
外国人	15 865 350	6 656 300	4 734 996	4 474 054
日本	3 362 761	1 524 700	1 129 775	708 286
新加坡	613 873	235 000	218 380	160 493
美国	1 694 247	807 900	548 192	338 155
加拿大	483 569	209 700	171 362	102 507
英国	498 581	209 400	182 089	107 092
法国	491 203	248 600	122 234	120 369
德国	676 037	295 200	244 057	136 780
意大利	312 765	114 900	73 654	124 211
澳大利亚	465 353	213 300	158 935	93 118
港澳同胞	250 1301	774 700	641 239	1 085 362
台湾同胞	3 527 149	1 080 200	1 159 263	1 287 686
旅游外汇收入(万美元)	1 511 820	640 500	478 343	39 3020

表5－52　长三角地区国内旅游者人数

单位:万人次

年　份	长三角	上海市	江苏省	浙江省
2003	27 455.82	7 603.00	11 423.82	8 429.00
2004	33 766.80	8 505.00	14 661.80	10 600.00
2005	39 004.26	9 012.00	17 234.26	12 758.00
2006	45 768.89	9684.00	19 935.79	16 149.10
2007	52 508.60	10 210.00	23 198.60	19 100.00
2008	58 027.62	11 006.00	26 121.62	20 900.00
2009	66 497.60	12 361.00	29 726.60	24 410.00
2010	86 481.60	21 463.00	35 518.60	29 500.00

表 5-53　长三角地区保险业务主要指标(2010 年)

单位:亿元

指　标	长三角	上海市	江苏省	浙江省
保费收入	2 046.53	883.86	1 162.67	834.40
财产险			311.91	325.67
#机动车辆保险			236.92	196.29
人身意外伤害险			25.96	16.74
健康险			44.39	29.07
寿险			780.41	352.31
各项赔款和给付	666.39	194.54	251.78	220.07
财产险	347.38	84.26	134.41	128.71
#机动车辆保险			109.88	104.83
人身意外伤害险	120.96	110.28	7.01	3.67
健康险			17.99	12.30
寿险			92.38	75.39

第二章　长三角地区重要社会发展指标

表 5－54　长三角地区总人口基本情况

单位:万人

年份	长三角	上海市	江苏省	浙江省
1975	10 327.31	1 076.72	5 636.12	3 614.47
1976	10 444.88	1 081.30	5 700.76	3 662.82
1977	10 558.85	1 086.47	5 765.28	3 707.10
1978	10 683.57	1 098.28	5 834.33	3 750.96
1979	10 817.02	1 132.14	5 892.55	3 792.33
1980	10 911.29	1 146.52	5 938.19	3 826.58
1981	11 044.59	1 162.84	6 010.24	3 871.51
1982	11 193.77	1 180.51	6 088.94	3 924.32
1983	11 292.10	1 194.01	6 134.99	3 963.10
1984	11 369.30	1 204.78	6 171.43	3 993.09
1985	11 459.73	1 216.69	6 213.48	4 029.56
1986	11 572.30	1 232.33	6 269.90	4 070.07
1987	1 1718.70	1 249.51	6 348.00	4 121.19
1988	11 870.54	1 262.42	6 438.27	4 169.85
1989	12 021.18	1 276.45	6 535.85	4 208.88
1990	12 285.16	1 283.35	6 766.90	4 234.91
1991	12 392.27	1 287.20	6 843.70	4 261.37
1992	12 486.48	1 289.37	6 911.20	4 285.91
1993	12 575.31	1 294.74	6 967.27	4 313.30
1994	12 660.55	1 298.81	7 020.54	4 341.20
1995	12 737.02	1 301.37	7 066.02	4 369.63
1996	12 814.68	1 304.43	7 110.16	4 400.09
1997	12 875.60	1 305.46	7 147.86	4 422.28
1998	12 935.90	1 306.58	7 182.46	4 446.86
1999	12 993.71	1 313.12	7 213.13	4 467.46
2000	13 150.09	1 321.63	7 327.24	4 501.22
2001	13 201.90	1 327.14	7 354.92	4 519.84
2002	13 251.18	1 334.23	7 380.97	4 535.98
2003	13 299.17	1 341.77	7 405.82	4 551.58
2004	13 362.11	1 352.39	7 432.50	4 577.22
2005	13 436.87	1 360.26	7 474.50	4 602.11
2006	13 547.01	1 368.08	7 549.50	4 629.43
2007	13 662.70	1 378.86	7 624.50	4 659.34
2008	14 252.81	1 888.46	7 676.50	4 687.85
2009	14 362.00	1 921.32	7 724.50	4 716.18
2010	14 919.95	2 302.66	7 869.34	4 747.95

表 5－55　长三角地区劳动就业基本情况(2010 年)

指　标	长三角	上海市	江苏省	浙江省
从业人员合计(万人)	9 039.19	648.49	4 754.68	3 636.02
第一产业	1 679.25	37.09	1 060.29	581.87
第二产业	4 251.07	443.74	1 996.97	1 810.36
第三产业	3 551.14	609.93	1 697.42	1 243.79
年末城镇登记失业人数(万人)	99.51	27.73	40.65	31.13
年末城镇登记失业率(%)		4.20	3.16	3.20

表 5－56　长三角地区从业人员基本情况

单位:万人

年份	长三角	上海市	江苏省	浙江省
2000	7 889.47	745.24	4 418.14	2 726.09
2004	8 311.34	836.87	4 482.52	2 991.95
2005	8 474.20	863.32	4 510.12	3 100.76
2006	8 622.65	885.51	4 564.76	3 172.38
2007	8 932.23	909.08	4 618.14	3 405.01
2008	9 188.66	1 053.24	4 648.89	3 486.53
2009	9 331.04	1 064.42	4 674.64	3 591.98
2010	9 039.19	648.49	4 754.68	3 636.02

表 5－57　长三角地区年末尚有失业人员

单位:万人

年份	长三角	上海市	江苏省	浙江省
1980	35.04	14.75	20.29	10.23
1985	8.35	1.20	7.15	3.45
1990	30.22	7.70	22.52	11.24
1995	34.49	14.36	20.13	17.72
1996	36.88	14.54	22.34	16.22
1997	38.70	14.90	23.80	18.75
1998	40.22	15.96	24.26	19.96
1999	44.04	17.47	26.57	21.17
2000	50.44	20.08	30.36	21.82
2001	61.86	25.72	36.14	23.99
2002	98.68	28.78	42.17	27.73
2003	100.22	30.11	41.84	28.27
2004	100.47	27.43	42.90	30.14
2005	98.10	27.50	41.63	28.97
2006	97.32	27.82	40.40	29.10
2007	94.64	26.78	39.26	28.60
2008	98.77	26.60	41.09	31.08
2009	99.29	27.87	40.74	30.68
2010	99.51	27.73	40.65	31.13

表 5-58　长三角地区人民生活水平情况(2010 年)

指　　标	上海市	江苏省	浙江省
就业			
城镇居民家庭每户就业人口(人)	1.60	1.41	1.37
每一城镇就业者负担人数(人)	1.81	1.98	1.95
城镇登记失业率(%)	4.20	3.16	3.20
收入与支出			
城镇居民人均可支配收入(元)	31 838	22 944	27 359
城镇居民生活消费支出(元)	23 200	14 357	17 858
农村居民人均纯收入(元)	13 746	9 118	11 303
农村居民生活消费支出(元)	10 225	6 543	8 390
职工年平均工资(元)	48 867	40 505	30 650
人均储蓄存款余额(元)	70 918	29 652	37 845
生活质量			
居民家庭恩格尔系数(%)			
城镇居民	33.50	36.50	34.30
人均住房面积(平方米)			
农村人均住房面积	59.68	46.33	58.53
城市公用事业			
用水普及率(%)	99.99	99.60	99.79
人均公共绿地面积(平方米)	13.00	13.30	11.05
文化、教育和卫生			
文化			
城镇每百户拥有彩色电视机(台)	188.00	170.70	186.00
农村每百户拥有电视机(台)	198.00	142.10	161.00
每百户家用电脑拥有量(台)			
城市	129.00	81.36	89.84
居民家庭文教娱乐支出比重(%)			
城市	14.50	14.86	14.48
教育			
每万人口在校学生数(人)			
大学生数	224.00	209.60	171.28
中学生数	258.00	588.10	599.77
小学生数	305.00	506.80	612.00
平均每一教师负担学生(人)			
大学	13.00	17.40	18.29
中学	13.00	14.30	14.96
小学	16.00	16.00	19.39
卫生			
每万人拥有医生数(人)	22.00	16.40	21.00
居民家庭医疗保健支出比重(%)			
城市	4.30	5.61	5.79

表 5－59　长三角地区农村居民家庭人均纯收入基本情况

单位:元

年份	上海市	江苏省	浙江省
1990	1 665	884	1 099
1991	2 003	921	1 211
1992	2 226	1 061	1 359
1993	2 727	1 267	1 746
1994	3 437	1 832	2 225
1995	4 246	2 457	2 966
1996	4 846	3 029	3 463
1997	5 277	3 270	3 684
1998	5 407	3 377	3 815
1999	5 481	3 495	3 948
2000	5 565	3 595	4 254
2001	5 850	3 785	4 582
2002	6 212	3 996	4 940
2003	6 658	4 239	5 431
2004	7 337	4 754	6 096
2005	8 342	5 276	6 660
2006	9 213	5 813	7 335
2007	10 222	6 561	8 265
2008	11 385	7 357	9 258
2009	12 324	8 004	10 007
2010	13 746	9 118	11 303

表5－60　长三角地区城镇居民家庭人均可支配收入基本情况

单位:元

年份	上海市	江苏省	浙江省
1990	2 183	1 464	1 932
1991	2 486	1 623	2 143
1992	3 009	2 138	2 619
1993	4 277	2 774	3 626
1994	5 868	3 779	5 066
1995	7 172	4 634	6 221
1996	8 159	5 186	6 956
1997	8 439	5 765	7 359
1998	8 773	6 018	7 837
1999	10 932	6 538	8 428
2000	11 718	6 800	9 279
2001	12 883	7 375	10 465
2002	13 250	8 178	11 716
2003	14 867	9 263	13 180
2004	16 683	10 482	14 546
2005	18 645	12 319	16 294
2006	20 668	14 084	18 265
2007	23 623	16 378	20 574
2008	26 675	18 680	22 727
2009	28 838	20 552	24 611
2010	31 838	22 944	27 359

表5－61　长三角地区城镇居民家庭恩格尔系数

单位:%

年份	上海市	江苏省	浙江省
1981	56.80	55.90	55.60
1982	58.80	58.20	57.30
1983	58.60	58.60	59.50
1984	56.50	56.30	51.30
1985	52.10	52.50	51.30
1986	52.70	51.20	50.80
1987	54.50	52.00	51.80
1988	52.60	50.80	51.00
1989	55.80	53.90	54.70
1990	56.50	55.50	55.10
1991	56.90	55.70	55.00
1992	55.90	53.90	51.60
1993	53.10	49.40	49.40
1994	53.50	50.10	47.40
1995	53.40	51.90	47.00
1996	50.70	51.00	46.90
1997	51.70	47.70	43.90
1998	50.60	45.10	42.50
1999	45.20	44.10	40.30
2000	44.50	41.10	39.20
2001	43.40	39.70	36.30
2002	39.40	40.40	37.90
2003	37.20	38.30	36.60
2004	36.40	40.00	36.20
2005	35.90	37.20	33.80
2006	35.60	36.00	32.90
2007	35.50	36.70	34.70
2008	36.60	37.90	36.40
2009	35.00	36.30	33.60
2010	33.50	36.50	34.30

表5－62　长三角地区城镇居民家庭基本情况(2010年)

指　标	上海市	江苏省	浙江省
基本情况			
调查户数(户)	1 000	5 100	4 450
平均每户家庭人口(人)	2.90	2.79	2.68
平均每户就业人口(人)	1.60	1.41	1.37
平均每一就业人口负担人数(人)	1.81	1.98	1.95
平均每户就业面(%)	55.20	50.54	51.12
人均家庭总收入(元)			
人均可支配收入(元)	31 838.00	22 944.00	27 359.00
人均家庭总支出(元)	40 833.00	20 139.25	25 853.00
人均消费性支出(元)	23 200.00	14357.00	17 858.00
#食品	7 777.00	5 243.14	6 118.00
衣着	1 794.00	1 465.54	1 802.00
家庭设备用品及服务	1 800.00	1 026.32	916.00
医疗保健	1 006.00	805.73	1 034.00
交通通讯	4 076.00	1 935.07	3 437.00
娱乐教育文化服务	3 363.00	2 133.25	2 586.00
居住	2 166.00	1 234.05	1 418.00
借贷支出	8 729.00	9 922.61	16 983.00

表5－63　长三角地区农村居民家庭基本情况(2010年)

指　标	上海市	江苏省	浙江省
调查户数(户)	600	3 400	4 700
调查户人口(人)			
平均每户常住人口	3.11	3.68	3.48
平均每户整、半劳动力	2.11	2.66	2.58
平均每人全年收入(元)			
总收入	15 346.00	11 138.50	14 545.00
纯收入	13 746.00	9 118.20	11 303.00
按人均纯收入水平分组的户数			
占调查总户数的比重(%)			
2 000元以下		4.00	
2 000~3 000元		4.50	
3 000~4 000元		8.10	
4 000~5 000元		8.70	
5 000元以上		74.70	
总支出(元)	11 988.00	9 163.60	1 2361.00
#家庭经营性费用支出		1 604.70	2 678.00
购置生产性固定资产支出		164.10	223.00
生活消费支出	10 225.00	6 542.90	8 390.00

表5-64　长三角地区社会消费品零售总额

单位:亿元

年　份	长三角	上海	江苏	浙江
1978	185.75	54.10	84.79	46.86
1979	226.41	68.28	99.16	58.97
1980	277.86	80.43	122.56	74.87
1981	309.51	88.73	134.79	85.99
1982	333.58	89.80	150.01	93.77
1983	374.04	100.68	169.12	104.24
1984	454.59	123.72	205.05	125.82
1985	608.23	173.39	262.57	172.27
1986	704.91	196.84	304.58	203.49
1987	828.57	225.25	360.74	242.58
1988	1 093.54	295.83	471.83	325.88
1989	1 186.95	331.38	509.56	346.01
1990	1 203.04	333.86	515.43	353.75
1991	1 364.18	382.06	578.12	404.00
1992	1 663.21	464.82	704.52	493.87
1993	2 415.80	675.92	967.77	772.11
1994	3 327.55	834.76	1 359.61	1 133.18
1995	4 265.54	1 050.96	1 741.92	1 472.66
1996	5 115.11	1 258.00	2 080.44	1 776.67
1997	5 687.95	1 435.38	2 300.61	1 951.96
1998	6 113.89	1 539.27	2 453.84	2 120.78
1999	6 677.75	1 722.33	2 649.56	2 305.86
2000	7 327.33	1 865.28	2 908.46	2 553.59
2001	8 089.31	2 016.37	3 233.35	2 839.59
2002	9 026.61	2 203.89	3 656.57	3166.15
2003	10 110.21	2 404.45	4 194.5	3 511.26
2004	11 604.59	2 656.91	4 892.18	4 055.50
2005	13 304.55	2 972.97	5 699.89	4 631.69
2006	15 308.94	3 360.41	6 623.18	5 325.35
2007	17 899.91	3 847.79	7 838.08	6 214.04
2008	21 640.29	4 537.14	9 661.40	7 441.75
2009	25 279.60	5 173.24	11 484.10	8 622.26
2010	29 840.50	6 070.50	13 606.80	10 163.20

表5－65　长三角地区批发和零售总额

单位:亿元

年　份	长三角	上海市	江苏省	浙江省
1978	170.30	47.55	79.18	43.57
1979	205.69	59.02	91.61	55.06
1980	254.25	70.28	114.35	69.62
1981	282.67	77.53	125.16	79.98
1982	302.96	77.31	138.87	86.78
1983	338.14	84.93	156.28	96.93
1984	408.44	103.27	188.80	116.37
1985	548.16	150.03	240.69	157.44
1990	1 059.84	265.67	472.72	321.45
1991	1 196.85	300.26	529.94	366.65
1992	1 449.28	362.03	644.61	442.64
1993	2 170.61	559.56	888.24	722.81
1994	2 936.29	684.81	1 238.30	1 013.18
1995	3 797.03	864.01	1 573.01	1 360.01
1996	4 545.19	1 032.78	1 901.47	1 610.94
1997	5 016.52	1 173.94	2 082.71	1 759.87
1998	5 403.57	1 298.40	2 208.24	1 896.93
1999	5 800.10	1 391.08	2 367.59	2 041.43
2000	6 311.33	1 493.13	2 583.19	2 235.01
2001	6 943.06	1 619.13	2 845.89	2 478.04
2002	7 672.10	1 756.77	3 179.23	2 736.10
2003	8 532.79	1 920.20	3 613.67	2 998.92
2004	9 800.65	2 108.59	4 166.92	3 525.14
2005	11 377.47	2 340.57	5 016.09	4 020.81
2006	13 170.16	2 695.62	5 815.78	4 658.76
2007	15 371.73	3 058.25	6 875.66	5 437.82
2008	18 487.00	3 605.32	8 360.18	6 521.50
2009	22 557.29	4 575.50	1 0312.81	7 668.98
2010	26 704.13	5 391.59	12 207.18	9 105.36

表 5 – 66　长三角地区餐饮业总额

单位:亿元

年　份	长三角	上海市	江苏省	浙江省
1978	7.47	2.39	3.24	1.84
1979	9.00	2.82	3.90	2.28
1980	10.99	3.41	4.72	2.86
1981	12.06	3.68	5.17	3.21
1982	12.70	3.76	5.49	3.45
1983	14.27	4.26	6.14	3.87
1984	17.49	4.90	7.61	4.98
1985	24.59	7.58	10.45	6.56
1990	57.15	17.08	24.17	15.90
1991	67.84	20.91	27.86	19.07
1992	84.60	25.92	33.64	25.04
1993	120.30	35.47	44.74	40.09
1994	169.42	42.74	71.44	55.24
1995	233.74	52.61	95.21	85.92
1996	329.16	78.50	135.64	115.02
1997	391.29	93.49	167.92	129.88
1998	398.43	56.58	192.52	149.33
1999	530.82	114.93	227.58	188.31
2000	641.38	134.12	269.59	237.67
2001	753.56	148.88	326.71	277.97
2002	944.85	193.68	410.83	340.34
2003	1 135.91	225.83	510.94	399.14
2004	1 385.68	279.44	653.46	452.78
2005	1 466.60	350.32	583.09	533.19
2006	1 740.84	452.16	678.83	609.85
2007	2 084.40	556.48	810.56	717.36
2008	2 621.95	669.54	1 083.01	869.40
2009	2 456.13	597.74	957.23	901.16
2010	2 884.74	678.91	1 147.99	1 057.84

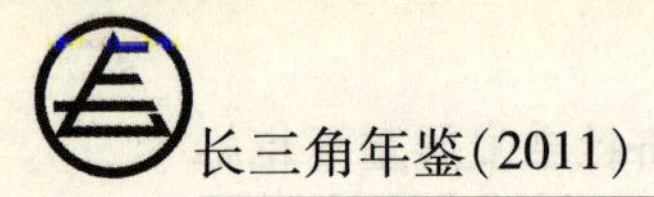

表5－67　长三角地区科研机构数(2010年)

单位:个

指　标	长三角	上海市	江苏省	浙江省
科技机构数			6 798	
#科研单位	343	113	135	95
大中型工业企业	6 105	638	2 734	2 733
高等院校	1 264	214	579	471

表5－68　长三角地区三种专利申请受理量(2010年)

单位:件

项　目	长三角	上海市	江苏省	浙江省
申请受理量合计	427 851	71 196	235 873	120 782
#发　明	94 487	26 165	50 298	18 024
实用新型	124 873	23 188	51 436	50 249
外观设计	208 491	21 843	134 139	52 509

表5－69　长三角地区三种专利授权量(2010年)

单位:件

项　目	长三角	上海市	江苏省	浙江省
授权量合计	253 025	48 215	138 382	114 643
#发　明	13 619	6 867	7 210	6 409
实用新型	88 776	21 821	41 161	47 615
外观设计	150 627	19 527	90 011	60 616

表 5 – 70 长三角地区教育事业基本情况(2010 年)

指 标	长三角	上海市	江苏省	浙江省
学校数(所)				
普通高等学校	270	66	124	80
普通中学	5 845	755	2 776	2 314
小学	9 264	766	4 498	4 000
特殊教育	208	29	112	67
专任教师(万人)				
普通高等学校	19.22	3.92	10.20	5.10
普通中学	51.82	5.07	28.46	18.29
小学	46.67	4.52	24.96	17.19
特殊教育	0.57	0.11	0.30	0.16
招生数(万人)				
普通高等教育	89.65	14.46	47.52	27.67
研究生	9.57	3.66	4.25	1.66
本专科生	83.74	14.46	43.27	26.01
普通中学	214.7	16.33	115.07	83.30
小学	148.39	15.05	73.13	60.21
特殊教育	0.75	0.08	0.48	0.19
在校学生(万人)				
普通高等教育	322.35	51.57	177.49	93.29
研究生	27.92	10.57	12.55	4.80
本专科生	305	51.57	164.94	88.49
普通中学	683.2	59.44	368.61	255.15
小学	802.27	70.16	398.78	333.33
特殊教育	4.77	0.50	2.97	1.30
毕业生数(万人)				
普通高等教育	88.74	13.37	50.88	24.49
研究生	6.79	2.68	2.99	1.12
本专科生	84.63	13.37	47.89	23.37
普通中学	242.14	16.13	140.04	85.97
小学	137.15	12.44	70.58	54.13
特殊教育	0.78	0.09	0.52	0.17

表 5－71　长三角地区文化艺术和文物事业机构情况(2010 年)

单位:个

项　目	长三角	上海市	江苏省	浙江省
总　计	40 217	19 904	18 079	2 234
艺术业	622	194	289	139
#艺术表演团体	283	89	124	70
图书馆业	236	28	111	97
群众文化服务业	3 294	240	1 442	1 612
群众艺术馆、文化馆	246	27	118	101
文化站	3 061	213	1 324	1 524
艺术教育业	23	1	17	5
文艺科研	19	2	10	7
文物业	621	115	295	211
博物馆	427	114	213	100

表 5－72　长三角地区卫生事业机构数(2010 年)

单位:个

项　目	长三角	上海市	江苏省	浙江省
总　计	50 529	3 270	30 961	16 298
医院	2 150	306	1 157	687
综合医院	1 293	185	754	354
中医院	212	17	86	109
中西结合医院	30	5	12	13
专科医院	579	85	286	208
疗养院		2	16	－－－
社区卫生服务中心	9 216	931	2 180	6 105
卫生院	4 289	1 463	1 276	1 550
门诊部	1 676	429	535	712
专科疾病防治院(所、站)	90	19	46	25
疾病预防控制中心(防疫站)	252	21	130	101
卫生监督所	229	20	109	100
医学科学研究机构	26	9	9	8

第六篇

重要文献

第一章　上海市政府相关文件

上海市关于进一步促进中介服务业发展的若干意见

为推进上海市现代服务业发展，加快形成服务经济为主的产业结构，促进上海市经济社会又好又快发展，加快建设“四个中心”，努力实现“四个率先”，现就进一步促进上海市中介服务业发展提出以下若干意见：

一、充分认识发展中介服务业的重要意义

（一）中介服务业是服务经济的重要组成部分。中介服务业是指介于各类市场主体之间，提供居中专门服务，发挥鉴证、经纪、咨询、代理、监督、公证等功能的行业总称。上海市中介服务业发展起步较早、发展较快，现有64个门类（江苏附表），从业人员近50万，已成为支撑和服务上海“四个中心”建设的重要产业。但上海市中介服务业发展与国内部分大城市相比，在企业活力、体制创新和政策环境等方面尚有一定的差距；与国际现代化大都市相比，在规模总量、服务水平和核心竞争力等方面差距更为明显。

（二）加快发展中介服务业具有重要的意义和作用。中介服务业具有涉及领域广、智力密集程度高、经济拉动力强等特点。面对当前上海市调结构、促转型的艰巨任务，加快发展中介服务业，有利于加快形成以服务经济为主的产业结构，促进三、二、一产业融合发展和产业结构升级优化；有利于增加交易机会、降低交易成本、提高资源配置效率，促进经济发展方式转变；有利于进一步转变政府职能，推动政府管理创新；有利于增加就业岗位，集聚高端人才，加快人才高地建设；有利于发挥上海城市的综合功能和比较优势，进一步提升城市国际竞争力，更好地服务长三角，服务长江流域，服务全国。

二、明确中介服务业发展的指导思想和总体目标

（一）指导思想。坚持以邓小平理论和“三个代表”重要思想为指导，深入贯彻落实科学发展观，按照加快建设“四个中心”的战略目标和加快转变经济发展方式的总体要求，把促进中介服务业发展作为一项重要战略举措，进一步完善社会主义市场经济体系，加快形成以服务经济为主的产业结构。要打破行业垄断，优化资源配置，创新体制机制，改善发展环境，以培育中介服务机构社会公信力为核心，将坚持市场化取向与加强政策引导和依法监管结合起来，将扩大对内对外开放与维护公平竞争结合起来，将鼓励中介服务业全面发展与做大做强重点领域结合起来，将转变政府职能与拓展中介服务业发展空间结合起来，促进上海市中介服务业持续快速健康发展。

（二）总体目标。力争用5年左右的时间，建立和培育一批知名度高、公信力强、具有较强竞争力的中介服务品牌机构，逐步形成充满活力、公平竞争、运作规范、辐射力强的中介服务市场体系，基本确立与上海“四个中心”建设进程相适应的中介服务业发展格局。到2015年，上海市中介服务业门类拓展到70个以上，从业人员增加到65万人以上，重点领域相关行业的增加值或营业收入保持每年20%左右的增长速度，中介服务业发展的总体水平在全国继续保持领先地位，国际竞争力进一步提高。

三、大力推进重点领域中介服务业发展

咨询服务,主要包括规划咨询、科技咨询、认证咨询、工程咨询、投资咨询、经济咨询、管理咨询和决策咨询等。要建立完善有利于各类咨询机构健康发展的组织制度、运行机制,营造良好的政策法规环境,造就一支具有较高专业素质的咨询服务队伍,促进各类咨询机构向"专精特优"方向发展,不断提高经营服务水平,逐步形成专业化、社会化、网络化的咨询服务体系。(牵头部门:市发展改革委、市建设交通委、市科委、市质量技监局)

信用服务,主要包括信用评级、个人征信、企业征信和信用管理等。要加快发展信用服务行业,力争到2015年,上海市个人信用联合征信系统入库人数达1300万人,做大做强5~8家信用服务机构,形成全国性的征信服务中心,率先建立与经济社会发展水平相适应、与国际通行规则接轨的社会信用服务体系基本框架和运行机制。(牵头部门:市经济信息化委、市金融办)

融资担保,主要包括各类融资担保服务等。引导融资担保机构探索建立符合市场规律和国家产业政策的运行模式,要继续加大政策性担保资金投入力度,推进和完善再担保机构,完善风险分担机制,创新商业银行与担保机构业务合作模式,探索建立网络联保融资机制,形成以中小企业为主要服务对象的融资担保体系。(牵头部门:市金融办、市经济信息化委)

会计税务服务,主要包括会计、审计、税务代理、资产评估等。要大力改善会计税务服务行业的执业环境,加强执业诚信建设,完善内部治理机制,构筑人才高地,鼓励兼并重组,提升社会公信力,逐步建立与现代企业管理和国际化战略相适应、能够满足国内外不同服务对象、不同市场需求的会计税务服务体系。(牵头部门:市财政局、市地税局)

法律和仲裁服务,主要包括律师、公证、仲裁等。鼓励和支持律师事务所开拓金融投资、海商海事、企业改制重组等法律服务领域,参与调解化解社会矛盾。要加快建设一批多专业协同、多层次分工、具有一定规模和较高知名度、能够从事国际商事法律服务的律师事务所。完善公证工作与司法审判、公共服务、社会管理等相衔接的法制建设,努力培养和引进一批既懂法律又熟悉金融、航运、经贸相关知识的公证人才,不断增强公证公信力。大力提高仲裁机构的专业化水平、国际化程度和化解纠纷能力,组建上海金融仲裁院等有较大影响的专业仲裁机构。(牵头部门:市司法局)

贸易和运输相关服务,主要包括贸易代理、货物运输代理、船舶代理、报关报检代理、航运经纪、航运保险中介、航运信息咨询等。要鼓励运输代理服务企业建立健全国内外服务网络,加快发展航运经纪、航运保险中介等业务,形成服务优质、功能完备的现代航运中介服务体系。大力推进贸易便利化,强化上海口岸信息共享协调机制,探索建立上海口岸通关"一单两报"和"单一窗口"等模式。(牵头部门:市建设交通委、市商务委、市交通港口局、市口岸办、上海保监局)

会展服务,主要包括会议、展览服务等。要大力培育具有上海特色的专业会展品牌,全面提高上海市会展的知名度和综合竞争力,逐步实现国际会展由"多头管理"向"一口管理"转变,不断优化会展业发展环境,促进会展业向专业化、市场化、国际化方向发展,将上海打造成为重要的国际会展中心城市之一。(牵头部门:市商务委、市科委)

知识产权服务,主要包括为商标、专利、版权等提供的代理、转让、登记、鉴定和信息等服务。要积极支持和引导知识产权中介服务机构拓展业务范围,培育一批综合性代理服务机构,大力推进知识产权服务向特色化、规模化方向发展。(牵头部门:市知识产权局、市工商局、市版权局)

人力资源服务,主要包括人事代理、人力资源培训、人才测评、人力资源管理咨询、高级人才推荐、人力资源信息服务、人才和劳务派遣等。要保持人力资源服务业快速发展态势,培育扶持若干家在国内外具有较强竞争力的人力资源服务机构,基本形成统一开放、竞争有序的人力资源服务体系。(牵头部门:市人力资源社会保障局)

广告服务,主要包括广告设计、制作、代理、发布等。要坚持市场主导,进一步打破地区、行业、所

有制界限，优化资源配置，推动广告经营企业联合重组和集约化经营，大力推进广告产业集聚区建设，形成产业规模，使上海成为国际重要的广告营运中心城市之一。（牵头部门：市工商局）

四、改善和优化市场发展环境

（一）进一步放宽中介服务业市场准入。鼓励和支持各类资本进入法律、法规和规章未禁入的中介服务行业和领域。鼓励民营资本参与国有中介服务机构的资产重组和股份制改造，大力吸引国内外知名中介服务机构入驻上海。新办中介服务机构登记注册时，在名称核准、集团设立、投资人资格、经营范围、营业场所等方面按照有关规定适当放宽条件。凡不涉及公共安全、环境保护、人身健康、生命财产安全的行业或项目，试行告知承诺制或登记备案制，由注重事前审批转变为加强事后监管。（牵头部门：市工商局）

（二）逐步调整中介服务业的行业管理模式。对符合资质要求的会计审计、资产评估、税务代理等中介服务机构，探索创新行业管理模式，通过产业链整合，发挥综合经营优势，提高市场竞争力。（牵头部门：市财政局、市地税局、市工商局）

（三）推进实施中介服务业品牌战略。积极扶持中介服务机构做优做强，鼓励优势中介服务机构以多种形式实施行业内和跨行业、跨地区、跨所有制的兼并重组，开展连锁经营和网络化经营。加大上海市推进自主品牌建设的政策支持力度，充分发挥上海市加快自主品牌建设专项资金的作用，引导中介服务机构树立品牌意识，争创中国驰名商标、中国名牌和上海著名商标、上海名牌，对获得国家级品牌的中介服务机构实施奖励。加大对中介服务机构注册商标、品牌的保护力度，严厉打击假冒等各类侵权行为。（牵头部门：市商务委、市经济信息化委、市工商局、市质量技监局）

（四）拓宽中介服务机构融资渠道。鼓励银行等金融机构创新金融产品和服务方式，完善贷款抵质押办法，为中介服务机构提供融资便利。推动中介服务机构信用体系和信用担保体系建设，鼓励中介服务机构开展互助性融资担保。鼓励小额贷款公司和担保机构为中介服务机构提供支持，引导各类资本投资中介服务业重点领域。开展中介服务机构改制上市培育工作，支持符合条件的中介服务机构通过创业板市场、中小企业板市场融资。（牵头部门：市金融办、市经济信息化委）

（五）进一步完善中介服务机构的收费政策。除国家有明确规定的以外，对具备市场充分竞争条件的中介服务业收费实行市场调节价。进一步规范中介服务机构收费行为，切实做到明码标价、公开透明、价质相符。（牵头部门：市物价局）

（六）建立健全诚信管理体系。加快个人和企业信用联合征信系统建设，建立完善中介服务机构及其执业人员的信用档案，形成以信用为基础的优胜劣汰竞争机制。大力倡导各类市场主体在开展经营业务时查询中介服务机构及其执业人员的信用报告。各种中介服务机构的信用记录应作为行业评优表彰、著名商标评定、政府采购以及政府实行分类监管的重要依据。（牵头部门：市经济信息化委、市商务委、市金融办、市工商局、市质量技监局、市社团局）

（七）加快各类中介服务专业人才培养。优化人才培养机制，加快培养中介服务业高端复合型人才。鼓励高校和职业院校面向中介服务业发展的需求，加大学科专业调整和课程教学改革的力度。积极支持各类职业培训机构和中介服务机构完善职业教育，加强员工培训。同时，继续做好高端专业人才的引进工作。（牵头部门：市教委、市人力资源社会保障局）

（八）改善中介服务机构商务环境。合理调整、逐步降低电信宽带接入费用，提高带宽质量和电信服务水平。继续实施并完善高速公路弹性收费等政策，逐步降低洋山保税港区、浦东机场综合保税区、外高桥保税区、各出口加工区等特殊监管区域之间以及通往海港、空港的综合交通成本。加强规划引导，鼓励关联度较大的专业中介服务机构特别是有影响的总部机构，向陆家嘴金融贸易区、虹桥商务区、国际航运发展综合试验区等现代服务业重点发展区域集聚，提供更加完善的基础设施和配套服务，发挥集聚效应，创造商业机会，降低商务成本。（牵头部门：市通信管理局、市建设交通委、市物

价局、市商务委)

五、加大财税政策支持力度

(一)加大财政支持力度。充分发挥现有“服务业发展引导资金”和“中小企业发展专项资金”等专项资金的作用,支持其向中介服务业适当倾斜。进一步完善政府购买服务制度,明确政府购买服务范围,规范政府购买服务程序,增强政府购买服务透明度,加大政府购买服务力度,拓展中介服务业的市场需求空间。(牵头部门:市财政局、市发展改革委、市经济信息化委)

(二)实施税费优惠政策。对符合条件的具有鉴证职能的中介服务机构从事代理业务,其取得的全部收入,可按规定扣除支付给协作方的相关费用后计征营业税。对专业从事广告代理、货运代理、保险代理、报关代理的中介服务机构,其取得的收入,可按规定扣除支付给有关单位的费用后计征营业税。对举办或承办会展业务的中介服务机构,其直接向参展商收取的全部价款和价外费用,可按规定扣除支付给第三方的有关费用后计征营业税。对符合条件的中小企业信用担保机构的担保业务收入,可按规定免征 3 年营业税。符合高新技术企业或技术先进型服务企业认定标准并取得相应认定资格的中介服务机构可享受相应税收优惠政策。降低对广告发布业务征收文化教育事业建设费的费率,合理确定征收范围。(牵头部门:市地税局、市财政局)

六、改进政府管理和服务

(一)进一步推进政企分开、政事分开、政社分开。按照政府转变职能的要求,加快事业单位改革,积极稳妥推进政府部门与其下属从事中介服务的单位或社团组织在机构、人员、财务、资产等四个方面彻底分开。坚决纠正和制止政府部门指定或变相指定中介服务机构从事垄断经营,强化市场机制作用,促进中介服务机构独立、客观、公正执业。(牵头部门:市监察局、市发展改革委、市社团局)

(二)引导和促进行业协会充分发挥功能作用。按照自主办会、依法管理的原则,推动行业协会深化改革,进一步发挥行业协会指导、服务、协调、代表、自律等功能,特别是在加强行业自律,形成服务规范,促进公平竞争等方面的作用。支持行业协会加强自身建设,完善内部管理和运作机制,增强其自主办会能力,提高其在行业内外的公信力。支持尚未成立行业协会的中介服务行业依法组建行业协会。(牵头部门:市社团局会同相关管理部门)

(三)加大政府信息公开力度。强化政府门户网站、行业协会网站等公共信息平台功能,充实完善信息服务内容。加快上海市法人信息共享和应用系统建设,大力开发和充分利用信息资源,推进法人登记类、资质类和监管类信息向中介服务机构有序开放,逐步实现信息资源共享。(牵头部门:市政府办公厅、市经济信息化委、市工商局)

(四)加强中介服务业行业统计服务。进一步完善中介服务业统计指标体系和统计调查制度,加强中介服务业发展的信息发布以及预警、预测等工作。(牵头部门:市统计局)

(五)加强中介服务业的法制建设和依法监管。根据国家法律法规和上海市实际需要,研究制定、修改完善上海市有关促进和规范中介服务业发展的地方性法规、规章,引导、促进和保障各类中介服务机构诚信经营、规范服务、公平竞争。依法加强对中介服务业的分类监管,重点加强社会关注度高、与人民群众利益密切相关的房地产经纪、劳务中介等行业的监管,规范其经营和执业行为。综合采取信用记录、警示告诫、公开曝光、经济处罚、行业禁入等措施,严肃查处各类违规违法经营行为,切实维护公平有序的市场竞争环境。(牵头部门:市政府法制办会同相关管理部门)

上海市关于进一步深化股份合作制企业改革的指导意见

为鼓励和引导股份合作制企业进行公司制改制,规范股份合作制企业运行,经与各有关部门研究,现就进一步深化上海市股份合作制企业改革提出如下指导意见:

一、深化改革的指导思想

深入贯彻落实科学发展观,按照建立"归属清晰、权责明确、保护严格、流转顺畅"的现代产权制度的要求,从有利于促进经济结构调整优化、有利于促进社会和谐稳定、有利于增强企业活力出发,以理顺产权关系为重点,以建立现代企业制度为方向,以推进公司制改制为主要形式,进一步深化改革,促进上海市股份合作制企业形成新的经营体制和机制。

二、深化改革的基本原则

(一)企业自愿、政府引导。企业在自愿的基础上开展深化改革,可结合自身实际,自主选择改革形式。政府积极引导并为企业深化改革创造良好的外部环境。

(二)尊重历史,面对现实。企业深化改革,既要尊重当初改制时的历史,又要充分考虑到自身和现实环境的变化,妥善解决历史遗留问题。

(三)统筹兼顾,协商解决。统筹考虑各方利益,尤其是要切实维护职工的合法权益。对企业内部存在争议的资产归属,可由利益各方协商解决。正确处理好改革、发展、稳定的关系。

(四)公开、公平、公正。深化改革要依法依规,严格履行必备程序和手续,切实保障相关利益方的知情权、参与权,操作过程要公开透明。

三、深化改革的主要形式

股份合作制企业可根据自身情况,自主选择改革形式。有条件的企业要积极选择公司制。具体形式如下:

(一)进行公司制改制。对选择深化改制的企业,要按照公司法的要求,改制为有限责任公司或股份有限公司。今后将不再设立新的股份合作制企业。

(二)维持并进一步完善股份合作制。对选择继续维持股份合作制的企业,要按照市场经济要求和合作制的原则,完善企业章程、法人治理结构,加强内部规范,实现科学管理。

(三)依法平稳退出市场。对选择退市的企业,要按照有关规定和程序,依法妥善解决职工、股东的利益,办理注销登记后平稳退市。

四、深化改革的主要内容

(一)鼓励进行公司制改制

1. **理顺企业资产关系。**对企业实际占有、使用的资产,凡已经产权界定或经有关部门批文明确属于企业的资产,要充分尊重历史,确认产权主体。对于有争议的资产,由企业及相关部门协商解决,协商不能解决的,应经产权界定或由资产管理部门予以确认。

2. **合理处置企业资产。**对经确认的企业净资产要稳妥处置。对当初改制为股份合作制后的在职职工以及退休职工,要从实际出发,根据其工龄、持股时间的长短等因素,落实他们的合法权益。有条件的企业可设立退休保障金,专款专用,由改制后的企业管理,按照约定条件用于改制后退休人员的特殊困难救助。

3. **规范企业股权交易行为。** 企业在改制过程中发生股权变动的，或需要资产重组、资产变现或吸收股权投资的，应经股东大会决议确认。如涉及国有或集体股权转让的，应通过产权市场进行交易，本企业股东在同等条件下享有优先受让权。在资产变现和股权转让等环节，按照现行国家及地方的相关税收优惠政策予以支持。

4. **完善企业的劳动用工制度。** 企业在改制时，要依法规范企业劳动用工制度。企业与职工协商一致，可以解除原劳动合同，重新签订劳动合同；也可以变更原劳动合同约定的内容。企业与职工终止原劳动关系，应依法进行经济补偿。

5. **严格改制程序。** 企业深化改制须进行股权查证、财务审计和资产评估。股权查证、财务审计、资产评估等中介服务，必须聘请具有法定资质的中介机构进行。股权查证、财务审计、资产评估报告在企业内部要公示15天，经股东大会决议后确认。

（二）维持并进一步完善股份合作制

1. **完善企业章程。** 股份合作制企业要根据新情况对企业章程进行完善。股东大会是股份合作制企业的权力机构，股份合作制企业可根据企业实际情况，选择股东大会或股东代表大会的方式，但须明确每个股东所代表的股份数。股东大会应根据企业章程的规定按时召开，未按时召开的应按照规定召开临时股东大会。

2. **明晰重大事项决议方式。** 股东所持每一股份有一表决权。股东大会或股东代表大会作出决议，必须由股东所持表决权过半数通过。但股东大会或股东代表大会作出修改企业章程、选举或更换法定代表人或董事、增加或减少注册资本的决议，以及企业合并、分立、改制、破产、解散和清算等事项的决议，必须经股东所持表决权的三分之二以上通过。对以上决议方式，企业章程另有规定的从其规定。

3. **优化企业股权结构。** 按照企业股本总额计算，经营层持股总额不得超过全体职工股东持股总额的49%，非股东在职职工人数占在职职工总数的比例可在10%至30%之间确定，具体比例由企业章程规定。

4. **建立经营者激励和约束机制。** 股份合作制企业经股东大会或股东代表大会同意，根据企业经营情况，建立职工薪酬正常增长机制。企业主要经营者任职期间经营业绩突出或章程另有规定的，可给予一定比例的奖励。对在任期间因违反法律、法规、规章或者企业章程规定的董事、执行董事、法定代表人、经理（厂长）、监事，应按照企业章程规定予以罢免和变更，给本企业、股东造成损害的，应承担赔偿责任。

（三）依法平稳退出市场

畅通企业退出渠道。退出市场的企业要依法办理相关手续。企业资产首先用于安置职工，保护债权人权益和股东权益，稳妥处理历史遗留问题。

五、企业选择公司制改制的主要程序

（一）形成改制决议。 企业在股权查证的基础上，召开股东大会，按照企业章程或股东约定的议事规则，讨论决定改制事项。

（二）清理企业资产。 对涉及国有资产的，由直接管理该企业国有产权的单位委托有资质的中介机构按照国家有关规定，进行财务审计和评估。对不涉及国有资产的，经股东大会同意，聘请有资质的中介机构进行评估。

（三）制定改制方案。 改制方案由企业制定，也可由企业委托中介机构制定，具体由企业股东大会确定。方案的主要内容应包括：改制的目的，改制的方式，企业基本情况（人员、资产、债权债务、产权界定等情况），职工股份转让方案，职工劳动关系调整方案，资产处置方案，改制后存续企业发展规划

及股权结构设置方案等。改制方案还应附有关股权查证、资产评估等资料。

（四）审议改制方案。 改制方案经征求非股东职工意见并由股东大会审议通过，形成书面决议后方可组织实施。其中，涉及职工劳动关系调整的，须事先召开职工大会讨论，充分听取职工意见。

（五）组织实施。 企业应严格按照股东大会审议通过的改制方案组织实施，妥善处理好各类问题，确保职工队伍的稳定。同时，妥善保存相关文件资料，做到有据可查。

六、深化改革的具体要求

（一）加强引导和服务。 各区县政府负责联系推进本区县股份合作制企业深化改革工作，要明确责任部门，加强宣传和引导。企业深化改革过程中涉及到的相关部门，要在依法行政的前提下为深化改革提供便捷的政务服务。市股份合作制企业协会要充分发挥政府和企业之间的桥梁纽带作用，积极做好相关服务工作。

（二）加强协调和落实。 市经济信息化委作为促进中小企业发展的职能部门，负责指导全市股份合作制企业深化改革，加强改革推进中有关事项的协调，以确保政策措施落地。

上海市关于进一步加快上海中医药事业发展的意见

根据《中共中央、国务院关于深化医药卫生体制改革的意见》、《国务院关于扶持和促进中医药发展的若干意见》,现就进一步加快上海中医药事业的发展提出如下意见:

一、充分认识加快上海中医药事业发展的重要意义

中医药是我国人民在与疾病长期斗争的过程中逐步形成并发展起来的医学科学,千百年来以其深厚的科学内涵和独特的临床疗效,为中华民族的繁衍昌盛和人民健康作出了重要贡献,是中华民族的宝贵财富。中医药和西医药互为补充、相互促进、协调发展,共同维护和增进人民健康,是我国医药卫生事业的重要特征和显著优势。坚持中西医并重的卫生工作方针,振兴和加快发展中医药事业,有利于充分发挥中医药在维护和促进人民健康中的重要作用,从而更好地惠及千家万户、造福子孙后代。

新中国成立以来特别是改革开放以来,上海中医药事业长足发展,在中医药继承与创新、中医医疗服务、科研教育、适宜技术普及应用、中西医结合研究、中药新药研发、中医药国际交流合作等领域取得了丰硕成果,中医药发展的整体水平处于国内领先地位。但与人民群众日益增长的医疗卫生需求相比,还存在较大差距,如中医药的特色优势还没有得到充分体现和发挥,中医与西医、中医与中药、继承与创新等方面还存在一定程度的不协调。

各级政府和有关部门要充分认识加快上海中医药事业发展的重要性和紧迫性,紧紧围绕国家深化医药卫生体制改革的目标和要求,紧密结合实际,注重发挥中医药在促进上海经济社会发展和医药卫生事业发展中的重要作用,加大扶持力度,采取有效措施,全面加强中医药工作,开创上海中医药事业全面、协调、可持续发展的新局面。

二、明确加快上海中医药事业发展的指导思想和战略目标

(一)指导思想

坚持以邓小平理论和"三个代表"重要思想为指导,全面贯彻落实科学发展观,坚持中西医并重的方针,遵循中医药发展规律,按照"继承与创新并重,中医中药协调发展,现代化与国际化相互促进,多学科结合"的基本原则,调动各方力量,加强政策扶持,加快上海中医药事业的发展,满足人民群众对中医药服务的需求,为提高全体居民的健康水平服务。

(二)战略目标

完善中西医并重、中医中药协调发展的政策保障机制,构建符合中医药发展规律、具有中医药特色的中医药创新体系、评价体系和管理体系,有效提升中医药服务能力,保持和发扬中医药特色优势,促进中医医疗、保健、教育、科研、产业、文化全面发展,打造国内领先的中医药高地,立足上海、服务全国、走向世界。

三、充分发挥中医药特色优势,发展中医医疗和预防保健服务

(一)完善中医医疗服务体系

构建以中医综合性医院、中医门诊部和中医专科诊所为主体的具有中医药特色的医疗服务体系。在上海市区域卫生规划的总体框架内,制定上海市中医医疗机构的整合、新建、改建和迁建建设规划。坚持中医院办院方向,以名院、名科、名医建设为载体,加强中医院内涵建设,促进中医药特色疗法的

临床应用。明晰市、区县中医院的功能定位，市级中医院以中医药防治危重疾病及疑难杂症为工作重点，区级中医院以中医药防治常见病、多发病和发展中医药特色专科为发展方向。制定体现中医优质医疗资源均衡化，有利于发挥中医临床特色优势的中医门诊部建设规划。落实全国重点中医院和重点中西医结合医院建设规划。按照国家和上海市深化医药卫生体制改革的总体要求，推进公立中医医疗机构改革，探索建立中医医疗联合体。

加强综合医院中医药工作，制订建设目标和标准。综合医院应按照标准合理设置中医临床科室、中药房和配备能开展中医药服务所需的设施设备，配备结构合理的中医药专业技术人员。

研究促进中医坐堂医诊所设立、运行和管理的相关扶持政策，鼓励确有专长的中医师开办中医专科诊所，促进非公立中医医疗机构的发展。

（二）加强中医药参与公共卫生和基层卫生工作

发挥中医药特色优势，在各级中医医疗机构开展“治未病”、中医康复、慢性病预防等预防保健工作。统筹协调中医药在公共卫生工作中的应用，将中医药预防保健、康复项目和相关经费纳入公共卫生体系建设计划。结合上海市若干国家级中医、中西医结合急诊临床基地和传染病临床基地建设，提高中医药参与突发公共卫生事件应急处置和重点传染病防控等工作的比重。

提升社区卫生服务中心的中医药服务能力，完善覆盖城乡的中医药服务网络。发挥中医药“简便验廉”优势，加强中医药适宜技术研究和推广，推进中医药进社区、进家庭、进农村。

四、遵循中医药发展内在规律，推进中医药传承与创新

（一）做好中医药继承工作

实施“海派”中医流派研究工程，以在上海市具有重要影响和良好基础的若干中医流派为重点，开展以中医理论研究为核心，以继承发扬中医学术经验和诊疗技术为目标的中医流派继承研究，重塑“海派”中医辉煌。大力推进名老中医工作室和名师传承工程，继承、抢救和发扬名老中医的学术思想、临床经验和技术专长。在现代院校教育模式基础上，结合中医药教育传统师承方式，建立中医药人才培养的“现代中医师承模式”。推进能体现传统性、整体性和综合性，集中医综合治疗方法于一体的“传统型中医临床学科”建设。

（二）加快中医药科技进步与创新

依托上海市已有中医药科研平台和基础学科优势，开展中医基础理论研究，挖掘中医药科学内涵，丰富和完善理论以及技术体系。按照国家《中医临床研究基地建设指导意见》要求，完成国家级中医临床研究基地的建设任务。以中医理论为指导，遵循中医临床诊疗规律，逐步建立完善的中医药临床评价体系。建立符合中医药临床评价要求的临床数据管理以及分析系统，探索中医药临床诊疗技术创新。创新中医药发展思路，结合市级中医临床基地建设，推进浦东新区国家中医药发展综合试验区和“研究型中医院”部市共建项目建设。积极探索中医医疗机构特色中药制剂研发和使用管理的新机制，推动特色中药制剂的安全、有序和合理使用。

（三）推动中西医结合事业发展

加强中西医结合学科建设和人才培养。充分运用现代医学研究成果和科学技术方法，开展中西医结合理论与学术研究。加强中西医结合临床研究，运用现代医学科学理论和技术，研究探索中西医结合临床作用机理。围绕常见病、多发病、重大疾病和疑难疾病等，开展不同层面的中西医联合攻关，提高临床疗效。

五、加强人才队伍建设,打造中医药人才高地

(一)完善中医药教育体系

规划发展中医药院校教育,坚持以中医药专业为主体,加强、充实和调整中医药学科结构和教学内容,按照中医药人才成长规律施教,培养具有扎实中医基础理论和临床实践能力的中医药人才。充分发挥中医药院校的优势,加大中医类别公共卫生人员、全科医师培养力度。完善中医药继续教育制度,实施基层中医药人才和技术骨干培养计划。

(二)加大中医药高端人才培养和引进力度

开展"百名名中医工程"、"中医临床领军人才"、"杏林新星"和"高级中西医结合人才"等中医药人才队伍建设计划。继续开展以老中医药专家学术经验继承为核心的高级研修班,培养中医药传承型人才。研究制订集聚中医药人才的相关政策,引进国内外一流中医药科研、医疗、教育和产业人才,形成国内中医药人才高地。

(三)健全中医药人才考核评价制度

按照中医药人才成长规律,完善中医药专业技术人员能力评价体系和考核标准,落实中药行业特有工种技能鉴定工作。完善中医药人才培养与相关专业学位考核、授予相衔接的制度。健全中药专业人员执业资格证书制度,落实中药行业特有工种技能鉴定和技术职称政策。

六、推进中医药现代化和国际化,不断扩大中医药影响力

(一)加强中医药现代化建设

加大对中医药研究院、重点研究室(实验室)、中医药工程中心和科技产业基地等投入力度,加强创新能力建设。实施"中医药创新基地"建设工程,建立适应中医药现代化、国际化发展需求的科技创新平台。发挥上海市中医药信息化、标准化研究工作的良好基础和人才优势,加快中医中药标准化建设,力争建设成为国内外中医中药标准化研究的重要基地,为建立中医药国际标准体系奠定基础。

(二)大力推动中药和中医医疗器械产业发展

以企业为主体,高校、研究机构产学研充分合作的模式,加强政策引导和政府推动,促进中医药技术成果转移。加强知识产权保护,大力开展中药新药创制和临床确有疗效的复方中药的开发,以及传统中药制剂的二次开发,形成一批拥有自主知识产权的中药产品。制订加快中药产业发展的政策,支持大型骨干中药企业,做强中药品种、做大市场份额。结合上海市生物医药产业发展行动计划(2009—2012年),推动中药产业的发展。以提高中药饮片质量为目标,完善中药饮片生产加工、市场准入和质量控制管理体系,确保中医用药的临床效果。结合中药材种植GAP认证机制,鼓励和推动中药生产和经营企业建设具有质量保证体系的中药材种植基地。积极开展中药现代化研究,为构建生物医药产业高地作出贡献。

推动中医诊疗设备的研究开发和推广应用,鼓励企业与高校和研究机构合作,力争在中医诊疗设备的研制和应用上取得突破,形成中医诊疗设备产业。

(三)加强国际交流与合作

依托设立在上海市的世界卫生组织传统医学合作中心和国家级的中医药国际合作交流基地,努力创建中医药国际交流平台,积极参与相关国际组织开展的传统医药活动,加强中医药国际合作与交流,把上海建成我国中医药对外合作交流的中心。创造条件、完善政策,大力推动中医药服务贸易。进一步扩大上海市中医药对外教育规模,开展中医药国际教育标准化和考试资格认定的研究。开展传统医药学国际标准的研究和制定工作。按照国际标准化组织要求,做好国际标准化组织中医药技

术委员会(ISO/TC249)秘书处工作。

(四)弘扬中医药文化

加强中医药知识产权保护,支持中医药非物质文化遗产的申请和传承保护工作。推进中医医疗机构文化建设,弘扬行业传统职业道德。充分发挥全国科普教育基地和全国中医药文化宣传教育基地的作用,依托中国传统文化宣传、普及和推广的文博展示体系,大力推广和普及中医药知识。加快建立中医药文化知识库,加强历代中医药文献史料的研究、整理和出版,形成一批弘扬中医药文化、传播中医药知识和展现上海中医风采的中医药文化精品。加强舆论引导,营造全社会尊重、保护中医药和关心支持中医药事业发展的良好氛围。

七、实施扶持中医药事业发展的保障措施

(一)加强组织保障

参照国家中医药工作部际协调机制,成立由市政府领导牵头,各有关部门组成的上海市中医药事业发展领导小组,加强组织领导。成立上海市中医药发展办公室,加强中医药全行业管理,统筹推进上海市中医药事业发展。各有关部门要认真履行职责、密切配合、形成合力,共同推进上海中医药事业的发展。各区县要建立相应的组织体系,成立本区县中医药发展办公室,履行区域内中医药工作管理职能,完善配套政策,保障中医药事业发展政策的贯彻落实。

(二)落实投入保障

认真贯彻《国务院关于扶持和促进中医药事业发展的若干意见》,制定和实施对中医药事业发展的投入倾斜政策,集中财力资源,优化投入方向,扶持中医药事业发展。根据国家深化医药卫生体制改革政策,政府在对公立中医医疗机构投入政策上予以倾斜;公立中医医疗机构符合国家和上海市有关配置标准的大型设备,经专家论证和有关部门审核后,纳入政府专项补助资金项目库管理,由政府根据轻重缓急和承受能力,逐年安排所需资金。对中医特色服务项目实行专项补贴,增加对中医药学术继承、人才培养和学科建设工作的经费投入。同时,调动和鼓励社会投资发展中医药事业。

(三)完善机制保障

完善中医药服务项目的定价机制,调整中医医疗服务收费项目,提高中医特色服务项目的价格。鼓励中医药专业人员开展中医适宜技术,充分体现中医药专业人员的技术劳务价值。各类基本医疗保险制度要逐步扩大纳入支付范围的中医药服务项目,并提高统筹基金的支付比例,支持中医药特色服务,满足人民群众对中医药临床治疗的需求。以中医药理论为指导,逐步建立符合中医药发展规律的中医医疗质量评价体系、中医药专业技术人员评价体系、中医药科技项目立项和科技成果评价体系。

(四)健全法制保障

制定《上海市发展中医条例实施细则》,促进上海市中医药事业有序、规范发展。加强对中医药服务的监督管理,严厉打击假冒中医名义的非法行医、发布虚假广告以及制售假冒伪劣中药等违法违规行为。

上海市关于进一步规范和加强行政执法工作的意见

行政执法是行政机关经常性的管理活动,是全面推进依法行政、建设法治政府的重要环节。规范行政执法行为,是提高政府依法行政能力、率先转变发展方式、构建社会主义和谐社会的必然要求,是建设行为规范、运转协调、公正透明、廉洁高效的行政管理体制的重要内容。

自2004年国务院发布的《全面推进依法行政实施纲要》实施以来,上海市依法行政工作取得了明显进展,特别是在规范行政执法行为方面做出了积极努力,行政执法能力和效率得到了提升。为适应在开放、透明和信息化的条件下,实现把上海建设成为"法治环境最好的地区之一"的目标,必须进一步规范行政执法行为,提升行政执法的公信力。现就进一步规范和加强行政执法工作提出如下意见:

一、不断提高规范执法公正执法的意识和能力

(一)牢固树立正确的执法理念。根据《全面推进依法行政实施纲要》对依法行政提出的基本要求,行政执法单位和人员在行政执法中应当牢固树立以下理念:

——职权法定。行政执法单位应当严格按照法律、法规、规章的授权或者委托,在法定职权范围内积极履行职责,做到行政执法"不越位、不错位、不缺位"。

——程序正当。行政执法应当遵循法定程序,不断优化执法流程,方便公民、法人和其他组织;遵循公开原则,除涉及国家秘密和依法保护的商业秘密、个人隐私外,行政执法依据、过程、结果应当公开;保证执法手段的合法、正当,通过非法手段获取的证据不能作为认定违法事实的依据。

——保护合法权利。行政执法应当遵循公平、公正原则,平等对待行政相对人,保护行政相对人的人身权和财产权,保障行政相对人的知情权、陈述权、申辩权和监督权;注重执法目标实现与行政相对人合法权益保障之间的平衡,做到执法措施必要、执法手段适当,将对行政相对人合法权益的影响降到最低。

——教育指导为先。对违法行为的查处,应当坚持处罚与教育相结合,防止"以罚代教、以罚代管";行政执法应当积极采取指导、建议、提醒、劝告等非强制性方法,防止"重事后查处、轻事前预防"。

——权责统一。行政执法应当遵循诚实守信原则,对违法或者不当的执法行为,行政执法单位应当及时依法纠正;对有过错的行政执法人员,应当追究其行政责任。行政执法给公民、法人和其他组织的合法权益造成损害的,应当依法给予补偿或者赔偿。

(二)健全行政执法人员全员培训制度。对全市行政执法人员开展多层次、全方位的行政执法培训,使行政执法人员具备应有的文明素养、依法行政理念、法律知识和执法能力。行政执法培训可以邀请法律专家、法官与行政主管部门领导讲授法律知识、解读法律法规、研讨行政执法案例等,并建立行政执法人员培训情况记录和考试结果登记制度。

——行政执法单位负责人依法行政意识和能力培训。市、区县行政学院在两年内组织一轮行政执法单位及其下属各执法队伍负责人的依法行政专题培训。(责任单位:市、区县行政学院)

——行政执法人员基础法律知识培训。市政府法制机构组织编制新上岗行政执法人员培训大纲,部署在岗行政执法人员轮训,并定期抽查行政执法人员基础法律知识培训情况。市级行政主管部门负责对其所属行政执法单位的行政执法人员,开展基础法律知识培训;区县政府法制机构负责对区县所属的行政执法单位和街道、乡镇的行政执法人员,开展基础法律知识培训。(责任单位:市级行政主管部门、市和区县政府法制机构)

——行政执法人员专业法律知识培训。市级行政主管部门负责对其系统内行政执法人员开展专业法律知识培训,并将年度培训计划和实施情况报送市政府法制机构备案。(责任单位:市级行政主管部门)

二、明确界定行政执法主体和权限

（三）严格实施行政执法主体资格制度。行政执法单位的执法主体资格应当有法律、法规、规章的授权或者委托，并由“三定”方案予以明确。行政执法单位应当将系统内行政执法主体名录及其调整情况向社会公告，并报送同级政府法制机构备案。（责任单位：市和区县政府法制机构、各级行政执法单位）

（四）完善联合执法和相对集中行政处罚权制度。两个以上行政执法单位联合执法的，由参加联合执法的行政执法单位在各自的职责范围内依法作出行政执法决定，并承担相应的法律责任。行政处罚权相对集中后，原行政执法单位不得再行使已被集中行使的行政处罚权；继续行使的，作出的行政处罚无效。（责任单位：各级行政执法单位）

（五）规范委托执法行为。行政执法单位依照法律、法规或者规章的规定委托符合法定条件的组织实施行政执法的，应当签订行政执法委托协议，明确委托事项。受委托组织应当向委托单位定期报告行政执法情况，并接受委托单位的指导和监督。受委托组织应当在委托范围内，以委托行政执法单位名义实施行政执法，并不得再委托其他任何组织或者个人实施行政执法。（责任单位：各级行政执法单位）

（六）健全行政执法人员持证上岗制度。新上岗行政执法人员必须经过培训并考试合格取得执法证件，方可从事行政执法活动；在岗行政执法人员必须在执法证件有效期内，定期参加行政执法培训并考试合格，方可到期换领执法证件，继续从事行政执法活动。禁止无执法证件的人员行使行政执法权，协助执法人员只能从事行政执法的辅助性工作。（责任单位：各级行政执法单位）

（七）推行行政裁量权适用规则和基准制度。对法律、法规、规章中有较大裁量幅度的行政处罚规定、法定条件不够具体的行政许可规定，市级行政主管部门应当按照符合法律目的、平等对待行政相对人、参照先例、必要适度等基本要求，制定并公布本系统行使行政裁量权的规则和标准。市级行政执法单位应当对区县行政执法单位行使行政裁量权的情况加强指导和监督。（责任单位：市级行政主管部门）

（八）建立健全行政执法争议协调制度。行政执法单位在行政执法过程中对管辖区域、管理事项、执法衔接和配合、执法依据适用等发生争议的，应当遵循合理配置行政执法权、提高执法效能的原则进行协调，解决多头执法、重复执法、执法缺位等问题。

——明确行政执法争议协调主体。涉及同一系统内部不同区县行政执法单位之间因管理区域等问题产生的行政执法争议，由市级行政主管部门负责协调；涉及某一综合管理领域内不同行政执法单位之间因管理事项分工以及执法衔接、配合等问题产生的行政执法争议，由市或者区县政府归口的综合协调部门负责协调；涉及行政执法单位在具体适用有关法律、法规、规章过程中发生的行政执法争议，由市政府法制机构负责协调；涉及行政执法单位之间因管理职能交叉产生的行政执法争议，由市或者区县机构编制管理部门会同同级政府法制机构负责协调。（责任单位：负责协调工作的有关部门）

——健全行政执法争议协调程序。行政执法单位之间发生行政执法争议的，争议各方应当先自行协调，并就协调一致的意见形成会议纪要或者签订相关协议；自行协调不成的，应当及时提请相关协调机关组织协调。协调机关在协调过程中，发现不立即执法可能对公共利益造成重大影响的，可以决定由某个行政执法单位先负责执法，该行政执法单位应当予以支持和配合。（责任单位：负责协调工作的有关部门）

三、严格规范行政执法程序

（九）梳理和公开行政执法事项与依据。行政执法单位应当对行政执法事项、依据进行梳理，通过政府网站等途径公布，并及时更新。市级行政执法单位和区县政府实施的行政执法事项、依据及其调整情况,应当报送市政府法制机构备案;区县级行政执法单位和乡镇政府、街道办事处实施的行政执法事项、依据及其调整情况,应当报送区县政府法制机构备案。(责任单位:市和区县政府法制机构、各级行政执法单位)

(十)规范和公开行政执法流程。市级行政执法单位应当按照高效便民的原则编制本系统行政执法操作指南,明确不同类型行政执法事项的执法主体、权限和程序,并及时更新。行政执法操作指南应当在行政执法单位的办公场所公示,并通过政府网站等途径向社会公布。行政执法单位及其执法人员应当按照行政执法操作指南,规范行政执法活动。(责任单位:各级行政执法单位)

(十一)完善执法告知制度。行政执法单位实施行政检查、行政处罚、行政强制等行为时,应当告知执法内容、依据以及行政相对人依法享有的陈述权、申辩权、救济权等。行政执法人员不得要求或者误导行政相对人放弃依法享有的权利。行政执法单位受理行政审批申请时,应当一次性告知行政相对人办事程序以及需提交全部材料的目录。(责任单位:各级行政执法单位)

(十二)规范调查取证行为。行政执法单位在收集违法证据过程中,应当力求证据材料客观、真实,不得伪造、隐匿证据,不得以不正当手段收集证据。行政执法人员进行调查取证时,应当依法制作询问笔录、检查笔录、勘验笔录等法律文书。(责任单位:各级行政执法单位)

(十三)实施分类分步执法。行政执法单位应当根据违法行为的性质和危害后果,采取不同的行政执法方式。对可能危及公共安全、公众健康、生态环境等的违法行为,应当加大执法力度,提高执法效能,避免执法缺位、不作为。对情节较轻或者危害后果能够及时消除的违法行为,除法律、法规、规章规定直接给予行政处罚外,应当先责令改正,并进行教育、告诫、引导;对拒不改正的,应当依法给予行政处罚。(责任单位:各级行政执法单位)

(十四)健全行政执法听证制度。行政执法单位应当按照行政处罚法、行政许可法等法律规定,保障行政相对人或者利害关系人依法享有听证的权利。探索重大复杂疑难行政执法案件的公开听证制度,行政执法单位在作出决定前,应当公开听取、收集行政相对人以及利害关系人的意见。(责任单位:各级行政执法单位)

(十五)推行重大复杂行政执法案件审查制度。对行政执法过程中发现的复杂案件,应当由同级行政主管部门的法制机构对案件的事实、证据、法律适用、行政裁量等进行法律审查,并出具法律审查意见;对事实不清或者证据不充分的,应当建议补充调查。对重大复杂行政执法案件的处理,由行政执法单位的负责人集体讨论决定。(责任单位:各级行政主管部门、各级行政执法单位)

(十六)规范执法文书和案卷管理。市级行政执法单位应当制定本系统的行政执法文书统一格式,或者使用国家统一的行政执法文书格式,并报送市政府法制机构备案。行政执法人员在行政执法活动中应当规范制作、使用行政执法文书,并在行政执法案件办结后,及时将相关行政执法文书、证据资料等整理入卷,归档保存。(责任单位:市级行政执法单位、市政府法制机构)

(十七)推进行政执法结果公开制度。对与公共安全、公众健康以及生态环境等密切相关的、对公共利益有重大影响或者需要公众广泛知晓的,以及法律、法规、规章明确规定应当公开的行政执法结果信息,行政执法单位应当予以公开。市级行政执法单位可以通过情况通报会、新闻发布会等形式,及时公布有重大社会影响的行政执法案件办理情况。(责任单位:各级行政执法单位)

(十八)加强收费和罚没收入的管理。对行政事业性收费和罚没收入全部实行“收支两条线”管理,行政事业性收费和罚没收入按规定全额上缴国库或者财政专户,行政执法经费全额纳入部门预算管理。严禁将行政事业性收费或者罚没收入按比例返还行政执法单位作为行政执法经费或者奖励经费使用。(责任单位:市财政局、各级行政执法单位)

四、加强对行政执法行为的监督

(十九)加强行政机关层级监督。通过行政执法监督检查、审理行政复议案件等途径,强化上级行

政机关对下级行政执法单位的监督，及时发现、纠正违法和不当行政执法行为。

——执法案卷评查制度。市级行政主管部门应当从行政执法案件事实认定是否清楚、证据是否确凿、程序是否合法、法律适用是否准确、处理决定是否适当等方面，对本系统行政执法单位的行政执法案卷进行抽查；发现问题的，应当提出整改意见。市和区县政府法制机构应当定期组织开展行政执法案卷评查，指出行政执法过程中存在的问题。行政执法案卷评查结果应当纳入行政执法责任制的年度评议考核。（责任单位：市级行政主管部门、市和区县政府法制机构）

——行政执法监督建议书制度。市和区县政府法制机构以及市级行政主管部门在行政执法监督检查中，发现行政执法行为存在瑕疵的，应当制发行政执法监督建议书，指出行政执法过程中存在的问题，并提出整改建议。行政执法单位应当在行政执法监督建议书规定的期限内书面报告整改情况。（责任单位：市级行政主管部门、市和区县政府法制机构）

——行政复议制度。行政复议机关在审理行政复议案件过程中，发现行政执法行为违法或者不当的，应当决定撤销、变更该行政行为或者确认该行政行为违法，并可以出具书面整改建议，由被申请的行政执法单位在规定期限内书面报告整改情况。市级行政机关承办行政复议案件的机构应当定期总结行政复议案件情况，并组织编写典型案例，指导行政执法活动。（责任单位：各级行政复议机关）

（二十）加强专门监督。审计机关应当加强对行政事业性收费和罚没收入等资金的审计监督，发现行政执法单位违反财政收支规定的，应当作出审计决定或者向有关主管机关提出处理、处罚的意见。监察机关应当对行政执法单位的执法效能和行政执法人员的勤政廉洁情况加强监督，并推进行政审批电子监察。（责任单位：各级审计机关、各级监察机关）

（二十一）自觉接受人大和政协监督。行政执法单位应当积极配合各级人大常委会做好执法监督检查工作，认真听取人大代表、政协委员的意见和建议；对人大代表提出的质询案，行政执法单位应当及时组织调查并给予答复；行政机关组织开展行政执法监督检查或者行政执法单位调查处理重大案件时，可以邀请人大代表、政协委员参与检查或者调查；区县人民政府应当就辖区内发生的引起社会广泛关注的行政执法案件的调查情况以及处理意见，向同级人大常委会作出书面报告。（责任单位：区县人民政府、各级行政执法单位）

（二十二）自觉接受司法监督。行政执法单位对法院受理的行政诉讼案件，要积极应诉，按规定向法院提交作出被诉行政行为的依据和证据。对重大行政执法案件的诉讼，行政执法单位负责人应当出庭应诉。行政执法单位应当自觉履行法院作出的生效判决、裁定，认真研究、积极回应法院的司法建议书。（责任单位：各级行政执法单位）

（二十三）注重发挥社会监督作用。各级行政主管部门和行政执法单位应当通过开展社会评议，开通热线电话、网上信箱等途径，接受社会监督；切实保障人民群众对违法、不当行政执法行为举报、投诉的权利，并根据人民群众的批评与建议，不断改进行政执法工作。（责任单位：各级行政主管部门、各级行政执法单位）

（二十四）完善行政执法评议考核制度。市和区县人事部门应当会同同级监察机关、法制机构制定行政执法单位评议考核方案和标准，并组织实施。市级行政主管部门应当制定本系统行政执法人员评议考核方案和标准，并组织实施。市和区县政风测评部门应当将与公民、法人和其他组织关系密切，人民群众关注度高的行政执法单位作为重点测评对象，每年进行一次政风测评；对其他行政执法单位应当至少每5年进行一次测评。（责任单位：各级人事部门、各级监察机关、市和区县政府法制机构、市级行政主管部门）

（二十五）健全行政执法过错责任制。行政主管部门和行政执法单位对行政执法人员因故意或者过失不履行、不正确履行法定职责，产生危害后果或者不良影响的，应当严肃追究行政执法人员的行政责任；行政执法行为造成重大损失或者恶劣影响的，监察机关应当对行政执法单位负责人进行问责，问责情况应当及时向社会公布。（责任单位：各级监察机关、各级行政主管部门、各级行政执法单位）

第二章　江苏省政府相关文件

江苏省关于促进沿海开发的若干政策意见

国务院批准实施的《江苏沿海地区发展规划》,为江苏省在新的起点上加快沿海开发开放、推进全省经济社会又好又快发展,培育我国东部地区重要经济增长极提供了重大历史机遇。省委、省政府《关于贯彻落实〈江苏沿海地区发展规划〉的实施意见》(苏发〔2009〕10 号),进一步明确了沿海地区发展的总体要求和2009—2012年的主要目标、重点任务。根据实施意见要求,特制定以下政策措施,2009—2012年重点在以下方面加大扶持力度:

一、省级财政每年安排资金,设立沿海发展专项资金。重点支持连云港港30万吨级航道工程、通榆河和盐河水利航运综合整治、沿海水利设施、滩涂匡围等公益性强、社会筹资较难的重大项目。

二、加快以连云港港为核心的沿海港口建设。加快推进连云港港30万吨级航道和徐圩港区建设;省交通运输厅对徐圩港区226省道、242省道、徐圩至新海等公路建设适当增加资金补助;支持连云港港徐圩片区设立省级开发区并先利用省级连云港高新技术产业开发区的牌子,行使起步阶段的管理权责,享受省级开发区政策;在现行政策规定期限内,对连云港港区及港口物流园区内企业缴纳的税收省级留成部分每年定额返还1500万元。加大对盐城港、南通港的扶持力度。大丰港临港工业集中区和洋口港太阳岛、金牛岛及临港工业区享受省委、省政府《关于调整分税制财政管理体制的通知》(苏发〔2008〕15 号)规定的省集中收入全返奖励政策。

三、加大沿海交通基础设施建设力度。加快前期工作,尽快开工建设连盐(淮)铁路、临海高等级公路。省级交通投资主体优先安排沿海地区铁路、高速公路项目建设资金,并通过发行债券和增加贷款额度加强交通基础设施建设。省级财政对南通、盐城、连云港机场改扩建给予补贴。

四、合理布局沿海地区电源点,加快电网及通信等基础设施建设。省电力公司、通信管理局在与沿海市、县(市)政府加强沟通的基础上,研究制订加快沿海地区电网及通信设施建设的措施,确保沿海地区电力供应和通信需要。

五、加强沿海地区水资源供给和防洪保障能力建设。加快建设以通榆河为骨干的送水工程、泰州引江河二期、泰东河、卤汀河和川东港拓浚工程,高标准完成海堤达标工程。在国家规定的征收期内,继续征收水利建设基金,重点用于沿海水利基础设施建设。

六、大力发展优势特色产业。对沿海地区的重点产业和重大基础设施项目,优先列入省国民经济和社会发展总体规划、专项规划,优先列入省年度重大项目计划。省级科技创新与成果转化、节能减排、现代高效农业等发展专项资金向沿海地区重点产业倾斜。适当降低地方出口退税负担比例,市县新增负担比例由6%下降为3.75%,省财政负担比例由1.5%提高到3.75%。

七、鼓励发展新能源产业。对利用新能源发电企业缴纳的地方增值税增量部分全额留给地方;连云港田湾核电站缴纳的地方增值税、地方企业所得税增量部分全额留给连云港市。新办火力发电厂缴纳的增值税地方部分全部上交省级后,按区域发展要求实行重点返还,促进火力发电合理布局。

八、进一步扩大对外开放。对符合产业政策、环境保护要求,当年实际到账外资或出口额、业务总收入、入库税收收入等指标达到全省平均增幅的沿海地区省级以上开发区(每个市、县限1个),每年给予1 000万元/市、500万元/县(市)平台提升专项奖励。支持苏北地区与省内外发达地区实行区域

合作、共建园区，新批的园区自批准之年起连续3年内，经考核评价合格后，当年给予以奖代补资金1 500万元；2009年底前已执行省以奖代补政策满3年的共建园区，自第4年起连续3年内，经年度考核评价合格的，当年奖励500万元；正在执行省以奖代补政策的园区，经考核合格后，当年给予以奖代补资金1 000万元，执行政策满3年后，自第4年起连续3年内，经年度考核评价合格的，当年奖励500万元。2012年前，共建园区内新增地方增值税、地方企业所得税省、市、县留成部分予以全额返还。从2009—2012年，经考核合格后，省每年对苏通科技产业园给予1 000万元奖励。园区一期9.5平方公里区域内2009—2012年新设企业，自投产之日起，新增增值税、所得税省、市留成部分，连续3年全部由省、市财政补贴给产业园区。产业园区内企业出口退税指标计划单列，优先办理退税。对于产业园区农用地转为建设用地所需缴纳的新增建设用地土地有偿使用费，省集中部分的45%返还给产业园区，按规定用途使用，政策优惠期限为3年。

九、支持各类产业园区升级。支持连云港申报保税港区，支持其他有条件的地区设立保税物流中心和出口加工区。支持盐城经济开发区尽快升级为国家级开发区，支持其他有条件的园区升级为省级开发区。经评审合格的临港产业物流园区可升格为省级现代服务业集聚区，集中建设一批粮食高产示范基地、现代农业特色园区、农副产品加工集中区和交易市场。支持连云港、南通机场设为一类对外开放口岸。

十、加大对滩涂开发的扶持力度。省级对沿海滩涂匡围补助由每亩1000元增加到2000元。将江苏省的耕地开垦费标准由现行的9~13元/平方米提高到13~20元/平方米。符合新增建设用地土地有偿使用费和土地出让金省集中使用管理要求的沿海滩涂开发重大工程项目，省予以积极支持。按照滩涂围垦规划成片匡围，所需缴纳的海域使用金省集中的10%部分，按规定主要用于沿海三市海域整治、保护和管理支出。滩涂围垦享受农用电价。

十一、鼓励沿海地区市、县按照滩涂围垦规划实施成片围垦。允许将海域使用权证进行抵押融资、工商登记和海上建筑物产权登记。对使用滩涂围垦的土地，从使用的月份起可依法免征城镇土地使用税10年。围垦形成的新增耕地指标，省集中的15%部份统筹安排用于省以上重点工程建设用地耕地占补平衡，其余指标可实行有偿转让。

十二、以省级现有投融资平台为主体，以省级财政投入适当资金为引导，吸引各方面资金共同发起设立沿海发展基金，支持滩涂围垦以及基础设施建设和产业发展。

十三、鼓励国内外金融机构在沿海地区设立总分机构。对在江苏省范围内新设立、位于沿海地区的总部性金融机构给予一次性补贴；对省级各金融机构在沿海地区新设立的县（市）级以上分支机构，省财政给予一次性补贴。对新引进银行保险机构缴纳的营业税，按财政体制规定由省给予50%的返还奖励。

十四、引导金融机构加大对沿海开发的信贷支持。以省级分行为单位，各银行金融机构当年投向沿海三市的新增贷款占其全部新增贷款的比重超过全省平均水平，且当年对沿海三市的平均贷款增长率超过全省平均增长率，省财政按其当年投向沿海三市贷款新增额的0.3‰给予奖励（与省引导金融机构加大对苏北地区信贷投放政策不重复享受）。

十五、在人才引进、人力资源开发、人才继续教育、智力和项目引进等方面向沿海地区倾斜。省高层次创新创业人才引进计划在同等条件下优先支持沿海地区，支持沿海地区引进急需人才，省级高层次创新创业人才引进计划专项资金根据实际引进人才数量、层次给予重点资助。

江苏省关于鼓励和引导民间投资健康发展的实施意见

为全面贯彻落实《国务院关于鼓励和引导民间投资健康发展的若干意见》(国发〔2010〕13号)精神,进一步支持民间投资发展,充分发挥民间投资在我省推进科学发展和建设更高水平小康社会中的重要作用,制订本实施意见。

一、充分发挥民间投资重要作用

(一)深刻认识民间投资的重要意义。 近年来,我省民间投资不断发展壮大,2009年,民间投资总量突破1万亿元,达到11 746亿元,占全社会投资比重的62.6%,民间投资在促进经济增长、优化产业结构、繁荣城乡市场、扩大社会就业等方面发挥了重要作用。进一步鼓励和引导民间投资,有利于完善市场经济体制,充分发挥市场机制的资源配置作用,激发经济增长内生动力;有利于优化经济结构,加快发展创新型经济和服务经济,促进经济发展方式转变;有利于繁荣城乡经济,提高城乡一体化水平,加快城乡统筹发展;有利于发展社会事业,改善人民生活,促进经济社会协调发展。各地、各部门要进一步解放思想,统一认识,创新观念,把扩大民间投资摆在更加突出的位置,努力挖掘民间资本蕴藏的巨大投资潜力。

(二)加快确立民间投资的主体地位。 除政府投资发挥主导作用的领域外,其他领域尤其是一般竞争性领域要确立民间投资的主体地位,充分发挥民间投资的重要作用。要确立民间投资在全社会投资中的主体地位,“十二五”期间,民间投资占全社会投资比重年均将提高1个百分点以上,成为社会投资的主要力量;要确立民间投资在行业发展中的主体地位,“十二五”期间,民间资本将成为社会服务、产业发展等领域的投资主体,在大多数行业发挥重要作用;要确立民间投资在发展创新型经济中的主体地位,民营企业将成为发展创新型经济的主体,大部分科技创新活动由民间投资发起或参与。到“十二五”期末,全省民间投资总量将超过30 000亿元,占全社会投资比重的70%。

(三)着力突出民间投资的发展重点。 进一步规范政府投资和国有投资行为,国有资本要逐步退出一般竞争性领域。进一步拓宽民间投资领域,落实民间资本可以进入所有法律法规未明确禁止领域的要求,鼓励民间资本在更大空间实现加快发展。进一步促进民间投资转型升级,鼓励民间投资加快优化结构,推动民间资本集聚发展、创新发展、外向发展,不断提高竞争力,实现在更高层次上的加快发展。进一步优化民间投资发展环境,加快完善政策体系,加强财税扶持和融资支持,营造各类经济主体平等竞争的良好市场氛围。进一步提高服务水平,加强各级各类载体和平台建设,健全民间投资服务体系,提高服务效率,为民间投资发展提供支持和帮助。

二、积极拓宽民间投资领域范围

(四)放宽民间投资领域限制。 除国家明令禁止的外,所有领域一律对民间资本开放,支持民间资本加快进入传统垄断行业和领域。市场准入标准和优惠扶持政策要对所有经济主体公开透明,不得单独对民间资本设置附加条件。放宽行业准入,落实支持民间资本进入交通、水利、电力、石油天然气、电信、土地整治和矿产资源勘探开发等基础产业与基础设施领域的政策;减少准入限制,落实支持民间资本进入金融、市政公用事业、国防科技工业等领域的政策;加强政策支持,落实民间资,本拓宽医疗、教育、社会福利、文化、旅游、体育等社会事业及商贸流通、政策性住房等领域的政策。各地、各部门要切实加大工作力度,研究制订进一步拓宽民间投资领域的具体实施办法。

(五)鼓励民间投资进入重点领域。 在继续鼓励民间资本投向现代高效农业、先进制造业、现代服务业的基础上,集聚政策、措施,鼓励民间投资在重点领域扩大投资范围。鼓励民间资本加快进入重

大基础设施建设领域，支持民间资本参与交通、水利工程、能源等基础设施建设，加快推进城市化进程。鼓励民间投资加快进入金融领域，落实国家放宽金融机构股比限制的规定，鼓励民间资本发起或参与设立中小金融机构，支持民间资本发起设立信用担保公司和金融中介服务机构，为各类市场主体提供金融服务。鼓励民间资本拓展社会事业领域投资范围，加大医疗、教育、文化等产业投资力度，积极参与全省社会服务体系建设。鼓励民间资本加快进入市政公用事业建设领域，深入参与水、电、气、公共交通等公共服务行业建设。

(六)创新民间投资进入途径。进一步明确民间资本拓宽投资领域的方式方法，对于存在发展规划、投资规模、行业技术等隐形门槛的领域，要创新进入途径，畅通民间资本进入渠道。实施股权出让，政府出资和国有控股企业投资新建的重大交通、能源项目，要吸收一定比例的民间资本参股，向民间资本出让部分股权。组建投资基金，对投资额较大，规模门槛较高的铁路、港口码头、民营航空等领域，鼓励民间资本组建相关产业投资基金，以基金形式参股建设。推行业主招标，油气储运设施、市政公用设施等项目，要采用法人招标的形式公开选择项目业主，鼓励民营企业积极参与。开展特许经营权转让，已经建成的市政公用基础设施，可以向民间资本转让经营权。实行综合补偿，民间投资参与土地整治、新能源开发、城乡供水、公共交通等领域，由政府进行综合补偿，享受与国有企业同等的优惠政策。

三、加快推进民间投资转型升级

(七)鼓励民间投资优化结构。鼓励民间投资积极参与"新兴产业倍增计划"、"服务业提速计划"、"传统产业升级计划"的实施，充分利用各种发展平台，优化结构，提升质量，在参与全省转变经济发展方式工作中实现加快转型升级。引导民间资本加大新能源、新材料、生物技术和新医药、节能环保、软件与服务外包、物联网等新兴产业投资力度，对民间资本投资新兴产业的，在用地、融资、人才等方面给予更大支持。新兴产业发展创业投资引导资金要向优势民间投资项目倾斜，支持民间资本参与省各类产业基金的设立。鼓励民间资本投资现代服务业，重点建设物流、信息服务等高技术含量、高附加值的服务业项目，在加快发展服务经济中得到壮大。鼓励民营企业进行资源整合，加大产业升级投资力度，由批发零售、住宿餐饮、传统制造业等低端行业向研发设计、咨询服务、新兴产业等高端行业攀升。鼓励民营企业开展技术改造，加速从高耗能、高污染、低技术、低水平领域退出。

(八)鼓励民间投资集聚发展。提高民间投资集聚发展水平，鼓励民间投资向各类园区、开发区、特色产业基地集聚，引导民间投资围绕特色产业、优势项目加大投资力度，在园区内形成要素互补、产学研互动、上下游配套的联动发展格局。改进各类园区招商引资考核办法，将引入民间投资与引进外资同等对待。引导民间投资向服务业集聚区集聚，对到现代服务业集聚区投资的民营企业，省、市服务业发展引导资金优先支持，项目用地优先纳入土地利用年度计划。引导民间投资向沿海地区集聚，鼓励民间资本入股江苏沿海股权(产业)投资基金，参与筹建江苏沿海发展银行，认购沿海开发融资债券。鼓励民间资本投资沿海地区现代高效农业、先进制造业、现代服务业，大力发展新兴产业和海洋产业，实施滩涂综合开发经营。

(九)鼓励民间投资创新发展。以建设国家技术创新工程试点省份为契机，鼓励民间资本加大自主创新投资，培育更多的科技型、创新型民营企业。鼓励民营企业加大研发投入，省科技创新专项引导资金要向民营企业倾斜，支持民营企业在新兴产业、节能减排等领域掌握一批拥有自主知识产权的核心技术。鼓励民间资本投资建设各类研发机构，集聚创新资源，增加技术储备。支持民营企业进行科技成果转化，加快创业孵化、科技咨询等科技服务机构发展，为民营企业科技成果转化提供支持。加强产学研联合，支持民营企业充分利用各类技术转移和科技成果对接平台，加快科技成果转化与产业化。鼓励民营企业投资开发新产品，加快实现产品更新换代。

(十)鼓励民间投资外向发展。鼓励民营企业加快"走出去"，积极参与国际竞争。支持民营企业开展国际化经营,投资收购境外研发机构、知名品牌、营销网络,提高跨国经营能力,培育具有核心竞争力的跨国经营主体。鼓励民营企业与各类所有制企业之间组成联合体,共同开展多种形式的境外投资,共同开拓对外承包工程和劳务合作市场。健全民营企业境外投资促进和保障体系,加快境外经贸合作区建设,为民营企业"走出去"提供发展平台和综合服务。建立省级部门境外投资工作协调机制,在融资保险、检验检疫、外汇管理等方面为民营企业境外投资提供便利。

(十一)鼓励民营企业开展兼并重组。鼓励民间资本加快存量调整,支持有实力的民营企业通过并购、联合重组等方式实现强强联合,提高投资扩张能力,到"十二五"期末,销售(营业)收入超百亿元的民营企业集团达到60家以上。鼓励有条件的民营企业,充分利用自身品牌、技术及管理优势,采取兼并收购、战略联盟、相互持股等多种形式,对技术落后及经营困难的企业进行并购重组。各类金融机构要对参与重组的民营企业在发行股票和企业债券、进行票据融资、贷款授信等方面给予支持,对不良债务回购等予以优惠。鼓励民营企业参与国有企业改组改制,支持民间资本以股权认购、参与改制重组、开展合资合作等方式参与国有企业股权多元化改革,支持有条件的省属企业在母公司层面引进民间资本。

四、全面优化民间投资发展环境

(十二)完善政策体系。进一步清理和修订不利于民间投资发展的法规、规章及政策性规定,切实保护民间投资的合法权益。加快制订鼓励民间投资的各项政策,优化民间投资发展的法律政策环境。在制订涉及民间投资的法规和政策时,要听取有关商会和民营企业的意见及建议,充分反映民营企业的合理要求。完善政府公共服务外包制度,支持民营企业的产品和服务进入政府采购目录,并在政府采购时优先选择。

(十三)优化行政审批。深化行政审批制度改革,进一步清理涉及民间投资的行政审批事项,在政策允许的范围内简化审批手续,提高行政效率,建立健全民间投资服务的长效机制。各部门要提高服务意识,公布各项行政审批、核准、备案事项和办事指南,推行一站式服务、限时办结、承诺服务等制度,推动行政管理内容、标准、程序的公开化、规范化。全面推行行政权力网上公开透明运行,积极运用网上咨询、网上申报、网上审批等手段,为民间投资者提供便利。

(十四)加强财税扶持。落实民间投资税收优惠政策,民营企业与国有企业、外资企业享受同样的税收优惠政策。对民间资本从事创业活动、发展高新技术产业和新兴产业、建设节能环保项目等按国家规定给予税收优惠。对有市场潜力、符合产业发展方向、有特殊困难的民营企业,按相关规定给予适当的税收减免支持。对外贸民营企业要积极落实出口退税政策,及时足额退税。减征一批相关行政事业性收费和政府性基金,所有涉及民间投资的行政事业性收费项目,一律按照有关规定给予优惠。及时公布民间投资项目相关收费政策内容,增加收费透明度。各级各类产业发展引导资金在安排上要对符合产业政策、发展前景好、带动能力强的民营企业优先扶持。各类财政预算内投资、专项建设资金以及国际金融组织贷款和外国政府贷款等,要明确规则、统一标准,对包括民间投资在内的各类投资主体同等对待。

(十五)改善融资环境。着力拓宽民间投资融资渠道,引导金融机构开展金融产品创新,改进服务方式,增加民营企业贷款种类,提高大中型银行对民营企业的信贷比重。加大民间投资信用担保支持,建立省、市、县共同参与的全省再担保网络体系,加强银保合作,完善再担保机制,逐步扩大民营企业贷款担保规模。各级人民政府要建立和完善对信用担保机构发展的激励与补偿机制,鼓励担保机构降低对民营企业的收费标准,拓宽担保范围,创新担保方式。支持和发展产业投资基金及创业风险投资基金等各类股权投资基金,积极支持民营企业利用企业债、公司债、短期融资券、中长期票据等债务融资工具直接融资。民间资本投资国家产业政策鼓励的重大项目,探索以项目直接融资,允许以收费权抵押、项目资产折价抵押、商标权质押等方式进行筹资。对发展前景好、具备上市条件的民营企

业，列为省重点后备上市资源，省科技创新专项引导资金和各级各类产业发展引导资金优先扶持。大力发展区域股权产权交易市场，充分发挥地方产权交易机构作用，为非上市股份有限公司开展私募股权融资和股权转让业务提供服务。以多层次资本市场体系建设为契机，大力推进场外交易市场建设，积极争取国家代办股份转让系统试点。

五、着力提高民间投资服务水平

（十六）加快载体建设。加强促进民间投资发展的载体和平台建设，按照业务特色化、服务标准化、管理信息化、机制市场化的要求，优化各类园区、特色产业基地发展环境，强化商务环境优势和综合配套优势，增强对省内外民间投资的吸引力，扩大民间投资规模。强化各类平台对民间投资发展的扶持能力，加强人才、科技、金融等服务平台建设，对载体内民营企业的生产运营、科技创新、市场销售、上市融资等给予支持。加强载体内企业的互动联合，以产业链为纽带，鼓励大中小企业资源互通、优势互补、功能整合，形成以强带弱、资源共享、联动发展的格局。

（十七）注重规划引导。充分发挥规划在鼓励和引导民间投资发展中的总体指导与龙头带动作用，在制订中长期发展规划和年度计划时，充分考虑民间投资发展需求，将民间投资项目纳入总体考虑之中，规划好民间投资的项目和空间布局。鼓励民营企业参与各级各类规划的制订，在规划制订前期，要加大宣传力度，公开规划编制相关信息，引导民营企业和民间投资研究机构参与规划前期研究工作。在规划编制过程中，要及时听取社会各方意见，充分吸收民营企业对规划编制的意见和建议，将民间投资的发展需求纳入规划，为后期项目建设提供依据。在发展总体规划、区域规划、专项规划实施过程中，要积极发挥指导作用，鼓励民间投资优化结构和布局，增强可持续发展能力。

（十八）规范投资管理。在加强鼓励和支持民间投资的同时，各地、各部门要依照有关法律法规要求，切实督促民间投资主体履行投资建设手续，严格遵守产业政策和环保、用地、金融、节能、质量、安全等规定。要建立完善企业信用体系，指导民营企业建立规范的产权、财务、用工等制度，依法经营。加强对民营企业的培训，支持民营企业不断提高自我发展能力，满足市场准入的要求，树立诚信意识和责任意识，主动承担相应的社会责任。

（十九）完善服务体系。建立涉及民间投资的信息发布制度，相关部门要根据国家产业政策导向和市场需求，定期向社会推介一批有利于结构调整、具备发展潜力、适合民间投资参与的建设项目，吸引民间资本进入。建立和发展为民间投资服务的商会、行业协会等自律组织，积极培育为民间投资提供法律、政策、咨询、财务等服务的中介组织，进一步规范中介服务机构执业及服务收费行为，优化对民间投资发展的社会服务。统计部门要加强对民间投资的统计工作，投资主管部门、行业主管部门及行业协会要做好民间投资监测和分析，及时把握民间投资动态，合理引导民间投资。

（二十）加强舆论宣传。各级宣传部门要加大宣传力度、创新宣传方式、丰富宣传内容，大力宣传发展民间投资的积极意义，引导社会各界正确认识发展民间投资的重要作用，为民间投资发展营造良好舆论氛围。加大对国家及我省鼓励和支持民间投资发展政策的宣传力度，引导民营企业用足用好各项政策，充分发挥政策的鼓励和支持效果。加大对优秀民营企业和民营企业家的宣传力度，积极宣传依法经营、诚实守信、认真履行社会责任、积极参与社会公益事业民营企业和企业家的先进事迹，帮助优秀民营企业和企业家在公众中树立良好形象。

各地、各部门要加强对鼓励民间投资工作的组织协调，形成统一领导、各司其职、分工合作、齐抓共管的工作格局，根据本意见要求，抓紧布置、积极行动、扎实推进，研究制订具体实施办法，尽快将有关政策措施落到实处，促进民间投资健康发展，提高对经济社会发展的贡献度。

附件：省政府关于鼓励和引导民间投资健康发展的重点任务分工和工作要求

二〇一〇年十月二十日

附件:

省政府关于鼓励和引导民间投资健康发展的重点任务分工和工作要求

为切实贯彻落实《国务院关于鼓励和引导民间投资健康发展的若干意见》(国发〔2010〕13 号)精神,将《省政府关于鼓励和引导民间投资健康发展的实施意见》中提出的各项措施落到实处,增强政策的可操作性,现将各部门支持民间投资发展的重点任务分工和工作要求明确如下:

一、任务分工

(一)鼓励民间资本进入基础产业和基础设施领域。

1. 鼓励民间资本参与交通建设。支持民间资本以独资、控股、参股、股权收购等方式参与高速公路、一级干线公路、独立桥梁、隧道、港口公用码头的建设和经营。鼓励民间资本以独资、控股、参股等方式投资建设内河航道、民用机场、通用航空设施等项目。(责任部门:省交通运输厅、发展改革委、财政厅、住房城乡建设厅、物价局)

2. 鼓励民间资本参与铁路建设。鼓励民间资本参与铁路干线、支线、专用线以及站场设施等建设,支持民间资本参股建设客运专线、城际轨道交通等项目。对支线、专用线及站场设施项目,探索建立适合我省铁路发展特点的合资铁路投资建设和经营管理机制。对民间资本投资铁路建设,相关部门要在铁路沿线土地开发、投资补偿、财税政策、运价机制等方面帮助争取国家政策优惠。加强对民间资本投资铁路的融资支持,帮助争取国家对公益性铁路建设项目给予的低息或贴息贷款,有条件的合资铁路,探索发行企业债券、可转换债券、融资租赁等方式融资。鼓励民间资本参与既有铁路增资扩股、股权置换和转让。探索建立江苏省铁路产业投资基金,以省财政铁路建设资金为引导,选择资金实力雄厚的机构投资者共同参与发起,引导民间资本积极参与。(责任部门:省铁路办、发展改革委、财政厅、国土资源厅、国税局、地税局)

3. 鼓励民间资本参与水利工程建设。对投资公益性或准公益性水利工程项目的民营企业,给予政府补偿或赋予冠名权。对投资开发性水利工程项目的民营企业,用未来收益、储备土地未来收益等进行补偿。民营企业按照规划建设的水利项目,产权和收益归投资人。民营企业投资喷灌、滴灌等节水灌溉工程,享受与集体经济组织同等补助政策。民营企业投资的调供水工程,如经核算的调水成本价格高于当地用水市场价格的,政府给予补贴。(责任部门:省水利厅、发展改革委、经济和信息化委、财政厅、物价局)

4. 鼓励民间资本进入能源建设领域。鼓励民间资本投资风能、太阳能、生物质能等新能源产业。落实支持民间资本独资、控股、参股火电站建设和参股核电站建设的政策。积极落实国家推进电价改革的各项举措,保障民营发电企业利益。电力项目建设要通过招标或拍卖的方式选择业主,支持民间投资者参与。支持民间资本进入油气勘探开发领域,与国有石油企业合作开展油气勘探开发。支持民间资本参股原油、天然气、成品油储运和管道输送设施及网络建设。(责任部门:省发展改革委、能源局、经济和信息化委、财政厅、国土资源厅、国资委、物价局)

5. 鼓励民间资本参与电信建设。鼓励民间资本以技术合作、资金入股等方式参股电信基础设施和基础电信运营市场建设。积极推进民营企业与电信企业开展研发合作,创新电信产品。支持民间资本开展增值电信业务。加强对电信领域垄断和不正当竞争行为的监管。(责任部门:省经济和信息化委、发展改革委、国资委、物价局)

6. 鼓励民间资本参与土地整治和矿产资源勘探开发。支持民间资本通过招标投标形式参与土地整理、复垦等工程建设,对可以通过市场运作的矿山地质环境恢复治理项目,通过招标拍卖等方式确定治理者的治理权和一定年限内的土地使用权。鼓励民间资本参与区域性土地整治和用于占补平衡耕地的开发。坚持矿业权市场全面向民间资本开放,鼓励民间资本参与勘查开发矿产资源,民营矿山企业与其他矿山企业享受同等待遇。(责任部门:省国土资源厅、发展改革委)

(二)鼓励民间资本进入市政公用事业和政策性住房建设领域。

7. 鼓励民间资本参与市政公用事业建设。支持民间资本以参股、特许经营、BT、BOT等方式进入城乡供水、供气、供热、污水和垃圾处理、公共交通、城市园林绿化等领域。鼓励民间资本积极参与市政公用企事业单位改组改制。进一步深化市政公用事业体制改革,推行市政公用事业投资主体、运营主体招标制度,建立健全市政公用事业特许经营制度。改进和完善政府采购制度,建立规范的政府监管和财政补贴机制,加快推进市政公用产品价格和收费制度改革。(责任部门:省住房城乡建设厅、发展改革委、财政厅、水利厅、物价局)

8. 鼓励民间资本参与政策性住房建设。支持民间资本投资建设经济适用住房、公共租赁住房等政策性住房,参与棚户区改造,享受相应的政策性住房建设政策。(责任部门:省住房城乡建设厅、发展改革委)

(三)鼓励民间资本进入社会事业领域。

9. 鼓励民间资本参与发展医疗事业。支持民间资本兴办各类医院、社区卫生服务机构、疗养院等医疗机构,原则上不再新办公立医疗机构,并从严控制现有公立医院扩张,为民间资本办医留足发展空间。支持民办医疗机构承担公共卫生服务、基本医疗服务和医疗保险定点服务,对信用等级较高的定点民办医疗机构医疗保险费用结算审核等给予与公立医院同等待遇。切实落实非营利性医疗机构的相关税收优惠政策。鼓励医疗人才资源向民办医疗机构合理流动。适当放宽民办医疗机构大型医疗设备的配置标准。民办营利性医疗机构免税期满后,对地方留成的部分税收可由当地人民政府给予适当奖励。鼓励民间资本参与公立医院转制改组。(责任部门:省卫生厅、发展改革委、民政厅、财政厅、人力资源社会保障厅、国税局、地税局、工商局、物价局)

10. 鼓励民间资本参与教育和社会培训事业发展。研究划分营利性与非营利性民办学校的办法,加强分类指导,落实有所区别的注册登记、政府支持等相关政策。支持民间资本依法兴办高等学校、中小学校、幼儿园、中等职业学校和各类社会教育培训机构。落实民办技工学校和职业培训机构的公共财政资助政策,按规定拨付职业培训补贴。落实对民办学校的人才鼓励政策和公共财政资助政策,加快制订和完善促进民办教育发展的金融、产权、税收和社保等政策,研究建立民办学校的退出机制。(责任部门:省教育厅、发展改革委、民政厅、财政厅、人力资源社会保障厅、国土资源厅、国税局、地税局,江苏银监局)

11. 鼓励民间资本参与发展社会福利事业。建立政府主导、政策引导、社会主体、市场推动的投入和运行机制,鼓励民间资本兴办养老机构,对福利性、非营利性、营利性养老机构给予不同的要求和扶持,到2015年底,全省新增社会办养老服务机构床位数力争达到10万张。民间投资新建养老服务机构,符合条件的给予一次性奖励,规模较大的给予一定数额的营运补助。通过用地保障、信贷支持和政府购买服务等多种形式,鼓励民间资本投资建设专业化服务设施,兴办残疾人康复、托养服务等各类社会福利机构。对民间资本参与发展社会福利事业的项目用地,纳入地方年度土地供应计划,给予优先安排。符合《划拨用地目录》的,以划拨方式供地。(责任部门:省民政厅、发展改革委、财政厅、国土资源厅、国税局、地税局,江苏银监局)

12. 鼓励民间资本投资文化产业。支持民间资本投资创意设计、新兴媒体、广播影视、动漫游戏、出版发行等行业重点项目,江苏紫金文化产业发展基金和各级文化产业发展专项资金要给予重点支持。支持民营企业建设博物馆、图书馆、文化馆、电影院等文化设施。民间资本在工商登记、土地征用、规费减免、财政扶持、信贷等方面与国有文化企业享受同等待遇。支持和促进一批高水平民营文

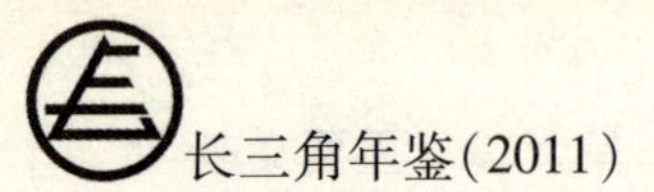

化产业示范基地建设。做好民间资本投资文化产业政策咨询工作,帮助符合条件的民营企业争取相应的税收优惠。(责任部门:省文化厅、发展改革委、财政厅、工商局、广电局、新闻出版局)

13.鼓励民间资本投资旅游业。鼓励民间资本投资建设省、市、区各级旅游发展规划中确定的重点项目,对省级重点旅游项目用地给予优先支持。加大省级旅游业发展专项引导资金对民营旅游项目的支持力度。支持民营企业开展以景区经营权和门票收入等质押贷款业务。(责任部门:省旅游局、发展改革委、财政厅,江苏银监局)

14.鼓励民间资本投资体育产业。支持民间资本投资体育用品生产,培育一批行业龙头企业。对民间资本投资体育产业,在项目审批、融资服务、土地使用以及申请体育项目经营许可证、职称评定、命名、表彰等方面,享受与国有资本同等待遇。鼓励民间资本从事体育健身活动,培育体育健身服务品牌。鼓励民间资本以参股、承包、租赁等形式参与体育设施建设和运营。鼓励民间资本承办各类体育竞赛、表演。鼓励民间资本参与兴办体育中介企业,参与政府体育项目采购和招投标。支持民营体育企业申报体育产业示范基地,享受相应政策。(责任部门:省体育局、发展改革委、财政厅)

(四)鼓励民间资本进入金融服务领域。

15.鼓励民间资本兴办金融机构。放宽对金融机构的股比限制,支持民间资本参与地方法人金融机构的设立和增资扩股,参与农村合作金融机构改制工作。放宽村镇银行中法人银行最低出资比例限制,鼓励民间资本通过公开招标方式发起或参与设立村镇银行。落实中小企业贷款税前全额拨备损失准备金政策,简化中小金融机构呆账核销审核程序。鼓励民间资本兴办农村小额贷款公司、科技小额贷款公司,适当放宽小额贷款公司单一投资者持股比例限制。加大对小额贷款公司、农民资金互助社的政策扶持,在抵押登记、纳税核算、财政补贴等方面享受与村镇银行同等待遇。支持民间资本发起设立信用担保、再担保公司,完善信用担保公司风险补偿机制和风险分担机制。鼓励民间资本发起设立金融中介服务机构,参与证券、保险等金融机构的改组改制。(责任部门:省金融办、发展改革委、经济和信息化委、财政厅、国税局、地税局、工商局,人行南京分行,江苏银监局,江苏证监局,江苏保监局)

(五)鼓励民间资本进入商贸流通领域。

16.鼓励民间资本进入商品批发零售、现代物流领域。支持民营批发、零售企业发展,鼓励民间资本投资连锁经营、电子商务等新型流通业态。规范商贸流通领域商会、行业协会等社会中介组织行为,充分发挥各类中介组织的重要作用。鼓励民间资本投资第三方物流服务领域,为民营物流企业承接传统制造业、商贸业的物流业务外包创造条件,支持中小型民营商贸流通企业协作发展共同配送。加快物流业管理体制改革,物流发展重点地区要制订物流业发展规划,鼓励物流基础设施的资源整合和充分利用,促进物流企业网络化经营,搭建便捷高效的融资平台。(责任部门:省商务厅、发展改革委、经济和信息化委、民政厅、交通运输厅)

(六)鼓励民间资本进入国防科技工业建设领域。

17.鼓励民间资本进入国防科技工业投资建设领域。支持有关高新技术开发区建立军民两用高技术孵化器,鼓励民间资本参与军民两用高科技开发和产业化,对军民结合产业相对集中的地区授予"军民结合产业基地"称号,并给予相关政策支持。支持民营企业按有关规定参与承担军工生产和科研任务,鼓励民营企业利用自有资金对本单位武器装备科研生产许可范围内的军工项目进行投资。建立军民两用高技术信息资源发布体系,充分发挥省内各级军工协会的作用,以军民两用高技术展示、洽谈会等形式,加强对民间投资的信息引导。支持民营企业有序参与军工企业的改组改制。(责任部门:省经济和信息化委、国土资源厅、国防科工办)

(七)鼓励民间资本重组联合和参与国有企业改革。

18.鼓励民营企业开展兼并重组。充分利用产权市场组合民间资本,促进产权合理流动,开展跨地区、跨行业兼并重组。在企业并购重组中,非公司制企业改制为公司制企业或有限责任公司变更为股份有限公司的,可将其资产评估增值部分转增企业注册资本。企业在并购重组中办理房产等资产转让过户的相关税费,可按有关规定享受优惠。鼓励民间资本参与苏中、苏北加快发展以及新农村建设和扶贫开发。支持有条件的民营企业通过联合重组等方式做大做强,提高资本扩张能力。(责任部门:省经济和信息化委、工商局、国税局、地税局)

19. 鼓励民营企业参与国企改制。支持民营企业通过参股、控股、资产收购等多种形式,参与国有企业改制重组。支持有条件的省属企业在母公司层面引进民间资本进行股权多元化改革,合理降低国有控股企业中的国有资本比例。抓紧启动第一批省属企业股权多元化改革方案制订工作。(责任部门:省国资委、发展改革委、经济和信息化委)

(八)推动民营企业加强自主创新和转型升级。

20. 落实鼓励企业增加研发投入的税收优惠政策。鼓励民营企业增加研发投入,民营企业研究开发费用可按规定实行税前加计扣除。帮助民营企业建立企业研究院、高技术重点实验室、工程技术研究中心、工程中心、企业技术中心等各类研发机构,吸引高端人才,集聚创新资源,增加技术储备。支持民营企业参与国家和省级重大科技计划项目及技术攻关。逐步建立民营高新技术企业产品研发、科技成果转让的保险保障机制,民营企业投保科技保险险种,其保费支出纳入企业技术开发费用,享受国家规定的税收优惠政策。(责任部门:省科技厅、发展改革委、经济和信息化委、财政厅、国税局、地税局,江苏保监局)

21. 鼓励民营企业开展科技成果转化。加快实施促进科技成果转化的鼓励政策,民营企业为转化、引进科技成果而支付的技术研究与开发费用,按实际发生额计入生产成本,不受比例限制。加快分析测试、检验检测、创业孵化、科技评估、科技咨询等科技服务机构和公共服务平台的建设与机制创新,为民营企业的自主创新提供优质服务。积极推动信息服务外包、知识产权、技术转移和成果转化等高技术服务领域的市场竞争,支持民营企业参与组织产学研结合、科技成果鉴定使用及转化等技术服务活动。(责任部门:省科技厅、经济和信息化委、商务厅)

22. 鼓励民营企业加大新产品开发力度。民营企业开发新产品发生的研究费用,可按规定享受加计扣除优惠政策。民间投资用于国家鼓励类项目,进口国内所不能生产的关键设备、原材料及零部件时,减免征收进口关税。鼓励民营企业实施商标战略,开展品牌经营,在全省选取200家重点民营企业开展商标战略试点。鼓励民营企业按照规定采用加速固定资产折旧等方式进行技术改造,加快技术升级。(责任部门:省科技厅、经济和信息化委、财政厅、商务厅、国税局、地税局、工商局、质监局)

23. 鼓励民营企业发展战略性新兴产业。鼓励民间资本参与实施“新兴产业倍增计划”,投资新兴产业特色基地建设,到2012年,实施1000个以上民营中小型新兴产业项目。加强金融支持,在省以上高新技术开发区(园区)或经济技术开发区设立一家科技小额贷款公司,科技部门和商业银行在各市选择部分银行分支机构开展科技金融合作模式创新试点,为发展新兴产业的民营企业提供融资支持。省新兴产业发展创业投资引导资金要对民营企业的新兴产业科技研发、孵化以及市场培育进行扶持。吸引民间资本参与省各类产业基金的设立。鼓励民间资本发展新能源产业,对风电、生物质能发电等上网电价在积极落实国家补贴电价的基础上,省财政对新能源发电企业缴纳的地方增值税增量部分全额留给市、县,由市、县统筹用于扶持新能源产业发展。(责任部门:省发展改革委、经济和信息化委、科技厅、财政厅、商务厅、金融办、物价局,江苏银监局,省能源局)

24. 鼓励民营企业参与服务业集聚区建设。对列入年度省服务业重点项目投资计划并符合产业政策的民间投资项目,省服务业引导资金优先给予支持和奖励。对集聚区内新注册的民营服务业企业按相关规定给予税收优惠。(责任部门:省发展改革委、财政厅、国土资源厅、商务厅)

25. 鼓励民间资本投资现代农业。重点支持民间资本投资种源农业、农产品精深加工业和农产品流通业,参与实施国家粮食战略工程。鼓励民间资本参与现代农业产业园区、现代农业特色产业示范基地、现代农业示范村建设,享受相关优惠政策。支持民营农业龙头企业加快发展,协调落实财政、税收、信贷、保险、绿色通道等各项政策,提高民营农业龙头企业投资扩张能力。鼓励民间资本参与实施农产品出口振兴计划,投资建设农产品出口基地,培育一批名牌农产品。(责任部门:省农委、发展改革委、财政厅、交通运输厅、商务厅、国税局、地税局、工商局,江苏保监局)

26.鼓励民间资本参与沿海开发。鼓励民间资本入股江苏沿海股权(产业)投资基金,参与筹建江苏沿海发展银行,认购沿海开发融资债券。鼓励民间资本投资沿海地区先进制造业、新兴产业和现代服务业,以及现代农业、海洋产业和滩涂综合开发经营,通过入股、参股等方式参与沿海地区重大交通、水利等经营性基础设施建设。对民营企业到沿海地区投资基础设施、滩涂开发等项目建设的,能够减免的省级行政事业性规费全部给予减免,省财政专项扶持资金优先给予安排。对民间资本到沿海地区投资建设产业项目的,在符合产业政策、土地、环保等前提下,开辟项目审批绿色通道。(责任部门:省沿海办、发展改革委、交通运输厅、金融办、物价局)

27.推进各类开发区、高新技术园区、特色产业园区建设,吸引民间投资在园区扩大高新技术和新兴产业的集聚程度及规模。各类园区对用地集约的民营高新技术产业项目优先供应土地。对在苏北开发区投资的民营企业,加大政策、技术、资金配套支持力度。在各类园区考核评比中,要增加民间资本的权重。(责任部门:省商务厅、发展改革委、经济和信息化委、科技厅、国土资源厅)

(九)鼓励民营企业积极参与国际竞争。

28.鼓励民营企业"走出去",积极参与国际竞争。以省内资源需求型民营企业、地质勘探企业和有关金融机构等为主体,筹组成立境外资源开发联合体,以我省紧缺的铁、铜、天然气等资源为重点,建立境外资源供应基地。加快境外经贸合作区建设,将境外经贸合作区建设纳入我省对外友好交往的总体战略。加大境外经贸合作区投资主体的财政支持力度,对入驻境外经贸合作区的民营企业给予一定投资资助。(责任部门:省发展改革委、经济和信息化委、财政厅、商务厅、工商局、能源局)

29.完善境外投资促进和保障体系。建立省级部门境外投资工作协调机制,在融资保险、检验检疫、外汇管理等方面为民营企业境外投资提供便利。充分利用我省现有扶持政策,重点支持已开展境外投资并取得一定效益的民营企业的投资活动。支持省内财会、法律等投资咨询机构开展国际化经营,对在我省境外投资重点区域设立分支机构的,按规定给予适当补助。建立境外投资信息通报制度,减少民营企业境外投资风险。(责任部门:省商务厅、发展改革委、财政厅,人行南京分行,南京海关,江苏银监局)

(十)为民间投资创造良好环境。

30.清理和修改不利于民间投资发展的法规及政策,切实保护民间投资的合法权益,培育和维护平等竞争的投资环境。在制订涉及民间投资的法律、法规和政策时,要听取有关商会和民营企业的意见及建议,充分反映民营企业的合理要求。全面清理整合涉及民间投资管理的行政审批事项,简化环节、缩短时限,推动管理内容、标准和程序的公开化、规范化。(责任部门:省法制办、监察厅)

31.各级人民政府部门安排的政府性资金,包括财政预算内投资、专项建设资金、创业投资引导资金,要明确规则、统一标准,对包括民间投资在内的各类投资主体同等对待。(责任部门:省发展改革委、经济和信息化委、科技厅、财政厅)

32.各类金融机构要在防范风险的基础上,创新和灵活运用多种金融工具,加大对民间投资的融资支持,大型金融机构要设立专门为中小民营企业服务的部门。金融机构要增加民营企业贷款种类,探索根据企业现金流量、订单情况等发放贷款的办法。对面向中小民营企业提供信用担保服务,经营管理规范、运营良好的担保公司,在补充资本金、适度放宽担保额比例等方面给予优先扶持。支持和发展产业投资基金及创业风险投资基金等各类股权投资基金,鼓励民营企业依法向内部职工和社会定向募集资本。支持民营企业通过发行企业债券、短期融资券、中期票据进行融资,探索发行中小企业集合债券、中小企业集合票据。调整完善企业上市支持政策,加强对主板、创业板上市工作的培育和辅导,强化民营后备上市资源培育。对国有、集体企业改制设立的民营企业在申报上市过程中,涉及历史沿革问题的，应尊重历史，在规范的基础上确认股权。（责任部门：省金融办、发展改革委、经济和信息化委、财政厅，人行南京分行，江苏银监局，江苏证监局）

33. 深入开展减轻企业负担专项治理工作，清理和规范涉企收费，治理和纠正向企业摊派、索要赞助及无偿占用企业财务等行为，督促落实各项惠企政策措施，建立减轻企业负担的长效机制。（责任部门：省经济和信息化委、财政厅、物价局）

（十一）加强对民间投资的服务、指导和规范管理。

34. 强化规划引导，在制订中长期发展规划、专项规划、年度计划时，规划好民间投资的项目布局和空间布局。各级人民政府在编制“十二五”国民经济和社会发展规划及专项规划时，要充分考虑民间投资的发展需求和项目布局。统计部门要加强对民间投资的统计工作，建立相关统计制度，及时准确反映民间投资的进展和分布情况，加强信息引导。（责任部门：省发展改革委、经济和信息化委、统计局）

35. 加强投资信息平台建设，及时向社会公开发布国家产业政策、发展建设规划、市场准入标准、国内外行业动态等信息，引导民间投资者正确判断形势，减少盲目投资。投资主管部门、行业管理部门及行业协会要切实做好民间投资的监测和分析工作，及时把握民间投资动态，合理引导民间投资。（责任部门：省发展改革委、经济和信息化委、住房城乡建设厅、交通运输厅、农委、水利厅、商务厅、文化厅、卫生厅、统计局、铁路办、能源局）

36. 建立健全民间投资服务体系。充分发挥商会、行业协会等自律性组织的作用，积极培育和发展为民间投资提供法律、政策、咨询、财务、金融、技术、管理及市场信息等服务的中介组织。（责任部门：省经济和信息化委）

二、工作要求

（一）各部门要按照上述任务分工，对涉及本部门的具体工作，结合我省实际情况对政策进行细化、深化、具体化，提出具有可操作性的具体措施。

（二）各部门要充分借鉴兄弟省市好的做法，适当进行政策创新，为今后一个时期我省民间投资发展提供政策支持。

（三）各部门要密切跟踪国家相关部委落实促进民间投资发展政策的制订情况，及时将政策落实到我省的实际工作中。

（四）各部门之间要密切配合，对贯彻落实工作中涉及多个部门的工作，要加强合作，形成工作合力。

（五）省人民政府将对各地、各部门政策措施落实情况适时开展督促检查。

江苏省关于进一步促进中小企业发展的实施意见

为贯彻落实国务院《关于进一步促进中小企业发展的若干意见》(国发〔2009〕36号)精神,采取更加积极有效的政策措施,现就进一步促进江苏省中小企业平稳健康发展提出以下实施意见:

一、进一步健全中小企业服务体系

(一)加快推进中小企业服务体系建设。建立健全市、县(市)中小企业服务中心,着力培育骨干服务机构。制订中小企业服务中心星级认定办法,促进中小企业服务中心增强服务意识,拓展服务领域,提升服务能力,提高服务绩效。通过资格认定、业务委托、业绩奖励等方式,引导和带动专业服务机构加快发展。建立和完善财政补助机制,支持服务机构开展信息、培训、技术、创业、质量检验、企业管理等服务。到2012年,全省基本建立以公益性服务机构为主导、商业性服务机构为支撑的省、市、县三级中小企业服务机构体系。支持有条件的县(市)中小企业服务中心建设延伸到乡镇(街道)。

(二)加快中小企业公共服务平台建设。建立和完善省、市、县三级中小企业信息网站,为中小企业搭建政策解读、技术推广、人才交流、业务培训和市场营销等重点信息服务平台。支持各类投资主体面向重点产业集群和优势产业,建设一批产品设计、研发、检验检测、技术推广、信息咨询、人才培训等公共服务平台。

(三)帮助中小企业开拓市场。大力发展行业性电子商务平台,引导和推动中小企业开展电子商务活动。采取财政补助、降低展费标准等方式,支持中小企业参加各类展览展销活动,支持举办一批依托重点产业集群的专业性品牌展会,支持建立各类中小企业产品技术展示中心。出台贸易便利化措施,提高通关效率,加快出口退税进度。发挥各级、各部门驻海外机构的作用,积极提供国外市场信息,为中小企业开展各类国际合作交流活动提供服务和帮助。鼓励支持有条件的中小企业到境外开展并购等投资业务,收购技术和品牌,带动产品和服务出口。

二、多渠道缓解中小企业融资困难

(四)建立和完善中小企业金融服务体系。省内国有商业银行和股份制银行一级分行以及城市商业银行法人机构都要建立小企业金融服务专营机构,并在中小企业发达、金融需求旺盛的地区增设机构网点。鼓励民间资本参与发起设立村镇银行、小额贷款公司;支持民间资本以投资入股的方式,参与农村信用社改制为农村商业(合作)银行,支持、规范发展小额贷款公司,鼓励有条件的小额贷款公司转为村镇银行。

(五)加强和改善对中小企业的金融支持。完善中小企业授信制度,对中小企业金融服务实施差异化监管,逐步提高中小企业中长期贷款的规模和比重。完善信贷人员尽职免责机制,提高贷款审批效率,创新金融产品和服务方式。扩大贷款抵押物范围,积极推广动产、应收账款、仓单、股权、政府采购中标合同和知识产权质押等方式,缓解中小企业贷款抵质押不足的矛盾。要将中小企业贷款执行情况纳入各金融机构执行信贷政策的评估内容,对小企业贷款单独管理、单独考核。各商业银行和小额贷款公司等金融机构对中小企业的贷款余额增长率,应达到各项贷款的平均增长水平。鼓励建立小企业贷款风险补偿基金,对金融机构发放小企业贷款按增量给予适度补助,对小企业不良贷款损失给予适度风险补偿。省级财政对各银行类金融机构年度新增小企业贷款给予5‰的风险补偿。各级财政、税务部门要积极支持银行类金融机构及小额贷款公司,认真执行财政部有关中小企业贷款呆账核销政策规定,对符合呆账核销条件的中小企业贷款及时予以核销。

(六)拓宽中小企业融资渠道。支持中小企业上市融资,全力推动中小企业完成股份制改造并加

快上市进程，实现中小企业多渠道成功上市。有条件的市、县（市）对上市成功的中小企业给予一定奖励。涉及资产所有权和土地使用权过户发生的费用，根据有关规定给予减免。大力发展创业投资、股权投资和融资租赁企业。鼓励有条件的地区设立创业投资引导基金或产业发展基金，引导社会资金设立主要支持中小企业的创业投资企业。鼓励和帮助中小企业通过发行企业债券、中期票据、短期融资券、集合债券、股权融资、项目融资及信托产品等形式直接融资，开展中小企业集合债券发行试点工作。培育和规范发展产权交易市场，为中小企业产权、股权交易和创投资金退出提供服务。

（七）完善中小企业信用担保体系。设立政府出资、企业联合组建的多层次中小企业信用担保机构，并逐步扩充资本金。鼓励支持民间资本和境外资本投资设立中小企业信用担保机构。制订并不断完善全省融资性担保机构监督管理办法和中小企业担保机构信用评级办法，促进担保机构规范、有序发展。完善对中小企业信用担保的激励和风险补偿办法，对按低于国家规定标准收取担保费以及按规定提取风险准备金的担保机构给予适当补助，对增加资本金的担保机构给予奖励。以省再担保公司为龙头，建立市、县担保公司共同参与的全省再担保网络体系，加强银保合作，完善再担保机制，逐步扩大中小企业再担保规模。鼓励支持有条件的市、县（市）建立相应资金，为中小企业按时还贷、续贷提供资金支持。落实对符合条件的中小企业信用担保机构免征营业税、准备金提取和代偿损失税前扣除的政策。国土资源、住房城乡建设、金融、工商等部门要为中小企业和担保机构开展抵押物及出质的登记、确权、转让等提供优质服务。

三、促进中小企业自主创新和转型升级

（八）支持中小企业增强自主研发能力和推进高新技术产业化。支持中小企业加大研发投入，开发先进适用的技术、工艺和设备，研制新产品。鼓励中小企业建立和实施标准体系，积极采用国际标准和国外先进标准，提高产品质量。实施中小企业知识产权战略，支持中小企业创立企业品牌，维护商标信誉，通过科技创新与开发形成自主知识产权。对中小企业国内外发明专利申请费，省级专利资助资金按规定予以补助。

（九）支持中小企业加快产业优化升级。扶持中小企业大力发展新能源、新材料、生物技术和新医药、节能环保、软件及服务外包、物联网等六大新兴产业。制订和实施人才引进计划，引导高端技术人才向六大新兴产业集聚。引导支持中小企业运用高新技术和先进适用技术改造提升传统产业。鼓励支持中小企业发展科技研发、工业设计、技术咨询、信息服务、现代物流等生产性服务业。支持中小企业在软件开发、服务外包、网络动漫、广告创意、电子商务等新兴领域拓展业务。充分发挥市场机制作用，综合运用法律、金融、环保、土地、产业政策等手段，依法淘汰中小企业领域的落后技术、工艺、设备和产品，防止落后产能异地转移。

（十）支持中小企业做大做强。在新兴产业、支柱产业和优势传统产业中，培育一批拥有自主知识产权、有一定规模、市场前景好的高成长型中小企业，集中财政、金融、科技、土地等资源，支持其做大做强。市、县（市）要根据区域产业特色，对"专精特新"中小企业和行业骨干中小企业予以重点扶持。

（十一）支持中小企业加快技术改造。按照省重点产业调整和振兴规划要求，支持中小企业采用新技术、新工艺、新设备、新材料进行技术改造，支持重点节能减排技术和高效节能环保产品、设备在中小企业推广应用。

（十二）构建中小企业技术创新支撑体系。加快培育中小企业公共技术服务示范平台、中小企业技术创新中心、中小企业技术创新基地，引导和服务中小企业技术创新。加强产学研联合，支持建设省中小企业国内技术转移平台、国际技术转移平台和科技成果对接平台，促进科技成果向中小企业转化。支持设立中小企业海外技术合作中心，帮助中小企业跨国配置科技资源。省级中小企业技术创新中心享受省级企业技术中心的优惠政策，省级中小企业公共技术服务示范平台和中小企业技术创新基地的技术服务收入免征营业税及附加。

(十三)引导中小企业集聚发展。按照布局合理、功能完善、特色鲜明、用地集约、生态环保的原则,培育一批省级中小企业产业集聚示范区。支持重点特色产业基地和产业集群实施品牌战略,提高特色产业比重,壮大龙头骨干企业,延长产业链,提高专业化协作水平,形成一批特色鲜明、竞争力强的产业基地和产业集群。鼓励中小企业与大型企业开展多种形式的经济技术合作,建立稳定的供应、生产、销售等协作关系。

四、提高中小企业经营管理水平

(十四)引导和支持中小企业加强管理。按照科学、规范、精细、效能的要求,指导帮助中小企业加强内部管理。支持中小企业建立现代企业制度,完善法人治理结构,推进管理创新。引导中小企业提高产品质量水平,建立健全质量管理体系。支持中小企业取得质量管理体系认证、环境管理体系认证和产品认证等国际标准认证。督促中小企业苦练内功、降本增效,严格遵守安全、环保、质量、卫生、劳动保障等法律法规,诚实守信经营,履行社会责任。

(十五)加强对中小企业各类人员的培训。加大财政资金对中小企业培训工作的支持力度,促进行业协会(商会)、中小企业培训机构开展政策法规、企业管理、市场营销、专业技能、客户服务等各类培训。用3年时间,对规模以上中小企业的主要经营管理人员实施轮训。

(十六)加快推进中小企业信息化。引导中小企业利用信息技术提高研发、管理、制造和服务水平,提高市场营销和售后服务能力。鼓励信息技术企业开发和搭建行业应用平台,为中小企业信息化提供软硬件工具、项目外包、工业设计等社会化服务。各级财政的技术进步专项资金应安排一定比例支持中小企业信息化建设。

五、营造有利于中小企业发展的良好环境

(十七)加大财政资金扶持力度。逐步增加省级中小科技型发展引导专项资金的规模。重点支持中小企业发展新兴产业、开展技术创新,改善集聚发展、规模发展和转型升级的公共服务环境。省级财政用于扶持企业发展的其他资金,应逐步提高扶持中小企业发展的比例。各市、县(市)人民政府应相应建立扶持中小企业发展专项资金,并逐步增加资金规模。

(十八)认真落实各项税收优惠政策。

1. 对年应纳税所得额不超过30万元的符合条件的小型微利企业,减按20%的税率缴纳企业所得税;从2010年1月1日至2010年12月31日,对年应纳税所得额低于3万元的符合条件的小型微利企业,其所得减按50%后计入应纳税所得额,按20%的税率缴纳企业所得税。

2. 符合条件的创业投资企业采取股权投资方式,投资于未上市的中小高新技术企业2年以上的,可按其投资额的70%,在股权持有满2年的当年抵扣该企业投资企业的应纳税所得额;当年不足抵扣的,可在以后纳税年度结转抵扣。

3. 中小企业缴纳城镇土地使用税确有困难的,可按规定向主管地税机关提出减免申请。

4. 中小企业的固定资产由于技术进步原因需加速折旧的,可按规定缩短折旧年限或者采取加速折旧的方法。税务机关应及时指导企业办理事前备案手续。

5. 中小企业投资国家鼓励类项目,除《国内投资项目不予免税的进口商品目录》所列商品外,所需进口的自用设备以及按合同随设备进口的技术及配套件、备件,免征进口关税。

6. 全面落实高新技术企业、软件企业和资源综合利用等的税收优惠政策,对中小企业从事符合条件的环保、节能节水项目的所得,按规定给予企业所得税优惠。对企业购置用于环保、节能节水、安全生产等专用设备的,该专用设备投资额的10%可从企业当年的应纳税额中抵免;当年不足抵免的,可在以后5个纳税年度结转抵免。

7. 中小企业因有特殊困难不能按期纳税的,可依法申请在3个月内延期缴纳。

（十九）统筹解决中小企业用地需求。要按照产业结构调整和淘汰落后产能的要求，通过改造利用闲置场地、建设多层标准厂房等方式，采取切实有效措施盘活存量土地。各级人民政府在制订和实施土地利用总体规划和年度土地供应计划时，要统筹考虑中小企业投资项目用地需求，对特色产业基地、产业集群（集聚区、工业园区）、小企业创业基地以及高成长中小企业投资项目的多层标准厂房建设要优先供地。对符合条件并纳入省重点培育高成长中小企业的高新技术产业、现代服务业、新兴产业和高端制造业等重大项目优先供地。

（二十）构建和谐劳动关系。采取切实有效措施，加大对劳动密集型中小企业的支持力度，稳定和增加就业岗位。对中小企业吸纳符合条件的就业困难人员就业、签订劳动合同并缴纳社会保险费的，按规定在相应期限内给予基本养老保险、基本医疗保险、失业保险等社会保险补贴。重点推进工资集体协商制度，中小企业可与职工就工资、工时、劳动定额进行协商，签订工资集体合同。简化审批程序，对符合条件的，可向县级以上人力资源社会保障部门申请实行综合计算工时和不定时工作制。

（二十一）加大政府采购支持中小企业的力度。制定政府采购扶持中小企业发展的具体办法，提高采购中小企业货物、工程和服务的比例。重点支持中小企业开发的自主创新产品。进一步提高政府采购信息发布透明度，完善政府公共服务外包制度，为中小企业创造更多参与机会。推动中小企业政府采购信用担保融资工作。

六、强化对中小企业工作的组织领导

（二十二）加强组织领导。成立省人民政府促进中小企业发展联席会议制度，加强对中小企业工作的统筹规划、组织领导和政策协调。联席会议办公室设在省经济和信息化委（省中小企业局）。各地可根据工作需要，建立相应的组织机构和工作机制。

（二十三）加强对中小企业工作的指导。各级人民政府要把中小企业发展纳入国民经济和社会发展总体规划。各级中小企业行政管理部门要切实履行《江苏省中小企业促进条例》赋予的工作职责，加强综合协调和指导服务，督促发展中小企业各项政策措施的落实。政府其他有关部门要在各自职责范围内对中小企业进行指导和服务，落实有关政策。建立全省中小企业工作激励机制，对促进中小企业发展成效显著的市、县（市），省人民政府给予表彰。

（二十四）建立中小企业统计监测制度。省统计局会同省中小企业局建立和完善对中小企业的分类统计、监测、分析及发布制度，加强对规模以下企业的统计分析工作。省有关部门要及时向社会公开发布发展规划、产业政策、行业动态等信息，逐步建立中小企业市场监测、风险防范和预警机制。

（二十五）营造有利于中小企业发展的良好环境。清理不利于中小企业发展的政策文件和规章制度，优化中小企业发展环境。深化行政审批制度改革，全面清理并进一步减少、合并行政审批事项，实现审批内容、标准和程序的公开化、规范化。严格执行省人民政府关于取消部分行政事业收费项目的文件规定，切实减轻中小企业负担。各级人民政府应设立举报电话，及时受理和处理中小企业反映的问题。

江苏省传统产业升级计划

纺织、冶金、轻工、建材四大传统产业是江苏省工业的重要组成部分,也是促进经济增长的重要力量。改革开放以来,通过持续推进企业技术进步,产业规模跃居全国前列。2009 年,四大传统产业实现主营业务收入 29540.7 亿元,占全省规模以上工业的 41.5%;资产总计 19 992.8 亿元,占全省 38.3%;从业人员 462.3 万人,占全省 46.6%;营业收入超百亿元企业达 29 家。传统产业的稳定健康发展为应对金融危机、保障社会就业、促进江苏经济平稳较快发展发挥了重要作用。但也必须清醒地认识到,后金融危机时期国内外经济格局发生较大变化,市场竞争更趋激烈,传统产业发展面临严峻挑战,长期积累的结构性深层次矛盾依然存在,企业技术进步投入不够,技术创新能力薄弱,技术装备水平偏低,增长和发展后劲不足,以高能耗高物耗和低价格竞争为主的粗放式发展路子难以为继,加快改造升级、实现转型发展已刻不容缓。为贯彻落实全省加快转变经济发展方式工作会议精神,加快推进传统产业转型升级,增强产业核心竞争能力,在新一轮发展格局中把握主动权,现制订江苏省传统产业升级计划。计划期 2010 - 1012 年。

一、总体要求

深入贯彻落实科学发展观,坚持市场导向、企业主体、政府引导,以调高调优调强为取向,以优化结构、提档升级、实现可持续发展为目标,以自主创新、技术改造、品牌战略、"两化融合"、集聚发展、兼并重组、节能减排、淘汰落后等为工作重点,与正在实施的纺织、钢铁、有色金属、轻工等行业 2009 - 2011 年调整和振兴规划纲要相衔接,分年度明确目标任务,更加具体地落实有针对性措施,培育和增强企业核心竞争力,促进江苏省传统产业由主要依靠资源消耗向创新驱动转变、一般加工向高端制造转变、制造环节为重向研发生产营销并举转变、产品竞争向品牌竞争转变、粗放式经营向集约化经营转变,提高经济运行的质量和效益,努力构建江苏传统产业竞争发展新优势。

纺织行业重在提高工艺、技术和装备水平,提升高附加值产品比重。重点发展新型纺织材料、品牌服装、高档家纺产品、产业用纺织品和新型纺织机械。冶金行业大力推进兼并重组,淘汰落后产能,着力提高产业集中度。重点发展板管带材、优质钢、特殊钢、高档金属制品等特色短缺产品和有色金属深加工产品。轻工行业加快产品升级换代进程,以安全、环保、专业化为方向,重点发展深加工、精加工和"名、优、特、新"产品。建材行业着力引导重点企业向大型化、集团化、现代化发展,进一步优化资源配置,淘汰落后产能。重点发展节能、环保、附加值高的新型建材产品。

二、发展目标

到 2012 年,四大传统产业实现"五个明显提升"。

创新能力明显提升。企业研发投入占销售收入比重 1% 以上,企业专利申请量达 40 000 件,授权量达 30 000 件。省级以上企业研发机构突破 270 家。

发展后劲明显提升。实施一批重点技改项目,3 年完成技术改造投入 15 200 亿元。骨干企业主要装备达到国内先进水平,关键装备达到国际先进水平。

品牌效应明显提升。中国驰名商标 102 件,江苏省著名商标 1 685 件以上,江苏名牌产品达 735 个。省级以上品牌产品销售收入占工业销售收入比重提高到 30% 左右。

集聚水平明显提升。营业收入超百亿元企业达 34 家。营业收入超百亿元产业集群达 30 个,其中 500 亿元级产业集群 8 个,集聚区产出占行业比重达 60% 以上。

经济效益明显提升。主营业务收入达 46 000 亿元,年均增长 13%,实现利税 4 200 亿元,年均增

长15%。全员劳动生产率每年提高11%以上。

到2015年，四大传统产业转型升级取得实质性进展，创新能力和核心竞争力进一步增强，产业结构与空间布局进一步优化，品牌效应与规模效益进一步提升。主营业务收入达67 700亿元，企业专利授权量达52 000件，省级以上品牌产品销售收入占工业销售收入比重提高到32%左右，营业收入超百亿元企业达39家，营业收入超百亿元产业集群达40个。

三、重点任务

围绕实现“五个转变”、“五个明显提升”的目标，扎实做好“八项重点工作”，全力推进江苏省传统产业改造提升、转型发展。

(一)推进自主创新，提升核心竞争能力。充分发挥企业在技术创新中的主体作用，加强企业创新能力建设，加快企业创新步伐。着力搭建企业创新平台，以企业研究生工作站、企业博士工作站、企业院士工作站和企业技术中心“三站一中心”载体建设为重点，引导高层次创新创业人才走进企业开展自主创新、转化科技成果。在传统产业领域力争每年新增省级以上企业研发机构40家，每年公布一批高成长科技中小企业。集中资源、集中力量，开展产学研联合攻关，尽快攻克制约传统产业升级的47项重点关键技术，掌握一批核心前沿技术。以实施“新产品、新技术开发滚动计划”为抓手，鼓励企业开展产品创新、技术创新，开展优秀新产品、品牌质量评价认定工作，推动企业加快开发步伐。传统产业中新产品产值年均增速比全部产值增速高5个百分点以上。着力完善创新服务载体，依托创新型龙头企业、高校院所和产业联盟，建立和完善融资服务和社会化人才服务等公共平台，形成行业共享机制。面向中小企业创新需求，推进技术供给、产品设计、分析测试、验证试验等专业化公共科技服务平台建设。在传统产业领域重点培育发展一批技术服务、技术成果转化平台。

(二)推进技术改造，增强产业发展后劲。调动各方面的积极因素，广泛开展企业技术改造活动。充分发挥财政资金导向作用，引导社会资金围绕创新能力建设、技术装备升级、品牌质量提升、降低资源能源消耗、减少污染排放、提高规模效益等重点实施大规模技术改造，加大对重点产业链和重点产业集群的技改投入，加大技术设备投资力度，提高技改项目的技术含量，推动四大传统产业向制造业高端攀升，向研发设计、营销服务等高附加值环节延伸，促进传统产业技术上台阶、产品创品牌、制造绿色化、规模增效益。鼓励和引导苏南地区企业加快南北产业梯度转移、实施搬迁改造，拓展新的发展空间，促进区域协调发展。加大技改投入，3年内纺织完成技改投资3 550亿元、冶金4 380亿元、轻工5 260亿元、建材2010亿元。组织实施传统产业升级技术改造项目滚动计划，着力抓好400项亿元以上重点技术改造项目，培育传统产业新的经济增长点。加强项目动态跟踪管理，实现前期储备一批、建设实施一批、竣工达产一批的良性循环。

(三)推进品牌战略，扩大产品市场份额。以培育百亿级品牌企业、十亿级品牌产品为着力点，加快推进传统产业向品牌化方向发展，不断提高品牌经济在传统产业中的比重。围绕国家和省重点名牌产品，组织实施质量攻关项目，鼓励引导企业运用先进工艺技术装备提高产品性能和质量稳定性，运用信息技术促进产品智能化、数字化和网络化，提升产品技术附加值，培育知名品牌。深入实施质量振兴和标准化战略，引导企业开展QC(质量管理)小组活动，不断完善质量管理、标准化、计量检测和质量信用体系，大力推广国内外先进管理模式和国际标准、国家标准。加大知识产权保护力度，支持企业积极注册国内外商标，加强对承接定牌加工业务和贴牌经营企业商标知识产权的跟踪服务。开展食品等行业诚信企业创建活动，大力提升企业信用水平。推动企业建立现代营销体系，着力提高知名品牌国内外市场占有率和知名度、美誉度，促进企业由生产制造向营销服务延伸，从产品经营向品牌经营扩展。支持企业积极运用电子商务等新型商业模式，鼓励有条件的企业收购、兼并、参股国际品牌和营销网络。组织知名企业、知名品牌产品参加国际国内大型展览展销会，增强传统产业品牌产品在国际国内两个市场的影响力。当地政府应对获得中国驰名商标、全国质量管理奖的企业和在创建品牌中作出重大贡献的个人给予一定奖励。

(四)推进"两化融合",强化信息技术支撑。积极推进信息技术与制造技术紧密结合,充分应用信息技术提升传统产业开发设计、生产、管理和营销、服务等环节的信息化水平,重点实现产品、装备的数字化、智能化,提高产品附加值。加快信息技术推广应用,企业研发设计方面加快推广应用计算机辅助设计、个性化定制等技术;生产过程方面重点推广计算机辅助制造、计算机辅助工程、计算机辅助工艺、计算机集成制造系统、柔性制造系统等生产控制技术;企业管理方面推广应用企业资源计划、产品数据管理、客户关系管理、决策支持等信息系统,促进企业流程再造和管理创新。着力发展工业软件,培育一批为传统企业服务的软件开发商。推广供应链管理,加快传统产业与物流业对接,实现互动发展。加快第三方信息化服务平台建设,为传统产业企业提供精细化管理、软件、信息、专业咨询等服务,力争3年新增重点服务平台20家。以苏州工业园区为标杆,大力推进一批"两化融合"示范区和示范(试点)企业建设。

(五)推进集聚发展,优化产业空间布局。以区域布局优化和产业结构升级为目标,以特色产品和龙头企业为核心,结合资源禀赋和区位优势科学规划生产布局,合理定位产业集群和骨干企业发展方向,推进产业特色化、差别化、集聚化发展。实施分类指导,对主业特色明显、发展潜力较大、初具规模的集群,重点抓好龙头企业培育和特色企业品牌基地创建;引导科技驱动型集群充分发挥高新技术研发平台和人才集聚优势,加强产业应用技术开发,吸引产业资本进入,加快科技成果产业化;引导产业梯度转移,苏北等地区积极与上海、浙江以及苏南等地对接,承接集群式产业转移,在转移中科学布局、升级改造,逐步形成适合当地发展的产业集群,促进产业结构优化升级。建设特色产业集群,围绕创建新型工业化产业示范基地,打造一批主业突出、产业链协作配套完善、龙头企业支撑力大、核心竞争力强和资源节约型、环境友好型、安全发展型的产业集聚区。着力发展家用纺织品、品牌服装、新型纺织材料、不锈钢、绿色照明、优特钢、酿酒、五金、新型建材等一批特色产业集群,提高集中度和品牌影响力。

(六)推进兼并重组,培育行业优强企业。研究制订鼓励企业兼并重组的政策措施,积极推进企业体制机制创新,综合运用财政、税收、金融、土地等政策,重点在钢铁、水泥、棉纺、染整、化纤、酿酒等行业,鼓励支持龙头企业围绕主业和优势集聚,开展跨地区、跨所有制兼并重组,支持传统产业企业"走出去",充分利用国际国内两个市场、两种资源,构建符合市场经济规律的现代产业链。支持传统产业的中小企业向"专、精、特、新"方向发展,为大企业大集团协作配套。培育发展一批主业突出、拥有自主知识产权和自主品牌、核心竞争力强的大型企业(集团),发挥其在传统产业升级中的重要支撑和带动作用。力争营业收入超百亿元企业3年新增5家。每年推出一批企业重组最佳案例、年度最具影响力企业重组案例,排出四大传统产业主营业务收入前10位企业和营业收入超百亿元企业向社会发布。

(七)推进节能减排,提高绿色制造水平。把节能减排作为改造提升传统产业的主要抓手和突破口,采取刚性措施,扎实推进,务求实效。严控能耗污染增长源头,实施严于国家要求的能耗、污染物排放标准,严把投资项目节能审查和环评关,未按相关规定进行节能审查、环评的项目,一律不得审批,不得动工兴建。围绕锅炉(窑炉)改造、余热余压利用、电机系统节能、节约和替代石油、能量系统优化等重点环节,加快实施一批节能减排重点工程。推动大型钢铁、水泥企业建设集能源生产、输配和消耗管控一体化的动态监控和管理中心,提高二次能源利用率。加强重点耗能企业能源管理,分行业树立一批标杆企业,推动企业开展能效对标活动。对年耗能5000吨标煤以上的重点企业进行能源审计。积极发展循环经济,冶金行业全面推行高炉转炉焦炉煤气综合利用、高炉炉顶压差发电、干法熄焦、熔融还原炼铁和废水零排放技术;建材行业大力发展综合利用建筑渣土、生活污染和工业固体废物的水泥、新型墙体材料,构建绿色建材产业体系;纺织和轻工行业着力运用清洁生产工艺和技术,推进废水、废液、废渣的资源化和循环利用。全面推行清洁生产审核和达标创建工作,树立一批示范园区和企业。

（八）推进淘汰落后，提升产业发展层次。充分发挥市场约束和资源约束倒逼机制作用，促使企业加快淘汰落后产能，带动传统产业升级。建立推进机制，把淘汰落后产能目标任务完成情况纳入地方各级政府及相关部门的绩效考核范围，并实行严格的问责制。建立淘汰落后产能企业名单公告制度，落实限制类和淘汰类企业差别电价等政策，倒逼落后产能退出。实施落后产能淘汰计划，及时将国家任务分解并下达各市、县（市），制订淘汰实施方案，落实到相关企业，充分发挥法律法规、市场机制和政策措施的作用，促进落后产能退出。抓好以太湖流域为重点的污染防治工作，结合各地实际，突出钢铁、水泥、印染、皮革、造纸、酿造等行业，深入开展专项整治行动，依法坚决关停能耗高、污染重、安全隐患多的企业，加快淘汰落后技术装备和产品。

四、保障措施

（一）加强组织引导。传统产业升级是一项系统工程，涉及各个方面和多个部门，各级政府都要建立传统产业升级联席会议制度，健全工作体系，形成上下联动机制。要对产业升级工作进行统筹协调，研究制订年度目标，协调解决重大事项，推进落实重大项目，组织开展督查考核，确保关键措施落实和目标任务完成。省联席会议由省政府领导牵头，有关部门负责同志参加，省各有关部门依照各自职责主动开展工作。联席会议办公室设在省经济和信息化委。

（二）落实配套政策。认真落实国家和省促进产业升级的各项优惠政策。加大增值税转型、引进进口设备减免关税、企业研究开发费用加计扣除、节能减排和高新技术企业税收优惠等政策的落实力度。统筹安排使用省级相关专项引导资金，加大对传统产业技术创新、技术改造、品牌创建、“两化融合”、节能减排等重点项目的支持力度。对列入省传统产业升级计划的重点项目，积极帮助申报争取国家各类相关专项资金支持。制订和完善相关政策措施，对列入国家和省重点项目的各类收费实行优惠。

（三）实施人才战略。确立人才优先理念，制订切实可行的政策措施，着力建设适应传统产业升级需要的人才队伍，以各级各类高素质人才引领、支撑传统产业转型升级。面向国内外两种资源，重点引进一批掌握行业核心技术、具有世界前沿水平的科技型领军人物和高层次经营管理人才；利用现有产业基础与研发平台，培养集聚一批科技骨干力量；完善职业教育体系和在岗技能培训制度，造就一批重点工种、重点工艺的高技能一线员工；充分发挥传统行业大省专业人才集中的资源优势和行业协会作用，建立行业专家库，整合、调动方方面面智力技能为传统产业升级服务。

（四）优化服务环境。加强传统产业升级的监测分析，及时发布产业升级指导信息。进一步加强担保体系建设，深化银企合作机制，更好地运用市场化手段配置、集聚资源，以优质的转型升级重点项目吸引现有各类基金和社会资金投向传统产业，扩大优势企业、品牌产品的融资规模。鼓励优质企业上市直接融资。进一步规范涉企收费和行政执法行为，切实减轻企业负担。加强煤电油运科学调度，为传统产业升级创造良好条件。发挥行业协会作用，为传统产业升级提供便利、高效的服务。

（五）强化目标考核。省政府每年初对重点目标任务进行分解，上半年对各地和省有关部门推进传统产业升级的工作任务及成效进行督促检查，年底对完成情况进行全面考核，考核评价结果予以通报。

各地要认真做好本计划的贯彻落实工作，并结合实际研究制订本地区传统产业升级的实施计划。省各有关部门要结合自身职责，制订相应的配套措施，认真组织落实。

江苏省服务业提速计划

加快发展服务业是转变经济发展方式的关键举措,是产业结构优化升级的战略重点。近年来,江苏省服务业快速发展,增长速度在东部沿海地区名列前茅,总量保持全国第二,服务业占 GDP 的比重每年提高一个百分点左右,为江苏省经济结构调整作出了重要贡献。根据省委、省政府关于加快转变经济发展方式的总体要求,现制定江苏省服务业提速计划。计划期 2010 - 2012 年。

一、总体思路

以科学发展观为统领,围绕发展创新型经济、促进产业结构优化升级,坚持市场化、产业化、社会化、国际化的发展方向,按照服务业发展提速、比重提高、结构提升的总体要求,紧紧依靠改革开放、科技创新和人才支撑,以全面发展现代服务业为核心,以加快发展生产服务业为重点,以提升发展生活服务业为基础,着力扩大服务业总量,着力优化服务业结构,加快建设现代服务业集聚区,积极培育服务业重点企业,增强服务业综合配套功能,全面提高服务业整体发展水平和国际竞争力。

二、发展目标

按照转变经济发展方式、推动产业结构优化升级的总体要求,结合江苏省服务业发展的基础和条件,提出到 2012 年服务业发展目标。

——发展速度明显加快。确保服务业增速高于 GDP 增速,年均增长 15% 左右。服务业城镇固定资产投资增速高于全社会城镇固定资产投资增速,年均增长 26% 以上。到 2012 年,全省服务业增加值达到 22000 亿元左右。

——服务业比重明显提高。服务业增加值占 GDP 比重每年提高一个百分点以上,确保达到 43%,力争 45%;服务业从业人员占全社会从业人员比重每年提高一个百分点以上,力争达到 45% 左右。

——产业结构明显优化。运用信息技术和现代经营理念发展的现代服务业规模明显扩大,金融、物流、科技、信息、商务等生产服务业发展明显加快,生产服务业增加值占全省服务业增加值比重力争达到 40%。

——企业竞争力明显提升。形成营业收入超千亿元的企业 2 家、超 500 亿元的企业 5 家、超百亿元的企业 40 家,继续居全国服务业百强企业前列。争创驰名商标 5 件、著名商标 50 件。

三、重点任务

为了实现服务业提速计划目标,必须进一步突出重点,明确任务,在重点领域上谋发展,在薄弱环节上下功夫,在关键举措上求突破,扎实推进各项工作,全面完成各项任务。

(一)着力扩大服务业总量,提升服务业整体实力。金融、物流、商贸流通、文化、旅游和房地产等产业规模较大,其发展速度的提高、发展效益的提升对江苏省服务业的发展至关重要。

金融业。进一步推进金融业对内对外开放,积极发展银行、证券、保险及信托、租赁、基金管理等各类金融机构,支持江苏银行、南京银行、华泰证券、紫金保险等龙头企业加速扩张,鼓励有条件的地区成立商业银行、村镇银行等地方法人金融机构,推进江苏银行尽快上市。加大信贷产品开发和服务创新,增加有效贷款。积极发展资本市场,推进融资市场化进程,鼓励通过发行企业债、融资券等方式直接融资,支持企业上市融资。完善创业投资机制,大力发展股权投资基金、产业基金等各种股权类投资基金。积极发展股权交易市场和产权交易市场,增加交易品种,拓展服务功能。完善信用担保体系，发展为科技型企业服务的担保机构。建立农村金融服务体系，增强对农业农村发展的金融支持。发展金融后台服务，建立数据冗灾备份及共享中心。支持民间资本积极参与地方金融业发展。加强金融生态环境建设，维护金融市场稳定。确保到2012年金融业增加值达到2800亿元，年均增长20%以上。

物流业。以降低全社会物流成本为核心，大力发展现代物流业。依托空港、海港和铁路、高速公路枢纽，大力发展综合物流中心、专业物流中心和配送中心。加快发展现代运输业，努力建设畅通、高效、安全、绿色的交通运输体系，提高运输服务水平。积极推进制造企业物流服务外包，促进企业物流社会化和专业化，提高核心竞争力。加快发展第三方物流，培育壮大一批技术手段先进、主营业务突出、核心竞争力强的本土现代物流企业。积极发展保税物流，加快物流信息化，加大物流新技术开发利用，推进电子口岸和大通关建设，提升现代物流业发展水平。到2012年，物流业增加值力争达到3 300亿元，年均增长15%以上。

商贸流通业。应用信息技术改造各类专业市场，加快构建现货与电子交易相结合、有形与无形相结合的现代产品交易市场。大力发展购物中心、超市、便利店和社区商业，完善多层次流通网络，构筑便利实惠的居民商贸服务体系。加快建设农村消费品、农业生产资料和农产品流通网络，构筑便利通畅的农村商贸服务体系。到2012年，批发零售业增加值力争达到5 500亿元，年均增长16%以上。

文化产业。深入推进文化体制改革综合试点，重点发展创意设计、新兴媒体、动漫游戏、广播影视、出版发行、工艺美术、演艺娱乐等产业，努力提高文化产业规模化、集约化、特色化水平。鼓励支持社会资本兴办影视制作、动漫、放映、演艺、娱乐、发行、会展、中介服务等文化企业。加快文化产业园区建设，积极培育文化龙头企业和骨干企业。到2012年，文化产业增加值达到2500亿元，年均增长30%以上。

旅游业。充分发挥江苏省旅游资源丰富的优势，以构建江苏“国际知名、国内一流的旅游目的地”形象为目标，促进旅游业转型升级，提高旅游业附加值。积极培育新的旅游消费热点，推动旅游产品多元化发展，扩大旅游消费水平。加强旅游目的地体系建设，构建以观光旅游为基础、休闲度假为主导、新型业态为特色的新型旅游产品。加快推进重大旅游项目建设，进一步完善旅游相关产业配套服务功能。围绕精品线路，扩大宣传推介，突出区域特色，提升旅游服务质量与水平，增强旅游业发展的整体竞争力。到2012年，旅游业增加值力争达到3000亿元，年均增长20%以上。

房地产业。加强房地产市场的分析研判，切实提高工作的预见性和政策的针对性、有效性。加快中心镇建设，改善城乡人居环境，完善中心镇功能，促进农村人口向城镇集中。着力加大保障性住房建设力度，支持居民自住和改善型住房消费。加大中低价位、中小套型普通商品住房和廉租房、经济适用房、公租房建设力度，调整优化住房供应结构。加强房地产市场监管，进一步整顿和规范房地产市场秩序，促进房地产业健康发展。到2012年，房地产业增加值力争达到3200亿元，年均增长16%以上。

（二）大力发展服务业新领域，促进服务业结构优化。顺应信息化发展的新趋势，适应消费结构升级的新需求，大力拓展服务业发展新领域，积极开发信息技术及基于信息技术的服务业新产品，重点发展软件和信息服务、服务外包、科技、商务、教育培训、居民服务等产业。

软件和信息服务业。着力推进软件服务、行业应用软件、嵌入式软件、动漫等优势软件发展，积极构建软件产业公共服务体系，强化软件与应用互动，支持具有自主知识产权的软件产品产业化，促进信息化和工业化的融合，推进软件产业国际化。重点发展信息系统集成服务、电信增值服务、互联网服务及数字内容服务。注重资源整合，加快电信网、广电网、互联网的三网融合及3G技术研发与应用，着力培育第三方信息服务提供商、系统集成商和方案解决商。积极开拓电子商务、电子政务、数字电视、网络教育、网络游戏等新兴市场，不断拓展信息服务内容，提升信息服务水平。到2012年，全省软件和信息服务业增加值力争达到900亿元，年均增长15%以上。

服务外包产业。大力发展离岸外包,重点发展以后台支持、人力资源管理、财务、客户服务、供应链管理为主的业务流程外包和以软件研发、信息系统运营维护为主的信息技术外包。大力培育和开拓外包新市场,建立和完善接、发包服务平台,提升服务外包产业层次,抢占产业制高点。积极促进境内外包发展,鼓励政府、企事业单位将信息技术的开发、应用和部分流程性业务发包给专业的服务供应商,扩大内需市场。加快组建全省服务业外包联盟,鼓励外包企业开展相关国际资质认证,建立和完善国际知识产权保护体系。到2012年,全省服务外包签约金额和执行金额分别突破250亿美元和180亿美元,其中离岸外包执行金额达60亿美元以上,年均增长30%以上。

科技服务业。积极发展自主研发、产品设计、技术交易及评估与咨询、知识产权管理、质量技术监督等科技服务。依托各类园区、高等院校、科研院所和大型企业的研发机构,建设一批产学研相结合的工程技术研究中心、科技创业中心、重点实验室及各类科技公共服务平台。推进科技服务标准化建设,培育一批专业、规范、高效的科技服务机构。到2012年,科技服务业增加值力争达到300亿元,年均增长15%以上。

商务服务业。积极发展法律咨询、会计审计、工程咨询、认证认可、信用评估、广告会展、租赁等商务服务业,培育知名品牌和规模企业,提升组织化、品牌化水平。加大商务服务业开放力度,积极吸引国际知名的会计、法律、咨询、评估等中介企业入驻江苏,扶持有实力的本地商务服务企业向综合化、规模化、国际化方向发展。到2012年,商务服务业增加值达到800亿元,年均增长16%。

教育培训业。顺应服务业发展对人才培养的新要求,积极拓展服务业人才培养的层次、领域和途径。充分利用大专院校、职业学校、社会培训机构等各类培训资源,加大对金融、物流、科技研发、软件、服务外包、商务服务等重点领域服务业高级人才、专业人才和技能型人才的培训力度。支持各类培训机构整合社会资源,着力提升培训质量和水平,迅速做大做强。到2012年,教育培训业增加值力争达到1 300亿元,年均增长15%以上。

居民服务业。加快发展健康服务、医疗服务、养老服务、家政服务、社区服务等居民服务业,采取品牌化、规模化、连锁化的经营模式,建立公开、平等的行业制度,制定科学合理的行业标准,加强职业培训,健全服务网络,完善服务设施,增强服务功能,规范服务行为,提高服务水平。加大服务业新产品的开发推广力度,积极发展实物租赁、车辆救助等服务新产品和新市场。到2012年,居民服务业增加值达到1 000亿元,年均增长20%以上。

(三)优化服务业空间布局,促进服务业区域协调发展。围绕全省"四沿"生产力布局,强化服务业的支撑和带动作用,突出中心城市服务功能,促进形成优势互补、层次鲜明的服务业发展格局。优化沿沪宁线高新技术产业服务集聚带,大力发展知识密集型、技术密集型等高端服务业,着力提升对沪宁沿线高新技术产业带的服务功能,促进产业优化升级。提升沿江基础产业服务集聚带,重点发展为化工、钢铁等产业配套的港口运输、生产资料及大宗产品交易市场等,促进沿江工业降本增效。构建沿海经济服务集聚带,加快沿海港口建设,完善集疏运体系和物流配送功能,发展进出口贸易,增强现代服务业对沿海开发的支撑能力。建设沿东陇海线加工产业服务集聚带,重点发展以铁路物流、农副产品市场以及为加工制造业配套的信息、科技、金融业等,促进沿线工业提速增效。大力促进中心城区服务业发展,加强中心城区资源整合,推进旧街区改造和企业"退二进三",合理规划并加快建设新型商业街区、城市综合体,集中布局商务、商贸、金融等服务功能区,提升城市整体服务功能和中心城区的辐射带动作用。到2012年,形成9个服务业增加值超千亿元的中心城市,其中超3000亿元的城市3个。

(四)大力推进现代服务业集聚区建设,提升服务业集约发展水平。推动江苏省现代服务业集聚区由规模扩张向质量提升转变,加快集聚区转型升级步伐,强化资源整合,提高集约发展水平。注重产业园区配套,充分利用江苏省开发区数量多、基础好、实力强的优势,突出主导产业,通过建设现代物流、科技研发、软件信息、创意设计、产品交易等现代服务业集聚区,为园区内企业提供生产服务配

套，加快形成分布集中、分工明确、互相支持的完整产业链，促进生产制造和生产服务共同发展。注重服务功能完善，运用信息技术和先进管理理念，整合资源要素，加快服务业集聚区提档升级，为入区企业提供高效、便捷、全面的公共服务，降低企业商务成本，提升集聚区综合服务能力。注重存量转换，依托城市存量资产，加快推进商务、创意集聚区建设。充分利用原有工业遗存，结合城市功能定位和交通区位优势，着力发展商务、创意设计等高端服务业和现代特色商贸，促进城市功能拓展和产业转型升级。注重发展总部经济，着力吸引国内大企业集团、跨国公司的总部或地区总部及其研发中心、营运中心、销售中心、采购中心等到江苏省落户，实现资源要素的集约利用和高效配置。在有条件的地区发展总部经济集聚区。到2012年，营业收入超1 000亿元的省级现代服务业集聚区达到2家，超500亿元的4家，超百亿元的20家。集聚区营业收入占相关行业总收入的50%以上。

（五）积极推进自主创新，增强企业竞争力。引导服务业企业特别是大企业集团通过创新经营模式、拓展业务渠道、优化服务内涵，抢占发展制高点。一是着力提高自主创新能力。鼓励企业制定创新战略规划，增强创新主体意识，加强创新能力建设。注重整合利用外部技术资源，强化对引进技术的消化、吸收和再创新。充分发挥企业家的创新主导作用、经营团队的创新骨干作用以及科技研发人员的创新活力，加大科技研发投入，搭建产学研合作平台。二是不断优化企业结构。加快培育一批创新能力强、信息化应用水平高、品牌知名度广、辐射示范性大的服务业大企业集团，发挥龙头企业带动作用，鼓励企业向经营方式灵活化、服务品种多样化、服务形式特色化、服务质量精细化的方向发展。三是积极参与全球竞争。通过建立、拓展国际营销网络加快外向型步伐，通过设立境外研发中心、加入海外技术联盟等方式促进国际技术接轨，通过境外直接投资、海外融资上市、跨国收购兼并等方式逐步形成本土跨国公司，不断提升在全球范围内的资本运作和资源要素配置能力，增强企业国际竞争力。

（六）加快服务业功能建设，提升服务带动能力。（强化服务功能对城市建设、产业发展的支撑和引领作用，加快重大功能性项目建设。一是加快枢纽功能建设。突出抓好公铁水交通枢纽、基础通信网络等重大设施建设，加快推进禄口机场二期、苏南机场、铁路南京枢纽站和沪宁、宁杭、宁安城际铁路、三网通信设施共享等重点工程，进一步完善基础设施配套服务功能。二是加快信息功能建设。着力推进信息技术的广泛应用，加强数字技术、网络技术对城市建设和城市管理的改造提升，建设数字城市。大力发展现代产品交易市场，强化网络营销、电子结算等商务功能，加快形成主要产品的现代展示中心、信息发布中心、产品定价中心、标准制定中心和检验检测中心等。三是加快平台功能建设。积极推进科技研发、共性设计、大型计算、设备租赁、投融资、产权交易、成果转化、人才培训等公共服务平台建设，实施一批科技含量高、创新能力强、具有自主知识产权的功能性项目，增强平台的服务能力。

（七）推进服务业专业化发展，拓展服务业发展空间。顺应社会分工进一步细化的趋势，促进产业体系优化创新，积极提高经济服务化水平，推动二、三产业的联动发展、协调发展。一是大力推进企业主辅分离。加快实施企业分离发展服务业，积极引导企业将内部服务活动外部化，通过将非核心业务外包或分离，发展第三方专业化服务企业，建立新的企业发展模式，进一步释放潜在的服务需求，提高服务效率，增强企业竞争力，扩大地方财政收入。二是建立和创新服务体系。构建市场运作、行业管理、政府引导的运行机制，依托各类产业园区、行业协会、专业服务中心、科技中介机构等，合理配置各类专业化服务资源，促进不同服务组织之间的联系与互动。三是促进服务业与制造业融合发展。发挥服务业对制造业的渗透和黏合作用，建立从产品研发、设计到物流、营销、品牌推广等完整的上下游产业链，发展为制造业企业提供整体解决方案的服务企业，提升制造业附加值，拓展服务业发展空间，延伸产业价值链。

（八）大力实施品牌战略，增强服务业发展竞争优势。建立企业、政府和行业协会联动品牌建设工作机制，大力培育服务业品牌，提高企业品牌的市场认知度和信誉度，增强企业核心竞争力。加大对服务业品牌企业的扶持力度,加快培育一批具有自主知识产权的服务业知名品牌,鼓励企业注册商标,争创服务业知名品牌。加快服务业标准化建设,突出抓好重点领域服务标准的制订与推广,加快实施并推进国家级、省级服务业标准化示范项目,鼓励服务业企业采用国际标准,促进服务业行业降低成本,提升效益。到2012年,指导50家规模型生活服务业企业开展品牌连锁经营,帮助50家先进技术型生产服务业企业实施商标战略,实施100个省级服务业标准化示范项目,组织制定80项省级服务业地方标准。

四、保障措施

(一)加强组织领导。强化省服务业发展领导小组作用,加强对全省服务业发展工作的组织协调,形成统一领导、各司其职、分工合作、齐抓共管的工作格局。各地要加强对服务业发展工作的领导,建立相应的协调机制,推动本地区服务业加快发展。省服务业发展领导小组成员单位是服务业行业发展的责任主体,要创新发展思路,明确工作抓手,切实推进本行业本领域加快发展。

(二)完善落实政策措施。全面贯彻落实国家和省一系列促进服务业加快发展的政策意见。在国家相关产业政策指导下,抓紧研究制订江苏省服务业产业投资指导目录和加快现代服务业集聚区建设与发展的政策措施。进一步完善促进服务业发展政策体系,实行有利于服务业发展的土地管理政策,适当增加服务业发展用地。完善服务业价格收费政策,加快推进商业用电价格与一般工业用电价格并轨、国家鼓励类服务业用水价格与工业用水同价。

(三)推进服务业领域改革。以服务业综合改革试点为契机,鼓励试点城市、试点区域积极探索、大胆实践,突破体制机制束缚,推动服务业改革创新。加大社会事业领域的改革力度,加快政府机关和企事业单位的后勤服务、配套服务改革。积极推进社会信用体系建设,推进有利于服务业发展的行政管理制度创新。进一步破除行业垄断,放宽市场准入,大力发展非公有制服务企业,提高非公有制经济在服务业中的比重。

(四)扩大服务业对外开放。抢抓国际服务业加速转移的机遇,大力发展国际服务贸易,促进开放型经济转型升级。注重引进一批具有国际先进服务理念和水平,体现战略性、导向性的优质企业和高端项目,进一步提高服务业利用外资水平。创新招商引资方式,积极引导国际资本和先进技术投向金融服务、信息服务和专业服务等重点领域,优化服务业外商投资结构。加大服务业对外投资力度,鼓励和支持金融、保险、分销、运输、劳务等具有国际化经验的企业走出国门,发展对外直接投资,以国际化带动服务业的跨越发展。

(五)强化人才支撑。建立健全人才培养和引进机制,加快实施"现代服务业人才工程",培养和引进一批高层次、高技能、通晓国际通行规则和熟悉现代管理的专业化服务业人才,全面提高服务业人才素质,努力构筑服务业人才高地。组织实施"服务业人才千人赴德培训"等计划,切实加大对政府管理人员、服务企业经营者的培训力度,提高业务能力、经营水平和管理层次。加快服务业专门人才和实用型高技能人才培养,在高等院校和职业学校增设服务业紧缺专业。促进人才合理流动,鼓励海内外各类人才带项目、带技术来江苏省创业、发展。争取3年内培养10000名各类专业型、技能型、实用型及复合型服务业人才,为加快发展服务业提供智力支撑。

(六)健全考核体系。进一步完善服务业统计制度,强化对服务业目标的分解落实与考核,将服务业发展包括增加值增长速度、占GDP比重、从业人员比重等重要指标列入各级政府考核体系,作为考核转变发展方式、优化产业结构的重要依据。各地、各部门要围绕"服务业提速计划"提出的目标、任务和政策措施,按照职责分工,制订年度工作目标,提出工作计划,明确责任人和进度要求,定期检查,抓好落实。

江苏省新兴产业倍增计划

江苏正处于加快经济发展方式转变、发展创新型经济的关键时期，推进新兴产业倍增计划，实现新兴产业跨越发展，是省委、省政府作出的重要决策。新兴产业具有市场前景广阔、资源消耗低、带动系数大、就业机会多、综合效益好的特点，是促进产业结构优化升级的必然选择。为抢抓机遇，明确方向，突出重点，大力发展新兴产业，进一步提升江苏省产业的自主创新能力和综合竞争力，促进产业结构优化升级和经济发展方式加快转变，特制订本计划（2010－2012年）。

一、总体思路

以科学发展观为指导，以改革创新为动力，以转变经济发展方式为主线，以促进转型升级、建设现代产业体系为战略目标，以人才国际化、技术高端化、产业规模化、发展集约化为方向，按照加快发展、三年倍增的要求，重点发展新能源、新材料、生物技术和新医药、节能环保、软件和服务外包、物联网等六大新兴产业，着力优化产业布局，着力突破关键技术，着力构筑人才高地，着力扩大市场需求，着力创新发展机制，加快创建一批具有自主知识产权和自主品牌的产品，培育一批具有全球影响力的创新型企业，打造一批特色产业基地，建设一批创新型城市，努力把江苏省建成战略性新兴产业的先行区，全面提升国际竞争力，为实现"两个率先"打下坚实基础。

二、发展目标

——产业规模倍增发展。到2012年，六大新兴产业实现销售收入超3万亿元，年均增速超过30%，占规模以上工业销售收入的比重达30%，增加值占GDP比重确保超过15%，力争达18%。

——重点领域率先突破。主攻100项关键核心技术，实施300个以上重大产业化项目，培育500个重大自主创新产品，形成200个国内外知名品牌，建设具有国际影响的新能源、软件和服务外包、物联网产业基地，确立新材料、生物技术和新医药、节能环保产业在全国的领先地位。

——创新能力大幅提升。到2012年，新兴产业领域企业研发投入占销售收入的比重超过3%，技术对外依存度小于50%，新兴产业专利授权量占企业授权专利的比重达35%以上。培养和引进100个以上高水平创新创业团队、1 000名以上高层次创新创业人才，培养10 000名以上高技能人才。

——集约效应显著增强。重点发展30条新兴产业链，建设30个省级以上新兴产业特色产业基地，培育100家具有自主知识产权和知名品牌的重点企业、500家创新型骨干龙头企业。营业收入超50亿元企业达100家，其中超百亿元企业达20家。

三、重点任务

（一）突破重点领域，推动新兴产业规模化发展。

新能源产业。把江苏建成在国内外具有重要地位和较强竞争力的新能源产业研发、制造和应用示范基地。到2012年，新能源产业销售收入达5 000亿元。以规模生产、研发创新、市场应用为目标，重点发展太阳能光伏、风电装备、生物质能和核电装备等4大类产业领域，推动新能源产业成为江苏省的支柱产业。光伏产业重点发展高效低成本晶硅电池和薄膜电池、集成系统与设备、电站控制系统等，实现销售收入3 800亿元。太阳能电池及组件形成超过10 000兆瓦的生产能力，光伏电池制造技术国际领先，光伏生产能力居全国首位。风电产业重点发展2兆瓦以上陆上风电机组、3兆瓦及以上海上风电机组，以及大功率风电发电机、叶片、塔筒、高速齿轮箱等关键零部件，实现销售收入900亿元，形成500万千瓦整机制造能力，确保江苏省风电机组生产能力全国首位、关键零部件国内市场份

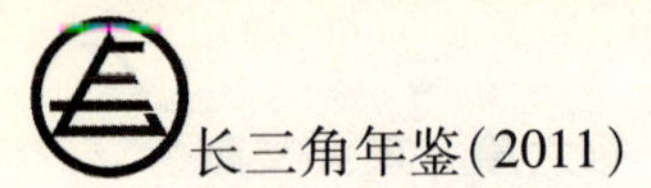

额占50%的地位。生物质能产业重点发展生物质收集成型、直燃和掺烧设备与气化发电、秸秆发电、垃圾发电及沼气发电等发电机组。核电产业优先发展具有优势的核电站用海绵锆、核电级输电电缆、大型高品质铸锻件、泵、阀门和高等级压力容器等核电装备关键零配件,同时,重点发展核电用部件和组件。生物质和核电装备实现销售收入300亿元。

新材料产业。确立江苏省新材料产业全国领先地位。到2012年,新材料产业销售规模超10 000亿元。以结构功能复合化、功能材料智能化、材料器件集成化、制备技术绿色化为目标,重点发展江苏省制造业高端化所需的纳米材料、新型显示材料、高性能纤维复合材料、功能陶瓷材料和新型金属材料等10类重点材料,销售规模达5400亿元。纳米材料重点发展半导体量子点纳米晶材料、纳米金属氧化物、光电及微电子纳米材料、纳米结构膜材料和纳米生物医用材料等。新型显示材料重点发展大尺寸玻璃基板、薄膜场效应晶体管(TFT)、液晶料以及氮化镓材料和大功率、高亮度LED芯片及外延片等半导体照明器件。高性能纤维复合材料重点发展高性能碳纤维、芳纶和高性能陶瓷纤维等。功能陶瓷材料重点发展高纯超细氧化铝粉体、陶瓷膜、介质陶瓷和磁性陶瓷,以及球形硅微粉、碳化硅和氮化硅等非氧化物陶瓷。新型金属材料重点发展核电用钢、高速列车用钢、石油钻井及石油天然气输送管材、特大型风力发电机组用钢铁材料,镁合金、钛合金和轻质金属基复合材料,以及航天航空用高温合金、高温耐蚀材料等。

生物技术和新医药产业。建设全国重要的生物技术和新医药产业集聚区和增长极。到2012年,全省生物技术和新医药产业销售收入超过5 000亿元。以自主创新占领制高点,集约发展增强竞争力为目标,重点发展生物技术和新医药两大产业领域,推动其成为江苏省的支柱产业。生物技术产业重点发展生物能源、生物工业、生物农业和生物环保等四大产品集群,销售收入超过2 300亿元,力争江苏省生物技术研发和产品制备技术全国领先。新医药产业重点发展生物技术药、现代中药、小分子药物、生物试剂、医用材料、医疗器械等六大产品集群,销售收入超过2 700亿元,力争新医药研发水平和生产能力居全国首位。

节能环保产业。确立江苏省节能环保产业在全国的领先地位,到2012年,实现主营业务收入4 500亿元。依托节能环保重点工程,重点发展节能环保装备制造、资源循环利用、节能服务和环保服务等产业。节能环保装备制造产业重点发展节能装备产品、水污染防治装备、大气污染防治装备、固体废弃物处理和资源综合利用装备、环境监测仪器、环保材料和药剂六大产品集群,实现销售收入1 800亿元。节能服务业重点培育和发展节能服务机构,大力推行合同能源管理,提高节能服务业对外开放水平。环保服务业重点推进污染治理市场化,以污水处理、大型燃煤电厂脱硫脱硝、城市垃圾、危险废弃物处理及资源化为重点,以重点集聚区为依托,培育一批环保工程技术方案设计、施工、运营服务的大型工程总承包或项目总承包企业集团,全省具有总承包资质和能力的单位达10家。

软件和服务外包产业。确立江苏在世界软件和服务外包领域的重要地位,到2012年,全省软件和服务外包产业总收入突破4 000亿元。以建设全国最具竞争力的软件和服务外包强省为阶段性目标,树立"江苏软件和服务外包"品牌,实现软件和服务外包总量双倍增。软件产业重点发展基础软件、数据库、应用软件、数字内容等软件产品和软件服务,突破一批影响产业发展的关键技术,支持具有自主知识产权的软件产品产业化,提高软件服务水平。全省软件产业销售收入达3 600亿元,年均增长30%;软件出口达80亿美元,软件从业人员达60-80万人。服务外包产业重点发展研发设计外包、生物医药外包、动漫创意外包、金融服务外包、供应链管理外包五大外包服务,建立和完善接、发包服务平台,大力提升服务外包产业层次,抢占产业制高点。全省服务外包接包签约金额和执行金额分别突破250亿美元和180亿美元,其中,离岸外包执行金额达60亿美元以上,年均增长60%。

物联网产业。将江苏省打造成全球有影响力的物联网应用先行区。到2012年,实现销售收入超过1 500亿元。以抢占物联网技术和产业制高点为目标,依托物联网十大示范应用工程建设,重点培育物联网核心产业、物联网支撑产业和物联网带动产业三大产业领域。经济领域物联网示范工程重

点建设智能工业、智能农业、智能物流和智能电网四大示范工程。公共管理领域物联网示范工程重点建设城市智能交通、智能公共安全、智能环保和智能灾害防控四大示范工程。公众服务领域物联网示范工程重点建设智能医护和智能家居等两大示范工程。

智能电网产业。确保江苏省电力系统自动化控制和智能二次系统领域国际领先的地位。到2012年，智能电网产业总产值突破1 500亿元，实现削减峰谷差4 000兆瓦。围绕输变电、智能配电、智能用电、调度自动化、新能源智能接入和智能电网通信六大重点领域，重点发展新能源并网及控制设备、智能电网储能设备、智能输变电设备、智能配用电设备和智能调度通信系统等六大装备。新能源并网及控制设备重点发展逆变器、并网控制器、轻型直流设备、运行监控装置等。智能电网储能设备重点发展电动汽车电池、空气压缩蓄能装置、飞轮设备、超级电容器等。智能输变电设备重点发展特高压变压器、特高压绝缘材料、短路电流限制器、碳纤维导线、输变电运行状态监测装置等。智能配用电设备重点发展非晶合金变压器、智能开关、智能电表等。智能调度通信系统重点发展各类智能传感器、各类专业通讯装置、遥控遥测装置、智能电网调度系统、故障诊断及自愈装置等。

新能源汽车产业。以新能源汽车整车产品规模化、重要部件本地化、关键技术自主化、产品应用多样化为目标，重点发展新能源客车、乘用车和专用车三大类整车，初步形成部分类别重点整车和重要部件国内领先优势。到2012年，新能源汽车产业销售收入力争突破500亿元，整车生产能力达10万辆，新能源汽车占江苏省汽车产量的比重达10%左右。新能源客车以城市公共交通为重点，开发具有自主知识产权的纯电动、混合动力、氢燃料电池、天然气大中型客车，整车生产能力达1万辆。新能源乘用车以家庭和出租行业为重点，发展纯电动乘用车，整车生产能力达3万辆。新能源专用车以各类园区用车为重点，发展观光客车和区内短途交通客车；以市政、邮政、电力等特种公用行业为重点，发展纯电动、混合动力轻型商务专用车；到2012年，整车生产能力达6万辆。

（二）优化产业布局，提升集约化发展水平。

优化产业发展格局。充分利用开发区现有产业基础，围绕六大新兴产业，以产业链条化为目标，采取“一区多园”、“联动开发”的方式，整合开发区资源，发展专业特色园区，促进产业关联性较高的企业集聚，强化企业间的专业化分工与协作，不断从纵向和横向两方面拓展产业链。强化开发区产业链招商，围绕要素互补、生产营销环节互补、上下游产业配套，实现引来一个、带来一串、辐射一片，增强产业集聚效应。进一步加快开发区转型升级，引导各类开发区集聚海内外创新资源和高端人才，着力研发和转化国际领先科技成果，加快步入创新驱动、内生增长的轨道。加快建设一批创新型示范园区，使之尽快成为自主创新示范区、新兴产业先导区、发展方式转变先行区。强化新兴产业规划纲要的空间约束功能，按照六大新兴产业规划纲要中产业布局的总体要求，促进相关产业和优势企业向园区、基地等集中，加快人才、资金、技术向新兴产业领域集聚，形成创新型发展的空间布局。在生物技术和新医药产业领域，着力打造泰州医药高新技术产业开发区，构建形成以泰州“中国医药城”为中心，南京、苏州、连云港等地各具特色、差异发展的产业发展布局。在节能环保产业领域，重点支持建设宜兴水处理环保产业和盐城大气治理环保产业等六大节能环保产业集聚区。在光伏产业领域，构建形成以无锡为核心区，南京、苏州、常州、扬州、南通等地各具特色、相互支撑的产业发展布局。在物联网产业领域，构筑以无锡为产业核心区，苏州、南京为产业支撑区，其他为应用示范先行区的物联网产业发展格局。

建设新兴产业特色产业基地。按照有发展重点、有重大项目、有创新载体、有系统支撑的要求，重点建设30个产业链长、资源循环利用、基础配套完备、集成创新能力强的新兴产业特色产业基地。强化专业分工，降低创新成本，优化要素配置，形成新兴产业发展的集聚效应。到2012年，特色产业基地实现销售收入超1.5万亿元，基地内的新兴产业产值占全省新兴产业产值的比重超过50%。重点建设和推进国际有影响力、国内领先的昆山平板显示特色产业基地，制造技术达到国际先进水平的南京智能电网特色产业基地，研发水平国内领先的苏州纳米技术特色产业基地，行业规模领先、技术先进的徐州新能源和装备制造特色产业基地等,从而在全省形成一批以电子信息、集成电路、新能源、智能电网、生物技术和新医药、新材料、光电、新能源汽车、节能环保、软件、服务外包以及物联网为重点领域的特色产业基地,并充分发挥特色产业基地的整合功能,促进产业链上下游延伸,加快构建新兴产业产业链。围绕六大新兴产业规划纲要中重点发展的产业领域,每年实施100项以上重大产业化项目,通过政府引导,带动千亿投资,实现万亿销售。积极引导民间投资进入新兴产业领域,实施1000个以上中小型新兴产业项目。

培育龙头骨干企业。促进各类要素向新兴产业优势企业集中,对年销售规模超过10亿元以上、年增长率达25%以上、建有省级以上创新平台、综合竞争力处于国内同行前三位的重点企业,全力扶持和培育,聚合资金和技术等各种生产要素,集聚人才、市场、管理和服务优势资源,尽快形成一批年销售收入达50亿元、100亿元的龙头骨干企业。支持中小企业向专、精、特方向发展,着力提高产品技术水平,为龙头骨干企业提供协作配套,形成集群优势。

完善新兴产业发展的产业支撑体系。整合创新资源,促进科教资源和产业资源融合,重点发挥南京、无锡、苏州、常州等国家创新型试点城市作用,使之成为特色产业基地和新兴产业发展的主要载体。选择一批产业基础好、创新能力强的县(市、区)开展省级创新型城市试点,完善城市创新体系,促进城市创新和产业创新互动发展。积极采用先进技术和装备改造传统产业,促进传统产业转型升级,催生新兴产业发展。提升研发、设计、营销和售后服务水平,加强与全球跨国公司在研发、设计、物流等核心环节的战略合作,实现新兴产业与现代服务业的融合发展。

(三)攻克核心技术,增强自主创新能力。

加快产业关键核心技术攻关。围绕六大新兴产业规划纲要,确定100项关键核心技术,明确主攻方向,落实工作任务,加快攻关步伐。发挥重点研究机构、产业技术研究院和创新型龙头企业的作用,集成创新资源,集中力量开展科技攻关,突破一批制约产业发展的关键核心技术,获取一批拥有自主知识产权的创新产品,转化一批引导产业发展的技术标准,形成一批高质量的技术储备,努力满足当前和长远新兴产业发展对科技的迫切需求。在传感信息、纳米材料、太阳能光伏、风电装备、新型环保、智能电网等已具有一定基础的领域,加快组建产业技术创新联盟,加强跨领域的集成创新,构建产业核心技术创新链。到2012年,建设50个以上新兴产业技术创新战略联盟。

加大创新成果转化力度。以传感网、智能电网、高性能纤维材料、新能源汽车、生物医药、纳米等为重点,推动重大自主创新成果产业化。强化目标导向,吸引更多创新水平高、产业带动性强的重大项目落户江苏,促进国内先进技术加快向新兴产业转移和转化。大力推进科技成果转化机构建设,推动高新园区、开发区、企业及地方与高校院所联合建设科技成果转化中心,缩短成果转化周期。加快建设科技成果转化信息服务网,及时发布最新科技成果、企业重大科技需求,并组织开展对接活动。到2012年,建设20个以上新兴产业领域科技成果转化中心。

推进技术标准体系和产品品牌建设。加快实施新兴产业技术标准专项,强化重要技术标准研制,推动有条件的企业、高校院所、产业技术创新战略联盟和行业协会参与制定国际标准、国家标准及行业标准,提高江苏省在技术标准领域的“话语权”。2010－2012年,实施重大新兴产业技术标准专项50项。加快新兴产业产品品牌化,推进产业集群商标和区域品牌集群建设,支持企业利用自主品牌开展对外投资和国际化经营。到2012年,建设20个新兴产业品牌培育基地,形成200个国内外知名品牌、50个商务部和省重点扶持的出口品牌。

强化企业技术创新主体地位。认真开展国家技术创新工程试点,加快建立富有活力的企业技术创新体系。推进企业与高校、科研院所深度合作。积极引导企业介入高校、科研院所早期研发,强化科研应用导向,鼓励企业与高校院所建立“校企联盟”等多种合作载体,联合承担科技计划、开展技术研发、制定技术标准、转化科技成果,形成产学研合作长效机制。支持有条件的企业到海外设立研发机构或并购国外研发机构,鼓励和引导国外研发机构与江苏省企业开展科技合作,积极利用全球资源

提升企业自主创新能力。全面落实国家鼓励民营科技型企业发展的各项政策，着力发挥民营科技型企业在发展新兴产业中的主力军作用。实施新兴产业自主创新“双百工程”，集成各类创新资源，打造一批具有国际竞争力、引领新兴产业发展的创新型龙头企业，促进掌握核心技术的本土企业不断涌现，形成新兴产业发展的集群优势。到2012年，培育500家重点创新型企业，打造500个重大自主创新产品。

加强产业创新载体建设。启动江苏高校优势学科和创新平台建设工程，在高校布局建设一批面向新兴产业的重点学科和创新平台，立足国际科技前沿，加强应用基础科学研究。集成各方力量，扎实推进新兴产业领域重大创新载体建设，充分发挥产业技术创新的重要引领作用。汇集和整合国内外科技人才资源，依托高校优势学科、重点实验室和改制科研院所，加快建设一批新型产业技术研究院，开展新兴产业发展规划组织、关键技术攻关、科技型中小企业孵化及服务。大力推进企业创新载体建设，省级以上企业研发中心达600家，其中，70%以上为本土企业研发中心。力争70%以上的新兴产业企业建有研发机构，并打造若干设施先进、创新能力强、海内外知名的品牌研发机构。

（四）突破人才瓶颈，构建人才国际化高地。

加快高端专业人才引进。按照“引进一批高端人才，引来一批创新产品；引进一个创业团队，催生一个新兴产业”的要求，围绕新兴产业重点发展领域、企业科技创新需求、关键技术难题攻关需要，创新人才引进方法，引导和鼓励高校、科研院所、科技园区及企业联合引才，建立不求所在、但求所有的“柔性引才”机制，加快实施高端人才、国际性人才、领军型人才和创新创业团队的引进及培育工程，引进更多新兴产业发展急需的各类高素质人才，推动国内外高端专业人才和智力资源更好地为江苏省发展新兴产业服务。到2012年，培养和引进100个以上高水平创新创业团队、1 000名以上高端专业人才。

培养高层次创新创业人才。调整优化高校学科布局，结合高校重点学科和创新平台建设，强化新兴产业领域专业建设，构建新兴产业学科体系，三年内高校新增专业的70%以上要与新兴产业有关。依托重大科研和工程项目、重点学科及科研基地、国际学术交流与合作项目，制订更加优惠的政策，引导和鼓励高校、科研院所及海外高层次人才开展合作开发，着力培养一批推动新兴产业发展的高层次创新创业人才。围绕新兴产业发展重点领域，依托新兴产业特色产业基地，以及企业技术中心、工程研究中心、工程中心等企业创新平台，推动万名研究生、万名高技能人才、千名博士后、百名院士及其团队进入企业创新创业。积极发展职业教育，依托新兴产业重点领域、骨干企业共建高水平示范实训基地，加快培养生产一线的高技能劳动者。到2012年，六大新兴产业新增10 000名高层次创新创业人才。

加强科技企业家队伍建设。以新兴产业为重点，实施科技企业家培育工程。加强科技企业家与高校的互动交流，到2012年，选聘300名新兴产业领域的优秀科技企业家到高校担任兼职教授，推行产学研联合培养研究生的“双导师制”，提升新兴产业研究生培养质量。促进海外高层次人才与科技企业家的密切合作，构建“海外人才＋企业家”的创新团队模式。积极推动科技型企业孵化器、留学生创业园、高新技术创业中心等建设，促进新兴产业科技型中小企业持续涌现，大力培育科技企业家。组织实施科技企业家培训计划，开展多形式新兴产业领域科技型企业负责人和技术负责人培训活动，提升企业家创新意识和创新能力。

（五）扩大市场需求，拓展产业发展空间。

强化政府引导。重视挖掘国内外市场需求，推进新兴产业产品规模应用。将具有自主知识产权的新兴产业产品列入政府采购目录，优先予以采购。加快建立政府补贴和重大建设项目工程采购制度，对新兴产业自主创新产品招标予以加分，促进首台（套）自主装备使用政策的落实，充分发挥政府首购和订购的激励作用。完善各类重大技术装备国产化政策，对新兴产业发展中的头条、头套、头台设备，鼓励无偿优先使用。完善药品集中采购制度，支持创新药物优先进入医疗保险和公费医疗药品

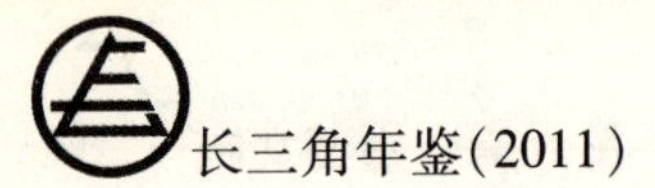

目录。实行出口贴息贷款、担保贷款等政策，支持新兴产业产品出口，并探索通过政府间援助项目帮助企业拓展境外市场的新路径。

引导企业拓展市场。促进企业由生产制造向营销服务延伸，从产品经营向品牌经营扩大，鼓励企业运用电子商务等新型商业模式。在物联网、节能环保服务、新能源应用、信息服务、新能源汽车推广等领域，支持企业大力发挥有利于扩大市场的专业服务、增值服务等新业态。支持有条件的企业收购、兼并、参股国际品牌和营销网络，拓展市场，形成一批规模大、辐射广、带动力强的国际性企业。组织新兴产业龙头骨干企业、知名品牌产品参加国际国内大型展览展销会，提高新兴产业产品在国内外市场的知名度。

实施新兴产业产品应用示范工程。坚持以应用促发展，围绕缓解环境资源制约等紧迫需求，选择尚处于产业化初期、社会效益大、市场机制难以有效发挥作用的重大技术和产品，组织实施绿色发展、惠民服务等新兴产业产品应用示范工程，引导消费模式改变，培育市场，拉动产业发展。依托江苏省光伏产业优势，选择学校、社区、厂房、沿海滩涂等设施和场地，重点实施“屋顶并网发电工程”、“建筑一体化并网发电工程”和“地面并网电站工程”三大示范工程，建成光伏并网发电装机容量500兆瓦，建设陆上风电200万千瓦、海上风电100万千瓦，建成风力并网发电装机容量300万千瓦。以LED节能灯、高效节能家电等为重点，制订优惠政策，实施节能产品应用示范惠民工程，建设一批LED节能产品应用示范城市、应用示范园区和应用示范街道。实施新能源汽车应用示范工程，在全省各类景区、园区率先示范应用新能源专用车，力争在全省主要旅游城市、国家卫生城市实现出租汽车“新能源化”。

（六）加大改革力度，优化产业发展环境。

加快推进投资体制改革。进一步促进投资主体多元化，充分发挥政府资金引导作用，鼓励和引导民间资本、国有资本和海外资金等进入新兴产业领域，扩大新兴产业发展的投资规模，到2012年，力争规模达万亿级的社会资金投资新兴产业重点领域。引导国有企业通过股权调整、兼并重组、引入增量投资等方式优化整合同类业务，推进优质资源重点投资新兴产业发展。进一步拓宽民间资本投资的领域和范围，放宽投资门槛，创造公平竞争、平等准入的市场环境，鼓励和引导民间资本进入新兴产业重点领域。鼓励和引导民营企业通过参股、控股、资产收购等形式，参与国有企业的改制重组。鼓励和引导民营企业利用产权市场组合民间资本，促进产权合理流动，开展跨地区、跨行业兼并重组，实现产业有序梯度转移，主动投资建设生物医药、信息网络、新能源、新材料、节能环保等具有发展潜力的新兴产业。鼓励建立多元化新兴产业投资基金，引导社会资金和海外资本进入新兴产业重点领域，扩大投资效应。

增强对新兴产业的金融支持。遴选100户新兴产业省级重点扶持企业、1 000户潜力中小企业，实施“百企顾问”和“千企入库”计划，加大金融对新兴产业的支持。着力培育科技金融机构，地方城市银行和国有商业银行在每个省辖市设立一家科技支行，重点为科技型企业提供融资服务。积极开展科技小额贷款公司试点，在省级以上高新技术开发区（园区）或经济技术开发区内设立一家科技小额贷款公司，重点支持新兴产业企业。研究制订专利权、商标权、著作权抵（质）押贷款管理办法，开展知识产权质押贷款试点。积极探索成立科技担保公司，科技担保公司全年科技贷款担保业务占全部业务量高于30%，优先列为省再担保公司的主办担保机构，再担保费率可适当降低。积极组建科技保险机构，鼓励各保险公司开展科技保险业务，加强新险种研发，不断拓宽保险服务领域。积极推动业务规模大、综合实力强、在国内同行业领先的企业在境内主板上市，支持业绩突出、成长性好的高科技中小企业在中小企业板或创业板上市，引导有条件的企业境外上市融资。探索设立非上市科技创新型公司柜台交易系统，活跃非上市企业的股权交易，扩大股权融资规模。积极鼓励和支持企业发行短期融资券、中期票据和企业债，探索推进中小企业集合票据、集合债发行机制。

加强知识产权保护。强化行政执法和司法保护，严厉查处各类侵犯知识产权的违法行为，为新兴

产业的技术创新和转移营造良好环境。深入开展知识产权预警工作，定期发布新兴产业相关技术领域的知识产权发展态势报告，对有可能发生的涉及面广、影响较大的知识产权纠纷、争端和突发事件等提出预警，及时提供控制和组织应对措施。建立健全知识产权保护体系和工作机制，提高应对重大知识产权纠纷的能力，引导企业由被动应付知识产权竞争挑战到主动运用知识产权规则转变。健全知识产权维权援助机制，帮助市场主体依法应对知识产权侵权纠纷，重点对中小企业和涉外知识产权纠纷提供援助。

四、保障措施

（一）加强规划引导。

加强新兴产业规划与长三角区域发展规划、沿海地区发展规划、资源环境和重大科技专项等规划的衔接，促进不同层面、不同领域规划的协调配合。充分发挥苏南创新型经济领头作用，积极把苏南创建成战略性新兴产业示范区。同时，加强六大新兴产业发展规划与国家“十二五”新兴产业规划的对接，力争获得国家更多的支持。充分发挥新兴产业规划纲要的前瞻性、战略性和指导性作用，加快优质资源向新兴产业领域集聚。各地、各部门按照六大新兴产业规划的要求，分产业制订行动计划，提出年度工作目标、主攻方向、具体措施和工作安排，进一步分解细化新兴产业发展任务，推动规划和倍增计划任务的有效落实。加强对规划执行情况的跟踪分析，根据产业发展的新趋势、新动向修订和完善规划。

（二）加大政策支持。

在用足用好现有支持企业和科技创新的各类财政专项资金及现有政策资源的基础上，建立稳定的财政投入增长机制，加大对新兴产业发展的扶持力度。2010 年，财政新增安排新兴产业发展创业投资引导资金 10 亿元，加上原有用于扶持新兴产业的专项资金，总额达 30 亿元，重点用于对具有自主知识产权、自主品牌的新兴产业的培育，用于对新兴产业科技研发、孵化以及市场培育等重点环节的扶持，用于光伏发电等新兴产业产品应用示范工程的补贴。加大政府支持力度，加快高效节能产品、环境标志产品等推广应用。对集聚集约明显、带动度大、评比认定的特色产业基地，省财政给予一定的奖励。设立省新兴产业发展基金。鼓励信托投资公司创新产品和服务，更多地吸纳民间资本和省外资金，加大对新兴产业优质企业和重点项目的投资。通过政府资金的引导，社会资本和海外资金跟进，形成千亿规模的创业资本、万亿规模的投资资本，实现资本和知识、资本和产业的融合发展。

（三）建立工作机制。

省人民政府成立省促进新兴产业发展联席会议制度，联席会议办公室设在省发展改革委，省各有关部门按职责和分工具体推进。联席会议对全省新兴产业发展进行统筹协调，研究制订发展目标，协调解决重大问题，推进落实重大项目，组织实施工作考核。省人民政府分管领导按照分工，督促相关部门制订、落实年度工作计划，确保各专项规划纲要的实施，促进新兴产业加快发展。各级人民政府要抓紧提出推动新兴产业发展的工作方案，建立相应的工作推进机制，切实做到思想认识到位、组织协调到位、工作措施到位。加大新兴产业发展重要性和政策举措的宣传力度，及时推广全省新兴产业发展中涌现出的典型经验，形成有利于新兴产业发展的社会舆论环境。

（四）完善统计考核。

建立和完善新兴产业统计指标体系，合理界定统计范围，全方位科学统计新兴产业有关数据，确保真实反映新兴产业发展情况，为掌握新兴产业发展动态、加强工作考核提供重要依据。积极做好新兴产业重点发展领域和目录的分析研究工作，加强前瞻性研究，引导新兴产业健康发展。把新兴产业发展纳入江苏省科学发展考核评价体系，完善考评机制，加强对各地、各部门的考核评价。对发展新兴产业领域贡献重大的单位、个人及团队予以表彰和奖励。切实加强对新兴产业发展情况的督促检查，确保各项工作部署落到实处。

第三章　浙江省政府相关文件

浙江省关于开展小城市培育试点的通知

根据《中共浙江省委办公厅浙江省人民政府办公厅关于进一步加快中心镇发展和改革的若干意见》(浙委办〔2010〕115号)关于开展小城市培育试点的要求,经省政府同意,现就试点工作有关事项通知如下:

一、充分认识开展小城市培育试点的重要意义

实施“中心镇培育工程”以来,浙江省涌现出一批人口多、规模大、经济实力强、设施功能全、具有小城市形态的特大镇。这些镇在浙江省推进新型城市化、建设社会主义新农村、促进城乡一体化发展中发挥了重要的作用。但是,由于受现行管理体制等因素的制约,这些特大镇的进一步发展面临着一些困难和问题。开展小城市培育试点,着力破解这些困难和问题,加快实现特大镇向小城市转型发展,有利于基础设施、公共服务、现代文明向农村延伸、覆盖和辐射,促进城乡一体化发展;有利于优化城乡空间布局,缓解大中城市发展压力,实现大中小城市协调发展;有利于探索建立权责一致的乡镇管理体制和运作机制,提升基层社会管理和公共服务水平。各级政府各有关部门要从全局和战略的高度,充分认识开展小城市培育试点的重要意义,积极主动深化改革、推动创新,扎实做好各项工作。

二、指导思想和主要目标

(一)指导思想。坚持以科学发展观为统领,深入实施“八八战略”和“创业富民、创新强省”总战略,以加快推进人口集中、产业集聚、功能集成、要素集约为着力点,加大改革创新力度,加快培育一批经济繁荣、社会进步、功能完备、生态文明、宜居宜业、社会和谐的小城市,构筑集聚能力强、带动效应好、体制机制活、管理水平高的城市化发展新平台,走出一条具有浙江特色的城乡一体化发展新路子。

(二)主要目标。到2015年,纳入小城市培育试点的中心镇要实现以下主要目标:

——建设规模。建成区面积8平方公里以上,形成布局合理的居住、工业、商贸、生态等功能分区。建成区户籍人口6万人以上或常住人口10万人以上,建成区户籍人口集聚率60%以上。形成比较完备的水、电、路、气、环保等基础设施网络。

——经济实力。年财政总收入10亿元以上,农村居民人均纯收入2万元以上。工业功能区工业增加值占全镇工业增加值80%以上,第三产业增加值占GDP比重40%以上,二、三产业从业人员比重90%以上。

——服务水平。科技教育、文化体育、卫生计生等设施完备,形成比较完善的社会事业发展网络。商业、金融等服务业网点布局合理,形成比较繁荣的商贸金融服务网络。社会保障体系逐步健全,保障水平稳步提高。基本公共服务、居民互助服务、市场商业服务三结合的社区服务体系进一步健全,形成便民利民的社区服务网络。

——管理体制。建立与小城市发展相适应、权责一致、运作顺畅、便民高效的行政管理体制。建立权责明确、行为规范、监督有效、保障有力的行政执法体制,推进县(市、区)综合行政执法试点和相对集中行政处罚权工作,并向试点镇延伸。健全社区党组织领导的充满活力的社区自治机制,形成管

理民主、运作规范、服务完善、文明祥和的社区管理服务体系。

三、主要任务

(一)制订完善小城市规划。根据城市规划、土地利用总体规划的相关技术规范和标准,编制小城市总体规划和控制性详细规划,并与城镇体系规划、生态环境功能区规划、土地利用总体规划、农村土地综合整治规划等相衔接。按照彰显特色、集聚发展的要求,完善主城区城市设计,科学编制小城市基础设施等专项规划和以中心村为重点的村庄布局规划。

(二)着力提升小城市功能。大力推进市政基础设施、环保基础设施、教育医疗设施、文化体育设施和商贸综合设施建设,努力提高基础设施的网络化水平和综合承载能力。加快行政执法、土地储备、公共资源交易、行政审批服务等平台建设,不断提升小城市公共管理和服务水平。

(三)大力发展小城市经济。按照城市经济的特点,大力发展现代物流、商务、金融等生产性服务业,因地制宜发展旅游、商贸、文化娱乐等面向民生的服务业。坚持错位发展、集约发展的原则,主动承接大中城市产业转移,加快共性技术服务平台建设,因地制宜大力发展高新技术产业和战略性新兴产业,着力推进特色产业集群发展。大力发展城郊农业、设施农业、旅游观光农业,提升现代农业发展水平。

(四)加快集聚小城市人口。坚持集约节约用地的原则,努力改善生产生活条件。大力推进农村土地综合整治和农村住房改造建设。大力推进小城市社区建设,积极推进住房制度改革和住房保障体系建设,促进农村人口向小城市集中。创新户籍管理制度,加快出台低门槛落户、享受与当地城镇居民同等待遇的农民进城激励政策,加快推进农民市民化。

(五)全面提升小城市管理水平。按照城市管理职能和小城市建设发展的需要,积极推进保留镇级建制、赋予县级经济社会管理权限的体制改革,加快推进行政执法体制改革。根据管理服务标准不断提高、任务日益繁重的实际,积极整合公共管理资源,完善机构设置和人员编制配备,切实提高小城市管理的能力和水平。

四、扶持政策

(一)实施强镇扩权改革。根据小城市管理需求,在保持镇级建制不变的前提下,明确试点镇的职能定位,在符合法律法规的前提下,通过委托、交办、延伸机构等方式和途径,赋予试点镇与县级政府基本相同的经济社会管理权限。

(二)完善小城市机构设置。根据试点镇的人口规模、经济总量和管理任务,允许试点镇在核定的编制总数内统筹安排机构设置和人员配备;县(市、区)政府部门派驻试点镇的机构,业务上接受上级职能部门的指导,日常管理以试点镇为主,其负责人的任用、调整及工作人员的调动,应书面征得试点镇党委的同意。垂直管理部门可以在试点镇设派驻机构。

(三)合理调整行政区划。按照小城市总体规划,根据试点镇的经济社会发展实际和生产要素流向,结合小城市的管理服务水平和实际承载能力,允许适度调整试点镇的行政区划,拓展发展空间,增强集聚辐射能力,提升集约发展水平。

(四)强化要素保障机制。建立试点镇建设用地支持保障制度,各地在省下达的年度城镇建设用地切块指标中优先予以安排。加强对试点镇的金融服务,加大对试点镇的信贷支持。鼓励金融机构到试点镇设立分支机构,支持有条件的试点镇设立村镇银行和小额贷款公司。建立完善市县两级建设、规划、环保、交通等部门专业人才到试点镇挂职的制度,缓解小城市管理人才紧缺的压力。

(五)完善财政管理体制。按照分税制财政体制的总体要求,合理划分县(市、区)与试点镇的事权。按照财权与事权相匹配的原则,进一步理顺县(市、区)与试点镇的财力分配关系,建立试点镇政策倾斜、设有金库的一级财政体制,实现财力分配向试点镇倾斜,促进小城市培育。

(六)加大税费支持力度。鼓励县(市、区)政府对在试点镇新办的大型商贸企业,自营业当年度起,实行房产税、城镇土地使用税、企业所得税地方分成部分按收入级次三年内予以全额拨补;对在试点镇新办的金融保险企业,自营业当年度起,实行交纳的营业税按收入级次三年内予以拨补50%。试点镇土地出让净收益市、县(市、区)留成部分和在试点镇征收的城镇基础设施配套费,全额返还用于试点镇建设。

(七)建立试点专项资金。省政府从2010年起建立每年10亿元的省小城市培育试点专项资金(暂定三年),用于试点镇的基础设施、社会事业、产业功能区、技术创新和人才集聚服务平台、公共服务平台、规划编制及体制机制创新等项目的补助。各市、县(市、区)也应建立小城市培育试点专项资金,支持试点镇加快建设发展。

五、组织实施

(一)健全组织协调机制。省中心镇发展改革协调小组负责全省小城市培育试点工作的组织协调。协调小组及其办公室要定期召开会议研究重大问题,及时分解工作任务、落实责任单位,不断完善配套政策、加大推进力度,加强信息收集分析、实施动态管理。有关市、县(市、区)政府要建立相应的组织协调机制,将小城市培育试点工作摆上重要议事日程,纳入年度目标责任制考核,及时协调解决试点中遇到的困难和问题,推动试点工作扎实有效开展。

(二)建立绩效考核机制。按照奖励发展、激励先进的原则,建立小城市培育试点工作年度绩效考核奖励机制。与此同时,建立试点淘汰机制,对连续两年考核不合格的试点镇,取消其试点资格。

(三)强化联动推进机制。省级有关单位要抓紧出台配套政策,加大财力、要素等方面的保障,加强指导和服务。有关市、县(市、区)政府要加快出台相应的扶持政策,支持小城市培育试点工作。试点镇要按照"一年一个样、三年大变样"的培育要求,抓紧制订试点总体方案,编制三年行动计划和年度实施计划,大胆改革创新,确保试点取得明显成效。要及时总结宣传推广各地试点的成功经验,努力营造大胆改革、勇于创新、深化试点、科学发展的浓厚氛围。

浙江省关于促进中小企业加快创业创新发展的若干意见

为认真贯彻落实《国务院关于进一步促进中小企业发展的若干意见》(国发〔2009〕36号)、《中共浙江省委关于深入学习实践科学发展观加快转变经济发展方式推进经济转型升级的决定》(浙委〔2008〕88号)和《中共浙江省委关于深化改革开放推动科学发展的决定》(浙委〔2009〕51号)精神,促进浙江省中小企业加快创业创新发展,现提出如下意见:

一、指导思想和主要任务

(一)重要意义。浙江省中小企业量大面广,数量占全省企业99%以上,提供了主要的就业岗位,创造了大部分地区生产总值,是经济社会发展的关键支撑、优势所在和活力之源。由于国内外发展环境变化以及长期积累的结构性、素质性矛盾制约,特别是受国际金融危机持续蔓延影响,浙江省经济面临严峻的挑战,中小企业更是首当其冲。去年以来,中央和省委、省政府先后出台了一系列政策措施,使中小企业生产经营出现了积极变化,但形势仍不容乐观。加快中小企业创业创新、转型发展,是学习实践科学发展观,深入实施"创业富民、创新强省"总战略,加快经济转型升级的必然要求;是积极应对国际金融危机,促进中小企业渡过难关、化危为机的根本途径;是解决深层次矛盾和问题,进一步增强中小企业发展活力和竞争力,实现平稳健康较快发展的必由之路。

(二)指导思想。坚持以科学发展观为指导,深入实施"创业富民、创新强省"总战略,认真贯彻"标本兼治、保稳促调"工作部署,以鼓励全民创业为基点,以促进全面创新为核心,以加快转型升级为主线,以优化发展环境为保障,以扶持小企业和初创型微小企业为重点,全面促进中小企业转变经济发展方式,创造新的发展优势,实现又好又快发展。

(三)主要任务。今后五年要围绕一个目标,实施两大战略,优化三个环境。一个目标,就是积极引导和推动浙江省中小企业从数量大省向素质强省转变;两大战略,就是实施创业促发展战略和创新促升级战略;三个环境,就是优化中小企业政策环境、服务环境和融资环境。重点培育扶持一批创业型、创新型、外向型、配套型、品牌型中小企业,促进浙江省中小企业加快创业创新、转型发展。

二、鼓励中小企业创业促发展

(四)鼓励全民自主创业。各地要加强创业教育、创业咨询、创业实训、创业孵化、创业辅导、创业扶持等创业服务,大力支持高校毕业生、转业退伍军人、下岗失业人员、农业富余人员等社会群体,积极创办各类中小企业,以自主创业促就业。重点鼓励留学归国人员、高校毕业生和各类技术发明人等高素质人才,自主创办科技研发、工业设计、文化创意、软件开发、信息咨询、服务外包等现代服务企业,积极走新型创业发展路子。

(五)放宽创业经营条件。对登记的失业人员、残疾人员、退役士兵,以及毕业两年以内的普通高校毕业生创办小企业或从事个体经营的,按有关规定,自其在工商部门首次注册登记之日起三年内,免收管理类、登记类和证照类等相关行政事业性收费。按照法律、法规规定条件、程序和合同约定,允许创业者将家庭住所、租借房、临时商业用房等作为创业经营场所。

(六)加强创业基地建设。各级要按照土地利用总体规划和城乡建设总体规划,每年安排一定数量的用地指标,有计划地在各类开发区、工业园区、乡镇工业功能区和经济发达村,建造多层标准厂房,建设小企业创业基地。政府投资建设的小企业创业基地,可实行低价租赁或政府财政补贴等方式,降低小企业创业成本。对认定为省级小企业创业基地的,其多层标准厂房的租赁收入及占地,自新认定年度起1—3年内,报经地税部门批准,可给予减征房产税、城镇土地使用税的照顾。

(七)广泛开展创业辅导。进一步建立健全省、市、县(市、区)三级中小企业创业辅导服务网络,积极组织和整合行业专家、职业咨询师、优秀企业家等各类人才资源,不断扩大创业指导师队伍,为中小企业开展多种形式的创业辅导,努力构建创业辅导培育机制。各地要把中小企业创业辅导作为公益性服务,对提供创业辅导成效突出的机构,给予适当的经费资助和奖励,帮助中小企业提高创业成功率。

(八)对小型微利企业实行所得税优惠。凡符合税法规定条件的小型微利企业,均减按20%的税率征收企业所得税。对年应纳税所得额低于3万元(含3万元)的小型微利企业,自2010年起,按国家有关规定,其所得减按50%计入应纳税所得额,按20%的税率缴纳企业所得税。

(九)完善城镇土地使用税征收办法。各地可根据本地区经济社会发展变化,适时调整土地登记划分级数、范围和适用税额标准;对纳税确有困难的中小企业,报经地税部门批准,可给予减免城镇土地使用税的照顾。

三、支持中小企业创新促升级

(十)促进产业优化升级。大力推动传统产业和劳动密集型产业的中小企业改造提升。支持中小企业向通信与网络设备、生物与新医药、电子元器件、仪器仪表、新能源、新材料、节能环保等高新技术产业拓展,向现代物流、融资服务、科技服务、信息服务、文化创意、软件服务、电子商务等现代服务业领域提升,向高效生态农业发展。加强中小企业集聚平台建设,引导集聚发展。促进中小企业向工业园区、工业功能区集聚。支持家庭作坊向现代家庭工业提升发展。

(十一)加快技术更新改造。按照国家产业振兴规划和省重点产业转型升级规划要求,加快淘汰落后工艺技术、设备和产品,鼓励中小企业积极采用新技术、新工艺、新设备、新材料进行技术改造,推广应用节能减排技术及高效节能环保产品和设备,并按规定加速折旧。中小企业购买并实际使用企业所得税优惠目录规定的环境保护、节能节水、安全生产等专用设备,其专用设备投资额的10%可从当年应纳税额中抵扣,当年不足抵扣的,可在今后五年内结转抵扣。

(十二)增强自主创新能力。支持中小企业开展发明创造和产品外观、实用新型等技术创新,积极实施一批关键性技术改造项目,大力开发自主知识产权和自主品牌产品,不断提高产品质量和档次。鼓励有条件的中小企业与高校、科研院所开展多种形式的科技合作,寻求技术依托,建立技术研发机构。中小企业研究开发新产品、新技术、新工艺所发生的研究开发费,未形成无形资产计入当期损益的,在按照规定据实扣除的基础上,按照研究开发费用的50%加计扣除;形成无形资产的,按照无形资产成本的150%摊销。对符合条件的初创期科技型中小企业给予一定的种子资金扶持,并鼓励申请国家科技型中小企业创新基金。积极引导科技型中小企业发展成为高新技术企业,经省有关部门认定,享受高新技术企业税收减免等优惠政策。鼓励和支持中小企业引进各类创新型人才,为技术创新提供人才智力支持。

(十三)加强知识产权保护。各地要广泛开展保护知识产权的宣传和指导,增强中小企业知识产权保护意识。积极引导中小企业加强知识产权管理,依法保护自主创新成果。支持知识产权中介服务机构为中小企业提供专利诉讼与代理等服务。鼓励社会专利机构为中小企业提供专利查询、申报指导、专利维权等服务。中小企业申请专利、注册商标和获得中国名牌产品、中国驰名商标的,各地可给予适当补助和奖励。加大对假冒侵权违法行为的查处力度,维护知识产权创新、创造、应用和保护秩序。

(十四)促进专业化协作配套。鼓励和引导各类中小企业围绕上下游产业链和价值链,积极与大企业、行业龙头企业开展专业化协作配套,建立稳定的产、供、销和技术开发等协作关系,形成专业分工、紧密协作、优势互补的新型生产组织形式,提高专业化生产水平。重点支持块状经济中的行业龙头企业,通过专业分工、服务外包、订单生产等方式,加强与中小企业协作配套,积极提供技术、人才、设备、资金等支持,实现规模化集约经营,加快传统块状经济向现代产业集群提升发展。

(十五)推动联合兼并重组。大力支持有核心竞争优势的中小企业积极开展兼并重组,实现低成本扩张发展。对企业兼并重组发生的土地使用权、不动产所有权和相关股权转让,均不征收营业税,并免收变更过户手续费。被兼并重组的中小企业原有房屋、土地应缴的房产税和土地使用税地方留成部分,可按一定比例用作奖励。鼓励和支持有条件的中小企业到境外开展并购等投资业务,收购技术和品牌,促进技术进步和国际化发展。

(十六)鼓励体制机制创新。引导和鼓励中小企业建立健全符合现代市场经济发展要求的企业制度和经营机制。对生产经营已有一定规模的个体工商户和家庭工业,积极引导其向法人企业转变;对已具备法人条件的中小企业,积极引导其向现代公司制企业转变,不断完善和提升中小企业的法人治理结构和企业组织形式。

(十七)提高企业管理素质。积极开展中小企业管理创新活动,引导中小企业苦练内功,强化基础管理、营销和风险管理,推进企业管理创新。督促中小企业严格遵守安全、环保、质量、卫生、劳动保障等法律法规,诚实守信经营,履行社会责任。各地要采取多种形式,努力提升中小企业经营者的经营决策、市场开拓、企业管理等素质。积极培育和宣传中小企业经营管理的创新典型,以典型示范带动面上中小企业创新发展。

四、改善中小企业融资环境

(十八)鼓励银行加大信贷支持。进一步落实和强化支持中小企业融资的货币信贷政策,通过专项再贷款、再贴现等货币政策工具,开展中小企业信贷政策导向绩效评估,引导和鼓励银行业金融机构加大中小企业信贷投放。加强国家支持小企业信贷六项机制建设,积极鼓励银行业金融机构建立小企业服务专营机构,简化贷款程序,完善信贷考核体系。监管部门对支持小企业的银行实行差异化监管政策,建立健全小企业信贷人员尽职免责机制,不断完善金融支持小企业的长效机制。进一步健全和完善各级政府鼓励银行加大对小企业信贷支持的风险补偿政策,继续对金融机构发放小企业贷款按增量给予适度的风险补偿和补助,更好地发挥政府的政策导向和激励作用。

(十九)支持地方金融服务创新。支持符合条件的地方法人金融机构发行金融债、次级债,增强主要为中小企业服务的金融机构资金实力。充分发挥浙江省民间资本雄厚的优势,加快发展各类以服务小企业为主的小额贷款公司和村镇银行。支持小额贷款公司扩大试点并增资扩股,支持有条件的小额贷款公司发展为村镇银行,增强融资服务能力。支持金融机构进一步强化中小企业金融产品和服务创新,不断完善中小企业信贷经营机制。进一步探索完善动产、应收账款、仓单、海域使用权、股权和知识产权等抵质押方式,完善抵质押物登记、评估、转让等相关规则,缓解中小企业贷款抵质押不足的矛盾。

(二十)努力拓宽直接融资渠道。各地要抓住国家大力发展资本市场的有利时机,积极推动有市场、有技术、有发展前景、成长性好的中小企业,在中小企业板和创业板上市融资;鼓励已上市的中小企业创造条件持续融资,不断扩大融资规模。鼓励各类金融机构与担保机构及其他投融资机构紧密合作,积极发行中小企业集合债券、信托基金、短期融资券和中小企业信贷资产支持证券等直接融资产品,拓宽中小企业直接融资渠道。鼓励各类股权投资机构、创业投资基金等向中小企业战略投资,为中小企业提供股权融资。积极发挥融资租赁、典当、信托等融资方式在中小企业融资中的作用。各地政府对中小企业上市融资、债权融资和股权融资等直接融资方式,应给予一定的政策支持,进一步培育发展有利于中小企业直接融资的资本市场。

(二十一)开拓融资性保险服务。试行中小企业贷款保证保险服务,大力推广中小企业科技保险等新型保险业务。积极发展中小企业出口信用保险,推进保单项下融资、买方资信调查等特色服务。鼓励中小出口企业充分利用信用保险融资,增强抵御国际市场风险能力。充分发挥保险机构支持中小企业增强贷款风险保障的作用。

(二十二)加强融资服务平台建设。积极依托国家和社会各种金融资源,通过资源整合、优势互补、信息沟通、机制创新,积极搭建由政府指导协调,金融机构、担保机构及其他投融资机构等合作参与的中小企业融资服务平台。支持有条件的银行依托网络信息服务机构,努力扩大对中小企业融资面。各地和有关部门对中小企业融资服务平台建设要积极给予政策支持。

(二十三)加强信用担保体系建设。中小企业行政主管部门要会同财政、工商、人民银行、银监等有关部门,加强对中小企业融资性担保机构的指导、服务和相关业务监管工作,支持和规范发展多层次、多形式的融资担保机构。各级财政要加大支持力度,综合运用资本注入、风险补偿和奖励补助等多种方式,提高担保机构对中小企业的融资担保能力。落实好对符合条件的中小企业信用担保机构免征营业税、准备金提取和代偿损失税前扣除的政策。省财政设立担保风险补偿资金,重点对为中小企业担保服务业绩突出的担保机构,给予适度的风险补偿和补助。探索建立中小企业信用再担保体系。

(二十四)促进产权交易流转。为促进各类中小企业产权流转和资产重组,依托现有产权交易体系,探索建立面向中小企业的专项产权交易和流转服务平台,为中小企业产权和股权规范化交易、流转,提供专业化、规范化、市场化服务。建立健全中小企业产权和股权投资进入与退出机制,不断深化中小企业产权流转制度改革。

(二十五)建立贷款风险救助机制。鼓励市、县(市、区)由财政出资,并引导社会资金积极参与,建立中小企业贷款风险救助基金,重点支持和帮助有市场、有技术、有发展前景的中小企业融资解困,积极改善中小企业贷款融资服务环境。

五、强化中小企业社会化服务

(二十六)加强公共服务体系建设。各地和中小企业行政主管部门要根据中小企业服务需求,进一步建立健全中小企业服务机构,加强中小企业公益性服务。同时,积极组织和整合各种社会资源,联系和引导各类社会专业服务机构,为中小企业提供专业化服务,逐步形成上下联动、社会参与、功能健全的中小企业社会化公共服务体系。各地可通过购买公共服务的形式,对各类社会化服务机构提供中小企业的服务项目,给予一定的经费支持。

(二十七)加强人才培训服务。各地要积极为中小企业创业者提供创业培训,帮助提高创业能力。鼓励高校开设创业教育课程,对成长型中小企业经营管理者进行专业培训,着力培养具有现代经营理念、视野宽阔、社会责任感强的企业家。积极组织各类社会教育培训机构,多形式、多层次地开展面向中小企业的专业技能培训,全面提升员工素质。对为中小企业提供培训服务业绩突出的高校和教育培训机构,可给予一定的经费支持。推进校企合作,鼓励高等院校在中小企业建立实习基地,提高大学生择业就业技能。

(二十八)加强共性技术服务。各地要积极整合社会资源,充分发挥各类科技创新服务平台作用,实现科技创新资源共享。鼓励高等院校、科研院所和各类社会科技人才,积极创办为中小企业提供产品研发、技术创新、质量检测等服务的共性技术服务平台。在各类工业园区、产业集聚区和小企业创业基地创办的共性技术服务机构,可注册为民办非企业单位。对认定为省级以上的中小企业共性技术服务机构,可根据其技术服务业绩,给予一定的经费支持。

(二十九)加强信用建设服务。积极探索建立适合中小企业特点的信用征集、信用评级、信用信息发布以及失信惩戒机制,引导中小企业强化信用意识,改善信用形象,提高信用等级。鼓励和支持银行征信机构和有资质的社会信用评价机构开展中小企业信用评级服务,建立信用信息档案,提供信用信息查询,完善信用共享机制,切实加强中小企业信用制度建设。

(三十)加强市场拓展服务。进一步提高政府采购信息发布透明度,完善政府公共服务外包制度。

在同等条件下，各地应优先采购中小企业的商品和服务，并逐步提高采购比例。积极支持和帮助中小企业参加国际国内各类大型产品、技术展览展会和合作交流活动。对组织参加境内外大型展览展销活动的中小企业和展会服务机构，各地可给予一定的展位费、公共布展费等资助，帮助中小企业开拓国内外市场。

（三十一）加强信息化建设服务。进一步建立健全公共信息服务平台，更好地为中小企业提供政策法规、经济信息、市场动态、人才招聘等公共信息服务。大力支持各类信息运营服务机构创新信息服务模式，积极与政府有关部门合作，为中小企业提供电子政务、电子商务、网上融资、市场营销等信息化服务，促进中小企业创业创新发展与信息化建设紧密融合。

（三十二）加强管理咨询服务。各地可依托高校和社会研究机构，加强中小企业管理咨询和研究机构建设，为中小企业提供发展规划、经营管理、法律维权等研究和咨询服务，帮助中小企业管理创新，不断提高经营管理水平。

（三十三）加强行业自律服务。各地可根据中小企业的行业特点，支持发展各类以产品为纽带、以产业集群为基础、以中小企业自我服务为主体的专业协会，建立健全专业协会服务平台。积极鼓励专业协会参与制定行业标准，开展同行业信息传递，加强行业技术交流，反映中小企业呼声和要求，维护中小企业合法权益，促进行业自律和自我服务。

六、加强对中小企业扶持和指导

（三十四）加强组织领导和协调。省政府成立促进中小企业发展工作领导小组，加强对中小企业工作的统筹规划、组织领导和政策协调，领导小组办公室设在省中小企业行政主管部门。各地也要建立相应的组织机构和工作机制，把指导服务中小企业创业创新发展，作为学习实践科学发展观，落实“创业富民、创新强省”总战略的具体行动，认真落实国家扶持中小企业发展的各项政策措施，积极组织协调各有关部门加大对中小企业扶持力度，认真研究中小企业发展中的新情况、新问题，依法采取积极有效的政策措施，形成各负其责、合力帮扶的工作机制，进一步营造促进中小企业加快创业创新发展的良好环境。

（三十五）建立健全工作体系。省中小企业行政主管部门要把指导服务中小企业作为核心工作，充分发挥职能作用。各地要进一步明确指导服务中小企业的工作机构和工作职能，加强中小企业工作队伍建设，同时把指导服务中小企业的工作职责落实到乡镇（街道）。

（三十六）加大专项资金扶持。各地要切实按照《中华人民共和国中小企业促进法》和《浙江省促进中小企业发展条例》的规定，在现有财政安排扶持企业发展专项资金中明确专门用于中小企业发展专项资金预算科目。已经设立的，要根据财政收入增长情况，逐年增加扶持资金规模。

（三十七）加强分类指导。各地要根据中小企业不同发展阶段和不同规模的特点，在统筹兼顾发展各类中小企业的同时，把关注重点放在年销售收入1000万元以下的小企业，把帮扶对象集中在年销售收入500万元以下的微小企业和初创型企业，分别制定相应的政策措施。进一步深化实施中小企业成长计划，切实加大对初创型、成长型中小企业的扶持和鼓励。力争每年有5000家微小企业发展为规模以上企业，有500 家规模以上小企业发展为中型企业，不断提升中小企业规模和素质。

（三十八）构建和谐劳动关系。加大对劳动密集型中小企业的支持，鼓励企业不裁员、少裁员，稳定和增加就业岗位。对受金融危机影响较大的困难中小企业，将阶段性缓缴社会保险费政策执行期延长至2010年底，完善临时性下浮社会保险费率政策，并按规定给予一定期限的社会保险补贴或岗位补贴、在岗培训补贴等。中小企业可与职工就工资、工时、劳动定额进行协商，符合条件的，可向当地人力社保部门申请实行综合计算工时和不定时工作制。

（三十九）切实减轻企业负担。进一步加大中小企业负担专项治理工作力度。全面清理整顿涉及中小企业的收费，重点是行政许可和强制准入的中介服务收费、具有垄断性的经营服务收费，能免则免,能减则减,能缓则缓。今后凡涉及中小企业的收费项目出台前,必须认真听取中小企业代表及相关部门意见,任何单位和部门不得随意增加或变相增加中小企业负担。严格执行税收征收管理法律法规,不得违法违规向中小企业提前征税或摊派税款。不得通过强制中小企业购买产品、接受指定服务等手段牟利。如有乱收费、乱摊派、乱处罚等行为,一经查实,由行政监察部门公开通报并严肃查处。

(四十)加强运行监测分析。省统计部门要会同省中小企业行政主管部门根据浙江省中小企业发展实际,研究制定有关中小企业发展的统计指标体系,建立健全中小企业统计监测制度,加强中小企业运行情况监测分析特别是对规模以下小企业的统计分析,及时掌握发展动态,为各级政府指导中小企业工作提供决策依据。

促进中小企业加快创业创新发展既是一项长期的战略任务,也是当前保增长、调结构、促发展、惠民生的紧迫任务,省级各有关部门要按照工作分工要求,根据国家各有关部门贯彻落实《国务院关于进一步促进中小企业发展的若干意见》(国发〔2009〕36 号)文件精神出台的具体办法,结合本意见要求,制定相应的政策措施,并切实贯彻落实好。

浙江省关于加强与中央企业对接合作的意见

为深入实施“八八战略”和“创业富民、创新强省”总战略，加快推进浙江省经济发展方式转变，在更高层次、更广领域开展与中央企业(以下简称央企)的战略合作，现就加强浙江省与央企对接合作工作提出如下意见：

一、明确总体要求

(一)切实提高加强与央企对接合作重要性的认识。央企是我国国民经济运行的中坚力量，涵盖了国家安全和国民经济命脉的重要行业和关键领域，集聚了资源优势、政策优势、资金优势、管理优势、人才优势和技术优势。加强和深化浙江省与央企的战略合作，吸引央企优势产业、高端项目落户，有利于浙江省更好地对接国家产业发展战略，聚集整合资源要素，优化区域生产力布局；有利于浙江省加快提升产业层次，优化产业结构，完善现代产业体系；有利于浙江省切实改变产业“低、小、散”状况，不断优化企业组织结构，提高区域综合竞争力。

(二)进一步明确与央企对接合作的目标要求。要坚持政府引导、市场运作，优势互补、互利共赢，存量优化、增量突破，全面深化与央企的战略合作关系，不断拓展合作领域，创新合作方式，实现资源、技术、产品、市场等方面的共享。

一是合力打造一批经济社会发展新平台。吸引央企参与构建一批省级产业集聚区、打造一批现代服务业集聚示范区和现代农业园区、培育一批中心镇和小城市。

二是合力实施一批现代新兴产业项目。积极引导浙江省的龙头骨干企业与央企进行对接合作，实施一批重点产业转型升级、战略性新兴产业培育、现代服务业发展以及农业产业化项目，完善浙江省现代产业体系。

三是合力建设一批重大基础设施项目。吸引央企参与浙江省综合交通、能源、水利、信息网络等工程建设，实施一批民生服务和生态环保设施项目，进一步完善浙江省城乡基础设施体系。

四是合力共建一批技术创新载体。坚持引资和引智、引技并重，吸引央企及所属的科研机构与浙江省共建共享一批科研院所、技术中心等创新载体，不断提高技术和人才等要素集聚能力，促进浙江省自主创新体系建设。

二、把握重点领域

(三)围绕建设重点发展平台加强对接合作。围绕浙江省海洋经济发展试点，重点推进“三位一体”港航物流服务体系、舟山海洋综合开发试验区、海洋战略性新兴产业基地等方面的对接合作。围绕浙江省产业集聚区建设，重点推进杭州大江东和城西科创产业集聚区、宁波杭州湾和梅山物流产业集聚区、温州瓯江口产业集聚区、湖州南太湖产业集聚区、嘉兴现代服务业集聚区、绍兴滨海产业集聚区、金华产业集聚区、衢州产业集聚区、舟山海洋产业集聚区、台州湾循环经济产业集聚区、丽水生态产业集聚区和义乌商贸服务业集聚区等14个省级产业集聚区与央企对接合作。围绕浙江省现代服务业集聚示范区建设，重点推进物流园区、总部基地、科技创业园、创意产业园、软件与服务外包基地、商贸综合体、旅游休闲度假区、新型专业市场和综合性生产服务集聚区等9个领域的对接合作。围绕浙江省中心镇培育和小城市建设，重点推进200个中心镇和20个小城市的基础设施、特色产业等领域的对接合作，使中心镇成为产业特色鲜明、生态环境优良、社会事业进步、功能设施完善的县域中心或副中心，推进有条件的中心镇发展为小城市。

(四)围绕推动重点产业提升加强对接合作。围绕浙江省服务业十大重点行业规划，加强现代商贸、金融服务、现代物流、信息服务、科技服务、商务服务、旅游、文化服务、社区服务、服务外包等现代服务业领域的对接合作,促进现代服务业加快发展。围绕浙江省十一个重点产业转型升级规划,推进汽车、船舶、钢铁、石化、装备、有色金属、轻工、电子信息、纺织、建材、医药等行业的对接合作,加快浙江省传统优势产业改造提升。围绕浙江省九大战略性新兴产业规划,推进生物产业、海洋新兴产业、新能源汽车产业、核电关联产业、物联网产业、高端装备制造业、新能源产业、节能环保产业、新材料产业等战略性新兴产业的对接合作,加快培育形成先导性、支柱性产业,积极抢占发展制高点。

(五)围绕推进重大项目建设加强对接合作。结合浙江省"十二五"重大建设项目规划和"三个千亿"工程,围绕能源、交通、信息、水利等基础设施开展合作,加快推进一批有助夯实发展基础、增强发展后劲的核电、火电、风电、抽水蓄能、能源储运、铁路、高速公路、港口、机场、水利、信息等领域重大建设项目,进一步提升浙江省基础设施现代化水平,发挥重大建设项目的支撑作用。

(六)围绕构筑重点创新载体加强对接合作。积极引导省内重点高校、科研机构、骨干高新技术企业与中央直属科研机构及央企下属科研院所开展对接合作,培育和发展创新型企业、研发机构,推动和扶持重大科技创新平台建设,大力引入高端智力和关键核心技术,激活创新要素,增强创新能力,转化创新成果,增强科技对浙江省经济社会发展的支撑和引领作用。

(七)围绕培育重点骨干企业加强对接合作。重点引导省属大型国有企业、民营龙头企业与央企开展对接合作,积极推进浙江省农业龙头企业、工业行业龙头企业、现代服务业重点企业在各自主营领域与央企开展对接,充分利用国家战略资源优化企业结构,进一步深化浙江省国有企业改革,拓宽民间资本投资领域,推动浙江省行业龙头企业进一步做大做强,不断向高端化、品牌化、国际化方向发展。

三、创新合作方式

(八)采用多种方式对接合作。在遵循国家产业发展政策前提下,结合各地实际,鼓励和引导省内各类企业自主选择产权(股权)转让、增资扩股、互相持股(控股、参股)、合资合作、技术引进、重组上市等方式引进央企来浙投资,积极吸引央企参与浙江省股权投资基金,鼓励央企对浙江省企业改革与发展给予业务指导、咨询服务、信息支持。

(九)引导开展产业整合对接。鼓励支持同一产业内不同企业之间、上下游企业之间、不同所有制企业之间开展强强联合;鼓励支持不同产业间整合各自优势资源,互补对接,完善产业链,提高产业竞争力。

(十)积极拓展对接合作领域。由传统产业对接合作着重向引进现代服务业、战略性新兴产业项目转变;由投资单一项目着重向引进投资专业园区和产业基地转变;由单一产业着重向完善产业链、打造产业板块和建立央企区域总部转变。

四、完善工作举措

(十一)健全统筹协调工作机制。要构建政府推动、部门联动、企业主动的央企对接合作工作机制。各市、县(市、区)要把加强与央企对接合作工作纳入重要议事日程,选调一批优秀干部从事对接合作工作,密切关注对接合作工作进度,及时协调解决对接合作,特别是在项目推进过程中碰到的实际问题。省发改委负责牵头组织浙江省与央企的对接合作工作,统筹协调、督促落实央企引进工作的有关事项。省级各有关单位要强化大局意识,充分发挥主动性和创造性,打破条块分割,有效整合与央企对接合作资源,共同做好与央企的沟通衔接以及引进项目的落地实施。

(十二)加强政策扶持保障力度。各级政府要把与央企对接合作的重大项目纳入"十二五"规划重大项目库。各级相关部门要优先办理央企对接合作项目的规划、用地、环评、融资等审批手续,优先保障央企对接合作项目的建设用地、环境容量等需求,在国家法律法规和政策允许范围内给央企合作

单位在注册、税收、财政支持等方面提供便利条件。

（十三）开展项目全程跟踪服务。省发改委制定年度对接合作项目推进工作计划，按照“储备一批、推进一批、实施一批”的要求滚动推进，并及时汇总通报全省对接合作工作进展情况。各级相关部门要建立与央企对接合作项目全程跟踪和服务制度，建立信息交流和相互通报制度，及时反映或解决对接合作项目推进执行情况及落实过程中碰到的重大问题。

（十四）营造对接合作良好氛围。各地各有关部门要切实加强对接合作工作的领导，严格依法行政，不得违法设置行政许可和行政事业性收费。要切实防止地区间的无序竞争，督促对接合作企业切实履行与央企签署的协议条款，树立诚实守信的形象。要充分利用省内外新闻媒体，做好与央企对接合作工作的宣传，营造全社会共同关心、支持、推动与央企对接合作工作的良好氛围。

浙江省关于支持和引导上市公司开展并购重组的若干意见

为贯彻落实《国务院关于促进企业兼并重组的意见》(国发〔2010〕27号),进一步提高浙江省上市公司发展水平,经省政府同意,现就支持和引导上市公司开展并购重组有关工作提出如下意见:

一、重要意义

经过近二十年的发展,上市公司已成为浙江省经济运行中最具发展优势和活力的企业群体,普遍具备了较强的资金投入和技术、管理、品牌的输出能力,在促进区域经济发展、技术创新、产业转型升级方面的作用不断提升。进一步发挥资本市场功能,积极支持和引导上市公司开展产业整合与并购重组活动,对浙江省转变经济发展方式,促进经济结构调整具有重要意义。上市公司并购重组,有利于实现各类要素资源向优秀企业集聚;有利于盘活区域经济中的存量资产,实现社会资源的优化配置;有利于促进产业组织优化和技术创新,深化产业发展,实现传统块状经济向现代产业集群转型;有利于完善法人治理结构,促进上市公司管理创新。

二、指导思想和基本原则

(一)指导思想。坚持以科学发展观为指导,深入实施“创业富民、创新强省”总战略,以市场和产业政策为导向,以做大、做强、做优上市公司并充分发挥资本市场功能为目标,鼓励省内优秀企业利用自身技术、管理、品牌优势,借助资本市场进行产业整合,推动产业升级;支持经营管理状况良好但资本市场功能发挥不到位的上市企业通过增发、定向增发、吸收合并等形式重组关联资产或兼并同行业优良资产,增强发展能力;引导经营管理不善的上市企业变更主营业务,腾笼换鸟,恢复资本市场功能。

(二)基本原则。一是坚持政府推动与市场运作相结合。各级政府和有关部门要从区域内上市企业实际情况出发,出台措施,在充分尊重企业意愿与遵循现行监管制度的基础上,支持和引导上市公司按照市场化运作开展并购重组。二是坚持突出主营业务与拓展创新业务相结合。鼓励上市公司立足主营业务,积极开展横向、纵向产业链为主的并购重组。对于实施业务转型的,应根据产业相关性与自身条件,按国家和省产业导向选择重点发展方向。三是坚持发挥示范效应与做大做强相结合。开展并购重组既要立足做大做强做优上市公司,增强企业市场竞争力,又要有利于促进地方产业集群发展,推动区域产业转型升级。

三、主要方式

(一)鼓励上市公司以股权、现金、并购贷款、公司债、银行票据等金融工具组合作为并购重组对价或支付方式。优先支持上市企业通过金融创新开展并购重组活动。

(二)按照国家产业导向,支持优质上市公司向新能源、新技术、新材料、新经济模式企业实施并购重组活动,实现传统产业上市企业转型升级。

(三)通过剥离不良资产,注入优质资产变更主营业务的方式,恢复经营不善上市企业的资本市场功能。优先支持公司所在地优质国有及民营资产注入上市公司。

(四)通过整合控股股东及关联方资产,消除同业竞争,减少关联交易,实现整体上市。

(五)开展产业横向整合,盘活区域经济中的存量资产,实现社会资源的优化配置,推进传统块状经济向现代产业集群发展。优先支持上市公司开展产业链两端资源、品牌、技术、人才等方面的并购活动,增强自身实力,形成竞争优势,打造产业龙头。

四、政策措施

（一）加大金融支持力度。在风险可控前提下，鼓励银行业金融机构加大境内外并购贷款支持力度。对标的较大的并购贷款，鼓励相关银行组建银团进行贷款。并购贷款纳入各级政府对金融机构的年度考核评价体系。鼓励各类股权投资管理机构参与上市公司并购重组，对于投资金额较大的，各级政府可以在财政补贴、重大投资机会优先保障等方面予以支持。鼓励省级有关部门及具备条件的市、县（市、区），采用合资或独资的方式设立市场化运作的并购产业基金。

（二）鼓励并购属地企业。上市公司并购当地其他企业的，对符合国家减免税规定的土地房产转让减征、免征契税，暂不征收营业税。企业变更或移用受海关监管的减免税进口货物或设备的，经批准可继续享受减免税优惠政策。在符合国家产业导向情况下，经有权部门批准，被并购企业的用水、用电和排污容量可由并购企业承继。上市公司并购当地濒临破产企业并符合企业所得税特殊性税务处理条件的，被并购企业的亏损在一定限额内可在上市公司或一定期限内的应纳税所得额中抵扣。

（三）加大财政支持力度。各级政府可根据当地实际，通过财政贴息、信贷奖励补助等方式，建立并购贷款风险补偿机制。被并购企业原享受的优惠政策，经相关部门审核确认后，在规定期限内可由并购企业承继享受，其历年享受国家有关优惠政策形成的“国家扶持基金”，除国家有明确规定使用用途外，经同级政府批准，可按投资比例分摊归股东所有。各地出台的企业上市政策中涉及财政支持的措施，可适用于上市公司的并购重组；鼓励各地结合实际设立专项资金，对示范作用大、带动力强的上市公司并购活动进行专项支持或奖励。

（四）提高政策共享效用。上市公司通过对外收购兼并实现产业升级且符合相关条件的，可享受加快产业转型升级相关优惠政策。上市公司采取定向增发等方式向控股股东购买关联资产且并购资产总额或资产净额或营业收入达到《上市公司重大资产重组管理办法》规定比例的，可享受当地企业上市相关政策。上市公司并购当地重点拟上市企业或非上市企业，通过反向收购买壳上市且上市公司注册地迁至本地的，根据实际情况，可享受当地企业上市相关政策。

五、工作保障

（一）加强组织保障。根据全省推进上市公司并购重组工作的需要，设立省上市公司并购重组工作办公室，办公室设在省金融办。省上市公司并购重组工作办公室负责研究制定全省上市公司并购重组工作的规划、目标及措施，承担全省上市公司并购重组工作的指导、协调和服务。各市、县（市、区）也可根据工作需要建立相应的组织机构，加强对上市公司并购重组工作的指导、协调和服务。

（二）实行属地管理。省属上市公司实施并购重组的，按现行规定程序报省政府决定。市、县（市、区）上市公司并购重组方案，由所在地政府负责协调、决策。涉及省内跨区域并购的，可提请上一级政府相关部门协调；跨省并购由省上市公司并购重组工作办公室帮助协调；实施境外并购的，按国家有关规定执行。

（三）提供便捷服务。各级政府和有关部门要缩短工作流程，减少不必要的审查环节，尽量简化审批审核程序，为上市公司并购重组提供高效、便捷的服务，确保各项政策措施落实。上市公司并购重组工作办公室要定期收集上市公司并购重组信息，建立分析系统，组织境内外专家开展讲座与交流活动，创造有利于推进上市公司并购重组的外部环境。

（四）建立约束机制。上市公司及其控股股东要严格按照中国证监会《上市公司收购管理办法》、《上市公司重大资产重组管理办法》及信息披露制度规定履行职责，不得利用上市公司并购重组损害其他股东利益，不得进行内幕交易。在重组过程中被证券监督管理部门立案稽查并受处罚的，不得享受上市公司并购重组的鼓励政策。在并购重组中，其他参与方也要做好信息保密工作，杜绝内幕交易等违规行为的发生。

(五)切实维护稳定。各级政府和有关部门要严格执行相关法律法规和规章制度,及时妥善解决上市公司并购重组中资产债务处置、职工安置等问题,依法维护债权人、债务人以及企业职工等权利主体的合法权益,促进企业、社会的和谐稳定。

浙江省关于进一步加快旅游业发展的实施意见

为深入贯彻《国务院关于加快发展旅游业的意见》(国发〔2009〕41号),进一步加快浙江省旅游业发展,推动旅游经济强省建设,现结合浙江省实际,提出以下实施意见:

一、明确新时期旅游业发展思路

(一)新时期旅游业发展的总体要求。以邓小平理论和“三个代表”重要思想为指导,深入贯彻落实科学发展观,认真贯彻党的十七大和省第十二次党代会及历次全会精神,深入实施“八八战略”和“两创”总战略,扎实推进“全面小康六大行动计划”,全面把握国内外旅游业发展的新趋势,按照“转变发展方式、加快转型升级、提高服务水平、继续走在前列”的要求,大力推进旅游大众化、多样化、国际化和信息化,充分发挥旅游业“兴一业旺百业”的龙头带动作用,努力把旅游业培育成为浙江省国民经济的战略性支柱产业和人民群众更加满意的现代服务业,率先在全国建成旅游经济强省。

(二)新时期旅游业发展的基本原则。坚持改革创新,推进旅游综合改革,完善市场配置机制,促进发展方式转变,实现旅游业转型升级;坚持协调发展,着眼国内国际两大市场,统筹城乡区域旅游协调发展,注重速度、结构、质量、效益相统一,走内涵式发展道路;坚持以人为本,安全第一,以游客满意度为基准,完善基础设施,优化消费环境,提高服务水平;坚持生态环保,合理开发资源,重视节能减排,倡导低碳发展,开展绿色消费,实现旅游业可持续发展。

二、确立旅游业战略性支柱产业定位

(三)旅游业要成为国民经济的支柱产业。进一步加快旅游业发展步伐,确定旅游业为浙江省重点扶持的战略性支柱产业,充分发挥其在经济社会发展中的支柱支撑作用。到2015年,全省旅游业增加值占全省GDP的比重达到6.3%,占服务业增加值的比重达到13%;全省旅游业就业人数突破360万,占全省城乡就业人数的7.5%;旅游对地方财政的贡献率达到5.5%;城乡居民年均出游超过3次,旅游消费相当于居民消费总量的12%;全省旅游总收入年均增长15%以上,旅游经济总量继续位居全国前列。

(四)旅游业要成为转型升级的先行产业。进一步提升旅游业发展层次,满足多元化、多层次、多样性的旅游需求,充分发挥旅游业在拉动经济增长、扩大消费需求、调整产业结构、促进经济转型中的先行带动作用。旅游发展模式由政府主导推动向市场主体推进拓展;经营方式由粗放经营向集约节约经营转变;市场格局由入境旅游为主向国内、入境、出境三大市场协调发展转变;产业形态由观光为主向休闲、商务、会展等新型业态拓展;企业组织由中小企业向企业集团、股份公司、连锁经营等形式拓展。

(五)旅游业要成为创业创新的先导产业。进一步推动旅游业改革发展,充分发挥旅游业在创业创新中的先导引领作用。创新旅游发展理念,切实转变发展方式,推进旅游科学发展;创新旅游产业布局,完善产业产品体系,促进旅游集群发展;创新旅游经营业态,打造地方特色品牌,形成旅游特色发展;创新旅游经营机制,建立行业标准体系,推动旅游规范发展;创新旅游营销方式,健全市场营销网络,促成旅游整体发展;创新旅游区域合作,完善区域协调机制,促进区域均衡发展。

(六)旅游业要成为生态文明的示范产业。进一步推进生态文明建设,促进旅游业可持续发展。充分发挥旅游业在生态建设、环境保护中的示范引领作用。全力推广绿色旅游,加快形成资源消耗低、环境污染少的生态旅游产业体系;切实加强环境保护治理工作,加快形成绿色低碳、环保健康的生态旅游环境;加强生态旅游宣传教育,丰富生态旅游文化载体,加快形成特色明显、底蕴深厚的生态旅

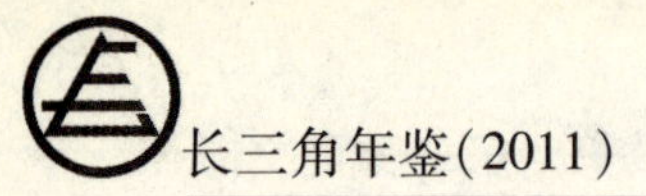

游文化。

三、优化旅游业发展区域布局

(七)加快建设一批国际旅游目的地。以国际开放度较高的中心城市为主体,以提高旅游国际化水平为目标,积极打造杭州国际休闲旅游、宁波滨海都市旅游、绍兴古越文化旅游、浙中商贸影视旅游和舟山海岛佛国旅游等五大国际旅游目的地。按照"产品国际化、营销国际化、服务国际化"的要求,着力发展杭州西湖、千岛湖、宁波溪口、温州雁荡山、嘉兴乌镇、金华横店影视城、舟山普陀山、衢州江郎山等一批适合国际游客需求的旅游产品,完善符合国际标准的旅游接待设施,建立全球性旅游营销网络,健全法律法规体系,提升旅游服务水平,增强浙江省旅游业的国际竞争力。

(八)加快建设一批国内旅游目的地。以区域中心城市为依托,以扩大国内旅游市场为目标,重点打造温州山水风情旅游、浙北古镇水乡旅游、浙西南生态休闲旅游等全国知名旅游目的地。以自然山水、历史古镇、生态养生、运动休闲为特色,大力开发适合不同层次旅客的旅游产品,打造特色旅游精品,创造特色旅游品牌,塑造特色旅游目的地形象,提高浙江特色旅游品牌的市场影响力。

(九)加快建设一批区域旅游目的地。以旅游经济强县和国家级、省级旅游度假区为载体,以推进长三角旅游一体化为目标,着力打造一批区域旅游目的地。强化县域旅游的基础和支撑作用,加快培育更多在长三角有规模、在全国有影响的旅游经济强县,增强旅游经济强县的要素集聚和市场辐射能力。

(十)加快建设一批乡村旅游目的地。以旅游经济强镇和旅游特色村为基础,以满足大众旅游消费为目标,大力实施乡村旅游富民工程,着重培育100个旅游强镇,建设1000个旅游特色村,形成一批面向省内外的乡村旅游目的地。突出乡村旅游的田园风光、自然景观、农家体验的特色,开发自然清新、返朴归真、绿色生态的旅游产品,推动乡村旅游产业化发展,促进城乡旅游经济协调发展。

四、推进旅游业相关产业融合发展

(十一)推进旅游业与第一产业融合。大力推进旅游业与农业、林业、畜牧、渔业等相关产业和行业的融合发展,加快开发农村、山区、林区、海岛旅游项目。在妥善保护自然生态、原居环境和历史文物的前提下,合理利用民族村寨、民俗村镇、民间古居,大力培育休闲观光农业,发展农家乐、渔家乐,开展深山探险、溪水漂流、森林氧吧、海钓潜水、采摘尝鲜等各具特色的农、林、渔业观光休闲体验旅游活动。

(十二)推进旅游业与第二产业融合。充分发挥浙江省加工制造业发达的优势,积极发展工业观光、购物、考察和旅游商品制造业。大力提升浙江传统的丝绸、陶瓷、刺绣、石雕、木雕、根雕等特色旅游商品的制造加工水平;大力发展具有自主知识产权的休闲、登山、滑雪、潜水、露营、探险、水上运动、高尔夫等各类户外活动用品及宾馆饭店专用产品制造业;大力培育旅游房车、邮轮游艇、景区索道、游乐设施和数字导览设施等旅游装备制造业。加强旅游商品的研发和生产,建设全国性旅游商品制造基地。

五、倡导新的旅游方式

(十三)倡导绿色低碳旅游方式。大力推行集约节约、循环利用的绿色低碳旅游方式。深入开展绿色饭店和生态旅游区创建活动,大力实施旅游节能节水减排工程。支持景区景点、宾馆饭店、旅游经营户充分采用新能源新材料和节能减排技术。实行合同能源管理,实施高效照明改造,减少温室气体排放,积极发展循环经济。5年内星级饭店、A级景区用水用电量降低20%以上。建立旅游资源、生态保护管理监测系统,严格执行旅游项目环境影响评价制度,合理控制旅游地的环境容量,切实加强旅游资源与生态环境保护。

(十四)倡导文明健康旅游方式。深入实施"提升中国公民旅游文明素质行动",在全社会大力倡导健康旅游、文明旅游。景区景点、宾馆饭店和旅行社等旅游企业通过多种形式规范引导游客文明出

行、文明住宿、文明消费。游客在旅游过程中自主选择绿色饭店和绿色旅游产品，自觉遵守旅游文明行为公约和文明行为指南，尊重自然，尊重当地文化，尊重服务人员，抵制不良风气，摒弃不文明行为。通过文明健康的旅游方式，使广大旅游者在旅游活动中增长知识、陶冶情操、传播文明。

（十五）倡导文化内涵旅游方式。推进旅游与文化的深度结合，大力丰富旅游文化内涵，把文化贯穿到旅游活动各环节和旅游业发展全过程。旅游开发深挖文化内涵，旅游经营体现人文特质，旅游商品提高文化创意，旅游餐饮突出文化特色。充分利用当地文化资源，开发具有地方特色的旅游文化产品，开展具有地域特色的旅游文艺演出和节庆活动。鼓励发展红色旅游，利用博物馆、纪念馆、爱国主义教育基地和体育场馆等设施，开展多种形式的文体旅游活动。广播、电视、报刊、网站等公共媒体要开设旅游栏目，加大旅游公益宣传力度。

六、加快旅游改革步伐

（十六）整体推进全省旅游综合改革。立足各地旅游产业基础和特点，放宽旅游市场准入，完善旅游投融资机制；加强旅游资源整合，深化旅游管理体制改革；加快产业融合发展，培育旅游新兴业态；开展旅游企业重组，培育旅游上市公司；加快发展大众旅游，培育高端旅游产品；扩大旅游对外开放，加强区域旅游合作；推进旅游标准化建设，健全旅游公共服务体系。通过大胆探索，改革创新，努力形成全省旅游综合改革整体推进格局。

（十七）加快推进舟山海洋旅游综合改革。顺应海洋旅游发展大趋势，借助舟山丰富的海洋旅游资源和良好的旅游产业基础，推进舟山海洋旅游综合改革试点，加快海洋经济综合开发，培育全省新的经济增长点。舟山市要以改革开放为动力，以转型升级为主线，以创新体制为突破口，以培育新兴业态为重点，实施更加开放的旅游政策，把舟山群岛作为大景区进行整体规划、整体开发、整体营销，着力提高舟山海洋旅游的国际知名度和市场竞争力，努力建设以“海天佛国、渔都港城”为特色的群岛型世界著名佛教旅游胜地、国际知名海洋休闲旅游目的地。

（十八）努力推进县级旅游综合改革。把推进县级旅游综合改革试点作为深化全省旅游改革的重大举措，确定淳安、洞头、安吉、武义、仙居、遂昌为首批旅游综合改革试点县，在特色培育、业态创新、政策扶持、体制创新等方面先行先试。通过综合改革试点，做强做大旅游产业，打造旅游特色品牌，发挥旅游产业带动作用，促进县域经济转型升级，努力把试点县（市、区）建设成为全省旅游产业发展和经济转型升级的先行地和示范区。

（十九）积极推进旅游度假区改革创新。积极推进旅游度假区改革创新，把旅游度假区真正建设成为旅游经济强省建设的先行区、旅游产业的集聚区、旅游经济转型升级的示范区。加大国家级、省级旅游度假区的开发建设力度，强化服务功能、资源环境整合功能、旅游产品培育功能、开发管理创新功能，并实施动态考核管理。

七、落实旅游业各项支持政策

（二十）加大财政投入。各级政府要重视对旅游战略性支柱产业的培育和支持，加大对旅游基础设施、产业提升、宣传推广、公共服务、人才培养等方面的财政投入。逐步增加旅游发展资金和宣传促销经费，探索设立旅游商品专项扶持资金；省服务业发展引导专项资金、省级外贸出口发展基金以及节能减排专项资金等，要对符合条件的旅游企业给予支持。有关部门在安排其他专项资金时，应充分考虑旅游业的发展要求，统筹安排使用。

（二十一）加大税费优惠。旅行社按营业收入缴纳的各种收费，计征基数应扣除各类代收服务费。旅游企业用于宣传促销的费用依法纳入企业经营成本。旅游企业排污达标并缴纳污水处理费后免征排污费。落实宾馆饭店等旅游企业与一般工业企业同等的用水、用电、用气价格政策。金融部门对旅行社、景区售票商户的银行卡刷卡收费，要参照超市和加油站档次计费，并适当降低对宾馆饭店的收费标准。省级重点旅游项目可根据各地实际酌情减免城市市政基础设施配套费。

(二十二)加大用地支持。充分考虑旅游业发展需要,编制和调整城市总体规划、土地利用规划、海洋功能区划、基础设施规划,加大对旅游业发展用地的支持力度。支持利用荒山、荒地、荒滩、荒岛等资源开发旅游项目。支持企事业单位利用存量房产、土地资源兴办旅游业。落实执行无人岛旅游开发的土地相关政策,有序推动无人岛旅游开发利用。

(二十三)加大金融支持。各类金融机构要开发适应旅游业发展需要的个性化金融产品,加大对旅游企业的信贷支持力度。积极开办经营权和门票收入等质押贷款业务,对符合条件的旅游企业予以享受中小企业贷款优惠政策,对符合条件的旅游企业和旅游项目加大融资授信支持。各类信用担保机构要加大对旅游企业和旅游项目的担保力度。支持符合条件的旅游企业发行短期融资券、企业债券、中期票据和资产证券化项目,支持旅游企业在中小企业板和创业板上市融资。金融机构和旅游企业要积极开展多种方式的业务合作,推出促进旅游消费的金融产品,增强银行卡旅游服务功能,开展旅游消费信贷服务。

(二十四)加大配套措施。研究制定《浙江省公民旅游休闲发展纲要》,全面落实带薪休假制度,鼓励城乡居民参加各类旅游活动,积极推进大众旅游消费。除国家明令禁止的以外,国家机关、企事业单位和社会团体的公务考察、来访接待、会议展览等公务活动中的社会化服务部分,可通过服务外包的形式,通过政府采购委托旅行企业代理,旅游部门要会同财税、监察等有关部门制定相关实施办法。

八、提高旅游服务水平

(二十五)完善旅游基础设施。加快旅游交通道路、景区停车场所、游客服务中心、旅游公共厕所、旅游安全设施以及旅游生态保护等基础设施建设,推进3A级以上旅游景区高等级公路和主要特色旅游村镇的连接公路建设,城市公交服务网络逐步延伸到周边主要景区和乡村旅游点。完善旅游航线网络,增加主要旅游客源城市航班,开辟欧美等地洲际航线,开通国际邮轮旅游停靠点。

(二十六)优化旅游消费环境。以游客满意度为主要指标,建立旅游目的地评价机制和旅游企业评价体系。加强景区门票价格管理,建立景区门票价格调整公示与听证制度,全面落实旅游景区对老年人和学生等特殊人群门票优惠政策。加强旅游法制建设,修订《浙江省旅游管理条例》。加强旅游市场监管,健全旅游投诉处理机制,规范旅游经营者的经营行为。完善旅游联合执法体系,严厉打击非法旅游经营活动。充分发挥旅游行业协会的作用,加强旅游诚信体系建设,推行旅游从业人员诚信服务准则,实施旅行社、旅游购物店信用等级制度,开展诚信旅游创建活动。

(二十七)提高从业人员素质。建立与旅游经济强省相适应的旅游人才培育体系,加快旅游院校发展,加强旅游专业建设,提高旅游教育水平,努力把浙江旅游职业学院建设成国家级骨干高等职业院校。制订中长期旅游人才培养计划,重点加强管理人才和专业人才培养,努力建立一支职业经理人队伍。建立和完善旅游职业资格和专业技术职务聘任制度,提高导游人员专业素质。规范旅游从业人员管理,完善旅游企业劳动用工和收入分配制度,探索旅游企业岗位培训、职业资格与薪酬相衔接机制。加强旅游企业和导游人员行业自律和从业行为的监管,提升旅游从业人员队伍整体素质。

(二十八)健全公共服务体系。加快旅游集散中心、旅游信息咨询中心和12301旅游服务热线建设,积极开展旅游在线服务、电子导游、网络营销、网络预订和网上支付,全面提升旅游信息化服务水平。加快旅游标准化建设,构建具有浙江特色的旅游服务标准体系,制定并实施旅行社管理、车辆运营、船舶运营、环境卫生、安全防范、节能环保等旅游行业标准,建设一批高水平的旅游标准化试点示范项目,大力提高旅游产业标准化发展水平。加快旅游安全保障体系建设,健全服务质量监管体系,严格安全事故报告制度,建立旅游安全提示预警制度,完善旅游紧急救援和应急处置机制,搞好旅游保险服务,努力提高全社会旅游服务和安全保障水平。

关于创建浙江省现代服务业集聚示范区的意见

为贯彻落实《浙江省人民政府关于进一步加快发展服务业的实施意见》(浙政发〔2008〕55号)精神,引导推动现代服务业集聚发展,经省政府同意,现就创建浙江省现代服务业集聚示范区提出如下意见:

一、重要意义

服务业集聚发展是世界性潮流。近年来,浙江省服务业发展迅速,形成了许多服务业集聚区。但是,与发达国家和地区相比,浙江省服务业集聚区建设还处于成长起步阶段,缺乏经验借鉴,缺乏规划指导,缺乏土地、人才等资源要素保障,一些地方、一些领域还存在盲目发展、无序竞争等问题。加快服务业集聚区发展,形成服务业企业资源共享、集聚互动的重要平台,有利于拓展区域经济产业链和提升价值链,有利于强化城市功能和改善城市形象,有利于推进经济转型升级。为此,必须加快创建一批现代服务业集聚示范区,通过实践探索,积累经验,发挥带动作用,引领全省服务业集聚区建设步入科学发展轨道。

二、总体思路

(一)指导原则。以科学发展观为指导,按照"创业富民、创新强省"总战略要求,顺应现代服务业集聚发展趋势,立足基础、突出特色、集约节约、多方参与,选准发展重点,完善保障措施,加快创建一批现代服务业集聚示范区,将其打造为服务业发展的新高地、城市功能的新载体、转变经济发展方式的示范区。

——立足发展基础。创建现代服务业集聚示范区要从实际出发,根据区域服务业发展的条件和发展态势,选择确定创建的重点对象。

——突出特色优势。各地在创建现代服务业集聚示范区过程中,必须立足自身比较优势,突出发展重点,强化地方特色。

——坚持集约节约。现代服务业集聚示范区建设要着力强化资源整合和设施共享,鼓励利用旧厂房、旧民居等存量土地,引导紧凑布局,提高资源配置效率。

——多方共同参与。发挥市场配置资源的基础性作用,以企业为主体推进现代服务业集聚示范区建设,政府给予必要的引导和扶持。省政府负责引导协调和统筹管理,市、县(市、区)政府负责示范区具体管理。

(二)发展重点。根据浙江省服务业集聚区发展态势和促进经济转型升级的现实需要,当前及今后一个时期,重点创建以下9类现代服务业集聚示范区:

1. 物流园区。物流园区是多家物流企业及物流相关机构集聚的场所,在提供仓储、运输等传统物流服务的同时,具有信息服务、简易加工、货运代理、连锁配送、仓单质押、保税物流、商检通关等现代物流功能。

物流园区依托交通枢纽或需求中心布局,集中分布在港口、机场、铁路站场、公路节点、产业集群、开发区、专业市场等周边区域。

2. 总部基地。总部基地是各类企业总部及商务服务机构集聚区域的总称,一般布局在中心城市或经济强县区位和交通通信条件良好、商务服务完善的区域。

杭州、宁波等中心城市建设总部基地的重点是吸引跨国公司和国内大企业、大集团总部或地区性总部以及研发、营销、采购等各类职能型总部入驻,也可根据需要和条件,规划建设金融服务、航运服务等专门化的集聚区。

经济强县建设总部基地要顺应本土企业总部与劳动密集型加工制造环节分离发展的趋势,重点引导民营企业总部集群化布局。

3.科技创业园。科技创业园是以技术公共服务平台为依托,具有技术检测与推广、产品研发与试验、成果产业化、企业孵化等企业服务功能,由众多科研机构和科技型企业集聚形成的区域。

科技创业园依托科技资源或产业需求布局,集中分布在各类高校、研究机构、先进制造业基地、高新技术园区等周边区域。

4.创意产业园。创意产业园是以创意为主的工作室或服务性公司集中的特色区域,包括工业设计、建筑设计、影视制作、艺术设计、广告策划、动漫游戏等多种类型。

创意产业园应体现盘活存量、依托特色资源的布局导向:一是在富有特色的工业旧厂房或存量农居区域,通过对原有物业的改造提升建设创意产业园;二是在艺术类院校等专业人才相对集中的区域建设创意产业园;三是在传统特色工艺技术人才集中的区域建设创意产业园。

5.软件与服务外包基地。软件与服务外包基地是软件企业和相关服务机构集聚的区域,围绕软件开发、生产和售后服务等业务,承接国际软件服务外包,包括嵌入式软件、行业软件、网络与电子商务、金融业后台服务等。

软件与服务外包基地一般布局在软件产业基础较好的城市,分布在技术支撑体系完善、通信网络设施和配套设施齐备的区域,也可在基础相对薄弱的城市建设特色化、专业化的软件园。

6.商贸综合体。商贸综合体是以商业为核心形成的集购物、娱乐、休闲、餐饮等多种功能于一体的建筑群体和新型业态。

商贸综合体重点布局在中心城市的主要商业区、城市近郊区和经济发达、人口稠密的经济强镇。主要形式为:综合大型购物中心(shopping mall)、特色街区、会展中心和城市综合体等。

7.旅游休闲度假区。旅游休闲度假区是指以休闲度假为核心形成的集观光游览、运动健体、休闲养生、旅游度假、餐饮购物等多种功能于一体的综合性旅游度假区块。

旅游休闲度假区重点布局在省级以上风景区和休闲度假功能较强的复合型旅游景区,重点开发建设特色度假酒店和休闲产品项目,完善旅游配套设施,形成一批功能完善、特色鲜明、服务优质的旅游休闲度假区块。

8.新型专业市场。新型专业市场是以传统专业市场为基础,通过信息化改造提升和现代化设施建设,形成有形市场与无形市场结合,具有商品展示、物流配送和中介服务综合功能的专业市场。

新型专业市场一般通过改造提升原市场,或整合资源布局建设新市场,新市场选址主要集中在交通便捷的城市近郊区域。

9.综合性生产服务集聚区。综合性生产服务集聚区是多种类型的服务业企业集聚的空间场所,主要为各类制造业或农业产业集群提供金融、培训、信息、展示、物流和研发设计等一揽子配套服务,满足企业共性需求。

综合性生产服务集聚区主要围绕产业集群、工业园区、现代农业园区布局,注重资源整合与合理共享。

(三)主要目标。经过三年努力,到2012年全省创建100家左右现代服务业集聚示范区,基本形成定位科学、特色鲜明、功能完善的发展格局,成为加快服务业发展、促进经济转型升级、提升城市功能和居民生活品质的重要载体。通过创建现代服务业集聚示范区,有序引导服务业集聚发展,促进集聚类型逐步多样化,发展布局趋向合理化。

三、认定条件和程序

现代服务业集聚示范区采取分批认定的方式,其认定条件和程序如下:

(一)认定条件。

现代服务业集聚示范区应符合以下基本条件:

1. 在国家批准的各类开发区和城市规划区范围内,与当地新一轮土地利用总体规划和城市总体规划相衔接。

2. 符合区域服务业发展方向,地方特色鲜明。

3. 有较为完善的本集聚区建设发展规划,四至边界清晰,功能定位合理,发展目标明确。

4. 有明确的管理机构和管理人员,基础设施条件良好,配套服务完善。

5. 有多家同类或相关企业(机构)入驻,在全省同类集聚区中或当地有较大影响。

同时,各类集聚示范区应具备以下条件:

——物流园区。入驻物流企业30家以上,其中年营业收入超过1000万元的不少于5家,或入驻3家以上且总营业收入超过5亿元。

——总部基地。入驻各类企业总部30家以上,或入驻企业总部3家以上且总税收收入超过5亿元。

——科技创业园。具有完善的公共服务平台,入驻科技型企业15家以上,或入驻科技型企业3家以上且总销售(营业)收入超过2亿元;研发投入占总销售(营业)收入的比例达到5%以上。

——创意产业园。入驻创意工作室或服务性公司20家以上,拥有一定数量的自主知识产权,原创产品占有一定的市场份额。

——软件与服务外包基地。入驻软件企业20家以上,其中年销售收入超过1000万元的企业不少于5家;或入驻软件企业3家以上且总销售收入超过3亿元;拥有自主知识产权的软件收入在所有收入中占有相当比例。

——商贸综合体。大中城市要求建筑面积在8万平方米以上,中心镇要求建筑面积在3万平方米以上;入驻购物、娱乐、休闲、餐饮等各类企业30家以上。

——旅游休闲度假区。具备相对完善的旅游公共服务功能,拥有现代休闲娱乐项目、旅游度假设施、特色餐饮购物服务等,入驻各类旅游服务企业10家以上。

——新型专业市场。具备电子商务、物流配送、产品展示、信息发布、检验检测等功能,年市场交易额超过10亿元,且居全省同类市场前列。

——综合性生产服务集聚区。入驻金融、培训、会展、信息、物流和研发设计等服务企业和机构10家以上,基本满足企业共性生产服务需求。

为兼顾地区平衡,欠发达地区可适当放宽标准。

(二)认定程序。

1. 现代服务业集聚示范区每年申报认定一次。符合条件的集聚区经所在县(市、区)发展改革部门推荐,由设区市发展改革部门综合平衡后,向省发改委提出申请。

2. 申报现代服务业集聚示范区需提交以下材料:

(1)现代服务业集聚区建设发展规划;

(2)经国土资源部门批准的土地使用批件;

(3)入驻企业目录及企业营业(或销售)收入、税收等与认定条件有关的情况;

(4)公共服务平台建设情况;

(5)管理机构情况;

(6)其他需要出具的材料。

3. 对申请单位的申报材料审查合格后,由省发改委组织相关部门和专家进行实地检查并评审认定。

4. 通过认定的服务业集聚区,授予"浙江省现代服务业集聚示范区"。

(三)首批现代服务业集聚示范区名单。

在各地推荐基础上,参照上述认定条件,本着发挥地区比较优势、兼顾行业代表性和地区均衡性的原则,研究确定宁波梅山保税港区物流园区等40家为浙江省首批现代服务业集聚示范区(详见附件)。

四、政策措施

(一)加强组织管理。

1. 省发改委牵头负责现代服务业集聚示范区的规划指导、认定管理和评价考核等工作,协调解决示范区建设和发展中的重大问题;市、县(市、区)发展改革部门负责推进示范区建设和发展,协助省发改委做好有关管理工作。

2. 建立现代服务业集聚示范区统计直报制度。各示范区按季度向省统计局报送有关数据,由省统计局负责汇总整理。

3. 加强现代服务业集聚示范区的动态管理,对两年以上年度考评结果较差的,取消"浙江省现代服务业集聚示范区"。

(二)加强政策支持。

1. 现代服务业集聚示范区(不含宁波)一经认定,通过省服务业发展引导资金给予一次性补助,主要用于规划编制和公共平台建设。

2. 在新一轮土地利用总体规划修编时,要统筹安排现代服务业集聚示范区的用地空间;新一轮土地利用总体规划修编期间,对确有用地困难的现代服务业集聚示范区,如符合浙江省土地利用总体规划局部修改政策且与当地新一轮土地利用总体规划相衔接的,可办理现行土地利用总体规划的局部修改手续。

3. 各市、县(市、区)要积极支持现代服务业集聚示范区项目建设。现代服务业集聚示范区内的项目优先列入省服务业重大项目计划和省重点建设项目,优先安排建设用地指标和省服务业引导资金,优先推荐申报国家服务业引导资金和国债专项资金等。

4. 对现代服务业集聚示范区鼓励发展的服务业企业,按规定纳税确有困难的,经地税部门批准,可酌情减免房产税、城镇土地使用税和水利建设专项资金。

5. 金融机构对现代服务业集聚示范区内企业开展股权、收费权、专利权质押和无形资产等抵质押贷款,财政部门可给予适当风险补偿。

(三)加强人才支撑。

1. 鼓励高校、中职院校、社会培训机构与现代服务业集聚示范区合作开办不同类型的人才实训基地,符合有关省财政专项资金支持条件的,根据专项资金管理办法申请补助,给予优先安排。各市县财政可根据财力情况给予配套补助。

2. 现代服务业集聚示范区根据需要引进服务业高端人才,当地政府应在其购房、子女入学、家属落户和就业等方面给予支持。

(四)加强平台建设。

1. 加强现代服务业集聚示范区公共服务平台建设,对行业协会、高校、科研院所等主体参与共建的服务平台,符合有关省财政专项资金支持条件的,可根据专项资金管理办法申请补助,并给予优先安排。各市县财政根据财力情况可给予配套补助。

2. 对发展初期的公共服务平台,园区承办单位应适当减免其租金费用;服务平台按规定纳税确有

困难的，经地税部门批准，可给予房产税、城镇土地使用税、水利建设专项资金等减免优惠。

（五）加强招商引资。

1. 编制现代服务业集聚示范区招商引资导向目录，明确示范区招商重点领域、准入条件和支持政策。

2. 探索开展现代服务业集聚示范区整体招商，鼓励委托具有较高水平的策划机构对示范区进行整体包装，提升示范区的品牌知名度。

3. 积极推进产业链招商、以商引商，开展专场推介、网络宣传等多种形式的招商活动。

第七篇

大事记

2010 年长三角地区经济社会发展大事记

一月

1 日　上海浦东国际机场迎来“中国世博旅游年”第一批入境旅游者。

“世博年，碳减排，与您相约 2010”大型系列主题活动在上海市启动。

江苏省无锡市发放国内首张加载有生物指纹识别功能和二维条形码信息的“双核多界面”市民卡。

江苏首个飞行学员优秀生源基地——南京航空航天大学飞行学员优秀生源基地在溧水县高级中学挂牌成立。

中国目前装机容量最大的光伏发电项目——江苏省徐州协鑫光伏电力有限公司 20 兆瓦光伏电站正式投产发电。

江苏省养老保险实现跨省转移。

浙江省政府第 46 次常务会议审议通过《关于 2010 年调整企业退休人员基本养老金的实施方案》。

2 日　迎世博书展暨上海文化周在美国洛杉矶揭幕。

英国伦敦爱乐乐团在上海东方艺术中心首演。

由上海市政府新闻办主办的“上海印象——上海与上海世博会”图片展在美国帕萨迪纳开幕。

3 日　中国首家地市级农村商业银行——江南农村商业银行股份有限公司在江苏省常州市正式挂牌成立。

4 日　上海国资系统发出《发挥党的政治优势和组织优势服务世博奉献世博》倡议书。

上海市总工会“16840999 女职工心理援助专线”开通。

江苏省(尚德)光伏技术研究院采用自主研发的 Pluto 技术，多晶硅组件工程应用转换效率高达 16.53%(按采光面积计算)，刷新了世界纪录。

5 日　中国银行上海市分行跨境贸易人民币结算试点半年，破 10 亿元。

上海市艾滋病诊疗中心挂牌成立。

江苏省镇江市复建清代七大皇家藏书楼之一的文宗阁主体建筑成功封顶。

浙江省组建维和警队。

6 日　第三届中国钢铁物流合作论坛在上海举行。

江苏省南京市的中山陵成功入选国家建设部公布的“第二批中国国家自然与文化双遗产预备名录”。

7 日　首届上海对口支援地区特色商品迎春博览会开幕。

中共浙江省省委宣传部等部门联合主办的“2009 年文化传播创新十佳网站”评选活动结束。

共青团浙江省省委、浙江省青联追授见义勇为牺牲的大学生杨济源“浙江青年五四奖章”，杭州市见义勇为基金会也追授他为杭州市见义勇为积极分子，并发奖金 15 万元。杨济源所就读的浙江工业大学同时追授他“优秀学生干部”荣誉称号。

8 日 上海市第二轮地方志编纂全面开展。

由《人力资本管理》杂志主办的“2009—2010 大中华区人力资源颁奖盛典暨新年论坛”在上海落幕。

江苏省无锡市参与国家生态市创建五个基本指标完成率为 100%,获得中国首个国家生态市创建资格。

9 日 江苏省徐州师范大学与美国迈阿密达德学院联办孔子学院。

2009 年度浙江新农村建设带头人“金牛奖”颁奖典礼举行。

10 日 上海市世博专线首列列车上线。

复旦大学国土资源经济研究中心揭牌成立。

“链接——京、沪、杭三地艺术家展”在上海举行。

江苏省南京市总投资 500 多亿的江北新城开建,将成为总部研发、商贸流通、旅游休闲、现代物流等四大现代服务业集聚区。

江苏省泗阳县成立中国首个棉花博物馆。

11 日 2009 年度国家科学技术奖励大会上,上海市获得国家最高科学技术奖、国际科学技术合作奖、国家自然科学奖、国家技术发明奖和国家科技进步奖。

上海国际航运研究中心首次发布包括中国航运景气指数(CSPI)、中国航运信心指数(CSFI)、中国航运预警指数(CSAI)、中国航运景气变动指数(CSCI)在内的四大指数。

中煤地质总局在江苏省徐州市铜山县发现超亿吨煤炭资源。

江苏省备案创业投资企业突破 100 家,占全国四分之一左右。

中国国际茶文化研究会授予浙江省余姚市“中国茶文化之乡”称号,余姚“瀑布仙茗”同时被命名为“中国文化名茶”。

全国首家省级创意设计协会——浙江省创意设计协会在中国美术学院成立。

12 日 上海市政府例行新闻发布会公布:上海市 2009 年重大工程完成投资逾 1600 亿。

上海市检察院评选并现场公布 2008—2009 年度“十佳公诉庭”排行。

上海优质医疗资源全覆盖入选全国十大医改新举措。

由上海市环球资源(GlobalSources)举办的“环球资源采购交易会”举行。

13 日 全国首家高校技术市场——上海高校技术市场建立。

“圆明园十二兽首”在江苏省南京市复原成功并举行首发仪式。

浙江省铁路投资集团有限公司与中银集团投资公司共同发起成立“浙商产业投资基金”,将向全球募集浙江省铁路投资。

浙江省新增德清县、新昌省级高新技术产业园和东阳国家火炬计划磁性材料产业基地三家为国家科技兴贸创新基地。

浙江省启动实施国家基本药物制度。

浙江中华少儿慈善救助基金会成立。

浙江民营企业在香港举行的“民营企业提升国际竞争力高峰论坛”上与港方共签下总金额超过百亿的合作项目,其中包括数个投资超 10 亿元的大项目。

14 日 浙江省第二次经济普查主要数据公报。

浙江省宁波市 2009 年外贸总额突破 600 亿美元,达到 608.1 亿美元。

15 日 上海反腐倡廉十件大事评出。

“2010 澳门 · 浙江周开幕式——浙澳商贸及旅游合作推介会”在澳门举行。

浙江大学杭州市服务业发展研究中心正式成立,将开展服务业理论、政策和产业规划等方面的研究。

16 日 上海高校技术市场揭幕。

江苏省南通丝乡丝绸有限公司生产的“丝乡”系列产品成为江苏省首个获得世博会产品特许生产商资格的产品。

17 日 由上海交大中国企业发展研究院主办的“2008—2009 年度中国十大最佳商业案例”揭晓。

由新华日报报业集团主办的第三届新华高峰经济论坛在南京举行。

中国航信央企共用信息(灾备)服务中心在浙江省嘉兴市奠基。

18 日 2010 年度上海市妇女儿童工作委员会全体委员(扩大)会信息,2009 年全市婚前医学检查率呈上升态势,达 37.11%。

由解放牛网与中国建站网共同举办的 2010 年上海互联网站长年会举行。

江苏省南通市 2009 年民营经济注册资本突破 3000 亿元,被评为“中国民营经济最具活力城市”和“中国创业之城”。

中国轻工业联合会、中国乐器协会命名江苏省泰兴市溪桥镇为“中国提琴产业之都”。

19 日 我国重大科学工程——上海光源(SSRF)顺利通过国家发改委组织的国家验收。

“上海市迎世博市容环境建设热心市民”评选活动揭晓。

以“国际贸易中心——合作发展新机遇”为主题的第五届沪港大都市发展研讨会在上海开幕。

世博会特许产品(礼品)展示订货会开幕暨特许产品新品发布会在上海举行。

上海对外贸易学院入围全球首批 12 所 WTO 教席院校之列。

江苏省 2009 年生产总值突破 3.3 万亿元,同比增长 12%左右。

20 日 上海世博特许商品旗舰店开业。

21 日 中国 2010 年上海世博会倒计时 100 天誓师动员大会在上海举行。

中国邮政《上海世博园》特种邮票在上海发行。

最高人民法院授予江苏省靖江市人民法院江阴园区人民法庭副庭长陈燕萍“全国模范法官”称号。

《江苏省慈善事业促进条例》已由江苏省第十一届人民代表大会常务委员会第十三次会议通过,自 2010 年 5 月 1 日起施行。

浙江省农业科学院数字农业研究所在杭州成立。

第三届“浙商女杰”评选结果在杭州揭晓。

22 日 上海市统计局通报 2009 年上海市国民经济运行系列数据:生产总值 14900.93 亿元,按可比价格计算,比上年增长 8.2%。

上海市农村工作会议公布,2009 年上海农村居民人均可支配收入达到 12324 元,同比增长达到 8.2%,基本实现城乡居民同幅增长。

江苏省新农保制度已经吸引了 591.37 万人参保,并有近 140 万农民和城里人一样按月领取养老金,新农保参保人数和待遇享受人数都居全国首位。

中国江苏昆山—美国杜克大学合作项目举行签约暨奠基仪式。

23 日 上海企业家南湖行暨上海市各地在沪企业(协会)联合会 2010 年年会举行。

同济大学与浙江省丽水市政府共同组建的丽水中药研究院在丽水学院挂牌成立。

24 日 中华医学科技奖(2009)颁奖大会在上海举行。

2009 年江苏省实现生产总值 34061 亿元,经济总量继 2008 年之后连续第二年居全国第

2 位;比上年增长 12.4%,增速比全国平均水平高 3.7 个百分点。

26 日　中国机械工业联合会授予江苏省徐州市"中国工程机械之都"称号。

2009 年度"风云浙商"颁奖典礼举行,杭州娃哈哈集团有限公司董事长宗庆后、众泰控股集团董事长吴建中等当选。

27 日　上海第二次经济普查结果出炉。

2010 年江苏省徐州市投入 50 亿元用于电网建设和改造。

28 日　在 2009 年召开的"可持续发展城市化战略峰会暨联合国人居奖优秀范例奖评选"中,浙江省鄞州市新城区荣获联合国人居奖(中国)优秀范例奖。

2009 年宁波——舟山港货物吞吐量达到 5.7 亿吨,总量比 2008 年增加了 0.5 亿吨,增幅 10%,增长速度全球第一。

浙江省最长的一条成品油输运管道——中石化甬绍金衢成品油管道正式开工建设。

29 日　上海航空股份有限公司台湾分公司宣告成立。

江苏省新农保参保人数达 591.37 万人,位居全国首位。

来自上海、杭州、南京等 24 个省、地、县级市知识产权局代表共同签署了《长三角地区知识产权服务合作共同宣言》。

30 日　浙江日报报业集团和浙江省旅游集团有限公司正式签订战略合作协议,形成"诚信、合作、互惠、双赢"的战略合作伙伴关系。

31 日　2010 亭湖(上海)投资说明会举行,现场签约 20 个项目,总投资 127.3 亿元。

江苏省如东洋口港成为江苏乃至长三角地区重要的产业集聚地,到 2009 年底已有 18 个产业项目落户如东,总投资达 415 亿元。

二月

1 日　上海市政府与河北港口集团有限公司签署保障上海世博会电煤运输合作协议。

2009 年江苏省连云港市高新技术产业共完成产值 337 亿元,同比增长 62.8%,增速位居全省第一。

江苏省扬州剪纸入选世界非物质文化遗产目录。

《南京市夫子庙秦淮风光带条例》正式施行。

"2010 金陵·首届中华年画艺术节"在江苏省南京市中华门城堡广场开幕。

2 日　由国家科技部、上海市人民政府主办的"上海世博科技巡回展"首展仪式在黑龙江省哈尔滨市举行。

全国首家海域使用权交易中心在江苏省南通市诞生。

浙江省聚光科技(杭州)有限公司研发的"激光气体分析系统的标定方法"、浙江工业大学研究的"毒死蜱的生产方法"和徐斌研究的"一种特大抗挠变梳型桥梁伸缩缝装置"等 3 项专利技术荣获中国专利金奖。

3 日　教育部和上海市共建国家教育综合改革试验区战略合作协议签字仪式在北京举行。

江苏省南京市河西新城区国有资产经营控股(集团)公司发行 10 亿元企业债券。

第三届浙江省电影"凤凰奖"揭晓,《超强台风》、《村支书郑九万》、《民警王法金》等各类影片获奖。

"浙江经济 2009 年度十佳诚信经营企业"颁奖典礼在杭州举行。

4 日　首笔世博自愿减排交易项目在上海启动。

由上海市科技创业中心和《上海科技报》主办的“活力与责任——2009最具活力上海科技企业”评选结果揭晓。

江苏省连云港港荣膺“中国最佳集装箱港”称号。

5日　“2010年上海市文化科技卫生‘三下乡’启动仪式暨‘文化育农’集中示范活动”举行。

江苏省慈善基金总量已由2008年底的118.57亿元增至127.42亿元(均含合同认捐)，居全国各省市前列。

长三角工业经济交流合作座谈会在江苏省召开。

6日　2010年上海世博会首场特许产品(钻石黄金翡翠)展示暨拍卖会在上海开幕。

以“迎世博”为主题的上海未来工程师大赛拉开帷幕。

8日　2010上海世博会中国馆竣工。

浙江省诸暨市店口镇被联合国开发计划署、国家发改委城市和小城镇中心正式命名为“联合国开发计划署试点城镇”。

欧美国家已有20多家企业“放弃”制造环节，把生产基地建在浙江省永康市。

9日　2010年上海商务情况通报会举行，制定了2010年全市商务发展目标和工作举措。

上海市知识产权局透露，在第十一届中国专利奖中，上海共获得了1项金奖、11项优秀奖。

江苏省宿迁市、泰州市和金坛市同时被国家住房和城乡建设部命名为“国家园林城市”。

10日　上海市徐汇区政府和上海联合产权交易所签约，就上海知识产权交易中心落户徐汇区漕河泾新兴技术开发区开展合作。

2010年江苏省泰州市区城建10大重点工程总投资达45亿元，年内完成投资21亿元。

11日　上海世博演艺中心正式更名为“世博文化中心”。

江苏省南京市赢得2014年第二届青年奥运会主办权。

江苏省淮安市获得“国家环境保护模范城市”称号。

12日　江苏省南水北调工程2009年完成投资10亿元，累计已完成投资达40亿元。

2010年江苏·秦淮灯会举行点灯仪式。

浙江省2010年新增贷款7500亿，重点支持大平台大产业大项目大企业“四大”建设和中小企业、三农领域。

14日　国际豪华邮轮——英国冠达邮轮公司旗下的“玛丽女王2号”抵达上海市外高桥四期滚装码头。

17日　江苏省财政对涉农县(市、区)预拨新型农村社会养老保险补助资金10亿元，60岁以上农村老人可以按月领取基础养老金。

20日　2009年，长三角16个城市中有15个GDP超过千亿元。上海GDP超过1.4万亿、苏州超过7700亿元，杭州超过5000亿元，分别占据前3位，无锡、南京、宁波均超过4000亿元，分列4位到6位。

21日　上海市经济信息化委召开的2010年推进高新技术产业化工作会议信息：2010年上海高新技术产业化重点领域新增规模将达1000亿元以上，产业规模达到8400亿元以上。

太湖湿地公园开园仪式在江苏省苏州高新区举行。

22日　扬州炒饭商标图样注册成功。商标由三个图案组成：五瓣琼花、两粒大米和一个烹饪锅瓢图形。

2010中国南京国际梅花节在中山陵景区梅花谷广场拉开帷幕。

2009 年浙江省生产总值(GDP)为 22 832 亿元,人均 GDP 为 44 335 元,按 6.831 的年平均汇率折算为 6 490 美元,比 2008 年增加了 412 美元,增长 7.6%。

第十届中国电器文化节暨国际电工产品博览会在浙江省乐清市柳市镇开场,参展企业有 600 多家。

23 日 上海市财政局透露,2009 年全年实现地方财政收入 2540.3 亿元,同比增长 7.7%。

2009 年上海海关验放国产客机进口件 1756 批,进口额超过 4088 万美元。

2009 年,长三角 16 市农民人均纯收入以两位数幅度增长,其中,苏州农民人均纯收入达到 12969 元,同比增长 10.2%,总量排名长三角第一。

全国泵与电机展览会在浙江省温岭市落下帷幕,展会期间现场成交 1.11 亿元,达成意向合同 2.82 亿元。

24 日 以海洋学科为主,集土木、测绘、机械、电气、自动控制等专业于一体的同济大学海洋科学技术研究中心在上海浦东临港新城揭牌成立。

经浙江省委省政府批准,宁波市杭州湾新区管委会正式成立并举行了挂牌仪式,杭州湾南翼将崛起浙江的"浦东"。

"中萃可口可乐杯"2009 年度浙江省"十佳运动员"暨"体彩杯"我最喜爱的男女运动员、民间体育风云人物评选活动在杭启动。

25 日 第三届上海市非公有制经济人士优秀中国特色社会主义事业建设者表彰大会举行。

江苏规模以上医药工业 2009 年工业总产值达 1079 亿元,比上年增长 27%;实现销售收入 1073 亿元、利税 168 亿元,分别比上年增长 28% 和 18%,各项经济指标继续居全国领先地位。

江苏省 2205 户通信软件、医药化工、设备制造等行业企业通过国家高新技术认证。

浙江省检察机关有 4 个检察院和 6 名检察官在全国检察机关第七次先进集体先进个人表彰大会上受到最高人民检察院表彰。

26 日 上海教育报刊总社主办的上海教育新闻网(www.shedunews.com)开通。

上海正式获联合国教科文组织批准加入全球"创意城市网络",并获颁"设计之都"称号。

江苏第一家现代金融企业集团——华泰证券正式挂牌交易。

27 日 亚洲首座海上风电场 34 台风机在上海市海域的东海大桥上安装成功。

国家发改委正式发文,明确加强对浙江省综合配套改革试点的指导协调和总结推广等工作,共同推动浙江的这项改革工作取得新突破。

浙江省慈善总会、省皮革行业协会、省青少年发展基金会等 25 家地方社会组织在"全国先进社会组织表彰大会"上被民政部授予"全国先进社会组织"称号。

28 日 中国社科院发布《中国省域经济综合竞争力发展报告》,2008 年省域经济竞争力上海第一。

江苏省太仓市与中央企业签订了总投资达 57 亿元的 3 个合作项目:投资 20 亿元的中建材光电基地,投资 27 亿元的华能太仓港煤炭储运中心,投资 10 亿元的中国石油华东润滑油生产基地。

三月

1 日 "中国 2010 上海世博会食品安全保障省际联动签约暨动员誓师大会"在沪举行。

2010 年南京日本文化周开幕。

2 日 中国左翼作家联盟成立 80 周年纪念座谈会在上海举行。

2010 年上海临港产业区工作会议透露:2009 年上海临港产业区全年实现地区增加值 197.4 亿元,同比增长 20.8%。

3 日 教育部和上海市共建国家教育综合改革试验区战略合作协议签字仪式在北京举行。

江苏省投入科技成果转化 37 亿专项资金加大对太湖流域产业结构调整的引导和支撑力度。

4 日 由全球最大 NOR 闪存制造商创忆公司投资的创忆半导体(上海)有限公司开业。

教育部和上海市共建国家教育综合改革试验区战略合作协议签字仪式在北京举行。

江苏省镇江市慈善总会获得民政部“全国先进社会组织”称号。

浙江省服务业联合会在杭州成立,目前拥有 95 家会员单位。

5 日 中国光大银行上海分行阳光财富中心揭幕开业。

以春秋文化为主题的梦幻乐园“淹城春秋乐园”落户江苏省常州市淹城。

“2009 感动温州十大人物”评选揭晓并颁奖。

7 日 第 23 届中国上海头脑奥林匹克创新大赛暨第 31 届世界头脑奥林匹克中国区决赛举行。

8 日 上海市政府召开 2010 年全市节能减排和应对气候变化工作会议。

由上海市妇联主办的“2010 百年・女性”中外女艺术家作品邀请展开幕。

2009 年江苏省启东市实现农业总产值 80 亿元。

9 日 浙江省与中国机械工业集团有限公司战略合作协议签约仪式在北京举行,双方在装备制造、集成、建筑、贸易等领域开展全方位的战略合作,共同打造中国机械工业集团浙江制造业基地。

10 日 上海市政府召开 2010 年市重大工程建设工作会议,提出 2010 年上海重大工程建设将聚焦服务世博和服务长三角、转变经济发展方式、改善民生、城乡一体化以及节能减排五大重点。

江苏省南京市低收入住房困难家庭申请廉租住房由原先的人均月收入为 750 元放宽到 1000 元,其他标准不变。

江苏省连云港市“桃花涧遗址”、“郁林观石刻群”、“孔望山杯盘刻石”等 10 处文物保护单位列入申报第七批全国重点文物保护单位推荐项目。

江苏省南通市与无锡市签订战略合作框架协议,包括五项内容:一、着眼区域共同发展,建立战略性合作伙伴关系;二、建立合作协调机制,强化两市联系与沟通;三、携手开展园区合作,加快开发区共建工作;四、积极发挥各自优势,加快产业互动发展;五、积极开展全方位交流,提高两市合作成效。

浙江省杭州市余杭区茅山良渚遗址发现大规模稻田遗迹,入围“2009 年度全国十大考古新发现”候选名单。

11 日 江苏省帮助 11869 名绵竹劳动者来苏就业,超额完成国家下达的对口就业援助目标任务。

江苏养老金和离退休金、赡养和赠送等转移性收入水平为江浙沪三地最高。

中信银行股份有限公司与三胞集团有限公司在南京举行战略合作协议签字仪式。

12 日 江苏省暨南京市各界人士在中山陵举行谒陵仪式,纪念中国民主革命伟大的先行者孙中山先生逝世 85 周年。

浙江省与中国科学院举行省院科技合作座谈会,中科院与浙江省政府及杭州、温州、嘉兴、舟山等市分别签署了共建研究机构、技术研究与成果转化平台的院省市合作协议。

13 日　国家文化部办公厅将与浙江省人民政府共同主办 2010 中国义乌文化产品交易博览会，义乌文博会正式升格为国家级展会。

浙江省与新疆维吾尔自治区在京举行合作发展座谈，并签署能源战略合作协议。

浙江省与中国国际经济交流中心在北京举行战略合作座谈会，双方签署了会议纪要，建立互动合作机制，全面加强在经济研究、信息交流和决策咨询等方面的合作。

14 日　中国最大水运工程长江口 12.5 米深水航道贯通，5 万吨级海轮可以全天候进出江苏省太仓港。

上海至杭州磁悬浮项目立项已获批复，目前正在做深化研究。

15 日　2010 年上海金融系统举行党的工作会议，表彰了上海金融系统 2009 年度安保维稳工作先进集体和先进工作者，并开通"上海金融人才网"。

首届上海市高校职业发展协会论坛在同济大学举行。

16 日　"2010 上海国际信息化博览会"举行。

江苏省淮安市隆重纪念周恩来告别故乡 100 周年。

17 日　沪宁城际铁路正线无砟轨道铺轨全线完成。

上海海事局举行上海世博会水上交通管控现场指挥中心启用仪式。

18 日　上海世博会金融服务工作现场会议暨誓师大会在沪召开。

皇家加勒比国际游轮旗下的"海洋神话号"油轮抵达上海港国际客运中心码头。

上海科技馆被国家旅游局正式授予"国家 5A 级旅游景区"称号。

19 日　由上海市政府台湾事务办公室和华东师范大学联合组建的上海海峡两岸法学研究中心成立。

第 11 届上海图书奖揭晓并举行颁奖仪式。

《南京历史文化名城保护条例》征求意见。

江苏省(联创)软件研究院暨联创软件大厦在南京国际服务外包产业园奠基。

20 日　上海市对口支援都江堰市灾后恢复重建第五批项目签约仪式在都江堰举行。

上海市公安边防总队和浙江、江苏的 7 艘海警舰艇在火山列岛附近海域开展实弹射击训练。

21 日　上海市环保局划定了以世博园区为核心的半径 300 公里区域，严格控制污染物排放。

22 日　上海确定三大低碳示范区。

由上海市发改委、市建交委等联合主办的"2010 上海低碳城市高峰论坛"举行。

由台湾佛光山开山宗长、世界佛光总会会长星云大师捐资助建的南京大学中华文化研究院大楼在南京大学仙林校区奠基。

东京大学在海外的第一个产学研项目——东京大学国际产学研合作(无锡)中心在江苏省无锡新区揭牌成立。

纪念 2010 年"世界水日"、"中国水周"主题活动暨中国水利博物馆开馆仪式在浙江省萧山市举行。

2010 年浙江省铁路计划投资 480 亿元，同时建设"七线一桥两枢纽"10 个铁路项目，总投资 1853 亿元，总里程达 1200 公里，并启动九景衢、杭黄铁路和宁波集装箱中心站"两线一站"前期工作。

24 日　中国船舶交易信息平台在上海揭牌。

由中国文联主办，中国文联理论研究室、上海市文联承办的全国文联文艺舆情信息工作会议在沪举行。

民间慈善服务团体中国狮子联会浙江会员管理委员会在杭州成立，目前浙江已创建了6支服务队，会员已达230余人。

亚热带森林培育国家重点实验室落户浙江林学院。

由浙江省温州市鹿城团区委、南浦街道办事处、温州大学瓯江学院等联合共建的“大学生村官岗位见习基地”在温州大学瓯江学院举行授牌仪式。

25日　由交通运输部、上海市政府主办的“国际航运上海论坛2010”开幕。

为上海世博会“度身定做”的法庭——上海浦东新区法院世博法庭挂牌成立。

上海市科技小巨人企业家联盟成立。

由中国新闻摄影学会主办的第六届国际新闻摄影比赛（华赛）在沪举行。

26日　2010年上海金融国资国企改革发展工作会议信息，截至2009年底，16家市属金融企业资产总额约3.16万亿元，同比增长29.3%；净资产总额2991亿元，同比增长37.1%；全年实现营业收入总额1985亿元，同比增长9.4%；实现净利润总额425亿元，同比增长41.7%。

首届“春申文化论坛”在上海市闵行区举行。

“全球最豪华邮轮”钻石公主号邮轮抵达上海。

夏淑琴诉日本右翼作家东中野修道名誉侵权案的日本律师团来到南京，将该案4大卷档案资料捐赠给侵华日军南京大屠杀遇难同胞纪念馆。

浙江省2010年度十佳运动员评选以及我最喜爱的男女运动员、民间体育风云人物评选揭晓。

27日　由上海东方传媒集团有限公司主办、东方广播公司承办的“蒙牛优益C第十七届东方风云榜颁奖盛典”在上海举行。

第25届英特尔上海市青少年科技创新大赛举行。

上海市首个跨国整复维权机构成立。

28日　上海国际节能环保园战略合作启动暨合资公司成立仪式举行。

“同济大学中国物流研究与培训中心”挂牌成立。

30日　由中共上海市委宣传部、上海世博会事务协调局和闸北区政府主办的“世博论坛·城市历史文化建筑的功能再造”举行。

上海市企业联合会、上海市企业家协会联合举办“2010会长高层论坛”。

中国屈原学会、南通大学楚辞研究中心联合主办“传统与现代——楚辞国际学术研讨会”。

由浙江省、上海市、江苏省政府与中国人民银行共同举办的第三届长三角地区金融论坛在上海举行。

31日　上海国有资本管理有限公司揭牌。

江苏新时代造船有限公司获得中国信保江苏分公司、中国银行江苏省分行联手签发的出口买方信贷保险单，出口信贷规模1.8亿美元。

四月

1日　上海市人大举行《上海市促进行业协会发展规定（修正案）草案》法规解读会。

2010沪港行业协会合作发展论坛在上海举行。

江苏省南京市政府部门由42个瘦身为38个，并对26个机构进行了调整，新组建17个局委。

全国首个以“低碳经济”为投资主题的私募股权投资基金——浙商诺海低碳基金正式成立。

2 日　江苏省 13 个省辖市机构改革全部完成。

3 日　第二届“谈家桢生命科学奖”颁奖仪式在上海举行。

4 日　中共上海世博园区物业服务临时委员会与世博园区物业服务联盟成立。

上海世博会联合国馆指定江苏省今世缘酒业作为专用白酒供应商,指定“国缘”酒为该馆专用白酒。

6 日　复旦大学流域污染控制研究中心成立。

集宁波保甲条约、明代法令规范总汇的《天一阁藏明代政书珍本丛刊》出版。

7 日　第 20 届白玉兰戏剧表演艺术奖在上海揭晓。

2010 中国国际奖励旅游博览会在沪开幕。

2010 中国淮安(香港)投资说明会在香港万豪酒店举行,新签约项目 16 个,总投资额达 174.4 亿港元。

浙江省 2008 至 2009 年度文化精品共获得全国和国际各类荣誉奖项 380 余个,获奖艺术精品 70 余件,其中,浙江小百花越剧团的越剧《梁山伯与祝英台》和《五女拜寿》分别获 180 万元和 100 万元重奖,浙江越剧团越剧《九斤姑娘》获奖励 60 万元。

8 日　以“变化中的世界 变化中的中国”为主题的首届沃特金融峰会在上海开幕。

上海市首家“心理体检中心”——上海交通大学医学院附属精神卫生中心心理测量与培训中心挂牌。

2010 年 1 - 3 月江苏房地产业国税收入同比增 198.6%。

9 日　2010 年中国体育舞蹈公开赛(上海站)暨第九届全国城市体育舞蹈锦标赛开幕。

江苏省方志馆举行开馆仪式,馆藏书籍约 10 万册。

第一届世界温州人研究国际学术研讨会在温州大学举行。

10 日　2010 年海峡两岸农业科技产业化暨农业投资论坛在上海举行。

由上海市浦东新区人民政府和上海社会科学院联合主办的第二届上海亚洲金融合作论坛举行。

2010 年全国武术套路锦标赛在浙江省黄龙体育中心落幕。

浙江省湖州市农办联合浙江大学、湖州职业技术学院(湖州市电大)成立浙江省首家农民学院,专门招收当地想提升自身素质和职业技能的农民,首批招收 53 人。

11 日　上海市民政局、上海市社区发展研究会和浦东新区民政局联合召开“居委会自治家园与城市社区重塑”研讨会。

12 日　上海现代服务业联合会召开换届改选大会。

由共青团上海市委发起的上海市社会建设青年人才协会成立。

诺贝尔生理与医学奖获得者、德国马克斯——普朗克生物物理生物化学研究所所长欧文·内尔教授受聘为南京大学名誉教授。

浙江省首届体育大会比赛在丽水市正式拉开帷幕。

13 日　复旦大学—台湾大学 EMBA 项目启动。

浙江省台州市路桥区中央山公园发现 5500 年前的河姆渡文化遗址,台州市区的人类活动历史由此将前移近 2000 年。

14 日　上海轨道交通 400 公里建成表彰暨迎世博誓师动员大会举行。

由上海市委宣传部、市世博局及崇明县共同举办的世博区县论坛举行。

15 日 2010 年第十七届上海国际茶文化节举行。

上海世博会参展者知识产权服务中心揭牌。

江苏工业学院更名为常州大学。

中共江苏省委、江苏省政府向青海玉树灾区捐款 1000 万元。

由浙江省青联主办的首届"浙江青年年度人物"评选活动结束，12 位同志当选首届"浙江青年年度人物"。

第 13 届沃尔沃大师杯业余高尔夫球赛杭州站在杭州九桥高尔夫俱乐部举行。

16 日 中国资本市场及公司治理研讨会在上海召开。

"上海东方公共文化评估中心"成立。

第七届上海教育博览会开幕。

江苏省南京市市级机关党员干部为青海玉树灾区捐款 107 万元，市民政慈善系统募集捐款超过 304 万元，市红十字会系统募集捐款 13.67 万元。

江苏省已安排城乡居民住房、学校、医院、公共服务、基础设施等援建项目 290 个，总投资 101.3 亿元，其中已竣工项目 220 个，完成投资 84 亿元。

浙江中医药大学附属第一医院（浙江省中医院）在杭州下沙开发区举行国家中医临床研究基地奠基仪式。

《中国日报》英文版与浙江日报报业集团签订全面战略合作协议，双方合作出版浙江英文周刊。

第二届中国湖州国际生态（乡村）旅游节暨第六届浙江山水旅游节在湖州开幕。

浙江省体育产业联合会在平湖市九龙山庄揭牌，根据 2008 年国家体育及相关产业专项调查统计，2007 年浙江省体育产业总产已位居全国第四。

17 日 上海中青年知识分子联谊会举办五届三次会员大会暨复兴论坛。

江苏省太仓港——美国西岸航线正式开通远洋集装箱班轮航线。

18 日 2010 年华夏"上海通用汽车杯"迎世博龙舟赛举行。

2010 年中国·扬州"烟花三月"国际经贸旅游节开幕。

江苏省扬州瘦西湖风景区、南京夫子庙秦淮风光带景区、吴江同里古镇旅游景区以及常州环球恐龙园景区获得了国家 5A 级景区殊荣。

教育部正式批准浙江省 3 所高校升格为本科高校：浙江教育学院改制为普通本科院校，校名为浙江外国语学院；浙江工业大学浙西分校、公安海警高等专科学校升格为普通本科院校，校名分别为衢州学院、公安海警学院。另外，浙江林学院更名为浙江农林大学。

中国·诸暨第三届西施文化节暨第六届中国（国际）珍珠节在该市山下湖镇拉开帷幕。

19 日 上海市交通战备应急指挥中心揭牌。

浙江日报报业集团在中国义乌文化产品交易博览会上以"浪花·星空"的意象集中展示 28 家媒体形象、东方星空文化产业基金和浙江传媒文化创意产业园三大板块内容。

浙江省杰出职工评选活动——"浙江省第三届金锤奖"20 名候选人出炉。

21 日 由上海青浦博物馆和陆士谔纪念馆等单位联合举办的"百年梦圆——预言家陆士谔特展"开幕。

江苏民营企业向青海震区捐赠款物 8212 万元。

22 日 华东师范大学新沪商研究中心成立。

23 日 以"城市阅读，阅读城市"为主题的世博论坛在上海开幕。

上海民族民俗民间文化博览馆对观众开放。

由江苏省人力资源社会保障厅、省财政厅制定的《江苏省企业职工基本养老保险关系转移接续实施意见》已经江苏省人民政府同意并转发各市、县人民政府,省各委、办、厅、局,省各直属单位。

南京地质博物馆新馆举行建成开馆典礼。

"1996—2009 年间周恩来研究述评学术讨论会"在浙江省杭州市举行。

国家级浙江省湖州经济技术开发区授牌暨项目签约仪式在湖州市举行。

24 日　由上海市第九人民医院主办的第二届上海国际骨科康复学术会议开幕。

第四届南京文学艺术节在江苏省南京市南湖水上舞台拉开帷幕。

浙江省温州市举办首届以"读书·和谐·发展"为主题的读书节,倡导全民阅读,建设学习型社会。

25 日　由上海市红十字会、市教委主办的首届上海市红十字青少年文化节开幕。

"海伦杯"2010 年上海国际青少年钢琴大赛启动。

由中国铁建中铁十五局集团南京公司承建的苏州北环快速路隧道工程一标荣获 2009 年度"全国市政金杯示范工程"大奖。

浙江省共有 123 人获全国劳动模范和先进工作者荣誉称号。

26 日　迎世博低碳发展论坛在沪举行。

2010 年江苏省工业和信息产业 130 个重大招商引资项目总投资合计 1962.4 亿元人民币。

27 日　第 20 届全国图书交易博览会闭幕,上海成交 1.18 亿元。

浙江日报报业集团与华数数字电视传媒集团有限公司签署全面战略合作协议,双方将通过优势互补、强强联合,共同推进媒体融合。

28 日　2010 年海峡两岸企业家紫金山峰会在南京举行,来自海峡两岸政界、商界共 600 多人与会。

由中共浙江省委宣传部、省总工会联合浙江日报报业集团、浙江广电集团等媒体开展的第三届"金锤奖"——杰出职工评选结果揭晓,10 人获杰出职工"银锤奖"。

29 日　上海之春管乐艺术节开幕。

在 2010 年南京重大项目投资洽谈会上,共有 133 个内外资项目正式签约,项目总投资近 900 亿元。

中国(浙江)-越南经贸合作论坛在杭州举行。

第六届中国国际动漫节在杭州黄龙体育中心开幕,共有美国、法国、丹麦、日本、韩国、阿联酋等 20 多个国家和地区的 300 多家企业机构参展,47 个国家和地区的动漫界人士参会。

浙江省(湖州)和中科院产学研合作对接活动在湖州举行,共签署合作项目 44 个,总投资 4.5 亿多元,其中在湖州市项目约占六成,总投资 4 亿余元。

30 日　2010 年上海世界博览会开幕式在上海世博文化中心举行。

2010 年"梅龙镇广场"国际剑联男女花剑世界杯赛在上海举行。

第六届中国国际动漫产业博览会在杭州(萧山)休博园启幕。

由德国欧司朗(OSRAM)公司投资兴建的新和(绍兴)绿色照明有限公司在浙江省绍兴市袍江投产。

五月

1 日　中国 2010 年上海世界博览会开园仪式在上海世博中心举行。

中国第一部慈善法规——《江苏省慈善事业促进条例》正式实施。

《南京市道路交通安全管理条例》施行。

浙江省医学科学院在杭州举行建院60周年纪念活动。

海关总署公布2009年“中国外贸200强”名单，浙江省有5家企业入围“中国进口企业200强”，6家企业入围“中国出口企业200强”。

4日　上海青年金晶、谢灿军被授予第十四届“中国青年五四奖章”荣誉称号。

国际剑联男女花剑世界杯赛上海站落幕。

第四届中外大学校长论坛在江苏南京落下帷幕。

欧洲浙商总会在葡萄牙首都里斯本举行成立大会。

5日　SNEC PV2010国际太阳能光伏大会暨(上海)展览会在沪开幕。

6日　复旦大学上海视觉艺术学院附属高级中学揭牌。

7日　“战争与和平”美术展在上海市开幕。

浙江省社会科学界联合会第六次代表大会在杭州闭幕。

8日　“丹青500年系列展·艺苑光华——上海中国画院珍藏精品展”举行。

清洁高效煤电成套设备国家工程研究中心在上海市闵行区奠基。

9日　由国务院侨办主办，中国侨商投资企业协会支持，上海市政府侨办和上海市侨商会承办的“侨商世博行主题活动”在上海举行。

亚太光伏产业理事会在沪成立。

浙江省宁波市“宁波—英菲尼迪合伙基金”成立，具体名称为“宁波新以创业投资基金”，首期规模为5亿元人民币。

10日　上海学生获2010年世界机器人锦标赛总冠军。

第五届中国家庭文化艺术节在江苏省南通市开幕。

浙江日报报业集团获第五届中国传媒创新年会最高奖项——“2009—2010中国传媒创新年度品牌”。

11日　上海市政府与中国国电集团公司签署《关于推进新能源发展战略合作框架协议》。

第三届在华留学生汉语大赛上海赛区比赛在华东师范大学举行。

国内第一根最大缸径瓦锡兰船用柴油机曲轴在上海下线。

12日　中国残疾人艺术团在沪公演。

“光华百年——世界华人庆世博美术大”展开幕。

浙江省茶文化研究会第二次会员代表大会在杭州举行。

国家级嘉兴经济技术开发区授牌仪式在浙江省嘉兴市举行。

13日　“京畿神韵·河北文化上海高校行”活动闭幕仪式和演出在上海交通大学举行。

浙江绿茶博览会在西安开幕。

由中国汽车工业国际合作总公司、浙江省汽车行业协会主办，浙江中汽会展有限公司承办的西博车展第四届杭州春季车展开展，30余个国内外汽车知名品牌前来参展。

14日　上海市第八届邓小平理论研究和宣传优秀成果奖、第十届哲学社会科学优秀成果奖评奖活动启动。

“第三届上海中国古玩艺术品博览会”举行。

全球最大人类单克隆抗体库——无锡单克隆抗体研制项目在江苏省无锡(马山)生物医药研发服务外包区奠基。

15日　由香港设计中心主办的“香港:创意生态——商机、生活、创意”活动在沪拉开帷幕。

由国际儒学联合会和上海师大联合主办的“先秦儒学基本特征与思想精华”学术研讨会举行。

16日 由中国科学院技术科学部和信息技术科学部、中国科学院上海分院共同主办，上海交大承办的“未来城市”技术科学论坛举行。

中国商事仲裁与社会经济发展研讨会暨商事仲裁研究中心成立大会在上海大学举行。

经国务院批准，江苏省镇江经济技术开发区升级为国家级经济技术开发区。

17日 首届“朱自清散文奖”在江苏省扬州市颁奖。

由西子联合控股公司和浙江大学联合共建的浙江大学西子研究院正式揭牌，将重点面向高端制造、节能环保等国家战略新兴产业与相关发展领域开展前瞻性与交叉性整合研究，探索新型高效的产学研一体化模式。

18日 上海合作组织经济合作与人文交流促进中心举行揭牌仪式。

台湾弘辉建设在江苏淮安投资40亿元人民币兴建现代商住项目。

苏州大学举办建校110周年庆典。

首期10亿元、总规模达50亿元的全国首个物联网产业基金在江苏省无锡新区成立。

19日 新西兰海军“特卡哈” 号护卫舰对上海进行友好访问。

到2012年，中央财政将在江苏省投入22－27亿元，支持开展整体推进农村土地整治示范工作。

浙江省温州市面向全国公选民企党组织书记人选。

浙江省内知名创投机构共同发起的浙江省股权投资行业协会正式成立。

20日 以“发挥市场优势，推进经济发展方式转变”为主题的第三届“泛长三角”经济论坛在浙江省义乌市举行。

联合国教科文组织授予上海“创意城市网络”——设计之都称号。

第八届中国(宁海)徐霞客开游节在浙江省宁海县举行。

浙江嘉兴南湖革命纪念馆、宁波慈城清风园入选由中共中央纪委监察部命名的首批全国廉政教育基地。

浙江省永嘉县第三届科技节开幕，永嘉县人民政府与浙江省农科院、奥康集团与陕西科技大学、楠溪江农业集团、浙江大学等代表单位进行了院地、院企合作项目签约仪式。

21日 联合国教科文组织与解放日报报业集团在上海世博会联合国馆共同举办第35届文化讲坛。

江苏省淮阴市举行东方母爱文化节招商引资“三集中”活动，共有111个、投资总额达200.5亿元的引资项目落地。

第九届2009中国(杭州)国际工业博览会在杭州举行。

第二届中国湖州(长兴)陆羽国际茶文化节、第三届中国长兴陆羽国际茶文化(旅游)节暨中国县域金融论坛在浙江长兴开幕。

22日 《世界百位名人谈上海世博》在上海首发。

由上海交大Bio－X中心和中国人民解放军总医院主办的首届Bio－X转化医学国际会议举行。

23日 上海国际中小企业总部与英国英中贸易协会、德国中小企业联合总会(中国)、法中协会、日本首都圈产业活性化协会等四家商会举行签约仪式。

孙中山铜像回迁揭幕仪式在江苏南京新街口举行。

浙江省第一所以外贸外语为主要特点的省属本科院校——浙江外国语学院揭牌成立。

浙江省湖州市举行陆羽《茶经》问世1230周年纪念活动。

24日　上海锦江国际集团与日本三井物产株式会社低温物流合资项目签约。

25日　上海交通大学医学院与上海国际医学园区签约，共建“上海国际医学中心”国际化高端医疗项目。

受新闻出版总署的委托，浙江出版联合集团承担第55届华沙国际书展中国出版代表团的参展组织工作。

26日　东方网成立十周年庆祝大会在上海举行。

上海金融业联合会与卢森堡金融技术转让中心签署合作谅解备忘录。

《长江三角洲地区区域规划》获得国务院正式批准实施。上海、江苏、浙江迎来新的战略机遇。

第31届世界业余围棋锦标赛在浙江省杭州市举行。

“21世纪酒店业高峰论坛”在浙江省杭州市举行，黄龙饭店获“2010年度中国十大最受欢迎商务酒店”和“2010年度最佳酒店经理人”两项“金枕头”大奖。

27日　由浙江绍兴托普信息职业技术学院改名的绍兴职业技术学院揭牌。

国家出版基金资助项目、国家古籍整理重点规划项目《王国维全集》由浙江教育出版社、广东教育出版社联合出版。

28日　第七届上海衍生品论坛召开。

主题为“21世纪文化产业人才培养”的首届上海文化产业发展高校论坛举行。

江苏省南京市长江隧道通车试运营。

江苏2010年发行地方政府债券89亿元。

中共温州市委、浙江省委党史研究室在永嘉县联合举行中国工农红军第十三军成立80周年纪念活动。

29日　由复旦大学主办的“上海论坛2010”开幕。

上海迪士尼项目动迁安置房基地开工建设。

30日　上海航空有限公司成立。

2010年江苏省获得国家土地治理项目总投资16.24亿元，比2009年增长21.27%。

北京杭州企业商会成立。

31日　中国—印度商务论坛在沪举行。

由文化部主办的十五届“群星奖”落下帷幕，上海市共获得21个奖项。

浙江省中小企业创业融资平台台州组团启动。

浙赣集团版少儿精品畅销图书大联展在浙赣两省新华书店所有连锁卖场同步拉开序幕。

浙江省十大品牌展（博）览会评选揭晓，中国国际家具博览会、中国柯桥国际纺织品博览会等十家展会榜上有名。

六月

1日　2010年上海“安全生产月”拉开帷幕。

江苏省《实施＜义务教育法＞办法（草案）》征求意见。

江苏省科技厅与新加坡国际企业发展局联合举办的“新加坡——江苏创新合作高层论坛暨技术对接大会”在南京举行。

2 日　江苏扬州发现民国版《阮元手迹》、民国石刻本《名人手迹》,书中集纳了阮元、袁枚、梁同书和姚鼐的诗书作品。

3 日　中国和波兰"中波工业科技园孵化器圆桌会议"在上海举行。

浙江省第八届残运会在嘉兴开幕。

中国科学院古脊椎动物与古人类研究所对浙江省文物考古研究所在安吉上马坎遗址、长兴七里亭遗址、银锭岗遗址、合溪洞遗址等4个旧石器时代遗址进行的考古遗址地层分析证实,这些重大发掘成果将浙江人类活动史上推至100万年前。

4 日　上海世博会世界贸易中心协会馆"食品安全与健康"主题周重要活动之一的"食品安全与粮食安全高峰论坛"举行。

"绿色世博·低碳生活"循环经济发展论坛在沪举行。

江苏省设立"江苏杰出人才奖"。

5 日　我国第一艘太阳能混合动力游船"尚德国盛号"在上海黄浦江畔起航。

6 日　上海首创播映权质押融资模式。

钱学森图书馆奠基仪式在上海交通大学徐汇校区举行。

7 日　浙江农林大学揭牌成立。其前身是创建于1958年的天目林学院,1966年更名为浙江林学院。

8 日　第二届全球绿色经济峰会在沪开幕。

南京云锦研究所织造的"云锦织金孔雀羽阿育王塔"和"云锦织金孔雀羽般若波罗蜜多心经"完工。

9 日　央企投资江苏省苏州高新区项目超30个,总投资近200亿元。

江苏省援建四川绵竹六镇工程项目竣工。

首届"江苏见义勇为新市民"评选揭晓。

浙江省黄龙体育中心荣膺中国足协"五人制足球训练基地"称号。

由浙江兴业集团有限公司、浙江大学、中国海洋大学等发起的中国海洋产品制造产业技术创新联盟在舟山成立。

10 日　上海市政府与中国外运长航集团有限公司签署战略合作协议。

中国绿化委员会授予江苏省"全国绿化模范城市"称号。

新西兰电影节在浙江杭州开幕。

浙江体育职业技术学院附属绿城足球学校挂牌暨第十二届全运会浙江男子足球队成立仪式在浙江绿城足球学校举行。

"温州融资担保研究中心"在浙江省温州大学城市学院设立,主要研究温州民营信用担保行业发展战略、担保公司经营管理、担保法律、民营信用担保发展模式等。

11 日　第十六届上海电视节落幕。

上海市电子书产业发展联盟成立。

张家港东山村遗址是江苏省唯一被评为"全国十大考古新发现"的遗址。

台湾·浙江经贸文化合作论坛在台北举行。

12 日　上海首家消费金融公司——中银消费金融有限公司挂牌。

华东师范大学与上海教育报刊总社签署战略合作协议。

全球首套多媒体视频邮票《昆曲》在昆曲发源地江苏昆山千灯古镇首发。

南京举行大报恩寺佛顶骨舍利盛世重光系列活动。密藏千年的"佛顶真骨"和"感应舍利"大白真容于天下。

13 日　乌鲁木齐市图书馆与上海图书馆联合举办"迎世博·新疆大地情"系列文化讲座。
"世界遗产南京明孝陵文化节"开幕。

14 日　2010 国际都市圈发展论坛发布一项"长三角 22 城市服务经济指数",上海排名首位。

15 日　第十三回世界易经大会在江苏省无锡灵山圣坛开幕。

16 日　上海同济大学医学院与美国加州大学戴维斯分校医学院签署合作协议。

17 日　2010 上海、台北双城文化创意产业博览会在上海举行。
"提高党的建设科学化水平高层论坛"在中共上海市委党校举行。
上海圣陶教育发展与创新研究院成立。

18 日　2010 年金融与投资峰会在沪举行。
"上海大学生电影院线"开通,上海交通大学、同济大学、上海师范大学等 14 所高校成为首批会员单位。
浙江省台州市"锂离子电池用球形磷酸铁锂正极材料"等 24 个科技项目获国家创新基金立项支持,支持金额达 1810 万元。

19 日　2010 上海世博会旧金山周暨上海—旧金山姐妹友好城市 30 周年庆典及"2010 年上海世博会旧金山周主题论坛"在沪举行举行。
中海油集团、中粮集团等 17 家央企与江苏省盐城市签订了总投资 422 亿元、18 个项目的合作协议。

20 日　"2010 相聚长三角——海外华侨华人专业协会会长世博行"上海分会场活动举行。
第三届中美民间和平论坛在江苏省常州市举行。
中国 2010 年上海世博会"科技创新与城市未来"主题论坛在江苏省无锡市开幕。
浙江大学与湖南省人民政府签署全面战略合作协议。

21 日　以"迎世博盛会,展城乡风采"为主题的中国农民画原创作品展在上海落幕。
澳大利亚昆士兰州与上海签订了 3 个关于科技创新项目的研究协议。
"中国移动全球通"第九届上海 IT 青年十大新锐评选活动启动。
由上海市慈善基金会和玉佛禅寺共同主办的第二届"觉群慈善公益周"开幕。
江苏省新型农村养老保险参保农民已经突破 1000 万,参保人数位居全国首位。

22 日　由中国教育学会主办的 2010 年全国中小学生美术书法摄影作品大赛揭晓,上海光明中学荣获团体一等奖。
上海市禁毒科普教育馆示范基地揭牌。
2010 中国国际物联网大会暨第三届上海通信发展论坛开幕。
浙江大学与华润集团有限公司签署战略合作框架协议,将在新能源、新材料、医药等研发领域以及新兴产业培育、拔尖人才培养、金融服务、节能减排、新农村建设等方面开展深入而广泛的合作。
浙江报业集团入选第二届中国传媒与互联网高峰论坛——"2009－2010 中国数字化传媒集团十强"之列。

23 日　上海电信博物馆开馆。
上海知识产权交易中心交易系统运行仪式举行。
中国人民解放军军事志工作研讨会在沪举行。

24 日　"2010 上海国际摄影周暨上海第十届国际摄影艺术展览"颁奖活动举行。
铁路上海站公安段被国家禁毒委员会授予 2009 年全国禁毒堵源截留工作先进集体称

号,民警栾盛荣被授予先进个人称号。

求是杂志社、浙江日报报业集团在京正式签署协议,合作重组红旗出版社。

由浙江省妇女儿童工作委员会、省妇联、省社科联、省妇女研究会联合举办的浙江省妇女儿童发展论坛在金华举行。

25 日　上海外国语大学贤达经济人文学院与英国南安普顿索兰特大学合作项目启动。

26 日　国内最大的人民币私募股权基金、也是唯一以金融为主要投资领域的产业投资基金——上海金融发展投资基金成功募集。

"相约世博盛会、共话合作发展"——2010 长三角女企业家世博论坛在沪举行。

第 11 届上海现代教育与出国留学展览会开幕。

第二届骨科转化研究与前沿技术国际研讨会在沪开幕。

太湖论坛 2010 年年会暨湖塘讲坛在江苏省武进市假日酒店举办。

由浙江教育出版社与广东教育出版社联合出版的《王国维全集》首发式在省人民大会堂举行。

27 日　上海综合保税区单机、单船的 SPV 融资租赁项目启动。

上海师范大学人文与传播学院和都市文化研究中心联合举办"中国现当代文学与中国文学传统"学术研讨会。

来自浙江省内的 21 支代表队、近 70 名业余围棋强手相聚杭州棋院,参加首届浙江省业余围棋锦标赛。

28 日　上海交通大学曾凡一荣获首届第三世界妇女科学组织女青年科学家奖。

江苏省的新能源、新材料、生物技术和新医药、软件和服务外包、节能环保、物联网六大新兴产业产值总量突破 1.5 万亿,排名全国第一,成为经济新支柱。

南京苏宁电器品牌价值超过 500 亿,达到 508.31 亿元,入选"2010 年(第七届)《中国 500 最具价值品牌》"榜单。

我国唯一一所专门培养海上执法人才的现役院校——公安海警学院在浙江宁波正式成立。

29 日　著名摩崖石刻《瘗鹤铭》的 4 块疑似巨石被上海打捞局完整打捞上岸。

浙江日报、钱江晚报再次入选 2010 年《中国 500 最具价值品牌排行榜》榜单。

30 日　2010 年英国皇家特许建造学会(CIOB)全球建造峰会在沪开幕。

上海市第六次全国人口普查综合试点入户登记开始。

由国家林业局、浙江省政府主办的 2010 中国(温州)森林旅游节在温州市乐清雁荡山拉开帷幕。

央行等六部委正式发出《关于扩大跨境贸易人民币结算试点有关问题的通知》,浙江省成为跨境贸易人民币的试点地区。

七月

1 日　由上海、江苏、浙江三地音协和上海市群艺馆共同主办的 2011 年海内外江南丝竹邀请赛在上海星舞台举行决赛与颁奖音乐会。

浙闽、苏浙皖交界处分别出现了笋竹和青梅跨省合作社,合作社遵循市场经济规律,突破了行政区划藩篱。

麦当劳中国汉堡大学与上海对外经济贸易大学正式签约,启动学分认证项目,成为国内率先实施学分认证的企业大学。

东方网"上海政务"频道开通仪式举行。

"中国恒好——迎世博纪念品全球华人设计大奖赛"揭晓,《"东方之冠"世博中国馆同道印》等19个大奖颁奖仪式在上海拍卖公司举行。

沪宁城际高速铁路通车典礼在上海、南京两地同时举行,这是目前我国乃至世界上标准最高、里程最长、运营速度最快的一条城际高速铁路。

2日 沪宁城际高速铁路正式投入运营,全程301公里,列车最高时速350公里,打开长三角1小时都市圈。

国务院"三网融合试点城市方案"首批12个试点城市名单公布,上海、南京、杭州三市在列。

由上海市卢湾区第一中心小学、师专附小组成的卢湾区联队获2010 RoboCup青少年世界杯机器人竞赛小学组机器人舞蹈项目冠军。

由江苏恒顺集团出资兴建的中国醋文化博物馆正式对外开放,这是国内首个以醋文化为主题的博物馆。

以"促进人口长期均衡发展"为主题的中国人口学会2010年会在江苏省南京市召开。

上海世博会第四场主题论坛"环境变化与城市责任"在江苏省南京市举行。

浙江省领导干部网上学习平台——浙江领导干部网络学院开通。

浙江省委组织部与浙江在线新闻网站合办的浙江组织工作网开通。

4日 国家民政部和上海市人民政府共同建设国家现代民政示范区合作协议在上海签约。

第二届"天华杯"全国电子专业人才设计与技能大赛上海赛区比赛在上海师范大学天华学院展开,沪上17所高校、高职院校共221名选手参加单片机设计开发、电子设计制作、电子组装调试等3项赛事。

2010年以来,江苏省南京市市境外投资总额近900万美元,比2009年同期增长18倍,已有33家企业实施了"走出去"战略,总投资额逼近1亿美元大关。

江苏省镇江市人民政府、北京交通大学共建"北京交通大学长三角研究院"合作协议在江苏省镇江市订立,该院规划建筑面积2万平方米,下设十几个研发中心。

5日 浙江杭州成立社工艺术团。

6日 上海市女性社会组织发展中心在市妇联成立。

"第六届中国国际动漫游戏博览会暨2010卡通总动员(2010 CCG EXPO)"中国原创动漫大奖颁奖盛典在上海举行。

教育部2010年全国阳光体育先进区评选揭晓,上海徐汇、宝山区和崇明县"上榜"。

7日 文汇·彭心潮优秀图书出版基金第二届资助项目揭晓,《书林掇英——魏隐儒古籍版本知见录》、《藏传佛教艺术发展史》、《制度经济学新解——三大经济体系镜鉴》、《唐宋风尚》等十四个项目获得资助。

作为上海西部产业基地,上海国际汽车城启动新一轮规划,每年投入百亿元,重点推进"新能源汽车及关键零部件产业"、"科技研发港",以及"环同济知识经济圈"的三大平台建设。

通榆河北延工程贯通送水仪式在送水工程第一梯级站江苏省滨海抽水站举行。

由中国文联、中国美协、中共浙江省委宣传部主办的"农民画时代·时代画农民——全国农民绘画展"在浙江美术馆开幕。

浙江杭州西溪研究院成立,将承担杭州西溪学研究总体规划编制,开展日常西溪学理论研究、丛书编纂、学术交流、信息发布、人才培训等工作。

浙江湖州辑里湖丝馆正式开馆,收藏湖丝实物、照片、书籍资料等1000余件。

8日 世界上首条电压等级最高、输电距离最远、输送容量最大的特高压直流输电工程——向家坝-上海±800千伏特高压直流输电示范工程正式投入运行,上海由此成为世界上最大的"绿电城市"。

由上海国盛集团与上海社科院部门经济研究所共同发起组建的上海国有资本运营研究院成立。

2010中国·东海硅材料产业发展论坛在江苏省东海县举行。

首届全国高等学校创新与创业教育论坛在江苏省南京市举行,来自全国各地130余所高校及相关教育部门的240多位代表交流研讨创业教育热点问题。

江苏省海门市2010年计划实施的11项交通重点工程全面启动,总投资19.05亿元,主要包括叠港公路、336省道海门绕城段和临海公路3条高等级公路。

9日 由浙江日报报业集团、省工商联、浙江广电集团、省民营企业发展联合会及省海外交流协会联合主办,《浙商》杂志社承办的2010民企投融资大会暨浙商500强论坛在杭州举行主题报告会。

11日 长三角沪苏浙三地共有90家企业参与国家发改委企业节能目标责任评价考核,89家企业均完成或超额完成目标,完成率达到了98.88%。

第五届跨国零售集团采购会在江苏省南京市国际博览中心开幕,共成交156.8亿元,交易额76.88亿元。

12日 投资约50亿元的江苏省金坛茅山山麓旅游项目"东方盐湖城"将于年内动工。

13日 上海物联网中心项目奠基仪式在嘉定区举行,打造上海物联网产业集聚核心园区。

上海市起草的《国家技术创新工程上海市试点方案》获得国家科技部批复,目前已扶持首批22个产业技术创新联盟建设、启动了41个市级工程技术研究中心建设。

2010上海国际青少年科技博览会在东亚展览馆开幕,来自18个国家和地区的50多个团队参展。

江苏省镇江市政府与日本三菱商事株式会社上海总部就20个新兴产业项目展开实质性洽谈,本次洽谈项目总投资额超过7亿美元。

14日 上海市人大召开《上海市人大常委会关于废止本市部分地方性法规的决定(草案)》、《上海市人大常委会关于修改本市部分地方性法规的决定(草案)》及其说明解读会,《上海市乡人民政府工作暂行条例》、《上海市公证条例》等7件地方法规被建议废止。

上海交响乐团携手纽约爱乐乐团在纽约市中央公园大草坪分场献演庆祝上海世博会,也为一年一度的纽约公园系列交响音乐会拉开帷幕。

浙江入选国家海洋经济发展试点省。

浙江(杭州)海外高层次人才创新园在余杭创新基地正式成立。

浙江省绍兴市非物质文化遗产馆开馆,展示的内容主要包括传统戏剧、曲艺、传统杂技、舞蹈、音乐、民间文学、越医文化、传统美术、传统技艺等。展示形式不光有文字、图片、影像,还有实物及模拟实景。

15日 江苏省美协第3次新人美术作品展在江苏省美术馆举行。

17日 上海市崇明区申报"中国长寿之乡","养老产业示范区"规划正在制定中,将打造养老事业和养老产业崇明国际示范区。

以"慈行天下、和乐人间"为主题的2011中国(奉化)雪窦山弥勒文化节开幕式暨"应梦雪窦·人间弥勒"大型实景音乐盛典举行。

18 日　2010 年复旦管理学国际论坛开幕，主题为“工商管理与企业成长——可持续发展视角下的中国管理”。

19 日　国务院正式批复《长江三角洲地区区域规划》，提出长三角要建设成为亚太地区重要的国际门户、全球重要的现代服务业和先进制造业中心，要建设世界级城市群。

上海长风视觉艺术馆落成。

“龙与凤——法国现代艺术展”在上海市豫园听涛阁举行。

20 日　投资 1 亿美元的澳大利亚布兰肯三期矿山设备项目在江苏省徐州经济技术开发区举行开工典礼。

21 日　由上海市城市规划设计研究院与江苏省有关规划编制单位共同研究编制《环淀山湖地区概念规划》，环淀山湖地区将有统一的“行动指南”。

“香港世博金融论坛”在上海市举行。

上海至江苏南通铁路可行性研究评估会在江苏省南通市举行，铁路全长 262 公里，按国铁Ⅰ级、正线双轨标准建设，总投资有 486.8 亿元，由铁道部与上海和江苏对半承担。

22 日　由中共上海市委宣传部、市总工会联合举办的“上海市五一新闻奖”评选揭晓。

“崇启通道”工程上海段顺利完成试验段的加速加载试验，标志着路面工程实施前的全部技术准备已经完成。

上海市首个创业资源市场在普陀区澳门路创意产业集聚区开业，为创业者提供“一站式”服务，系统解决创业难题。

23 日　“2010 湖南——上海投资推介暨重大合作项目签约仪式”在上海国际会议中心举行。

浙江省杭州市正式被国家列为低碳试点城市。

24 日　上海市黄浦江两岸综合开发新一轮发展规划研讨会举行。

26 日　中共上海市委、市政府向上海市民发放“世博大礼包”，同时在世博期间将对部分困难家庭和特殊群体发放一次性的生活补贴。

由上海师范大学实验小学、向明初级中学组成的卢湾团队代表上海参赛全国第八届“中小学信息技术创新与实践活动”总决赛，获“迷宫综合竞技赛”小学和初中组冠军。

由江苏省商务厅和南京市商务局联合举办的苏韩贸易对接洽谈会暨合作协议签约仪式在南京举行，成交额达 1.9 亿美元。

“创意杭州·国际创新设计营”正式开营。

27 日　“上海－大阪友好之夜”庆祝招待会在上海国际会议中心举行，庆祝上海与大阪多年来所取得的合作硕果。

上海创新驿站成为国家科技部火炬中心启动的中国创新驿站首批试点单位。

沪杭高铁全线完成轨道铺设工作。

第六届世界合唱比赛在浙江省绍兴市中国轻纺城国际会展中心圆满落幕。

28 日　上海临港集团和映瑞光电公司 LED 光电项目签约，双方将共同在临港产业区打造国家级 LED 产业化示范基地，项目总投资约 27 亿元人民币，生产内容涵盖 LED 芯片外延片及芯片生产、封装测试等。

“中华学人与 21 世纪上海发展”研讨会举行，探讨后世博新一代城市发展以及大都市圈的蓝图，认为中国城市化进程必将以大都市圈为主导方向。

“2010 上海国际友好城市青少年夏令营”在东方绿舟开营。

第十届江苏省金湖荷花节隆重开幕，总投资 81.78 亿元的 46 个项目集中签约。

30 日　国家科技部等八部委把上海纳入国家技术创新工程试点，国家技术创新工程上海市试点工作推进大会在上海展览中心举行。

上海市十三届人大常委会第二十次会议表决通过《关于废止本市部分地方性法规的决定》,决定废止《上海市乡人民政府工作暂行条例》、《上海市人民警察巡察条例》等5件地方性法规。

由国家标准化管理委员会主办的“2011 - 2015 年 ISO 战略规划”专题演讲会在上海召开。

世界卫生组织考察上海健康城市建设情况。

浙江省首支省级产业投资基金、总规模为50亿元的浙商产业投资基金在杭州成立。

由浙江省宁波市政府、中国港口协会、国际城市与港口协会共同主办,以“和谐共享海洋时代”为主题的第二届中国宁波国际港口文化节在北仑开幕。

国内首个港口博物馆——宁波港口博物馆在浙江宁波北仑区奠基动工。

31 日　新闻出版总署 - 上海市人民政府部市合作第三次联席会议举行,明确上海下一年度数字出版推进重点,推进国家数字出版基地和园区建设,推进上海出版单位战略转型。

上海近铁国际货运有限公司正式进入浦东机场综合保税区开展业务,标志着浦东机场综合保税区正式启动试运行。

上海市光明中学代表团获2010年中国机械奥运埠际赛大赛季军。

“数字印刷工程研究中心”在上海理工大学挂牌成立。

浙江大学金融研究院暨浙江省金融研究院正式挂牌成立。

八月

1 日　根据国际机场协会最新公布的数据,上海浦东机场在2010年二季度全球机场旅客满意度测评中达到4.6分,在全球146家机场中排名第6,首次跻身全球十佳机场。

中国德力西集团与江苏省大丰市举行“长三角海洋湿地森林旅游度假目的地项目签约仪式”,携手打造一个世界级的滨海湿地旅游度假项目。

以“后金融危机时代民营企业的融资问题”为主题的民营经济高峰论坛在杭州举行。

2 日　由南京大学交响乐团和日本群马青年交响乐团联合演出的“迎青奥庆世博”中日青年公益交响乐晚会在江苏省南京文化艺术中心举行首场演出。

3 日　在上海举行的中美大学校长院长双边论坛信息:上海已批准中外合作办学机构和项目222个,占全国中外合作办学总量的六分之一。

上海新一轮医院评价评审工作启动,三级综合医院评审不搞等级“终身制”。

博世汽车柴油系统股份有限公司与普洛斯江苏无锡新区物流园签订租赁协议,以建设博世柴油系统在中国的首个集约配送物流中心。

总投资逾36亿元的徐州至济宁高速公路江苏段全长79.492公里,1至7月完成投资约4亿元,累计完成投资23.65亿元。

浙江省江郎山被列入“中国丹霞”《世界遗产名录》,浙江省申遗取得零的突破。

4 日　上海市政府新闻发布会信息:2009年上海文化产业实现增加值847.29亿元,比上年增长9.5%,占上海生产总值的5.63%,增幅比GDP高出1.3个百分点,文化产业对上海经济增长的贡献率进一步提高到6.8%。

5 日　上海成立公安金盾基金会,以公募基金的形式筹集资金,用于扶助革命烈士、因公牺牲民警家属,慰问因公负伤、特困民警及其家属,褒奖优秀民警,加大优抚救助及激励力度。

江苏省扬州市政府召开重点交通工程推进会，加快推进江六高速等10大重点交通工程建设，全年交通基础设施投资冲刺40亿元。

6日 上海杨浦中华职业教育社成立大会暨第一次代表大会在上海远程教育集团会议中心举行，这是上海中华职业教育社建立的第九个区级地方组织。

7日 由江苏江海集团与山西太原科技大学共同实施的“世界第一剪”——全液压定尺双边滚切剪系列设备项目在江苏省海安东部的李堡工业片区开工建设，项目投入4亿元，占地400亩。

浙江省从2005年至今已有8所高校与8个国家合作共建了11所孔子学院。

8日 上海东方明珠大师艺术馆正式开馆。

上海航空公司开通上海至马尔代夫航线。

长三角各地通过经纪人从中牵线搭桥、以网络技术为支撑的求职信息“村村通”等各种尝试送岗到家，让农民求职也能像城里人一样便捷。

浙江省宁波市杭州湾新区首场新闻发布会在沪举行，区域规划陆域面积235平方公里，海域面积350平方公里，是浙江首个海洋经济发展大平台。

江苏省南京化学工业园区研发中心举行奠基仪式，该研发中心总投资3亿元，建筑面积3万平方米。

9日 中共上海市委、上海市政府代表上海人民捐500万元支援舟曲抗灾救灾。

上海国际港务集团《集装箱RFID货运标签系统》正式成为国际标准化组织（ISO）认可的国际公共规范。

上海市浦东区宣布全面实施“农民收入倍增计划”：到“十二五”期末，浦东新区农民收入要比2009年翻一番，达到2.5万元左右。

我国橡塑助剂领域首个绿色高新精细化工技术创新示范中心在上海浦东张江高科技园区挂牌成立。

由上海市作家协会、上海文学发展基金会主持并策划编纂的文学大系《海上文学百家文库》已由上海文艺出版社出版，精选19世纪初期至20世纪中叶在上海地区出现的约270位作家近6000万字代表作品，汇编成131卷。

上海市百老德育讲师团被评为全国和上海关心下一代工作先进集体。

“第5届海峡两岸四地青少年艺术节”在上海举办。

来自全国各地西游记研究学者齐聚江苏省灌南县参加200中国·灌南西游记二郎神文化学术研讨会。

10日 “上海市青少年科技创新市长奖”颁发中小学生、大学生、职业青年3个组别。

由中共江苏省南通市委组织部、南通市人力资源和社会保障局主办，南通市人才服务中心承办的南通高层次产业人才上海专场招聘会在上海市人才服务中心举办，“江海英才”政策新闻发布会同期举行。

城市与健康国际论坛在上海开幕，上海将全面推行建立家庭医生制度，逐步实行家庭医生首诊制。

江苏省宝应荷藕节招商引资引进35个亿元以上项目，一批环保型新兴产业项目落户。

11日 上海首趟救灾专列驶向甘肃省舟曲灾区。

由上海交响乐团和市教委共同主办的首届上海夏季音乐节在音乐节MISA音乐厅开幕。

为解决因劳动力市场结构性矛盾而出现的学生就业难、企业招工难，江苏省泰兴市将投入2.5亿建立紧缺型技工实训基地。

浙江省杭州市在第四届中国品牌节上第一次获得了“中国十大品牌城市”首位的殊荣。

12日 第五届中美比较文学双边讨论会在上海交通大学开幕,专家认为百余年前歌德提出的“世界文学”概念已嬗变出新标准。

上海市地方志办公室和各区(县)方志办与上海文化出版社联手推出19卷本《话说上海》大型系列丛书。

盛大文学在上海书展发布“双城记——京沪小说接龙”暨“寻找中国100座文学之城”十城揭榜,最终晋级的十座城市分别是:北京、上海、广州、深圳、杭州、武汉、成都、重庆、天津、南京。

13日 以“体验·创新·成长——走近低碳生活”为主题的第二十五届全国青少年科技创新大赛在广州落下帷幕。上海代表团以5项一等奖、7项二等奖、10项三等奖的成绩,位列全国第三。

中共上海市委宣传部、上海市教卫工作党委、市教委、团市委和宝山区委联合主办“上海市纪念抗日战争胜利65周年——青少年巡访爱国主义教育基地活动启动暨纪念‘八·一三’淞沪抗战73周年撞钟仪式”,同时为全市一系列纪念抗战胜利65周年和淞沪抗战73周年纪念活动揭开序幕。

14日 “熔盛重工杯”上海业余乒乓球大奖赛暨奥运冠军挑战赛开打,共有400名乒乓球爱好者参赛。

江苏省政府发出通知,通过3年时间,将全省企业基本养老保险缴费比例统一至20%,个人缴费比例维持不变。

江苏苏州高新区与日本爱丽思欧雅玛株式会社投资签约,该会社将投资超过1亿美元在高新区建立其在华东地区最大的销售配送中心。

“2010中国百家金陵画展(油画)”工作会议在江苏省南京市召开。中国美协和14个省市区美协负责同志、部分专家学者参加会议。

浙江省首届残疾人文化艺术周在温州开幕。

15日 由上海市围棋协会主办,三星财产保险(中国)有限公司协办的三星财产杯上海市围棋升级升段赛结束,参赛选手超过2000人。

老上海系列丛书面世,包括《老上海的明星》、《老上海理发师》、《老上海的洋人》、《老上海的婚礼》、《老上海华洋婚恋》5本。

16日 2009年度上海市质量金奖表彰大会召开,上海通用汽车有限公司等7家企业、上海汽车集团股份有限公司乘用车分公司临港整车厂黄建英等5位个人获得2009年度上海市质量金奖。

上海市“市民生活创意作品大赛”在浦东新区浦南文化馆启动。

由上海交通大学、复旦大学、上海财经大学、中欧国际工商学院、中国数量经济学会共同主办的第十届世界经济学大会(ESWC2010)在上海召开,1000余名海内外经济学家与会。

第三届全国艺术教育研讨会在江苏省徐州市举行,全国美术教育界的专家、学者和美术基础教育一线的老师近500余人参加会议。

17日 “2010第十届世界计量经济学大会”在上海国际会议中心开幕,1500余名海内外经济学家和学者共同探讨世界经济领域的前沿课题。

上海首个市云计算产业基地“闸北区市北高新技术服务业园区”正式挂牌,计划3年内实现上海在云计算领域“十百千”发展目标。

18 日　上海成立云海产业联盟，整合云计算产业链上下游50多家企业、高校院所、机构组织，打造上海云计算整体品牌。

江苏省淮安市举行第九届淮安·中国淮扬菜美食文化节投资项目签约活动，项目内资投资总额均超过1亿元，外资项目单体投资超过1000万美元。

19 日　中共上海市委常委会审议通过《关于上海市贯彻落实〈2010—2020年深化干部人事制度改革规划纲要〉的实施意见》，规划今后十年干部人事制度改革蓝图。

上海绿地集团投资60亿元打造的江苏连云港城市综合体项目“绿地·观湖一号”正式开工建设。

20 日　国内首家拥有低碳环保生态科教普及功能的园林在上海市徐汇区康健园动工，总投资1050万元。

上海姑娘唐奕在新加坡举行的2010年首届青奥会游泳比赛中连夺女子50米自由泳和男女混合4×100米混合泳接力两项冠军。

为加快建立统一开放的新闻出版生产要素市场体系、大市场大流通体系、投融资支持体系和宏观调控体系，江苏省新闻出版（版权）工作座谈会在江苏省南京市举行。

2009－2010中国报刊广告投放价值排行榜揭晓，浙江日报获“全国省级日报10强”第一名。

21 日　上海学生交响乐团成立仪式暨首演音乐会在上海夏季音乐节MISA音乐厅举行。

22 日　第二届当代苏州少儿视觉艺术展暨长三角少儿美术作品邀请展在江苏省苏州市开幕，展出了千余件绘画、书法、面具、陶艺等少儿视觉创意作品。

第五届中日韩旅游部长会议在浙江杭州开幕。

23 日　上海农村环境治理技术创新战略联盟成立。

浙江省金华市浦江剪纸通过联合国教科文组织保护非物质文化遗产政府间委员会审批，被列入《人类非物质文化遗产代表作名录》。

24 日　“全球化视野下的中国道路与发展模式理论研讨会”在中共上海市委党校举行，来自中央党校和长三角地区党校的专家学者与会。

《上海外商投资环境白皮书》世博会特刊（第一期）发布，报告2009年上海外商投资企业运营率58.7%，2009年外商投资平均成功率59.63%，2010年1－7月为71.34%，均高居全国榜首。

上海复旦大学新兴市场经济研究中心成立，将着力研究新兴市场经济理论、新兴市场经济体国别比较研究，以及从新兴市场经济体贸易、投资、金融、区域合作、经济政策等领域展开多角度的综合研究。

由黄埔军校同学会、江苏省黄埔军校同学会等联合主办的纪念抗日战争胜利65周年黄埔论坛在江苏南京举行。

25 日　上海市首次对公厕进行公众满意度测评，总体得分为80.9分，达到“满意”水平。

27 日　全国首个省级版权综合服务信息平台在江苏省南京市开通，门户网站江苏版权网为全省版权业打造了一个版权综合性服务平台。

28 日　国内首台自主设计和制造的第二代改进型核电百万千瓦级蒸汽发生器在上海电气临港基地制造成功。

上海市企业联合会、市企业家协会、市商会、市经济团体联合会联合发布“2010上海民营企业100强”排行榜，并颁发证书和铭牌。

由中国人学学会、中共上海市委党校和市马克思主义研究会共同举办的“以人为本与中国社会主义现代化建设”学术研讨会暨中国人学学会第十二届学术年会召开,研讨以人为本与现代化问题。

全球领先的多晶硅片供应商保利协鑫集团总投资超过10亿元建设江苏苏州协鑫光伏,主要从事高纯多晶硅切片生产。

29日 上海市中长期人才发展规划纲要(2010-2020年)发布。

经文化部批准立项,由上海市非物质文化遗产代表性传承人、市侨联副主席屠杰积创办,建筑面积1万多平方米的上海中国现代国之宝艺术馆开馆。

中国(常州)国际动漫艺术周暨国际动漫交易会新闻发布会举行,已有近150家境内外企业入驻常州动漫园区。

江苏省新一轮援疆工作全面启动,首批6个援建试点项目正式开工,总投资3.1亿元。

30日 上海市教委透露,新学年上海市将有89所新学校对外招生,其中新开办幼儿园57所,超过一半。

上海城市文明指数第七次百日测评结果揭晓:上海世博城市文明指数为91.08;上海18个区县的文明指数不仅全部进入优良状态(绿色),而且已有15个区县的文明指数在90.00以上,最低的一个区的文明指数也已达到89.29;环境、秩序、服务文明指数分别为93.56、92.08和87.60。

以了解外国人心目中的中国城市印象为目的的中国城市国际形象调查活动揭晓,江苏省南京市荣获“中国国际形象最佳城市”,位列排行榜第三。

九月

1日 《苏浙皖沪三省一市公安经侦区域警务合作框架协议》签约仪式在上海举行,三省一市公安机关将逐步推进区域经侦警务一体化建设,全力维护苏浙皖沪地区经济安全和市场秩序稳定。

由浙江省广电局、浙江广电集团主办的第二届浙江农民创富大赛结果揭晓并举行颁奖晚会。

2日 第八届上海医学科技奖揭晓,“脊柱肿瘤外科治疗的相关研究”等6项成果获一等奖,还有14项成果获二等奖,35项获三等奖。

由香港百仁基金、香港菁英会主办,浙江省民营企业发展联合会协办的“生态城市生态建筑高峰论坛”在杭州举办。

3日 上海市长宁区正式启动创建全国科技进步区行动计划,将在2012年前建设具有上海国际贸易中心主要承载区功能的虹桥商务区。

第六届中国(南京)国际软件产品博览会在江苏省南京国际博览中心举行。

以“可持续发展带来的挑战和责任”为主题的第二十届亚洲塑料论坛在浙江台州国际会展中心举行,国内外近300家企业开展面对面洽谈。

4日 上海市马克思主义研究论坛暨全国社会主义核心价值体系高层学术研讨会在上海大学举行。

5日 工业和信息化部正式认定南京为“中国软件名城”,南京成为第一个荣获此称号的城市。

2010无锡锡山金秋国际经贸月活动正式拉开帷幕。

第六届中国(南京)国际软件产品博览会已达成重要签约项目112项,总投资达168.6亿元,创下历届之最。

6日 上海市浦东新区新场镇新卫村成立“上海浦东新卫社区股份合作社”。

上海少年儿童图书馆联合各区县图书馆举办的以“精彩世博 快乐阅读”为主题的上海市少儿暑期读书月闭幕。

由中国林科院、浙江省林业厅、杭州市政府、建德市政府联合举办的浙江省第七届林业科技周在建德市主会场拉开大幕。

7日　上海市教委宣布：2010年上海3到6岁幼儿入园率达98%，义务教育入学率达99.9%，高中阶段入学率达99%，高等教育也在全国率先进入普及化阶段，率先基本实现教育现代化。

8日　由上海同济大学设计创意学院承办的“国际艺术、设计与媒体院校联盟”2010大会在沪召开，全球近百所设计院校的300多名专家围绕“青年创意让城市生活更美好”主题深入研讨。

上海市西南位育中学钱瑛、徐以恩获得第七届世界青少年奥林匹克机器人大赛中国选拔赛冠军，将代表中国参加年底的国际总决赛。

2010年上海艺博会在上海世贸商城开幕。

总规划面积达70平方公里的江苏省常州市北部新区未来三年将投入城市建设资金达361.4亿元，届时将有望成为常州公共服务中心、商贸副中心和商务中心区。

9日　上海市政府决定“十二五”期间设立全市性的专项资金共140亿元，落实《上海市中长期教育改革和发展规划纲要(2010－2020年)》，建设10项对学生终身发展和增强教育服务经济社会发展能力具有重要支撑作用的重点工程。

“上海行业情报发展联盟”在上海图书馆成立。

上海浦东新区法院举行未成年人案件综合审判庭揭牌仪式。

第三届中国人力资本论坛在上海市环球金融中心开幕。

江苏省－中央企业合作发展恳谈会签约江苏省“保民生、保稳定、保增长”100个重点项目之一“中储粮江苏省镇江项目”，总投资13亿元。

10日　2010中国浙江商务周在杭州开幕，共有来自欧美、亚洲、非洲等近60个国家和地区的300多家境外机构、企业及浙江省内5000多家企业参加。

浙江杭州环境集团成立，经营城市垃圾集疏运一体化管理、固废综合处置与资源化利用、项目投资及运营管理业务。

第六届中国(衢州)华东旅游交易会暨江郎山申遗成功庆祝大会在浙江省江山市开幕。

11日　一批推动区域经济结构调整的先进制造业和现代服务业项目在上海宝山“上马”，投资总额130亿元的41个投资项目在宝山集中签约。

2010年“浩沙杯”全国万人健美操大赛上海分赛区比赛结束，上海财经大学、华东师范大学、上海延安中学等队伍分别获得所在小组的冠军。

第三届亚太服务外包国际合作会议在江苏省无锡市举行，有21个服务外包项目签约，总金额达2.65亿元。

“全国根雕艺术研究院”落户浙江嵊州；全国根雕艺术研讨会在嵊州举行。

12日　由中国连锁经营协会主办的2010国际特许加盟(上海)展览会举行，展览会以长三角区域特许加盟为先导，辐射华东、华南，吸引了新加坡、日本、韩国、澳大利亚、瑞典和台湾地区200多个特许品牌参展。

第三届上海当代艺术馆文献展开幕，以“心镜”为题，围绕“艺术使生活更美好”展示艺术在生活中的实践。

由江苏省文化厅、宜兴市政府、中国保利艺术博物馆等联合举办的“书画情系故乡情——吴冠中作品展”在江苏省宜兴市美术馆开幕。

浙江温州设环卫工人慈善基金。

13 日　“扩大世博效应 共创一个未来”,促进上海杨浦和美国加州湾区全面战略合作推进会举行,签署了多份旨在加强中国和加利福尼亚之间促进商业合作、带动风险投资、鼓励投资增长以及共同减少温室气体排放的协议。

14 日　《上海市职工代表大会条例(草案)》提交市人大常委会第 21 次会议初审,立法破除职代会所有制界限。

上海旅游节长三角“赏桂之旅”启动。

江苏省连云港开发区与北京客商签约总投资 12 亿元的动漫产业园项目。

15 日　由国家商务部和上海市人民政府共同主办的 2010 中国(上海)国际跨国采购大会在沪开幕。全球 32 个国家和地区的 306 家跨国采购商参展。

以“创新发展——南京现代服务业发展的路径与机遇”为主题的 2010 南京市国际企业家论坛在江苏省南京市举行。

16 日　上海市国防教育工作会议召开,表彰了全市 65 个全民国防教育先进单位,60 名全民国防教育先进单位先进个人,命名了 30 个上海市国防教育基地。

微软中国云计算创新中心落户上海。

由江苏省政府主办,南京市政府、江苏省商务厅等共同举办的“苏台经贸合作洽谈会”及“2010 中国南京金秋经贸洽淡会”在南京国际博览中心开幕,金洽会上将发布 80 个项目,总投资将达 4366 亿元。

占地 530 亩,投资 12.5 亿元的江苏盈恒项目在江苏省洪泽开工,主要生产精细化工、生物医药等原材料和安全环保的新型节能材料。

经国家人力资源和社会保障部批准,浙江省杭氧股份有限公司、雅戈尔集团等 42 家单位新设立博士后科研工作站。

首届杭州大学生旅游节拉开帷幕。

17 日　国家发改委、国家统计局发布对全国省、区、市社会发展水平的综合评价,上海市社会发展水平连续三年排名全国第一。

由上海市旅游局、崇明县政府联合主办的“2010 上海崇明森林旅游节”在东平国家森林公园拉开帷幕。

由无锡客商投资 1.8 亿元的贫锰矿富集选矿项目在江苏省阜宁县东沟镇举行开工典礼。

18 日　上海市淀山湖湖区与北美五大湖区在青浦签署协议,结成“5 + 1”湖区联盟,青浦将借鉴北美五大湖区经验,携手苏浙共同打造“湖区经济”,带动和提升旅游度假、商务会务、文化创意、生态住宅等一系列产业的发展。

《上海市民普通话读本》首发式在上海市语言文字水平测试中心举行。

江苏省南京市浦口区 85 个以生物医药基地为制造业主体大项目集中签约、发照,项目投资总额近 378 亿元。

第五届中国湖州·国际湖笔文化节暨第十一届全国极限运动大赛在湖州开幕。

2010 中国(衢州开化)根雕艺术文化节在钱江源头开化拉开帷幕。

2010 中国(浙江)环保产业博览会在杭州开幕,80 多家国内外环保企业展示了最新成果。

19 日　由上海市社会工作党委、市社会建设领导小组办公室会同京津渝等六城市有关部门共同举办的社会建设与社会领域党建论坛在沪举行。

上海市“光荣与力量——2010《走近他们》年度十大人物评选活动”结果揭晓。

由上海市政协经济委员会、上海财经大学、虹口区政协联合主办的四川北路发展论坛在虹口区举行。

中共江苏省南京市委、市政府在江宁开发区举行2010金洽会“高传机电”10个重大项目开工仪式，总投资104亿元。

20日　国内首个跨省运行的公益性地图网站——长三角地图网(www.csjmap.com)正式开通。

第24届上海市中学生作文竞赛在华东师范大学启动，预赛作文题目为“90后的风尚”。

2010中国南通港口经济洽谈会落下帷幕，共有100个重大外资项目集中签约，总投资达103.1亿美元。

21日　总投资约40亿元的中国三维成像科技产业园正式落户江苏省扬州邗江经济开发区，它将成为目前国内唯一的集3D技术人才集群、产业集群、资本集群于一体的产业园。

浙江纺织服装学院机电与轨道交通学院在浙江宁波成立。

22日　第四届上海朗诵艺术节在松江开幕，“华文青年诗人奖”颁奖仪式同时举行。

总投资约3亿美元的台湾20个生物医药项目签约落户于江苏省泰州医药城，其中16个为产业类项目，4个为合作类项目。

23日　以“传承中华文化，展现汉字魅力”为主题的上海市杨浦区首届汉字节在杨浦职校开幕。

24日　首届中国国际(萧山)跨湖桥文化节、第二届萧山国际旅游节、2010中国国际(萧山)钱江观潮节开幕。

“永远的辉煌”——第十二届中国老年合唱节在浙江嘉兴南湖区举行，来自全国各省(区、市)、中央直属单位和香港特别行政区的59支合唱团参赛。

25日　第十二届中国上海国际艺术节“香港文化周”开幕。

26日　第十二届中国上海国际艺术节群众文化活动开幕。

经国家环保部、商务部、科技部批准，上海市莘庄工业区正式成为国家生态工业示范园区。

第四届两岸发展论坛在浙江杭州召开。

浙商大学生创业园在杭州经济技术开发区揭牌运营。

27日　由共青团上海市委、上海市经信工作党委和市经信委联合推出的“上海青年高端创意人才促进计划”工作动员会召开。

浙江省第四届森林旅游节、绍兴市第二届森林休闲节、第十二届中国(新昌)天姥山文化旅游节在新昌县千丈幽谷风景区广场拉开帷幕。

28日　集合了上海电视台纪实频道和国内纪录片制作精良力量的五部涉及人文历史、社会政经的大题材纪录片《天下华人》《当卢浮宫遇见紫禁城》《澳门纪事》《外滩》《教育能改变吗》登陆上视纪实频道黄金档，展现出纪录片的“上海模式”。

以“世博风城市情”为主题的第三届上海市民艺术大展开幕式暨颁奖典礼在杨浦区文化馆举行。

全球信息化论坛暨联合国公共行政网十年庆典在沪举行，由上海社会科学院信息研究所和亚太地区城市信息化合作办公室共建的上海站一举囊括新闻发布、上传文档、资源目录、最受读者欢迎文档等总量第一的成绩。

江苏省常州市举行“产业合作·科技创新”主题2010中国常州科技经贸洽谈会。

以“儒家文化与时代精神”为主题的2010中国衢州国际儒学论坛在浙江衢州开幕。

第二届苏浙沪知联会主题论坛在浙江宁波举行，江苏、浙江、上海三地代表共商长三角港口发展大计。

29 日　第十二届江苏农业国际合作洽谈会在南京市举行,共签约外商农业投资项目 113 个,协议外资 13.5 亿美元。

浙江省渔业博览会在绍兴柯桥开幕。

浙江省衢州学院举行揭牌仪式。学校现有化学与制药工程系、建筑工程系、机电控制工程系等 9 个系,机械设计制造及其自动化等 6 个本科专业和 23 个专科专业。

浙江省第一份全英文新闻周刊《Zhejiang Weekly》正式创刊。

30 日　上海虹桥－香港定期航班全面开通,定期航线由东航、上航、港龙航空、香港航空 4 家航空公司执飞。

由上海市青年企业家协会和解放日报等单位联合主办的"上海农商银行杯"2009－2010 年度上海十大青年经济人物评选活动启动。

浙江省辞赋学会在杭州正式成立。

十月·

6 日　历时 25 天的 2010 年上海旅游节圆满落下帷幕,共吸引游客达 900 万人次。

以"创先争优强村、转型发展富民"为主题的第十届全国"村长"论坛在江苏省江阴市华西村举行。

7 日　以"海上风韵"为主题的中国 2010 年上海世博会上海活动周开幕式在宝钢大舞台举行,活动周将汇集海派艺术精粹。

为期 28 天的 2010 年上海购物节闭幕。

作为 2010 年上海艺术节群文活动的经典品牌,豫园戏曲"天天演"和"唱响世博"全国戏迷展演开幕。

第 4 届上海南翔戏曲庙会举行,集中展现崇明扁担戏、南通童子戏、太仓双凤民歌、浙江金华道情等长三角地区非物质文化遗产项目 40 多个。

8 日　全国首个国家级绿色创意印刷园区"金山国家绿色创意印刷示范园区"落户上海金山工业区。

由江苏、浙江、上海和香港、澳门、台湾传媒高层参加的第四届"3＋3 传媒论坛"——"后危机时期的媒体应对与变革"在江苏省南京国际会议中心举行。

9 日　以"建设充满活力的创新城市"为主题的第 22 次上海市市长国际企业家咨询会议举行。

由上海市体育局、市文联等主办的主题为"世界风情·曼舞东方"的上海·浦东"陆家嘴金融城杯"国际民间民俗健身舞蹈大会在东方明珠广场举行开幕式及展演评比。

中国航天三院 10.8 亿元大飞机结构部件项目正式落户江苏省镇江市。

占地 420 亩、总投资 5.5 亿元的江苏省如皋市体育中心开工建设。该工程由 15000 个座位体育场、4000 个座位体育馆及游泳馆、羽毛球馆组成。

10 日　《2009 年上海市质量状况分析报告》即"上海质量白皮书"首次对外全文发布:全市工业完成增加值 5374.91 亿元,同比增长 2.9%;服务业增加值 8847.15 亿元,占全市增加值的比重达到 59.4%,比上年提高 3.4 个百分点。

第二届长三角职工斯诺克团体赛在上海市长宁区工人文化宫落幕,江苏常州队、无锡队、南京队、苏州队和上海长宁队、浙江慈溪队获得前六名。

首届中国浙江成长型中小企业投融资洽谈会在杭州举行。

11 日　主题为"推进科技创新,发展低碳经济,促进产业转型"的江苏省南京市第八届青年学术年会在南京市举行。

12 日　上海市第十四届运动会在上海体育馆隆重开幕，来自各区县、局、系统体协、企业集团、驻沪部队的 60 个代表团、2 万余人参加，设青少年组、高校组和大众组三个组别，分别设置 31、21、41 个项目。

2010“青年影响社会”上海十大公益项目评选结果在复旦大学揭晓，“梦想中心”乡村素质教育公益服务体系、“赶碳号”低碳乐园、久牵农民工子女潜能培育项目、果壳时间、阳光下展翅——上海社区青年就业援助行动、圆梦·接力看世博志愿者服务、“关爱自闭症”行动、社区公益站、上海市青少年迎世博百万笑脸征集、城市应急支援服务专项案——“安全体验营”系列项目等十个项目获评“最具影响力的十大公益项目”。

中国上海 2010 年世界博览会的总规划师吴志强教授当选瑞典皇家工程科学院外籍院士。

第八届全国残运会爱心助残晚会在杭州举行。

浙江省第十四届运动会在嘉兴市开幕。

13 日　2010 年度长三角地区合作与发展联席会在上海召开，审议并原则通过了《2010 年度长三角地区合作与发展联席会议纪要》，以及联席会议办公室、重点专题组和城市经济合作组下阶段工作内容。

当今世界跨径最大的斜拉桥苏通长江公路大桥工程项目在江苏省南通市通过竣工验收。

14 日　苏浙皖沪三省一市公安厅(局)在上海举行“苏浙皖沪公安网安、反恐部门区域警务合作签约仪式”。

南水北调东线金宝航道河道工程开工，工程总投资 9.8 亿元，建成后可大大改善江苏省淮安地区水资源的供给水平。

以“发展艺术品业、共享美术盛宴”为主题的 2010 杭州美术节开幕。

15 日　上海世博招商外资项目集中签约仪式在市政府举行，具有代表性的 20 个世博外资项目当场签约，总投资 12.33 亿美元。

第三届上海市十大寿星揭晓：截至 2010 年 9 月 30 日，上海有百岁老人 923 位，每 10 万人中拥有 6.4 位百岁老人。

由台湾李国鼎数位知识促进会和南京大学共同主办的 2010 李国鼎论坛——海峡两岸经济科技发展趋势研讨会在南京大学仙林校区举行。

浙江文化产业发展研究中心在浙江传媒学院正式成立。

由中国水利学会主办的首届中国原水论坛在浙江宁波举行。

16 日　由上海市农委、市旅游局、崇明县人民政府、光明食品集团共同主办的 2010 上海崇明·光明丰收节在崇明揭幕。

《西游记》国际文化论坛在吴承恩故乡江苏淮安市楚州区举行。

17 日　“安亭·上海国际汽车城杯”京津沪渝故事大赛颁奖典礼在上海举行。

上海市徐汇区文明办、徐汇区文化局、徐家汇街道办事处和共青团徐汇区委共同主办的“精彩徐家汇”——2010 年第三届上海徐家汇白领文化艺术节开幕。

以“弘扬城市智慧，营建美好家园”为主题的第十三届中国城市化论坛在江苏省淮安市举行。

第十二届中国杭州西湖国际博览会在钱江新城拉开帷幕。

2010 中国长三角国际体育休闲用品博览会暨体育成就展、体育集邮展、体育摄影展开幕式在嘉兴国际会展中心举行。

2010 中国杭州文化创意产业博览会在杭州和平会展中心开幕。

18 日　苏浙沪政协在上海联合召开保护和扶持地方戏曲艺术座谈会,交流发挥政协优势、弘扬民族戏曲文化的做法和经验。

上海复旦大学科技园与日本 SBI 集团签约合作,共同建立投资基金推动学校科技成果产业化。

由中国时尚产业论坛、中国时尚同盟先锋设计发布等系列活动构成的中国时尚同盟时尚发布在上海拉开帷幕。

第四届中国江苏省如东沿海经济合作洽谈会签约总投资达 405 亿元。

江苏海安第五届青墩文化艺术节暨 2010 年金秋经济贸易洽谈会签约总投资达 200 多亿元。

由国家海洋局国际合作司、温州市政府、浙江省海洋与渔业局、省科协主办的 2010 海洋生态文明(温州)国际论坛在浙江温州开幕。

19 日　第 13 届企业孵化器国际研讨班在上海举行。

上海市总工会、市精神文明建设委员会办公室、上海世博会事务协调局等部门联合授予上海世博会事务协调局新闻宣传部、上海市总工会宣教文体部、徐汇区总工会、上海城建(集团)公司工会等 22 个部门和单位"上海农民工基本素质教育培训先进单位"荣誉称号。

第五批"上海会议大使"颁证仪式举行,来自医学、艺术、地理、气象、教育、酒店、展览等领域的 9 位专家接受聘任。

总投资 3 亿美元的国内最大铝合金板带项目落户于江苏省镇江市京口。

第五届中国木雕竹编工艺美术博览会暨第二届博士大会在浙江东阳拉开帷幕。

浙江省成功实施首例人体器官捐献,这标志着浙江省人体器官捐献试点工作迈出了实质性的一步。

第二届中国仙源湖桂花节在浙江金华婺城区开幕。

全长 47.9 公里的杭州地铁 1 号线正式进入铺轨阶段。

浙江省丽水市首家集游览、展示、交流、服务等功能为一体的影视博物馆——仙都影视博物馆开馆。

20 日　由中国艺术研究院、欧盟文化中心合作组织和上海世博会事务协调局主办,上海戏剧学院与中国美术学院承办的"第三届中欧文化对话会议"在光大国际酒店开幕。

上海市教委透露:上海正在推动建设"大职教"体系,2010 年启动的"中高职贯通"培养模式将进一步扩大。

以"融合·时尚·后世博"为主题的上海时装周 2011 春夏系列正式拉开帷幕。

上海市有 7 人获 2010 年度何梁何利基金奖,其中金力、林鸿宣、高濂和范立础 4 人获"科学与技术进步奖",汪华林、毛军发和田洪 3 人获"科学与技术创新奖"。

由上影集团、西河星汇等联合出品,贾樟柯执导的《海上传奇》荣膺第 30 届夏威夷国际电影节最佳纪录片金兰花奖。

2010 年第四届南京名城会在江苏省南京市举行。

21 日　商务部、财政部确定上海、南京、无锡、杭州、宁波等 10 个大中城市率先开展肉菜流通追溯体系建设试点。

上海沪剧院的《瑞珏》在北京长安大戏院成功上演。

上海大学与唐翔千专项教育基金签约,双方将联合组建上海大学翔英学院。

总投资约 7.5 亿的上海东方通用航空总部项目在江苏省无锡市新区签约。

第二届 IOV 世界青年大会在江苏省南京市举办。

第十二届浙江宁波国际服装节开幕。

22 日 总建筑面积逾 6 万平方米，藏书容量约 200 万册的上海浦东图书馆正式对外开放。

上海市杨浦滨江总体城市设计国际方案征集的最终获奖方案揭晓，这个"世界仅存最大滨江工业带"将瞄准"设计研发、商务商贸、生态绿化集聚区"的滨江开发目标，重振"工业锈带"。

上海市企业联合会、市企业家协会发布 2010 年上海企业百强排行榜，上海汽车工业（集团）总公司、宝钢集团有限公司、百联集团有限公司分别以 2297.2 亿元、1953 亿元和 1738.7 亿元的年营业收入位列三甲，百强企业中营业收入突破千亿元的有 5 家，突破百亿元的有 41 家。

由上海市文化广播影视管理局指导，上海双年展组委会主办，上海美术馆承办的 2010 第八届上海双年展正式开幕，来自 21 个国家和地区的 47 位（组）艺术家将在上海美术馆展出他们的作品。

杭申线（上海段）航道整治工程—沪昆线园泄泾特大桥改造工程正式开工，工程概算投资为 12.96 亿元。

由共青团上海市委、共青团浙江省委、共青团江苏省委、中共太仓市委、太仓市人民政府和中国日报等单位联合主办的"2010 海内外杰青嘉年华暨第三届中国长三角青商论坛"在江苏省太仓市举行。

2010 中国国际丝绸博览会暨中国国际女装展览会在杭州开幕。

23 日 第十二届中国上海国际艺术节群文活动之虹口戏剧小品节在虹口区职工文体活动中心开幕。

以"青年在城乡非物质文化遗产保护中的作用"为主题的第二届民间艺术国际组织（IOV）世界青年大会在江苏省南京市开幕。

24 日 上海大众汽车有限公司第 600 万辆轿车正式诞生，再次刷新了中国轿车企业累计产量的历史纪录。

2010 杭州·国际茶席展在浙江农林大学开幕。

25 日 以"湖泊休闲、幸福水岸"为主题的第二届中国湖泊休闲节在浙江宁波东钱湖畔举行，来自法国安纳西湖，匈牙利巴拉顿湖，瑞士琉森湖，莱蒙湖，中国杭州西湖、淳安千岛湖、长白山天池等 20 个国内外名湖的代表宣布结成国际湖泊休闲联盟。

26 日 沪杭高铁开通运营，上海至杭州开行 50 对时速 350 公里的高速动车组列车。

由上海中外文化艺术交流协会易学研究会主办、宙意文化传播有限公司承办的首届中外易学文化峰会在上海开幕。

上海市云计算创新基地在杨浦揭牌，预计到"十二五"期末，创新基地将汇聚 300 余家产业链上下游企业，产值可达 150 亿元。

全国首条跨省轨道交通——上海轨道交通 11 号线北段工程（安亭站—花桥站）在江苏省昆山市花桥镇奠基。

第十二届中国上海国际艺术节群文活动暨 2010 苏州河文化艺术节闭幕式、"长风杯"新上海人歌手大赛决赛盛典在广电大厦落幕。

由挪威戏剧家约恩·福瑟编剧、何雁导演的舞台诗剧《有人将至》在上海戏剧学院开演。

由德国博世集团投资 3.6 亿元的汽车测试技术中心一期项目在江苏省东海县奠基。

江苏省南通市历史上第一次全市范围土地规模经营农业项目招商会签约落地 30 个项

目,涉及土地流转面积2800多公顷,投资总额近35亿元。

第二届中国越剧艺术节在浙江宁波开幕。

2010年中国柯桥国际纺织品博览会(秋季)在浙江绍兴柯桥开幕。

27日 “城市未来与人类和生态系统的福祉国际研讨会”在上海开幕,探讨如何建设具有生态意识、充满经济活力和富有社会创造力的城市生态系统,并将发表“上海宣言”。

以“转变发展方式,提升传播能力”为主题的第十届中国网络媒体论坛在江苏省南京市举行。

沪杭高速铁路正式通车运营典礼在上海虹桥站举行,该线路途径上海市闵行、松江、金山区和浙江省嘉兴、杭州市,运营里程202公里,运营时速350公里。

28日 江苏省扬州市投资最大的公共文化设施扬州文化艺术中心正式落成开放,占地面积54亩,总建筑面积达48309平米。

江苏省南通市第十六届金秋经贸洽谈会举行,共有21个重大项目集中签约,总投资21.97亿元。

第八届国家级高新区管委会主任联席会议在浙江杭州举行。

29日 上海电气集团与印度信诚电力举行超大电厂项目合同签字仪式,由上海电气制造的36台660MW超临界火力发电机组将出口印度,合同金额高达82.9亿美元,为印度历史上最大的进口合同,也是上海电气迄今为止承接的最大火电机组合同。

500余名来自2010年上海世博会各参展方、主要国际青年组织和中国各界的青年代表在上海发表《中国2010年上海世博会青年倡议》。

以“经济升级转型的历史机遇:城乡一体化”为主题的“第四届长三角改革发展论坛”在江苏省南京市举行,研讨长三角区域城乡发展一体化建设的成果和经验。

浙江省农家乐休闲旅游工作现场会在遂昌举行。

30日 “国粹馆”开馆仪式暨首届“陶瓷艺术家黄焕义作品展”在上海体育馆举行。

2010年上海世博会国际展览局日官方仪式在世博中心金厅举行。

2010年上海世博会颁奖晚会举行,颁出了“世博会奖”,德国馆等33个展馆分别获得主题演绎、创意展示、展馆设计的金、银、铜奖。2010年上海世博会组委会、上海市政府、中国国际贸易促进会、上海世博会事务协调局、中国2010年上海世博会总代表联席会议指导委员会获“国际展览局金奖”。上海世博会安全保障团队、上海世博会新闻媒体团队、上海世博会志愿者、上海世博会生命阳光馆、城市最佳实践区获得“国际展览局奖章”银奖。

2010年上海世博会写给未来的“时间芯片”将封存于上海图书馆,存放仪式在上海图书馆举行。

中国工程院2010流域水安全与重大工程安全高层论坛在南京河海大学举行。

2010年中国小镇发展论坛第三届中国美丽乡村节在浙江安吉举行。

由浙江省杭州市文明办、杭州市民政局、钱江晚报、杭州市妇联、杭州市文广新局联合举办的杭州市第七届邻居节拉开大幕。

浙江良渚玉文化产业园开园,正式命名良渚玉为中华玉。

31日 中国2010年上海世界博览会闭幕式在上海世博文化中心隆重举行,来自全球各地的参展方和所有参与者共同发表《上海宣言》。

由上海市委宣传部、市总工会和市公安局联合开展的争创“平安世博·平安卫士”主题实践活动10月“世博安保先锋”揭晓,张浩等30位公安民警和群众获此殊荣。

十一月

1 日 上海世博会举行降旗仪式。
苏浙皖沪公安机关区域警务合作签约仪式在上海举行。
由联合国和中国教育部主办的“学术影响力国际研讨会”在上海开幕，海内外大学与教育科研机构约 200 名代表与会。
2010 张家港·台湾新兴产业合作交流会现场签约落户 18 个项目，投资总额达 169.3 亿元。

2 日 上海市闸北区市北高新技术服务业园区与微软（中国）有限公司正式签署战略合作备忘录，联手打造国内首个云计算应用孵化中心，并将在“健康云”、“中小企业云”等项目上展开合作。
投资逾 1 亿美元的加拿大枫叶能源中国地热能国际研发中心在江苏省南京市江宁区正式开工建设，建成后将是世界一流、亚洲最大的地热能国际研究中心。
以“转变经济发展方式刻不容缓”为主题的第五届“九三论坛”在江苏省徐州市开幕。

3 日 由国家商务部主办、上海 WTO 事务咨询中心承办的世界贸易组织《与贸易有关的知识产权协议》（TRIPS）15 周年国际研讨会在上海召开。
上海市已初步建立市级网上行政审批平台，并将分批推动政府部门审批事项全上网。
上海汽车集团股份有限公司与美国通用汽车公司联合宣布，双方将在新能源汽车基础技术研发和新一代车型开发等核心领域进一步加强合作，并签署战略合作备忘录。
第五届苏北地区投资贸易洽谈会在江苏省连云港举行，共签约各类项目 526 个，总金额 546.3 亿元。
浙江电视台成立 50 周年暨第五届中国电视观众节主题晚会在杭州举行。

4 日 由上海市教育发展基金会倡议并出资的 2010 年度“晨光计划”向 100 名项目承担人颁证，本届项目资助总额达 396 万元。该计划资助 30 岁以下、科研能力较强的优秀青年教师。
由长三角青少年社会教育联盟主办、上海市青少年活动中心承办的 2010 长三角地区青少年社会教育品牌课程（活动）推介会举行。

5 日 上海申迪（集团）有限公司、华特·迪士尼公司双方所属子公司在上海正式签署上海迪士尼项目合作协议。
韬奋基金会、上海市新闻工作者协会、上海市出版工作者协会联合举办“新闻出版与时代一同进步——纪念邹韬奋先生诞辰 115 周年座谈会”。
上海淮海中路商业街 110 周年国际商业高峰论坛举行，淮海中路将被打造成为全市具有标杆效应的国际高端商务区。
来自德国、日本、新加坡、澳大利亚等 20 个国家和地区的 100 多名客商签约项目 24 个，总投资 70 多亿元，一批文化创意产业项目签约落户江苏省泰州市海陵区工业园。
上海双钱集团董事会通过相关投资议案，决定在江苏省如皋追加投资 15.26 亿元建设年产 180 万条高性能全钢丝子午线载重轮胎扩建项目。
第七届长三角科技论坛在浙江嘉兴开幕。

6 日 “沪港杯”足球赛开战，上海东亚队在源深体育场迎战中国香港公民队。
上海市第十五届全民健身节开幕。
由温州市人民政府和搜狐网联合主办，亚太旅游协会（PATA）、北京大学旅游研究与规划中心等全国几十家知名网络媒体、平面媒体、电视媒体支持协办的首届中国（温州）网络旅游节暨第十一届温州旅游节在温州开幕。

7日 上海市松江区一厂家锅炉爆炸,导致地铁9号线桥墩、触网等运营设施设备不同程度受损。

由科技部、国家知识产权局和江苏省人民政府主办,无锡市人民政府承办的第八届中国(无锡)国际工业设计博览会暨第七届中国国际专利与名牌博览会在无锡开幕,主题是“创新设计、成就未来”。

8日 浙江省嘉兴市政府与中国美术家协会联合主办的2010第五届中国·嘉兴国际漫画展在嘉兴市群众艺术馆举行。

江苏省如东县第四届中国如东沿海经济合作洽谈会共签约99个项目,总投资405亿元。

江苏省宜兴市设立10亿元江南天源投资基金,重点服务宜兴经济开发区内处于种子期、初创期及成长期的科技型中小企业。

第16届中国绍兴黄酒节在绍兴开幕。

浙江金融职业学院庆祝建校35周年。

9日 上海市浦东新区庆祝2010年上海世博会圆满成功大型群众文艺晚会在浦东源深体育馆举行。

2010中国国际造船工业装备和船舶设计建造技术展、中国国际海洋工程技术和装备展在上海国际展览中心开幕。

全球物联网产业发展(上海)论坛举行,“上海物联网产业联盟”宣告成立。

江苏省镇江市引进日本伊势禽蛋生产基地,总投资10亿元,占地483亩,将成为国内第一家提供鸡蛋食品卫生标准的企业。

以“提升能力、服务民生”为主题的中国测绘学会2010年学术年会在江苏南京举行。

浙江省商贸业联合会正式成立,并举行了第一次会员大会。

10日 江苏省南京市政府新闻发布会宣布,南京中山陵陵寝将自12日即孙中山先生诞辰144周年纪念日起免费开放。

我国人力资源服务产业第一个国家级集聚区——中国上海人力资源服务产业园区在上海市闸北区正式揭牌运营。

由华东师大外国文学与比较文学研究所、华东师大俄罗斯研究中心、上海译文出版社和上海翻译家协会联合主办的“纪念列夫·托尔斯泰逝世百年学术研讨会”召开。

由寰宝空调(美国)控股有限公司投资10亿美元的超省电节能环保空调项目——国宝空调淮安科技城在江苏省淮安经济开发区正式开工。

第五届鲁迅文学奖颁奖仪式在浙江绍兴举行,30位作者获奖。

11日 上海市发改委、市发展改革研究院、市宏观经济学会、市经济学会联合举办“世博后上海‘四个中心’战略与路径专家研讨会”,《2009-2010年上海国际经济、金融、贸易、航运中心发展报告(白皮书)》在会上首发。

“尖端科技与未来生活——2010上海外资研发中心论坛”开幕,透露落户上海的外资研发中心已达316家,其中财富500强企业投资设立外资研发中心50家。

由文化部中国文化管理学会、上海中外文化艺术交流协会、九华集团主办的2010“长宁·九华杯”环球国际模特儿大赛国际总决赛暨颁奖盛典举行。

12日 国际博物馆协会第25次全体会议在上海世博中心举行,通过《关于博物馆致力于和谐社会发展的上海宣言》。

“城市发展与社会政策”国际学术研讨会在上海行政学院举行,100余位中外学者与会。

总投资39亿元的中冶东方江苏重工220t炼钢电炉项目在南京投产，成为世界上最大的炼钢电炉、世界上最环保的电炉炼钢项目和世界首创在线轧制自由厚度板坯工艺。

中共浙江省委在杭州举行“浙江论坛”报告会。

2010年中国舟山国际船业博览会在舟山体育馆开幕。

14日 江苏省民政厅出台《江苏省慈善募捐许可办法》，成为全国首个慈善募捐许可办法。

江苏省扬州在沪举行“科技创新·产业合作”推介会，现场签订88个合作项目。

全国首个设立在县级市的国家高新区在江苏省昆山市诞生。

中国·江苏第二届国际产学研合作论坛暨跨国技术转移大会在南京举行，江苏省企业和跨国技术转移中心与海外机构、科学家签约30个科技合作项目，总投资近8亿元。

由世界文化旅游协会和中国浙江省旅游局主办、浙江旅游职业学院和杭州市西博会组委会承办的第11届国际文化旅游大会在杭州开幕。

第六届长三角地区船舶工业发展论坛在浙江舟山结束。

浙江省宁波市《宁波市慈善事业促进条例(草案)》提交该市人大审议。

中国商品市场峰会在浙江省杭州市开幕，据悉浙江省共有各类专业市场4235家，累计实现交易额近5万亿元，年交易额亿元以上的市场数量达633家，位居全国榜首。

15日 京沪高速铁路全线铺通仪式在安徽蚌埠南站举行。铁路贯穿北京、天津、河北、山东、安徽、江苏、上海7省市，连接环渤海和长江三角洲两大经济区，全长1318公里。

上海世博会实体的参观人次定格在7308万，而虚拟的“网上世博”在184天时间里吸引了超过6亿用户访问，网络访问量达到50亿。

上海市终身教育促进条例(草案)发布。

16日 位于上海迪士尼乐园项目园区内、建筑面积超过26万平方米的上海文化总会开工建设。

全国首家玻璃博物馆在上海市宝山区淞南镇落成。

第二届浙江·台湾金融交流合作论坛在杭州举行。

浙江省区域经济合作企业发展促进会在杭州举办以“新起点、新跨越、新发展”为主题的“2010年千人浙商大会”。

第三届中国品牌媒体高峰论坛发布“2009——2010中国品牌媒体价值排行榜”，《浙江日报》获颁2009－2010中国品牌媒体百强、党报品牌十强称号，《钱江晚报》被评为晚报品牌十强，《今日早报名》列都市报品牌创造力十强，《美术报》获专业报品牌十强，《淘宝天下》被评为期刊品牌十强，《浙商》杂志获颁最具品牌价值财经类期刊称号。

17日 《百年海派薪火相传——上海海派书画院年展》在吴昌硕纪念馆开幕。

江苏无锡机场“升格”国际机场，并更名为“苏南硕放国际机场”，将填补上海南京“点对点”运输空白。

总投资6亿元，占地面积4800亩的江苏长江药用植物园项目在江苏省如皋港区正式开工。

18日 上海“11·15”胶州路特别重大火灾事故确认遇难人数实为58人，其中男性22人，女性36人。

上海汽车集团股份有限公司旗下的全资子公司上海汽车香港投资有限公司以每股33美元获得配售美国通用汽车1515.15万股普通股，总计出资4.99亿美元，约占总股本0.97%。

“中国绿色食品2010上海博览会”在上海农展馆开幕。

沪苏浙三地旅游业界联合组团参展2010中国国际旅游交易会，展示了长三角旅游一体化的新形象。

2010江苏新能源产业发展高峰论坛在江苏省南京市举行，探讨江苏新能源产业的发展现状、瓶颈问题及相关对策。

浙江省第三届西湖廉政论坛暨权力制约和监督理论研讨会在杭州举行。

2010中国浙江(国际)餐饮产业博览会在杭州萧山开幕。

19日 长三角园区共建联盟在安徽成立，成为长三角地区产业转移辐射和产业布局优化合作平台。

上海市房管局对全市住宅小区、拆迁基地、拆房基地、房屋修缮改造工地消防安全和安全生产情况进行为期一周的全覆盖、地毯式排查，以及时彻底排除安全隐患，确保人民生命财产安全和生产安全。

上海图书馆“上图讲座”坚持32年，已累计举办2000场，免费向社会开放听讲百万人次。

第二届中国·滨海泵阀展销暨招商恳谈会在江苏省滨海市召开，吸引了来自喀麦隆、北京、浙江等国内外的800余名客商，29家企业现场签订了总投资达52亿元的合作协议，泵阀销售成交额达10.8亿元。

联合国教科文组织授予浙江台州海门老街保护与再生工程“亚太地区文化遗产保护奖”。

20日 上海电信六大利器打造智慧城市，“魔屏”、“随行通”、“翼支付”手机钱包等优化后走进百姓生活。

上海市各界人士汇聚上海影城，举办张瑞芳银幕生涯70年学术研讨暨中国电影文化传承论坛系列活动。

首届中国城市管理高峰论坛在上海崇明开幕，崇明县政府与北大资源集团签署了崇明岛国际论坛商务区合作协议。

苏南模式与苏州城乡一体化改革发展座谈会暨阐述苏州改革开放以来三次历史性跨越，系统总结苏南模式深刻内涵的《苏南模式在苏州的实践》一书首发。

由浙江省商务厅、省工商局和省经济技术协作办公室联合主办的“第二届金桂论坛暨2010年中国国际融投资项目对接会”在杭州举办。

21日 由长三角地区25支木兰拳操队参加的“上海张堰杯”首届长三角友好城市木兰拳邀请赛在上海金山区张堰镇隆重举行。

由上海市文明办、市文联和中共嘉定区委宣传部联合指导的“2010马陆长三角新农村‘文化繁荣与经济发展’”论坛在上海马陆镇举办。

2010年浙江省“兰亭奖”中小学生书法大赛学校书法教育现场观摩暨工作交流会在温州举行。

浙江省杭州市人民政府、浙江省邮政公司在杭州举行《中医药堂》胡庆余堂特种邮票首发仪式。

22日 由上海市标准化协会主办的2010中国国际工业博览会“低碳技术与标准化国际研讨会”举行。

江苏省无锡市与上海复旦大学签约在无锡市太湖科技城共建复旦大学无锡研究院。

第四届浙江省少数民族传统体育运动会在丽水开幕。

23日 上海社会科学院信息研究所与杭州图书馆近日签订信息智库合作的战略协议。

上海江南丝竹协会在浦东新区南码头社区文化活动中心剧场隆办“2010年度上海江南丝竹汇演”。

首届“上海合作组织成员国文化产业合作南京论坛”在江苏省南京市举行。

24日　上海籍运动员刘翔以13秒09的成绩夺得亚运会三连冠并第三次打破亚运纪录。

上海市外籍人员子女学校在校学生人数达24087人，其中多所学校办学规模达千人以上。

上海物联网产业化核心示范基地已正式落户张江高科技园区，到2012年，浦东物联网产业产值将达到千亿规模。

第九届《上海文学》奖揭晓，获奖的优秀作品从近七年间在《上海文学》刊登的作品中遴选而出。

25日　上海市文学艺术界联合会成立60周年纪念大会在上展举行。

由全国工商联并购公会、中国人民银行上海总部、上海市金融服务办公室联合主办的2010(第八届)中国并购年会在沪召开。

上海市浦东新区人民政府与中国工商银行上海市分行签订全面战略合作协议，工行将为浦东新区的经济社会发展以及重大项目建设提供总额达100亿元人民币的资金支持。

苏浙沪三地检察机关在沪召开“回应群众利益诉求，推进社会矛盾化解”理论与实践研讨会。

长三角商业白皮书《2010长江三角洲城市商业发展报告》发布，显示2009年长三角16个城市总共实现社会消费品零售总额2.0472万亿元，比上年增长17.7%，消费增速连续两年超过投资和出口。

26日　江苏省常熟市在深圳举行文化产业招商说明会，签下15个文化产业项目，总额达52.5亿元。

2010年浙江农博会在杭州和平会展中心举行。

27日　由香港建滔化工集团投资的“建滔商业广场”项目在上海市“大虹桥”板块内的临空园区奠基，该项目总建筑面积将达30万平方米。

上海市学习型社区建设推进大会举行，全市18个区县已均有社区学院，成为市民终身学习的便利“充电站”。

以“国际金融中心建设与金融消费者保护”为主题的2010年上海金融法治论坛在沪举行。

第八届江苏名特优农产品(上海)交易会在上海国际农展中心开幕。

在2010年度VEX机器人大奖赛亚太地区选拔赛上，上海市卢湾区教育学院附属中山学校代表队夺得机器人最佳设计金奖。

“看世博·看上海”2010世博旅游摄影大赛落幕。

上海科技发展展示馆在上海市南昌路57号正式开放。

项目总投资1500万美元、占地40亩，总建筑面积达55000平方米的美国苹果化妆品集团总部在上海闵行吴泾镇开工。

28日　2010年第二届中国电信“天翼杯”上海市大学生足球联赛落幕。

以“海派文化与城市更新和创新”为主题的第九届海派文化学术研讨会举行。

江苏省南京国际服务外包产业园区域能源站竣工典礼暨苏宁慧谷绿色能源服务签约仪式在江苏省南京市举行，标志着国内最大的可再生能源区域能源站正式建成运营。

“第二届中国(杭州)艺术品收藏与鉴赏高峰论坛暨中国古代书画艺术典藏大展”在浙江

博物馆落下帷幕。

29 日　上海市政府出台稳定物价“12 条”,聚焦主副食品,进一步加强价格监测市场监管。

2010 年南京都市圈发展论坛在江苏省南京市举行,讨论长三角核心区经济结构调整和产业转型升级,更大力度引导资源合理聚集。

30 日　上海三网融合试点工作全面启动。

“2010 上海教育年度新闻人物”评选活动正式启动。

“笑在长三角——江浙沪笑星电视邀请赛”在上海开幕。

民进江苏省委在南京举办“江海文化论坛”。

十二月

1 日　经过一月的整修和重新布置,上海世博会中国馆再次打开大门。

由浙江省委对外宣传办公室(省政府新闻办公室)、省新闻工作者协会联合组织的全省第十一届对外传播“金鸽奖”新闻报道评选结果揭晓。

上海市“蓝天下的至爱——2011 新年慈善系列活动”正式拉开帷幕。

由上海市金融服务办和法国巴黎欧洲金融市场协会共同主办的“上海—巴黎欧洲金融市场论坛”开幕,论坛主题是“探讨金融中心之间新的合作和商业机会”。

2 日　由江苏省经信委、江苏省中小企业局主办的“2010 江苏国际资本年会暨中小企业融资上市对接会”在南京召开。

3 日　200 多位上海世博会、北京奥运会、广州亚运会的青年志愿者代表在上海联合发布《海宝宣言》,提出建立“青年友好型城市”的理想,倡议为实现“城市承载青年梦想,青年引领城市未来”而共同努力。

由江苏省实验动物协会、上海市实验动物学会和浙江省实验动物公共服务平台联合组成的长三角实验动物产业联盟在江苏省南京市成立。

4 日　以“多彩陆家嘴,魅力金融城”为主题的第四届陆家嘴金融文化节在上海拉开帷幕。

由上海国际马拉松组委会主办,解放日报承办的上海国际马拉松赛高峰论坛举行。

2010 年“盈德杯”第三届上海城市将棋国际邀请赛在浦东新区双拥大厦揭开帷幕。

5 日　由上海市绿化市容局主办的“2010 年上海世博会最受市民欢迎的十佳绿化景点和十佳绿化景观道路”评选结果出炉,宝山区“大地的微笑”、浦东新区的上南路等分别获得“十佳绿化景点”和“十佳景观道路”称号。

由加拿大枫叶能源公司斥资 1 亿美元建立的亚洲最大地热能国际研究中心落户于江苏省南京市。

6 日　上海唐人电影制作有限公司与北京银行上海分行达成战略合作协议,同时获得北京银行上海分行 1 亿元综合授信。

第四届 SEIP 企业信息化高峰论坛在上海举行。以软件、互联网、通信、广电等行业为主的上海信息服务业 2010 年全年经营收入将跃上 2500 亿元新台阶,已成上海支柱产业。

由南京铁道职业技术学院与南京地铁公司联合组建的全国首家地铁学院在江苏省南京铁道职业技术学院揭牌成立。

由国家教育部、科技部授牌的中国美术学院国家大学科技(创意)园在浙江杭州成立。

7 日　上海金山未来 10 年规划纲要草案及金山新城总体规划在上海市规土局网站公布,金山新城将被打造成功能综合、环境优美的滨海新郊区,成为上海南部的门户城市、杭州湾北岸的核心城区。

上海推进软件和信息服务业高新技术产业化活动周开幕。

软件和信息服务业企业家高峰论坛在上海举行,《上海软件和信息服务业领域人才发展规划(2011—2015年)》公开征求意见。

由浙江省文化厅、省戏剧家协会主办的浙江省第十一届戏剧节在杭州剧院开幕。

8日　上海市政府召开户籍人员居住地服务和管理试点工作动员大会,促进人口管理与产业、基础设施、城乡体系建设以及公共资源的协调可持续发展。

上海市正常经营的1578家跨国企业中已建工会的达1448家,建会率达91%。

首届"城市治理论坛暨上海依法治理优秀案例"大会在复旦大学举行,会议主题是"民主法治与城市发展"。

上海市人口计生委、市政府外办联合召开上海市人口和计划生育情况通报会,2009年全市常住人口1 921.32万人,比2008年(1 888.46万人)增加32.86万人,增长1.74%。

9日　上海国际港务集团举行洋山深水港区开港五周年庆祝大会,洋山枢纽港地位已基本确立。

上海长宁区、普陀区、静安区和杨浦区入选教育部第二批全国社区教育示范区名单。

由中国美协、中共江苏省委宣传部、江苏省文化厅、江苏省文联共同主办的"现实·超越——2010中国百家金陵画展(油画)"在江苏省美术馆新馆开幕。

浙江省生态文化协会在杭州成立。

10日　"2010年度上海保护知识产权十大新闻事件"公布。

2010年度"CCTV中国经济年度人物评选活动"在上海举行,主题是"上海如何建设国际金融中心"。

国家海洋局与上海市人民政府签订协议共建上海海洋大学。

上海国际贸易中心之城市商务功能规划布局蓝图公布,上海将最终形成"两大辐射源,两条黄金线,一个环郊圈"的商务功能空间架构,在点、线、圈结合的基础上,形成上海整座城市主题型商务功能布局。

上海市文明办发布上海世博城市文明指数第八次测评结果:自上海市迎世博600天行动开始至世博会闭幕,上海城市文明指数从78.95跃升至91.60,18个区县的文明指数基本达到90.00。

主题为"全球微利时代中国企业的未来和出路",由江苏省政府、省经信委主办的第三届苏商发展年会举行。

由浙江日报报业集团主办,《浙商》杂志社、《今日早报》社承办的浙商品牌节在杭州开幕。

第七届长三角中小企业合作与发展论坛暨宁海投融资峰会在浙江省宁海市开幕。

11日　上海水产集团与太平洋岛国基里巴斯签订渔业合作项目,计划两期投资超过7000万元人民币打造一个"海陆联动"的远洋渔业基地。上海远洋渔业已在斐济、马绍尔、密克罗尼西亚、基里巴斯这4个太平洋岛国成功"布点",形成了在中西太平洋地区渔业发展的"第一岛链"。

德国康拉德·阿登纳基金会(KAS)、上海对外贸易学院在沪合作举办第十届WTO年度论坛,主题为"中国经济改革与全球治理"。

2010年上海市第十一届跆拳道公开赛在闵行区体育馆开赛,来自沪上20家跆拳道训练馆的28支参赛队参赛。

"2010 南京国际中医药论坛暨亚洲针灸高层论坛"在江苏省南京市开幕。

12 日 上海市浦东新区政府联合香港贸易发展局在香港会议展览中心举办"合作·共赢"上海浦东发展情况说明会暨项目签约仪式,签约两地合作投资项目共 18 个。

"中国移动全球通"第九届"上海 IT 青年十大新锐"评选结果揭晓。

13 日 2010 年度上海青年高端创意人才终审答辩会举行,10 人荣获"2010 年度上海青年高端创意人才"称号。

由上海管理科学研究院学术委员会、解放日报理论评论部、文汇报理论部共同主办的第十二届"如何切实有效地推进改革开放"优秀论文评审结果揭晓。

以"创新医药发展、引领健康未来"为主题的首届中国(泰州)国际医药博览会在江苏省泰州中国医药城隆重开幕。

浙江省杭州电子商务产业园正式开园,并被中国电子商务协会评为"中国电子商务示范基地"。

15 日 2010 年上海市"白玉兰荣誉奖"授奖仪式在市政府举行,表彰对上海经济建设和社会发展作出突出贡献的外籍友人。

上海人民出版社出版的《永远的世博会—中国 2010 年上海世博会典藏》一书首发。

由江苏省科协主办的首届江苏省自然科学学术活动仪式在南京举行,主题是"繁荣学术、活跃思想、培养人才、激励创新"。

16 日 上海市商务委信息:落户上海的跨国公司地区总部突破 300 家,财富 500 强企业累计已有 74 家在上海设立地区总部。

2010 年上海市电子商务示范企业、示范园区授牌仪式举行。

苏浙沪三地检察机关刑事检察工作座谈会在沪举行,三地检察机关负责人共同签署《关于加强长三角地区检察机关刑事检察部门配合协作的意见》。

上海市普陀区长征镇开通全市首条跨区运行的镇域公交线——"长征 1 路 B 线"投入运营。

上海市工会组织工作总结交流暨表彰大会信息:截至 2010 年 9 月,上海工会会员总数达 760 余万名,比上年净增 33 万余人,已覆盖单位 21.41 万家,其中农民工会员达 294.43 万名,占会员总数的 38.73%。

由携程旅行网和《携程自由行》杂志联合主办、驴妈妈旅游网协办的"2010 十大海外最佳旅游目的地及十大中国最佳旅游目的地"评选结果在沪揭晓,上海名列十大国内最佳旅游目的地。

叶氏化工集团有限公司与上海张江生物医药基地开发有限公司正式签订为期十年的协议,叶氏化工将在上海张江高科技园区成立集团研发中心。

上海市体育局信息:上海已建成社区公共运动场 316 处,超过计划的 300 处。

由上海市虹口区文联和上海音协合唱专业委员会联合主办的上海市第二届无伴奏合唱比赛落幕,复旦大学学生合唱团等 8 支队伍获得金奖,上海市工人文化宫茉莉花合唱团等 11 支队伍获得银奖。

由中国作家协会、江苏省委宣传部主办,江苏省作家协会、凤凰出版传媒集团承办的全国儿童文学创作会议在江苏省南京市举行。

浙江省龙泉市宝溪乡党委名列中共中央组织部授予的 31 个基层党组织"防汛抗洪救灾先进基层党组织"称号。

17 日 旨在发挥"后世博效应"、加快提升长三角地区经济整体竞争力的"2010 长三角现代服务业合作与发展论坛”在上海召开。

上海市社会团体管理局和上海市经济团体联合会举办“上海市行业协会发展论坛”，共同探讨各自行业协会加强内部治理的方法和增强创新活力的有效途径。

上海民企“后世博经济——民营企业可持续发展高峰论坛”举办，包括世博民企馆16家核心民企共同启动“星光耀计划”，承诺每年提取利润额的10%作为专项基金，用于支持现代服务业和中小企业创业成长。

长三角现代服务业合作与发展论坛在上海举行，长三角各城市就现代服务业合作与发展进行深入探讨。

18日 总投资超过20亿美元的新日能(扬州)光伏有限公司硅基太阳能薄膜项目在江苏省扬州邗江经济开发区正式开工。

19日 由上海豫园管理处、上海海派书画院、海上名家后裔联谊会、上海豫园书画善会举办的《百年海派、世纪丹青——海派书画溯源展暨首届海派书画论坛》在上海豫园开幕。

20日 上海市嘉定区南翔镇、浦东新区高桥镇、青浦区练塘镇、金山区张堰镇被国家住房和城乡建设部与国家文物局联合授予“中国历史文化名镇”称号。

2010年长三角对外文化交流工作联席会议在上海浦东外高桥文化服务贸易平台召开。

全国首家音乐产权交易中心在上海挂牌成立。

21日 上海市各地在沪企业(协会)联合会2011年年会召开，审议通过了第四届理事会2010年工作报告等事项，表彰了荣获“世博贡献奖”、2010年度“突出贡献奖”的会员单位，并向新入会的团体会员授牌。

22日 由南京工艺美术总公司主办的“苏绣艺术精品展”在江苏南京拉开帷幕，苏绣长卷《清明上河图》出展。

以“2011年经济形势展望和江苏的发展”为主题的江苏发展高层论坛第27次会议在江苏省南京大学举行。

浙江图书馆迎来建馆110周年华诞。

23日 为庆祝京剧申遗成功、弘扬国粹文化经典，文化部、全国政协京昆室及京津沪三市人大和政协在上海大剧院联合举办“京津沪京剧流派对口交流演唱会”。

24日 第5万辆荣威350轿车在南京浦口基地下线，标志着“上汽”与“南汽”重组三年，荣威和MG两大自主品牌平台化生产布局全面建立。

上海文化发展基金会2010年下半年度评审通过的资助项目公布，28个重大文艺创作项目和89个文艺创作、演出和文化活动项目将获得政府资助。

上海新一轮30余项燃气管线扩容改造工程集中开工，共涉及徐汇、静安、长宁、闵行等11个区县，分为低压区扩容工程和老管道改造两个部分。

上海《黄浦区“智慧外滩”一期建设方案》初步形成，新外滩将成为数字金融、数字商贸、数字生活的最佳体验区。

由上海市档案馆与广东省中山市社联合作编辑的《近代中国百货业先驱——上海四大公司档案汇编》首发式暨研讨会在市档案馆外滩新馆举行。

上海市人大常委会办公厅发布《上海市促进中小企业发展条例（草案）》。

25日 中央组织部、中央创先争优活动领导小组印发命名表彰决定，授予上海世博会北京运行团队临时党委、上海世博会交通协调保障组临时党支部等52个基层党组织“上海世博会创先争优先进基层党组织”称号，授予谭枚等28名共产党员“上海世博会创先争优优秀共产党员”称号。

上海市书法家协会长三角交流中心在普陀区揭牌。中心将以刘海粟美术馆推出的长三角美术馆合作机制为基础,实现了长三角地区书法艺术资源的强强联合。

26 日　上海工艺美术职业学院迎来50周年校庆。

浙江温州茶文化研究会成立。

2010中国最具幸福感城市揭晓,浙江杭州蝉联最具幸福感城市,同时还获得了最高荣誉奖民生贡献特别大奖。

27 日　中国2010年上海世博会总结表彰大会在北京举行。

"上海农商银行杯"2009－2010年度上海十大青年经济人物评选结果揭晓并颁奖。

江苏省加快推进沿海开发战略、支持苏北地区发展的重大民生工程江苏省通榆河北延工程全线通航通水,工程总投资49亿元。

28 日　上海东方体育中心举行落成典礼。该中心总建筑面积16.38万平方米,包括综合体育馆、游泳馆、室外跳水池、新闻服务中心等主要建筑。

上海市崇明县关于创建国家级生态农业标准化综合示范县建设的申请获得国标委批复,上海正式启动国家级生态农业标准化综合示范县建设。

上海首批国际生态学校绿旗授予仪式在上海格致中学举行。首批获得国际生态学校荣誉的有向明中学、普陀区金洲小学、格致中学、普陀区曹杨新村幼儿园以及宜川中学。

在由工信部有关单位组织的2010年中国优秀政府网站推荐及综合影响力评估活动中,"中国上海"网站被评为中国互联网最具影响力政府网站,上海世博会官方网站获中国互联网最给力奖。

第二届青年奥林匹克运动会组织委员会挂牌仪式在江苏省南京市市级机关大礼堂前举行,青奥会的各项筹备工作全面展开。

29 日　由上海市振兴中华读书指导委员会主办,主题为"读书,让生活更美好"的第十二届上海读书节闭幕。

由上海市20家轻工品牌企业组成的上海新浦江轻工产品出口创新基地在世贸商城揭牌。

由上海广播电视台"新娱乐"、市曲协、上海今夜娱乐文化影视公司联合举办的"笑在长三角——江浙沪笑星邀请赛"总决赛落幕。

30 日　中国中铁上海地区总部、中铁上海工程局有限公司正式揭牌成立。

上海复旦大学中国学研究中心成立。

31 日　2010年江苏扬子江药业集团完成产值251.68亿元、销售250.16亿元,并获得由欧洲药监局官员签发的GMP认证证书。

中共浙江省委、浙江省政府在杭州举行支援青川县灾后恢复重建工作表彰大会。

第八篇

长江三角洲地区区域规划

长江三角洲地区区域规划

（二○ 一○年五月）

前　言

长江三角洲地区（以下简称“长三角地区”）是我国综合实力最强的区域，在社会主义现代化建设全局中具有重要的战略地位和突出的带动作用。改革开放以来，长三角地区锐意改革，开拓创新，实现了经济社会发展的历史性跨越，已经成为提升国家综合实力和国际竞争力、带动全国经济又好又快发展的重要引擎。当前，长三角地区处于转型升级的关键时期，从实施国家区域发展总体战略和应对国际金融危机出发，必须进一步增强综合竞争力和可持续发展能力。为实现长三角地区又好又快发展，带动长江流域乃至全国全面协调可持续发展，依据《国务院关于进一步推进长江三角洲地区改革开放和经济社会发展的指导意见》，制定本规划。

本规划的范围包括上海市、江苏省和浙江省，区域面积21.07万平方公里。规划以上海市和江苏省的南京、苏州、无锡、常州、镇江、扬州、泰州、南通，浙江省的杭州、宁波、湖州、嘉兴、绍兴、舟山、台州16个城市为核心区，统筹两省一市发展，辐射泛长三角地区。规划期为2009－2015年，展望到2020年。本规划是指导长三角地区未来一个时期发展改革的纲领性文件和编制相关规划的依据。

一、发展基础与背景

改革开放以来，长三角地区经济社会发展取得了举世瞩目的巨大成就，已成为全国发展基础最好、体制环境最优、整体竞争力最强的地区之一，具有在高起点上加快发展的优势和机遇。

（一）优势条件。

区位条件优越。位于亚太经济区、太平洋西岸的中间地带，处于西太平洋航线要冲，具有成为亚太地区重要门户的优越条件。地处我国东部沿海地区与长江流域的结合部，拥有面向国际、连接南北、辐射中西部的密集立体交通网络和现代化港口群，经济腹地广阔，对长江流域乃至全国发展具有重要的带动作用。

自然禀赋优良。属于我国东部亚热带湿润地区，四季分明，水系发达，淡水资源丰沛，地势平坦，土壤肥沃，港口岸线及沿海滩涂资源丰富，具有适宜发展的自然条件。

经济基础雄厚。农业基础良好，制造业和高技术产业发达，服务业发展较快，经济发展水平全国领先，是我国综合实力最强的区域。

体制比较完善。较早地建立起社会主义市场经济体制基本框架，是完善社会主义市场经济体制的主要试验地。已率先建立起开放型经济体系，形成了全方位、多层次、高水平的对外开放格局。

城镇体系完整。上海建设国际大都市目标明确，在长三角地区的核心地位突出。南京、苏州、无锡、杭州、宁波等特大城市在区域乃至全国占有重要地位。区域内城镇密集，一批各具特色的城市具有很强的发展活力。目前，核心区城镇化水平超过60%，具备了跻身世界级城市群的基础。

科教文化发达。区域内集中了大批高等院校和科研机构，拥有上海、南京、杭州等科教名城和南京、苏州、镇江、扬州、南通、徐州、淮安、杭州、宁波、绍兴、金华、衢州等国家历史文化名城，人力资源优势显著，文化底蕴深厚，具有率先建成创新型区域的坚实基础。

一体化发展基础较好。地域相邻,文化相融,人员交流和经济往来密切,形成了多层次、宽领域的合作交流机制,具备了一体化发展的良好条件。

(二)机遇和挑战。

在新的历史条件下,长三角地区发展面临着前所未有的机遇。经济全球化和区域经济一体化深入发展,国际产业向亚太地区转移方兴未艾,亚太区域合作与交流日益密切;我国仍处在重要的战略机遇期,工业化、信息化、城镇化、市场化、国际化不断深入,国家扩大内需的政策加快实施;国家区域发展总体战略深入推进,特别是党中央国务院高度重视长三角地区发展,进一步加大支持力度,长三角地区一体化发展势头强劲。这些都为长三角地区又好又快发展提供了有利条件和广阔空间。

同时,区域内尚未解决的结构性矛盾与国际金融危机的影响交织在一起,长三角地区进一步发展困难加大,一些深层次矛盾和问题亟待解决。区域内各城市发展定位和分工不够合理,区域整体优势尚未充分发挥;交通、能源、通信等重大基础设施还没有形成有效的配套与衔接,促进要素合理流动的制度环境和市场体系有待完善;产业层次不高,现代服务业发展相对滞后,产业水平和服务功能有待提升;外贸依存度偏高,贸易结构还需优化;自主创新能力不够强,国际竞争力尚需提高;土地、能源匮乏,资源环境约束日益明显;社会事业发展不平衡,城乡公共服务水平还有较大差距;行政管理、社会管理体制等方面改革还不到位,改革攻坚的任务仍然繁重。这些都给长三角地区进一步发展带来严峻的挑战。

二、战略定位与发展目标

(一)指导思想。

高举中国特色社会主义伟大旗帜,以邓小平理论和"三个代表"重要思想为指导,深入贯彻落实科学发展观,进一步解放思想,坚持改革开放,着力推进经济结构战略性调整,着力增强自主创新能力,着力促进城乡区域协调发展,着力提高资源节约和环境保护水平,着力促进社会和谐,在科学发展、和谐发展、率先发展、一体化发展方面走在全国前列,努力建设成为实践科学发展观的示范区、改革创新的引领区、现代化建设的先行区、国际化发展的先导区,为我国全面建设小康社会和实现现代化做出更大贡献。

(二)战略定位。

亚太地区重要的国际门户。围绕上海国际经济、金融、贸易和航运中心建设,打造在亚太乃至全球有重要影响力的国际金融服务体系、国际商务服务体系、国际物流网络体系,提高开放型经济水平,在我国参与全球合作与对外交流中发挥主体作用。

全球重要的现代服务业和先进制造业中心。围绕培育区域性综合服务功能,加快发展金融、物流、信息、研发等面向生产的服务业,努力形成以服务业为主的产业结构,建设一批主体功能突出、辐射带动能力强的现代服务业集聚区。加快区域创新体系建设,大力提升自主创新能力,发展循环经济,促进产业升级,提升制造业的层次和水平,打造若干规模和水平居国际前列的先进制造产业集群。

具有较强国际竞争力的世界级城市群。发挥上海的龙头作用,努力提升南京、苏州、无锡、杭州、宁波等区域性中心城市国际化水平,走新型城市化道路,全面加快现代化、一体化进程,形成以特大城市与大城市为主体,中小城市和小城镇共同发展的网络化城镇体系,成为我国最具活力和国际竞争力的世界级城市群。

(三)发展目标。

当前和今后一段时间,必须准确把握国际国内经济形势,坚定信心,齐心协力,携手应对国际金融危机带来的挑战,认真落实中央加强和改善宏观调控的各项政策措施,把扩大内需与经济增长、社会建设、民生改善和提高开放水平结合起来，加快转变发展方式，为促进全国经济平稳较快发展发挥更大作用。

到2015年，率先实现全面建设小康社会的目标。服务业比重进一步提高，产业结构明显优化；创新能力显著增强，科技进步对经济增长的贡献率大幅提升；区域分工和产业布局趋于合理，对外开放水平明显提高；单位地区生产总值能耗进一步降低，主要污染物排放总量得到有效控制；社会保障体系覆盖城乡，公共服务能力显著增强；城乡居民人均收入进一步提高，人民生活明显改善。人均地区生产总值达到82000元（核心区100000元），服务业比重达到48%（核心区50%），城镇化水平达到67%（核心区70%左右），研发经费支出占地区生产总值比重达到2.5%（核心区3%）。

到2020年，力争率先基本实现现代化。形成以服务业为主的产业结构，三次产业协调发展；在重要领域科技创新接近或达到世界先进水平，对经济发展的引领和支撑作用显著增强；区域内部发展更加协调，形成分工合理、各具特色的空间格局；生态环境明显改善，单位地区生产总值能耗接近或达到世界先进水平，形成人与自然和谐相处的良好局面；社会保障水平进一步提高，实现基本公共服务均等化；人民生活更加富裕，生活质量显著提高。人均地区生产总值达到110000元（核心区130000元），服务业比重达到53%（核心区55%），城镇化水平达到72%（核心区75%左右）。

三、区域布局与协调发展

按照优化开发区域的总体要求，统筹区域发展空间布局，形成以上海为核心，沿沪宁和沪杭甬线、沿江、沿湾、沿海、沿宁湖杭线、沿湖、沿东陇海线、沿运河、沿温丽金衢线为发展带的“一核九带”空间格局，推动区域协调发展。

（一）优化总体布局。

以上海为发展核心。优化提升上海核心城市的功能，充分发挥国际经济、金融、贸易、航运中心作用，大力发展现代服务业和先进制造业，加快形成以服务业为主的产业结构，进一步增强创新能力，促进区域整体优势的发挥和国际竞争力的提升。

沪宁和沪杭甬沿线发展带。包括沪宁、沪杭甬交通沿线的市县。优化城市功能，提升创新能力，严格控制环境污染重、资源消耗大的产业发展，保护开敞生态空间，改善环境质量，建成高技术产业带和现代服务业密集带，形成国际化水平较高的城镇集聚带，服务长三角地区乃至全国发展。

沿江发展带。包括长江沿岸市县。充分发挥黄金水道的优势及沿江交通通道的作用，合理推进岸线开发和港口建设，引导装备制造、化工、冶金、物流等产业适度集聚，加快城镇发展，注重水环境保护与生态建设，建成特色鲜明、布局合理、生态良好的基础产业发展带和城镇集聚带，成为长江产业带的核心组成部分，辐射皖江城市带，并向长江中上游延伸。

沿湾发展带。包括环杭州湾的市县。依托现有产业基础和港口条件，积极发展高技术、高附加值的制造业和重化工业，建设若干现代化新城区，注重区域环境综合治理，建成分工明确、布局合理、功能协调的先进制造业密集带和城镇集聚带，带动长三角南部地区的全面发展。

沿海发展带。包括沿海市县。依托临海港口，培育和发展临港产业，建设港口物流、重化工和能源基地，带动城镇发展，合理保护和开发海洋资源，形成与生态保护相协调的新兴临港产业和海洋经济发展带，辐射带动苏北、浙西南地区经济发展。

宁湖杭沿线发展带。包括宁湖杭交通沿线的市县。充分考虑资源环境容量和生态保护要求，重点发展高技术、轻纺家电、旅游休闲、现代物流、生态农业等产业，积极培育城镇集聚区，形成生态产业集聚、城镇发展有序的新型发展带，拓展长三角地区向中西部地区辐射带动的范围。

沿湖发展带。包括环太湖地区。坚持生态优先原则，以保护太湖及其沿岸生态环境为前提，严格控制土地开发规模和强度，优化产业布局，适度发展旅游观光、休闲度假、会展、研发等服务业和特色生态农业,成为全国重要的旅游休闲带、区域会展中心和研发基地。

沿东陇海线发展带。包括东陇海沿线的市县。大力发展劳动密集型产业,积极发展对外贸易,建设资源加工产业基地,成为振兴苏北、带动我国陇海兰新沿线地区经济发展的重要区域。

沿运河发展带。包括运河沿岸市县。依托人文底蕴深厚、生态环境良好的优势,大力发展旅游休闲、文化创意等服务业,积极发展生态产业,改善人居环境,成为独具特色的运河文化生态产业走廊。沿温丽金衢线发展带。包括温州-丽水-金华-衢州高速公路沿线的市县。发挥毗邻海峡西岸经济区、生态环境良好、民营经济发达的优势,重点发展日用商品、汽车机电制造和商贸物流业,大力发展生态农业,建设浙中城市群,成为连接长三角地区和海峡西岸经济区的纽带。

(二)推动区域协调发展。

加快核心区发展。以上海为龙头,南京、杭州为两翼,增强高端要素集聚和综合服务功能,提高自主创新能力和城市核心竞争力。核心区其他城市要抓住上海优先发展现代服务业和先进制造业的机遇,协同推进产业升级、技术创新和集约发展,增强现代产业和人口集聚能力。推动城市之间的融合,加快形成世界级城市群。

促进苏北、浙西南地区发展。充分利用苏北地区的土地、劳动力和能源资源优势,建立长三角地区优质农产品、能源、先进制造业基地和承接劳动密集型产业转移基地。充分利用浙西南地区民营经济发达的优势和山区资源条件,建设长三角地区先进制造业基地、绿色农产品基地和生态休闲旅游目的地。加快连云港、盐城、温州等发展潜力较大地区的发展,形成新的经济增长点,带动江苏沿海、东陇海沿线和浙江温台沿海、金衢丽高速公路沿线地区发展。依托上海设在盐城的三个农场,建设承接上海产业转移基地。强化核心区与苏北、浙西南地区基础设施的共建共享,延伸城际轨道交通和高速公路,加强上海港与南北两翼港口的合作共建,充分发挥核心区的辐射服务与产业链延伸功能,促进区域共同发展。

四、城镇发展与城乡统筹

坚持走新型城镇化道路,增强城市功能,构建完备的城镇体系,推进城乡一体化发展,建设具有较强国际竞争力的世界级城市群。

(一)完善和提升各类城市功能。

提升上海核心地位。进一步强化上海国际大都市的综合服务功能,充分发挥服务全国、联系亚太、面向世界的作用,进一步增强高端服务功能,建成具有国际影响力和竞争力的大都市。加大自主创新投入,形成一批国际竞争力较强的产业创新基地和科技研发中心,发挥自主创新示范引领作用,带动长三角地区率先建成创新型区域。充分发挥上海浦东新区作为国家综合配套改革试验区的带动作用,率先形成更具活力、更加开放的发展环境。依托虹桥综合交通枢纽,构建面向长三角、服务全国的商务中心。优化功能分工,中心城区重点发展现代服务业,郊区重点建设先进制造业、高技术产业和现代农业基地,积极发展生产性服务业,形成合理的产业布局,带动产业转型与升级。

嘉定新城。依托沪宁高速等交通网络,重点发展以汽车产业为依托的现代服务业,建设集科研教育、运动休闲、生活居住、商业贸易、文化娱乐、旅游度假和都市工业等功能于一体的现代化城区。

松江新城。依托沪杭高速等交通网络,以高技术产业为支撑、现代服务业为导向,建设长三角地区重要的高等教育基地、适宜居住的生态园林城区、具有历史文化底蕴的旅游城区。

临港新城。依托集装箱国际深水枢纽港、国际航空枢纽港,建设以现代装备制造为核心的重要产业基地、具有海港特色的旅游目的地和综合型滨海新城。

完善区域性中心城市功能。进一步提升南京、杭州等区域性中心城市的综合承载能力和服务功能,错位发展,扩大辐射半径,带动区域整体发展。

－－**南京**。发挥沿江港口、历史文化和科教人才资源优势，建设先进制造业基地、现代服务业基地和长江航运物流中心、科技创新中心。加快南京都市圈建设，促进皖江城市带发展，成为长三角辐射带动中西部地区发展的重要门户。

－－**苏州**。发挥区位、产业和人文优势，进一步强化与上海的紧密对接，建设高技术产业基地、现代服务业基地和创新型城市、历史文化名城和旅游胜地。

－－**无锡**。充分发挥产业、山水旅游资源优势，建设国际先进制造业基地、服务外包与创意设计基地和区域性商贸物流中心、职业教育中心、旅游度假中心。

－－**杭州**。充分发挥科技优势和历史文化、山水旅游资源，建设高技术产业基地和国际重要的旅游休闲中心、全国文化创意中心、电子商务中心、区域性金融服务中心。建设杭州都市圈。

－－**宁波**。发挥产业和沿海港口资源优势，推动宁波－舟山港一体化发展，建设先进制造业基地、现代物流基地和国际港口城市。

增强其他重要城市实力。按照区域总体布局的要求，充分发挥自身优势，形成特色鲜明、功能互补、具有竞争力的核心区城市。常州，发挥产业和科教优势，建设以装备制造、新能源、新材料为主的先进制造业基地和重要的创新型城市。镇江，依托长江港口和山水旅游、历史文化资源优势，建设以装备制造、精细化工、新材料、新能源、电子信息为主的先进制造业基地、区域物流中心和旅游文化名城。扬州，发挥历史文化和产业优势，建设以电子、装备制造、新材料、新能源为主的先进制造业基地和生态人文宜居城市。泰州，发挥滨江优势，建设以医药、机电、造船、化工、新材料、新能源为主的先进制造业基地，成为长江南北联动发展的枢纽、滨江生态宜居旅游城市。南通，发挥滨江临海优势，建设以海洋装备、精细化工为主的先进制造业基地和综合性物流加工基地，建设江海交汇的现代化国际港口城市。湖州，发挥临湖和生态优势，建设高技术产业引领的先进制造业基地和文化创意、旅游休闲城市，成为连接中部地区的重要节点城市。嘉兴，发挥临沪和沿湾优势，建设高技术产业、临港产业和商贸物流基地，成为运河沿岸重要的港口城市。绍兴，发挥传统文化和产业优势，建设以新型纺织、生物医药为主的先进制造业基地和国际文化旅游城市。舟山，发挥海洋和港口资源优势，建设以临港工业、港口物流、海洋渔业等为重点的海洋产业发展基地，与上海、宁波等城市相关功能配套的沿海港口城市。台州，发挥民营经济发达的优势，建设以汽摩、船舶、医药、石化为主的先进制造业基地，成为民营经济创新示范区。

依托核心区，引导苏北、浙西南地区产业和人口有序集聚，加快城市发展。连云港，建设综合性交通枢纽、以重化工为主的临港产业基地和国际性海港城市。徐州，建设以工程机械为主的装备制造业基地、能源工业基地、现代农业基地和商贸物流中心、旅游中心，成为淮海经济区的中心城市。盐城，建设先进制造业基地、能源基地和现代农业示范区、重要生态湿地旅游目的地，成为沿海地区现代工商城市。淮安，建设区域性交通枢纽、商贸物流中心、先进制造业基地和历史文化旅游目的地。宿迁，建设新兴工业和商贸基地、绿色生态和创新创业城市。温州，建设以装备制造为主的先进制造业基地、商贸物流为主的现代服务业基地、国家重要枢纽港和民营经济创新示范区，成为连接海峡西岸经济区的重要节点城市。金华，建设国际商贸物流中心和高技术产业基地，加快以金华－义乌为核心的浙中城市群发展。衢州，重点发展装备制造、新材料、职业教育、商贸物流、文化旅游，建设省际重要节点城市。丽水，建设绿色农产品基地、特色制造业基地和生态文化休闲旅游目的地，建成浙西南重要的区域性中心城市。

鼓励发展中小城镇。依托现有中小城市和重点中心镇，建设网络化的城镇体系。发挥各自比较优势，大力发展县域经济，突出发展特色，增强县域经济实力。着重发展一批经济实力雄厚、竞争力较强、发展空间较大的县(市)，努力提高发展层次和质量，促进产业结构优化和空间集约利用。依托现有产业基础，重点培育一批工贸型小城镇。依托机场、港口、铁路和高速公路，发展一批交通节点型小城镇。依托独特的自然和人文资源，打造若干国内外知名度较高的旅游型小城镇。促进重点中心镇发展,将有条件的重点中心镇培育成为小城市。

(二)优化城镇人口布局。

引导人口合理分布。科学编制和实施人口分布规划,引导和鼓励人口向沿江、沿湾、沿海以及主要交通沿线、资源环境承载能力强的重点城镇转移,适度提高人口集聚度。创新流动人口服务管理体制,完善常住人口调控管理制度,引导人口有序流动。合理控制沪宁和沪杭甬沿线特大城市人口增长,积极引导重点生态保护区的人口逐步向外迁移。

调控城镇人口规模。上海市中心城常住人口控制在1000万以内,嘉定、松江和临港三个新城常住人口规模发展到80-100万。南京、杭州市区常住人口不超过700万,苏州、无锡、常州、徐州、宁波、温州等城市市区常住人口规模不超过400万,镇江、扬州、泰州、南通、连云港、盐城、淮安、湖州、嘉兴、绍兴、台州、金华、衢州等城市市区常住人口规模发展到100-200万,宿迁、舟山、丽水等城市市区以及一批基础较好、潜力较大的县级市发展成为50-100万人口的城市,适度扩大小城镇人口规模,形成大、中、小城市和小城镇协调发展的城镇格局。

(三)推进城乡一体化。

提高城乡规划水平。切实加强城乡规划管理,加快城乡一体化建设,创造人与自然和谐发展的宜居环境。加强城乡规划与土地利用总体规划及各级各类区域规划、专项规划的相互衔接。加强分类指导,合理划定功能分区,优化城乡建设空间布局,做好村庄建设规划,严格控制新增建设用地规模,促进城乡集约发展。

统筹城乡基础设施建设。推动城市基础设施向农村延伸,提高城乡基础设施一体化水平。统筹建设城乡供排水、供气、供电、通信、垃圾污水处理和区域性防洪排涝、治污工程等重大基础设施。加快实施农村饮水安全工程,加强中小河流治理及湖泊河网水环境整治,保障农村饮用水安全。加快建成覆盖城乡、方便快捷的公交客运网络和现代商贸物流网络。实施农村清洁工程,改善农村卫生条件和人居环境。

促进城乡基本公共服务均等化。建立和完善基本公共服务均等化的保障机制,把社会事业建设重点转向农村,统筹城乡教育、卫生、文化、就业和社会保障发展,优化公共资源在城乡之间的配置,提升农村公共事业建设的财政保障水平,率先实现城乡基本公共服务均等化。

五、产业发展与布局

推进产业结构优化升级,加快发展现代服务业,推进信息化与工业化融合,培育一批具有国际竞争力的世界级企业和品牌,建设全球重要的现代服务业中心和先进制造业基地。

(一)优先发展现代服务业。

面向生产的服务业。推进上海国际航运中心建设,依托区域综合交通运输网络,大力发展现代物流业。推进上海国际金融中心建设,进一步健全金融市场体系,加快金融产品、服务、管理和组织机构创新,促进金融业发展。扶持和培育工业设计、节能服务、战略咨询、成果转化等技术创新型服务企业,大力发展科技服务业。规范发展法律咨询、会计审计、工程咨询、认证认可、信用评估、广告会展等商务服务业。整合建立区域内综合性的软件和信息服务公共技术平台,培育创新型特色化的软件服务和信息服务企业,积极发展增值电信业务、软件服务、计算机信息系统集成和互联网产业,大力发展服务外包产业。

面向民生的服务业。立足历史人文、山水风情、江南风貌、江海风光、现代都市等特色旅游资源,大力发展旅游业,进一步拓展市场、整合资源,建设世界一流水平的旅游目的地。加快发展广播影视、新闻出版、邮政、电信、商贸、文化、体育和休闲娱乐等服务业。运用信息技术和现代经营方式改造提升传统商贸业,加快现代商贸业发展。积极扶持文化科技、音乐制作、艺术创作、动漫游戏等文化创意

产业发展。

上海重点发展金融、航运等服务业，成为服务全国、面向国际的现代服务业中心。南京重点发展现代物流、科技、文化旅游等服务业，成为长三角地区北翼的现代服务业中心。杭州重点发展文化创意、旅游休闲、电子商务等服务业，成为长三角地区南翼的现代服务业中心。苏州重点发展现代物流、科技服务、商务会展、旅游休闲等服务业，无锡重点发展创意设计、服务外包等服务业，宁波重点发展现代物流、商务会展等服务业。苏北和浙西南地区主要城市在改造提升传统服务业的基础上，加快建设各具特色的现代服务业集聚区。

（二）做强做优先进制造业。

电子信息产业。按照立足优势、加快研发、强化协作、促进集群的原则，加快建设世界级电子信息产业基地。发挥区域在电子信息研发、设计、制造及服务方面的综合优势，加快拥有自主知识产权的核心技术研发，促进集成电路、软件、新型平板显示器件、激光显示关键材料与器件、新型电子元器件、电子专用设备仪器制造等产业发展。加强区域产业协作配套能力和分工体系建设，努力打造自主品牌。以国家电子信息产业基地或产业园为依托，打造通信、计算机及网络、数字音视频等产业集群。

以上海、南京、杭州为中心，沿沪宁、沪杭甬线集中布局。沿沪宁线重点发展具有自主知识产权的通信、软件、计算机、微电子、光电子类产品制造，形成以上海、南京、苏州、无锡为主的研发设计与生产中心，以常州、镇江等为主要生产基地的电子信息产业带；沿沪杭甬线以上海、杭州、宁波为研发设计与生产中心，整合嘉兴、湖州、绍兴、台州等地的相关产业，构建国内重要的软件、通信、微电子、新型电子元器件、家电产业生产基地。扬州、泰州、南通、温州、金华、衢州等在巩固发展电子材料、电子元器件产业的基础上，以产业协作配套为重点，开拓计算机网络和外部设备等新产品领域，加快信息产业发展。

装备制造业。按照提升水平、重点突破、整合资源、加强配套的原则，加快建设具有世界影响的装备制造业基地。发挥大型机械、成套设备及汽车、船舶研发制造等方面的优势，巩固提升装备制造业水平，力争在大型电力设备、交通设备、数控机床以及大型加工设备等关键技术和规模生产上取得突破。依托重大工程建设，积极引导企业整合相关资源，组建具有国际竞争力的大型企业集团。采取产业链接、技术外溢和资本扩张等形式，进一步加强区内外产业配套协作。

以上海为龙头，沿沪宁、沪杭甬线及沿江、沿湾和沿海集聚发展。以上海、南京、杭州为先导，苏州、无锡、宁波、徐州、台州等为骨干，提升机械装备制造业水平和核心竞争力。上海、南京、杭州、宁波、台州和盐城积极发展轿车产业，形成区域性轿车研发生产基地。以苏州、常州、扬州和金华为重点，加快形成国内重要的客车生产基地。鼓励开展新能源汽车研发和生产。以上海、南京、常州为重点，加快形成轨道交通产业基地。围绕汽车整车制造，鼓励沿海、沿江等地区发展汽车零部件生产，形成汽车零部件产业带。以上海、南通、舟山等为重点，建设大型修造船及海洋工程装备基地。结合上海地区船舶工业结构调整和黄浦江内部船厂搬迁，重点建设长兴岛造船基地。

钢铁产业。按照提高产业集中度、提升国际竞争力、构建循环经济产业链的原则，推动钢铁产业集约式发展。依托区域现有大型钢铁企业，通过跨地区、跨行业的兼并重组和战略联盟，促进企业集团化发展。实施产品差异化战略，调整产品结构，增强高端产品的国际竞争力。大力发展和运用节能、节水、环保等技术，积极推广新一代可循环钢铁流程工艺技术，构建钢铁循环经济产业链。

依托上海、江苏的大型钢铁企业，积极发展精品钢材。推进钢铁产业结构调整，充分利用海港的有利条件，在不增加现有产能的前提下，结合大型钢铁企业搬迁和淘汰落后生产能力，在连云港等沿海具备条件的地方建设新型钢铁基地。

石化产业。按照立足优势、突破创新、促进集聚、清洁生产的原则，加快建设具有国际竞争力的石化产业基地。充分利用区域石化产业发展基础及沿江临海的区位优势，进一步优化发展石化产业。

大力开发核心技术和专有技术,调整产品结构,重点发展精细化工及有机化学新材料。加快现有化工园区整合,推动产业集聚升级。

在充分考虑资源环境承载能力的基础上,依托现有大型石化企业加快建设具有国际水平的上海化工区、南京化学工业园区和宁波－舟山化工区,发挥沿海地区深水岸线和管道运输优势建设利用境外资源合作加工的大型石化基地,进一步壮大炼油、乙烯生产规模,建设大型基础石化产业密集区。发挥泰州、盐城、宁波、嘉兴、温州等滨海或临江区位优势,集中布局,优化发展精细化工。充分利用淮安岩盐和盐城矿盐资源,发展盐化工。

(三)加快发展新兴产业。

生物医药产业。充分利用区域医药生产门类齐全的优势,以生物基因工程和现代中药为重点,打造集研发、生产、销售及信息服务为一体的产业链,形成自主创新能力较强、具备一定国际竞争力的生物医药产业密集区。

建成上海生物及新型医药研发与生产中心,加快建设上海、泰州、杭州国家生物产业基地,进一步做强无锡“太湖药谷”等品牌,建设南京、苏州、连云港、杭州、湖州、金华等中医药、化学原料药和生物医药研发生产基地,加快以上海临港新城、盐城、宁波、舟山等为重点的海洋生物产业发展。

新材料产业。依托区域内雄厚的科研实力及产业基础,与电子信息、冶金、汽车、建筑、化工等产业配套衔接,大力发展信息新材料、金属和非金属新材料、纤维新材料、纳米材料、半导体照明用材料、新型建筑材料以及特种工程材料等产业。

以上海为核心,沿江、沿湾为重点区域,发展各类新材料产业。加快建设上海、苏州、杭州、宁波新材料研发中心和宁波、连云港国家新材料高技术产业基地,无锡、常州、镇江、泰州、南通、徐州、湖州、嘉兴、绍兴、台州、金华、衢州等城市积极建设新材料研发转化生产基地。

新能源产业。充分利用技术优势和发展基础,加大新能源技术研发和生产投入,鼓励发展可再生能源和清洁能源,开发利用风能、太阳能、地热能、海洋能、生物质能等可再生能源、发展燃气蒸汽联合循环发电等。在沪宁、沪杭甬等沿线大城市,加快新能源技术研发基地建设。在南通、盐城、舟山、台州、温州等沿海地区以及杭州湾地区,大力发展风能发电。鼓励发展以风电、核电和光伏为主的新能源装备制造,提高零部件研发设计和生产加工能力。优化发展太阳能光伏电池及原材料制造业。

民用航空航天产业。充分依托上海民用航空航天产业研发、制造和综合集成能力较强的优势,利用已有的支线飞机和大型客机的研制基础和国际合作经验,积极推动民用飞机制造业、航空运输业和航空服务业协同发展。全面推进国家民用航天产业基地建设,大力发展卫星导航、卫星通信、卫星遥感和相关设备制造业与服务业,加快航天技术向新材料与新能源、节能技术、信息技术、特种制造、特种装备等领域延伸拓展。

(四)巩固提升传统产业。

农业。加快转变农业发展方式,推进农业科技进步与创新,发挥国有农场的示范作用,大力发展高产、优质、高效、生态、安全的现代农业,率先实现农业现代化。稳定发展粮食生产,加强粮食生产能力建设。改造和提升传统农业,大力提高农业机械化水平和土地集约利用水平,支持创建名优品牌,发展循环农业。充分发挥沿海地区滩涂资源丰富和山区生态优势,建立现代农业示范区。依托沿江靠海的优势,发展现代渔业。完善农产品质量安全体系,大力发展无公害、绿色、有机农产品,推进良好农业规范认证。建设优势农产品产业带和规模化养殖基地,积极引导农产品加工业发展,大力支持农业产业化经营和标准化生产,培育一批带动能力强的龙头企业。鼓励扩大农产品出口,进一步做大做强外向型农业。积极发展农村新型合作组织,健全农业经营和流通服务体系。

纺织服装业。以提升档次、打造品牌为重点,建成集研发、制造、展销、贸易等多功能于一体的国际纺织及服装设计制造中心。上海重点发展服装设计和贸易,苏州、无锡、南通、常州、杭州、宁波、湖

州、温州重点发展服装及面料生产、研发、展销等，鼓励扬州、泰州、盐城、湖州、嘉兴、绍兴、金华等地发展现代纺织业，积极提升产业层次和产品档次，促进传统纺织业向周边地区转移。

旅游产业。加强旅游合作，联手推动形成"一核五城七带"的旅游业发展空间格局。以上海为核心，发展上海都市旅游，打造长三角地区旅游集散枢纽。以南京、苏州、无锡、杭州、宁波五城市为节点，培育和开发都市工业旅游、农业旅游、休闲旅游、文化旅游、会展旅游、水上旅游等新型品牌。积极开发以连云港－盐城－南通－上海－嘉兴－宁波－舟山－台州－温州为主的滨海海韵渔情旅游带，以苏州－无锡－常州－湖州为主的环太湖水乡风情旅游带，以上海－嘉兴－杭州－绍兴－宁波为主的杭州湾历史文化旅游带，以南京－镇江－扬州－泰州－南通－上海为主的长江风光旅游带，以杭州－嘉兴－苏州－无锡－常州－镇江－扬州－淮安－宿迁－徐州为主的古运河风情文化旅游带，以杭州－千岛湖－黄山为主的名山名水旅游带，以温州－丽水－金华－衢州为主的山水休闲旅游带。

六、自主创新与创新型区域建设

以关键领域和核心技术创新为突破口，增强自主创新能力，形成优势互补、资源共享、互利共赢的具有国际竞争力的区域创新体系，率先在全国建成创新型区域。

(一)建设区域创新体系。

强化企业的创新主体地位。加强以企业为主体的技术创新体系建设，加大政府对企业创新的支持力度，通过财税、金融等政策引导企业增加研发投入，加强企业创新能力建设。到2015年企业研发投入占全社会研发投入的比重达85%以上。开展自主创新产品的互认或联合认定，将自主创新产品纳入政府采购目录，支持科技创新型企业发展。创新产学研合作模式，建立产学研主体之间成果共创、信息互通、利益共享的机制。鼓励发展产学研联盟等多种形式的合作，重点围绕船舶、冶金、石化、风电、太阳能光伏、软件等产业建设一批具有国际先进水平的产业技术研究机构。支持高等院校、科研院所开放科技资源，与企业联合兴办研发机构、博士后工作站、成果转化基地等产学研合作组织。积极推进国际产学研合作，吸引和集聚国外先进技术和人才等创新要素，推动本土企业研发国际化和外资企业研发本土化。

完善区域科技创新平台。选择若干创新基础较好的地区开展自主创新试点，探索有利于促进区域自主创新一体化的财政、税收、金融等有关政策。以国家重点实验室、工程实验室、工程(技术)研究中心等为重点，建设研究实验体系。以科技文献情报资源、自然科技资源共享等为重点，加强科技公共支撑体系建设。依托高等院校、科研院所和骨干企业，建设一批技术创新服务平台。建立若干区域性重点科技园区，引导高技术产业、研发机构和融资平台向高新园区集聚，构建布局合理、开放高效的区域创新资源共享网络。加强区域创新合作机制建设，促进科技资源开放共享，推进科技资质互认，加强科技基础条件平台建设。到2015年，规划建设科技公共服务平台300个左右，创业投融资规模突破1000亿元。

(二)提高技术创新能力。

加快关键领域与核心技术创新。以加快突破核心技术瓶颈、显著增强科技国际竞争力为目标，积极承担民用大型飞机、极大规模集成电路制造装备及成套工艺、新医药、重大疾病防治、核心电子器件、高端通用芯片及基础软件产品等国家重大科技专项，开展电子信息、生物医药、新能源、重大装备、纺织、石化、钢铁冶金等战略产业的重大科技联合攻关，研制一批具备国家乃至国际先进水平的重大战略产品，培育一批具有自主知识产权的世界品牌。在电子信息、机械装备、汽车、船舶等具有一定优势的产业领域，推动建立一批产业技术联盟，协作突破核心技术瓶颈。以高等院校和科研机构为主体，加强基础研究，开展联合攻关，全面提高原始创新能力。加大资源整合力度，形成一批优势学科领域、研究基地和跨地区产业共性技术科研机构。加强科研机构与高等院校合作，促进创新资源共享。

共建重大产业技术创新链。在软件与服务、集成电路、新一代移动通信、生物医药等高技术产业领域,上海逐步向研发、设计、高端制造转型,南京、苏州、杭州等城市侧重测试和制造。在汽车制造、先进装备制造等重要支柱产业领域,以上海为主体加强自主知识产权、核心产品和核心技术研发,南京、苏州、无锡、杭州、宁波等城市在研发、设计环节加强与上海的对接。在纺织、服装等传统特色产业领域,充分发挥上海的科研、高端制造优势,苏南地区、环杭州湾地区在研发、设计和深度加工方面加强与上海的对接。

(三)营造有利于自主创新的政策环境。

建立科技创新投融资体系。落实国家激励自主创新的有关政策措施,建立以政府科技投入为引导,企业、社会投入为主体的市场化科技创新投融资体系。加大财政对共性技术研发、引进技术消化吸收再创新、初创型科技中小企业的支持力度,确保财政科技投入增长高于财政经常性收入增长幅度。研究制定鼓励创业投资发展政策,完善退出、收益保障和风险承担机制。强化政府资金引导作用,结合产业发展特点,推动建立一批创业投资机构。充分发挥天使基金和种子基金的引导作用,支持高科技初创企业发展。设立中小企业信用再担保资金和中小科技企业发展专项引导资金,培育壮大中小科技企业。鼓励保险机构开发科技保险险种,积极探索科技型企业开展股权出质登记,支持符合条件的科技型企业上市。

完善创新服务支撑体系。大力发展各类科技中介服务机构,充分发挥其在自主创新中的桥梁作用。加强专业性和面向区域产业技术创新的服务体系建设,创新科技中介服务机构管理模式和运营机制,推动科技中介资源跨区域共享。强化专利、商标、版权等知识产权保护,加强对外资企业收购内资企业的知识产权保护,切实保护自主产权和民族品牌。

培养和引进创新型人才。加大创新型人才培养力度,建立创新型人才培养基地。加强国际交流合作,完善人才培养模式,培育适应国际科技创新需要的人才。开辟创新型人才引进的"绿色通道",积极引进高层次创新型人才,研究制定引进高层次创新型人才鼓励政策,对外籍在华创业人才放宽在参与创新、享受所获成果方面的政策限制。加强创新型人才社会化服务平台建设,为创新型人才提供培训、交流、咨询、法律等配套服务。强化创新型人才开发的政策协调和制度衔接,拓宽高等院校、科研机构与企业之间创新型人才流动渠道。

七、基础设施建设与布局

推进跨区域重大基础设施一体化建设,提升交通、能源、水利、信息等基础设施的共建共享和互联互通水平,形成分工合作、功能互补的基础设施体系,增强区域发展支撑能力。

(一)完善交通通道建设。

沪宁和沪杭通道。依托沪宁、沪杭铁路和高速公路,优化运输结构,提升运输效率和通过能力,建设铁路、公路、水运相结合的主通道。建设京沪高速铁路沪宁段、沪宁和常苏嘉城际轨道交通、沪杭客运专线、沪苏湖铁路、杭州－黄山铁路以及沪杭磁悬浮交通,提升快速客运能力。改造京杭运河江南段、苏申内外港线、湖嘉申航道、杭申航道等国家和省级干线航道,增强水运货运能力。

沿长江通道。依托长江航道,构建综合型的交通运输通道,强化与长江中上游的联系。推进长江口12.5米深水航道向上延伸工程建设。改扩建宁通(南京－南通)、京沪高速公路,加快建设泰州－常州过江通道。建设南京－芜湖－安庆铁路、沿江铁路、淮扬镇铁路及过江通道,加快宁启铁路、新长铁路扩能改造及过江通道建设。

沿海通道。依托沿海港口和海运,加强崇明过江通道、崇明－启东长江公路通道建设,加快甬台温高速公路改扩建,建设连盐(淮)、沪通、甬台温、金甬、金台等铁路,规划建设跨杭州湾通道,完善沿海交通运输大通道体系。

宁湖杭通道。依托宁杭高速公路，加快宁杭客运专线建设，支撑宁湖杭发展带的发展。加强与上海的联系，建设湖州－乍浦铁路。杭甬通道。依托杭甬高速公路和杭甬铁路，建设支撑杭州湾南翼产业和城镇发展以及连接宁波－舟山港的重要出海通道。加快杭甬客运专线、宁波铁路枢纽北环线以及疏港铁路建设，整治杭甬运河，加强沿杭州湾南岸城市间及陆岛间联系，提高沿海港口集疏运能力。

东陇海通道。依托陇海铁路和连霍高速公路，构建中西部地区至连云港港的重要出海通道。加快建设郑徐客运专线徐州段并规划延伸至连云港，增强对中西部地区的辐射带动作用并支撑沿线产业发展。浙西南通道。依托浙赣和金温铁路、金丽温和杭金衢高速公路，建设金温铁路扩能工程、九景衢铁路、杭州长沙客运专线和杭新景高速公路，加强与长三角西南地区的联系并支撑沿线产业发展。

（二）加快综合枢纽建设。

综合运输枢纽建设。重点建设上海、南京、连云港、徐州、杭州、宁波全国性综合运输枢纽，加强苏州、无锡、常州、镇江、扬州、泰州、南通、盐城、湖州、嘉兴、金华、温州、衢州等区域性综合运输枢纽建设。强化各种交通运输方式的衔接，特别是加强铁路客运专线、城际铁路和干线铁路建设及其与港口、空港、城市轨道交通等的衔接。

－－**上海。**增强航运和航空能力，提升上海铁路枢纽地位，提高国际客货运和集装箱中转的比例，优化物流节点布局，增强物流网络统筹协调功能，建成海陆空一体化的大型综合运输枢纽和现代物流中心。

－－**南京。**积极发展铁路、公路、水运、航空综合交通，完善服务长江流域的大宗散货江海联运，以及服务长三角地区北部及其周边地区的国际物流功能，进一步提高客货运能力，建成江陆空综合运输枢纽和长江中下游综合性现代物流中心。

－－**徐州。**完善徐州铁路、公路枢纽功能，充分发挥徐州港的功能和作用，建设铁路、公路、水运联运的综合性运输枢纽和区域物流中心。

－－**连云港。**加快连云港港建设，尽快形成“一体两翼”的发展格局，强化港口对中西部地区的辐射能力，建成我国重要的综合交通枢纽和物流中心，成为辐射带动力强的新亚欧大陆桥东方桥头堡。

－－**杭州。**加快杭州铁路东站综合交通枢纽建设，强化服务长三角地区南部及其周边地区的国际物流功能。配合旅游发展，强化客运功能，建成陆空水联运综合运输枢纽和空港型物流中心。

－－**宁波。**结合梅山保税港区和宁波铁路枢纽建设，优化集疏运系统，强化货运枢纽功能，尤其是大宗散货海进江中转、海铁联运运输功能，建成海陆联运的综合运输枢纽和全国性大型物流中心。港口枢纽与配套港口群建设。加强港口枢纽之间的协调，整合现有港口，加快以上海为中心，以江苏、浙江港口为两翼的上海国际航运中心建设。

－－**上海港。**以建设上海国际航运中心为目标，进一步提升上海港主枢纽港的功能地位，重点加快建设洋山深水港区集装箱泊位和通往主要集装箱港区的内河集装箱运输通道及配套港区，以及洋山港区 LNG、油品码头，进一步扩大上海港的吞吐能力。

－－**宁波－舟山港。**推进宁波－舟山港一体化进程，发展集装箱运输和大宗散货中转运输，建设宁波－舟山港大吨位、专业化铁矿石码头和原油码头，推进宁波梅山保税区 10 万吨级以上集装箱码头建设，完善铁矿石、原油、煤炭、粮油等大宗散货接卸转运系统和集装箱运输系统。

－－**南京以下长江下游港口。**以开辟集装箱支线运输为主，加强南京、镇江、苏州、南通港口间的分工协调，重点建设太仓集装箱干线港和江海联运中转枢纽港，完善集装箱支线港。加快长江口深水航道和沿江海进江矿石码头建设，形成铁矿石转运系统。

－－**江苏沿海港口群。**加快连云港港 30 万吨级深水航道建设，规划建设原油、矿石等大型专业化深水泊位，大力发展集装箱干线运输。以连云港港为核心，联合南通港、盐城港共同建设沿海港口

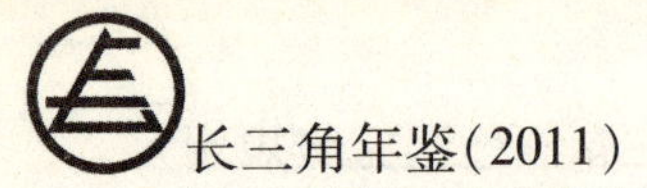

群,大力发展国际航运和现代物流,增强为中西部服务的能力,建设成为上海国际航运中心北翼重要组成部分。

－－**浙南沿海港口群。**围绕温州港深水航道建设,推进乐清港、状元岙、大小门岛港区建设。发展台州港临港产业,重点建设大陈岛、大麦屿等港区。以能源、原材料等大宗散货和集装箱运输为主,建成辐射赣东、闽北等地区的重要对外交流口岸。

航空枢纽与配套机场群建设。以扩大空港设施能力为重点,优化航空运输网络为主线,提高国际竞争力为目标,加快区域航空枢纽中心建设,形成大型国际枢纽机场－区域枢纽机场－国内小型枢纽机场合理布局、分工协作的航线网络和机场群。

－－**上海航空枢纽港。**建成以浦东机场为主、虹桥机场为辅的上海航空枢纽港。浦东机场侧重于国际航线,加强设施建设,提高中转能力,发展成为国际航空网络的主枢纽之一。虹桥机场侧重于国内航线,适度发展台港澳航线,发展成为国内航空网络的主枢纽。加强两机场间交通设施建设,提高通达效率。

－－**南京和杭州国际机场。**优化南京禄口机场和杭州萧山机场航线布局,大力开辟国内航线,适时增辟国际客运和国际货运航线,客货并举,内外并重,不断增加航线和加密航班,建成区域枢纽机场。－－**苏南和宁波国际机场。**积极推进苏南硕放国际机场的改扩建工程,重点增加国内客运和国际货运航线,建成国家干线机场、苏南一类航空口岸和区域枢纽机场。加快宁波栎社国际机场扩建工程建设,大力发展国际货运航线,形成以货为主、客货兼顾的区域性国际干线机场。

新建、调整、改造一批中小型机场。新建苏中江都机场和淮安机场,迁建连云港机场,调整南通、嘉兴机场运输功能,改造扩建常州、徐州、盐城、台州机场,形成区域客货运输航空网络。

(三)推进能源基础设施建设。

煤炭。重点建设宁波－舟山、连云港、盐城等沿海煤港,南京、镇江、扬州、泰州、南通等沿江煤港及徐州沿运河煤港,有选择地建设煤炭储备、配送基地,提高煤炭安全供应能力,基本满足区内煤炭需求。疏浚京杭运河苏北段,使全线达到二级标准,将大运河煤炭运力提高20%左右。

油气。重点建设宁波－舟山石油中转港口,完善宁波北－上海、宁波北－南京的输油管道,规划建设日照－仪征输油管道连云港支线。在沿海规划布局油气储备基地,加强舟山等油气储备基地建设。加快洋山港区、大榭港区油品码头、台州大陈岛石油储运设施建设。开展区域石油流通枢纽和天然气交易中心建设的可行性研究,推动长三角地区天然气主干管网互连互通,保障区域能源供应。

重点推进LNG项目建设,建成金坛大型天然气储气库,扩建上海五号沟LNG应急事故站。加快形成并完善环太湖天然气管网,完善苏中、苏北天然气管网,加快建设宁波－台州－温州和金华－丽水－温州天然气管网。

电力。重点在沿海、沿江和天然气管道沿线地区新建或扩建电源点。扩建田湾核电站,建设浙江三门核电站,研究在具备条件的地方新建核电站的可行性。加快电网建设和改造,扩大西电东送、皖电东送和北电南送接收规模,为启东－崇明岛－上海过江电缆通道的建设创造条件。预留通道走廊,确保西电东送工程顺利实施。

新能源。建设上海崇明等20－30万千瓦、江苏沿海500万千瓦、浙江沿海100万千瓦风电项目。加强潮汐能、洋流能的开发。积极利用太阳能、生物质能及集中型沼气等技术成熟的新能源。在沿海滩涂资源丰富的地区发展太阳能光伏发电。到2015年,新能源在能源结构中的比重提高到4%左右。

(四)改善水利基础设施。

按照水资源和水环境承载能力,统筹协调区域水利基础设施建设,构筑防洪防台抗旱减灾体系、水资源合理配置和高效利用体系、饮用水安全保障体系以及水生态环境保护体系。继续实施太湖、淮河、长江中下游崩岸治理和沿海防浪堤及防护林等重点工程,加快长江口和钱塘江综合整治开发。加强城市防洪排涝能力建设，完成病险水库除险加固、灌区续建配套与节水改造和城乡饮用水安全工程，加快小型农田水利设施建设，加强低洼易涝地区和山洪灾害易发区综合治理。加快水源工程等水资源调蓄和配置工程建设，建设沿海淡水通道。继续加强重点地区、重点城市水生态修复工程建设。加快水资源实时监控系统建设，完善跨界水资源监测体系。加强水资源统一管理，完善流域水资源管理体制。

（五）健全信息基础设施。

加快区域空间信息基础设施建设。在完善信息资源共建共享机制和统一数据标准的基础上，建立完整的地理空间信息库，逐步提高地理空间信息社会化应用与共享程度，不断满足国民经济和社会发展的需求，建成区域地理空间信息分发与交换中心，构建地理空间信息基础数据的汇交、分发服务和交换体系，带动各领域信息系统的建设，促进信息资源共享与应用。

完善信息网络基础设施。继续优化现有网络结构，挖掘网络潜力，适应信息网络技术发展的需要引进新技术，加快新一代移动通信、下一代互联网、地面数字电视等系统建设。积极推进"三网融合"，提高网络资源综合利用和信息交互能力。加强网络安全设施建设和网络安全管理，实施区域无线电协同监管。

加快重点工程和信息港建设。重点推进一批综合性网络应用工程、公益性信息服务工程、信息化与工业化融合工程等重点应用项目建设。大力推进区域交通、社会保障等"一卡通"工程。促进区域政务信息资源开发、应用与共享。加快城市空间信息基础设施建设，用 5 – 10 年时间，建设若干智能型现代化城市，将长三角地区主要城市建成区域性信息港。

八、资源利用与生态环境保护

实行最严格的耕地保护制度，提高土地节约集约利用水平，加强环境保护和生态建设，推进资源节约型和环境友好型社会建设，全面提高区域可持续发展能力。

（一）合理利用土地资源。

严格保护耕地。坚持保护耕地的基本国策，切实保护耕地特别是基本农田，提高耕地质量。加大土地复垦、开发整理力度，建设高标准基本农田。到 2015 年，核心区保有耕地面积不少于 333 万公顷，常住人口口粮确保自给。

提高建设用地节约集约利用水平。在充分尊重农民意愿的前提下，有条件的地方引导农民居住向城镇和中心村集中。严格控制城镇和农村居住用地增长，全面提高土地利用效率。努力转变用地方式，积极推进工业向园区集中、土地利用向适度规模经营集中。在严格执行土地用途管制的基础上，促进农村集体建设用地依法流转。在严禁跨省域易地占补平衡的前提下，探索耕地占补平衡的有效途径。以提高工业用地产出效率为重点，制定区域产业用地标准，提高新上工业项目入区入园门槛。在符合规划、不改变原用途的前提下，对提高土地利用率和增加容积率的工业用地，原则上不再增收土地价款。科学规划，合理布局，统筹安排农业、生态和建设等各类用地。

保障生态用地。对重要生态功能保护区、区域生态走廊和其他生态地位重要的地区，实施限制性保护。对自然保护区、森林公园、湿地公园、重要集中式饮用水水源地和重要水源涵养区、浙江南部地区海拔 500 米以上山体、江苏以及浙江的湖州和嘉兴两市海拔 200 米以上的山体、沿海湿地等区域实施严格的保护。对于重要湿地、重要水源地外围和输水通道两侧地区、长江和钱塘江干流、城市间的重要生态斑块、浙江西部海拔 200 – 500 米之间的山体、江苏以及浙江湖州和嘉兴两市海拔 50 – 200 米之间的地带，严格控制土地开发强度，禁止开展导致生态退化的各种生产活动，鼓励发展生态型产业，有针对性地新建自然保护区和海洋特别保护区，改善区域生态环境质量。加强林地和草地保护，防止非法占用。

优化区域土地资源配置。按照区域总体布局框架,实行差别化土地政策,统筹保有耕地,优化用地布局。沪宁和沪杭甬沿线发展带,划定基本农田保护区,采取最严格的措施保护基本农田;优化土地利用结构,加大土地整理、复垦力度,着力提高土地产出率;严格控制上海、南京、苏州、无锡、杭州、宁波的城市建设用地增量。沿江、沿湾和沿海发展带,优先安排建设用地指标,科学利用滩涂资源,满足重点产业发展和基础设施建设需求。宁湖杭发展带以及其他沿路发展轴带,确保基本农田保护面积和生态保护面积,保留足够的自然生态空间,适度安排建设用地,促进城市与产业有序集聚和发展。沿湖发展带优先满足保护生态的要求,实施有效的土地用途管制,控制土地开发强度。其他地区适当调高基本农田保护率,严格控制建设用地占用耕地的规模。科学编制规划,合理有序开发利用滩涂和低丘缓坡资源,努力增加耕地和建设用地。

(二)加强生态建设与环境保护。

加强饮用水源地保护。重点保护集中式饮用水水源地水质安全,对长江干流、长江口、太湖、洪泽湖、淀山湖、黄浦江、太浦河、杭嘉湖水网、钱塘江干支流、瓯江及中小湖泊和水库等,划分水源保护区,完善饮用水水源保护区分级管理制度,制定保护范围、保护要求及水源地环境综合整治方案。加强南水北调东线调水水源保护区与望虞河、新孟河、通榆河、淮沭新河、浙北太湖取水、浙东引水等输水通道的水污染控制和水质保护,严格控制调水水源保护区沿线的开发建设,提高污废水排放标准。建立健全流域和水系上下游地区互利共赢的饮用水源保护运行机制。加强地下水资源保护,遏制地下水超采,切实防治地面沉降和海水倒灌。基本解决污染严重和水量供应不足的水源地水质和水量保障问题,调水水源地水质达到相应水质功能目标要求。

继续加强水污染防治。坚持预防与治理相结合,按照水功能区水质达标要求,控制污染物排放总量,加强对重要污染源的监控,关闭持续排放有毒有机污染物的企业,建立点源达标排放的长效管理机制,强化跨省、市界断面水质达标管理,确保跨界水环境水质达标。重点整治长江、太湖、淮河、钱塘江和城市水污染,加快城镇污水和垃圾处理设施建设。制定和实施化工、医药、印染、造纸等重污染行业环境准入标准,完善排污费征收和使用制度,加大环保执法力度。加快编制沿江、沿湖、环湾及沿海地区尾水达标排放规划。有效控制长江口、杭州湾陆源污染物排海,实施海域环境综合整治,加强海岸带生态系统的保护和修复,实施重要渔场生境保护,推广生态海水养殖,逐步改善海域环境质量,恢复海洋生态服务功能。加强海洋环境监测体系建设,建立重点区域赤潮(绿潮)预警防治体系,健全海上重大污染突发事故应急体系。完善水污染区域联防联控机制。到 2015 年,全部淘汰国家产业政策明令禁止的落后生产能力,城镇污水集中处理率达到 80% 以上,实施化学需氧量和氨氮排放量总量控制,近岸海域水质恶化的趋势得到控制。

推进区域大气污染防治。以“西气东输”、“西电东送”为契机,大力推进能源结构调整,实行煤炭使用总量控制,改善区域大气环境质量。推进火电厂的燃气工程建设,加速中小型锅炉燃气或电力对煤的替代。加快关停小火电,逐步淘汰单机容量 5 万千瓦以下的常规小火电机组和大电网覆盖范围内服役期满的单机容量在 10 万千瓦以下的常规燃煤凝汽火电机组。严格按环保要求限制新建、扩建燃煤火电厂(机组)。继续加大重点污染源的二氧化硫治理力度,有效削减火电厂二氧化硫排放量,加快烟气脱硫工程建设,控制工业炉窑二氧化硫排放,积极发展清洁煤燃烧技术。加强火电厂氮氧化物污染治理。大力发展新能源,在上海开展低碳经济试点。加快区域大气监测网络建设,建立健全区域大气污染联防联控机制。到 2015 年,二氧化硫排放量削减 8%,城市空气质量明显好转,酸雨污染得到缓解。

加强固体废物环境管理。建立健全固体废物全过程管理体系,提高固体废物处置能力。强化危险废物监管制度,加快建设处置设施。在典型电子废物集中处置区域开展污染调查与风险评价,建立电子废物回收体系,加强对拆解利用的资质许可管理。强化城市污水处理厂和垃圾填埋场的环境监管,推进污水厂污泥、垃圾填埋场滤液的无害化处理处置。到2015年,形成工业危险废物和医疗废物100%由产生单位或交有资质单位无害化利用或处置的能力。

开展农村环境综合整治。大力推进农业面源污染防治和土壤污染治理与修复,提高化肥、农药、农膜等农用化学品的利用率和秸秆综合利用率,推进畜禽规模化饲养和标准化养殖小区建设,控制规模化养殖场的污染物排放,提高畜禽粪便资源化率,鼓励与推广发展无公害、绿色及有机农业。按照建设社会主义新农村的总体要求,实施农村环保小康行动计划,推进农村环境综合治理。加强村庄整治,建立村庄环境卫生长效管理机制,着力解决农村安全用水、清洁能源、卫生公厕、污水和垃圾处理等问题,不断改善农村人居环境。结合创建国家生态市(区、县)、国家园林城市(县、城镇)、环境优美乡镇及生态村,全面推进农村环境基础设施建设。

加强生态建设。由长江干流、洪泽湖－入海水道、富春江－钱塘江三条生态水廊,以及连云港－盐城－南通－崇明岛东滩－宁波象山－台州－温州沿海湿地、骆马湖－高邮湖－邵伯湖－茅山－天目山－千岛湖－浙西山地,共同构成"三横两纵"生态网架。加强自然保护区、生态功能区、水源涵养区等保护与建设,实施海洋生态修复,加强沿海、沿江防护林体系建设,实现自然生态空间的链接,扩大区域生态空间,增强生态服务功能,保障区域生态安全。加强崇明生态岛保护和建设。开展区域生态环境补偿机制试点,设立浙江湖州、丽水生态文明建设示范区。

九、社会事业与公共服务

以改善民生为重点,加强社会事业建设,推进义务教育、公共卫生、公共文化等基本公共服务均等化,促进经济社会协调发展,形成人民幸福安康、社会和谐进步的良好局面。

(一)优先发展教育事业。

推进义务教育均衡发展。合理配置义务教育资源,优化学校布局,高水平、高质量普及九年义务教育。完成中小学校舍安全工程,推进义务教育阶段学校标准化建设。逐步解决常住人口子女平等接受义务教育问题,加大对欠发达地区学校的投入力度,推进城乡、区域之间义务教育均衡发展。

大力发展职业教育。继续扩大职业教育规模,提高职业教育质量,重点发展中等职业教育,加快建立完善的区域职业教育培训体系。结合区域产业特色,加快常州科教城和无锡、盐城、温州等职业教育园区建设,支持有条件的地区建设公共实训基地。完善工学结合、顶岗实习的人才培养模式,在人才紧缺的专业领域推行职业院校与企业共同培养人才。

提升高等教育发展水平。继续加强"985工程"和"211工程"建设,重点支持复旦大学、上海交通大学、南京大学、浙江大学等重点高校创建世界一流大学。大力支持重点学科建设,建成一批高水平、有特色的学科群,推动若干高校进入国内一流大学行列。推进中外合作办学,拓展国际交流,引进优质教育资源。发挥现有高等院校集中、高等教育发达的优势,显著提升高等院校科技创新与服务能力。

深化教育改革。鼓励开展各项教育改革试点,探索教育发展新路子。加强教育合作,建立区域间优质教育资源共享机制。以培养学生理想情操、创新精神和实践能力为重点,更新教育观念和教学方法,创新人才培养模式,全面实施素质教育。完善以政府投入为主、多渠道筹措教育经费的投入体制。大力发展民办教育,推动公办教育和民办教育相互促进、共同发展。落实高等学校办学自主权,加快建立现代大学制度。建立完善的现代国民教育体系和终身教育体系,率先基本实现教育现代化。

(二)提升医疗卫生服务水平。

加强公共卫生体系建设。建立健全疾病预防控制、健康教育、妇幼保健、精神卫生、应急处置、采供血、卫生监督和计划生育等专业公共卫生服务网络,加强重大传染病、慢性病、地方病、职业病和出生缺陷疾病的防控以及职业卫生和食品安全监管工作,提高突发公共卫生事件应急处置能力,建立疾病预防控制联防联控机制,着力构建覆盖城乡的公共卫生服务体系。适度扩大公共卫生服务范围,针对区域突出的公共卫生问题,在中央规定的服务项目基础上增加公共卫生服务内容。

优化医疗卫生资源配置。建立健全基层医疗卫生服务体系,推动医疗卫生资源向城市社区和农村基层倾斜,完善以社区卫生服务为基础的新型城市医疗卫生服务体系。在大中城市建立以三级综合医院为龙头,二级综合医院、专科医院、护理院和康复医院为骨干的现代医疗服务体系。加快建立健全以县级医院为龙头、乡镇卫生院为骨干、村卫生室为基础的农村三级医疗卫生服务网络。逐步建立城市医院与社区卫生服务机构、农村医疗卫生机构分工协作和对口支援机制,形成结构合理、分工明确、防治结合、覆盖城乡、运转有序的医疗卫生服务体系。探索建立区域化、集中化的血液采集服务网络。坚持中西医并重的原则,以上海、江苏、浙江国家中医研究基地为龙头,形成我国中医创新集聚区,推动中医药产业发展。

深化医药卫生体制改革。着眼于实现人人享有基本医疗卫生服务的目标,坚持公共医疗卫生的公益性质,实行政事分开、管办分开、医药分开、营利性与非营利性分开,加快医药卫生体制改革。建设公共卫生服务体系、医疗服务体系、医疗保障体系和药品供应保障体系,建立覆盖城乡居民的基本医疗卫生制度。强化政府责任,建立政府主导的多元卫生投入机制,鼓励和引导社会资本发展医疗卫生事业。推进公立医院改革试点,积极探索公立医院管理、运行和监管的有效形式。

(三)加快文化事业发展。

提升公民文明素质。广泛开展社会主义核心价值体系宣传普及活动和群众性精神文明创建活动,大力弘扬爱国主义、集体主义、社会主义思想。建设学习型社会,全面提升公民文化水平。以增强诚信意识为重点,进一步加强社会公德、职业道德、家庭美德和个人品德建设,形成文明健康的社会风尚。

积极发展文化事业。切实增加公益性文化事业投入,在大中城市建设一批功能实用、标准较高、覆盖面广的文化基础设施。加强社区和乡村文化设施建设,重点实施乡镇文化站等基础文化设施覆盖工程。推进全国文化信息资源共享工程基层服务点建设。加强文化遗产保护与传承,保护历史文化名城、街区、村镇、重要文物和非物质文化遗产,进一步扩大对外文化交流。积极发展体育事业,加快构建全民健身服务体系。到 2015 年,率先建成覆盖城乡的公共文化服务体系。

大力发展文化产业。加快文化产业基地和区域性特色文化产业群建设,扶持一批发展潜力大、市场前景好的文化产业,建设一批实力雄厚、具有较强竞争力和影响力的文化企业集团,提高文化产业规模化、集约化和专业化水平。深化文化体制改革,放宽市场准入条件,推进文化创新,实施高端文化人才引进工程,激励优秀文化产品创作,形成积极向上、特色鲜明、结构优化、科技含量高的文化产业体系。加强文化市场综合执法能力建设。到 2015 年,文化产业增加值占地区生产总值的 4% 以上。

(四)完善就业和社会保障体系。

建立市场化的就业促进体系。全面落实促进就业的各项优惠政策,健全统一规范的劳动用工制度和就业管理服务网络,加快建设覆盖城乡劳动者的就业、失业登记制度和城乡统一的人力资源市场,营造城乡劳动力就业公平竞争、同工同酬、同等待遇的良好环境,引导劳动力在地区、城乡之间合理有序流动。加强职业技能培训,加快培养一批高素质、专业化的高技能人才,提升劳动者职业技能和综合素质。

加快建立覆盖城乡的社会保障体系。继续完善企业职工基本养老保险制度,推进新型农村养老制度建设,探索建立城镇居民养老保险制度,切实做好被征地农民就业培训和社会保障工作,率先实现养老保险关系无障碍转移。到 2015 年,城乡养老保险制度基本实现全覆盖。推进城镇居民基本医疗保险、城镇职工基本医疗保险和新型农村合作医疗制度建设,全面建立统筹城乡、保障基本医疗、满足多层次需要的医疗保障体系,积极探索医疗保险关系转移接续和异地结算,实现全民医保。完善失

业保险制度,扩大工伤保险覆盖面。完善自然灾害生活救助制度和农村五保供养制度,健全教育救助、医疗救助等专项救助制度,率先建立较为完善、覆盖城乡的社会救助体系。发展适度普惠型社会福利事业,扩大社会福利覆盖范围。大力发展各类慈善组织。

十、体制改革与制度创新

进一步发挥上海浦东综合配套改革示范作用,着力推进重点领域和关键环节改革攻坚,在新的更高起点上再创体制机制新优势,率先建立完善的社会主义市场经济体制。

(一)深化行政管理体制改革。

切实转变政府职能。按照政企分开、政资分开、政事分开以及政府与中介组织分开的原则,合理界定政府职责范围,充分发挥市场在资源配置中的基础性作用,鼓励公民和社会组织参与公共事务管理,让政府、市场、企业和中介组织各司其职、各负其责。进一步强化政府社会管理和公共服务职能,加强政府社会治安、公共应急等能力建设,提高科教文卫、就业和社会保障等社会服务水平。合理匹配地方各级政府事权和财力,增强公正履行职责的能力。加快推进事业单位分类改革,理顺政府与事业单位的关系。按照市场化方向加快行业协会、商会改革,推动建立区域性行业协会。

创新政府管理方式。深化行政审批制度改革,继续清理和调整行政审批项目和部门收费,逐步实行审批管理“零收费”制度。建立和完善跨部门统一互联的电子政务平台,积极推行网上办公。完善行政监督制度,推进区域电子监察系统网络建设。完善政府信息发布制度,推进政府信息公开与资源共享,充分发挥政务信息对经济社会活动和人民群众生产生活服务的引导作用。强化行政规划和行政指导,推行现代行政管理方式,降低行政成本,提高工作效率。

深化政府机构改革。支持上海率先实行职能有机统一的大部门体制,完善农业服务、综合交通协调、社会保障与人力资源管理、食品药品安全监管等体制机制。优化政府管理层次,加快江苏、浙江省直管县(市)体制改革,扩大县级政府经济社会管理权限,增强市、县(市)政府提供公共服务的能力。明确行政执法权限,完善行政执法程序,规范行政执法行为。健全基层行政管理体制,对江苏、浙江具备一定人口规模和经济实力的中心镇赋予部分县级经济社会管理权限,探索中心镇行政综合执法管理体制改革。研究建立区域统一的政府绩效管理制度,完善政府绩效管理体系。

(二)推进非公有制经济发展和国有企业改革。

推动非公有制经济科学发展。落实鼓励、支持和引导非公有制经济发展的各项政策措施,推进公平准入,改善融资条件。支持非公有制经济按照国家产业政策,积极发展低污染、低能耗、高附加值产业,提升产业层次,优化企业结构。推动非公有制经济制度创新,积极发展股份制经济,实施中小企业改制上市培育工程,鼓励民营资本参与国有大型企业和垄断企业改革,支持有条件的企业并购重组。改进对非公有制企业的服务和监管,加强执行劳动合同、工资报酬、劳动保护和社会保险等法律法规的监督检查,切实维护企业职工合法权益。到 2015 年,上海、江苏非公有制经济比重明显提高,浙江非公有制经济发展质量进一步提升。

深化国有企业改革。推动国有资本向重要行业、优势企业和企业主营业务集聚,加快技术、人才等要素资源向优势企业集中,积极培育市场竞争力强、有影响力的企业集团和行业排头兵。积极引进战略投资者,鼓励国有企业采取股权转让、增资扩股、合资合作、战略协作等方式进行跨区域、跨所有制重组,促进国有企业投资主体多元化。健全现代企业制度,完善公司法人治理结构,建立外部董事制度,健全经营管理者市场选聘机制。鼓励竞争性行业中的国有全资控股企业实施股份制改造,推进有条件的企业整体上市或主业资产上市,推动符合产业发展方向、主业清晰的国有控股上市公司采取定向增发、并购重组等方式继续发展壮大。深化国有企业内部体制改革,加快形成适应竞争的激励约束机制。

(三)加快市场体系建设。

推动市场一体化。建立统一开放的人力资源、资本、技术等各类要素市场,实现生产要素跨区域合理流动和资源优化配置。建立区域统一的人力资源市场,完善人才评价体系和人力资源开发配置机制,建立有利于人才交流的户籍、住房、教育、人事管理和社会保险关系转移制度。建立区域统一的资本市场,推动产权交易市场合作,支持银行等金融机构跨地区经营,加快金融机构组织创新,建立中央与地方共同监管、各负其责的机制。建立区域统一的技术市场,实施统一的技术标准,实行高技术企业与成果资质互认制度。开展异地购票、异地托运、异地交费及异地"一卡通"业务。共同开发旅游市场,打造旅游整体品牌。全面开通鲜活农产品运输"绿色通道"。

进一步整顿和规范市场秩序。清理和修订阻碍要素合理流动的法规和政策,努力营造公平合理、平等互利、统一规范的市场环境。打击各种违法经营活动,规范市场主体行为和市场竞争秩序。清理整顿对企业的乱收费、乱罚款和各种摊派。加强价格监管,禁止价格欺诈、价格操纵等行为。加强区域信用体系建设,以完善信贷、纳税、合同履约等信用记录为重点,推进区域社会信用信息交换共享,规范信用服务行业发展,开展联合监督管理,构建"信用长三角"。

(四)开展重大改革试验。

深化上海浦东综合配套改革试点,总结和推广相对成熟、行之有效的经验和做法。开展科技创新综合改革试验,建设一批国家级创新创业平台和载体。推进上海国家级信息化与工业化融合试验区建设。

对具备一定条件和较大规模的城市赋予立法权。在国家批准的范围内,开展城镇建设用地增加和农村建设用地减少挂钩试点。建设苏州城乡一体化发展示范区,设立江苏盐城沿海滩涂综合开发试验区和浙江舟山海洋综合开发试验区。建立浙江嘉善县域科学发展示范点。根据国家有关部署开展环境税试点,探索开征物业税,创新出口退税负担机制。研究制定互利共赢的财政政策,有序推动异地联合兴办开发区。设立区域发展促进基金,主要用于跨省市基础设施建设、生态建设和环境治理,以及产业升级、科技研发、人才引进、创新能力建设等方面,资金由长三角地区自行筹集。探索上海服务长三角地区的非上市公众公司股份转让的有效途径。实施股权投资基金先行先试政策,积极推进股权投资企业发展。开展太湖流域综合管理体制改革试点。稳步推进排污权有偿使用和交易制度改革,开展排污权跨产业调剂交易改革试点。

(五)加强法制环境建设。

加强区域内地方性法规、规章和规范性文件的制定、清理、审查备案工作的协作,形成区域相对统一的法制环境。制定和实施区域协调统一的依法行政考核指标体系,全面推进依法行政。加强城市管理行政执法规范化建设,进一步规范行政执法行为,建立健全信息共享和动态跟踪制度,推进相对集中行政处罚权和综合行政执法试点,建立健全行政执法争议协调机制,严厉查处节能减排、环境保护、市场秩序维护等方面的违法行为。建立健全政府信息公开工作考核、社会评议、年度报告、责任追究等制度,推进政府信息公开。

十一、对外开放与合作

立足长三角,服务全国,面向世界,充分利用国际国内两个市场、两种资源,在更大范围、更广领域、更高层次上参与国际合作与竞争,全面融入世界经济体系,实现开放型经济的新跨越,打造服务亚太乃至全球的重要国际门户。

(一)提高开放型经济水平。

转变对外贸易发展方式。优化加工贸易结构,推动加工贸易转型升级。引导加工贸易企业加强研发设计和营销服务。鼓励内资企业融入加工贸易配套产业链，加快由代加工向代设计、由贴牌向自主品牌转变。按照国家有关规定，理顺加工贸易管理体制，完善加工贸易政策环境，构建加工贸易信息平台。建立健全出口品牌培育机制，扶持自主品牌和具有自主知识产权的高附加值产品出口。加强出口基地建设，支持机电、软件、轻纺产品和农产品出口基地发展壮大，加快公共技术平台、商务平台和信息服务平台建设，率先推行符合国际惯例的质量、安全、环保、技术、劳工等标准，完善考核制度，强化企业社会责任。鼓励能源、原材料、先进技术和装备、关键零部件进口，发布重要商品进口信息，指导企业有序进口。在江苏连云港建设进口资源加工基地。加快上海国际贸易中心建设。支持昆山花桥国际商务区设立机电产品国际展示交易平台。

提高利用外资水平。改善投资环境，创新外商投资管理方式，试行外商投资企业格式化审批，推动投资便利化。引导外资投向高技术产业、基础设施领域和高端制造环节，提高国际资源要素的聚集层次和承接国际产业转移的技术层次。在符合《反垄断法》有关规定且不影响国家安全的前提下，鼓励外商投资企业采取并购、参股、结成战略同盟等方式参与国内企业改组改造，加快引进国际先进技术、管理经验和智力资源。

实施企业"走出去"战略。健全和完善"走出去"支持服务平台，及时发布境外投资信息，加强贸易投资实务培训、国际经营人才和知识产权管理人才培训，加大对境外投资的商品通关、人员进出境及资金融通的扶持力度。鼓励有实力的企业到境外开发资源，在海外建立生产加工基地、营销网络和研发中心。完善相关金融政策，支持企业采用境外投资并购、境外上市等方式"走出去"。下放境外投资审批权限，简化审批手续，为企业营造更宽松的"走出去"环境。鼓励具备条件的国内商业银行进一步扩展海外网点和业务，为企业境外并购提供融资服务。选择有条件的企业开展国际贸易人民币结算试点。

推进大通关建设。深化口岸管理体制改革，完善口岸联络协调机制，推进电子口岸互联互通和资源共享，建立大通关电子口岸统一信息平台。积极推进分类通关改革，建设上海、南京、杭州、宁波四个直属海关"大通关协作区域"，实现跨关区申报、审单、验放，加快区域内进出口货物流动。推进海关特殊监管区域整合和业务流程再造，简化货物流转的环节和手续，加强关检业务协作和物流信息共享。

（二）加强国内外区域合作。

加强泛长三角合作。长三角周边的安徽等地区具有区位、自然资源、劳动力资源的比较优势，与长三角地区经济联系紧密，是长三角地区产业转移和直接辐射区。构建互联互通的基础设施体系和资源要素市场体系，强化上海及南京、杭州等中心城市的辐射功能，促进要素跨地区自由流动，实现人口和产业有序转移。加强长三角地区与周边地区的联合与协作，建立服务长三角地区的能源原材料、重要农产品生产和休闲旅游基地，实现优势互补。建立健全泛长三角合作机制，编制南京都市圈、淮海经济区区域规划，促进周边地区加快发展。

加强以长江流域为重点的区域合作。充分发挥长江黄金水道的作用，加强南京、镇江、苏州、南通等沿江港口与中上游港口合作，加快形成沿江铁路、公路、水路协调发展的综合运输大通道，促进长江上、中、下游地区的要素流动与产业协作，形成重要的沿江城镇和产业密集带。加强与中西部及其他地区之间的经贸联系，拓宽合作领域，提高合作层次，扩大地区间人才、技术、能源、原材料等方面的合作，鼓励长三角地区优势企业走向全国，促进其他地区加快发展。在连云港探索设立国家东中西区域合作示范区。

加强与港澳台地区合作。进一步拓展长三角与港澳台的经贸和科技合作。加强与港澳台的投资及贸易往来，充分利用香港作为拓展国际业务的基地和平台，进一步带动长三角地区深度融入国际市场。加强证券期货市场与港澳台资本市场的互动合作，促进互惠互利和共同发展。引进港澳台资本参与地方金融机构改造重组,推进对港澳地区贸易项下使用人民币计价、结算的试点,加强境内外币支付系统建设,鼓励符合条件的企业到香港上市融资。加强与港澳台地区的产学研合作,支持联合开展科技攻关和共建创新平台。鼓励共同建立自主知识产权和品牌,共同开拓国际市场。加大落实内地与港澳更紧密经贸关系安排力度。

加强国际经济合作。抓住上海世博会机遇,积极拓展经济、贸易、科技、文化、旅游等领域对外交流。进一步加强与东北亚、欧元区以及美英等世界发达国家和地区的合作。建立健全政府、企业、行业组织间贸易摩擦联动应对机制,更好、更快地融入世界经济体系,成为全球产业链中的重要一环,提升长三角乃至我国在世界的影响力。大力发展国际服务外包,以服务外包示范城市为重点,加快推进服务外包载体建设,积极发展信息技术、金融业务流程、医药流程等服务外包业务,加快建设苏南、环杭州湾国际服务外包产业带。

十二、规划组织实施

两省一市人民政府要切实加强对规划实施的组织领导,落实工作责任,明确工作分工,完善工作机制,制定切实可行的实施方案。要充分发挥长三角区域合作协调机制的作用,加强联系互动,推动规划实施。要加强与国务院有关部门的沟通衔接,按本规划要求落实各项任务和措施,努力实现规划确定的目标。

国务院有关部门要按照职能分工,加强对规划实施的指导,深入调查研究,研究制定贯彻实施本规划的具体政策措施,及时指导地方解决规划实施中的重大问题。

国家发展和改革委员会要加强对规划实施情况的分析评估和监督检查,做好与国家总体规划和相关专项规划的衔接与协调,及时将实施情况向国务院报告。进一步完善规划实施的公众参与和民主监督机制,做好规划及相关信息的公开工作。

实现长三角地区又好又快发展,事关国家改革开放和现代化建设大局。两省一市人民政府和国务院各有关部门要以实施规划为契机,解放思想,开拓进取,加强合作,真抓实干,创造性地开展工作,努力促进长三角地区在高起点上争创新优势、实现新跨越。